U0940839

2020
江苏统计年鉴
JIANGSU STATISTICAL YEARBOOK

（总第37期 №.37）

江　苏　省　统　计　局
国家统计局江苏调查总队　编

Jiangsu Provincial Bureau of Statistics
Survey Office of the National Bureau of Statistics in Jiangsu

中国统计出版社
China Statistics Press

图书在版编目(CIP)数据

江苏统计年鉴. 2020 = Jiangsu Statistical Yearbook 2020 : 汉英对照 / 江苏省统计局, 国家统计局江苏调查总队编. — 北京 : 中国统计出版社, 2020.8

ISBN 978 - 7 - 5037 - 9175 - 8

Ⅰ. ①江… Ⅱ. ①江… ②国… Ⅲ. ①统计资料 - 江苏 - 2020 - 年鉴 - 汉、英 Ⅳ. ①C832.53 - 54

中国版本图书馆 CIP 数据核字(2020)第 094395 号

江苏统计年鉴-2020

作　　者 / 江苏省统计局　国家统计局江苏调查总队
责任编辑 / 钟　钰
执行编辑 / 宣　严
装帧设计 / 奚　磊
出版发行 / 中国统计出版社有限公司
地　　址 / 北京市丰台区西三环南路甲 6 号
邮政编码 / 100073
电　　话 / 邮购(010)63376909　书店(010)68783171
网　　址 / http://www.zgtjcbs.com
印　　刷 / 南京人民印刷厂有限责任公司
经　　销 / 新华书店
开　　本 / 890 mm × 1240 mm　1/16
字　　数 / 2502 千字
印　　张 / 50.00　　1.25 彩页
版　　别 / 2020 年 8 月第 1 版
版　　次 / 2020 年 8 月第 1 次印刷
定　　价 / 480.00 元　Price: 480.00(RMB)

本书附同版本 CD - ROM 一张,光盘内容以书面文字为准。
如有印装差错,由本社发行部调换。

《江苏统计年鉴-2020》

编委会和编辑人员

Jiangsu Statistical Yearbook – 2020

EDITORIAL BOARD AND EDITORIAL STAFF

编者说明

一、《江苏统计年鉴－2020》(以下简称《年鉴》)是一部全面、系统反映江苏省2019年及历史重要年份国民经济和社会发展情况的资料性年刊,收录了江苏省及各地区大量的经济社会发展统计信息。

二、《年鉴》分为二十二个部分:1. 综合,2. 国民经济核算,3. 人口、就业和工资,4. 价格指数,5. 人民生活,6. 固定资产投资,7. 财政、金融,8. 对外经济贸易,9. 能源、资源、环境,10. 农业,11. 工业,12. 建筑业,13. 运输、邮电和服务业,14. 批发零售、住宿餐饮和旅游,15. 科技、教育,16. 文化、体育、卫生,17. 公共管理、社会保障和社会组织,18. 城市经济与建设,19. 区域经济,20. 市县社会经济,21. 县(市)社会经济发展序列,22. 乡镇基本情况。另附录全国分省主要指标。为方便读者使用,各篇章前设有《简要说明》,对本篇章的主要内容、资料来源、统计范围、统计方法以及历史变动情况予以简要概述,篇末附有《主要统计指标解释》。

三、《年鉴》资料大部分来自年度统计报表,一部分来自抽样调查等。全国分省资料来自国家统计局出版的有关统计资料。

四、《年鉴》中所使用的度量衡单位均采用国际统一标准计量单位。

五、《年鉴》中国民经济行业分类按2017年国家标准《国民经济行业分类》(GB/T4754－2017)执行。

六、《年鉴》总量指标计算所采用的价格均为现行价格。

七、《年鉴》部分数据合计数或相对数由于单位取舍不同产生的计算误差未作机械调整。

八、《年鉴》表中"..."表示数据不足本表最小单位数;"空格"表示该项统计指标数据不详或无该项数据;"#"表示其中的主要项。

感谢国内外广大读者多年来对《年鉴》编辑出版工作的支持和帮助,欢迎继续提出宝贵意见,使《年鉴》的形式和内容更趋完善。

EDITOR'S NOTES

Ⅰ. *Jiangsu Statistical Yearbook 2020* (abbreviated as Yearbook hereafter) is an annual publication which provides comprehensive and systematic data series about the national economy and social development in Jiangsu Province in 2019 and some selected data series in historically important years. It includes much statistical information on social and economic development in the province and in various regions.

Ⅱ. The Yearbook contatins the following twenty-two parts: 1. General Survey, 2. National Accounts, 3. Population, Employment and Wages, 4. Price Indices, 5. People's Living Conditions, 6. Investment in Fixed Assets, 7. Government Finance, Financial Intermediation, 8. Foreign Trade and Economic Cooperation, 9. Energy, Resourceand Environment, 10. Agriculture, 11. Industry, 12. Construction, 13. Transport, Postal and Telecommunication Services, Service Industry, 14. Wholesale and Retail Trade, Hotels, Catering Services and Tourism, 15. Science and Technology, Education, 16. Culture, Sports and Public Health, 17. Public Management, Social Security and Social Organizations, 18. Urban Economy and Construction, 19. Regional Economy, 20. Social Economy of Cities and Counties, 21. Social Economy Development Alignment of Counties (Cities), 22. Basic Condotions of Villages and Towns. Appendix, Major Indicators by Region. To facilitate readers, the Brief Introduction at the beginning of each chapter provides a summary of the main contents of the chapter, data sources, statistical scope, statistical methods and historical changes. At the end of each chapter, Explanatory Notes on Main Statistical Indicators are included.

Ⅲ. The major data sources of this publication are obtained from annual statistical reports, and some from sample surveys. National major indicators grouped by provinces are obtained from relative statistical data published by the National Bureau of Statistics of China.

Ⅳ. The units of measurement used in the Yearbook are all internationally standard measurement units.

Ⅴ. The classification of national economic industry used in the Yearbook is the national standard of 2017's "The Classification on National Economic Industry", i. e. (GB/T4754 – 2017).

Ⅵ. The price used for gross indicator's calculating are current prise.

Ⅶ. Statistical dicrepancies due to rouding are not adjusted.

Ⅷ. In the Yearbook, "…" indicates that the figure is not large enough to be measured with the samllest unit in the table; (blank) indicates that the figure is not available, "#" indicates the major component items.

We express thanks to the general readers of domestic and abroad for supporting and helping the work of compilcation and publication of the Yearbook. We sincerely welcome conitinued valuable suggestions from the general readers so that the form and content of the Yearbook can be further improved.

目　录

CONTENTS

1　综　合

General Survey

2　国民经济核算

National Accounts

3　人口、就业和工资

Population, Employment and Wages

4 价格指数

Price Indices

5　人民生活

People's Living Conditions

6　固定资产投资

Investment in Fixed Assets

7　财政、金融

Government Finance, Financial Intermediation

8　对外经济贸易

Foreign Trade and Economic Cooperation

9　能源、资源、环境
Energy, Resource and Environment

10　农　业
Agriculture

11　工　业

Industry

12　建筑业

Construction

13　运输、邮电和服务业

Transport, Postal and Telecommunication Services, Service Industry

14　批发零售、住宿餐饮和旅游

Wholesale and Retail Trade, Hotels, Catering Services and Tourism

15　科技、教育

Science and Technology, Education

16　文化、体育、卫生

Culture, Sports and Public Health

17　公共管理、社会保障和社会组织

Public Management, Social Security and Social Organizations

18 城市经济与建设

Urban Economy and Construction

19　区域经济

Regional Economy

20 市县社会经济

Social Economy of Cities and Counties

21 县(市)社会经济发展序列

Social Economy Development Alignment of Counties

22　乡镇基本情况

Basic Conditions of Villages and Towns

附录　全国分省主要指标

Appendix. Major Indicators by Region

1

综　合

General Survey

简 要 说 明

本篇章主要内容和资料来源

一、综合资料主要包括行政区划、国民经济和社会发展综合资料、私营个体统计资料等。

二、行政区划资料，由民政部门根据截止到上一年末全省行政区划变更情况整理提供。

三、国民经济综合资料是抽取全书的精华，通过对各篇章主要统计指标及其速度、结构、比例和效益等的加工计算，反映国民经济和社会发展的总体情况。

四、私营个体统计资料，由市场监管部门整理提供。

Brief Introduction

Main Contents and Sources of Data

Ⅰ. This chapter consists of four parts: divisions of administrative areas, summary data on the national economy and social development, basic unit of statistics, private and individual statistics.

Ⅱ. Date about divisions of administrative areas is provided by Civil Affairs bureau which given the change of the administrative divisions end of year.

Ⅲ. The summary data on the national economy reflect the overall situation of the economic and social development by presenting further processed statistics including growth, structure, ratio, and efficiency data derived from other chapters.

Ⅳ. Date of private and individual economy provided by Department of Market Regulatory Administration.

自 然 概 况

位　　置

江苏简称苏，位于我国大陆东部沿海中心，介于东经116°18′－121°57′，北纬30°45′－35°20′之间。东濒黄海，西连安徽，北接山东，东南与浙江和上海毗邻。

江苏地处美丽富饶的长江三角州，平原辽阔，主要有苏南平原，江淮平原、黄淮平原和东部滨海平原，自然条件优越，经济基础较好。

面　　积

全省面积10.72万平方公里，占全国总面积的1.1%，海岸线长954公里。

河　　流

全省境内河川交错，水网密布，长江横穿东西425多公里，大运河纵贯南北718公里，西南部有秦淮河，北部有苏北灌溉总渠、新沭河、通扬运河等。有大小湖泊290多个，全国五大淡水湖，江苏得其二，太湖和洪泽湖象两面大明镜，分别镶嵌在水乡江南和苏北平原。

资　　源

江苏以地形地势低平，河湖众多为特点，平原、水面所占比例之大，在全国居首位，成为江苏一大地理优势。水产资源丰富，有广阔的海涂、浅海，东部沿海渔场面积达15.4万平方公里，其中包括著名的吕泗、海州湾等四大渔场，盛产黄鱼、带鱼、昌鱼、虾类、蟹类及贝藻类等。江苏也是全国河蟹、鳗鱼苗的主要产地。内陆水面4000多万亩，养殖面积1148万亩，有淡水鱼类140余种，已利用的有40多种。矿产资源分布广泛，品种较多，已发现的有133种。能源矿产主要有煤炭、石油和天然气；非金属矿产有硫、磷、钠盐、水晶、兰晶石、蓝宝石、金刚石、高岭土、石灰石、石英砂、大理石、陶瓷粘土；金属矿产有铁、铜、铅、锌、银、金、锶、锰等。粘土类矿产、建材类矿产、化工原料矿产、冶金辅助原料矿产、特种用途矿产和有色金属矿产，是江苏矿产资源的优势。

气　　候

全省地处亚热带向暖温带过渡区，气候温和，雨量适中，四季分明，以淮河、灌溉总渠一线为界，以南属亚热带湿润季风气候，以北属暖温带湿润、半湿润季风气候。

Natural Resources

Location

Jiangsu (Short for Su) lies in the east of the country. It is situated in the center of the costal area, between 116°18′ - 121°57′E and 30°45′ - 35°20′N, with Yellowsea on the east, Anhui province on the west, Shandong on the north, and Zhejiang and Shanghai as its neighbours on the southeast.

Jiangsu seats on the beautiful and abundant Yangtze River Delta. Composed of vast plains, mainly South-Su, Jianghuai, Huanghuai and eastern plain by the sea, the province provides favorable natural conditions and good economic bases.

Area

The area of Jiangsu is 107.2 thousand square kilometres, occupied 1.1 % of the total national area, The coast-line of the province is as long as 954 kilmetres.

Rivers and Lakes

In Jiangsu, there are rivers crisscrossing throughout the province, and distributes the network of waterways. The Yangtze River travels the whole area of Jiangsu, from west to east, for more than 425 kilometres. The Grand Canal flows south to north for 718 kilometres. There are Qinhuai River in the southeast of Jiangsu, Subei general irrigation canal, Xinshu River and Tongyang canal etc. in the north part. Among the 290 lakes of varying size in Jiangsu, the Taihu Lake and Hongzehu Lake are both listed among the national "Five Large Fresh Water Lakes", like two bright mirrors inlaid respectively into the southern region of the Changjiang River and Subei Plain.

Resources

The province is characteristic of topographical features in low and flat terrains, with numerous rivers and lakes. The proportion of plain and watersurface area is so large that it ranks the first in China and become a geographical superiority proportion. There are plentiful aquatic resources, vast shallow sea beaches and epeiric seas. There are 154 thousand square kilometres of fishing grounds on the eastern coastal area, composed of the four famous fishing grounds such as Lusi and Haizhouwan etc., abound in yellow croaker, hairtail, butterfish, shrimp and crab, and shellfish and algae. Jiangsu is also a main production area of crabs and young eels in the country. There are more than 40 million mu of interior water surface, with 11.48 million mu of aquatic farm. Among 140 kinds and more of flesh water fishes, over 40 are utilized. Numerous varieties of mineral resources are widely dispersed, 133 kinds of them have been discovered. The main sources of energy and minerals dispersed in Jiangsu are coal, petroleum and natural gas. Nonmetallic minerals contain sulphur, phosphorus, sodium, crystal, dyanite, sapphire, diamond, kaolin, limestone, quartzite, marble and pottery clay. Metallic minerals contain iron, copper, lead, zinc, silver, gold, strontium and manganese. The minerals as clay, construction materials, sand, chemical raw materials, metallurgical assistance raw materials, special purpose minerals and non-ferrous metal minerals become a mineral superiority of Jiangsu.

Climate

Jiangsu shows a distinct characteristic of monsoon, has a warm climate, with moderate rainfall and distinct seasons. Taking the Huaihe river to general irrigation canal as an approximate line of demarcation, the climate to the south of the line belongs to monsoon of tropical moist zone, while the climate to the north of the line belongs to monsoon of warm moist zone.

综　合
GENERAL SURVEY

从数字看 2019 年的江苏
Jiangsu in Statistics '2019

江苏的地位
Position of Jiangsu in the Country

地区生产总值	Gross Domestic Product	占全国	10.1%	10.1 percent of China
#第三产业	Tertiary Industry	占全国	9.6%	9.6 percent of China
人均地区生产总值	Per Capital GDP	高于全国	52715 元	Over 52715 yuan
房地产开发投资	Investment in Fixed Assets	占全国	9.1%	9.1 percent of China
社会消费品零售总额	Total Retail Sales of Consumer Goods	占全国	9.2%	9.2 percent of China
进出口总额	Total Imports and Exports	占全国	13.7%	13.7 percent of China
#出口总额	Total Exports	占全国	15.8%	15.8 percent of China
粮食产量	Output of Grain	占全国	5.6%	5.6 percent of China
钢材产量	Output of Steel	占全国	11.8%	11.8 percent of China
发电量	Output of Electricity	占全国	6.7%	6.7 percent of China
居民人均可支配收入	Per Capita Disposable Income of Residents	高于全国	10667 元	Over 10667 yuan
城镇常住居民人均可支配收入	Per Capita Disposable Income of Urban Permanent Residents	高于全国	8697 元	Over 8697 yuan
农村常住居民人均可支配收入	Per Capita Disposable Income of Rural Permanent Residents	高于全国	6655 元	Over 6655 yuan

江苏的人口
Population of Jiangsu

年末常住人口	Permanent Population at Year-end	8070.00	万人	(10000 persons)
年末户籍人口	Registered Population at Year-end	7858.27	万人	(10000 persons)
就业人员	Employment	4745.20	万人	(10000 persons)
出生人口	Births	73.51	万人	(10000 persons)
死亡人口	Deaths	56.74	万人	(10000 persons)
结婚人数	Marriages	56.94	万对	(10000 couples)
离婚人数	Divorces	30.04	万对	(10000 couples)
人口密度	Density of Population	753	人/平方公里	(person/sq. km)
人口平均期望寿命(2015 年)	Life Expectancy(2015)	77.51	岁	(year)
男	Male	75.50	岁	(year)
女	Female	79.52	岁	(year)

江苏的经济发展
Economic Development of Jiangsu

		1979—2019年 平均增长(%) 1979—2019 Average Annual Growth Rate(%)	2011—2019年 平均增长(%) 2011—2019 Average Annual Growth Rate(%)
地区生产总值	Gross Domestic Product	11.7	8.4
第一产业	Primary Industry	4.2	2.6
第二产业	Secondary Industry	12.8	8.1
第三产业	Tertiary Industry	13.4	9.3
#工业	Industry	13.2	8.9
一般公共预算收入	General Public Budget Revenue	12.9	8.9
社会消费品零售总额	Total Retail Sales of Consumer Goods	16.0	11.6
出口总额	Total Exports	18.2	4.3

江苏的一天
One Day in Jiangsu

地区生产总值	Gross Domestic Product	272.96	亿元	(100 million yuan)
第一产业	Primary Industry	11.77	亿元	(100 million yuan)
第二产业	Secondary Industry	121.29	亿元	(100 million yuan)
第三产业	Tertiary Industry	139.90	亿元	(100 million yuan)
#工业	Industry	103.63	亿元	(100 million yuan)
财政收入	Government Revenue	67.72	亿元	(100 million yuan)
货物运输量	Freight Traffic	770.03	万吨	(10000 tons)
竣工房屋面积	Floor Space of Residential Housing Completed	199.72	万平方米	(10000 sq. m)
社会消费品零售总额	Total Retail Sales of Consumer Goods	103.21	亿元	(100 million yuan)
出口总额	Total Exports	10.82	亿美元	(USD 100 million)
出版报纸	Newspapers Published	555.80	万份	(10000 copies)
邮寄函件	Letters Delivered	57.53	万件	(10000 pieces)

1-1 行　政　区　划（2019年）
Administrative Divisions(2019)

单位:个　　(unit)

市　名	City	各级市单位数 Number of Cities at All Levels	县级单位数 Number of Counties	市辖区 Districts Under the Jurisdiction of Cities	县级市 Cities at County Level	县 County
全　省	**Total**	**13**	**96**	**55**	**22**	**19**
南京市	Nanjing	1	11	11		
无锡市	Wuxi	1	7	5	2	
徐州市	Xuzhou	1	10	5	2	3
常州市	Changzhou	1	6	5	1	
苏州市	Suzhou	1	9	5	4	
南通市	Nantong	1	8	3	4	1
连云港市	Lianyungang	1	6	3		3
淮安市	Huaian	1	7	4		3
盐城市	Yancheng	1	9	3	1	5
扬州市	Yangzhou	1	6	3	2	1
镇江市	Zhenjiang	1	6	3	3	
泰州市	Taizhou	1	6	3	3	
宿迁市	Suqian	1	5	2		3

1-1 续表 Continued

单位:个　　(unit)

市　名	City	镇 Town	乡 Township	街道办事处 Subdistrict Office	居民委员会 Neighbourhood Committee	村民委员会 Village Committee
全　省	**Total**	**718**	**39**	**503**	**7318**	**14202**
南京市	Nanjing	6		94	968	282
无锡市	Wuxi	30		53	608	637
徐州市	Xuzhou	97		68	684	2037
常州市	Changzhou	36		25	407	628
苏州市	Suzhou	52		42	1152	1016
南通市	Nantong	65		38	625	1296
连云港市	Lianyungang	53	7	30	261	1423
淮安市	Huaian	57		38	296	1421
盐城市	Yancheng	95		30	618	1805
扬州市	Yangzhou	62	2	16	371	1013
镇江市	Zhenjiang	31		25	285	489
泰州市	Taizhou	65	2	23	463	1262
宿迁市	Suqian	69	28	21	580	893

1－2 国民经济和社会发展总量与速度指标

指标	Item	总量指标 1978	1990	2000	2010
人口与就业	**Population and Employment**				
人口 （万人）	**Population （10000 persons）**				
年末人口	Population at Year-end	5834.32	6766.90	7327.24	7869.34
城镇人口	Urban	800.77	1458.94	3040.81	4767.63
乡村人口	Rural	5033.55	5307.96	4286.43	3101.71
就业 （万人）	**Employment （10000 persons）**				
就业人数	Employment	2777.72	4225.02	4418.14	4754.68
#职工人数	Staff and Workers	581.50	879.85	673.25	710.58
#国有单位	State-owned Units	366.37	536.88	411.40	263.95
年末城镇登记失业人数	Unemployment Registered in Urban Area		22.52	30.36	40.65
宏观经济	**Macroeconomy**				
国民经济核算 （亿元）	**National Economic Accounting （100 million yuan）**				
地区生产总值	Gross Domestic Product	249.24	1416.50	8553.69	41383.87
第一产业	Primary Industry	68.71	355.17	1048.34	2530.94
第二产业	Secondary Industry	131.09	692.59	4435.89	21861.48
第三产业	Tertiary Industry	49.44	368.74	3069.46	16991.45
支出法地区生产总值	Gross Domestic Expenditures				
#最终消费	Final Consumption Expenditure	130.55	717.36	3710.72	17216.82
居民消费	Resident Consumption	115.15	608.29	2815.51	10942.82
政府消费	Government Consumption Expenditure	15.40	109.07	895.21	6274.00
资本形成总额	Gross Capital Formation	77.98	588.44	4044.78	21740.39
固定资本形成	Fixed Capital Formation	40.40	374.12	3225.42	21276.24
存货增加	Changes in Stock	37.58	214.32	819.36	464.15
投资 （亿元）	**Investment in Fixed Assets （100 million yuan）**				
房地产开发投资	Total Investment in Fixed Assets		11.71	358.72	4299.38
#住宅	State-owned Units			260.79	1133.06
财政 （亿元）	**Finance （100 million yuan）**				
一般公共预算收入	General Public Budget Revenue	61.09	136.20	448.31	4079.86
一般公共预算支出	General Public Budget Expenditure	28.38	100.97	591.28	4914.06
物价 （上年＝100）	**Price （preceding year＝100）**				
居民消费价格指数	General Consumer Price Index	100.1	103.2	100.1	103.8

Principal Aggregate Indicators on National Economic and Social Development and Growth Rate

Aggregate Data		速度指标 Indicies and Growth Rate							
		2019年比下列各年增长(%) Index (2019 as percentage of the following years)					年平均增长(%) Average Annual Growth Rate		
2015	2019	1978	1990	2000	2010	2015	1979 ~ 2019	2001 ~ 2019	2011 ~ 2019
7976.30	8070.00	38.3	19.3	10.1	2.5	1.2	0.8	0.5	0.3
5305.83	5968.23	645.3	309.1	96.3	25.2	12.5	5.0	3.6	2.5
2670.47	2371.77	-52.9	-55.3	-44.7	-23.5	-11.2	-1.8	-3.1	-2.9
4758.50	4745.20	70.8	12.3	7.4	-0.2	-0.3	1.3	0.4	…
1552.08	1332.32	129.1	51.4	97.9	87.5	-14.2	2.0	3.7	7.2
294.31	263.63	-28.0	-50.9	-35.9	-0.1	-10.4	-0.8	-2.3	…
36.01	35.09		55.8	15.6	-13.7	-2.6		0.8	-1.6
71255.93	99631.52	9213.6	2552.4	613.3	106.0	30.2	11.7	10.9	8.4
3952.47	4296.28	447.2	192.3	78.7	25.6	5.1	4.2	3.1	2.6
33371.77	44270.51	14005.0	3394.9	684.8	102.4	26.0	12.8	11.5	8.1
33931.69	51064.73	16976.8	3328.4	691.7	121.8	37.7	13.4	11.5	9.3
35002.17									
25245.17									
9757.00									
31813.01									
31153.21									
659.80									
8153.68	12009.35		102456.3	3247.8	179.3	47.3		20.3	12.1
3158.46	9461.98			3528.2	735.1	199.6		20.8	26.6
8028.59	8802.36	14308.8	6362.8	1863.5	115.8	9.6	12.9	17.0	8.9
9687.58	12573.55	44204.3	12352.8	2026.5	155.9	29.8	16.0	17.5	11.0
101.7	103.1	585.7	221.8	56.3	26.1	9.8	4.8	2.4	2.6

1-2 续表 1

指 标	Item	总量指标 1978	1990	2000	2010
商品零售价格指数	General Retail Price Index	100.2	102.3	98.6	103.2
工业生产者出厂价格指数	Ex -factory Price Index of Industrial Producers			101.1	107.3
利用外资 （亿美元）	**Utilization of Foreign Capital （USD 100 million）**				
协议注册外资	Agreement Registered Foreign		2.44	106.11	568.33
实际使用外资	Actual Use of Foreign Capital		1.41	64.24	284.98
产 业	**Industry**				
农业	**Agriculture**				
农林牧渔业劳动力 （万人）	Number of Persons Engaged in Agriculture, Forestry, Animal Husbandry and Fishery （10000 persons）	2030.67	1714.49	1480.22	859.83
农林牧渔业总产值 （亿元）	Gross Output Value of Agriculture, Forestry, Animal Husbandry and Fishery （100 million yuan）	105.87	580.53	1869.73	4283.21
主要农产品产量 （万吨）	Output of Major Farm Products （10000 tons）				
粮食	Grain	2400.65	3264.15	3106.63	3235.10
棉花	Cotton	47.54	46.42	31.45	26.08
油料	Oil-bearing Crops	37.44	112.39	225.65	151.97
糖类	Sugar Crops	6.88	22.26	28.26	10.27
蚕茧	Silkworm Cocoons	2.63	12.00	9.01	7.91
猪牛羊肉	Pork, Beef and Mutton		158.38	227.41	223.91
水产品	Aquatic Products	39.76	118.25	308.79	460.44
工业	**Industry**				
全部工业增加值 （亿元）	Output of Major Industrial Products （10000 tons）	117.10	634.13	3848.52	19382.18
主要工业产品产量 （万吨）	Output of Major Industrial Products （10000 tons）				
粗钢	Steel	54.51	190.18	617.16	6242.75
钢材	Rolled-steel	60.31	203.01	1401.83	9122.95
发电量 （亿千瓦时）	Electricity （100 million kW·h）	126.42	404.47	909.69	3358.98
原煤	Coal	1707.02	2407.79	2479.02	2122.48
农用化肥（折 100%）	Chemical Furtilizers	72.18	145.90	192.38	241.96
水泥	Cement	444.10	1532.89	4599.52	15647.46
化学纤维	Chemical Fiber	2.11	40.76	190.99	1027.19
彩色电视机 （万台）	Color Television Sets （10000 units）	0.03	36.64	127.66	1766.89
家用电冰箱 （万台）	Household Refrigerators （10000 units）		83.18	285.17	812.49
汽车 （万辆）	Household Refrigerators （10000 units）	1.51	4.63	9.06	72.87
建筑业	**Construction**				
建筑业从事主营业务活动的从业人员平均人数 （万人）	The average number of employees engaged in principal Business （10000 persons）		124.31	221.48	598.98
建筑业总产值 （亿元）	Gross Output Value （100 million yuan）		147.23	1546.17	12405.90
施工房屋面积 （万平方米）	Floor Space of Building Under Construction （10000 sq. m）		5241	21287	119036
竣工房屋面积 （万平方米）	Floor Space of Building Completed （10000 sq. m）		3308	12330	48560

1－2 Continued 1

Aggregate Data		速度指标 Indicies and Growth Rate							
2015	2019	2019 年比下列各年增长(%) Index (2019 as percentage of the following years)					年平均增长(%) Average Annual Growth Rate		
		1978	1990	2000	2010	2015	1979 ~ 2019	2001 ~ 2019	2011 ~ 2019
100.6	102.6	400.3	137.4	32.3	19.7	8.2	4.0	1.5	2.0
95.3	98.9		89.3	19.0	-1.0	4.5		0.9	-0.1
393.61	626.03		25540.0	490.0	10.2	59.0		9.8	1.1
242.75	261.24		18414.7	306.7	-8.3	7.6		7.7	-1.0
747.41	687.59	-66.1	-59.9	-53.5	-20.0	-8.0	-2.6	-4.0	-2.5
6980.37	7503.15	683.4	294.4	87.5	24.0	4.8	5.1	3.4	2.4
3561.34	3706.20	54.4	13.5	19.3	14.6	4.1	1.1	0.9	1.5
11.69	1.57	-96.7	-96.6	-95.0	-94.0	-86.6	-8.0	-14.6	-26.8
143.11	94.32	151.9	-16.1	-58.2	-37.9	-34.1	2.3	-4.5	-5.2
9.50	7.45	8.2	-66.6	-73.7	-27.5	-21.6	0.2	-6.8	-3.5
4.97	3.85	46.3	-67.9	-57.3	-51.4	-22.6	0.9	-4.4	-7.7
237.20	155.63		-1.7	-31.6	-30.5	-34.4		-2.0	-4.0
522.11	484.12	1118.2	309.6	56.9	5.2	-7.2	6.3	2.4	0.6
28802.63	37825.32	14892.2	3480.2	739.5	107.7	28.3	13.0	11.8	8.5
10995.17	12017.10	21945.7	6218.8	1847.2	92.5	9.3	14.1	16.9	7.5
13560.81	14211.41	23463.9	6900.3	913.8	55.8	4.8	14.3	13.0	5.0
4351.78	5015.41	3867.3	1140.0	451.3	49.3	15.2	9.4	9.4	4.6
1918.90	1102.74	-35.4	-54.2	-55.5	-48.0	-42.5	-1.1	-4.2	-7.0
203.76	199.06	175.8	36.4	3.5	-17.7	-2.3	2.5	0.2	-2.1
18013.66	15743.27	3445.0	927.0	242.3	0.6	-12.6	9.1	6.7	0.1
1430.62	1525.19	72183.9	3641.9	698.6	48.5	6.6	17.4	11.6	4.5
1626.20	1383.46	4611433.3	3675.8	983.7	-21.7	-14.9	29.9	13.4	-2.7
907.65	1068.08		1184.1	274.5	31.5	17.7		7.2	3.1
121.75	83.82	5458.6	1710.7	824.8	15.0	-31.2	10.3	12.4	1.6
833.31	912.14		633.8	311.8	52.3	9.5		7.7	4.8
24785.81	33103.64		22384.3	2041.0	166.8	33.6		17.5	11.5
215592	255298		4771.2	1099.3	114.5	18.4		14.0	8.8
76824	77899		2254.9	531.8	60.4	1.4		10.2	5.4

指标	Item	总量指标 1978	1990	2000	2010
交通运输	**Transportation**				
货运量（万吨）	Freight Traffic (10000 tons)	14626	49399	90436	188565
#铁路	Railways	3224	4235	4077	6374
公路	Highways	4488	27904	59056	123500
水运	Waterways	6557	15908	25902	48702
客运量（万人）	Passenger Traffic (10000 persons)	25621	48339	107244	226627
#铁路	Railways	2752	4788	4891	9711
公路	Highways	18694	41850	101713	215850
水运	Waterways	4175	1701	514	590
港口货物吞吐量（万吨）	Volume of Freight Handled at Seaports (10000 tons)	10183	17002	39200	158977
邮电通信业	**Postal and Telecommunications Services**				
邮电业务总量（亿元）	Total Business Revenue (100 million yuan)	1.83	9.98	323.45	2194.60
函件（亿件）	Number of Letters Delivered (100 million pieces)	1.63	3.30	5.74	9.36
年末固定电话用户（万户）	Number of Eited Telephone Subseribers at Year-end (10000 househalds)			1138.06	2498.80
年末移动电话用户（万户）	Number of Mobile Telephone Subseribers at Year-end (10000 househalds)			619.50	5923.10
国内商业	**Domestic Trade**				
社会消费品零售总额（亿元）	Total Retail Sales of Consumer Goods (100 million yuan)	84.79	515.43	2940.16	13990.35
对外经济贸易和旅游	**Foreign Trade and Tourism**				
进出口总额（亿美元）	Total Imports and Exports (USD 100 million)	4.27	41.39	456.38	4657.93
进口	Imports	0.09	11.95	198.69	1952.43
出口	Exports	4.18	29.44	257.70	2705.50
接待海外旅游人数（万人）	Number of International Tourists Received (10000 persons)	11.33	72.48	160.94	653.55
金融保险（亿元）	**Banking and Insurance (100 million yuan)**				
金融机构存款	Deposits of Banking System	60.72	860.33	8400.75	58984.14
金融机构贷款	Loans of Banking System	115.29	1013.45	5967.66	42121.04
国内保险保费收入	Domestic Premium		9.31	132.03	1162.67
教育、科技、文化	**Education, Science and Technology and Culture**				
教育	**Education**				
高等学校本专科在校学生（万人）	Students Enrollment in Institutions of Higher Education (10000 persons)	6.05	14.69	45.19	164.94
中等专业学校在校学生（万人）	Students Enrollment in Specialized Secondary Schools (10000 persons)	3.84	13.99	43.62	68.30
普通中学在校学生（万人）	Students Enrollment in Regular Secondary Schools (10000 persons)	385.85	281.97	373.64	368.61
小学在校学生（万人）	Students Enrollment in Primary Schools (10000 persons)	868.90	612.29	718.55	398.78
科技	**Science and Technology**				
县以上科研机构数（个）	Number of Scientific & Technological Research Institutions of County Level and Above (unit)		326	313	135
各类专业技术人员（万人）	Scientific and Technical Personnel (10000 persons)	22.18	158.86	194.24	140.53

1 - 2　Continued 2

Aggregate Data		速 度 指 标　Indicies and Growth Rate							
2015	2019	2019 年比下列各年增长(%) Index (2019 as percentage of the following years)					年 平 均 增 长(%) Average Annual Growth Rate		
		1978	1990	2000	2010	2015	1979 ~ 2019	2001 ~ 2019	2011 ~ 2019
211648	281060					32.8			
5066	6170					21.8			
113351	164577					45.2			
80343	95541					18.9			
153943	120802					-21.5			
16116	22880					42.0			
134553	94475					-29.8			
2392	2083					-12.9			
233289	283111					21.4			
2280.60	8973.55	490257.9	89815.3	2674.3	308.9	293.5	23.0	19.1	16.9
4.88	2.10	28.8	-36.4	-63.4	-77.6	-57.0	0.6	-5.2	-15.3
1972.99	1329.11			16.8	-46.8	-32.6		0.8	-6.8
8227.33	10165.91			1541.0	71.6	23.6		15.9	6.2
26710.13	37672.51	44330.4	7208.9	1181.3	169.3	41.0	16.0	14.4	11.6
5456.14	6294.70	147147.9	15107.9	1279.3	35.1	15.4	19.5	14.8	3.4
2069.45	2346.85	2598848.0	19534.3	1081.2	20.2	13.4	28.1	13.9	2.1
3386.68	3947.84	94242.1	13310.6	1432.0	45.9	16.6	18.2	15.4	4.3
305.01	399.46	3425.7	451.1	148.2	38.9	31.0	9.1	4.9	-5.3
107873.03	152837.34	251608.4	17665.0	1719.3	159.1	41.7	21.0	16.5	11.2
78866.34	133329.87	115547.4	13056.0	2134.2	216.5	69.1	18.8	17.8	13.7
1989.91	3750.21		40181.5	2740.4	222.6	88.5		19.3	13.9
171.57	187.41	2997.7	1175.8	314.7	13.6	9.2	8.7	7.8	1.4
51.89	49.01	1176.3	250.3	12.4	-28.2	-5.6	6.4	0.6	-3.6
284.52	347.49	-9.9	23.2	-7.0	-5.7	22.1	-0.3	-0.4	-0.7
499.64	572.64	-34.1	-6.5	-20.3	43.6	14.6	-1.0	-1.2	4.1
130	116		-64.4	-62.9	-14.1	-10.8		-5.1	-1.7
118.43	122.00	450.1	-23.2	-37.2	-13.2	3.0	4.2	-2.4	-1.6

1-2 续表 3

指标	Item	总量指标 1978	1990	2000	2010
#工程技术人员	Engineering Personnel	7.83	31.84	44.84	19.00
文化	**Culture**				
图书出版量（亿册）	Books Published (100 million copies)	1.94	3.44	3.47	5.17
杂志出版量（万册）	Magazines Issued (10000 copies)	535	4107	11008	10475
报纸出版量（亿份）	Newspapers Issued (100 million copies)	2.45	8.27	23.34	27.12
家庭、生活、环境	**Family, People's Livelihood and Environment**				
家庭	**Family**				
总户数（万户）	Total Househalds (10000 househalds)	1423.11	1806.78	2220.38	2564.59
城镇居民平均每户家庭人口（人）	Average Household Size in Urban Areas (person)		3.34	3.07	2.79
农村居民平均每户家庭人口（人）	Average Household Size in Rural Areas (person)		4.10	3.74	3.68
居住	**Housing**				
城镇居民人均住房建筑面积（平方米）	Per Capita Net Floor Space of Urban Residents (sq. m)	5.7	17.29	25.54	33.39
农村居民人均住房建筑面积（平方米）	Per Capita Net Floor Space of Rural Residents (sq. m)	9.7	25.20	33.70	46.33
生活	**People's Livelihood**				
城镇常住居民人均可支配收入（元）	Per Capita Annual Disposable Income of Urban Residents (yuan)	288	1464	6800	22944
农村常住居民人均可支配收入（元）	Per Capita Annual Disposable Income of Rural Residents (yuan)	155	884	3595	9118
工资	**Wages and Welfare**				
工资总额（亿元）	Total Wages of Staff and Workers (100 million yuan)	29.05	184.60	705.36	2841.33
职工平均工资（元）	Average Wage of Staff and Workers (yuan)	513	2129	10299	40505
卫生	**Health Care**				
卫生机构数（个）	Number of Health Care Organizations (unit)	9277	12366	12813	30961
#医院、卫生院	Hospital and Commune Hospitals	2428	2491	2511	2433
床位数（万张）	Number of Hospital Beds (10000 units)	12.29	16.45	17.31	26.97
#医院、卫生院	Hospital and Commune Hospitals	11.07	14.54	16.18	24.74
卫生技术人员数（万人）	Number of Medical Technical Personnels (10000 persons)	14.00	21.35	25.36	32.84
#执业（助理）医师	Doctors	5.70	9.94	11.44	12.90
市政建设	**Urban Civil Construction**				
自来水供水量（亿吨）	Volume of Tap Water Supply (100 million tons)	3.51	25.67	35.34	48.28
排水管道长度（公里）	Length of Sewer Pipelines (km)	1503	4099	11097	46867
年末实有道路长度（公里）	Year-end Length of Paved Roads (km)	1893	5812	11011	31899

1－2　Continued 3

Aggregate Data		速度指标　Indicies and Growth Rate							
2015	2019	2019 年比下列各年增长(％) Index (2019 as percentage of the following years)					年平均增长(％) Average Annual Growth Rate		
		1978	1990	2000	2010	2015	1979～2019	2001～2019	2011～2019
11.46	11.96	52.8	－62.4	－73.3	－37.1	4.4	1.0	－6.7	－5.0
6.23	7.39	280.9	114.8	113.0	42.9	18.6	3.3	4.1	4.0
11431	10836	1925.4	163.8	－1.6	3.4	－5.2	7.6	－0.1	0.4
26.39	20.29	728.0	145.3	－13.1	－25.2	－23.1	5.3	－0.7	－3.2
2617.80	2647.77	86.1	46.5	19.2	3.2	1.1	1.5	0.9	0.4
2.98	2.97		－11.1	－3.3	6.5	－0.2		－0.2	0.7
2.96	2.88		－29.8	－23.0	－21.7	－2.8		－1.4	－2.7
39.62	47.54	734.0	175.0	86.1	42.4	20.0	5.3	3.3	4.0
54.95	61.67	535.8	144.7	83.0	33.1	12.2	4.6	3.2	3.2
37173	51056	17611.4	3384.2	650.1	122.3	37.3	13.5	11.2	9.3
16257	22675	14527.7	2464.8	530.7	148.7	39.5	12.9	10.2	10.7
9802.41	12213.08	41941.6	6516.0	1631.5	329.8	24.6	15.9	16.2	17.6
67200	98669	19133.7	4534.5	858.0	143.6	46.8	13.7	12.6	10.4
31925	34796	275.1	181.4	171.6	12.4	9.0	3.3	5.4	1.3
2616	2982	22.8	19.7	18.8	22.6	14.0	0.5	0.9	2.3
41.36	51.59	319.8	213.6	198.0	91.3	24.7	3.6	5.9	7.5
38.49	48.18	335.2	231.4	197.8	94.7	25.2	3.7	5.9	7.7
48.70	63.33	352.4	196.6	149.7	92.9	30.0	3.7	4.9	7.6
18.92	25.47	346.8	156.2	122.6	97.4	34.6	3.7	4.3	7.9
50.68	59.99	1609.1	133.7	69.8	24.3	18.4	7.2	2.8	2.4
70048	83943	5485.0	1947.9	656.5	79.1	19.8	10.3	11.2	6.7
40749	49056	2491.4	744.0	345.5	53.8	20.4	8.3	8.2	4.9

1－3 国民经济和社会发展结构指标

Composition Indicators on National Economic and Social Development

单位:% (%)

指标	Item	1978	2000	2005	2010	2015	2019
人口与就业	**Population and Employment**						
人　口	**Population**						
城乡结构	Urban and Rural Structure						
城镇	Urban	13.7	41.5	50.5	60.6	66.5	70.6
乡村	Rural	86.3	58.5	49.5	39.4	33.5	29.4
性别结构	Sexual Structure						
男	Male	50.6	50.6	50.0	50.4	50.3	50.3
女	Female	49.4	49.4	50.0	49.6	49.7	49.7
就　业	**Employment**						
产业结构	Industrial Structure						
第一产业	Primary Industry	69.7	42.8	30.9	22.3	18.4	15.5
第二产业	Secondary Industry	19.6	30.2	37.2	42.0	43.0	42.4
第三产业	Tertiary Industry	10.7	27.0	31.9	35.7	38.6	42.1
经济类型结构	Structures by Ownership						
城镇非私营单位从业人员	Staff and Workers Employed in Urban Units	20.9	15.7	13.7	16.1	32.6	26.4
国有单位	State-owned	13.2	9.5	6.2	5.9	6.2	5.2
城镇集体单位	Collective-owned	7.7	2.7	0.8	0.6	0.7	0.6
其他单位	Others		3.5	6.7	9.5	25.7	20.7
城镇私营企业和个体就业人员	Urban Private Enterprises and Self-employed Workers	0.1	4.0	12.8	27.3	41.6	57.0
其他	Others	79.0	80.3	73.5	56.6	25.8	16.6
宏观经济	**Macro Economy**						
国民经济核算	**National Economic Accounting**						
地区生产总值产业结构	Industrial Structures						
第一产业	Primary Industry	27.6	12.3	8.1	6.1	5.5	4.3
第二产业	Secondary Industry	52.6	51.9	56.5	52.8	46.8	44.4
第三产业	Tertiary Industry	19.8	35.9	35.4	41.1	47.6	51.3
投　资	**Investment**						
经济类型结构	Structure by Ownership						
国有经济	State-owned	95.2	40.1	23.8	20.1	19.4	

1-3 续表1 Continued 1

单位:% (%)

指　标	Item	1978	2000	2005	2010	2015	2019
集体经济	Collective-owned	4.8	15.2	5.1	4.2	4.1	0.7
港澳台及外商投资经济	Hong Kong, Macao, Taiwan and Foreign Investment Economy		12.1	17.9	13.7	8.5	9.7
私营个体经济	Private and Individuals		10.9	30.0	35.9	46.3	50.2
其他经济	Others		21.7	23.2	26.1	21.7	25.2
财　政	**Government Finance**						
一般公共预算支出结构	Structure of General Public Budgetary Expenditure						
#农林水事务	Operating Expenses of Agriculture, Forestry and Water	25.1	7.9	5.8	10.0	10.4	8.2
教育支出	Education	10.8	19.9	15.4	17.6	18.0	17.6
利用外资	**Utilization of Foreign Capital**						
实际外商直接投资结构	Structure of Foreign Direct Investment						
合资经营企业	Joint Venture Enterprises		35.4	18.9	16.6	19.0	27.7
合作经营企业	Cooperative Operation Enterprises		5.6	1.5	0.9	0.6	0.4
独资经营企业	Foreign Solely Funded Enterprises		59.0	79.0	80.1	76.5	69.9
外商投资股份制企业	Share Holding with Foreign Investment		0.04	0.7	2.3	4.0	1.9
产业经济	**Industrial Economy**						
农　业	**Agriculture**						
农林牧渔业产值结构	Structure of Gross Output Value						
农业	Farming	80.4	58.6	50.1	52.8	52.9	51.0
林业	Forestry	1.4	1.6	1.8	1.8	1.8	2.2
牧业	Animal Husbandry	15.8	23.0	23.2	21.5	18.0	16.2
渔业	Fishery	2.3	16.7	19.9	18.7	21.6	23.2
农林牧渔服务业	Service in Support of Agriculture			5.0	5.1	5.7	7.4
工　业	**Industry**						
工业产值按轻重分	Grouped by Light and Heavy Industry						
轻工业	Light Industry	52.4	43.2	31.2	26.6	27.4	24.5
重工业	Heavy Industry	47.6	56.8	68.8	73.4	72.6	75.5

1-3 续表2 Continued 2

单位:% (%)

指标	Item	1978	2000	2005	2010	2015	2019
建筑业	**Construction**						
建筑业总产值结构	Structure of Gross Output Value of Construction						
国有经济	State-owned		24.4	19.8	9.7	8.6	11.4
地方	Local-owned		19.9	16.7	5.7	4.8	6.9
部属	Central-owned		4.4	3.1	4.1	3.9	4.5
集体及其他经济	Rural and Township Industry and Others		75.6	80.2	90.3	91.4	88.6
运输业	**Transportation**						
货运量结构	Structure of Freight Traffic						
#铁路	Railways	22.0	4.5	4.5	3.4	2.4	2.2
公路	Highways	30.7	65.3	67.6	65.5	53.6	58.6
水运	Waterways	44.8	28.6	25.9	25.8	38.0	34.0
对外经济贸易和旅游	**Foreign Trade and Tourism**						
出口商品结构	Structure of Exports						
#亚洲地区	Asia		51.3	45.4	39.2	46.7	45.8
欧洲地区	Europe		20.6	24.8	27.7	19.5	21.5
北美洲	North America		20.9	23.8	23.1	23.1	21.5
海外旅游人数结构	Structure of Tourists						
外国人	Foreigners	76.2	61.0	69.3	72.5	65.8	66.7
港澳同胞	Compatriots from Hongkong, Macao	23.8	16.8	11.9	9.8	4.8	5.9
台湾同胞	Compatriots from Taiwan		22.2	18.8	17.7	29.3	27.4
教育、科技、文化	**Education, Science and Culture**						
教育	**Education**						
在校学生结构	Structure of Student Enrollment						
大学生	College and University Students	0.5	3.8	9.7	16.1	17.0	17.6
中学生	Secondary School Students	30.8	36.2	49.6	45.1	33.4	34.1
小学生	Primary School Students	68.7	60.0	40.6	38.8	49.6	48.3
专任教师结构	Full-time Teachers by Type						
大学	Colleges and Universities	3.0	5.8	10.5	15.1	15.7	15.5
中学	Secondary Schools	37.1	43.7	48.6	47.9	43.7	43.7
小学	Primary Schools	59.9	50.5	40.9	37.0	40.6	40.7
科技	**Science and Technology**						
各类专业技术人员结构	Structure of Scientific and Technical Personnel						

1－3 续表3 Continued 3

单位:% (%)

指 标	Item	1978	2000	2005	2010	2015	2019
#工程技术人员	Engineering Personnel	35.3	23.1	14.1	13.5	9.7	9.8
农业技术人员	Agriculture	6.1	2.4	2.1	1.9	2.2	2.1
科学研究人员	Scientific Research	5.5	0.9	1.2	1.1	1.0	0.9
卫生技术人员	Health Care	30.5	11.9	15.8	15.1	19.4	19.5
教学人员	Teaching	22.5	34.1	46.6	47.5	56.9	56.1
生活、卫生	**People's Livelihood and Healthcare**						
生 活	**People's Livelihood**						
城镇居民消费结构	Consumption Structure of Urban Residents						
食品	Food	55.1	41.1	37.2	36.5	28.1	25.5
衣着	Clothing	13.8	9.2	9.3	10.2	7.1	6.2
居住	Residence		8.2	9.2	8.6	22.6	28.0
其他	Others		41.5	44.3	44.7	42.2	40.3
农村居民消费结构	Consumption Structure of Rural Residents						
食品	Food	62.1	43.5	44.0	38.1	31.7	26.2
衣着	Clothing	12.1	5.4	5.4	5.4	6.0	5.0
居住	Residence	13.6	18.9	14.4	17.9	20.6	24.1
其他	Others	12.1	32.2	36.2	38.6	41.7	44.7
卫 生	**Healthcare**						
卫生机构构成	Structure of Health Care Institutions						
#医院、卫生院	Hospitals and Commune Hospitals	26.2	19.6	16.2	7.9	8.2	8.6
门诊部	Clinics		0.8	2.4	1.7	3.4	6.5
妇幼保健院	Maternity and Child Care Institutions	0.9	0.9	0.7	0.3	0.3	0.3
疾病预防控制中心	Disease Protection and Controlling Centers	1.2	1.1	1.0	0.4	0.4	0.3
卫生技术人员构成	Structure of Medical Technical Personnels						
#执业医师	Doctors	40.7	45.1	42.3	39.3	38.9	40.2
注册护士	Registered Nurses	12.8	29.1	31.3	37.3	41.9	44.2
卫生机构床位数构成	Hospital Beds by Structures						
医院、卫生院	Hospitals and Commune Hospitals	90.1	93.5	94.1	91.7	93.1	93.4
其他卫生机构	Other Sanatation Organization	8.9	3.2	3.4	7.5	6.9	6.6

1－4　国民经济和社会发展比例和效益指标
Indicators on National Economic and Social Development

指　　标	Item	2015	2016	2017	2018	2019
人口与就业	**Population and Employment**					
出生率　（‰）	Birth Rate　（‰）	9.05	9.76	9.71	9.32	9.12
死亡率　（‰）	Death Rate　（‰）	7.03	7.03	7.03	7.03	7.04
自然增长率　（‰）	Natural Growth Rate　（‰）	2.02	2.73	2.68	2.29	2.08
城镇登记失业率　（%）	Registered Unemployment Rate in Urban Areas　（%）	3.00	3.00	2.98	2.97	3.03
国民经济核算	**National Accounting**					
服务业增加值占地区生产总值比重　（%）	Proportion of Value-added of Service Industry to GDP　（%）	47.6	49.5	49.7	50.4	51.3
人均地区生产总值　（元）	Per Capita GDP　（yuan）	89426	96840	107150	115930	123607
人均地区生产总值　（美元）	Per Capita GDP　（USD）	14358	14579	15870	17519	17918
全社会劳动生产率　（元/人）	The Labor Productivity of the Whole Employment　（yuan / person）	149708	162592	180512	196047	209837
固定资产投资	**Investment in Fixed Assets**					
全社会房屋建筑竣工率　（%）	Rate of Total Floor Space of Buildings Completed　（%）	35.6	33.9	32.5	30.0	30.5
消费	**Consumption**					
人均社会消费品零售额　（元）	Per Capita Retail Sales of Consumer Goods　（yuan）	33521	37074	40951	44120	46738
对外贸易	**Foreign Trade**					
进出口总额相当于地区生产总值比例　（%）	Proportion of Total Value of Imports & Exports to GDP　（%）	47.7	44.2	46.6	47.3	43.5
出口总额相当于地区生产总值比例　（%）	Proportion of Total Value of Imports to GDP　（%）	29.6	27.7	28.6	28.8	27.3
高新技术产品出口额占出口总额的比重　（%）	Proportion of New and High Technology Product Imports to Imports　（%）	38.7	36.6	38.0	38.0	36.6
机电产品出口额占出口总额的比重　（%）	Proportion of Electronic Mechanical Product Imports to Imports　（%）	66.4	65.1	65.9	66.1	66.0
一般贸易出口额占出口总额的比重　（%）	Proportion of Ordinary Trade Imports to Imports　（%）	45.8	48.7	48.3	50.3	53.2
加工贸易出口额占出口总额的比重　（%）	Proportion of Processing Trade Imports to Imports　（%）	43.7	43.5	41.7	38.4	37.9
财政	**Government Finance**					
一般公共预算收入相当于地区生产总值比例　（%）	Proportion of General Public Budget Revenue to GDP　（%）	11.3	10.7	9.5	9.3	8.8
一般公共预算支出相当于地区生产总值比例　（%）	Proportion of General Public Budget Expenditure to GDP　（%）	13.6	13.1	12.4	12.6	12.6
农业	**Agriculture**					
每公顷播种面积农产品产量　（公斤）	Output of Farm Crops per Hectare of Sown Area　（kg）					
粮食	Grain	6565	6380	6547	6684	6887
棉花	Cotton	1240	1164	1226	1241	1350
油料	Oil-bearing	3010	3008	3068	3274	3335
工业	**Industry**					
总资产贡献率　（%）	Ratio of Total Assets to Industrial Output Value　（%）	15.6	15.42	14.22	12.11	9.28
资产负债率　（%）	Assets-Liability Ratio　（%）	53.1	51.92	52.34	52.62	53.00
流动资产周转次数　（次/年）	Turnover of Working Capital　（times/year）	2.72	2.70	2.42	2.00	1.71
成本费用利润率　（%）	Ratio of Profits to Industrial Cost　（%）	6.95	7.12	7.11	6.91	6.17

1－4 续 表 Continued

指 标	Item	2015	2016	2017	2018	2019
建筑业	**Construction**					
建筑业劳动生产率 (元/人)	Overall Labor Productivity (yuan/person)	297437	304925	312383	335803	362928
产值利税率 (%)	Ratio of Pre-tax Profits to Gross Output Value (%)	7.06	7.08	7.10	7.43	6.89
交通运输业	**Transportation**					
铁路网密度 (公里/万平方公里)	Railway Density (km/10000 sq. km)	250	254	258	283	330
公路网密度 (公里/万平方公里)	Highway Density (km/10000 sq. km)	14814	14646	14783	14804	14917
邮电通信业	**Postal and Telecommunication Services**					
电话普及率(含移动电话) (部/百人)	Access to Telephones (include mobile phone) (set/100 persons)	129	124	129	139	143
移动电话普及率 (部/百人)	Access to Mobile Phones (set/100 persons)	103	103	110	122	126
旅游业	**Tourism**					
每一来华游客花费 (美元)	Expenditure per International Tourist in China (USD)	1156	1153	1133	1160	1187
国内旅游人均花费 (元)	Expenditure per Domestic Tourist (yuan)	1416	1468	1522	1578	1587
金融业	**Financial Intermediation**					
金融机构存款相当于地区生产总值比例 (%)	Deposits of Financial Institutions as Percentage of GDP (%)	151.3	159.2	151.3	150.9	153.4
金融机构贷款相当于地区生产总值比例 (%)	Loans of Financial Institutions as Percentage of GDP (%)	110.6	119.7	118.9	125.0	133.8
金融机构年末人民币贷、存款余额比例 (%)	Ratio of Loan to Deposit of Financial Institutions at year end (%)	73.1	75.2	78.6	82.8	87.2
教育	**Education**					
每万人口在校大学生数 (人)	Number of University and College Students per 10000 Population (person)	234.6	238.4	242.2	248.5	258.8
初中升学率 (%)	Promotion Rate from Junior Secondary Schools to Senior Secondary Schools (%)	100.0	100.0	100.0	100.0	100.0
小学升学率 (%)	Promotion Rate from Primary Schools to Junior Secondary Schools (%)	100.0	100.0	100.0	100.0	100.0
学龄儿童入学率 (%)	Enrollment Ratio of Primary Schools (%)	100.0	100.0	100.0	100.0	100.0
科技	**Science and Technology**					
研发经费支出相当于地区生产总值比例 (%)	R&D Expenditure as Percentage of GDP (%)	2.53	2.62	2.63	2.70	2.79
高新技术产业产值占工业总产值比例 (%)	Proportion of New and High Technology Output to Industry (%)	40.1	41.5	42.7	43.8	44.4
每万人口发明专利拥有量 (件/万人)	Possession of Invention Patent per 10000 Population (uint/10000 persons)	14.22	18.50	22.50	26.45	30.16
卫生	**Health Care**					
每万人口执业(助理)医师数 (人)	Number of Licensed (Assistant) Doctors per 10000 Population (person)	23.7	25.6	27.1	29.0	31.6
每万人口医院、卫生院床位数 (张)	Number of Beds of Hospitals and Health Centers per 10000 Population (bed)	48.3	51.9	54.6	59.7	59.7
医疗机构病床使用率 (%)	Beds Utilization Rate of Medical Organizations (%)	83.1	82.5	83.0	82.0	81.0
人民生活	**People's Livelihood**					
城镇恩格尔系数 (%)	Engle Coefficient of Urban Household (%)	28.1	28.0	27.5	26.1	25.5
农村恩格尔系数 (%)	Engle Coefficient of Rural Household (%)	31.7	29.5	28.9	26.2	26.2
城乡收入比(以农民收入为1)	Income Ratio of Urban and Rural Residents(1 for a Rural Resident)	2.29	2.28	2.28	2.26	2.25
城市市政建设	**Municipal Works**					
用水普及率 (%)	Percentage of Population with Access to Tap Water (%)	99.8	99.9	100.0	100.0	100.0
燃气普及率 (%)	Percentage of City Population with Access to Gas (%)	99.6	99.5	99.7	99.8	99.8
人均公园绿地面积 (平方米)	Per Capita Public Green Area (sq. m)	14.6	14.8	15.0	14.7	15.0

1-5 江苏国民经济占全国的比重（2019 年）
Percentage of Jiangsu's National Economy in the Country (2019)

指　　标	Item	全　国 Country	江　苏 Jiangsu	江苏占全国的比重(%) Percentage to the Country of Jiangsu(%)
土地面积（万平方公里）	Land Area (10000 sq. km)	960	10.72	1.1
年末总人口（万人）	Year-end Total Population (10000 persons)	140005	8070.00	5.8
地区生产总值（亿元）	Domestic Gross Product (100 million yuan)	990865	99631.52	10.1
第一产业	Primary Industry	70467	4296.28	6.1
第二产业	Secondary Industry	386165	44270.51	11.5
第三产业	Tertiary Industry	534233	51064.73	9.6
人均生产总值（元）	Per Capita GDP (yuan)	70892	123607	高 52715 元
一般公共预算收入（亿元）	General Public Budget Revenue (100 million yuan)	101077	8802.36	8.7
房地产开发投资(亿元)	Real Estate Development	132194	12009.35	9.1
社会消费品零售总额（亿元）	Total Retail Sales of Consumer Goods (100 million yuan)	411649	37672.51	9.2
进出口总额（亿美元）	Total Exports and Imports (USD 100 million)	315505	43379.73	13.7
#出　口	Exports	172342	27208.63	15.8
普通高等学校本专科在校生（万人）	Students Enrollment in Institutions of Higher Education (10000 persons)	3032	187.41	6.2
卫生机构床位数（万张）	Number of Beds of Health Care Institutions (10000 units)	881	51.59	5.9
卫生技术人员（万人）	Medical Technical Personnel (10000 persons)	1015	63.33	6.2
#执业(助理)医师	Practitioner (Assistant) Doctors	387	25.47	6.6
居民人均可支配收入（元）	Per Capita Disposable Income of Residents (yuan)	30733	41400	高 10667 元
城镇常住居民人均可支配收入（元）	Per Capita Annual Disposable Income of Urban Permanent Residents (yuan)	42359	51056	高 8697 元
农村常住居民人均可支配收入（元）	Per Capita Annual Disposable Income of Rural Permanent Residents (yuan)	16021	22675	高 6655 元
工农业主要产品产量（万吨）	Output of Major Industrial and Agricultural Products (10000 tons)			
粮　食	Grain	66384	3706.20	5.6
棉　花	Cotton	589	1.57	0.3
油　料	Oil-bearing	3493	94.32	2.7
粗　钢	Rough Steel	99634	12017.10	12.1
钢　材	Rolled Steel	120477	14211.41	11.8
发电量（亿千瓦时）	Electricity (100 million kW·h)	75034	5015.41	6.7
水　泥	Cement	235012	15743.27	6.7
农用化肥(折 100%)	Chemical Fertilizers (convert into 100 %)	5731	199.06	3.5
化学纤维	Chemical Fibers	5953	1531.47	25.7
布（亿米）	Cloth (100 million)	576	66.12	11.5
彩色电视机（万台）	Colour Television Sets (10000 set)	18999	1383.46	7.3
汽　车（万辆）	Moter Vehicles (10000 units)	2553	83.82	3.3

1-6 江苏的一天
One Day in Jiangsu

指标	Item	1978	2000	2005	2010	2015	2019
每天创造的财富	**Daily Production**						
地区生产总值（亿元）	Gross Domestic Product (100 million yuan)	0.68	23.43	49.65	113.38	195.22	272.96
第一产业	Primary Industry	0.19	2.87	4.00	6.93	10.83	11.77
第二产业	Secondary Industry	0.36	12.15	28.06	59.89	91.43	121.29
第三产业	Tertiary Industry	0.14	8.41	17.59	46.55	92.96	139.90
#工业	Industry	0.32	10.54	25.08	53.10	78.91	103.63
建筑业	Construction	0.04	1.61	2.97	6.79	12.62	17.79
房地产业	Real Estate	0.02	0.82	2.19	6.99	13.57	22.08
财政收入（亿元）	Government Revenue (100 million yuan)	0.17	2.37	8.56	32.17	48.88	67.72
粮食（万吨）	Grain (10000 tons)	6.58	8.51	7.77	9.00	9.85	10.15
猪牛羊肉（吨）	Meat (ton)		6230	6633	6135	6356	4264
水产品（吨）	Aquatic Products (ton)	1089	8460	10648	12615	14304	13270
粗钢（万吨）	Rough Steel (10000 tons)	0.15	1.69	9.00	17.10	30.12	32.92
钢材（万吨）	Rolled-steel (10000 tons)	0.17	3.84	11.86	24.99	37.15	38.94
发电量（亿千瓦时）	Electricity (100 million kW·h)	0.35	2.49	4.90	9.20	11.92	13.74
原煤（万吨）	Coal (10000 tons)	4.68	6.79	7.72	5.82	5.26	3.02
水泥（万吨）	Cement (10000 tons)	1.22	12.60	26.24	42.87	49.35	43.13
布（万米）	Cloth (10000 m)	385	924	1479	2424	2621	1812
每天消费量	**Daily Consumption**						
城镇居民人均生活消费支出（元）	Per Living Consumption Expenditure of Urban Residents (yuan)	0.76	14.58	23.62	39.33	68.40	85.83
#食品烟酒	Food, Tobacco and Wine	0.42	6.00	8.78	14.36	19.19	21.87
农村居民人均生活消费支出（元）	Per Living Consumption Expenditure of Rural Residents (yuan)	0.38	6.40	9.77	17.93	35.29	48.54
#食品烟酒	Food, Tobacco and Wine	0.24	2.79	4.30	6.83	11.17	12.73
社会消费品零售总额（亿元）	Total Retail Sales of Consumer Goods (100 million yuan)	0.23	7.97	15.71	37.28	70.90	103.21
每天其他经济活动	**Other Daily Economic Activities**						
货物运输量（万吨）	Freight Traffic (10000 tons)	40.07	247.77	309.34	516.60	579.86	770.03
旅客运输量（万人）	Passenger Traffic (10000 persons)	70.19	293.82	397.82	620.90	421.76	330.96
竣工房屋面积（万平方米）	Floor Space of Housing Completed (10000 sq. m)		58.32	69.57	133.04	210.48	199.72
出版报纸（万份）	Newspaper Published (10000 copies)	67.12	639.45	734.25	743.05	735.07	555.80
邮寄函件（万件）	Letters Delivered (10000 pieces)	44.66	157.26	115.34	256.44	133.70	57.53
进出口总额（万美元）	Total of Imports and Exports (USD 10000)	117	12504	62450	127614	149483	172457
#出口	Export	115	7060	33694	74123	92786	108160
实际使用外资（万美元）	Actual Use of Foreign Capital (USD 10000)		1760	3611	7808	6651	7157
每天人口变动和婚姻	**Daily Population Changes and Marriages**						
出生人数（人）	Births (person)	2483	1808	1886	2079	1976	2014
死亡人数（人）	Deaths (person)	968	1299	1436	1470	1535	1555
结婚对数（对）	Marriages (couple)		1365	1293	2074	2153	1560
离婚对数（对）	Divorces (couple)		153	339	439	517	823

1-7 全省人均国民经济主要指标
Major Per Capita Indicators of Jiangsu National Economy

指　　标	Item	1978	2000	2005	2010	2015	2019
地区生产总值　（元）	Gross Domestic Product　(yuan)	430	11765	23984	52787	89426	123607
第一产业	Primary Industry	118	1442	1934	3228	4960	5330
第二产业	Secondary Industry	226	6101	13553	27885	41881	54924
第三产业	Tertiary Industry	85	4222	8496	21673	42584	63353
#工　业	Industry	202	5294	12117	24723	36147	46928
建筑业	Construction	24	808	1437	3162	5782	8056
房地产业	Real Estate	9	410	1058	3254	6217	9997
一般公共预算收入　（元）	General Public Budget Revenue　(yuan)	105	617	1751	5204	10076	10921
一般公共预算支出　（元）	General Public Budget Expenditure　(yuan)	49	813	2215	6268	12158	15599
房地产开发投资(元)　（元）	Total Investment in Fixed Assets　(yuan)		531	2045	5484	10233	14899
社会消费品零售额(元)　（元）	Total Investment in Fixed Assets　(yuan)	146	4001	7591	17115	32475	46738
进出口总额　（美元）	Total Imports and Exports　(USD)	7	628	3017	5941	6847	7809
#出　口	Exports	7	354	1628	3451	4250	4898
城镇常住居民可支配收入　（元）	Annual Disposable Income of Urban Residents　(yuan)	288	6800	12319	22944	37173	51056
农村常住居民可支配收入　（元）	Annual Disposable Income of Rural Residents　(yuan)	155	3595	5276	9118	16257	22675
在校大学生数　（人/万人）	Number of Students Enrollment in Institution of Higher Education　(person/10000 persons)	10	62	155	210	235	259
医院病床数　（张/万人）	Hospital Beds　(bed/10000 persons)	19	22	26	31	48	64
卫生技术人员数　（人/万人）	Medical Technical Personnel　(person/10000 persons)	24	35	34	42	61	79
#执业医师	Doctors	10	16	15	16	24	32
主要工农业产品产量　（千克）	Output of Major Industrial and Agricultural Products　(kg)						
粮　食	Grain	414	427	380	421	451	460
棉　花	Cotton	8.2	4.3	4.3	3.3	1.5	0.2
油　料	Oil-Bearing Crops	6	31	29	16	12	12
粗　钢	Steel	9	85	435	796	1380	1491
原　煤	Coal	294	341	373	271	241	137
发电量　（千瓦时）	Electricity　(kW·h)	218	1251	2368	4285	5461	6222

1-8 全省法人单位数及从业人员数

Number of Corporations and Empolyment

项 目	Item	法人单位数(个) Corporation Units (unit)		从业人员(万人) Employees (10000 persons)	
		2018	2019	2018	2019
合 计	**Total**	**2053630**	**2327228**	**3828.12**	**4032.63**
按机构类型分	**Crouped by Type of Organization**				
企业	Enterprises	1859211	2119010	3457.88	3661.55
事业单位	Institutions	41811	40744	188.87	171.71
机关	Agencies & Organizations	9404	9351	78.28	65.88
社会团体	Social Organizations	31416	30577	11.05	15.62
民办非企业单位	Non-enterprise Units Run by NGO	45245	45128	39.76	43.32
基金会	Fund Organizations	548	556	0.26	0.32
居委会	Neighborhood Committee	7291	7423	7.33	7.41
村委会	Village Committee	15208	15341	13.35	13.35
农民专业合作社	Village Committee	33076	48030	23.28	43.87
农村集体经济组织	Village Committee	639	623	0.45	0.50
其他组织机构	Others	9781	10445	7.61	9.10
按登记注册类型分	**Grouped by Type of Registration**				
内资	Inner Funded	2025882	2295828	3422.65	3615.48
国有	State-owned	51765	51317	265.20	245.80
集体	Collective-owned	20440	19761	36.58	39.21
股份合作	Share Holding Cooperative	1401	1478	2.72	2.92
联营	Joint Ownership	576	535	0.79	1.04
国有联营	State Joint-owned	70	73	0.24	0.28
集体联营	Collective Joint-owned	207	192	0.22	0.31
国有与集体联营	Stale-owned and Collective Joint Funded	75	69	0.13	0.18
其他联营	Other Joint Funded	224	201	0.21	0.27
有限责任公司	Limited Liability Co.,Ltd.	107409	99291	543.17	519.56
国有独资公司	State-owned Solely Funded Co.	3569	3311	58.13	53.50
其他有限责任公司	Other Responsibility Co.,Ltd.	103840	95980	485.04	466.06
股份有限公司	Share Holding Co.,Ltd.	14754	12144	138.35	165.60
私营	Private	1702675	1965566	2338.31	2511.83
私营独资	Private Solely Funded	128518	126989	107.22	112.28
私营合伙	Private Partnership	15697	19511	11.63	14.35
私营有限责任公司	Private Responsibility Co.,Ltd.	1543382	1803960	2155.28	2323.06
私营股份有限公司	Private Responsibility Co.,Ltd.	15078	15106	64.18	62.14
其他内资	Others	126862	145736	97.54	129.53

1－8 续表 Continued

项目	Item	法人单位数(个) Corporation Units (unit)		从业人员(万人) Employees (10000 persons)	
		2018	2019	2018	2019
港澳台商投资	Hong Kong, Macao and Taiwan Funded	11438	13133	151.82	156.37
与港澳台商合资经营	Join with Hong Kong, Macao and Taiwan Funded	3392	3792	37.99	40.20
与港澳台商合作经营	Cooperate with Hong Kong, Macao and Taiwan Funded	118	116	1.14	1.76
港澳台商独资	Hong Kong, Macao and Taiwan with Solely Funded	7602	8885	108.37	110.10
港澳台商投资股份有限公司	Hong Kong, Macao and Taiwan Share Holding Co.,Ltd.	174	195	3.72	3.87
其他港、澳、台商投资	Others	152	145	0.60	0.43
外商投资	Foreign Funded	16310	18267	253.64	260.79
中外合资经营	Sino-foreign Joint Funded	4767	5337	65.38	65.51
中外合作经营	Sino-foreign Cooperative Funded	141	145	1.51	1.47
外资企业	Foreign Solely Funded	10810	12123	180.58	185.26
外商投资股份有限公司	Foreign Funded Share Holding Co.,Ltd.	250	279	5.21	7.63
其他外商投资	Others	342	383	0.97	0.91
按行业分	**Grouped by Sector**				
农、林、牧、渔业	Farming, Forestry, Animal Husbandry and Fishery	14591	52733	9.06	45.68
采矿业	Mining and Quarrying	370	338	6.96	5.14
制造业	Manufacturing	513458	524701	1435.64	1506.55
电力、热力、燃气及水生产和供应业	Production and Supply of Electric Power, Heat Power, Gas and Water	5033	5060	19.70	19.66
建筑业	Construction	119569	158910	880.28	891.77
批发和零售业	Wholesale and Retail Sales	613999	678170	379.61	416.83
交通运输、仓储和邮政业	Transportation, Storage and Post	59043	65081	103.52	108.17
住宿和餐饮业	Hotel and Catering	25927	28195	48.10	50.94
信息传输、软件和信息技术服务业	Informaiton Transfer, Software and IT Services	72799	98224	86.11	94.05
金融业	Banking	6925	6009	2.86	48.64
房地产业	Real Estate	59246	67280	99.95	102.46
租赁和商务服务业	Leasing and Commercial Services	188239	229749	217.45	212.68
科学研究和技术服务业	Scientific Research and Technical Services	129379	157324	115.11	123.47
水利、环境和公共设施管理业	Water Coservancy, Environment and Public Facility Management	10920	13892	26.91	28.61
居民服务、修理和其他服务业	Services to Households and Other Services	41016	44364	31.87	33.63
教育	Education	36601	39882	129.16	119.90
卫生和社会工作	Healthcare and Social Welfare	30041	30847	73.83	66.97
文化、体育和娱乐业	Culture, Sports and Recreation	44141	44900	30.56	32.11
公共管理、社会保障和社会组织	Public Management, Social Security and Organizations	82333	81569	131.43	125.38

1-9 个体工商业基本情况（2019 年）
Basic Conditions of Self-employment Business (2019)

行业	Sector	户数（万户） Households (10000 units)	#城镇 Urban	从业人数（万人） Employees (10000 persons)	#城镇 Urban	资金数额（亿元） Capital (100 million yuan)	#城镇 Urban
总计	**Total**	**623.04**	**473.62**	**1124.84**	**868.48**	**6818.47**	**5026.94**
按行业分	**Grouped by Sector**						
农、林、牧、渔业	Agriculture, Forestry, Animal Husbandry and Fishery	16.09	6.87	36.45	15.55	612.95	242.02
采矿业	Mining	0.03	0.01	0.09	0.04	0.58	0.23
制造业	Manufacturing	49.49	29.53	144.00	85.83	723.84	423.47
电力、热力、燃气及水的生产和供应业	Production and Supply of Electricity, Gas and Water	0.08	0.04	0.17	0.10	1.64	0.81
建筑业	Construction	5.15	4.24	14.12	11.55	106.34	85.89
批发和零售业	Wholesale and Retail Trades	352.79	271.55	544.95	426.20	3233.65	2511.46
交通运输、仓储和邮政业	Transport, Storage and Post	34.14	25.06	43.08	31.99	407.49	277.03
住宿和餐饮业	Hotels and Catering Services	66.38	58.15	156.52	141.32	794.66	701.23
信息传输、软件和信息技术服务业	Information Transfer Software and IT Services	2.75	2.25	4.60	3.85	25.39	20.21
金融业	Financial Intermediation	0.04	0.03	0.07	0.05	0.49	0.36
房地产业	Real Estate	2.02	1.93	4.20	4.06	17.43	16.56
租赁和商务服务业	Leasing and Business Services	22.04	14.03	33.84	24.44	190.78	153.17
科学研究、技术服务业	Scientific Research and Technical Service	1.57	1.41	3.08	2.79	18.20	16.04
水利、环境和公共设施管理业	Management of Water Conservancy, Environment and Public Facilities	0.19	0.15	0.55	0.43	3.01	2.19
居民服务、修理和其他服务业	Services to Households and Other Services	62.36	51.40	121.73	104.62	581.41	486.57
教育	Education	1.59	1.42	3.93	3.57	19.73	17.77
卫生和社会工作	Healthcare and Social Welfare	0.65	0.56	1.58	1.42	9.49	8.30
文化、体育和娱乐业	Culture, Sports and Entertainment	5.68	4.96	11.86	10.67	71.32	63.59
其他	Others	0.02	0.01	0.02	0.02	0.07	0.06
按地区分	**by Region**						
南京市	Nanjing	65.98	61.25	129.24	120.25	629.08	566.92
无锡市	Wuxi	41.99	39.73	82.77	78.89	312.43	297.54
徐州市	Xuzhou	66.57	46.72	111.93	80.90	697.64	447.30
常州市	Changzhou	36.70	35.02	75.43	71.44	357.78	331.75
苏州市	Suzhou	97.13	80.75	187.18	149.39	889.73	764.02
南通市	Nantong	64.17	28.60	105.96	48.67	555.52	256.95
连云港市	Lianyungang	30.33	21.51	46.98	32.96	372.88	258.61
淮安市	Huaian	33.78	25.17	60.30	46.72	394.09	273.46
盐城市	Yancheng	46.67	29.83	65.61	42.41	460.14	297.77
扬州市	Yangzhou	33.99	27.40	63.43	51.02	364.23	291.17
镇江市	Zhenjiang	29.14	22.46	58.55	43.94	498.52	331.45
泰州市	Taizhou	34.86	26.91	66.07	51.45	817.02	620.90
宿迁市	Suqian	41.72	28.28	71.38	50.43	469.42	289.11

1-10 私营企业基本情况（2019年）

行　业　Sector		户数（万户）Households (10000 units)	#城镇 Urban
总计	**Total**	**297.20**	**252.00**
按行业分	**Grouped by Sector**		
农、林、牧、渔业	Agriculture, Forestry, Animal Husbandry and Fishery	4.86	2.21
采矿业	Mining	0.04	0.02
制造业	Manufacturing	56.19	37.40
电力、热力、燃气及水的生产和供应业	Production and Supply of Electricity, Gas and Water	0.41	0.31
建筑业	Construction	24.40	21.45
批发和零售业	Wholesale and Retail Trades	88.67	77.00
交通运输、仓储和邮政业	Transport, Storage and Post	7.87	6.61
住宿和餐饮业	Hotels and Catering Services	2.43	2.24
信息传输、软件和信息技术服务业	Information Transfer Software and IT Services	9.41	8.87
金融业	Financial Intermediation	0.75	0.69
房地产业	Real Estate	6.90	6.28
租赁和商务服务业	Leasing and Business Services	50.10	47.95
科学研究、技术服务业	Scientific Research and Technical Service	31.87	29.11
水利、环境和公共设施管理业	Management of Water Conservancy, Environment and Public Facilities	0.90	0.60
居民服务、修理和其他服务业	Services to Households and Other Services	5.53	4.81
教育	Education	1.40	1.31
卫生和社会工作	Healthcare and Social Welfare	0.51	0.47
文化、体育和娱乐业	Culture, Sports and Entertainment	4.96	4.67
公共管理、社会保障和社会组织	Others	0.00	0.00
按地区分	**by Region**		
南 京 市	Nanjing	61.06	59.94
无 锡 市	Wuxi	28.69	25.62
徐 州 市	Xuzhou	20.71	15.44
常 州 市	Changzhou	18.11	17.83
苏 州 市	Suzhou	62.62	55.53
南 通 市	Nantong	21.88	13.17
连云港市	Lianyungang	9.65	7.92
淮 安 市	Huaian	9.99	7.24
盐 城 市	Yancheng	16.55	12.11
扬 州 市	Yangzhou	14.44	12.15
镇 江 市	Zhenjiang	9.93	7.74
泰 州 市	Taizhou	12.00	9.02
宿 迁 市	Suqian	11.44	8.17

Basic Conditions of Self-employment Business (2019)

雇工人数（万人）Employees (10000 persons)	#城镇 Urban	投资者人数（万人）Investors (10000 persons)	#城镇 Urban	注册资金（亿元）Registered Capital (100 million yuan)	#城镇 Urban
1916.46	**1399.59**	**489.81**	**419.97**	**165090.24**	**141699.44**
27.97	12.07	6.72	3.27	1832.57	1103.28
0.76	0.33	0.07	0.04	70.66	48.72
743.09	454.61	93.58	63.50	30420.49	21145.82
3.13	2.25	0.60	0.46	721.07	586.87
239.98	163.47	36.80	32.14	21443.07	18360.79
331.59	268.75	132.92	116.42	26482.86	23036.91
43.77	33.16	12.10	10.15	3219.88	2751.80
22.51	20.24	3.65	3.38	652.11	587.99
35.22	32.64	15.99	15.20	3733.99	3556.02
4.56	4.08	1.79	1.66	5434.09	5110.41
47.97	41.10	10.57	9.38	7212.34	6232.57
201.24	186.71	98.77	94.97	36706.11	35232.99
152.00	128.69	55.63	50.86	22902.93	20180.26
6.89	4.69	1.43	1.02	747.88	569.45
31.57	24.87	8.42	7.36	1313.32	1157.21
5.17	4.53	2.13	1.99	204.93	188.93
4.65	4.30	0.79	0.73	338.06	299.25
14.36	13.09	7.85	7.45	1652.41	1548.83
0.02	0.02	0.00	0.00	1.45	1.34
264.94	243.15	114.13	111.88	26432.95	25544.88
221.90	179.40	52.40	47.01	17646.67	15124.74
108.67	66.13	29.15	21.97	10223.10	8089.77
144.04	135.94	30.39	29.94	10645.93	10444.95
372.30	281.83	109.19	95.94	36141.60	32590.28
182.32	70.64	33.99	20.27	13509.21	8850.86
40.14	28.65	12.44	10.22	4688.18	3774.57
72.45	48.72	14.22	10.55	5901.42	4799.67
122.23	74.42	23.57	17.15	9556.55	7525.34
112.26	82.44	20.52	17.33	7669.23	6525.95
90.23	60.56	15.83	12.27	7241.34	5912.93
102.43	72.17	17.92	13.47	7431.84	5850.29
78.33	52.88	15.46	11.42	5780.69	4617.55

主要统计指标解释

行政区划 指国家对行政区域的划分。根据有关法规规定，我国的行政区域划分如下：(1)全国分为省、自治区、直辖市；(2)省、自治区分为自治州、县、自治县、市；(3)自治州分为县、自治县、市；(4)县、自治县分为乡、民族乡、镇；(5)直辖市和较大的市分为区、县；(6)国家在必要时设立的特别行政区。

平均增长速度 平均增长速度表明社会经济现象在一个较长的时期内逐期平均增长变化的程度，它不能根据各个环比增长速度直接求得，但与平均发展速度之间存在着一定的数量关系：平均增长速度 = 平均发展速度 - 1。

平均发展速度是一种根据环比发展速度计算的序时平均数，由于各时期对比的基础不同，所以计算平均发展速度不能采用一般的序时平均数的计算方法，计算方法分为水平法和累计法。水平法，又称几何平均法，即将环比发展速度按连乘法用几何平均数公式计算。累计法，也称方程法，根据一段时期内各年发展水平总和与基期水平的关系，列出方程式计算平均发展速度。水平法着重考虑最后一年所达到的发展水平；累计法着重考虑整个时期累计发展水平的总量。

本《年鉴》内所列的平均增长速度，均用“水平法”计算。从某年到某年平均增长速度的年份，均不包括基期年在内。如1978年以来的平均增长速度是以1978年为基期计算的，则写为1979—2017年平均增长速度，其余类推。

企业(单位)登记注册类型 是以在工商行政管理机关登记注册的各类企业为划分对象，以工商行政管理部门对企业登记注册的类型为依据，将企业登记注册类型分为内资企业、港澳台商投资企业和外商投资企业三大类。内资企业包括国有企业、集体企业、股份合作企业、联营企业、有限责任公司、股份有限公司、私营公司和其他企业；港澳台商投资企业和外商投资企业分别包括合资经营企业、合作经营企业、独资经营企业、股份有限公司和其他投资企业。对不在工商行政管理部门进行登记注册的行政机关、事业单位和社会团体，主要按其经费来源和管理方式进行划分。

国有企业 指企业全部资产归国家所有，并按《中华人民共和国企业法人登记管理条例》规定登记注册的非公司制的经济组织。不包括有限责任公司中的国有独资公司。

集体企业 指企业资产归集体所有，并按《中华人民共和国企业法人登记管理条例》规定登记注册的经济组织。

股份合作企业 指以合作制为基础，由企业职工共同出资入股，吸收一定比例的社会资产投资组建，实行自主经营，自负盈亏，共同劳动，民主管理，按劳分配与按股分红相结合的一种集体经济组织。

联营企业 指两个及两个以上相同或不同所有制性质的企业法人或事业单位法人，按自愿、平等、互利的原则，共同投资组成的经济组织。联营企业包括国有联营企业、集体联营企业、国有与集体联营企业和其他联营企业。

有限责任公司 指根据《中华人民共和国公司登记管理条例》规定登记注册，由两个以上、五十个以下的股东共同出资，每个股东以其所认缴的出资额对公司承担有限责任，公司以其全部资产对其债务承担责任的经济组织。有限责任公司包括国有独资公司以及其他有限责任公司。

股份有限公司 指根据《中华人民共和国公司登记管理条例》规定登记注册，其全部注册资本由等额股份构成并通过发行股票筹集资本，股东以其认购的股份对公司承担有限责任，公司以其全部资产对其债务承担责任的经济组织。

私营企业 指由自然人投资设立或由自然人控股，以雇佣劳动为基础的营利性经济组织。包括按照《公司法》、《合伙企业法》、《私营企业暂行条例》规定登记注册的私营有限责任公司、私营股份有限公司、私营合伙企业和私营独资企业。

其他企业 指上述企业之外的其他内资经济组织。

与港澳台商合资经营企业 指港澳台地区投资者与内地企业依照《中华人民共和国中外合资经营企业法》及有关法律的规定，按合同规定的比例投资设立、分享利润和分担风险的企业。

与港澳台商合作经营企业 指港澳台地区投资者与内地企业依照《中华人民共和国中外合作经营企业法》及有关法律的规定，依照合作合同的约定进行投资或提供条件设立、分配利润和分担风险的企业。

港澳台商独资经营企业 指依照《中华人民共和国外资企业法》及有关法律的规定，在内地由港澳台地区投资者全额投资设立的企业。

港澳台商投资股份有限公司 指根据国家有关规定，经商务部(原外经贸部)依法批准设立，其中港、澳、台商的股本占公司注册资本的比例达25%以上的股份有限公司。凡其中港、澳、台商的股本占公司注册资本的比例小于25%的，属于内资企业中的股份有限公司。

中外合资经营企业 指外国企业或外国人与中国内地企业依照《中华人民共和国中外合资经营企业法》及有关法律的规定，按合同规定的比例投资设立、分享利润和分担风险的企业。

中外合作经营企业 指外国企业或外国人与中国内地企业依照《中华人民共和国中外合作经营企业法》及有关法律的

规定,依照合作合同的约定进行投资或提供条件设立、分配利润和分担风险的企业。

外资企业 指依照《中华人民共和国外资企业法》及有关法律的规定,在中国内地由外国投资者全额投资设立的企业。

外商投资股份有限公司 指根据国家有关规定,经商务部(原外经贸部)依法批准设立,其中外资的股本占公司注册资本的比例达25%以上的股份有限公司。凡其中外资股本占公司注册资本的比例小于25%的,属于内资企业中的股份有限公司。

行政机关、事业单位和社会团体 参照企业登记注册类型,主要按其经费来源和管理方式划分。具体规定如下:

(1)行政机关:包括国家机关和政党机关,原则上均列为"国有"。但有特殊规定的,如供销社等,则列为"集体"。

(2)事业单位:包括经国家机构编制部门和有关业务主管部门批准成立的各类事业单位,不包括实行企业化管理的事业单位。事业单位的划分办法如下:

①由国家财政预算拨款或列入财政预算外资金管理以及经费主要来源于国有主管部门或国有上级单位的事业单位,列为"国有"。

②经费主要来源于集体单位的事业单位,列为"集体"。

③公民个人(或个人合伙)开办的事业单位,列为"私营"。

④上述以外的其他事业单位,如果其经费来源不明确,按管理方式进行归类。

(3)社会团体:包括经民政部门批准成立以及未纳入社会团体管理条例范围的工会、妇联等各类社会团体。社会团体的划分办法如下:

①未纳入民政部社会团体管理条例范围的工会、妇联、共青团、青联、工商联、科协、侨联等社会团体,国家拨款设立的基金会或基金管理组织以及经费主要来源于国有业务主管部门或国有上级单位的社会团体,列为"国有"。

②经费主要来源于集体单位的社会团体,列为"集体"。

③公民个人(或个人合伙)开办的社会团体,划为"私营"。

④上述以外的其他社会团体,如果其经费来源不明确,改按管理方式进行归类。

Explanatory Notes on Main Statistical Indicators

Divisions of Administrative Areas refers to the division of administrative areas by the State. The relative laws stipulate that 1) the whole country is divided into provinces, autonomous regions and municipalities directly under the Central Government; 2) provinces and autonomous regions are further divided into autonomous prefectures, counties, autonomous counties and cities; 3) autonomous prefectures are further divided into counties, autonomous counties and cities; 4) counties and autonomous counties are further divided into townships, ethnic townships and towns; 5) municipalities directly under the Central Government and large cities are divided into districts and counties, 6) the State shall, when necessary, establish special administrative regions.

Average Annual Growth Rate shows the average growth rate of social and economic development during a longer period. It can not be directly calculated by chain based growth rate. The relation is:

Average Annual Growth Rate = Average Speed of Development − 1

Average speed of development is the time series average of speed which calculated by chain based. Because the reference bases during the different periods are not same, average speed of development can not be calculated by the general method. Level approach and accumulative approach for calculating average speed of development rate are applied. The "level approach", or the method of calculating the geometric average, is derived by the formula of geometric average of the chain-based speeds of development, or comparing the level of the last year of the interval with that of the beginning year; the other is called the "accumulative approach" or the "algebraic average", "equation" method, which is derived by the summation of the actual figure of each year in the interval divided by the figure in the base year. The level approach focuses on the level of the last year, while the accumulative approach emphasizes the aggregate development in the duration.

The average annual growth rates listed in the Yearbook are calculated by the level approach. The base year is not listed in the duration for which average annual growth rates are computed. For instance, the average annual growth rate since 1978 is shown as the average annual growth rate of 1979—2015 without showing the base year 1978.

Registration Status of Enterprises Enterprises are classified into 3 categories, namely domestic-funded enterprises, enterprises with investment from Hong Kong, Macau and Taiwan, and enterprises with foreign investment, according to the registration status of an enterprise in industrial and commercial administration agencies. Domestic-funded enterprises include State-owned enterprises, collective-owned enterprises, cooperative enterprises, joint ownership enterprises, limited liability corporations, share-holding corporations Ltd., private enterprises and other enterprises. Included in the enterprises with investment from Hong Kong, Macau and Taiwan and enterprises with foreign investment are joint-venture enterprises, cooperative enterprises, sole investment enterprises and share-holding corporations Ltd. For government agencies, institutions and social organizations which are not registered in industrial and commercial administration agencies, they are classified mainly by their sources of funding and manner of management.

State-owned Enterprises refer to non-corporation economic units where the entire assets are owned by the State and which have been registered in accordance with the Regulation of the People's Republic of China on the Management of Registration of Corporate Enterprises. Not included from this category are solely State-funded corporations in the limited liability corporations.

Collective-owned Enterprises refer to economic units where the assets are owned collectively and which have been registered in accordance with the Regulation of the People's Republic of China on the Management of Registration of Corporate Enterprises.

Cooperative Enterprises refer to a form of collective economic units (enterprises) where capitals come mainly from employees as their shares, with certain proportion of capital from the outside, where production is organized on the basis of independent operation, independent accounting for profits and losses, joint work, democratic management, and a distribution system that integrates remuneration according to work with dividend according to capital share.

Joint Ownership Enterprises refer to economic units established by two or more corporate enterprises or corporate institutions of the same or different ownership, through joint investment on the basis of voluntary participation, equality, and mutual benefits. They include State joint ownership enterprises; collective joint ownership enterprises; joint State-collective enterprises; and other joint ownership enterprises.

Limited Liability Corporations refer to economic units established with investment from 2—50 investors and registered in accordance with the Regulation of the People's Republic of China on the Management of Registration of Corporations, each investor bearing limited liability to the corporation depending on its share of investment, and the corporation bearing liability to its debt to the maximum of its total assets. Limited liability corporations include solely State-funded limited liability corporations and other limited liability corporations.

Share-holding Corporations Ltd. refer to economic units registered in accordance with the Regulation of the People's Republic of China on the Management of Registration of Corporations, with total registered capital divided into equal shares and raised through issuing stocks. Each investor bears limited liability to the corporation depending on the holding of shares, and the corporation bears liability to its debt to the maximum of its total assets.

Private Enterprises refer to profit-making economic units invested and established by natural persons, or controlled by natural persons using employed labour. Included in this category are private limited liability corporations, private share-holding corporations Ltd., private partnership enterprises and private-funded enterprises registered in accordance with the Company Law, the Law on Partnership Business and Interim Regulations on Private Enterprises.

Other Domestic-funded Enterprises refer to domestic-funded economic units other than those mentioned above.

Joint Venture Enterprises with Funds from Hong Kong, Macau and Taiwan are enterprises established by investors from Hong Kong, Macau and Taiwan with enterprises in the mainland of China in accordance with the Law of the People's Republic of China on Sino-foreign Equity Joint Ventures and other relevant laws, where the establishment of the investment and the sharing of profits and risks are stipulated under joint venture contracts.

Cooperative Enterprises with Funds from Hong Kong, Macau and Taiwan established by investors from Hong Kong, Macau and Taiwan with enterprises in the mainland of China in accordance with the Law of the People's Republic of China on Sino-foreign Contractual Joint Venture and other relevant laws, where the investment or provision of facilities and the sharing of profits and risks are stipulated under cooperative contracts.

Enterprises with Sole (exclusive) Investment from Hong Kong, Macau and Taiwan refer to enterprises established in the mainland of China with exclusive investment from investors from Hong Kong, Macau and Taiwan in accordance with the Law of the People's Republic of China on Wholly Foreign-owned Enterprises and other relevant laws.

Joint Venture Enterprises with Foreign Investment refer to enterprises jointly established by foreign enterprises or foreigners with enterprises in the mainland of China in accordance with the Law of the People's Republic of China on Sino-foreign Equity Joint Ventures and other relevant laws, where the sharing of investment, profits and risks is stipulated under contract.

Cooperative Enterprises with Foreign Investment refer to enterprises jointly established by foreign enterprises or foreigners with enterprises in the mainland of China in accordance with the Law of the People's Republic of China on Sino-foreign Contractual Joint Venture and other relevant laws, where the investment or provision of facilities and the sharing of profits and risks are stipulated under cooperative contracts.

Enterprises with Sole (exclusive) Foreign Investment refer to enterprises established in the mainland of China with exclusive investment from foreign investors in accordance with the Law of the People's Republic of China on Wholly Foreign-owned Enterprises and other relevant laws.

Share-holding Corporations Ltd. with Foreign Investment refer to share-holding corporations Ltd. established with the approval from the former Ministry of Foreign Trade and Economic Relations in line with relevant State regulations, where the share of investment from foreign investors exceeds 25% of the total registered capital of the corporation. In case the share of foreign investment is less than 25% of the total registered capital, the enterprise is to be classified as domestic-funded share-holding corporation Ltd.

Government Agencies, Institutions and Social Organizations are classified into the following categories by source of funds and manner of management taking reference of the registration status of enterprises:

(1) Government agencies: include State and party agencies, classified in principle as State-owned. There are exceptions, such as supply and marketing cooperatives which are classified as collective-owned.

(2) Institutions: include institutions of various types established with the approval by organization and staffing departments of the government, but exclude institutions where enterprise management system is introduced. Institutions are further classified as follows:

(a) Institutions for which their main budgets are from government budget appropriations or extra-budget funds, or allocated from the budget of their competent government agencies. Such institutions are classified as state-owned.

(b) Institutions for which their budget mainly come from collective units. Such institutions are classified as collective-owned.

(c) Social institutions established by individual or a group of citizens, which are classified as private.

(d) Institutions other than those mentioned above for which their sources of budget are not clear. Such institutions are classified by the manner of management.

(3) Social organizations: include social organizations established with the approval from the Ministry of Civil Affairs, and organizations that are not covered by social organization management regulations such as trade unions, women's federations etc.. Social organizations are further classified as follows:

(a) Social organizations that are not covered by social organization management regulations of the Ministry of Civil Affairs such as trade unions, women federations, communist youth leagues, youth associations, industrial and commerce associations, scientist associations, overseas Chinese associations, etc., foundations and fund management organizations established with funds from the state, and social organizations whose funds mainly come from the budget of their competent government agencies. Such institutions are classified as State-owned.

(b) Social organizations for which their budget mainly come from collective units. Such institutions are classified as collective-owned.

(c) Social organizations established by individual or a group of citizens, which are classified as private.

(d) Social organizations other than those mentioned above for which their sources of budget are not clear. Such organizations are classified by the manner of management.

2

国民经济核算

National Accounts

简 要 说 明

本篇章主要内容和资料来源

一、地区生产总值数据是根据不同产业部门、不同支出构成的特点和资料来源情况而采用不同方法计算的。

二、地区生产总值是一个价值量指标，其价值的变化受价格变化和物量变化两大因素影响。不变价地区生产总值是把按当期价格计算的地区生产总值换算成按某个固定期（基期）价格计算的价值，从而使两个不同时期的价值进行比较时，能够剔除价格变化的影响，以反映物量变化，反映生产活动成果的实际变动。地区生产总值指数就是根据两个时期不变价地区生产总值计算得到的。随着经济的不断发展，各行业的价格结构也会不断发生变化，为了更好的反映这种变化对于经济的影响，计算不变价地区生产总值需要每隔若干年调整一次基期。我国自开始核算地区生产总值以来，共有 1952 年、1957 年、1970 年、1980 年、1990 年、2000 年、2005 年、2010 年、2015 年 9 个不变价基期，目前的基期是 2015 年。也就是说，2019 年的不变价地区生产总值是按照 2015 年价格计算的。由于计算不变价地区生产总值采用按不同基期分段计算，因此本年鉴中的不变价地区生产总值数据也按分段方式公布。

三、本年鉴所列分地区的数据来自各省辖市的国民经济核算资料。由于采取分级核算，各地区数据相加不等于全省总计。

四、根据第四次全国经济普查结果修订 1992 年以来的历史数据。2019 年数据使用年快报数。

Brief Introduction

Main Contents and Sources of Data

Ⅰ. Data on GDP are computed based on different approaches in the light of the different features of various sectors, various expenditure structures and different data sources.

Ⅱ. Gross Domestic Product (GDP) is a measurement of value which changes depending on changes of price and production. GDP at constant prices converts the gross domestic product based on the current price into a value based on the price of the base period. When adjusted for price changes, the values of two different periods can be compared to reflect changes of both products and production activities. GDP index is derived from the constant-price GDPs of the two periods. As economy grows, changes will take place in the price structures of various industries, and the base period for the measurement of constant-price GDP thus needs to be adjusted every few years in order to better reflect the impact of price change on the economy. Since China started GDP calculation, eight constant-price base periods have been used, i. e., 1952, 1957, 1970, 1980, 1990, 2000, 2005, 2010, and 2015, and the current base period is 2015. That is to say, the 2019 GDP is calculated on the basis of the 2015 prices. As the calculation of constant-price GDP is based on different base periods, the constant-price GDP data in this yearbook shall also be announced in accordance with various periods.

Ⅲ. Regional data in this Yearbook are prepared from the national accounts data provided by the statistical bureaus of provincial cities. The sum of the regional data is not equal to the total provincial due to the decentralized accounting approach.

Ⅳ. Historical data since 1992 was revised in accordance with the results of The Forth Economics Census of Jiangsu. The 2019 data uses the number of quick reports.

2-1 主要年份总产出
Total Output in Major Years

本表按当年价格计算 (at current price)

年份 Year	总产出 (亿元) Total Output (100 million yuan)	第一产业 Primary Industry	第二产业 Secondary Industry	第三产业 Tertiary Industry	#工业 Industry
1952	81.54	31.87	27.19	22.48	25.53
1955	100.53	36.22	35.77	28.54	32.82
1957	114.15	36.81	44.63	32.71	41.01
1962	133.12	40.15	56.38	36.59	53.36
1965	192.52	57.27	97.49	37.76	88.08
1970	273.85	71.33	149.65	52.87	135.47
1975	412.28	91.66	260.23	60.39	235.28
1976	438.59	100.71	271.19	66.69	247.59
1977	487.98	89.16	326.37	72.45	297.12
1978	566.85	105.87	378.99	81.99	337.65
1979	661.26	145.25	427.36	88.65	386.05
1980	750.12	138.45	515.71	95.96	467.82
1981	816.27	153.62	557.41	105.24	504.94
1982	897.85	188.11	593.52	116.22	534.87
1983	1014.55	206.86	679.67	128.02	600.70
1984	1239.44	253.82	836.02	149.60	745.36
1985	1642.70	288.55	1157.52	196.63	1036.67
1986	1960.44	332.66	1380.16	247.62	1235.38
1987	2472.22	380.25	1771.85	320.12	1590.31
1988	3409.56	497.95	2370.81	540.80	2152.93
1989	3839.67	522.25	2713.50	603.92	2507.42
1990	4208.23	580.53	2978.51	649.19	2764.10
1991	4820.22	580.93	3416.59	822.70	3161.60
1992	6876.03	673.82	5089.59	1112.62	4673.57
1993	10211.78	875.37	7757.28	1579.13	7096.46
1994	14042.74	1358.50	10601.01	2083.23	9826.50
1995	17782.72	1721.35	13053.11	3008.26	11995.30
1996	20363.46	1953.13	14764.02	3646.31	13425.15
1997	22393.07	2096.40	16342.27	3954.40	14703.65
1998	23450.64	2129.05	16967.90	4353.69	15163.56
1999	24640.34	2108.71	17714.22	4817.41	15779.09
2000	27127.82	2115.39	19714.71	5297.72	17653.76
2001	29893.95	2174.81	21753.49	5965.65	19595.68
2002	32651.13	1953.50	23884.16	6813.47	21386.23
2003	38751.33	2115.88	28971.95	7663.50	25882.11
2004	47091.85	2417.63	35989.68	8684.54	32156.83
2005	56907.45	2577.02	43408.85	10921.58	39207.39
2006	67931.48	2707.13	52090.66	13133.69	47363.21
2007	84109.98	3062.32	64956.64	16091.02	59779.06
2008	99913.51	3585.12	76556.04	19772.35	69772.08
2009	108291.56	3806.96	82483.89	22000.71	74203.47
2010	128492.49	4283.21	96369.86	27839.42	86719.71
2011	158022.92	5216.99	116627.01	36178.92	105261.95
2012	171669.51	5781.50	124383.94	41504.07	111828.51
2013	185260.48	6124.25	130772.58	48363.65	116745.75
2014	201974.21	6402.75	140323.58	55247.88	124393.14
2015	219064.39	6980.37	150287.96	61796.06	133720.37
2016	232424.43	7172.25	154732.47	70519.71	138290.71
2017	252335.47	7201.40	167767.21	77366.86	149270.32
2018	281992.04	7228.51	188232.66	86530.87	164195.12

2-2 主要年份总产出指数

Indices of Total Output in Major Years

按可比价格计算,1952年=100 (at constant price with 100 in 1952)

年份 Year	总产出指数 Total Output	第一产业 Primary Industry	第二产业 Secondary Industry	第三产业 Tertiary Industry	#工业 Industry
1952	100.0	100.0	100.0	100.0	100.0
1955	120.0	113.0	134.3	123.6	129.7
1957	127.0	109.1	169.4	132.1	165.9
1962	121.8	93.4	200.8	121.4	208.5
1965	181.6	139.7	372.6	129.2	365.0
1970	263.7	166.3	653.9	179.4	651.2
1975	390.0	204.4	1164.8	207.2	1165.2
1976	420.8	212.3	1267.0	232.1	1285.1
1977	463.9	191.0	1524.5	249.8	1543.0
1978	544.0	232.1	1776.6	285.4	1755.8
1979	598.9	257.4	1983.5	291.2	2000.3
1980	671.6	243.2	2380.5	304.9	2417.9
1981	732.4	262.4	2589.9	342.2	2618.8
1982	802.5	301.5	2796.8	376.6	2820.2
1983	908.5	319.4	3242.2	415.6	3211.5
1984	1090.8	371.9	3955.8	477.5	3959.1
1985	1379.6	383.5	5250.3	599.0	5280.7
1986	1595.5	407.5	6115.4	731.7	6161.6
1987	1912.0	420.2	7474.4	906.9	7631.1
1988	2399.8	448.1	9385.3	1288.2	9590.3
1989	2492.6	449.6	9671.7	1422.0	10036.5
1990	2697.8	460.9	10591.2	1502.8	11042.5
1991	3046.2	455.7	12110.4	1807.0	12642.3
1992	4267.8	515.0	18038.4	2272.0	18864.6
1993	5746.6	573.1	25197.1	2887.9	26795.1
1994	7334.3	642.4	33172.0	3354.0	35831.4
1995	8708.7	730.4	39686.3	3903.8	42818.5
1996	10008.5	803.0	45823.2	4471.4	49213.2
1997	11314.1	856.4	52098.2	5035.8	55704.5
1998	12441.1	885.7	57347.6	5676.1	61113.7
1999	13612.6	925.5	62773.5	6330.8	66941.5
2000	14939.2	959.6	68961.7	7079.4	73797.1
2001	16383.3	988.4	75650.7	7946.8	81472.0
2002	18049.8	1013.1	83613.8	8878.3	89782.1
2003	20560.9	1005.0	96748.4	9976.2	103967.7
2004	23692.0	1065.3	112553.6	11356.7	121434.3
2005	27435.3	1098.4	131125.0	13230.6	142320.9
2006	31770.1	1145.6	152760.6	15268.1	166230.9
2007	36630.9	1193.7	176896.7	17665.2	194822.6
2008	41649.3	1363.2	200070.2	20474.0	221513.3
2009	47063.8	1596.3	225679.2	23135.6	248759.4
2010	53182.0	1692.1	255468.9	26305.1	282093.2
2011	59191.6	1763.2	285103.2	29277.6	316508.5
2012	65761.9	2159.9	316464.6	32205.4	351324.5
2013	73081.2	2137.8	352478.3	36034.6	388810.8
2014	80097.0	2266.1	385611.2	39926.3	424192.6
2015	87305.7	2345.4	419930.6	43958.9	460673.1
2016	94115.5	2352.5	449745.7	48530.6	494762.9
2017	100905.5	2362.6	480778.2	52519.9	530732.2
2018	107442.2	2405.1	509624.8	56721.4	565229.7

2-3 主要年份地区生产总值

Gross Domestic Product in Major Years

本表按当年价格计算 (at current price)

年份 Year	地区生产总值(亿元) Gross Domestic Product (100 million yuan)	第一产业 Primary Industry	第二产业 Secondary Industry	第三产业 Tertiary Industry	#工业 Industry	#建筑业 Construction	#金融业 Financial Intermediation	#房地产业 Real Estate	人均地区生产总值(元) Per Capita GDP (yuan)
1952	48.41	25.49	8.53	14.39	7.63	0.90			131
1955	58.96	29.69	11.29	17.98	10.06	1.23			150
1957	65.11	29.94	14.40	20.77	12.51	1.89			157
1962	69.20	29.10	17.34	22.76	15.69	1.65			161
1965	95.10	41.20	30.26	23.64	26.87	3.39			208
1970	129.23	51.03	46.16	32.04	42.33	3.83			249
1975	184.16	67.59	79.61	36.96	72.70	6.91			329
1976	187.97	62.38	85.04	40.55	78.48	6.56			332
1977	202.40	53.22	105.35	43.83	97.15	8.20			353
1978	249.24	68.71	131.09	49.44	117.10	13.99	10.43	5.50	430
1979	298.55	104.04	141.14	53.37	126.25	14.89	10.27	5.42	509
1980	319.80	94.24	167.41	58.15	151.22	16.19	11.52	6.08	541
1981	350.02	109.39	178.01	62.62	161.11	16.90	12.32	6.50	586
1982	390.17	135.15	185.52	69.50	168.09	17.43	13.74	7.25	645
1983	437.65	150.41	210.81	76.43	191.52	19.29	14.47	7.64	716
1984	518.85	179.00	250.39	89.46	228.58	21.81	15.52	8.19	843
1985	651.82	195.66	339.56	116.60	307.89	31.67	18.91	11.93	1053
1986	744.94	224.26	376.32	144.36	337.77	38.55	25.56	13.50	1193
1987	922.33	246.86	493.69	181.78	443.23	50.46	25.14	14.59	1462
1988	1208.85	319.18	586.82	302.85	526.92	59.90	47.44	21.25	1891
1989	1321.85	324.18	657.06	340.61	599.91	57.15	65.45	24.72	2038
1990	1416.50	355.17	692.59	368.74	634.13	58.46	72.53	27.02	2130
1991	1601.38	345.14	793.92	462.32	725.83	68.09	77.81	33.51	2353
1992	2136.02	393.82	1119.26	622.94	1017.94	101.32	109.27	43.89	3106
1993	2998.16	490.59	1598.05	909.52	1451.97	146.08	140.04	73.03	4321
1994	4057.39	683.98	2186.77	1186.64	2002.22	184.55	187.37	95.23	5801
1995	5155.25	866.24	2715.26	1573.75	2467.63	247.63	244.65	134.95	7319
1996	6004.21	989.18	3074.12	1940.91	2754.80	319.32	291.71	178.79	8471
1997	6680.34	1035.80	3411.86	2232.68	3016.44	395.42	318.08	211.22	9371
1998	7199.95	1047.16	3640.10	2512.69	3157.69	482.41	322.33	253.14	10049
1999	7697.82	1037.37	3920.15	2740.30	3387.99	532.16	330.25	272.34	10695
2000	8553.69	1048.34	4435.89	3069.46	3848.52	587.37	349.49	298.15	11765
2001	9456.84	1094.48	4907.46	3454.90	4270.90	636.56	353.41	326.74	12879
2002	10606.85	1110.44	5604.49	3891.92	4880.09	724.40	368.86	371.09	14369
2003	12442.87	1162.45	6787.11	4493.31	6004.65	782.46	392.11	447.47	16743
2004	14823.13	1367.58	8331.90	5123.65	7407.76	924.14	440.50	534.17	19790
2005	18121.33	1461.51	10240.41	6419.41	9154.98	1085.44	492.39	799.73	23984
2006	21240.79	1545.05	11998.09	7697.65	10812.04	1186.05	653.25	1017.91	27868
2007	25988.36	1814.63	14504.63	9669.10	13137.87	1366.76	1054.25	1365.71	33798
2008	30945.45	2096.47	17058.54	11790.44	15336.03	1722.50	1298.49	1626.13	39967
2009	34471.67	2255.84	18674.81	13541.02	16570.31	2104.50	1596.98	2025.39	44272
2010	41383.87	2530.94	21861.48	16991.45	19382.18	2479.30	2105.92	2550.95	52787
2011	48839.21	3051.38	25239.22	20548.61	22313.47	2925.75	2540.11	2907.89	61947
2012	53701.92	3400.36	27158.78	23142.78	23942.24	3216.54	3046.51	3142.82	67896
2013	59349.41	3447.49	29149.42	26752.50	25564.39	3593.22	3818.79	3668.40	74844
2014	64830.51	3607.40	31048.84	30174.27	27154.52	3902.52	4483.69	4304.44	81550
2015	71255.93	3952.47	33371.77	33931.69	28802.63	4607.04	4914.55	4954.09	89426
2016	77350.85	4039.75	35041.53	38269.57	30291.36	4790.04	5545.17	5792.01	96840
2017	85869.76	4045.16	39124.11	42700.49	33782.61	5385.97	6215.65	6907.75	107150
2018	93207.55	4141.71	42129.37	46936.47	36113.22	6063.69	6846.88	7467.17	115930
2019	99631.52	4296.28	44270.51	51064.73	37825.32	6493.54	7529.61	8057.76	123607

2-4 主要年份地区生产总值构成

Composition of Gross Domestic Product in Major Years

本表按当年价格计算,单位:% (at current price, %)

年份 Year	地区生产总值 Gross Domestic Product	第一产业 Primary Industry	第二产业 Secondary Industry	第三产业 Tertiary Industry	#工业 Industry	#建筑业 Construction	#金融业 Financial Intermediation	#房地产业 Real Estate
1952	100.0	52.7	17.6	29.7	15.8	1.9		
1955	100.0	50.4	19.1	30.5	17.1	2.1		
1957	100.0	46.0	22.1	31.9	19.2	2.9		
1962	100.0	42.1	25.0	32.9	22.6	2.4		
1965	100.0	43.3	31.8	24.9	28.3	3.6		
1970	100.0	39.5	35.7	24.8	32.8	3.0		
1975	100.0	36.7	43.2	20.1	39.5	3.8		
1976	100.0	33.2	45.2	21.6	41.8	3.5		
1977	100.0	26.3	52.0	21.7	48.0	4.0		
1978	100.0	27.6	52.6	19.8	47.0	5.6	4.2	2.2
1979	100.0	34.8	47.3	17.9	42.3	5.0	3.4	1.8
1980	100.0	29.5	52.3	18.2	47.3	5.1	3.6	1.9
1981	100.0	31.3	50.8	17.9	46.0	4.8	3.5	1.9
1982	100.0	34.6	47.6	17.8	43.1	4.5	3.5	1.9
1983	100.0	34.4	48.2	17.4	43.8	4.4	3.3	1.7
1984	100.0	34.5	48.3	17.2	44.1	4.2	3.0	1.6
1985	100.0	30.0	52.1	17.9	47.2	4.9	2.9	1.8
1986	100.0	30.1	50.5	19.4	45.3	5.2	3.4	1.8
1987	100.0	26.8	53.5	19.7	48.1	5.5	2.7	1.6
1988	100.0	26.4	48.5	25.1	43.6	5.0	3.9	1.8
1989	100.0	24.5	49.7	25.8	45.4	4.3	5.0	1.9
1990	100.0	25.1	48.9	26.0	44.8	4.1	5.1	1.9
1991	100.0	21.5	49.6	28.9	45.3	4.3	4.9	2.1
1992	100.0	18.4	52.4	29.2	47.7	4.7	5.1	2.1
1993	100.0	16.4	53.3	30.3	48.4	4.9	4.7	2.4
1994	100.0	16.9	53.9	29.2	49.3	4.5	4.6	2.3
1995	100.0	16.8	52.7	30.5	47.9	4.8	4.7	2.6
1996	100.0	16.5	51.2	32.3	45.9	5.3	4.9	3.0
1997	100.0	15.5	51.1	33.4	45.2	5.9	4.8	3.2
1998	100.0	14.5	50.6	34.9	43.9	6.7	4.5	3.5
1999	100.0	13.5	50.9	35.6	44.0	6.9	4.3	3.5
2000	100.0	12.3	51.9	35.9	45.0	6.9	4.1	3.5
2001	100.0	11.6	51.9	36.5	45.2	6.7	3.7	3.5
2002	100.0	10.5	52.8	36.7	46.0	6.8	3.5	3.5
2003	100.0	9.3	54.5	36.1	48.3	6.3	3.2	3.6
2004	100.0	9.2	56.2	34.6	50.0	6.2	3.0	3.6
2005	100.0	8.1	56.5	35.4	50.5	6.0	2.7	4.4
2006	100.0	7.3	56.5	36.2	50.9	5.6	3.1	4.8
2007	100.0	7.0	55.8	37.2	50.6	5.3	4.1	5.3
2008	100.0	6.8	55.1	38.1	49.6	5.6	4.2	5.3
2009	100.0	6.5	54.2	39.3	48.1	6.1	4.6	5.9
2010	100.0	6.1	52.8	41.1	46.8	6.0	5.1	6.2
2011	100.0	6.2	51.7	42.1	45.7	6.0	5.2	6.0
2012	100.0	6.3	50.6	43.1	44.6	6.0	5.7	5.9
2013	100.0	5.8	49.1	45.1	43.1	6.1	6.4	6.2
2014	100.0	5.6	47.9	46.5	41.9	6.0	6.9	6.6
2015	100.0	5.5	46.8	47.6	40.4	6.5	6.9	7.0
2016	100.0	5.2	45.3	49.5	39.2	6.2	7.2	7.5
2017	100.0	4.7	45.6	49.7	39.3	6.3	7.2	8.0
2018	100.0	4.4	45.2	50.4	38.7	6.5	7.3	8.0
2019	100.0	4.3	44.4	51.3	38.0	6.5	7.6	8.1

2-5 不变价地区生产总值

Gross Domestic Product at Constant Price

单位:亿元 (100 million yuan)

年份 Year	地区生产总值 Gross Domestic Product	第一产业 Primary Industry	第二产业 Secondary Industry	第三产业 Tertiary Industry	#工业 Industry	#建筑业 Construction
		按1980年价格计算		Price Base Year = 1980		
1980	328.21	100.50	169.56	58.15	153.37	16.19
1981	363.85	113.44	181.85	68.56	164.56	17.29
1982	399.66	131.53	192.41	75.72	174.63	17.78
1983	448.78	140.98	221.82	85.98	202.11	19.71
1984	519.29	159.22	261.51	98.56	231.60	29.91
1985	609.14	157.88	334.88	116.38	304.52	30.36
1986	672.32	166.33	367.10	138.89	331.25	35.85
1987	762.72	167.11	433.55	162.06	388.62	44.93
1988	912.08	174.37	510.67	227.04	459.37	51.30
1989	934.74	169.42	512.97	252.35	468.94	44.03
1990	981.59	171.16	540.61	269.82	496.73	43.88
		按1990年价格计算		Price Base Year = 1990		
1990	1438.00	358.93	710.33	368.74	651.87	58.46
1991	1557.32	344.81	773.85	438.66	709.30	64.55
1992	1955.77	381.53	1020.73	553.51	928.13	92.60
1993	2342.88	391.25	1258.98	692.65	1143.28	115.70
1994	2728.74	411.73	1545.47	771.54	1410.47	135.00
1995	3148.95	467.66	1795.09	886.20	1626.27	168.82
1996	3533.97	503.88	2016.78	1013.31	1803.53	213.25
1997	3956.46	529.04	2271.40	1156.02	2007.33	264.07
1998	4392.36	540.19	2546.93	1305.24	2224.12	322.81
1999	4835.68	565.06	2834.48	1436.14	2477.67	356.81
2000	5346.92	587.06	3163.06	1596.80	2779.95	383.11
		按2000年价格计算		Price Base Year = 2000		
2000	8553.69	1048.34	4435.89	3069.46	3848.52	587.37
2001	9422.01	1079.79	4921.27	3420.95	4291.02	630.25
2002	10521.02	1109.48	5593.98	3817.56	4887.48	706.50
2003	11954.29	1107.82	6557.24	4289.23	5757.45	799.79
2004	13636.38	1174.20	7603.23	4858.95	6705.50	897.73
2005	15612.84	1207.73	8827.20	5577.91	7833.78	993.43
		按2005年价格计算		Price Base Year = 2005		
2005	18121.33	1461.51	10240.41	6419.41	9154.98	1085.44
2006	20828.39	1534.28	11870.56	7423.55	10669.23	1201.33
2007	23940.38	1581.10	13718.41	8640.87	12457.75	1260.66
2008	26980.37	1644.32	15534.36	9801.69	14169.09	1365.27
2009	30339.42	1717.84	17472.53	11149.05	15846.83	1625.70
2010	34198.16	1801.27	19752.44	12644.45	17953.00	1799.44
		按2010年价格计算		Price Base Year = 2010		
2010	41383.87	2530.94	21861.48	16991.45	19382.18	2479.30
2011	45952.65	2642.04	24439.74	18870.87	21789.61	2650.13
2012	50660.20	2763.55	27169.65	20727.00	24246.90	2922.74
2013	55580.11	2843.69	29915.59	22820.83	26782.44	3141.43
2014	60359.43	2929.00	32336.54	25093.89	28989.88	3354.83
2015	65552.00	3025.66	35050.98	27475.36	31330.72	3728.59
		按2015年价格计算		Price Base Year = 2015		
2015	71255.93	3952.47	33371.77	33931.69	28802.63	4607.04
2016	76814.60	4015.21	35583.34	37216.05	30804.92	4818.96
2017	82343.69	4030.57	37965.78	40347.34	33103.65	4905.70
2018	87860.84	4104.30	40210.23	43546.31	35301.94	4954.76
2019	93177.30	4157.66	42593.29	46426.35	37455.36	5187.63

2-6 主要年份地区生产总值指数

Indices of Gross Domestic Product in Major Years

按可比价格计算，上年=100 (at constant price, preceding year=100)

年份 Year	地区生产总值 Gross Domestic Product	第一产业 Primary Industry	第二产业 Secondary Industry	第三产业 Tertiary Industry	#工业 Industry	#建筑业 Construction	#金融业 Financial Intermediation	#房地产业 Real Estate	人均地区生产总值 Per Capita GDP
1952									
1955	111.1	114.7	101.7	107.0	101.9	100.7			108.6
1957	100.4	101.8	100.5	97.6	95.5	130.9			98.2
1962	93.2	101.5	73.5	94.0	72.8	80.8			91.9
1965	107.1	101.3	130.8	103.1	120.8	241.7			104.7
1970	114.9	107.1	136.5	110.1	137.5	130.6			112.3
1975	106.1	102.1	115.6	99.2	117.1	105.4			104.8
1976	101.0	87.3	112.0	111.3	113.7	98.8			99.8
1977	106.3	86.7	123.9	107.1	123.8	125.3			105.1
1978	124.6	132.1	124.6	113.9	123.3	135.7			123.2
1979	112.0	122.9	107.1	105.7	108.0	100.4	96.4	96.5	110.8
1980	104.8	89.5	118.2	101.6	119.7	105.2	104.5	104.7	103.9
1981	110.9	112.9	107.2	117.9	107.3	106.8	117.1	117.1	109.8
1982	109.8	115.9	105.8	110.4	106.1	102.8	111.0	111.0	108.5
1983	112.3	107.2	115.3	113.5	115.7	110.9	108.8	108.7	111.1
1984	115.7	112.9	117.9	114.6	114.6	151.8	114.6	114.7	114.9
1985	117.3	99.2	128.1	118.1	131.5	101.5	101.1	120.9	116.6
1986	110.4	105.4	109.6	119.3	108.8	118.1	130.3	109.1	109.5
1987	113.4	100.5	118.1	116.7	117.3	125.3	91.1	100.2	112.2
1988	119.6	104.3	117.8	140.1	118.2	114.2	158.6	122.4	118.0
1989	102.5	97.2	100.5	111.1	102.1	85.8	136.4	114.9	101.0
1990	105.0	101.0	105.4	106.9	105.9	99.7	109.5	108.1	101.4
1991	108.3	96.1	108.9	119.0	108.8	110.4	104.8	118.3	106.9
1992	125.6	110.6	131.9	126.2	130.9	143.5	133.1	117.9	124.3
1993	119.8	102.5	123.3	125.1	123.2	124.9	113.3	149.8	118.7
1994	116.5	105.2	122.8	111.4	123.4	116.7	111.9	108.1	115.6
1995	115.4	113.6	116.2	114.9	115.3	125.1	118.1	125.0	114.6
1996	112.2	107.7	112.3	114.3	110.9	126.3	115.4	123.7	111.5
1997	112.0	105.0	112.6	114.1	111.3	123.8	113.5	121.5	111.3
1998	111.0	102.1	112.1	112.9	110.8	122.2	103.9	123.8	110.5
1999	110.1	104.6	111.3	110.0	111.4	110.5	104.8	111.2	109.6
2000	110.6	103.9	111.6	111.2	112.2	107.4	109.8	107.5	109.5
2001	110.2	103.0	110.9	111.5	111.5	107.3	102.8	109.7	109.1
2002	111.7	102.7	113.7	111.6	113.9	112.1	105.9	112.6	111.1
2003	113.6	99.9	117.2	112.4	117.8	113.2	106.8	112.0	112.9
2004	114.1	106.0	116.0	113.3	116.5	112.2	107.5	109.5	113.2
2005	114.5	102.9	116.1	114.8	116.8	110.7	118.9	124.6	113.5
2006	114.9	105.0	115.9	115.6	116.5	110.7	121.3	119.3	113.9
2007	114.9	103.1	115.6	116.4	116.8	104.9	138.6	117.3	113.9
2008	112.7	104.0	113.2	113.4	113.7	108.3	112.0	109.0	111.9
2009	112.4	104.5	112.5	113.7	111.8	119.1	128.1	127.3	111.8
2010	112.7	104.9	113.0	113.4	113.3	110.7	117.0	108.9	111.9
2011	111.0	104.4	111.8	111.1	112.4	106.9	106.2	103.1	110.4
2012	110.2	104.6	111.2	109.8	111.3	110.3	114.7	108.6	109.9
2013	109.7	102.9	110.1	110.1	110.5	107.5	123.5	111.2	109.4
2014	108.6	103.0	108.1	110.0	108.2	106.8	116.9	102.1	108.3
2015	108.6	103.3	108.4	109.5	108.1	111.1	111.3	105.7	108.4
2016	107.8	101.6	106.6	109.7	107.0	104.6	112.7	105.7	107.5
2017	107.2	100.4	106.7	108.4	107.5	101.8	109.0	103.1	106.8
2018	106.7	101.8	105.9	107.9	106.6	101.0	107.0	101.8	106.4
2019	106.1	101.3	105.9	106.6	106.1	104.7	109.5	104.3	105.8

2－7 主要年份地区生产总值定基指数

Fixed-base Indices of Gross Domestic Product in Major Years

按可比价格计算 (at constant price)

年份 Year	地区生产总值 Gross Domestic Product	第一产业 Primary Industry	第二产业 Secondary Industry	第三产业 Tertiary Industry	#工业 Industry	#建筑业 Construction	#金融业 Financial Intermediation	#房地产业 Real Estate	人均地区生产总值 Per Capita GDP
1952	100.0	100.0	100.0	100.0	100.0	100.0			100.0
1955	118.9	115.9	133.5	121.6	132.0	142.1			111.3
1957	121.9	111.0	174.3	131.0	166.0	223.2			108.8
1962	103.8	84.6	202.6	118.0	212.1	146.3			89.2
1965	147.6	125.6	375.0	126.4	371.4	396.8			119.1
1970	200.9	148.7	663.6	176.0	671.7	615.8			143.1
1975	277.5	188.4	1179.3	198.1	1216.2	961.1			182.9
1976	280.3	164.4	1320.2	220.4	1382.9	949.5			182.5
1977	297.9	142.5	1636.2	236.0	1711.7	1189.5			191.8
1978	371.3	188.3	2038.8	268.8	2110.7	1613.7	100.0	100.0	236.3
1979	415.9	231.3	2183.9	284.1	2279.2	1620.0	96.4	96.5	261.8
1980	436.0	207.0	2580.8	288.6	2729.0	1704.2	100.8	101.0	272.0
1981	483.3	233.6	2767.9	340.2	2928.1	1820.0	118.0	118.3	298.6
1982	530.9	270.9	2928.6	375.8	3107.3	1871.6	131.0	131.2	323.9
1983	596.1	290.3	3376.3	426.7	3596.3	2074.7	142.4	142.7	360.0
1984	689.8	327.9	3980.4	489.1	4121.0	3148.4	163.3	163.6	413.7
1985	809.2	325.1	5097.1	577.6	5418.5	3195.8	165.1	197.8	482.3
1986	893.1	342.5	5587.5	689.3	5894.1	3773.7	215.1	215.8	528.1
1987	1013.2	344.1	6598.9	804.3	6914.9	4729.5	196.1	216.1	592.7
1988	1211.6	359.1	7772.8	1126.7	8173.8	5400.0	311.0	264.6	699.5
1989	1241.7	348.9	7807.8	1252.4	8344.1	4634.7	424.3	304.2	706.4
1990	1303.9	352.5	8228.5	1339.1	8838.6	4618.9	464.7	328.7	716.5
1991	1412.1	338.6	8964.3	1593.0	9617.3	5100.1	487.2	388.7	765.9
1992	1773.4	374.7	11824.1	2010.0	12584.4	7316.4	648.4	458.2	951.7
1993	2124.5	384.0	14579.2	2514.6	15504.0	9138.1	734.7	686.4	1129.7
1994	2475.1	404.0	17903.2	2801.2	19131.9	10664.2	822.1	742.0	1305.9
1995	2856.3	458.9	20803.5	3218.6	22059.1	13340.9	970.9	927.5	1496.6
1996	3204.7	494.3	23362.4	3678.9	24463.5	16849.6	1120.4	1147.3	1668.7
1997	3589.3	519.0	26306.0	4197.6	27227.9	20859.8	1271.7	1393.9	1857.2
1998	3984.1	529.9	29489.0	4739.1	30168.5	25490.7	1321.3	1725.7	2052.2
1999	4386.5	554.3	32821.3	5213.0	33607.7	28167.2	1384.7	1918.9	2249.2
2000	4851.5	575.9	36628.6	5796.8	37707.8	30251.5	1520.4	2062.9	2462.9
2001	5346.3	593.2	40621.1	6463.5	42044.2	32459.9	1563.0	2263.0	2687.0
2002	5971.9	609.2	46186.2	7213.2	47888.4	36387.6	1655.2	2548.1	2985.3
2003	6784.0	608.6	54130.2	8107.7	56412.5	41190.7	1767.8	2853.9	3370.4
2004	7740.6	645.1	62791.0	9186.0	65720.6	46216.0	1900.4	3125.0	3815.3
2005	8863.0	663.8	72900.4	10545.5	76761.6	51161.1	2259.5	3893.7	4330.4
2006	10183.5	697.0	84491.6	12190.6	89427.3	56635.3	2740.8	4645.2	4932.3
2007	11700.9	718.6	97672.3	14189.9	104451.1	59410.5	3798.7	5448.9	5617.9
2008	13186.9	747.3	110565.0	16091.3	118760.9	64341.5	4254.6	5939.3	6286.4
2009	14822.1	781.0	124385.6	18295.8	132774.7	76630.8	5450.1	7560.7	7028.2
2010	16704.5	819.2	140555.7	20747.4	150433.7	84830.2	6376.7	8233.6	7864.6
2011	18542.0	855.3	157141.3	23050.4	169087.5	90683.5	6772.0	8488.8	8682.5
2012	20433.2	894.6	174741.2	25309.4	188194.4	100023.9	7767.5	9218.8	9542.0
2013	22415.3	920.6	192390.0	27865.6	207954.8	107525.7	9592.9	10251.4	10439.0
2014	24343.0	948.2	207973.6	30652.2	225007.1	114837.5	11214.1	10466.6	11305.4
2015	26436.5	979.5	225443.4	33564.1	243232.7	127584.4	12481.2	11063.2	12255.1
2016	28498.5	995.1	240322.6	36819.8	260258.9	133453.3	14066.4	11693.8	13174.2
2017	30550.4	999.1	256424.3	39912.7	279778.4	135855.5	15332.3	12056.3	14070.1
2018	32597.3	1017.1	271553.3	43065.8	298243.7	137214.0	16405.6	12273.4	14970.6
2019	34585.7	1030.3	287574.9	45908.1	316436.6	143663.1	17964.1	12801.1	15838.8

2-8 分行业地区生产总值

Gross Domestic Product by Sector

本表按当年价格计算,单位:亿元 (at current price, 100 million yuan)

行业	Sector	2010	2015	2016	2017	2018	2019
地区生产总值	**Gross Domestic Product**	**41383.87**	**71255.93**	**77350.85**	**85869.76**	**93207.55**	**99631.52**
按三次产业分	Grouped by Industry						
第一产业	Primary Industry	2530.94	3952.47	4039.75	4045.16	4141.71	4296.28
第二产业	Secondary Industry	21861.48	33371.77	35041.53	39124.11	42129.37	44270.51
第三产业	Tertiary Industry	16991.45	33931.69	38269.57	42700.49	46936.47	51064.73
按行业分	Grouped by Sector						
农、林、牧、渔业	Agriculture, Forestry, Animal Husbandry and Fishery	2530.94	4175.94	4286.10	4314.53	4431.38	4610.84
农业	Farming	1547.62	2534.36	2533.94	2603.62	2673.34	2750.71
林业	Forestry	43.91	72.36	72.72	76.97	82.92	91.31
畜牧业	Animal Husbandry	372.82	514.17	541.58	472.53	447.34	498.83
渔业	Fishery	444.90	831.58	891.51	892.04	938.11	955.43
农、林、牧、渔专业及辅助性活动	Services in Support of Agriculture	121.70	223.47	246.35	269.37	289.67	314.56
工业	Industry	19382.18	28802.63	30291.36	33782.61	36113.22	37825.32
采矿业	Mining	282.16	301.24	316.81	353.33	377.70	395.61
制造业	Manufacturing	18178.72	27025.63	28422.51	31698.35	33885.20	35491.67
电力、热力、燃气及水的生产和供应业	Production and Supply of Electric Power, Heat Power, Gas and Water	921.30	1475.76	1552.04	1730.93	1850.32	1938.04
建筑业	Construction	2479.30	4607.04	4790.04	5385.97	6063.69	6493.54
批发和零售业	Wholesale and Retail Trades	4447.50	7829.76	8447.94	9197.46	10139.27	10901.27
交通运输、仓储和邮政业	Transport, Storage and Post	1768.62	2435.34	2535.57	2743.41	2964.41	3157.21
住宿和餐饮业	Hotels and Catering Services	710.98	1112.55	1203.18	1302.85	1413.43	1540.21
信息传输、软件和信息技术服务业	Information Transfer, Software and IT Services	591.23	1685.12	1961.21	2172.79	2409.97	2593.53
金融业	Financial Intermediation	2105.92	4914.55	5545.17	6215.65	6846.88	7529.61
房地产业	Real Estate	2550.95	4954.09	5792.01	6907.75	7467.17	8057.76
租赁和商务服务业	Leasing and Business Services	839.58	1958.03	2278.82	2524.68	2800.26	2980.91
科学研究和技术服务业	Scientific Research and Technical Services	405.46	1413.53	1645.10	1822.59	2021.53	2212.91
水利、环境和公共设施管理业	Management of Water Conservancy, Environment and Public Facilities	208.28	395.22	459.97	509.61	565.21	646.01
居民服务、修理和其他服务业	Services to Households and Other Services	432.81	742.71	864.39	957.65	1062.17	1121.06
教育	Education	1022.58	1807.68	2103.83	2330.82	2585.24	2908.01
卫生和社会工作	Healthcare and Social Welfare	484.64	1155.06	1344.30	1489.34	1651.91	1842.58
文化、体育和娱乐业	Culture, Sports and Entertainment	213.38	406.75	473.38	524.46	581.71	594.23
公共管理、社会保障和社会组织	Public Management, Social Security and Organizations	1209.52	2859.93	3328.48	3687.59	4090.10	4616.52

2-9 分行业地区生产总值构成
Composition of Gross Domestic Product by Sector

本表按当年价格计算,单位:%　　　　(at current price,%)

行业	Sector	2010	2015	2016	2017	2018	2019
地区生产总值	**Gross Domestic Product**	**100.0**	**100.0**	**100.0**	**100.0**	**100.0**	**100.0**
按三次产业分	Grouped by Industry						
第一产业	Primary Industry	6.1	5.5	5.2	4.7	4.4	4.3
第二产业	Secondary Industry	52.8	46.8	45.3	45.6	45.2	44.4
第三产业	Tertiary Industry	41.1	47.6	49.5	49.7	50.4	51.3
按行业分	Grouped by Sector						
农、林、牧、渔业	Agriculture, Forestry, Animal Husbandry and Fishery	6.1	5.9	5.5	5.0	4.8	4.6
农业	Farming	3.7	3.6	3.3	3.0	2.9	2.8
林业	Forestry	0.1	0.1	0.1	0.1	0.1	0.1
畜牧业	Animal Husbandry	0.9	0.7	0.7	0.6	0.5	0.5
渔业	Frishery	1.1	1.2	1.2	1.0	1.0	1.0
农、林、牧、渔专业及辅助性活动	Services in Support of Agriculture	0.3	0.3	0.3	0.3	0.3	0.3
工业	Industry	46.8	40.4	39.2	39.3	38.7	38.0
采矿业	Mining	0.7	0.4	0.4	0.4	0.4	0.4
制造业	Manufacturing	43.9	37.9	36.7	36.9	36.4	35.6
电力、热力、燃气及水的生产和供应业	Production and Supply of Electric Power, Heat Power, Gas and Water	2.2	2.1	2.0	2.0	2.0	1.9
建筑业	Construction	6.0	6.5	6.2	6.3	6.5	6.5
批发和零售业	Wholesale and Retail Trades	10.7	11.0	10.9	10.7	10.9	10.9
交通运输、仓储和邮政业	Transport, Storage and Post	4.3	3.4	3.3	3.2	3.2	3.2
住宿和餐饮业	Hotels and Catering Services	1.7	1.6	1.6	1.5	1.5	1.5
信息传输、软件和信息技术服务业	Information Transfer, Software and IT Services	1.4	2.4	2.5	2.5	2.6	2.6
金融业	Financial Intermediation	5.1	6.9	7.2	7.2	7.3	7.6
房地产业	Real Estate	6.2	7.0	7.5	8.0	8.0	8.1
租赁和商务服务业	Leasing and Business Services	2.0	2.7	2.9	2.9	3.0	3.0
科学研究和技术服务业	Scientific Research and Technical Services	1.0	2.0	2.1	2.1	2.2	2.2
水利、环境和公共设施管理业	Management of Water Conservancy, Environment and Public Facilities	0.5	0.6	0.6	0.6	0.6	0.6
居民服务、修理和其他服务业	Services to Households and other Services	1.0	1.0	1.1	1.1	1.1	1.1
教育	Education	2.5	2.5	2.7	2.7	2.8	2.9
卫生和社会工作	Healthcare and Social Welfare	1.2	1.6	1.7	1.7	1.8	1.8
文化、体育和娱乐业	Culture, Sports and Entertainment	0.5	0.6	0.6	0.6	0.6	0.6
公共管理、社会保障和社会组织	Public Management, Social Security and Organizations	2.9	4.0	4.3	4.3	4.4	4.6

2-10 分市分行业地区生产总值(2019年)

本表按当年价格计算,单位:亿元

行业	Sector	南京 Nanjing	无锡 Wuxi	徐州 Xuzhou	常州 Changzhou
地区生产总值	**Gross Domestic Product**	**14030.15**	**11852.32**	**7151.35**	**7400.86**
按三次产业分	Grouped by Industry				
第一产业	Primary Industry	287.82	122.51	682.83	157.00
第二产业	Secondary Industry	5040.85	5627.88	2886.17	3529.17
第三产业	Tertiary Industry	8701.48	6101.93	3582.36	3714.69
按行业分	Grouped by Sector				
农、林、牧、渔业	Agriculture, Forestry, Animal Husbandry and Fishery	307.24	140.71	717.84	171.90
农业	Farming	184.09	92.10	497.51	107.30
林业	Forestry	11.38	7.40	9.50	1.00
畜牧业	Animal Husbandry	10.49	2.30	119.91	6.80
渔业	Frishery	81.84	20.70	55.91	41.90
农、林、牧、渔专业及辅助性活动	Services in Support of Agriculture	19.42	18.20	35.01	14.90
工业	Industry	4215.76	5034.41	2333.44	3156.05
采矿业	Mining	24.97	9.05	126.55	4.40
制造业	Manufacturing	4074.32	4897.63	2117.63	3075.67
电力、热力、燃气及水的生产和供应业	Production and Supply of Electric Power, Heat Power, Gas and Water	116.47	127.73	89.26	75.98
建筑业	Construction	826.97	594.09	554.97	373.88
批发和零售业	Wholesale and Retail Trades	1265.19	1733.16	1046.16	771.96
交通运输、仓储和邮政业	Transport, Storage and Post	547.07	252.52	335.11	219.22
住宿和餐饮业	Hotels and Catering Services	226.54	178.84	130.76	129.61
信息传输、软件和信息技术服务业	Information Transfer, Software and IT Services	1223.62	330.16	75.33	154.46
金融业	Financial Intermediation	1621.03	972.12	368.63	565.67
房地产业	Real Estate	914.58	814.42	499.40	477.39
租赁和商务服务业	Leasing and Business Services	371.48	427.88	267.61	480.97
科学研究和技术服务业	Scientific Research and Technical Services	554.37	156.47	79.09	195.50
水利、环境和公共设施管理业	Management of Water Conservancy, Environment and Public Facilities	134.91	95.31	32.22	42.58
居民服务、修理和其他服务业	Services to Households and Other Services	91.03	125.50	56.12	75.28
教育	Education	608.28	254.02	169.52	133.70
卫生和社会工作	Healthcare and Social Welfare	317.92	184.84	130.43	92.30
文化、体育和娱乐业	Culture, Sports and Entertainment	118.96	51.81	59.27	85.12
公共管理、社会保障和社会组织	Public Management, Social Security and Organizations	685.20	506.06	295.46	275.27

Composition of Gross Domestic Product by Sector and Region(2019)

(at current price, 100 million yuan)

苏州 Suzhou	南通 Nantong	连云港 Lianyungang	淮安 Huaian	盐城 Yancheng	扬州 Yangzhou	镇江 Zhenjiang	泰州 Taizhou	宿迁 Suqian
19235.80	**9383.39**	**3139.29**	**3871.21**	**5702.26**	**5850.08**	**4127.32**	**5133.36**	**3099.23**
196.70	428.84	362.70	386.21	619.90	292.80	140.42	292.50	324.59
9130.18	4602.10	1363.15	1617.18	2371.59	2778.21	2004.79	2525.98	1324.35
9908.92	4352.45	1413.44	1867.82	2710.77	2779.07	1982.11	2314.88	1450.29
223.70	480.04	392.80	401.02	662.62	311.10	159.70	305.20	336.84
118.90	249.80	207.51	277.68	340.96	161.40	93.33	202.73	215.77
10.30	1.89	6.29	7.01	14.46	5.80	6.14	1.78	8.46
6.00	60.24	43.75	47.32	113.44	22.80	17.00	23.20	27.87
61.50	116.91	105.09	54.21	151.04	102.80	23.96	64.78	72.49
27.00	51.20	30.10	14.81	42.71	18.30	19.28	12.70	12.25
8316.49	3849.70	1099.19	1297.30	1942.91	2261.96	1799.32	1972.11	1091.82
0.89	14.82	22.82	13.85	2.06	47.83	13.62	5.33	0.35
8124.31	3582.93	934.78	1230.08	1796.18	2136.76	1668.69	1892.42	1068.04
191.29	251.95	141.59	53.37	144.67	77.37	117.01	74.36	23.43
822.04	755.56	263.96	320.56	431.95	518.59	205.47	556.68	232.97
1951.48	933.31	297.41	297.07	649.22	550.62	461.64	445.67	350.97
496.21	231.53	156.85	136.70	207.79	149.17	168.98	212.66	65.58
353.63	154.15	44.07	82.20	96.12	85.29	63.92	57.34	38.42
503.48	126.55	33.31	80.71	88.81	76.25	45.60	79.18	84.01
1581.74	586.29	192.85	224.37	323.23	316.15	327.46	330.49	202.63
1898.11	727.22	205.32	301.43	374.56	548.34	286.68	328.25	216.29
624.61	213.26	51.31	126.15	121.03	194.76	77.16	137.93	88.28
408.27	212.33	51.63	69.03	121.75	125.33	94.60	72.69	26.29
99.57	30.03	27.91	36.35	38.77	32.25	43.07	64.29	23.49
165.25	159.50	27.36	59.71	68.30	53.22	32.55	39.71	27.52
521.20	233.98	102.80	131.19	192.18	171.36	103.19	132.00	106.66
341.02	188.48	49.16	95.02	105.37	103.62	58.18	112.15	64.08
54.31	72.93	9.04	22.78	28.69	31.07	35.75	34.35	13.03
874.69	428.54	134.32	189.61	248.96	320.99	164.05	252.66	130.35

2－11　三次产业对地区生产总值的贡献率和拉动

本表按可比价格计算

年　份 Year	地　区 生产总值 Gross Domestic Product		第一产业 Primary Industry	
	贡献率(％) Contribution Share(％)	拉动(百分点) Contribution (percentage points)	贡献率(％) Contribution Share(％)	拉动(百分点) Contribution (percentage points)
1990	100.0	5.0	3.7	0.2
1991	100.0	8.3	－11.8	－1.0
1992	100.0	25.6	9.2	2.4
1993	100.0	19.8	2.5	0.5
1994	100.0	16.5	5.3	0.9
1995	100.0	15.4	13.3	2.0
1996	100.0	12.2	9.4	1.1
1997	100.0	12.0	6.0	0.7
1998	100.0	11.0	2.6	0.3
1999	100.0	10.1	5.6	0.6
2000	100.0	10.6	4.3	0.5
2001	100.0	10.2	12.1	1.2
2002	100.0	11.7	2.7	0.3
2003	100.0	13.6	－0.1	0.0
2004	100.0	14.1	3.9	0.6
2005	100.0	14.5	1.7	0.2
2006	100.0	14.9	6.3	0.9
2007	100.0	14.9	1.5	0.2
2008	100.0	12.7	2.1	0.3
2009	100.0	12.4	2.2	0.3
2010	100.0	12.7	2.2	0.3
2011	100.0	11.0	7.2	0.8
2012	100.0	10.2	2.6	0.3
2013	100.0	9.7	1.6	0.2
2014	100.0	8.6	1.8	0.2
2015	100.0	8.6	1.9	0.2
2016	100.0	7.8	8.8	0.7
2017	100.0	7.2	0.3	0.0
2018	100.0	6.7	1.3	0.1
2019	100.0	6.1	1.0	0.1

注:1. 产业贡献率指各产业增加值增量与 GDP 增量之比(可比价)。
　2. 三次产业拉动指 GDP 增长速度与各产业贡献率之乘积。

Contribution Share and Contribution of the Three Strata of Industry to GDP Growth

(at constant price)

第二产业 Secondary Industry		第三产业 Tertiary Industry		#工业 Industry	
贡献率(%) Contribution Share(%)	拉动(百分点) Contribution (percentage points)	贡献率(%) Contribution Share(%)	拉动(百分点) Contribution (percentage points)	贡献率(%) Contribution Share(%)	拉动(百分点) Contribution (percentage points)
59.0	2.9	37.3	1.9	59.3	3.0
53.2	4.4	58.6	4.9	48.1	4.0
62.0	15.8	28.8	7.4	54.9	14.1
61.5	12.2	35.9	7.1	55.6	11.0
74.2	12.3	20.4	3.4	69.2	11.4
59.4	9.1	27.3	4.2	51.4	7.9
57.6	7.0	33.0	4.0	46.0	5.6
60.3	7.2	33.8	4.1	48.2	5.8
63.2	7.0	34.2	3.8	49.7	5.5
64.9	6.6	29.5	3.0	57.2	5.8
64.3	6.8	31.4	3.3	59.1	6.3
43.1	4.4	44.8	4.6	37.1	3.8
61.2	7.2	36.1	4.2	54.3	6.3
67.2	9.1	32.9	4.5	60.7	8.3
62.2	8.8	33.9	4.8	56.4	7.9
61.9	9.0	36.4	5.3	57.1	8.3
58.4	8.7	35.4	5.3	54.4	8.1
59.4	8.8	39.1	5.8	57.5	8.6
59.7	7.6	38.2	4.8	56.3	7.1
57.7	7.2	40.1	5.0	49.9	6.2
59.1	7.5	38.8	4.9	54.6	6.9
39.9	4.4	53.0	5.8	32.6	3.6
58.0	5.9	39.4	4.0	52.2	5.3
55.8	5.4	42.6	4.1	51.5	5.0
50.7	4.4	47.6	4.1	46.2	4.0
52.3	4.5	45.9	3.9	45.1	3.9
4.7	0.4	86.5	6.7	-4.7	-0.4
43.1	3.1	56.6	4.1	41.6	3.0
40.7	2.7	58.0	3.9	39.8	2.7
44.8	2.7	54.2	3.3	40.5	2.5

a) Industrial contribution ration refers to the proportion of the increment of the value-added of each industry to the increment of GDP.
b) Contribution of the three strata of industry to GDP growth refers to the growth rate of GDP multiplied by the contribution share of every industry.

2-12 分市地区生产总值
Gross Domestic Product by Region

本表按当年价格计算,单位:亿元　　(at current price, 100 million yuan)

地区	Region	地区生产总值 Gross Domestic Product 2010	2014	2015	2016	2017	2018	2019
按地区分	**by City**							
南京	Nanjing	5199.54	8956.05	10015.73	10819.14	11894.00	13009.17	14030.15
无锡	Wuxi	5779.21	8358.98	8681.37	9340.16	10313.07	11202.98	11852.32
徐州	Xuzhou	2951.47	4979.65	5336.75	5809.81	6333.50	6710.36	7151.35
常州	Changzhou	3091.85	4991.37	5281.31	5752.34	6478.16	6897.02	7400.86
苏州	Suzhou	9180.76	13716.95	14468.68	15445.26	16997.47	18263.48	19235.80
南通	Nantong	3510.56	5748.61	6498.29	7151.69	8034.07	8753.23	9383.39
连云港	Lianyungang	1201.79	1987.19	2305.05	2536.49	2784.48	2923.04	3139.29
淮安	Huaian	1396.38	2478.43	2755.58	3090.86	3341.61	3615.02	3871.21
盐城	Yancheng	2315.71	3807.58	4181.71	4546.90	4990.12	5387.16	5702.26
扬州	Yangzhou	2257.02	3750.13	4099.91	4539.12	5078.58	5478.74	5850.08
镇江	Zhenjiang	2019.22	2871.76	3088.47	3435.73	3714.57	3847.79	4127.32
泰州	Taizhou	1998.41	3193.07	3494.93	3888.29	4424.57	4767.24	5133.36
宿迁	Suqian	1187.70	2036.70	2242.40	2476.18	2721.87	2864.87	3099.23
按区域分	**by Region**							
苏南	Southern Jiangsu	25270.58	38895.11	41535.56	44792.63	49397.27	53220.44	56646.45
苏中	Mid Jiangsu	7765.99	12691.81	14093.13	15579.10	17537.22	18999.21	20366.83
苏北	Northern Jiangsu	9053.05	15289.55	16821.48	18460.23	20171.58	21500.45	22963.34

2-12 续 表1 Continued 1

本表按当年价格计算,单位:亿元 (at current price, 100 million yuan)

地 区	Region	第一产业增加值 Value-added of the Primary Industry 2010	2014	2015	2016	2017	2018	2019
按地区分	**by City**							
南 京	Nanjing	142.29	214.25	232.40	252.54	263.01	276.34	287.82
无 锡	Wuxi	102.95	138.15	125.71	133.46	133.96	125.52	122.51
徐 州	Xuzhou	280.94	469.73	590.56	607.08	631.03	649.58	682.83
常 州	Changzhou	99.78	138.46	146.55	152.67	157.10	157.31	157.00
苏 州	Suzhou	140.80	203.98	215.71	221.81	221.98	214.25	196.70
南 通	Nantong	266.22	339.57	354.90	366.66	382.69	408.41	428.84
连云港	Lianyungang	182.60	261.98	282.69	301.56	313.42	335.60	362.70
淮 安	Huaian	195.97	286.99	307.67	324.61	339.44	363.20	386.21
盐 城	Yancheng	374.21	489.50	516.53	533.91	551.71	592.53	619.90
扬 州	Yangzhou	161.37	227.35	262.46	257.44	268.36	279.97	292.80
镇 江	Zhenjiang	81.53	121.45	132.82	137.78	142.43	141.71	140.42
泰 州	Taizhou	151.65	209.25	218.93	240.00	264.08	286.24	292.50
宿 迁	Suqian	208.82	259.90	258.11	275.23	292.14	310.88	324.59
按区域分	**by Region**							
苏 南	Southern Jiangsu	567.35	816.29	853.19	898.26	918.48	915.13	904.45
苏 中	Mid Jiangsu	579.24	776.17	836.29	864.10	915.13	974.62	1014.14
苏 北	Northern Jiangsu	1242.54	1768.10	1955.56	2042.39	2127.74	2251.78	2376.24

2－12 续 表2 Continued 2

本表按当年价格计算,单位:亿元 (at current price, 100 million yuan)

地区	Region	第二产业增加值 Value-added of the Second Industry 2010	2014	2015	2016	2017	2018	2019
按地区分	**by City**							
南京	Nanjing	2363.42	3696.34	3981.04	4171.55	4451.96	4766.31	5040.85
无锡	Wuxi	3236.03	4242.56	4122.65	4425.88	4853.03	5309.86	5627.88
徐州	Xuzhou	1505.13	2282.73	2309.17	2450.47	2622.95	2701.49	2886.17
常州	Changzhou	1727.99	2494.49	2622.86	2765.93	3116.00	3282.26	3529.17
苏州	Suzhou	5359.64	7082.49	7250.53	7434.61	8217.83	8918.33	9130.18
南通	Nantong	1941.95	2873.97	3307.10	3537.09	3979.65	4308.12	4602.10
连云港	Lianyungang	552.92	909.91	1038.97	1135.40	1249.03	1269.82	1363.15
淮安	Huaian	654.17	1104.79	1184.34	1307.58	1414.66	1521.40	1617.18
盐城	Yancheng	1054.85	1719.99	1854.44	1974.81	2137.96	2309.92	2371.59
扬州	Yangzhou	1255.12	1933.65	2029.25	2262.78	2474.71	2621.09	2778.21
镇江	Zhenjiang	1139.15	1450.44	1529.57	1665.63	1807.78	1862.91	2004.79
泰州	Taizhou	1151.95	1696.05	1813.42	1944.19	2197.02	2395.35	2525.98
宿迁	Suqian	534.80	984.49	1020.96	1129.41	1219.91	1245.33	1324.35
按区域分	**by Region**							
苏南	Southern Jiangsu	13826.23	18966.32	19506.65	20463.60	22446.60	24139.67	25332.87
苏中	Mid Jiangsu	4349.02	6503.67	7149.77	7744.06	8651.38	9324.56	9906.29
苏北	Northern Jiangsu	4301.87	7001.91	7407.89	7997.67	8644.51	9047.97	9562.44

2-12 续 表3 Continued 3

本表按当年价格计算,单位:亿元 (at current price, 100 million yuan)

地 区	Region	第三产业增加值 Value-added of the Tertiary Industry						
		2010	2014	2015	2016	2017	2018	2019
按地区分	**by City**							
南 京	Nanjing	2693.83	5045.46	5802.29	6395.05	7179.03	7966.52	8701.48
无 锡	Wuxi	2440.23	3978.27	4433.01	4780.82	5326.08	5767.60	6101.93
徐 州	Xuzhou	1165.40	2227.19	2437.01	2752.26	3079.52	3359.29	3582.35
常 州	Changzhou	1264.08	2358.42	2511.90	2833.74	3205.06	3457.45	3714.69
苏 州	Suzhou	3680.32	6430.48	7002.44	7788.84	8557.66	9130.90	9908.92
南 通	Nantong	1302.39	2535.07	2836.29	3247.94	3671.73	4036.70	4352.45
连云港	Lianyungang	466.27	815.30	983.39	1099.53	1222.03	1317.62	1413.44
淮 安	Huaian	546.24	1086.65	1263.57	1458.67	1587.51	1730.42	1867.82
盐 城	Yancheng	886.65	1598.09	1810.73	2038.17	2300.46	2484.71	2710.77
扬 州	Yangzhou	840.53	1589.13	1808.20	2018.90	2335.51	2577.68	2779.07
镇 江	Zhenjiang	798.54	1299.87	1426.08	1632.32	1764.36	1843.17	1982.11
泰 州	Taizhou	694.81	1287.77	1462.58	1704.10	1963.47	2085.65	2314.88
宿 迁	Suqian	444.08	792.31	963.32	1071.53	1209.82	1308.66	1450.29
按区域分	**by Region**							
苏 南	Southern Jiangsu	10877.00	19112.50	21175.72	23430.77	26032.19	28165.64	30409.13
苏 中	Mid Jiangsu	2837.73	5411.97	6107.07	6970.94	7970.71	8700.03	9446.40
苏 北	Northern Jiangsu	3508.63	6519.54	7458.03	8420.17	9399.33	10200.70	11024.66

2-12 续 表4 Continued 4

本表按当年价格计算,单位:亿元 (at current price, 100 million yuan)

地 区	Region	全部工业增加值 Value-added of the Industry						
		2010	2014	2015	2016	2017	2018	2019
按地区分	**by City**							
南 京	Nanjing	2040.77	3192.01	3451.54	3627.76	3837.39	4004.14	4215.76
无 锡	Wuxi	3017.90	3894.14	3691.58	3976.15	4358.43	4766.31	5034.41
徐 州	Xuzhou	1284.29	1923.17	1958.98	2038.14	2153.33	2190.21	2333.44
常 州	Changzhou	1575.17	2256.57	2348.05	2482.69	2802.18	2933.88	3156.05
苏 州	Suzhou	4990.66	6504.12	6648.29	6818.92	7535.95	8167.59	8316.49
南 通	Nantong	1601.88	2369.27	2760.78	2974.93	3353.45	3611.07	3849.70
连云港	Lianyungang	439.69	727.15	844.75	930.03	1023.76	1020.11	1099.19
淮 安	Huaian	544.07	922.18	947.46	1054.16	1140.21	1222.84	1297.30
盐 城	Yancheng	868.74	1422.76	1541.97	1652.07	1775.13	1908.27	1942.91
扬 州	Yangzhou	1100.39	1682.38	1647.70	1850.32	2011.23	2105.45	2261.96
镇 江	Zhenjiang	1058.30	1335.85	1376.26	1507.39	1633.94	1671.06	1799.32
泰 州	Taizhou	902.89	1320.05	1413.41	1527.42	1731.58	1876.98	1972.11
宿 迁	Suqian	431.25	823.79	846.90	951.44	1022.91	1028.04	1091.82
按区域分	**by Region**							
苏 南	Southern Jiangsu	12682.81	17182.69	17515.72	18412.91	20167.89	21542.98	22522.03
苏 中	Mid Jiangsu	3605.16	5371.70	5821.89	6352.67	7096.26	7593.50	8083.77
苏 北	Northern Jiangsu	3568.05	5819.06	6140.06	6625.84	7115.35	7369.47	7764.66

2-12 续 表5 Continued 5

本表按当年价计算,单位:元 (at current price, yuan)

地 区 Region		人均地区生产总值 Per Capita GDP						
		2010	2014	2015	2016	2017	2018	2019
按地区分	**by City**							
南 京	Nanjing	66149	109194	121757	131094	143258	155137	165681
无 锡	Wuxi	91943	128756	133446	143254	157668	170680	180044
徐 州	Xuzhou	34192	57838	61706	66860	72493	76404	81138
常 州	Changzhou	68365	106329	112395	122264	137459	146030	156390
苏 州	Suzhou	92557	129511	136368	145276	159369	170644	179174
南 通	Nantong	48705	78771	89030	97955	110003	119784	128294
连云港	Lianyungang	27179	44757	51651	56554	61776	64680	69523
淮 安	Huaian	29034	51213	56675	63324	68168	73484	78543
盐 城	Yancheng	31413	52727	57873	62874	68938	74603	79149
扬 州	Yangzhou	50401	83821	91501	101150	112862	121222	128856
镇 江	Zhenjiang	65305	90638	97307	108079	116671	120569	128981
泰 州	Taizhou	43035	68871	75320	83733	95176	102658	110731
宿 迁	Suqian	25141	42158	46249	50881	55582	58226	62840
按区域分	**by Region**							
苏 南	Southern Jiangsu	79770	117341	125053	134559	148025	158553	167995
苏 中	Mid Jiangsu	47558	77351	85830	94808	106637	115350	123511
苏 北	Northern Jiangsu	30217	51064	55983	61220	66691	70812	75551

2－13 分市地区生产总值构成

Composition of Gross Domestic Product by Region

本表按当年价格计算,单位:%　　　　(at current price, %)

地　区 Region		第一产业增加值 Value-added of the Primary Industry						
		2010	2014	2015	2016	2017	2018	2019
按地区分	**by City**							
南　京	Nanjing	2.7	2.4	2.3	2.3	2.2	2.1	2.1
无　锡	Wuxi	1.8	1.7	1.4	1.4	1.3	1.1	1.0
徐　州	Xuzhou	9.5	9.4	11.1	10.4	10.0	9.7	9.5
常　州	Changzhou	3.2	2.8	2.8	2.7	2.4	2.3	2.1
苏　州	Suzhou	1.5	1.5	1.5	1.4	1.3	1.2	1.0
南　通	Nantong	7.6	5.9	5.5	5.1	4.8	4.7	4.6
连云港	Lianyungang	15.2	13.2	12.3	11.9	11.3	11.5	11.6
淮　安	Huaian	14.0	11.6	11.2	10.5	10.2	10.0	10.0
盐　城	Yancheng	16.2	12.9	12.4	11.7	11.1	11.0	10.9
扬　州	Yangzhou	7.1	6.1	6.4	5.7	5.3	5.1	5.0
镇　江	Zhenjiang	4.0	4.2	4.3	4.0	3.8	3.7	3.4
泰　州	Taizhou	7.6	6.6	6.3	6.2	6.0	6.0	5.7
宿　迁	Suqian	17.6	12.8	11.5	11.1	10.7	10.9	10.5
按区域分	**by Region**							
苏　南	Southern Jiangsu	2.2	2.1	2.1	2.0	1.9	1.7	1.6
苏　中	Mid Jiangsu	7.5	6.1	5.9	5.5	5.2	5.1	5.0
苏　北	Northern Jiangsu	13.7	11.6	11.6	11.1	10.5	10.5	10.3

2-13 续 表1 Continued 1

本表按当年价格计算,单位:% (at current price, %)

地 区	Region	第二产业增加值 Value-added of the Scondary Industry 2010	2014	2015	2016	2017	2018	2019
按地区分	**by City**							
南 京	Nanjing	45.5	41.3	39.7	38.6	37.4	36.6	35.9
无 锡	Wuxi	56.0	50.8	47.5	47.4	47.1	47.4	47.5
徐 州	Xuzhou	51.0	45.8	43.3	42.2	41.4	40.3	40.4
常 州	Changzhou	55.9	50.0	49.7	48.1	48.1	47.6	47.7
苏 州	Suzhou	58.4	51.6	50.1	48.1	48.3	48.8	47.5
南 通	Nantong	55.3	50.0	50.9	49.5	49.5	49.2	49.0
连云港	Lianyungang	46.0	45.8	45.1	44.8	44.9	43.4	43.4
淮 安	Huaian	46.8	44.6	43.0	42.3	42.3	42.1	41.8
盐 城	Yancheng	45.6	45.2	44.3	43.4	42.8	42.9	41.6
扬 州	Yangzhou	55.6	51.6	49.5	49.9	48.7	47.8	47.5
镇 江	Zhenjiang	56.4	50.5	49.5	48.5	48.7	48.4	48.6
泰 州	Taizhou	57.6	53.1	51.9	50.0	49.7	50.2	49.2
宿 迁	Suqian	45.0	48.3	45.5	45.6	44.8	43.5	42.7
按区域分	**by Region**							
苏 南	Southern Jiangsu	54.7	48.8	47.0	45.7	45.4	45.4	44.7
苏 中	Mid Jiangsu	56.0	51.2	50.7	49.7	49.3	49.1	48.6
苏 北	Northern Jiangsu	47.5	45.8	44.0	43.3	42.9	42.1	41.6

2－13 续 表2 Continued 2

本表按当年价格计算,单位:%　　　　(at current price, %)

地区	Region	第三产业增加值 Value-added of the Tertiary Industry 2010	2014	2015	2016	2017	2018	2019
按地区分	**by City**							
南京	Nanjing	51.8	56.3	57.9	59.1	60.4	61.2	62.0
无锡	Wuxi	42.2	47.6	51.1	51.2	51.6	51.5	51.5
徐州	Xuzhou	39.5	44.7	45.7	47.4	48.6	50.1	50.1
常州	Changzhou	40.9	47.2	47.6	49.3	49.5	50.1	50.2
苏州	Suzhou	40.1	46.9	48.4	50.4	50.3	50.0	51.5
南通	Nantong	37.1	44.1	43.6	45.4	45.7	46.1	46.4
连云港	Lianyungang	38.8	41.0	42.7	43.3	43.9	45.1	45.0
淮安	Huaian	39.1	43.8	45.9	47.2	47.5	47.9	48.2
盐城	Yancheng	38.3	42.0	43.3	44.8	46.1	46.1	47.5
扬州	Yangzhou	37.2	42.4	44.1	44.5	46.0	47.0	47.5
镇江	Zhenjiang	39.5	45.3	46.2	47.5	47.5	47.9	48.0
泰州	Taizhou	34.8	40.3	41.8	43.8	44.4	43.7	45.1
宿迁	Suqian	37.4	38.9	43.0	43.3	44.4	45.7	46.8
按区域分	**by Region**							
苏南	Southern Jiangsu	43.0	49.1	51.0	52.3	52.7	52.9	53.7
苏中	Mid Jiangsu	36.5	42.6	43.3	44.7	45.5	45.8	46.4
苏北	Northern Jiangsu	38.8	42.6	44.3	45.6	46.6	47.4	48.0

2－13 续 表3 Continued 3

本表按当年价格计算，单位：% (at current price, %)

地 区	Region	全部工业增加值 Value-added of the Tertiary Industry						
		2010	2014	2015	2016	2017	2018	2019
按地区分	**by City**							
南 京	Nanjing	39.2	35.6	34.5	33.5	32.3	30.8	30.0
无 锡	Wuxi	52.2	46.6	42.5	42.6	42.3	42.5	42.5
徐 州	Xuzhou	43.5	38.6	36.7	35.1	34.0	32.6	32.6
常 州	Changzhou	50.9	45.2	44.5	43.2	43.3	42.5	42.6
苏 州	Suzhou	54.4	47.4	45.9	44.1	44.3	44.7	43.2
南 通	Nantong	45.6	41.2	42.5	41.6	41.7	41.3	41.0
连云港	Lianyungang	36.6	36.6	36.6	36.7	36.8	34.9	35.0
淮 安	Huaian	39.0	37.2	34.4	34.1	34.1	33.8	33.5
盐 城	Yancheng	37.5	37.4	36.9	36.3	35.6	35.4	34.1
扬 州	Yangzhou	48.8	44.9	40.2	40.8	39.6	38.4	38.7
镇 江	Zhenjiang	52.4	46.5	44.6	43.9	44.0	43.4	43.6
泰 州	Taizhou	45.2	41.3	40.4	39.3	39.1	39.4	38.4
宿 迁	Suqian	36.3	40.4	37.8	38.4	37.6	35.9	35.2
按区域分	**by Region**							
苏 南	Southern Jiangsu	50.2	44.2	42.2	41.1	40.8	40.5	39.8
苏 中	Mid Jiangsu	46.4	42.3	41.3	40.8	40.5	40.0	39.7
苏 北	Northern Jiangsu	39.4	38.1	36.5	35.9	35.3	34.3	33.8

2－14 分市地区生产总值指数
Indices of Gross Domestic Product by Region

按可比价格计算，上年＝100　　　　(at constant price, preceding year = 100)

地　区	Region	地区生产总值 Gross Domestic Product						
		2010	2014	2015	2016	2017	2018	2019
按地区分	**by City**							
南　京	Nanjing	113.1	110.1	109.3	108.1	108.1	108.0	107.8
无　锡	Wuxi	113.2	108.2	107.1	107.5	107.4	107.4	106.7
徐　州	Xuzhou	114.0	110.5	109.5	108.2	107.7	104.2	106.0
常　州	Changzhou	113.1	110.1	109.2	108.5	108.1	107.0	106.8
苏　州	Suzhou	113.3	108.3	107.5	107.5	107.1	106.8	105.6
南　通	Nantong	113.0	110.5	109.6	109.3	107.8	107.2	106.2
连云港	Lianyungang	113.6	110.2	110.8	107.8	107.4	104.7	106.0
淮　安	Huaian	113.8	110.9	110.3	109.0	107.4	106.5	106.6
盐　城	Yancheng	113.6	110.9	110.5	108.9	106.8	105.5	105.1
扬　州	Yangzhou	113.5	111.0	110.3	109.4	108.0	106.7	106.8
镇　江	Zhenjiang	113.2	110.9	109.6	109.3	107.2	103.1	105.8
泰　州	Taizhou	113.5	110.8	110.2	109.5	108.2	106.7	106.4
宿　迁	Suqian	113.7	110.8	110.0	109.1	107.5	106.8	107.0
按区域分	**by Region**							
苏　南	Southern Jiangsu	113.2	109.1	108.2	107.9	107.5	106.9	106.5
苏　中	Mid Jiangsu	113.3	110.7	110.0	109.4	107.9	106.9	106.4
苏　北	Northern Jiangsu	113.8	110.7	110.1	108.6	108.4	105.3	106.0

2-14 续 表1 Continued 1

按可比价格计算，上年=100 (at constant price, preceding year=100)

地 区	Region	第一产业增加值 Value-added of the Primary Industry						
		2010	2014	2015	2016	2017	2018	2019
按地区分	**by City**							
南 京	Nanjing	104.1	103.3	103.4	101.1	101.2	100.6	100.7
无 锡	Wuxi	104.3	103.5	99.9	97.7	101.3	99.7	97.6
徐 州	Xuzhou	104.2	103.7	103.5	102.0	102.5	102.4	102.4
常 州	Changzhou	104.3	103.0	103.1	99.1	101.0	99.0	98.0
苏 州	Suzhou	104.1	100.0	103.3	99.0	100.8	95.4	93.4
南 通	Nantong	104.0	102.6	102.9	100.7	105.1	102.2	102.8
连云港	Lianyungang	105.1	103.3	103.6	101.6	102.7	102.6	103.6
淮 安	Huaian	104.6	103.3	103.6	101.7	103.1	103.1	102.8
盐 城	Yancheng	104.3	103.4	103.6	100.9	102.7	103.2	102.8
扬 州	Yangzhou	104.5	103.6	103.6	100.0	102.2	103.0	101.4
镇 江	Zhenjiang	104.5	103.7	103.6	100.2	101.4	95.8	99.4
泰 州	Taizhou	104.5	103.3	103.4	101.4	102.8	102.7	102.3
宿 迁	Suqian	105.3	103.3	103.4	102.0	102.7	103.0	102.4
按区域分	**by Region**							
苏 南	Southern Jiangsu	104.2	102.5	102.7	99.5	101.1	98.1	97.9
苏 中	Mid Jiangsu	104.3	103.1	103.2	100.7	103.6	102.6	102.2
苏 北	Northern Jiangsu	104.6	103.4	103.6	101.6	102.7	102.9	102.8

2-14 续 表2 Continued 2

按可比价格计算，上年=100 (at constant price, preceding year=100)

地　区 Region		第二产业增加值 Value-added of the Secondary Industry						
		2010	2014	2015	2016	2017	2018	2019
按地区分	**by City**							
南　京	Nanjing	113.5	109.2	107.0	105.4	105.1	106.5	106.2
无　锡	Wuxi	113.1	106.4	105.2	106.6	107.3	108.0	107.6
徐　州	Xuzhou	115.7	110.6	109.0	108.0	106.4	101.5	107.0
常　州	Changzhou	113.3	109.5	108.5	106.1	106.8	106.2	108.4
苏　州	Suzhou	113.3	106.2	104.8	105.4	106.0	105.6	105.1
南　通	Nantong	113.8	110.3	109.7	110.3	106.8	106.5	107.0
连云港	Lianyungang	116.8	111.7	111.3	107.8	107.2	101.9	108.0
淮　安	Huaian	116.4	111.2	110.9	109.1	106.4	104.9	107.1
盐　城	Yancheng	116.8	111.8	110.4	109.2	104.8	103.7	103.2
扬　州	Yangzhou	114.6	110.9	110.6	108.2	106.7	105.8	107.6
镇　江	Zhenjiang	113.8	110.8	109.4	108.8	106.0	103.0	105.0
泰　州	Taizhou	114.5	110.5	110.2	108.8	107.3	106.8	105.9
宿　迁	Suqian	117.5	112.6	110.9	110.1	107.8	107.4	106.9
按区域分	**by Region**							
苏　南	Southern Jiangsu	113.3	107.6	106.2	106.0	106.2	106.1	106.4
苏　中	Mid Jiangsu	114.2	110.5	110.1	109.3	106.9	106.4	106.8
苏　北	Northern Jiangsu	116.4	111.4	110.2	108.7	105.0	103.4	106.2

2－14 续 表3 Continued 3

按可比价格计算，上年＝100 （at constant price，preceding year＝100）

地 区 Region		第三产业增加值 Value-added of the Tertary Industry						
		2010	2014	2015	2016	2017	2018	2019
按地区分	**by City**							
南 京	Nanjing	113.2	111.1	111.5	110.3	110.3	109.1	108.6
无 锡	Wuxi	113.7	110.4	109.5	108.7	107.7	107.1	106.0
徐 州	Xuzhou	114.2	111.6	111.2	109.6	109.9	107.0	106.0
常 州	Changzhou	113.7	111.4	110.5	111.3	109.7	108.1	105.8
苏 州	Suzhou	113.8	111.2	110.8	109.9	108.2	108.1	106.3
南 通	Nantong	113.7	112.0	110.4	109.2	109.1	108.4	105.8
连云港	Lianyungang	113.2	110.5	112.3	109.8	108.9	108.2	104.6
淮 安	Huaian	114.1	112.5	111.2	110.7	109.2	108.8	106.9
盐 城	Yancheng	113.8	112.2	112.7	111.0	110.1	108.1	107.5
扬 州	Yangzhou	113.9	112.2	110.7	112.1	110.1	108.2	106.6
镇 江	Zhenjiang	113.1	111.5	110.2	110.6	109.0	103.7	107.2
泰 州	Taizhou	113.9	112.3	111.2	111.4	110.0	107.0	107.6
宿 迁	Suqian	113.0	111.1	111.1	110.1	108.5	107.3	108.3
按区域分	**by Region**							
苏 南	Southern Jiangsu	113.5	111.0	110.6	110.0	108.9	107.8	106.9
苏 中	Mid Jiangsu	113.8	112.2	110.7	110.6	109.6	108.0	106.4
苏 北	Northern Jiangsu	113.8	111.7	111.7	110.2	109.6	107.8	106.6

2-14 续 表4 Continued 4

按可比价格计算，上年=100 (at constant price, preceding year=100)

地 区	Region	全部工业增加值 Value-added of the Industry						
		2010	2014	2015	2016	2017	2018	2019
按地区分	**by City**							
南 京	Nanjing	114.3	109.3	107.7	104.9	106.0	107.3	106.2
无 锡	Wuxi	113.1	106.4	105.0	106.8	108.0	108.6	107.7
徐 州	Xuzhou	116.1	111.1	108.5	108.5	107.5	101.3	107.3
常 州	Changzhou	113.4	109.8	108.3	106.3	107.7	106.7	108.8
苏 州	Suzhou	113.3	106.2	104.3	105.4	106.7	106.0	105.0
南 通	Nantong	114.4	111.1	109.6	111.2	108.0	107.4	107.8
连云港	Lianyungang	117.7	112.9	112.5	108.6	108.0	101.7	109.0
淮 安	Huaian	117.4	112.2	110.9	109.7	107.5	104.9	107.3
盐 城	Yancheng	117.0	112.4	110.5	109.8	105.6	104.1	103.0
扬 州	Yangzhou	114.8	111.4	110.5	108.6	107.7	106.4	108.1
镇 江	Zhenjiang	114.9	111.1	109.3	109.1	106.5	102.8	104.9
泰 州	Taizhou	114.6	110.9	110.0	109.4	108.5	107.6	106.2
宿 迁	Suqian	119.2	113.8	110.8	110.5	108.4	107.7	107.4
按区域分	**by Region**							
苏 南	Southern Jiangsu	113.6	107.7	106.1	106.1	106.9	106.6	106.5
苏 中	Mid Jiangsu	114.6	111.1	110.0	109.9	108.0	107.2	107.2
苏 北	Northern Jiangsu	117.0	112.2	110.2	109.3	105.6	103.5	106.4

2-15 按收入法计算的地区生产总值(2018 年)

Income Approach Components of Gross Domestic Product (2018)

本表按当年价格计算,单位:亿元 (at current price, 100 million yuan)

项目	Item	增加值 Value Added	劳动者报酬 Compensation of Employees	生产税净额 Net Taxes on Production	固定资产折旧 Depreciation of Fixed Assets	营业盈余 Operating Surplus
地区生产总值	**Gross Domestic Product**	**93207.55**	**42591.24**	**11799.26**	**12728.96**	**26088.09**
按三次产业分	Grouped by Industry					
第一产业	Primary Industry	4141.71	4111.96		29.75	
第二产业	Secondary Industry	42129.37	17659.32	6917.06	6243.32	11309.67
第三产业	Tertiary Industry	46936.47	20819.96	4882.20	6455.89	14778.42
按行业分	Grouped by Sector					
农、林、牧、渔业	Agriculture, Forestry, Animal Husbandry and Fishery	4431.38	4397.30		34.08	
工业	Industry	36113.22	13383.26	6248.74	6092.75	10388.47
采矿业	Mining	273.63	91.61	57.89	70.80	53.33
制造业	Manufacturing	33854.10	12905.47	5903.05	5149.34	9896.24
电力、热力、燃气及水的生产和供应业	Production and Supply of Electric Power, Heat Power, Gas and Water	1985.49	386.18	287.80	872.61	438.90
建筑业	Construction	6063.69	4297.30	678.83	159.62	927.94
批发和零售业	Wholesale and Retail Trades	10139.27	3331.51	1923.09	725.69	4158.98
交通运输、仓储和邮政业	Transport, Storage and Post	2964.41	1465.83	290.55	596.98	611.05
住宿和餐饮业	Hotels and Catering Services	1413.43	938.75	96.02	228.43	150.23
信息传输、软件和信息技术服务业	Information Transfer, Software and IT Services	2777.86	1297.40	169.18	571.22	740.06
金融业	Financial Intermediation	6846.88	1392.03	646.35	214.66	4593.84
房地产业	Real Estate	7467.17	749.50	1543.04	2252.94	2921.69
租赁和商务服务业	Leasing and Business Services	3162.74	1819.41	251.46	602.70	489.17
科学研究和技术服务业	Scientific Research and Technical Services	2113.62	1311.85	162.41	232.31	407.05
水利、环境和公共设施管理业	Management of Water Conservancy, Environment and Public Facilities	691.84	275.38	47.46	171.12	197.88
居民服务、修理和其他服务业	Services to Households and Other Services	323.76	214.34	16.91	31.44	61.08

2-15 续表 Continued

本表按当年价格计算,单位:亿元 (at current price, 100 million yuan)

项目	Item	增加值 Value Added	劳动者报酬 Compensation of Employees	生产税净额 Net Taxes on Production	固定资产折旧 Depreciation of Fixed Assets	营业盈余 Operating Surplus
教育	Education	2790.33	2593.16	-103.04	254.32	45.90
卫生和社会工作	Healthcare and Social Welfare	1674.88	1498.85	-64.59	143.06	97.56
文化、体育和娱乐业	Culture, Sports and Entertainment	525.84	333.62	32.53	76.04	83.65
公共管理、社会保障和社会组织	Public Management, Social Security and Organizations	3707.23	3291.75	-139.67	341.60	213.54
按地区分	**by Region**					
南 京	Nanjing	13009.17	6155.56	2248.95	1564.74	3039.92
无 锡	Wuxi	11202.98	4531.20	1568.68	1416.12	3686.98
徐 州	Xuzhou	6710.36	2682.05	1177.52	897.51	1953.29
常 州	Changzhou	6897.02	1040.77	2916.91	1032.43	1906.91
苏 州	Suzhou	18263.48	7934.16	2585.74	2470.81	5272.77
南 通	Nantong	8753.23	3771.40	1279.02	919.67	2783.15
连云港	Lianyungang	2923.04	1272.93	475.93	359.60	814.58
淮 安	Huaian	3615.02	1500.66	576.67	495.29	1042.40
盐 城	Yancheng	5387.16	2572.57	744.38	840.41	1229.80
扬 州	Yangzhou	5478.74	2269.92	740.50	829.03	1639.29
镇 江	Zhenjiang	3847.79	1621.28	545.78	561.74	1118.99
泰 州	Taizhou	4767.24	2053.89	725.79	632.21	1355.35
宿 迁	Suqian	2864.87	1449.74	360.42	283.45	771.26

2-16 主要年份按收入法计算的地区生产总值

Income Approach Components of Gross Domestic Product in Major Years

本表按当年价格计算 (at current price)

年份	地区生产总值(亿元) Gross Domestic Product (100 million yuan)	劳动者报酬 Compensation of Employees	生产税净额 Net Taxes on Production	固定资产折旧 Depreciation of Fixed Assets	营业盈余 Operating Surplus	占地区生产总值比重(%) Percentage to GDP (%) 劳动者报酬 Compensation of Employees	生产税净额 Net Taxes on Production	固定资产折旧 Depreciation of Fixed Assets	营业盈余 Operating Surplus
1978	249.24	116.91	31.79	19.98	80.56	46.9	12.8	8.0	32.3
1980	319.80	152.29	45.96	23.90	97.65	47.6	14.4	7.5	30.5
1985	651.82	321.08	89.26	48.80	192.68	49.3	13.7	7.5	29.6
1990	1416.50	693.86	192.85	186.92	342.87	49.0	13.6	13.2	24.2
1991	1601.38	731.05	183.38	217.55	469.40	45.7	11.5	13.6	29.3
1992	2136.02	1031.95	282.34	270.03	551.70	48.3	13.2	12.6	25.8
1993	2998.16	1447.34	388.51	321.91	840.40	48.3	13.0	10.7	28.0
1994	4057.39	2008.61	532.55	444.10	1072.13	49.5	13.1	10.9	26.4
1995	5155.25	2658.24	600.37	693.97	1202.67	51.6	11.6	13.5	23.3
1996	6004.21	3175.76	675.69	785.07	1367.69	52.9	11.3	13.1	22.8
1997	6680.34	3554.74	780.56	873.37	1471.67	53.2	11.7	13.1	22.0
1998	7199.95	3801.35	830.80	987.19	1580.61	52.8	11.5	13.7	22.0
1999	7697.82	3972.54	870.14	1070.11	1785.03	51.6	11.3	13.9	23.2
2000	8553.69	4418.69	975.28	1215.44	1944.28	51.7	11.4	14.2	22.7
2001	9456.84	4872.24	1089.24	1362.23	2133.13	51.5	11.5	14.4	22.6
2002	10606.85	5418.94	1236.80	1497.81	2453.30	51.1	11.7	14.1	23.1
2003	12442.87	6207.89	1507.55	1710.89	3016.54	49.9	12.1	13.7	24.2
2004	14823.13	6684.17	2204.52	2074.57	3859.87	45.1	14.9	14.0	26.0
2005	18121.33	7506.84	2681.58	2704.90	5228.01	41.4	14.8	14.9	28.9
2006	21240.79	8918.97	3095.26	3186.74	6039.82	42.0	14.6	15.0	28.4
2007	25988.36	10102.75	4073.43	3566.67	8245.51	38.9	15.7	13.7	31.7
2008	30945.45	12965.03	4735.74	4057.04	9187.64	41.9	15.3	13.1	29.7
2009	34471.67	14902.32	5195.39	4614.40	9759.56	43.2	15.1	13.4	28.3
2010	41383.87	17542.25	5863.27	5402.46	12575.89	42.4	14.2	13.1	30.4
2011	48839.21	21082.37	6624.00	6468.35	14664.49	43.2	13.6	13.2	30.0
2012	53701.92	23348.97	7177.09	7073.42	16102.44	43.5	13.4	13.2	30.0
2013	59349.41	26353.92	7640.44	7736.57	17618.48	44.4	12.9	13.0	29.7
2014	64830.51	29160.52	8018.81	8521.80	19129.38	45.0	12.4	13.1	29.5
2015	71255.93	32790.96	8547.17	9192.81	20724.99	46.0	12.0	12.9	29.1
2016	77350.85	35490.63	9306.60	10360.97	22192.65	45.9	12.0	13.4	28.7
2017	85869.76	39574.79	9940.01	11524.85	24830.11	46.1	11.6	13.4	28.9
2018	93207.55	42591.24	11799.26	12728.96	26088.09	45.7	12.7	13.7	28.0

2-17 按支出法计算的地区生产总值

Gross Domestic Product by Expenditure Approach

本表按当年价格计算,单位:亿元 (at current price,100 million yuan)

年份 Year	地区生产总值 Gross Domestic Product	最终消费 Final Consumption Expenditures	居民消费 Household Consumption Expenditures	城镇居民 Rural Household	农村居民 Urban Household	政府消费 Government Consumption Expenditures	资本形成总额 Gross Capital Formation	固定资本形成 Fixed Capital Formation	存货增加 Changes in Inventories	货物和服务净出口 Net Export of Goods and Services
1978	249.24	130.55	115.15	39.04	76.11	15.40	77.98	40.40	37.58	40.71
1980	319.80	175.47	154.72	49.59	105.13	20.75	97.44	58.25	39.19	46.89
1985	651.82	353.72	300.86	80.88	219.98	52.86	271.42	193.25	78.17	26.68
1989	1321.85	662.01	557.60	171.20	386.40	104.41	528.44	336.24	192.20	131.40
1990	1416.50	717.36	608.29	205.00	403.29	109.07	588.44	374.12	214.32	110.70
1991	1601.38	835.07	656.99	233.39	423.60	178.08	694.80	461.98	232.82	71.51
1992	2136.02	960.21	735.62	275.63	459.99	224.59	1069.20	747.29	321.91	106.61
1993	2998.16	1251.08	984.44	414.50	569.94	266.64	1589.93	1201.41	388.52	157.15
1994	4057.39	1721.45	1350.89	568.70	782.19	370.56	2018.95	1434.95	584.00	316.99
1995	5155.25	2250.66	1806.43	776.51	1029.92	444.23	2479.30	1756.88	722.42	425.29
1996	6004.21	2721.84	2218.68	904.67	1314.01	503.16	2798.62	2062.17	736.45	483.75
1997	6680.34	3020.94	2417.77	1027.26	1390.51	603.17	2925.28	2295.97	629.31	734.12
1998	7199.95	3161.88	2513.52	1142.99	1370.53	648.36	3321.44	2642.29	679.15	716.63
1999	7697.82	3339.79	2594.18	1266.14	1328.04	745.61	3554.26	2842.65	711.61	803.77
2000	8553.69	3710.72	2815.51	1477.05	1338.46	895.21	4044.78	3225.42	819.36	798.19
2001	9456.84	4141.92	3027.67	1654.36	1373.31	1114.25	4393.21	3543.16	850.05	921.71
2002	10606.85	4801.91	3475.13	1969.21	1505.92	1326.78	4808.67	3994.23	814.44	996.27
2003	12442.87	5484.04	3909.55	2468.92	1440.63	1574.49	6182.38	5480.80	701.58	776.45
2004	14823.13	6219.14	4429.02	3059.64	1369.38	1790.12	8099.20	7114.12	985.08	504.79
2005	18121.33	7650.97	5339.09	3750.82	1588.27	2311.88	9640.65	9067.15	573.50	829.71
2006	21240.79	9040.72	6236.42	4434.79	1801.63	2804.30	10950.49	10298.06	652.43	1249.58
2007	25988.36	10928.68	7328.19	5249.15	2079.04	3600.49	12787.19	12010.59	776.60	2272.49
2008	30945.45	12838.05	8425.61	6139.74	2285.87	4412.44	15398.06	14419.02	979.04	2709.34
2009	34471.67	14366.10	9235.38	6756.04	2479.34	5130.72	18029.88	17595.97	433.91	2075.69
2010	41383.87	17216.82	10942.82	8266.41	2676.41	6274.00	21740.39	21276.24	464.15	2426.65
2011	48839.21	20650.10	13534.19	10428.44	3105.75	7115.91	25739.54	25212.73	526.81	2449.57
2012	53701.92	22704.49	15385.57	11904.43	3481.14	7318.92	28098.77	27256.15	842.62	2898.66
2013	59349.41	26667.62	18889.19	14636.65	4252.54	7778.43	29899.48	28967.07	932.41	2782.31
2014	64830.51	31036.36	22510.56	17515.48	4995.08	8525.80	30892.99	29889.49	1003.50	2901.16
2015	71255.93	35002.17	25245.17	19689.08	5556.09	9757.00	31813.01	31153.21	659.80	4440.75
2016	77350.85	39499.88	28654.71	22493.95	6160.76	10845.17	33123.30	32254.56	868.74	4727.67
2017	85869.76	43020.75	31892.36	25082.70	6809.66	11128.39	37353.35	36416.79	936.56	5495.66

2-18 按支出法计算的地区生产总值构成

Composition of Gross Domestic Product by Expenditure Approach

本表按当年价格计算，单位：%　　　　(at current price，%)

年份 Year	地区生产总值 Gross Domestic Product	最终消费 Final Consumption Expenditures	居民消费 Household Consumption Expenditures	城镇居民 Rural Household	农村居民 Urban Household	政府消费 Government Consumption Expenditures	资本形成总额 Gross Capital Formation	固定资本形成 Fixed Capital Formation	存货增加 Changes in Inventories	货物和服务净出口 Net Export of Goods and Services
1978	100.0	52.4	46.2	15.7	30.5	6.2	31.3	16.2	15.1	16.3
1980	100.0	54.9	48.4	15.5	32.9	6.5	30.5	18.2	12.2	14.7
1985	100.0	54.3	46.2	12.4	33.8	8.1	41.6	29.6	12.0	4.1
1989	100.0	50.1	42.2	13.0	29.2	7.9	40.0	25.4	14.5	9.9
1990	100.0	50.6	42.9	14.5	28.5	7.7	41.5	26.4	15.1	7.8
1991	100.0	52.1	41.0	14.6	26.5	11.1	43.4	28.8	14.5	4.5
1992	100.0	45.0	34.4	12.9	21.5	10.5	50.1	35.0	15.1	5.0
1993	100.0	41.7	32.8	13.8	19.0	8.9	53.0	40.1	13.0	5.2
1994	100.0	42.4	33.3	14.0	19.3	9.1	49.8	35.4	14.4	7.8
1995	100.0	43.7	35.0	15.1	20.0	8.6	48.1	34.1	14.0	8.2
1996	100.0	45.3	37.0	15.1	21.9	8.4	46.6	34.3	12.3	8.1
1997	100.0	45.2	36.2	15.4	20.8	9.0	43.8	34.4	9.4	11.0
1998	100.0	43.9	34.9	15.9	19.0	9.0	46.1	36.7	9.4	10.0
1999	100.0	43.4	33.7	16.4	17.3	9.7	46.2	36.9	9.2	10.4
2000	100.0	43.4	32.9	17.3	15.6	10.5	47.3	37.7	9.6	9.3
2001	100.0	43.8	32.0	17.5	14.5	11.8	46.5	37.5	9.0	9.7
2002	100.0	45.3	32.8	18.6	14.2	12.5	45.3	37.7	7.7	9.4
2003	100.0	44.1	31.4	19.8	11.6	12.7	49.7	44.0	5.6	6.2
2004	100.0	42.0	29.9	20.6	9.2	12.1	54.6	48.0	6.6	3.4
2005	100.0	42.2	29.5	20.7	8.8	12.8	53.2	50.0	3.2	4.6
2006	100.0	42.6	29.4	20.9	8.5	13.2	51.6	48.5	3.1	5.9
2007	100.0	42.1	28.2	20.2	8.0	13.9	49.2	46.2	3.0	8.7
2008	100.0	41.5	27.2	19.8	7.4	14.3	49.8	46.6	3.2	8.8
2009	100.0	41.7	26.8	19.6	7.2	14.9	52.3	51.0	1.3	6.0
2010	100.0	41.6	26.4	20.0	6.5	15.2	52.5	51.4	1.1	5.9
2011	100.0	42.3	27.7	21.4	6.4	14.6	52.7	51.6	1.1	5.0
2012	100.0	42.3	28.6	22.2	6.5	13.6	52.3	50.8	1.6	5.4
2013	100.0	44.9	31.8	24.7	7.2	13.1	50.4	48.8	1.6	4.7
2014	100.0	47.9	34.7	27.0	7.7	13.2	47.7	46.1	1.5	4.5
2015	100.0	49.1	35.4	27.6	7.8	13.7	44.6	43.7	0.9	6.2
2016	100.0	51.1	37.0	29.1	8.0	14.0	42.8	41.7	1.1	6.1
2017	100.0	50.1	37.1	29.2	7.9	13.0	43.5	42.4	1.1	6.4

2-19 按支出法计算的地区生产总值指数

Indices of Gross Domestic Product by Expenditure Approach

按可比价格计算,1952 年 = 100 (at constant price with 100 in 1952)

年份 Year	地区生产总值指数 Gross Domestic Product	最终消费 Final Consumption Expenditures	居民消费 Household Consumption Expenditure	城镇居民 Rural Household	农村居民 Urban Household	政府消费 Government Consumption Expenditures	资本形成总额 Gross Capital Formation	固定资本形成 Fixed Capital Formation	存货增加 Changes in Inventories
1952	100.0	100.0	100.0	100.0	100.0	100.0	100.0	100.0	100.0
1978	371.3	367.6	352.3	607.8	290.1	545.3	695.7	593.2	847.1
1980	436.0	468.4	448.7	732.2	379.7	696.3	809.3	811.3	806.4
1985	809.2	824.0	757.4	1022.5	693.7	1595.0	2156.6	2573.0	1541.6
1989	1241.7	1000.3	885.3	1411.2	757.8	2331.2	3610.7	3998.6	3037.7
1990	1303.9	1063.7	949.6	1601.7	791.9	2383.2	4161.1	4791.5	3229.8
1991	1412.1	1162.8	992.5	1754.9	806.8	3246.0	4472.4	5230.2	3389.1
1992	1773.4	1493.5	1253.9	2337.9	988.1	4462.1	5534.2	7583.6	3054.8
1993	2124.4	1787.9	1518.0	3114.8	1122.8	5103.7	6603.7	9239.5	3450.0
1994	2474.3	2095.2	1772.7	3585.7	1324.5	6068.9	7772.3	10860.6	4074.8
1995	2855.3	2422.4	2027.1	4102.3	1514.1	7331.8	9053.4	12381.0	5022.8
1996	3204.5	2670.9	2261.5	4311.6	1757.6	7711.4	10229.2	14289.6	5367.3
1997	3587.6	2944.6	2444.1	4851.4	1850.0	9193.2	11375.3	16021.8	5834.1
1998	3982.8	3250.8	2677.4	5686.3	1930.6	10441.6	12662.2	18662.4	5645.7
1999	4384.8	3593.4	2889.2	6573.2	1970.4	12530.4	13870.1	20698.5	5922.1
2000	4848.4	3970.6	3107.9	7632.5	1974.7	15034.2	15272.9	22421.1	6900.9
2001	5340.5	4420.0	3371.3	8640.9	2038.8	18080.3	16765.7	24392.9	7841.6
2002	5963.5	4993.8	3714.3	9963.0	2119.8	21867.4	18721.5	28445.5	7294.1
2003	6775.9	5667.9	4176.3	12455.3	2025.7	25417.8	21744.0	35873.5	5035.9
2004	7778.7	6452.9	4780.6	15489.1	1967.3	28542.9	25319.8	41206.1	6550.7
2005	8906.6	7349.2	5417.6	17552.9	2229.4	32920.2	28663.0	46648.2	7414.2
2006	10233.7	8558.7	6164.5	20188.5	2472.1	40369.3	32082.9	52226.0	8268.8
2007	11758.5	9942.6	6991.8	23096.7	2744.2	49276.2	36023.5	58471.7	9709.0
2008	13251.9	11300.9	7743.8	25885.2	2948.0	58859.0	39846.0	63882.2	12734.3
2009	14895.1	13005.8	8810.2	29524.6	3331.6	69167.9	45915.1	77205.7	5644.4
2010	16786.8	14843.6	9938.5	34404.9	3428.5	80578.7	51401.9	86653.2	5762.3
2011	18633.3	16833.0	11395.9	40210.5	3697.4	89603.6	56811.7	95837.1	6173.2
2012	20533.9	18807.3	13059.1	46312.5	4165.1	95495.8	62497.6	105164.3	7596.9
2013	22496.6	20918.0	15271.6	54228.4	4849.3	95650.3	68364.2	114923.1	8654.4
2014	24453.8	23028.3	17135.5	61062.4	5374.8	100730.4	74034.1	124395.8	9551.1
2015	26556.8	25404.6	18927.9	67617.7	5885.3	110782.2	79836.2	135442.7	6343.3
2016	28628.2	27616.3	20695.8	74415.6	6286.3	118607.9	85868.8	145077.5	8148.3
2017	30689.5	29936.0	22682.6	81782.7	6833.2	124656.9	90677.4	153056.7	8702.4

主要统计指标解释

可比价格 指计算各种总量指标所采用的扣除了价格变动因素的价格，可进行不同时期总量指标的对比。按可比价格计算总量指标有两种方法：一种是直接用产品产量乘某一年的不变价格计算；另一种是用价格指数进行缩减。

不变价格 指以同类产品某年的平均价格作为固定价格，用于计算各年的产品价值。按不变价格计算的产品价值消除了价格变动因素，不同时期对比可以反映生产的发展速度。新中国成立后，随着工农业产品价格水平的变化，国家统计局先后六次制定了全国统一的工业产品不变价格和农业产品不变价格。从1952年到1957年使用1952年工(农)业产品不变价格，从1957年到1970年使用1957年不变价格，从1971年到1980年使用1970年不变价格，从1981年到1990年使用1980年不变价格，从1991年到2000年使用1990年不变价格，从2001年到2005年使用2000年不变价格，从2006年到2010年使用2005年不变价格，从2010年到2015年使用2010年不变价格，目前使用的是2015年不变价格。

国内生产总值(GDP) 指一个国家所有常住单位在一定时期内生产活动的最终成果。国内生产总值有三种表现形态，即价值形态、收入形态和产品形态。从价值形态看，它是所有常住单位在一定时期内生产的全部货物和服务价值超过同期中间投入的全部非固定资产货物和服务价值的差额，即所有常住单位的增加值之和；从收入形态看，它是所有常住单位在一定时期内创造并分配给常住单位和非常住单位的初次收入分配之和；从产品形态看，它是所有常住单位在一定时期内最终使用的货物和服务价值与货物和服务净出口价值之和。在实际核算中，国内生产总值有三种计算方法，即生产法、收入法和支出法。三种方法分别从不同的方面反映国内生产总值及其构成。对于地区，GDP中文名称为“地区生产总值”。

支出法国内生产总值 指一个国家所有常住单位在一定时期内用于最终消费、资本形成总额，以及货物和服务的净出口总额，它反映本期生产总值的使用及构成。对于地区，名称为“支出法地区生产总值”。

最终消费 指常住单位在一定时期内对于货物和服务的全部最终消费支出，也就是常住单位为满足物质、文化和精神生活的需要，从本国经济领土和国外购买的货物和服务的支出；不包括非常住单位在本国经济领土内的消费支出。最终消费分为居民消费和政府消费。

居民消费 指常住住户对货物和服务的全部最终消费支出。居民消费按市场价格计算，即按居民支付的购买者价格计算。购买者价格是购买者取得货物所支付的价格，包括购买者支付的运输和商业费用。居民消费除了直接以货币形式购买货物和服务的消费之外，还包括以其他方式获得的货物和服务的消费支出，即所谓的虚拟消费支出。居民虚拟消费支出包括以下几种类型：单位以实物报酬及实物转移的形式提供给劳动者的货物和服务；住户生产并由本住户消费了的货物和服务，其中的服务仅指住户的自有住房服务；金融机构提供的金融媒介服务；保险公司提供的保险服务。

政府消费 指政府部门为全社会提供公共服务的消费支出和免费或以较低价格向住户提供的货物和服务的净支出。前者等于政府服务的产出价值减去政府单位所获得的经营收入的价值，政府服务的产出价值等于它的经常性业务支出加上固定资产折旧；后者等于政府部门免费或以较低价格向住户提供的货物和服务的市场价值减去向住户收取的价值。

资本形成总额 指常住单位在一定时期内获得的减去处置的固定资产加存货的变动，包括固定资本形成总额和存货增加。

固定资本形成总额 指常住单位购置、转入和自产自用的固定资产，扣除固定资产的销售和转出后的价值，分有形固定资产形成总额和无形固定资产形成总额。有形固定资产形成总额包括一定时期内完成的建筑工程、安装工程和设备工器具购置(减处置)价值，以及土地改良、新增役、种、奶、毛、娱乐用牲畜和新增经济林木价值。无形固定资产形成总额包括矿藏的勘探、计算机软件、娱乐和文学艺术品原件等获得减处置。

存货增加 指常住单位存货实物量变动的市场价值，即期末价值减期初价值的差额。存货增加可以是正值，也可以是负值；正值表示存货上升，负值表示存货下降。它包括生产单位购进的原材料、燃料和储备物资等存货，以及生产单位生产的产成品、在制品等存货等。

货物和服务净出口 指货物和服务出口减货物和服务进口的差额。出口包括常住单位向非常住单位出售或无偿转让的各种货物和服务的价值；进口包括常住单位从非常住单位购买或无偿得到的各种货物和服务的价值。由于服务活动的提供与使用同时发生，因此服务的进出口业务并不发生出入境现象，一般把常住单位从国外得到的服务作为进口，非常住单位从本国得到的服务作为出口。货物的出口和进口都按离岸价格计算。

Explanatory Notes on Main Statistical Indicators

Comparable Prices refer to prices that are used to remove the factors of price change in calculating economic aggregates, so as to facilitate comparison of aggregates over time. Two methods are used for calculating economic aggregates at comparable prices:

1. Multiplying the output of products by their constant prices of certain year; 2. Deflation of data at current prices by relevant price index.

Constant Price refers to the average price of a given product in certain year, which is used for comparison of output value over time. As the output value at constant prices removes the factor of price changes, it reflects the trend of production development over time. Since 1949, with the changes in general price level, National Bureau of Statistics has issued nationally unified constant prices six times: the 1952 constant prices for 1952—1957; the 1957 constant prices for 1957—1970; the 1970 constant prices for 1971—1980; the 1980 constant prices for 1981—1990; the 1990 constant prices for 1991—2000; the 2000 constant prices for 2001—2005; the 2005 constant prices for 2006—2010, the 2010 constant prices for 2011—2015, the 2015 constant prices for now.

Gross Domestic Product (GDP) refers to the final products of all resident units in a country during a certain period of time. Gross domestic product is expressed in three different forms, i. e. value, income, and products respectively. The form of value refers to the total value of all products and services produced by all resident units during a certain period of time minus total value of intimidate input of materials and services of the nature of non-fixed assets or the summation of the value-added of all resident units; the form of income includes all the income created by all resident units and distributed primarily to all resident and non-resident units; the form of products refers to the value of all final goods and services for final use by all resident units plus the value of net exports of goods and services during a given period of time. In the practice of national accounting, gross domestic product is calculated with three approaches, i. e. production approach, income approach, and expenditure approach, which reflect gross domestic product and its composition from different aspects. The Chinese meaning of "GDP" is "Gross Regional Product" as to the certain region.

GDP Calculated with Expenditure Approach refers to total expenditure on final consumption, total capital formation and net export of goods and services by resident units of a country in a certain period of time. It reflects the composition of GDP by its use.

Final Consumption refers to the total expenditure of resident units on final consumption of goods and services in a certain period, namely the expenditure of the resident units for purchases of goods and services from domestic economic territory and abroad to meet the requirements of material, cultural and spiritual life. It excludes the expenditure of non-resident units on consumption in the economic territory of the country. The final consumption is classified into household consumption and government consumption.

Households Consumption refers to the total expenditure of resident households on the final consumption of goods and services. The households consumption is calculated at market prices, namely the purchasers prices which the households pay; the purchasers prices of goods are the prices the households pay when they obtain the goods, including the transport and commercial expenses paid by the households. In addition to the consumption of goods and services bought by the households directly with money, the expenditure on goods and services obtained by the households in other ways, i. e. the so-called imputed expenditure on consumption, is also included in the households consumption. The imputation expenditure of the households on consumption includes the following types: (a) the goods and services provided to the households by the units in the form of payment in kind and transfer in kind; (b) the goods and services produced and consumed by the households themselves, in which the services refer only to the services provided by the residential buildings owned by the households; (c) the services of financial intermediary provided by the financial institutions; (d) the insurance services provided by the insurance companies.

Government Consumption refers to the expenditure on the consumption of the public services provided by the government to the whole society and the net expenditure on the goods and services provided by the government to the households at free charge or lower prices. The former equals to the output value of the government services minus the value of operating income obtained by the government departments. (The output value of the government services equals to its current operating expenditure plus depreciation of fixed assets). The latter equals to the market value of the goods and services provided by the government free of charge or at low prices to the households minus the value received by the government from the households.

Total Capital Formation refers to the fixed assets acquired minus those disposed and the change in inventory, including the total fixed assets formation and the increase in inventory.

Total Fixed Capital Formation refers to the value of fixed assets purchased, transferred in by the resident units and those produced and used by themselves deducting the value of fixed assets sold and transferred out. It can be classified into total tangible assets formation and total intangible assets formation. The total tangible assets formation include the value of the construction projects, instal-lation projects completed and the equipment, apparatus and instruments purchased as well as the value of land improved, the value of draught animals, breeding stock, milk, wool and recreational animals and the newly increased economic forest in a certain period. The total intangible assets formation includes the prospecting of minerals, the acquisition of computer software, the originals of recreational works and works of literature and arts minus the disposal of them. Increase in Inventory refers to the market value of the change in in-ventory, i. e. the difference of value between the beginning and the end of the period. The increase in inventory can be positive or negative. A positive value indicates the increase in inventory while a negative value indicates the decrease in stock. The inventory includes the raw materials, fuels and reserve materials purchased by the production units as well as the inventory of finished products, semi-finished products, work in progress. etc.

Increase in Inventory refers to the market value of the change in inventory, i. e. The difference of value between the beginning and the end of the period. The increase in inventory can be positive or negative. A positive value indicates the increase in inventory while a negative value indicates the decrease in stock. The inventory includes the materials, fuels and reserve materials purchased by the production units as well as the inventory of finished products, semi-finished products, work-in-progress, ect.

Net Export of Goods and Services refers to the difference of the exports of goods and services minus the imports of goods and services. The imports include the value of various goods and services sold or gratuitously transferred by the resident units to the non-resident units. The imports include the value of various goods and services purchased or gratuitously acquired by the resident units from the non-resident units. Because the provision of services and the use of them happen simultaneously, the import and export of services do not appear to have the phenomena of crossing the border of the country. The acquisition of services by the resident units from abroad is usually treated as import while the acquisition of services by non-resident units in this country is usually treated as export. The export and import of goods are calculated at FOB.

3

人口、就业和工资

Population, Employment and Wages

简 要 说 明

一、本篇资料主要内容

本篇资料反映我省 2019 年及历年人口就业和职工工资方面的基本情况。

二、本篇资料来源

1. 人口资料:表 3 - 1、表 3 - 2、表 3 - 3 为年末主要人口推算数据,其中 2001—2009 年数据根据第六次人口普查作了修订;表 3 - 4 为公安户籍资料;表 3 - 5 为六次人口普查主要数据;表 3 - 6 为年末常住人口推算数据;表 3 - 7 至表 3 - 10 为 2019 年 1‰人口抽样调查样本数据。

2. 就业基本情况及分组资料、职工工资总额等资料,根据《劳动工资统计报表制度》、《劳动力调查制度》等搜集资料,加工整理。

3. 私营企业及个体工商业就业人员,由工商行政管理部门提供。城镇登记失业人数,由人力资源和社会保障部门整理提供。

三、本篇统计调查方法

1. 人口资料采用抽样调查方法和人口普查资料进行整理。

2. 城镇非私营单位统计资料采用全面调查方法:城镇私营单位工资统计资料采用全面调查和抽样调查相结合的方法,城镇私营和个体户就业资料采用行政登记记录。

Brief Introduction

I. Main Contents

Data in this chapter show the basic condition of the population, employment and wages in 2019 as well as previous years for the province.

II. Sources of Data

1. Data on population: Data in tables 3 - 1, 3 - 2 and 3 - 3 are estimated from the main population at year-end, figures for 2001—2009 have been revised in line with the data from the sixth National Population Census; data in table 3 - 4 are household registered population from department of public security; data in table 3 - 5 present the main results from the sixth National Population Censuses; data in table 3 - 6 are estimation of permanent population at year-end; data in tables 3 - 7 to 3 - 10 are the data of change of population sampling survey in 2019.

2. Data on basic conditions of employment, data by groups, total wage bills of staff and workers are collected and compiled through *The Reporting Form System on Labour Wage Statistics*, *The Sample Survey System on Labour Force*.

3. Data on the number of employed persons in private enterprises and self-employed individuals are provided by the administration for industry and commerce.

III. Methodology of Survey

1. Data on population are collected by sampling survey and compiled according to the population censuses.

2. The statistics of urban non-private units adpot at a comprehensive survey method. Urban private unit wage statistical data is used in comprehensive survey and sample survey of combining. Urban private and self-employed employment data is used in administrative registics records.

3－1 全省人口数、户数(常住)

Population and Households(Permanent)

年 份 Year	总户数(万户) Households (10000 households)	总人口(万人) Total Population (10000 persons)	按性别分 Grouped by Sex				平均每户人数(人/户) Average Family Size (person/households)	年平均人口(万人) Average Annual Population (10000 persons)	人口密度(人/平方公里) Density of Population (person/sq. km)
			男 Male		女 Female				
			人口数(万人) Population (10000 persons)	比重(%) Proportion	人口数(万人) Population (10000 persons)	比重(%) Proportion			
1990	1806.78	6766.90	3443.68	50.89	3323.22	49.11	3.75		660
1991	1859.70	6843.70	3451.96	50.44	3391.74	49.56	3.68	6805.30	667
1992	1957.85	6911.20	3483.24	50.40	3427.96	49.60	3.53	6877.45	674
1993	1893.28	6967.27	3513.59	50.43	3453.68	49.57	3.68	6939.24	679
1994	1923.44	7020.54	3534.09	50.34	3486.45	49.66	3.65	6993.91	684
1995	2066.09	7066.02	3589.56	50.80	3476.46	49.20	3.42	7043.28	689
1996	2014.21	7110.16	3610.72	50.78	3499.44	49.22	3.53	7088.09	693
1997	2133.69	7147.86	3628.08	50.76	3519.78	49.24	3.35	7129.01	697
1998	2087.92	7182.46	3643.21	50.72	3539.26	49.28	3.44	7165.16	700
1999	2121.51	7213.13	3656.05	50.69	3557.08	49.31	3.40	7197.80	703
2000	2220.38	7327.24	3710.28	50.64	3616.96	49.36	3.30	7270.19	714
2001	2314.00	7358.52	3724.81	50.62	3633.71	49.38	3.18	7342.88	717
2002	2350.96	7405.50	3752.03	50.67	3653.47	49.33	3.15	7382.01	722
2003	2345.19	7457.70	3775.26	50.62	3682.44	49.38	3.18	7431.60	727
2004	2388.23	7522.95	3811.87	50.67	3711.08	49.33	3.15	7490.33	733
2005	2463.60	7588.24	3795.64	50.02	3792.60	49.98	3.08	7555.59	740
2006	2485.61	7655.66	3829.47	50.02	3826.19	49.98	3.08	7621.95	746
2007	2507.51	7723.13	3863.09	50.02	3860.03	49.98	3.08	7689.40	753
2008	2504.03	7762.48	3883.33	50.03	3879.15	49.97	3.10	7742.81	756
2009	2519.44	7810.27	3908.18	50.04	3902.09	49.96	3.10	7786.38	761
2010	2564.59	7869.34	3964.31	50.38	3905.03	49.62	3.07	7839.80	767
2011	2572.90	7898.80	3977.69	50.36	3921.11	49.64	3.07	7884.07	770
2012	2588.23	7919.98	3987.91	50.35	3932.07	49.65	3.06	7909.40	772
2013	2593.31	7939.49	3997.09	50.34	3942.40	49.66	3.06	7929.74	774
2014	2601.33	7960.06	4007.09	50.34	3952.97	49.66	3.06	7949.78	742
2015	2617.80	7976.30	4014.65	50.33	3961.65	49.67	3.05	7968.18	744
2016	2621.20	7998.60	4025.66	50.33	3972.94	49.67	3.05	7987.45	746
2017	2631.68	8029.30	4041.05	50.33	3988.25	49.67	3.05	8013.95	749
2018	2638.76	8050.70	4051.15	50.32	3999.55	49.68	3.05	8040.00	751
2019	2647.77	8070.00	4060.46	50.32	4009.54	49.68	3.05	8060.35	753

3-2 全省市、镇、乡村人口数及其构成
City, Town, Country Population and It's Composition

单位:万人 (10000 persons)

年 份 Year	总人口数 Total Population	#城镇人口 Urban		市 City		镇 Town		乡村 Rural	
		人口数 Population	占总人口% Proportion	人口数 Population	占总人口% Proportion	人口数 Population	占总人口% Proportion	人口数 Population	占总人口% Proportion
1978	5834.32	800.77	13.7	570.14	9.8	230.63	3.9	5033.55	86.3
1980	5938.19	901.78	15.2	636.41	10.7	265.37	4.5	5036.41	84.8
1985	6213.48	1099.79	17.7	0.00	0.0	0.00	0.0	5113.69	82.3
1990	6766.90	1458.94	21.6	1043.45	15.4	415.49	6.1	5307.96	78.5
1991	6843.70	1587.74	23.2	1163.43	17.0	424.31	6.2	5255.96	76.8
1992	6911.20	1643.72	23.8	1182.59	17.1	461.13	6.7	5267.48	76.2
1993	6967.27	1673.58	24.0	1199.26	17.2	474.32	6.8	5293.69	76.0
1994	7020.54	1733.01	24.7	1255.58	17.9	477.43	6.8	5287.53	75.3
1995	7066.02	1929.09	27.3	1331.30	18.8	597.79	8.5	5136.93	72.7
1996	7110.16	1942.50	27.3	1328.18	18.7	614.32	8.6	5167.66	72.7
1997	7147.86	2133.64	29.9	1465.31	20.5	668.33	9.4	5014.22	70.1
1998	7182.46	2262.47	31.5	1537.05	21.4	725.42	10.1	4919.99	68.5
1999	7213.13	2520.09	34.9	1685.84	23.4	834.25	11.6	4693.04	65.1
2000	7327.24	3040.81	41.5	1868.45	25.5	1172.36	16.0	4286.43	58.5
2001	7358.52	3134.73	42.6	1927.93	26.2	1206.80	16.4	4223.79	57.4
2002	7405.50	3310.25	44.7	2028.37	27.4	1281.89	17.3	4095.25	55.3
2003	7457.70	3487.97	46.8	2137.38	28.7	1350.59	18.1	3969.73	53.2
2004	7522.95	3624.56	48.2	2174.73	28.9	1449.82	19.3	3898.39	51.8
2005	7588.24	3832.06	50.5	2307.80	30.4	1524.26	20.1	3756.18	49.5
2006	7655.66	3973.29	51.9	2392.85	31.3	1580.44	20.6	3682.37	48.1
2007	7723.13	4108.70	53.2	2474.33	32.0	1634.37	21.2	3614.43	46.8
2008	7762.48	4215.17	54.3	2538.45	32.7	1676.72	21.6	3547.31	45.7
2009	7810.27	4342.51	55.6	2619.43	33.5	1723.08	22.1	3467.76	44.4
2010	7869.34	4767.63	60.6	3012.38	38.3	1755.25	22.3	3101.71	39.4
2011	7898.80	4889.36	61.9	3095.45	39.2	1793.91	22.7	3009.44	38.1
2012	7919.98	4990.09	63.0	3160.07	39.9	1830.02	23.1	2929.89	37.0
2013	7939.49	5090.01	64.1	3223.43	40.6	1866.58	23.5	2849.48	35.9
2014	7960.06	5190.76	65.2	3258.18	40.9	1932.58	24.3	2769.30	34.8
2015	7976.30	5305.83	66.5	3286.24	41.2	2019.59	25.3	2670.47	33.5
2016	7998.60	5416.65	67.7	3336.62	41.7	2080.03	26.0	2581.95	32.3
2017	8029.30	5520.95	68.8	3390.14	42.2	2130.81	26.6	2508.35	31.2
2018	8050.70	5604.09	69.6	3453.75	42.9	2150.34	26.7	2446.61	30.4
2019	8070.00	5698.23	70.6	3519.33	43.6	2178.90	27.0	2371.77	29.4

3-3 全省人口自然变动
Natural Change of Population

年 份 Year	出 生 Birth		死 亡 Death		自然增长 Natural Growth	
	人数(万人) Population (10000 persons)	出生率(‰) Birth Rate (‰)	人数(万人) Population (10000 persons)	死亡率(‰) Death Rate (‰)	人数(万人) Population (10000 persons)	自然增长率(‰) Natural Growth Rate (‰)
1978	90.62	15.63	35.32	6.09	55.30	9.54
1979	85.79	14.63	34.31	5.85	51.48	8.78
1980	86.90	14.69	38.87	6.57	48.03	8.12
1981	100.58	16.83	37.18	6.22	63.40	10.61
1982	99.42	16.43	34.77	5.75	64.65	10.68
1983	73.17	11.97	36.39	5.95	36.78	6.02
1984	64.09	10.42	36.32	5.90	27.77	4.52
1985	67.11	10.84	36.35	5.87	30.76	4.97
1986	82.38	13.20	36.19	5.80	46.19	7.40
1987	97.27	15.42	36.50	5.79	60.77	9.63
1988	102.46	16.03	37.65	5.89	64.81	10.14
1989	111.27	17.15	36.31	5.60	74.96	11.55
1990	137.96	20.54	43.86	6.53	94.10	14.01
1991	116.03	17.05	44.23	6.50	71.80	10.55
1992	108.04	15.71	46.49	6.76	61.55	8.95
1993	96.94	13.97	45.87	6.61	51.07	7.36
1994	96.38	13.78	47.98	6.86	48.40	6.92
1995	86.77	12.32	46.20	6.56	40.57	5.76
1996	85.84	12.11	46.64	6.58	39.20	5.53
1997	81.47	11.43	48.76	6.84	32.71	4.59
1998	78.60	10.97	49.01	6.84	29.59	4.13
1999	75.58	10.50	49.95	6.94	25.63	3.56
2000	66.01	9.08	47.40	6.52	18.61	2.56
2001	66.31	9.03	48.61	6.62	17.70	2.41
2002	67.69	9.17	51.60	6.99	16.09	2.18
2003	67.18	9.04	52.24	7.03	14.94	2.01
2004	70.78	9.45	53.93	7.20	16.85	2.25
2005	69.81	9.24	53.12	7.03	16.70	2.21
2006	71.34	9.36	53.96	7.08	17.38	2.28
2007	72.05	9.37	54.36	7.07	17.69	2.30
2008	72.32	9.34	54.51	7.04	17.81	2.30
2009	74.36	9.55	54.43	6.99	19.93	2.56
2010	76.31	9.73	53.94	6.88	22.37	2.85
2011	75.61	9.59	55.03	6.98	20.58	2.61
2012	74.67	9.44	55.29	6.99	19.38	2.45
2013	74.86	9.44	55.59	7.01	19.27	2.43
2014	75.13	9.45	55.81	7.02	19.32	2.43
2015	72.11	9.05	56.02	7.03	16.09	2.02
2016	77.96	9.76	56.15	7.03	21.81	2.73
2017	77.82	9.71	56.34	7.03	21.48	2.68
2018	74.93	9.32	56.52	7.03	18.41	2.29
2019	73.51	9.12	56.74	7.04	16.77	2.08

3－4 全省人口数、户数(户籍)
Population and Households(Registered)

年份 Year	总户数(万户) Households (10000 households)	总人口(万人) Total Population (10000 persons)	按性别分 Grouped by Sex 男 Male 人口数(万人) Population (10000 persons)	男 Male 比重(%) Proportion (%)	女 Female 人口数(万人) Population (10000 persons)	女 Female 比重(%) Proportion (%)	平均每户人数(人/户) Average Family Size (person/households)	年平均人口(万人) Average Annual Population (10000 persons)	人口密度(人/平方公里) Density of Population (person/sq. km)
1949	838.00	3512.00	1778.80	50.65	1733.20	49.35	4.19		342
1952	888.00	3739.00	1891.60	50.59	1847.40	49.41	4.21	3697.50	364
1957	985.51	4182.71	2087.06	49.90	2095.65	50.10	4.24	4136.05	408
1962	1089.51	4333.74	2155.01	49.70	2178.73	50.30	3.98	4288.57	422
1965	1110.13	4623.74	2319.92	50.17	2303.82	49.83	4.17	4567.75	451
1970	1215.28	5252.09	2635.02	50.17	2617.07	49.83	4.32	5185.36	512
1975	1315.55	5636.12	2842.86	50.44	2793.26	49.56	4.28	5600.91	549
1980	1471.76	5938.19	3003.75	50.58	2934.44	49.42	4.03	5915.37	579
1985	1633.62	6213.48	3168.25	50.99	3045.23	49.01	3.80	6192.46	606
1990	1956.89	6671.73	3406.33	51.06	3265.40	48.94	3.41	6618.80	650
1991	1987.55	6733.87	3439.29	51.07	3294.58	48.93	3.39	6702.80	656
1992	2015.17	6767.49	3457.77	51.09	3309.72	48.91	3.36	6750.68	660
1993	2034.87	6800.69	3476.26	51.12	3324.43	48.88	3.34	6784.09	663
1994	2055.96	6831.28	3491.72	51.11	3339.56	48.89	3.32	6815.99	666
1995	2085.96	6868.42	3509.59	51.10	3358.83	48.90	3.29	6849.85	669
1996	2113.07	6908.13	3528.95	51.08	3379.19	48.92	3.27	6888.28	673
1997	2146.87	6948.36	3537.04	50.90	3411.32	49.10	3.24	6928.25	677
1998	2186.70	6983.09	3565.55	51.06	3417.54	48.94	3.19	6965.73	681
1999	2221.70	7009.09	3577.71	51.04	3431.37	48.96	3.15	6996.09	683
2000	2268.56	7069.28	3602.92	50.97	3466.36	49.03	3.12	7039.19	689
2001	2300.83	7097.00	3616.16	50.95	3480.84	49.05	3.08	7083.14	692
2002	2323.06	7127.33	3631.10	50.95	3496.23	49.05	3.07	7112.17	695
2003	2344.84	7163.93	3646.60	50.90	3517.33	49.10	3.06	7145.63	698
2004	2359.61	7206.05	3663.62	50.84	3542.43	49.16	3.05	7184.99	702
2005	2382.21	7252.88	3686.09	50.82	3566.79	49.18	3.04	7229.47	707
2006	2390.18	7317.72	3715.24	50.77	3602.48	49.23	3.06	7285.30	713
2007	2390.55	7354.08	3733.67	50.77	3620.41	49.23	3.08	7335.90	717
2008	2399.15	7388.63	3750.38	50.77	3638.25	49.23	3.08	7371.36	720
2009	2403.89	7419.23	3765.32	50.75	3653.91	49.25	3.09	7403.93	723
2010	2417.01	7466.59	3787.73	50.73	3678.86	49.27	3.09	7442.91	728
2011	2425.11	7514.25	3811.84	50.73	3702.41	49.27	3.10	7490.42	732
2012	2416.27	7553.48	3832.55	50.74	3720.93	49.26	3.12	7533.87	736
2013	2423.54	7616.84	3863.48	50.72	3753.36	49.28	3.14	7585.16	742
2014	2435.42	7684.69	3894.09	50.67	3790.60	49.33	3.16	7650.76	714
2015	2439.58	7717.59	3908.27	50.64	3809.32	49.36	3.16	7701.14	718
2016	2453.85	7775.66	3934.87	50.60	3840.79	49.40	3.17	7746.63	723
2017	2469.65	7794.19	3940.90	50.56	3853.29	49.44	3.16	7784.92	726
2018	2497.33	7831.86	3956.28	50.52	3875.58	49.48	3.14	7813.02	729
2019	2524.13	7858.27	3966.61	50.48	3891.66	49.52	3.11	7845.06	733

3－5 全省历次人口普查主要数据

Major Data of All Previous Provincial Population Census

指 标	Item	1953	1964	1982	1990	2000	2010	2015
总人口 （万人）	Total Population （10000 persons）	3767.29	4452.21	6052.11	6705.68	7304.36	7866.09	7973.00
男	Male	1888.95	2242.71	3076.75	3412.32	3698.20	3962.67	4013.00
女	Female	1878.34	2209.50	2975.36	3293.36	3606.16	3903.42	3960.00
性别比（女性为100）	Sex Ratio （Female＝100）	100.56	101.50	103.41	103.61	102.55	101.54	101.34
家庭户规模 （人/户）	Family Size （person/household）	4.19	4.09	3.91	3.66	3.25	2.94	2.94
各年龄组人口 （万人）	Population by Age Group （10000 persons）							
0—14岁	Aged 0—14	1414.86	1772.66	1753.75	1592.47	1434.20	1023.35	1064.00
15—64岁	Aged 15—64	2183.21	2514.48	3962.69	4657.93	5224.32	5986.88	5910.00
65岁及以上	Aged 65 and Over	169.22	165.07	335.67	455.28	645.84	855.86	999.00
民族人口 （万人）	Population by Ethnicity （10000 persons）							
汉族	Han Nationality	3760.92	4443.90	6041.08	6690.37	7278.37	7827.60	7931.00
占总人口比重（%）	Proportion （%）	99.8	99.8	99.8	99.8	99.6	99.5	99.5
少数民族	Minority Nationalities	6.37	8.31	11.03	15.28	25.99	38.49	42.00
占总人口比重（%）	Proportion （%）	0.2	0.2	0.2	0.2	0.4	0.5	0.5
每十万人拥有的各种受教育程度人口 （人）	Population with Various Education Attainments per 100000 Persons （person）							
大专及以上	Junior College and Above		386	639	1474	3919	10820	15427
高中和中专	Senior Secondary School and Technical Secondary School		1470	6981	8670	13079	16150	17007
初中	Junior Secondary School		5236	20049	26426	36365	38676	34379
小学	Primary School		26588	32613	34791	32882	24196	21874
城乡人口 （万人）	Population by Residence （10000 persons）							
城镇人口	Urban Population	556.81	660.26	957.22	1446.85	3086.24	4737.15	5294.00
乡村人口	Rural Population	3210.48	3791.95	5094.89	5258.83	4218.12	3128.94	2679.00
平均预期寿命 （岁）	Average Life Expectancy （age）			69.49	71.62	74.13	76.63	77.51
男	Male			67.35	69.46	71.88	74.60	75.50
女	Female			71.56	73.82	76.47	78.81	79.52

3-6 按地区分常住人口
Permanent Population by Region

地 区 Region		2018			2019		
		总人口 （万人） Total Population (10000 persons)	城镇人口 （万人） Urban Population (10000 persons)	城镇人口比重 （%） Proportion (%)	总人口 （万人） Total Population (10000 persons)	城镇人口 （万人） Urban Population (10000 persons)	城镇人口比重 （%） Proportion (%)
全 省	**Total**	**8050.7**	**5604.1**	**69.6**	**8070.00**	**5698.23**	**70.6**
南京市	Nanjing	843.6	696.0	82.5	850.00	707.20	83.2
无锡市	Wuxi	657.5	501.5	76.3	659.15	508.20	77.1
徐州市	Xuzhou	880.2	573.0	65.1	882.56	588.84	66.7
常州市	Changzhou	472.9	342.8	72.5	473.60	347.01	73.3
苏州市	Suzhou	1072.2	815.4	76.1	1074.99	827.74	77.0
南通市	Nantong	731.0	490.5	67.1	731.80	498.36	68.1
连云港市	Lianyungang	452.0	283.0	62.6	451.10	286.90	63.6
淮安市	Huaian	492.5	307.5	62.4	493.26	313.22	63.5
盐城市	Yancheng	720.0	461.0	64.0	720.89	467.86	64.9
扬州市	Yangzhou	453.1	304.2	67.1	454.90	310.24	68.2
镇江市	Zhenjiang	319.6	227.7	71.2	320.35	231.23	72.2
泰州市	Taizhou	463.6	306.0	66.0	463.61	309.69	66.8
宿迁市	Suqian	492.6	295.6	60.0	493.79	301.71	61.1
苏 南	Southern Jiangsu	3365.7	2583.4	76.8	3378.09	2621.38	77.6
苏 中	Mid Jiangsu	1647.7	1100.6	66.8	1650.31	1118.29	67.8
苏 北	Northern Jiangsu	3037.3	1920.1	63.2	3041.60	1958.53	64.4

3－7　全省人口年龄构成情况(2019 年 11 月 1 日零时)

Composition of Population Grouped by Age (0 o'clock on November 1,2019)

单位:人　　　　(person)

年龄组(岁) Age Group	总人口 Total	#女 Female	城镇 Urban	乡村 Rural
合 计(Total)	**340670**	**170388**	**248818**	**91852**
0—4	14053	6648	10260	3793
5—9	17770	8236	12838	4932
10—14	16907	7668	11729	5178
15—19	12424	5746	9431	2993
20—24	15561	8092	12638	2923
25—29	23011	11355	17843	5168
30—34	26922	13543	21464	5458
35—39	21629	10760	17753	3876
40—44	23039	11630	18346	4693
45—49	28805	14468	21539	7266
50—54	33378	17066	23506	9872
55—59	25143	12909	17630	7513
60—64	23483	11746	15930	7553
65—69	22140	11151	14350	7790
70—74	15397	7821	9964	5433
75—79	10110	5241	6447	3663
80—84	6262	3428	4097	2165
85—89	3320	1992	2203	1117
90 及以上 (90 and over)	1316	888	850	466

注: 本表是 2019 年人口抽样调查样本直接汇总数据,总人口抽样比为 0.42%(3－8、3－9、3－10 表同)。

a) Data in this table is 2019 population changes sample survey, sampling ratio 0.42%. (The same as in table 3－8 and table 3－9 and table 3－10)

3－8 全省人口受教育程度情况（2019 年 11 月 1 日零时）

Educated Situation of Population (0 o'clock on November 1,2019)

单位：人 (person)

指 标	Item	6 岁及以上人口 Aged 6 and Over	不识字或识字很少 Illiterate or Nearly Illiterate	学前教育 Preschool Education	小 学 Primary Shool	初 中 Junior Secondary Shool	普通高中 Regular Secondary Schools	中 职 Vocational Senior Secondary Schools	大 学 专科 Junior College	大学 本科 Underg-raduate	研究生 Postgra-duate
合 计	**Total**	**323009**	**17689**	**2145**	**80275**	**111940**	**41260**	**16149**	**27708**	**22935**	**2908**
男	Male	160950	3862	1013	36394	59542	23560	8813	15012	11578	1176
女	Female	162059	13827	1132	43881	52398	17700	7336	12696	11357	1732
按城乡分	Grouped by City and Country										
城 镇	City	235859	9517	1384	50466	78432	33683	13148	24771	21624	2834
男	Male	117516	2083	672	22755	40852	18682	7055	13398	10880	1139
女	Female	118343	7434	712	27711	37580	15001	6093	11373	10744	1695
乡 村	Country	87150	8172	761	29809	33508	7577	3001	2937	1311	74
男	Male	43434	1779	341	13639	18690	4878	1758	1614	698	37
女	Female	43716	6393	420	16170	14818	2699	1243	1323	613	37

3－9 全省 15 岁及以上人口的婚姻状况（2019 年 11 月 1 日零时）

Marriage Status of Population Aged 15 and Over (0 o'clock on November 1,2019)

单位：人 (person)

年龄组（岁） Age Group	未 婚 Never Married	有配偶 Married	离 婚 Divorce	丧 偶 Widowed
合计 (Total)	**39380**	**227919**	**5691**	**18950**
15—19	12297	126	1	
20—24	13272	2263	25	1
25—29	8213	14498	288	12
30—34	2574	23572	743	33
35—39	717	20101	764	47
40—44	418	21696	816	109
45—49	365	27262	873	305
50—54	335	31465	806	772
55—59	246	23350	553	994
60—64	288	21137	381	1677
65 及以上(65 and over)	655	42449	441	15000

3－10　全省15岁及以上人口就业情况(2019年11月1日零时)

Condition of Economic Activities of Age 15 and Above Population(0 o'clock on November 1,2019)

单位:人　　　　(person)

年龄组(岁) Age Group	15岁及以上人口 15 aged and Above Population			就业人口 Employed Persons per Household		
	小计 Total	男 Male	女 Female	小计 Total	男 Male	女 Female
合计 (Total)	**291940**	**144104**	**147836**	**178050**	**100718**	**77332**
15—19	12424	6678	5746	1111	684	427
20—24	15561	7469	8092	8426	4754	3672
25—29	23011	11656	11355	19510	10868	8642
30—34	26922	13379	13543	23565	12747	10818
35—39	21629	10869	10760	19140	10345	8795
40—44	23039	11409	11630	20418	10812	9606
45—49	28805	14337	14468	24773	13319	11454
50—54	33378	16312	17066	24029	14362	9667
55—59	25143	12234	12909	14840	9623	5217
60—64	23483	11737	11746	9812	5922	3890
65及以上 (65 and over)	58545	28024	30521	12426	7282	5144

3－11 就业基本情况
Employment

指标	Item	1995	2000	2005	2010	2015	2019
就业人员合计（万人）	Total Number of Employed Persons (10000 persons)	4385.17	4418.14	4578.75	4754.68	4758.50	4745.20
第一产业	Primary Industry	2057.08	1890.96	1414.83	1060.29	875.56	734.51
第二产业	Secondary Industry	1407.64	1335.16	1703.29	1996.97	2046.16	2011.96
第三产业	Tertiary Industry	920.45	1192.02	1460.62	1697.42	1836.78	1998.73
就业人员构成（合计=100）	Composition of Employed Persons (Total=100)						
第一产业	Primary Industry	46.9	42.8	30.9	22.3	18.4	15.5
第二产业	Secondary Industry	32.1	30.2	37.2	42.0	43.0	42.4
第三产业	Tertiary Industry	21.0	27.0	31.9	35.7	38.6	42.1
城镇地区就业人员（万人）	Urban Employed Persons (10000 persons)	1119.33	1655.00	2133.58	2809.58	3076.22	3282.72
城镇单位就业人员（万人）	Employed Persons in Urban Units (10000 persons)	926.48	693.09	628.82	763.75	1552.08	1332.32
国有单位	State-owned Units	581.88	421.75	283.75	281.21	294.31	263.63
城镇集体单位	Urban Collective Owned Units	277.71	117.94	38.70	30.31	33.71	28.34
其他单位	Others	66.89	153.41	306.37	452.23	1224.06	1040.35
内资单位	Domestic Funded	29.63	102.03	176.27	243.52	789.10	693.39
股份合作单位	Cooperative Units		17.84	8.31	6.31	4.05	2.12
联营单位	Joint Ownership Units	11.92	5.45	1.78	1.10	1.13	0.60
有限责任公司	Limited Liability Corporations		47.07	88.09	106.90	601.66	500.16
股份有限公司	Share-holding Corporations Ltd.		30.66	52.88	59.27	169.38	157.84
其他	Others		0.99	25.21	69.95	12.88	32.67
港澳台商投资单位	Units with Funds from Hong Kong, Macao & Taiwan	19.27	20.00	50.38	65.03	164.43	13.32
外商投资单位	Foreign Funded Units	17.99	31.38	79.72	143.68	270.53	21.38
城镇私营企业就业人员（万人）	Employed Persons in Urban Private Enterprises (10000 persons)	65.89	96.57	397.20	958.85	1459.36	1767.27
城镇个体就业人员（万人）	Urban Self-employed Individuals (10000 persons)		81.18	189.20	338.45	518.33	936.34
在岗职工人数（万人）	Number of Staff and Workers (10000 persons)	915.98	673.25	602.93	710.58	1467.53	1252.78
国有单位	State-owned Units	576.24	411.40	273.43	263.95	275.97	246.45
城镇集体单位	Urban Collective-owned Units	273.96	114.85	36.84	27.35	30.43	26.16
其他单位	Units of Other Types of Ownership	65.78	147.00	292.67	419.28	1161.13	980.17
城镇单位女性就业人员（万人）	Number of Employed Female Persons in Urban Units (10000 persons)	375.50	270.20	264.94	319.03	529.34	474.49
年末城镇登记失业人数（万人）	Number of Registered Unemployed Persons in Urban Areas (year-end) (10000 persons)	20.13	30.36	41.63	40.65	36.01	35.09
年末城镇登记失业率（%）	Registered Unemployment Rate in Urban Areas(year-end) (%)	2.0	3.2	3.6	3.2	3.0	3.0

注:从2013年起,原属于乡镇企业的规模以上非私营法人单位纳入城镇单位进行统计。(下相关表同)

a) The non-private legal entities above designated size originally belonged to township enterprises have been taken into urban units since 2013. (The same as in the following tables)

3－12 就 业 人 数
Number of Employed Persons

单位：万人 （10000 persons）

年　份 Year	就业人数 Total Number of Employed Persons	#城镇单位职工人数 Number of Staff and Workers in Urban Units	国有单位 State-owned Units	城镇集体单位 Urban Collective-owned Units	其他单位 Other Uuits	#城镇单位其他就业人员 Others Employed Persons in Urban Areas	#城镇私营及个体就业人员 Employed Persons in Urban Private Enterprises and Individual Units
1978	2777.72	581.50	366.37	215.13			1.62
1980	2821.03	644.15	401.98	242.17			2.75
1985	3262.97	782.44	468.80	305.39	8.25		11.86
1989	3519.83	867.55	525.24	324.73	17.58		19.10
1990	4225.02	879.85	536.88	323.34	19.63		23.57
1991	4272.97	899.27	551.52	324.91	22.84		21.92
1992	4315.12	904.09	562.69	313.81	27.59		23.63
1993	4339.81	914.73	574.02	293.57	47.14	12.81	37.11
1994	4362.76	909.83	571.39	277.27	60.67	11.04	52.99
1995	4385.17	915.98	576.24	273.96	65.78	10.50	65.89
1996	4386.97	905.52	575.48	256.91	73.13	10.79	72.80
1997	4388.79	893.74	577.54	239.61	76.59	11.29	90.12
1998	4389.92	752.76	471.52	161.85	119.39	16.41	129.89
1999	4390.71	717.12	445.27	139.03	132.82	18.99	150.34
2000	4418.14	673.25	411.40	114.85	147.00	19.84	177.75
2001	4436.45	625.83	377.40	90.34	158.09	22.35	232.79
2002	4472.84	590.32	329.96	67.11	193.25	25.33	240.61
2003	4499.97	579.10	304.98	52.58	221.54	29.41	352.60
2004	4537.07	575.08	281.03	41.11	252.94	31.77	446.86
2005	4578.75	602.93	273.43	36.83	292.67	25.89	586.40
2006	4628.95	645.71	268.41	33.58	343.72	33.66	722.30
2007	4677.88	667.27	268.54	33.12	365.62	35.41	828.61
2008	4700.96	668.29	264.31	31.45	372.53	39.35	1019.13
2009	4726.54	673.74	263.26	28.15	382.32	47.61	1147.08
2010	4754.68	710.58	263.95	27.35	419.28	53.17	1297.30
2011	4758.23	774.39	276.86	27.77	469.76	36.89	1381.83
2012	4759.53	792.62	280.92	27.59	484.11	38.32	1467.02
2013	4759.89	1418.57	276.26	35.04	1107.27	85.40	1678.55
2014	4760.83	1512.79	281.13	35.34	1196.32	89.61	1776.83
2015	4758.50	1467.53	275.97	30.43	1161.13	84.55	1977.69
2016	4756.22	1410.73	271.01	29.51	1110.21	86.58	2296.49
2017	4757.80	1394.55	261.66	24.78	1108.12	90.04	2553.94
2018	4750.90	1374.06	240.30	22.65	1111.11	98.53	2743.69
2019	4745.20	1252.78	246.45	26.16	980.17	75.76	2703.61

注：1. 从1990年开始就业人数为推算数。
2. 1998年以前的职工人数包括在岗职工人数和下岗职工人数（下相关表同）。
3. 1998年开始的职工人数为在岗职工人数，不包括离开本单位仍保留劳动关系的职工人数（下相关表同）。

a) Since 1990, the number of employed persons was the estimated figure.
b) Before 1998, the number of staff and workers included employed and laid off personnels. (The same as in the following tables)
c) Since 1998, the number of staff and workers included employed personnels, excluded staff and workers who had left self units, but still remained the labor relationship. (The same as in the following tables)

3－13　分三次产业的就业人数

Number of Employed Persons by Three Types of Industries

单位:万人　　　　(10000 persons)

年　份 Year	就业人数 Total Number of Employed Persons	第一产业 Primary Industry	第二产业 Secondary Industry	第三产业 Tertiary Industry	构　成(%) Composition(%)		
					第一产业 Primary Industry	第二产业 Secondary Industry	第三产业 Tertiary Industry
1978	2777.72	1937.06	544.57	296.09	69.7	19.6	10.7
1980	2821.03	1987.28	546.48	287.27	70.4	19.4	10.2
1985	3262.97	1738.09	1065.75	459.13	53.2	32.7	14.1
1989	3519.83	1714.69	1215.40	589.74	48.7	34.5	16.8
1990	4225.02	2389.25	1212.58	623.19	56.6	28.7	14.7
1991	4272.97	2405.68	1226.34	640.95	56.3	28.7	15.0
1992	4315.12	2337.93	1270.80	706.39	54.2	29.4	16.4
1993	4339.81	2228.06	1325.38	786.37	51.4	30.5	18.1
1994	4362.76	2131.65	1375.14	855.97	48.9	31.5	19.6
1995	4385.17	2057.08	1407.64	920.45	46.9	32.1	21.0
1996	4386.97	2014.06	1397.25	975.66	45.9	31.9	22.2
1997	4388.79	1981.54	1382.03	1025.22	45.1	31.5	23.4
1998	4389.92	1946.49	1341.12	1102.31	44.3	30.6	25.1
1999	4390.71	1908.64	1330.39	1151.68	43.5	30.3	26.2
2000	4418.14	1890.96	1335.16	1192.02	42.8	30.2	27.0
2001	4436.45	1832.25	1375.30	1228.90	41.3	31.0	27.7
2002	4472.84	1744.41	1453.67	1274.76	39.0	32.5	28.5
2003	4499.97	1615.49	1547.99	1336.49	35.9	34.4	29.7
2004	4537.07	1506.31	1633.35	1397.42	33.2	36.0	30.8
2005	4578.75	1414.83	1703.29	1460.62	30.9	37.2	31.9
2006	4628.95	1323.88	1777.52	1527.55	28.6	38.4	33.0
2007	4677.88	1230.28	1857.12	1590.48	26.3	39.7	34.0
2008	4700.96	1179.94	1889.79	1631.23	25.1	40.2	34.7
2009	4726.54	1120.19	1942.61	1663.74	23.7	41.1	35.2
2010	4754.68	1060.29	1996.97	1697.42	22.3	42.0	35.7
2011	4758.23	1023.02	2017.49	1717.72	21.5	42.4	36.1
2012	4759.53	989.98	2032.32	1737.23	20.8	42.7	36.5
2013	4759.89	956.74	2041.99	1761.16	20.1	42.9	37.0
2014	4760.83	918.84	2047.16	1794.83	19.3	43.0	37.7
2015	4758.50	875.56	2046.16	1836.78	18.4	43.0	38.6
2016	4756.22	841.85	2045.17	1869.20	17.7	43.0	39.3
2017	4757.80	799.31	2041.10	1917.39	16.8	42.9	40.3
2018	4750.90	764.89	2033.39	1952.62	16.1	42.8	41.1
2019	4745.20	734.51	2011.96	1998.73	15.5	42.4	42.1

3－14 分地区就业人数
Number of Employed Persons by Region

单位:万人　　(10000 persons)

地区 Region		2018 就业人数 Total Number of Employed Persons	2018 第一产业 Primary Industry	2018 第二产业 Secondary Industry	2018 第三产业 Tertiary Industry	2019 就业人数 Total Number of Employed Persons	2019 第一产业 Primary Industry	2019 第二产业 Secondary Industry	2019 第三产业 Tertiary Industry
全　省	**Total**	**4750.9**	**764.9**	**2033.4**	**1952.6**	**4745.2**	**734.5**	**2012.0**	**1998.7**
按地区分	**by Cities**								
南　京	Nanjing	462.6	42.6	146.2	273.8	464.0	39.5	145.0	279.5
无　锡	Wuxi	388.2	15.8	213.6	158.8	387.0	14.9	213.1	159.0
徐　州	Xuzhou	483.1	119.9	170.2	193.0	483.4	106.8	172.7	203.9
常　州	Changzhou	282.2	29.4	137.4	115.4	282.7	29.3	137.1	116.3
苏　州	Suzhou	692.3	21.7	405.8	264.8	692.6	20.9	403.8	267.9
南　通	Nantong	455.0	83.7	211.6	159.7	452.0	80.0	211.1	160.9
连云港	Lianyungang	250.5	77.7	81.7	91.1	249.5	75.9	72.7	100.9
淮　安	Huaian	285.1	76.9	89.9	118.3	284.7	76.4	89.7	118.6
盐　城	Yancheng	431.8	95.9	158.5	177.4	430.0	95.0	158.5	176.5
扬　州	Yangzhou	267.1	39.4	120.4	107.3	268.0	37.3	115.1	115.6
镇　江	Zhenjiang	194.8	21.9	85.1	87.8	194.9	21.5	83.7	89.7
泰　州	Taizhou	275.5	55.7	111.9	107.9	275.0	54.3	112.6	108.1
宿　迁	Suqian	282.7	84.3	101.1	97.3	281.4	82.7	96.9	101.8
按区域分	**by Regions**								
苏　南	Southern Jiangsu	2020.1	131.4	988.1	900.6	2021.2	126.1	982.7	912.4
苏　中	Mid Jiangsu	997.6	178.8	443.9	374.9	995.0	171.6	438.8	384.6
苏　北	Northern Jiangsu	1733.2	454.7	601.4	677.1	1729.0	436.8	590.5	701.7

3-15 城镇非私营单位就业人员数(2019年)

Number of Employed Persons in Urban Units (2019)

单位:万人 (10000 persons)

项 目	Item	就业人员年末人数 Number of Employed Persons at Year-end	在岗职工 Employed	其他就业人员 Others
总 计	**Total**	**1332.32**	**1252.78**	**79.54**
按登记注册类型分	Grouped by Status of Registration			
国有单位	State-owned Units	263.63	246.45	17.18
城镇集体单位	Urban Collective-owned Units	28.34	261.57	2.18
其他单位	Other Units	1040.35	980.17	60.17
内资单位	Domestic Funded	693.39	643.90	49.49
股份合作单位	Cooperative Units	2.12	2.06	0.07
联营单位	Joint Ownership Units	0.60	0.58	0.02
有限责任公司	Limited Liability Corporations	500.16	466.85	33.32
股份有限公司	Share-holding Corporations Ltd.	157.83	143.36	14.47
其他	Others	32.67	31.05	1.61
港、澳、台商投资单位	Units with Funds from Hong Kong, Macao and Taiwan	133.21	129.60	3.61
外商投资单位	Foreign Funded Units	213.75	206.68	7.08
按企业、事业、机关分	Grouped by Enterprises, Institutions and Agencies			
企业	Enterprises	1066.35	1003.99	62.36
事业	Institutions	168.90	156.90	12.01
机关	Agencies & Organizations	79.61	75.26	43.50
按国民经济行业分	Grouped by Sector			
农、林、牧、渔业	Agriculture, Forestry, Animal Husbandry and Fishery	2.71	2.45	0.26
采矿业	Mining	4.03	3.96	0.06
制造业	Manufacturing	453.74	443.80	9.93
电力、热力、燃气及水的生产和供应业	Production and Supply of Electric Power, Heat Power, Gas and Water	14.29	14.13	0.16
建筑业	Construction	270.07	245.27	24.79
批发和零售业	Wholesale and Retail Trades	60.48	58.75	1.73
交通运输、仓储和邮政业	Traffic, Transport, Storage and Post	48.34	46.81	1.53
住宿和餐饮业	Hotels and Catering Services	19.17	16.37	2.79
信息传输、软件和信息技术服务业	Information Transmission, Computer Services and Software	32.43	31.19	1.23
金融业	Financial Intermediation	38.89	28.62	10.28
房地产业	Real Estate	29.10	27.66	1.44
租赁和商务服务业	Leasing and Business Services	46.14	39.95	6.20
科学研究和技术服务业	Scientific and Fednical Services	27.27	26.36	0.91
水利、环境和公共设施管理业	Management of Water Conservancy, Environment and Public Facilities	13.23	11.72	1.51
居民服务、修理和其他服务业	Services to Households and Other Services	4.95	4.65	0.30
教育	Education	110.35	104.22	6.13
卫生和社会工作	Health and Social Work	59.37	54.68	4.69
文化、体育和娱乐业	Culture, Sports and Entertainment	9.23	8.76	0.47
公共管理、社会保障和社会组织	Public Administralion, Social Secarily and Organization	88.55	83.45	5.10

注:本表城镇单位数据不含私营单位(下相关表同)。

a) Data of employed persons in urban units do not include those fo private enterprises. The same applies to the table following.

3－16 分细行业城镇非私营单位就业人员数（2019 年）
Number of Employed Persons in Urban Units by Sector in Detail（2019）

单位：万人 （10000 persons）

项 目	Item	合 计 Total	#在岗职工 Employed	国有单位 State-owned Units	城镇集体单位 Urban Collective-owned Units	其他单位 Other Units
总 计	**Total**	**1332.32**	**1252.78**	**263.63**	**28.34**	**1040.35**
按企业、事业、机关分	Grouped by Enterprise, Institution and Agenciy					
企业	Enterprises	1066.35	1003.99	38.33	10.82	1017.20
事业	Institutions	168.90	156.90	144.33	16.42	8.16
机关	Agencies & Organizations	79.61	75.26	78.93	0.26	0.42
按国民经济行业分	Grouped by Sector					
农、林、牧、渔业	Agriculture, Forestry, Animal Husbandry and Fishery	2.71	2.45	1.60	0.10	1.01
农业	Farming	1.77	1.71	1.24	0.02	0.51
林业	Forestry	0.13	0.12	0.07	0.01	0.05
畜牧业	Animal Husbandry	0.22	0.08	0.02		0.19
渔业	Fishery	0.14	0.12	0.04	0.02	0.08
农、林、牧、渔专业及辅助性活动	Service in Support of Agriculture	0.45	0.42	0.23	0.04	0.17
采矿业	Mining	4.03	3.96	0.14		3.89
制造业	Manufacturing	453.74	443.8	1.37	1.78	450.59
农副食品加工业	Processing of Food from Agricultural Products	4.42	4.35	0.03	0.01	4.39
食品制造业	Manufacture of Food	4.65	4.54		0.01	4.64
酒、饮料和精制茶制造业	Manufacture of Beverage	3.94	3.90	0.03	0.02	3.90
烟草制品业	Manufacture of Tobacco	0.5	0.5	0.16		0.38
纺织业	Manufacture of Textile	20.54	20.31		0.25	20.29
纺织服装、服饰业	Manufacture of Textile Wearing, Apparel, Footwear and Caps	20.41	20.17	0.02	0.08	20.31
皮革、毛皮、羽毛及其制品和制鞋业	Manufacture of Leather, Fur, Feather and Related and saps	3.28	3.22		0.01	3.27
木材加工和木、竹、藤、棕、草制品业	Processing of Timber, Manufacture of Wood, Bamboo, Rattan, Palm and Straw Products	1.47	1.46	0.01	0.01	1.45
家具制造业	Manufacture of Furnitur	2.19	2.18			2.18
造纸和纸制品业	Manufacture of Paper and Paper	4.21	4.17		0.02	4.18
印刷和记录媒介复制业	Printing, Reproduction of Recording Media	4.39	4.32	0.10	0.11	4.19
文教、工美、体育和娱乐用品制造业	Manufacture of Articles For Culture, Education and Sport Activities	8.21	8.13	0.02	0.12	8.06
石油加工、炼焦和核燃料加工业	Processing of Petroleum, Coking, Processing of Nuclear Fuel	1.42	1.40			1.41
化学原料和化学制品制造业	Manufacture of Raw Chemical Materials and Chemical Products	20.39	20.06	0.05	0.22	20.13
医药制造业	Manufacture of Medicines	14.40	14.11	0.01		14.38
化学纤维制造业	Manufacture of Chemical Fibers	5.71	5.64		0.01	5.70
橡胶和塑料制品业	Rubber and plastic Products	17.34	17.09	0.01	0.12	17.20
非金属矿物制品业	Manufacture of Non-metallic Mineral Products	9.86	9.70	0.01	0.07	9.78
黑色金属冶炼和压延加工业	Smelting and Pressing of Ferrous Metals	8.23	8.14		0.01	8.22
有色金属冶炼和压延加工业	Smelting and Pressing of Non-ferrous Metals	4.80	4.74		0.05	4.74

3-16 续 表 1 Continued 1

单位:万人 (10000 persons)

项 目	Item	合 计 Total	#在岗职工 Employed	国有单位 State-owned Units	城镇集体单位 Urban Collective-owned Units	其他单位 Other Units
金属制品业	Manufacture of Metal Products	17.45	16.96	0.02	0.13	17.30
通用设备制造业	Manufacture of General Purpose Machinery	38.79	38.29	0.26	0.09	38.45
专用设备制造业	Manufacture of Special Purpose Machinery	26.16	25.69	0.06	0.07	26.04
汽车制造业	Manufacture of Automobile	29.71	28.94	0.25	0.03	29.42
铁路、船舶、航空航天和其他运输设备制造业	Manufacture of Railroad, Marihe Aviation and other Transport Equipment	11.60	10.96	0.18	0.02	11.40
电气机械和器材制造业	Manufacture of Electrical Machinery and Equipment	42.35	41.36	0.05	0.22	42.08
计算机、通信和其他电子设备制造业	Manufacture of Communication Equipment, Computer and Other Electronic Equipment	116.98	113.49	0.01	0.03	116.94
仪器仪表制造业	Manufacture of Instrumentation	8.22	8.00	0.09	0.04	8.10
其他制造业	Other Manufacturing	1.14	1.11	0.01	0.02	1.11
废弃资源综合利用业	Manufacture of Recycling and Disposal of waste	0.46	0.46	0.01		0.45
金属制品、机械和设备修理业	Manufacture of Metal Prodults, Machinery and Eauipment Repair	0.51	0.40			0.50
电力、热力、燃气及水的生产和供应业	Production and Supply of Electric Power, Heat Power, Gas and Water	14.29	14.13	0.82	0.23	13.24
电力、热力生产和供应业	Production and Supply of Electric Power and Heat Power	8.42	8.37	0.23	0.01	8.18
燃气生产和供应业	Production and Supply of Gas	1.75	1.72	0.02		1.73
水的生产和供应业	Production and Supply of Water	4.12	4.04	0.57	0.22	3.33
建筑业	Construction	270.07	245.27	5.56	2.34	262.16
房屋建筑业	Housing Construction	215.14	198.66	2.63	0.92	211.59
土木工程建筑业	Civil Engineering Construction	30.17	25.23	2.68	0.78	26.71
建筑安装业	Architectural Installation	12.22	11.34	0.08	0.16	11.98
建筑装饰、装修和其他建筑业	Other Construction	12.53	10.03	0.17	0.48	11.88
批发和零售业	Wholesale and Retail Trades	60.48	58.75	2.50	0.81	57.17
批发业	Wholesale Trade	31.34	30.62	2.05	0.34	28.95
零售业	Retail Trade	29.14	28.13	0.45	0.48	28.22
交通运输、仓储和邮政业	Traffic, Transport, Storage and Post	48.34	46.81	8.09	1.49	38.76
铁路运输业	Railway Transport	6.40	6.24	0.78	0.03	5.59
道路运输业	Road Transport	23.36	22.63	2.86	0.44	20.06
水上运输业	Water Transport	5.17	5.01	0.86	0.19	4.11
航空运输业	Air Transport	1.68	1.67	0.13		1.55
管道运输业	Transport Via Pipeline	0.75	0.75			0.75
多式联运和运输代理业	Handling and Agency	2.05	1.76	0.03	0.01	2.02
装卸搬运和仓储业	Handling and Agency	4.57	4.49	0.33	0.82	3.42
邮政业	Post	4.36	4.27	3.10		1.26
住宿和餐饮业	Hotels and Catering Services	19.17	16.37	1.11	0.19	17.87
住宿业	Hotel	6.86	6.40	0.81	0.11	5.95
餐饮业	Catering Services	12.31	9.97	0.30	0.08	11.93
信息传输、软件和信息技术服务业	Information Transfer, Software and IT Services	32.43	31.20	0.79	0.04	31.60
电信、广播电视和卫星传输服务	Telecommunications, Satellites Radio and Television Services	13.02	12.59	0.61	0.03	12.38
互联网和相关服务	Internet and Relatiue Services	4.88	4.69	0.01		4.87
软件和信息技术服务业	Software and IT Services	14.52	13.91	0.17		14.35

3-16 续表 2 Continued 2

单位:万人 (10000 persons)

项目	Item	合计 Total	#在岗职工 Employed	国有单位 State-owned Units	城镇集体单位 Urban Collective-owned Units	其他单位 Other Units
金融业	Financial Intermediation	38.89	28.62	6.30	0.28	32.31
货币金融服务业	Nonetary and Financial	21.18	20.98	4.85	0.27	16.06
资本市场服务业	Capital Markets	0.99	0.98	0.04		0.95
保险业	Insurance	16.54	6.48	1.38		15.16
其他金融业	Other Financial Activities	0.18	0.18	0.04		0.14
房地产业	Real Estate	29.10	27.66	0.74	0.49	27.87
#租赁和商务服务业	Development and Management of Real Estate	46.14	39.95	7.16	2.36	36.63
租赁业	Leasing	1.04	1.00	0.02	0.03	0.99
商务服务业	Business Services	45.11	38.95	7.14	2.33	35.64
科学研究和技术服务业	Scientific and Fednical Services	27.27	26.36	6.60	0.68	19.98
研究和试验发展	Research and Experimental Development	5.20	5.02	1.64	0.06	3.49
专业技术服务业	Professional Technical Services	18.65	18.02	3.85	0.43	14.38
科技推广和应用服务业	Promation and Application of Secscence	3.42	3.31	1.11	0.20	2.11
水利、环境和公共设施管理业	Management of Water Conservancy, Environment and Public Facilities	13.23	11.72	6.03	1.08	6.11
水利管理业	Management of Water Conservancy	1.82	1.72	1.52	0.14	0.16
生态保护和环境治理业	Ecological Protection and Enviromental	0.54	0.53	0.15	0.02	0.37
公共设施管理业	Management of Public Facilities	10.53	9.15	4.26	0.90	5.36
土地管理业	Management of Public Facilities	0.33	0.32	0.10	0.02	0.21
居民服务、修理和其他服务业	Services to Households and Other Services	4.95	4.65	0.63	0.43	3.89
居民服务业	Services to Households	2.27	2.19	0.47	0.24	1.56
机动车、电子产品和日用产品修理业	Vehicle, Electronics and Daiy Maintenance	1.00	0.97	0.02	0.03	0.95
其他服务业	Other Services	1.67	1.48	0.15	0.15	1.38
教　育	Education	110.35	104.22	81.74	8.29	20.32
卫生和社会工作	Health and Social Work	59.37	54.68	41.58	6.64	11.16
卫　生	Health	55.89	51.42	40.70	6.29	8.90
社会工作	Social Work	3.48	3.26	0.87	0.35	2.26
文化、体育和娱乐业	Culture, Sports and Entertainment	9.23	8.76	4.17	0.22	4.84
新闻和出版业	Journalism and Publishing Activities	1.36	1.30	0.67	0.01	0.68
广播、电视、电影和影视录音制作业	Radio, TV, Movie and Video Recording	2.40	2.29	1.25	0.02	1.13
文化艺术业	Cultural and Art Activities	3.04	2.87	1.83	0.15	1.06
体　育	Sports Activities	0.95	0.88	0.26	0.02	0.66
娱乐业	Entertainment	1.49	1.41	0.16	0.02	1.31
公共管理、社会保障和社会组织	Public Administration, Social Security and Organization	88.55	83.45	86.70	0.90	0.95
中国共产党机关	Organs of Communist Party of China	3.32	3.26	3.32		
国家机构	Government Agencies	83.49	78.54	81.93	0.83	0.72
人民政协、民主党派	People's Political Consultative Conference and Democratic Parties	0.38	0.38	0.38		
社会保障	Social Security	0.58	0.52	0.54	0.02	0.02
群众社团、社会团体和其他成员组织	Mass, Society and other Groups	0.78	0.75	0.53	0.04	0.22

3-17 分行业城镇非私营单位女性就业人员数(2019 年)

Number of Employed Women in Urban Units by Sector (2019)

单位:万人 (10000 persons)

行业	Sector	女性就业人数 Number of Emloyed Women	国有单位 State-owned Units	城镇集体单位 Urban Collective-owned Units	其他单位 Other Units
总计	**Total**	**474.49**	**120.95**	**14.72**	**338.82**
农、林、牧、渔业	Agriculture, Forestry, Animal Husbandry and Fishery	1.18	0.76	0.03	0.39
采矿业	Mining	0.79	0.04		0.75
制造业	Manufacturing	179.12	0.34	0.81	177.96
电力、热力、燃气及水的生产和供应业	Production and Supply of Electric Power, Heat Power, Gas and Water	3.63	0.27	0.07	3.28
建筑业	Construction	15.31	0.48	0.26	14.56
批发和零售业	Wholesale and Retail Trades	31.87	0.70	0.34	30.83
交通运输、仓储和邮政业	Traffic, Transport, Storage and Post	12.12	2.38	0.47	9.27
住宿和餐饮业	Hotels and Catering Services	11.30	0.62	0.11	10.57
信息传输、软件和信息技术服务业	Information Transfer, Software and IT Services	12.22	0.30	0.01	11.91
金融业	Financial Intermediation	21.42	3.21	0.11	18.10
房地产业	Real Estate	12.15	0.30	0.18	11.67
租赁和商务服务业	Leasing and Business Services	17.15	1.87	0.83	14.45
科学研究和技术服务业	Scientific Research and Technical Service	8.62	2.18	0.22	6.22
水利、环境和公共设施管理业	Management of Water Conservancy, Environment and Public Facilities	5.57	2.25	0.50	2.82
居民服务、修理和其他服务业	Services to Households and other Services	2.19	0.23	0.17	1.79
教育	Education	68.59	48.62	5.89	14.08
卫生和社会工作	Health and Social Work	39.41	27.64	4.31	7.46
文化、体育和娱乐业	Culture, Sports and Entertainment	4.46	2.02	0.10	2.34
公共管理、社会保障和社会组织	Public Administration, Social Security and Organization	27.40	26.73	0.31	0.36

3－18 城镇失业人数及失业率

Number of Urban Unemployed Persons and Unemployed Rate

单位:万人 (10000 persons)

年份 Year	城镇失业人员再就业人数 Re-employment	年末城镇登登记失业率 Unemployment Registered at Year-end	年末城镇登记失业率(%) Registered Unemployment Rate at Year-end
1979	54.70	34.30	5.40
1980	32.78	20.29	3.10
1985	15.25	7.15	0.90
1990	28.06	22.52	2.40
1991	23.33	18.68	2.00
1992	21.43	18.81	2.00
1993	20.64	19.43	2.00
1994	22.19	19.58	2.00
1995	21.49	20.13	2.00
1996	20.78	22.34	2.20
1997	21.40	23.80	2.40
1998	21.61	24.26	2.60
1999	21.57	26.57	2.90
2000	27.01	30.36	3.40
2001	34.94	36.14	3.60
2002	39.96	42.17	4.20
2003	54.46	41.84	4.10
2004	60.22	42.90	3.90
2005	62.92	41.63	3.56
2006	68.65	40.40	3.40
2007	81.89	39.26	3.19
2008	92.19	41.09	3.25
2009	52.00	40.74	3.22
2010	60.93	40.65	3.16
2011	66.11	41.45	3.22
2012	66.71	40.47	3.14
2013	81.61	37.61	3.03
2014	77.64	36.57	3.01
2015	77.74	36.01	3.00
2016	77.82	35.21	3.00
2017	80.55	34.69	2.98
2018	89.45	34.37	2.97
2019	94.81	35.09	3.03

3－19 在岗职工工资总额及指数

Total Wage Bill of Staff and Workers and Related Index

年 份 Year	绝对数(亿元) Total Wage Bill(100 million yuan)				指数(以上年为100) Index (preceding year = 100)			
	全部职工 Total	国有单位 State-owned units	城镇集体单位 Urban Collective-owned units	其他单位 Other Types of Ownership	全部职工 Total	国有单位 State-owned units	城镇集体单位 Urban Collective-owned units	其他单位 Other Types of Ownership
1978	29.05	19.84	9.21		110.7	110.8	110.6	
1979	33.10	22.46	10.64		113.9	113.2	115.5	
1980	41.63	27.99	13.64		125.8	124.6	128.2	
1981	44.13	29.60	14.53		106.0	105.8	106.5	
1982	48.14	32.35	15.79		109.1	109.3	108.7	
1983	50.78	34.41	16.37		105.5	106.4	103.7	
1984	67.28	43.34	23.25	0.69	132.5	126.0	142.0	
1985	86.17	55.10	30.09	0.98	128.1	127.1	129.4	142.0
1986	105.56	67.93	36.28	1.35	122.5	123.3	120.6	137.8
1987	121.26	78.09	41.30	1.87	114.9	115.0	113.8	138.5
1988	152.53	99.17	50.60	2.76	125.8	127.0	122.5	147.6
1989	165.38	108.56	53.05	3.77	108.4	109.5	104.8	136.6
1990	184.60	123.25	56.70	4.65	111.6	113.5	106.9	123.3
1991	204.43	136.26	62.05	6.12	110.7	110.6	109.4	131.6
1992	251.51	170.85	71.64	9.02	123.0	125.4	115.4	147.4
1993	328.21	221.91	85.85	20.45	130.5	129.9	119.8	226.7
1994	450.44	312.56	103.32	34.56	137.2	140.8	120.3	169.0
1995	541.62	369.10	126.57	45.95	120.2	118.1	122.5	132.9
1996	595.72	411.30	128.61	55.81	110.0	111.4	101.6	121.5
1997	635.44	446.95	124.86	63.63	106.7	108.7	97.1	114.0
1998	628.49	422.35	99.49	106.65	103.0	101.8	92.9	131.3
1999	666.28	443.41	91.90	130.97	106.0	105.0	92.4	122.8
2000	705.36	463.63	82.98	158.75	105.9	104.6	90.3	121.2
2001	758.55	498.61	71.42	188.52	107.5	107.5	86.1	118.8
2002	813.09	506.06	60.42	246.61	107.2	101.5	84.6	130.8
2003	917.33	540.59	53.51	323.23	112.8	106.8	88.6	131.1
2004	1050.35	591.38	48.20	410.77	114.5	109.4	90.1	127.1
2005	1252.06	672.70	48.80	530.56	119.2	113.8	101.2	129.2
2006	1520.39	768.86	52.55	698.97	121.4	114.3	107.7	131.7
2007	1806.65	896.36	61.72	848.57	118.8	116.6	117.5	121.4
2008	2132.45	1035.56	72.33	1024.57	118.0	115.5	117.2	120.7
2009	2403.32	1196.05	75.78	1131.49	112.7	115.5	104.8	110.4
2010	2841.33	1344.25	85.33	1411.75	118.2	112.4	112.6	124.8
2011	3548.29	1569.23	102.31	1876.75	124.9	116.7	119.9	132.9
2012	4065.99	1758.24	119.59	2188.16	114.6	112.0	116.9	116.6
2013	8041.98	1914.49	179.22	5948.27	197.8	108.9	149.9	271.8
2014	9174.49	2083.33	190.74	6900.42	114.1	108.8	106.4	116.0
2015	9802.41	2262.27	179.75	7360.39	106.8	108.6	94.2	106.7
2016	10583.16	2570.48	203.71	7808.97	108.0	113.6	113.3	106.1
2017	10955.14	2765.22	183.34	8006.59	103.5	107.6	90.0	102.5
2018	11784.92	2843.98	191.48	8749.47	107.6	102.8	104.4	109.3
2019	12213.08	3350.73	246.15	8616.19	103.6	117.8	128.6	98.5

注：1998 年起职工工资为在岗职工工资，不包括离开本单位仍保留劳动关系的职工的生活补助费(下相关表同)。

a) Since 1998, the wage bill of staff and workers was for employed personnels, excluded living expense subsidies of the personnels who had left self units, but still remained labor relationship(the same as in the following tables).

3－20 城镇非私营单位就业人员工资总额(2019年)
Total Wages of Employed Persons in Urban Units (2019)

单位:亿元 (100 million yuan)

项目	Item	就业人员工资总额 Annual Total Wages	在岗职工 Employed	其他就业人员 Others Employed Persons in Urban Areas
总计	**Total**	**12679.22**	**12213.08**	**466.14**
按登记注册类型分	**Grouped by Status of Registration**			
国有单位	State-owned Units	3448.13	3350.73	97.40
城镇集体单位	Urban Collective-owned Units	257.02	246.15	10.86
其他单位	Other Units	8974.08	8616.19	357.88
内资单位	Domestic Funded	5804.75	5551.58	253.17
股份合作单位	Cooperative Units	13.90	13.60	0.29
联营单位	Joint Ownership Units	5.00	4.91	0.09
有限责任公司	Limited Liability Corporations	3933.06	3765.20	167.87
股份有限公司	Share-holding Corporations Ltd.	1591.16	1514.16	77.01
其他	Others	261.63	253.72	7.91
港、澳、台商投资单位	Units with Funds from Hong Kong, Macao and Taiwan	1099.43	1071.34	28.09
外商投资单位	Foreign Funded Units	2069.90	1993.27	76.62
按企业、事业、机关分	**Grouped by Enterprises, Institutions and Agencies**			
企业	Enterprises	9220.89	8852.55	368.34
事业	Institutions	2205.61	2132.53	73.08
机关	Agencies & Organizations	1127.34	1106.44	20.90
按国民经济行业分	**Grouped by Sector**			
农、林、牧、渔业	Agriculture, Forestry, Animal Husbandry and Fishery	13.93	12.85	1.08
采矿业	Mining	39.60	39.37	0.23
制造业	Manufacturing	3959.90	3853.22	106.68
电力、热力、燃气及水的生产和供应业	Production and Supply of Electric Power, Heat Power, Gas and Water	204.35	203.47	0.87
建筑业	Construction	1741.25	1625.24	116.01
批发和零售业	Wholesale and Retail Trades	535.70	522.76	12.94
交通运输、仓储和邮政业	Transport, Storage and Post	476.37	468.13	8.24
住宿和餐饮业	Hotels and Catering Services	99.25	92.66	6.59
信息传输、软件和信息技术服务业	Information Transfer, Software and IT Services	475.91	464.78	11.13
金融业	Financial Intermediation	624.64	569.40	55.24
房地产业	Real Estate	244.50	238.22	6.27
租赁和商务服务业	Leasing and Business Services	322.93	293.49	29.44
科学研究和技术服务业	Scientific Research and Technical Service	352.39	345.21	7.18
水利、环境和公共设施管理业	Management of Water Conservancy, Environment and Public Facilities	103.52	97.95	5.57
居民服务、修理和其他服务业	Services of Households and other Services	32.10	30.80	1.29
教育	Education	1360.57	1330.41	30.16
卫生和社会工作	Health and Social Work	754.00	714.80	39.19
文化、体育和娱乐业	Culture, Sports and Entertainment	100.18	97.20	2.98
公共管理、社会保障和社会组织	Public Administration, Social Security and Organization	1238.15	1213.10	25.04

3－21　制造业城镇非私营单位就业人员工资总额(2019 年)

Total Wages of Manufacturing Employees in Urban Units (2019)

单位:亿元　　　　(100 million yuan)

项　目	Item	合　计 Total	#在岗职工 Employed	国有单位 State-owned Units	城镇集体单位 Urban Collective-owned Units	其他单位 Other Units
制造业合计	**Total of Manufacturing Industry**	**3959.90**	**3853.22**	**15.08**	**8.96**	**3935.86**
农副食品加工业	Processing of Food from Agricultural Products	35.22	34.69	0.13	0.04	35.05
食品制造业	Manufacture of Food	37.20	36.52	0.02	0.03	37.15
酒、饮料和精制茶制造业	Manufacture of Beverage	29.01	28.62	0.14	0.08	28.80
烟草制品业	Manufacture of Tobacco	10.72	10.72	3.89		6.83
纺织业	Manufacture of Textile	137.37	135.41		1.29	136.08
纺织服装、服饰业	Manufacture of Textile Wearing, Apparel, Footwear and Caps	127.51	126.15	0.24	0.37	126.91
皮革、毛皮、羽毛及其制品和制鞋业	Manufacture of Leather, Fur, Feather and Related and saps	18.66	18.29		0.05	18.61
木材加工和木、竹、藤、棕、草制品业	Processing of Timber, Manufacture of Wood, Bamboo, Rattan, Palm and Straw Products	9.08	9.03	0.11	0.04	8.94
家具制造业	Manufacture of Furniture	15.86	15.69	0.02	0.02	15.82
造纸和纸制品业	Manufacture of Paper and Paper Products	42.01	41.46	0.02	0.09	41.90
印刷和记录媒介复制业	Printing, Reproduction of Recording Media	33.17	32.25	0.62	0.49	32.07
文教、工美、体育和娱乐用品制造业	Manufacture of Articles For Culture, Education and Sport Activities	51.35	50.84	0.12	0.77	50.46
石油加工、炼焦和核燃料加工业	Processing of Petroleum, Coking, Processing of Nuclear Fuel	18.17	17.96		0.02	18.15
化学原料和化学制品制造业	Manufacture of Raw Chemical Materials and Chemical Products	220.27	215.00	0.47	1.21	218.58
医药制造业	Manufacture of Medicines	157.92	155.73	0.14	0.01	157.77
化学纤维制造业	Manufacture of Chemical Fibers	46.21	45.67		0.09	46.12
橡胶和塑料制品业	Rubber and Plastic Products	143.64	140.09	0.12	0.61	142.91
非金属矿物制品业	Manufacture of Non-metallic Mineral Products	83.17	81.20	0.05	0.29	82.82
黑色金属冶炼和压延加工业	Smelting and Pressing of Ferrous Metals	78.31	77.10		0.07	78.24
有色金属冶炼和压延加工业	Smelting and Pressing of Non-ferrous Metals	39.87	39.13		0.27	39.61
金属制品业	Manufacture of Metal Products	150.09	144.49	0.13	0.62	149.33
通用设备制造业	Manufacture of General Purpose Machinery	377.64	369.85	2.50	0.40	374.74
专用设备制造业	Manufacture of Special Purpose Machinery	257.57	251.74	0.50	0.33	256.74
汽车制造业	Manufacture of Automobile	309.65	301.08	2.37	0.17	307.11
铁路、船舶、航空航天和其他运输设备制造业	Manufacture of Railroad, Marine Aviation and other Transport Equipment	105.38	102.57	2.18	0.07	103.13
电气机械和器材制造业	Manufacture of Electrical Machinery and Equipment	390.09	378.58	0.32	1.14	388.63
计算机、通信和其他电子设备制造业	Manufacture of Communication Equipment, Computers and other Electronic Equipment	929.90	892.13	0.06	0.14	929.71
仪器仪表制造业	Manufacture of Instrumentation	87.61	85.27	0.80	0.17	86.64
其他制造业	Other	8.15	8.05	0.05	0.08	8.03
废弃资源综合利用业	Manufacture of Recycling and Disposal of Waste	3.96	3.85	0.05		3.90
金属制品、机械和设备修理业	Manufacture of Metal Prodults, Machinery and Eauipment Repair	5.13	4.06	0.01	0.03	5.09

3-22 在岗职工平均工资及指数
Average Wage of Staff and Workers and Related Indices

年份 Year	绝对数（元） Absolute Figure (yuan)				指数（以上年为100） Index (preceding year = 100)			
	全部职工 Total	国有单位 State-owned Units	城镇集体单位 Urban Collective-owned Units	其他单位 Others	全部职工 Total	国有单位 State-owned Units	城镇集体单位 Urban Collective-owned Units	其他单位 Others
1978	513	563	432		108.2	108.9	107.5	
1979	565	618	478		110.3	109.8	110.9	
1980	667	721	578		117.8	116.7	120.7	
1981	672	718	594		100.7	99.6	102.8	
1982	703	748	626		104.6	104.2	105.4	
1983	723	768	643		102.8	102.7	102.7	
1984	931	1003	820	1012	128.8	130.6	127.5	
1985	1135	1211	1015	1237	121.9	120.7	123.8	122.2
1986	1327	1430	1166	1468	116.9	118.1	114.9	118.7
1987	1471	1581	1295	1639	110.9	110.6	111.1	111.6
1988	1796	1936	1564	2059	122.1	122.5	120.8	125.6
1989	1918	2082	1639	2185	106.8	107.5	104.8	106.1
1990	2129	2331	1776	2444	111.0	111.9	108.4	111.9
1991	2302	2501	1932	2773	108.1	107.3	108.8	113.5
1992	2800	3057	2292	3370	121.6	122.2	118.6	121.5
1993	3615	3896	2937	4434	129.1	127.4	128.1	131.6
1994	4974	5491	3728	5827	137.6	140.9	126.9	131.4
1995	5943	6441	4621	7137	119.5	117.3	124.0	122.5
1996	6603	7186	4990	7740	111.1	111.6	108.0	108.4
1997	7108	7745	5183	8376	107.6	107.8	103.9	108.2
1998	8256	8872	6033	8867	105.7	106.3	101.3	102.5
1999	9171	9855	6452	9763	111.1	111.1	106.9	110.1
2000	10299	11109	6962	10698	112.3	112.7	107.9	109.6
2001	11842	12917	7543	11790	115.0	116.3	108.3	110.2
2002	13509	15030	8638	12633	114.1	116.4	114.5	107.2
2003	15712	17502	9836	14656	116.3	116.4	113.9	116.0
2004	18202	20876	11350	16346	115.8	119.3	115.4	111.5
2005	20957	24659	13064	18468	115.1	118.1	115.1	113.0
2006	23782	28722	15550	20691	113.5	116.5	119.0	112.0
2007	27374	33411	18837	23641	115.1	116.3	121.1	114.3
2008	31667	39325	22929	27067	115.7	117.7	121.7	114.5
2009	35890	45446	27022	29901	113.3	115.6	117.9	110.5
2010	40505	51245	31502	34260	112.9	112.8	116.6	114.6
2011	45987	57002	37302	40028	113.5	111.2	118.4	116.8
2012	51279	62913	43835	45008	111.5	110.4	117.5	112.4
2013	57985	70114	51757	55117	113.1	111.4	118.1	122.5
2014	61783	74673	54993	58913	106.5	106.5	106.3	106.9
2015	67200	82355	59629	63790	108.8	110.3	108.4	108.3
2016	72684	92412	65536	68024	108.2	112.2	109.9	106.6
2017	79741	102328	71426	72609	109.7	110.7	109.0	106.7
2018	86590	119135	85534	79548	108.6	116.4	119.8	109.6
2019	98669	137322	94575	89033	113.9	115.3	110.6	111.9

3-23 在岗职工平均工资指数
Average Wage Indices of Staff and Workers

1978年=100 (100 in 1978)

年 份 Year	全部职工 Total		国有单位 State-owned Units		城镇集体单位 Urban Collective-owned Units		其他单位 Others	
	平均货币工资指数 Index of Average Wage	平均实际工资指数 Index of Average Real Wage	平均货币工资指数 Index of Average Wage	平均实际工资指数 Index of Average Real Wage	平均货币工资指数 Index of Average Wage	平均实际工资指数 Index of Average Real Wage	平均货币工资指数 Index of Average Wage	平均实际工资指数 Index of Average Real Wage
1978	100.0	100.0	100.0	100.0	100.0	100.0		
1979	110.3	109.5	109.8	109.0	110.9	110.1		
1980	130.0	121.7	128.1	119.9	133.8	125.3		
1981	130.0	118.3	128.1	116.6	133.8	121.7		
1982	137.0	122.3	132.9	118.7	144.9	129.4		
1983	140.9	132.7	136.4	128.4	148.8	140.1		
1984	181.5	154.9	178.2	152.0	189.8	161.9	100.0	100.0
1985	221.2	174.9	215.1	170.0	235.0	185.8	122.2	111.5
1986	258.7	189.2	254.0	185.8	269.9	197.4	145.1	124.4
1987	286.7	189.7	280.8	185.8	299.8	198.4	162.0	125.7
1988	350.1	189.0	343.9	185.7	362.0	195.5	203.5	128.8
1989	373.9	174.1	369.8	172.2	379.4	176.6	215.9	117.8
1990	415.0	189.8	414.0	189.3	411.1	188.0	241.5	127.4
1991	448.7	190.5	444.2	188.6	447.2	189.9	274.0	134.2
1992	545.8	213.2	543.0	212.1	530.6	207.3	333.0	149.9
1993	704.7	231.9	692.0	227.7	679.9	223.7	438.1	166.1
1994	969.6	254.6	675.3	256.1	863.0	226.6	575.8	174.2
1995	1158.5	261.7	1144.0	258.5	1069.7	241.7	705.2	183.6
1996	1287.1	262.5	1276.4	260.3	1155.1	235.5	764.8	179.7
1997	1385.6	278.9	1375.7	276.9	1199.8	241.5	827.7	192.0
1998	1609.4	324.1	1575.8	317.3	1396.5	281.2	876.2	203.4
1999	1787.7	365.1	1750.4	357.5	1493.5	305.0	964.7	227.1
2000	2007.6	410.1	1973.2	403.0	1611.6	329.2	1057.1	215.9
2001	2308.4	471.0	2294.3	468.1	1746.1	356.3	1165.0	237.7
2002	2545.6	525.2	2669.6	550.8	1999.5	412.5	1248.3	257.5
2003	3062.8	629.6	3108.7	639.0	2276.9	468.0	1448.2	297.7
2004	3548.2	703.3	3708.0	735.0	2627.3	520.8	1615.2	320.2
2005	4085.2	793.1	4379.9	850.3	3024.1	587.1	1824.9	354.3
2006	4635.9	885.8	5101.6	974.8	3599.5	687.8	2044.6	390.7
2007	5336.1	980.5	5934.5	1090.4	4360.4	801.2	2336.1	429.2
2008	6172.9	1078.0	6984.9	1219.9	5307.6	926.9	2674.6	467.1
2009	6996.1	1226.7	8072.1	1415.4	6255.1	1096.7	2954.6	518.1
2010	7895.7	1336.3	9102.1	1540.6	7292.1	1234.1	3385.4	573.0
2011	8964.3	1443.5	10124.7	1630.5	8634.7	1390.4	3955.3	637.0
2012	9995.9	1568.8	11174.6	1754.0	10147.0	1592.5	4447.4	698.1
2013	11303.1	1734.1	12453.6	1910.8	11980.8	1838.0	5446.3	835.7
2014	12043.5	1807.9	13263.4	1992.1	12729.9	1916.2	5821.4	871.3
2015	13099.4	1933.5	14627.9	2160.3	13803.0	2043.0	6303.4	927.7
2016	14168.4	2042.3	16414.2	2367.3	15170.4	2192.8	6721.7	966.1
2017	15544.1	2201.0	18175.5	2575.0	16533.8	2347.6	7174.8	1013.0
2018	16879.1	2337.8	21160.7	2930.8	19799.5	2742.3	7860.5	1088.7
2019	19233.7	2583.8	24391.1	3276.6	43200.0	2941.0	8797.7	1181.9

注:其他单位以1984年为100。

a) Other units with 100 in 1984.

3-24 城镇非私营单位就业人员平均工资(2019 年)
Average Wage of Employed Persons in Urban Units (2019)

单位:元 (yuan)

项目	Item	就业人员年平均工资 Annual Average Wage	在岗职工平均工资 Annual Average Wage of Staff and Workers	其他就业人员年均工资 Annual Average Wage of Others
总计	**Total**	**96527**	**98669**	**61531**
按登记注册类型分	**Grouped by Type of Registreration**			
国有单位	State-owned Units	131956	137322	56284
城镇集体单位	Urban Collective-owned Units	91139	94575	49985
其他单位	Other Units	87635	89033	63591
内资单位	Inner Funded	86173	88407	55449
股份合作单位	Share Holding Cooperative Units	65517	66131	45822
联营单位	Joint-owned Co., Ltd.	87371	88596	50692
有限责任公司	Responsibility Co., Ltd.	80879	82769	53485
股份有限公司	Share Holding Co., Ltd.	104410	108321	61062
其他	Others	81154	82752	50122
港、澳、台商投资单位	Hong Kong, Macao and Taiwan Funded	82313	82374	80055
外商投资单位	Foreign Funded	95455	95038	107731
按企业、事业、机关分	**Grouped by Character of the Units**			
企业	Enterprises	87876	89350	62927
事业	Institutions	131550	137006	60847
机关	Government Agencies	142129	147713	47351
按国民经济行业分	**Grouped by Sector**			
农、林、牧、渔业	Farming, Forestry, Animal Husbandry and Fishery	51095	52262	40335
采矿业	Mining and Quarrying	94090	95065	33732
制造业	Manufacturing	86366	85979	103165
电力、热力、燃气及水的生产和供应业	Production and Supply of Electric Power, Heat Power, Gas and Water	142745	143763	53839
建筑业	Construction	69783	71032	55985
批发和零售业	Wholesale and Retail Trade	88790	89214	74488
交通运输、仓储和邮政业	Transportation, Storage and Post	98468	99908	54153
住宿和餐饮业	Hotel and Catering Industry	51977	56636	24107
信息传输、软件和信息技术服务业	Information Transfer, Software and IT Services	147409	149635	90915
金融业	Banking	162687	201175	54742
房地产业	Real Estate	83674	85850	42635
租赁和商务服务业	Leasing and Commercial Services	71335	74993	47997
科学研究和技术服务业	Scientific Research and Technical Service	128141	130171	73244
水利、环境和公共设施管理业	Management of Water Conservancy, Environment and Public Facilities	78242	83773	36198
居民服务、修理和其他服务业	Services of Households and other Services	64189	65566	42777
教育	Education	124443	128757	50229
卫生和社会工作	Health and Social Work	128624	132523	83706
文化、体育和娱乐业	Culture, Sports and Recreation	108370	111472	56779
公共管理、社会保障和社会组织	Public Administralion, Social Secarily and Organization	140128	145970	47688

3－25 分地区城镇非私营单位就业人员平均工资
Average Wage of Employed Persons in Urban Units by Region

单位:元 (yuan)

地　区	Region	2014	2015	2016	2017	2018	2019
全　省	Total	60867	66196	71574	78267	84688	96527
苏　南	Southern Jiangsu	67663	73792	81053	89164	96649	107569
苏　中	Mid Jiangsu	58337	62901	66331	70808	75196	82745
苏　北	Northern Jiangsu	48301	52866	56905	62910	69096	77242
南京市	Nanjing	70507	78946	87559	98106	106100	118906
无锡市	Wuxi	68187	74556	80251	86780	95093	102649
徐州市	Xuzhou	48770	52580	55750	62101	68820	76681
常州市	Changzhou	66852	70144	75946	83909	90663	102561
苏州市	Suzhou	67381	72656	80187	87431	94124	105357
南通市	Nantong	61383	65957	69654	74640	78648	86070
连云港市	Lianyungang	50224	54402	59208	66952	72870	80738
淮安市	Huaian	49204	53612	58111	63297	68584	74113
盐城市	Yancheng	47200	52389	57374	63285	70147	82014
扬州市	Yangzhou	58190	63168	66706	70497	74616	81266
镇江市	Zhenjiang	56733	62240	67581	73702	77869	85150
泰州市	Taizhou	52341	56613	59685	63929	69071	77963
宿迁市	Suqian	46236	51796	54466	59279	64175	71011

3-26 分细行业城镇非私营单位就业人员平均工资(2019年)
Average Wage of Employed Persons in Urban Units by Sector in Detail(2019)

单位:元 (yuan)

项目	Item	合计 Total	#在岗职工 Employed	国有单位 State-owned Units	城镇集体单位 Urban Collective-owned Units	其他单位 Other Units
总计	**Total**	**96527**	**98669**	**131956**	**91139**	**87635**
按企业、事业、机关分	**Grouped by Enterprise, Institution and Agency**					
企业	Enterprises	87876	89350	101155	57848	87703
事业	Institutions	131550	137006	134170	114842	118923
机关	Agencies & Organizations	142129	147713	142341	94266	132010
按国民经济行业分	**Grouped by Sector**					
农、林、牧、渔业	Agriculture, Forestry, Animal Husbandry and Fishery	51095	52262	49630	62953	52236
农业	Farming	42289	42877	37485	42082	54019
林业	Forestry	63942	67310	61575	46956	72146
畜牧业	Animal Husbandry	51188	54437	57137	18759	50907
渔业	Fishery	53025	56919	67933	53064	47252
农、林、牧、渔专业及辅助性活动	Service in Support of Agriculture	81403	84235	107438	83791	45447
采矿业	Mining	94090	95065	55399	30000	95421
制造业	Manufacturing	86366	85979	109527	51807	86428
农副食品加工业	Processing of Food from Agricultural Products	78905	79054	48086	42900	79164
食品制造业	Manufacture of Food	79831	80509	53923	51340	79883
酒、饮料和精制茶制造业	Manufacture of Beverage	73406	73393	49158	46320	73698
烟草制品业	Manufacture of Tobacco	197285	197285	239238		179345
纺织业	Manufacture of Textile	65525	65317	26667	51713	65691
纺织服装、服饰业	Manufacture of Textile Wearing, Apparel, Footwear and Caps	60807	60969	97296	44781	60828
皮革、毛皮、羽毛及其制品和制鞋业	Manufacture of Leather, Fur, Feather and Related and Saps	56260	56280		42649	56305
木材加工和木、竹、藤、棕、草制品业	Processing of Timber, Manufacture of Wood, Bamboo, Rattan, Palm and Straw Products	61352	61362	97009	54246	61120
家具制造业	Manufacture of Furniture	71402	71099	48316	49522	71487
造纸和纸制品业	Manufacture of Paper and Paper Products	99946	99430	50844	39095	100322
印刷和记录媒介复制业	Printing, Reproduction of Recording Media	77688	76857	63542	44260	78938
文教、工美、体育和娱乐用品制造业	Manufacture of Articles For Culture, Education and Sport Activities	61419	61348	59171	62240	61413
石油加工、炼焦和核燃料加工业	Processing of Petroleum, Coking, Processing of Nuclear Fuel	131407	131450		132400	131406
化学原料和化学制品制造业	Manufacture of Raw Chemical Materials and Chemical Products	107265	106792	100783	72605	107565
医药制造业	Manufacture of Medicines	112044	112820	80353	25969	112102

3－26 续 表 Continued 1

单位:元 (yuan)

项目	Item	合计 Total	#在岗职工 Employed	国有单位 State-owned Units	城镇集体单位 Urban Collective-owned Units	其他单位 Other Units
化学纤维制造业	Manufacture of Chemical Fibers	80699	80875		71540	80719
橡胶和塑料制品业	Rubber and Plastic Products	81629	80777	102934	49334	81844
非金属矿物制品业	Manufacture of Non-metallic Mineral Products	83839	83269	49229	41290	84182
黑色金属冶炼和压延加工业	Smelting and Pressing of Ferrous Metals	94932	94570		48728	95008
有色金属冶炼和压延加工业	Smelting and Pressing of Non-ferrous Metals	83192	82634		48491	83596
金属制品业	Manufacture of Metal Products	83258	82728	82800	48606	83507
通用设备制造业	Manufacture of General Purpose Machinery	97003	96282	101114	46517	97088
专用设备制造业	Manufacture of Special Purpose Machinery	99255	98809	91735	49817	99397
汽车制造业	Manufacture of Automobile	102303	101923	94064	48735	102433
铁路、船舶、航空航天和其他运输设备	Manufacture of Railroad, Marine Aviation and other Transport Equipment	90193	92932	122188	45724	89755
电气机械和器材制造业	Manufacture of Electrical Machinery and Equipment	90599	90310	64187	51610	90831
计算机、通信和其他电子设备制造业	Manufacture of Communication Equipment, Computers and Other Electronic Equipment	78501	77607	91213	41378	78511
仪器仪表制造业	Manufacture of Instrumentation	105780	105879	93500	45466	106180
其他制造业	Other	69820	70492	64125	48246	70171
废弃资源综合利用业	Manufacture of Recycling and Disposal of Waste	86126	85034	83600	47600	86248
金属制品、机械和设备修理业	Manufacture of Metal Prodults, Machinery and Eauipment Repair	99658	101303	55333	74225	100015
电力、热力、燃气及水的生产和供应业	Production and Supply of Electric Power, Heat Power, Gas and Water	142745	143763	90191	56410	147512
电力、热力生产和供应业	Production and Supply of Electric Power and Heat Power	176640	177290	148142	79531	177541
燃气生产和供应业	Production and Supply of Gas	105725	106667	61388	90231	106360
水的生产和供应业	Production and Supply of Water	89133	89964	68240	55220	94949
建筑业	Construction	69783	71032	54074	55585	70240
房屋建筑业	Housing Construction	69892	70850	51573	61718	70121
土木工程建筑业	Civil Engineering Construction	69518	72180	55788	47301	71632
建筑安装业	Architectural Installation	72780	73268	76665	56664	72974
建筑装饰、装修和其他建筑业	Other Construction	65734	69114	45180	56428	66433
批发和零售业	Wholesale and Retail Trades	88790	89214	99163	52599	88855
批发业	Wholesale Trade	110122	109956	108836	51757	110909
零售业	Retail Trade	66073	66755	52920	53202	66490
交通运输、仓储和邮政业	Transport, Storage and Post	98468	99908	105871	56109	98572

3－26 续　　表 Continued 2

单位:元 (yuan)

项　　目 Item		合　计 Total	#在岗职工 Employed	国　有 单　位 State-owned Units	城镇集体 单　位 Urban Collective-owned Units	其　他 单　位 Other Units
铁路运输业	Railway Transport	138288	140425	142003	83331	138097
道路运输业	Road Transport	81455	82445	86868	71714	80894
水上运输业	Water Transport	98041	99723	122142	52164	95310
航空运输业	Air Transport	200162	200857	162061		203702
管道运输业	Transport Via Pipeline	144392	144419			144392
多式联运和运输代理业	Transport Via Pipeline	94427	100366	83618	95088	94565
装卸搬运和仓储业	Handling and agency	80078	80162	75877	47001	88466
邮政业	Post	105323	106181	110803	83657	92307
住宿和餐饮业	Hotels and Catering Services	51977	56636	58429	54004	51554
住宿业	Hotel	60894	61989	60345	58041	61017
餐饮业	Catering Services	46902	53151	53363	48957	46721
信息传输、软件和信息技术服务业	Information Transfer, Software and IT Services	147409	149635	106521	44295	148541
电信、广播电视和卫星传输服务	Telecommunications, Satellites Radio and Television Services	149454	151796	109469	43352	151672
互联网和相关服务	Internet and Relatiue Services	119727	121183	119991	30833	119738
软件和信息技术服务业	Software and IT Services	154463	156875	95449	67056	155177
金融业	Financial Intermediation	162687	201175	161024	136598	163245
货币金融服务业	Nonetary and Financial	216785	218037	187933	138470	226863
资本市场服务业	Capital Markets	230954	232715	144598	42927	235226
保险业	Insurance	87582	139946	68608		89341
其他金融业	Other Financial Activities	222647	226239	104304	76273	255106
房地产业	Real Estate	83674	85850	89534	60663	83922
租赁和商务服务业	Leasing and Business Services	71335	74993	69874	55978	72620
租赁业	Leasing	81804	80917	79947	47667	82678
商务服务业	Business Services	71094	74841	69840	56062	72340
科学研究和技术服务业	Scientific and Fednical Services	128141	130171	155356	94966	120406
研究和试验发展	Research and Experimental Development	149175	151509	201160	138813	124279
专业技术服务业	Professional Technical Services	125279	127211	139242	88352	122703

3-26 续 表 Continued 3

单位:元 (yuan)

项 目	Item	合 计 Total	#在岗职工 Employed	国有单位 State-owned Units	城镇集体单位 Urban Collective-owned Units	其他单位 Other Units
科技推广和应用服务业	Service to Technology Promotion and Application	112414	114555	143113	95634	97888
水利、环境和公共设施管理业	Management of Water Conservancy, Environment and Public Facilities	78242	83773	91202	65568	67791
水利管理业	Management of Water Conservancy	117008	121835	118064	118634	105692
生态保护和环境治理业	Ecological Protection and Enviromental	90419	92248	84913	89176	92665
公共设施管理业	Management of Public Facilities	69709	74927	81010	56732	62995
土地管理业	Management of Public Facilities	115911	118417	122443	49388	117511
居民服务、修理和其他服务业	Services to Households and Other Services	64189	65566	98807	59958	59057
居民服务业	Services to Households	61597	62529	99244	63809	49991
机动车、电子产品和日用产品修理业	Vehicle, Electronics and Daiy Maintenance	81479	82105	64218	66494	82325
其他服务业	Other Services	57135	59013	101820	52032	52930
教育	Education	124443	128757	134283	116905	87853
卫生和社会工作	Health and Social Work	128624	132523	142940	115023	83098
卫生	Health	132775	136877	143964	118565	91346
社会工作	Social Work	62273	64137	95579	52820	50777
文化、体育和娱乐业	Culture, Sports and Entertainment	108370	111472	125246	84573	95028
新闻和出版业	Journalism and Publishing Activities	127406	130378	110912	81190	144201
广播、电视、电影和影视录音制作业	Radio, TV, Movie and Video Recording	116119	118784	140179	66093	90611
文化艺术业	Cultural and Art Activities	105548	109024	124566	81492	76362
体育	Sports Activities	123864	127054	110148	119118	129664
娱乐业	Entertainment	74471	77063	103681	82404	70903
公共管理、社会保障和社会组织	Public Administration, Social Security and Organization	140128	145970	140830	102084	112081
中国共产党机关	Organs of Communist Party of China	166278	168378	166299	112846	
国家机构	Government Agencies	139014	144981	139591	105376	112380
人民政协、民主党派	People's Political Consultative Conference and Democratic Parties	198079	199397	198079		
社会保障	Social Security	112981	118210	115305	84271	76105
群众社团、社会团体和其他成员组织	Mass, Society and other Groups	142308	146357	161258	35974	113599

3－27 城镇私营单位就业人员平均工资
Average Wage of Employed Persons in Urban Private Units

单位:元 (yuan)

行业	Sector	2014	2015	2016	2017	2018	2019
总计	**Total**	**39975**	**43689**	**47156**	**49345**	**54161**	**58322**
农、林、牧、渔业	Farming, Forestry, Animal Husbandry and Fishery	33060	35768	37048	37724	39849	41772
采矿业	Mining	35613	38081	39749	42119	49054	55786
制造业	Manufacturing	39661	44082	48133	50648	54899	59317
电力、热力、燃气及水的生产和供应业	Production and Supply of Electric Power, Heat Power, Gas and Water	37951	39841	43928	45789	51184	55960
建筑业	Construction	41457	44776	48351	50390	55353	58541
批发和零售业	Wholesale and Retail Trade	37335	39986	41803	43380	51175	55569
交通运输、仓储和邮政业	Transportation, Storage and Post	40785	43236	47241	48588	57893	62596
住宿和餐饮业	Hotel and Catering Industry	33819	35818	36197	39455	46793	49447
信息传输、软件和信息技术服务业	Information Transfer, Software and IT Services	51238	52318	52879	56873	60451	68791
金融业	Banking	38444	43725	46658	46822	57090	58955
房地产业	Real Estate	36768	41083	42121	43541	45953	48000
租赁和商务服务业	Leasing and Commercial Services	40240	43948	46631	47193	51487	56207
科学研究和技术服务业	Scientific Research and Technical Service	44305	46993	50933	54647	55250	61918
水利、环境和公共设施管理业	Management of Water Conservancy, Environment and Public Facilities	43240	45312	45393	43685	39144	40631
居民服务、修理和其他服务业	Services of Households and other Services	40699	41195	42302	43481	43856	46156
教育	Education	44023	44600	45802	49058	49419	53670
卫生和社会工作	Health and Social Work	38292	41992	46492	50673	61134	68748
文化、体育和娱乐业	Culture, Sports and Recreation	36443	39839	43600	46356	51389	54362

主要统计指标解释

人口数　指一定时点、一定地区范围内的有生命的个人的总和。

年度统计的年末人口数指每年12月31日24时的人口数。年度统计的全国人口总数内未包括台湾省和港澳同胞以及海外华侨人数。

城镇人口和乡村人口

1952－1989年城镇人口是指市辖区内和县辖镇的全部人口;乡村人口是指县辖乡人口。

1990－1999年城镇人口是指设区的市的区人口和不设区的市所辖的街道人口以及不设区的市所辖镇的居民委员会人口和县辖镇的居民委员会人口;乡村人口是除上述两种人口以外的全部人口。

2000－2005年人口普查和2000年以后城镇人口:市人口是指设区市的人口密度在1500人/平方公里以上的市区人口和人口密度不足1500人的区政府驻地和区辖其他街道人口,以及政府驻地的城市建设延伸到的周边乡镇人口;不设区市的市政府驻地和市辖其他街道人口,以及政府驻地的城市建设延伸到的乡镇人口。镇人口是指镇政府驻地和镇辖其他居委会人口,以及镇政府驻地的城区建设延伸到周边村民委员会人口。乡村人口是指除上述人口以外的全部人口。

2006年至今的城镇人口分为城区人口和镇区人口。其中,城区人口,包括街道办事处所辖的居民委员会(社区委员会),及城市公共设施、居住设施等连接到的其他居民委员会(社区委员会)和村民委员会的人口。镇区人口,包括镇所辖的居民委员会(社区委员会),镇的公共设施、居住设施等连接到的村民委员会,以及常住人口在3000人以上独立的工矿区、开发区、科研单位、大专院校、农场、林场等特殊区域中的人口。乡村人口是指除上述人口以外的全部人口。

出生率(又称粗出生率)　指在一定时期内(通常为一年)一定地区的出生人数与同期内平均人数(或期中人数)之比。一般用千分率表示。本资料中的出生率指年出生率,其计算公式为:

$$出生率=年出生人数/年平均人数\times1000‰$$

式中:出生人数指活产婴儿,即胎儿脱离母体时(不管怀孕月数),有过呼吸或其他生命现象。年平均人数指年初、年底人口数的平均数,也可用年中人口数代替。

死亡率(又称粗死亡率)　指在一定时期内(通常为一年)一定地区的死亡人数与同期内平均人数(或期中人数)之比,一般用千分率表示。本资料中的死亡率指年死亡率,其计算公式为:

$$死亡率=年死亡人数/年平均人数\times1000‰$$

人口自然增长率　指在一定时期内(通常为一年)人口自然增加数(出生人数减死亡人数)与该时期内平均人数(或期中人数)之比,一般用千分率表示。计算公式为:

$$人口自然增长率=(本年出生人数-本年死亡人数)/年平均人数\times1000‰$$

就业人员　指从事一定社会劳动并取得劳动报酬或经营收入的人员,包括在岗职工、再就业的离退休人员、私营业主、个体户主、私营和个体就业人员、乡镇企业就业人员、农村就业人员、其他就业人员(包括民办教师、宗教职业者、现役军人等)。这一指标反映了一定时期内全部劳动力资源的实际利用情况,是研究我国基本国情国力的重要指标。

单位就业人员　指在各类法人单位工作,并由单位支付劳动报酬的人员,包括在岗职工和其他就业人员。在岗职工 指在本单位工作且与本单位签订劳动合同,并由单位支付各项工资和社会保险、住房公积金的人员,以及上述人员中由于学习、病伤、产假等原因暂未工作仍由单位支付工资的人员。其他就业人员 指在本单位工作,不能归到在岗职工、劳务派遣人员中的人员。此类人员是实际参加本单位生产或工作并从本单位取得劳动报酬的人员。具体包括:非全日制人员、聘用的正式离退休人员、兼职人员和第二职业者等,以及在本单位中工作的外籍和港澳台方人员。

城镇私营和个体就业人员　城镇私营就业人员指在工商管理部门注册登记,其经营地址设在县城关镇(含城关镇)以上的私营企业就业人员;包括私营企业投资者和雇工。城镇个体就业人员指在工商管理部门注册登记,并持有城镇户口或在城镇长期居住,经批准从事个体工商经营的就业人员;包括个体经营者和在个体工商户劳动的家庭帮工和雇工。

城镇登记失业人员　指在劳动年龄(16周岁至退休年龄)内,有劳动能力无业而要求就业,并在当地就业服务机构进行失业登记的城镇常住人员。

国有单位就业人员　指在国有经济单位及其附属机构工作,并由其支付工资的各类人员。

城镇集体单位就业人员　指在城镇集体经济单位及其管理部门工作,并由其支付工资的各类人员。

其他单位就业人员　指在联营经济、股份制经济、外商投资经济、港、澳、台投资经济单位工作,并由其支付工资的各类人员。

工资总额　根据《关于工资总额组成的规定》,工资总额是指本单位在报告期内(季度或年度)直接支付给本单位人员的劳动报酬总额。包括计时工资、计件工资、奖金、津贴和补贴、加班加点工资、特殊情况下支付的工资。工资总额是税前工资,包括单位从个人工资中直接为其代扣或代缴的房费、个人所得税、水费、电费、住房公积金和社会保险基金个人缴纳部分等。工资总额不论是计入成本的还是不计入成本的,不论是以货币形式支付的还是以实物形式支付的,均应列入工资总额的计算范围。工资总额由基本工资、绩效工资、工资性津贴和补贴、其他工资四部分组成。工资总额不包括病假、事假等情况的扣款。

平均工资 指在报告期内单位发放工资的人均水平。计算公式为:

平均工资 = 报告期工资总额/报告期平均人数

在岗职工平均工资指数 指报告期在岗职工平均工资与基期在岗职工平均工资的比率,是反映不同时期在岗职工货币工资水平变动情况的相对数。计算公式为:

在岗职工平均工资指数 = 报告期平均工资/基期平均工资 × 100%

在岗职工平均实际工资指数 在岗职工平均实际工资指扣除物价变动因素后的在岗职工平均工资。在岗职工平均实际工资指数是反映实际工资变动情况的相对数,表明在岗职工实际工资水平提高或降低的程度。计算公式为:

在岗职工平均实际工资指数 = 报告期平均工资指数/报告期城镇居民消费价格指数 × 100%。

Explanatory Notes on Main Statistical Indicators

Total Population refers to the total number of people alive at a certain point of time within a given area.

The annual statistics on total population is taken at midnight, the 31st of December, not including residents in Taiwan province, Chinese compatriots in Hong Kong and Macao and overseas Chinese.

Urban Population and Rural Population

From 1952 to 1989 urban population refers to the population of municipal districts and towns under the administration of counties; rural population refers to the population of townships under the administration of counties.

From 1990 to 1999 rural population is composed of the population of districts of cities divided into districts, the population of sub-district offices under the cities not divided into districts, the population of neighborhoods of towns under the administration of cities not divided into districts and the population of neighborhoods of towns under the administration of counties; rural population is the population other than those mentioned above.

Rural population from 2000 to 2005: city population is composed of the population of districts of cities divided into districts with population density at more than 1500 people per square kilometer, the population of places where the district governments are stationed and other sub-district offices under the administration of the district with population density at less than 1500 people per square kilometer, and the population of circumjacent townships where are the extending areas of city construction of the places where the governments are stationed; the population of places where the city (not divided into districts) governments are stationed and other sub-district offices under the administration of the city, and the population of circumjacent townships where are the extending areas of city construction of the places where the governments are stationed. Town population refers to the population of places where town governments are stationed and other neighborhood committees under the administration of the towns, and the population of circumjacent villagers' committees where are the extending areas of town construction of the places where the town governments are stationed. Rural population is the population other than those mentioned above.

From 2006 to now urban population is composed of city population and town population. City population includes the population of neighborhood committees (community committees) under the administration of sub-district offices and the population of other neighborhood committees (community committees) and villagers' committees connected through city common facilities and residence facilities. Town population includes the population of neighborhood committees (community committees) under the administration of towns and the population of villagers' committees connected through town common facilities and residence facilities, and the population of special areas with more than 3000 permanent residents, such as independent mining areas, development zones, research institutes, universities and colleges, farms, forestry centers and so on. Rural population is the population other than those mentioned above.

Birth Rate (or Crude Birth Rate) refers to the ratio of the number of births to the average population (or mid-period population) during a certain period of time (usually a year) which is often expressed in ‰. Birth rate in the chapter refers to annual birth rate. The following formula is used: Birth Rate = Number of Births/Average Number of Population × 1000‰

Number of births refers to live births, i. e. the births when babies had showed any vital phenomena regardless of the length of pregnancy. Annual Average Number of Population is the average of the number of population at the beginning of the year and that at the end of the year. Sometimes it is substituted for with the mid year population.

Death Rate(or Crude Death Rate) refers to the ratio of the number of deaths to the average population(or mid-period population) during a certain period of time(usually a year) which is often expressed in ‰. Death rate in the chapter refers to annual death rate. The following formula is used:

Death Rate = Number of Deaths/Annual Average Number of Population × 1000‰

Natural Growth Rate of Population refers to the ratio of natural increase in population(number of births minus number of deaths) in a certain period of time(usually a year) to the average population(or mid-period population) of the same period which is often expressed in ‰. The following formulas are applied:

Natural Growth Rate of Population = (Number of Births − Number of Deaths)/Average Number of Population × 1000‰

Employed Persons refer to the persons who are engaged in social working and receive remuneration payment or earn business income, including total staff and workers, re-employed retirees, employers of private enterprises, self-employed workers, employees in private enterprises and individual economy, employees in township enterprises, employed persons in the rural areas, and other employed persons(including teachers in the schools run by the local people, people engaged in religious profession and the servicemen, etc.). This indicator reflects the actual utilization of total labour force during a certain period of time and is often used for the research on China's economic situation and national power.

Persons Employed in Units refers to the work of all types of legal entities and the payment of labor remuneration by the unit, including on-the-job employees and other employed personnel. On-the-job employees refers to the person who work in the unit and signs a labor contract with the unit, and the unit pays all the wages and social insurance, housing provident fund, and the above-mentioned personnel are still paid but not for work due to reasons such as study, illness, or maternity leave. Other employed personnel refers to the work of the unit, can not be assigned to the on-the-job employees and labor dispatched personnel. These person are those who actually participate in the production or work of the unit and receive remuneration from the unit. These include: part-time staff, official retirees employed, part-time employees and employees holding the second job, as well as foreigners and Hongkong, Macao and Taiwanese personnel working in the unit.

Persons Employed in Private Enterprises and Self-Employed Individuals in Urban Areas Persons employed in private enterprises refer to the persons employed in the private enterprises which have been registered at the departments of industrial and commercial administration and are situated at urban areas or townships for business operation or at urban areas with the level higher than a county town. The self-employed individuals in urban areas refer to persons who hold the certificates of residence in urban areas or have resided in the urban areas for a long time and have been registered at the departments of industrial and commercial administration and approved to be engaged in individual industrial or commercial business, including self-employed persons as well as helpers and hired labourers who work in the individual households engaged in industrial or commercial business.

Registered Urban Unemployed Persons The registered unemployed persons in urban areas refer to the persons who are registered as permanent residents in the urban areas, aged within the range of working age, capable to labour, unemployed but desirous to be employed and have been registered at the local employment service agencies to apply for a job.

Staff and Workers in State-owned Economic Units refer to the persons who work in the state-owned economic units or their attached units and are listed in their payrolls.

Staff and Workers of Collective Owned Units in Urban Areas refer to the persons who work in collective owned units in urban areas and their administration departments and receive payment therefrom.

Staff and Workers in Units of Other types of Ownership refer to those who work in (and receive payment therefrom) enterprises and institutions of joint ownership, share holding, foreign ownership, and ownership by entrepreneurs from Hong Kong, Macao, and Taiwan.

Total Wages of Staff and Workers refer to the total remuneration payment to staff and workers in various units during a certain period of time. The calculation of total wages is based on the total remuneration payment to the staff and workers. Therefore, all the wages and salaries and other payments to staff and workers are included in the total wages regardless of their sources, category, and forms(in kind or cash). (Total wages of staff and workers in this yearbook include only total wages of fully employed staff and workers, excluding the living allowances distributed to those who have left their working units while keeping their labor contract/employment relation unchanged).

Average Wage of Staff and Workers refers to the average wage in money terms per person during a certain period of time for staff and workers in enterprises, institutions, and government agencies, which reflects the general level of wage income during a certain period of time and is calculated as follows:

Average Wage of Staff and Workers = Total Wages of Staff and Workers at the Report Period/Average Number of Staff and Workers at the Report Period.

Average Wage Indices of Employed Staff and Workers refers to the ratio of average wage of staff and workers in the report period to that in the base period, which reflects the change of wage of staff and workers at the different period. It is calculated as follows:

Average Wage Indices of Staff and Workers = Average Wage of Staff and Workers at the Report Period/Average Wage of Staff and Workers at the Base Period ×100%

Average Real Wage Indices of Employed Staff and Workers average real wage of staff and workers refers to the average wage of staff and workers after removing the effects of the price changes and average real wage indices of staff and workers refers to the change of real wage, which reflects the relative increasing or decreasing level of real wage of staff and workers, which is calculated as follows:

Average Real Wage Indices of Staff and Workers = Average Wage Indices of Staff and Workers at the Report Period/Urban Consumer Price Indices at the Report Period ×100%

4

价格指数

Price Indices

简 要 说 明

一、本篇资料的主要内容

本篇价格指数资料，反映生产、流通、消费与投资等环节的价格变动趋势和变动幅度。主要包括居民消费价格指数、商品零售价格指数、农业生产资料价格指数、工业生产者价格指数、固定资产投资价格指数和房地产价格指数等。

二、本篇的资料来源

价格指数编制由国家统计局江苏调查总队组织实施。总队和有关市、县调查队依据国家统计局统一制定的价格统计调查制度采集原始数据并计算价格指数。

三、居民消费、商品零售价格指数

编制居民消费、商品零售价格指数的资料采用抽样调查和重点调查相结合的方法取得，即在全省选择不同经济区域和分布合理的地区，以及有代表性的商品作为样本，对其市场价格进行定期调查，以样本推断总体。编制过程按下列几个步骤进行：

1. 选择调查地区和调查点。调查地区按照经济区域和地区分布合理等原则，选出具有代表性的大、中、小城市和县作为国家的调查地区，在此基础上选定经营规模大、商品种类多的商场（包括集市和服务网点）作为调查点。

2. 选择代表规格品。代表规格品是选择那些消费量大、价格变动有代表性的商品。代表规格品的主要选择原则：(1)与居民生活和商品零售密切相关；(2)消费（销售）数量（金额）大；(3)市场供应稳定；(4)价格变动趋势有代表性；(5)所选的代表规格品之间性质差异大，价格变动的相关性低。

目前，居民消费价格调查按用途划分为8大类，262个基本分类，各地每月调查700种以上规格品价格；商品零售价格按用途划分为16个大类，197个基本分类，各地每月调查600种以上的规格品价格。

3. 价格调查方式。采用派员直接到调查点登记调查，同时聘请辅助调查员协助登记调查。

4. 权数的确定。居民消费价格指数的计算权数主要根据城乡居民家庭消费支出构成确定；商品零售价格指数的计算权数主要根据社会商品零售额资料确定。

四、工业生产者价格指数

工业生产者价格包括工业企业产品第一次出售时的出厂价格（下简称工业生产者出厂价格）和原材料、燃料、动力购进价格（下简称工业生产者购进价格）。

工业生产者价格调查采用重点调查与典型调查相结合的调查方法。重点调查将全部年主营业务收入2000万元以上（2010年以前为500万元以上）的企业列为调查对象；典型调查是把年主营业务收入2000万元以下（2010年以前为500万元以下）的企业作为抽样对象。

1. 代表企业的选择原则：(1)按工业行业选择调查企业，各中类行业原则上都要有调查企业。(2)大型企业应尽量都选上（或占相当大比重）。(3)选择生产稳定、正常的企业作为调查对象。

2. 代表产品的选择原则：(1)按工业行业选择基本分类和代表产品。(2)选择对国计民生影响大的产品。(3)选择生产较为稳定的产品。(4)选择有发展前景的产品。(5)选择具有地方特色的产品。

目前《工业生产者出厂价格调查目录》包括20000多种工业产品，并将其划分为1638个基本分类。工业生产者购进价格调查项目由上述出厂调查目录的大部分和部分农副产品两部分组成，包括10000多种调查产品，确定为981个基本分类。

3. 价格调查方式。采用企业报表形式。

4. 权数的确定。工业生产者出厂价格统计中，小类及小类以上的权数资料来源于工业统计中分行业工业销售产值数据资料；基本分类的权数资料来源于独立的工业企业产品权数调查。工业生产者购进价格统计中，基本分类及以上分类的权数资料主要来源于独立的工业企业产品权数调查，小类及小类以上的权数还可以参照相应行业的出厂权数和分行业的投入产出数据资料。权数一般五年更换一次。

五、固定资产投资价格指数

固定资产投资价格调查采用重点调查与典型调查相结合的方法。固定资产投资价格调查所涉及的价格是构成固定资产投资额实体的实际购进价格或结算价格。调查的内容包括构成当年建筑工程实体的钢材、木材、水泥、地方建材（如砖、瓦、灰、沙、石等）、化工材料（如油漆等）等主要建筑材料价格；作为活劳动投入的劳动力价格（单位工资）和建筑机械使用费；设备工器具购置和其他费用投资价格。

固定资产投资价格调查样本的选择遵循以下原则：

1. 选择建筑安装工程调查点的原则：（1）样本单位应具有一定覆盖面；（2）投资经济活动代表性强；（3）兼顾不同经济类型；（4）选择重点工程；（5）兼顾国民经济各门类及不同工程类别。

2. 选择其他费用调查点的原则：在选择其他费用调查点时，所遵循的原则与建筑安装工程调查点的原则基本相同，特别是要注意选择那些投资额大的工程。但由于其他费用不易取得，所以在实际操作过程中，应同时在建设单位、施工单位开展重点调查，并辅以典型调查（从管理部门取得资料）。

3. 价格调查方式。采用企业报表和调查员走访相结合的方式。

4. 权数的确定。固定资产投资价格指数的计算权数是建筑安装工程、设备工器具购置和其他费用三者前两年投资完成额的平均比重。

六、房地产价格指数

住宅销售价格包括新建住宅和二手住宅两部分。

新建住宅价格调查，在 2010 年以前采用重点调查与典型调查相结合的方法，从 2011 年开始，采用全面调查的方法。二手住宅价格调查采用重点调查与典型调查相结合的方法。

调查方式采用报表与走访相结合的方式。

Brief Introduction

Ⅰ. Main Contents

Data on price indices in this chapter show the changing trends and the change rates in the prices of production, trade, consumption and investment, including mainly consumer price indices, retail price indices, price indices for means of agricultural production, producer price indices for farm products, price indices for investment in fixed assets, and price indices for real estate.

Ⅱ. Sources of Data

Compilation of statistics on price indices is organized by the Survey Office of the National Bureau of Statistics in Jiangsu. The survey Office and the selected cities and counties collect data and calculate the price index in accordance with the scheme of price survey system stipulated by the NBS.

Ⅲ. Consumer Price Indices and Retail Price Indices

Data for compilation of the consumer price indices and the retail price indices in Jiangsu are collected through a combination of sample surveys and surveys of key units. Areas distributed in different economic regions are selected as the sample areas and representative commodities are selected as the sample commodities. Regular surveys are conducted to collect data on their market prices. Population parameters are inferred on the basis of the sample data. Following are major steps in the process of calculation of the price indices:

(1) The selection of areas and survey points: Based on such principles as regional economic features and reasonable geographic distribution, representative sample areas for the national survey are selected which include large, medium and small cities and counties. When the sample areas have been selected, large-scale shops and markets (including fairs and service outlets) with wide variety of commodities are selected as survey points.

(2) The selection of representative specifications or varieties. The representative specifications or varieties selected are those consumed in large quantity and representative in price changes. The principles for selection are: (a) The commodities are closely related to people's living conditions and retail sales of commodities; (b) They are consumes (or sold) in large quantities (or large values); (c) The market supply is stable; (d) The changes of their prices are representative in trend; (e)

There is great heterogeneity among the specifications or varieties selected, and the correlation between price charges is low.

At present, data are collected on 700 and more specifications each month under 262 basic headings in 8 categories in the consumer price surveys. For the retail price surveys, data are collected on more than 600 specifications each month under 197 basic headings in 16 categories.

(3) Method of data collection: Enumerators are sent to the survey points to take the records of the prices. Assistant enumerators are recruited to assist the survey work.

(4) Determination of the weights: The weights for calculation of the consumer price indices are determined according to the composition of the consumption expenditures of urban and rural households. The weights for calculation of the retail price indices are determined mainly according to the total retail sales of commodities.

Ⅳ. Producer Price Indices for Industrial Products

Producer prices for manufactured goods refer to the ex-factory price of manufactured goods when they are first sold. The survey program is a combined use of the key units' survey and typical units' survey methods. Key units refer to those non-State-owned industrial enterprises with annual revenue above 20 million yuan. (Before 2010, it was above 5 nillion yuan) Typical units refer to the industrial enterprises with annual sale revenue below 20 million yuan. (Before 2010, it was below 5 million yuan).

(1) Principles for selecting the representative enterprises:

(a) Enterprises to be covered in the survey are selected by industrial sectors. In principle, every branch should have enterprises selected; (b) All (or a majority of) large-sized enterprises should be selected; (c) Enterprises selected should be those with normal and stable production; (d) Different types of ownership should be considered in selecting enterprises.

(2) Principle for the selection of representative goods:

(a) The goods are selected by industrial sectors; (b) The selected goods should have great impact on the national economy and people's living conditions; (c) The production of the goods selected are relatively more stable; (d) The prospects of the goods selected are promising; (e) The goods selected are typical to the place in question.

The *survey catalog of Producer Prices for Industrial Products* includes over 20000 goods, and they are divided into 1638 basic classification; *Survey catalog of Purchasing Price for Industrial Producers* includes over 10000 goods, and they are divided into 981 basic classifications.

(3) Method of data collection: The method of reporting forms by enterprises is adopted.

(4) Determination of the weights: The weights for calculation of the producer price indices for manufactured goods are determined according to the total sales value of manufactured goods. Data from the industrial census are used for the calculation. If census data are not available for the reference year, industrial statistical data and statistical data from other agencies will be used to estimate the weights. The weights are replaced every five years.

Ⅴ. Price Indices for Investment in Fixed Assets

Data on prices of investment in fixed assets are collected by a program involving the combined use of surveys on key units and surveys on typical units. The prices collected in the surveys of investment in fixed assets are the actual purchasing prices or settlement prices of entities of investment in fixed assets. The survey content includes the prices of main construction materials that constitute the architectural engineering entity in the year, such as steel, timber, cement, local construction materials (such as brick, tile, calcareous ashes, sand, stone, etc.), chemical materials (such as oil paint, etc.), the price of labor force as input (wages), prices for renting of building machinery and equipment, the purchasing price of equipment, tools and instruments and the prices of others investments.

The following principles should be followed in selecting the sample for the price survey of investment in fixed assets:

(1) Principles for selecting the survey points of construction and installation: (a) Sample units should have a good coverage; (b) The economic activity of investment should have strong representativeness; (c) Different economic types of ownership should be considered; (d) key projects should be selected; (e) Attention should be given to various sectors of the national economy and types of projects.

(2) Principles for selecting price survey points of other fees: The principles for selecting survey points of others fees is in general the same as that of construction and installation, with special attention being paid to selecting projects with huge investment value. Since it is not easy to obtain the other fees, during the actual data gathering operations, survey on key construction owner units and building units is to conducted concurrently with survey on typical units (with information from administration units)

(3) Method of price survey: A combination of enterprises reporting system and enumerator visits method.

(4) Determination of the weights: The weights for calculation of the price indices for investment in fixed assets are determined according to the average proportion of construction and installation, purchase of equipment, tools and instruments and other investments in the 2 preceding years.

Ⅵ. Price Indices for Real Estate

Sale prices of houses include the prices for commercialized houses and for second-hand houses.

New housing price Survey before 2010 using the key survey and typical method of combining. Beginning of 2011, take a comprohensive survey. Second-hand housing prices using a combiration of approaches fouse on investigation and sampling surveys. The mothod including reports and visition.

4-1 各种价格指数

Price Indices

上年=100 (preceding year=100)

年 份 Year	居民消费价格指数 Consumer Price Index	城 市 Urban	农 村 Rural	商品零售价格指数 Retail Price Index	工业生产者出厂价格指数 Producer Price Index for Industrial Products	工业生产者购进价格指数 Purchasing Price Index for Industrial Products	固定资产投资价格指数 Price Index for Investment in Fixed Assets
1979	101.0	100.7	101.3	101.3			
1980	105.6	105.7	105.6	105.8			
1981	101.5	102.3	100.9	101.4			
1982	100.9	100.9	101.0	100.9			
1983	100.4	100.8	100.0	100.1			
1984	103.0	104.1	102.1	102.5			
1985	109.5	109.6	109.4	109.5			
1986	107.1	106.4	107.7	107.1			
1987	109.2	110.5	107.7	109.3			
1988	121.9	122.6	121.4	122.3			
1989	117.1	116.0	118.5	116.8			
1990	103.2	103.4	103.0	102.3			
1991	104.9	107.7	101.9	104.8	103.2	107.0	104.5
1992	106.6	108.8	104.4	105.1	103.8	110.2	112.1
1993	118.2	118.7	117.3	115.9	118.5	125.7	138.8
1994	123.2	125.3	121.7	123.6	121.4	120.1	114.6
1995	115.8	116.2	115.3	114.3	114.2	117.3	107.4
1996	109.3	110.8	107.1	106.8	100.6	103.9	103.2
1997	101.7	101.3	102.0	99.3	97.9	97.9	99.2
1998	99.4	100.0	99.0	98.2	94.5	91.4	98.8
1999	98.7	98.6	98.8	96.9	96.1	94.4	98.3
2000	100.1	100.0	100.1	98.6	101.1	107.1	101.2
2001	100.8	100.1	101.5	98.9	99.1	99.5	100.8
2002	99.2	98.4	100.2	98.4	97.6	98.6	101.3
2003	101.0	100.9	101.2	99.8	102.3	106.5	104.3
2004	104.1	103.7	104.6	102.2	106.5	116.3	109.3
2005	102.1	102.0	102.4	100.3	102.6	107.6	100.9
2006	101.6	101.6	101.7	100.8	101.5	106.4	101.2
2007	104.3	104.1	104.8	102.9	102.6	105.0	104.9
2008	105.4	105.2	105.6	104.9	104.6	115.0	110.0
2009	99.6	99.6	99.5	98.9	95.2	91.9	97.7
2010	103.8	103.6	104.3	103.2	107.3	112.8	105.1
2011	105.3	105.1	105.9	104.6	106.2	108.9	106.8
2012	102.6	102.6	102.6	102.1	97.1	95.8	98.6
2013	102.3	102.3	102.5	101.4	98.0	97.1	100.5
2014	102.2	102.2	102.2	101.6	98.3	97.0	101.1
2015	101.7	101.7	101.5	100.6	95.3	92.1	96.2
2016	102.3	102.4	101.8	100.8	98.1	98.0	98.8
2017	101.7	101.8	101.5	101.9	104.8	109.7	107.6
2018	102.3	102.3	102.4	102.6	102.8	104.6	106.0
2019	103.1	103.1	103.4	102.6	98.9	97.2	101.3

4-2 各种价格定基指数
Fixed-base Price Indices

年份 Year	居民消费价格指数(1978年=100) Consumer Price Index (1978=100)	城市 Urban	农村 Rural	商品零售价格指数(1978年=100) Retail Price Index (1978=100)	工业生产者出厂价格指数(1990年=100) Producer Price Index for Industrial Products (1990=100)	工业生产者购进价格指数(1990年=100) Purchasing Price Index for Industrial Products (1990=100)	固定资产投资价格指数(1990年=100) Price Index for Investment in Fixed Assets (1990=100)
1979	101.0	100.7	101.3	101.3			
1980	106.7	106.4	107.0	107.7			
1981	108.3	108.9	107.9	108.7			
1982	109.2	109.9	109.0	109.7			
1983	109.7	110.7	109.0	109.8			
1984	113.0	115.3	111.3	112.5			
1985	123.7	126.4	121.8	123.2			
1986	132.5	134.4	131.1	131.9			
1987	144.7	148.6	141.2	144.2			
1988	176.3	182.1	171.5	176.4			
1989	206.5	211.3	203.2	206.0			
1990	213.1	218.5	209.3	210.7			
1991	223.5	235.3	213.3	220.9	103.2	107.0	104.5
1992	238.3	256.0	222.6	232.1	107.1	117.9	117.1
1993	281.7	303.9	261.2	269.0	126.9	148.2	162.6
1994	347.0	380.7	317.8	332.5	154.1	178.0	186.3
1995	401.8	442.4	366.5	380.1	176.0	208.8	200.1
1996	439.2	490.2	392.5	405.9	177.0	216.9	206.5
1997	446.7	496.6	400.3	403.1	173.3	212.4	204.9
1998	444.0	496.6	396.3	395.8	163.8	194.1	202.4
1999	438.2	489.6	391.6	383.5	157.4	183.3	199.0
2000	438.7	489.6	392.0	378.1	159.1	196.3	201.4
2001	442.2	490.1	397.8	373.9	157.7	195.3	203.0
2002	438.6	482.2	398.6	368.0	153.9	192.6	205.6
2003	443.0	486.5	403.4	367.3	157.4	205.2	214.4
2004	461.2	504.5	422.0	375.4	167.6	238.6	234.3
2005	470.9	514.6	432.1	376.5	171.9	256.8	236.4
2006	478.4	522.8	439.5	379.5	174.5	273.2	239.2
2007	499.0	544.3	460.6	390.5	179.0	286.7	250.9
2008	525.9	572.6	486.4	409.6	187.2	329.7	276.0
2009	523.8	570.3	484.0	405.1	178.2	303.0	269.7
2010	543.7	590.8	504.8	418.1	191.2	341.8	283.5
2011	572.7	621.1	534.7	437.4	203.1	372.2	302.8
2012	587.4	637.0	548.5	446.4	197.2	356.6	298.6
2013	601.2	651.6	562.2	452.7	193.3	346.3	300.1
2014	614.4	666.0	574.5	459.8	190.0	335.9	303.4
2015	624.7	677.4	583.2	462.5	181.1	309.4	291.9
2016	638.7	693.3	593.0	466.2	177.7	303.2	288.4
2017	649.9	705.9	601.8	475.1	186.2	312.5	310.3
2018	664.9	722.0	616.3	487.4	191.4	326.9	329.0
2019	685.7	744.0	637.2	500.3	189.3	317.7	333.3

4-3 居民消费价格分类指数(2019 年)
Consumer Price Indices by Category (2019)

上年 = 100 (preceding year = 100)

类别	Item	全省 Total	城市 Urban	农村 Rural
居民消费价格总指数	**General Index**	**103.1**	**103.1**	**103.4**
食品烟酒	Food or smoke wine	107.1	107.0	107.4
食品	Food	109.5	109.3	109.9
粮食	Grain	101.1	101.2	100.8
薯类	Tubers	106.3	106.4	105.6
豆类	Beans	101.1	101.1	101.0
食用油	Oil	101.8	101.9	101.5
菜	Vegetables	103.6	104.0	102.0
#鲜菜	Fresh Vegetables	103.8	104.2	102.1
畜肉类	Meat	128.0	127.4	129.9
#猪肉	Pork	139.7	139.6	139.7
禽肉类	Poultry	111.3	111.6	110.3
水产品	Aquatic Products	99.1	99.4	97.8
蛋类	Eggs	105.9	106.4	104.1
奶类	Dairy	104.0	104.2	103.2
干鲜瓜果类	Dried and Fresh Melons and Fruits	110.4	110.4	110.3
#鲜瓜果	Fresh Fruits	112.6	112.6	112.7
糖果糕点类	Cake,Biscuit and Bread	101.8	101.9	101.4
调味品	Flavoring	103.4	103.5	103.0
其他食品类	Other Foods	103.4	104.2	102.0
茶及饮料	Tea and Beverages	102.0	101.9	102.4
烟酒	Tobacco and Wine	102.0	102.1	101.6
烟草	Tobacco	100.3	100.4	100.0
酒类	Liquor	104.6	104.7	104.3
在外餐饮	Dining Out	103.4	103.4	103.6
衣着	Clothing	102.8	102.7	103.1
服装	Garments	103.1	103.0	103.7
服装材料	Clothing Material	102.1	102.1	102.1
其他衣着及配件	Other Clothing and Accessories	101.4	101.3	101.6
衣着加工服务费	Clothing Manufacturing Services	104.4	104.6	103.8
鞋类	Footwear	101.8	101.8	101.7
居住	Residence	101.9	101.9	101.7
租赁房房租	Renting	102.2	102.3	101.4

4-3 续 表 Continued

上年=100 (preceding year=100)

类 别	Item	全省 Total	城市 Urban	农村 Rural
住房保养维修及管理	Maintenance and management of housing	103.6	103.9	102.5
水电燃料	Water, Electricity and Fuels	101.0	101.1	100.6
自有住房	Private Housing	101.7	101.6	102.0
生活用品及服务	Daily Necessities and Services	102.3	102.2	102.5
家具及室内装饰品	Furniture and Interior Decorations	102.5	103.1	100.8
家用器具	Household Appliances	101.3	100.6	103.4
家用纺织品	Daily Use Textile	102.8	102.5	103.8
家庭日用杂品	Daily Use Household Articles	101.2	101.0	101.5
个人护理用品	Personal Articles	102.7	102.9	102.0
家庭服务	Household Services	106.3	106.4	105.8
交通和通信	Transportation and Communication	98.9	98.7	99.8
交通	Transportation	99.2	99.0	99.8
通信	Communication	98.5	98.1	99.8
教育文化和娱乐	Education and Culture Articles	102.6	102.8	102.1
教育	Education	102.7	102.8	102.1
文化娱乐	Culture and Recreational Articles	102.6	102.7	102.2
文娱耐用消费品	Durable Consumer Goods for Cultural and Recreational Use and Services	101.2	101.2	101.6
文化娱乐服务	Cultural and Recreational Services	102.1	102.0	102.3
旅游	Touring and Outing	103.3	103.3	102.0
医疗保健	Health Care	101.0	100.8	101.6
药品及医疗器具	Medicine and Medical Instrument	102.3	102.2	103.0
医疗服务	Medical Services	100.4	100.2	101.1
其他用品和服务	Other Supplies and Services	104.2	104.3	103.6
其他用品类	Other Supplies	104.6	104.8	103.8
其他服务类	Other Services	103.9	104.0	103.3
消费品价格指数	Consumer Price Index	103.9	103.8	104.4
服务价格指数	Service Item Price Index	101.9	101.9	101.7

4－4 商品零售价格和农业生产资料价格分类指数（2019 年）
Retail Price Indices by Category(2019)

上年＝100 (preceding year＝100)

类别	Item	全省 Total	城市 Urban	农村 Rural
商品零售价格指数	**Retail Price Index**	**102.6**	**102.5**	**103.4**
食品	Food	108.0	107.9	108.5
饮料、烟酒	Beverages, Tobacco and Liquor	102.1	102.2	101.6
服装、鞋帽	Garments, Shoes, Hats	102.8	102.8	103.3
纺织品	Textiles	102.4	102.3	103.5
家用电器及音像器材	Household Appliances, Music and Video Equipment	100.5	100.3	102.3
文化办公用品	Cultural and Office Appliances	101.8	101.8	102.2
日用品	Articles for Daily Use	101.8	101.7	101.8
体育娱乐用品	Sports and Recreation Arcticles	100.6	100.6	100.5
交通、通信用品	Transportation and Communicatior Appliances	100.3	100.2	102.0
家具	Furniture	102.8	103.1	100.1
化妆品	Cosmetics	103.4	103.6	101.8
金银饰品	Gold and Silver Ornaments	107.1	107.1	107.0
中西药品及医疗保健用品	Traditional Chinese and Western Medicines and Health Care Articles	102.3	102.2	103.3
书报杂志及电子出版物	Books, Newspapers, Magazines and Electronic Publications	109.2	109.1	109.8
燃料	Fuels	97.0	97.0	97.5
建筑材料及五金电料	Building Materials and Hardware	102.1	102.0	102.3
农业生产资料价格指数	**Means of Agricultural Production General Price Index**	**104.2**		
农用手工工具	Farm Handtools	105.4		
饲料	Forage	102.1		
仔畜幼禽及产品畜	Young Animal Production Livestock	134.2		
半机械化农具	Semi-mechanized Farm Tools	102.8		
机械化农具	Mechanized Farm Machinery	101.5		
化学肥料	Chemical Fertilizer	102.3		
农药及农药器械	Pesticide and Its Appliances	103.7		
化学农药	Chemical Pesticide	103.8		
农药器械	Pesticide Appliances	102.7		
农机用油	Oil for Farm Machinery	94.8		
其他农用生产资料	Other Means of Agricultural Production	102.2		
农业生产服务	Service for Agricultural Prodcution	103.1		

4-5 工业生产者出厂价格指数
Producer Price Indices for Industrial Products

上年=100 (preceding year=100)

类别	Item	2000	2005	2010	2015	2019
工业生产者出厂价格指数	**Producer Price Indices for Industrial Products**	**101.1**	**102.6**	**107.3**	**95.3**	**98.9**
轻工业	Light Industry	97.9	100.3	104.9	98.3	98.3
以农产品为原料	Using Farm Products as Raw Materials	97.1	100.9	107.3	99.1	99.8
以非农产品为原料	Using Non-Farm Products as Raw Materials	99.5	100.1	103.6	97.0	96.5
重工业	Heavy Industry	102.8	105.4	109.7	94.3	99.2
采掘	Mining and Quarrying	102.2	121.6	125.0	80.8	102.8
原料	Raw Materials	110.9	109.7	113.8	91.1	97.8
加工	Manufacturing	96.7	102.1	107.4	95.4	99.5
生产资料	Means of Production	103.0	103.2	108.2	94.4	98.6
采掘	Mining and Quarrying	101.9	121.9	124.4	80.8	102.8
原料	Raw Materials	110.8	108.9	114.3	90.5	96.5
加工	Manufacturing	97.3	100.9	106.3	95.6	99.2
生活资料	Consumer Goods	96.6	100.5	103.1	99.6	100.0
食品	Food	89.6	99.9	105.6	99.1	101.3
衣着	Clothing	100.9	102.9	103.2	100.6	100.7
一般日用品	Daily-use Articles	98.5	101.2	102.1	99.3	99.3
耐用消费品	Durable Consumer Goods	95.6	98.2	100.8	99.5	99.5

4-6 分部门工业生产者出厂价格指数
Producer Price Indices for Industrial Products by Industry

上年=100 (preceding year=100)

类别	Item	2000	2005	2010	2015	2019
工业生产者出厂价格指数	**Producer Price Indices for Industrial Products**	**101.1**	**102.6**	**107.3**	**95.3**	**98.9**
冶金工业	Metallurgical Industry	104.1	103.5	112.6	86.5	98.5
电力工业	Power Industry	106.1	106.0	100.5	100.7	95.9
煤炭及炼焦工业	Coal Industry	94.0	116.1	116.8	81.6	107.3
石油工业	Petroleum Industry	144.4	119.6	127.3	80.0	98.1
化学工业	Chemical Industry	105.2	105.8	113.8	91.1	97.2
机械工业	Machine Building Industry	95.8	100.0	102.9	98.7	99.1
建筑材料工业	Building Materials Industry	99.2	95.4	105.5	94.5	105.3
森林工业	Timber Industry	97.1	103.0	101.3	101.0	102.1
食品工业	Food Industry	89.4	99.6	105.1	98.7	101.0
纺织工业	Textile Industry	101.8	101.5	111.7	98.3	99.3
缝纫工业	Tailoring Industry	102.0	103.3	103.2	100.6	100.6
皮革工业	Leather Industry	102.5	101.5	101.8	99.6	101.2
造纸工业	Paper Industry	104.9	101.8	107.9	99.4	93.1
文教艺术用品工业	Cultural, Educational and Handicrafts Articles	103.4	102.2	101.1	100.3	102.2
其他工业	Others	102.6	100.8	104.0	100.4	98.3

4-7 分行业工业生产者出厂价格指数
Producer Price Indices for Industrial Products by Sector

上年=100　　　　(preceding year=100)

行　业	Sector	2015	2016	2017	2018	2019
工业生产者出厂价格指数	**Producer Price Indices for Industrial Products**	**95.3**	**98.1**	**104.8**	**102.8**	**98.9**
煤炭开采和洗选业	Mining and Washing of Coal	79.8	90.1	121.5	103.8	107.7
石油和天然气开采业	Extraction of Petroleum and Natural Gas	54.9	84.9	132.7	125.7	96.4
黑色金属矿采选业	Mining and Processing of Ferrous Metal Ores	63.2	80.9	106.1	100.8	100.8
有色金属矿采选业	Mining and Processing of Non-Ferrous Metal Ores	96.0	91.1	99.0	100.6	96.9
非金属矿采选业	Mining and Processing of Nonmetal Ores	99.6	100.7	106.1	113.5	105.7
农副食品加工业	Processing of Food from Agricultural Products	98.0	100.6	102.2	99.0	101.0
食品制造业	Manufacture of Food	99.8	99.5	101.7	101.9	101.9
酒、饮料和精制茶制造业	Manufacture of Beverage	99.0	99.0	100.1	101.5	99.5
烟草制品业	Manufacture of Tobacco	100.5	100.0	100.0	100.1	102.4
纺织业	Manufacture of Textile	98.4	99.5	101.6	101.5	99.4
纺织服装、服饰业	Manufacture of Textile Wearing, Apparel, Footwear and Caps	101.1	101.6	101.7	101.5	100.5
皮革、毛皮、羽毛及其制品和制鞋业	Manufacture of Textile, Fur, Feather and footwear Products	99.2	99.9	100.3	101.4	101.8
木材加工和木、竹、藤、棕、草制品业	Processing of Timber, Manufacture of Wood, Bamboo, Rattan, Palm and Straw Products	101.1	100.3	98.4	101.0	102.1
家具制造业	Manufacture of Furniture	99.7	100.4	102.1	100.7	101.3
造纸和纸制品业	Manufacture of Paper and Paper Products	99.4	99.4	111.2	107.2	93.0
印刷和记录媒介复制业	Printing, Reproduction of Recording Media	99.9	99.4	101.4	101.1	101.1
文教、工美、体育和娱乐用品制造业	Manufacture of Culture, Education, Arts, Crafts Sports and Enterfaiment Supplies	100.7	101.9	100.5	99.7	102.4
石油加工、炼焦和核燃料加工业	Processing of Petroleum, Coking, Processing of Nuclear Fuel	78.1	94.0	120.3	112.7	98.4

4-7 续 表 Continued

上年=100 (preceding year=100)

行　　业	Sector	2015	2016	2017	2018	2019
化学原料和化学制品制造业	Manufacture of Raw Chemical Materials and Chemical Products	89.2	96.5	110.8	107.5	96.7
医药制造业	Manufacture of Medicines	98.9	99.8	100.1	102.9	100.2
化学纤维制造业	Manufacture of Chemical Fibers	87.7	94.9	107.4	104.8	93.5
橡胶和塑料制品业	Manufacture of Rubber and Plastics	96.0	98.1	103.5	101.7	99.4
非金属矿物制品业	Manufacture of Non-ferrous Metals	95.2	98.1	109.1	112.8	103.1
黑色金属冶炼和压延加工业	Smelting and Pressing of Ferrous Metals	81.1	99.3	122.2	106.8	97.8
有色金属冶炼和压延加工业	Smelting and Pressing of Non-ferrous Metals	91.7	94.7	116.3	105.9	97.8
金属制品业	Manufacture of Metal Products	96.4	98.1	107.8	106.2	100.0
通用设备制造业	Manufacture of General Purpose Machinery	99.1	98.7	100.3	101.0	100.5
专用设备制造业	Manufacture of Special Purpose Machinery	99.2	99.0	100.1	101.2	100.0
汽车制造业	Manufacturing of Transport Equipment	98.7	97.5	99.3	99.8	99.9
铁路、船舶、航空航天和其他运输设备制造业	Manufacture of Railroad, Marine, Aviation and other Transport Equipment	99.9	99.7	102.8	101.9	100.0
电气机械和器材制造业	Manufacture of Electrical Machinery and Equipment	97.4	97.5	101.6	99.6	96.0
计算机、通信和其他电子设备制造业	Manufacture of Computer Communications and other Electronic Equipment	98.9	97.7	98.8	97.4	99.3
仪器仪表制造业	Manufacture of Instrumentation	99.6	99.6	99.1	98.7	101.5
其他制造业	Other Manufacturing	103.2	102.9	102.4	100.8	98.3
废弃资源综合利用业	Manufacture of Recycling and Disposal of Waste	86.0	101.5	106.5	115.3	103.7
金属制品、机械和设备修理业	Manufacture of Metal Products, Machinery and Equipment Repair	99.4	99.7	102.0	103.9	105.4
电力、热力生产和供应业	Production and Supply of Electric Power and Heat Power	101.2	95.2	101.0	100.9	97.8
燃气生产和供应业	Production and Supply of Gas	102.8	91.4	102.4	104.8	102.0
水的生产和供应业	Production and Supply of Water	102.4	103.5	100.5	101.4	103.8

4－8 工业生产者购进价格指数
Purchasing Price Indices for Industrial Products

上年＝100 (preceding year＝100)

类别	Item	2015	2016	2017	2018	2019
工业生产者购进价格指数	**Purchasing Price Indices for Industrial Products**	**92.1**	**98.0**	**109.7**	**104.6**	**97.2**
燃料动力类	Fuel and Power	85.1	96.7	114.5	107.4	96.4
黑色金属材料类	Ferrous Metal	87.8	98.4	117.2	107.8	100.6
有色金属材料和电线类	Non-Ferrous Metal and Wire	90.2	95.9	115.6	103.8	97.3
化工原料类	Chemical Materials	91.1	97.3	113.1	106.0	90.7
木材及纸浆类	Timber and Pulp	102.5	99.0	104.3	106.0	97.3
建筑材料及非金属矿类	Construction Materials and Non-Metal Mining Industry	91.7	96.5	108.1	110.7	102.0
其他工业原材料、半成品类	Other Industrial Raw Materials and Semi-Finished Products	96.7	98.7	103.0	101.3	98.6
农副产品类	Farm and Sideline Products	93.5	100.3	104.7	98.9	98.9
纺织原料类	Textile Raw Materials	98.0	100.3	103.9	102.2	99.1

4－9 固定资产投资价格指数
Price Indices for Investment in Fixed Assets

上年＝100 (preceding year＝100)

类别	Item	2000	2005	2010	2015	2019
总指数	**General Index**	**101.2**	**100.9**	**105.1**	**96.2**	**101.3**
建筑安装工程	Construction and Installation	102.4	99.6	106.9	93.4	102.3
设备、工器用具购置	Purchase of Equipment and Instruments	97.8	100.5	101.7	99.5	99.4
其他费用	Others	102.6	106.5	105.6	101.8	100.8

4－10 房地产价格指数
Real Estate Price Indices

上年＝100 (preceding year＝100)

类别	Item	2015	2016	2017	2018	2019
新建住宅	New Residential					
南京	Nanjing	100.2	129.0	113.2	98.8	104.0
无锡	Wuxi	96.4	115.7	117.7	100.7	108.0
徐州	Xuzhou	96.7	103.9	110.7	111.7	115.7
扬州	Yangzhou	95.2	103.9	112.6	109.1	112.4
二手住宅	Second－hand Residential					
南京	Nanjing	100.9	121.6	114.4	99.6	103.3
无锡	Wuxi	96.9	107.9	117.8	105.0	106.3
徐州	Xuzhou	96.3	102.0	106.4	106.7	107.4
扬州	Yangzhou	97.9	101.7	108.8	106.0	107.6

主要统计指标解释

居民消费价格指数 是反映一定时期内城乡居民所购买的生活消费品价格和服务项目价格变动趋势和程度的相对数，是对城市居民消费价格指数和农村居民消费价格指数进行综合汇总计算的结果。通过该指数可以观察和分析消费品的零售价格和服务价格变动对城乡居民实际生活费支出的影响程度。

城市居民消费价格指数 是反映一定时期内城市居民家庭所购买的生活消费品价格和服务项目价格变动趋势和程度的相对数。通过该指数可以观察和分析消费品的零售价格和服务项目价格变动对城镇居民收入和消费支出的影响。

农村居民消费价格指数 是反映一定时期内农村居民家庭所购买的生活消费品价格和服务项目价格变动趋势和程度的相对数。该指数可以观察农村消费品的零售价格和服务项目价格变动对农村居民收入和生活消费支出的影响。

商品零售价格指数 是反映一定时期内城乡商品零售价格变动趋势和程度的相对数。商品零售价格的变动与国家的财政收入、市场供需的平衡、消费与积累的比例关系有关。因此，该指数可以从一个侧面对上述经济活动进行观察和分析。

农业生产资料价格指数 是反映一定时期内农业生产资料价格变动趋势和程度的相对数。其编制目的是了解农业生产中投入物质资料价格的变动状况，服务于国民经济核算。（1994 年以前，农业生产资料价格指数仅仅是商品零售价格指数的一个类别，此后，从商品零售价格指数中分离出来，单独编制。）

工业生产者价格指数 是反映工业产品价格变化趋势和变动幅度的统计指标，是工业企业的产品价格在不同时间和空间条件下平均变动的相对数。工业生产者价格包括工业品第一次出售时的出厂价格和企业作为中间投入的原材料、燃料、动力购进价格，简称为工业生产者出厂价格和工业生产者购进价格。工业生产者价格指数是进行国民经济核算和经济管理的重要依据。

固定资产投资价格指数 是反映固定资产投资价格变动趋势和程度的相对数。固定资产投资额由建筑安装工程投资完成额，设备、工器具购置投资完成额和其他费用投资完成额三部分组成。编制固定资产投资价格指数应首先分别编制上述三部分投资的价格指数，然后采用加权算术平均法求出固定资产投资价格总指数。

编制固定资产投资价格指数可以准确地反映固定资产投资中涉及的各类商品和取费项目价格变动趋势和变动幅度，消除按现价计算的固定资产投资指标中的价格变动因素，真实地反映固定资产投资的规模、速度、结构和效益，为国家制定、检查固定资产投资计划并提高宏观调控水平，为完善国民经济核算体系提供科学的、可靠的依据。

Explanatory Notes on Main Statistical Indicators

Consumer Price Indices reflects the trend of changes in prices of consumer goods and services purchased by urban and rural residents, and is a composite index derived from the urban consumer price index and the rural consumer price index. Consumer price index can be used to analyze the impact of consumer price change on actual expenditure for living cost of urban and rural residents.

Urban Consumer Price Indices reflects the trend and degree of changes in prices of consumer goods and services purchased by urban households. It can be used to observe and analyze the impact of price changes in consumer goods and services on money wages ot staff and workers, and provide basis for policy making concerning the living cost and wages of staff and workers.

Rural Consumer Price Indices reflects the trend and degree of changes in prices of consumer goods and services purchased by rural households. It can be used to observe the impact of change in retail prices of consumer goods and service prices in rural areas on living expenditure of rural households, and to show the changes in the living standard of peasants. It provides basis for analysis and research on condition of life in rural areas.

Retail Price Indices reflects the general change in retail prices of commodities. The change and adjustment in retail prices directly affect the living expenditure of urban and rural residents, government revenue, purchasing power of residents and the equilibrium of market supply and demand, and the ratio of consumption to accumulation. Therefore, the calculation of retail price index is useful to analyze the changes of the above economic activities.

Means of Agricultural Production General Price Indices reflects the relative number of the trends and degree of changes in prices of agricultural Production data prices over a certain period of time. Its purpose is to understand the changes in the price of input material data in agricultural production and to serve the national economic accounting. (Before 1994, the agriculture production price indices was only a category of the retail price indices of commodities, and since then if has been separated from the retail price indices and compiled separately.

Producer Price Indices for Industrial Products reflects the trend and manitude of response changes in the prices of industrial prouducts. It is the price of the industrial enterprises in the different time and space in relative number. This index including industrial products for the first time and as an intermediate input of raw materials full and power purchase. It is an important basis for the national accounts and economic management.

Price Indices for Investment in Fixed Assets reflects the trend and degree of changes in prices of investment in fixed assets. The investment in fixed assets consists of three componen, namely the investment in construction and installation, the investment in purchases of equipment and instrument, and the investment in other items. Price index of investment in fixed assets is calculated as the weighted arithmetic mean of the price indices of the three components of investment in fixed assets.

5

人民生活
People's Living Conditions

简 要 说 明

一、本篇资料的主要内容

本篇资料反映江苏人民生活现状及变化情况。

居民生活状况的数据来源于住户调查，是对居民家庭抽样调查汇总的结果。主要内容包括居民现金和实物收支情况、住户成员及劳动力从业情况、居民家庭食品和能源消费情况、住房和耐用消费品拥有情况、家庭经营和生产投资情况、社区基本情况以及其他民生状况等。

二、住户样本抽选方法

住户调查的样本抽选包括抽样方法设计、调查网点代表性评估、调查小区抽选以及摸底调查、调查住宅抽选、调查户落实等现场抽样工作。

住户调查的样本量按满足以下代表性需求的标准确定：在95%的置信度下，居民及分城乡居民人均可支配收入、消费支出以及主要收入项和消费项的抽样误差控制在3%以内。

三、住户调查方法

住户调查采用日记账和问卷调查相结合的方式采集基础数据。其中，居民现金收入与支出、实物收入与支出等内容主要使用记账方式采集。住户成员及劳动力从业情况、住房和耐用消费品拥有情况、家庭经营和生产投资情况、社区基本情况及其他民生状况等资料使用问卷调查方式采集。

四、城乡一体化住户调查

从2013年开始，经国务院同意，国家统计局对长期分开进行的城镇住户调查和农村住户调查实施了一体化改革。按照城乡常住人口现状，统一调查指标、统一抽样方法、统一调查过程、统一数据处理和统一数据发布，建立了城乡一体化住户收支调查制度，并在全国统一实施。指标名称、城乡划分范围和指标口径同时发生了变化。

Brief Introduction

Ⅰ. Main Contents

Data in this chapter show the people's living conditions in Jangsu.

Data on residents̓ living conditions are collected through a sample survey on households, consisting of income and expenditure of cash and real object, household members, employed persons, food and energy consumption, residence condition, ownership of durable consumer goods, household business and production investment, basic situation of community and so on.

Ⅱ. Method for Household Sampling

Samples selection consist of sampling method design, representative evaluation of surevey site, survey area selection, suvey for basic conditon, investigated residence selection, investigated household verification.

Samples of household survey meet the standards: under the confidence level of 95%, the sampling errors of income of income of residents, income of urban and rural residents, consumption expenditure, main income and consumption are controlled within 3%.

Ⅲ. Method for Household Survey

Basic data are collected by journal and questionnaire, among this ways, cash income and expenditure, real objects income and expenditure are mainly collected by account. Data on people's livelihood consist of household members, employed persons, ownership of housing and durable consumer, household business and production investment, basic situation of community are collected by questionnaire.

Ⅳ. Urban and Rural Household Survey

From 2013, the State Council agreed that the National Bureau of Statistics can carry out the integration of rural household and urban household survey. According to the current situation of urban and rural resident population, investigation index, sampling methods, investigation process, data processing and data release were all unified, the unified urban and rural household income and expenditure survey system has been established and carried out nationwide, name of index name, rage of urban and rural areas and standards of some indicators were changed at the same time.

5－1 人民生活水平情况

Basic Statistics on People's Living Standard

指　　标	Item	2016	2017	2018	2019
就业	**Employment**				
农村平均每户家庭从业人口（人）	Number of Employed Persons per Rural Household (person)	1.95	1.93	1.77	1.75
每一农村就业人口负担人数（人）	Number of Dependents per Labor of Rural (person)	1.53	1.53	1.66	1.65
城镇平均每户家庭从业人口（人）	Number of Employed Persons per Urban Household (person)	1.66	1.65	1.60	1.60
每一城镇就业人口负担人数（人）	Number of Dependents per Labor of Urban (person)	1.79	1.79	1.85	1.86
城镇登记失业率（%）	Registered Urban Unemployment Rate (%)	3.00	2.98	2.97	3.03
收入与支出（元）	**Income and Expenditure (yuan)**				
居民人均可支配收入	Per Capita Disposable Income of Residents	32070	35024	38096	41400
居民生活消费支出	Per Capita Consumption Expanditure of Residents	22130	23469	25007	26697
城镇常住居民人均可支配收入	Per Capita Disposable Income of Urban Permanent Residents	40152	43622	47200	51056
城镇常住居民人均生活消费支出	Per Capita Consumption Expanditure of Urban Permanent Residents	26433	27726	29462	31329
农村常住居民人均可支配收入	Per Capita Disposable Income of Rural Permanent Residents	17606	19158	20845	22675
农村常住居民人均生活消费支出	Per Capita Consumption Expanditure of Rural Permanent Residents	14428	15612	16567	17716
职工年平均工资	Annual Average Wage of Workers and Staff	72684	79741	86590	98669
生活质量	**Life Quality**				
居民家庭恩格尔系数（%）	Household's Engle Coefficient (%)	28.3	27.8	26.1	25.6
城镇居民	Urban	28.0	27.5	26.1	25.5
农村居民	Rural	29.5	28.9	26.2	26.2
人均住房面积（平方米）	Per Capita Floor Space of Residential Building (sq. m)	46.3	46.5	50.2	52.4
城镇人均现住房建筑面积	Per Capita Existing Residential Building Space in Urban Areas	40.3	40.6	46.9	47.5
农村人均现住房建筑面积	Per Capita Existing Residential Building Space in Rural Areas	56.9	57.3	56.4	61.7
交通状况	**Traffic**				
城市每万人拥有公共汽（电）车（辆）	Number of Public Transportation Vehicles Per 10000 Persons (unit)	15.5	16.4	16.6	17.1
城市人均拥有道路面积（平方米）	Per Capita Area of Road in Urban Areas (sq. m)	25.4	25.6	25.2	25.4
城镇每百户拥有家用汽车（辆）	Number of Automabiles Per 100 Urban Households (unit)	45.8	47.5	52.2	55.2
农村每百户拥有摩托车（辆）	Number of Motor－cycles Per 100 Rural Households (unit)	42.1	39.7	27.2	22.6

5-1 续表1 Continued 1

指 标 Item		2016	2017	2018	2019
邮电通信水平	**Level of Postal and Telecommunication**				
每一邮政局所服务面积（平方公里）	Average Area Served by Every Post Office (sq. km)	45.02	45.12	45.21	45.16
固定电话普及率 （部/百人）	Popularization Rate of Fixed Telephones (unit/100 persons)	21.42	18.83	16.94	16.51
移动电话普及率 （部/百人）	Rate Popularization of Mobil-telephones (unit/100 persons)	102.79	109.69	121.70	126.27
城市公用事业	**Public Utilities in Urban Areas**				
用水普及率 （%）	Coverage Rate of Urban Population with Access to Tap Water (%)	99.9	100.0	100.0	100.0
燃气普及率 （%）	Coverage Rate of Urban Population with Access to Gas (%)	99.5	99.7	99.8	99.8
人均公园绿地面积（平方米）	Per Capita Public Green Land Area (sq. m)	14.8	15.0	14.7	15.0
文化、教育和卫生	**Culture, Education and Healthcare**				
文化	Culture				
广播综合人口覆盖率 （%）	Radio Coverage of Population (%)	100.00	100.00	100.00	100.00
电视综合人口覆盖率 （%）	TV Coverage of Population (%)	100.00	100.00	100.00	100.00
城镇每百户拥有彩色电视机（台）	Numberof Color TV Sets Owned per 100 HousehoOlds in Urban Areas (unit)	173.9	176.5	171.3	174.2
农村每百户拥有彩色电视机（台）	Numberof Color TV Sets Owned per 100 Households in Rural Areas (unit)	154.5	158.7	149.9	149.9
每百户家用电脑拥有量（台）	Number of Computers Owned per 100 Households (unit)	76.6	78.7	62.6	62.2
城镇	Urban Areas	94.2	96.8	77.6	78.3
农村	Rural Areas	45.0	45.4	34.5	31.9
居民家庭文教娱乐支出比重（%）	Percentage of Household Expenditure on Culture, Recreation and Education (%)	11.4	11.7	10.3	11.0
城镇	Urban Areas	12.0	12.4	10.6	11.5
农村	Rural Areas	9.4	9.3	9.3	9.4
教育	Education				
升学率 （%）	Enrollment Rate (%)				
学龄儿童入学率	Enrollment Rate of School-age Chidren	100.0	100.0	100.0	100.0
小学毕业生升学率	Enrollment Rate of Primary School Graduates	100.0	100.0	100.0	100.0
每万人口在校学生数 （人）	Number of Students per 10000 Persons (person)				
大学生数	University (or college) Students	238.5	242.2	248.5	258.8

5-1 续表2 Continued 2

指 标	Item	2016	2017	2018	2019
中学生数	Secondary School Students	362.7	377.4	402.3	430.6
小学生数	Primary School Students	652.9	672.8	696.1	709.6
平均每一教师负担学生 (人)	Average Number of Students Supported by a Teacher (person)				
大学	University (or college)	17.4	17.7	17.2	17.3
中学	Secondary School	11.3	11.4	11.8	11.9
小学	Primary School	18.1	18.0	17.7	17.2
卫生	Public Health				
每万人拥有病床 (张)	Number of Hospital Beds per 10000 Persons (unit)	51.9	54.6	59.7	59.7
每万人拥有医生数 (人)	Number of Doctors per 10000 Persons (person)	25.6	27.1	29.0	31.6
居民家庭医疗保健支出比重(%)	Percentage of Household Expenditure on Medicine and Healthcare (%)	6.6	6.4	8.1	8.1
城镇	Urban Areas	6.2	5.7	7.7	7.7
农村	Rural Areas	8.0	8.9	9.2	9.5
社会保障、社区服务和治安	**Social Security, Community Service and Public Security**				
社会保障	Social Security				
参加企业职工基本养老保险人数 (万人)	Number of Workers Joining Basic Pension Insurance (10000 persons)	2725.9	2818.2	2957.6	3144.9
参加失业保险人数 (万人)	Number of Workers Joining Unemployment Insurance (10000 persons)	1538.2	1583.0	1671.3	1794.2
参加基本医疗保险人数 (万人)	Number of Workers Joining Basic Medicine Insurance (10000 persons)	2490.5	2601.1	2752.6	2954.1
城镇居民最低生活保障人数 (万人)	Number of Urban Residents Supported by Lowest Life Security Line (10000 persons)	24.8	20.5	14.5	12.3
农村居民最低生活保障人数 (万人)	Number of Rural Residents Supported by Lowest Life Security Line (10000 persons)	109.9	97.2	74.8	68.9
社区服务	Community Service				
城镇社区服务设施 (个)	Number of Urban Community Service Facilities (unit)	39767	41826	43458	44552
社会治安	Social Public Security				
公安机关刑事案件立案数 (起)	Number of Criminal Cases Registered (file)	401507	383644	369646	358039
公安机关治安案件受理数 (起)	Number of Public Security Cases Accepted by Public Security Organs (case)	696432	764971	804239	866616
交通事故发生数 (起)	Number of Traffic Accidents (times)	13293	13226	13194	13098
火灾事故发生数 (起)	Number of Fire Accidents (times)	25012	18587	14621	12866

5-2 城镇常住居民人均可支配收入

Per Capita Disposable Income of Urban Permanent Residents

年份 Year	人均可支配收入 Per Capita Disposable Income	工资性收入 Income from Wages and Salaries	经营净收入 Net Income from Operations	财产净收入 Net Income from Properties	转移净收入 Net Income from Transfers
1978	288				
1979					
1980	433				
1981	448				
1982	484				
1983	498				
1984	626				
1985	766				
1986	910				
1987	1005				
1988	1218				
1989	1372				
1990	1464				
1991	1623				
1992	2138				
1993	2774				
1994	3779				
1995	4634				
1996	5186				
1997	5765				
1998	6005	4214	79	150	1561
1999	6510	4433	117	120	1840
2000	6756	4536	320	101	1800
2001	7311	4785	364	115	2047
2002	8088	5372	301	139	2276
2003	9140	5895	644	242	2359
2004	10319	6579	757	363	2620
2005	12098	7974	1036	481	2607
2006	13799	8954	1271	572	3003
2007	16009	9956	1497	1005	3550
2008	18215	11418	2020	832	3946
2009	19996	12313	2149	1148	4386
2010	22273	13187	2533	1964	4589
2011	25570	15339	2953	2698	4580
2012	28808	17517	3369	2816	5106
2013	31585	19127	3671	3159	5629
2014	34346	20720	4063	3373	6189
2015	37173	22460	4134	3682	6897
2016	40152	24214	4411	4151	7376
2017	43622	26298	4656	4625	8043
2018	47200	28136	5053	5318	8693
2019	51056	30416	5298	6202	9141

注:2013 年开始,经国务院同意,国家统计局对长期分开进行的城镇住户调查和农村住户调查实施了一体化改革。在发布全体居民可支配收入的同时,城乡居民收入口径也发生了变化;2018 年国家统计局对历史数据进行了重新测算和反馈。

a) Since 2013, with the approval of the State Council, the National Bureau of Statistics implemented at integrated reform of the long-term separate urban household survey and rural household survey. At the same time as the disposable income of all residents was released, the income of urban and rural residents also changed. In 2018, the National Bureau of Statistics recalulated and feedback historical data.

5-3 农村常住居民人均可支配收入

Per Capita Disposalde Income of Urban Permanent Residents

年 份 Year	人均可支配收入 Per Capita Disposable Income	工资性收入 Income from wages and Salaries	经营净收入 Net Income from Operations	财产净收入 Net Income from Properties	转移净收入 Net Income from Transfers
1978	155				
1979	200				
1980	218				
1981	258				
1982	309				
1983	357				
1984	448				
1985	493				
1986	561				
1987	627				
1988	797				
1989	876				
1990	884				
1991	921				
1992	1061				
1993	1267				
1994	1832				
1995	2457				
1996	3029				
1997	3270				
1998	3375	1463	1754	42	116
1999	3492	1602	1702	47	141
2000	3591	1629	1793	48	122
2001	3778	1764	1817	51	146
2002	3972	1914	1829	60	169
2003	4229	2082	1856	92	199
2004	4740	2298	2102	107	233
2005	5258	2595	2230	145	289
2006	5791	2859	2398	171	364
2007	6533	3124	2717	215	477
2008	7322	3487	2989	238	607
2009	7962	3733	3126	302	801
2010	9067	4130	3458	361	1118
2011	10744	4973	3709	370	1692
2012	12133	5634	4108	409	1983
2013	13521	6463	4528	440	2090
2014	14958	7170	5031	472	2286
2015	16257	8015	5046	545	2651
2016	17606	8732	5283	606	2985
2017	19158	9513	5620	680	3345
2018	20845	10222	6017	767	3839
2019	22675	11077	6291	825	4482

注:2013 年开始,经国务院同意,国家统计局对长期分开进行的城镇住户调查和农村住户调查实施了一体化改革。在发布全体居民可支配收入的同时,城乡居民收入口径也发生了变化;2018 年国家统计局对历史数据进行了重新测算和反馈。

a) Since 2013, with the approval of the State Council, the National Bureau of Statistics implemented at integrated reform of the long-term separate urban household survey and rural household survey. At the same time as the disposable income of all residents was released, the income of urban and rural residents also changed. In 2018, the National Bureau of Statistics recalulated and feedback historical data.

5－4 居民家庭基本情况
Basic Conditions of Residents

指标	Item	全体居民 All Residents 2018	2019	城镇常住居民 Urban Residents 2018	2019	农村常住居民 Rural Resident 2018	2019
基本情况	**Basic Conditions**						
调查户数 （户）	Number of Households Surveyed (household)	6600	6600	4630	4630	1970	1970
平均每户家庭常住人口 （人）	Number of Permanent Residents per Household (person)	3.0	2.9	3.0	3.0	2.9	2.9
平均每户就业人口 （人）	Average Number of Employed Persons Per Household (person)	1.7	1.6	1.6	1.6	1.8	1.7
平均每一就业人口负担人数 （人）	Number of Dependents per Employee (person)	1.8	1.8	1.9	1.9	1.7	1.6
平均每户就业面 （%）	Proportion of Employment per Household (%)	56.2	56.1	54.0	53.7	60.2	60.8
平均每人现住房建筑面积 （平方米）	Average Existing Building Space per Capita (sq. m)	50.2	52.4	46.9	47.5	56.4	61.7
人均可支配收入（元）	**Per Capita Disposable Income (yuan)**	**38096**	**41400**	**47200**	**51056**	**20845**	**22675**
#工资性收入	Income from Wages and Salaries	21948	23836	28136	30416	10222	11077
经营净收入	Net Income from Operations	5386	5636	5053	5298	6017	6291
财产净收入	Net Income from Properties	3746	4372	5317	6202	768	825
转移净收入	Net Income from Transfers	7016	7556	8693	9141	3839	4482
#低收入户	Low Income Households	10261	11708	16497	17870	6583	7830
中等偏下户	Lower Middle Income Households	20584	22701	29588	32002	12401	14691
中等收入户	Middle Income Households	31460	34055	41123	44593	17790	20240
中等偏上户	Upper Middle Income Households	45940	49785	56627	60971	24752	27678
高收入户	Highest Income Households	94246	98797	110611	115051	45949	47138
人均生活消费支出（元）	**Per Capita Consumption Expanditure (yuan)**	**25007**	**26697**	**29462**	**31329**	**16567**	**17716**
食品烟酒	Food, Tobacco and Wine	6530	6847	7687	7981	4338	4647
衣着	Clothing	1541	1573	1926	1931	812	881
居住	Residence	6731	7247	8104	8787	4130	4261
生活用品及服务	Articles for Daily Use and Services	1493	1496	1786	1711	939	1080
交通通信	Transport and Communications	3523	3732	3820	4052	2960	3113
教育文化娱乐	Education, Culture and Recreation	2583	2946	3129	3606	1547	1668
医疗保健	Healthcare and Medical Services	2016	2166	2273	2420	1530	1675
其他用品和服务	Other Articles and Services	590	688	738	842	311	390

5-5 不同收入组城镇常住居民家庭基本情况(2019年)
Basic Conditions of Urban Residents by Income(2019)

指	标 Item	全省调查户平均水平 Average	低收入户 Low Income Households	中低收入户 Lower Middle Income Households	中等收入户 Middle Income Households	中高收入户 Upper Middle Income Households	高收入户 Highest Income Households
平均每户常住人口 (人)	Number of Permanent Residents per Household (person)	3.0	3.3	3.3	2.9	2.7	2.6
平均每户就业人口 (人)	Number of Employed Persons per Household (person)	1.6	1.6	1.8	1.6	1.5	1.5
平均每一就业人口负担人数 (人)	Number of Dependents per Labor (person)	1.9	2.0	1.9	1.8	1.8	1.7
人均可支配收入(元)	**Per Capita Disposable Income (yuan)**	**51056**	**17874**	**32068**	**44759**	**61354**	**123176**
工资性收入	Income from Wages and Salaries	30416	11109	19937	25909	34356	68921
经营净收入	Net Income from Operations	5298	1766	3269	3669	5437	22071
财产净收入	Net Income from Properties	6202	1692	3125	4976	8454	17086
转移净收入	Net Income from Transfers	9141	3307	5737	10205	13107	15098
人均生活消费支出 (元)	**Per Capita Consumption Expanditure (yuan)**	**31329**	**15081**	**21637**	**28650**	**38381**	**61715**
食品烟酒	Food,Tobacco and Wine	7981	4516	6340	7993	9966	12786
食品	Food	4868	3206	4131	5040	5909	6761
烟酒	Tobacco and Wine	916	538	784	895	1118	1541
饮料	Beverage	161	69	119	146	215	302
饮食服务	Catering Service	2036	703	1306	1911	2724	4182
衣着	Clothing	1931	921	1380	1745	2317	3913
衣类	Dressing	1577	735	1107	1423	1878	3280
鞋类	Shoes	354	186	274	322	439	633
居住	Residence	8787	3727	5702	7933	11451	17511
#租赁房房租	Rent	233	137	154	191	322	423
住房维修及管理	Ho using Maintenance and Management	1231	588	852	1144	1562	2294
水电燃料及其他	Wa ter and Electric Energy for Fuel and the Other	896	628	720	844	1052	1417
生活用品及服务	Articles for Daily Use and Services	1711	768	1146	1509	2119	3535
家具及室内装饰品	Furniture and Articles for Interior Decoration	259	72	151	220	320	619
家用器具	Household Appliances	424	209	282	398	557	778
家用纺织品	Household Textile	137	57	84	121	188	282
家庭日用杂品	Household Articles for Daily Use	368	230	288	340	443	615
个人用品	Personal Articles	409	177	291	356	488	887
家庭服务	Household Services	115	22	51	74	123	352
交通通信	Transport an Communication	4052	1954	2539	3991	4535	8544
交通	Transport	3155	1448	1785	3106	3499	7047
通信	Communication	897	506	754	885	1036	1497
教育文化娱乐	Education,Culture and Recreation	3606	1693	2382	2797	4258	8056
教育	Education	2131	1251	1563	1584	2273	4531
文化娱乐	Culture and Recreation	1474	441	818	1213	1985	3526
医疗保健	Healthcare and Medical Services	2420	1247	1731	2044	2678	4962
医疗器具及药品	Medical Instrument and Drug	506	342	376	433	594	879
医疗服务	Medical Services	1914	905	1354	1611	2084	4083
其他用品和服务	Other Goods and Services	842	255	417	637	1058	2407
其他用品	Other Goods	458	147	227	339	625	1250
其他服务	Other Services	384	108	190	298	433	1158

5－6 不同收入组农村常住居民家庭基本情况(2019 年)
Basic Conditions of Rural Residents by Income(2019)

指标	Item	全省调查户平均水平 Average	低收入户 Low Income Households	中低收入户 Lower Middle Income Households	中等收入户 Middle Income Households	中高收入户 Upper Middle Income Households	高收入户 Highest Income Households
平均每户常住人口（人）	Number of Permanent Residents per Household (person)	2.9	2.8	3.2	3.2	2.9	2.6
平均每户就业人口（人）	Number of Employed Persons per Household (person)	1.7	1.4	1.8	1.9	2.0	1.9
平均每一就业人口负担人数（人）	Number of Dependents per Labor (person)	1.6	2.0	1.8	1.6	1.5	1.4
人均可支配收入（元）	**Per Capita Disposable Income (yuan)**	**22675**	**9256**	**17651**	**25527**	**35973**	**65062**
工资性收入	Income from Wages and Salaries	11077	3061	8548	14881	20929	30653
经营净收入	Net Income from Operations	6291	2057	3912	4947	7166	21845
第一产业经营净收入	Primary Industry	3710	1901	2944	2739	3852	7636
#农业	Agriculture	3145	1739	2671	2422	2933	4764
林业	Forestry	78	78	77	84	52	32
牧业	Animal Husbandry	165	34	54	152	351	937
渔业	Fishery	323	50	143	82	516	1903
第二产业经营净收入	Secondary Industry	719	70	429	311	1160	4124
第三产业经营净收入	Tertiary Industry	1862	86	539	1897	2154	10085
财产净收入	Net Income from Properties	825	379	306	353	738	2998
转移净收入	Net Income from Transfers	4482	3760	4884	5346	7140	9566
人均生活消费支出（元）	**Per Capita Consumption Expanditure (yuan)**	**17716**	**10802**	**13008**	**17345**	**21155**	**32450**
食品烟酒	Food, Tobacco and Wine	4647	3270	3903	5001	6008	8668
食品	Food	3087	2479	2719	3314	3740	4798
烟酒	Tobacco and Wine	789	492	627	817	1124	1594
饮料	Beverage	89	52	78	97	114	205
饮食服务	Catering Service	683	246	480	773	1031	2071
衣着	Clothing	881	512	684	961	1162	1994

5-6 续表 Continued

指 标	Item	全省调查户平均水平 Average	低收入户 Low Income Households	中低收入户 Lower Middle Income Households	中等收入户 Middle Income Households	中高收入户 Upper Middle Income Households	高收入户 Highest Income Households
衣类	Dressing	694	395	528	745	938	1613
鞋类	Shoes	187	117	155	217	224	381
居住	Residence	4261	2563	3205	4057	4750	7415
#租赁房房租	Rent	98	25	58	106	111	468
住房维修及管理	Housing Maintenance and Management	1170	420	464	734	880	2040
水电燃料及其他	Water and Electric Energy for Fuel and the Other	669	544	603	638	785	989
生活用品及服务	Articles for Daily Use and Services	1080	538	872	995	1076	1817
家具及室内装饰品	Furniture and Articles for Interior Decoration	280	64	214	201	139	433
家用器具	Household Appliances	287	126	218	307	306	447
家用纺织品	Household Textile	76	53	67	56	81	137
家庭日用杂品	Household Articles for Daily Use	256	184	241	239	292	389
个人用品	Personal Articles	139	71	107	166	224	319
家庭服务	Household Services	42	38	26	26	35	92
交通通信	Transport an Communication	3113	1104	1476	2574	3721	5419
交通	Transport	2564	710	1031	1980	3020	4321
通信	Communication	549	394	445	595	701	1097
教育文化娱乐	Education, Culture and Recreation	1668	1236	1338	1653	1620	3004
教育	Education	1235	997	1022	1143	1110	1842
文化娱乐	Culture and Recreation	433	239	316	510	509	1163
医疗保健	Healthcare and Medical Services	1675	1343	1285	1762	2332	3040
医疗器具及药品	Medical Instrument and Drug	384	412	423	357	336	453
医疗服务	Medical Services	1292	931	862	1405	1996	2587
其他用品和服务	Other Goods and Services	390	237	246	342	487	1094
其他用品	Other Goods	243	120	148	226	293	766
其他服务	Other Services	147	116	98	116	194	327

5-7 居民家庭平均每人主要消费品消费量
Per Capita Consumption on Major Consumer Goods of Residents

单位:公斤 (kg)

指	标 Item	全体居民 All Residents		城镇常住居民 Urban Residents		农村常住居民 Rural Resident	
		2018	2019	2018	2019	2018	2019
粮食	Grain	121.91	120.30	111.62	108.44	141.40	143.32
#小麦	Wheat	35.13	36.14	32.06	32.40	40.95	43.40
稻谷	Rice	66.42	63.62	61.21	57.52	76.30	75.43
油脂类	Oil and Fat	9.14	9.25	8.49	8.54	10.38	10.62
蔬菜及菜制品	Vegetable and Vegetable Productions	100.09	101.43	107.06	105.69	86.87	93.16
肉类	Meat	28.60	25.34	30.49	27.34	25.02	21.46
#猪肉	Pork	21.24	17.84	22.16	18.78	19.49	16.02
牛肉	Beef	2.14	2.26	2.51	2.64	1.44	1.52
羊肉	Mutton	0.94	0.81	1.08	0.91	0.67	0.62
禽类	Poultry	10.70	12.40	11.86	13.22	8.52	10.81
水产品	Aquatic Products	17.84	19.58	20.14	21.81	13.48	15.24
蛋类及蛋制品	Eggs and Egg Productions	10.53	11.30	11.21	11.50	9.23	10.91
奶和奶制品	Milk and Milk Productions	15.08	14.67	17.26	16.75	10.96	10.62
干鲜瓜果类	Dried and Fresh Melons and Fruits	45.07	45.67	52.00	51.78	31.93	33.83
糖果糕点类	Sugars and Cakes	6.96	6.42	7.73	7.00	5.49	5.29
茶叶	Tea	0.16	0.16	0.19	0.18	0.11	0.12
酒	Wine	8.21	7.92	7.03	6.85	10.45	10.00

5-8 不同收入组城镇常住居民家庭平均每人主要消费品消费量(2019 年)
Per Capita Consumption on Major Consumer Goods of Urban Residents by Income(2018)

单位:公斤 (kg)

指标	Item	全省调查户平均水平 Average	低收入户 Low Income Households	中低收入户 Lower Middle Income Households	中等收入户 Middle Income Households	中高收入户 Upper Middle Income Households	高收入户 Highest Income Households
粮食	Grain	108.44	111.53	105.68	115.06	110.14	96.73
#小麦	Wheat	32.40	31.52	31.39	32.90	33.94	31.96
稻谷	Rice	57.52	62.29	56.92	62.65	56.42	46.66
油脂类	Oil and Fat	8.54	8.61	8.35	9.10	9.04	7.54
蔬菜及菜制品	Vegetable and Vegetable Productions	105.69	89.69	99.96	115.18	123.34	102.05
肉类	Meat	27.34	21.65	25.13	29.19	33.73	28.57
#猪肉	Pork	18.78	15.55	17.93	20.30	22.20	18.58
牛肉	Beef	2.64	1.81	2.21	2.75	3.28	3.54
羊肉	Mutton	0.91	0.63	0.73	0.89	1.08	1.35
禽类	Poultry	13.22	10.21	12.04	15.08	15.47	13.93
水产品	Aquatic Products	21.81	15.84	18.81	23.62	27.12	25.71
蛋类及蛋制品	Eggs and Egg Productions	11.50	10.07	11.09	12.27	12.88	11.35
奶和奶制品	Milk and Milk Productions	16.75	11.43	13.09	17.91	20.27	23.30
干鲜瓜果类	Dried and Fresh Melons and Fruits	51.78	34.24	44.23	55.75	61.87	67.97
糖果糕点类	Sugars and Cakes	7.00	4.75	5.67	7.41	8.22	9.79
茶叶	Tea	0.18	0.06	0.15	0.19	0.29	0.31
酒	Wine	6.85	6.36	7.13	7.09	6.71	7.29

5-9 不同收入组农村常住居民家庭平均每人主要消费品消费量(2019年)

Per Capita Consumption on Major Consumer Goods of Rural Residents by Income(2019)

单位:公斤 (kg)

指标	Item	全省调查户平均水平 Average	低收入户 Low Income Households	中低收入户 Lower Middle Income Households	中等收入户 Middle Income Households	中高收入户 Upper Middle Income Households	高收入户 Highest Income Households
粮食	Grain	143.32	154.29	130.75	134.30	139.40	144.93
#小麦	Wheat	43.40	46.47	40.49	39.19	41.66	39.88
稻谷	Rice	75.43	80.35	67.97	73.71	75.05	80.37
油脂类	Oil and Fat	10.62	9.80	9.86	9.95	10.88	12.23
蔬菜及菜制品	Vegetable and Vegetable Productions	93.16	86.61	85.16	93.90	96.92	113.07
肉类	Meat	21.46	16.51	18.30	22.60	26.96	32.96
#猪肉	Pork	16.02	12.38	13.36	16.74	20.47	24.52
牛肉	Beef	1.52	1.00	1.32	1.75	1.77	2.35
羊肉	Mutton	0.62	0.43	0.47	0.72	0.81	1.09
禽类	Poultry	10.81	8.91	10.01	11.09	12.49	16.02
水产品	Aquatic Products	15.24	12.60	13.45	15.42	19.41	24.56
蛋类及蛋制品	Eggs and Egg Productions	10.91	9.70	10.08	10.93	11.71	12.17
奶和奶制品	Milk and Milk Productions	10.62	8.98	9.21	12.27	12.19	15.63
干鲜瓜果类	Dried and Fresh Melons and Fruits	33.83	27.00	30.30	34.79	37.79	50.18
糖果糕点类	Sugars and Cakes	5.29	4.87	4.68	5.43	5.61	6.86
茶叶	Tea	0.12	0.09	0.09	0.13	0.15	0.27
酒	Wine	10.00	8.04	8.62	10.56	12.04	11.94

5-10 居民家庭平均购买商品数量
Annual Purchases of Commodities of Residents

指 标 Item		全体居民 All Residents		城镇常住居民 Urban Residents		农村常住居民 Rural Resident	
		2018	2019	2018	2019	2018	2019
平均每人购买	**Per Capita Purchases**						
粮食 （公斤）	Grain （kg）	65.57	64.87	68.66	66.87	59.71	60.99
食用植物油 （公斤）	Edible Vegetable Oil （kg）	7.74	7.93	7.75	7.86	7.73	8.07
动物油 （公斤）	Animal Oil （kg）	0.31	0.23	0.36	0.24	0.24	0.20
鲜菜 （公斤）	Fresh Vegetable （kg）	76.25	76.03	92.70	90.86	45.09	47.25
猪肉 （公斤）	Pork （kg）	21.08	17.68	22.13	18.77	19.11	15.57
牛羊肉 （公斤）	Red Meat （kg）	3.04	3.05	3.54	3.54	2.08	2.11
禽类 （公斤）	Poultry （kg）	10.28	11.85	11.69	13.00	7.62	9.63
水产品 （公斤）	Aquatic Products （kg）	17.68	19.41	20.05	21.70	13.18	14.98
蛋类 （公斤）	Egg （kg）	9.48	10.09	10.74	10.97	7.10	8.38
奶类 （公斤）	Milk （kg）	15.08	14.66	17.25	16.75	10.96	10.62
干鲜瓜果类 （公斤）	Dried and Fresh Melons and Fruits （kg）	44.95	45.50	51.94	51.74	31.71	33.40
糖果糕点类 （公斤）	Sugars and Cakes （kg）	6.96	6.42	7.73	7.00	5.49	5.29
平均每百户购买	**Per 100 Households Purchases**						
洗衣机 （台）	Washing Machine （set）	5.87	5.68	5.86	5.82	5.88	5.40
电冰箱(柜) （台）	Refrigerator （set）	6.24	5.33	6.19	5.37	6.33	5.25
空调器 （台）	Air Conditioner （set）	10.63	9.41	11.10	10.31	9.76	7.72
吸尘器 （台）	Cleaner （set）	1.48	1.92	1.83	2.57	0.82	0.70
抽油烟机 （台）	Smoke Exhaust Ventilator （set）	3.35	2.93	3.59	3.52	2.89	1.81
微波炉 （台）	Microwave Oven （set）	2.83	2.83	3.12	3.27	2.28	2.00
非太阳能热水器（台）	Non-Solar Water Heater （set）	3.52	3.88	4.63	4.68	1.44	2.38
太阳能热水器 （台）	Solar Water Heater （set）	1.52	1.57	1.07	1.19	2.38	2.29
燃气炉具 （台）	Gas-fired Stove （set）	4.59	5.38	4.98	5.42	3.86	5.32
汽车 （辆）	Car （unit）	2.77	2.65	2.31	2.46	3.63	3.00
摩托车 （辆）	Motorcycle （unit）	0.28	0.32	0.20	0.27	0.43	0.40
自行车 （辆）	Bicycle （unit）	2.48	2.51	3.04	2.72	1.43	2.12
电动自行车 （辆）	Electrical Bicycle （unit）	13.44	12.29	13.10	11.52	14.08	13.74
移动电话机 （部）	Mobile Telephone （set）	46.46	38.56	47.11	39.45	45.23	36.90

5－11 不同收入组城镇常住居民家庭平均购买商品数量(2019 年)
Annual Purchases of Commodities of Urban Residents by Income(2019)

指 标	Item	全省调查户平均水平 Average	低收入户 Low Income Households	中低收入户 Lower Middle Income Households	中等收入户 Middle Income Households	中高收入户 Upper Middle Income Households	高收入户 Highest Income Households
平均每人购买	**Per Capita Purchases**						
粮食 （公斤）	Grain (kg)	66.87	62.98	66.04	71.95	69.28	63.20
食用植物油 （公斤）	Edible Vegetable Oil (kg)	7.86	7.55	7.60	8.50	8.47	7.19
动物油 （公斤）	Animal Oil (kg)	0.24	0.16	0.34	0.21	0.25	0.25
鲜菜 （公斤）	Fresh Vegetable (kg)	90.86	66.12	85.29	102.56	111.25	92.89
猪肉 （公斤）	Pork (kg)	18.77	15.53	17.93	20.30	22.17	18.59
牛羊肉 （公斤）	Red Meat (kg)	3.54	2.41	2.93	3.64	4.34	4.89
禽类 （公斤）	Poultry (kg)	13.00	9.77	11.86	14.86	15.38	13.83
水产品 （公斤）	Aquatic Products (kg)	21.70	15.70	18.77	23.55	26.80	25.63
蛋类 （公斤）	Egg (kg)	10.97	8.97	10.56	11.90	12.47	11.17
奶类 （公斤）	Milk (kg)	16.75	11.43	13.09	17.90	20.26	23.30
干鲜瓜果类 （公斤）	Dried and Fresh Melons and Fruits (kg)	51.74	34.23	44.19	55.68	61.83	67.91
糖果糕点类 （公斤）	Sugars and Cakes (kg)	7.00	4.75	5.67	7.41	8.23	9.79
平均每百户购买	**Per 100 Households Purchases**						
洗衣机 （台）	Washing Machine (set)	5.82	4.51	5.46	7.06	6.34	5.76
电冰箱(柜) （台）	Refrigerator (set)	5.37	4.74	3.53	6.65	5.77	6.13
空调器 （台）	Air Conditioner (set)	10.31	6.10	8.76	10.85	13.02	12.95
吸尘器 （台）	Cleaner (set)	2.57	0.80	0.94	2.72	2.91	5.53
抽油烟机 （台）	Smoke Exhaust Ventilator (set)	3.52	3.12	2.42	4.12	3.73	4.25
微波炉 （台）	Microwave Oven (set)	3.27	2.62	3.61	2.96	3.26	4.14
非太阳能热水器（台）	Non-Solar Water Heater (set)	4.68	2.19	5.65	3.39	6.12	6.19
太阳能热水器 （台）	Solar Water Heater (set)	1.19	1.66	1.28	1.43	0.36	1.18
燃气炉具 （台）	Gas-fired Stove (set)	5.42	4.40	6.54	5.27	5.64	5.05
汽车 （辆）	Car (unit)	2.46	1.75	1.77	3.11	2.40	3.44
摩托车 （辆）	Motorcycle (unit)	0.27	0.12	0.63	0.31	0.31	0.00
自行车 （辆）	Bicycle (unit)	2.72	1.93	2.52	3.20	2.95	3.13
电动自行车 （辆）	Electrical Bicycle (unit)	11.52	11.46	12.10	12.56	11.94	9.40
移动电话机 （部）	Mobile Telephone (set)	39.45	33.19	41.77	41.13	38.25	43.62

5－12 不同收入组农村常住居民家庭平均购买商品数量(2019 年)
Annual Purchases of Commodities of Rural Residents by Income(2019)

指标		Item		全省调查户平均水平 Average	低收入户 Low Income Households	中低收入户 Lower Middle Income Households	中等收入户 Middle Income Households	中高收入户 Upper Middle Income Households	高收入户 Highest Income Households
平均每人购买		**Per Capita Purchases**							
粮食	(公斤)	Grain	(kg)	60.99	61.70	47.55	64.98	67.74	77.52
食用植物油	(公斤)	Edible Vegetable Oil	(kg)	8.07	7.04	6.91	8.04	8.03	10.48
动物油	(公斤)	Animal Oil	(kg)	0.20	0.18	0.16	0.24	0.34	0.30
鲜菜	(公斤)	Fresh Vegetable	(kg)	47.25	35.06	40.17	49.55	57.04	71.38
猪肉	(公斤)	Pork	(kg)	15.57	12.28	13.18	16.10	19.81	24.36
牛羊肉	(公斤)	Red Meat	(kg)	2.11	1.36	1.79	2.41	2.52	3.44
禽类	(公斤)	Poultry	(kg)	9.63	7.70	8.91	9.80	11.12	14.96
水产品	(公斤)	Aquatic Products	(kg)	14.98	12.21	13.25	15.24	19.15	24.15
蛋类	(公斤)	Egg	(kg)	8.38	6.63	7.43	8.49	9.05	10.23
奶类	(公斤)	Milk	(kg)	10.62	8.98	9.20	12.26	12.19	15.63
干鲜瓜果类	(公斤)	Dried and Fresh Melons and Fruits	(kg)	33.40	26.10	29.98	34.29	37.47	49.74
糖果糕点类	(公斤)	Sugars and Cakes	(kg)	5.29	4.87	4.68	5.43	5.61	6.85
平均每百户购买		**Per 100 Households Purchases**							
洗衣机	(台)	Washing Machine	(set)	5.40	3.58	6.60	4.93	5.31	6.81
电冰箱(柜)	(台)	Refrigerator	(set)	5.25	1.79	7.49	7.33	6.35	4.59
空调器	(台)	Air Conditioner	(set)	7.72	4.29	4.93	9.77	11.10	10.40
吸尘器	(台)	Cleaner	(set)	0.70		0.77	0.43	0.67	2.75
抽油烟机	(台)	Smoke Exhaust Ventilator	(set)	1.81	0.53	2.41	2.98	0.52	2.99
微波炉	(台)	Microwave Oven	(set)	2.00	0.76	2.11	1.88	4.83	2.19
非太阳能热水器	(台)	Non-Solar Water Heater	(set)	2.38	1.37	2.17	2.69	1.93	3.28
太阳能热水器	(台)	Solar Water Heater	(set)	2.29	0.91	1.71	1.54	4.04	0.90
燃气炉具	(台)	Gas-fired Stove	(set)	5.32	3.40	4.20	5.84	4.77	8.68
汽车	(辆)	Car	(unit)	3.00	0.74	1.17	2.46	3.85	3.31
摩托车	(辆)	Motorcycle	(unit)	0.40	0.53	0.49	0.21	0.66	0.54
自行车	(辆)	Bicycle	(unit)	2.12	2.11	2.20	2.54	0.65	2.69
电动自行车	(辆)	Electrical Bicycle	(unit)	13.74	9.64	14.49	12.63	17.78	12.49
移动电话机	(部)	Mobile Telephone	(set)	36.90	29.44	39.68	43.08	36.12	51.64

5-13 居民家庭平均每百户年末耐用品拥有量
Ownership of Major Durable Consumer Goods per 100 Residents at Year-end

指标		Item		全体居民 All Residents		城镇常住居民 Urban Residents		农村常住居民 Rural Resident	
				2018	2019	2018	2019	2018	2019
家用汽车	（辆）	Family Car	(unit)	43.76	45.89	52.22	55.19	27.81	28.45
摩托车	（辆）	Motorcycle	(unit)	17.63	14.86	12.54	10.72	27.21	22.65
助力车	（台）	Moped	(set)	122.20	131.26	116.45	124.00	133.04	144.88
洗衣机	（台）	Washing Machine	(set)	100.38	101.87	102.26	103.97	96.86	97.94
电冰箱(柜)	（台）	Refrigerator	(set)	108.40	109.02	107.32	108.83	110.43	109.38
微波炉	（台）	Microwave Stove	(set)	78.52	80.71	87.01	88.60	62.53	65.89
彩色电视机	（台）	Color Television	(set)	163.90	165.75	171.34	174.17	149.90	149.94
空调	（台）	Air Conditioner	(set)	193.02	199.31	219.68	226.29	142.82	148.68
热水器	（台）	Water Heater	(set)	106.07	105.94	111.59	112.13	95.67	94.31
抽油烟机	（台）	Smoke Exhaust Ventilator	(set)	68.91	70.42	84.97	86.68	38.65	39.92
固定电话	（线）	Fixed-line Telephone	(line)	30.75	24.95	32.89	27.22	26.71	20.69
移动电话机	（部）	Mobile Telephone	(set)	247.32	251.07	248.95	254.46	244.26	244.71
#接入互联网		Connected to the Internet		181.93	191.20	199.24	210.32	149.34	155.33
计算机	（台）	Computer	(set)	62.63	62.17	77.59	78.30	34.46	31.92
#接入互联网		Connected to the Internet		55.84	56.21	69.99	71.40	29.20	27.70
照相机	（台）	Camera	(set)	14.45	13.68	19.86	19.17	4.25	3.38
中高档乐器	（架）	Medium-High Grade Instrument	(set)	6.47	6.46	8.82	9.25	2.04	1.23
健身器材	（台）	Fitness Equipment	(set)	6.16	6.86	8.32	9.11	2.08	2.63

5-14 不同收入组城镇常住居民家庭平均每百户年末耐用品拥有量(2019年)
Ownership of Major Durable Consumer Goods per 100 Urban Residents by Income at Year-end(2019)

指		标 Item		全省调查户平均水平 Average	低收入户 Low Income Households	中低收入户 Lower Middle Income Households	中等收入户 Middle Income Households	中高收入户 Upper Middle Income Households	高收入户 Highest Income Households
家用汽车	(辆)	Family Car	(unit)	55.19	30.91	48.57	52.43	60.68	86.20
摩托车	(辆)	Motorcycle	(unit)	10.72	14.58	14.16	9.97	8.37	6.39
助力车	(台)	Moped	(set)	124.00	147.42	146.39	131.10	108.98	85.94
洗衣机	(台)	Washing Machine	(set)	103.97	97.90	105.42	103.86	104.34	109.13
电冰箱(柜)	(台)	Refrigerator	(set)	108.83	108.20	108.78	106.70	106.93	113.87
微波炉	(台)	Microwave Stove	(set)	88.60	77.12	87.74	90.82	92.56	94.62
彩色电视机	(台)	Color Television	(set)	174.17	152.53	172.69	174.05	181.73	191.43
空调	(台)	Air Conditioner	(set)	226.29	170.09	213.36	227.22	245.68	277.49
热水器	(台)	Water Heater	(set)	112.13	101.97	111.13	114.53	114.62	118.88
抽油烟机	(台)	Smoke Exhaust Ventilator	(set)	86.68	66.30	85.00	90.17	94.70	97.30
固定电话	(线)	Fixed-line Telephone	(line)	27.22	23.93	23.59	25.88	31.66	31.62
移动电话机	(部)	Mobile Telephone	(set)	254.46	247.91	273.57	258.45	247.91	246.07
#接入互联网		Connected to the Internet		210.32	182.41	218.74	215.23	214.57	222.92
计算机	(台)	Computer	(set)	78.30	49.66	73.75	76.32	84.64	109.27
#接入互联网		Connected to the Internet		71.40	42.76	66.73	69.69	78.42	100.56
照相机	(台)	Camera	(set)	19.17	8.55	11.62	15.77	23.57	37.14
中高档乐器	(架)	Medium-High Grade Instrument	(set)	9.25	2.95	4.63	7.55	10.74	21.30
健身器材	(台)	Fitness Equipment	(set)	9.11	2.82	5.39	8.01	11.44	18.61

5-15 不同收入组农村常住居民家庭平均每百户年末耐用品拥有量(2019年)
Ownership of Major Durable Consumer Goods per 100 Rural Residents by Income at Year-end(2019)

指　　标		Item		全省调查户平均水平 Average	低收入户 Low Income Households	中低收入户 Lower Middle Income Households	中等收入户 Middle Income Households	中高收入户 Upper Middle Income Households	高收入户 Highest Income Households
家用汽车	(辆)	Family Car	(unit)	28.45	13.74	26.59	37.70	42.23	60.54
摩托车	(辆)	Motorcycle	(unit)	22.65	15.13	22.66	25.44	26.67	29.70
助力车	(台)	Moped	(set)	144.88	122.60	149.66	159.28	159.42	140.76
洗衣机	(台)	Washing Machine	(set)	97.94	85.56	101.08	102.50	109.58	108.42
电冰箱(柜)	(台)	Refrigerator	(set)	109.38	98.25	111.44	114.56	118.69	124.04
微波炉	(台)	Microwave Stove	(set)	65.89	46.14	66.85	75.18	85.61	89.53
彩色电视机	(台)	Color Television	(set)	149.94	132.21	148.74	162.91	174.33	182.59
空调	(台)	Air Conditioner	(set)	148.68	115.01	145.02	165.74	192.01	212.15
热水器	(台)	Water Heater	(set)	94.31	76.97	99.21	102.40	108.36	115.53
抽油烟机	(台)	Smoke Exhaust Ventilator	(set)	39.92	20.60	38.05	46.45	59.47	71.79
固定电话	(线)	Fixed-line Telephone	(line)	20.69	21.14	21.80	25.56	25.58	24.30
移动电话机	(部)	Mobile Telephone	(set)	244.71	207.42	255.81	267.09	274.28	260.61
#接入互联网		Connected to the Internet		155.33	104.32	153.45	180.48	200.34	206.04
计算机	(台)	Computer	(set)	31.92	17.23	27.19	39.52	54.49	61.57
#接入互联网		Connected to the Internet		27.70	12.53	25.42	33.57	48.24	53.60
照相机	(台)	Camera	(set)	3.38	1.45	2.04	3.97	7.21	12.53
中高档乐器	(架)	Medium-High Grade Instrument	(set)	1.23	0.72	0.52	1.73	2.67	4.90
健身器材	(台)	Fitness Equipment	(set)	2.63	0.20	2.22	1.31	4.26	9.09

5-16 分地区城镇常住居民家庭基本情况(2019 年)

指标	Item	苏南 Southern Jiangsu	苏中 Mid Jiangsu	苏北 Northern Jiangsu
基本情况	**Basic Conditions**			
调查户数 (户)	Number of Households Surveyed (household)	4980	2400	3830
平均每户家庭人口 (人)	Average Household Size (person)	3.0	3.1	3.1
平均每户就业人口 (人)	Number of Employed Persons per Household (person)	1.6	1.7	1.9
平均每一就业人口负担人数 (人)	Number of Dependents per Employee (person)	1.8	1.8	1.6
平均每户就业面 (%)	Proportion of Employment per Household (%)	54.6	55.5	61.3
平均每人现住房建筑面积 (平方米)	Existing Building Space per Capita (sq. m)	45.8	50.3	48.5
人均可支配收入 (元)	**Per Capita Disposable Income (yuan)**	**63390**	**48066**	**36355**
工资性收入	Income from Wages and Salaries	40373	28723	20775
经营净收入	Net Income from Household Operations	6304	7208	6696
财产净收入	Net Income from Properties	7930	4885	2829
转移净收入	Net Income from Transfers	8783	7250	6055
人均生活消费支出 (元)	**Per Capita Consumption Expanditure (yuan)**	**36293**	**28042**	**20533**
食品烟酒	Food, Tobacco and Wine	9313	8009	6110
衣着	Clothing	2419	2137	1688
居住	Living	8325	6368	4097
生活用品及服务	Articles for Daily Use and Services	1955	1528	1315
交通通信	Transport and Communications	5331	3556	2375
教育文化娱乐	Education, Culture and Recreation	5912	3842	3096
医疗保健	Healthcare and Medical Services	2028	1761	1336
其他用品和服务	Other Articles and Services	1011	841	516

Basic Conditions of Urban Residents by Region(2019)

南京 Nanjing	无锡 Wuxi	徐州 Xuzhou	常州 Changzhou	苏州 Suzhou	南通 Nantong	连云港 Lianyungang	淮安 Huaian	盐城 Yancheng	扬州 Yangzhou	镇江 Zhenjiang	泰州 Taizhou	宿迁 Suqian
1540	800	1030	680	1370	1100	540	780	970	660	590	640	510
2.8	2.9	3.1	2.9	3.3	3.1	3.1	3.2	2.9	3.1	3.1	3.2	3.6
1.5	1.6	2.2	1.5	1.8	1.7	1.7	2.2	1.6	1.7	1.9	1.9	1.8
1.9	1.4	1.4	1.9	1.8	1.8	1.9	1.4	1.8	1.8	1.6	1.7	2.0
52.3	53.9	70.1	51.3	55.9	54.8	53.7	70.9	55.4	54.7	61.1	57.6	49.2
40.3	48.6	50.1	49.8	46.1	49.2	49.0	49.8	46.9	47.1	50.9	55.4	45.9
64372	**61915**	**36215**	**58345**	**68629**	**50217**	**35390**	**38952**	**38816**	**45550**	**52713**	**47216**	**30614**
39928	41359	21738	36423	43754	29018	19497	22794	21489	27408	33558	29613	16691
6790	6068	5252	8063	5250	8434	6524	7531	7490	6463	6493	5999	7480
7002	5882	2637	4996	11931	4943	3179	3854	2916	4437	5389	5249	1636
10652	8606	6588	8863	7694	7822	6189	4773	6922	7242	7273	6355	4807
35933	**37433**	**20805**	**32263**	**39648**	**29964**	**21762**	**20327**	**20942**	**25696**	**28925**	**27298**	**18412**
9072	9972	6138	8373	9871	8464	6797	5890	5931	7601	8008	7688	5910
2455	2957	1665	2339	2156	2168	1780	1657	1795	2082	2180	2142	1513
7933	7872	4296	6765	10098	6746	4302	4538	4060	5671	6520	6454	3116
2047	2059	1533	1772	1970	1731	1279	1191	1199	1409	1661	1321	1239
4529	5682	2643	4954	6324	4047	1983	2229	2749	2811	4019	3509	1797
6759	5488	2426	5158	6231	3978	3828	3298	3230	4042	4248	3426	3273
2090	2261	1567	2146	1957	1969	1263	1005	1432	1375	1406	1812	1154
1048	1142	538	755	1042	861	530	520	545	705	883	946	410

5-17 分地区农村常住居民家庭基本情况(2019 年)

指标	Item	苏南 Southern Jiangsu	苏中 Mid Jiangsu	苏北 Northern Jiangsu
基本情况	**Basic Conditions**			
调查户数 (户)	Number of Households Surveyed (household)	1760	1390	2920
平均每户家庭人口 (人)	Average Household Size (person)	3.2	3.1	3.1
平均每户就业人口 (人)	Number of Employed Persons per Household (person)	2.0	2.0	2.0
平均每一就业人口负担人数 (人)	Number of Dependents per Employee (person)	1.6	1.6	1.5
平均每户就业面 (%)	Proportion of Employment per Household (%)	63.0	63.9	64.6
平均每人现住房建筑面积 (平方米)	Existing Building Space per Capita (sq. m)	65.2	62.5	53.4
人均可支配收入 (元)	**Per Capita Disposable Income (yuan)**	**31596**	**23724**	**19605**
工资性收入	Income from Wages and Salaries	19614	13888	9380
经营净收入	Net Income from Household Operations	5810	5436	6436
财产净收入	Net Income from Properties	2249	756	463
转移净收入	Net Income from Transfers	3923	3643	3327
人均生活消费支出 (元)	**Per Capita Consumption Expanditure (yuan)**	**22363**	**16878**	**13345**
食品烟酒	Food,Tobacco and Wine	6146	4958	4073
衣着	Clothing	1406	1050	919
居住	Living	4980	3354	2563
生活用品及服务	Articles for Daily Use and Services	1271	1014	838
交通通信	Transport and Communications	3448	2750	1713
教育文化娱乐	Education,Culture and Recreation	2898	2003	2011
医疗保健	Healthcare and Medical Services	1552	1197	985
其他用品和服务	Other Articles and Services	662	553	242

Basic Conditions of Rural Residents by Region(2019)

南京 Nanjing	无锡 Wuxi	徐州 Xuzhou	常州 Changzhou	苏州 Suzhou	南通 Nantong	连云港 Lianyungang	淮安 Huaian	盐城 Yancheng	扬州 Yangzhou	镇江 Zhenjiang	泰州 Taizhou	宿迁 Suqian
460	200	670	320	420	500	480	640	730	490	360	400	400
3.1	3.1	3.3	2.8	3.6	3.2	3.2	3.2	2.5	3.1	3.0	3.0	3.2
1.9	1.9	2.3	1.9	2.1	2.0	1.9	2.2	1.7	2.0	2.1	1.9	1.7
1.6	1.4	1.5	1.5	1.7	1.6	1.6	1.5	1.5	1.6	1.5	1.6	1.9
62.6	60.7	68.2	66.4	58.4	63.3	60.8	68.7	66.7	64.1	68.1	64.3	53.7
63.2	59.5	53.7	74.2	67.6	62.8	52.1	53.0	55.7	59.5	60.0	65.8	51.3
27636	**33574**	**19873**	**30491**	**35152**	**24303**	**18061**	**18567**	**22258**	**23333**	**26785**	**23116**	**18121**
18767	20984	9479	18647	20781	14177	8439	9838	9878	13631	17094	13637	9004
4285	5708	7590	6799	6403	5327	5924	4446	7417	5680	5475	5351	5695
1351	3055	318	589	3566	759	280	365	833	576	1040	920	453
3232	3827	2485	4456	4401	4040	3418	3918	4130	3446	3176	3208	2969
19980	**23026**	**13850**	**20492**	**23012**	**16849**	**12357**	**12017**	**15501**	**17215**	**19708**	**16604**	**11813**
5709	6572	4197	6067	5822	4820	3897	3647	4477	5012	5439	5115	3897
1085	1911	999	1484	1194	937	753	655	1233	1131	1158	1146	774
3849	4895	2647	4265	5649	3294	2452	2286	3187	3635	4705	3179	1968
1277	1216	1077	1197	1274	1038	768	725	734	1058	1097	935	771
3240	3419	2023	2526	3983	3215	1259	1348	2179	2279	2693	2486	1351
3039	2671	1559	2533	2850	1874	2335	1984	2296	2403	2899	1822	2087
1122	1598	1088	1706	1673	1112	704	1168	1090	1223	1180	1301	758
659	744	260	713	566	559	190	206	306	474	537	619	206

5－18　农村常住居民家庭房屋情况
Housing Conditions of Rural Residents

指　　标	Item	2017	2018	2019
平均每人住房	**Per Capita Housing Conditons**			
现住房建筑面积（平方米）	Existing Residential Building Space (sq. m)	57.3	56.4	61.7
按居住空间样式 （%）	**by Spatial Style** （%）			
单栋楼房	Independent Bulding	58.9	55.6	56.0
单栋平房	Independent House	36.8	41.5	41.6
主要建筑材料 （%）	**Main Building Materials** （%）			
#钢筋混凝土	Reinforced Concrete Structure	14.4	14.6	14.0
砖混材料	Brick-mixed	59.8	62.8	63.8
砖瓦砖木	Brick-Block or Brick-Wood Structure	25.6	22.2	21.8

主要统计指标解释

可支配收入 指调查户在调查期内获得的、可用于最终消费支出和储蓄的总和,即调查户可以用来自由支配的收入。可支配收入既包括现金,也包括实物收入。按照收入的来源,可支配收入包含四项:工资性收入、经营净收入、财产净收入和转移净收入。计算公式为:

可支配收入 = 工资性收入 + 经营净收入 + 财产净收入 + 转移净收入

工资性收入 指就业人员通过各种途径得到的全部劳动报酬和各种福利,包括受雇于单位或个人、从事各种自由职业、兼职和零星劳动得到的全部劳动报酬和福利。

经营净收入 指住户或住户成员从事生产经营活动所获得的净收入,是全部经营收入中扣除经营费用、生产性固定资产折旧和生产税之后得到的净收入。计算公式为:

经营净收入 = 经营收入 - 经营费用 - 生产性固定资产折旧 - 生产税

财产净收入 指住户或住户成员将其所拥有的金融资产、住房等非金融资产和自然资源交由其他机构单位、住户或个人支配而获得的回报并扣除相关的费用之后得到的净收入。财产净收入包括利息净收入、红利收入、储蓄性保险净收益、转让承包土地经营权租金净收入、出租房屋净收入、出租其他资产净收入和自有住房折算净租金等。

转移净收入 计算公式为:转移净收入 = 转移性收入 - 转移性支出

其中:转移性收入是指国家、单位、社会团体对住户的各种经常性转移支付和住户之间的经常性收入转移。包括政府、非行政事业单位、社会团体对居民转移的养老金或退休金、社会救济和补助、惠农补贴、政策性生活补贴、救灾款、经常性捐赠和赔偿以及报销医疗费等;住户之间的赡养收入、经常性捐赠和赔偿以及农村地区(村委会)在外(含国外)工作的本住户非常住成员寄回带回的收入等。转移性支出是指调查户对国家、单位、住户或个人的经常性或义务性转移支付。包括缴纳的税款、各项社会保障支出、赡养支出、经常性捐赠和赔偿支出以及其他经常转移。

消费支出 指住户用于满足家庭日常生活消费需要的全部支出,包括用于消费品的支出和用于服务性消费的支出。根据用途不同,消费支出可划分为食品烟酒、衣着、居住、生活用品及服务、交通通信、教育文化娱乐、医疗保健、其他用品及服务八大类。根据来源不同,消费支出可划分为现金消费支出、实物消费支出(含自产自用、来自单位、来自政府和其他社会组织)。

Explanatory Notes on Main Statistical Indicators

Disposable Income refers to the sum of final consumption expenditure and saving deposits which is gotten during survey period. it's the income which can be freely allocated by sample households. It includes income both in cash and in kind from four categories: income from wages and salaries, net income from operations, net income from properties and net income from transfers. Using the following formula:

Disposable Income = Income from Wages and Salaries + Net Income from Operations + Net Income from Properties + Net Income from Transfers.

Income from Wages and Salaries refers to all the payment of labor and welfare earned by employee through various means, including members who are employed by units or individuals, self – employed and part – time and so on.

Net Income from Operations refers to the net income earned by the households or members of households who engage in production or operation activities. It is obtained from all operating income deducted operating costs, production of fixed assets depreciation and production tax. Using the following formula:

Net Income from Operations = Income from Operations – Operating Costs – Production of Fixed Assets Depreciation – Production Tax

Net Income from Properties refers to the net income obtained in return and deduction of the expenses, earned by the households or members of households who make the financial assets, housing and other non – financial assets or natural resources dominated by other institutional units, households or individuals. Net income from operation contains net interest income, bonus, net income from saving insurance, net income from rent of transferring contracted land use rights, net income from rent of tenanted housing, net income from rent of tenanted other properties and net rent from ownership housing.

Net Income from Transfers Using the following formula: Net Income from Transfers = Income from Transfers – Transfer

Expenditure

Among: Income from Transfer refers to the recurrent transfer payments of household from the the country, units and social groups, and the recurrent income transfer between households. It contains pensions, social relief and aid, agriculture subsidy, policy allowance, disaste donation, recurrent donation and free medical treatment of households from governments, non – executive public institutions and social groups; alimony payments between households, recurrent donation, compensation and postal income from the the non – permanent residents of rural households. Transfer Expenditure refers to the recurrent or obligatory transfer payment of household from the country, unit, household and individual, including tax payment, social security expenditure, recurrent donation, compensation and so on.

Consumption Expenditure refers to all the expenditures of households for consumption in daily life, including expenditures for consumer goods and services. It includes expenditure in cash and in kind on eight categories by use: food; clothing; housing; household appliances and sevices; transport and communications; education, cultural and recreational activities; medical care and the other appliances and services. It includes expenditure in cash and in kind (including self – produced and self – used expenditure and expenditures of units, government and the other social organization) by source.

固定资产投资

Investment in Fixed Assets

简 要 说 明

一、本篇资料的主要内容

本篇资料通过对一定时期全社会建造和购置固定资产活动的数量方面的描述，反映报告期内固定资产投资的规模和速度、固定资产投资的结构和比例关系、固定资产投资的资金来源及固定资产投资的效果等。

二、本篇资料的统计范围

固定资产投资统计的范围包括：城乡建设项目投资，房地产开发投资。

三、本篇的资料来源

固定资产投资统计调查。

四、本篇的统计调查方法

全面统计报表。

Brief Introduction

Ⅰ. Main Contents

Statistics in this chapter describe activities on the construction and purchase of fixed assets of the whole country during a given period of time, and reflect the size, growth, structure, ratio, financing and results of the investment in fixed assets during the reference period.

Ⅱ. Scope of Statistics

Statistics on the investment in fixed assets cover investments in capital construction projects in urban and rural areas, investments in real estate development.

Ⅲ. Sources of Data

Data on investments in fixed assets are from surveys conducted.

Ⅳ. Methodology of Data Collection

Data on investments in fixed assets are collected by the system of reporting form with complete enumeration.

6－1 固定资产投资主要指标

Major Indicators of Investment in Fixed Assets

指　　标	Item	2013	2014	2015	2016	2017
投资总额　（亿元）	**Total Investment　(100 million yuan)**	**35982.52**	**41552.75**	**45905.17**	**49370.85**	**53000.21**
按经济类型分	Grouped by Ownership					
国有经济	State Owned Units	6865.27	8308.13	8901.58	8236.65	8811.26
集体经济	Collective Owned Units	1639.37	1835.30	1872.50	806.51	742.24
私营个体经济	Private Individuals	14955.56	18185.36	21252.12	23417.12	26992.16
联营经济	Joint-ownership	82.69	66.04	52.32	42.52	22.64
股份制经济	Share-holding Economy	1567.00	1376.93	1210.16	1176.19	1144.20
有限责任公司	Limited Liability Corporations	5924.45	6792.92	7752.74	10481.14	10079.59
港澳台投资经济	Funds from Hong Kong, Macao and Taiwan	1597.74	1679.36	1648.71	2306.36	2250.40
外商投资经济	Foreign Investment	2315.26	2476.57	2253.73	2386.47	2234.05
其他经济	Others	1035.18	832.16	961.31	517.88	723.67
按资金来源分	Grouped by Sources of Funds					
国家预算内资金	State Budget	529.19	627.26	806.89	990.43	1044.76
国内贷款	Domestic Loans	5091.04	5360.60	4810.95	5778.54	6386.98
利用外资	Foreign Investment	1127.55	1152.05	926.17	599.88	376.11
自筹资金	Self-raising Fund	29444.25	33325.52	36305.15	36257.99	37667.86
其他资金来源	Others	6822.96	6232.21	7206.37	10830.18	11518.51
按构成分	Grouped by Composition of Funds					
建筑安装工程	Construction and Installation	20821.56	24686.18	27570.90	28989.35	30261.05
设备工器具购置	Purchase of Equipments and Instruments	10903.11	12327.57	14225.16	15368.57	16915.28
其他费用	Others	4257.84	4539.00	4109.11	5012.94	5823.89
按产业分	Grouped by Industry					
#住宅	Residential Buildings	5646.33	6367.41	6527.16	6971.13	7611.69
第一产业	Primary Industry	195.71	206.97	232.24	293.11	343.42
第二产业	Secondary Industry	18412.48	20298.45	22890.96	24673.81	26412.41
#工业	industry					26180.81
第三产业	Tertiary Industry	17374.32	21047.33	22781.97	24403.93	26244.38
新增固定资产　（亿元）	**Newly Increased Fixed Assets (100 million yuan)**	**26434.29**	**32156.36**	**36648.83**	**33963.72**	**38353.72**
房屋建筑面积（万平方米）	**Floor Space of Building　(10000 sq. m)**					
施工面积	Floor Space Under Construction	100944.93	109353.56	98850.04	93782.52	90333.85
#住宅	Residential Buildings	42305.79	44641.13	45370.63	45254.99	45487.43
竣工面积	Floor Space Completed	33342.59	34562.35	36541.38	24665.24	22989.74
#住宅	Residential Buildings	9251.55	8426.35	9349.36	8335.47	8062.50
商品房销售面积（万平方米）	**Floor Space of Commercializ Buildings Sold (10000 sq. m)**	**11454.77**	**9846.84**	**11414.05**	**13962.09**	**14211.12**

注：1. 自筹投资中含发行债券部分（下同）。
2. 从2003年开始，资金来源为可用于投资的资金到位数（下同）。
3. 从2004年开始，水利业投资从第一产业调到第三产业（下同）。
4. 从2010年开始，投资总额中不含农户投资（下同）。

a) Fund raising included bond publishing(so did as follows).
b) Since 2003, the sources of finance was available for investment(so did as follows).
c) Since 2004, the investment for water conservancy was transferred from primary industry to tertiary industry(so did as follows).
d) Since 2010, the investment of farm households was not included in the total investment(so did as follows).

6-2 固定资产投资额
Investment in Fixed Assets

单位:亿元 (100 million yuan)

年 份 Items	投资额 Investment	#工业投资 Industrial Investment	#房地产开发 Real Estate Development	#国有经济 State-owned	#集体经济 Collective-owned	#私营个体 Private Individuals	#外商及港澳台商投资 Hong Kong, Macao, Taiwan and Foreign Funds
1978	21.75			20.70	1.05		
1980	34.73			31.65	3.08		
"六五"时期 The Period of the Sixth Five-year plan	**564.89**			**242.73**	**156.57**		
"七五"时期 The Period of the Seventh Five-year plan	**1606.75**			**642.46**	**377.21**		
"八五"时期 The Period of the Eighth Five-year plan	**5307.18**		**554.92**	**1944.32**	**1788.50**		
1991	439.98		17.22	172.09	109.87		
1992	711.70		30.42	288.00	276.16		
1993	1144.20		114.01	403.67	493.12		
1994	1331.13		152.42	477.86	418.27		
1995	1680.17		240.85	602.70	491.08		300.22
"九五"时期 The Period of the Ninth Five-year plan	**12426.20**		**1463.68**	**4912.01**	**2288.90**		**2124.97**
1996	1949.53		232.62	708.60	465.21		399.99
1997	2203.09		241.55	826.60	447.94		437.25
1998	2535.50		300.24	1031.96	457.36		514.23
1999	2742.65		330.55	1144.84	462.53	148.23	410.28
2000	2995.43		358.72	1200.01	455.86	326.08	363.22
"十五"时期 The Period of the Tenth Five-year plan	**28055.30**	**10495.83**	**4583.38**	**8790.13**	**2018.49**	**6453.90**	**4719.01**
2001	3302.96	684.83	414.36	1285.71	400.36	528.38	378.17
2002	3849.24	905.69	544.13	1422.06	297.56	769.90	568.77
2003	5335.80	1667.65	809.96	1998.19	456.98	932.11	972.88
2004	6827.59	2104.28	1269.78	2006.20	418.43	1599.91	1230.56
2005	8739.71	5133.38	1545.15	2077.97	445.16	2623.60	1568.63
"十一五"时期 The Period of the Eleventh Five-year plan	**79534.10**	**42558.47**	**15124.96**	**14898.12**	**3136.70**	**27735.48**	**12592.54**
2006	10071.42	5347.13	1906.71	2144.93	441.57	3049.30	1756.83
2007	12268.07	6599.08	2515.91	2092.57	453.28	4125.86	2301.12
2008	15060.45	8246.27	3064.46	2494.77	539.99	5268.79	2838.43
2009	18949.88	10167.44	3338.50	3677.11	753.73	6872.67	2681.77
2010	23184.28	12342.54	4299.38	4488.74	948.13	8418.86	3014.39
2010(新口径)(New Statistical Scale)	21643.02	11442.06	4299.38	4348.46	902.95	7778.03	2969.94
"十二五"时期 The Period of the Twelveth Five-year plan	**181461.67**	**91701.18**	**35409.39**	**35102.31**	**7873.25**	**76164.81**	**19093.01**
2011	26314.66	13771.12	5567.94	5004.82	1132.95	9696.87	3303.41
2012	31706.58	16544.02	6206.10	6022.51	1393.13	12074.90	3818.24
2013	35982.52	18369.54	7241.45	6865.27	1639.37	14955.56	3913.00
2014	41552.75	20259.05	8240.22	8308.13	1835.30	18185.36	4155.92
2015	45905.17	22757.45	8153.68	8901.58	1872.50	21252.12	3902.44
"十三五"时期 The Period of the Thirteen Five-year plan							
2016	49370.85	24544.40	8956.37	8236.65	806.51	23417.12	4692.83
2017	53000.21	26180.81	9629.11	8811.26	742.24	26992.16	4484.45

注:房地产开发投资统计制度从1990年开始建立,城乡私营个体投资统计制度从1999年开始建立。

a) The statitistical system of real estate development investment was established in 1990, while that of the urban and rural private and individual investment was established in 1999.

6－3 按资金来源和构成分固定资产投资
Investment in Fixed Assets by Sources of Finance and Use of Funds

年 份 Year	按资金来源分 Grouped by Sources of Funds				
	国家预算内资金 State Budget	国内贷款 Domestic Loans	利用外资 Foreign Investment	自筹资金 Self-raising	其他资金来源 Others
投资额(亿元) Investment (100 million yuan)					
1985	17.25	36.79	3.98	64.45	69.46
1986	18.74	43.52	12.71	73.27	92.99
1987	21.46	63.15	19.15	85.66	127.71
1988	17.23	69.94	27.77	106.30	150.63
1989	16.80	41.74	19.91	91.66	150.12
1990	15.02	45.47	15.92	106.47	173.42
1991	16.38	84.77	20.41	290.13	28.29
1992	24.73	189.49	40.56	378.30	78.62
1993	17.85	253.80	89.48	649.95	133.12
1994	17.54	242.93	151.96	744.20	174.50
1995	25.83	270.16	228.89	880.02	275.27
1996	24.01	282.88	335.16	1001.29	306.19
1997	29.63	293.66	390.59	1199.29	289.92
1998	49.46	331.83	413.66	1406.39	334.16
1999	62.91	399.36	309.02	1639.01	332.35
2000	73.42	489.04	281.17	1827.79	324.01
2001	69.97	524.51	326.22	1977.97	404.29
2002	54.48	735.30	421.21	2237.73	400.52
2003	92.61	1141.99	579.51	2999.19	587.42
2004	81.30	1233.07	641.66	4201.29	928.38
2005	67.60	1264.49	836.19	5826.89	1205.90
2006	66.59	1445.16	874.82	6800.90	1590.15
2007	135.20	1561.06	1255.85	8522.18	2398.08
2008	153.86	1818.06	1394.98	10624.51	2210.27
2009	278.79	2774.45	1114.78	14064.93	4350.16
2010	282.11	3343.47	1154.87	17553.37	4912.63
2010(新口径)(New Statistical Scale)	273.00	3231.05	1135.69	16186.61	4839.81
2011	344.87	3751.24	1241.65	20652.57	4394.19
2012	448.05	4658.42	1216.78	25824.05	5262.67
2013	529.19	5091.04	1127.55	29444.25	6822.96
2014	627.26	5360.60	1152.05	33325.52	6232.21
2015	806.89	4810.95	926.17	36305.15	7206.37
2016	990.43	5778.54	599.88	36257.99	10830.18
2017	1044.76	6386.98	376.11	37667.86	11518.51
构成(%) Composition(%)					
1985	9.0	19.1	2.1	33.6	36.2
1990	4.2	12.8	4.5	29.9	48.6
1995	1.5	16.1	13.6	52.4	16.4
2000	2.5	16.3	9.4	61.0	10.8
2005	0.7	13.8	9.1	63.3	13.1
2006	0.6	13.4	8.1	63.1	14.8
2007	1.0	11.3	9.0	61.4	17.3
2008	0.9	11.2	8.6	65.6	13.6
2009	1.2	12.3	4.9	62.3	19.3
2010	1.0	12.3	4.2	64.4	18.0
2010(新口径)(New Statistical Scale)	1.1	12.6	4.4	63.1	18.9
2011	0.9	10.6	3.7	53.3	15.9
2012	1.1	12.3	4.1	68.0	14.5
2013	1.2	11.8	2.6	68.5	15.9
2014	1.3	11.5	2.5	71.4	13.3
2015	1.6	9.6	1.9	72.5	14.4
2016	1.8	10.6	1.1	66.6	19.9
2017	1.8	11.2	0.7	66.1	20.2

6-3 续 表 Continued

年 份 Year	按构成分 Grouped by Use of Funds		
	建筑安装工程 Construction and Installation	设备工器具购置 Purchases of Equipments and Instruments	其他费用 Others
投资额(亿元) **Investment (100 million yuan)**			
1985	149.40	34.41	8.12
1986	187.33	43.82	10.08
1987	240.92	60.61	15.60
1988	281.34	73.71	16.82
1989	256.23	52.25	11.75
1990	284.24	53.70	18.36
1991	347.72	71.33	20.93
1992	408.59	257.45	45.66
1993	651.17	395.34	97.69
1994	775.84	437.87	117.42
1995	983.24	536.48	160.45
1996	1151.16	600.59	197.78
1997	1307.24	688.66	207.19
1998	1503.62	755.02	276.86
1999	1682.72	746.75	313.18
2000	1817.08	867.74	310.61
2001	1901.68	967.21	434.07
2002	2091.15	1160.08	598.01
2003	2906.59	1510.59	918.62
2004	3886.52	1928.66	1012.41
2005	4879.72	2544.36	1315.63
2006	5624.16	2944.50	1502.76
2007	6804.65	3558.53	1904.89
2008	8310.70	4587.89	2161.86
2009	10454.05	5901.61	2594.22
2010	12601.51	7054.33	3528.44
2010(新口径)(New Statistical Scale)	11804.76	6436.57	3401.70
2011	14569.44	8112.05	3633.17
2012	17913.03	9756.39	4037.16
2013	20821.56	10903.11	4257.84
2014	24686.18	12327.57	4539.00
2015	27570.90	14225.16	4109.11
2016	28989.35	15368.57	5012.94
2017	30261.05	16915.28	5823.89
构成(%) Composition(%)			
1985	77.9	17.9	4.2
1990	80.0	15.1	4.9
1995	58.5	31.9	9.6
2000	60.6	29.0	10.4
2005	55.8	29.1	15.1
2006	55.9	29.2	14.9
2007	55.5	29.0	15.5
2008	55.2	30.5	14.3
2009	55.2	31.1	13.7
2010	54.4	30.4	15.2
2010(新口径)(New Statistical Scale)	54.5	29.7	15.7
2011	44.9	24.5	12.9
2012	55.4	30.8	13.8
2013	57.9	30.3	11.8
2014	59.4	29.7	10.9
2015	60.1	31.0	9.0
2016	58.7	31.1	10.2
2017	57.1	31.9	11.0

6-4 按登记注册类型分固定资产投资比上年增长情况
Investment in Fixed Assets by Registration Status

单位:% (%)

类别	Item	投资额 Investment 2018	投资额 Investment 2019	#工业投资 Industrial Investment 2018	#工业投资 Industrial Investment 2019
总计	**Total**	2.2	3.2	8.0	3.9
内资企业	Domestic Funded Enterprises	2.7	3.3	9.9	4.0
国有企业	State-owned Enterprises	-10.0	-16.4	-9.6	-34.0
集体企业	Collective-owned Enterprises	-17.2	6.5	-31.0	1.1
股份合作企业	Cooperative Enterprises	-14.5	-46.9	-10.8	78.2
联营企业	Joint Ownreship Enterprises	-48.1	60.7	75.7	245.0
国有联营	State Joint Ownership Enterprises	-69.9	-92.9	-100.0	
集体联营	Collective Joint Ownership Enterprises	93.2	-92.1	109.1	-96.9
国有与集体联营	Joint State-collective Enterprises	45.0	12.6	271.8	-66.1
其他联营企业	Other Joint Ownership Enterprises	-71.1	6424.2	-100.0	
有限责任公司	Limited Liability Corporations	-0.9	13.9	-2.7	13.9
国有独资公司	State Sole Funded Corporations	14.7	42.1	16.0	95.2
其他有限责任公司	Other Limited Liability Corporations	-5.0	5.0	-3.7	8.8
股份有限公司	Share-holding Corporations Ltd.	8.0	5.3	23.4	2.1
私营企业	Private Enterprises	7.7	4.6	13.2	3.9
其他企业	Others Enterprises	47.0	2.0	20.6	-45.1
港、澳、台商投资企业	Enterprises with Funds from Hong Kong, Macao and Taiwan	-2.7	-4.3	-4.8	-4.6
合资经营企业	Joint-venture Enterprises	-12.8	0.8	-14.9	1.2
合作经营企业	Cooperative Enterprises	9.1	-37.0	13.8	-19.5
独资企业	Enterprises with Sole Fund	7.4	-7.6	5.2	-9.4
股份有限公司	Share-holding Corporations Ltd.	-42.5	22.9	-57.3	65.5
其他港澳台商投资	Other Hong Kong, Macao Taiwan Investment	-72.4	138.7	-61.1	201.7
外商投资企业	Foreign Funded Enterprises	-1.5	7.0	-2.0	9.2
合资经营企业	Joint-venture Enterprises	-2.4	26.2	-6.1	35.2
合作经营企业	Cooperative Enterprises	-23.6	-71.7	-23.4	-65.1
独资企业	Enterprises with Sole Fund	1.3	-5.9	3.0	-7.4
股份有限公司	Share-holding Corporations Ltd.	-43.9	40.7	-42.6	35.4
其他外商投资	Others	-72.1	484.2	-72.1	484.2
个体经营	Individuals	0.5	22.9	53.3	-17.6
个体户	Self-employed Individuals	-11.1	49.2	12.8	20.8
个人合伙	Partnership Individuals	156.8	-99.9	571.6	-100.0
按地区分	**by cities**				
南京	Nanjing	8.8	9.2	8.9	10.2
无锡	Wuxi	2.6	5.6	10.5	10.4
徐州	Xuzhou	-5.0	-2.8	4.0	4.8
常州	Changzhou	3.1	-12.5	7.1	2.2
苏州	Suzhou	-2.7	12.5	0.0	8.8
南通	Nantong	5.2	3.0	8.0	5.9
连云港	Lianyungang	3.4	10.0	13.7	15.0
淮安	Huaian	10.2	9.2	16.1	5.9
盐城	Yancheng	9.8	3.3	16.2	4.8
扬州	Yangzhou	4.7	-0.9	16.2	3.4
镇江	Zhenjiang	-37.6	1.3	-27.9	1.7
泰州	Taizhou	6.7	3.6	8.5	6.1
宿迁	Suqian	-1.2	1.3	10.3	7.0

注:本表不含房地产开发投资。

a) The investment in real estate development was not included in this table.

6-5 按构成分固定资产投资比上年增长情况(2019年)
Investment in Fixed Assets by Use of Funds(2019)

单位:% (%)

行业	Sector	投资额 Investment	建筑安装工程 Constru Install-ation	设备工器具购置 Purchase of Equipment and Instr-uments	其他 Others
总计	**Total**	**5.1**	**4.8**	**1.3**	**11.7**
农、林、牧、渔业	Agriculture, Forestry, Animal Husbandry and Fishery	9.4	14.0	2.9	-15.1
农业	Farming	-5.4	5.0	-30.0	-33.2
林业	Forestry	26.5	22.9	-16.7	161.4
畜牧业	Animal Husbandry	31.1	28.8	72.9	-56.4
渔业	Fishery	55.3	24.0	101.5	295.8
农、林、牧、渔专业及辅助性活动	Service in Support of Agriculture	9.0	19.8	-18.9	-7.6
采矿业	Mining	-33.2	9.2	-54.3	13.2
煤炭开采和洗选业	Mining and Washing of Coal	4.3	63.9	-59.5	
石油和天然气开采业	Extraction of Petroleum and Natural Gas	-80.6		-84.7	
黑色金属矿采选业	Mining and Processing of Ferrous Metal Ores	38.3	68.6	-46.8	949.8
有色金属矿采选业	Mining and Processing of Non-ferracs Metal Ores	-13.3	-100.0		
非金属矿采选业	Mining and Processing of Nonmetal Ores	12.3	23.6	12.6	-58.2
开采辅助活动	Auxiliary Mining	-69.2	-64.0	-73.9	
其他采矿业	Mining of Other Ores	-96.0	-98.9	-97.1	363.1
制造业	Manufacturing	4.6	6.2	2.7	9.0
农副食品加工业	Processing of Food from Agricultural Products	-19.3	-15.7	-22.7	-25.6
食品制造业	Manufacture of Food	-14.0	-13.3	-10.5	-49.5
酒、饮料和精制茶制造业	Manufacture of Beverage	29.5	53.6	5.6	108.6
烟草制品业	Manufacture of Tobacco	-55.7	-49.8	-63.9	-62.1
纺织业	Manufacture of Textile	-4.8	0.2	-8.3	-12.5
纺织服装、服饰业	Manufacture of Textile Wearing, Apparel, Footwear and Caps	-5.5	14.9	-22.4	-9.6
皮革、毛皮、羽毛及其制品和制鞋业	Manufacture of Leather, Fur, Feather and Related Products	-25.9	-18.0	-31.5	-53.7
木材加工和木、竹、藤、棕、草制品业	Processing of Timber, Manufacture of Wood, Bamboo, Rattan, Palm and Straw Products	-14.6	-1.9	-28.3	-14.8
家具制造业	Manufacture of Furniture	-17.5	-15.5	-20.6	-3.8
造纸和纸制品业	Manufacture of Paper and Paper Products	-4.0	10.5	-14.6	-15.0
印刷和记录媒介复制业	Printing, Reproduction of Recording Media	6.4	0.3	11.3	1.9
文教、工美、体育和娱乐用品制造业	Manufacture of Articles For Culture, Education and Sport Activities	-16.8	-11.4	-19.8	-45.2
石油加工、炼焦和核燃料加工业	Processing of Petroleum, Coking, Processing of Nuclear Fuel	47.6	-23.6	67.2	319.1

6-5 续 表 1 Continued 1

单位:% (%)

行业	Sector	投资额 Investment	建筑安装工程 Constru Install-ation	设备工器具购置 Purchase of Equipment and Instr-uments	其他 Others
化学原料和化学制品制造业	Manufacture of Raw Chemical Materials and Chemical Products	-28.3	-23.9	-35.9	11.4
医药制造业	Manufacture of Medicines	53.3	61.6	40.6	121.0
化学纤维制造业	Manufacture of Chemical Fibers	8.6	40.3	-11.7	110.0
橡胶和塑料制品业	Rubber and Plastic	-2.9	-1.8	-5.9	37.6
非金属矿物制品业	Manufacture of Non-metallic Mineral Products	5.5	19.9	-9.1	0.8
黑色金属冶炼和压延加工业	Smelting and Pressing of Ferrous Metals	19.0	37.0	11.4	-41.7
有色金属冶炼和压延加工业	Smelting and Pressing of Non-ferrous Metals	-23.0	-29.9	-8.6	-77.9
金属制品业	Manufacture of Metal Products	-19.7	-24.7	-14.4	-23.7
通用设备制造业	Manufacture of General Purpose Machinery	-7.5	-5.4	-7.4	-28.1
专用设备制造业	Manufacture of Special Purpose Machinery	24.3	17.1	29.4	53.2
汽车制造业	Manufacture of Automobile	-5.1	-19.6	8.8	6.8
铁路、船舶、航空航天和其他运输设备制造业	Manufacture of Railroad, Marine Aviation and other Transport Equipment	7.4	12.2	-0.2	22.3
电气机械和器材制造业	Manufacture of Electrical Machinery and Equipment	-4.4	-7.2	-2.4	-0.8
计算机、通信和其他电子设备制造业	Manufacture of Communication Equipment, Computers and Other Electronic Equipment	56.9	80.0	43.6	28.7
仪器仪表制造业	Manufacture of Instrumentation	127.0	103.1	155.6	123.8
其他制造业	Other Manufacturing	-25.1	-24.6	-24.5	-35.0
废弃资源综合利用业	Manufacture of Recycling and Disposal of Waste	13.2	16.4	4.0	77.7
金属制品、机械和设备修理业	Manufacture of Metal Products, Machinery and Equipment Repair	121.3	92.8	395.6	422.3
电力、热力、燃气及水的生产和供应业	Production and Supply of Electric Power, Heat Power, Gas and Water	-5.1	-4.0	-7.4	-0.7
电力、热力生产和供应业	Production and Supply of Electric Power and Heat Power	-11.6	-9.6	-13.3	-14.4
燃气生产和供应业	Production and Supply of Gas	-3.1	-22.8	32.0	78.6
水的生产和供应业	Production and Supply of Water	31.1	17.5	90.1	90.1
建筑业	Construction	-91.8	-92.1	-81.3	-93.8
房屋建筑业	Housing Construction	-77.9	-83.3	-49.0	-57.0
土木工程建筑业	Civil Engineering Construction	-94.8	-94.9	-80.7	-97.1
建筑安装业	Building Installation				
建筑装饰和其他建筑业	Other Construction	-94.9	-93.8	-100.0	-98.7

单位:% (%)

行业	Sector	投资额 Investment	建筑安装工程 Constru Install-ation	设备工器具购置 Purchase of Equipment and Instr-uments	其他 Others
批发和零售业	Wholesale and Retail Trades	-2.5	-4.6	3.5	-2.1
批发业	Wholesale Trades	15.3	7.2	26.1	54.8
零售业	Retail Trades	-18.9	-14.9	-25.1	-35.2
交通运输、仓储和邮政业	Transport, Storage and Post	6.4	8.4	-16.9	16.0
铁路运输业	Railway Transport	-2.3	28.2	-84.2	-80.6
道路运输业	Road Transport	9.7	9.1	-5.8	18.1
水上运输业	Water Transport	-15.1	-15.4	-37.8	100.2
航空运输业	Air Transport	75.7	67.4	453.1	31.3
管道运输业	Transport Via Pipelines	12.1	5.0	98.1	
多式联运和运输代理业		-16.9	-6.2	-62.1	1151.1
装卸搬运和仓储业	Loading, Unloading and Storage Other Transport Services	2.2	1.1	-14.7	68.1
邮政业	Post	12.3	67.4	-54.5	56.5
住宿和餐饮业	Hotels and Catering Services	13.1	16.1	-19.8	38.1
住宿业	Hotels	19.6	19.4	-1.7	43.7
餐饮业	Catering Services	-2.0	7.6	-38.9	13.6
信息传输、软件和信息技术服务业	Information Transfer、Software and IT Services	-8.6	-3.8	-32.3	50.2
电信、广播电视和卫星传输服务	Telecommunications、Satellites Radio and Television Services	13.9	11.0	17.7	217.9
互联网和相关服务	Internet and Relatiue Services	-12.1	-20.4	-15.4	426.5
软件和信息技术服务业	Software and IT Services	-16.9	-6.5	-47.7	28.5
金融业	Financial Intermediation	-33.9	-30.7	-66.5	-27.4
货币金融服务	Monetary and Financial	-28.7	-29.3	-2.0	-43.3
资本市场服务	Capital Markets	-59.6	-59.2	-86.5	-77.3
保险业	Insurance	-52.3	-1.4	-90.2	-100.0
其他金融业	Other Financial Activities	-15.3	-17.3		101.6
房地产业	Real Estate	8.0	3.9	10.0	14.7
租赁和商务服务业	Leasing and Business Services	7.1	5.2	49.4	-13.2
租赁业	Leasing	135.9	-14.4	194.5	273.9
商务服务业	Business Services	4.0	5.4	17.2	-14.3
科学研究和技术服务业	Scientific Research and Technical Services	8.6	13.4	-7.6	9.9

6-5 续 表 3 Continued 3

单位:% (%)

行业	Sector	投资额 Investment	建筑安装工程 Constru Install-ation	设备工器具购置 Purchase of Equipment and Instr-uments	其他 Others
研究和试验发展	Research and Experimental Development	7.7	10.7	-8.1	21.4
专业技术服务业	Professional Technical Services	35.2	45.6	12.6	18.6
科技推广和应用服务业	Promation and Application of Science	-5.2	0.0	-23.8	-11.9
水利、环境和公共设施管理业	Management of Water Conservancy, Environment and Public Facilities	-1.4	-0.4	-8.5	-5.5
水利管理业	Management of Water Conservancy	-32.5	-18.8	-35.4	-80.3
生态保护和环境治理业	Ecological Protection and Enviromental	38.5	39.1	31.2	44.8
公共设施管理业	Management of Public Facilities	0.5	-0.1	-11.3	10.5
土地管理业		-18.6	-18.3	-22.5	-19.8
居民服务、修理和其他服务业	Services to Households and Other Services	11.1	10.9	32.0	-26.3
居民服务业	Services to Households	32.1	43.8	17.0	-30.3
机动车、电子产品和日用产品修理业	Vehicle、Electronics and Dairy Maintenance	169.2	192.8	113.2	690.3
其他服务业	Other Services	-37.8	-41.4	5.0	-90.5
教育	Education	30.8	30.5	8.9	51.2
卫生和社会工作	Health and Social Work	-18.8	-18.9	-20.9	-10.1
卫生	Health	-9.9	-8.9	-18.9	0.6
社会工作	Social Work	-46.3	-49.4	-27.7	-47.3
文化、体育和娱乐业	Culture, Sports and Entertainment	13.9	24.3	21.7	-38.5
新闻和出版业	Journalism and Publishing Activities	17.0	37.7		-80.6
广播、电视、电影和影视录音制作业	Broadcasting, Movies, Television and Audiovisual Activities	-8.9	-15.1	-33.1	219.2
文化艺术业	Cultural and Art Activities	4.1	4.7	2.7	-1.4
体育	Sports Activities	15.3	36.3	1.5	-43.8
娱乐业	Entertainment	24.2	44.4	37.6	-56.7
公共管理、社会保障和社会组织	Public Management and Social Organization	15.0	13.4	-3.5	97.0
中国共产党机关	Organs of Communist Party of China	39.0	37.5	89.0	66.9
国家机构	Government Agencies	11.7	11.2	-9.8	74.0
人民政协、民主党派	People's Political Cousultative Conference and Remocratic Parlies				
社会保障	Social Security	39.6	5.2	-51.4	285.0
群众团体、社会团体和其他成员组织	Non-governmental Organizations, Social Organizations and Relighion Organizations	12.3	14.1	-38.7	56.6
基层群众自治组织	Grass Roots Self-governing Organizataions	60.1	45.4	164.1	189.7

6-6 按建设性质分固定资产投资比上年增长情况(2019年)
Investment in Fixed Assets by Type of Construction(2019)

单位:% (%)

行业	Sector	投资额 Investment	#新建 Construction	#扩建 Expansion	#改建 Reconstruction
总计	**Total**	**3.2**	**16.6**	**-20.3**	**0.7**
农、林、牧、渔业	Agriculture, Forestry, Animal Husbandry and Fishery	9.4	4.2	60.3	-5.5
农业	Farming	-5.4	-8.0	18.4	-39.0
林业	Forestry	26.5	7.0	698.3	
畜牧业	Animal Husbandry	31.1	22.4	322.2	-34.3
渔业	Fishery	55.3	27.7	733.0	156.4
农、林、牧、渔专业及辅助性活动	Service in Support of Agriculture	9.0	11.0	25.7	-29.4
采矿业	Mining	-33.2	39.7	-74.9	-34.9
煤炭开采和洗选业	Mining and Washing of Coal	4.3	78.3		-64.2
石油和天然气开采业	Extraction of Petroleum and Natural Gas	-80.6			-80.6
黑色金属矿采选业	Mining and Processing of Ferrous Metul Ores	38.3	198.9		-26.6
有色金属矿采选业	Mining and Processing of Non-ferrous Metal Ores	-13.3	-13.3		
非金属矿采选业	Mining and Processing of Nonmetal Ores	12.3	10.8	-23.5	18.8
开采辅助活动	Auxiliary Mining	-69.2			
其他采矿业	Mining of Other Ores	-96.0			
制造业	Manufacturing	4.6	22.0	-11.9	2.2
农副食品加工业	Processing of Food from Agricultural Products	-19.3	-5.3	-17.1	-28.9
食品制造业	Manufacture of Food	-14.0	-16.9	26.2	-20.5
酒、饮料和精制茶制造业	Manufacture of Beverage	29.5	96.4	-65.1	6.5
烟草制品业	Manufacture of Tobacco	-55.7		-21.9	-69.0
纺织业	Manufacture of Textile	-4.8	8.7	-3.6	-14.4
纺织服装、服饰业	Manufacture of Textile Wearing, Apparel, Footwear and Caps	-5.5	20.4	-10.2	-15.6
皮革、毛皮、羽毛及其制品和制鞋业	Manufacture of Leather, Fur, Feather and Related Products	-25.9	-18.3	-23.4	-31.5
木材加工和木、竹、藤、棕、草制品业	Processing of Timber, Manufacture of Wood, Bamboo, Rattan, Palm and Straw Products	-14.6	3.1	-38.6	-20.7
家具制造业	Manufacture of Furniture	-17.5	-10.9	-40.4	-9.0
造纸和纸制品业	Manufacture of Paper and Paper Products	-4.0	35.7	-17.4	-15.6
印刷和记录媒介复制业	Printing, Reproduction of Recording Media	6.4	20.5	-27.8	21.8
文教、工美、体育和娱乐用品制造业	Manufacture of Articles for Culture, Education and Sport Activities	-16.8	0.9	-45.2	-16.7
石油加工、炼焦和核燃料加工业	Processing of Petroleum, Coking, Processing of Nuclear Fuel	47.6	197.5	-61.2	-33.4
化学原料和化学制品制造业	Manufacture of Raw Chemical Materials and Chemical Products	-28.3	-8.5	-37.8	-34.5

6-6 续 表 1 Continued 1

单位:% (%)

行业	Sector	投资额 Investment	#新建 Construction	#扩建 Expansion	#改建 Reconstruction
医药制造业	Manufacture of Medicines	53.3	64.1	8.7	79.9
化学纤维制造业	Manufacture of Chemical Fibers	8.6	92.1	1.5	-12.6
橡胶和塑料制品业	Rubber and Plastic	-2.9	18.8	-29.4	-1.7
非金属矿物制品业	Manufacture of Non-metallic Mineral Products	5.5	19.0	26.7	-10.7
黑色金属冶炼和压延加工业	Smelting and Pressing of Ferrous Metals	19.0	84.7	-46.4	23.1
有色金属冶炼和压延加工业	Smelting and Pressing of Non-ferrous Metals	-23.0	-7.9	-34.8	-24.5
金属制品业	Manufacture of Metal Products	-19.7	-17.6	-25.6	-19.8
通用设备制造业	Manufacture of General Purpose Machinery	-7.5	2.5	-3.9	-12.5
专用设备制造业	Manufacture of Special Purpose Machinery	24.3	36.5	3.7	30.0
汽车制造业	Manufacture of Automobile	-5.1	11.8	-19.5	-10.6
铁路、船舶、航空航天和其他运输设备制造业	Manufacture of Railroad, Marine Aviation and other Transport Equipment	7.4	18.6	-16.4	16.1
电气机械和器材制造业	Manufacture of Electrical Machinery and Equipment	-4.4	30.5	-36.3	-8.0
计算机、通信和其他电子设备制造业	Manufacture of Communication Equipment, Computers and Other Electronic Equipment	56.9	74.9	26.2	73.8
仪器仪表制造业	Manufacture of Instrumentation	127.0	162.4	42.9	180.0
其他制造业	Other Manufacturing	-25.1	-40.7	-28.8	29.4
废弃资源综合利用业	Manufacture of Recycling and Disposal of Waste	13.2	61.7	-46.4	-14.7
金属制品、机械和设备修理业	Manufacture of Metal Products, Machinery and Equipment Repair	121.3	84.4	242.8	641.2
电力、热力、燃气及水的生产和供应业	Production and Supply of Electric Power, Heat Power, Gas and Water	-5.1	22.6	-37.7	-22.3
电力、热力生产和供应业	Production and Supply of Electric Power and Heat Power	-11.6	19.0	-41.0	-36.8
燃气生产和供应业	Production and Supply of Gas	-3.1	54.3	-59.7	-24.5
水的生产和供应业	Production and Supply of Water	31.1	35.8	1.0	46.8
建筑业	Construction	-91.8	-95.2		-96.5
房屋建筑业	Housing Construction	-77.9	-94.1		-74.0
土木工程建筑业	Civil Engineering Construction	-94.8	-96.0		-98.4
建筑安装业	Building Installation				
建筑装饰和其他建筑业	Other Construction	-94.9	-82.1		
批发和零售业	Wholesale and Retail Trades	-2.5	15.9	-48.5	5.1
批发业	Wholesale Trades	15.3	41.9	-40.8	35.8

6-6 续 表 2 Continued 2

单位:% (%)

行 业	Sector	投资额 Investment	#新 建 Construction	#扩 建 Expansion	#改 建 Reconstruction
零售业	Wholesale and Retail Sales	-18.9	-5.8	-58.6	-12.7
交通运输、仓储和邮政业	Transportation, Storage and Post	6.4	12.7	-11.3	-14.7
铁路运输业	Railway Transport	-2.3	2.0		-67.1
道路运输业	Road Transport	9.7	14.8	-9.0	-12.9
水上运输业	Water Transport	-15.1	-8.4	0.6	-65.3
航空运输业	Air Transport	75.7	407.6	-5.7	564.3
管道运输业	Transport Via Pipeline	12.1	163.0	-3.2	87.0
多式联运和运输代理业		-16.9	-33.8	182.5	-9.1
装卸搬运和仓储业	Handling and Agency	2.2	14.4	-26.9	-18.1
邮政业	Post	12.3	1.8	61.1	
住宿和餐饮业	Hotels and Catering Services	13.1	23.2	-24.5	32.1
住宿业	Hotel	19.6	28.2	-27.3	64.4
餐饮业	Catering Services	-2.0	10.6	-18.7	-27.2
信息传输、软件和信息技术服务业	Information Transfer, Software and IT Services	-8.6	7.6	-30.5	-4.5
电信、广播电视和卫星传输服务	Telecommunications, Satellites Radio and Television Services	13.9	21.5	11.8	10.3
互联网和相关服务	Internet and Relatiue Services	-12.1	6.2	-57.7	152.8
软件和信息技术服务业	Software and IT Services	-16.9	5.7	-43.7	-62.7
金融业	Financial Intermediation	-33.9	-44.6	-0.1	9.7
货币金融服务	Nonetary and Financial	-28.7	-45.3	133.9	200.8
资本市场服务	Capital Markets	-59.6	-68.0	-32.7	
保险业	Insurance	-52.3	22.5		-51.9
其他金融业	Other Financial Activities	-15.3	-7.9	-14.8	-56.4
房地产业	Real Estate	-11.8	2.0	-44.8	-62.2
租赁和商务服务业	Leasing and Business Services	7.1	24.1	-38.7	-39.0
租赁业	Leasing	135.9	33.7	-74.0	5.0
商务服务业	Business Services	4.0	24.0	-37.7	-39.9
科学研究和技术服务业	Scientific and Fednical Services	8.6	28.8	-53.7	64.9
研究和试验发展	Research and Experimental Development	7.7	23.4	-51.6	41.9
专业技术服务业	Professional Technical Services	35.2	84.5	-48.5	79.5
科技推广和应用服务业	Promation and Application of Secscence	-5.2	9.9	-59.1	94.2
水利、环境和公共设施管理业	Management of Water Conservancy, Environment and Public Facilities	-1.4	8.6	-39.8	7.0

6-6 续 表 3 Continued 3

单位:% (%)

行业	Sector	投资额 Investment	#新建 Construction	#扩建 Expansion	#改建 Reconstruction
水利管理业	Management of Water Conservancy	-32.5	-32.3	-41.6	-27.5
生态保护和环境治理业	Ecological Protection and Enviromental	38.5	46.8	-25.6	121.4
公共设施管理业	Management of Public Facilities	0.5	12.6	-40.5	6.1
土地管理业		-18.6	-15.7	-31.6	-10.5
居民服务、修理和其他服务业	Services to Households and Other Services	11.1	22.1	1.7	-53.0
居民服务业	Services to Households	32.1	58.1	31.8	-60.0
机动车、电子产品和日用产品修理业	Vehicle, Electronics and Daiy Maintenance	169.2	244.1	77.1	47.2
其他服务业	Other Services	-37.8	-34.6	-53.6	-67.4
教育	Education	30.8	46.8	-12.2	6.7
卫生和社会工作	Health and Social Work	-18.8	-22.3	-7.7	-43.2
卫生	Health	-9.9	-17.5	9.1	14.9
社会工作	Social Work	-46.3	-37.1	-66.0	-81.8
文化、体育和娱乐业	Culture, Sports and Entertainment	13.9	25.4	-24.6	42.5
新闻和出版业	Journalism and Publishing Activities	17.0		3.0	
广播、电视、电影和影视录音制作业	Radio, TV, Movie and Video Recording	-8.9	-19.9	-5.2	337.1
文化艺术业	Cultural and Art Activities	4.1	18.6	-27.3	3.1
体育	Sports Activities	15.3	8.3	39.9	44.3
娱乐业	Entertainment	24.2	42.7	-55.7	56.3
公共管理、社会保障和社会组织	Public Administration, Social Security and Organization	15.0	8.3	42.2	57.5
中国共产党机关	Organs of Communist Party of China	39.0	120.2	-4.4	
国家机构	Government Agencies	11.7	5.8	36.3	52.9
人民政协、民主党派	People's Political Consultative Conference and Democratic Parties				
社会保障	Social Security	39.6	30.8		
群众团体、社会团体和其他成员组织	Mass, Society and other Groups	12.3	-3.4	36.8	134.2
基层群众自治组织	Grass Roots Self-governing Organizataions	60.1	36.8	198.6	82.2

注:本表不含房地产开发投资。
a) The investment in real estate development was not included in this table.

6－7 按隶属关系和注册类型分固定资产投资比上年增长情况（2019年）

单位:%

行业	Sector	投资额 Investment	中央 Central Investment
总计	**Total**	**5.1**	**16.9**
农、林、牧、渔业	Agriculture, Forestry, Animal Husbandry and Fishery	9.4	41.1
农业	Farming	-5.4	
林业	Forestry	26.5	
畜牧业	Animal Husbandry	31.1	
渔业	Fishery	55.3	
农林牧渔专业及辅助性活动	Service in Support of Agriculture	9.0	74.3
采矿业	Mining	-33.2	-76.4
煤炭开采和洗选业	Mining and Washing of Coal	4.3	
石油和天然气开采业	Extraction of Petroleum and Natural Gas	-80.6	-84.9
黑色金属矿采选业	Mining and Processing of Ferrous Metul Ores	38.3	
有色金属矿采选业	Mining and Processing of Non-ferrous Metal Ores	-13.3	
非金属矿采选业	Mining and Processing of Nonmetal Ores	12.3	
开采辅助活动	Auxiliary Mining	-69.2	
其他采矿业	Mining of Other Ores	-96.0	
制造业	Manufacturing	4.6	20.3
农副食品加工业	Processing of Food from Agricultural Products	-19.3	71.2
食品制造业	Manufacture of Food	-14.0	
酒、饮料和精制茶制造业	Manufacture of Beverage	29.5	
烟草制品业	Manufacture of Tobacco	-55.7	
纺织业	Manufacture of Textile	-4.8	
纺织服装、服饰业	Manufacture of Textile Wearing, Apparel, Footwear and Caps	-5.5	
皮革、毛皮、羽毛及其制品和制鞋业	Manufacture of Leather, Fur, Feather and Related Products	-25.9	
木材加工和木、竹、藤、棕、草制品业	Processing of Timber, Manufacture of Wood, Bamboo, Rattan, Palm and Straw Products	-14.6	
家具制造业	Manufacture of Furniture	-17.5	
造纸和纸制品业	Manufacture of Paper and Paper Products	-4.0	
印刷和记录媒介复制业	Printing, Reproduction of Recording Media	6.4	
文教、工美、体育和娱乐用品制造业	Manufacture of Articles For Culture, Education and Sport Activities	-16.8	-96.4
石油加工、炼焦和核燃料加工业	Processing of Petroleum, Coking, Processing of Nuclear Fuel	47.6	115.7
化学原料和化学制品制造业	Manufacture of Raw Chemical Materials and Chemical Products	-28.3	-26.6
医药制造业	Manufacture of Medicines	53.3	
化学纤维制造业	Manufacture of Chemical Fibers	8.6	116.0
橡胶和塑料制品业	Rubber and Plastic	-2.9	78.9

6-7 Investment in Fixed Assets by Jurisdiction of Management and Registration Status(2019)

(%)

地方 Local Investment	内资 Domestic Funds	港澳台商投资 Funds from Hong Kong, Macao and Taiwan	外商投资 Foreign Funded	国有控股 State-holding	集体控股 Collective-holding	私人控股 Private-holding
4.8	**5.1**	**2.2**	**6.8**	**10.6**	**-17.8**	**6.1**
9.3	7.8	-33.9	1219.1	-2.2	-4.7	16.0
-5.1	-6.7	-6.9		-38.1	-79.6	9.5
26.1	21.3			33.7		16.3
31.1	28.4	-78.7	898.2	18.5		32.5
52.5	54.8			85.9	718.7	52.9
8.6	8.5			21.3	119.7	-7.4
-12.3	-34.2			-65.7		-2.0
-28.9	4.3					8.3
	-80.6			-84.9		
38.3	38.3					38.3
-13.3	-13.3					-13.3
12.3	9.4			-30.3		34.8
-69.2	-69.2					-69.2
	-96.0					
4.5	4.8	-5.6	8.8	18.9	2.9	5.6
-19.5	-16.0	-40.8	-52.2	-18.1	-66.5	-15.2
-14.8	-14.4	-18.6	-7.5	-49.6	21.5	-11.7
29.5	24.3	-87.4	279.5	-27.7		28.9
-84.6	-55.7			-49.1		
-4.8	-5.3	23.5	-21.9	-67.5	4569.3	-2.4
-5.3	-5.1	-25.2	-4.8	-55.4		-1.7
-25.9	-22.2		-42.5			-24.6
-14.6	-15.4	39.4	-70.2		2461.5	-18.8
-17.5	-15.0	-69.3	-54.7	775.0		-17.1
-4.0	-5.2	-52.5	112.6	434.7		4.9
6.8	8.4	106.9	-69.2	-10.4	-31.3	10.5
-16.3	-16.0	4.2	-31.8	255.4	25.5	-13.7
43.9	56.9	-71.0	42.4	-12.3		88.6
-28.3	-32.9	-16.4	9.3	-27.4	207.7	-29.6
51.7	50.4	115.5	35.4	27.6	70.7	53.1
6.4	11.3	-15.6	31.1	47.7	34.8	7.3
-3.0	-1.4	-4.9	-22.3	91.8	87.4	-1.3

6-7 续 表 1

单位:%

行 业	Sector	投资额 Investment	中央 Central Investment
非金属矿物制品业	Manufacture of Non-metallic Mineral Products	5.5	285.6
黑色金属冶炼和压延加工业	Smelting and Pressing of Ferrous Metals	19.0	-10.6
有色金属冶炼和压延加工业	Smelting and Pressing of Non-ferrous Metals	-23.0	
金属制品业	Manufacture of Metal Products	-19.7	2256.7
通用设备制造业	Manufacture of General Purpose Machinery	-7.5	-15.4
专用设备制造业	Manufacture of Special Purpose Machinery	24.3	-13.4
汽车制造业	Manufacture of Automobile	-5.1	226.1
铁路、船舶、航空航天和其他运输设备制造业	Manufacture of Railroad, Marine Aviation and other Transport Equipment	7.4	-13.0
电气机械和器材制造业	Manufacture of Electrical Machinery and Equipment	-4.4	-29.5
计算机、通信和其他电子设备制造业	Manufacture of Communication Equipment, Computers and Other Electronic Equipment	56.9	149.8
仪器仪表制造业	Manufacture of Instrumentation	127.0	391.1
其他制造业	Other Manufacturing	-25.1	
废弃资源综合利用业	Manufacture of Recycling and Disposal of Waste	13.2	
金属制品、机械和设备修理业	Manufacture of Metal Products, Machinery and Equipment Repair	121.3	
电力、热力、燃气及水的生产和供应业	Production and Supply of Electric Power, Heat Power, Gas and Water	-5.1	-17.9
电力、热力生产和供应业	Production and Supply of Electric Power and Heat Power	-11.6	-17.5
燃气生产和供应业	Production and Supply of Gas	-3.1	-79.1
水的生产和供应业	Production and Supply of Water	31.1	20.5
建筑业	Construction	-91.8	-71.2
房屋建筑业	Housing Construction	-77.9	
土木工程建筑业	Civil Engineering Construction	-94.8	-71.2
建筑安装业	Building Installation		
建筑装饰和其他建筑业	Other Construction	-94.9	
批发和零售业	Wholesale and Retail Trades	-2.5	86.3
批发业	Wholesale Trades	15.3	-34.7
零售业	Retail Trades	-18.9	
交通运输、仓储和邮政业	Transport, Storage and Post	6.4	-39.5
铁路运输业	Railway Transport	-2.3	999.2
道路运输业	Road Transport	9.7	7.2
水上运输业	Water Transport	-15.1	
航空运输业	Air Transport	75.7	
管道运输业	Transport Via Pipelines	12.1	-78.9
多式联运和运输代理业		-16.9	
装卸搬运和仓储业	Loading, Unloading and Other Transport Services	2.2	97.1
邮政业	Post	12.3	506.9
住宿和餐饮业	Hotels and Catering Services	13.1	178.5
住宿业	Hotels	19.6	178.5
餐饮业	Catering Services	-2.0	
信息传输、软件和信息技术服务业	Information Transfer、Software and IT Services	-8.6	35.9
电信、广播电视和卫星传输服务	Telecommunications、Satellites Radio and Television Services	13.9	37.5

Continued 1

(%)

地方 Local Investment	内资 Domestic Funds	港澳台商投资 Funds from Hong Kong, Macao and Taiwan	外商投资 Foreign Funded	国有控股 State-holding	集体控股 Collective-holding	私人控股 Private-holding
5.2	4.0	221.7	-14.9	72.6	-3.0	3.1
19.8	18.9	33.1	-16.4	78.9	50.8	4.7
-23.2	-23.7	5.2	-16.3	90.7		-24.1
-19.8	-20.6	-34.6	22.8	80.5	-46.3	-20.8
-7.4	-8.5	-14.6	12.8	29.3	-77.6	-8.8
24.5	21.3	111.5	13.0	142.2	0.1	23.1
-6.1	-3.0	-18.8	-11.5	46.7	-87.6	-4.5
8.3	9.8	45.4	-35.3	146.6	33.2	-1.2
-4.1	-1.3	-61.9	11.8	-50.4	-16.7	1.0
56.3	90.1	-12.4	34.3	25.1	817.5	98.2
126.7	150.6	9.7	-36.5	26.7	14.5	158.6
-25.1	-29.0	-69.0	77.4	-81.6	-90.8	-10.8
16.5	17.3	-10.2	-39.5	-51.8		19.3
119.4	121.3			-89.2		168.3
0.8	-7.1	8.4	34.0	-17.0	16.8	13.5
-8.0	-13.2	-0.4	21.4	-21.6	-42.3	12.8
5.1	-15.4	294.5	18.4	27.8		-32.6
31.2	27.5	98.4	84.4	0.8	2214.1	39.6
-92.3	-91.4			-96.2		-69.7
-77.9	-77.9			-95.5		-55.0
-95.7	-94.8			-96.2		-78.8
-94.9	-88.6					-33.7
-2.5	-1.0	5.0	-61.6	-31.7	-39.9	0.3
15.4	15.3	24.8	-24.1	-23.9	365.7	13.1
-19.1	-16.5	-49.5	-67.9	-35.2	-55.8	-13.1
7.3	5.0	26.9	88.8	15.9	-50.4	-10.6
-7.6	-2.3			-5.7		233.0
9.7	9.7	6020.7		20.3	-28.7	-22.3
2.3	-24.7	9312.4	135.6	-25.3	-81.2	17.4
75.7	75.7			78.6		74.2
190.7	12.1			-64.6		243.3
-16.9	-45.8	254.8		-54.2		-34.6
1.6	-2.1	3.9	76.2	58.2	-69.0	-5.5
1.7	12.3			90.5		1.4
12.9	16.1	-8.2	-84.2	-10.0	-4.1	32.0
19.2	25.7	-31.0	-94.1	8.3	-19.0	42.9
-2.0	-5.3		-21.1	-82.6	21.1	12.9
-15.7	-10.3	12.5	-11.1	0.2	-84.0	-15.3
-12.3	25.3	-24.1	-80.8	26.8	-85.7	6.7

6-7 续 表 2

单位:%

行 业	Sector	投资额 Investment	中央 Central Investment
互联网和相关服务	Internet and Relatiue Services	-12.1	23.3
软件和信息技术服务业	Software and IT Services	-16.9	17.1
金融业	Financial Intermediation	-33.9	-28.5
货币金融服务	Monetary and Financial	-28.7	36.8
资本市场服务	Capital Markets	-59.6	
保险业	Insurance	-52.3	-59.6
其他金融业	Other Financial Activities	-15.3	
房地产业	Real Estate	-11.8	-4.6
租赁和商务服务业	Leasing and Business Services	7.1	-42.2
租赁业	Leasing	135.9	
商务服务业	Business Services	4.0	-42.2
科学研究和技术服务业	Scientific Research and Technical Services	8.6	-16.9
研究和试验发展	Research and Experimental Developmant	7.7	-40.9
专业技术服务业	Professional Technical Serrices	35.2	110.2
科技推广和应用服务业	Promation and Application of Science	-5.2	
水利、环境和公共设施管理业	Management of Water Conservancy, Environment and Public Facilities	-1.4	308.2
水利管理业	Management of Water Conservancy	-32.5	4238.4
生态保护和环境治理业	Ecological Protection and Enviromental	38.5	-86.9
公共设施管理业	Management of Public Facilities	0.5	716.9
土地管理业		-18.6	-74.7
居民服务、修理和其他服务业	Services to Households and Other Services	11.1	
居民服务业	Services to Households	32.1	
机动车、电子产品和日用产品修理业	Vehicle、Electronics and Dairy Maintenance	169.2	
其他服务业	Other Services	-37.8	
教育	Education	30.8	-12.3
卫生和社会工作	Health and Social Work	-18.8	-80.0
卫生	Health	-9.9	-85.1
社会工作	Social Work	-46.3	-58.0
文化、体育和娱乐业	Culture, Sports and Entertainment	13.9	
新闻和出版业	Journalism and Publishing Activities	17.0	
广播、电视、电影和影视录音制作业	Broadcasting, Movies, Television and Audiovisual Activities	-8.9	
文化艺术业	Cultural and Art Activities	4.1	
体育	Sports Activities	15.3	
娱乐业	Entertainment	24.2	
公共管理、社会保障和社会组织	Public Management and Social Organization	15.0	125.6
中国共产党机关	Organs of Communist Party of China	39.0	
国家机构	Government Agencies	11.7	-5.2
人民政协、民主党派	People's Political Cousultative Conference and Remocratic Parlies		
社会保障	Social Security	39.6	
群众团体、社会团体和其他成员组织	Non-governmental Organizations, Social Organizations and Religion Organizations	12.3	71.5
基层群众自治组织	Grass Roots Self-governing Organizataions	60.1	84.2

Continued 2

(%)

私人控股 Private-holding	地方 Local Investment	内资 Domestic Funds	港澳台商投资 Funds from Hong Kong, Macao and Taiwan	外商投资 Foreign Funded	国有控股 State-holding	集体控股 Collective-holding
-12.5	-19.6	29.0		-36.2	92.0	-19.3
-17.4	-22.1	10.3	47.9	-38.4	-87.1	-13.9
-34.1	-34.0			-45.8	38.1	9.6
-30.6	-28.7			-52.7	183.5	94.1
-59.6	-59.6			-75.6		31.3
-49.8	-53.9			-53.4		-52.5
-15.3	-15.3			-10.2		-16.0
-11.9	-13.4	151.8	-93.8	-20.9	4.8	0.3
8.0	10.2	-69.2	-16.9	17.0	7.1	6.6
135.9	158.2		-28.7	3113.6		89.0
4.8	6.9	-69.2	-9.6	13.5	9.7	2.5
9.7	10.9	36.9	-55.6	44.7	-29.1	-2.4
10.7	15.7	-29.9	-74.2	61.7	11.5	-12.6
32.0	36.9	-34.3	-28.9	51.6	-28.2	18.6
-3.7	-9.7	69.5	43.0	15.7	-61.8	-3.6
-2.2	-0.3	-65.7	-31.6	-3.1	4.7	8.2
-36.0	-32.5			-31.1	-55.2	-15.7
41.6	40.5	30.5	-24.4	26.1	4.3	101.2
-0.1	2.0	-83.2	-35.3	-0.5	10.6	4.3
-16.3	-18.6			-37.4	2281.9	-25.5
10.6	11.1	-75.6	90.0	31.3	-77.0	12.1
31.2	36.9		103.2	68.5	-78.1	19.5
169.2	162.4			-85.4	487.5	180.8
-37.8	-39.5		-33.0	-12.2	-78.8	-60.9
32.2	29.4	4522.4	-21.3	35.6	-46.4	37.7
-17.3	-17.6	3554.5	-96.6	-18.1	-25.4	-9.1
-8.0	-10.7	3554.5		-16.9	-12.9	14.3
-46.1	-41.0			-29.0	-65.3	-41.9
13.8	15.4	-16.5	-39.7	-8.3	0.7	42.5
17.0	17.0			-1.7		865.1
-8.9	-3.7	-100.0		68.3		-37.6
3.9	3.4			5.7	-0.7	-27.4
15.0	15.3			-17.7	12.8	101.9
24.2	28.6		-39.7	-25.7	0.2	65.3
13.6	15.0			3.6	202.4	129.5
-34.0	39.0			39.0		
11.8	11.7			2.6	600.3	149.6
39.6	39.6			254.8	-15.2	
8.8	12.3			-9.7	45.0	171.1
59.2	60.1			-8.9	122.0	

6-8 房地产开发投资主要指标
Major Indicaotrs of Real Estate Investment

指标	Item	2000	2005	2010	2015	2019
投资完成额(亿元)	**Investment Completed This Year (100 million yuan)**	**358.72**	**1545.15**	**4299.38**	**8153.68**	**12009.35**
按构成分	Grouped by Use of Funds					
#建筑安装工程	Construction and Installation Projects	255.81	1091.29	2897.21	6186.30	6917.30
设备工器具购置	Purchase of Equipment and Instruments	3.34	12.53	41.09	118.93	178.49
按工程用途分	Grouped by Use of Project					
住宅	Residential Buidlings	260.79	1133.06	3158.46	6080.21	9461.98
#90平方米以下	Below 90 Square Meters			733.15	1773.41	1262.66
#144平方米以上	Above 140 Square Meters			744.76	1248.38	2146.21
办公楼	Office Buildings	21.59	54.27	154.61	344.07	402.35
商业营业用房	Houses for Business Use	48.48	217.02	611.08	1130.91	1069.16
其他	Others	27.86	140.81	375.23	598.50	1075.86
按资金来源分	Grouped by Sources of Funds					
国内贷款	Domesitc Loans	88.01	392.73	1515.66	1877.93	3091.16
利用外资	Foreign Investment	5.82	33.16	92.76	44.91	31.20
自筹投资	Self-raising Funds	101.34	614.76	2031.38	3416.80	4491.33

6-8 续 表 1 Continued 1

指 标 Item		2000	2005	2010	2015	2019
其他投资	Others	195.48	998.18	4382.54	6700.36	826.98
定金及预收款						7996.24
个人按揭贷款						3437.33
房屋建筑面积（万平方米）	**Floor Space of Building (10000 sq. m)**					
施工面积	Floor Space Under Construction	4268.45	15619.26	35106.90	58118.44	65686.75
#住宅	Residential Buidlings	3348.36	12385.98	26347.13	42315.98	49010.85
竣工面积	Floor Space Completed	2143.22	5500.12	8696.28	10296.96	9369.08
#住宅	Residential Buidlings	1774.80	4497.68	6553.53	7930.21	6968.89
商品房销售情况（万平方米）	**Sale of Commercialized Buildings (10000 sq. m)**					
房屋销售面积	Floor Space of Commercialized Buildings	1740.93	5135.55	9485.47	11414.05	13972.85
#住宅	Residential Buidlings	1555.97	4523.14	8112.37	10275.95	12545.04
#90平方米以下	Below 90 Square Meters			1583.11	1896.76	1223.61
#144平方米以上	Above 144 Square Meters			1816.86	1533.98	2033.47

注:1、本表资金来源为资金到位数。

2、从2011年开始,将140平方米及以上住宅改为144平方米及以上。

a) The funds sources of this table were all available for investment.

b) The high-grade residential area standard has been changed to 144 square meters and above from 2011.

6-9 按登记注册类型分房地产开发投资(2019年)

项目	Iteam	总计 Total	内资 Domestic Funds	国有 State-owned	集体 Collective-owned
企业个数 (个)	**Number of Enterprises (unit)**	**6560**	**6017**	**33**	**15**
本年完成投资 (亿元)	**Investment Completed This Year (100 million yuan)**	**12009.35**	**10776.95**	**145.80**	**4.91**
按构成分	Grouped by Use of Funds				
建筑工程	Construction Projects	6367.62	5693.43	59.96	4.71
安装工程	Installation Projects	549.68	489.79	3.02	
设备工器具购置	Pruchase of Equipment and Instruments	178.49	163.29	0.34	
其他费用	Others Expenses	4913.56	4430.45	82.48	0.21
按构成用途分	Grouped by Use of Project				
住宅	Residential Buildings	9461.98	8542.61	111.35	2.58
#90平方米以下	Below 90 Square Meters	1262.66	1174.02	27.72	0.59
140平方米以上住房	Above 140 Square Meters	2146.21	1886.68	12.59	0.00
别墅、高档公寓	Villas, High-grade Apartments	537.41	489.63	2.57	
办公楼	Office Buidings	402.35	343.41	3.46	1.12
商业营业用房	Buidings for Business Use	1069.16	930.35	19.82	1.02
其他	Others	1075.86	960.59	11.17	0.19
本年新增固定资产 (亿元)	**Newly Increased Fixed Assets This Year (100 million yuan)**	**5213.15**	**4688.79**	**33.70**	**5.82**
资金来源	**Sources of Funds**				
本年资金来源合计	Total of Funds This Year	26759.32	23534.29	303.56	7.43
上年末结余资金	Balance of Founds Last Year	6885.09	5951.73	39.90	1.81
本年资金来源小计	Subtotal Funds This Year	19874.24	17582.57	263.66	5.62
国内贷款	Domestic Loans	3091.16	2771.02	46.25	
利用外资	Foreign Investment	31.20	0.92		
自筹资金	Self-raising Funds	4491.33	4099.13	98.11	4.41
其他资金来源	Others	826.98	747.47	16.67	1.21
定金及预收款	Deposit and Advance Receipt	7996.24	6926.61	81.12	0.00
个人按揭贷款	Bargain Money and Pre-received Money	3437.33	3037.41	21.52	

Investment in Real Estate Development by Registration Status(2019)

股份合作 Cooperative Enterprises	联营 Joint Ownership	国有独资公司 State Sole Funded	其它有限责任公司 Other Limited Liability Corporations	股份有限公司 Share Holding Co., Ltd.	私营 Private	其它 Other
2		**185**	**2037**	**183**	**3562**	
4.60		**516.49**	**4127.36**	**294.19**	**5683.60**	
2.76		301.43	2072.29	133.06	3119.23	
0.84		16.93	196.44	9.07	263.49	
0.06		5.85	68.96	5.44	82.63	
0.94		192.28	1789.68	146.62	2218.25	
1.07		396.16	3229.05	194.94	4607.45	
		82.84	529.03	27.24	506.60	
0.90		63.77	721.07	44.75	1043.60	
1.07		6.03	175.68	9.46	294.82	
		11.86	183.92	8.26	134.79	
0.27		35.83	357.30	18.79	497.32	
3.27		72.64	357.09	72.20	444.04	
		140.07	**2159.82**	**147.43**	**2201.95**	
34.50		1235.89	9312.99	641.77	11998.15	
0.51		264.21	2527.95	229.22	2888.13	
33.98		971.68	6785.04	412.55	9110.03	
18.49		199.02	1167.28	87.93	1252.05	
			0.38		0.54	
		286.29	1436.92	121.07	2152.33	
		82.92	298.98	2.45	345.25	
12.22		287.56	2731.41	140.41	3673.88	
3.27		115.89	1150.06	60.68	1685.98	

6-9 续 表

指　　标 Iteam		港澳台商投资 Funds from Hong Kong, Macao and Taiwan	合资经营 Joint-venture Enterprises	合作经营 Cooperative Enterprises
企业个数　　　　（个）	**Number of Enterprises　　(unit)**	**388**	**171**	**8**
本年完成投资　　（亿元）	**Investment Completed This Year (100 million yuan)**	**932.41**	**559.52**	**18.57**
按构成分	Grouped by Use of Funds			
建筑工程	Construction Projects	509.07	272.26	11.79
安装工程	Installation Projects	41.46	23.15	
设备工器具购置	Pruchase of Equipment and Instruments	9.99	3.26	
其他费用	Others Expenses	371.89	260.85	6.78
按构成用途分	Grouped by Use of Project			
住宅	Residential Buildings	664.46	399.55	14.24
#90 平方米以下	Below 90 Square Meters	68.28	42.64	
140 平方米以上住房	Above 140 Square Meters	178.30	94.51	3.20
别墅、高档公寓	Villas, High-grade Apartments	33.48	19.95	
办公楼	Office Buidings	47.23	23.30	1.58
商业营业用房	Buidings for Business Use	123.56	65.23	2.74
其他	Others	97.17	71.43	
本年新增固定资产　（亿元）	**Newly Increased Fixed Assets This Year (100 million yuan)**	**347.55**	**92.04**	**12.91**
资金来源	**Sources of Funds**			
本年资金来源合计	Total of Funds This Year	2256.36	1145.32	30.73
上年末结余资金	Balance of Founds Last Year	624.48	234.91	23.93
本年资金来源小计	Subtotal Funds This Year	1631.88	910.40	6.81
国内贷款	Domestic Loans	229.52	154.17	
利用外资	Foreign Investment	21.55	10.33	
自筹资金	Self-raising Funds	293.71	161.33	2.47
其他资金来源	Others	53.35	34.28	3.85
定金及预收款	Bargain Money and Pre-received Money	724.58	389.38	0.38
个人按揭贷款	Personal Mortage Loans	309.16	160.92	0.11

6－9 Contnued

独资公司 Enterprises with Sole Fund	股份有限公司 Share Holding Co., Ltd.	其他港澳台商投资 Other Funds from Hong Kong, Macao and Taiwan	外商投资 Foreign Inveslment	合资经营 Joint-venture Enterprises	合作经营 Cooperative Enterprises	独资公司 Enterprises with Sole Fund	股份有限公司 Share Holding Co., Ltd.	其他外商投资 Other Foreign Inveslment
201	**6**	**2**	**155**	**79**	**5**	**64**	**3**	**4**
352.10	**2.22**		**299.99**	**178.98**	**5.40**	**106.12**	**0.84**	**8.64**
224.20	0.82		165.13	94.67	5.27	56.01	0.84	8.33
17.33	0.99		18.43	14.76	0.14	3.25		0.28
6.71	0.02		5.21	4.03		1.18		
103.87	0.40		111.22	65.52		45.68		0.03
248.50	2.16		254.92	150.14	4.69	91.97	0.80	7.32
25.41	0.24		20.35	7.46	0.72	6.85	0.78	4.55
80.13	0.46		81.23	31.84	1.54	46.02	0.02	1.81
13.38	0.15		14.30	5.03	1.00	8.26		
22.34	0.01		11.71	7.20	0.37	3.33		0.81
55.58	0.00		15.25	11.14	0.29	3.65	0.02	0.16
25.68	0.05		18.10	10.50	0.06	7.17	0.02	0.35
241.73	**0.86**		**176.82**	**107.23**	**3.06**	**53.09**	**4.94**	**8.50**
1055.23	24.09	0.99	968.67	580.55	30.92	336.69	2.23	18.28
362.60	2.19	0.85	308.88	187.56	23.78	93.39	0.81	3.34
692.63	21.90	0.14	659.79	393.00	7.13	243.30	1.42	14.94
68.96	6.40		90.62	41.69		48.26		0.67
11.22			8.73	3.43		4.18	1.12	
121.34	8.57		98.49	65.74		32.75		
15.22			26.16	19.28		6.88		
327.76	6.93	0.14	345.05	211.48	6.06	116.19	0.13	11.19
148.14			90.76	51.37	1.08	35.05	0.17	3.09

6-10 分市房地产开发投资(2019年)

指标	Item	南京 Nanjing	无锡 Wuxi	徐州 Xuzhou	常州 Changzhou
企业个数 （个）	**Number of Enterprises (unit)**	**600**	**741**	**463**	**382**
平均从业人数 （万人）	**Average Number of Employed Persons (10000 persons)**				
本年购置土地面积 （万平方米）	**Land Space Purchased This Year (10000 sq. m)**	**94.65**	**110.65**	**169.00**	**188.68**
投资完成额 （亿元）	**Investment Completed This Year (100 million yuan)**	**2501.26**	**1358.29**	**852.94**	**893.36**
按构成分	Grouped by Use of Funds				
#建筑安装工程	Construction and Installation Projects	1130.98	803.51	611.31	415.60
设备工器具购置	Purchase of Equipment and Instruments	51.46	23.01	16.15	8.08
按工程用途分	Grouped by Use of Project	2501.26	1358.29	852.94	893.36
住宅	Residential Buidlings	1735.85	1114.69	710.56	725.16
办公楼	Office Buildings	170.44	22.80	12.83	24.48
商业营业用房	Houses for Business Use	291.76	127.99	79.93	46.61
其他	Others	303.20	92.81	49.62	97.11
按资金来源分	Grouped by Sources of Funds				
国内贷款	Domesitc Loans	542.52	334.62	191.46	213.53
利用外资	Foreign Investment	1.82	9.24	0.50	4.14
自筹投资	Self-raising Funds	1058.80	473.34	166.81	369.14
其他投资	Others	122.86	116.77	60.55	45.64
定金及预收款	Bargain Money and Pre-received Money	1207.76	1016.78	537.24	547.52
个人按揭贷款	Personal Mortage Loans	550.14	325.41	269.58	218.21
本年新增固定资产 （亿元）	**Newly Increased Fixed Assets This Year (100 million yuan)**	**1179.91**	**872.84**	**266.50**	**265.42**
房屋建筑面积 （万平方米）	Floor Space of Building (10000 sq. m)				
施工面积	Floor Space Under Construction	9005.89	6353.18	6630.97	3657.89
#住宅	Residential Buidlings	5823.37	4828.81	5285.54	2671.13
竣工面积	Floor Space Completed	1590.59	1326.27	657.24	542.21
#住宅	Residential Buildings	1095.26	987.93	521.85	377.57
商品房销售情况 （万平方米）	Sale of Commercialized Buildings (10000 sq. m)				
房屋销售面积	Floor Space of Commercialized Buildings	1320.69	1379.96	1474.07	917.14
#住宅	Residential Buildings	1137.23	1253.04	1371.25	758.70

Real Estate Investment by Region (2019)

苏州 Suzhou	南通 Nantong	连云港 Lianyungang	淮安 Huaian	盐城 Yancheng	扬州 Yangzhou	镇江 Zhenjiang	泰州 Taizhou	宿迁 Suqian
1235	**611**	**278**	**351**	**522**	**375**	**339**	**316**	**347**
373.30	**134.21**	**25.11**	**66.02**	**65.61**	**228.94**	**94.13**	**56.26**	**128.04**
2686.47	**914.39**	**317.41**	**286.50**	**426.15**	**696.18**	**403.37**	**347.24**	**325.81**
1278.92	606.23	278.14	225.09	360.15	443.30	293.59	232.24	238.24
18.71	7.42	8.17	6.89	6.12	13.79	7.74	7.81	3.12
2686.47	914.39	317.41	286.50	426.15	696.18	403.37	347.24	325.81
2209.27	738.48	262.91	215.49	344.46	502.67	339.52	280.99	281.94
74.85	28.73	6.67	21.14	7.95	24.30	3.24	4.02	0.91
158.09	68.43	29.19	34.65	56.86	80.15	33.38	37.15	24.97
244.26	78.75	18.63	15.23	16.88	89.07	27.22	25.08	18.00
1020.10	241.03	71.65	39.98	84.05	133.54	116.74	66.41	35.53
6.85	6.26	0.00	1.27	0.00	0.00	1.12	0.00	0.00
1215.01	312.02	88.29	99.33	156.06	209.27	112.92	127.29	103.03
216.52	59.85	18.05	18.38	17.58	81.41	33.93	20.07	15.37
2263.72	766.61	144.11	204.69	213.56	361.55	286.89	229.17	216.65
778.48	266.48	120.49	135.68	136.06	147.97	162.44	136.67	189.71
1021.71	**417.05**	**114.31**	**154.07**	**165.87**	**149.92**	**293.88**	**196.97**	**114.71**
12148.01	5734.82	2689.61	3399.37	3584.97	3300.31	3111.97	2551.65	3518.11
9013.14	4304.14	2150.41	2627.82	2823.47	2348.59	2427.08	1992.33	2715.01
1283.75	974.00	267.96	373.80	498.01	375.53	642.38	522.29	315.04
1002.31	692.37	203.80	292.19	404.98	264.05	513.29	377.02	236.26
2178.22	1744.47	555.59	825.37	850.17	727.18	584.08	644.04	771.88
1983.56	1571.22	528.00	735.92	738.05	642.18	552.99	571.24	701.66

6－11 房地产开发企业经营情况
Operating Statistics on Enterprises for Real Estate Development

指　　标	Item	2000	2005	2010	2015	2019
企业个数　（个）	**Number of Enterprises　(unit)**	**1930**	**3810**	**6070**	**6642**	**6560**
内资	Domestic Funded	1636	3384	5450	6056	6017
#国有	State-owned Enterprises	585	248	252	201	218
集体	Collective-owned Enterprises	482	192	124	35	17
港澳台商投资	Enterprises with Funds from Hong Kong, Macao and Taiwan	197	277	352	396	388
外商投资	Foreign Funded	97	149	268	190	155
平均从业人数　（万人）	**Average Number of Employed Persons (10000 persons)**	**5.74**	**8.47**	**13.17**	**17.96**	**17.07**
内资	Domestic Funded		7.54	11.61	15.85	15.25
#国有	State-owned Enterprises		0.63	0.59	0.70	0.69
集体	Collective-owned Enterprises		0.33	0.19	0.09	0.03
港澳台商投资	Enterprises with Funds from Hong Kong, Macao and Taiwan		0.59	0.87	1.41	1.24
外商投资	Foreign Funded		0.34	0.69	0.70	0.57
土地开发及购置（万平方米）	**Land Development and Purchase (10000 sq. m)**					
本年土地成交价款（亿元）	Total Value of Land Purchased (100 million yuan)		319.02	613.85	530.42	1695.02
待开发土地面积	Land Space Pending Development	928.335	3981.34	3798.79	4044.91	2966.92
本年购置土地面积	Land Space Purchased This Year	1395.98	2848.80	2055.71	1693.35	1734.60
资产负债　（亿元）	**Assets and Liabilities　(100 million yuan)**					
实收资本	Capital Held		953.90	4061.51	8815.06	12294.76
资产总计	Total Assets	1201.82	5679.81	19791.32	46749.11	79078.62
累计折旧	Total Depreciation	13.25	34.48	128.74	264.16	357.09
#本年折旧	Depreciation This Year	2.75	8.45	33.70	52.22	70.38
负债总计	Total Liabilities	958.47	4343.07	14233.81	35200.59	61393.39
所有者权益	Owners' Equity	243.36	1336.74	5557.51	11548.52	17685.23

主要统计指标解释

固定资产投资 是以货币表现的建造和购置固定资产活动的工作量,它是反映固定资产投资规模、速度、比例关系和使用方向的综合性指标。全社会固定资产投资按登记注册类型可分为国有、集体、个体、联营、股份制、外商、港澳台商、其他等。全社会固定资产投资总额分为城镇项目投资、农村建设项目投资和房地产开发投资三个部分。

房地产开发投资 指房地产开发公司、商品房建设公司及其他房地产开发法人单位和附属于其他法人单位实际从事房地产开发或经营的活动单位统一开发的包括统代建、拆迁还建的住宅、厂房、仓库、饭店、宾馆、度假村、写字楼、办公楼等房屋建筑物和配套的服务设施,土地开发工程(如道路、给水、排水、供电、供热、通讯、平整场地等基础设施工程)的投资;不包括单纯的土地交易活动。

固定资产投资的资金来源 根据固定资产投资的资金来源不同,分为国家预算内资金、国内贷款、利用外资、自筹资金和其他资金来源。

(1) 国家预算内资金:分为财政拨款和财政安排的贷款两部分。包括中央财政的基本建设基金、专项支出、收回再贷、贴息资金,财政安排的挖潜改造和新产品试制支出、城建支出、商业部门简易建筑支出、不发达地区发展基金等资金中用于固定资产投资的资金;地方财政中由国家统筹安排的资金等。

(2) 国内贷款:指报告期内企、事业单位向银行及非银行金融机构借入的用于固定资产投资的各种国内借款。包括银行利用自有资金及吸收的存款发放的贷款、上级主管部门拨入的国内贷款、国家专项贷款(包括煤代油贷款、劳改煤矿专项贷款等)、地方财政专项资金安排的贷款、国内储备贷款、周转贷款等。

(3) 利用外资:指报告期收到的用于固定资产建造和购置投资的境外资金(包括设备、材料、技术在内)。计算利用外资时,需要折算成人民币,折算中所使用的外汇汇率按现汇计算,即按使用外汇时的汇率计算。包括外商直接投资、对外借款及外商其他投资。不包括我国自有外汇资金。

(4) 自筹资金:指固定资产投资单位报告期收到的,由各地区、各部门及企业、事业单位筹集用于固定资产投资的预算外资金,包括中央各部门、各级地方和企业、事业单位的自有资金。

(5) 其他资金:指在报告期收到的除以上各种资金之外其他用于固定资产投资的资金。包括社会集资、个人资金、无偿捐赠的资金及其他单位拨入的资金等。

固定资产投资按国民经济行业分 按建设项目建成投产后的主要产品或主要用途及社会经济活动性质来确定。一般情况下,一个建设项目或一个企业、事业单位只能属于一种国民经济行业。

固定资产投资按建设性质分 建设项目的性质一般分为新建、扩建、改建、迁建、恢复。

(1) 新建:一般是指从无到有、"平地起家"新开始建设的单位。有的单位原有的基础很小,经过建设后其新增加的固定资产价值超过原有固定资产价值(原值)三倍以上的也算新建。

(2) 扩建:一般是指为扩大原有产品的生产能力,在厂内或其他地点增建主要生产车间(或主要工程)、独立的生产线或分厂的企业;事业单位和行政单位在原单位增建业务用房(如学校增建教学用房、医院增建门诊部或病床用房、行政机关增建办公楼等)也作为扩建。

(3) 改建:一般是指现有企业、事业单位为了技术进步,提高产品质量,增加花色品种,促进产品升级换代,降低消耗和成本,加强资源综合利用和三废治理、劳保安全等,采用新技术、新工艺、新设备、新材料等对现有设施、工艺条件进行技术改造或更新(包括相应配套的辅助性生产、生活福利设施)。有的企业为充分发挥现有生产能力,进行填平补齐而增建不增加本单位主要产品生产能力的车间等,也属于改建。

固定资产投资按构成分 固定资产投资活动按其工作内容和实现方式分为建筑安装工程,设备、工具、器具购置,其他费用三个部分。

(1) 建筑安装工程(建筑安装工作量):指各种房屋、建筑物的建造工程和各种设备、装置的安装工程。包括各种房屋建造工程,各种用途设备基础和各种工业窑炉的砌筑工程;为施工而进行的各种准备工作和临时工程以及完工后的清理工作等;铁路、道路的铺设,矿井的开凿及石油管道的架设等;水利工程;防空地下建筑等特殊工程;以及各种机械设备的安装工程;为测定安装工程质量,对设备进行的试运工作。在安装工程中,不包括被安装设备本身的价值。

(2) 设备、工具、器具购置:指购置或自制达到固定资产标准的设备、工具、器具的价值,固定资产的标准按财务部门规定。新建单位、扩建单位的新建车间按照设计和计划要求购置或自制的全部设备、工具、器具,不论是否达到固定资产标准均计入"设备、工具、器具购置"中。

(3) 其他费用:指在固定资产建造和购置过程中发生的,除建筑安装工程和设备、工具、器具购置以外的各种应摊入固定资产的费用。

施工项目　指报告期内曾进行建筑或安装工程施工活动的建设项目,包括报告期内新开工项目、报告期以前开工跨入报告期继续施工的项目以及报告期施过工并在报告期内全部建成投产或停缓建的项目。

全部建成投产项目　工业项目是指设计文件规定形成生产能力的主体工程及其相应配套的辅助设施全部建成,经负荷试运转,证明具备生产设计规定合格产品的条件,并经过验收鉴定合格或达到竣工验收标准,与生产性工程配套的生活福利设施可以满足近期正常生产的需要,正式移交生产的建设项目。非工业项目是指设计文件规定的主体工程和相应的配套工程全部建成,能够发挥设计规定的全部效益,经验收鉴定合格或达到竣工验收标准,正式移交使用的建设项目。

房屋建筑面积　指从房屋外墙线算起的各层平面面积的总和,包括可供使用的有效面积和房屋结构(如柱、墙)占用的面积。多层建筑按各层(包括地下室)面积总和计算。

住宅建筑面积　指施工和竣工房屋建筑面积中供居住用的施工和竣工房屋建筑面积。

施工面积　指报告期内施工的全部房屋建筑面积。包括本期新开工的面积、上期跨入本期继续施工的房屋面积、上期停缓建在本期恢复施工的房屋面积、本期竣工的房屋面积及本期施工后又停缓建的房屋面积。

竣工面积　指在报告期内房屋建筑按照设计要求已全部完工,达到住人和使用条件,经验收鉴定合格,正式移交使用单位的建筑面积。

房屋建筑面积竣工率　指一定时期内房屋竣工面积占同期房屋施工面积的比率。它是从房屋建筑施工速度的角度反映投资效果和建筑业经济效益的指标。

新增固定资产　指通过投资活动所形成的新的固定资产价值,包括已经建成投入生产或交付使用的工程价值和达到固定资产标准的设备、工具、器具的价值及有关应摊入的费用。它是以价值形式表示的固定资产投资成果的综合性指标,可以综合反映不同时期、不同部门、不同地区的固定资产投资成果。

建设项目投产率　指一定时期内全部建成投入生产项目个数与同期正式施工项目个数的比率。它是从项目建设速度的角度反映投资效果的指标。

建设周期　是指报告期(年)所有正式施工项目全部建成平均需要的时间,它是从宏观角度反映建设速度的指标。建设周期的计算方法有两种:

(1)按建设项目计算:建设周期 = 报告期正式施工项目个数/报告期全部建成投产项目个数

(2)按投资额计算:建设周期 = 报告期正式施工项目计划总投资之和/报告期正式施工项目完成投资之和。

Explanatory Notes on Main Statistical Indicators

Investment in Fixed Assets　refers to the volume of activities in construction and purchases of fixed assets of the whole country expressed in monetary terms, it is a comprehensive indicator which shows the size, pace, proportional relations and use direction of the investment in fixed assets. Total investment in fixed assets in the whole country includes, by type of ownership, the investment by State-owned units, collective-owned units, individuals, joint ownership units, share-holding units, as well as investments by entrepreneurs from foreign countries and from Hong Kong, Macao and Taiwan, and by other units. The investment in fixed assets in the whole country is classified into the following three parts: investment in urban projects, rural construction projects and real estate development.

Investment in Real Estate Development　It includes the investment by the real estate development companies, commercial buildings construction companies and other real estate development units of various types of ownership in the construction of house buildings, such as residential buildings, factory buildings, warehouses, hotels, guesthouses, holiday villages, office buildings, and the complementary service facilities and land development projects, such as roads, water supply, water drainage, power supply, heating, telecommunications, land leveling and other projects of infrastructure. It excludes the activities in simple land transactions.

Sources of Funds for Investment in Fixed Assets　state budgetary appropriation, domestic loans, foreign investment, self-raised funds, and others.

(1) Fund from the State budget consists of budgetary appropriation and loans from the State budget. More specifically, it includes, from the budget of the central government, capital construction fund, special expenses, loans from repayment, discount fund, expenses on innovation and trial production of new products, expenses on urban construction, expenses on temporary construction from business departments, development fund for less developed areas, as well as local budgetary fund transferred from the central budget.

(2) Domestic loans refer to various funds borrowed by enterprises and institutions from banks and non-bank financial institutions during the reference period for the purpose of investment in fixed assets, including loans issued by banks from their self-owned funds and deposit, loans appropriated by higher responsible authorities, special loans by government (including loan for replacing petroleum

with coal, special loan for reform through labor coal mines), loans arranged by local government from special funds, domestic reserve loan, and working loan, etc.

(3) Foreign investment refers to foreign funds received during the reference period for the construction and purchase of investment in fixed assets (covering equipment, materials and technology). In calculating the utilization of foreign capital, foreign currencies are converted into Chinese RMB applying the current exchange rate when the foreign capitals are actually used. It includes foreign borrowings (loans from foreign governments and international financial institutions, export credit, commercial loans from foreign banks, issue of bonds and stocks overseas), foreign direct investment and other foreign investments.

(4) Self-raised funds refer to extra-budgetary funds for investment in fixed assets received during the reference period by investing units from central government ministries, local governments, enterprises and institutions, including their self-raised funds.

(5) Others refer to funds for investment in fixed assets received from sources other than those listed above, including funds raised from society and individuals, donations, and funds transferred from other units.

Investment in Fixed Assets by Sector In general, one project or one enterprise or institution can only be classified into one sector.

Investment in Fixed Assets by Types of Construction The construction projects in general can be classified by the type of construction into new construction, expansion, reconstruction, moving and resumption.

(1) New construction in general refers to newly constructed units. In the case in which the value of the original fixed assets is quite small, and the value of newly added fixed assets exceeds the original ones by three times, the expansion construction is considered as new construction.

(2) Expansion refers to construction of new major production workshop or independent production line within a factory or in other locations, or construction of a branch factory so as to increase the production capacity of the original products. Newly constructed business houses in institutions and administrative organizations (such as the newly constructed teaching buildings in schools, clinics or bed building in hospitals, and office buildings in administrative agencies, etc.) are also classified as expansion.

(3) Reconstruction refers to technical innovation and transformation of the existing equipment and technical conditions undertaken by enterprises and institutions for the purposes of technological advancement, improvement in product quality, enlarging variety of products, promoting new generation of products, reducing production consumption and cost, promoting comprehensive utilization of resources, strengthening treatment of waste gas, waste water and solid wastes, and safety in production, etc. through application of new technologies and techniques, use of new equipment and new materials (including accessory facilities for production or for living and welfare purposes). Construction of new workshops for improving existing production capacity rather than increasing production capacity is also considered as reconstruction.

Investment in Fixed Assets by Structure refers to the three major parts of investment activities, i. e. construction and installation, purchase of equipment and instrument, and other expenses.

(1) Construction and installation (work volume of construction and installation) refers to the construction of various houses and buildings and installation of various kinds of equipment and instruments, including construction of various houses, equipment foundations and industrial kilns and stoves, preparation works for project construction, and clearing up works post project construction, pavement of railways and roads, drilling of mines and putting up of oil pipes, construction of projects of water conservancy, construction of underground air-raid shelters and construction of other special projects, installation of various machinery equipment, testing operation for pre-testing the quality of installation projects. The value of equipment installed is not included in the value of installation projects.

(2) Purchase of equipment and instruments refers to the total value of equipment, tools, and vessels purchased or self-produced which come up to standards for fixed assets. Equipment, tools and vessels purchased or self produced for new workshops by newly established or expanded units are categorized as "purchase of equipment and instruments" no matter whether they come up to the standards for fixed assets or not.

(3) Other expenses refer to expenses occurring during the construction or purchase of fixed assets other than construction, installation or purchase of equipment and instruments.

Projects under Construction refer to projects having construction and installation activities undertaken in the reference period, including projects started in the reference period, or continued from the previous pound, or completed and put into production or suspended in the reference period.

Projects Completed and Put into Use Industrial projects refer to the major projects and accessory facilities completed which result in forming production capacity and have been checked and accepted while the living and welfare facilities have been completed and can ensure normal production and formally put into production. Non-industrial projects refer to the major projects and accessory facilities completed which possess the designed capacity and have been checked, accepted and formally put into production.

Floor Space of Buildings under Construction refers to total floor space in each story of buildings calculated from the outside line of building walls, including both usable space and the space occupied by constructions like pillars or walls. The floor space of multi-story buildings includes the total floor space of each story (including basement).

Floor Space of Residential Buildings refers to the floor space of the residential buildings among the total space of buildings under construction or completed.

Floor Space under Construction refers to total floor space of all buildings under construction during the reference period, including floor space of newly started buildings during the reference period, floor space of construction extended from the previous period to the current period, floor space of construction suspended during the previous period and resumed in the current period, floor space of construction completed in the current period, and floor space of construction started and then suspended in the current period.

Floor Space of Buildings Completed refers to the floor space of buildings completed in the reference period, which have come up to the designed standards and have been put into use.

Completion Rate of Floor Space of Buildings refers to the ratio of the floor space of buildings completed in certain period of time to the floor space of buildings under construction in the same period which reflects the investment result and economic efficiency of the construction industry from the angle of the speed of project construction.

Newly Increased Fixed Assets refer to the newly increased value of fixed assets through investment, including the value of projects completed and put into production, the value of equipment, tools, and vessels considered as fixed assets, as well as the relevant expenses as investment in fixed assets. This is a comprehensive indicator of investment in fixed assets, reflecting the achievements of investment in fixed assets in different periods, different sectors, and different regions.

Rate of Construction Projects Completed and Put into Use refers to the ratio of the number of construction projects completed and put into use in certain period of time to the number of projects under construction in the same period. This reflects the investment efficiency from the angle of the speed of projects construction.

Construction cycle refers to how longtime it will be taken in average that all the projects formally under construction can be completed in reference year. This indicator reflect the speed of construction in view of macrocosm.

There are two formulas in calculating the construction cycle:

(1) By the number of construction projects

Construction cycle = number of projects formally under construction in reference period (year)/number of all the projects are completed and put in production in reference period (year)

(2) By the value of investment

Construction cycle = total investment plan for the projects formally under construction in reference period (year)/total fulfihnent of investment on the projects formally under construction in reference period (year).

7

财政、金融

Government Finance, Financial Intermediation

简 要 说 明

本篇主要反映财政收支的基本情况及金融、证券和保险业的发展情况。

一、财政部分的主要内容、资料来源和口径说明

财政统计资料主要内容：一是财政收支历年统计数据；二是财政收支的主要构成项目。

资料来源：财政相关统计资料由江苏省财政厅提供，资料基础为财政决算表。其中，有关财政收支方面的资料根据财政决算收支总表、财政决算收入明细表、财政决算支出明细表的数据加工整理编制。

财政统计资料口径变动说明：财政预算外资金从1982年开始建立统计制度，1993年实施新的财务通则和会计准则，国营企业更新改造资金、大修理基金等不再作为预算外资金。从1997年起，财政部将政府预算收支科目分为两部分，即：将纳入预算管理的政府性基金收支及原属预算外的地方税费附加收支称为财政基金预算收支，原来的财政预算收支改称为财政一般预算收支。2007年财政收支科目实施了较大改革，特别是财政支出项目口径变化很大。2015年起，非税收入中的国有资本经营收入不再列入一般公共预算收入。

二、金融部分的主要内容和资料来源

金融统计资料主要内容：反映我省金融、证券和保险业发展情况。由四个部分构成：一是金融机构金融活动情况，二是金融机构、人员情况，三是保险业务情况，四是证券市场基本情况。

资料来源：金融机构金融活动情况和金融机构、人员情况由人民银行南京分行提供；保险业务情况由中国银行保险监督管理委员会江苏监管局提供；直接融资情况由中国证券监督管理委员会江苏监管局提供。

Brief Introduction

The data in this chapter present the government revenue and expenditure situation. Also present the development of financial, securities and insurance industries.

Ⅰ. Main Contents, Sources of Data and Diameter Description of Government Revenue

Financial Statistics main including the revenue and expenditure statistics over the years, the main component of revenue and expenditure project.

The data is provided by of the Finance Department of Jiangsu province. The base data from the financial statement sheets. Among them, information about revenue and expenditure of the total balance sheet based on final accounts, final accounts of income schedule, schedule of expenditures of final accounts data processing order preparation.

Data on the extra-budgetary funds have been collected in accordance with the statistical reporting scheme since 1982. In 1993, new general financial rules and accounting standards were implemented. As a result, the innovation fund and the major repair fund in the state-owned enterprises were no longer listed as extra-budgetary funds. Starting from 1997, government funds have been reclassified into budget management and have not been included in the extra-budgetary revenue and expenditure. In 2007, financial renvenve and expenditure subject a large reform especially the caliber charges of financial support for projects. From 2015, the income of state-owned capital in non-tax income wereno longer listed in general public budget revenue.

Ⅱ. Main Contents and Sources of Data of Finance

Data in this chapter show the development of

Jiangsu province's financial, securities and insurance industries. (1) the financial activities of the financial institutions; (2) the Situation of Financial Institutions and Personnel; (3) the situation regarding the insurance business ;(4) the situation regarding direct financing.

Financial situation of financial institutions and institutions, personnel provided by the People's Bank of China, Nanjing Branch. Major indicator of Insurance Business provided by China Insurance Regulatory Commission , Jiangsu Branch. Basic Information of direct finacing provided b by the China Securities Regulatory Commission, Jiangsu province.

7-1 历年财政收支

Financial Revenue and Expenditure over the Years

单位:亿元　　　　(100 million yuan)

年 份 Year	财政总收入 Government Revenue	#一般公共预算收入 General Public Budget Revenue	#税收收入 Taxes	一般公共预算支出 General Public Budget Expenditure	财政总收入占地区生产总值的比重(%) Percentage of Government Revenue to GDP(%)	一般公共预算收入占地区生产总值的比重(%) Percentage of Budget Revenue to GDP(%)
1978	61.09	61.09	35.93	28.38	24.5	24.5
1979	59.28	59.28	38.33	32.06	19.9	19.9
1980	62.45	62.45	41.36	28.95	19.5	19.5
1981	63.04	63.04	44.64	23.79	18.0	18.0
1982	66.61	66.61	49.84	24.63	17.1	17.1
1983	73.63	73.63	54.57	32.29	16.8	16.8
1984	76.28	76.28	61.79	39.15	14.7	14.7
1985	89.00	89.00	80.32	50.53	13.7	13.7
1986	98.73	98.73	87.29	66.16	13.3	13.3
1987	107.17	107.17	94.96	68.00	11.6	11.6
1988	117.96	117.96	107.74	81.45	9.8	9.8
1989	126.39	126.39	122.82	92.25	9.6	9.6
1990	136.20	136.20	130.96	100.97	9.6	9.6
1991	143.29	143.29	125.91	128.18	8.9	8.9
1992	152.31	152.31	145.49	125.86	7.1	7.1
1993	221.30	221.30	220.05	163.87	7.4	7.4
1994	293.41	136.62	121.05	200.17	7.2	3.4
1995	350.08	172.64	146.39	253.49	6.8	3.3
1996	427.99	223.17	184.65	310.94	7.1	3.7
1997	512.93	255.59	210.56	364.36	7.7	3.8
1998	579.90	296.58	244.20	424.90	8.1	4.1
1999	680.23	343.36	314.26	484.65	8.8	4.5
2000	865.00	448.31	409.14	591.28	10.1	5.2
2001	1064.99	572.15	523.84	729.64	11.3	6.1
2002	1483.68	643.70	565.30	860.25	14.0	6.1
2003	1968.92	798.11	690.53	1047.68	15.8	6.4
2004	2216.41	980.43	833.64	1312.04	14.6	6.5
2005	3124.83	1322.68	1107.27	1673.40	16.6	7.0
2006	3935.87	1656.68	1389.13	2013.25	17.9	7.5
2007	5591.29	2237.73	1894.77	2553.72	21.3	8.5
2008	7109.72	2731.41	2278.71	3247.49	22.7	8.7
2009	8404.99	3228.78	2654.75	4017.36	24.1	9.2
2010	11743.22	4079.86	3312.61	4914.06	28.0	9.7
2011	14119.85	5148.92	4124.62	6221.72	28.4	10.3
2012	14843.89	5860.69	4782.59	7027.67	27.0	10.7
2013	17328.80	6568.46	5419.49	7798.47	28.5	10.8
2014	18201.33	7233.14	6006.05	8472.45	27.5	10.9
2015	17841.60	8028.59	6610.12	9687.58	25.0	11.3
2016	19586.03	8121.23	6531.83	9981.96	25.2	10.5
2017	21125.77	8171.53	6484.32	10621.03	24.6	9.5
2018	23394.22	8630.16	7263.65	11657.35	25.3	9.3
2019	24716.11	8802.36	7339.59	12573.55	24.8	8.8

注：财政总收入为一般公共预算收入、政府性基金收入、国有资本经营收入、上划中央四税之和。

a) Provincial financial revenue is the sum of general public budget revenue, fund revenue, state-owned capital operating income and four kinds of taxes to the central government.

7－2 公共财政收支
Public Financial Budget Revenue and Expenditure

单位:亿元 (100 million yuan)

指　标	Item	2015	2016	2017	2018	2019
一般公共预算收入	**General Public Budget Revenue**	**8028.59**	**8121.23**	**8171.53**	**8630.16**	**8802.36**
税收收入	Taxes	6610.12	6531.83	6484.33	7263.65	7339.59
增值税	Value Added Tax	1046.92	1974.58	2864.23	3113.45	3146.71
营业税	Business Taxes	2442.82	1325.14			
企业所得税	Company Income Tax	917.58	978.81	1145.19	1312.65	1316.81
个人所得税	Personal Income Tax	360.89	382.37	386.82	468.41	349.34
城市维护建设税	Urban Maintenance and Development Tax	421.46	433.98	431.82	478.54	474.36
房产税	Tax on Real Estates	248.01	256.60	291.19	310.82	322.91
土地增值税	Value Added Tax on Land	437.01	480.58	458.93	494.48	558.86
耕地占用税	Tax on Use of Arable Land	31.76	26.63	53.00	54.17	72.53
契税	Tax on Contracts	370.11	335.40	488.20	635.10	717.13
其他各项税收	Others	333.56	337.74	364.95	396.02	380.95
非税收收入	Non-tax Income	1418.47	1589.40	1687.21	1366.51	1462.77
专项收入	Special Project Income	463.64	484.42	493.05	478.74	421.02
行政事业性收费收入	Income from Administrative Fees	390.01	410.47	420.51	299.85	312.85
罚没收入	Penalty and Cofiscatory Income	131.66	132.52	136.46	141.53	162.37
国有资源有偿使用收入	Paid use of state-owned resources	365.17	440.71	465.90	328.78	423.45
其他各项收入	Other Income	67.99	121.28	171.29	117.61	143.09
上划中央收入	**Turn Over Revenue to the Central Government**	**5005.17**	**5295.43**	**5779.80**	**6412.58**	**6428.77**
消费税	Consumption Tax	676.98	709.15	693.38	709.32	859.44
增值税	Value Added Tax	2484.31	2622.23	2864.85	3113.97	3149.06
企业所得税	Company Income Tax	1302.55	1390.49	1641.34	1886.67	1896.27
个人所得税	Personal Income Tax	541.33	573.56	580.24	702.62	524.01
一般公共预算支出	**General Public Budget Expenditure**	**9687.58**	**9981.96**	**10621.40**	**11657.35**	**12573.55**
一般公共服务	General Public Service	845.68	920.93	1035.58	1124.06	1210.99
公共安全	Public Security	519.92	634.76	716.63	826.08	853.13
教育	Education	1746.22	1842.94	2003.67	2055.56	2213.84
科学技术	Science and Technology	371.96	381.02	436.14	507.31	572.04
文化旅游体育与传媒	Culture, Sports and Media	196.06	193.28	187.93	197.22	264.53
社会保障和就业	Social Security and Employment	838.06	897.93	1047.24	1316.55	1416.00
卫生健康	Medical Treatment and Healthcare	649.31	712.77	796.96	845.32	906.01
节能环保	Envionment Protection	308.45	285.11	292.55	317.99	372.77
城乡社区	Operating Expenses of Urban and Rural Communities	1535.59	1440.12	1562.70	1599.60	1697.55
农林水	Operating Expenses of Agriculture, Forestry and Water	1008.60	985.62	887.45	996.67	1032.37
交通运输	Transport	547.81	511.81	469.56	497.95	574.95
资源勘探信息等	Operating Expenses of Industry, Commerce and Financial Intermediation	448.45	437.26	323.51	322.91	306.08
其他各项支出	Others	671.47	738.41	861.48	1050.13	1153.29

7-3 分市财政收支(2019年)

单位:亿元

指标	Item	南京 Nanjing	无锡 Wuxi	徐州 Xuzhou	常州 Changzhou
一般公共预算收入	**General Public Budget Revenue**	**1580.03**	**1036.33**	**468.32**	**590.03**
税收收入	Taxes	1373.83	870.21	373.80	501.60
增值税	Value Added Tax	508.54	410.28	189.25	220.87
企业所得税	Company Income Tax	300.08	152.05	38.99	80.40
个人所得税	Personal Income Tax	84.50	46.42	16.17	23.43
城市维护建设税	Urban Maintenance and Development Tax	92.98	58.73	34.46	32.33
房产税	Tax on Real Estates	53.62	41.29	11.27	23.73
土地增值税	Value Added Tax on Land	111.09	51.55	22.67	24.65
耕地占用税	Tax on Use of Arable Land	11.91	4.59	7.46	4.57
契税	Tax on Contracts	161.46	62.80	28.89	57.24
其他各项税收	Others	49.65	42.50	24.65	34.37
非税收收入	Non-tax Income	206.20	166.12	94.51	88.43
专项收入	Special Project Income	78.63	47.92	28.49	26.93
行政事业性收费收入	Income from Administrative Fees	48.00	23.75	19.91	19.02
罚没收入	Penalty and Cofiscatory Income	12.99	16.06	20.08	10.50
国有资源(资产)有偿使用收入	Profit from State-owned Assets	46.47	64.04	20.05	26.72
其他各项收入	Other Income	20.11	14.35	5.98	5.26
上划中央收入	**Turn Over Revenue to the Central Government**	**1479.76**	**725.56**	**428.83**	**386.33**
增值税	Consumption Tax	509.54	410.50	190.15	221.01
消费税	Value Added Tax	393.35	17.35	155.94	9.57
企业所得税	Company Income Tax	450.12	228.08	58.48	120.60
个人所得税	Personal Income Tax	126.75	69.63	24.25	35.15
一般公共预算支出	**General Public Budget Expenditure**	**1658.07**	**1117.52**	**882.21**	**654.19**
一般公共服务	General Public Service	150.19	101.44	80.05	71.09
公共安全	Public Security	131.09	75.60	54.56	48.12
教育	Education	289.05	178.20	178.96	106.72
科学技术	Science and Technology	97.62	55.21	25.89	26.73
文化体育与传媒	Culture, Sports and Media	37.56	16.08	15.49	8.30
社会保障和就业	Social Security and Employment	191.74	109.70	97.68	82.25
医疗卫生	Medical Treatment and Healthcare	117.32	72.79	77.56	48.98
节能环保	Envionment Protection	51.17	51.77	21.33	27.23
城乡社区事务	Operating Expenses of Urban and Rural Communities	260.85	282.86	122.93	77.87
农林水事务	Operating Expenses of Agriculture, Forestry and Water	87.56	39.78	102.68	43.62
交通运输	Transport	50.88	18.68	32.81	29.93
资源勘探电力信息等事务	Operating Expenses of Industry, Commerce and Financial Intermediation	48.61	32.70	11.37	17.09
其他各项支出	Others	144.43	82.71	60.90	66.26

Financial Revenue and Expenditure by Region (2019)

(100 million yuan)

苏州 Suzhou	南通 Nantong	连云港 Lianyun gang	淮安 Huaian	盐城 Yancheng	扬州 Yangzhou	镇江 Zhenjiang	泰州 Taizhou	宿迁 Suqian
2221.81	**619.26**	**242.44**	**257.31**	**383.00**	**328.79**	**306.85**	**365.67**	**212.60**
1991.04	507.55	191.36	209.30	294.98	263.81	239.01	279.15	178.65
819.07	211.29	91.27	101.74	129.42	127.93	112.80	143.44	80.34
379.62	79.66	27.91	22.02	33.93	33.78	32.22	35.66	35.68
92.45	24.02	8.24	7.95	10.65	9.10	9.50	10.34	6.54
114.44	27.84	10.99	20.30	18.85	17.69	15.61	18.73	11.39
98.69	24.19	8.14	7.20	14.62	11.88	10.79	11.27	6.22
186.23	45.46	11.17	12.78	28.72	19.11	18.88	15.10	11.46
8.54	7.85	2.82	4.23	3.94	3.68	3.97	6.16	2.81
213.11	50.84	13.34	19.28	28.98	24.42	21.13	20.86	14.78
78.89	36.40	17.49	13.80	25.87	16.22	14.11	17.59	9.42
230.77	111.71	51.07	48.02	88.03	64.98	67.84	86.52	33.95
98.04	27.19	10.53	16.78	18.01	16.36	19.16	16.62	10.85
30.71	29.58	13.31	14.26	19.38	17.90	13.81	18.47	9.43
19.20	11.96	8.78	10.32	15.71	9.86	8.71	10.85	4.16
66.25	30.36	10.92	4.65	26.65	11.34	15.59	23.38	7.33
16.57	12.62	7.53	2.01	8.28	9.52	10.57	17.20	2.18
1557.36	**379.99**	**165.66**	**265.11**	**215.81**	**212.14**	**182.97**	**228.41**	**182.58**
819.56	211.30	91.27	101.75	129.42	127.93	112.87	143.44	80.34
29.70	13.16	20.18	118.41	19.52	19.88	7.51	15.95	38.90
569.43	119.49	41.86	33.03	50.89	50.66	48.33	53.50	53.53
138.68	36.03	12.35	11.92	15.98	13.66	14.25	15.52	9.82
2141.45	**972.64**	**466.03**	**529.15**	**877.52**	**611.95**	**466.25**	**594.24**	**505.74**
201.77	113.01	53.45	64.51	87.63	72.10	39.86	66.24	43.15
158.52	61.19	29.51	33.02	46.03	39.57	28.01	35.99	24.50
349.19	172.07	86.28	84.32	145.89	97.75	75.84	75.86	84.33
181.58	33.01	14.07	9.07	26.64	17.34	18.31	17.75	14.84
50.79	17.53	8.65	8.86	17.59	11.32	9.38	10.24	12.10
196.99	127.72	51.40	67.08	121.00	71.75	51.76	93.21	59.87
128.06	91.13	36.64	44.86	78.29	45.35	29.28	48.97	46.00
63.14	23.75	15.07	7.21	15.22	28.26	15.80	16.31	11.18
415.32	128.36	37.36	55.30	71.97	71.78	78.76	55.25	37.01
111.43	71.83	49.66	55.46	116.02	53.13	39.64	53.59	86.54
68.41	37.45	34.59	22.23	40.18	33.75	23.97	29.48	23.32
45.65	19.74	8.75	23.14	25.19	17.51	6.50	18.42	21.14
170.60	75.85	40.60	54.09	85.87	52.34	49.14	72.93	41.76

7－4 历年金融机构存贷款

The Balance of Deposits of Financial Institutions over the Years

单位:亿元 (100 million yuan)

年 份 Year	金融机构各项存款余额(本外币) The Balance of Deposits of Financial Institutions(RMB and Foreign Currency)	#储蓄存款 Saving Deposit	金融机构各项贷款余额(本外币) Financial Institutions, the LoanBalance (RMB and Foreign Currency)	金融机构各项存款余额(人民币) The Balance of Deposits of Financial Institutions (RMB)	#储蓄存款 Saving Deposit	金融机构各项贷款余额(人民币) Financial Institutions, the Loan Balance (RMB)
1978				60.72	12.40	115.29
1979				78.31	16.68	129.70
1980				95.55	23.72	159.11
1981				124.54	30.42	195.33
1982				146.21	40.60	217.87
1983				171.12	56.93	242.28
1984				221.68	74.76	333.40
1985				247.12	99.35	387.06
1986				372.62	139.59	528.83
1987				443.44	193.68	659.29
1988				517.81	231.85	742.10
1989				640.84	331.86	835.56
1990				860.33	471.18	1013.45
1991				1136.51	617.61	1230.49
1992				1422.61	766.11	1480.80
1993				1797.33	964.22	1777.80
1994				2481.10	1352.57	2218.15
1995				3500.49	1922.33	2875.39
1996				4706.36	2581.06	3840.74
1997				5674.94	3101.89	4452.46
1998				6578.80	3656.46	5063.57
1999				7470.43	4131.98	5535.15
2000				8400.75	4456.83	5967.66
2001				9700.68	5172.83	6671.74
2002				11881.19	6276.20	8234.58
2003				15378.49	7638.18	11299.55
2004				18211.02	8863.10	13480.98
2005	22821.57	10860.60	16282.60	22001.44	10581.27	15396.59
2006	26722.83	12454.90	19383.65	25860.47	12183.47	18485.02
2007	31337.99	13213.11	23265.83	30450.54	13014.92	22092.10
2008	38063.38	16916.74	27081.06	37017.48	16721.18	26160.72
2009	50061.85	20303.67	36846.34	48850.29	20080.63	35296.73
2010	60583.07	23533.13	44180.21	58984.14	23334.48	42121.04
2011	67638.75	26111.82	50283.52	65723.56	25914.74	47868.30
2012	78109.00	30285.44	57652.84	75481.51	30057.19	54412.30
2013	88302.07	34072.84	64908.22	85604.08	33823.90	61836.53
2014	96939.01	36847.53	72490.02	93735.61	36580.59	69572.67
2015	111329.86	40951.02	81169.72	107873.03	40562.97	78866.34
2016	125576.94	44544.05	92957.02	121106.58	43900.50	91107.60
2017	134776.17	46686.69	104007.34	129942.89	46088.01	102113.27
2018	144227.38	51373.47	117807.90	139717.98	50768.61	115719.00
2019	157139.72	58354.32	135139.67	152837.34	57759.21	133329.87

注:2015 年人民银行调整金融报表项目及归属,取消储蓄存款,本表 2015 年之后数据为住户存款。

a) In 2015, the People's Bank of China to adjust the financial statement of the project and attribation, the abolition of Savings deposits, the data in 2015 for household deposits.

7－5 金融机构存贷款年末余额(2019)

Deposits and Loans of Financial Institutions at Year-end(2019)

指　标	Item	本外币(亿元) RMB and Foreign Currency (100 million yuan)	人民币(亿元) RMB (100 million yuan)	外汇(亿美元) Foreign Currency (USD 100 million)
各项存款	**The Deposits**	**157139.72**	**152837.34**	**616.72**
境内存款	Domestic Deposit	156274.83	152392.74	556.48
住户存款	Household Deposits	58354.32	57759.21	85.31
活期存款	Demand Deposits	19188.28	18928.90	37.18
定期及其他存款	Regular and Other Deposits	39166.04	38830.31	48.13
非金融企业存款	Non Financial Enterprise Deposit	58253.69	55032.77	461.70
活期存款	Demand Deposits	22140.27	20547.16	228.36
定期及其他存款	Regular and Other Deposits	36113.43	34485.61	233.34
机关团体存款	General Government Deposits	29364.03	29317.86	6.62
财政性存款	Fiscal Deposits	2361.15	2361.15	
非银行业金融机构存款	Non Banking Financial Institutions Deposit	7941.64	7921.75	2.85
境外存款	Offshore Deposits	864.89	444.60	60.25
各项贷款	**Loans**	**135139.67**	**133329.87**	**259.42**
境内贷款	Domestic Loans	134915.71	133283.19	234.01
住户贷款	Household Loans	46774.43	46770.43	0.57
短期贷款	Short-term Loans	9643.05	9639.20	0.55
消费贷款	Consumer Loans	4843.79	4839.94	0.55
经营贷款	Operating Loan	4799.26	4799.26	
中长期贷款	Medium and Long Term Loans	37131.38	37131.24	0.02
消费贷款	Consumer Loans	34556.37	34556.22	0.02
经营贷款	Business Loans	2575.01	2575.01	
非金融企业及机关团体贷款	Non Financial Enterprise and Institution Loan	88078.30	86449.77	233.44
短期贷款	Short-term Loans	33790.40	32738.32	150.81
中长期贷款	Long-term Loans	45630.37	45054.69	82.52
票据融资	Bill Financing	7007.99	7007.96	
融资租赁	Finance Leases	1579.78	1579.78	
各项垫款	The Advances	69.77	69.03	0.11
非银行业金融机构贷款	Non Banking Financial Institution Loans	62.98	62.98	
境外贷款	Overseas Loan	223.95	46.68	25.41

7－6 分地区金融机构本外币存贷款年末余额(2019 年)

单位:亿元

指标	Item	南京 Nanjing	无锡 Wuxi	徐州 Xuzhou	常州 Changzhou
各项存款	**The Deposits**	**35536.08**	**17605.46**	**8123.35**	**11176.94**
境内存款	Domestic Deposit	35216.28	17465.57	8118.09	11154.39
住户存款	Household Deposits	8299.64	6316.12	4038.98	4367.71
活期存款	Demand Deposits	3047.89	2021.29	1477.35	1378.38
定期及其他存款	Regular and Other Deposits	5251.75	4294.83	2561.63	2989.33
非金融企业存款	Non Financial Enterprise Deposit	13244.63	7567.43	2491.42	4399.27
活期存款	Demand Deposits	5329.75	2451.09	1073.06	1391.16
定期及其他存款	Regular and Other Deposits	7914.89	5116.34	1418.35	3008.11
机关团体存款	General Government Deposits	8464.42	2957.75	1339.14	1827.13
财政性存款	Fiscal Deposits	924.49	154.21	91.50	72.85
非银行业金融机构存款	Non Banking Financial Institutions Deposit	5197.18	331.81	58.57	497.82
境外存款	Offshore Deposits	319.79	139.89	5.26	22.55
各项贷款	**Loans**	**33585.88**	**13556.67**	**5826.07**	**8593.46**
境内贷款	Domestic Loans	33453.01	13552.14	5824.34	8592.48
住户贷款	Household Loans	11448.33	3356.93	2496.12	2743.36
短期贷款	Short-term Loan	2521.64	528.58	517.08	478.96
消费贷款	Consumer Loans	1971.09	331.16	178.43	181.51
经营贷款	Operating Loan	550.54	197.42	338.65	297.45
中长期贷款	Medium and Long Term Loans	8926.69	2828.35	1979.04	2264.41
消费贷款	Consumer Loans	8174.74	2630.73	1813.02	2081.60
经营贷款	Operating Loan	751.95	197.62	166.03	182.80
非金融企业及机关团体贷款	Non Financial Enterprise and Institution Loan	21948.50	10195.21	3328.21	5846.12
短期贷款	Short-term Loan	5754.98	4392.99	1234.58	2829.59
中长期贷款	Medium and Long Term Loans	13718.16	4842.69	1621.61	2408.87
票据融资	Bill Financing	1266.47	951.75	419.94	414.15
融资租赁	Finance Leases	1167.61	0.09	49.44	191.36
各项垫款	The Advances	41.28	7.70	2.65	2.15
非银行业金融机构贷款	Non Banking Financial Institution Loans	56.18			3.00
境外贷款	Overseas Loan	132.87	4.53	1.73	0.97

Deposits and Loans of Financial Institutions at Year-end by Region (RMB and Foreign Currency)(2019)

(100 million yuan)

苏州 Suzhou	南通 Nantong	连云港 Liangyungang	淮安 Huaian	盐城 Yancheng	扬州 Yangzhou	镇江 Zhenjiang	泰州 Taizhou	宿迁 Suqian
33705.02	**13725.31**	**3621.56**	**4137.49**	**7038.20**	**6787.31**	**5613.48**	**6966.15**	**3103.37**
33377.97	13705.87	3617.79	4133.32	7035.28	6780.60	5608.15	6959.36	3102.15
10605.31	7135.53	1621.93	1812.23	3675.56	3239.35	2439.32	3275.11	1527.53
4231.94	1472.01	681.87	699.98	957.86	913.39	656.93	889.27	760.11
6373.37	5663.52	940.05	1112.25	2717.70	2325.96	1782.39	2385.84	767.41
13812.30	4310.53	1097.60	1367.12	2170.18	2305.20	2079.32	2507.65	901.05
5199.67	1742.99	482.86	719.64	861.05	908.36	673.76	838.30	468.57
8612.63	2567.53	614.74	647.48	1309.14	1396.83	1405.55	1669.35	432.49
7121.83	1914.89	805.34	841.57	1076.87	1132.59	952.19	1032.18	585.88
542.19	132.42	66.45	92.71	77.83	54.71	34.54	62.19	55.06
1296.34	212.50	26.48	19.69	34.83	48.75	102.78	82.22	32.64
327.05	19.45	3.77	4.17	2.92	6.71	5.33	6.79	1.22
30880.46	**10211.92**	**3460.22**	**3861.80**	**5871.08**	**5391.98**	**5284.58**	**5531.73**	**3083.82**
30830.02	10182.16	3460.16	3861.65	5870.84	5391.58	5282.17	5531.44	3083.73
11433.38	2941.72	1482.77	1725.38	2105.03	1960.56	1645.21	1737.06	1698.57
1640.76	761.42	390.04	456.68	567.88	425.78	252.35	513.95	587.94
904.61	211.52	137.33	191.18	217.75	121.00	88.91	146.65	162.65
736.16	549.90	252.71	265.50	350.12	304.78	163.44	367.30	425.29
9792.62	2180.30	1092.73	1268.70	1537.15	1534.79	1392.86	1223.11	1110.63
9230.82	2032.60	1042.47	1184.88	1429.62	1435.71	1329.74	1118.04	1052.39
561.80	147.70	50.27	83.82	107.53	99.08	63.12	105.06	58.24
19392.84	7240.43	1977.39	2136.27	3765.82	3431.02	3636.96	3794.38	1385.16
7709.89	3286.11	802.58	787.97	1681.19	1488.55	1531.65	1687.08	603.23
9876.16	3480.22	985.03	1228.36	1554.54	1605.12	1822.35	1808.99	678.26
1625.84	472.76	189.13	119.83	529.12	336.48	281.56	297.82	103.15
171.28								
9.67	1.33	0.64	0.11	0.96	0.87	1.40	0.49	0.51
3.80								
50.44	29.76	0.06	0.16	0.24	0.40	2.41	0.29	0.09

7－7 分地区金融机构人民币存贷款年末余额（2019 年）

单位:亿元

指 标	Item	南京 Nanjing	无锡 Wuxi	徐州 Xuzhou	常州 Changzhou
各项存款	**The Deposits**	**34671.17**	**17165.33**	**8036.56**	**10892.19**
境内存款	Domestic Deposit	34614.57	17038.03	8033.95	10876.88
住户存款	Household Deposits	8105.88	6226.51	4023.66	4322.79
活期存款	Demand Deposits	2973.03	1988.27	1469.26	1359.38
定期及其他存款	Regular and Other Deposits	5132.84	4238.24	2554.40	2963.40
非金融企业存款	Non Financial Enterprise Deposit	12889.15	7230.23	2423.08	4171.61
活期存款	Demand Deposits	5104.75	2230.10	1051.62	1258.65
定期及其他存款	Regular and Other Deposits	7784.40	5000.13	1371.46	2912.96
机关团体存款	General Government Deposits	7510.82	3095.92	1437.15	1816.62
财政性存款	Fiscal Deposits	924.49	154.21	91.50	72.85
非银行业金融机构存款	Non Banking Financial Institutions Deposit	5184.23	331.15	58.55	493.01
境外存款	Offshore Deposits	56.60	127.31	2.61	15.31
各项贷款	**Loans**	**32991.93**	**13387.19**	**5777.28**	**8563.59**
境内贷款	Domestic Loans	32987.93	13384.67	5777.21	8562.69
住户贷款	Household Loans	11447.24	3356.46	2495.98	2743.00
短期贷款	Short-term Loan	2520.68	528.11	516.94	478.60
消费贷款	Consumer Loans	1970.14	330.69	178.29	181.15
经营贷款	Operating Loan	550.54	197.42	338.65	297.45
中长期贷款	Medium and Long Term Loans	8926.56	2828.35	1979.04	2264.41
消费贷款	Consumer Loans	8174.61	2630.73	1813.01	2081.60
经营贷款	Operating Loan	751.95	197.62	166.03	182.80
非金融企业及机关团体贷款	Non Financial Enterprise and Institution Loan	21484.51	10028.21	3281.23	5816.69
短期贷款	Short-term Loan	5629.12	4329.91	1190.43	2801.55
中长期贷款	Medium and Long Term Loans	13380.04	4738.77	1618.78	2407.48
票据融资	Bill Financing	1266.47	951.75	419.94	414.15
融资租赁	Finance Leases	1167.61	0.09	49.44	191.36
各项垫款	The Advances	41.28	7.70	2.65	2.15
非银行业金融机构贷款	Non Banking Financial Institution Loans	56.18			3.00
境外贷款	Overseas Loan	3.99	2.52	0.07	0.89

Deposits and Loans of Financial Institutions at Year-end by Region(RMB)(2019)

(100 million yuan)

苏州 Suzhou	南通 Nantong	连云港 Lianyungang	淮安 Huaian	盐城 Yancheng	扬州 Yangzhou	镇江 Zhenjiang	泰州 Taizhou	宿迁 Suqian
31652.10	**13530.76**	**3585.97**	**4097.05**	**6995.52**	**6700.46**	**5546.64**	**6879.13**	**3084.45**
31437.92	13523.25	3584.93	4094.51	6992.86	6695.89	5541.63	6875.08	3083.26
10466.66	7096.99	1613.36	1807.59	3667.28	3217.51	2421.68	3263.96	1525.33
4163.54	1453.80	676.48	697.27	953.08	903.86	648.94	883.58	758.41
6303.12	5643.19	936.88	1110.32	2714.20	2313.66	1772.74	2380.38	766.93
12016.25	4166.50	1073.35	1333.08	2136.06	2243.17	2031.42	2434.53	884.35
4524.33	1637.71	462.57	697.24	836.54	863.75	635.12	787.59	457.17
7491.92	2528.78	610.78	635.84	1299.52	1379.42	1396.29	1646.94	427.18
7117.75	1914.88	805.30	841.44	1076.87	1131.75	951.30	1032.18	585.88
542.19	132.42	66.45	92.71	77.83	54.71	34.54	62.19	55.06
1295.07	212.47	26.48	19.69	34.83	48.74	102.69	82.21	32.64
214.18	7.51	1.04	2.53	2.66	4.57	5.02	4.05	1.20
30116.73	**10150.09**	**3438.05**	**3853.77**	**5844.28**	**5374.85**	**5256.00**	**5493.92**	**3082.20**
30088.86	10140.55	3437.99	3853.62	5844.04	5374.45	5255.37	5493.69	3082.11
11432.35	2941.47	1482.71	1725.32	2104.94	1960.42	1645.07	1736.95	1698.53
1639.73	761.17	389.98	456.62	567.79	425.63	252.21	513.84	587.90
903.58	211.27	137.27	191.12	217.67	120.85	88.77	146.54	162.61
736.16	549.90	252.71	265.50	350.12	304.78	163.44	367.30	425.29
9792.61	2180.30	1092.73	1268.70	1537.15	1534.78	1392.86	1223.11	1110.63
9230.82	2032.60	1042.47	1184.88	1429.62	1435.70	1329.74	1118.04	1052.39
561.80	147.70	50.27	83.82	107.53	99.08	63.12	105.06	58.24
18652.71	7199.08	1955.27	2128.30	3739.10	3414.04	3610.30	3756.74	1383.58
7039.95	3249.79	797.83	780.00	1667.37	1474.49	1510.62	1665.62	601.66
9806.07	3475.87	967.67	1228.36	1541.64	1602.21	1816.72	1792.82	678.26
1625.82	472.75	189.13	119.83	529.12	336.48	281.56	297.82	103.15
171.28								
9.59	0.67	0.64	0.11	0.96	0.87	1.40	0.49	0.51
3.80								
27.87	9.54	0.06	0.16	0.24	0.40	0.63	0.23	0.09

7－8 分地区金融机构外汇存贷款年末余额（2019 年）

单位:亿元

指　　标	Item	南京 Nanjing	无锡 Wuxi	徐州 Xuzhou	常州 Changzhou
各项存款	**The Deposits**	**123.98**	**63.09**	**12.44**	**40.82**
境内存款	Domestic Deposit	86.25	61.29	12.06	39.78
住户存款	Household Deposits	27.77	12.84	2.20	6.44
活期存款	Demand Deposits	10.73	4.73	1.16	2.72
定期及其他存款	Regular and Other Deposits	17.04	8.11	1.04	3.72
非金融企业存款	Non Financial Enterprise Deposit	50.96	48.34	9.80	32.63
活期存款	Demand Deposits	32.25	31.68	3.07	18.99
定期及其他存款	Regular and Other Deposits	18.71	16.66	6.72	13.64
机关团体存款	General Government Deposits	5.66	0.01	0.07	0.02
财政性存款	Fiscal Deposits				
非银行业金融机构存款	Non Banking Financial Institutions Deposit	1.86	0.10		0.69
境外存款	Offshore Deposits	37.73	1.80	0.38	1.04
各项贷款	**Loans**	**85.14**	**24.29**	**6.99**	**4.28**
境内贷款	Domestic Loans	66.67	24.01	6.76	4.27
住户贷款	Household Loans	0.16	0.07	0.02	0.05
短期贷款	Short-term Loan	0.14	0.07	0.02	0.05
消费贷款	Consumer Loans	0.14	0.07	0.02	0.05
经营贷款	Operating Loan				
中长期贷款	Medium and Long Term Loans	0.02			
消费贷款	Consumer Loans	0.02			
经营贷款	Operating Loan				
非金融企业及机关团体贷款	Non Financial Enterprise and Institution Loan	66.51	23.94	6.73	4.22
短期贷款	Short-term Loan	18.04	9.04	6.33	4.02
中长期贷款	Medium and Long Term Loans	48.47	14.90	0.40	0.20
票据融资	Bill Financing				
融资租赁	Finance Leases				
各项垫款	The Advances				
非银行业金融机构贷款	Non Banking Financial Institution Loans				
境外贷款	Overseas Loan	18.47	0.29	0.24	0.01

Deposits and Loans of Financial Institutions at Year-end by Region (Foreign Currency) (2019)

(100 million yuan)

苏州 Suzhou	南通 Nantong	连云港 Liangyungang	淮安 Huaian	盐城 Yancheng	扬州 Yangzhou	镇江 Zhenjiang	泰州 Taizhou	宿迁 Suqian
294.28	**27.89**	**5.10**	**5.80**	**6.12**	**12.45**	**9.58**	**12.47**	**2.71**
278.10	26.18	4.71	5.56	6.08	12.14	9.54	12.08	2.71
19.87	5.52	1.23	0.67	1.19	3.13	2.53	1.60	0.31
9.80	2.61	0.77	0.39	0.69	1.37	1.14	0.82	0.24
10.07	2.91	0.46	0.28	0.50	1.76	1.38	0.78	0.07
257.45	20.65	3.48	4.88	4.89	8.89	6.87	10.48	2.39
96.81	15.09	2.91	3.21	3.51	6.39	5.54	7.27	1.63
160.65	5.55	0.57	1.67	1.38	2.50	1.33	3.21	0.76
0.58		0.01	0.02		0.12	0.13		
0.18	0.01					0.01		
16.18	1.71	0.39	0.23	0.04	0.31	0.04	0.39	
109.48	**8.86**	**3.18**	**1.15**	**3.84**	**2.46**	**4.10**	**5.42**	**0.23**
106.24	5.96	3.18	1.15	3.84	2.45	3.84	5.41	0.23
0.15	0.04	0.01	0.01	0.01	0.02	0.02	0.02	0.01
0.15	0.04	0.01	0.01	0.01	0.02	0.02	0.02	0.01
0.15	0.04	0.01	0.01	0.01	0.02	0.02	0.02	0.01
106.09	5.93	3.17	1.14	3.83	2.43	3.82	5.39	0.23
96.03	5.21	0.68	1.14	1.98	2.02	3.01	3.08	0.23
10.05	0.62	2.49		1.85	0.42	0.81	2.32	
3.24	2.90					0.26	0.01	

7-9 分行业金融机构贷款年末余额

行　　业 Sector		本外币(亿元) RMB and Foreign Currency (100 million yuan)				
		2015	2016	2017	2018	2019
总　　计	**Total**	**76605.13**	**87656.54**	**100400.48**	**112748.81**	**128627.06**
农、林、牧、渔业	Agriculture, Forestry, Animal Husbandry and Fishery	1488.50	1482.38	1487.68	1674.23	1841.87
采矿业	Mining	107.36	119.51	107.66	82.29	98.05
制造业	Manufacturing	15839.77	15263.76	15857.57	16495.32	16957.80
电力、热力、燃气及水的生产和供应业	Production and Supply of Electric Power, Heat Power, Gas and Water	1994.42	2347.16	2768.60	3075.22	3420.07
建筑业	Construction	3418.13	3335.06	3676.27	4179.05	4729.11
批发和零售业	Wholesale and Retail Trades	6049.68	5869.39	6303.20	6553.52	7260.99
交通运输、仓储和邮政业	Transport, Storage and Post	3993.95	4003.88	4468.39	4820.51	5666.01
住宿和餐饮业	Hotels and Catering Services	474.14	434.08	442.01	455.51	455.35
信息传输、软件和信息技术服务业	Information Transfer, Software and IT Services	270.62	253.76	328.44	386.94	461.93
金融业	Financial Intermediation	654.48	826.34	661.81	1241.83	1781.61
房地产业	Real Estate	6080.13	6083.06	6613.47	7580.48	8594.22
租赁和商务服务业	Leasing and Business Services	7630.99	10062.03	12240.27	13220.69	15264.41
科学研究和技术服务业	Scientific and Technical Services	209.01	264.92	291.34	377.72	431.29
水利、环境和公共设施管理业	Management of Water Conservancy, Environment and Public Facilities	6005.49	8118.76	10341.17	11645.95	12909.25
居民服务、修理和其他服务业	Services to Households and Other Services	156.97	163.61	175.35	165.60	184.28
教育	Education	405.50	359.86	342.74	328.86	326.05
卫生和社会工作	Health and Social Work	590.84	580.72	555.47	587.32	574.61
文化、体育和娱乐业	Culture, Sports and Entertainment	434.79	420.16	425.36	472.75	485.73
公共管理、社会保障和社会组织	Public Management and Social Organization	347.47	325.01	217.06	125.96	152.21

注:本表不含对境外贷款、个人贷款及透支、票据融资、非银行金融机构的委托贷款以及外资银行的数据。

Loans of Financial Institutions at Year-end by Sector

人民币(亿元) RMB (100 million yuan)					外汇(亿美元) Foreign Currency (USD 100 million)				
2015	2016	2017	2018	2019	2015	2016	2017	2018	2019
74261.76	**85770.22**	**98476.34**	**110636.65**	**126798.68**	**360.87**	**271.92**	**294.47**	**307.75**	**262.09**
1487.37	1482.30	1487.66	1674.20	1841.80	0.17	0.01	0.00	0.00	0.01
106.81	119.21	107.27	82.05	97.89	0.08	0.04	0.06	0.04	0.02
14287.81	13923.27	14495.18	14952.87	15656.75	239.00	193.24	208.50	224.74	186.50
1916.77	2258.01	2682.75	2990.14	3338.23	11.96	12.85	13.14	12.40	11.73
3412.38	3330.98	3666.37	4171.76	4708.49	0.89	0.59	1.51	1.06	2.96
5607.48	5628.34	6056.16	6346.57	7110.66	68.10	34.75	37.81	30.15	21.55
3950.83	3979.91	4451.02	4802.61	5658.05	6.64	3.46	2.66	2.61	1.14
474.14	434.08	442.01	455.51	455.35					
268.02	251.00	325.53	386.37	461.26	0.40	0.40	0.45	0.08	0.10
611.37	783.15	627.49	1213.95	1722.82	6.64	6.23	5.25	4.06	8.43
6079.54	6083.06	6613.47	7580.48	8594.22	0.09				0.00
7621.83	10052.54	12222.55	13202.70	15247.64	1.41	1.37	2.71	2.62	2.40
208.20	263.50	289.01	376.77	428.89	0.12	0.21	0.36	0.14	0.34
6005.29	8118.55	10340.86	11645.61	12909.08	0.03	0.03	0.05	0.05	0.02
155.84	159.28	172.37	164.36	178.54	0.17	0.62	0.46	0.18	0.82
405.50	359.86	342.74	328.86	326.05					
589.62	579.65	554.56	586.67	574.15	0.19	0.15	0.14	0.09	0.07
434.10	420.09	425.30	472.58	485.65	0.11	0.01	0.01	0.03	0.01
347.47	325.01	217.06	125.96	152.21					

a) This table does not include overseas loans, personal loans and overdrafts, bill financing, trust loans of non-banking financial institutions and data from foreign banks.

7－10 分市分行业金融机构本外币贷款年末余额（2019 年）

行　　业	Sector	南京 Nanjing	无锡 Wuxi	徐州 Xuzhou	常州 Changzhou
总　　计	**Total**	**32648.68**	**12604.92**	**5406.73**	**8193.31**
农、林、牧、渔业	Agriculture, Forestry, Animal Husbandry and Fishery	175.90	456.06	53.15	177.50
采矿业	Mining	33.41	4.15	44.78	
制造业	Manufacturing	2432.10	3102.44	564.58	1381.13
电力、热力、燃气及水的生产和供应业	Production and Supply of Electric Power, Heat Power, Gas and Water	980.35	233.25	131.47	161.19
建筑业	Construction	1017.39	252.13	308.11	343.08
批发和零售业	Wholesale and Retail Trades	1830.85	742.11	370.66	500.64
交通运输、仓储和邮政业	Transport, Storage and Post	2746.04	408.20	177.58	216.64
住宿和餐饮业	Hotels and Catering Services	70.40	37.40	17.22	27.83
信息传输、软件和信息技术服务业	Information Transfer, Software and IT Services	236.16	52.00	4.06	15.22
金融业	Financial Intermediation	809.50	175.86	11.53	143.95
房地产业	Real Estate	3439.17	578.19	232.92	374.47
租赁和商务服务业	Leasing and Business Services	3144.86	1706.01	496.99	1171.13
科学研究和技术服务业	Scientific and Technical Services	115.89	50.33	4.97	31.50
水利、环境和公共设施管理业	Management of Water Conservancy, Environment and Public Facilities	3498.85	1302.77	393.77	734.16
居民服务、修理和其他服务业	Services to Households and Other Services	24.78	7.18	3.79	18.38
教育	Education	93.77	14.59	26.61	20.28
卫生和社会工作	Health and Social Work	197.33	24.67	55.07	56.89
文化、体育和娱乐业	Culture, Sports and Entertainment	191.05	35.67	10.23	52.52
公共管理、社会保障和社会组织	Public Management and Social Organization	4.59	60.42	1.03	14.10
国际组织	International Organization				
对境外贷款	Overseas Loans	132.87	4.53	1.73	0.97
个人贷款及透支	Personal Loans and Overdrafts	11473.41	3356.93	2496.48	2751.72

注:本表不含票据融资、非银行金融机构的委托贷款数据,含外资银行数据。

Deposits and Loans of Financial Institutions at Year-end by Region and Sector (2019)

苏州 Suzhou	南通 Nantong	连云港 Lianyungang	淮安 Huaian	盐城 Yancheng	扬州 Yangzhou	镇江 Zhenjiang	泰州 Taizhou	宿迁 Suqian
29395.73	**9739.66**	**3271.09**	**3741.97**	**5342.96**	**5055.50**	**5011.92**	**5233.91**	**2980.67**
544.45	106.39	32.13	24.81	84.13	51.43	69.61	31.78	34.52
2.61		6.24	1.24	4.02	0.00	1.56		0.03
4765.45	1209.02	205.15	275.78	557.07	595.52	847.68	757.17	264.72
641.88	383.80	228.99	70.94	257.05	87.42	63.76	99.67	80.29
697.39	800.33	121.61	135.78	159.53	340.90	225.32	213.70	113.85
1351.92	665.31	136.00	203.16	406.40	256.71	286.42	361.07	149.72
1038.43	248.84	310.41	66.07	150.97	94.63	49.81	122.76	35.65
166.25	30.71	4.78	13.75	22.73	19.84	13.24	23.35	7.84
105.12	14.46	1.91	3.33	3.49	6.91	7.31	10.32	1.63
393.08	65.43	8.36	5.90	63.06	12.14	28.50	60.82	3.45
2316.26	679.18	63.71	161.15	114.54	218.59	176.05	141.49	98.50
3437.84	1290.72	275.99	402.13	869.34	568.25	701.12	936.52	263.51
176.47	6.43	6.38	3.29	13.62	6.84	6.67	5.64	3.25
2009.96	1176.81	325.11	591.05	448.66	774.25	806.01	655.56	192.28
61.61	9.10	6.52	10.84	9.06	8.23	7.02	12.22	5.55
60.23	16.67	19.06	15.71	12.82	12.88	8.71	15.80	8.92
44.99	6.77	26.31	24.59	41.94	16.88	32.43	33.06	13.66
95.13	20.11	9.57	6.43	10.74	15.98	18.11	15.60	4.60
2.82	38.08	0.04	0.50	8.52	7.12	14.96	0.00	0.03
50.46	29.76	0.06	0.16	0.24	0.40	2.41	0.29	0.09
11433.36	2941.72	1482.77	1725.38	2105.03	1960.56	1645.21	1737.06	1698.60

a) This table contains data from foreign banks and does not contain bill financing and trust loans of non-banking institutions.

7－11 金融机构人员情况表

Number of Institutions and Staff and Workers of Banking Organizations

项目	Item	2015	2016	2017	2018	2019
机构数（家）	**Number of Institutions（unit）**	**13024**	**13227**	**13318**	**13366**	**13396**
#国有商业银行	State-owned Commercial Banks	4822	4774	4726	4700	4668
政策性银行	Banks of Budgetary Subsidies	93	93	93	93	93
股份制商业银行	Joint-stock Commercial Banks	1183	1325	1369	1397	1405
农村商业银行	Rural Commercial Banks	3132	3287	3330	3355	3378
农村信用社	Rural Credit Cooperatives	109	1	1	1	1
财务公司	Financial Companies	13	14	16	16	16
信托投资公司	Trusted Investment Agencies	4	4	4	4	4
租赁公司	Rent Companies	3	5	5	5	5
职工人数（人）	**Number of Staff and Workers（person）**	**236576**	**241768**	**243125**	**244169**	**247918**
#国有商业银行	State-owned Commercial Banks	103548	102764	100510	98918	98525
政策性银行	Banks of Budgetary Subsidies	2331	2393	2446	2458	2456
股份制商业银行	Joint-stock Commercial Banks	39932	41533	42177	43046	43587
农村商业银行	Rural Commercial Banks	46054	48774	49727	50152	50973
农村信用社	Rural Credit Cooperatives	1682	542	604	615	581
财务公司	Financial Companies	360	381	437	466	483
信托投资公司	Trusted Investment Agencies	428	461	538	599	674
租赁公司	Rent Companies	228	388	470	553	620

注：机构数为营业网点数。

a）The Insititution means business department.

7－12 保险业务主要指标
Major Indicators of Insurance Business

指　　标	Item	2015	2016	2017	2018	2019
原保险保费收入（亿元）	**Premium（100 million yuan）**	**1989.91**	**2690.25**	**3449.51**	**3317.28**	**3750.21**
财产险	Property Insurance	672.19	733.43	814.00	858.81	940.88
#企业财产保险	Enterprise Property Insurance	41.85	41.10	41.85	44.66	48.67
家庭财产保险	Household Property Insurance	4.33	4.99	4.83	5.62	6.40
机动车辆保险	Motor Vehicle Insurance	531.15	587.92	639.44	653.34	685.04
人身意外伤害险	Accident Injury Insurance	54.22	61.32	69.65	78.11	85.23
健康险	Health Insurance	179.58	388.53	354.60	395.04	508.77
寿险	Life Insurance	1083.92	1506.96	2211.26	1985.32	2215.32
各项赔款和给付（亿元）	**Claim and Payment（100 million yuan）**	**732.59**	**915.13**	**983.62**	**996.72**	**998.60**
财产险	Property Insurance	403.04	437.66	455.61	512.53	534.45
#企业财产保险	Enterprise Property Insurance	35.33	22.84	23.69	23.21	19.46
家庭财产保险	Household Property Insurance	1.92	2.39	1.76	2.13	1.92
机动车辆保险	Motor Vehicle Insurance	315.95	356.70	375.88	410.85	416.43
人身意外伤害险	Accident Injury Insurance	15.26	17.64	21.25	23.89	25.02
健康险	Health Insurance	46.09	55.89	73.54	104.40	144.77
寿险	Life Insurance	268.21	403.95	433.21	355.90	294.36
保险公司主体数（家）	**Number of Insurance Co.（unit）**	**95**	**99**	**102**	**106**	**111**
#财产保险公司	Property Insurance Co.	40	41	41	43	45
人寿保险公司	Life Insurance Co.	55	58	61	63	66
#中资保险公司	Chinese-Funded Co.	64	67	67	70	75
外资保险公司	Foreign-Funded Co.	31	32	35	36	36
保险公司机构数（家）	**Branches of Insurance Co.（unit）**	**5894**	**6253**	**6073**	**5739**	**5722**
从业人员数（万人）	**Number of Staff and Workers（10000 persons）**	**39.64**	**53.83**	**62.28**	**61.91**	**63.47**

7-13 江苏辖区证券市场基本情况
Basic Information of Securities Markets within Jiangsu

项目	Item	2015	2016	2017	2018	2019
上市公司数 (家)	Number of Listed Companies (unit)	276	317	382	401	428
#A 股	A Shares	275	316	381	397	424
#B 股	B Shares	4	4	4	4	4
辅导企业数 (家)	Number of Guidance Enterprises (unit)	193	197	238	206	223
证券公司数 (家)	Number of Securities Companies (unit)	6	6	6	6	6
证券营业部数 (家)	Number of Securities Business Departments (unit)	683	805	887	928	947
期货经纪公司 (家)	Number of Futures Broker Companies (unit)	10	10	9	9	9
期货经纪公司营业部 (个)	Number of Trading Offices of Futures Broker Companies (unit)	135	140	159	174	177
证券投资咨询机构数 (家)	Number of Securities Investment Consultative Institutions (unit)	3	3	3	3	3
证券从业人员数 (人)	Number of Staff and Workers in Securities (person)	10908	11201	12089	11701	11833
期货从业人员数 (人)	Number of Staff and Workers in Futures (person)	2279	2225	2176	2153	2084
证券投资者开户数 (万户)	Number of Accounts of Securities Investors (10000 accounts)	1075	1325	1537	1659	1583
期货投资者开户数 (户)	Number of Accounts of Futures Investors (account)	242964	178432	197688	327406	395600
上市公司募集资金总额 (亿元)	Total Capital Volume Collected by Listed Companies (100 million yuan)	1214	2254.62	2115.76	2249.83	3385.19
发行	Issuing	108	250	302	189	249
配股	Share Right Issued	9.93				
增发	Adding Shares Issue	1061.31	1452.69	1200.41	1262.06	271.63
公司债	Debenture	35.05	551.50	613.14	1423.85	2864.84
上市公司总资产 (亿元)	Total Assets of Listed Companies (100 million yuan)	30964.62	57063.33	67281.71	76026.18	92159.84
上市公司净资产 (亿元)	Net Assets of Listed Companies (101 million yuan)	8768.52	12855.78	16006.77	18267.47	20783.06
上市公司总股本 (亿股)	Total Capital Shares of Listed Companies (100 million shares)	2153.45	2838.48	3258.14	3639.28	3857.86
总市值 (亿元)	Total Market Value (100 million yuan)	36720.48	37171.14	40675.96	31986.12	42987.69
上市公司净利润 (亿元)	Net Profit of Listed Companies (100 million yuan)	738.74	1097.29	1456.44	1458.23	1514.50
上市公司每股收益 (元)	Per Share Income of Listed Companies (yuan)	0.33	0.37	0.47	0.43	0.42
证券经营机构证券交易额 (亿元)	Trading Volume of Securities Business Institutions (100 million yuan)	351317.58	196825.91	172892.25	134294.45	186571.33
期货经营机构代理交易额 (亿元)	Proxy Trading Volume of Futures Business Institutions (100 million yuan)	305574.82	148889.90	126659.74	152905.13	134652.52

主要统计指标解释

财政收入 指国家财政参与社会产品分配所取得的收入，是实现国家职能的财力保证。按我省口径，财政总收入为一般公共预算收入、政府性基金收入、国有资本经营收入和上划中央四税之和。

财政支出 国家财政将筹集起来的资金进行分配使用，以满足经济建设和各项事业的需要。

存款 指企业、机关、团体或居民根据资金必须收回的原则，把货币资金存入银行或其他信用机构保管并取得一定利息的一种信用活动形式。根据存款对象的不同可划分为住户存款、非金融企业存款、机关团体存款、非银行业金融机构存款等科目。它是银行信贷资金的主要来源。

贷款 指银行或其他信用机构根据资金必须归还的原则，按一定利率，为企业、个人等提供资金的一种信用活动形式。我国银行贷款分为住户贷款、非金融企业及机关团体贷款、非银行业金融机构贷款等科目。

保险公司 经保险监管机构批准设立，并依法登记注册经营保险业务的公司。

保险金额 保险人承担赔偿或者给付保险金责任的最高限额。

保费 投保人为取得保险保障，按保险合同约定向保险人支付的费用。

赔款 保险人对保险事故造成的损失，根据合同约定向被保险人或受益人给予的经济补偿。

给付 人身保险合同中，保险人向被保险人或受益人给付保险金的行为。包括死伤医疗给付、满期给付和年金给付。死伤医疗给付指因人寿保险及长期健康保险业务的被保险人在保险期内发生保险责任范围内的保险事故，保险公司按保险合同约定支付给被保险人（或受益人）的保险金。满期给付指因人寿保险业务的被保险人生存至保险期满，保险公司按保险合同约定支付给被保险人的满期保险金。年金给付指保险公司因年金保险业务的被保险人生存至规定的年龄，按保险合同约定支付给被保险人的给付金额。

Explanatory Notes on Main Statistical Indicators

Government Revenue refers to income for the government finance through participating in the distribution of social products. It is the financial guarantee to ensure government functioning. In our province, total financial revenue is the sum of General public budgetary revenue, funds budgetary revenue and four taxes turned over to central government.

Government Expenditure refers to the distribution and use of the funds which the government finance has raised, so as to meet the needs of economic construction and various causes.

Deposit is a form of credit by which enterprises, institutions, organizations or residents can put money into banks and other credit institutions for safekeeping and interest earning under the principle of freedrawal. Deposits are major sources of credit funds of banks.

Loan is a form of credit by which banks and other credit institutions provide funds at certain interest rate to enterprises and in-dividual in the light of the principle of unconditional repayment.

Insurance Companies refer to commercial insurance companies of various forms registered by law and established with the approval of insurance regulatory agencies.

Amount Insured refers to the maximum that the insurant will get for the claim of the case insured.

Premium is the fee paid by the insurant to the insurer to obtain the obligation of compensation from the insurance within the agreed terms.

Settled Claim is the compensation paid by the insurer to the insurant or beneficiary for the loss of the insurance accident in accordance with the insurance contract.

Payment is the behavior that the insurer pays insured amount to the insurant or the beneficiary according to the personal insurance contract. It includes payment for death, injury or medical treatment, payment at maturity and annuity payment. Payment for death, injury or medical treatment refers to the money paid to the insurant (or the beneficiary) in accordance with the life or health insurance contract when the insurant encounters accidents within the insured period covered in the contract. Payment at maturity refers to the payment to the insurant in accordance with the life insurance contract at the end of the insured period. Annuity payment refers to the payment to the insurant in accordance with the life insurance contract when the insurant under the annuity insurance lives to the specified age.

对外经济贸易

Foreign Trade and Economic Cooperation

简要说明

本篇资料综合反映江苏的对外贸易、利用外资、对外直接投资、对外经济合作的历年概况,重点反映对外经济贸易的近期发展状况。

一、对外贸易部分

对外贸易统计的主要内容包括:进出口货物的品种、数(重)量、金额、国别(地区)、经营单位、境内目的地、境内货源地、贸易方式、关别等项目。对外贸易统计的资料来源于海关总署,调查方法是全面调查。

历年出口商品分类金额和历年进口商品分类金额按照联合国《国际贸易标准分类》(SITC)进行统计。

对各国(地区)进出口总额表中,出口货物按中华人民共和国关境外最终目的国(地区),进口货物按中华人民共和国关境外原产国(地区)统计。进出口总额分别按境内经营单位所在地和目的地、货源地列示。经营单位所在地是指江苏省境内进出口企业报关注册的登记地;境内货源地是指出口货物在江苏省境内的产地或原始发货地。

二、利用外资统计部分

利用外资统计的主要内容包括:对外借款、外商直接投资和外商其他投资、外商投资企业登记注册情况。

统计范围是凡经工商行政管理机关核准登记,在江苏省境内所有利用外资的单位和部门,经批准设立的中外合资经营企业、合作经营企业、外资企业、外商投资股份制企业、合作开发项目等具有法人资格的独立核算企业(包括港澳台地区投资企业),在华从事经营活动的外国及港澳台地区企业及外国公司在江苏境内设立的分支机构。

利用外资统计的资料来源于商务部门,其中,外商投资企业的登记注册情况资料来源于市场监管部门,调查方法是全面调查。

三、对外经济合作部分

对外经济合作统计的主要内容包括:对外承包工程、对外劳务合作的合同数、合同金额、完成营业额等。

统计范围是对外承包工程、对外劳务合作。

该制度统计单位是经各级商务主管部门批准的从事对外承包和劳务合作业务并具有法人地位的对外承包劳务企业。

资料来源是商务部门,调查方法是全面调查。

四、对外直接投资部分

对外直接投资统计的内容主要包括:境内投资主体的基本情况、境外企业的基本情况等。

统计范围主要包括境内投资主体通过直接投资在境外设立的各类公司型企业和非公司型企业。

资料来源是商务部门,调查方法是全面调查。

五、其他

历年人民币对美元、日元、港币的年平均汇价,资料来源于国家外汇管理局,各年的年平均汇价是根据当年国家外汇管理局公布的每日汇价进行加权平均计算而得出的。

Brief Introduction

Data in this chapter provide summary data of Jiangsu's foreign trade, utilization of foreign capital, overseas direct investment, contracted projects and labour cooperation with foreign countries or territories over the years, focusing on the recent situation of foreign trade and economic cooperation.

Ⅰ. Foreign Trade

Data on foreign trade include: varieties of imports and exports, amount (weight), value, countries (regions), imports and exports corporations, destination within territory, origin of goods within territory, mode of trade, types of tariffs and so on.

Sources of data on foreign trade are from the General Administration of Customs of the People's Republic of China through a comprehensive reporting system.

Customs statistics in value terms for both

imports and exports are compiled according to the classifications of *UN Standard International Trade Classification* (*SITC*).

In the table on total imports and exports with related countries and regions, the export commodities are calculated at the Customs of the countries (regions) of destination and the import commodities are calculated at the Customs of the countries (regions) of origin. The total values of the import and export commodities are calculated respectively at the provinces where the import or export corporations are situated and at the provinces of destination or provinces of origin within the border of Jiangsu. The province where the import or export corporations are situated refers to the province where the import or export corporations have applied to and have been registered at the Customs. The province of origin within the border of Jiangsu refers to the province where the export commodities are produced or originally delivered.

Ⅱ. Statistics on Utilization of Foreign Capitals

Utilization of foreign capitals includes: foreign loans, foreign direct investments and other foreign investments, and the basic condition of registration of foreign funded enterprises.

The statistics cover all the units and departments which have utilized foreign capital and all the Sino-foreign joint ventures, Sino-foreign cooperative enterprises, ventures exclusively with foreign investment, foreign-funded stock companies, Sino-foreign cooperative development projects and other corporate enterprises (including the enterprises funded by the entrepreneurs from Hong Kong, Macao and Taiwan) with independent accounting system which have been approved by the Chinese government to set up in the boundary of Jiangsu.

Data on utilization of foreign capitals are from departments of commerce, of which, data on basic condition of registration of foreign funded enterprises are from market regulatory administrations through comprehensive reporting system.

Ⅲ. Foreign Economic Cooperation

Data on foreign economic cooperation include: number of contracted foreign projects and foreign labour services cooperation, contracted volume, complete business turnover and so on.

The statistics cover contracted projects, labour services cooperation.

The statistical unit in the scheme is the corporate enterprise engaged in contracted projects and labour services cooperation with foreign countries and has been approved by the department of commerce at various levels.

Data on foreign economic cooperation are from departments of commerce through a comprehensive reporting system.

Ⅳ. Overseas Direct Investment

Contents of statistics on overseas direct investment include basic situation of domestic investors and overseas enterprises they invest in.

The statistics cover overseas corporate and non-corporate enterprises of various forms established by domestic investors through their investment operation.

Data on foreign economic cooperation are from departments of commerce through a comprehensive reporting system.

Ⅴ. Others

The average exchange rates of RMB yuan to US dollar, Japanese yen and Hong Kong dollar over the years come from the State Administration of Exchange Control. The annual average exchange rate is calculated as the weighted mean of the daily exchange rates provided by the State Administration of Foreign Exchange in the year.

8－1 对外经济主要指标

Major Indicators of Foreign Trade and Economic Cooperation

单位:亿美元 (USD 100 million)

指标	Item	2015	2016	2017	2018	2019
进出口总额	**Total Imports and Exports**	**5456.14**	**5096.12**	**5911.39**	**6640.43**	**6294.70**
进口总额	Total Import	2069.45	1902.68	2278.40	2599.99	2346.85
初级产品	Primary Goods	253.40	233.26	299.86	334.24	328.38
工业制成品	Manufactured Goods	1749.47	1591.87	1849.92	2118.86	1888.62
出口总额	Total Exports	3386.68	3193.44	3632.98	4040.44	3947.84
初级产品	Primary Goods	50.99	51.38	55.26	58.58	53.48
工业制成品	Manufactured Goods	3285.58	3077.73	3411.89	3786.02	3693.36
协议注册外资项目 （个）	**Agreement Registered Foreign Investment Projects （unit）**	**2580**	**2859**	**3254**	**3348**	**3410**
协议注册外资	**Agreement Registered Foreign**	**393.61**	**431.39**	**554.26**	**605.22**	**626.03**
实际使用外资	**Actual Use of Foreign Capital**	**242.75**	**245.43**	**251.35**	**255.92**	**261.24**
外商投资企业基本情况	**Registered Foreign-funded Enterprises**					
年底登记户数 （户）	Number of Registered Enterprises （unit）	53551	55938	58577	59308	62360
投资总额	Total Investment	7821.54	8798.68	9658.19	10560.42	11735.15
注册资本	Registered Capital	4229.01	4718.23	5226.16	5639.86	6372.81
对外经济合作	**Economic Cooperation with Foreign Countries & Regions**					
对外承包工程	Contracted Projects					
合同金额	Contracted Value	77.96	72.87	108.21	65.90	68.04
完成营业额	Value of Turnover Fulfilled	87.61	91.11	95.29	83.27	77.84
对外劳务合作	Labor Services					
新签劳务人员合同工资总额	Total Contract Wages of New Signed Labor	5.19	4.53	4.40	5.42	3.98
劳务人员实际收入总额	Total Real Income of Signed Labor	7.46	6.96	7.22	7.97	8.69
境外投资情况	**Overseas Investment**					
新批项目数 （个）	Newly Approved projects （unit）	880	1067	631	786	827
贸易型项目	Trade	315	286	213	233	221
非贸易型项目	Nontrade	565	781	418	533	606
中方协议金额 （万美元）	Protocol Fund from China （USD 10000）	1030460	1422365	927072	948424	894503
贸易型项目	Trade	225716	242426	106254	187761	185328
非贸易型项目	Nontrade	8047444	1179940	820818	760663	709175

注:本表进出口额按 HS 统计,初级产品、工业制成品按 SITC 统计。

a) Data of imports and exports are counted by HS, data of Primary goods and manufactured goods are counted by SITC.

8－2 人民币对主要外币年平均汇价(中间价)

Average Exchange Rate of RMB Yuan Against Main Convertible Currencies (Middle Price)

单位:人民币元 (RMB yuan)

年份 Year	100 美元 100 US Dollars	100 日元 100 Japanese Yen	100 港元 100 Hong Kong Dollars	100 欧元 100 Euro
1985	293.66	1.2457	37.57	
1986	345.28	2.0694	44.22	
1987	372.21	2.5799	47.74	
1988	372.21	2.9082	47.70	
1989	376.51	2.7360	48.28	
1990	478.32	3.3233	61.39	
1991	532.33	3.9602	68.45	
1992	551.46	4.3608	71.24	
1993	576.20	5.2020	74.41	
1994	861.87	8.4370	111.53	
1995	835.10	8.9225	107.96	
1996	831.42	7.6352	107.51	
1997	828.98	6.8600	107.09	
1998	827.91	6.3488	106.88	
1999	827.83	7.2932	106.66	
2000	827.84	7.6864	106.18	
2001	827.70	6.8075	106.08	
2002	827.70	6.6237	106.07	800.58
2003	827.70	7.1466	106.24	936.13
2004	827.68	7.6552	106.23	1029.00
2005	819.17	7.4484	105.30	1019.53
2006	797.18	6.8570	102.62	1001.90
2007	760.40	6.4632	97.46	1041.75
2008	694.51	6.7427	89.19	1022.27
2009	683.10	7.2986	88.12	952.70
2010	676.95	7.7279	87.13	897.25
2011	645.88	8.1050	82.97	900.11
2012	631.25	7.9037	81.38	810.67
2013	619.32	6.3323	79.85	822.19
2014	614.28	5.8196	79.22	816.51
2015	622.84	5.1553	80.34	691.41
2016	664.23	6.1243	85.58	734.26
2017	675.18	6.0244	86.64	763.03
2018	661.74	5.9890	84.43	780.16
2019	689.85	6.3347	88.05	772.55

8-3 对外贸易进出口总额

Total Imports and Exports

单位:亿美元 (USD 100 million)

年份 Year	海关进出口总额(经营单位) Total Import and Export Value by Customs (Running Unit)			海关进出口总额(目源地) Total Import and Export Value by Customs (Goods Destination or Original Place)		
	合计 Total	进口 Imports	出口 Exports	合计 Total	进口 Imports	出口 Exports
1985	19.87	4.01	15.86			
1986	24.12	5.42	18.70			
1987	28.73	7.56	21.17			
1988	34.58	10.41	24.17			
1989	38.43	13.07	25.36			
1990	41.39	11.95	29.44			
1991	53.10	18.85	34.25			
1992	69.62	29.60	40.02			
1993	91.29	44.77	46.52	107.75	59.81	47.94
1994	117.59	50.73	66.86	122.47	52.86	69.61
1995	162.78	64.96	97.82	180.05	79.42	100.63
1996	206.88	90.87	116.01	222.17	102.92	119.25
1997	236.21	95.32	140.89	252.93	108.82	144.11
1998	264.26	107.75	156.51	281.66	122.09	159.57
1999	312.61	129.52	183.09	328.62	142.80	185.82
2000	456.38	198.68	257.70	491.98	228.17	263.81
2001	513.55	224.77	288.78	544.84	250.91	293.93
2002	703.05	318.25	384.80	745.09	354.80	390.29
2003	1136.70	545.30	591.40	1213.37	617.26	596.11
2004	1708.57	833.60	874.97	1794.72	913.67	881.05
2005	2279.41	1049.59	1229.82	2384.86	1138.75	1246.11
2006	2839.95	1235.77	1604.19	2990.58	1360.67	1629.91
2007	3496.71	1459.38	2037.33	3723.93	1646.19	2077.74
2008	3922.68	1542.32	2380.36	4304.81	1852.62	2452.19
2009	3388.32	1395.89	1992.43	3659.94	1585.99	2073.95
2010	4657.93	1952.42	2705.50	4987.59	2173.02	2814.58
2011	5397.59	2271.36	3126.23	5813.74	2568.98	3244.77
2012	5480.93	2195.55	3285.38	5887.95	2545.48	3342.47
2013	5508.44	2219.88	3288.57	5932.74	2594.53	3338.21
2014	5637.62	2218.93	3418.69	6093.14	2587.38	3505.75
2015	5456.14	2069.45	3386.68	5810.72	2321.73	3488.99
2016	5096.12	1902.68	3193.44	5475.16	2162.05	3313.11
2017	5911.39	2278.40	3632.98	6367.80	2615.57	3752.23
2018	6640.43	2599.99	4040.44	7172.38	3000.26	4172.13
2019	6294.70	2346.85	3947.84	6784.51	2755.21	4029.30

8－4 按贸易方式和经济类型分的进口额
Total Imports by Type of Trade and Ownership

单位:万美元 (USD 10000)

项 目	Item	2015	2016	2017	2018	2019
总值	**Total**	**20694533**	**19026827**	**22784045**	**25999867**	**23468549**
按贸易方式分	**Grouped by Type of Trade**					
#一般贸易	Ordinary Trade	8357709	8851895	10860379	12061331	11503825
来料加工装配贸易	Assembling Trade with Provided Raw Material	2269538	2043741	1518714	1161515	951108
进料加工贸易	Processing Trade with Raw Material	5901943	5663378	7684039	9392377	7745682
加工贸易进口设备	Processing and Assembling with Equipments Provided	10133	5392	10199	45704	4432
外商投资企业作为投资进口的设备、物品	Import Equipments as Investment	279724	111102	165744	103107	122399
出料加工贸易	Processing Trade Providing Raw Material	7310	2554	2084	8950	2443
易货贸易	Barter Trade				25	
保税监管场所进出境货物	Bonded Inbounded and Outbound Goods	965732	750163	1019808	1112356	973194
海关特殊监管区域物流货物	Areas under Special Customs Supervision Logistics Goods	2667406	1406523	1256832	1692154	1705129
按经济类型分	**Grouped by Ownership**					
#国有企业	State-owned Enterprises	1422078	1256832	1607845	2027344	2156739
集体企业	Collective-owned Enterprises	359797	274659	339946	345027	340001
私营企业	Private Enterprise	4558828	3552933	4293953	5235005	4983301
外商投资企业	Foreign-funded Enterprises	14343335	13936555	16537768	18387898	15972534
#中外合作	Sino-Foreign Cooperative	166033	161503	174938	195301	202897
中外合资	Sino-Foreign Joint Funded	3261222	3125533	3535303	4047552	3816493
外商独资	Foreign Funded	10916081	10649519	12827527	14145045	11953144

8－5 按贸易方式和经济类型分的进口额(人民币计价)
Total Exports by Type of Trade and Ownership(RMB)

单位:万元 (10000 yuan)

项 目	Item	2015	2016	2017	2018	2019
总值	**Total**	**128484962**	**125716428**	**154148944**	**171446837**	**161711017**
按贸易方式分	**Grouped by Type of Trade**					
#一般贸易	Ordinary Trade	51883851	58498688	73480981	79417729	79293409
来料加工装配贸易	Assembling Trade with Provided Raw Material	14090704	13502195	10320699	7658248	6552429
进料加工贸易	Processing Trade with Raw Material	36639159	37432765	51948110	62013057	53377962
加工贸易进口设备	Processing Trade Providing Raw Material	62369	34896	68650	294130	30179
外商投资企业作为投资进口的设备、物品	Processing Trade Providing Raw Material	1736521	730646	1113935	674923	841712
出料加工贸易	Processing Trade Providing Raw Material	45221	16854	14114	58702	16708
易货贸易	Barter Trade				161	
保税监管场所进出境货物	Bonded Inbounded and Outbound Goods	5999311	4953191	6900352	7329790	6702254
海关特殊监管区域物流货物	Areas under Special Customs Supervision Logistics Goods	16570993	9281726	8496119	11203328	11738006
按经济类型分	**Grouped by Ownership**					
#国有企业	State-owned Enterprises		8300094	10872874	13364913	14844052
集体企业	Collective-owned Enterprises		1816015	2307720	2270928	2342331
私营企业	Private Enterprise		23460108	29044411	34529677	34366261
外商投资企业	Foreign-funded Enterprises		92101634	111893294	121250993	110045588
#中外合作	Sino-foreign Cooperative		1067612	1186817	1286208	1395824
中外合资	Sino-foreign Joint Funded		20652870	23931971	26696600	26265327
外商独资	Foreign Funded		70381152	86774506	93268185	82384438

8－6 按贸易方式和经济类型分的出口额

Total Value of Imports by Category of Commodities

单位:万美元 (USD 10000)

项 目	Item	2015	2016	2017	2018	2019
总值	**Total**	**33866822**	**31934422**	**36329814**	**40404420**	**39478431**
按贸易方式分	**Grouped by Type of Trade**					
#一般贸易	Ordinary Trade	15524922	15543673	17563971	20321743	20987605
来料加工装配贸易	Assembling Trade with Provided Raw Material	1643571	1365992	1342496	1175266	1161659
进料加工贸易	Processing Trade with Raw Material	13151944	12527006	13790022	14321639	13788503
出料加工贸易	Processing Trade Providing Raw Material	4112	1732	1123	6161	1289
易货贸易	Barter Trade					
保税监管场所进出境货物	Bonded Inbounded and Outbound Goods	429799	68289	84850	75830	94875
海关特殊监管区域物流货物	Areas under Special Customs Supervision Logistics Goods	3029687	2076507	3013854	4265483	3146253
按经济类型分	**Grouped by Ownership**					
#国有企业	State-owned Enterprises	3073976	2870634	3749158	4538524	3386565
集体企业	Collective-owned Enterprises	695249	567301	568136	585803	499002
私营企业	Private Enterprise	10681755	9814912	10840878	12818023	13944486
外商投资企业	Foreign-funded Enterprises	19388612	18654352	21144278	22435730	21572898
#中外合作	Sino-foreign Cooperative	100879	118985	165158	173400	157897
中外合资	Sino-foreign Joint Funded	4010918	3775668	4187872	4553902	4420624
外商独资	Foreign Funded	15276815	14759699	16791248	17708428	16994377

8－7 按贸易方式和经济类型分的出口额(人民币计价)

Total Value of Exports by Category of Commodities(RMB)

单位:万元 (10000 yuan)

项 目	Item	2015	2016	2017	2018	2019
总值	**Total**	**210221307**	**210631754**	**246071843**	**266576821**	**272086320**
按贸易方式分	**Grouped by Type of Trade**					
#一般贸易	Ordinary Trade	96351136	102533580	119006136	134007773	144642610
来料加工装配贸易	Assembling Trade with Provided Raw Material	10197804	9012394	9103272	7750346	8000252
进料加工贸易	Processing Trade with Raw Material	81629571	82638867	93385317	94597485	95067969
出料加工贸易	Processing Trade Providing Raw Material	25444	11437	7567	40423	8830
易货贸易	Barter Trade					
保税监管场所进出境货物	Bonded Inbounded and Outbound Goods	2672499	445829	577070	497950	650989
海关特殊监管区域物流货物	Areas under Special Customs Supervision Logistics Goods	18830957	13678354	20363307	28117539	21636748
按经济类型分	**Grouped by Ownership**					
#国有企业	State-owned Enterprises		18926664	25391349	29892249	23305976
集体企业	Collective-owned Enterprises		3736953	3856008	3849016	3430881
私营企业	Private Enterprise		64731473	73453931	84559952	96185749
外商投资企业	Foreign-funded Enterprises		123057255	143184880	148101805	148631677
#中外合作	Sino-foreign Cooperative		788280	1118699	1143437	1087034
中外合资	Sino-foreign Joint Funded		24887489	28390467	29994749	30427894
外商独资	Foreign Funded		97381486	113675714	116963619	117116749

8-8 进口商品分类总额
Total Value of Imports by Category of Commodities

单位:万美元 (USD 10000)

项	目 Item	2015	2016	2017	2018	2019
总值	**Total**	**20028665**	**18251304**	**21497785**	**24530928**	**22169950**
初级产品	**Primary Goods**	**2534000**	**2332628**	**2998553**	**3342355**	**3283800**
#食品及活动物	Food and Live Animals	161218	150263	168564	182582	238419
饮料及烟类	Beverages and Tobacco	9732	8924	9169	8576	8561
非食用原料(燃料除外)	Non-edible Raw Materials	1820600	1646873	1943110	2085378	2099577
矿物燃料、润滑油及有关原料	Mineral Fuels, Lubricants and Related Materials	415774	394491	711496	881273	731000
动植物油、脂及蜡	Animal and Vegetable Oils, Fats and Wax	126677	132076	166214	184546	206243
工业制成品	**Manufactured Goods**	**17494665**	**15918676**	**18499232**	**21188574**	**18886150**
#化学成品及有关产品	Chemicals and Related Products	3379824	3088347	3387836	3921145	3497179
按原料分类的制成品	Manufactured Goods Grouped by Raw Materials	1516499	1439096	1648327	1850975	1772022
机械及运输设备	Machinery and Transport Equipments	9898339	8996813	11061597	13049228	11307323
杂项制品	Miscellaneous Products	2695754	2384025	2396192	2362396	2304553

注:本表按 SITC 分类统计(8-9 表、8-10 表、8-11 表同)。

a) Data in this table are complied according to the classifications of SITC(The same applies to the table 8-9、8-10 and 8-11).

8-9 出口商品分类总额
Total Value of Exports by Category of Commodities

单位:万美元 (USD 10000)

项	目 Item	2015	2016	2017	2018	2019
总值	**Total**	**33365671**	**31291098**	**34671500**	**38446034**	**37468433**
初级产品	**Primary Goods**	**509857**	**513846**	**552634**	**585841**	**534786**
#食品及活动物	Food and Live Animals	231475	243947	246853	252891	234141
饮料及烟类	Beverages and Tobacco	1902	3681	2892	3383	5267
非食用原料(燃料除外)	Non-edible Raw Materials	215152	211974	235609	259944	230862
矿物燃料、润滑油及有关原料	Mineral Fuels, Lubricants and Related Materials	55414	48339	60444	59883	43694
动植物油、脂及蜡	Animal and Vegetable Oils, Fats and Wax	5915	5904	6836	9741	20823
工业制成品	**Manufactured Goods**	**32855814**	**30777253**	**34118866**	**37860192**	**36933646**
#化学成品及有关产品	Chemicals and Related Products	2315512	2325642	2628376	3023920	2785925
按原料分类的制成品	Manufactured Goods Grouped by Raw Materials	5454410	5154069	5299092	5990440	5972873
机械及运输设备	Machinery and Transport Equipments	18898514	17396215	19811741	22163355	21422439
杂项制品	Miscellaneous Products	6185859	5893657	6378243	6680587	6747853

8－10 进出口商品细分类总额(2019 年)

Value of Imports and Exports by Category of Commodities(2019)

单位:万美元 (USD 10000)

项 目	Item	进出口总额 Total Improts and Exports Value	进 口 Imports	出 口 Exports
总 计	**Total**	**59638383**	**22169950**	**37468433**
初级产品	**Primary Goods**	**3818586**	**3283800**	**534786**
食品及活动物	**Food and Live Animal**	**472559**	**238419**	**234141**
活动物	Live Animals	1783	316	1467
肉及肉制品	Meat and Related Products	134624	131686	2938
乳品及蛋品	Dairy Products and Eggs	24713	23806	907
鱼、甲壳及软体类动物及其制品	Fish, Shellfish Products	13405	1822	11584
谷物及其制品	Cereals and Related Products	19328	7727	11600
蔬菜及水果	Vegetables and Fruits	154685	42583	112102
糖、糖制品及蜂蜜	Sugar, Sugar Products and Natural Honey	12605	2089	10516
咖啡、茶、可可、调味料及其制品	Coffee, Tea, Cocoa, Spices and Related Products	16138	8364	7774
饲料(不包括未碾磨谷物)	Forage	31111	6860	24252
杂项食品	Miscellaneous Food	64168	13166	51001
饮料及烟类	**Beverages and Tobacco**	**13828**	**8561**	**5267**
#饮料	Beverages	10268	8557	1711
非食用原料(燃料除外)	**Non-edible Materials**	**2330439**	**2099577**	**230862**
生皮及生毛皮	Raw Hides and Raw Furs	5841	5540	302
油籽及含油果实	Oil Seeds and Oil-bearing Fruits	17362	17100	261
生橡胶(包括合成橡胶及再生橡胶)	Raw Rubber	107926	86862	21064
软木及木材	Cork and Wood	121291	115953	5337
纸浆及废纸	Paper Pulp and Paper Waste	327021	326086	935
纺织纤维(羊毛条除外)及其废料	Textile Fiber and Waste	374188	268530	105658
天然肥料及矿物(煤、石油及宝石除外)	Natural Fertilizers and Minerals	70425	48913	21512
金属矿砂及金属废料	Metallic Ore and Metallic Waste	1211107	1203270	7838
其他动、植物原料	Other Raw Materials of Animals and Plants	95279	27323	67956
矿物燃料、润滑油及有关原料	**Mineral Fuels, Lubricants and Related Materials**	**774694**	**731000**	**43694**
煤、焦炭及煤砖	Coal, Coke and Coal Brick	96141	94077	2064
石油、石油产品及有关原料	Petroleum, Petroleum Products and Related Materials	227782	186239	41543
天然气及人造气	Natural Gas and Man-made Gas	450771	450685	86
动植物油、脂及蜡	**Animal and Vegetable Oils, Fats and Wax**	**227066**	**206243**	**20823**
动物油、脂	Animal Oil, Fat	5536	1965	3571
植物油、脂	Vegetable Oil, Fat	201718	201148	570
已加工的动植物油、脂及动植物蜡	Processed Animal and Vegetable Oils, Fats and Wax	19812	3130	16682

8－10 续表 Continued

单位：万美元 （USD 10000）

指 标	Item	进出口总额 Total Improts and Exports Value	进 口 Imports	出 口 Exports
工业制成品	**Manufactured Goods**	**55819797**	**18886150**	**36933646**
化学成品及有关产品	**Chemicals and Related Products**	**6283104**	**3497179**	**2785925**
有机化学品	Organic Chemicals	2711003	1622106	1088897
无机化学品	Inorganic Chemicals	418946	189352	229595
染料、鞣料及着色料	Dye, Tanning Material and Colouring Materials	194629	78152	116477
医药品	Pharmaceutical Products	636006	359359	276647
精油、香料及盥洗、光洁制品	Essential Oils, Perfumed Materials, Toilet Preparations, Bright and clean products	182040	68120	113920
制成肥料	Finished Fertilizers	81108	14309	66799
初级形状的塑料	Primary Shaped Plastics	799197	537433	261764
非初级形状的塑料	Non-primary Shaped Plastics	652787	363846	288941
其他化学原料及产品	Other Chemical Materials and Related Products	607388	264504	342885
按原料分类的制成品	**Manufactured Goods Grouped by Materials**	**7744895**	**1772022**	**5972873**
皮革、皮革制品及已鞣毛皮	Leather and Related Products and Tanned Furs	45606	18171	27435
橡胶制品	Rubber and Related Products	237329	70863	166466
软木及木制品（家具除外）	Cork and Wooden Products	102618	4082	98536
纸及纸板；纸浆、纸及纸板制品	Paper and Paperboard; Articles of Paper Pulp, of Paper or Paperboard	378498	77481	301017
纺纱、织物、制成品及有关产品	Textile Fabrics, Textile Materials and Related Products	2542332	213526	2328806
非金属矿物制品	Non-metalic Mineral Products	562103	159151	402951
钢铁	Iron and Steel	1336674	356110	980564
有色金属	Nonferrous Metal	916454	569681	346773
金属制品	Metallic Products	1623282	302957	1320325
机械及运输设备	**Machinery and Transport Equipment**	**32729762**	**11307323**	**21422439**
动力机械及设备	Power-driven Machinery and Related Equipment	1227864	366121	861743
特种工业专用机械	Special Industrial Machinery of Particular Use	2276118	1098872	1177246
金工机械	Metalworking Machinery	428131	254944	173187
通用工业机械设备及零件	Equipment and Accessories for General Industrial	2993934	1023159	1970775
办公用机械及自动数据处理设备	Machinery for Office Use and Automatic Data-processing Equipment	5116686	758392	4358295
电信及声音的录制及重放装置设备	Telecommunication and Recorders	4531123	591186	3939937
电力机械、器具及其电气零件	Electronic Machinery, Equipment and Accessories	13949569	6928425	7021145
陆路车辆（包括气垫式）	Overland Vehicles	1455996	266111	1189885
其他运输设备	Other Transport Equipment	750340	20115	730226
杂项制品	**Miscellaneous Products**	**9052406**	**2304553**	**6747853**
活动房屋；卫生、水道、供热及照明装置	Movable Houses, Public Health, Waterway, Heat Supply and Lighting Installation	285566	10266	275301
家具及其零件；褥垫及类似填充制品	Furniture and Accessories, Beddings and Filler Products and Similar Products for Stuffing	743603	17579	726023
旅行用品、手提包及类似品	Travel Articles, Handbag and Similar Articles	192718	3794	188924
服装及衣着附件	Garments and Clothing Accessories	2515629	91829	2423800
鞋靴	Parts of Footwear	434367	213413	220954
专业、科学及控制用仪器和装置	Instruments and Equipment for Professional, Scientific and Control Use	2537383	1400123	1137261
摄影器材、光学物品及钟表	Photographic and Optical Equipment and Clocks	574994	336148	238846
杂项制品	Miscellaneous Products	1768145	231401	1536744

8-11 进出口商品细分类总额(人民币价)(2019年)

Value of Imports and Exports by Category of Commodities(RMB)(2019)

单位:万元 (10000 yuan)

项目	Item	进出口总额 Total Improts and Exports Value	进口 Imports	出口 Exports
总计	**Total**	**410982605**	**152751717**	**258230887**
初级产品	**Primary Goods**	**26304077**	**22620754**	**3683323**
食品及活动物	**Food and Live Animal**	**3260256**	**1646600**	**1613656**
活动物	Live Animals	12302	2149	10153
肉及肉制品	Meat and Related Products	930133	909748	20385
乳品及蛋品	Dairy Products and Eggs	170673	164413	6260
鱼、甲壳及软体类动物及其制品	Fish, Shellfish Products	92397	12628	79768
谷物及其制品	Cereals and Related Products	133297	53390	79907
蔬菜及水果	Vegetables and Fruits	1066779	293822	772957
糖、糖制品及蜂蜜	Sugar, Sugar Products and Natural Honey	86847	14421	72426
咖啡、茶、可可、调味料及其制品	Coffee, Tea, Cocoa, Spices and Related Products	111391	57729	53662
饲料(不包括未碾磨谷物)	Forage	214068	47342	166726
杂项食品	Miscellaneous Food	442370	90958	351412
饮料及烟类	**Beverages and Tobacco**	**95346**	**59022**	**36323**
#饮料	Beverages	70749	58989	11760
非食用原料(燃料除外)	**Non-edible Materials**	**16047786**	**14458860**	**1588925**
生皮及生毛皮	Raw Hides and Raw Furs	40216	38142	2074
油籽及含油果实	Oil Seeds and Oil-bearing Fruits	118259	116465	1795
生橡胶(包括合成橡胶及再生橡胶)	Raw Rubber	744168	599366	144802
软木及木材	Cork and Wood	834694	797907	36786
纸浆及废纸	Paper Pulp and Paper Waste	2251858	2245432	6426
纺织纤维(羊毛条除外)及其废料	Textile Fiber and Waste	2567397	1840204	727192
天然肥料及矿物(煤、石油及宝石除外)	Natural Fertilizers and Minerals	485238	336467	148771
金属矿砂及金属废料	Metallic Ore and Metallic Waste	8350581	8296778	53803
其他动、植物原料	Other Raw Materials of Animals and Plants	655374	188099	467276
矿物燃料、润滑油及有关原料	**Mineral Fuels, Lubricants and Related Materials**	**5332643**	**5032009**	**300634**
煤、焦炭及煤砖	Coal, Coke and Coal Brick	660942	646766	14176
石油、石油产品及有关原料	Petroleum, Petroleum Products and Related Materials	1572886	1287025	285860
天然气及人造气	Natural Gas and Man-made Gas	3098815	3098217	599
动植物油、脂及蜡	**Animal and Vegetable Oils, Fats and Wax**	**1568047**	**1424263**	**143784**
动物油、脂	Animal Oil, Fat	38120	13525	24595
植物油、脂	Vegetable Oil, Fat	1393063	1389118	3945
已加工的动植物油、脂及动植物蜡	Processed Animal and Vegetable Oils, Fats and Wax	136864	21620	115244

8-11 续表 Continued

单位:万元 (10000 yuan)

指标	Item	进出口总额 Total Improts and Exports Value	进口 Imports	出口 Exports
工业制成品	**Manufactured Goods**	**384678528**	**130130963**	**254547565**
化学成品及有关产品	**Chemicals and Related Products**	**43258019**	**24085245**	**19172775**
有机化学品	Organic Chemicals	18652699	11162853	7489846
无机化学品	Inorganic Chemicals	2884820	1305628	1579193
染料、鞣料及着色料	Dye, Tanning Material and Colouring Materials	1340058	538323	801735
医药品	Pharmaceutical Products	4380458	2476224	1904235
精油、香料及盥洗、光洁制品	Essential Oils, Perfumed Materials, Toilet Preparations, Bright and clean products	1254082	469488	784594
制成肥料	Finished Fertilizers	559547	98587	460960
初级形状的塑料	Primary Shaped Plastics	5505168	3703809	1801359
非初级形状的塑料	Non-primary Shaped Plastics	4498667	2507403	1991264
其他化学原料及产品	Other Chemical Materials and Related Products	4182520	1822931	2359589
按原料分类的制成品	**Manufactured Goods Grouped by Materials**	**53370059**	**12218654**	**41151405**
皮革、皮革制品及已鞣毛皮	Leather and Related Products and Tanned Furs	314801	125291	189510
橡胶制品	Rubber and Related Products	1634449	488288	1146160
软木及木制品(家具除外)	Cork and Wooden Products	707153	28138	679016
纸及纸板;纸浆、纸及纸板制品	Paper and Paperboard; Articles of Paper Pulp, of Paper or Paperboard	2606935	534250	2072685
纺纱、织物、制成品及有关产品	Textile Fabrics, Textile Materials and Related Products	17513873	1469948	16043926
非金属矿物制品	Non-metalic Mineral Products	3878066	1096912	2781154
钢铁	Iron and Steel	9205432	2457459	6747973
有色金属	Nonferrous Metal	6319253	3931738	2387515
金属制品	Metallic Products	11190098	2086630	9103467
机械及运输设备	**Machinery and Transport Equipment**	**225561515**	**77906911**	**147654604**
动力机械及设备	Power-driven Machinery and Related Equipment	8455406	2521483	5933923
特种工业专用机械	Special Industrial Machinery of Particular Use	15663784	7555643	8108142
金工机械	Metalworking Machinery	2947412	1754227	1193185
通用工业机械设备及零件	Equipment and Accessories for General Industrial	20624252	7048210	13576042
办公用机械及自动数据处理设备	Machinery for Office Use and Automatic Data-processing Equipment	35243304	5215062	30028241
电信及声音的录制及重放装置设备	Telecommunication and Recorders	31269833	4081184	27188649
电力机械、器具及其电气零件	Electronic Machinery, Equipment and Accessories	96150122	47757973	48392149
陆路车辆(包括气垫式)	Overland Vehicles	10031150	1834753	8196397
其他运输设备	Other Transport Equipment	5176252	138376	5037875
杂项制品	**Miscellaneous Products**	**62421798**	**15884780**	**46537019**
活动房屋;卫生、水道、供热及照明装置	Movable Houses, Public Health, Waterway, Heat Supply and Lighting Installation	1975456	70979	1904477
家具及其零件;褥垫及类似填充制品	Furniture and Accessories, Beddings and Filler Products and Similar Products for Stuffing	5126311	121230	5005081
旅行用品、手提包及类似品	Travel Articles, Handbag and Similar Articles	1330837	26075	1304763
服装及衣着附件	Garments and Clothing Accessories	17347981	633364	16714617
鞋靴	Parts of Footwear	2999661	1473593	1526069
专业、科学及控制用仪器和装置	Instruments and Equipment for Professional, Scientific and Control Use	17480056	9646966	7833090
摄影器材、光学物品及钟表	Photographic and Optical Equipment and Clocks	3964771	2317446	1647325
杂项制品	Miscellaneous Products	12196726	1595128	10601598

8－12　进出口商品主要国家和地区

Imports and Exports Value by Country and Region

单位:万美元　　　　　　　　　　　　　　　　　　　　　　　　　(USD 10000)

国　家　(地　区) Country　(Region)		2018 进出口 Imports and Exports	2018 进　口 Imports	2018 出　口 Exports	2019 进出口 Imports and Exports	2019 进　口 Imports	2019 出　口 Exports
亚　洲	**Asia**	**36017947**	**18009987**	**18007960**	**33946430**	**15880945**	**18065485**
#巴林	Bahrain	15894	4626	11268	18651	6497	12154
孟加拉国	Bangladesh	378880	5851	373029	368366	7788	360578
缅甸	Myanmar	125161	2121	123040	157480	5238	152242
柬埔寨	Cambodia	154351	16453	137898	181941	18293	163648
塞浦路斯	Cyprus	7291	95	7197	11770	994	10775
中国香港	Hong Kong, China	3687628	33512	3654116	2688575	28077	2660497
印度	India	1481770	195692	1286078	1432937	197317	1235619
印度尼西亚	Indonesia	1081483	423808	657675	1108459	456951	651509
伊朗	Iran	163958	62239	101719	157523	80691	76832
以色列	Israel	176646	43402	133244	183879	50474	1334044
日本	Japan	5990831	3033563	2957268	5903601	2954569	2949032
科威特	Kuwait	131010	85806	45204	108831	62459	46372
中国澳门	Macao, China	6511	301	6211	5794	261	5533
马来西亚	Malaysia	1417931	834441	583490	1495841	840693	655149
巴基斯坦	Pakistan	209257	20613	188644	185363	10286	175078
菲律宾	Philippines	745216	335534	409681	891572	370644	520928
卡塔尔	Qatar	240331	212274	28057	228580	197563	31018
沙特阿拉伯	Saudi Arabia	600766	393084	207682	600200	317089	283112
新加坡	Singapore	1275157	558338	716819	1344579	517705	826874
韩国	Korea, Rep.	7876235	5631593	2244642	6882607	4285660	2596947
斯里兰卡	Sri Lanka	53456	6212	47244	52906	6589	46317
叙利亚	Syria	12010	2	12009	12704	…	12704
泰国	Thailand	1430333	622384	807949	1377611	552689	824922
土耳其	Turkey	323068	31019	292049	306721	23372	283349
阿拉伯联合酋长国	United Arab Emirates	550516	169087	381428	492917	75182	417735
越南	Vietnam	1536737	484049	1052689	1809731	511733	1297999
中国台湾	Taiwan, China	4423197	3271489	1151708	4119991	2942674	1177316
非　洲	**Africa**	**1320507**	**327186**	**993321**	**1425177**	**298420**	**1126757**
#喀麦隆	Cameroon	27042	17088	9954	18804	8288	10517
埃及	Egypt	127806	2461	125345	133570	6011	127560
加蓬	Gabon	16167	12844	3323	15372	11627	3745
摩洛哥	Morocco	44916	5693	39223	52444	2754	49690
尼日利亚	Nigeria	138923	18120	120803	149137	19657	129479
南非	South Africa	311992	104246	207746	308198	99291	208907
欧　洲	**Europe**	**11676906**	**3390176**	**8286730**	**11799612**	**3329381**	**8470231**
#比利时	Belgium	405384	86333	319051	425484	91336	334148
丹麦	Denmark	144383	34011	110372	139555	35779	103776
英国	United Kindom	1148029	172570	975459	1166552	146127	1020425

8－12 续表 Continued

单位:万美元 (USD 10000)

国别(地区)	Country (Region)	2018 进出口 Imports and Exports	2018 进口 Imports	2018 出口 Exports	2019 进出口 Imports and Exports	2019 进口 Imports	2019 出口 Exports
德国	Germany	2699187	1314433	1384754	2618124	1236451	1381673
法国	France	769198	253052	516145	840883	251310	589573
爱尔兰	Ireland	69458	20441	49016	59525	11331	48194
意大利	Italy	776421	267322	509099	725208	243807	481401
荷兰	Netherlands	1903837	197426	1706412	1851158	172585	1678573
希腊	Greece	101035	3753	97282	94696	4777	89919
葡萄牙	Portugal	78830	14951	63879	88775	12781	75994
西班牙	Spain	461059	80005	381054	477013	83910	393103
奥地利	Austria	155596	107680	47916	155957	104378	51578
芬兰	Finland	145966	82920	63045	167442	90688	76754
匈牙利	Hungary	167400	47929	119471	164988	41218	123771
挪威	Norway	86829	32527	54303	84591	28617	55974
波兰	Poland	402897	40818	362078	442697	42370	400326
罗马尼亚	Romania	115166	19536	95630	119095	20599	98496
瑞典	Sweden	354145	215067	139077	386983	235778	151204
瑞士	Switzerland	197702	124353	73349	196132	121874	74258
俄罗斯联邦	Russia Fed.	594173	104263	489910	675227	160182	515045
乌克兰	Ukraine	116186	28930	87257	155809	57096	98713
捷克	Czech Rep.	363394	76761	286633	331818	70753	261065
拉丁美洲	**Latin America**	**3492742**	**1339304**	**2153438**	**3584498**	**1315867**	**2268631**
#阿根廷	Argentina	151805	28139	123666	220097	108860	111237
巴西	Brazil	1504369	971973	532395	1421063	834742	586321
智利	Chile	261987	54039	207948	277728	68940	208788
哥伦比亚	Colombia	112410	2481	109929	124488	2221	122267
危地马拉	Guatemala	28437	456	27981	28946	2510	26435
墨西哥	Mexico	853349	132655	720694	874222	139614	734608
巴拿马	Panama	62245	103	62142	113097	12	113085
秘鲁	Peru	161498	45393	116105	153761	26617	127144
乌拉圭	Uruguay	54300	29206	25094	77686	52358	25327
委内瑞拉	Venezuela	9952	5631	4321	16368	8818	7549
北美洲	**North America**	**11623193**	**1729532**	**9893661**	**9906477**	**1425104**	**8481373**
#加拿大	Canada	867825	274386	593439	831544	236838	594706
美国	United States	10754025	1454882	9299143	9074304	1188240	7886064
大洋洲	**Oceania**	**2270432**	**1201122**	**1069310**	**2265949**	**1199996**	**1065954**
#澳大利亚	Australia	1894318	1030812	863506	1885164	1040481	844683
新西兰	New Zealand	195774	107470	88305	182454	92074	90380
巴布亚新几内亚	Papua New Guinea	47723	39111	8612	57691	48005	9686
附:东南亚国家联盟	Association of Southeast-Asia Nations	7833381	3287362	4546019	8407294	3293433	5113861
欧洲联盟	European Union	10625268	3092116	7533152	10617229	2951799	7665429
亚太经济合作组织	Asia-Pacific Economic Cooperation	46589620	19921007	26668613	42900778	17718912	25181866

8-13 进出口商品主要国家和地区(人民币计价)

Imports and Exports Value by Country and Region(RMB)

单位:万元 (10000 yuan)

国家(地区)	Country (Region)	2018 进出口 Imports and Exports	2018 进口 Imports	2018 出口 Exports	2019 进出口 Imports and Exports	2019 进口 Imports	2019 出口 Exports
亚洲	**Asia**	**237532921**	**118825318**	**118707602**	**233922604**	**109414510**	**124508093**
#巴林	Bahrain	105599	31036	74563	128331	44490	83841
孟加拉国	Bangladesh	2497106	38703	2458403	2537527	53934	2483594
缅甸	Myanmar	824509	14012	810497	1085209	36261	1048948
柬埔寨	Cambodia	1014576	107833	906743	1253482	125906	1127576
塞浦路斯	Cyprus	47606	641	46965	81889	6737	75151
中国香港	Hong Kong, China	24274646	220394	24054253	18526734	193754	18332980
印度	India	9767147	1289719	8477427	9863439	1357220	8506219
印度尼西亚	Indonesia	7142460	2799725	4342735	7645998	3152346	4493652
伊朗	Iran	1079195	413947	665248	1083940	554399	529542
以色列	Israel	1163761	286447	877313	1266061	346932	919130
日本	Japan	39517173	20002261	19514912	40676988	20355906	20321081
科威特	Kuwait	861731	564342	297389	750165	430574	319591
中国澳门	Macao, China	42665	1973	40692	39738	1789	37949
马来西亚	Malaysia	9344088	5500711	3843377	10311451	5794694	4516757
巴基斯坦	Pakistan	1376614	135776	1240838	1275966	70521	1205445
菲律宾	Philippines	4930727	2218361	2712365	6141307	2553008	3588300
卡塔尔	Qatar	1592019	1406766	185253	1573186	1359004	214182
沙特阿拉伯	Saudi Arabia	3967921	2596538	1371383	4134349	2183095	1951254
新加坡	Singapore	8379713	3675827	4703885	9270638	3567416	5703222
韩国	Korea, Rep.	52007401	37168036	14839365	47386067	29498606	17887461
斯里兰卡	Sri Lanka	352827	40841	311986	364999	45163	319836
叙利亚	Syria	79296	10	79287	87347	1	87346
泰国	Thailand	9431592	4106196	5325397	9499052	3811651	5687402
土耳其	Turkey	2115671	204963	1910708	2116316	160842	1955474
阿拉伯联合酋长国	United Arab Emirates	3619992	1111188	2508804	3395491	513889	2881602
越南	Vietnam	10152414	3210698	6941716	12486735	3533524	8953212
中国台湾	Taiwan, China	29153831	21555726	7598105	28418814	20297693	8121121
非洲	**Africa**	**8697186**	**2154834**	**6542353**	**9823185**	**2056604**	**7766582**
#喀麦隆	Cameroon	177827	112453	65375	129578	57055	72523
埃及	Egypt	843974	16168	827806	920093	40760	879334
加蓬	Gabon	107518	85435	22083	105930	80037	25893
摩洛哥	Morocco	297041	37614	259427	361918	19017	342901
尼日利亚	Nigeria	916015	121635	794380	1028776	136024	892752
南非	South Africa	2056103	686961	1369142	2123400	684850	1438550
欧洲	**Europe**	**77059164**	**22351043**	**54708121**	**81319448**	**22944031**	**58375416**
#比利时	Belgium	2670199	568636	2101563	2931509	629762	2301747
丹麦	Denmark	952608	224854	727755	961700	246908	714793
英国	United Kindom	7580711	1136776	6443934	8042982	1006632	7036350

8－13 续表 Continued

单位:万元 (10000 yuan)

国别(地区) Country (Region)		2018			2019		
		进出口 Imports and Exports	进口 Imports	出口 Exports	进出口 Imports and Exports	进口 Imports	出口 Exports
德国	Germany	17809489	8664861	9144628	18039044	8521169	9517875
法国	France	5075009	1668017	3406992	5793519	1730819	4062700
爱尔兰	Ireland	460317	134805	325512	410528	78284	332244
意大利	Italy	5118140	1758607	3359533	4994799	1679179	3315620
荷兰	Netherlands	12579871	1308234	11271638	12757930	1187268	11570662
希腊	Greece	664942	24935	640007	652986	32653	620333
葡萄牙	Portugal	519386	98640	420747	610606	87931	522675
西班牙	Spain	3040243	525057	2515186	3288361	578466	2709895
奥地利	Austria	1028998	712548	316450	1074626	719226	355400
芬兰	Finland	962955	546777	416178	1154526	625653	528873
匈牙利	Hungary	1102006	314955	787051	1136897	283913	852983
挪威	Norway	574058	213435	360622	582743	197442	385300
波兰	Poland	2661928	269469	2392460	3051597	292741	2758856
罗马尼亚	Romania	759617	129314	630303	820065	141898	678167
瑞典	Sweden	2334083	1416596	917487	2662542	1622336	1040206
瑞士	Switzerland	1304472	820599	483873	1352818	839907	512911
俄罗斯联邦	Russia Fed.	3920306	688365	3231941	4658930	1107728	3551202
乌克兰	Ukraine	767544	192342	575202	1074898	394270	680628
捷克	Czech Rep.	2402505	504861	1897643	2289055	487389	1801667
拉丁美洲	**Latin America**	**23021063**	**8825604**	**14195459**	**24720237**	**9082097**	**15638140**
#阿根廷	Argentina	998616	185532	813085	1520961	755925	765036
巴西	Brazil	9918680	6403931	3514749	9792633	5752142	4040491
智利	Chile	1726248	356514	1369735	1915611	476641	1438970
哥伦比亚	Colombia	741430	16215	725215	858510	15372	843138
危地马拉	Guatemala	187454	2949	184505	199612	17429	182183
墨西哥	Mexico	5630595	876237	4754357	6027532	964048	5063484
巴拿马	Panama	409166	687	408478	784351	80	784271
秘鲁	Peru	1059758	295319	764439	1059518	184034	875485
乌拉圭	Uruguay	359870	194637	165234	537799	363734	174066
委内瑞拉	Venezuela	66344	37634	28711	113426	61204	52222
北美洲	**North America**	**76726105**	**11359858**	**65366246**	**68262229**	**9815621**	**58446607**
#加拿大	Canada	5731195	1806568	3924627	5729686	1628654	4101032
美国	United States	70985957	9551532	61434425	62528216	8186792	54341423
大洋洲	**Oceania**	**14970369**	**7913329**	**7057040**	**15617580**	**8266098**	**7351482**
#澳大利亚	Australia	12487828	6787853	5699975	12994179	7168381	5825798
新西兰	New Zealand	1294163	711181	582983	1258471	634856	623615
巴布亚新几内亚	Papua New Guinea	315562	258819	56743	395662	329060	66602
附:东南亚国家联盟	Association of Southeast-Asia Nations	51662837	21701120	29961718	57969503	22708573	35260931
欧洲联盟	European Union	70119557	20383893	49735664	73163302	20337116	52826186
亚太经济合作组织	Asia-Pacific Economic Cooperation	307351713	131359909	175991804	295654656	122095938	173558718

8－14　主要商品进口数量和金额
Major Import Commodities in Volume and Value

商品名称		Item		2018		2019	
				数量 Volume	金额（千美元） Value (USD 1000)	数量 Volume	金额（千美元） Value (USD 1000)
冻鱼	（吨）	Frozen Fish	(ton)	12216	36542	17520	58063
鲜、干水果及坚果	（吨）	Fresh, Dried Fruits and Nuts	(ton)	33278	90209	59648	263590
谷物及谷物粉	（万吨）	Cereals and Cereal Powder	(10000 tons)	98	276466	112	319890
大豆	（万吨）	Soybean	(ton)	1785	7784342	1507	6064195
食用植物油	（万吨）	Edible Vegetable Oil	(10000 tons)	131	933114	210	1275734
食糖	（万吨）	Sugar	(10000 tons)	1	5976	9	29736
酒类	（千升）	Alcohol	(kiloliter)	79971	109555	26484	84913
饲料用鱼粉	（万吨）	Fish Powder for Forage	(10000 tons)	3	41484	1	10194
天然橡胶(包括胶乳)	（万吨）	Natural Rubber	(10000 tons)	14	192812	12	165385
合成橡胶(包括胶乳)	（吨）	Synthetic Rubber	(ton)	391287	774345	383006	696328
原木	（万立方米）	Log	(10 kilostere)	1151	2046182	1093	1617207
锯材	（万立方米）	Wood Sawn	(10 kilostere)	297	814970	348	808324
胶合板及类似多层板	（万立方米）	Veneer	(10 kilostere)	1	7304	1	4883
纸浆	（万吨）	Paper Pulp	(10000 tons)	396	3062937	472	3021917
羊毛	（吨）	Wool	(ton)	165364	1729070	130071	1286598
毛条	（吨）	Woolen Yarn	(ton)	2370	19321	4195	29173
棉花	（万吨）	Cotton	(10000 tons)	34	682166	41	789055
二醋酸纤维丝束	（吨）	Acetate	(ton)	127	632	315	1642
纺织用合成纤维	（万吨）	Synthietic Fibre for Spinning	(10000 tons)	11	265286	9	182333
人造纤维短纤	（吨）	Man-made Fibre	(ton)	27919	74504	46294	98295
铁矿砂及其精矿	（万吨）	Iron Ores	(10000 tons)	11013	8735781	10305	10445884
锰矿砂及其精矿	（万吨）	Manganese Ores	(10000 tons)	73	169742	84	151412
铜矿砂及其精矿	（万吨）	Copper Ores	(10000 tons)	9	189616	1	6174
铬矿砂及其精矿	（万吨）	Chrome Ores	(10000 tons)	44	94372	50	83978
氧化铝	（万吨）	Alumina	(10000 tons)	9	52116	21	84484
煤及褐煤	（万吨）	Coal and Brown Coal	(10000 tons)	637	853225	1124	939710
成品油	（万吨）	Petroleum Products Refined	(10000 tons)	92	899561	100	849339
液化石油气及其他烃类气	（万吨）	Liquefied Petroleum Gas	(10000 tons)	1036	5763034	862	4506797
甲苯	（吨）	Toluene	(ton)	62228	49117	51572	34755
二甲苯	（万吨）	Xylene	(10000 tons)	384	4100048	339	3155880

8－14 续 表 1 Continued 1

商品名称 Item				2018		2019	
				数量 Volume	金额(千美元) Value (USD 1000)	数量 Volume	金额(千美元) Value (USD 1000)
苯乙烯	(吨)	Styrene	(ton)	1432646	1945579	1680079	1725713
乙二醇	(吨)	Glycol	(ton)	4121784	3812708	3965131	2324316
异氰酸酯	(吨)	Isocyanic Ester	(ton)	17264	74885	15742	66161
对苯二甲酸	(吨)	Telephthalic Acid	(ton)	192794	161191	285362	207317
己内酰胺	(吨)	Caprolactam	(ton)	38518	79622	69956	102546
医药品	(吨)	Pharmaceuticals	(ton)	11803	3224517	15905	3651722
美容化妆品及护肤品	(吨)	Cosmetics and Skin Care Products	(ton)	7914	161387	10793	218703
肥料	(万吨)	Fertilizer	(10000 tons)	36	101422	42	127758
合成有机染料	(吨)	Synthetic Organic Dyeing	(ton)	5494	52819	5100	54368
钛白粉	(吨)	Titanium Dioxide	(ton)	7547	27076	6001	21520
聚合物油漆及清漆	(吨)	Polymer Paint and Varnish	(ton)	29002	157378	29248	199429
感光材料		Sensitization Material			58916		56913
初级形状的塑料	(万吨)	Primary-shape Plastic	(10000 tons)	345	6611248	351	6105712
初级形状的聚乙烯	(吨)	Primary-shape Polythene	(ton)	737109	981448	716509	819953
初级形状的线型低密度聚乙烯	(吨)	Primary-shape Line-type Low-density Polythene	(ton)	337524	406100	385125	398565
初级形状的聚丙烯	(吨)	Primary-shape Polypropylene	(ton)	361091	467702	346136	415025
初级形状的聚苯乙烯聚合物	(吨)	Primary-shape Polystyrene	(ton)	357648	669687	346544	549980
ABS 树脂	(吨)	ABS Colophony	(ton)	171499	343043	152617	253014
初级形状的聚氯乙烯	(吨)	Primary-shape PVC	(ton)	179449	197104	152058	152856
初级形状的聚酯	(吨)	Primary-shape Polyester	(ton)	350508	724001	387872	643244
聚酯切片	(吨)	Polyester Slice	(ton)	127988	142772	213638	175788
聚酰胺切片	(吨)	Polyamide Slice	(ton)	70500	218418	71407	194550
非泡沫塑料的板、片、膜、箔	(吨)	Non-foam Plastic Board, Slice, Film and Foil	(ton)	267375	2720239	243295	2567673
废塑料		Waste Plastic			712		21
杀虫剂、除草剂及类似品	(吨)	Insecticide、Herbicide and the Like	(ton)	15853	205152	19457	270604
牛皮革及马皮革	(吨)	Cowskin and Horse Leather	(ton)	46437	159899	32484	120794
废纸	(万吨)	Waste Paper	(10000 tons)	252	637682	131	238941
纸及纸板(未切成形的)	(万吨)	Paper and Paper Board	(10000 tons)	86	860424	88	713062
纺织纱线、织物及制品		Textile Yarn, Textile and Their Products			2346706		2158309
服装及衣着附件		Garments and Clothing Accessories			752025		924483
玻璃纤维及其制品	(吨)	Fiberglass	(ton)	43958	274541	44968	298971
钻石	(千克)	Diamond	(kg)	2	55	2	64
废金属	(万吨)	Waste Metal	(10000 tons)	42	347683	14	192159
钢坯及粗锻件	(万吨)	Billet and Crude Forgings	(10000 tons)	4	65686	24	117976

8－14 续 表 2 Continued 2

商品名称 Item		2018		2019	
		数量 Volume	金额（千美元）Value（USD 1000）	数量 Volume	金额（千美元）Value（USD 1000）
钢材 （万吨）	Rolled Steel （10000 tons）	205	2866465	204	2630322
钢铁制标准紧固件 （吨）	Iron and Steel Standard Solidity Articles （ton）	55492	552459	44575	464351
未锻造的铜及铜材 （吨）	Copper and its Material （ton）	253758	2438011	294252	2563988
未锻造的铝及铝材 （吨）	Aluminium and its Material （ton）	218086	1217212	204082	1025283
钢铁或铝制结构体及其部件（吨）	Iron and Steel and Aluminium Units and Parts （ton）	23980	74887	28523	102624
蒸汽锅炉及过热水锅炉 （台）	Steam Boiler （set）	73	9511	58	4382
活塞式内燃机的零件 （吨）	Parts of Piston Internal-combustion Engine （ton）	42999	766378	26265	563373
液泵及液体提升机 （台）	Hydraulic Pumps and Lifters （set）	25458110	980051	59852738	880683
制冷设备用压缩机 （万台）	Compressors for Refrigerating Equipment （10000 sets）	129	107288	136	129827
空气调节器 （台）	Air Conditioners （set）	12588	10893	6486	10111
冷冻机和制冷设备 （台）	Refrigerating Equipment （set）	160608	341844	121669	282073
非家用型水的过滤、净化机器 （台）	Non-household Water Purify Machines （set）	36863	51910	32249	77182
饮料及液体食品灌装设备 （台）	Beverage Filling Equipment （set）	33	21252	43	30771
机械提升搬运装卸设备及零件	Machine Lifting, Transporting and Loading and Unloading Equipment and Accessories		849439		797214
建筑及采矿用机械及零件	Construction and Mining Machinery and Spare Parts		618760		513205
食品、饮料工业用加工机械及零件	Food Processing Machinery and Spare Parts		47562		90911
制造纸及纸制品用机械及零件	Paper and Related Articles Production Machinery		169337		130937
印刷、装订机械及零件	Printing and Bookbinding Machinery		888703		867828
纺织机械及零件	Textile Machinery		1239453		1307061
工业用缝纫机 （台）	Industrial Use Sewing Machine （set）	5850	18651	6697	15074
金属加工机床 （台）	Machine Tools （set）	25135	3025152	13782	2339669
加工中心 （台）	Machining Center （set）	10547	1165570	2259	634962
金属轧机及零件	Metal Rolling Machine and Accessories		36678		51973
橡胶或塑料加工机械及零件	Rubber and Plastic Processing Machinery		1111025		1080907
型模及金属铸造用型箱 （吨）	Metal Forging Molds （ton）	8575	319022	19039	282868
阀门 （万套）	Valves （10000 sets）	15489	1142271	15383	1195024
自动数据处理设备及其部件（万台）	Automatic Data Processing Machines and Accessories （10000 sets）	6678	3209342	6411	2475081
自动数据处理设备的零件 （吨）	Accessories of Automatic Data Processing Machines （ton）	14531	3604951	14472	4580507
制造单晶柱或晶圆用的机器及装置 （台）	Crystal Pole Making Machine （set）	695	161979	528	262366
制造半导体器件或集成电路用的机器及装置 （台）	Semiconductor and IC Making Machine （set）	3272	2162901	2535	2802247
制造平板显示器用的机器及装置 （台）	Flat Display Making Machine （set）	773	219636	418	134143
电动机及发电机 （万台）	Electric Motors and Generators （10000 sets）	4887	641402	4207	492820
发电机组及旋转式变流机 （台）	Electric Moter Set and Converters （set）	690	111152	929	114075
变压、整流、电感器及零件	Transformer, Recitifier, Inductance and Accessories		1839862		1741764

8－14 续 表 3 Continued 3

商品名称 Item		2018		2019	
		数量 Volume	金额（千美元）Value（USD 1000）	数量 Volume	金额（千美元）Value（USD 1000）
蓄电池 （万个）	Accumulator （10000 units）	48070	1043400	46818	1087018
电话机 （台）	Telephone （set）	103177	14488	278033	41847
数字式程控电话或电报交换机（台）	Digital Program-controlled Telephone or Telegraph Exchange （set）	253	3256	127	375
无线电导航雷达及遥控设备（台）	Radio Navigation Radar and Remote Device （set）	2799795	121119	3480554	124019
电视摄像机、数字照相机及视频摄录一体机 （万台）	TV Camera, Digital Camera and Video Creator （10000 sets）	4946	1002691	3944	752135
声音录制或重放设备 （万台）	Audio Recorder and Playback Device （10000 sets）		59	3	1897
收音设备（包括收录音组合机及整套散件） （万台）	Radio Device （10000 sets）	12	39729	6	5803
彩色电视机（包括整套散件）（万台）	TV set （10000 sets）		905		527
电视、收音机及无线电讯设备的零附件 （吨）	TV sets, Radio and Spare Parts of Wireless Dispatch Equipments （ton）	3159	1463019	2673	1228449
电容器 （吨）	Capacitor （ton）	9372	1777726	8420	1628263
电阻器 （吨）	Resistor （ton）	3404	565062	2660	451019
印刷电路 （万块）	Printing Circuits （10000 board）	1804425	3160720	1833469	2690331
通断保护电路装置及零件	Electrical Apparatus and Spare Parts for Switching or Protecting Electrical Cursuits		4010763		3729791
二极管及类似半导体器件（百万个）	Diodes and Similar Semi Conductors （million）	131822	4243412	108409	3594455
集成电路 （百万个）	IC （million）	108969	62620499	115521	50125672
电线和电缆 （吨）	Electric Wire and Cable （ton）	33760	961321	28668	646388
汽车（包括整套散件） （辆）	Automobile （set）	5813	271532	8894	423323
装有引擎的汽车底盘 （辆）	Moter Underpan with Engine （set）	672	53652	842	68419
汽车零件	Parts of Motor Vehicles		2840499		2106583
航空器零件 （吨）	Aerostat Parts （ton）	375	63735	426	68040
船舶 （艘）	Watercrafts （unit）	8	4268	24	4014
液晶显示板 （万个）	Liquid Crystal Display Panel （10000 board）	43006	6206553	40723	5553738
医疗仪器及器械	Medical Instruments and Appliances		702502		681725
计量检测分析自控仪器及器具	Automatic Instruments of Measuring, Examining and Analysing and Related Apparatus		5741300		5580935
手表 （万只）	Watch （10000 sets）	12	2244	3	964
印刷品 （吨）	Printed Matter （ton）	3756	74400	4025	75660
塑料制品 （吨）	Plastic Products （ton）	87483	1071898	75692	962967
农产品	Agricultural Products		15634993		14468327
机电产品	Electronic Mechanical Products		154688699		136069987
高新技术产品	New and High Technology Products		110456505		95708995

8－15 主要商品进口数量和金额(人民币计价)
Major Import Commodities in Volume and Value(RMB)

商品名称		Item		2018 数量 Volume	2018 金额(千元) Value (1000 yuan)	2019 数量 Volume	2019 金额(千元) Value (1000 yuan)
冻鱼	(吨)	Frozen Fish	(ton)	12216	242964	17520	401105
鲜、干水果及坚果	(吨)	Fresh, Dried Fruits and Nuts	(ton)	33278	608788	59648	1840945
谷物及谷物粉	(万吨)	Cereals and Cereal Powder	(10000 tons)	98	1793401	112	2197052
大豆	(万吨)	Soybean	(ton)	1785	51105522	1507	41898105
食用植物油	(万吨)	Edible Vegetable Oil	(10000 tons)	131	6157653	210	8818780
食糖	(万吨)	Sugar	(10000 tons)	1	39220	9	207312
酒类	(千升)	Alcohol	(kiloliter)	79971	721138	26484	585704
饲料用鱼粉	(万吨)	Fish Powder for Forage	(10000 tons)	3	268456	1	69752
天然橡胶(包括胶乳)	(万吨)	Natural Rubber	(10000 tons)	14	1268613	12	1140035
合成橡胶(包括胶乳)	(吨)	Synthetic Rubber	(ton)	391287	5099743	383006	4806084
原木	(万立方米)	Log	(10 kilostere)	1151	13455407	1093	11124084
锯材	(万立方米)	Wood Sawn	(10 kilostere)	297	5382735	348	5562180
胶合板及类似多层板	(万立方米)	Veneer	(10 kilostere)	1	48122	1	33642
纸浆	(万吨)	Paper Pulp	(10000 tons)	396	20221373	472	20814762
羊毛	(吨)	Wool	(ton)	165364	11374862	130071	8825078
毛条	(吨)	Woolen Yarn	(ton)	2370	127995	4195	200995
棉花	(万吨)	Cotton	(10000 tons)	34	4512191	41	5387072
二醋酸纤维丝束	(吨)	Acetate	(ton)	127	4155	315	11411
纺织用合成纤维	(万吨)	Synthietic Fibre for Spinning	(10000 tons)	11	1748073	9	1253418
人造纤维短纤	(吨)	Man-made Fibre	(ton)	27919	490767	46294	679598
铁矿砂及其精矿	(万吨)	Iron Ores	(10000 tons)	11013	57506731	10305	72013372
锰矿砂及其精矿	(万吨)	Manganese Ores	(10000 tons)	73	1113066	84	1039567
铜矿砂及其精矿	(万吨)	Copper Ores	(10000 tons)	9	1237946	1	42541
铬矿砂及其精矿	(万吨)	Chrome Ores	(10000 tons)	44	620685	50	580695
氧化铝	(万吨)	Alumina	(10000 tons)	9	341430	21	587680
煤及褐煤	(万吨)	Coal and Brown Coal	(10000 tons)	637	5622499	1124	6460331
成品油	(万吨)	Petroleum Products Refined	(10000 tons)	92	5905099	100	5842465
液化石油气及其他烃类气	(万吨)	Liquefied Petroleum Gas	(10000 tons)	1036	38140692	862	30981828
甲苯	(吨)	Toluene	(ton)	62228	322240	51572	240775
二甲苯	(万吨)	Xylene	(10000 tons)	384	27200507	339	21674494

8-15 续 表 1 Continued 1

商品名称 Item		2018		2019	
		数量 Volume	金额(千元) Value (1000 yuan)	数量 Volume	金额(千元) Value (1000 yuan)
苯乙烯 (吨)	Styrene (ton)	1432646	12834965	1680079	11930689
乙二醇 (吨)	Glycol (ton)	4121784	25038013	3965131	15988304
异氰酸酯 (吨)	Isocyanic Ester (ton)	17264	495753	15742	456130
对苯二甲酸 (吨)	Telephthalic Acid (ton)	192794	1058396	285362	1428928
己内酰胺 (吨)	Caprolactam (ton)	38518	520348	69956	707780
医药品 (吨)	Pharmaceuticals (ton)	11803	21269480	15905	25164515
美容化妆品及护肤品 (吨)	Cosmetics and Skin Care Products (ton)	7914	1063574	10793	1507672
肥料 (万吨)	Fertilizer (10000 tons)	36	665023	42	881788
合成有机染料 (吨)	Synthetic Organic Dyeing (ton)	5494	348931	5100	373853
钛白粉 (吨)	Titanium Dioxide (ton)	7547	178298	6001	147967
聚合物油漆及清漆 (吨)	Polymer Paint and Varnish (ton)	29002	1038756	29248	1374413
感光材料	Sensitization Material		388246		392060
初级形状的塑料 (万吨)	Primary-shape Plastic (10000 tons)	345	43583479	351	42069408
初级形状的聚乙烯 (吨)	Primary-shape Polythene (ton)	737109	6463057	716509	5634492
初级形状的线型低密度聚乙烯 (吨)	Primary-shape Line-type Low-density Polythene (ton)	337524	2676005	385125	2739892
初级形状的聚丙烯 (吨)	Primary-shape Polypropylene (ton)	361091	3084665	346136	2861219
初级形状的聚苯乙烯聚合物 (吨)	Primary-shape Polystyrene (ton)	357648	4417346	346544	3790091
ABS 树脂 (吨)	ABS Colophony (ton)	171499	2263593	152617	1742646
初级形状的聚氯乙烯 (吨)	Primary-shape PVC (ton)	179449	1303368	152058	1054599
初级形状的聚酯 (吨)	Primary-shape Polyester (ton)	350508	4775390	387872	4432454
聚酯切片 (吨)	Polyester Slice (ton)	127988	946976	213638	1209466
聚酰胺切片 (吨)	Polyamide Slice (ton)	70500	1439882	71407	1339742
非泡沫塑料的板、片、膜、箔 (吨)	Non-foam Plastic Board, Slice, Film and Foil (ton)	267375	17955277	243295	17692322
废塑料	Waste Plastic		4830		149
杀虫剂、除草剂及类似品 (吨)	Insecticide、Herbicide and the Like (ton)	15853	1350228	19457	1858238
牛皮革及马皮革 (吨)	Cowskin and Horse Leather (ton)	46437	1050026	32484	832985
废纸 (万吨)	Waste Paper (10000 tons)	252	4231644	131	1639562
纸及纸板(未切成形的) (万吨)	Paper and Paper Board (10000 tons)	86	5674313	88	4916578
纺织纱线、织物及制品	Textile Yarn, Textile and Their Products		15443524		14858426
服装及衣着附件	Garments and Clothing Accessories		4965444		6376260
玻璃纤维及其制品 (吨)	Fiberglass (ton)	43958	1806496	44968	2060427
钻石 (千克)	Diamond (kg)	2	361	2	446
废金属 (万吨)	Waste Metal (10000 tons)	42	2257730	14	1312733
钢坯及粗锻件 (万吨)	Billet and Crude Forgings (10000 tons)	4	430840	24	823160

8-15 续 表 2 Continued 2

商品名称 Item		2018 数量 Volume	2018 金额(千元) Value (1000 yuan)	2019 数量 Volume	2019 金额(千元) Value (1000 yuan)
钢材 (万吨)	Rolled Steel (10000 tons)	205	18872140	204	18145491
钢铁制标准紧固件 (吨)	Iron and Steel Standard Solidity Articles (ton)	55492	3637101	44575	3201796
未锻造的铜及铜材 (吨)	Copper and its Material (ton)	253758	16045321	294252	17706223
未锻造的铝及铝材 (吨)	Aluminium and its Material (ton)	218086	8016805	204082	7073797
钢铁或铝制结构体及其部件 (吨)	Iron and Steel and Aluminium Units and Parts (ton)	23980	495264	28523	705198
蒸汽锅炉及过热水锅炉 (台)	Steam Boiler (set)	73	62107	58	30473
活塞式内燃机的零件 (吨)	Parts of Piston Internal-combustion Engine (ton)	42999	5027374	26265	3879587
液泵及液体提升机 (台)	Hydraulic Pumps and Lifters (set)	25458110	6442340	59852738	6062205
制冷设备用压缩机 (万台)	Compressors for Refrigerating Equipment (10000 sets)	129	707818	136	897004
空气调节器 (台)	Air Conditioners (set)	12588	71958	6486	69806
冷冻机和制冷设备 (台)	Refrigerating Equipment (set)	160608	2256993	121669	1947235
非家用型水的过滤、净化机器 (台)	Non-household Water Purify Machines (set)	36863	344129	32249	532445
饮料及液体食品灌装设备 (台)	Beverage Filling Equipment (set)	33	141461	43	212813
机械提升搬运装卸设备及零件	Machine Lifting, Transporting and Loading and Unloading Equipment and Accessories		5601471		5493337
建筑及采矿用机械及零件	Construction and Mining Machinery and Spare Parts		4072977		3523985
食品、饮料工业用加工机械及零件	Food Processing Machinery and Spare Parts		314912		626681
制造纸及纸制品用机械及零件	Paper and Related Articles Production Machinery		1120835		906025
印刷、装订机械及零件	Printing and Bookbinding Machinery		5849803		5981371
纺织机械及零件	Textile Machinery		8205490		8999308
工业用缝纫机 (台)	Industrial Use Sewing Machine (set)	5850	122374	6697	103802
金属加工机床 (台)	Machine Tools (set)	25135	19810112	13782	16098372
加工中心 (台)	Machining Center (set)	10547	7593863	2259	4371276
金属轧机及零件	Metal Rolling Machine and Accessories		244056		358495
橡胶或塑料加工机械及零件	Rubber and Plastic Processing Machinery		7304517		7428097
型模及金属铸造用型箱 (吨)	Metal Forging Molds (ton)	8575	2100836	19039	1943336
阀门 (万套)	Valves (10000 sets)	15489	7525314	15383	8239226
自动数据处理设备及其部件 (万台)	Automatic Data Processing Machines and Accessories (10000 sets)	6678	21173742	6411	17061193
自动数据处理设备的零件 (吨)	Accessories of Automatic Data Processing Machines (ton)	14531	24054482	14472	31449533
制造单晶柱或晶圆用的机器及装置 (台)	Crystal Pole Making Machine (set)	695	1083077	528	1806201
制造半导体器件或集成电路用的机器及装置 (台)	Semiconductor and IC Making Machine (set)	3272	14358512	2535	19186933
制造平板显示器用的机器及装置 (台)	Flat Display Making Machine (set)	773	1427918	418	918984
电动机及发电机 (万台)	Electric Motors and Generators (10000 sets)	4887	4228930	4207	3396498
发电机组及旋转式变流机 (台)	Electric Moter Set and Converters (set)	690	736675	929	787312
变压、整流、电感器及零件	Transformer, Recitifier, Inductance and Accessories		12143526		12010249

8－15 续 表 3 Continued 3

商品名称 Item		2018 数量 Volume	2018 金额(千元) Value (1000 yuan)	2019 数量 Volume	2019 金额(千元) Value (1000 yuan)
蓄电池 (万个)	Accumulator (10000 units)	48070	6891970	46818	7484558
电话机 (台)	Telephone (set)	103177	99421	278033	287043
数字式程控电话或电报交换机(台)	Digital Program-controlled Telephone or Telegraph Exchange (set)	253	21660	127	2583
无线电导航雷达及遥控设备(台)	Radio Navigation Radar and Remote Device (set)	2799795	800873	3480554	855436
电视摄像机、数字照相机及视频摄录一体机 (万台)	TV Camera, Digital Camera and Video Creator (10000 sets)	4946	6682924	3944	5189417
声音录制或重放设备 (万台)	Audio Recorder and Playback Device (10000 sets)		387	3	13091
收音设备(包括收录音组合机及整套散件) (万台)	Radio Device (10000 sets)	12	262921	6	40072
彩色电视机(包括整套散件)(万台)	TV set		5946		3644
电视、收音机及无线电讯设备的零附件 (吨)	TV sets, Radio and Spare Parts of Wireless Dispatch Equipments (ton)	3159	9647333	2673	8491279
电容器 (吨)	Capacitor (ton)	9372	11753766	8420	11225932
电阻器 (吨)	Resistor (ton)	3404	3729091	2660	3109082
印刷电路 (万块)	Printing Circuits (10000 board)	1804425	20939952	1833469	18570718
通断保护电路装置及零件	Electrical Apparatus and Spare Parts for Switching or Protecting Electrical Cursuits		26481389		25713395
二极管及类似半导体器件(百万个)	Diodes and Similar Semi Conductors (million)	131822	28014356	108409	24769447
集成电路 (百万个)	IC (million)	108969	413015779	115521	345510150
电线和电缆 (吨)	Electric Wire and Cable (ton)	33760	6340385	28668	4449840
汽车(包括整套散件) (辆)	Automobile (set)	5813	1804781	8894	2911716
装有引擎的汽车底盘 (辆)	Moter Underpan with Engine (set)	672	354282	842	468803
汽车零件	Parts of Motor Vehicles		18689470		14537284
航空器零件 (吨)	Aerostat Parts (ton)	375	419804	426	468578
船舶 (艘)	Watercrafts (unit)	8	29265	24	27489
液晶显示板 (万个)	Liquid Crystal Display Panel (10000 board)	43006	40916619	40723	38264869
医疗仪器及器械	Medical Instruments and Appliances		4625542		4707839
计量检测分析自控仪器及器具	Automatic Instruments of Measuring, Examining and Analysing and Related Apparatus		37821215		38417077
手表 (万只)	Watch (10000 sets)	12	14735	3	6640
印刷品 (吨)	Printed Matter (ton)	3756	490651	4025	521192
塑料制品 (吨)	Plastic Products (ton)	87483	7066380	75692	6635987
农产品	Agricultural Products		102827041		99761831
机电产品	Electronic Mechanical Products		1020491846		937526019
高新技术产品	New and High Technology Products		728802887		659395560

8-16 主要商品出口数量和金额
Major Export Commodities in Volume and Value

商品名称 Item		2018		2019	
		数量 Volume	金额（千美元）Value (USD 1000)	数量 Volume	金额（千美元）Value (USD 1000)
水海产品 （万吨）	Aquatic and Seawater Products (10000 tons)	5	444699	4	382851
谷物及谷物粉 （万吨）	Cereals and Cereal Powder (10000 tons)		10676		6268
蔬菜 （万吨）	Vegetables (10000 tons)	65	717440	60	783382
鲜、干水果及坚果	Fresh, Dried Fruits and Nuts		5209		5236
食用油籽	Edible Oil Seeds		1977		2985
食用植物油 （吨）	Edible Vegetable Oil (ton)	3367	4726	3623	5353
食糖 （吨）	Sugar (ton)	1899	1835	1381	1163
天然蜂蜜 （吨）	Natural Honey (ton)	11403	24350	9639	20427
茶叶 （吨）	Tea (ton)	959	5306	1337	19052
猪肉罐头 （吨）	Canned Pork (ton)	1514	3800	1556	4005
蘑菇罐头 （吨）	Canned Mushroom (ton)	5805	7310	4510	6638
啤酒 （万升）	Beer (10 kiloliter)	1	33	7	48
肠衣 （吨）	Casings (ton)	36154	562632	31873	386630
填充用羽毛；羽绒 （吨）	Feathers and Down for Stuffing (ton)	8192	181214	8473	175803
中药材及中式成药 （吨）	Chinese Medical Materials and Medicaments of Chinese Type (ton)	3086	29312	3304	27660
肥料 （万吨）	Fertilizer (10000 tons)	307	569038	366	712021
锯材 （万立方米）	Wood Sawn (10 kilostere)	1	8607	2	11952
胶合板及类似多层板（万立方米）	Veneer (10 kilostere)	447	1800305	372	1375123
印刷品 （吨）	Printed Matter (ton)	43214	246959	44155	268835
生丝 （吨）	Raw Silk (ton)	719	45738	573	29434
煤及褐煤	Coal and Brown Coal		674		366
成品油 （万吨）	Petroleum Products Refined (10000 tons)	17	163341	19	172552
氧化铝 （吨）	Alumina (ton)	136786	65437	35324	20324
氧化锌及过氧化锌 （吨）	Zinc Oxide and Zinc Peroxide (ton)	194	821	836	1471
合成有机染料 （吨）	Synthetic Organic Dyeing (ton)	46215	418752	34417	350658
医药品 （吨）	Pharmaceuticals (ton)	125038	2940342	125132	2888532
美容化妆品及护肤品 （吨）	Cosmetics and Skin Care Products (ton)	15144	132501	16395	144290
口腔及牙齿清洁剂 （吨）	Mouth and Teech Detergent (ton)	12473	48139	16770	58372
洗衣粉 （吨）	Detergent Powder (ton)	12760	6850	15518	8730
烟花、爆竹 （吨）	Firework and Cracker (ton)	67	416	13	123

8－16 续 表 1 Continued 1

商品名称	Item	2018		2019	
		数量 Volume	金额（千美元）Value (USD 1000)	数量 Volume	金额（千美元）Value (USD 1000)
新的充气橡胶轮胎 （万条）	New Pneumatic Rubber Tyres (10000 units)	3283	1136623	3180	963618
家用或装饰用木制品 （万吨）	Wooden Products for Domestic Use and Decoration (10000 tons)	2	73301	3	89827
纸及纸板(未切成形的) （万吨）	Paper and Paper Board (10000 tons)	161	1782067	177	2034522
纺织纱线、织物及制品	Textile Yarn Thread, Woven Goods and Related Products		23689939		23564371
水泥及水泥熟料 （万吨）	Cement (10000 tons)	90	46026	82	44547
平板玻璃 （万平方米）	Plate Glass (10 kilostere)	1504	63452	1852	96517
玻璃制品 （吨）	Glass Products (ton)	319276	578066	341854	674984
家用陶瓷 （万吨）	Pottery Ware for Household Use (10000 tons)	10	331069	15	916080
珍珠、钻石、宝石及半宝石	Pearl, Gem and Semi-gem		2401		3004
生铁及镜铁	Pig Iron and Spiegeleisen		1		173
铁合金 （万吨）	Ferroalloy (10000 tons)	5	95855	4	66413
钢坯及粗锻件 （万吨）	Billet and Crude Forgings (10000 tons)	1	4129	1	6370
钢材 （万吨）	Rolled Steel (10000 tons)	1268	11190255	1143	9705916
废钢 （吨）	Waste Steel (ton)	469	55	398	409
未锻造的铜及铜材 （吨）	Copper and Its Material (ton)	73176	655079	79848	669643
未锻造的铝及铝材 （万吨）	Aluminium and Its Material (10000 tons)	78	2511488	82	2449439
未锻造的锰 （吨）	Manganese (ton)	34	96	22	57
钢铁或铜制标准紧固件 （万吨）	Standard Infrangible Articles made of Steel or Copper (10000 tons)	33	807677	35	828408
不锈钢厨具、餐具等家用器具（吨）	Kitchenware, Tableware and Home Appliances Made of Stainless Steel (ton)	13061	109288	17867	180043
餐桌、厨房及其他家用搪瓷器（吨）	Porcelain and Pottery Ware for Table, Kitchen and Other Household Use (ton)	4449	12797	4424	14696
手用或机用工具 （万吨）	Hand Tools and Tools for Machines (10000 tons)	26	1798280	26	1879305
电扇 （万台）	Electric Fans (10000 sets)	4429	262569	4996	328107
空气调节器 （万台）	Air Conditioners (10000 sets)	222	400530	133	265576
冰箱 （万台）	Refrigerators (10000 sets)	519	1315974	566	1311467
洗衣机 （万台）	Washing Machines (10000 sets)	718	1369968	772	1421022
纺织机械及零件	Textile Machinery		998446		935689
家用型缝纫机 （万台）	Ordinary Sewing Machines (10000 sets)	54	30158	43	11055
工业用缝纫机 （万台）	Industrial Sewing Machines (10000 sets)	11	50448	11	64558
金属加工机床 （万台）	Machine Tools for Processing Metal (10000 sets)	295	982412	242	999349
电子计算器(包括具有计算功能的袖珍数据记录重现机） （万台）	Electron Calculators (10000 sets)	238	20946	289	10455
自动数据处理设备及其部件（万台）	Automatic Data Processing Machines and Accessories (10000 sets)	25100	39323119	24244	37127139

8-16 续 表 2 Continued 2

商品名称	Item	2018 数量 Volume	2018 金额(千美元) Value (USD 1000)	2019 数量 Volume	2019 金额(千美元) Value (USD 1000)
自动数据处理设备的零件(万吨)	Accessories of Automatic Data Processing Machines (10000 tons)	8	16116383	7	8263542
打印机(包括多功能一体机)(万台)	Printers (including Multi Function Printers) (10000 sets)	121	1473470	117	1360868
液晶显示板 (万个)	Liquid Crystal Display Panel (10000 board)	29650	5835928	25804	5388893
轴承 (万套)	Bearings (10000 sets)	86294	754711	83744	722484
电动机及发电机 (万台)	Electric Motors and Generators (10000 sets)	22054	2165135	22666	2075463
变压器 (万个)	Transformers (10000 yuan)	11776	284200	9922	310538
静止式变流器 (万个)	Static Converters (10000 sets)	175357	2574209	133326	2675995
原电池 (万个)	Primary Cells and Batteries (10000 sets)	98033	55059	101269	60639
蓄电池 (万个)	Accumulator (10000 sets)	38332	3030042	46449	3897137
电话机 (万台)	Telephone (10000 sets)	4509	12267435	3942	11816364
扬声器 (万个)	Loudspeakers (10000 sets)	48142	728458	31915	569061
激光唱机 (万台)	Laser Phonographs (10000 sets)	17	5317	14	8895
录、放像机 (万台)	Video Cassette Recorders (10000 sets)	80	83799	69	75640
声音录制或重放设备 (万台)	Audio Recorder and Playback Device (10000 sets)	240	59395	277	64538
收音设备(包括收录音组合机及整套散件) (万台)	Radio Device (10000 sets)	246	99784	416	118203
彩色电视机(包括整套散件) (万台)	TV-sets (10000 sets)	919	1515749	665	1101836
录放音、像机及唱机的零附件	Accessories of Videorecorder, Camera and Gramophone		32529		19457
电视、收音机及无线电讯设备的零附件 (吨)	TV-sets, Radio and Spare Parts of Wireless Dispatch Equipments (ton)	78408	1959987	68310	1863114
电容器 (吨)	Capacitor (ton)	21521	1421855	16730	1162764
印刷电路 (百万块)	Printing Circuits (million board)	7168	3422004	8575	3422523
通断保护电路装置及零件	Electrical Apparatus and Spare Parts for Switching or Protecting Electrical Cursuits		5205915		5529848
节能灯 (百万只)	Energy-saving Lights (million)	43	19155	22	14861
二极管及类似半导体器件 (百万个)	Diodes and Similar Semi Conductors (million)	127615	6671201	104145	9197192
集成电路 (百万个)	IC (million)	59360	23579365	62635	24933779
电线和电缆 (万吨)	Electric Wire and Cable (ton)	35	3548012	34	3265345
集装箱 (万个)	Containers (million)	64	2949884	48	2133524
汽车和汽车底盘 (万辆)	Motor Vehicles and Chassis (10000 sets)	6	732597	10	1029054
汽车零件	Parts of Motor Vehicles		7731602		7616388
摩托车 (万辆)	Motorcycles (10000 sets)	293	1088903	294	1105228

8－16 续 表 3 Continued 3

商品名称		Item		2018		2019	
				数量 Volume	金额（千美元） Value (USD 1000)	数量 Volume	金额（千美元） Value (USD 1000)
自行车	（万辆）	Bicycles	(10000 sets)	882	831355	784	730553
摩托车及自行车的零件		Parts of Motorcycles and Bicycles			811481		914477
船舶		Watercrafts			5788346		6442265
照相机	（万架）	Cameras	(10000 sets)	806	847928	573	636870
医疗仪器及器械		Medical Instruments and Appliances			2047087		2208890
手表	（万只）	Watches	(10000 sets)	847	25006	1358	25163
日用钟	（万只）	Clocks	(10000 sets)	397	12729	483	22383
家具及其零件		Furniture and its Parts			4022656		4543640
床垫、寝具及类似品		Beddings, Bedclothing and Similar Products			2488699		2484072
灯具、照明装置及类似品		Lamps and Lanterns, Lighting Installation and Similar Products			1740872		2148830
旅行用品及箱包	（千克）	Travel Articles, Suitcases and Handbags and Similar Articles	(kg)	189521158	1724700	192813963	1869005
体育用具及设备		Physical Appliances and Equipments			1473349		1679457
服装及衣着附件		Garments and Clothing Accessories			26479158		24970349
鞋类	（吨）	Footware	(ton)	225031	2217932	225924	2305138
塑料制品	（万吨）	Plastic Products	(10000 tons)	284	6468455	319	7049660
玩具		Toys			1440350		1896188
游戏机及零附件	（万台）	Recreational Machines	(ton)	6353	4402608	5445	3735932
圣诞用品	（吨）	Christmas Articles	(ton)	12033	152765	12330	258437
足球、篮球、排球	（万个）	Footballs, Basketballs and Volleyballs	(10000 units)	5127	110396	4490	98187
打火机	（百万个）	Lighters	(million)	16	2217	14	2501
艺术品、收藏品及古董		Artworks, Collections and Antiques			11827		19314
贵金属或包贵金属的首饰		Noble Metals			4210		4209
伞	（万把）	Umbrellas	(10000 units)	1669	73737	1793	85394
竹编结品	（吨）	Bamboo-work	(ton)	251	1927	188	1541
藤编结品	（吨）	Bine-work	(ton)	38	387	49	578
草编结品	（吨）	Grass-work	(ton)	1055	9902	775	9393
柳编结品	（吨）	Wickerwork	(ton)	1016	19283	1376	26913
农产品		Farm Products			4019606		3698739
机电产品		Electronic Mechanical Products			266986950		260509397
高新技术产品		New and High Technology Products			153245970		144285118

8－17 主要商品出口数量和金额(人民币计价)
Major Export Commodities in Volume and Value(RMB)

商品名称		Item		2018 数量 Volume	2018 金额(千元) Value (1000 yuan)	2019 数量 Volume	2019 金额(千元) Value (1000 yuan)
水海产品	(万吨)	Aquatic and Seawater Products	(10000 tons)	5	2927843	4	2633916
谷物及谷物粉		Cereals and Cereal Powder			72302		43600
蔬菜	(万吨)	Vegetables	(10000 tons)	65	4745182	60	5404314
鲜、干水果及坚果		Fresh, Dried Fruits and Nuts			34452		36291
食用油籽		Edible Oil Seeds			12945		20533
食用植物油	(吨)	Edible Vegetable Oil	(ton)	3367	30906	3623	37037
食糖	(吨)	Sugar	(ton)	1899	11993	1381	7873
天然蜂蜜	(吨)	Natural Honey	(ton)	11403	159635	9639	140829
茶叶	(吨)	Tea	(ton)	959	35193	1337	131956
猪肉罐头	(吨)	Canned Pork	(ton)	1514	24956	1556	27580
蘑菇罐头	(吨)	Canned Mushroom	(ton)	5805	48625	4510	45863
啤酒	(万升)	Beer	(10 kiloliter)	1	216	7	333
肠衣	(吨)	Casings	(ton)	36154	3678183	31873	2665371
填充用羽毛;羽绒	(吨)	Feathers and Down for Stuffing	(ton)	8192	1180562	8473	1200968
中药材及中式成药	(吨)	Chinese Medical Materials and Medicaments of Chinese Type	(ton)	3086	193869	3304	190861
肥料	(万吨)	Fertilizer	(10000 tons)	307	3755949	366	4914087
锯材	(万立方米)	Wood Sawn	(10 kilostere)	1	56766	2	82863
胶合板及类似多层板	(万立方米)	Veneer	(10 kilostere)	447	11853030	372	9472599
印刷品	(吨)	Printed Matter	(ton)	43214	1630556	44155	1854580
生丝	(吨)	Raw Silk	(ton)	719	301421	573	202521
煤及褐煤		Coal and Brown Coal			4659		2521
成品油	(万吨)	Petroleum Products Refined	(10000 tons)	17	1076938	19	1187637
氧化铝	(吨)	Alumina	(ton)	136786	424370	35324	139481
氧化锌及过氧化锌	(吨)	Zinc Oxide and Zinc Peroxide	(ton)	194	5431	836	10222
合成有机染料	(吨)	Synthetic Organic Dyeing	(ton)	46215	2754240	34417	2408159
医药品	(吨)	Pharmaceuticals	(ton)	125038	19371331	125132	19880753
美容化妆品及护肤品	(吨)	Cosmetics and Skin Care Products	(ton)	15144	874943	16395	993886
口腔及牙齿清洁剂	(吨)	Mouth and Teech Detergent	(ton)	12473	317937	16770	403084
洗衣粉	(吨)	Detergent Powder	(ton)	12760	45106	15518	60157
烟花、爆竹	(吨)	Firework and Cracker	(ton)	67	2815	13	847

商品名称 Item		2018 数量 Volume	2018 金额(千元) Value (1000 yuan)	2019 数量 Volume	2019 金额(千元) Value (1000 yuan)
新的充气橡胶轮胎 (万条)	New Pneumatic Rubber Tyres (10000 units)	3283	7465133	3180	6626850
家用或装饰用木制品 (万吨)	Wooden Products for Domestic Use and Decoration (10000 tons)	2	485100	3	620927
纸及纸板(未切成形的) (万吨)	Paper and Paper Board (10000 tons)	161	11709879	177	13993313
纺织纱线、织物及制品	Textile Yarn Thread, Woven Goods and Related Products		156134186		162346016
水泥及水泥熟料 (万吨)	Cement (10000 tons)	90	300965	82	304827
平板玻璃 (万平方米)	Plate Glass (10 kilostere)	1504	423905	1852	664279
玻璃制品 (吨)	Glass Products (ton)	319276	3814024	341854	4658229
家用陶瓷 (万吨)	Pottery Ware for Household Use (10000 tons)	10	2196500	15	6368875
珍珠、钻石、宝石及半宝石	Pearl, Gem and Semi-gem		15905		20785
生铁及镜铁 (万吨)	Pig Iron and Spiegeleisen (10000 tons)		7		1220
铁合金 (万吨)	Ferroalloy (10000 tons)	5	628637	4	457915
钢坯及粗锻件 (万吨)	Billet and Crude Forgings (10000 tons)	1	27326	1	43988
钢材 (万吨)	Rolled Steel (10000 tons)	1268	73575859	1143	66792190
废钢 (吨)	Waste Steel (ton)	469	363	398	2839
未锻造的铜及铜材 (吨)	Copper and Its Material (ton)	73176	4311381	79848	4616404
未锻造的铝及铝材 (万吨)	Aluminium and Its Material (10000 tons)	78	16553052	82	16856796
未锻造的锰 (吨)	Manganese (ton)	34	612	22	385
钢铁或铜制标准紧固件 (万吨)	Standard Infrangible Articles made of Steel or Copper (10000 tons)	33	5333657	35	5713582
不锈钢厨具、餐具等家用器具(吨)	Kitchenware, Tableware and Home Appliances Made of Stainless Steel (ton)	13061	724597	17867	1249653
餐桌、厨房及其他家用搪瓷器(吨)	Porcelain and Pottery Ware for Table, Kitchen and Other Household Use (ton)	4449	84341	4424	101573
手用或机用工具 (万吨)	Hand Tools and Tools for Machines (10000 tons)	26	11862176	26	12954444
电扇 (万台)	Electric Fans (10000 sets)	4429	1725809	4996	2258081
空气调节器 (万台)	Air Conditioners (10000 sets)	222	2618519	133	1823465
冰箱 (万台)	Refrigerators (10000 sets)	519	8674970	566	9022138
洗衣机 (万台)	Washing Machines (10000 sets)	718	9024928	772	9783666
纺织机械及零件	Textile Machinery		6572517		6445696
家用型缝纫机 (万台)	Ordinary Sewing Machines (10000 sets)	54	198162	43	76161
工业用缝纫机 (万台)	Industrial Sewing Machines (10000 sets)	11	332476	11	446305
金属加工机床 (万台)	Machine Tools for Processing Metal (10000 sets)	295	6497648	242	6888853
电子计算器(包括具有计算功能的袖珍数据记录重现机)(万台)	Electron Calculators (10000 sets)	238	136579	289	72131
自动数据处理设备及其部件(万台)	Automatic Data Processing Machines and Accessories (10000 sets)	25100	259252758	24244	255932074

8－17 续 表 2 Continued 2

商品名称	Item	2018 数量 Volume	2018 金额（千元） Value (1000 yuan)	2019 数量 Volume	2019 金额（千元） Value (1000 yuan)
自动数据处理设备的零件（万吨）	Accessories of Automatic Data Processing Machines (10000 tons)	8	106307490	7	56810906
打印机（包括多功能一体机）（万台）	Printers (including Multi Function Printers) (10000 sets)	121	9703611	117	9371022
液晶显示板 （万个）	Liquid Crystal Display Panel (10000 board)	29650	38429683	25804	37097947
轴承 （万套）	Bearings (10000 sets)	86294	4971204	83744	4972569
电动机及发电机 （万台）	Electric Motors and Generators (10000 sets)	22054	14262963	22666	14294278
变压器 （万个）	Transformers (10000 units)	11776	1866756	9922	2140168
静止式变流器 （万个）	Static Converters (10000 sets)	175357	16990977	133326	18432397
原电池 （万个）	Primary Cells and Batteries (10000 sets)	98033	362941	101269	418104
蓄电池 （万个）	Accumulator (10000 sets)	38332	20036953	46449	26890229
电话机 （万台）	Telephone (10000 sets)	4509	82158164	3942	81773873
扬声器 （万个）	Loudspeakers (10000 sets)	48142	4811737	31915	3926059
激光唱机 （万台）	Laser Phonographs (10000 sets)	17	35310	14	61693
录、放像机 （万台）	Video Cassette Recorders (10000 sets)	80	550707	69	523414
声音录制或重放设备 （万台）	Audio Recorder and Playback Device (10000 sets)	240	394081	277	447356
收音设备（包括收录音组合机及整套散件） （万台）	Radio Device (10000 sets)	246	655420	416	819530
彩色电视机（包括整套散件） （万台）	TV-sets (10000 sets)	919	10059772	665	7587803
录放音、像机及唱机的零附件	Accessories of Videorecorder, Camera and Gramophone		213629		134459
电视、收音机及无线电讯设备的零附件 （吨）	TV-sets, Radio and Spare Parts of Wireless Dispatch Equipments (ton)	78408	12986852	68310	12844745
电容器 （吨）	Capacitor (ton)	21521	9381463	16730	8016311
印刷电路 （百万块）	Printing Circuits (million board)	7168	22569069	8575	23590435
通断保护电路装置及零件	Electrical Apparatus and Spare Parts for Switching or Protecting Electrical Cursuits		34369955		38109578
节能灯 （百万只）	Energy-saving Lights (million)	43	126107	22	102617
二极管及类似半导体器件（百万个）	Diodes and Similar Semi Conductors (million)	127615	44016560	104145	63375345
集成电路 （百万个）	IC (million)	59360	155662667	62635	171950023
电线和电缆 （万吨）	Electric Wire and Cable (ton)	35	23409268	34	22505869
集装箱 （万个）	Containers (million)	64	19376865	48	14677793
汽车和汽车底盘 （万辆）	Motor Vehicles and Chassis (10000 sets)	6	4830954	10	7107448
汽车零件	Parts of Motor Vehicles		51009869		52459265
摩托车 （万辆）	Motorcycles (10000 sets)	293	7185474	294	7612892

8－17 续 表 3 Continued 3

商品名称		Item		2018 数量 Volume	2018 金额（千元） Value (1000 yuan)	2019 数量 Volume	2019 金额（千元） Value (1000 yuan)
自行车	（万辆）	Bicycles	(10000 sets)	882	5478722	784	5031046
摩托车及自行车的零件		Parts of Motorcycles and Bicycles			5353817		6307371
船舶	（万艘）	Watercrafts	(unit)		37740000		44423940
照相机	（万架）	Cameras	(10000 sets)	806	5597106	573	4387907
医疗仪器及器械		Medical Instruments and Appliances			13511950		15237016
手表	（万只）	Watches	(10000 sets)	847	166608	1358	174784
日用钟	（万只）	Clocks	(10000 sets)	397	84577	483	156054
家具及其零件		Furniture and its Parts			29983091		32935662
床垫、寝具及类似品		Beddings, Bedclothing and Similar Products			16431933		17123274
灯具、照明装置及类似品		Lamps and Lanterns, Lighting Installation and Similar Products			11498324		14836508
旅行用品及箱包	（千克）	Travel Articles, Suitcases and Handbags and Similar Articles	(kg)	189521158	11368146	192813963	12908069
体育用具及设备		Physical Appliances and Equipments			9720971		11570858
服装及衣着附件		Garments and Clothing Accessories			174794085		172193100
鞋类	（吨）	Footware	(ton)	225031	14645503	225924	15921481
塑料制品	（万吨）	Plastic Products	(10000 tons)	284	42717508	319	48610634
玩具		Toys			9541074		13121349
游戏机及零附件	（万台）	Recreational Machines	(ton)	6353	29067929	5445	25696055
圣诞用品	（吨）	Christmas Articles	(ton)	12033	1006779	12330	1786115
足球、篮球、排球	（万个）	Footballs, Basketballs and Volleyballs	(10000 units)	5127	726634	4490	676531
打火机	（百万个）	Lighters	(million)	16	14676	14	17353
艺术品、收藏品及古董		Artworks, Collections and Antiques			78375		133162
贵金属或包贵金属的首饰		Noble Metals			27791		28954
伞	（万把）	Umbrellas	(10000 units)	1669	487111	1793	589479
竹编结品	（吨）	Bamboo-work	(ton)	251	12699	188	10644
藤编结品	（吨）	Bine-work	(ton)	38	2554	49	3997
草编结品	（吨）	Grass-work	(ton)	1055	66396	775	65322
柳编结品	（吨）	Wickerwork	(ton)	1016	127448	1376	185017
农产品		Farm Products			26467198		25477958
机电产品		Electronic Mechanical Products			1762442221		1795559477
高新技术产品		New and High Technology Products			1012622588		994664641

8-18 协议注册外资项目
Agreement Registered Foreign Investment Project

单位:个 (unit)

指 标	Item	2019 年止累计 2019 Year end Accumulated	2014	2015	2016	2017	2018	2019
合 计	**Total**	**128302**	**3031**	**2580**	**2859**	**3254**	**3348**	**3410**
合资经营企业	Joint Venture Enterprises	54279	709	606	776	1128	1157	1215
合作经营企业	Cooperative Enterprises	3095	2	3	15	15	10	4
独资经营企业	Foreign Solely Funded	70816	2316	1963	2062	2097	2162	2175
外商投资股份制企业	Share Holding with Foreign Investment	96	4	8	6	14	12	7

8-19 协议注册外资
Agreement Registered Foreign Capital

单位:万美元 (USD 10000)

指 标	Item	2019 年止累计 2019 Year end Accumulated	2014	2015	2016	2017	2018	2019
合 计	**Total**	**95962174**	**4318685**	**3936089**	**4313941**	**5542587**	**6052216**	**6260268**
合资经营企业	Joint Venture Enterprises	18690053	661894	610010	851874	1383933	1472813	1297774
合作经营企业	Cooperative Enterprises	1679959	9808	19050	95114	24854	48806	-1087
独资经营企业	Foreign Solely Funded	74814408	3512530	3222822	3315933	4086719	4470612	4914544
外商投资股份制企业	Share Holding with Foreign Investment	768487	134453	84207	51020	47081	53648	46498

8－20 实际使用外资
Actual Use of Foreign Capital

单位:万美元 (USD 10000)

指标	Item	1985～2019	1990	2000	2005	2010
合　计	**Total**	**47622326**	**14110**	**642358**	**1318339**	**2849777**
合资经营企业	Joint Venture Enterprises	10872140	13787	227369	248652	474350
合作经营企业	Cooperative Enterprises	744176	249	35755	19130	24697
独资经营企业	Foreign Solely Funded	33340431	74	378946	1041074	2283780
外商投资股份制企业	Share Holding with Foreign Investment	570641		288	9483	66950

8－20 续表 Continued

单位:万美元 (USD 10000)

指标	Item	2015	2016	2017	2018	2019
合　计	**Total**	**2427469**	**2454296**	**2513541**	**2559248**	**2612425**
合资经营企业	Joint Venture Enterprises	460420	545032	791142	759623	723585
合作经营企业	Cooperative Enterprises	14383	22837	13448	28181	9470
独资经营企业	Foreign Solely Funded	1856173	1825448	1659310	1752963	1827388
外商投资股份制企业	Share Holding with Foreign Investment	96493	60979	49641	16619	49793

8-21 按行业分外商直接投资(2019年)

Foreign Direct Investment Grouped by Sector(2019)

单位:万美元 (USD 10000)

行业	Sector	项目(个) Number of Projects (unit)	协议注册外资 Agreement Registered Foreign	实际使用外资 Actual Use of Foreign Capital
总计	**Total**	**3410**	**6260268**	**2612425**
农、林、牧、渔业	Agriculture, Forestry, Animal Husbandry and Fishery	62	59889	14926
采矿业	Mining		200	550
制造业	Manufacturing	1056	2460037	1274385
农副食品加工业	Processing of Food from Agricultural Products	20	45425	9104
食品制造业	Manufacture of Food	22	37355	13624
酒、饮料和精制茶制造业	Manufacture of Wine, Beverage and Refined Tea	2	14272	6442
纺织业	Manufacture of Textile	14	22642	9189
纺织服装、服饰业	Man ufacture of Textile Wearing, Apparel, Footwear and Caps	24	13967	4670
皮革、毛皮、羽毛(绒)及其制品业	Manufacture of Leather, Fur, Feather and Related Products	1	448	3796
木材加工及木、竹、藤、棕、草制品业	Processing of Timber, Manufacture of Wood, Bamboo, Rattan, Palm and Straw Products	7	10393	4325
家具制造业	Manufacture of Furniture	9	10755	6191
造纸及纸制品业	Manufacture of Paper and Paper Products	4	31752	12418
印刷业和记录媒介的复制	Printing, Reproduction of Recording Media	4	6925	4213
文教体育用品制造业	Manufacture of Articles For Culture, Education and Sport Activities	15	13441	6793
石油加工、炼焦及核燃料加工业	Processing of Petroleum, Coking, Processing of Nuclear Fuel		1455	3660
化学原料及化学制品制造业	Manufacture of Raw Chemical Materials and Chemical Products	17	106302	104696
医药制造业	Manufacture of Medicines	26	158960	67143
化学纤维制造业	Manufacture of Chemical Fibers	7	28392	18535
橡胶制品业	Manufacture of Rubber	24	54556	17935
非金属矿物制品业	Manufacture of Non-metallic Mineral Products	46	74385	48271
黑色金属冶炼及压延加工业	Smelting and Pressing of Ferrous Metals		-153298	10502
有色金属冶炼及压延加工业	Smelting and Pressing of Non-ferrous Metals	11	22731	20794
金属制品业	Manufacture of Metal Products	49	123083	35090

8－21 续 表 Continued

单位:万美元　　(USD 10000)

行业	Sector	项目(个) Number of Projects (unit)	协议注册外资 Agreement Registered Foreign	实际使用外资 Actual Use of Foreign Capital
通用设备制造业	Manufacture of General Purpose Machinery	149	150323	103970
专用设备制造业	Manufacture of Special Purpose Machinery	216	243913	106193
汽车制造业	Manufacture of Automobile	59	175006	112404
铁路、船舶、航空航天和其他运输设备制造业	Manufacture of Railroad, Marine Aviation and other Transport Equipment	21	138469	28526
电气机械和器材制造业	Manufacture of Electrical Machinery and E-quipment	104	413115	125070
计算机、通信和其他电子设备制造业	Manufacture of Communication Equipment, Computers and other Electronic Equipment	154	636372	371713
仪器仪表制造业	Manufacture of Instrumentation	33	33993	10129
其他制造业	Other Manufacturing	12	38620	5217
废弃资源综合利用业	Ma nufacture of Recycling and Disposal of waste	4	6079	2527
金属制品、机械和设备修理业	Manufacture of Netal Products, Machinery and Equipment Repair	2	210	1245
电力、热力、燃气及水生产和供应业	Production and Supply of Electric Power, Heat Power, Gas and Water	53	101648	63421
建筑业	Construction	68	104081	44543
批发和零售业	Wholesale and Retail Trades	775	601719	154810
交通运输、仓储和邮政业	Transport, Storage and Post	41	95596	56597
住宿和餐饮业	Hotels and Catering Services	46	31684	1621
信息传输、软件和信息技术服务业	Information Transfer, Software and IT Services	313	438949	105288
金融业	Financial Intermediation	9	13472	25925
房地产业	Real Estate	120	679711	353402
租赁和商务服务业	Leasing and Business Services	274	568992	219555
科学研究、技术服务和地质勘查业	Scientific Research, Technical Service and Geo-logic Prospecting	483	1069070	271752
水利、环境和公共设施管理业	Management of Water Conservancy, Environment and Public Facilities	12	－7218	12691
居民服务和其他服务业	Services to Households and Other Services	14	16695	6919
教育	Education	30	1998	321
卫生和社会工作	Health and Social Work	9	14256	1606
文化、体育和娱乐业	Culture, Sports and Entertainment	45	9488	4013
公共管理、社会保障和社会组织	Public Management and Social Organization			100

8－22 按国家或地区分外商直接投资

Foreign Direct Investment by Country or Region

单位:万美元 （USD 10000）

国家(地区) Country(Region)		2018			2019		
		项目(个) Number of Projects (unit)	协议注册外资 Agreement Registered Foreign	实际使用外资 Actual Use of Foreign Capital	项目(个) Number of Projects (unit)	协议注册外资 Agreement Registered Foreign	实际使用外资 Actual Use of Foreign Capital
合　计	**Total**	**3348**	**6054424**	**2559248**	**3410**	**6260268**	**2612425**
亚　洲	**Asia**	**2410**	**4322599**	**1899277**	**2537**	**5296027**	**1981002**
#中国香港	Hong Kong, China	1202	3387475	1497385	1142	3895483	1499818
中国澳门	Macao, China	10	13184	4610	12	54242	11499
中国台湾	Taiwan, China	606	242197	64626	688	460202	101202
印度尼西亚	Indonesia	4	－328	821	7	1484	48
日本	Japan	120	72663	72855	145	163657	91458
马来西亚	Malaysia	45	22728	678	35	54954	1812
菲律宾	Philippines		－353		5	1104	
新加坡	Singapore	123	192389	140160	160	227273	135856
韩国	Korea, Rep.	225	306015	106170	235	408657	136552
泰国	Thailand	7	878	460	5	3749	230
非　洲	**Africa**	**84**	**25611**	**17348**	**90**	**138520**	**19508**
欧　洲	**Europe**	**342**	**280635**	**154428**	**355**	**363889**	**139703**
#比利时	Belgium	6	11541	3546	11	3786	1258
丹麦	Dermark	5	6451	293	10	2013	1527
英国	United Kindom	62	54506	15458	49	123278	31911
德国	Germany	105	58896	27730	92	69966	33265
法国	France	15	42537	33061	21	27307	13690
爱尔兰	Ireland	5	6964	2799	5	5845	2649
意大利	Italy	38	13384	7134	30	2947	5970
卢森堡	Luxemboury	6	7460	1756	3	21141	5265
荷兰	Netherlands	21	20895	34294	16	17920	9481
希腊	Greece		2		1	5	
葡萄牙	Portugal	1	45	32	1	387	
西班牙	Spain	8	7696	2465	15	15836	3677
芬兰	Finland	2	－35	3553	7	1563	861
瑞士	Switzerland	14	23510	8177	13	36572	12675
北美洲	**North America**	**328**	**434892**	**47851**	**248**	**54492**	**72615**
#加拿大	Canada	90	264584	7958	64	26515	11715
美国	United States	237	166086	36246	184	21277	58052
大洋洲	**Oceania**	**133**	**186771**	**54621**	**108**	**53236**	**50101**
#澳大利亚	Australia	68	31755	8720	57	23444	5223
南美洲	**South America**	**79**	**100354**	**121078**	**86**	**183888**	**140947**

8－23 年末登记外商投资企业行业分布情况（2019 年）

Sector Distribution Registered of Foreign-funded Enterprises at Year-end (2019)

行业	Sector	企业数（个）Number of Registered Enterprises (unit)	投资总额（万美元）Total Investment (USD 10000)	注册资本（万美元）Registered Capital (USD 10000)	#外方 Capital Invested by Foreign Partner
总计	**Total**	**62360**	**117351451**	**63728055**	**52651377**
农、林、牧、渔业	Agriculture, Forestry, Animal Husbandry and Fishery	716	1242116	926336	871450
采矿业	Mining	50	140491	75335	48412
制造业	Manufacturing	24787	56868954	27381256	23042659
电力、热力、燃气及水的生产和供应业	Production and Supply of Electricity, Gas and Water	612	2814277	1087473	709498
建筑业	Construction	792	2673213	1669677	1364979
批发和零售业	Wholesale and Retail Trades	13166	5670755	3493319	3240072
交通运输、仓储和邮政业	Transport, Storage and Post	1032	2545340	1254373	1003591
住宿和餐饮业	Hotels and Catering Services	3813	449020	271625	226577
信息传输、软件和信息技术服务业	Information Transfor Software and IT Services	1873	3824661	3202706	2948508
金融业	Financial Intermediation	1240	1766989	1316475	896131
房地产业	Real Estate	1913	13455216	7968790	5973495
租赁和商务服务业	Leasing and Business Services	4260	7984425	5712352	4744901
科学研究和技术服务业	Scientific Research and Technical Service	6848	16030820	8357716	6765582
水利、环境和公共设施管理业	Management of Water Conservancy, Environment and Public Facilities	155	749538	405115	301939
居民服务、修理和其他服务业	Services to Households and Other Services	439	405098	218727	197743
教育	Education	86	19136	10179	6992
卫生和社会工作	Healthcare and Social Welfare	57	408485	162486	136304
文化、体育和娱乐业	Culture, Sports and Entertainment	484	263441	188800	148844
其他	Other	37	39473	25315	23700

8-24 对外承包工程
Contracted Projects with Foreign Countries

年份 Year	合同数(份) Number of Contracts (unit)	合同金额(万美元) Contracted Value (USD 10000)	实际完成营业额(万美元) Value of Business Fulfilled (USD 10000)	年末在外人数(人) Number of Persons Abroad at the Year-end(person)
1985	13	262		
1990	32	3571	3521	881
1995	101	19495	19774	2946
1996	148	24040	22725	3298
1997	239	34599	31011	5997
1998	224	38224	34878	5784
1999	273	52110	34636	7403
2000	306	58544	49722	8616
2001	513	71200	62747	8320
2002	587	133743	105403	10992
2003	642	174201	142671	13449
2004	3317	213267	188958	21073
2005	1853	290079	251095	30211
2006	4975	426788	376509	38432
2007	922	400569	344919	41268
2008	791	432043	388434	34945
2009	727	449596	433249	36739
2010	968	544726	519838	35987
2011	891	594909	599171	35484
2012	1009	719844	646755	35615
2013	1021	865653	726299	36266
2014	1067	966108	795426	36552
2015	875	779596	876128	37907
2016	1543	728708	911122	32403
2017	548	1082087	952857	31944
2018	645	659004	832664	37784
2019	1737	680364	778352	34053

注：合同数口径 2007 年起调整，在国内承包的外资项目不再作为对外承包工程。

a) "Contracted projects" are adjusted from 2007, foreign funded projects contracted in domestic are no longer "contracted projects with foreign countries".

8－25 对外劳务合作

Labor Services Cooperation with Foreign Countries

年　份 Year	新签劳务人员合同工资总额（万美元） Total Contract Wages of New Signed Labor (USD 10000)	劳务人员实际收入总额（万美元） Tatal Real Income of Singned Labor (USD 10000)	年末在外人数（人） Number of Persons Abroad at the Yearend (person)
1985	2704		
1990	475	525	390
1995	8591	6120	5260
1996	12253	6287	9068
1997	13022	7454	9049
1998	24250	17271	17439
1999	29286	26538	25012
2000	39394	30293	34426
2001	48689	45316	56852
2002	37401	49989	62670
2003	33444	53984	65576
2004	31322	56974	69984
2005	40451	68056	70049
2006	41243	58843	73984
2007	51874	71087	75924
2008	56072	71304	66240
2009	53793	74555	63045
2010	76040	76864	59778
2011	64883	73590	53864
2012	62021	77438	51234
2013	75680	88826	51748
2014	120789	85351	59850
2015	51941	74550	63911
2016	45319	69634	55371
2017	44034	72179	59506
2018	54217	79653	69755
2019	39769	86889	64860

8－26 境外投资情况
Information of Overseas Investment

指　　标	Item	2015	2016	2017	2018	2019
新批项目数　（个）	**Number of Newly Approved Projects (unit)**	**880**	**1067**	**631**	**786**	**827**
按项目类型	By Broject Type					
企业	Enterprise	851	1049	584	735	750
子公司	Sub-enterprise	806	990	570	723	722
独资子公司	Joint Venture Enterprise	621	759	429	546	542
合资子公司	Solely Funded Enterprise	184	231	141	177	180
联营公司	Joint Ownership Enterprise	45	59	14	12	28
机构	Institution	29	18	47	51	77
按主体类型	By Subject Type					
国有及国有控股企业	State-owned Enterprise	52	95	83	72	58
集体企业	Collective-owned Enterprise	3	6	6	6	3
民营企业	Private Enterprise	693	814	432	587	671
外资企业	Foreign Funded Enterprise	132	152	110	121	95
按业务类型	By Business Type					
#参股并购类项目	Projects of Share Participating and Merging	170	220	137	156	134
风险投资类项目	Venture Investment Projects	7	2	1	1	3
贸易型项目	Trade Projects	315	286	213	233	221
非贸易型项目	Nontrade Projects	565	781	418	553	606
#境外加工贸易项目	Projects of Overseas Processing Trade	65	76	44	53	47
境外资源开发项目	Projects of Overseas Resource Development	18	7	2	1	1
中方协议金额　（万美元）	**Protocol Fund from China (USD 10000)**	**1030460**	**1422365**	**927073**	**948424**	**894503**
按项目类型	By Project Type					
企业	Enterprise	1030123	1422194	904664	936117	873815
子公司	Sub-enterprise	996893	1373375	885165	908721	843796
独资子公司	Joint Venture Enterprise	798599	1137147	689252	697944	653206
合资子公司	Solely Funded Enterprise	198294	236228	195913	210777	190590
联营公司	Joint Ownership Enterprise	33230	48820	19499	27395	30020
机构	Institution	337	171	22409	12307	20688
按主体类型	By Subject Type					
国有及国有控股企业	State-owned Enterprise	59895	180317	138680	86905	47627
集体企业	Collective-owned Enterprise	38164	4641	27705	4673	12858
民营企业	Private Enterprise	795137	999928	631619	766479	762359
外资企业	Foreign Funded Enterprise	137264	237479	129070	90366	71659
按业务类型	By Business Type					
#参股并购类项目	Projects of Share Participating and Merging	199902	306426	493901	399939	271062
风险投资类项目	Venture Investment Projects	7753	897	2655	500	2310
贸易型项目	Trade Projects	225716	242426	106254	187761	185328
非贸易型项目	Nontrade Projects	804744	1179940	820819	760663	709175
#境外加工贸易项目	Projects of Overseas Processing Trade	112433	150458	157283	152956	85751
境外资源开发项目	Projects of Overseas Resource Development	73734	30808	10000	－527	2000

8－27　境外投资主要国别地区情况

Information of Overseas Investment to Main Countries or Regions

国家(地区) Country(Region)		2018		2019	
		新批项目数(个) Number of Newly Approved Projects (unit)	中方协议投资(万美元) Protocol Fund from China (USD 10000)	新批项目数(个) Number of Newly Approved Projects (unit)	中方协议投资(万美元) Protocol Fund from China (USD 10000)
全　部	**Total**	**786**	**948424**	**827**	**894503**
亚洲	**Asia**	**444**	**469502**	**508**	**538683**
巴林	Bahrain				
孟加拉国	Bangladesh	8	4971	7	688
缅甸	Burma	15	13884	16	6719
柬埔寨	Cambodia	12	2946	22	13485
塞浦路斯	Cyprus				
朝鲜	North Korea	1	150	1	100
中国香港	Hong Kong, China	182	210134	169	185310
印度	India	24	7470	20	15682
印度尼西亚	Indonesia	18	46847	17	66469
伊朗	Iran	1	70		
以色列	Israel			2	188
日本	Japan	25	33458	33	26019
老挝	Laos	2	50	3	220
中国澳门	Macao, China				
马来西亚	Malaysia	20	3994	26	20195
蒙古	Mongolia			4	226
尼泊尔	Nepal			2	1929
巴基斯坦	Pakistan	6	1535	5	3104
菲律宾	Philippines	2	19	5	475
卡塔尔	Qatar	2	11200		
沙特阿拉伯	Saudi Arabia	3	1379	4	1113
新加坡	Singapore	33	69582	33	71378
韩国	Korea	10	463	18	1394
斯里兰卡	Sri Lanka	1	200	1	80
泰国	Thailand	18	16251	30	30764
土耳其	Tether	2	6690	1	200
阿拉伯联合酋长国	United Arab Emirates	5	7536	7	35885
越南	Vietnam	37	24082	56	52613
中国台湾	Taiwan, China	11	2836	14	1831
东帝汶	East Timor				
哈萨克斯坦	Kazakhstan	1	100		
吉尔吉斯斯坦	Kyrgyzstan			2	171
土库曼斯坦	Turkmenistan				
乌兹别克斯坦	Uzbekistan	3	1065	7	1873
其他	Other	4	685		

8－27 续 表 1 Contiued 1

国家(地区) Country(Region)		2018		2019	
		新批项目数(个) Number of Newly Approved Projects (unit)	中方协议投资(万美元) Protocol Fund from China (USD 10000)	新批项目数(个) Number of Newly Approved Projects (unit)	中方协议投资(万美元) Protocol Fund from China (USD 10000)
非洲	**Africa**	**44**	**78236**	**45**	**46686**
阿尔及利亚	Airily	1	9	3	5121
安哥拉	Angola	2	2650		
喀麦隆	Cameroon				
乍得	Chad				
刚果	Congo	1	25		
埃及	Egypt	1	399		
赤道几内亚	Guinea			1	325
埃塞俄比亚	Ethiopia	12	36616	15	28653
加蓬	Gabon	1	1003		
几内亚	Guinea				
肯尼亚	Kenya	4	1470	1	150
毛里塔尼亚	Mauritania			1	288
毛里求斯	Mauritius			2	1260
莫桑比克	Mozambique	1	10		
纳米比亚	Namibia	1	500		
尼日利亚	Nigeria	6	9106	4	5708
塞内加尔	Senegal			1	62
塞舌尔	Seychelles	2	1100		
南非	South Africa	4	2553		
苏丹	Sudan				
坦桑尼亚	Tanzania	2	350	1	20
乌干达	Uganda1				
赞比亚	Zambia	1	18		
津巴布韦	Zimbabwe	2	78	3	205
欧洲	**Europe**	**96**	**178198**	**110**	**140732**
比利时	Belgium	2	4502	1	112
丹麦	Denmark			2	1439
英国	United Kingdom	8	6327	10	2092
德国	Germany	34	11599	40	51005
法国	France	4	3705	4	552
意大利	Italy	1	35	9	27947
卢森堡	Luxembourg	1	28		

8-27 续 表 2 Contiued 2

国家(地区) Country(Region)		2018 新批项目数(个) Number of Newly Approved Projects (unit)	2018 中方协议投资(万美元) Protocol Fund from China (USD 10000)	2019 新批项目数(个) Number of Newly Approved Projects (unit)	2019 中方协议投资(万美元) Protocol Fund from China (USD 10000)
荷兰	Netherlands	6	7669	11	908
西班牙	Spain	12	86759	2	
阿尔巴尼亚	Albania				
奥地利	Austria	2	5697	1	2
保加利亚	Bulgaria				
芬兰	Finland	2	6941	3	194
匈牙利	Hungary	1	272		
挪威	Norway				
波兰	Poland				
罗马尼亚	Romania				
瑞典	Sweden	1	314	4	274
瑞士	Switzerland	1	33000	6	37300
俄罗斯联邦	the Russian Federation	7	1802	4	70
乌克兰	Ukraine	1		1	1450
克罗地亚	Croatia				
捷克	Czech	1	301	1	583
塞尔维亚	Serbia	2	392	3	10363
拉丁美洲	**Latin America**	**44**	**87446**	**41**	**99698**
阿根廷	Argentina	5	11989	1	25
巴西	Brazil	3	1267	4	827
开曼群岛	Cayman Islands	3	1267	4	827
智利	Chili	1	8000		
古巴	Cuba				
厄瓜多尔	Ecuador	1	10		
墨西哥	Mexico	7	9456	7	14580
秘鲁	Peru				
英属维尔京群岛	British Virgin Islands	4	-723	5	35331
北美洲	**North America**	**146**	**133119**	**103**	**61059**
加拿大	Canada	13	2937	5	1360
美国	United States	131	128069	97	59449
其他	Other	1	1113	1	250
大洋洲	**Oceania**	**12**	**1924**	**20**	**7646**
澳大利亚	Australia	9	1581	19	3386
斐济	Fiji				
瓦努阿图	Vanuatu				
新西兰	New Zealand	2	143	1	4260
萨摩亚	Samoa	1	200		

8－28 分行业境外投资情况

Information of Overseas Investment by Sector

行　　业	Sector	2018 新批项目数（个）Number of Newly Approved Projects (unit)	2018 中方协议投资（万美元）Protocol Fund from China (USD 10000)	2019 新批项目数（个）Number of Newly Approved Projects (unit)	2019 中方协议投资（万美元）Protocol Fund from China (USD 10000)
全　部	**Total**	**786**	**948424**	**827**	**894503**
第一产业	Primary Industry	10	11392	12	6065
第二产业	Primary Industry	324	466125	372	511081
第三产业	Primary Industry	452	470907	443	377357
按国民经济行业分	**Primary Industry**				
农、林、牧、渔业	Farming, Forestry, Animal Husbandry and Fishery	10	11392	12	6065
农业	Farming	4	6290	5	1946
林业	Forestry	2	398	1	2000
畜牧业	Animal Husbandry				
渔业	Fishery				
农、林、牧、渔专业及辅助性活动	Services of Farming, Forestry, Animal Husbandry and Fishery	4	4704	3	1658
采矿业	Mining	3	98	4	475
煤炭开采和洗选业	Mining and Washing of Coal	1	20		
黑色金属矿采选业	Mining and Processing of Ferrous Metal Ores				
石油和天然气开采业	Mining and Processing of Ferrous Metal Ores				
黑色金属矿采选业	Mining and Processing of Ferrous Metal Ores				
有色金属矿采选业	Mining and Processing of Non-ferrous Metal Ores			1	300
非金属矿采选业	Mining and Processing of Nonmetal Ores	2	78	2	52
开采专业及辅助性活动	Other Mining				
其他采矿业	Other Mining			1	123
制造业	Manufacturing	259	411638	316	465575
农副食品加工业	Processing of Food from Agricultural Products	2	－1	1	112
食品制造业	Manufacture of Food	2	2906	4	1543
酒、饮料和精制茶制造业	Manufacture of Beverage	1	1000	1	1000
烟草制品业	Manufacture of Beverage				
纺织业	Manufacture of Textile	18	44445	28	16854
纺织服装、服饰业	Manufacture of Textile Wearing, Apparel, Footwear and Caps	20	12015	1	43
皮革、毛皮、羽毛（绒）及其制品业	Manufacture of Textile, Fur, Feather and Related Products				
木材加工及木、竹、藤、棕、草制品业	Processing of Timber, Manufacture of Wood, Bamboo, Rattan, Palm and Straw Products	2	1482	9	4857
家具制造业	Manufacture of Furniture	5	6555	6	7107
造纸及纸制品业	Manufacture of Paper and Paper Products	1	550	4	1331
印刷业和记录媒介的复制	Printing, Reproduction of Recording Media	1	600	1	2000
文教体育用品制造业	Manufacture of Articles For Culture, Education and Sport Activities	1	350	2	300
石油加工、炼焦及核燃料加工业	Processing of Petroleum, Coking, Processing of Nuclear Fuel				

8－28 续 表 1 Continued 1

行 业 Sector		2018		2019	
		新批项目数（个）Number of Newly Approved Projects (unit)	中方协议投资（万美元）Protocol Fund from China (USD 10000)	新批项目数（个）Number of Newly Approved Projects (unit)	中方协议投资（万美元）Protocol Fund from China (USD 10000)
化学原料及化学制品制造业	Manufacture of Raw Chemical Materials and Chemical Products	10	21817	13	37319
医药制造业	Manufacture of Medicines	21	40893	19	6989
化学纤维制造业	Manufacture of Chemical Fibers	1	444	2	4017
橡胶和塑料制品业	Manufacture of Rubber	4	528	13	32574
非金属矿物制品业	Manufacture of Non-metallic Mineral Products	2	4250	3	8159
黑色金属冶炼及压延加工业	Smelting and 2	1700	3	6035	
有色金属冶炼及压延加工业	Smelting and Pressing of Non-ferrous Metals	6	51838	2	6417
金属制品业	Manufacture of Metal Products	14	6296	21	6417
通用设备制造业	Manufacture of General Purpose Machinery	21	15650	22	34462
专用设备制造业	Manufacture of Special Purpose Machinery				
汽车制造业	Manufacture of Special Purpose Machinery				
铁路、船舶、航空航天和其他运输设备制造业	Manufacture of Special Purpose Machinery	20	39098		
电气机械及器材制造业	Manufacture of Electrical Machinery and Equipment	11	6348		
通信设备、计算机及其他电子设备制造业	Manufacture of Communication Equipment, Computers and Other Electronic Equipment	42	86500		
仪器仪表及文化、办公用机械制造业	Manufacture of Measuring Instruments and Machinery for Cultural Activity and Office Work	3	440	4	338
其他制造业	Manufacture of Artwork and Other Manufacturing	6	7244	7	29403
废弃资源综合利用业	Recycling and Disposal of Waste	4	4092		
金属制品、机械和设备修理业	Recycling and Disposal of Waste	4	4092		
电力、热力、燃气及水的生产和供应业	Production and Supply of Electric Power, Heat Power, Gas and Water	26	43885	16	28013
电力、热力的生产和供应业	Production and Supply of Electric Power and Heat Power	26	43885	16	28013
电力、热力生产和供应业	Construction				
燃气生产和供应业	Construction				
水的生产和供应业	Construction				
建筑业	Construction	36	10504	36	17018
房屋建筑业	Construction	22	2612	21	14239
土木工程建筑业	Construction				
建筑安装业	Building Installation	6	2803	7	1387
建筑装饰业	Building Decoration	7	1387	10	1071
建筑装饰、装修和其他建筑业	Other Construction	2	5140	5	1709
批发和零售业	Other Construction	218	150767	218	174036
批发业	Other Construction	183	145445	175	165750
零售业	Other Construction	35	5322	43	8285
交通运输、仓储和邮政业	Transport, Storage and Post	11	31778	12	23666

8-28 续 表 2 Continued 2

行 业	Sector	2018 新批项目数(个) Number of Newly Approved Projects (unit)	2018 中方协议投资(万美元) Protocol Fund from China (USD 10000)	2019 新批项目数(个) Number of Newly Approved Projects (unit)	2019 中方协议投资(万美元) Protocol Fund from China (USD 10000)
道路运输业	Road Transport	2	2100	1	14
水上运输业	Road Transport	4	20783	4	23201
航空运输业	Road Transport			1	13
管道运输业	Warter Transport	1	13	4	20783
多式联运和运输代理业	Warter Transport				
装卸搬运和仓储业	Loading, Unloading and Other Transport Services	2	201	3	298
邮政业	Post	3	47		
住宿和餐饮业	Information Transmission, Computer Services and Software	3	1517	1	450
住宿业	Post	1	1500	1	450
餐饮业	Post	2	17		
信息传输、软件和信息技术服务业	Information Transmission	48	18244	37	39639
电信、广播电视和卫星传输服务	Information Transmission	11	8097	6	7419
互联网和相关服务	Information Transmission	27	10719		
软件和信息技术服务业	Computer Services	10	-572	11	22185
金融业	Software			2	132
货币金融服务业	Wholesale and Retail Trades				
资本市场服务业	Wholesale Trades				
保险业	Retail Trads				
其他金融业	Hotels and Catering Services			2	132
房地产业	Hotels	2	6000	5	5632
租赁和商务服务业	Catering Services	65	95938	81	109335
租赁业	Financial Intermediation	1	128	1	
商务服务业	Real Estate	64	95810	80	109335
科学研究和技术服务业	Real Estate	79	64911	70	36390
研究与试验发展	Leasing and Business Services	50	57917	51	27653
专业技术服务业	Leasing	24	6615	11	4247
科技推广和应用服务业	Business Services	2	269	8	4490
水利、环境和公共设施管理业查业	Scientific Research, Technical Services and Geologic Prospecting	9	82162	3	110
水利管理业	Research and Experimental Development			1	10
生态保护和环境治理业	Professional Technical Services				
公共设施管理业	Professional Technical Services				
土地管理业	Professional Technical Services				
居民服务和其他服务业	Services to Households and Other Services	13	2127	10	-12137
居民服务业	Households Services	1	6497	2	31
机动车、电子产品和日用产品修理业	Other Services				
其他服务业	Other Services	12	-4370	8	-12169
教育	Education	3	17155	3	96
卫生和社会工作	Culture, Sports and Entertainment				
卫生	Culture, Sports and Entertainment				
社会工作	Culture, Sports and Entertainment				
文化、体育和娱乐业	Cultural and Art Activities	1	307	1	8
新闻和出版业	Cultural and Art Activities				
广播、电视、电影和录音制作业	Cultural and Art Activities				
文化艺术业	Cultural and Art Activities				
体育	Cultural and Art Activities				
娱乐业	Cultural and Art Activities				

8－29　分地区境外投资情况
Information of Overseas Investment by Region

地　　区　　Region		2017		2018		2019	
		新批项目数（个）Number of Newly Approved Projects (unit)	中方协议投资（万美元）Protocol Fund from China (USD 10000)	新批项目数（个）Number of Newly Approved Projects (unit)	中方协议投资（万美元）Protocol Fund from China (USD 10000)	新批项目数（个）Number of Newly Approved Projects (unit)	中方协议投资（万美元）Protocol Fund from China (USD 10000)
全　省	**Total**	**631**	**927073**	**786**	**948424**	**827**	**894503**
苏　南	Southern Jiangsu	448	642132	597	728588	619	692752
苏　中	Mid Jiangsu	110	152793	122	123722	131	122433
苏　北	Northern Jiangsu	73	132147	67	96114	77	79318
南京市	Nanjing	112	180658	143	210087	127	145700
无锡市	Wuxi	84	120488	103	152300	116	144664
徐州市	Xuzhou	22	39717	21	20067	28	20420
常州市	Changzhou	67	82889	84	84152	85	85241
苏州市	Suzhou	157	231756	239	268150	263	301515
南通市	Nantong	56	136019	68	104838	58	94286
连云港市	Lianyungang	17	35003	22	43348	16	12838
淮安市	Huaian	9	17136	7	8605	11	9486
盐城市	Yancheng	17	31657	8	23547	11	33405
扬州市	Yangzhou	16	6239	19	7457	37	13461
镇江市	Zhenjiang	28	26341	28	13898	28	15633
泰州市	Taizhou	38	10535	35	11427	36	14686
宿迁市	Suqian	8	8634	9	548	11	3168

主要统计指标解释

进出口总额 海关进出口总额指实际进出我国国境的货物总金额。包括对外贸易实际进出口货物,来料加工装配进出口货物,国家间、联合国及国际组织无偿援助物资和赠送品,华侨、港澳台同胞和外籍华人捐赠品,租赁期满归承租人所有的租赁货物,进料加工进出口货物,边境地方贸易及边境地区小额贸易进出口货物(边民互市贸易除外),中外合资企业、中外合作经营企业、外商独资经营企业进出口货物和公用物品,到、离岸价格在规定限额以上的进出口货样和广告品(无商业价值、无使用价值和免费提供出口的除外),从保税仓库提取在中国境内销售的进口货物,以及其他进出口货物。进出口总额用以观察一个国家在对外贸易方面的总规模。我国规定出口货物按离岸价格统计,进口货物按到岸价格统计。

商品经营单位所在地进、出口额 指所在地海关注册登记的有进出口经营权的企业实际进、出口额。

商品目的地进口额和商品货源地出口额 目的地进口额指进口货物的消费、使用或最终抵运地的实际进口额,货源地出口额是指出口货物的产地或原始发货地的实际出口额。

实际使用外资 指外国企业和经济组织或个人(包括华侨、港澳台胞以及我国在境外注册的企业)按我国有关政策、法规,用现汇、实物、技术等在我国境内开办外商独资企业、与我国境内的企业或经济组织共同举办中外合资经营企业、合作经营企业或合作开发资源的投资(包括外商投资收益的再投资)。

对外承包工程 指各对外承包公司以招标议标承包方式承揽的下列业务:(1)承包国外工程建设项目,(2)承包我国对外经援项目,(3)承包我国驻外机构的工程建设项目,(4)承包我国境内利用外资进行建设的工程项目,(5)与外国承包公司合营或联合承包工程项目时我国公司分包部分,(6)对外承包兼营的房屋开发业务。对外承包工程的营业额是以货币表现的本期内完成的对外承包工程的工作量,包括以前年度签订的合同和本年度新签订的合同在报告期内完成的工作量。

对外劳务合作 指以收取工资的形式向业主或承包商提供技术和劳动服务的活动。我国对外承包公司在境外开办的合营企业,中国公司同时又提供劳务的,其劳务部分也纳入劳务合作统计。劳务合作营业额按报告期内向雇主提交的结算数(包括工资、加班费和奖金等)统计。

Explanatory Notes on Main Statistical Indicators

Total Imports and Exports at Customs refer to the value of commodities imported into and exported from the boundary of China. They include the actual imports and exports through foreign trade, imported and exported goods under the processing and assembling trades and materials, supplies and gifts as aid given gratis between governments and by the United Nations and other international organizations, and contributions donated by overseas Chinese, compatriots in Hong Kong and Macao and Chinese with foreign citizenship, leasing commodities owned by tenant at the expiration of leasing period, the imported and exported commodities processed with imported materials, commodities trading in border areas (excluding mutual exchange goods), the imported and exported commodities and articles for public use of the Sino-foreign joint ventures, cooperative enterprises and ventures exclusively with foreign own investment. Also included are import or export of samples and advertising goods for whose CIF or FOB value are beyond the permitted ceiling (excluding goods of no trading or use value and free commodities for export), imported goods sold in China from bonded warehouses and other imported or exported goods. The indicator of the total imports and exports at customs can be used to observe the total size of external trade in a country. In accordance with the stipulation of the Chinese government, imports are calculated at CIF, while exports are calculated at FOB.

Import Export Value by Location of China's Foreign Trade Managing Units refers to actual value of imports and exports carried out by corporations which have been registered by the local customhouse and are vested with fight to run import export business.

Import Value of Commodities by the Places of their Destination and Export Value of Commodities by the Places of their Origin in China: The former indicator refers to the value of import commodities of the places of their consumption, utilization or the places of their final destination. The latter indicator refers to the value of export commodities of the places of their origin or the places of the commodities dispatched.

Actual Use of Foreign Capital refers to the investments inside China by foreign enterprises and economic organizations or individuals (including overseas Chinese, compatriots from Hong Kong and Macao, and Chinese enterprises registered abroad), following the relevant policies and laws of China, for the establishment of ventures exclusively with foreign own investment, Sino-foreign joint ventures and cooperative enterprises or for co-operative exploration of resources with enterprises or economic organizations in China. It includes the re investment of the foreign entrepreneurs with the profits gained from the investment. Foreign direct investment of 2005 was the volume affirmed by the Commercial Department.

Contracted Projects with Foreign Countries refer to projects undertaken by Chinese contractors (project contracting companies) through bidding process. They include: (1) overseas civil engineering construction projects financed by foreign investors; (2) overseas projects financed by the Chinese government through its foreign aid programs; (3) construction projects of Chinese diplomatic missions, trade offices and other institutions stationed abroad; (4) construction projects in China financed by foreign investment; (5) sub-contracted projects to be taken by Chinese contractors through a joint umbrella project with foreign contractor(s); (6) housing development projects. The business income from international contracted projects is the work volume of contracted projects completed during the reference period, expressed in monetary terms, including completed work on projects signed in previous years.

Service Cooperation with Foreign Countries refers to the activities of providing technology and labor services to employers or contractors in the forms of receiving salaries and wages. Labor services providing by contractual joint ventures of Chinese international contracting corporations should be included in the statistics of service co-operation with foreign countries. The business income of labor service co operation is the income in the form of wages and salaries, overtime pay, bonuses and other remuneration received from the employers during the reference period.

9

能源、资源、环境

Energy, Resource and Environment

简 要 说 明

一、本篇资料的主要内容

本篇主要反映江苏自然资源、能源消费、电力运行、环境保护事业发展情况。

自然资源包括水资源、气象等数据资料。

能源消费包括综合能源平衡表、规模以上工业企业主要能源品种消费量等。

电力运行包括电网生产经营情况、用电量、主要电厂发电量等。

环境保护事业发展情况主要包括污染排放与处理情况、生态环境保护情况等。

二、本篇资料的统计范围

本篇资料的统计范围为全社会。

三、本篇的资料来源

气象、水资源、环境保护事业发展情况分别由气象、水利、生态环境等部门提供。

电力运行数据来源于省电力公司。

能源消费数据来自历年能源平衡表及相关能源统计年报。

Brief Introduction

I. Main Contents

This chapter contains information that reflects natural resource conditions, energy consumption, power operation and the development of environment protection.

Data on natural resource cover water resource and meteorological phenomena, etc.

Data on energy cover aggregate balance sheet of energy and major energy consumption of above designated industrial enterprises, etc.

Data on power operation Including power grid production and operation, use of electricity, the main power plant power generation, etc.

Data on the development of environment protection mainly include discharge and treatment of pollution, ecological and environmental protection, etc.

II. Sources of Data

The scope of data in this chapter is the whole country.

III. Sources of Data

Data on meteorological phenomena, water resources, development of environment protection are provided respectively by meteorology, water conservancy, ecology and environment ministry.

Power operation data from the Jiangsu Electric Power Company.

Data on energy consumption are from the energy balance sheets over the years and relevant energy statistics annals.

9－1　主要城市月平均气温（2019 年）
Monthly Average Temperature of Major Cities（2019）

单位:摄氏度　　　　（℃）

城市 City	1月 Jan	2月 Feb	3月 Mar	4月 Apr	5月 May	6月 June	7月 July	8月 Aug	9月 Sept	10月 Oct	11月 Nov	12月 Dec	年平均气温 Yearly Average
南京市 Nanjing	4.1	4.4	11.8	16.8	21.8	25.3	28.3	28.6	24.3	18.9	13.4	7.3	17.1
无锡市 Wuxi	4.8	5.3	11.7	16.9	21.6	25.0	28.3	28.9	24.6	19.4	14.1	8.0	17.4
徐州市 Xuzhou	1.5	3.0	11.4	15.8	22.0	27.6	28.8	26.8	24.0	16.6	11.5	4.6	16.1
常州市 Changzhou	4.5	4.7	11.7	16.8	21.8	25.1	28.2	28.5	24.2	19.1	13.7	7.6	17.2
苏州市 Suzhou	5.4	5.6	11.9	17.3	21.8	24.8	28.3	28.8	24.5	19.8	14.5	8.6	17.6
南通市 Nantong	4.5	4.6	10.7	15.7	20.7	23.8	27.6	27.8	23.5	18.6	13.3	7.5	16.5
连云港市 Lianyungang	1.2	2.0	9.7	13.2	20.3	24.3	27.2	26.5	23.2	16.6	10.8	4.4	15.0
淮安市 Huaian	1.7	2.7	10.3	14.4	20.4	25.3	27.4	26.3	22.3	16.4	11.3	5.0	15.3
盐城市 Yancheng	2.9	3.7	10.4	14.5	20.7	24.1	27.3	27.3	23.3	17.6	12.3	6.0	15.8
扬州市 Yangzhou	3.2	3.9	11.4	16.2	21.8	25.6	28.4	28.3	23.5	17.9	12.5	6.2	16.6
镇江市 Zhenjiang	4.1	4.4	11.8	16.5	21.9	25.4	28.2	28.6	24.3	19.0	13.8	7.4	17.1
泰州市 Taizhou	3.3	3.9	10.8	15.4	20.9	24.5	27.3	27.5	23.2	18.0	12.7	6.5	16.2
宿迁市 Suqian	1.7	2.9	11.1	14.9	21.5	26.2	28.1	26.8	23.5	16.8	11.6	5.1	15.9

9－2　主要城市月降水量（2019 年）
Monthly Precipitation of Major Cities（2019）

单位:毫米　　　　（mm）

城市 City	1月 Jan	2月 Feb	3月 Mar	4月 Apr	5月 May	6月 June	7月 July	8月 Aug	9月 Sept	10月 Oct	11月 Nov	12月 Dec	全年累计 Yearly Total
南京市 Nanjing	51.5	90.4	37.6	51.5	41.1	109.2	63.9	123.0	51.4	1.4	41.7	59.1	721.8
无锡市 Wuxi	61.3	120.4	21.7	58.4	78.0	109.8	133.5	197.8	127.0	17.0	34.5	71.1	1030.5
徐州市 Xuzhou	27.1	9.5	38.5	41.2	3.7	90.9	197.7	219.1	1.5	48.6	11.2	36.8	725.8
常州市 Changzhou	61.1	111.9	13.5	44.5	69.2	103.8	312.3	237.4	66.8	4.2	31.7	67.1	1123.5
苏州市 Suzhou	57.7	125.1	50.4	57.3	61.1	127.0	129.3	247.4	145.3	19.1	26.0	75.2	1120.9
南通市 Nantong	54.1	93.6	14.5	81.8	65.4	98.6	116.3	173.0	133.2	31.6	31.3	67.0	960.4
连云港市 Lianyungang	36.1	13.3	40.7	58.9	7.5	132.1	212.0	162.9	19.5	24.0	16.8	27.4	751.2
淮安市 Huaian	42.2	28.0	12.6	76.5	19.8	88.0	99.9	257.8	26.1	14.3	16.2	26.6	708.0
盐城市 Yancheng	59.2	37.6	10.8	56.5	35.1	63.7	123.1	200.4	19.3	15.5	28.5	47.6	697.3
扬州市 Yangzhou	68.6	79.0	14.4	41.5	31.4	113.9	69.7	123.0	23.6	3.3	39.9	51.9	660.2
镇江市 Zhenjiang	62.6	81.7	12.8	52.6	31.6	104.0	119.5	129.4	34.6	6.2	35.8	65.8	736.6
泰州市 Taizhou	59.9	76.2	23.1	32.9	37.7	88.9	109.0	91.0	57.9	6.0	32.9	47.3	662.8
宿迁市 Suqian	33.5	18.2	62.2	34.2	15.2	133.3	179.2	295.5	3.2	20.9	11.1	26.0	832.5

9-3 水资源总量(2019年)

Water Resources(2019)

单位:亿立方米 (100 million cu. m)

项目	Item	水资源总量 Total	地表水资源量 Surface Water Volume	地下水资源量 Underground Water Volume	地下水与地表水重复计算量 Duplicated Computation Volume of Surface Water and Underground Water	年降水量 Annual Precipitation
合计	**Total**	**231.7**	**163.0**	**77.5**	**8.9**	**814.0**
按流域区域分	**by Drainage Area**					
淮河流域	Drainage Area of Huaihe River	122.2	74.9	52.5	5.2	455.7
王家坝至中渡区	from Wangjiaba to Zhongdu	13.5	5.7	8.1	0.3	60.0
中渡以下	below Zhongdu	43.4	26.6	18.9	2.0	213.0
沂沭泗河区	Yishusi River District	65.3	42.6	25.5	2.8	182.8
长江流域	Drainage Area of Yangtze River	109.5	88.1	25.1	3.7	358.3
湖口以下干流	below Hukou	35.2	23.0	13.3	1.1	158.5
太湖流域	Drainage Area of Taihu Lake	74.3	65.2	11.8	2.6	199.7
按行政区域分	**by Administrative Areas**					
南京市	Nanjing	8.8	5.4	3.4	0.1	47.4
无锡市	Wuxi	19.2	17.0	2.9	0.7	48.8
徐州市	Xuzhou	29.0	16.3	13.7	1.0	73.9
常州市	Changzhou	14.3	12.3	2.6	0.5	42.0
苏州市	Suzhou	38.1	34.2	5.2	1.3	96.6
南通市	Nantong	19.9	13.3	7.5	1.0	84.0
连云港市	Lianyungang	18.0	13.1	5.7	0.7	51.5
淮安市	Huaian	18.7	11.0	8.4	0.7	71.5
盐城市	Yancheng	31.1	20.3	12.4	1.6	119.0
扬州市	Yangzhou	4.9	2.4	2.7	0.1	46.2
镇江市	Zhenjiang	6.7	5.0	1.8	0.1	29.5
泰州市	Taizhou	6.2	3.2	3.1	0.2	41.4
宿迁市	Suqian	16.9	9.5	8.2	0.7	62.1

9-4 农村自然灾害情况

Basic Siatistics on Rural Natural Disaster

单位:千公顷 (1000 hectares)

指标	Item	2000	2010	2015	2017	2018	2019
受灾面积	Area Covered	3411.68	1070.93	615.46	62.29	353.73	210.81
#旱灾	Drought	1196.87	522.99		8.62	5.83	
水灾	Flood	175.59	316.37	224.77	13.79	8.71	6.77

9-5 规模以上工业企业主要能源消费量
Major Energy Consumption of above Designated Size Industrial Enterprises

单位:万吨 (10000 tons)

名称	Item	2005	2010	2015	2016	2017	2018	2019
原煤	Coal	15154.25	22159.36	24601.86	25775.42	24364.76	24215.30	23297.55
焦炭	Coke	1562.66	2784.16	3588.63	3840.22	4070.63	4298.16	4967.15
原油	Crude Oil	2250.86	2992.16	3810.32	4078.99	3866.06	4067.87	4120.20
汽油	Gasoline	32.07	47.54	38.31	37.12	36.55	26.35	21.14
煤油	Kerasene	3.75	2.53	1.20	1.79	0.79	0.61	0.52
柴油	Diesel Oil	117.88	111.37	79.61	73.61	94.80	68.76	57.65
燃料油	Fuel Oil	212.52	110.60	38.74	47.76	227.56	134.91	58.79
液化石油气	LPG	53.40	38.03	33.85	47.51	35.40	35.97	45.25

9-6 规模以上工业企业平均每天主要能源消费量
Average Daily Energy Consumption of above Designated Size Industrial Enterprises

单位:吨 (ton)

名称	Item	2005	2010	2015	2016	2017	2018	2019
原煤	Coal	415185	607106	674024	704247	667528	663433	638289
焦炭	Coke	42813	76278	98319	104924	111524	117758	136086
原油	Crude Oil	61667	81977	104392	111448	105920	111449	112882
汽油	Gasoline	879	1302	1050	1014	1001	722	579
煤油	Kerasene	103	69	33	49	22	17	14
柴油	Diesel Oil	3230	3051	2181	2011	2597	1884	1579
燃料油	Fuel Oil	5822	3030	1061	1305	6234	3696	1611
液化石油气	LPG	1463	1042	927	1298	970	986	1240

9－7 综合能源平衡表

单位:万吨标准煤

项	目 Item	2000	2005	2010	2013
可供消费的能源总量	**Total Energy**				
一次能源生产量	Primary Energy Output	1996.86	2267.63	2771.96	2720.88
回收能	Retrieved	136.24	356.07	884.86	1348.41
进口量	Imported	708.45	2315.38	3267.83	3941.23
出口量	Exported	48.20	186.52	176.89	241.15
年初年末库存差额	Stock Changes in the Year	13.21	-19.73	-377.43	26.35
能源消费总量	**Total Energy Consumption**	**8612.43**	**17167.39**	**25773.70**	**29205.38**
在总量中:	of This Total:				
农、林、牧、渔、水利业	Farming Forestry, Animal Husbandry, Fishery and Water Conservancy	400.39	321.59	394.68	440.98
工业	Industry	6743.95	14020.33	20597.82	22548.91
建筑业	Construction	41.34	204.68	281.22	397.04
交通运输、仓储及邮电通讯业	Transportantion, Storage, Post and Telecommunication	358.52	899.45	1462.56	1835.07
批发和零售贸易餐饮业	Wholesale and Retail and Catering Trade	169.94	249.86	400.80	529.46
其他	Others	209.38	373.21	753.80	1028.91
生活消费	Residential Consumption	688.91	1098.27	1882.82	2425.01
在总量中:	of This Total:				
终端消费	Final Consumption	8220.49	16311.17	24267.83	29219.75
#工业	Industry	6352.00	13164.12	19976.78	22563.28
损失量	Loss	269.36	653.43	954.20	659.18

Aggregate Balance Sheet of Energy

(10000 tons standardized coal)

2014	2015	2016	2017	2018	2019
3096.99	2893.58	2471.58	2708.05	3245.63	3489.29
1572.05	1590.94	1693.32	1842.56	2088.68	2502.49
3717.27	4302.06	4695.56	5028.44	5737.03	5682.72
312.12	352.39	412.89	104.76	201.16	362.19
-88.72	158.19	737.76	20.56	-318.80	-454.63
29863.03	**30374.14**	**31209.71**	**31602.09**	**31635.20**	**32525.97**
462.61	518.11	535.70	546.02	564.25	550.24
23080.21	23255.88	23587.77	23472.50	22915.16	23498.52
415.54	377.92	349.75	357.56	379.56	402.41
2014.31	2125.54	2201.07	2319.58	2442.05	2594.32
531.53	531.92	571.62	609.94	669.83	701.08
1031.45	1102.01	1196.87	1323.09	1492.48	1585.52
2327.38	2462.76	2766.93	2973.40	3171.87	3193.88
29753.16	30386.22	31549.40	32029.43	32335.19	33607.57
22970.34	23267.96	23927.46	23899.86	23615.15	24982.52
853.34	809.79	673.95	719.54	648.93	661.51

9-8 江苏电网生产经营综合情况

指标名称	Item	2005	2010	2013
发电装机（万千瓦）	Power Generation Capacity (10000 kW)	4270	6458	8229
发电量（亿千瓦时）	Power Generation (100 million kW·h)	2120.00	3499.29	4404.94
统调发电最高负荷（万千瓦）	Maximum Controlled Power Generation Load (10000 kW)	3215.7	5302.6	6400.8
全社会用电量（亿千瓦时）	Total Electricity Consumption (100 million kW·h)	2193.45	3864.37	4956.62
#工业	Industry (100 million kW·h)	1771.28	3052.12	3794.18
#第一产业	Primary Industry (100 million kW·h)	29.12	28.36	43.40
第二产业	Secondary Industry (100 million kW·h)	1793.34	3085.35	3844.47
第三产业	Tertiary Industry (100 million kW·h)	170.27	361.04	521.67
统调用电最高负荷（万千瓦）	Maximum Controlled Electricity Consumption Load (10000 kW)	3319.3	6033.7	7738.2
统调用电平均负荷率（%）	Average Controlled Electricity Consumption Load Rate (%)	88.94	90.22	91.55
电源固定资产投资（亿元）	Investment in Fixed Assets in Power Supply (100 million yuan)	289.02	103.89	201.65
新投发电装机（万千瓦）	Newly Increased Power Generation Capacity (10000 kW)	1450.50	864.80	778.23

General Production and Business of Jiangsu Power Grid

2014	2015	2016	2017	2018	2019
8599	9529	10148	11457	12657	13288
4347.82	4425.96	4753.67	4884.58	5030.87	5062.28
6429.1	6870.3	7360.1	7621.4	7901.1	8175.8
5012.54	5114.70	5458.95	5807.89	6128.27	6264.36
3873.35	3903.61	4081.42	4271.45	4396.06	4453.35
46.62	52.51	61.87	66.78	46.46	48.41
3926.70	3952.57	4126.55	4318.22	4448.23	4512.42
542.35	580.42	650.98	738.57	875.31	936.05
7863.0	8118.3	8886.2	10218.6	10287.9	11014.5
91.97	91.78	91.60	91.15	89.81	89.69
163.73	76.15	89.12	58.93	32.34	59.01
398.18	961.43	667.76	1453.32	1239.40	760.98

9－9 全社会用电情况

单位:亿千瓦时

项　　目	Item	2005	2010	2013
全社会用电量	**Total**	**2193.45**	**3864.37**	**4956.62**
按产业分	Grouped by Type of Industry			
第一产业	Primary Industry	29.12	28.36	43.40
第二产业	Secondary Industry	1793.34	3085.35	3844.47
第三产业	Tertiary Industry	170.27	361.04	521.67
按行业分	Grouped by Sector			
农林牧渔水利业	Farming, Forestry, Animal Husbandry, Fishery and Water Conservancy	29.12	28.36	43.40
#排灌	Irrigation	12.05	8.94	11.12
工业	Industry	1771.28	3052.12	3794.18
#制造业	Manufacturing	1745.07	2447.56	3137.53
#纺织业	Manufacture of Textile	228.39	340.06	419.09
化学原料及化学制品制造业	Chemical Raw Materials and Chemical Products	210.26	311.38	372.34
非金属矿物制品业	Manufacture of Non-metallic Mineral Products	118.77	172.91	195.92
黑色金属冶炼及压延加工业	Smelting and Pressing of Ferrous Metals	224.90	388.12	498.99
通用及专用设备制造业	Ordinary and Special Purpose Equipment	67.39	178.23	256.83
建筑业	Construction	22.06	33.23	50.29
交通运输、仓储和邮政业	Transportation, Post and Telecommunication	16.45	31.01	52.26
信息传输、计算机服务和软件业	Information Transmission, Computer Service and Software	9.01	20.80	33.88
批发和零售、住宿和餐饮业	Commerce, Hotel and Catering Industry	55.52	108.25	150.74
金融、房地产、商务及居民服务业	Banking, Real Estate, Commercial and Residents' Service	27.72	78.92	125.60
公共事业及管理组织	Public Undertaking and Management Organizations	61.58	122.05	159.18
城乡居民生活用电	Electricity Consumption by Urban and Rural Residents	200.72	389.62	547.08
城镇居民	Urban Residents	102.18	194.26	264.52
乡村居民	Rural Residents	98.54	195.36	282.56

Basic Situation of Total Electricity Consumption

(100 million kW · h)

2014	2015	2016	2017	2018	2019
5012.54	**5114.70**	**5458.95**	**5807.89**	**6128.27**	**6264.36**
46.62	52.51	61.87	66.78	46.46	48.41
3926.70	3952.57	4126.55	4318.22	4448.23	4512.42
542.35	580.42	650.98	738.57	875.31	936.05
46.62	52.51	61.87	66.78	71.98	76.62
12.06	12.53	14.39	13.54	13.76	15.74
3873.35	3903.61	4081.42	4271.45	4396.06	4453.35
3278.71	3331.02	3426.38	3578.41	3702.43	3743.03
417.38	434.64	443.12	466.59	463.55	458.78
403.27	430.41	443.94	458.97	424.94	399.53
201.62	188.47	192.52	195.11	201.05	210.30
508.81	488.21	452.63	429.78	449.29	477.44
279.38	278.60	301.70	322.91	306.70	224.74
53.35	48.96	45.13	46.77	54.69	61.60
57.23	62.72	70.12	83.20	90.76	97.63
37.73	43.34	48.02	52.99	60.29	65.28
155.08	161.94	180.55	201.94	231.18	244.48
132.07	141.82	161.54	189.55	195.48	211.09
160.24	170.60	190.74	210.89	269.56	286.84
496.87	529.20	619.54	684.32	758.27	767.48
239.17	257.46	303.95	340.23	380.87	387.05
257.70	271.74	315.59	344.08	377.40	380.44

9－10 分地区全社会用电量

单位:亿千瓦时

地　区	Region	2005	2010	2013	2014
全　省	**Total**	**2193.45**	**3864.37**	**4956.62**	**5012.54**
苏　南	**Southern Jiangsu**	**1429.59**	**2403.82**	**2935.47**	**2941.26**
南京市	Nanjing	246.67	373.66	462.67	470.50
无锡市	Wuxi	337.05	550.64	606.40	598.18
常州市	Changzhou	182.66	291.19	390.98	395.06
苏州市	Suzhou	566.04	1024.10	1263.21	1268.12
镇江市	Zhenjiang	97.18	164.22	212.20	209.41
苏　中	**Mid Jiangsu**	**316.61**	**577.40**	**746.08**	**769.89**
南通市	Nantong	138.83	249.70	326.15	333.23
扬州市	Yangzhou	82.04	151.09	197.38	204.36
泰州市	Taizhou	95.74	176.61	222.55	232.30
苏　北	**Northern Jiangsu**	**322.18**	**672.60**	**1031.48**	**1066.44**
徐州市	Xuzhou	120.18	246.01	336.42	332.47
连云港市	Huaian	40.80	83.52	134.94	157.51
淮安市	Suqian	59.05	111.77	148.39	151.53
盐城市	Yancheng	76.26	158.63	275.16	278.55
宿迁市	Suqian	25.90	72.69	136.58	146.38

注：各市用电量中未包括主网网损、统调公用电厂厂用电量和宜兴抽水电量(下同)。

Electricity Consumption by Region

(100 million kW · h)

2015	2016	2017	2018	2019
5114.70	**5458.95**	**5807.89**	**6128.27**	**6264.36**
3031.71	**3208.38**	**3446.05**	**3646.66**	**3687.06**
495.18	524.79	556.96	606.40	621.53
600.50	638.67	686.67	732.81	750.82
408.04	429.93	455.03	489.72	505.85
1311.72	1382.58	1503.53	1562.49	1544.48
216.27	232.41	243.86	255.24	264.39
788.16	**839.70**	**911.50**	**968.43**	**1006.95**
349.19	374.79	400.55	433.31	451.55
211.50	225.37	237.05	248.99	259.40
227.46	239.55	273.90	286.14	296.00
1099.23	**1141.38**	**1175.75**	**1230.12**	**1282.97**
344.19	353.91	361.23	352.05	371.13
166.68	166.15	182.79	178.51	183.67
156.54	163.20	172.92	186.59	191.26
280.58	289.29	287.26	320.93	327.69
151.24	168.83	171.55	192.05	209.22

a) Begion Electricity consumption are not included main network losses, unified adjustment of auxiliary power consumption of public power plants and Yixing pumped electricity.

9-11 分地区工业用电量

单位:亿千瓦时

地　区	Region	2005	2010	2011	2012
全　省	**Total**	**1771.28**	**3052.12**	**3385.19**	**3562.48**
苏　南	**Southern Jiangsu**	**1168.80**	**1916.54**	**2095.47**	**2142.30**
南京市	Nanjing	173.53	242.66	256.84	265.64
无锡市	Wuxi	286.55	455.00	476.28	464.51
常州市	Changzhou	145.20	231.82	267.21	277.88
苏州市	Suzhou	483.56	855.25	946.19	982.66
镇江市	Zhenjiang	79.96	131.81	148.95	151.62
苏　中	**Mid Jiangsu**	**243.06**	**436.74**	**489.32**	**510.97**
南通市	Nantong	105.15	187.84	212.15	222.96
扬州市	Yangzhou	60.32	109.96	122.04	123.20
泰州市	Taizhou	77.59	138.94	155.13	164.81
苏　北	**Northern Jiangsu**	**234.35**	**488.30**	**586.17**	**661.87**
徐州市	Xuzhou	91.61	191.90	225.91	246.08
连云港市	Lianyungang	27.43	53.99	69.84	75.91
淮安市	Huaian	45.10	81.75	92.09	95.50
盐城市	Yancheng	54.34	111.86	132.29	164.49
宿迁市	Suqian	15.87	48.81	66.04	79.90

Industrial Electricity Consumption by Region

(100 million kW · h)

2013	2014	2015	2016	2017	2018	2019
3794.18	**3873.35**	**3903.61**	**4081.42**	**4271.45**	**4396.06**	**4453.35**
2265.03	**2289.15**	**2337.80**	**2429.39**	**2576.07**	**2667.00**	**2665.69**
286.71	289.02	300.54	310.81	318.14	331.27	327.26
476.28	477.47	472.24	493.73	524.68	551.49	563.31
308.06	316.09	325.49	334.78	351.21	373.05	385.20
1030.61	1044.14	1074.20	1116.30	1202.04	1227.77	1199.82
163.38	162.44	165.33	173.77	180.02	183.42	190.10
542.52	**571.50**	**578.06**	**598.45**	**639.72**	**667.23**	**691.75**
234.38	242.89	253.05	265.65	275.76	295.86	307.45
139.13	147.89	152.49	156.60	162.21	165.64	171.95
169.02	180.73	172.53	176.20	201.75	205.74	212.36
743.04	**777.74**	**792.14**	**784.10**	**781.07**	**778.78**	**808.53**
252.97	247.48	254.36	250.22	245.35	219.91	229.54
88.73	110.44	116.57	110.00	120.59	106.52	108.89
102.30	106.89	108.89	106.70	111.02	115.97	117.37
204.19	209.02	206.28	201.37	190.18	212.54	215.22
94.86	103.90	106.04	115.81	113.93	123.84	137.51

9-12 主要发电厂发电情况
Electricity Production of Major Power Plants

厂名	Item	2018 装机容量(万千瓦) Installed Capacity (10000 kW)	2018 发电量(亿千瓦时) Electricity Production (100 million kW·h)	2019 装机容量(万千瓦) Installed Capacity (10000 kW)	2019 发电量(亿千瓦时) Electricity Production (100 million kW·h)
全省总计	**Total**	**12657**	**5030.87**	**13288**	**5062.28**
#统调发电厂	Unified Planning Power Plant	10836	4584.33	11318	4582.02
非统调发电厂	Non-unified Planning Power Plant	1821	446.54	1970	480.26
按管理关系分	**State Grid Xinyuan Co.**				
中国华能集团	**State Grid Xinyuan Co.**				
华能南京金陵发电有限公司	Nanjing Jinling Power Co., Ltd of Huaneng Group	200	105.24	200	96.90
华能南通发电厂	Nantong Power Plant of Huaneng Group	140	57.79	140	51.85
华能淮阴第二发电有限责任公司	Huaiyin Second Power Co., Ltd of Huaneng Group	132	47.09	132	45.48
华能太仓发电有限责任公司	Taichang Power Co.,Ltd of Huaneng Group	126	66.88	126	65.14
华能南京燃机发电有限公司	Nanjing Combustion Generating Power Co.,Ltd of Huaneng Group	78	20.87	78	10.90
华能南京发电厂	Nanjing Power Plant of Huaneng Group	64	27.18	64	27.62
华能(苏州工业园区)发电有限责任公司	Suzhou Industrial Park Power Co., Ltd of Huaneng Group	64	31.52	64	32.88
华能金陵燃机热电有限公司	Jinling Combustion Generating Power Co.,Ltd of Huaneng Group	36	17.57	36	13.01
华能苏州热电有限公司	Suzhou Thermal Power Co., Ltd of Huaneng	12	7.46	12	7.67
华能苏州燃机热电有限公司	Suzhou Thermal Power Co., Ltd of Huaneng			45	21.23
中国大唐集团	**Nanjing Jinling Power Co.,Ltd of Huaneng Group**				
江苏大唐国际吕四港发电有限责任公司	Jiangsu Datang Lvsi Power Co.,Ltd	264	117.68	264	121.21
大唐南京发电厂	Datang Nanjing Power Plant	132	62.32	132	65.34
江苏徐塘发电有限公司	jiangsu Xutang Power Co.,Ltd	130	34.33	130	28.10
大唐苏州热电有限责任公司	Datang Suzhou Thermal Power Co., Ltd	36	18.23	36	14.47
江苏大唐国际金坛热电	Datang Suzhou Thermal Power Co., Ltd			87	31.27
大唐姜堰燃机热电有限责任公司	Datang Suzhou Thermal Power Co., Ltd			36	17.28
中国华电集团	**Jiangsu Huadian Jurong Power Co.,Ltd**				
江苏华电句容发电有限公司	Jiangsu Huadian Jurong Power Co., Ltd	200	104.85	400	169.19
江苏华电戚墅堰发电有限公司	Jiangsu Huadian Qishuyan Power Co.,Ltd	173	48.05	173	30.66

9-12 续 表 1 Continued 1

厂	名 Item	2018		2019	
		装机容量（万千瓦）Installed Capacity（10000 kW）	发电量（亿千瓦时）Electricity Production（100 million kW·h）	装机容量（万千瓦）Installed Capacity（10000 kW）	发电量（亿千瓦时）Electricity Production（100 million kW·h）
中国华电集团公司望亭发电厂	Jiangsu Huadian Wangting Natural Power Plant	132	64.70	132	68.92
江苏华电集团望亭天然气发电有限公司	Jiangsu Huadian Wangting Natural Gaspower Co.，Ltd	78	21.58	78	13.66
江苏华电扬州发电有限公司	Jiangsu Huandian Yangzhou Power Co.，Ltd	66	25.63	66	29.24
江苏华电仪征热电有限公司	Jiangsu Yizheng Thermal Power Co.，Ltd	66	30.60	66	27.28
上海华电电力发展有限公司	Shanghai Huadian Power Co.，Ltd	64	32.62	64	23.04
江苏华电戚墅堰热电有限公司	Jiangsu Huadian Qishuyan Thermal Power Co.，Ltd	40	16.23	40	18.73
江苏华电吴江热电有限公司	Jiangsu Huadian Qishuyan Thermal Power Co.，Ltd	36	18.07	36	15.70
江苏华电通洲热电有限公司	Jiangsu Huadian Tongzhou Thermal Power Co.，Ltd	44	20.60	44	20.84
江苏华电扬州发电有限公司	Jiangsu Huadian Tongzhou Thermal Power Co.，Ltd			95	21.01
江苏华电昆山热电	Jiangsu Huadian Tongzhou Thermal Power Co.，Ltd			85	36.26
国电能源集团	**China Guodian Group Co.**				
国电泰州发电有限公司	China Guodian Taizhou Power Co.，Ltd	400	205.57	400	200.00
中国国电集团谏壁发电厂	China Guodian Jianbi Power Plant	200	117.11	200	114.75
国电常州发电有限公司	China Guodian Changzhou Power Co.，Ltd1	126	65.62	126	58.90
国电江苏谏壁发电有限公司	China Guodian Jiangsu Jianbi Power C	66	25.22	66	26.33
天生港发电有限公司	Tianshenggang Power Co.，Ltd	66	31.88	66	30.39
江阴苏龙热电有限公司	Jiangyin Sulong Thermal Power Co.，Ltd	122	67.32	122	64.91
国电宿迁热电有限公司	China Guodian Suqian Thermal Power Co.，Ltd	27	15.59	132	55.47
国家电投集团	**China Power Investment Group Co.**				
江苏常熟发电有限公司	Jiangsu Changshu Power Co.，Ltd	332	161.22	332	148.33
江苏阚山发电有限公司	Jiangsu Kanshan Power Co.，Ltd	120	46.62	120	42.29
国家电投集团协鑫滨海发电有限公司	Jiangsu Kanshan Power Co.，Ltd			200	95.22
华润电力控股有限公司	**China Resources Power Holdings Co.，Ltd.**				
铜山华润电力有限公司	Tongshan Huarun Power Co.，Ltd	200	96.92	200	100.17
华润电力（常熟）有限公司	Huarun（Changshu）Power Co.，Ltd	195	108.91	195	109.19

9-12 续 表 2 Continued 2

厂	名 Item	2018		2019	
		装机容量（万千瓦）Installed Capacity (10000 kW)	发电量（亿千瓦时）Electricity Production (100 million kW·h)	装机容量（万千瓦）Installed Capacity (10000 kW)	发电量（亿千瓦时）Electricity Production (100 million kW·h)
徐州华润电力有限公司	Xuzhou Huarun Power Co.,Ltd	128	48.48	128	33.30
江苏镇江发电有限公司	Jiangsu Zhenjiang Power Co.,Ltd	126	67.81	126	69.19
江苏南热发电有限责任公司	Jiangsu Huanan Thermal Power Co.,Ltd	120	60.28	120	60.97
南京华润热电有限公司	Nanjing Huarun Thermal Power Co.,Ltd	66	26.51	66	24.46
徐州华鑫发电有限公司	Xuzhou Huaxin Power Co.,Ltd	66	21.18	66	16.18
南京化学工业园热电有限公司	Nanjing Chemical Industry Park Thermal Power Co.,Ltd	71	43.08	60	33.69
江苏镇江发电有限公司	Yixin Huarun Thermal Power Co.,Ltd			27	1.12
宜兴华润热电有限公司	Yixin Huarun Thermal Power Co.,Ltd	12	6.82		1.14
南京化学工业园热电有限公司	Yixin Huarun Thermal Power Co.,Ltd			11	4.16
神华国华电力公司	**Shenhua Guohua Power Company**				
国华徐州发电有限公司	Xuzhou Guohua Power Co.,Ltd	200	93.01	200	60.97
江苏国华陈家港发电有限公司	Jiangsu Guohua Chenjiagang Power Co.,Ltd	132	68.47	132	62.05
国华太仓发电有限公司	Guohua Taichang Power Co.,Ltd	126	70.66	126	70.83
江苏省国信集团公司	**Jiangsu Province Gguoxin Group Co.**				
江苏新海发电有限公司	Jiangsu Xinhai Power Co.,Ltd	266	118.65	266	106.43
江苏国信靖江发电有限公司	Jinjiang Power Co.,Ltd of Jiangsu Province Gguoxin Group	132	62.62	132	60.75
江苏射阳港发电有限责任公司	Jiangsu Sheyanggang Power Co.,Ltd	132	62.27	132	58.48
扬州第二发电有限责任公司	Yangzhou No.2 Power Co.,Ltd	126	52.58	126	48.52
江苏国信扬州发电有限责任公司	Yangzhou Power Co.,Ltd of Jiangsu Province Gguoxin Group	128	62.15	128	60.90
国信宜兴燃机	Guoxin Yixing Power Co.,Ltd	84	45.29	84	41.94
江苏淮阴发电有限责任公司	Jiangsu Huaiyin Power Co.,Ltd	66	31.45	66	20.67
江苏国信淮安燃气发电有限责任公司	Huaian Natrual Power Co., Ltd of Jiangsu Province Gguoxin Group	36	16.78	36	13.26
盐城发电有限公司	Yancheng Power Co.,Ltd	27	9.60	27	8.76
江苏国信协联能源有限公司	Jiangsu Guoxin Energy Co., Ltd	27	18.70	27	18.61

9-12 续 表 3 Continued 3

厂	名 Item	2018		2019	
		装机容量（万千瓦）Installed Capacity（10000 kW）	发电量（亿千瓦时）Electricity Production（100 million kW·h）	装机容量（万千瓦）Installed Capacity（10000 kW）	发电量（亿千瓦时）Electricity Production（100 million kW·h）
江苏国信溧阳抽水蓄能发电有限公司	Jiangsu GuoxinLiyang pumed Storage Co.，Ltd	150	18.98	150	16.22
江苏国信淮安第二燃气发电有限公司	Jiangsu GuoxinLiyang pumed Storage Co.，Ltd			92	39.34
江苏国信高邮热电有限责任公司	Jiangsu GuoxinLiyang pumed Storage Co.，Ltd			24	11.28
江苏国信仪征热电	Jiangsu GuoxinLiyang pumed Storage Co.，Ltd			24	0.33
国网新能源公司	**State Grid Xinyuan Co.**				
华东宜兴抽水蓄能有限公司	East China Yixing Pumped Storage Power Co.,Ltd	100	11.73	100	12.00
省内其他电厂	**Other**				
江阴利港发电股份有限公司	Jiangyin Ligang Power Co.,Ltd	250	131.00	254	119.09
江苏南通发电有限公司	Jiangsu Nantong Power Co.,Ltd	200	101.70	200	92.11
江苏核电有限公司	Jiangsu Nucleat Power Co.,Ltd	437	242.18	437	328.89
江苏利港电力有限公司	Jiangsu Ligang Power Co.,Ltd	144	62.02	144	63.25
太仓港协鑫发电有限公司	Taichanggang Xiexin Power Co.,Ltd	130	67.51	130	66.86
张家港沙洲电力有限公司	Zhangjiagang Shazhou Power Co.,Ltd	126	70.55	126	61.4
张家港华兴电力有限公司	Zhangjiagang Huaxing Power Co.,Ltd	78	21.56	78	16.4
苏州工业园区蓝天燃气热电有限公司	Suzhou Lantian Interna-combustion Thermal Power Co.,Ltd	36	18.11	36	14.29
苏州北部燃机热电有限公司	Suzhou North Gasturbine Co., Ltd.	36	17.87	36	15.17
江苏华美热电有限公司	Sumei Thermal Power Co.,Ltd	70	26.79	70	22.55
江苏徐矿综合利用发电有限公司	Jiangsu Xukuang Comprehensive Utilization Power Co.,Ltd	60	21.57	60	21.24
徐州坨城电力有限责任公司	Xuzhou Tuocheng Power Co., Ltd.	27	3.28	27	0.47
无锡蓝天燃机热电有限公司	Wuxi Lantian Thermal Power Co.,Ltd	36	17.63	36	15.14
无锡西区燃气热电有限公司	Wuxi Lantian Western region gas Co.,Ltd	42	11.92	42	19.51
南京协鑫燃机热电有限公司	Wuxi Lantian Western region gas Co.,Ltd			36	11.67
东亚电力有限公司	Wuxi Lantian Western region gas Co.,Ltd			93	17.22
张家港沙洲电力有限公司	Wuxi Lantian Western region gas Co.,Ltd			200	95.09
上能大屯热电	Wuxi Lantian Western region gas Co.,Ltd			70	15.92

9－13　环境保护基本情况
Basic Statistics on Environmental Protection

项　目	Item	2015	2016	2017	2018
污染排放与处理利用情况	**Discharge and Treatment of Pollution**				
废水	**Waster Water**				
工业废水排放量（亿吨）	Industrial Waste Water Emission (100 million tons)	20.64	17.94	15.19	14.36
城镇生活污水排放量（亿吨）	Volume of Urban Domestic Sewage Emission (100 million tons)	41.45	43.68	42.28	44.03
集中式治理设施污水排放量（亿吨）	Volume of Centralized Sewage Treatment Facilities (100 million tons)	0.04	0.04	0.05	0.04
化学需氧量排放量（万吨）	Volume of COD (10000 tons)	105.46	74.65	74.42	68.45
#工业源	Industry	20.13	13.48	11.16	9.29
农业源	Agriculture	35.07	4.61	1.87	1.25
城镇生活源	Urban Life	49.96	56.37	61.26	57.77
集中式治理设施	Centralized Sewage Treatment Facilities	0.29	0.19	0.13	0.13
氨氮排放量（万吨）	Ammonia Emissions (10000 tons)	13.77	10.28	10.12	9.61
#工业源	Industry	1.35	1.12	0.81	0.68
农业源	Agriculture	3.62	0.11	0.07	0.05
城镇生活源	Urban Life	8.76	9.03	9.23	8.88
集中式治理设施	Centralized Sewage Treatment Facilities	0.03	0.02	0.01	0.01
废气	**Waste Gas**				
二氧化硫排放量（万吨）	Volume of Sulphur Dioxide Emission (10000 tons)	83.51	57.01	41.07	30.66
#工业源	Industry	79.47	52.51	36.47	26.41
城镇生活源	Urban Life	4.03	4.48	4.57	4.19
集中式治理设施	Centralized Sewage Treatment Facilities	0.01	0.02	0.03	0.05

9-13 续 表 Continued

项 目	Item	2015	2016	2017	2018
氮氧化物排放量 (万吨)	Oxynitride Emissions (10000 tons)	106.76	93.03	90.72	78.85
#工业源	Industry	75.36	62.19	50.23	40.93
城镇生活源	Urban Life	0.86	0.7	0.68	0.67
机动车	Motor	30.50	30.11	39.68	37.06
集中式治理设施	Centralized Sewage Treatment Facilities	0.05	0.04	0.12	0.18
烟(粉)尘排放量 (万吨)	Volume of Soot Emission (10000 tons)	65.45	47.17	39.08	33.28
#工业源	Industry	61.22	42.97	33.85	28.97
城镇生活源	Urban Life	1.94	2.09	1.78	1.45
机动车	Motor	2.27	2.1	3.42	2.83
集中式治理设施	Centralized Sewage Treatment Facilities	0.02	0.01	0.03	0.03
工业固体废物	**Industrial Solid Waste**				
一般工业固体废物产生量 (万吨)	General Industrial Solid Waste (10000 tons)	10701	11649	12002	11810
一般工业固体废物综合利用量 (万吨)	Comprehensive Utilization of General Industrial Solid Waste (10000 tons)	10207	10662	11298	11110
#综合利用往年贮存量	Storage Capacity Utilization in Previous years	11	38	39	56
一般工业固体废物综合利用率 (%)	Comprehensive Rate of General Industrial Solid Waste (%)	95.28	91.23	93.83	93.63
一般工业固体废物处置量 (万吨)	Greneral Industrial solido waste Disposnl (10000 tons)	407	742	591	620
#处置往年贮存量	Disposal in previous years		1	17	21
一般工业固体废物贮存量 (万吨)	General Industrial Solide Waste Storage (10000 tons)	98	283	167	157

主要统计指标解释

水资源　水在自然界中以固体、液体和气态三种聚集状态存在，分布于海洋、陆地（包括土壤）以及大气之中，通过水循环形成水资源。水资源包括经人类控制并直接可供灌溉、发电、给水、航运、养殖等用途的地表水和地下水，以及江河、湖泊、井、泉、潮汐、港湾和养殖水域等。水资源是发展国民经济不可缺少的重要自然资源。

地表水和地下水　陆地上的水因空间分布不同，分为地表水和地下水。地表水指分别存在于河流、湖泊、沼泽、冰川和冰盖等水体中水分的总称，又称陆地水。地下水指储存在地面以下饱和岩土孔隙、裂隙及溶洞中的水。

矿产保有储量　指探明的矿产储量（包括工业储量和远景储量），扣除已开采部分和地下损失量后的年末实有储量。

气温　指空气的温度，我国一般以摄氏度（℃）为单位表示。气象观测的温度表是放在离地面约 1.5 米处通风良好的百叶箱里测量的，因此，通常说的气温指的是离地面 1.5 米处百叶箱中的温度。其统计计算方法为：

月平均气温是将全月各日的平均气温相加，除以该月的天数而得。

年平均气温是将 12 个月的月平均气温累加后除以 12 而得。

降水量　指从天空降落到地面的液态或固态（经融化后）水，未经蒸发、渗透、流失而在地面上积聚的深度。其统计计算方法为：

月降水量是将全月各日的降水量累加而得。

年降水量是将 12 个月的月降水量累加而得。

能源生产总量　指一定时期内，全国一次能源生产量的总和。该指标是观察全国能源生产水平、规模、构成和发展速度的总量指标。一次能源生产量包括原煤、原油、天然气、水电、核能及其他动力能（如风能、地热能等）发电量，不包括低热值燃料生产量、生物质能、太阳能等的利用和由一次能源加工转换而成的二次能源产量。

能源消费总量　指一定时期内，全国各行业和居民生活消费的各种能源的总和。该指标是观察能源消费水平构成和增长速度的总量指标。能源消费总量包括原煤和原油及其制品、天然气、电力，不包括低热值燃料生产量、生物质能、太阳能等的利用。能源消费总量分为终端能源消费量、能源加工转换损失量和能源损失量三部分。

（1）终端能源消费量：指一定时期内，全国生产和生活消费的各种能源在扣除了用于加工转换二次能源消费量和损失量以后的数量。

（2）能源加工转换损失量：指一定时期内，全国投入加工转换的各种能源数量之和与产出各种能源产品之和的差额。它是观察能源在加工转换过程中损失量变化的指标。

（3）能源损失量：指一定时期内，能源在输送、分配、储存过程中发生的损失和由客观原因造成的各种损失量，不包括各种气体能源放空、放散量。

工业废水排放量　指报告期内经过企业厂区所有排放口排到企业外部的工业废水量。包括生产废水、外排的直接冷却水、超标排放的矿井地下水和与工业废水混排的厂区生活污水，不包括外排的间接冷却水（清污不分流的间接冷却水应计算在废水排放量内）。

城镇生活污水排放量　指报告期内城镇居民排放生活污水的量。城镇生活包括“住宿业与餐饮业、居民服务和其他服务业、医院和独立燃烧设施以及城镇生活污染源”。

集中式治理设施污水排放量　指报告期内集中式治理设施的渗滤液排放量。集中式治理设施包括垃圾处理场（厂）和危险废物（医疗废物）集中处置厂。

化学需氧量排放量　指报告期内工业、农业、城镇生活和集中式治理设施排放的废水中 COD 排放量之和。

氨氮排放量　指报告期内工业、农业、城镇生活和集中式治理设施排放的废水中氨氮排放量之和。

二氧化硫排放量　指报告期内工业、城镇生活和集中式治理设施二氧化硫排放量之和。

氮氧化物排放量　指报告期内工业、城镇生活、机动车和集中式治理设施氮氧化物排放量之和。

烟（粉）尘排放量　指报告期内工业、城镇生活、机动车和集中式治理设施烟（粉）尘排放量之和。

一般工业固体废物产生量　指未被列入《国家危险废物名录》或者根据国家规定的危险废物鉴别标准（GB5085）、固体废物浸出毒性浸出方法（GB5086）及固体废物浸出毒性测定方法（GB/T 15555）鉴别方法判定不具有危险特性的工业固体废物。

一般工业固体废物综合利用量　指报告期内企业通过回收、加工、循环、交换等方式，从固体废物中提取或者使其转化为可以利用的资源、能源和其他原材料的固体废物量（包括当年利用的往年工业固体废物累计贮存量）。如用作农业肥料、生产建筑材料、筑路等。

综合利用往年贮存量　指企业在报告期内对往年贮存的工业固体废物进行综合利用的量。

Explanatory Notes on Main Statistical Indicators

Water Resource　Water exists in the nature in solid, liquid and gaseous states, is distributed in the ocean, land(including earth) and air, and constitutes the water resource through the circulation of water. Water resource includes the surface water and underground water that is controlled by the human being for irrigation, power-generation, water supply, navigation and cultivation. It also includes rivers, lakes, wells, springs, tides, gulf and water area for cultivation. Water resource as an important natural resource is indispensable for the development of the national economy.

Surface Water and Underground Water　Water on earth can be divided into surface water and underground water according to its distribution. Surface water refers to moisture exists in rivers, lakes, swamps, glaciers, icecaps and so on. It is also called land water. The underground water refers to water deposited underground in the cranny and the hole of saturated rock soil and in the water-eroded cave.

Mineral Reserves　refer to the proven mineral reserves (including industrial reserves and prospective reserves), and the reserves at the end of the year after deduction of the mined and underground losses.

Temperature　refers to the air temperature. China uses centigrade as the unit. The thermometry used for weather observation is put in a breezy shutter, which is 1.5 meters high from the ground. Therefore, the commonly used temperature refers to the temperature in the breezy shutter 1.5 meters away from the ground. The calculation method is as follows:

Monthly average temperature is the summation of average daily temperature of one month divided by the actual days of that particular month.

Annual average temperature is the summation of monthly average of a year divided by 12 months.

Volume of Precipitation　refers to the deepness of liquid state or solid state(thawed) water falling from the sky to the ground that has not been evaporated, infiltrated or run off. The calculation method is as follows:

Monthly precipitation is the summation of daily precipitation of a month.

Annual precipitation is the summation of 12 months precipitation of a year.

Total Energy Production　refers to the total production of primary energy by all energy producing enterprises in the country (region) in a given period of time. It is a comprehensive indicator to show the level, scale, composition and pace of development of energy production of the country(region). The production of primary energy includes that of coal, crude oil, natural gas, hydro-power and electricity generated by nuclear energy and other means such as wind power and geothermal power. However, it does not include the secondary energy converted from primary energy.

Total Energy Consumption　refers to the total consumption of energy of various kinds by the production sectors and the households in the country (region) in a given period of time. Total energy consumption can be divided into three parts: end-use energy consumption; loss during the process of energy conversion; and energy loss.

(1) End-use Energy Consumption: It refers to the total energy consumption by the production sectors and the households in the country (region) in a given period of time. It does not include the consumption during the conversion of primary energy into secondary energy and the loss in the process of energy conversion.

(2) Loss During the Process of Energy Conversion: It refers to the total input of various kinds of energy for conversion, minus the total output of various kinds of energy in the country(region) in a given period of time. It is an indicator to show the loss that occurs during the process of energy conversion.

(3) Energy Loss: It refers to the total of the loss of energy during the course of energy transport, distribution and storage and the loss caused by any objective reason in a given period of time. The loss of various kinds of gas due to gas discharges and stocktaking is not included.

Waste Water Discharged by Industry　refer to the volume of waste water discharged by industrial enterprises through all their outlets during the period, including waste water from production process, directly cooled water, groundwater from mining wells which does not meet discharge standards and sewage from households mixed with waste water produced by industrial activities, but excluding indirectly cooled water discharged (It should be included if the discharge is not separated with waste water).

Urban Domestic Sewage Emission refer to the volume of sewage discharged by urban living during the period. Urban living contain hotels and catering services, residential service and others, hospital, Independent burning facilities and so on.

Volume of Centralized Sewage Treatment Facilities refer to the volume of leachate discharged by centralized treatment facilities during the period, such as waste treatment plants, hazardous waste treatment plants and medical waste plants.

Volume of COD refer to the sum of COD discharged by industry, agriculture, urban living and centralized sewage treatment facilities during the period.

Ammonia Emissions refer to the sum of ammonia emissions in waste water discharged by industry, agriculture, urban living and centralized sewage treatment facilities during the period.

Sulphur Dioxide Emission refer to the sum of sulphur dioxide discharged by industry, urban living and centralized treatment facilities during the period.

Oxynitride Emissions refer to the sum of Oxynitridede discharged by industry, urban living, motor vehicles and centralized treatment facilities during the period.

Soot Emissions refer to the sum of soot discharged by industry, urban living, motor vehicles and centralized treatment facilities during the period.

Common Industrial Solid Waste Produce refer to the industrial solid wastes that are not listed in the National Catalogue of Hazardous Wastes, or not regarded as hazardous according to the national hazardous waste identification standards (GB5085), solid waste-Extraction procedure for leaching toxicity (GB5086) and solid waste-Extraction procedure for leaching toxicity (GB/T 15555).

Common Industrial Solid Wastes Comprehensively Utilized refer to volume of solid wastes from which useful materials can be extracted or which can be converted into usable resources, energy or other materials by means of reclamation, processing recycling and exchange(including utilizing in the year the stocks of industrial solid wastes of the previous year) during the report period, e. g. being used as agricultural fertilizers, building materials or as material for paving road. Examples of such utilizations include fertilizers, building materials and road materials.

Storage Capacity Utilization in Previous Years refer to the volume of comprehensive utilization of industrial solid wastes stored in previous.

10

农 业

Agriculture

简 要 说 明

一、本篇资料的主要内容及统计范围

本篇资料反映我省农业生产和农村经济的基本情况，内容主要包括农业机械拥有量、农林牧渔业产值、主要农产品产量、国营农场基本情况等方面的统计资料。

农业统计范围包括全社会除军马生产及农业科研机构进行的农业生产以外的所有农业生产活动。包括：农村各种经济组织和农户经营的农林牧渔业生产活动；各种专业性农、林、牧、渔场的农业生产活动；国家各级机关、团体、学校、部队进行的农业生产活动；集体所有制的乡、镇、村办农场的农业生产活动；以及工矿企业经营的农、林、牧、渔业生产活动。

1. 农业：指对各种农作物的种植活动。包括谷物、豆类、薯类、棉花、油料、糖料、麻类、烟叶、蔬菜、园艺作物、水果、坚果、饮料和香料作物、中草药及其他作物的种植。

2. 林业：包括林木的栽培（不包括茶园、桑园和果园的栽培、管理和收获等活动），木材和竹材的采运，林产品的采集。

3. 畜牧业：包括牲畜饲养和放牧，家禽饲养以及野生动物的捕猎和饲养。

4. 渔业：包括水生动物和海藻类植物的养殖和捕捞。

5. 农、林、牧、渔服务业：指对农、林、牧、渔业生产活动进行的各种支持性服务，但不包括各种科学技术和专业性技术服务活动。

二、本篇的资料来源及统计调查方法

1. 农业生产基本情况：根据《农林牧渔业统计调查制度》、《农业产值与增加值核算统计报表制度》、《县域社会经济基本情况统计报表制度》的有关资料整理提供。

《农林牧渔业统计调查制度》为全面报表，由各级统计部门根据当地实际情况，采取抽样调查、重点调查或全面调查的办法搜集资料并逐层上报，或利用同级业务部门统计资料上报。如林业生产情况、渔业生产情况等指标取自同级业务部门的统计资料。

《县域社会经济基本情况统计报表制度》主要对县、乡、村基本情况每年进行一次全面调查。

2. 国营农场基本情况资料主要取材于农垦系统汇总的统计报表，统计方法为逐级上报、全面汇总。

Brief Introduction

Ⅰ. Main Contents and Statistical Scopes

The data in this chapter show the basic conditions of agricultural production and rural economy, including mainly quantity of agricultural machinery, output of agriculture, forestry, animal husbandry and fishery, output of major products, basic conditions of State-owned farms.

Statistics on agriculture cover all agricultural production activities except horse raising for military purpose and agricultural production activities undertaken by agriculture research institutions. Including agriculture, forestry, animal husbandry and fishery production activities undertaken by rural economic units of various types and by rural households; production activities of farms specializing in agriculture, forestry, animal husbandry and fishery; production activities in agriculture undertaken by government agencies, institutions, schools and military units; production activities in agriculture undertaken by collective farms run by townships and villages; and production activities in agriculture, forestry, animal husbandry and fishery undertaken by manufacturing and mining enterprises.

(1) Agriculture: refers to cultivation of farm crops, including cereals, beans, tuber crops, cotton, oil-bearing crops, sugar crops, hemp, tobacco leaves, vegetables, gardening plants, fruits, nuts, crops for beverages and spices, medicinal herbs and other farm crops.

(2) Forestry: includes the planting of trees

(excluding the operations of planting, management and harvesting on tea plantations, mulberry fields and orchards), cutting and transport of timber and bamboo and collection of forest products.

(3) Animal husbandry: includes the raising and grazing of domestic animals and poultry, and the hunting and raising of wild animals.

(4) Fishery: includes cultivation and catching of aquatic animals and seaweed.

(5) Services of agriculture, forestry, animal husbandry and fishery: include supporting services to production activities in agriculture, forestry, animal husbandry and fishery but do not include activities of science and technology and professional services.

Ⅱ. Data Sources and Survey Methods

(1) Data on agricultural production come from the *Statistical Reporting System on Agriculture, Forestry, Animal Husbandry and Fishery*; the *Statistical Reporting System on Agricultural Output and Value-added Accounting*; *Statistical Reporting System on Basical Social Economy of Country.*

Statistical Reporting System on Agriculture, Forestry, Animal Husbandry and Fishery is a comprehensive reporting program. Data required in this reporting program are collected by statistical offices at all levels by means of sample surveys, surveys of key units or complete enumeration depending on the local circumstances, or estimated by using information from other government agencies at the same level. For instance, some data on forestry and fishery are obtained from statistics data collected by other government agencies at the same level.

Statistical Reporting System on Basical Social Econorny of Country is conducted every year to collect information on the basic conditions of all towns, townships and villages, and a complete enumeration in administratively designated towns.

(2) Data on the basic conditions of the State-owned farms come from the statistical reports tabulated by the Bureau of Reclamation. Data are collected from the grassroots units in accordance with the statistical reporting scheme whereby reporting is done level by level for aggregation.

10－1 农业基本情况
Basic Statistics of Agriculture

指　　标	Item	2015	2016	2017	2018	2019
乡村户数　　（万户）	Rural Households　（10000 units）	1428.78	1419.44	1410.71	1410.63	1405.58
乡村劳动力　　（万人）	Rural Laborers　（10000 persons）	2600.75	2594.78	2589.17	2583.34	2567.05
按性别分	Grouped by Sex					
男	Male	1364.55	1359.60	1359.22	1357.45	1349.92
女	Female	1236.20	1235.18	1229.95	1225.89	1217.13
按行业分	Grouped by Sector					
农林牧渔业	Agriculture, Forestry, Animal Husbandry, Fishery	747.41	736.12	722.67	708.03	687.59
#农业	Farming	598.87	592.17	582.18	569.17	553.64
工业	Industry	829.56	832.27	837.70	846.64	847.27
建筑业	Construction	383.60	383.10	383.56	382.14	382.63
交通运输、仓储和邮政业	Transport, Storage, Post and Telecommunication	114.50	113.94	113.82	113.20	113.13
信息传输、软件和信息技术服务业	Transport, Storage, Post and Telecommunication	15.98	17.08	18.04	18.92	20.11
批发和零售业	Wholesale, Retail Sales and Catering Services	158.69	158.52	157.59	157.32	157.92
住宿和餐饮业	Wholesale, Retail Sales and Catering Services	60.78	62.43	63.40	65.01	66.32
金融、保险业	Banking and Insurance	11.22	11.75	12.47	12.99	13.59
房地产、社会服务业	Real Estate and Social Services	36.41	36.67	36.28	36.36	36.38
卫生、体育、社会福利业	Healthcare, Sports and Social Welfare	14.69	15.12	15.38	15.82	16.20
教育、文化、艺术和广播电视事业	Education, Culture, Arts, Broadcasting and Television	17.58	17.76	18.33	18.56	18.78
科学研究和综合技术服务事业	Scientific Research and Ploytechnical Services	4.31	4.60	4.76	5.11	5.17
乡经济组织管理	Rural Economic Management	12.76	13.00	12.89	13.32	13.45
其他	Others	193.26	192.42	192.28	189.92	188.51
农作物总播种面积　　（千公顷）	Sown Area of Farm Crops　（1000 hectares）	7737.75	7639.92	7556.40	7520.23	7442.63
#粮食	Grain Crops	5572.54	5583.28	5527.31	5475.93	5381.48
主要农产品产量　　（万吨）	Output of Major Farm Products　（10000 tons）					
粮食	Grain	3594.71	3542.44	3610.80	3660.28	3706.20
棉花	Cotton	11.69	3.69	2.57	2.06	1.57
油料	Oil-bearing	98.04	88.67	85.36	86.04	94.32
肉类产量	Meat	369.89	356.23	342.32	328.48	274.53
水产品产量	Aquatic Products	522.11	508.22	507.59	494.84	484.12

注：2015 年—2018 年粮食、棉花、油料已根据第三次全国农业普查核定数据进行了修订。

a) From 2015－2018, grain, cotton and oil-bearing have been revised according to the Third National Agricultural Census approved data.

10－2　农业现代化情况
Statistics on Agricultural Modernization

指　标	Item	2015	2016	2017	2018	2019
农业机械化情况	**Statistics on Agricultural Machinery**					
农业机械总动力（万千瓦）	Total Power of Agricultural Machinery (10000 kW)	4825.49	4906.55	4991.41	5042.27	5111.95
机耕面积（千公顷）	Ploughed Area by Tractors (1000 hectares)	6066.15	5939.63	5828.96	6194.34	5874.01
机播面积（千公顷）	Sown Area by Tractors (1000 hectares)	4576.06	4663.12	4640.00	4576.13	4635.46
#机播小麦面积	Sown Area of Wheat by Tractors	2148.19	2158.20	2132.46	2083.58	2128.39
机械植保面积（千公顷）	Planting Protection Area by Tractors (1000 hectares)	5649.06	5699.61	5588.41	5445.15	5315.81
机械收获面积（千公顷）	Harvest Area by Tractors (1000 hectares)	5142.77	5199.94	5107.99	5087.14	5026.81
农村电气化情况	**Electrification of Rural Area**					
农村用电量（亿千瓦时）	Electricity Consumed in Rural Areas (100 million kW・h)	1836.19	1869.27	1887.99	1933.14	1949.11
农用物资使用情况	**Agricultural Product Material Used**					
化肥施用量(折纯量)（万吨）	Consumption of Chemical Fertilizers (pure) (10000 tons)	319.99	312.52	303.85	292.45	286.21
每亩耕地施用化肥(折纯量)（千克）	Per Mu Consumption of Chemical Fertilizers(pure) (kg)	46.54	45.46	44.23	42.42	41.52
农用塑料薄膜使用量（万吨）	Plastic Film (10000 tons)	11.32	11.39	11.51	11.6064	11.42
农用柴油使用量（万吨）	Diesel Oil (10000 tons)	108.58	108.71	108.96	109.36	108.91
农药使用量（万吨）	Agricultural Chemical Insecticides (10000 tons)	7.81	7.62	7.32	6.96	6.74
农田水利情况	**Irrigation and Water Conservancy**					
有效灌溉面积（千公顷）	Effective Irrigation Area (1000 hectares)	3952.50	4054.07	4131.88	4179.83	4205.44
节水灌溉面积（千公顷）	Water-saving Irrigated Area (1000 hectares)	2336.09	2422.57	2637.47	2767.23	2847.75
除涝面积（千公顷）	Flooded or Waterlogged Area (1000 hectares)	3017.69	3125.61	4014.38	4315.00	4451.07
水土流失治理面积（千公顷）	Area of Soil Erosion under Control (1000 hectares)	893.82	907.89	918.81	930.20	940.39
堤防长度（公里）	Total Length of Dikes (km)	55654	55797	56232	56090	56372
堤防保护面积（千公顷）	Area of Land Protected by Dikes (1000 hectares)	2826.85	2885.60	2945.35	2975.97	3017.36

10－3 主要年份农林牧渔业总产值

Gross Output Value of Agriculture, Forestry, Animal Husbandry and Fishery in Major Years

当年价格，单位：亿元 (at current price, 100 million yuan)

年 份 Year	农林牧渔业总产值 Total	农 业 Farming	林 业 Foresty	畜牧业 Animal Husbandry	渔 业 Fishery	农林牧渔服务业 Services of Agriculture, Forestry, Animal Husbandry and Fishery
1949	22.59	19.41	…	3.02	0.16	
1952	31.87	26.14	0.03	5.00	0.70	
1957	36.81	30.10	0.22	5.25	1.24	
1962	40.15	34.19	0.32	4.48	1.16	
1965	57.27	47.02	0.63	8.25	1.37	
1970	71.33	57.08	0.85	11.76	1.64	
1975	91.66	72.17	1.47	15.55	2.47	
1976	100.71	82.53	1.31	14.86	2.01	
1977	89.16	73.05	1.25	12.90	1.96	
1978	105.87	85.17	1.48	16.78	2.44	
1979	145.25	114.26	2.03	25.77	3.19	
1980	138.45	105.98	1.94	26.65	3.88	
1981	153.62	119.90	2.00	27.11	4.61	
1982	188.11	145.69	1.96	35.80	4.66	
1983	206.86	160.38	3.30	36.66	6.52	
1984	253.82	193.28	4.33	47.17	9.04	
1985	288.55	201.85	4.63	66.54	15.53	
1986	332.66	235.07	5.15	69.83	22.61	
1987	380.25	257.90	6.02	87.95	28.38	
1988	497.95	310.20	7.29	140.49	39.97	
1989	522.25	325.02	7.02	148.13	42.08	
1990	580.53	362.46	7.94	160.78	49.35	
1991	580.93	354.42	7.55	168.30	50.66	
1992	673.82	411.33	9.93	188.64	63.92	
1993	875.37	518.55	14.61	236.81	105.40	
1994	1335.23	777.94	18.38	390.70	148.21	
1995	1686.78	986.15	21.42	475.67	203.54	
1996	1693.76	1062.39	23.48	368.54	239.35	
1997	1816.37	1085.26	22.56	430.57	277.98	
1998	1849.20	1096.88	24.16	435.51	292.65	
1999	1837.43	1095.13	26.13	413.95	302.22	
2000	1869.73	1096.02	30.17	430.53	313.01	
2001	1956.10	1142.66	30.76	448.51	334.17	
2002	2011.48	1165.49	36.29	456.02	353.68	
2003	1952.20	981.25	31.49	458.87	371.56	109.03
2004	2417.63	1242.41	40.16	563.44	449.47	122.15
2005	2576.98	1291.06	45.27	599.14	511.86	129.65
2006	2718.61	1416.91	54.26	544.48	543.39	159.57
2007	3062.32	1540.39	58.88	704.12	579.00	179.94
2008	3585.12	1741.99	64.92	915.78	665.75	196.69
2009	3806.96	1940.10	70.79	873.01	719.25	203.81
2010	4283.21	2256.99	78.12	921.90	805.25	220.95
2011	5216.99	2622.67	92.81	1188.32	1060.44	252.74
2012	5781.50	2942.11	99.75	1223.48	1235.40	280.77
2013	6124.25	3137.14	107.30	1219.09	1351.11	309.60
2014	6402.75	3325.67	118.18	1179.22	1426.74	352.95
2015	6980.37	3675.87	129.09	1257.92	1517.51	399.97
2016	7178.96	3663.42	129.33	1326.67	1621.88	437.67
2017	7161.21	3764.73	136.73	1157.98	1623.43	478.33
2018	7192.46	3735.02	147.25	1091.31	1707.87	511.01
2019	7503.15	3828.60	162.00	1213.02	1740.99	558.55

注：2007 年－2018 年农林牧渔业产值及其中项农业与牧业已根据第三次全国农业普查核定数据进行了修订。

a) From 2007－2018, the gross output value of agriculture, forestry, animal husbandry and fishery and it's intermediate farming and animal husbandry have been revised according to the Third National Agriculture Census approved data.

10－4　主要年份农林牧渔业总产值指数
Indices of Gross Output Value of Agriculture, Forestry, Animal Husbandry and Fishery in Major Years

按可比价格计算,上年＝100　　(at constant price with 100 in preceding year)

年份 Year	农林牧渔业总产值指数 Total	农业 Farming	林业 Forestry	畜牧业 Animal Husbandry	渔业 Fishery	农林牧渔服务业 Services of Agriculture, Forestry, Animal Husbandry and Fishery
1949						
1952	117.4	110.0		141.9	306.1	
1957	103.4	99.2	553.8	128.4	106.9	
1962	101.1	97.5	98.2	135.2	94.9	
1965	105.7	100.5	168.0	141.7	95.6	
1970	107.2	107.1	67.2	109.4	124.2	
1975	100.9	99.5	98.0	107.1	104.0	
1976	103.9	105.1	121.1	93.4	94.4	
1977	89.9	89.5	99.2	93.0	101.9	
1978	121.5	123.4	84.5	115.6	98.8	
1979	110.9	108.5	105.0	131.8	110.3	
1980	94.5	91.9	99.5	102.1	118.2	
1981	107.9	109.7	95.3	99.3	115.4	
1982	114.9	113.0	106.0	123.8	105.2	
1983	105.9	107.2	110.8	98.2	99.6	
1984	116.4	106.3	117.8	118.2	124.1	
1985	103.1	99.0	107.9	117.1	126.3	
1986	106.3	106.6	97.3	100.6	134.9	
1987	103.1	103.3	104.8	101.2	108.1	
1988	106.6	104.8	93.8	114.4	108.9	
1989	100.3	100.6	94.4	99.5	101.7	
1990	102.5	101.1	97.4	106.7	107.9	
1991	98.9	95.9	90.0	105.2	101.2	
1992	113.0	113.7	119.1	110.5	115.6	
1993	111.3	106.2	124.1	114.0	134.8	
1994	112.1	108.0	112.4	117.5	119.0	
1995	113.6	112.9	117.0	110.8	124.0	
1996	107.4	108.7	107.4	103.1	111.8	
1997	107.7	106.4	92.6	110.9	109.5	
1998	104.0	103.0	109.9	104.2	107.2	
1999	105.2	105.9	100.0	103.5	106.5	
2000	105.0	103.1	119.9	107.5	107.4	
2001	104.5	105.0	99.1	102.4	106.7	
2002	103.8	102.3	115.8	103.9	108.0	
2003	101.0	94.3	120.0	102.8	106.6	130.0
2004	107.8	113.8	109.4	97.7	109.7	107.0
2005	103.7	101.1	107.5	103.6	110.7	104.0
2006	104.9	105.4	115.7	101.2	106.8	106.0
2007	103.1	102.6	109.9	100.7	104.4	108.3
2008	104.5	103.2	104.7	107.1	105.4	102.6
2009	104.6	103.3	105.2	106.6	105.2	104.0
2010	104.4	103.8	105.6	105.3	104.5	105.1
2011	104.2	104.3	104.0	102.7	104.4	107.6
2012	104.8	104.5	102.8	105.3	104.4	107.8
2013	102.6	103.3	103.9	96.9	105.3	107.1
2014	103.1	104.0	105.8	98.9	102.5	111.9
2015	102.6	103.3	106.1	97.7	102.5	111.6
2016	100.8	100.5	104.2	98.9	101.2	107.5
2017	102.3	103.1	106.1	99.8	100.6	107.3
2018	100.9	100.8	105.5	97.2	102.4	104.7
2019	100.7	102.8	105.2	92.3	99.3	106.0

10-5 主要年份农林牧渔业总产值定基指数
Fixed-base Indices of Gross Output Value of Agriculture, Forestry, Animal Husbandry and Fishery in Major Years

按可比价格计算,1949 年 = 100 (at constant price with 100 in 1949)

年份 Year	农林牧渔业总产值指数 Total	农业 Farming	林业 Forestry	畜牧业 Animal Husbandry	渔业 Fishery	农林牧渔服务业 Services of Agriculture, Forestry, Animal Husbandry and Fishery
1949	100.0	100.0		100.0	100.0	
1949	100.0	100.0		100.0	100.0	
1957	157.4	151.4	900.0	159.0	563.4	
1962	134.7	134.1	1387.5	106.8	407.3	
1965	201.4	190.7	2162.5	224.6	534.1	
1970	239.7	232.5	1487.5	255.0	575.6	
1975	294.7	281.6	2487.5	322.3	819.5	
1976	306.2	296.1	3012.5	301.1	773.2	
1977	275.4	264.9	2987.0	280.1	787.8	
1978	334.6	326.8	2525.0	323.9	778.0	
1979	371.1	354.7	2650.0	426.8	858.5	
1980	350.7	326.0	2637.5	435.8	1014.6	
1981	378.4	357.7	2512.5	432.6	1170.7	
1982	434.8	404.2	2662.5	535.6	1231.7	
1983	460.6	433.3	2950.0	525.9	1226.8	
1984	536.3	460.6	3475.0	621.5	1522.0	
1985	553.1	456.1	3750.0	727.9	1922.0	
1986	587.7	486.4	3650.0	732.5	2592.7	
1987	605.9	502.4	3825.0	741.1	2802.4	
1988	646.1	526.3	3587.5	847.5	3051.2	
1989	648.3	529.4	3387.5	843.1	3102.4	
1990	664.6	535.2	3300.5	899.3	3346.3	
1991	657.1	513.3	2971.7	946.3	3385.3	
1992	742.5	583.6	3538.2	1045.7	3913.7	
1993	826.4	619.6	4391.5	1191.6	5275.3	
1994	926.3	668.9	4936.8	1400.2	6278.5	
1995	1052.7	755.4	5774.3	1551.0	7785.4	
1996	1130.6	821.0	6204.0	1599.2	8707.8	
1997	1217.1	873.5	5746.0	1773.5	9532.8	
1998	1265.6	899.4	6313.9	1847.5	10219.7	
1999	1331.1	952.4	6312.3	1911.5	10883.6	
2000	1397.9	981.6	7566.8	2055.1	11688.1	
2001	1461.5	1030.6	7500.2	2103.9	12474.9	
2002	1516.9	1053.8	8681.6	2186.3	13475.4	100.0
2003	1532.8	994.0	10415.4	2248.1	14369.5	130.0
2004	1653.0	1131.5	11389.9	2196.7	15768.3	139.1
2005	1714.2	1143.9	12245.5	2275.4	17448.0	144.6
2006	1798.2	1205.6	14168.0	2302.7	18634.5	153.3
2007	1853.2	1236.7	15569.2	2319.0	19458.1	166.1
2008	1936.8	1276.4	16294.7	2483.0	20510.8	170.5
2009	2024.9	1318.4	17144.7	2646.0	21573.2	177.4
2010	2113.6	1368.5	18104.8	2786.9	22552.0	186.5
2011	2201.6	1427.5	18836.2	2863.4	23554.6	200.8
2012	2307.0	1491.7	19371.5	3015.0	24591.8	216.5
2013	2365.9	1540.6	20123.0	2922.6	25885.6	231.7
2014	2438.9	1602.8	21282.6	2889.3	26521.5	259.2
2015	2502.5	1656.0	22578.0	2821.7	27184.4	289.3
2016	2522.6	1664.0	23520.3	2789.3	27497.6	310.9
2017	2579.8	1716.0	24946.4	2784.5	27672.6	333.8
2018	2604.2	1730.5	26324.9	2706.7	28325.7	349.4
2019	2621.4	1779.1	27684.6	2497.7	28133.6	370.5

10－6 农林牧渔业分项产值

Gross Output Value of Agriculture, Forestry, Animal Husbandry and Fishery by Branch

按当年价格计算，单位：亿元 (at current price, 100 million yuan)

指标	Item	2015	2016	2017	2018	2019
农林牧渔业总产值	**Total**	**6980.37**	**7178.96**	**7161.21**	**7192.46**	**7503.15**
农业产值	**Farming**	**3675.87**	**3663.42**	**3764.73**	**3735.02**	**3828.60**
谷物及其他作物	Planting	1400.96	1244.12	1338.37	1295.78	1295.11
#谷物	Cereal	1116.71	1051.44	1134.31	1096.19	1075.88
薯类	Tubers	38.36	18.13	17.98	26.62	32.93
豆类	Soybeans	42.55	31.31	31.46	33.96	37.02
棉花	Cotton	50.47	18.83	19.67	3.49	3.00
油料	Oil-bearing	86.80	55.40	60.48	60.16	70.19
蔬菜园艺作物	Vegetables and Gardening Crops	1930.70	2021.12	1993.25	1999.61	2051.09
#蔬菜（含菜用瓜、食用菌）	Vegetable (include Melons、Edible Mushroom)	1781.42	1852.89	1802.58	1841.62	1876.19
水果、坚果、饮料和香料作物	Fresh Fruits, Nuts, Beverage and Perfume Crops	377.50	382.48	416.14	426.48	468.97
#水果、坚果（含果用瓜）	Fresh Fruits, Nuts (include Melons)	327.97	328.54	366.05	376.16	417.60
中药材	Chinese Herbal Medicine	12.94	15.70	16.98	13.15	13.42
林业产值	**Forestry**	**129.09**	**129.33**	**136.73**	**147.25**	**162.00**
林木的培育和种植	Afforestation	91.44	92.38	97.76	107.10	119.11
竹木采运	Cutting and Transportation of Bamboo and Timber	25.61	23.73	25.17	26.40	28.66
林产品	Forest Products	12.05	13.21	13.80	13.75	14.23
牧业产值	**Animal Husbandry**	**1257.92**	**1326.67**	**1157.98**	**1091.31**	**1213.02**
牲畜饲养	Livestock Raising	94.53	94.98	95.24	94.53	102.70
#牛	Cattle and Buffaloes	13.36	12.66	12.52	12.53	14.79
羊	Sheep and Goats	50.68	55.45	56.33	59.73	59.97
猪的饲养	Hogs Raising	517.33	593.15	508.92	417.12	434.03
家禽饲养	Poultry Raising	484.28	480.30	417.43	459.53	565.82
#肉禽	Live Animal and Poultry Products	270.16	266.38	234.49	241.98	285.71
禽蛋	Poultry Eggs	211.03	210.88	180.18	215.03	276.35
狩猎和捕捉动物	Hunting	2.00	1.60	1.22	1.04	1.15
其他畜牧业	Other Animal Husbandry	163.94	156.64	135.18	119.08	109.34
渔业产值	**Fishery**	**1517.51**	**1621.88**	**1623.43**	**1707.87**	**1740.99**
海水产品	Seawater Aquatic Products	416.91	453.47	478.39	522.66	534.61
内陆水域水产品	Freshwater Aquatic Products	1100.59	1168.40	1145.04	1185.21	1206.38
农林牧渔服务业产值	**Services in Support of Agriculture, Forestry, Animal Husbaudry and Fishery**	**399.97**	**437.67**	**478.33**	**511.01**	**558.55**

注：2015 年－2018 年农林牧渔业产值及其中项农业与牧业已根据第三次全国农业普查核定数据进行了修订。

a) From 2015－2018, the gross output value of agriculture, forestry, animal husbandry and fishery and it's intermediate farming and animal husbandry have been revised according to the third national agriculture census approved data.

10－7 农作物播种面积

单位:千公顷

年份 Year	总播种面积 Total Sown Areas	粮食作物 Grain Crops	#小麦 Wheat	#稻谷 Rice	#薯类 Tubers	#玉米 Corn	#大豆 Soybean
1978	8582.74	6310.93	1412.82	2661.18	478.29	445.01	345.36
1980	8248.93	6090.25	1519.47	2676.15	332.02	386.21	236.47
1985	8557.84	6432.44	2170.39	2431.11	282.45	659.62	317.93
1989	8384.33	6454.51	2353.54	2419.67	248.16	501.15	309.39
1990	8259.18	6363.02	2399.19	2454.44	221.65	461.01	244.67
1991	8091.70	6202.77	2364.93	2351.40	214.51	426.44	177.81
1992	8234.63	6180.77	2366.23	2447.27	192.59	421.14	192.28
1993	8032.29	6029.66	2281.66	2278.44	201.00	472.37	270.67
1994	7861.76	5748.78	2114.26	2168.36	179.46	458.95	255.41
1995	7909.01	5755.15	2150.35	2250.31	166.71	461.98	201.32
1996	7914.10	5877.42	2216.26	2335.91	180.59	467.83	179.49
1997	7966.78	5994.43	2341.37	2377.62	169.61	439.00	217.44
1998	8058.28	5946.26	2314.95	2369.70	162.67	473.49	220.83
1999	8023.43	5828.52	2251.70	2398.45	156.89	454.31	210.41
2000	7944.87	5304.31	1954.60	2203.46	158.26	423.16	249.19
2001	7777.42	4886.66	1712.81	2010.25	146.01	429.81	244.37
2002	7797.40	4882.58	1715.85	1982.05	143.75	436.53	243.44
2003	7681.49	4659.47	1620.45	1840.93	134.20	451.90	241.68
2004	7668.98	4774.59	1601.17	2112.90	114.17	389.11	216.42
2005	7641.20	4909.48	1684.44	2209.33	100.16	370.24	214.80
2006	7385.16	5110.80	1912.67	2216.00	76.27	378.17	213.00
2007	7362.79	5193.83	2039.30	2220.84	68.72	393.13	220.73
2008	7494.85	5299.32	2116.99	2222.62	67.21	432.72	230.10
2009	7542.63	5329.72	2145.15	2223.75	68.02	433.83	230.91
2010	7616.96	5372.17	2200.20	2224.86	62.31	439.57	224.23
2011	7646.43	5411.17	2245.83	2227.73	60.55	448.24	223.04
2012	7651.38	5458.52	2304.38	2228.94	60.74	453.93	216.64
2013	7661.00	5475.22	2344.30	2229.87	58.31	467.52	206.69
2014	7672.27	5517.55	2374.13	2236.70	40.53	519.70	201.70
2015	7737.75	5572.54	2410.66	2250.32	34.50	540.98	195.82
2016	7639.92	5583.28	2436.81	2256.26	26.73	540.17	196.89
2017	7556.40	5527.31	2412.75	2237.72	25.80	543.21	194.40
2018	7520.23	5475.93	2403.96	2214.72	35.66	515.77	193.75
2019	7442.63	5381.48	2346.93	2184.29	35.98	504.24	191.79

注:2007 年－2018 年粮食及其中小麦、稻谷、薯类、玉米、大豆,经济作物及其中棉花、油菜籽、花生、芝麻、甘蔗、甜菜、烤烟已根据第三次全国农业普查核定数据进行了修订。

Total Sown Areas of Farm Crops

(1000 hectares)

经济作物 Economic Crops	#棉花 Cotton	#油菜籽 Rape-seeds	#花生 Peanuts	#芝麻 Sesame	#黄红麻 Jute and Ambary Hemp	#甘蔗 Sugar-cane	#甜菜 Beet-roots	#烤烟 Flue-cured Tobacco	其他作物 Others
905.84	589.99	156.46	65.49	10.60	20.71	0.75	6.91	7.05	1365.97
957.04	631.00	169.58	83.79	4.61	11.51	0.35	5.78	2.17	1201.64
1302.77	592.24	442.64	134.11	12.85	24.78	4.11	4.39	3.47	822.63
1194.62	535.19	459.12	116.39	6.29	5.14	3.92	2.09	9.47	735.20
1188.41	572.13	440.81	108.71	5.85	5.16	3.35	2.23	5.63	707.75
1202.48	550.61	482.80	102.95	4.79	4.57	3.18	0.73	5.16	686.45
1350.29	673.43	483.78	107.36	7.14	3.99	3.83	0.70	7.39	703.57
1143.39	517.65	458.30	125.42	8.65	5.20	5.50	1.31	2.02	859.24
1225.86	534.57	516.59	146.52	6.65	2.15	4.57	0.70	0.87	887.12
1268.75	564.90	530.66	148.66	7.54	1.31	3.95	0.17	1.17	885.11
1132.24	485.91	498.00	123.55	9.19	0.89	3.66	0.87	1.44	904.44
1063.10	438.74	473.93	117.25	13.66	0.79	3.46	1.51	2.61	909.25
1063.32	416.16	468.94	141.39	16.23	0.54	3.25	0.52	0.09	1048.70
1006.41	261.99	518.83	177.25	20.62	0.41	4.20	0.15	0.01	1188.50
1227.97	295.27	650.50	227.90	18.20	0.20	5.16	0.07	0.02	1412.59
1347.53	383.99	681.04	230.21	15.53	0.36	5.75	0.40	…	1543.23
1255.19	311.35	668.08	223.63	15.00	0.32	6.08	0.38	…	1659.63
1315.37	369.50	683.03	214.52	12.70	0.31	5.98	0.29	…	1706.65
1356.65	409.62	689.86	218.59	11.91	0.16	4.89	0.12	…	1537.74
1237.36	368.27	660.50	174.29	11.92	0.18	4.10	0.02		1494.36
1007.48	330.40	525.47	130.60	11.38	0.04	1.39	0.01		1266.88
853.07	326.90	410.03	95.32	9.89	0.02	1.11			1315.89
836.22	300.47	405.01	100.76	9.80	0.02	1.41		0.02	1359.31
788.87	252.34	400.65	104.23	9.29	0.05	1.67	0.02	0.04	1424.04
732.34	235.68	365.35	101.73	8.18		1.33	0.09	0.04	1512.45
698.14	239.25	330.80	98.20	7.57	0.02	1.20		0.04	1537.12
590.44	170.63	298.14	93.60	6.85		1.12	0.04	0.03	1602.42
553.71	155.22	276.47	91.57	6.19		1.03	0.03	0.02	1632.07
502.10	131.81	251.03	88.72	5.39		1.00	0.01	0.02	1652.62
433.24	94.29	223.62	87.35	4.89		0.89	0.04	0.02	1731.97
331.24	31.70	188.84	90.14	4.33		0.80	0.01		1725.40
303.95	21.00	175.27	88.15	4.00		0.80	0.02		1725.19
294.65	16.60	159.08	98.38	5.14		0.85	0.02		1749.65
315.61	11.60	173.54	103.53	5.77		0.87	2.73		1745.54

a) From 2007－2018, the grain crops and it's wheat, rice, tubers, corn and soybean, the economic crops and it's cotton, rapeseeds, peanuts, sugarcane, beetroots, and fluecured tobacco have been revised according to the Third National Agricultural Census approved data.

10－8 主要农作物种植结构
Planting Structure of Major Farm Crops

单位:% (%)

项目	Item	2015	2016	2017	2018	2019
农作物总播种面积	**Total Sown Area of Farm Crops**	**100.00**	**100.00**	**100.00**	**100.00**	**100.00**
粮食作物	**Grain Crops**	**72.02**	**73.08**	**73.15**	**72.82**	**72.31**
谷物	Cereal	68.33	69.44	69.50	68.92	68.25
稻谷	Rice	29.08	29.53	29.61	29.45	29.35
小麦	Wheat	31.15	31.90	31.93	31.97	31.53
玉米	Corn	6.99	7.07	7.19	6.86	6.78
其它谷物	Other Cereal	1.11	0.94	0.77	0.65	0.59
豆类	Beans	3.24	3.29	3.30	3.42	2.74
#大豆	Soybeans	2.53	2.58	2.57	2.58	2.58
杂豆	Miscellaneous Beans	0.71	0.71	0.73	0.84	0.16
薯类	Tubers	0.45	0.35	0.34	0.47	0.48
油料作物	**Oil-bearing Crops**	**4.15**	**3.71**	**3.54**	**3.49**	**3.80**
#花生	Peanuts	1.13	1.18	1.17	1.31	1.39
油菜籽	Rapeseeds	2.89	2.47	2.32	2.12	2.33
芝麻	Sesame	0.06	0.06	0.05	0.07	0.08
棉花	**Cotton**	**1.22**	**0.41**	**0.28**	**0.22**	**0.16**
麻类	**Fiber Crops**					…
糖料	**Sugar Crops**	**0.01**	**0.01**	**0.01**	**0.01**	**0.05**
#甘蔗	Sugarcane	0.01	0.01	0.01	0.01	0.01
烟叶	**Tobacco**					
药材	**Medicinal Materials**	**0.21**	**0.19**	**0.18**	**0.19**	**0.23**
蔬菜、瓜类	**Vegetables and Melon**	**20.60**	**20.78**	**20.77**	**21.13**	**21.33**
#蔬菜	Vegetables	18.50	18.72	18.63	18.95	19.14
其他农作物	**Other Farm Crops**	**1.78**	**1.81**	**2.07**	**2.14**	**2.12**
#青饲料	Succulence	0.38	0.37	0.40	0.36	0.36

10－9 主要农作物播种面积和产量(2019 年)
Total Sown Areas of Farm Crops and Output (2019)

指 标	Item	播种面积(千公顷) Sown Area (1000 hectares)	单位面积产量(千克/公顷) Per Hectare Output (kg/hectare)	总产量(吨) Total Output (ton)
农作物总播种面积	**Total Sown Area of Farm Crops**	**7442.63**		
粮食作物	**Total Grain and Soybeans**	**5381.48**	**6887**	**37062008**
夏粮	Summer Grain	2451.05	5535	13566381
小麦	Wheat	2346.93	5614	13175098
元麦	Hull-less Barley	1.41	4005	5647
大麦	Barley	40.74	5521	224935
蚕豌豆	Horsebean and Pea	61.97	2593	160701
秋粮	Autumn Grain	2930.43	8018	23495627
稻谷	Rice	2184.29	8972	19596358
#中稻和一季晚稻	Rice and Late Season Rice	2184.29	8972	19596358
#籼稻	Long-grained Nonglutinous Rice	287.62	8544	2457561
玉米	Corn	504.24	6169	3110748
高粱	Sorghum	0.23	7804	1795
谷子	Millet	0.10	1330	133
薯类	Tubers	35.98	6632	238601
大豆	Sonja	191.79	2674	512942
其他秋粮	Others	13.80	2540	35050
经济作物	**Economic Crops**	**315.61**		
棉花	Cotton	11.60	1350	15660
油料	Oil-bearing Crops	283.16	3331	943235
#花生	Peanuts	103.53	4125	427053
油菜籽	Rapeseed	173.54	2907	504542
芝麻	Sesame	5.77	1894	10933
麻类	Fiber Crops	0.21	2435	509
#黄麻	Jute			
苎 麻	Ramee	0.21	2435	509
糖类	Sugar Crops	3.6	20692	74450
#甘蔗	Sugarcane	0.87	62498	54248
烟叶	Tobacco Crops			
药材	Medicinal Materials	16.94		
其他经济作物	Others	0.10	136	14
#薄荷	Mint	0.10	136	14
其他农作物	**Others**	**1745.54**		
#蔬菜	Vegetable	1424.47	39619	56436799
瓜果类	Melon and Fruits Crops	163.32	40494	6613616
绿肥	Organic Fertilizer	13.96		

10-10 主要农产品产量

Output of Major Farm Crops

单位:万吨 (10000 tons)

年 份 Year	粮 食 Grain	夏 粮 Summer Grain	秋 粮 Autumn Grain	棉 花 Cotton	油 料 Oil-bearing	#花 生 Peanuts	#油菜籽 Rape-seeds
1949	748.50	217.00	531.50	2.81	15.94	11.82	3.60
1952	997.55	277.85	719.70	9.28	21.68	14.38	6.00
1957	1063.60	274.85	788.75	15.01	25.07	19.81	4.93
1962	965.35	280.65	684.70	8.21	10.27	6.38	3.52
1965	1442.75	379.85	1062.90	26.44	21.68	13.87	7.41
1970	1705.15	415.50	1289.65	32.82	21.67	10.31	10.87
1975	2056.85	524.40	1532.45	45.48	29.64	11.73	17.63
1978	2400.65	677.30	1723.35	47.54	37.44	13.60	23.06
1980	2417.95	873.60	1544.35	41.81	38.64	14.50	23.93
1985	3126.52	1064.46	2062.06	47.91	108.78	34.13	73.11
1989	3282.80	1033.00	2249.80	48.47	99.91	31.25	67.72
1990	3264.15	1143.46	2120.69	46.42	112.39	30.12	81.41
1991	3035.51	1032.43	2003.08	55.71	114.06	28.12	85.32
1992	3320.55	1251.19	2069.36	52.74	127.33	30.51	95.88
1993	3279.70	1152.60	2127.10	42.90	125.71	37.66	87.04
1994	3124.05	1105.29	2018.76	45.71	133.59	44.80	87.77
1995	3286.30	1073.46	2212.84	56.16	159.46	48.43	109.54
1996	3476.35	1200.95	2275.40	53.75	147.50	39.65	106.34
1997	3563.79	1226.91	2336.88	50.75	141.93	39.53	100.53
1998	3415.12	864.22	2550.90	46.19	115.63	48.90	64.26
1999	3559.03	1195.96	2363.07	24.60	184.04	63.25	117.89
2000	3106.63	899.75	2206.88	31.45	225.65	79.75	142.99
2001	2942.05	821.44	2120.61	46.05	232.53	84.09	145.81
2002	2907.05	758.18	2148.87	36.28	217.03	83.71	130.81
2003	2471.85	729.29	1742.56	29.10	199.45	51.57	145.74
2004	2829.06	807.24	2021.82	50.28	238.38	69.12	167.32
2005	2834.59	844.42	1990.17	32.27	215.99	55.46	158.67
2006	3096.03	1017.12	2078.91	35.52	176.47	45.51	129.00
2007	3122.27	1065.36	2056.91	34.75	138.87	33.70	103.33
2008	3192.23	1102.26	2089.96	32.60	137.72	35.29	100.52
2009	3260.87	1123.45	2137.42	25.55	142.31	38.20	102.37
2010	3284.99	1143.53	2141.47	26.08	127.78	37.09	89.29
2011	3357.10	1164.00	2193.09	24.68	116.44	36.26	78.89
2012	3431.55	1203.05	2228.51	22.04	113.58	35.15	77.22
2013	3440.82	1224.64	2216.18	20.93	111.10	34.29	75.66
2014	3523.04	1281.03	2242.01	15.95	104.12	33.71	69.40
2015	3594.71	1304.03	2290.68	11.69	98.04	33.81	63.30
2016	3542.44	1293.20	2249.24	3.69	88.67	35.24	52.60
2017	3610.80	1335.82	2274.98	2.57	85.36	34.78	49.77
2018	3660.28	1326.42	2333.86	2.06	86.04	39.33	45.70
2019	3706.20	1356.64	2349.56	1.57	94.32	42.71	50.45

注:2007 年—2018 年粮食及其中夏粮、秋粮,棉花、油料及其中花生、油菜籽根据第三次全国农业普查核定数据修订。

a) From 2007 - 2018, the grain and it's summer grain, autumn grain, cotton, oil-bearing and it's peanuts, rapeseeds have been revised according to the Third National Agriculture Census approved data.

10－11 人均占有主要农产品产量

Per Capita Output of Major Farm Products

单位:千克/人 (kg/person)

年份 Year	粮食产量 Grain	棉花产量 Cotton	油料产量 Oil-bearing Grops	生猪饲养量(头/人) Output of Raising Hogs (head/person)	猪、牛、羊肉产量 Output of Pork, Beef and Mutton	水产品产量 Output of Aquatic Products
1952	270.0	2.5	5.9	0.24		4.6
1957	257.0	3.7	6.1	0.34		6.9
1962	225.0	1.9	2.4	0.22		4.5
1965	316.0	5.8	4.8	0.46		5.5
1970	329.0	6.4	4.2	0.50		5.2
1975	367.0	8.1	5.3	0.60		6.5
1978	414.0	8.2	6.5	0.60		6.9
1980	408.5	7.1	6.6	0.70	18.1	7.2
1985	505.0	7.8	17.6	0.64	22.4	10.9
1989	506.1	7.5	15.4	0.60	23.3	17.0
1990	486.0	6.9	16.7	0.59	23.6	17.6
1991	446.1	8.2	16.8	0.59	24.0	17.3
1992	482.8	7.7	18.5	0.61	25.1	19.6
1993	472.6	6.2	18.1	0.62	25.8	22.7
1994	446.7	6.5	19.1	0.65	28.5	25.8
1995	466.6	8.0	22.6	0.69	30.9	31.2
1996	490.4	7.6	20.8	0.51	24.7	34.7
1997	499.9	7.1	19.9	0.57	26.2	37.3
1998	476.6	6.4	16.1	0.63	29.2	39.4
1999	494.5	3.4	25.6	0.63	29.9	41.2
2000	427.3	4.3	31.0	0.66	31.3	42.5
2001	400.8	6.3	31.7	0.67	32.2	43.7
2002	394.6	4.9	29.5	0.67	32.6	45.4
2003	334.4	3.9	27.0	0.68	33.1	46.4
2004	381.3	6.8	32.1	0.66	32.7	49.3
2005	380.3	4.3	29.0	0.66	32.5	52.1
2006	412.1	4.7	23.5	0.63	28.4	53.0
2007	411.5	4.6	18.3	0.53	25.4	53.9
2008	417.3	4.3	18.0	0.56	26.7	55.6
2009	423.5	3.3	18.5	0.58	27.8	57.6
2010	421.3	3.3	16.4	0.58	28.4	59.1
2011	425.8	3.1	14.8	0.58	28.4	60.4
2012	433.9	2.8	14.4	0.60	29.9	62.4
2013	433.9	2.6	14.0	0.60	29.9	64.2
2014	443.2	2.0	13.1	0.60	30.1	65.3
2015	451.1	1.5	12.3	0.59	29.1	65.5
2016	443.5	0.5	11.1	0.56	27.8	63.6
2017	450.6	0.3	10.7	0.55	28.1	63.3
2018	455.3	0.3	10.7	0.53	26.9	61.5
2019	459.8	0.2	11.7	0.31	19.3	60.1

10－12　蚕、茶、果生产情况

Statistics on Silkworm Cocoons, Tea and Fruits

单位:万吨　　　　(10000 tons)

指标	Item	2015	2016	2017	2018	2019
蚕茧产量　(万吨)	Silkworm Cocoons　(10000 tons)	4.97	3.95	3.93	3.86	3.85
茶叶产量　(万吨)	Tea　(10000 tons)	1.45	1.40	1.39	1.40	1.43
红毛茶	Black Tea	0.24	0.25	0.30	0.33	0.36
绿毛茶	Green Tea	1.20	1.13	1.08	1.07	1.07
其他茶	Others	…	0.02	0.01	…	…
水果产量　(万吨)	Fruits　(10000 tons)	300.03	296.31	309.79	287.38	322.24
#苹果	Apples	59.95	56.41	58.00	40.48	53.97
柑桔	Citrus	4.32	3.27	3.17	3.01	2.87
梨	Pears	77.98	75.83	77.98	70.36	77.81
葡萄	Grapes	63.24	61.00	64.90	67.06	65.22
桃子	Peaches	61.75	63.47	69.31	74.90	87.81
红枣	Dates	1.10	0.90	0.67	0.40	0.34
柿子	Persimmons	13.88	11.56	10.89	9.29	7.78
桑园面积　(千公顷)	Area of Mulberry Plantations (1000 hectares)	38.06	33.35	31.92	31.76	31.29
茶园面积　(千公顷)	Area of Tea Plantations　(1000 hectares)	33.77	33.78	33.71	33.74	33.79
#当年采摘面积	Picked Area in the Year	30.30	30.57	30.46	31.33	30.26
果园　(千公顷)	Area of Orchards　(1000 hectares)	209.42	209.97	209.15	204.54	199.52
#苹果园	Apples	32.10	30.89	31.33	29.43	28.55
柑桔园	Citrus	2.67	2.54	2.33	2.31	2.22
梨园	Pears	39.92	39.04	38.41	39.94	36.21
葡萄园	Grapes	37.98	34.91	35.91	39.89	34.79

10－13　林业生产情况
Statistics on Forestry

指　　标	Item	2015	2016	2017	2018	2019
造林面积（千公顷）	Area of Forestation (1000 hectares)	42.58	27.21	33.97	41.32	32.37
用材林	Timber Forests	6.73	4.56	4.14	6.52	7.37
经济林	By-product Forests	7.86	6.81	7.28	9.46	8.94
防护林	Protection Forests	27.34	15.37	21.80	24.67	15.58
其他林	Others	0.65	0.47	0.75	0.67	0.48
林产品产量（吨）	Output of Forestry Products (ton)					
油茶籽	Tea-oil Seeds	256	263	265	260	152
竹笋干	Bamboo Shoots	721	852	746	805	727
板栗	Chestnut	24237	21388	19149	17906	12151
白果	Ginkgo	26711	48584	89603	87391	
育苗面积（千公顷）	Area of Seedlings (1000 hectares)	140.66	142.86	138.91	173.24	
当年苗木产量（亿株）	Output of Seedlings in the Year (100 million units)	50.92	54.23	53.46	67.02	
林木种子采集量（吨）	Output of Forestry Seeds Picking (ton)	7347	8639	5774	6159	
木材采伐量（万立方米）	Output of Timber Cutting (10000 cu. m)	148.86	178.47	138.21	130.70	232.51
竹材采伐量（万根）	Bamboo Cutting (10000 units)	408.00	387.83	213.82	418.98	406.10
四旁植树（万株）	Planting (10000 units)	7180	5585	6234	6485	

10－14　畜牧业生产情况
Statistics on Livestock

指　　标	Item	2015	2016	2017	2018	2019
牲畜年末头数　（万头）	**Livestock（Year-end）（10000 units）**					
大牲畜	Large Animals	35.96	35.59	32.91	31.72	29.00
牛	Cattle and Buffaloes	33.08	32.92	30.50	29.23	27.74
#奶牛	Cows	12.96	12.66	13.92	13.39	12.55
马	Horses	0.21	0.17	0.16	0.18	0.09
驴	Donkeys	2.04	1.93	1.72	1.69	0.73
骡	Mules	0.63	0.57	0.53	0.62	0.43
猪	Hogs	1746.55	1654.99	1640.30	1551.97	577.43
羊	Sheep and Goats	381.43	353.68	398.50	390.21	356.23
山羊	Goats	372.77	345.41	389.25	380.70	338.29
绵羊	Sheep	8.66	8.28	9.25	9.51	17.94
畜禽产品产量	**Output of Livestock and Poultry Products**					
猪牛羊出栏头数　（万头）	Hogs，Sheep and Goats（10000 units）					
当年肉猪出栏头数	Hogs	2921.86	2787.37	2805.50	2680.90	1921.79
当年出售和自宰的肉用牛	Cattle and Buttaloes Sold and Killed in the Year	17.40	16.97	16.36	15.49	16.05
当年出售和自宰的肉用羊（万只）	Sheep and Goats Sold and Killed in the Year（10000 units）	647.42	646.71	707.70	690.48	639.38
肉类产量　（万吨）	Output of Meat　（10000 tons）	369.89	356.23	342.32	328.48	274.53
猪肉	Pork	221.56	211.81	214.30	205.50	146.21
牛肉	Beef	3.22	3.11	2.93	2.82	2.93
羊肉	Mutton	7.22	7.23	7.99	7.79	6.49
禽肉	Poultry	128.92	125.57	110.20	105.75	115.24
其他畜禽产品产量　（吨）	Others　（ton）					
牛奶产量	Milk	487661	482914	490443	500290	623597
绵羊毛产量	Sheep's Wool	306	287	289	344	300
山羊毛产量	Goat's Wool	8	9	8	9	7
蜂蜜	Honey	4046	3647	3479	4663	3684
禽蛋　（万吨）	Poultry Eggs　（10000 tons）	209.91	213.67	186.05	180.60	214.44

10－15 水产品产量
Output of Aquatic Products

指 标	Item	2015	2016	2017	2018	2019
水产品产量 （万吨）	**Output of Aquatic Products (10000 tons)**	**522.11**	**508.22**	**507.59**	**494.84**	**484.12**
海水产品	Seawater Aquatic Products	149.24	149.72	149.51	140.83	137.02
按生产性质分	Grouped by Nature					
天然生产	Naturally Grown	59.89	59.30	56.43	49.00	45.49
人工养殖	Artificially Cultured	89.35	90.42	93.08	91.83	91.53
按类别分	Grouped by Category					
鱼类	Fish	38.87	38.39	37.65	34.20	32.43
甲壳类	Shrimp, Prawn and Crab	27.53	27.38	27.04	25.38	24.52
贝类	Shellfish	70.43	71.58	72.18	70.83	70.64
藻类	Algae	2.93	3.01	4.35	4.34	4.22
按主要品种分	Among Seawater Aquatic					
大黄鱼	Big Yellow Croaker	0.05	0.05	0.04	0.01	0.02
小黄鱼	Little Yellow Croaker	2.96	2.96	2.88	2.62	2.44
带鱼	Hairtail	5.53	5.59	5.41	4.96	4.63
鱿鱼	Sleeve-fish	3.18	3.24	2.67	2.12	1.62
淡水产品	Freshwater Aquatic Products	372.86	358.50	358.08	354.01	347.10
按生产性质分	Grouped by Nature					
天然生产	Naturally Grown	32.54	31.71	30.76	28.72	29.21
人工养殖	Artificially Cultured	340.32	326.79	327.32	325.29	317.89
按类别分	Grouped by Category					
鱼类	Fish	272.47	261.86	259.70	252.48	244.02
甲壳类	Shrimp, Prawn and Crab	85.63	83.01	85.04	89.39	90.89
贝类	Shellfish	11.15	10.12	9.86	8.99	9.29
水产养殖面积 （千公顷）	**Aquatic Raise Areas (1000 hectares)**	**753.44**	**625.04**	**632.15**	**649.01**	**603.09**
淡水养殖面积	Freshwater Area for Breeding	571.61	439.76	439.76	462.37	423.14
海水养殖面积	Seawater Area for Breeding	181.83	185.28	192.39	186.64	179.95

注:2016—2017 年渔业数据根据第三次全国农业普查核定数据进行了修订。

a) From 2016－2017, the fishery data was revised according to the Third National Agricultural Census approved data.

10－16 主要农业机械和农产品加工机械年底拥有量

年　份 Year	农业机械总动力 （万千瓦） Total Power of Agricultural Machinery （10000 kW）	农用小型及手扶拖拉机（万台） Small and Walking Agricultural Tractors （10000 units）	农用排灌动力机械（万千瓦） Machinery for Agricultural Drainage and Irrigation （10000 kW）	农用水泵 （万台） Agricultural Water Pumps （10000 units）
1978	855.16	19.25	363.73	29.20
1980	1113.05	25.61	442.48	36.18
1985	1675.06	49.16	450.27	37.75
1989	2212.37	70.02	475.95	40.29
1990	2004.77	71.65	490.83	39.63
1991	1966.61	72.64	492.88	40.73
1992	2016.07	72.41	494.57	41.55
1993	2081.75	73.52	501.35	41.59
1994	2161.40	74.98	507.66	42.63
1995	2226.95	75.04	508.91	43.36
1996	2297.43	76.53	515.99	44.84
1997	2499.69	83.32	538.66	50.63
1998	2594.83	83.87	553.73	52.20
1999	2767.89	86.78	577.99	54.07
2000	2925.29	88.89	576.25	65.62
2001	2957.93	89.42	618.72	58.09
2002	2983.89	89.75	604.04	59.74
2003	3029.10	87.46	567.79	58.81
2004	3052.51	86.71	599.71	56.88
2005	3135.33	90.11	609.08	61.93
2006	3278.53	91.37	606.00	62.00
2007	3392.44	89.95	431.40	59.09
2008	3630.86	120.44	601.83	59.80
2009	3810.57	123.32	612.87	60.42
2010	3937.34	122.84	630.46	59.29
2011	4106.11	123.41	642.41	63.49
2012	4214.64	98.71	664.80	66.29
2013	4405.78	92.53	687.98	66.53
2014	4649.98	88.16	695.79	65.99
2015	4825.49	81.86	693.46	65.92
2016	4906.55	76.05	706.72	67.61
2017	4991.41	71.20	709.44	67.45
2018	5042.27	67.45		67.51
2019	5111.95	62.61		67.72

注:2018 年农业农村部调整大中型拖拉机和小型拖拉机口径。

Agricultural Machinery and Machinery for Processing Farm Products at Year-end

联合收割机（台） Combine Harvesters (unit)	机动脱粒机（万台） Motorized Huller (10000 units)	机动喷雾(粉)器（万部） Motorized Duster (10000 units)	大中型拖拉机配套农具（万件） Large and Mediumsized Tractor Towing Farm Machinery (10000 units)	小型拖拉机配套农具（万件） Small Tractor Towing Farm Machinery (10000 units)
295	32.96	2.01	2.45	33.99
478	40.99	4.33	3.23	53.58
687	68.51	5.51	3.38	111.15
1821	86.36	7.08	3.29	112.49
2411	89.42	9.49	3.42	118.26
3583	92.29	11.35	3.91	122.40
5964	93.37	12.37	4.16	122.33
7279	94.80	12.63	4.30	124.66
8604	98.32	13.28	4.37	125.50
12063	105.22	17.08	4.69	127.74
20074	105.01	19.64	5.68	129.22
27656	121.42	26.55	7.00	138.63
33343	123.80	29.10	7.69	143.08
42266	124.52	31.59	8.51	148.41
48821	129.69	33.26	8.62	152.45
52025	120.16	35.17	8.39	151.48
56151	111.45	34.54	8.17	145.02
58645	93.56	34.99	7.84	145.70
61115	91.45	34.88	7.52	144.45
69569	73.95	37.41	8.08	143.64
77100	75.00	39.50	8.37	144.68
78498	59.00	41.39	9.13	143.07
85327	43.62	50.27	11.01	163.43
90979	38.00	53.50	13.29	170.91
98511	33.19	57.32	16.41	168.83
98511	33.19	57.32	16.41	168.83
118078	18.39	67.11	19.83	155.64
136619	16.44	68.60	22.28	149.98
149503	14.95	68.85	26.53	147.04
159115	10.50	67.04	30.25	140.59
169641	8.93	65.97	33.71	131.86
174954	8.33	63.59	35.34	124.79
176851	7.71			
180345	6.09			

a) In 2018, the Ministry of Agriculture and Rural Affairs adjusted the caliber of large and mediumsized tractors and small tractors and related towing farm Machinery.

10－17　农业主要经济效益指标
Main Indicators on Economic Benefit of Agriculture

指　　标	Item	2015	2016	2017	2018	2019
每个农林牧渔业劳动力创造的	**Per Labor Creating**					
农林牧渔业总产值（元）	Gross Output Value of Agriculture, Forestry, Animal Husbandry and Fishery (yuan)	93394.12	97524.32	99093.78	101584.11	109122.50
粮食产量　（公斤）	Output of Grain (kg)	4809.55	4812.31	4996.47	5169.67	5390.13
棉花产量　（公斤）	Output of Cotton (kg)	15.64	5.02	3.56	2.91	2.28
油料产量　（公斤）	Output of Oil-bearing Crops (kg)	131.18	120.46	118.12	121.52	137.18
肉类产量　（公斤）	Output of Meat (kg)	494.90	483.93	473.69	463.94	399.27
水产品产量（公斤）	Output of Aquatic Products (kg)	698.56	690.40	702.38	698.90	704.08
每亩耕地创造的	**Per Mu Cultivated Land Creating**					
农林牧渔业总产值（元）	Gross Output Value of Agriculture, Forestry, Animal Husbandry and Fishery (yuan)	10151.92	10440.74	10414.93	10460.24	10883.28
农林牧渔业增加值（元）	Value Added of Agriculture, Forestry, Animal Husbandry and Fishery (yuan)	6073.28	6287.94	6320.63	6441.83	6688.00

注：产值、增加值均为现行价格。2015 年—2018 年农林牧渔业产值及增加值已根据第三次全国农业普查核定数据进行了修订。

a) Both output value and value-added are caculated at current prices. From 2015 - 2018, the output value and value added of agriculture, forestry, animal husbandry and fishery have been revised according to the Third Nationd Agriculture Census approved data.

10－18 国有农场基本情况
Basic Statistics on State Farms

指标	Item	2015	2016	2017	2018	2019
农场数 （个）	Number of Farms (unit)	18	18	17	17	17
职工人数 （万人）	Number of Staff and Workers (10000 persons)	5.33	5.03	4.73	4.49	4.34
耕地面积 （千公顷）	Cultivated Area (1000 hectares)	70.82	65.53	64.83	64.58	64.34
农业机械总动力 （万千瓦）	Total Power of Agricultural Machinery (10000 kW)	49.06	51.78	53.16	65.14	73.47
农业机械拥有量 （台、辆）	Ownership of Agricultural Machinery (unit)					
大中型农用拖拉机	Large and Medium-sized Agricultural Tractors	3796	3538	3882	4156	5155
小型及手扶拖拉机	Small and Walking Agricultural Tractors	989	847	786	409	342
农用排灌动力机械	Machinery for Agricultural Drainage and Irrigation	663	793	1035	1065	1827
联合收割机	Combine Harvesters	1795	1571	1630	1809	2088
农用载重汽车	Trucks for Agricultural Use	71	41	33	36	98
农用化肥施用量 （万吨）	Consumption of Chemical Fertilizers (10000 tons)	15.94	14.10	18.85	19.25	17.26
农业总产值 （亿元）	Gross Agricultural Output Value (100 million yuan)	60.98	59.91	41.16	41.77	41.57
农作物总播种面积 （千公顷）	Sown Area of Farm Crops (1000 hectares)	155.24	155.46	154.26	153.90	152.66
粮食作物	Grain	149.65	151.52	149.98	150.03	147.31
棉　花	Cotton	0.04				
油　料	Oil-bearing Crops	0.09	0.06			
年底实有桑园面积 （公顷）	Area of Mulberry Plantations (year-end) (hectare)	213	202	60	60	73
年底实有果园面积 （公顷）	Area of Orchards (year-end) (hectare)	134	257	138	140	151
主要农产品产量	Output of Major Farm Products					
粮食作物 （万吨）	Grain (10000 tons)	116.61	120.65	116.77	121.06	133.67
棉　花 （万吨）	Cotton (10000 tons)	0.06				
油　料 （万吨）	Oil-bearing Crops (10000 tons)	0.05	0.01			
水　果 （万吨）	Fruits (10000 tons)	0.23	0.25	0.24	0.32	0.29
畜牧业、渔业生产	Production of Animal Husbandry and Fishery					
大牲畜年底头数 （万头）	Number of Large Animals (year-end) (10000 heads)	0.75	0.79	0.69	0.72	0.66
猪年底头数（万头）	Number of Hogs (10000 heads)	6.75	9.29	13.93	10.27	13.94
羊年底只数（万只）	Number of Sheep and Goats Sheep (10000 heads)	1.09	1.31	0.66	0.87	0.96
畜产品产量 （万吨）	Output of Livestock Products (10000 tons)					
猪牛羊肉	Pork, Beef and Mutton	5.51	4.53	4.57	4.40	3.67
#猪　肉	Pork	1.54	1.56	1.81	1.84	1.13
牛　奶	Milk	2.62	3.15	2.19	2.47	3.02
禽　蛋	Poultry Eggs	1.77	1.79	1.62	1.47	1.92
羊　毛	Sheep Wool					
水产品总产量（万吨）	Output of Aquatic Products (10000 tons)	4.81	5.35	6.04	5.38	5.79

注：本表为农垦系统数据。
a) Data in this table are from farming system.

10－19　分市农业基本情况(2019年)

指　　标	Item	南京市 Nanjing	无锡市 Wuxi	徐州市 Xuzhou
乡村户数　（万户）	Rural Households　(10000 units)	63.06	59.38	173.23
乡村劳动力　（万人）	Rural Laborers　(10000 persons)	112.29	112.77	354.34
#农林牧渔业	Agriculture, Forestry, Animal Husbandry, Fishery	21.42	15.03	122.38
工业	Industry	35.12	69.68	103.87
建筑业	Construction	23.30	6.18	52.54
交通运输、仓储业和邮电通讯业	Transport, Storage, Post and Telecommunication	6.62	3.13	16.25
批发和零售业	Wholesale, Retail Sales and Catering Services	7.83	5.13	23.81
住宿和餐饮业	Wholesale, Retail Sales and Catering Services	4.57	2.43	10.96
农业机械总动力　（万千瓦）	Total Power of Agricultural Machinery　(10000 kW)	233.40	94.02	749.26
化肥施用量　（万吨）	Consumption of Chemical Fertilizers　(10000 tons)	5.69	4.66	55.66
农村用电量　（亿千瓦时）	Electricity Consumed in Rural Areas　(100 million kW·h)	31.74	422.08	68.99
农作物总播种面积　（千公顷）	Sown Area of Farm Crops　(1000 hectares)	251.60	137.91	1177.92
#粮食	Grain Crops	133.73	79.51	761.81
主要农产品产量　（万吨）	Output of Major Farm Products　(10000 tons)			
粮食	Grain	96.56	54.75	501.54
棉花	Cotton	0.10	0.00	1.20
油料	Oil-bearing	3.58	0.68	13.18
肉类产量	Meat	3.53	0.89	55.45
#猪牛羊肉	Pork, Beef and Mutton	1.83	0.46	25.96
水产品产量	Aquatic Products	16.26	11.98	16.08
农林牧渔业总产值　（亿元）	Gross Output Value of Agriculture, Forestry, Animal Husbandry and Fishery　(100 million yuan)	472.50	201.52	1181.72
农业	Farming	240.77	121.51	703.31
林业	Forestry	20.17	12.41	16.10
畜牧业	Animal Husbandry	24.35	5.00	296.61
渔业	Fishery	153.89	33.90	102.10
农林牧渔服务业	Services in Support of Agriculture, Forestry, Animal Husbandry and Fisherg	33.33	28.71	63.61

Basic Statistics of Agriculture by Region (2019)

常州市 Changzhou	苏州市 Suzhou	南通市 Nantong	连云港市 Lianyungang	淮安市 Huaian	盐城市 Yancheng	扬州市 Yangzhou	镇江市 Zhenjiang	泰州市 Taizhou	宿迁市 Suqian
71.05	87.54	197.05	93.27	99.79	179.15	101.14	56.96	119.51	104.45
127.30	171.73	296.18	172.99	209.29	295.28	179.51	100.20	215.37	219.80
21.82	20.53	58.65	69.56	82.95	102.33	31.70	19.28	40.91	81.03
60.69	104.92	89.64	32.26	42.86	61.26	65.39	51.09	67.16	63.33
16.79	9.62	62.89	32.41	30.75	37.25	34.35	11.72	35.80	29.03
4.91	5.45	15.06	8.79	7.14	13.97	7.34	3.45	13.11	7.91
6.72	10.45	26.26	9.07	8.99	14.32	11.62	3.38	17.10	13.24
2.50	4.70	6.63	4.85	5.50	5.32	4.74	2.15	5.69	6.28
139.38	145.68	417.35	621.70	641.10	723.79	281.39	152.94	286.91	625.02
5.30	6.24	20.66	32.02	33.97	48.64	17.96	4.70	14.81	35.90
174.01	599.63	189.12	32.75	17.55	84.02	63.19	72.71	142.69	50.63
168.53	208.62	787.33	626.55	802.86	1371.12	471.10	183.84	518.47	739.00
95.67	118.86	534.02	505.89	678.48	982.85	386.20	132.95	374.13	597.38
69.58	87.18	338.78	366.56	489.25	712.30	285.60	95.43	280.52	408.17
0.01	0.01	0.60	0.01	0.01	0.03	0.00	0.05	0.01	0.00
1.85	0.83	22.77	10.52	5.72	12.97	4.48	4.06	9.49	4.18
4.33	2.15	39.60	17.53	22.02	65.48	14.63	6.39	15.38	25.91
2.26	1.68	23.88	11.02	11.20	42.61	5.69	2.75	10.78	14.29
13.78	16.53	75.98	72.38	28.69	119.26	39.59	9.50	36.95	27.12
265.80	356.60	789.33	656.85	656.19	1128.11	515.75	242.26	481.48	555.25
144.90	161.10	335.29	291.91	399.73	490.80	231.10	132.35	266.14	317.02
1.90	19.70	3.51	12.09	11.69	24.54	11.16	10.60	3.17	15.21
17.40	15.71	144.41	105.90	122.64	252.68	53.50	32.76	61.20	80.01
77.40	110.90	212.09	195.88	98.39	276.81	188.40	37.00	125.76	121.02
24.20	49.20	94.04	51.07	23.73	83.26	31.60	29.55	25.20	21.98

主要统计指标解释

农林牧渔业总产值 指以货币表现的农、林、牧、渔业全部产品和对农业生产进行各种支持性服务活动的总量，它反映一定时期内农业生产总规模和总成果。从2003年开始农林牧渔业总产值执行新的国民经济行业分类标准，包括农业、林业、牧业、渔业、农林牧渔服务业，不再包括农民兼营商品性工业。农林牧渔业总产值中的农、林、牧、渔四业的计算方法通常是按农、林、牧、渔业产品及其副产品的产量分别乘以各自单位产品价格求得，现行价格从2003年开始使用生产价格调查的价格；少数生产周期较长，当年没有产品或产品产量不易统计的，则采用间接方法匡算其产值；然后将四业产品产值与农林牧渔服务业相加即为农林牧渔业总产值。

粮食产量 指全社会的产量。包括国有经济经营的、集体统一经营的和农民家庭经营的粮食产量，还包括工矿企业办的农场和其他生产单位的产量。粮食除包括稻谷、小麦、玉米、高粱、谷子及其他杂粮外，还包括薯类和豆类。其产量计算方法，豆类按去豆荚后的干豆计算（作为蔬菜食用的青豆列入蔬菜统计）；薯类（包括甘薯和马铃薯，不包括芋头和木薯）1963年以前按每4公斤鲜薯折1公斤粮食计算，从1964年开始改为按5公斤鲜薯折1公斤粮食计算。经请示国家统计局同意，目前江苏的马铃薯已全部列入蔬菜统计，不再作为粮食统计，产量按鲜品计算。其他粮食一律按脱粒后的原粮计算。

棉花产量 指全社会的产量。包括春播棉和夏播棉。产量按皮棉计算。

油料产量 指全部油料作物的生产量。包括花生、油菜籽、芝麻、向日葵籽、胡麻籽（亚麻籽）和其他油料。不包括大豆、木本油料和野生油料。花生以带壳干花生计算。

水产品产量 指人工养殖的水产品和天然生长的水产品的捕捞量。包括海水的鱼类、虾蟹类、贝类和藻类以及内陆水域的鱼类、虾蟹类和贝类，不包括淡水水生植物。

猪、牛、羊肉产量 指当年出栏并已屠宰、除去头蹄下水后带骨肉（即胴体重）的重量。

期初（末）畜禽存栏头（只）数 指报告期初（末）农村各种合作经济组织和国营农场、农民个人、机关、团体、学校、工矿企业、部队等单位以及城镇居民饲养的大牲畜、猪、羊、家禽等畜禽的存栏数。

耕地面积 是指年初可用来种植农作物并经常进行耕种、能够正常收获的土地。包括当年实际耕种的熟地、当年新开荒地、休闲不满三年随时可以复耕的地和当年休闲地以及以种植农作物为主并附带种植桑树、茶树、果树和其他林木的土地、沿海、沿湖地区已围垦利用的"海涂"、"湖田"等面积。不包括临时种植农作物的坡度在25度以上的陡坡地、在河套、湖畔、库区临时开发的成片或零星土地，属于专业性的桑园、茶园、果园、果木苗圃、林地、芦苇地、天然或人工草地面积、也不包括已列为国家和省（区、市）退耕计划但临时耕种的土地。

农作物播种面积 指实际播种或移植有农作物的面积。凡是实际种植有农作物的面积，不论种植在耕地上还是种植在非耕地上，均包括在农作物播种面积中。在播种季节基本结束后，因遭灾而重新改种和补种的农作物面积，也包括在内。

有效灌溉面积 指具有一定的水源，地块比较平整，灌溉工程或设备已经配套，在一般年景下当年能够进行正常灌溉的耕地面积。在一般情况下，有效灌溉面积应等于灌溉工程或设备已经配备，能够进行正常灌溉的水田和水浇地面积之和。

农用化肥施用量 指本年内实际用于农业生产的化肥数量，包括氮肥、磷肥、钾肥和复合肥。化肥施用量要求按折纯量计算数量。折纯量是指把氮肥、磷肥、钾肥分别按含氮、含五氧化二磷、含氧化钾的百分之一百成份进行折算后的数量。复合肥按其所含主要成分折算。

农业机械总动力 指主要用于农、林、牧、渔业的各种动力机械的动力总和。包括耕作机械、排灌机械、收获机械、农用运输机械、植物保护机械、牧业机械、林业机械、渔业机械和其他农业机械[内燃机按引擎马力折成瓦（特）计算、电动机按功率折成瓦（特）计算]。不包括专门用于乡、镇、村、组办工业、基本建设、非农业运输、科学试验和教学等非农业生产方面用的动力机械与作业机械。

农林牧渔业劳动力 指全社会直接参加农林牧渔业生产活动的劳动力。

Explanatory Notes on Main Statistical Indicators

Gross Output Value of Farming, Forestry, Animal Husbandry and Fishery refers to the total value of products of farming, forestry, animal husbandry and fishery and various supporting service activities for agricultural production, which reflects the total scale and result of agricultural production during a given period. Since 2003, the total output value of farming, forestry, animal husbandry and fishery is counted with new classified standard of the national economy, including the service industry serving for agricultural production, while excluding the output value of commercialized handicraft products. Gross output value of farming, forestry, animal husbandry, fishery and the value of service industry is obtained by first multiplying the output of each product with its price, resulting in the output value of each single item. Since 2003, the current price is used by the investigated production price. For a small number of products, annual output of which is not available or difficult to get due to the long production growing process involved, the output value is estimated through an indirect approach. The sum of output value of all products of farming, forestry, animal husbandry, fishery and service activities for them is then equal to the gross output value of agriculture. Prior to 1957, gross agricultural output value included barnyard manure and handicraft products for self consumption (clothes, shoes, stockings, and initial grain processing undertaken by peasants). Since 1958, cutting and felling of bamboo and trees by villages and other cooperative organizations under villages have been included in forestry; value of barnyard manure has been excluded from animal husbandry; self consumed handicrafts has been excluded from sideline occupations, while the output value of industries run by villages and cooperative organizations under village had been included in sideline occupations and the output value of fish catches by motor fishing boats has been added to fishery. Since 1980, the value of handicraft products made for sale by individuals in households had been added to sideline occupations. Since 1984, industries run by villages and under villages have been included in the sector of industry. Since 1993, the subdivision of sideline occupations has been canceled, and the hunting of wild animals has been classified into animal husbandry, and the gathering of wild plants and commodity industryrun by rural household have been included infarming. Since 2003, the output value of commercialized handicraft products, as the farmer's household sideline occupation, don't include in farming anymore. The first agriculture census of China in 1996 revealed some discrepancy between the production of animal products from the annual reports and that from the census. Efforts were made by the Rural Socio-economic Survey Organization of NBS to adjust the output value of animal husbandry to make the figures from the annual reports consistent with the census data.

Grain Output refers to the grain production in the whole country including grains produced by state farms, collective units, industrial enterprises and mines. Grain includes rice, wheat, corn, sorghum, millet and other miscellaneous grains as well as tubers and beans. Output of beans refers to dry beans without pods. The output of tubers (sweet potatoes and potatoes, not including taros and cassava) was converted into that of grain at the ratio 4∶ 1, e. 4 kilograms of fresh tubers was equivalent to 1 kilogram of grain up to 1963. Since 1964 the ratio for conversion has been 5∶ 1. Tubers supplied as vegetables (such as potatoes) in cities and suburbs are calculated as fresh vegetables and their output is not included in the output of grain. Output of all other grains refers to husked grain.

Cotton Output refers to the cotton production in the whole country including cotton sown in spring and in autumn. Output is measured as the weight of ginned cotton.

Output of Oil-bearing Crops refers to the total production of oil bearing crops of various kinds, including peanuts, (dry, in shell) rapeseeds, sesame, sunflower seeds, flax seeds, and other oil bearing crops. Soybeans, oil-bearing woody plants, and wild oil-bearing crops are not included.

Output of Aquatic Products refers to catches of both artificially cultured and naturally grown aquatic products, including fish, shrimps, crabs and shellfish in sea and inland water as well as seaweed. Freshwater plants are not included.

Output of Pork, Beef, and Mutton refers to the meat of slaughtered hogs, cattle, sheep and goats with head, feet, and offal taken away.

Number of Livestock or Poultry in Stock at Beginning (or End) refers to the total number of large animals, pigs, sheep, fowls, etc. raised by rural cooperative organizations, state farms, rural individuals, government agencies, schools, industrial and mining enterprises, army, and urban residents at the beginning (or end) of the reference period.

Regularly Cultivated Land refers to farmland among the total land resources which is exclusively used for farming and is under regular cultivation with harvest in normal years. Included are currently cultivated land, land that has been abandoned or put in idle for less than 3 years and could be re-used for cultivation at any time, and new-claimed land that has been put into cultivation for more than 3 years. Excluded under this category are steep slope land over 25 degrees under temporary cultivation, land (large or small plots) that is claimed along river bends, lake sides or banks of reservoirs, as well as land that has been designated under the "Green for Grain" programmes of the state and provincial governments but is still temporarily under cultivation.

Sown Area of Crops refers to area of land sown or transplanted with crops regardless of being in cultivated area or non cultivated area. Area of land re-sown due to natural disasters is also included.

Irrigated Area refers to areas that are effectively irrigated, level land which has water source and complete sets of irrigation facilities to lift and move adequate water for irrigation purpose under normal conditions. Under normal conditions, irrigated area is the sum of watered fields and irrigated fields where irrigation systems or equipment have been installed for regular irrigation purpose.

Consumption of Chemical Fertilizers in Agriculture refers to the quantity of chemical fertilizers applied in agriculture in the year, including nitrogenous fertilizer, phosphate fertilizer, potash fertilizer, and compound fertilizer. The consumption of chemical fertilizers is required in calculation to convert the gross weight into weight containing 100% effective component (e. g. 100% nitrogen content in nitrogenous fertilizer, 100% phosphorous pentoxide contents in phosphate fertilizer, 100% potassium oxide contents in potash fertilizer). Compound fertilizer is converted with its major component.

Total Power of Farm Machinery refers to total mechanical power of machinery used in farming, forestry, animal husbandry, and fishery, including ploughing, irrigation and drainage, harvesting, transport, plant protection, stock breeding, forestry and fishery. The power of internal combustion engines is required to convert horsepower into watts and the power of electric motors is required to beconverted into watts. Machinery employed for non agricultural purposes, such as the machines used in township run and village-run industry, construction, non agricultural transport, scientific experiments and teaching, is excluded.

Labour Force Engaged in Farming, Forestry, Animal Husbandry and Fishery refers to the total laborers who are directly engaged in production of farming, forestry, animal husbandry and fishery.

11

工 业

Industry

简 要 说 明

一、本篇资料的主要内容

本篇资料反映我省工业经济方面的基本情况，包括：

1. 全省规模以上工业企业主要经济指标，以及按企业登记注册类型、轻重工业、企业规模、工业行业大类分组的主要经济指标和经济效益指标；

2. 国有及国有控股、私营、外商投资和港澳台商投资工业企业按工业行业大类分组的主要经济指标和经济效益指标；

3. 大中型工业企业按工业行业大类分组的主要经济指标和经济效益指标；

4. 主要工业产品产量等。

二、本篇资料的统计范围

本篇资料的统计范围1998年至2006年为全部国有及年主营业务收入在500万元以上非国有工业企业，2007至2010年为年主营业务收入在500万元以上工业企业，2011年起为年主营业务收入2000万元以上工业企业（即规模以上工业企业）。本篇资料中工业行业分类按2017年《国民经济行业分类》标准划分。

三、本篇的资料来源和统计调查方法

本篇工业企业统计数据主要是根据工业统计进度报表中有关年度资料整理汇总的。

Brief Introduction

I. Main Contents

Data in this chapter reflect the basic conditions of the industrial sector in Jiangsu：

（1）Main economic indicators of industrial enterprises above designated size；as well as their main economic indicators and efficiency indicators classified by type of registration, by light and heavy industries, by size of enterprise, by branch of industry .

（2）Main economic indicators and efficiency indicators of State-owned industrial enterprises and enterprises where the State holds the majority of shares；private industrial enterprises, foreign-funded industrial enterprises and enterprises funded by entrepreneurs from Hong Kong, Macao and Taiwan classified by branch of industry.

（3）Main economic indicators and efficiency indicators of large and medium-sized industrial enterprises classified by branch of industry.

（4）Output of key industrial products.

II. Scopes of Statistics

The scopes of industrial statistics are all State-owned industrial enterprises and non-State-owned industrial enterprises with revenue from principal business over 5 million yuan from 1998 to 2006. From 2007 to 2010, the scopes of industrial statistics are all industrial enterprises with revenue from principal business over 5 million yuan, since 2011, the scope is adjusted to all industrial enterprises with revenue from principal above 20 million.（or the industrial enterprises above designated size）. Data by branch of industry this chapter are based on the *2017's National Industrial Classifi-*

cation of all Economic Activities.

III. Sources of Data and Methods of Survey

The data on enterprises statistics in this Chapter are collected mainly based on the annual relevant data in the month industrial statistics reporting forms.

11-1 1998—2019 年规模以上工业企业主要经济指标
Main Indicators of Industrial Enterprises above Designated Size (1998—2019)

单位:亿元 (100 million yuan)

年份 Year 地区 Region	企业单位数(个) Number of Enterprises (unit)	主营业务收入 Revenue from Principal Business	利润总额 Total Profits	应收账款净额 Accounts Receivalble	产成品 Finished Goods
1998	17957	7375.45	151.51	1238.11	584.21
1999	18001	8256.12	234.07	1360.48	617.49
2000	18309	9971.01	370.03	1496.80	666.81
2001	19684	11247.52	419.85	1583.56	707.66
2002	21476	13534.77	554.21	1848.48	734.00
2003	23862	18019.97	793.98	2420.45	845.99
2004	27123	24492.28	1111.42	3025.34	1164.41
2005	32224	32098.48	1384.64	4056.66	1298.38
2006	36319	41015.28	1906.91	4954.52	1527.95
2007	41841	52594.30	2765.77	6287.46	1916.52
2008	45818	66481.84	3972.93	7239.07	2484.95
2009	60817	71724.90	4099.58	8316.41	2676.61
2010	64136	91077.41	5970.56	10261.18	3042.05
2011	43368	107030.09	7074.44	11885.97	3655.22
2012	45859	119286.78	7250.20	13577.65	3986.09
2013	48787	133605.91	8379.50	15212.05	4214.89

11－1 续 表 Continued

单位:亿元 (100 million yuan)

年份 Year 地区 Region	企业单位数（个）Number of Enterprises (unit)	主营业务收入 Revenue from Principal Business	利润总额 Total Profits	应收账款净额 Net Accounts Receivalble	产成品 Finished Goods
2014	48708	141955.99	9057.17	16341.30	4525.64
2015	48488	147074.45	9686.84	17500.33	4596.18
2016	47900	156591.04	10574.40	19022.03	4787.06
2017	45414	148996.61	10052.54	20704.09	5154.21
2018	46290	127777.89	8974.94	22408.93	5658.48
2019	46090	114089.17	6855.03	22807.99	5684.82
南京市 Nanjing	2707	11368.94	646.73	2257.27	413.96
无锡市 Wuxi	6215	17141.64	1214.15	3637.31	1024.99
徐州市 Xuzhou	1778	4101.92	247.55	871.91	236.30
常州市 Changzhou	4676	10690.09	687.89	2117.12	553.14
苏州市 Suzhou	11042	34186.89	1953.04	7512.52	1714.90
南通市 Nantong	4966	7974.21	488.48	1624.28	440.90
连云港市 Lianyungang	942	2648.70	285.26	375.52	117.48
淮安市 Huaian	1519	2266.99	143.56	375.70	120.23
盐城市 Yancheng	2920	4426.43	160.24	837.73	243.85
扬州市 Yangzhou	3033	4715.18	206.89	984.41	193.71
镇江市 Zhenjiang	1953	3680.97	213.71	834.61	205.35
泰州市 Taizhou	2573	5329.65	336.42	1084.96	290.07
宿迁市 Suqian	1781	2510.43	257.50	324.73	143.83

11－2 规模以上工业企业主要经济指标(2018 年)

单位:亿元

项 目	Item	企业单位数（个）Number of Enterprises (unit)	资产总计 Total Assets	流动资产合计 Current Assets	应收账款 Accounts Receivalble
总 计	**Total**	**46290**	**120421.03**	**67729.05**	**22408.93**
按登记注册类型分	**Grouped by Status of Registration**				
内资企业	Domestic Funded Enterprises	37118	79768.40	43389.28	13470.81
国有企业	State-owned Enterprises	48	659.00	383.87	131.31
集体企业	Collective-owned Enterprises	129	113.11	76.59	25.94
股份合作企业	Cooperative Enterprises	60	61.05	38.80	16.22
联营企业	Joint Ownership Enterprises	7	5.79	4.04	0.39
有限责任公司	Limited Liability Corporations	4842	28473.72	13371.44	3833.13
#国有独资	State Sole Funded Corporatios	241	8381.48	2976.45	750.04
股份有限公司	Share-holding Corporations Ltd.	1134	12009.95	6611.24	1789.27
私营企业	Private Enterprises	30895	38445.36	22903.11	7674.51
其他企业	Other Enterprises	3	0.44	0.19	0.03
港、澳、台商投资企业	Enterprises with Funds from Hong Kong, Macao and Taiwan	3027	14018.48	8236.94	3048.48
外商投资企业	Foreign Funded Enterprises	6145	26634.15	16102.83	5889.64
按轻重工业分	**Grouped by Light & Heavy Industries**				
轻工业	Light Industry	17248	27431.58	16249.36	4408.80
重工业	Heavy Industry	29042	92989.45	51479.69	18000.13
按企业规模分	**Grouped by Size of Enterprises**				
大型企业	Large Enterprises	1056	49911.85	26671.49	8167.50
中型企业	Medium-sized Enterprises	4985	29070.00	16478.17	5511.86
小微型企业	Small Enterprises	40249	41439.18	24579.39	8729.56
按行业分	**Grouped by Sector**				
采矿业	**Mining**	**44**	**925.86**	**266.77**	**38.72**
煤炭开采和洗选业	Mining and Washing of Coal	6	666.18	205.88	27.54
石油和天然气开采业	Extraction of Petroleum and Natural Gas	2			
黑色金属矿采选业	Mining and Processing of Ferrous Metal Ores	6	21.73	10.10	2.73
有色金属矿采选业	Mining and Processing of Non-ferrous Metals Ores	3	7.93	2.16	0.18
非金属矿采选业	Mining and Processing of Non-metal Ores	27	102.80	38.13	7.06
开采专业及辅助性活动	Support Activities for Mining				
其他采矿业	Mining of Other Ores				
制造业	**Manufacturing**	**45565**	**108754.03**	**65211.63**	**22034.06**
农副食品加工业	Processing of Food from Agricultural Products	1326	1691.58	1028.61	181.26
食品制造业	Manufacture of Food	424	749.07	386.55	96.47

Main Economic Indicators of above Designated Size Industrial Enterprises (2018)

(100 million yuan)

存货	#产成品 Goods	负债合计	营业收入 Business	营业成本 Business	销售费用 Expenses	管理费用 Expenses	财务费用 Expenses	利润总额 Profits	年平均用工人数(万人) Employment (10000 persons)
14688.77	**5658.48**	**63862.98**	**132053.81**	**111560.12**	**3800.38**	**5890.64**	**1034.12**	**8974.94**	**952.16**
9468.61	3671.60	43875.43	86808.21	73244.40	2432.24	3745.78	803.43	5816.74	605.68
34.67	6.04	496.06	182.67	146.13	5.71	15.42	8.28	9.84	2.15
11.40	5.96	85.09	166.86	147.13	3.43	5.45	1.77	9.30	1.57
7.26	3.20	24.25	69.02	58.33	2.09	4.08	0.50	4.93	0.82
1.14	0.64	1.25	7.92	6.41	0.22	0.53		0.75	0.09
2982.26	1043.51	16584.01	25904.75	21658.51	877.39	1048.63	258.45	1591.50	131.59
652.69	228.10	4907.23	6879.52	6135.92	97.77	165.07	58.58	256.38	20.98
1339.53	453.54	5254.42	8776.81	6782.08	393.67	550.05	80.50	867.79	54.78
5092.31	2158.68	21430.27	51698.03	44444.12	1149.63	2121.52	453.89	3332.43	414.65
0.03	0.02	0.09	2.14	1.68	0.10	0.10	0.05	0.20	0.02
1593.66	627.95	6922.16	14876.83	12673.50	367.76	656.86	73.26	1088.16	127.35
3626.50	1358.93	13065.39	30368.77	25642.22	1000.38	1488.00	157.44	2070.04	219.14
4246.21	1705.65	13937.08	33410.17	26870.63	1842.91	1632.92	247.44	2392.96	321.62
10442.56	3952.84	49925.90	98643.64	84689.49	1957.47	4257.71	786.69	6581.98	630.54
5596.16	1987.47	26243.42	53598.83	45279.78	1578.30	1977.05	333.33	3763.72	301.64
3755.63	1502.74	14995.62	29554.43	24374.01	1007.62	1580.25	242.90	2356.37	257.97
5336.98	2168.28	22623.95	48900.55	41906.34	1214.46	2333.34	457.89	2854.85	392.55
34.83	**14.39**	**586.98**	**573.11**	**446.96**	**8.13**	**57.66**	**9.13**	**22.57**	**6.35**
22.96	8.47	403.80	401.81	320.18	3.15	36.03	5.15	17.25	4.55
2.29	1.94	15.95	27.29	24.41	1.15	1.33	0.21	0.14	0.28
0.49	0.29	5.43	4.94	2.64	0.16	0.46	0.07	1.52	0.09
7.51	3.25	48.93	63.16	47.89	3.18	4.41	1.22	5.10	0.58
14518.01	**5636.66**	**56956.02**	**125251.16**	**105551.13**	**3739.02**	**5745.86**	**909.19**	**8517.07**	**931.38**
313.44	125.42	994.63	3083.67	2808.74	63.00	62.26	19.00	125.12	14.64
83.23	34.89	350.56	805.55	573.18	104.10	46.96	5.52	66.75	7.98

11-2 续 表1

单位:亿元

项目	Item	企业单位数(个) Number of Enterprises (unit)	资产总计 Total Assets	流动资产合计 Current Assets	应收账款 Accounts Receivalble
酒、饮料和精制茶制造业	Manufacture of Liquor, Beverages and Refined Tea	153	1179.67	707.75	59.27
烟草制品业	Manufacture of Tobacco	6	733.66	587.80	16.90
纺织业	Manufacture of Textile	4310	4075.38	2484.58	679.65
纺织服装、服饰业	Manufacture of Textile, Wearing Apparel and Accessories	1942	1999.63	1196.06	304.70
皮革、毛皮、羽毛及其制品和制鞋业	Manufacture of Leather, Fur, Feather and Related Products and Footwear	457	263.79	176.43	64.70
木材加工和木、竹、藤、棕、草制品业	Processing of Timber, Manufacture of Wood, Bamboo, Rattan, Palm and Straw Products	965	603.64	350.69	97.25
家具制造业	Manufacture of Furniture	319	302.09	173.83	47.04
造纸和纸制品业	Manufacture of Paper and Paper Products	548	1743.49	864.11	262.56
印刷和记录媒介复制业	Printing, Reproduction of Recording Media	633	665.78	389.36	152.28
文教、工美、体育和娱乐用品制造业	Manufacture of Articles for Culture, Education, Arts and Crafts, Sport and Entertainment Activities	1226	962.32	547.05	165.37
石油、煤炭及其他燃料加工业	Processing of Petroleum, Coking, Processing of Nuclear Fuel	138	987.85	503.06	93.84
化学原料和化学制品制造业	Manufacture of Raw Chemical Materials and Chemical Products	2947	10171.00	5187.20	1331.17
医药制造业	Manufacture of Medicines	645	3227.71	1968.26	574.34
化学纤维制造业	Manufacture of Chemical Fibers	696	2292.94	1138.99	174.88
橡胶和塑料制品业	Manufacture of Rubber and Plastics Products	2381	2858.44	1724.52	684.24
非金属矿物制品业	Manufacture of Non-metallic Mineral Products	2659	3758.41	2343.29	960.95
黑色金属冶炼和压延加工业	Smelting and Pressing of Ferrous Metals	845	6233.66	3046.99	366.60
有色金属冶炼和压延加工业	Smelting and Pressing of Non-ferrous Metals	1021	2059.92	1299.25	353.80
金属制品业	Manufacture of Metal Products	3512	4697.16	2956.99	1136.13
通用设备制造业	Manufacture of General Purpose Machinery	4449	7949.01	5177.35	1844.92
专用设备制造业	Manufacture of Special Purpose Machinery	3291	6843.42	4619.04	1714.74
汽车制造业	Manufacture of Automobiles	2055	7034.85	4224.59	1632.84
铁路、船舶、航空航天和其他运输设备制造业	Manufacture of Railway, Ship, Aerospace and Other Transport Equipments	816	3753.76	2293.31	642.20
电气机械和器材制造业	Manufacture of Electrical Machinery and Apparatus	4095	13471.42	8740.77	3587.02
计算机、通信和其他电子设备制造业	Manufacture of Computers, Communication and Other Electronic Equipment	2575	15466.53	9297.11	4258.13
仪器仪表制造业	Manufacture of Measuring Instruments and Machinery	849	2655.01	1616.91	503.14
其他制造业	Other Manufacture	133	138.46	80.93	22.50
废弃资源综合利用业	Utilization of Waste Resources	135	161.89	90.42	22.09

11－2 Continued 1

(100 million yuan)

存货	#产成品 Goods	负债合计	营业收入 Business	营业成本 Business	销售费用 Expenses	管理费用 Expenses	财务费用 Expenses	利润总额 Profits	年平均用工人数(万人) Employment (10000 persons)
273.83	48.97	423.09	1044.24	681.42	58.63	48.80	13.11	200.06	6.87
284.32	17.26	131.27	794.11	308.99	8.00	23.48	-3.61	90.24	0.59
699.63	321.66	2436.03	5306.23	4751.57	86.50	173.49	56.12	240.70	62.84
326.63	150.41	1077.01	2858.86	2435.55	95.16	134.73	16.70	164.33	51.54
49.82	17.59	139.52	533.40	467.72	12.14	18.74	2.92	29.72	8.53
91.05	43.72	314.13	861.92	749.69	19.85	22.91	7.35	57.90	9.19
48.98	19.89	153.92	339.01	282.78	13.67	21.35	2.18	17.11	6.40
144.72	57.70	934.17	1469.84	1233.94	56.34	61.12	26.42	103.40	8.79
73.07	33.00	342.47	755.35	622.63	23.68	45.59	5.58	56.37	9.41
159.70	69.73	513.34	1842.09	1573.13	46.51	81.49	9.38	125.07	22.13
156.97	56.43	577.00	2141.94	1755.31	16.58	39.21	9.35	115.26	2.94
1179.79	472.39	4874.60	11684.99	9752.79	292.58	512.30	113.58	910.85	44.13
448.83	195.75	1280.60	3423.76	1700.70	926.01	355.64	8.73	447.34	21.86
327.15	155.43	1386.99	2847.50	2567.30	29.09	80.27	38.99	141.01	14.45
389.79	181.74	1281.06	3143.23	2625.43	94.68	188.79	22.47	200.70	35.51
342.49	151.92	2117.58	4053.86	3408.83	120.71	166.86	38.77	308.47	30.12
791.80	346.27	3615.61	9310.79	8271.04	67.38	191.99	70.69	602.75	23.61
315.36	130.56	1215.60	4156.15	3802.19	33.53	77.73	29.55	203.44	12.66
691.18	277.95	2448.40	5889.38	5080.94	124.93	261.40	46.63	344.83	50.22
1234.64	444.91	3968.57	8208.20	6744.85	250.09	519.74	40.91	659.92	75.48
1130.73	451.20	3656.15	6451.43	5276.17	242.09	397.87	49.38	481.97	55.54
776.80	328.28	4037.92	7744.95	6326.14	208.15	469.79	50.42	655.13	51.48
573.48	104.62	2157.28	2728.66	2297.43	52.88	162.02	18.79	226.72	26.17
1374.97	655.58	7279.79	13799.68	11761.29	400.44	662.96	110.14	867.65	92.91
1854.17	635.10	7942.93	17333.95	15550.30	200.22	746.01	87.58	819.97	164.88
337.85	91.84	1149.62	2274.84	1823.39	83.85	154.59	10.00	231.33	16.88
17.86	7.27	55.41	163.06	140.15	4.49	9.17	0.76	9.63	2.34
23.58	8.68	86.86	185.31	165.50	3.03	7.43	1.30	12.66	1.00

11-2 续 表2

单位:亿元

项 目 Item		企业单位数（个）Number of Enterprises (unit)	资产总计 Total Assets	流动资产合计 Current Assets	应收账款 Accounts Receivalble
金属制品、机械和设备修理业	Repair Service of Metal Products, Machinery and Equipment	14	22.49	9.83	3.08
电力、热力、燃气及水的生产和供应业	**Production and Supply of Electric Power, Heat Power, Gas and Water**	**681**	**10741.10**	**2250.67**	**336.12**
电力、热力生产和供应业	Production and Supply of Electric Power and Heat Power	405	8405.38	1242.03	270.56
燃气生产和供应	Production and Supply of Gas	117	729.41	302.86	35.43
水的生产和供应业	Production and Supply of Water	159	1606.31	705.78	30.13
按地区分	**by Region**				
南京市	Nanjing	2570	13611.41	7505.34	2374.99
无锡市	Wuxi	5851	16811.36	10433.40	3346.343
徐州市	Xuzhou	2175	6001.64	2996.47	845.10
常州市	Changzhou	4628	9771.21	6158.48	2111.77
苏州市	Suzhou	10395	32239.32	20241.15	7421.98
南通市	Nantong	5150	9591.35	4740.23	1531.45
连云港市	Liuyungang	1023	3420.17	1439.02	343.15
淮安市	Huaian	1997	2678.87	1383.88	362.55
盐城市	Yancheng	3044	5346.57	2492.83	811.75
扬州市	Yangzhou	2994	5190.65	2890.89	1004.15
镇江市	Zhenjiang	2023	5089.86	2874.91	910.89
泰州市	Taizhou	2786	5639.49	3320.45	1062.03
宿迁市	Suqian	1669	2491.57	1346.27	302.12

11－2 Continued 2

(100 million yuan)

存货	#产成品	负债合计 Total	营业收入 Business	营业成本 Business	销售费用	管理费用 Expenses	财务费用 Expenses	利润总额 Profits	年平均用工人数(万人) Employment (10000 persons)
2.15	0.50	13.91	15.21	12.04	0.71	1.17	0.48	0.67	0.29
135.94	**7.46**	**6319.98**	**6229.52**	**5562.02**	**53.25**	**87.10**	**115.81**	**435.28**	**14.42**
101.40	3.57	4930.05	5320.16	4868.15	2.11	47.98	105.67	306.52	9.44
15.79	2.96	352.23	674.06	543.02	19.99	18.10	3.50	93.57	1.69
18.75	0.93	1037.70	235.30	150.85	31.15	21.02	6.64	35.19	3.29
1617.68	460.23	7277.04	12884.50	10323.41	408.75	662.07	93.76	1044.23	67.06
2258.47	923.32	8782.12	17421.73	14734.15	433.09	811.65	137.92	1333.99	117.23
736.92	293.62	3258.07	5592.83	4694.50	167.31	205.21	70.36	279.82	42.46
1286.28	547.54	5477.96	11849.03	10182.79	254.97	513.70	92.66	747.50	82.91
4330.60	1717.41	16930.25	35098.03	30086.66	948.98	1771.56	225.24	2094.87	286.17
1081.62	449.02	4717.69	13029.51	11146.65	241.03	455.10	101.38	1048.13	85.50
310.20	109.31	1969.60	2592.69	1904.39	222.85	173.30	27.50	243.22	19.21
346.68	116.86	1325.80	3983.80	3329.47	99.71	151.05	35.22	258.21	29.59
520.54	220.88	3192.86	6086.24	5265.51	149.82	239.61	78.68	311.02	44.58
566.02	209.67	2720.53	7027.20	6002.40	172.53	284.92	52.53	512.98	58.97
504.77	215.52	2792.57	4280.75	3582.80	126.62	205.65	57.30	301.44	36.70
771.04	280.12	2899.13	6829.65	5484.21	522.15	325.21	46.81	440.98	47.55
427.32	124.04	1177.89	2387.93	1886.26	53.67	98.04	14.12	314.98	31.61

11－3　规模以上工业企业主要经济指标(2019年)

单位:亿元

项　目	Item	企业单位数(个) Number of Enterprises (unit)	资产总计 Total Assets	流动资产合计 Current Assets	应收账款 Accounts Receivalble
总　计	**Total**	**46090**	**120451.80**	**69406.05**	**22807.99**
按登记注册类型分	**Grouped by Status of Registration**				
内资企业	Domestic Funded Enterprises	37437	80173.73	44932.94	14101.32
国有企业	State-owned Enterprises	49	744.34	492.41	63.85
集体企业	Collective-owned Enterprises	97	147.57	124.41	41.91
股份合作企业	Cooperative Enterprises	46	58.70	40.44	17.18
联营企业	Joint Ownership Enterprises	7	2.86	2.01	0.48
有限责任公司	Limited Liability Corporations	4728	27336.82	12592.64	3798.71
#国有独资	State Sole Funded Corporatios	262	6660.15	1866.15	370.27
股份有限公司	Share-holding Corporations Ltd.	1177	13398.65	7314.66	1887.98
私营企业	Private Enterprises	31331	38481.13	24364.15	8291.18
其他企业	Other Enterprises	2			
港、澳、台商投资企业	Enterprises with Funds from Hong Kong, Macao and Taiwan	2864	13984.48	8497.10	3076.96
外商投资企业	Foreign Funded Enterprises	5789	26293.59	15976.01	5629.71
按轻重工业分	**Grouped by Light & Heavy Industries**				
轻工业	Light Industry	16731	27675.51	16818.22	4707.85
重工业	Heavy Industry	29359	92776.29	52587.82	18100.14
按企业规模分	**Grouped by Size of Enterprises**				
大型企业	Large Enterprises	943	46030.03	24403.34	7326.00
中型企业	Medium-sized Enterprises	4275	30131.85	17568.71	5702.97
小微型企业	Small Enterprises	40872	44289.92	27434.00	9779.02
按行业分	**Grouped by Sector**				
采矿业	**Mining**	**39**	**599.10**	**166.58**	**33.08**
煤炭开采和洗选业	Mining and Washing of Coal	4	340.51	104.74	17.62
石油和天然气开采业	Extraction of Petroleum and Natural Gas	2			
黑色金属矿采选业	Mining and Processing of Ferrous Metal Ores	5	26.99	14.77	3.19
有色金属矿采选业	Mining and Processing of Non-ferrous Metals Ores	3	8.41	2.86	0.03
非金属矿采选业	Mining and Processing of Non-metal Ores	25	81.92	34.78	10.06
开采专业及辅助性活动	Support Activities for Mining				
其他采矿业	Mining of Other Ores				
制造业	**Manufacturing**	**45281**	**108017.87**	**66725.22**	**22283.35**
农副食品加工业	Processing of Food from Agricultural Products	1162	1550.81	998.03	195.92
食品制造业	Manufacture of Food	427	870.48	442.11	112.18

Main Economic Indicators of
above Designated Size Industrial Enterprises (2019)

(100 million yuan)

[illegible]	#产成品 [illegible] Goods	负债合计 [illegible] Liabilities	营业收入 [illegible] Principal Business	营业成本 [illegible] Principle Business	销售费用 [illegible] Expenses	管理费用 [illegible] Expenses	财务费用 [illegible] Expenses	利润总额 [illegible] Profits	年平均用工人数(万人) [illegible] Employment (10000 persons)
14398.45	**5684.82**	**63841.02**	**118485.22**	**100084.13**	**3649.08**	**4090.68**	**918.98**	**6855.03**	**846.58**
9466.19	3786.43	44346.86	76803.80	64904.56	2329.81	2558.81	714.73	4193.54	540.11
132.38	10.88	381.37	488.19	267.87	8.66	16.26	0.26	38.21	1.68
33.50	25.69	79.26	175.91	160.69	2.32	3.56	1.60	7.36	1.03
6.55	2.65	21.19	44.95	36.36	1.89	2.75	0.49	3.63	0.63
0.38	0.19	1.01	2.88	2.23	0.05	0.22	0.01	0.34	0.06
2740.00	1089.56	15717.69	24031.39	20238.62	847.86	700.78	233.88	1221.48	114.38
380.89	122.22	3915.45	5559.96	4950.90	56.02	99.73	33.11	183.54	13.09
1383.37	483.31	5989.21	8992.37	7034.89	445.38	329.58	81.41	786.09	51.53
5170.01	2174.15	22153.72	43067.70	37163.55	1023.63	1505.66	397.08	2136.40	370.80
1525.12	650.24	6642.13	13540.91	11370.01	412.89	450.49	65.40	1006.97	112.89
3407.14	1248.16	12852.03	28140.51	23809.56	906.38	1081.38	138.85	1654.51	193.57
4260.15	1793.11	14027.31	29077.36	23073.69	1760.97	1193.75	206.70	1901.79	282.51
10138.29	3891.71	49813.71	89407.86	77010.43	1888.11	2896.93	712.29	4953.24	564.06
4906.91	1814.41	23658.86	47728.80	40387.72	1533.34	1112.23	257.31	2908.89	251.35
3853.37	1557.93	15486.19	26237.66	21619.93	924.50	1037.81	230.68	1882.43	221.21
5638.17	2312.48	24695.97	44518.76	38076.48	1191.24	1940.64	431.00	2063.70	374.02
21.88	**9.27**	**329.52**	**306.55**	**246.87**	**6.14**	**31.96**	**6.66**	**9.36**	**4.03**
8.59	2.43	156.34	154.62	133.51	1.94	15.21	1.98	6.50	2.53
5.66	3.86	21.05	32.88	29.96	1.16	1.01	0.38	0.17	0.21
0.55	0.33	6.21	4.59	2.72	0.11	0.35	0.04	1.26	0.08
6.33	2.29	36.15	46.29	32.48	2.58	3.52	0.50	5.89	0.45
14232.58	**5663.87**	**56464.63**	**111744.97**	**94151.29**	**3589.80**	**3952.17**	**784.41**	**6417.20**	**827.88**
300.85	123.64	986.72	2680.93	2481.53	55.45	46.83	13.91	68.67	11.63
95.86	43.59	417.27	779.72	576.76	74.02	47.80	6.03	64.91	7.81

11-3 续 表1

单位:亿元

项 目 Item		企业单位数(个) Number of Enterprises (unit)	资产总计 Total Assets	流动资产合计 Current Assets	应收账款 Accounts Receivalble
酒、饮料和精制茶制造业	Manufacture of Liquor, Beverages and Refined Tea	130	966.00	611.88	45.57
烟草制品业	Manufacture of Tobacco	6	686.59	545.58	22.21
纺织业	Manufacture of Textile	4160	3873.94	2454.16	701.37
纺织服装、服饰业	Manufacture of Textile, Wearing Apparel and Accessories	1681	1677.45	1115.14	357.51
皮革、毛皮、羽毛及其制品和制鞋业	Manufacture of Leather, Fur, Feather and Related Products and Footwear	400	236.11	172.41	68.21
木材加工和木、竹、藤、棕、草制品业	Processing of Timber, Manufacture of Wood, Bamboo, Rattan, Palm and Straw Products	866	559.74	377.30	107.25
家具制造业	Manufacture of Furniture	334	319.75	177.72	53.92
造纸和纸制品业	Manufacture of Paper and Paper Products	524	1720.76	877.97	241.73
印刷和记录媒介复制业	Printing, Reproduction of Recording Media	629	674.39	406.69	148.40
文教、工美、体育和娱乐用品制造业	Manufacture of Articles for Culture, Education, Arts and Crafts, Sport and Entertainment Activities	1207	874.83	553.28	165.19
石油、煤炭及其他燃料加工业	Processing of Petroleum, Coking, Processing of Nuclear Fuel	121	741.18	371.55	57.85
化学原料和化学制品制造业	Manufacture of Raw Chemical Materials and Chemical Products	2480	9212.63	4646.16	1145.77
医药制造业	Manufacture of Medicines	658	3603.19	2271.69	647.35
化学纤维制造业	Manufacture of Chemical Fibers	732	2395.18	1201.18	196.71
橡胶和塑料制品业	Manufacture of Rubber and Plastics Products	2532	3274.07	1974.32	767.49
非金属矿物制品业	Manufacture of Non-metallic Mineral Products	2813	4181.96	2827.07	1206.46
黑色金属冶炼和压延加工业	Smelting and Pressing of Ferrous Metals	829	6490.58	3243.61	357.66
有色金属冶炼和压延加工业	Smelting and Pressing of Non-ferrous Metals	1048	2056.59	1380.19	387.25
金属制品业	Manufacture of Metal Products	3615	4875.29	3148.73	1169.92
通用设备制造业	Manufacture of General Purpose Machinery	4605	8419.51	5799.92	2097.94
专用设备制造业	Manufacture of Special Purpose Machinery	3484	6591.99	4665.19	1706.75
汽车制造业	Manufacture of Automobiles	2132	7141.32	4238.33	1570.19
铁路、船舶、航空航天和其他运输设备制造业	Manufacture of Railway, Ship, Aerospace and Other Transport Equipments	798	3371.00	2211.87	635.39
电气机械和器材制造业	Manufacture of Electrical Machinery and Apparatus	4044	13523.99	8994.32	3563.01
计算机、通信和其他电子设备制造业	Manufacture of Computers, Communication and Other Electronic Equipment	2658	15259.18	9205.54	4003.77
仪器仪表制造业	Manufacture of Measuring Instruments and Machinery	918	2517.94	1606.17	495.95
其他制造业	Other Manufacture	108	109.80	63.92	20.67
废弃资源综合利用业	Utilization of Waste Resources	164	217.00	130.93	29.42

11－3　Continued 1

(100 million yuan)

存货	#产成品	负债合计 Total	营业收入 Business	营业成本 Business	销售费用	管理费用	财务费用	利润总额	年平均用工人数(万人) Employment (10000 persons)
255.88	43.60	313.62	656.00	347.22	54.90	34.54	1.59	182.89	4.57
276.79	15.32	70.58	844.11	333.97	8.42	21.63	-9.13	95.94	0.63
738.09	369.74	2291.61	4503.21	4037.64	79.26	142.19	48.74	143.97	55.60
279.42	160.83	912.49	1920.90	1652.61	63.27	97.72	13.91	80.41	40.19
46.13	17.64	132.84	300.72	263.46	6.96	12.28	1.93	11.90	6.38
98.84	49.14	326.91	696.24	604.53	17.68	17.79	7.34	32.30	7.23
50.77	22.13	172.81	349.79	289.27	13.94	19.21	1.54	16.64	6.27
119.49	44.55	909.90	1338.63	1129.59	54.95	42.06	23.48	90.40	7.90
68.94	30.35	339.31	660.05	536.32	22.08	36.21	5.75	47.09	8.98
169.03	82.54	473.32	1257.70	1078.31	35.80	52.39	6.99	60.53	18.22
122.66	35.14	395.05	1894.69	1580.11	14.48	26.55	6.69	69.61	2.04
1005.77	435.51	4184.58	9391.20	7828.53	249.08	366.22	83.58	644.93	35.32
510.71	222.75	1447.32	3237.66	1439.72	951.69	224.90	8.59	460.70	20.45
308.71	144.11	1377.19	2683.15	2444.24	26.64	54.72	38.48	110.42	13.81
406.67	191.59	1490.08	3122.26	2578.09	100.89	155.15	26.28	159.19	35.06
371.87	166.91	2404.55	4077.71	3412.43	138.18	143.21	34.07	281.77	28.11
774.11	329.26	3687.04	9321.71	8594.25	64.63	107.68	56.06	400.47	21.11
313.99	126.09	1229.78	4207.68	3933.22	32.70	57.76	29.51	124.15	11.25
706.44	285.90	2618.60	5356.30	4601.15	117.40	201.60	42.24	283.43	46.21
1281.34	459.81	4278.07	7461.86	6036.32	253.31	394.75	42.36	551.15	71.22
1079.04	417.58	3483.47	5198.70	4021.93	256.24	283.67	38.53	428.10	51.28
761.13	346.90	4209.92	6842.15	5649.14	187.93	326.87	50.73	440.23	47.16
519.89	116.94	1947.23	2468.46	2089.77	53.50	106.04	21.48	168.86	21.53
1403.94	633.02	7412.29	12072.17	10278.40	378.59	399.40	89.85	635.31	82.14
1757.17	617.92	7645.36	16434.93	14756.39	192.79	427.18	80.09	600.87	146.94
351.03	101.27	1112.49	1592.16	1233.71	75.36	90.44	10.12	140.91	15.54
18.54	8.49	54.31	130.15	108.18	5.45	5.19	0.96	7.37	1.83
36.04	21.23	126.17	244.76	219.73	3.35	8.73	2.29	12.49	1.18

11－3 续 表2

单位:亿元

项　　目 Item		企业单位数(个) Number of Enterprises (unit)	资产总计 Total Assets	流动资产合计 Current Assets	应收账款 Accounts Receivalble
金属制品、机械和设备修理业	Repair Service of Metal Products, Machinery and Equipment	16	24.62	12.26	4.34
电力、热力、燃气及水的生产和供应业	**Production and Supply of Electric Power, Heat Power, Gas and Water**	**770**	**11834.81**	**2514.24**	**491.54**
电力、热力生产和供应业	Production and Supply of Electric Power and Heat Power	457	9018.54	1276.52	399.18
燃气生产和供应	Production and Supply of Gas	133	784.77	308.80	53.91
水的生产和供应业	Production and Supply of Water	180	2031.50	928.92	38.45
按地区分	**by Region**				
南京市	Nanjing	2707	12944.28	7257.40	2257.27
无锡市	Wuxi	6215	17778.50	11130.10	3637.31
徐州市	Xuzhou	1778	4853.12	2775.64	871.91
常州市	Changzhou	4676	10325.39	6479.05	2117.12
苏州市	Suzhou	11042	33666.31	21047.32	7512.52
南通市	Nantong	4966	9106.63	5002.68	1624.28
连云港市	Liuyungang	942	3524.67	1530.77	375.52
淮安市	Huaian	1519	2431.02	1361.82	375.70
盐城市	Yancheng	2920	5432.40	2659.51	837.73
扬州市	Yangzhou	3033	4771.65	2723.81	984.41
镇江市	Zhenjiang	1953	4879.95	2842.55	834.61
泰州市	Taizhou	2573	5443.66	3312.31	1084.96
宿迁市	Suqian	1781	2683.95	1484.54	324.73

(100 million yuan)

存货 [illegible]	#产成品 [illegible] Goods	负债合计 [illegible]	营业收入 [illegible] Business	营业成本 [illegible] Business	销售费用 [illegible]	管理费用 [illegible]	财务费用 [illegible]	利润总额 [illegible]	年平均用工人数(万人) The Average [illegible] Employment (10000 persons)
3.44	0.38	13.75	19.27	14.77	0.86	1.46	0.42	1.59	0.29
143.96	**11.68**	**7046.86**	**6433.68**	**5685.96**	**53.13**	**106.56**	**127.91**	**428.46**	**14.66**
106.20	4.04	5300.98	5459.08	4928.54	1.82	64.43	115.66	308.93	9.52
15.63	6.47	376.94	714.99	585.57	21.16	18.43	3.94	86.76	1.69
22.13	1.17	1368.94	259.61	171.85	30.15	23.70	8.31	32.77	3.45
1399.02	413.96	6867.70	11924.57	9744.23	400.39	414.20	73.69	646.73	57.71
2325.58	1024.99	9209.09	17954.79	15278.11	466.62	609.99	153.64	1214.15	114.47
606.20	236.30	2699.49	4322.77	3500.19	179.78	120.22	38.37	247.55	31.02
1305.21	553.14	5622.88	11174.71	9544.05	273.33	388.17	80.25	687.89	78.33
4266.03	1714.90	17184.60	35376.17	30296.71	938.22	1265.86	221.66	1953.04	272.16
1112.37	440.90	4843.38	8173.14	6924.66	207.39	298.78	87.00	488.48	66.90
315.80	117.48	2000.00	2719.80	2000.10	221.46	104.59	30.82	285.26	16.44
352.98	120.23	1229.37	2364.85	1904.31	69.49	85.45	15.58	143.56	23.08
583.45	243.85	3374.02	4653.68	4062.38	111.72	164.95	64.51	160.24	36.61
537.56	193.71	2611.28	4852.12	4180.33	126.12	189.71	42.58	206.89	43.65
476.74	205.35	2618.70	3800.45	3219.24	122.45	140.73	46.59	213.71	31.62
715.29	290.07	2816.57	5525.34	4387.70	466.21	211.78	43.76	336.42	41.29
454.94	143.83	1293.63	2595.73	2087.52	67.14	80.50	18.91	257.50	30.62

11-4 规模以上工业企业主要经济效益指标(2018年)
Main Economic Indicators of above Designated Size Industrial Enterprises (2018)

单位:% (%)

项目	Item	企业亏损面 Percentage of Loss Making Enterprises	资产负债率 Assets Liability Ratio	流动资产周转次数(次/年) Times of Turnover of Circulating Funds (times/year)	成本费用利润率 Ratio of Profits to Industrial Cost	总资产贡献率 Ratio of Total Assets to Industrial Output Value
总　计	**Total**	**12.92**	**53.03**	**1.95**	**7.34**	**12.35**
按登记注册类型分	**Grouped by Status of Registration**					
内资企业	Domestic Funded Enterprises	11.22	55.00	2.00	7.25	12.91
国有企业	State-owned Enterprises	16.67	75.27	0.48	5.60	3.05
集体企业	Collective-owned Enterprises	8.53	75.23	2.18	5.90	16.19
股份合作企业	Cooperative Enterprises	8.33	39.71	1.78	7.59	13.96
联营企业	Joint Ownership Enterprises	14.29	21.65	1.96	10.41	19.85
有限责任公司	Limited Liability Corporations	16.25	58.24	1.94	6.67	11.38
#国有独资	State Sole Funded Corporatios	14.11	58.55	2.31	3.97	8.54
股份有限公司	Share-holding Corporations Ltd.	10.93	43.75	1.33	11.12	12.33
私营企业	Private Enterprises	10.45	55.74	2.26	6.92	14.39
其他企业	Other Enterprises	0.00	20.59	11.47	10.38	81.48
港、澳、台商投资企业	Enterprises with Funds from Hong Kong, Macao and Taiwan	18.57	49.38	1.81	7.90	11.18
外商投资企业	Foreign Funded Enterprises	20.42	49.06	1.89	7.32	11.27
按轻重工业分	**Grouped by Light & Heavy Industries**					
轻工业	Light Industry	13.02	50.81	2.06	7.82	15.67
重工业	Heavy Industry	12.86	53.69	1.92	7.18	11.37
按企业规模分	**Grouped by Size of Enterprises**					
大型企业	Large Enterprises	9.19	52.58	2.01	7.65	12.73
中型企业	Medium-sized Enterprises	11.92	51.58	1.79	8.66	12.50
小微型企业	Small Enterprises	13.14	54.60	1.99	6.22	11.78
按行业分	**Grouped by Sector**					
采矿业	**Mining**	**15.91**	**63.40**	**2.15**	**4.32**	**8.73**
煤炭开采和洗选业	Mining and Washing of Coal	33.33	60.61	1.95	4.73	7.67
石油和天然气开采业	Extraction of Petroleum and Natural Gas					
黑色金属矿采选业	Mining and Processing of Ferrous Metal Ores	33.33	73.38	2.70	0.52	4.44
有色金属矿采选业	Mining and Processing of Non-ferrous Metals Ores	33.33	68.44	2.29	45.50	27.82
非金属矿采选业	Mining and Processing of Non-metal Ores	3.70	47.59	1.66	8.99	10.41
开采专业及辅助性活动	Support Activities for Mining					
其他采矿业	Mining of Other Ores					
制造业	**Manufacturing**	**12.92**	**52.37**	**1.92**	**7.35**	**12.88**

11-4 续 表 1 Continued 1

单位:% (%)

项 目 Item [illegible]		企业亏损面 Loss Making Enterprises	资产负债率 [illegible] Liability Ratio	流动资产周转次数(次/年) [illegible] Circulating Funds (times/year)	成本费用利润率 [illegible] Industrial Cost	总资产贡献率 Ratio of Total [illegible] Industrial Output Value
农副食品加工业	Processing of Food from Agricultural Products	12.82	58.80	3.00	4.24	11.65
食品制造业	Manufacture of Food	15.80	46.80	2.08	9.15	14.39
酒、饮料和精制茶制造业	Manufacture of Liquor, Beverages and Refined Tea	15.03	35.86	1.48	24.95	28.58
烟草制品业	Manufacture of Tobacco	0.00	17.89	1.35	26.79	73.04
纺织业	Manufacture of Textile	10.77	59.77	2.14	4.75	10.99
纺织服装、服饰业	Manufacture of Textile, Wearing Apparel and Accessories	14.47	53.86	2.39	6.13	14.14
皮革、毛皮、羽毛及其制品和制鞋业	Manufacture of Leather, Fur, Feather and Related Products and Footwear	10.28	52.89	3.02	5.93	20.93
木材加工和木、竹、藤、棕、草制品业	Processing of Timber, Manufacture of Wood, Bamboo, Rattan, Palm and Straw Products	5.49	52.04	2.46	7.24	16.36
家具制造业	Manufacture of Furniture	17.87	50.95	1.95	5.35	10.51
造纸和纸制品业	Manufacture of Paper and Paper Products	14.78	53.58	1.70	7.50	10.22
印刷和记录媒介复制业	Printing, Reproduction of Recording Media	13.74	51.44	1.94	8.08	13.71
文教、工美、体育和娱乐用品制造业	Manufacture of Articles for Culture, Education, Arts and Crafts, Sport and Entertainment Activities	9.30	53.34	3.37	7.31	21.26
石油、煤炭及其他燃料加工业	Processing of Petroleum, Coking, Processing of Nuclear Fuel	20.29	58.41	4.26	6.33	40.66
化学原料和化学制品制造业	Manufacture of Raw Chemical Materials and Chemical Products	15.07	47.93	2.25	8.54	14.37
医药制造业	Manufacture of Medicines	14.73	39.68	1.74	14.96	21.70
化学纤维制造业	Manufacture of Chemical Fibers	16.95	60.49	2.50	5.19	10.24
橡胶和塑料制品业	Manufacture of Rubber and Plastics Products	12.73	44.82	1.82	6.85	11.23
非金属矿物制品业	Manufacture of Nonmetallic Mineral Products	12.19	56.34	1.73	8.26	13.76
黑色金属冶炼和压延加工业	Smelting and Pressing of Ferrous Metals	14.56	58.00	3.06	7.01	14.66
有色金属冶炼和压延加工业	Smelting and Pressing of Non ferrous Metals	13.71	59.01	3.20	5.16	15.57
金属制品业	Manufacture of Metal Products	11.39	52.13	1.99	6.25	12.43
通用设备制造业	Manufacture of General Purpose Machinery	10.38	49.93	1.59	8.73	12.33
专用设备制造业	Manufacture of Special Purpose Machinery	11.39	53.43	1.40	8.08	10.93

11－4 续 表 2 Continued 2

单位:%　　　　(%)

项　　目 Item		企业亏损面 Percentage of Loss Making Enterprises	资产负债率 Assets Liability Ratio	流动资产周转次数（次/年） Times of Turnover of Circulating Funds (times/year)	成本费用利润率 Ratio of Profits to Industrial Cost	总资产贡献率 Ratio of Total Assets to Industrial Output Value
汽车制造业	Manufacture of Automobiles	18.10	57.40	1.83	9.29	14.24
铁路、船舶、航空航天和其他运输设备制造业	Manufacture of Railway, Ship, Aerospace and Other Transport Equipments	17.89	57.47	1.19	8.96	9.01
电气机械和器材制造业	Manufacture of Electrical Machinery and Apparatus	13.48	54.04	1.58	6.71	10.26
计算机、通信和其他电子设备制造业	Manufacture of Computers, Communication and Other Electronic Equipment	17.28	51.36	1.86	4.94	7.47
仪器仪表制造业	Manufacture of Measuring Instruments and Machinery	8.60	43.30	1.41	11.17	12.42
其他制造业	Other Manufacture	13.53	40.02	2.01	6.23	11.18
废弃资源综合利用业	Utilization of Waste Resources	19.26	53.65	2.05	7.14	17.28
金属制品、机械和设备修理业	Repair Service of Metal Products, Machinery and Equipment	7.14	61.84	1.55	4.64	9.00
电力、热力、燃气及水的生产和供应业	**Production and Supply of Electric Power, Heat Power, Gas and Water**	**12.33**	**58.84**	**2.77**	**7.48**	**7.32**
电力、热力生产和供应业	Production and Supply of Electric Power and Heat Power	13.09	58.65	4.28	6.10	7.39
燃气生产和供应	Production and Supply of Gas	5.98	48.29	2.23	16.01	15.31
水的生产和供应业	Production and Supply of Water	15.09	64.60	0.33	16.78	3.32
按地区分	**by Region**					
南京市	Nanjing	15.60	53.46	1.72	9.09	14.64
无锡市	Wuxi	12.27	52.24	1.67	8.28	11.52
徐州市	Xuzhou	12.69	54.29	1.87	5.45	11.89
常州市	Changzhou	12.96	56.06	1.92	6.77	12.64
苏州市	Suzhou	17.15	52.51	1.73	6.34	9.38
南通市	Nantong	8.39	49.19	2.75	8.78	17.18
连云港市	Lianyungang	21.02	57.59	1.80	10.45	12.17
淮安市	Huaian	10.52	49.49	2.88	7.14	19.36
盐城市	Yancheng	13.44	59.72	2.44	5.42	11.48
扬州市	Yangzhou	5.48	52.41	2.43	7.88	16.66
镇江市	Zhenjiang	14.88	54.87	1.49	7.59	10.24
泰州市	Taizhou	10.16	51.41	2.06	6.91	13.50
宿迁市	Suqian	11.38	47.28	1.77	15.35	19.15

11－5 规模以上工业企业主要经济效益指标(2019年)
Main Economic Indicators of above Designated Size Industrial Enterprises (2019)

单位:% (%)

		企业亏损面 Loss Making Enterprises	资产负债率 Liability Ratio	流动资产周转次数(次/年) Turnover of Circulating Funds (times/year)	成本费用利润率 Profits to Industrial Cost	总资产贡献率 Industrial Output Value
总　计	**Total**	**15.88**	**53.00**	**1.71**	**6.17**	**9.28**
按登记注册类型分	**Grouped by Status of Registration**					
内资企业	Domestic Funded Enterprises	14.37	55.31	1.71	5.82	9.42
国有企业	State-owned Enterprises	16.33	51.24	0.99	12.91	29.81
集体企业	Collective-owned Enterprises	9.28	53.71	1.41	4.37	7.28
股份合作企业	Cooperative Enterprises	2.17	36.11	1.11	8.54	9.59
联营企业	Joint Ownership Enterprises	0.00	35.24	1.43	13.33	17.33
有限责任公司	Limited Liability Corporations	19.42	57.50	1.91	5.43	9.01
#国有独资	State Sole Funded Corporatios	19.47	58.79	2.98	3.54	8.51
股份有限公司	Share-holding Corporations Ltd.	16.74	44.70	1.23	9.64	9.75
私营企业	Private Enterprises	13.55	57.57	1.77	5.22	9.22
其他企业	Other Enterprises					
港、澳、台商投资企业	Enterprises with Funds from Hong Kong, Macao and Taiwan	21.26	47.50	1.59	8.00	9.64
外商投资企业	Foreign Funded Enterprises	22.99	48.88	1.76	6.27	8.66
按轻重工业分	**Grouped by Light & Heavy Industries**					
轻工业	Light Industry	16.71	50.68	1.73	7.09	12.11
重工业	Heavy Industry	15.40	53.69	1.70	5.88	8.44
按企业规模分	**Grouped by Size of Enterprises**					
大型企业	Large Enterprises	10.50	51.40	1.96	6.58	10.67
中型企业	Medium-sized Enterprises	14.64	51.39	1.49	7.71	9.17
小微型企业	Small Enterprises	16.13	55.76	1.62	4.86	7.91
按行业分	**Grouped by Sector**					
采矿业	**Mining**	**15.38**	**55.00**	**1.84**	**3.17**	**6.15**
煤炭开采和洗选业	Mining and Washing of Coal	25.00	45.91	1.48	4.24	5.08
石油和天然气开采业	Extraction of Petroleum and Natural Gas					
黑色金属矿采选业	Mining and Processing of Ferrous Metal Ores	40.00	77.99	2.23	0.54	5.44
有色金属矿采选业	Mining and Processing of Non-ferrous Metals Ores	33.33	73.76	1.61	37.68	21.13
非金属矿采选业	Mining and Processing of Non-metal Ores	4.00	44.12	1.33	14.85	12.07
开采专业及辅助性活动	Support Activities for Mining					
其他采矿业	Mining of Other Ores					
制造业	**Manufacturing**	**15.95**	**52.27**	**1.67**	**6.12**	**9.61**

11－5 续 表 1 Continued 1

单位:% (%)

项 目 Item		企业亏损面 Percentage of Loss Making Enterprises	资产负债率 Assets Liability Ratio	流动资产周转次数(次/年) Times of Turnover of Circulating Funds (times/year)	成本费用利润率 Ratio of Profits to Industrial Cost	总资产贡献率 Ratio of Total Assets to Industrial Output Value
农副食品加工业	Processing of Food from Agricultural Products	18.07	63.63	2.69	2.62	6.55
食品制造业	Manufacture of Food	21.08	47.94	1.76	9.05	11.00
酒、饮料和精制茶制造业	Manufacture of Liquor, Beverages and Refined Tea	21.54	32.47	1.07	41.22	29.24
烟草制品业	Manufacture of Tobacco	0.00	10.28	1.55	26.89	79.92
纺织业	Manufacture of Textile	16.68	59.15	1.83	3.30	7.27
纺织服装、服饰业	Manufacture of Textile, Wearing Apparel and Accessories	18.26	54.40	1.72	4.36	8.65
皮革、毛皮、羽毛及其制品和制鞋业	Manufacture of Leather, Fur, Feather and Related Products and Footwear	14.25	56.26	1.74	4.13	10.07
木材加工和木、竹、藤、棕、草制品业	Processing of Timber, Manufacture of Wood, Bamboo, Rattan, Palm and Straw Products	11.09	58.40	1.85	4.88	10.93
家具制造业	Manufacture of Furniture	20.06	54.05	1.97	5.02	8.34
造纸和纸制品业	Manufacture of Paper and Paper Products	17.56	52.88	1.52	7.09	8.64
印刷和记录媒介复制业	Printing, Reproduction of Recording Media	14.47	50.31	1.62	7.66	10.65
文教、工美、体育和娱乐用品制造业	Manufacture of Articles for Culture, Education, Arts and Crafts, Sport and Entertainment Activities	11.35	54.10	2.27	5.06	11.63
石油、煤炭及其他燃料加工业	Processing of Petroleum, Coking, Processing of Nuclear Fuel	19.01	53.30	5.10	4.26	42.49
化学原料和化学制品制造业	Manufacture of Raw Chemical Materials and Chemical Products	16.73	45.42	2.02	7.44	11.05
医药制造业	Manufacture of Medicines	18.69	40.17	1.43	16.46	18.18
化学纤维制造业	Manufacture of Chemical Fibers	24.73	57.50	2.23	4.24	7.95
橡胶和塑料制品业	Manufacture of Rubber and Plastics Products	13.98	45.51	1.58	5.43	7.83
非金属矿物制品业	Manufacture of Non-metallic Mineral Products	13.54	57.50	1.44	7.42	11.07
黑色金属冶炼和压延加工业	Smelting and Pressing of Ferrous Metals	17.73	56.81	2.87	4.47	8.90
有色金属冶炼和压延加工业	Smelting and Pressing of Non-ferrous Metals	18.80	59.80	3.05	3.03	10.27
金属制品业	Manufacture of Metal Products	12.64	53.71	1.70	5.60	9.09
通用设备制造业	Manufacture of General Purpose Machinery	13.72	50.81	1.29	7.96	9.26
专用设备制造业	Manufacture of Special Purpose Machinery	13.12	52.84	1.11	8.97	9.11
汽车制造业	Manufacture of Automobiles	22.56	58.95	1.61	6.90	9.80

11-5 续表 2 Continued 2

单位:% (%)

项目 [illegible]		企业亏损面 [illegible] Enterprises	资产负债率 [illegible] Ratio	流动资产周转次数(次/年) [illegible] Circulating Funds (times/year)	成本费用利润率 [illegible] Industrial Cost	总资产贡献率 Ratio of Total [illegible] Industrial Output Value
铁路、船舶、航空航天和其他运输设备制造业	Manufacture of Railway, Ship, Aerospace and Other Transport Equipments	17.79	57.76	1.12	7.22	7.21
电气机械和器材制造业	Manufacture of Electrical Machinery and Apparatus	15.58	54.81	1.34	5.55	7.18
计算机、通信和其他电子设备制造业	Manufacture of Computers, Communication and Other Electronic Equipment	20.77	50.10	1.79	3.80	5.39
仪器仪表制造业	Manufacture of Measuring Instruments and Machinery	14.16	44.18	0.99	9.53	7.91
其他制造业	Other Manufacture	17.59	49.46	2.04	6.00	9.30
废弃资源综合利用业	Utilization of Waste Resources	20.12	58.14	1.87	5.27	13.35
金属制品、机械和设备修理业	Repair Service of Metal Products, Machinery and Equipment	0.00	55.86	1.57	8.98	10.89
电力、热力、燃气及水的生产和供应业	**Production and Supply of Electric Power, Heat Power, Gas and Water**	**11.56**	**59.54**	**2.56**	**7.14**	**6.48**
电力、热力生产和供应业	Production and Supply of Electric Power and Heat Power	9.41	58.78	4.28	6.02	6.83
燃气生产和供应	Production and Supply of Gas	9.02	48.03	2.32	13.73	12.57
水的生产和供应业	Production and Supply of Water	18.89	67.39	0.28	13.89	2.55
按地区分	**by Region**					
南京市	Nanjing	18.66	53.06	1.64	5.95	11.09
无锡市	Wuxi	13.98	51.80	1.61	7.22	9.65
徐州市	Xuzhou	17.21	55.62	1.56	6.28	11.81
常州市	Changzhou	13.07	54.46	1.72	6.57	10.33
苏州市	Suzhou	17.35	51.04	1.68	5.83	8.04
南通市	Nantong	13.03	53.19	1.63	6.36	8.62
连云港市	Lianyungang	18.90	56.74	1.78	11.62	12.44
淮安市	Huaian	16.72	50.57	1.74	6.78	13.96
盐城市	Yancheng	24.52	62.11	1.75	3.57	5.62
扬州市	Yangzhou	10.58	54.72	1.78	4.47	7.82
镇江市	Zhenjiang	19.15	53.66	1.34	5.92	7.44
泰州市	Taizhou	13.10	51.74	1.67	6.44	10.01
宿迁市	Suqian	16.11	48.20	1.75	11.09	15.27

11－6 国有控股工业企业主要经济指标(2018 年)

单位:亿元

项　目	Item	企业单位数(个) Number of Enterprises (unit)	资产总计 Total Assets	流动资产合计 Current Assets	应收账款 Accounts Receivalble
总　计	**Total**	**1128**	**23117.53**	**9757.35**	**2454.50**
按登记注册类型分	**Grouped by Status of Registration**				
内资企业	Domestic Funded Enterprises	1011	20836.41	8715.57	2238.99
国有企业	State-owned Enterprises	47	655.25	381.54	131.31
集体企业	Collective-owned Enterprises				
股份合作企业	Cooperative Enterprises				
联营企业	Joint Ownership Enterprises	3	4.30	3.21	0.14
有限责任公司	Limited Liability Corporations	859	17165.33	6858.57	1752.48
#国有独资	State Sole Funded Corporatios	241	8381.48	2976.45	750.04
股份有限公司	Share-holding Corporations Ltd.	102	3011.54	1472.25	355.05
私营企业	Private Enterprises				
其他企业	Other Enterprises				
港、澳、台商投资企业	Enterprises with Funds from Hong Kong, Macao and Taiwan	50	659.36	318.80	100.82
外商投资企业	Foreign Funded Enterprises	67	1621.76	722.98	114.70
按轻重工业分	**Grouped by Light & Heavy Industries**				
轻工业	Light Industry	221	2330.77	1486.24	109.19
重工业	Heavy Industry	907	20786.76	8271.11	2345.31
按企业规模分	**Grouped by Size of Enterprises**				
大型企业	Large Enterprises	125	14839.86	6229.06	1490.51
中型企业	Medium-sized Enterprises	278	4291.42	1891.12	512.64
小微型企业	Small Enterprises	725	3986.24	1637.17	451.35
按行业分	**Grouped by Sector**				
采矿业	**Mining**	**18**	**882.78**	**245.64**	**31.31**
煤炭开采和洗选业	Mining and Washing of Coal	4	663.21	202.98	25.14
石油和天然气开采业	Extraction of Petroleum and Natural Gas	2			
黑色金属矿采选业	Mining and Processing of Ferrous Metal Ores	1			
有色金属矿采选业	Mining and Processing of Non - ferrous Metals Ores	2			
非金属矿采选业	Mining and Processing of Non-metal Ores	9	73.62	24.94	2.69
开采专业及辅助性活动	Support Activities for Mining				
其他采矿业	Mining of Other Ores				
制造业	**Manufacturing**	**832**	**13956.78**	**8069.26**	**2221.49**
农副食品加工业	Processing of Food from Agricultural Products	32	88.01	56.22	5.01
食品制造业	Manufacture of Food	17	81.68	34.05	7.88

Main Economic Indicators of State Shareholding Industrial Enterprises (2018)

(100 million yuan)

存货	#产成品	负债合计	营业收入 Business	营业成本 Business	销售费用	管理费用	财务费用	利润总额	平均用工人数(万人) Employment (10000 persons)
2243.76	**605.68**	**13055.76**	**18823.08**	**15529.04**	**341.46**	**681.84**	**182.37**	**1442.55**	**66.24**
2062.76	549.12	11913.48	16617.00	13785.88	291.14	594.01	163.80	1135.82	59.03
34.66	6.04	493.61	181.88	145.38	5.71	15.30	8.28	9.91	2.14
1.09	0.61	0.65	3.44	2.71	0.15	0.35	-0.01	0.23	0.02
1622.69	465.81	10081.11	13708.51	11613.64	212.07	453.29	143.26	817.55	47.51
652.69	228.10	4907.23	6879.52	6135.92	97.77	165.07	58.58	256.38	20.98
404.31	76.66	1338.11	2723.17	2024.15	73.20	125.07	12.27	308.12	9.36
59.52	22.13	375.28	469.40	377.41	16.67	20.64	5.10	55.30	2.26
121.48	34.44	767.00	1736.68	1365.74	33.65	67.19	13.46	251.44	4.95
605.17	95.07	773.65	2040.49	1151.31	79.01	107.18	1.94	306.92	9.92
1638.59	510.62	12282.10	16782.59	14377.73	262.46	574.66	180.42	1135.63	56.33
1603.65	396.58	8141.62	13383.45	10977.64	218.80	434.98	88.22	1008.65	41.73
419.11	130.25	2468.62	3034.26	2529.67	80.61	152.06	42.15	231.78	15.39
220.99	78.86	2445.52	2405.37	2021.73	42.05	94.80	52.01	202.12	9.13
32.24	**12.29**	**564.33**	**495.73**	**379.67**	**6.41**	**55.09**	**8.90**	**17.93**	**6.02**
22.94	8.47	401.30	380.74	299.69	3.12	35.97	5.15	16.74	4.54
6.67	2.67	36.95	33.52	24.17	2.65	2.37	1.08	2.70	0.36
2110.77	**590.63**	**7617.20**	**13261.18**	**10532.16**	**295.29**	**575.99**	**94.92**	**1134.24**	**50.05**
27.50	5.95	65.19	143.93	133.60	3.52	2.30	0.39	4.93	0.31
5.55	2.26	39.55	98.15	70.85	8.18	4.80	1.56	12.88	0.63

11-6 续 表1

单位:亿元

项目 Item		企业单位数(个) Number of Enterprises (unit)	资产总计 Total Assets	流动资产合计 Current Assets	应收账款 Accounts Receivalble
酒、饮料和精制茶制造业	Manufacture of Liquor, Beverages and Refined Tea	12	621.65	405.73	9.27
烟草制品业	Manufacture of Tobacco	6	733.66	587.80	16.90
纺织业	Manufacture of Textile	19	67.51	28.69	5.83
纺织服装、服饰业	Manufacture of Textile, Wearing Apparel and Accessories	35	65.99	44.88	6.48
皮革、毛皮、羽毛及其制品和制鞋业	Manufacture of Leather, Fur, Feather and Related Products and Footwear	1			
木材加工和木、竹、藤、棕、草制品业	Processing of Timber, Manufacture of Wood, Bamboo, Rattan, Palm and Straw Products	1			
家具制造业	Manufacture of Furniture				
造纸和纸制品业	Manufacture of Paper and Paper Products	5	38.99	15.70	0.65
印刷和记录媒介复制业	Printing, Reproduction of Recording Media	20	29.36	14.37	3.91
文教、工美、体育和娱乐用品制造业	Manufacture of Articles for Culture, Education, Arts and Crafts, Sport and Entertainment Activities	6	16.57	12.82	2.39
石油、煤炭及其他燃料加工业	Processing of Petroleum, Coking, Processing of Nuclear Fuel	8	360.95	144.01	27.60
化学原料和化学制品制造业	Manufacture of Raw Chemical Materials and Chemical Products	76	1715.22	806.47	108.34
医药制造业	Manufacture of Medicines	23	166.96	91.74	17.18
化学纤维制造业	Manufacture of Chemical Fibers	12	202.97	80.56	2.48
橡胶和塑料制品业	Manufacture of Rubber and Plastics Products	10	39.31	21.67	5.55
非金属矿物制品业	Manufacture of Non-metallic Mineral Products	73	414.90	215.42	97.58
黑色金属冶炼和压延加工业	Smelting and Pressing of Ferrous Metals	11	452.48	132.33	26.46
有色金属冶炼和压延加工业	Smelting and Pressing of Non-ferrous Metals	21	133.20	85.01	10.93
金属制品业	Manufacture of Metal Products	34	311.67	186.19	69.30
通用设备制造业	Manufacture of General Purpose Machinery	59	576.92	359.11	114.80
专用设备制造业	Manufacture of Special Purpose Machinery	45	1415.97	944.23	385.72
汽车制造业	Manufacture of Automobiles	63	1304.03	816.63	247.73

11－6　Continued 1

(100 million yuan)

存货 [illegible]	#产成品 [illegible] Goods	负债合计 Liabilities	营业收入 Principal Business	营业成本 Principle Business	销售费用 Expenses	管理费用 Expenses	财务费用 Expenses	利润总额 Profits	年平均用工人数(万人) Number of Employment (10000 persons)
189.00	24.23	198.22	328.27	108.33	25.01	22.77	0.33	140.79	2.15
284.32	17.26	131.27	794.11	308.99	8.00	23.48	-3.61	90.24	0.59
11.72	5.94	31.92	76.28	70.85	1.03	2.74	0.63	1.21	0.93
5.04	1.92	22.45	41.23	28.08	0.65	10.93	-0.38	2.40	1.37
4.62	0.95	19.12	27.90	22.11	0.35	2.80	0.63	1.54	0.24
3.08	1.23	8.32	18.16	15.12	0.50	1.94	0.01	0.70	0.30
4.27	2.23	9.88	42.04	40.03	0.76	0.89	0.13	0.12	0.14
74.10	14.53	202.69	1329.71	1047.72	2.14	19.44	1.07	68.27	0.81
204.46	55.67	791.27	2065.45	1673.75	27.50	82.87	13.97	181.74	4.70
18.84	8.73	58.08	90.62	44.41	23.13	8.48	0.44	21.19	0.81
26.40	13.76	70.70	279.44	228.87	3.12	17.57	0.05	27.49	1.17
8.36	5.15	26.77	44.85	40.92	0.95	2.26	0.62	0.13	0.38
25.81	12.40	248.61	373.45	282.87	17.29	15.10	5.20	49.26	1.70
41.94	12.39	229.38	431.68	371.68	4.08	16.99	4.36	30.57	0.90
31.77	10.03	92.16	439.09	424.62	3.05	3.96	2.15	5.43	0.63
56.35	21.83	176.98	211.19	185.06	3.11	11.10	1.42	9.72	1.50
110.56	43.79	348.82	325.01	275.03	11.03	28.98	1.29	11.61	2.63
245.39	137.94	992.03	1212.57	1095.21	45.18	27.12	16.57	25.03	4.01
120.81	53.31	855.03	2112.42	1682.33	42.25	81.99	0.56	277.28	5.53

11-6 续 表2

单位:亿元

项 目 Item		企业单位数(个) Number of Enterprises (unit)	资产总计 Total Assets	流动资产合计 Current Assets	应收账款 Accounts Receivalble
铁路、船舶、航空航天和其他运输设备制造业	Manufacture of Railway, Ship, Aerospace and Other Transport Equipments	60	1298.39	776.26	247.51
电气机械和器材制造业	Manufacture of Electrical Machinery and Apparatus	78	1280.96	907.15	409.48
计算机、通信和其他电子设备制造业	Manufacture of Computers, Communication and Other Electronic Equipment	73	1785.84	861.79	256.90
仪器仪表制造业	Manufacture of Measuring Instruments and Machinery	24	674.36	392.92	126.00
其他制造业	Other Manufacture	1			
废弃资源综合利用业	Utilization of Waste Resources	4	6.77	4.46	2.56
金属制品、机械和设备修理业	Repair Service of Metal Products, Machinery and Equipment	3	13.34	3.48	1.41
电力、热力、燃气及水的生产和供应业	**Production and Supply of Electric Power, Heat Power, Gas and Water**	**278**	**8277.98**	**1442.40**	**201.68**
电力、热力生产和供应业	Production and Supply of Electric Power and Heat Power	167	6736.33	772.68	170.12
燃气生产和供应	Production and Supply of Gas	32	294.24	107.07	10.65
水的生产和供应业	Production and Supply of Water	79	1247.41	562.65	20.91
按地区分	**by Region**				
南京市	Nanjing	230	6611.05	3377.73	885.15
无锡市	Wuxi	112	1351.31	678.27	153.17
徐州市	Xuzhou	57	2443.12	1304.00	389.12
常州市	Changzhou	88	812.32	418.89	138.30
苏州市	Suzhou	145	1302.50	600.17	186.35
南通市	Nantong	99	1470.85	609.85	190.04
连云港市	Liuyungang	51	1170.54	231.20	57.58
淮安市	Huaian	48	652.11	346.58	26.11
盐城市	Yancheng	87	905.02	301.69	77.26
扬州市	Yangzhou	86	1500.28	804.50	237.34
镇江市	Zhenjiang	59	694.31	275.40	64.99
泰州市	Taizhou	45	568.09	230.20	33.12
宿迁市	Suqian	22	635.18	361.19	6.82

11－6 Continued 2

(100 million yuan)

存货	#产成品 Goods	负债合计	营业收入 Principal Business	营业成本 Principle Business	销售费用 Expenses	管理费用 Expenses	财务费用 Expenses	利润总额 Profits	年平均用工人数(万人) Number of Employment (10000 persons)
212.38	25.99	926.03	735.36	614.67	9.13	53.13	11.20	59.79	6.57
123.67	65.60	801.80	908.62	791.31	29.19	50.08	12.20	50.95	4.66
222.83	40.89	943.58	800.56	684.21	16.64	63.76	23.75	29.67	5.93
46.81	4.18	284.89	273.05	241.62	8.61	15.72	-0.03	27.91	1.06
0.07	0.04	3.13	3.68	3.41	0.02	0.44	0.05	0.33	0.04
0.70		9.11	7.69	6.85		0.49	0.24	0.06	0.17
100.75	**2.76**	**4874.20**	**5066.16**	**4617.21**	**39.77**	**50.73**	**78.56**	**290.36**	**10.19**
79.04	1.54	3938.30	4658.27	4338.38	0.85	28.00	73.60	218.81	7.10
7.63	0.51	124.17	243.52	177.03	11.53	8.17	0.44	48.46	0.67
14.08	0.71	811.73	164.37	101.80	27.39	14.56	4.52	23.09	2.42
776.53	153.09	3461.20	6113.26	4769.16	102.70	278.31	38.08	563.10	18.22
143.71	54.57	742.40	1136.50	937.09	41.09	53.51	6.10	106.64	4.98
359.06	147.72	1505.60	1941.51	1552.47	52.62	68.73	26.30	70.96	8.78
99.29	33.33	487.94	655.56	551.17	20.47	32.80	10.22	39.61	3.45
121.27	35.97	721.34	1057.19	911.59	25.96	46.34	10.29	65.27	4.39
119.69	48.25	927.49	863.88	664.10	13.05	38.82	18.54	129.05	4.17
59.70	8.57	844.73	275.42	212.60	4.97	14.65	15.64	28.94	1.71
100.57	13.09	298.37	418.77	246.81	11.63	18.25	3.95	40.69	1.57
42.75	17.95	620.90	376.40	309.47	8.10	11.34	15.42	32.50	1.61
150.91	43.99	885.78	1589.84	1384.59	24.91	69.06	16.92	110.97	8.06
47.32	11.40	455.96	443.50	377.21	10.90	18.70	9.81	20.50	2.39
56.14	16.76	378.73	480.71	424.48	5.36	9.39	8.71	22.64	1.36
170.99	21.65	239.22	319.04	122.43	19.77	22.50	0.94	128.16	2.18

11－7 国有控股工业企业主要经济指标(2019 年)

单位:亿元

项　　目	Item	企业单位数(个) Number of Enterprises (unit)	资产总计 Total Assets	流动资产合计 Current Assets	应收账款 Accounts Receivalble
总　计	**Total**	**1210**	**22126.52**	**8859.03**	**2257.90**
按登记注册类型分	**Grouped by Status of Registration**				
内资企业	Domestic Funded Enterprises	1093	19759.73	7805.09	1991.40
国有企业	State-owned Enterprises	49	744.34	492.41	63.85
集体企业	Collective-owned Enterprises				
股份合作企业	Cooperative Enterprises				
联营企业	Joint Ownership Enterprises	2			
有限责任公司	Limited Liability Corporations	925	15358.02	5577.98	1576.93
#国有独资	State Sole Funded Corporatios	262	6660.15	1866.15	370.27
股份有限公司	Share-holding Corporations Ltd.	117	3655.96	1733.77	350.41
私营企业	Private Enterprises				
其他企业	Other Enterprises				
港、澳、台商投资企业	Enterprises with Funds from Hong Kong, Macao and Taiwan	51	740.03	372.42	138.33
外商投资企业	Foreign Funded Enterprises	66	1626.76	681.52	128.17
按轻重工业分	**Grouped by Light & Heavy Industries**				
轻工业	Light Industry	229	2408.57	1503.65	124.02
重工业	Heavy Industry	981	19717.95	7355.38	2133.88
按企业规模分	**Grouped by Size of Enterprises**				
大型企业	Large Enterprises	105	12408.29	4641.55	1120.70
中型企业	Medium-sized Enterprises	272	4786.94	2073.86	568.67
小微型企业	Small Enterprises	833	4931.29	2143.62	568.53
按行业分	**Grouped by Sector**				
采矿业	**Mining**	**19**	**544.59**	**137.40**	**24.83**
煤炭开采和洗选业	Mining and Washing of Coal	3	336.23	100.57	16.45
石油和天然气开采业	Extraction of Petroleum and Natural Gas	2			
黑色金属矿采选业	Mining and Processing of Ferrous Metal Ores	2			
有色金属矿采选业	Mining and Processing of Non-ferrous Metals Ores	3	8.41	2.86	0.03
非金属矿采选业	Mining and Processing of Non-metal Ores	9	35.10	12.54	3.12
开采专业及辅助性活动	Support Activities for Mining				
其他采矿业	Mining of Other Ores				
制造业	**Manufacturing**	**863**	**12355.08**	**7062.56**	**1935.62**
农副食品加工业	Processing of Food from Agricultural Products	28	74.01	48.79	2.31
食品制造业	Manufacture of Food	18	151.07	58.09	9.21

Main Economic Indicators of above Designated Size Industrial Enterprises (2019)

(100 million yuan)

存货 [illegible]	#产成品 [illegible]	负债合计 Total [illegible]	营业收入 Revenue from [illegible] Business	营业成本 Cost of [illegible] Business	销售费用 Selling [illegible]	管理费用 Management [illegible]	财务费用 Financial [illegible]	利润总额 Total [illegible]	年平均用工人数(万人) The Average [illegible] Employment (10000 persons)
1959.77	**565.24**	**12400.68**	**18116.88**	**15096.39**	**365.82**	**457.40**	**158.04**	**1043.36**	**54.92**
1785.45	490.74	11095.14	15850.95	13285.05	309.46	393.55	142.66	844.32	48.18
132.38	10.88	381.37	488.19	267.87	8.66	16.26	0.26	38.21	1.68
1229.98	401.78	9100.99	12133.15	10442.74	217.56	285.43	126.55	532.80	36.87
380.89	122.22	3915.45	5559.96	4950.90	56.02	99.73	33.11	183.54	13.09
422.87	77.96	1612.34	3228.67	2573.67	83.21	91.80	15.85	273.25	9.63
60.18	29.37	412.66	527.67	416.95	21.43	13.56	3.78	66.27	2.25
114.14	45.13	892.89	1738.26	1394.40	34.93	50.30	11.60	132.78	4.48
612.46	102.74	698.53	2045.92	1127.59	92.15	92.02	-3.84	307.94	9.75
1347.31	462.50	11702.16	16070.97	13968.80	273.66	365.38	161.87	735.42	45.16
1243.34	308.83	6678.33	11911.11	9799.68	231.24	269.29	56.89	634.08	29.86
439.02	159.70	2760.52	3128.40	2643.33	83.45	100.52	45.72	190.53	14.89
277.41	96.71	2961.84	3077.37	2653.38	51.12	87.60	55.43	218.75	10.16
19.74	**7.58**	**302.09**	**242.08**	**192.39**	**4.50**	**29.57**	**6.47**	**4.66**	**3.79**
8.59	2.43	152.64	138.03	117.76	1.93	15.17	1.98	6.07	2.53
0.55	0.33	6.21	4.59	2.72	0.11	0.35	0.04	1.26	0.08
5.24	1.64	16.02	16.96	11.52	1.64	1.22	0.31	1.63	0.22
1830.22	**550.48**	**6551.83**	**12640.33**	**10174.78**	**321.49**	**358.93**	**63.65**	**762.04**	**40.57**
15.91	6.19	56.86	144.90	138.07	3.35	1.88	0.52	1.65	0.23
11.78	7.36	69.96	97.48	68.60	7.78	5.26	2.44	11.70	0.76

11－7　续　表 1

单位:亿元

项　目 Item		企业单位数(个) Number of Enterprises (unit)	资产总计 Total Assets	流动资产合计 Current Assets	应收账款 Accounts Receivalble
酒、饮料和精制茶制造业	Manufacture of Liquor, Beverages and Refined Tea	11	650.53	445.55	10.73
烟草制品业	Manufacture of Tobacco	6	686.59	545.58	22.21
纺织业	Manufacture of Textile	18	65.17	29.44	5.54
纺织服装、服饰业	Manufacture of Textile, Wearing Apparel and Accessories	36	65.30	42.27	5.80
皮革、毛皮、羽毛及其制品和制鞋业	Manufacture of Leather, Fur, Feather and Related Products and Footwear	1			
木材加工和木、竹、藤、棕、草制品业	Processing of Timber, Manufacture of Wood, Bamboo, Rattan, Palm and Straw Products	3	30.87	27.23	1.43
家具制造业	Manufacture of Furniture				
造纸和纸制品业	Manufacture of Paper and Paper Products	5	37.93	13.81	0.68
印刷和记录媒介复制业	Printing, Reproduction of Recording Media	20	29.65	15.35	4.04
文教、工美、体育和娱乐用品制造业	Manufacture of Articles for Culture, Education, Arts and Crafts, Sport and Entertainment Activities	6	9.66	6.18	1.99
石油、煤炭及其他燃料加工业	Processing of Petroleum, Coking, Processing of Nuclear Fuel	8	369.29	133.44	5.16
化学原料和化学制品制造业	Manufacture of Raw Chemical Materials and Chemical Products	73	1268.09	486.39	77.44
医药制造业	Manufacture of Medicines	26	188.31	96.72	19.62
化学纤维制造业	Manufacture of Chemical Fibers	13	222.50	84.96	7.19
橡胶和塑料制品业	Manufacture of Rubber and Plastics Products	14	43.21	23.87	6.47
非金属矿物制品业	Manufacture of Non-metallic Mineral Products	82	402.95	228.04	92.34
黑色金属冶炼和压延加工业	Smelting and Pressing of Ferrous Metals	10	699.97	271.03	23.49
有色金属冶炼和压延加工业	Smelting and Pressing of Non-ferrous Metals	22	153.83	105.35	21.42
金属制品业	Manufacture of Metal Products	40	359.81	220.65	78.56
通用设备制造业	Manufacture of General Purpose Machinery	68	795.90	553.75	227.24
专用设备制造业	Manufacture of Special Purpose Machinery	55	924.62	677.84	270.22
汽车制造业	Manufacture of Automobiles	60	1141.28	714.68	179.21
铁路、船舶、航空航天和其他运输设备制造业	Manufacture of Railway, Ship, Aerospace and Other Transport Equipments	53	875.07	535.73	199.39
电气机械和器材制造业	Manufacture of Electrical Machinery and Apparatus	72	1121.18	748.26	365.18
计算机、通信和其他电子设备制造业	Manufacture of Computers, Communication and Other Electronic Equipment	81	1327.37	595.85	174.31
仪器仪表制造业	Manufacture of Measuring Instruments and Machinery	22	633.85	340.34	117.03
其他制造业	Other Manufacture				
废弃资源综合利用业	Utilization of Waste Resources	8	14.13	8.59	5.50

11－7 Continued 1

(100 million yuan)

存货	#产成品 Goods	负债合计	营业收入 Business	营业成本 Business	销售费用	管理费用	财务费用	利润总额	年平均用工人数(万人) The Average Employment (10000 persons)
200.29	25.41	167.63	340.68	114.99	33.77	21.18	-0.89	144.76	2.18
276.79	15.32	70.58	844.11	333.97	8.42	21.63	-9.13	95.94	0.63
11.27	5.78	31.60	66.84	61.07	0.88	2.48	0.62	1.12	0.85
6.44	2.12	18.86	37.68	28.26	0.64	8.25	-0.53	0.94	1.32
9.96	8.87	25.37	45.35	41.81	1.15	0.36	0.79	0.13	0.05
5.51	0.82	18.43	31.32	24.68	0.30	2.69	0.63	1.76	0.23
3.14	1.35	8.11	14.09	11.70	0.44	1.51	0.02	0.38	0.29
2.54	0.62	4.99	7.07	5.82	0.27	0.59	0.04	-0.07	0.10
62.93	11.32	192.21	1217.67	979.90	2.32	15.47	2.89	41.07	0.83
111.72	35.83	488.35	1654.77	1372.63	23.59	53.87	6.73	95.18	3.65
24.15	11.72	65.07	102.31	48.05	28.19	5.49	0.53	19.37	0.89
22.57	12.24	69.92	259.58	211.12	3.06	16.32	0.47	26.91	1.04
10.47	6.46	27.70	52.50	46.43	1.20	1.57	0.70	1.38	0.40
23.37	9.35	228.98	436.01	339.80	19.59	11.86	4.44	49.10	1.64
63.27	17.72	385.78	858.78	811.64	5.18	8.15	2.64	17.73	1.17
40.30	13.15	100.32	734.61	716.00	3.62	2.74	1.78	7.46	0.59
67.25	28.74	221.32	382.33	355.43	4.57	8.60	2.76	1.63	1.44
134.23	56.92	481.13	569.25	471.91	23.08	19.86	1.19	28.60	3.08
164.46	90.32	657.98	685.08	554.59	64.63	12.44	8.77	22.00	2.55
119.28	70.56	824.95	1842.66	1499.83	28.27	54.19	0.14	210.01	4.49
138.66	25.83	649.80	553.27	478.17	8.20	25.48	9.10	2.90	3.71
105.37	42.93	674.53	799.05	681.92	25.46	20.50	7.04	42.18	3.30
148.30	39.36	733.31	636.26	582.31	15.55	27.07	18.70	-81.60	4.21
48.13	3.91	264.82	207.49	180.90	7.77	8.16	1.08	17.54	0.67
0.40	0.28	4.80	9.33	6.63	0.21	0.55	0.03	1.89	0.08

11-7 续 表2

单位:亿元

项 目	Item	企业单位数(个) Number of Enterprises (unit)	资产总计 Total Assets	流动资产合计 Current Assets	应收账款 Accounts Receivalble
金属制品、机械和设备修理业	Repair Service of Metal Products, Machinery and Equipment	4	12.48	4.70	1.91
电力、热力、燃气及水的生产和供应业	**Production and Supply of Electric Power, Heat Power, Gas and Water**	**328**	**9226.84**	**1659.04**	**297.46**
电力、热力生产和供应业	Production and Supply of Electric Power and Heat Power	198	7264.02	776.25	260.70
燃气生产和供应	Production and Supply of Gas	36	301.16	100.31	9.34
水的生产和供应业	Production and Supply of Water	94	1661.66	782.48	27.42
按地区分	**by Region**				
南京市	Nanjing	231	5674.56	2692.99	683.35
无锡市	Wuxi	117	1420.99	671.43	151.71
徐州市	Xuzhou	81	1889.73	1171.66	398.75
常州市	Changzhou	94	884.29	464.24	140.03
苏州市	Suzhou	163	1348.35	600.30	192.08
南通市	Nantong	105	1611.83	680.32	195.63
连云港市	Liuyungang	50	1240.50	258.98	64.78
淮安市	Huaian	57	660.40	364.39	32.62
盐城市	Yancheng	102	1177.59	353.95	122.83
扬州市	Yangzhou	87	1195.86	582.57	169.50
镇江市	Zhenjiang	55	674.97	226.50	35.38
泰州市	Taizhou	45	577.58	276.67	39.11
宿迁市	Suqian	24	663.52	374.86	10.69

11－7 Continued 2

(100 million yuan)

存货	#产成品 Goods	负债合计	营业收入 Principal Business	营业成本 Principal Business	销售费用	管理费用	财务费用	利润总额	年平均用工人数(万人) The Average Employment (10000 persons)
1.73		8.11	9.40	8.33		0.52	0.15	0.41	0.15
109.81	**7.18**	**5546.76**	**5234.46**	**4729.21**	**39.81**	**68.89**	**87.94**	**276.65**	**10.56**
84.98	2.38	4298.10	4785.13	4403.23	0.91	44.51	82.13	215.31	7.25
7.58	3.87	117.24	254.51	195.58	11.99	7.33	0.44	39.81	0.68
17.25	0.93	1131.42	194.82	130.40	26.91	17.05	5.37	21.53	2.63
566.86	107.64	2907.63	5781.89	4746.41	83.50	165.21	25.89	235.63	13.19
144.49	80.21	816.89	1245.65	1033.05	47.12	31.92	9.94	105.05	4.69
280.66	99.46	1110.91	1487.21	1073.55	81.36	40.16	11.90	87.18	6.46
109.98	45.58	509.91	683.44	576.55	21.83	21.79	9.22	40.77	3.43
124.28	44.21	713.08	1081.64	934.98	26.47	33.08	7.52	69.21	4.38
133.54	63.92	984.66	815.72	644.64	15.05	25.88	18.29	91.21	4.39
64.91	9.13	897.88	300.62	231.26	6.14	11.06	20.73	39.72	1.58
104.86	15.34	297.26	472.69	281.64	15.28	16.33	2.86	47.54	1.63
61.82	24.76	799.38	410.88	339.97	6.91	9.96	18.36	32.84	1.67
107.03	25.29	749.02	1443.82	1263.24	20.57	46.82	12.11	59.06	4.87
28.93	11.71	402.24	405.06	350.34	10.11	10.56	9.25	22.51	1.76
53.07	20.51	386.57	437.27	386.76	5.30	6.35	8.79	22.80	1.26
181.62	21.95	214.18	343.18	145.51	26.27	19.77	1.48	127.80	2.10

11-8 国有控股工业企业主要经济效益指标(2018年)
Main Economic Indicators of above Designated Size Industrial Enterprises (2018)

单位:% (%)

项目	Item	企业亏损面 Percentage of Loss Making Enterprises	资产负债率 Assets Liability Ratio	流动资产周转次数(次/年) Times of Turnover of Circulating Funds (times/year)	成本费用利润率 Ratio of Profits to Industrial Cost	总资产贡献率 Ratio of Total Assets to Industrial Output Value
总计	**Total**	**16.76**	**56.48**	**1.93**	**8.62**	**13.25**
按登记注册类型分	**Grouped by Status of Registration**					
内资企业	Domestic Funded Enterprises	16.42	57.18	1.91	7.66	12.58
国有企业	State-owned Enterprises	14.89	75.33	0.48	5.68	3.08
集体企业	Collective-owned Enterprises					
股份合作企业	Cooperative Enterprises					
联营企业	Joint Ownership Enterprises	33.33	15.17	1.07	7.27	6.93
有限责任公司	Limited Liability Corporations	16.88	58.73	2.00	6.58	11.34
#国有独资	State Sole Funded Corporatios	14.11	58.55	2.31	3.97	8.54
股份有限公司	Share-holding Corporations Ltd.	12.75	44.43	1.85	13.79	21.69
私营企业	Private Enterprises					
其他企业	Other Enterprises					
港、澳、台商投资企业	Enterprises with Funds from Hong Kong, Macao and Taiwan	26.00	56.91	1.47	13.17	11.38
外商投资企业	Foreign Funded Enterprises	14.93	47.29	2.40	16.99	22.58
按轻重工业分	**Grouped by Light & Heavy Industries**					
轻工业	Light Industry	17.65	33.19	1.37	22.91	37.86
重工业	Heavy Industry	16.54	59.09	2.03	7.38	10.49
按企业规模分	**Grouped by Size of Enterprises**					
大型企业	Large Enterprises	13.60	54.86	2.15	8.61	15.67
中型企业	Medium-sized Enterprises	13.67	57.52	1.60	8.26	9.44
小微型企业	Small Enterprises	18.48	61.35	1.47	9.14	8.32
按行业分	**Grouped by Sector**					
采矿业	**Mining**	**22.22**	**63.93**	**2.02**	**3.98**	**8.29**
煤炭开采和洗选业	Mining and Washing of Coal	50.00	60.51	1.88	4.87	7.59
石油和天然气开采业	Extraction of Petroleum and Natural Gas					
黑色金属矿采选业	Mining and Processing of Ferrous Metal Ores					
有色金属矿采选业	Mining and Processing of Non-ferrous Metals Ores					
非金属矿采选业	Mining and Processing of Non-metal Ores	0.00	50.20	1.34	8.92	8.53
开采专业及辅助性活动	Support Activities for Mining					
其他采矿业	Mining of Other Ores					
制造业	**Manufacturing**	**18.03**	**54.58**	**1.64**	**9.86**	**17.35**

11-8 续 表 1 Continued 1

单位:% (%)

		企业亏损面 [illegible] Loss Making Enterprises	资产负债率 [illegible] Liability Ratio	流动资产周转次数(次/年) [illegible] Circulating Funds (times/year)	成本费用利润率 [illegible] Industrial Cost	总资产贡献率 Ratio of Total [illegible] Industrial Output Value
农副食品加工业	Processing of Food from Agricultural Products	15.63	74.07	2.56	3.52	8.38
食品制造业	Manufacture of Food	11.76	48.42	2.88	15.08	24.47
酒、饮料和精制茶制造业	Manufacture of Liquor, Beverages and Refined Tea	8.33	31.89	0.81	89.99	36.71
烟草制品业	Manufacture of Tobacco	0.00	17.89	1.35	26.79	73.04
纺织业	Manufacture of Textile	15.79	47.28	2.66	1.61	4.98
纺织服装、服饰业	Manufacture of Textile, Wearing Apparel and Accessories	17.14	34.02	0.92	6.11	7.89
皮革、毛皮、羽毛及其制品和制鞋业	Manufacture of Leather, Fur, Feather and Related Products and Footwear					
木材加工和木、竹、藤、棕、草制品业	Processing of Timber, Manufacture of Wood, Bamboo, Rattan, Palm and Straw Products					
家具制造业	Manufacture of Furniture					
造纸和纸制品业	Manufacture of Paper and Paper Products	60.00	49.04	1.78	5.96	9.74
印刷和记录媒介复制业	Printing, Reproduction of Recording Media	25.00	28.35	1.26	3.97	4.70
文教、工美、体育和娱乐用品制造业	Manufacture of Articles for Culture, Education, Arts and Crafts, Sport and Entertainment Activities	50.00	59.64	3.28	0.30	3.80
石油、煤炭及其他燃料加工业	Processing of Petroleum, Coking, Processing of Nuclear Fuel	0.00	56.15	9.23	6.38	84.29
化学原料和化学制品制造业	Manufacture of Raw Chemical Materials and Chemical Products	11.84	46.13	2.56	10.11	19.58
医药制造业	Manufacture of Medicines	13.04	34.79	0.99	27.71	17.70
化学纤维制造业	Manufacture of Chemical Fibers	33.33	34.83	3.47	11.01	18.65
橡胶和塑料制品业	Manufacture of Rubber and Plastics Products	20.00	68.11	2.07	0.28	5.05
非金属矿物制品业	Manufacture of Non-metallic Mineral Products	10.96	59.92	1.73	15.37	17.69
黑色金属冶炼和压延加工业	Smelting and Pressing of Ferrous Metals	18.18	50.69	3.26	7.70	10.10
有色金属冶炼和压延加工业	Smelting and Pressing of Non-ferrous Metals	23.81	69.19	5.16	1.25	7.59
金属制品业	Manufacture of Metal Products	14.71	56.78	1.13	4.85	5.19
通用设备制造业	Manufacture of General Purpose Machinery	23.73	60.46	0.91	3.67	3.77
专用设备制造业	Manufacture of Special Purpose Machinery	24.44	70.06	1.28	2.11	4.41
汽车制造业	Manufacture of Automobiles	12.70	65.57	2.59	15.34	29.82

11－8 续 表 2 Continued 2

单位:%　　　　　　　　　　　　　　　　　　　　　　　　　　　　　　　　　　　　　　(%)

项目	Item	企业亏损面 Percentage of Loss Making Enterprises	资产负债率 Assets Liability Ratio	流动资产周转次数(次/年) Times of Turnover of Circulating Funds (times/year)	成本费用利润率 Ratio of Profits to Industrial Cost	总资产贡献率 Ratio of Total Assets to Industrial Output Value
铁路、船舶、航空航天和其他运输设备制造业	Manufacture of Railway, Ship, Aerospace and Other Transport Equipments	10.00	71.32	0.95	8.69	7.37
电气机械和器材制造业	Manufacture of Electrical Machinery and Apparatus	23.08	62.59	1.00	5.77	6.42
计算机、通信和其他电子设备制造业	Manufacture of Computers, Communication and Other Electronic Equipment	28.77	52.84	0.93	3.76	3.87
仪器仪表制造业	Manufacture of Measuring Instruments and Machinery	20.83	42.25	0.69	10.50	5.29
其他制造业	Other Manufacture					
废弃资源综合利用业	Utilization of Waste Resources	25.00	46.26	0.82	8.49	11.01
金属制品、机械和设备修理业	Repair Service of Metal Products, Machinery and Equipment	0.00	68.30	2.21	0.82	5.75
电力、热力、燃气及水的生产和供应业	**Production and Supply of Electric Power, Heat Power, Gas and Water**	**12.59**	**58.88**	**3.51**	**6.07**	**6.86**
电力、热力生产和供应业	Production and Supply of Electric Power and Heat Power	12.57	58.46	6.03	4.93	7.06
燃气生产和供应	Production and Supply of Gas	6.25	42.20	2.27	24.58	19.35
水的生产和供应业	Production and Supply of Water	15.19	65.07	0.29	15.58	2.80
按地区分	**by Region**					
南京市	Nanjing	15.65	52.35	1.81	10.85	18.74
无锡市	Wuxi	11.61	54.94	1.68	10.28	11.08
徐州市	Xuzhou	29.82	61.63	1.49	4.17	13.50
常州市	Changzhou	15.91	60.07	1.56	6.44	9.14
苏州市	Suzhou	14.48	55.38	1.76	6.56	7.57
南通市	Nantong	10.10	63.06	1.42	17.57	12.52
连云港市	Lianyungang	37.25	72.17	1.19	11.68	5.08
淮安市	Huaian	25.00	45.75	1.21	14.50	27.02
盐城市	Yancheng	18.39	68.61	1.25	9.44	6.40
扬州市	Yangzhou	10.47	59.04	1.98	7.42	12.59
镇江市	Zhenjiang	16.95	65.67	1.61	4.92	7.30
泰州市	Taizhou	22.22	66.67	2.09	5.05	9.82
宿迁市	Suqian	9.09	37.66	0.88	77.37	31.55

11－9　国有控股工业企业主要经济效益指标(2019 年)

Main Economic Indicators of above Designated Size Industrial Enterprises (2019)

单位:%　　　　　　　　　　　　　　　　　　　　　　(%)

项　　目	Item	企业亏损面 Loss Making Enterprises	资产负债率 Liability Ratio	流动资产周转次数(次/年) Times of Circulating Funds (times/year)	成本费用利润率 Profits to Industrial Cost	总资产贡献率 Ratio of Total Industrial Output Value
总　计	**Total**	**19.42**	**56.04**	**2.05**	**6.40**	**11.21**
按登记注册类型分	**Grouped by Status of Registration**					
内资企业	Domestic Funded Enterprises	19.03	56.15	2.03	5.89	10.98
国有企业	State-owned Enterprises	16.33	51.24	0.99	12.91	29.81
集体企业	Collective-owned Enterprises					
股份合作企业	Cooperative Enterprises					
联营企业	Joint Ownership Enterprises					
有限责任公司	Limited Liability Corporations	19.78	59.26	2.18	4.75	8.94
#国有独资	State Sole Funded Corporatios	19.47	58.79	2.98	3.54	8.51
股份有限公司	Share-holding Corporations Ltd.	14.53	44.10	1.86	9.74	15.72
私营企业	Private Enterprises					
其他企业	Other Enterprises					
港、澳、台商投资企业	Enterprises with Funds from Hong Kong, Macao and Taiwan	21.57	55.76	1.42	14.27	11.31
外商投资企业	Foreign Funded Enterprises	24.24	54.89	2.55	8.78	14.01
按轻重工业分	**Grouped by Light & Heavy Industries**					
轻工业	Light Industry	27.51	29.00	1.36	23.14	36.24
重工业	Heavy Industry	17.53	59.35	2.18	4.91	8.15
按企业规模分	**Grouped by Size of Enterprises**					
大型企业	Large Enterprises	10.48	53.82	2.57	6.04	14.57
中型企业	Medium-sized Enterprises	18.01	57.67	1.51	6.52	7.09
小微型企业	Small Enterprises	21.01	60.06	1.44	7.58	6.75
按行业分	**Grouped by Sector**					
采矿业	**Mining**	**21.05**	**55.47**	**1.76**	**1.98**	**5.48**
煤炭开采和洗选业	Mining and Washing of Coal	33.33	45.40	1.37	4.43	5.01
石油和天然气开采业	Extraction of Petroleum and Natural Gas					
黑色金属矿采选业	Mining and Processing of Ferrous Metal Ores					
有色金属矿采选业	Mining and Processing of Non-ferrous Metals Ores	33.33	73.76	1.61	37.68	21.13
非金属矿采选业	Mining and Processing of Non-metal Ores	0.00	45.64	1.35	10.91	9.69
开采专业及辅助性活动	Support Activities for Mining					
其他采矿业	Mining of Other Ores					
制造业	**Manufacturing**	**22.48**	**53.03**	**1.79**	**6.85**	**15.40**

11-9 续 表 1 Continued 1

单位:% (%)

项 目 Item		企业亏损面 Percentage of Loss Making Enterprises	资产负债率 Assets Liability Ratio	流动资产周转次数(次/年) Times of Turnover of Circulating Funds (times/year)	成本费用利润率 Ratio of Profits to Industrial Cost	总资产贡献率 Ratio of Total Assets to Industrial Output Value
农副食品加工业	Processing of Food from Agricultural Products	35.71	76.82	2.97	1.14	4.58
食品制造业	Manufacture of Food	11.11	46.31	1.68	13.65	12.54
酒、饮料和精制茶制造业	Manufacture of Liquor, Beverages and Refined Tea	9.09	25.77	0.76	84.31	34.25
烟草制品业	Manufacture of Tobacco	0.00	10.28	1.55	26.89	79.92
纺织业	Manufacture of Textile	27.78	48.49	2.27	1.67	4.44
纺织服装、服饰业	Manufacture of Textile, Wearing Apparel and Accessories	30.56	28.88	0.89	2.53	4.26
皮革、毛皮、羽毛及其制品和制鞋业	Manufacture of Leather, Fur, Feather and Related Products and Footwear					
木材加工和木、竹、藤、棕、草制品业	Processing of Timber, Manufacture of Wood, Bamboo, Rattan, Palm and Straw Products	33.33	82.19	1.67	0.29	4.32
家具制造业	Manufacture of Furniture					
造纸和纸制品业	Manufacture of Paper and Paper Products	60.00	48.60	2.27	5.94	7.65
印刷和记录媒介复制业	Printing, Reproduction of Recording Media	40.00	27.36	0.92	2.70	3.05
文教、工美、体育和娱乐用品制造业	Manufacture of Articles for Culture, Education, Arts and Crafts, Sport and Entertainment Activities	33.33	51.61	1.14	-0.91	2.26
石油、煤炭及其他燃料加工业	Processing of Petroleum, Coking, Processing of Nuclear Fuel	12.50	52.05	9.13	4.10	67.72
化学原料和化学制品制造业	Manufacture of Raw Chemical Materials and Chemical Products	21.92	38.51	3.40	6.47	17.22
医药制造业	Manufacture of Medicines	15.38	34.56	1.06	22.33	13.88
化学纤维制造业	Manufacture of Chemical Fibers	46.15	31.43	3.06	11.56	15.94
橡胶和塑料制品业	Manufacture of Rubber and Plastics Products	21.43	64.10	2.20	2.70	7.95
非金属矿物制品业	Manufacture of Non-metallic Mineral Products	18.29	56.83	1.91	12.91	17.98
黑色金属冶炼和压延加工业	Smelting and Pressing of Ferrous Metals	10.00	55.11	3.17	2.11	4.71
有色金属冶炼和压延加工业	Smelting and Pressing of Non-ferrous Metals	31.82	65.22	6.97	1.03	7.88
金属制品业	Manufacture of Metal Products	25.00	61.51	1.73	0.43	2.84
通用设备制造业	Manufacture of General Purpose Machinery	19.12	60.45	1.03	5.29	5.50
专用设备制造业	Manufacture of Special Purpose Machinery	10.91	71.16	1.01	3.34	4.21
汽车制造业	Manufacture of Automobiles	21.67	72.28	2.58	13.09	26.50

11-9 续表 1 Continued 1

单位:% (%)

项 目 Item		企业亏损面 Percentage of Loss Making Enterprises	资产负债率 Assets Liability Ratio	流动资产周转次数(次/年) Times of Turnover of Circulating Funds (times/year)	成本费用利润率 Ratio of Profits to Industrial Cost	总资产贡献率 Ratio of Total Industrial Output Value
铁路、船舶、航空航天和其他运输设备制造业	Manufacture of Railway, Ship, Aerospace and Other Transport Equipments	16.98	74.26	1.03	0.53	2.32
电气机械和器材制造业	Manufacture of Electrical Machinery and Apparatus	25.00	60.16	1.07	5.56	5.35
计算机、通信和其他电子设备制造业	Manufacture of Computers, Communication and Other Electronic Equipment	28.40	55.25	1.07	-12.20	-4.14
仪器仪表制造业	Manufacture of Measuring Instruments and Machinery	13.64	41.78	0.61	8.53	3.50
其他制造业	Other Manufacture					
废弃资源综合利用业	Utilization of Waste Resources	25.00	33.94	1.09	24.54	18.07
金属制品、机械和设备修理业	Repair Service of Metal Products, Machinery and Equipment	0.00	64.98	2.00	4.51	8.09
电力、热力、燃气及水的生产和供应业	**Production and Supply of Electric Power, Heat Power, Gas and Water**	**11.28**	**60.12**	**3.16**	**5.59**	**5.94**
电力、热力生产和供应业	Production and Supply of Electric Power and Heat Power	8.59	59.17	6.16	4.74	6.46
燃气生产和供应	Production and Supply of Gas	2.78	38.93	2.54	18.38	14.78
水的生产和供应业	Production and Supply of Water	20.21	68.09	0.25	11.89	2.06
按地区分	**by Region**					
南京市	Nanjing	20.78	51.24	2.15	4.63	14.65
无锡市	Wuxi	16.24	57.49	1.86	9.18	10.24
徐州市	Xuzhou	19.75	58.79	1.27	7.05	16.58
常州市	Changzhou	10.64	57.66	1.47	6.31	7.76
苏州市	Suzhou	17.79	52.89	1.80	6.78	7.45
南通市	Nantong	18.10	61.09	1.20	12.63	8.17
连云港市	Lianyungang	34.00	72.38	1.16	14.48	5.87
淮安市	Huaian	26.32	45.01	1.30	14.89	28.56
盐城市	Yancheng	19.61	67.88	1.16	8.62	4.41
扬州市	Yangzhou	14.94	62.63	2.48	4.35	9.03
镇江市	Zhenjiang	29.09	59.59	1.79	5.84	6.56
泰州市	Taizhou	17.78	66.93	1.58	5.57	9.60
宿迁市	Suqian	20.83	32.28	0.92	65.09	29.22

11－10 私营工业企业主要经济指标(2018 年)

单位:亿元

项　目	Item	企业单位数(个) Number of Enterprises (unit)	资产总计 Total Assets	流动资产合计 Current Assets	应收账款 Accounts Receivalble
总　计	**Total**	**30895**	**38445.36**	**22903.11**	**7674.51**
按登记注册类型分	**Grouped by Status of Registration**				
私营独资企业	Private Solely Funds Enterprises	1389	485.60	289.72	123.32
私营合伙企业	Private Partnership Enterprises	98	37.78	15.65	6.95
私营有限责任公司	Private Limited Liabieity Corporations	28506	34183.73	20475.74	6909.02
私营股份有限公司	Private Share Holding Co., Ltd.	902	3738.25	2122.00	635.22
按轻重工业分	**Grouped by Light & Heavy Industries**				
轻工业	Light Industry	12125	10591.77	6201.52	1831.21
重工业	Heavy Industry	18770	27853.60	16701.58	5843.30
按企业规模分	**Grouped by Size of Enterprises**				
大型企业	Large Enterprises	235	9626.65	5389.88	1209.00
中型企业	Medium-sized Enterprises	2122	8176.01	4709.05	1554.61
小微型企业	Small Enterprises	28538	20642.71	12804.19	4910.91
按行业分	**Grouped by Sector**				
采矿业	**Mining**	**19**	**20.12**	**9.52**	**5.33**
煤炭开采和洗选业	Mining and Washing of Coal	2			
石油和天然气开采业	Extraction of Petroleum and Natural Gas				
黑色金属矿采选业	Mining and Processing of Ferrous Metal Ores	4	2.03	1.14	0.21
有色金属矿采选业	Mining and Processing of Non-ferrous Metals Ores				
非金属矿采选业	Mining and Processing of Non-metal Ores	13	15.11	5.49	2.71
开采专业及辅助性活动	Support Activities for Mining				
其他采矿业	Mining of Other Ores				
制造业	**Manufacturing**	**30727**	**37933.65**	**22747.85**	**7632.67**
农副食品加工业	Processing of Food from Agricultural Products	1002	788.41	472.84	94.44
食品制造业	Manufacture of Food	247	212.88	110.05	27.24
酒、饮料和精制茶制造业	Manufacture of Liquor, Beverages and Refined Tea	66	86.46	42.78	5.92
烟草制品业	Manufacture of Tobacco				
纺织业	Manufacture of Textile	3415	2049.97	1241.01	357.52
纺织服装、服饰业	Manufacture of Textile, Wearing Apparel and Accessories	1242	1184.08	667.84	136.04
皮革、毛皮、羽毛及其制品和制鞋业	Manufacture of Leather, Fur, Feather and Related Products and Footwear	326	139.49	87.84	31.87
木材加工和木、竹、藤、棕、草制品业	Processing of Timber, Manufacture of Wood, Bamboo, Rattan, Palm and Straw Products	845	431.37	236.12	67.34
家具制造业	Manufacture of Furniture	237	178.04	102.21	23.39

Main Economic Indicators of Private Industrial Enterprises (2018)

(100 million yuan)

存货 Inventory	#产成品 Finished [illegible]	负债合计 Total [illegible]	营业收入 Revenue from [illegible]	营业成本 Cost of [illegible] Business	销售费用 Selling [illegible]	管理费用 Management [illegible]	财务费用 Financial [illegible]	利润总额 [illegible]	年平均用工人数(万人) The Average [illegible] Employment (10000 persons)
5092.31	**2158.68**	**21430.27**	**51698.03**	**44444.12**	**1149.63**	**2121.52**	**453.89**	**3332.43**	**414.65**
59.73	27.27	269.88	1101.59	976.80	16.98	30.36	7.13	64.04	10.77
3.40	1.79	18.45	80.48	70.17	1.32	2.84	0.39	5.36	0.88
4579.47	1945.37	19496.84	47889.55	41326.20	1026.31	1893.04	418.22	3026.74	378.06
449.72	184.25	1645.09	2626.42	2070.96	105.01	195.28	28.15	236.29	24.95
1696.42	754.87	6133.72	15633.55	13491.24	445.74	623.47	135.37	895.31	166.94
3395.89	1403.82	15296.54	36064.48	30952.88	703.89	1498.05	318.52	2437.12	247.71
1206.14	491.29	5394.90	12039.22	10404.57	214.08	326.78	111.96	910.44	56.80
1123.33	482.19	4389.63	10219.30	8552.50	278.70	500.73	84.81	775.15	102.32
2762.84	1185.21	11645.74	29439.52	25487.05	656.84	1294.01	257.13	1646.84	255.53
1.01	**0.90**	**13.34**	**59.51**	**54.93**	**1.09**	**1.13**	**0.19**	**1.48**	**0.13**
0.39	0.36	2.08	16.68	15.88	0.69	0.05	0.02	-0.03	0.02
0.60	0.54	8.76	21.76	18.56	0.37	1.02	0.17	1.00	0.10
5083.51	**2155.28**	**21122.04**	**51466.35**	**44258.33**	**1146.76**	**2111.83**	**445.59**	**3306.62**	**413.45**
142.42	64.56	435.34	1564.76	1409.68	30.61	36.81	12.50	71.83	9.26
35.41	13.60	115.09	244.36	199.54	10.27	12.97	2.16	19.16	3.32
13.23	4.53	43.89	88.82	72.86	4.36	3.56	0.88	6.44	0.97
390.53	184.40	1314.95	3183.70	2866.34	44.89	100.29	30.41	133.72	39.54
210.76	95.52	689.15	1746.31	1489.62	60.36	67.15	13.31	106.36	27.68
24.25	8.38	79.71	358.11	314.62	8.28	12.07	2.23	19.03	4.96
66.90	31.35	204.72	683.39	595.57	12.76	16.35	5.36	50.44	7.46
29.72	13.29	102.69	217.56	181.38	7.49	12.76	1.54	13.08	4.13

11-10 续 表1

单位:亿元

项 目 Item		企业单位数(个) Number of Enterprises (unit)	资产总计 Total Assets	流动资产合计 Current Assets	应收账款 Accounts Receivalble
造纸和纸制品业	Manufacture of Paper and Paper Products	390	368.17	184.79	69.36
印刷和记录媒介复制业	Printing, Reproduction of Recording Media	461	344.97	207.68	81.06
文教、工美、体育和娱乐用品制造业	Manufacture of Articles for Culture, Education, Arts and Crafts, Sport and Entertainment Activities	839	479.55	258.95	92.76
石油、煤炭及其他燃料加工业	Processing of Petroleum, Coking, Processing of Nuclear Fuel	89	350.26	215.26	41.95
化学原料和化学制品制造业	Manufacture of Raw Chemical Materials and Chemical Products	1653	3005.20	1621.96	476.19
医药制造业	Manufacture of Medicines	338	840.31	454.59	136.82
化学纤维制造业	Manufacture of Chemical Fibers	564	1098.52	611.60	114.92
橡胶和塑料制品业	Manufacture of Rubber and Plastics Products	1599	1143.50	730.15	324.08
非金属矿物制品业	Manufacture of Non-metallic Mineral Products	2021	1963.41	1288.37	590.03
黑色金属冶炼和压延加工业	Smelting and Pressing of Ferrous Metals	648	3842.85	1996.18	192.72
有色金属冶炼和压延加工业	Smelting and Pressing of Non-ferrous Metals	751	1119.76	724.05	186.39
金属制品业	Manufacture of Metal Products	2622	2567.26	1595.57	654.25
通用设备制造业	Manufacture of General Purpose Machinery	2973	2712.99	1664.27	643.70
专用设备制造业	Manufacture of Special Purpose Machinery	2222	2338.88	1528.31	582.70
汽车制造业	Manufacture of Automobiles	1115	1437.31	934.03	437.37
铁路、船舶、航空航天和其他运输设备制造业	Manufacture of Railway, Ship, Aerospace and Other Transport Equipments	477	971.94	557.38	166.28
电气机械和器材制造业	Manufacture of Electrical Machinery and Apparatus	2793	4964.32	3245.69	1352.52
计算机、通信和其他电子设备制造业	Manufacture of Computers, Communication and Other Electronic Equipment	1100	2261.37	1339.90	546.43
仪器仪表制造业	Manufacture of Measuring Instruments and Machinery	505	906.39	538.67	171.75
其他制造业	Other Manufacture	88	59.97	36.98	12.56
废弃资源综合利用业	Utilization of Waste Resources	90	80.29	48.82	13.79

11－10　Continued 1

(100 million yuan)

存货	#产成品 Goods	负债合计 Liabilities	营业收入 Principal Business	营业成本 Principle Business	销售费用 Expenses	管理费用 Expenses	财务费用 Expenses	利润总额 Profits	年平均用工人数(万人) Employment (10000 persons)
44.18	16.92	232.67	518.56	456.99	12.44	17.66	6.75	23.40	4.20
41.65	18.28	202.93	449.47	381.48	11.48	24.01	4.74	27.22	5.38
72.30	28.87	261.06	1036.03	882.76	26.11	45.87	6.16	71.11	11.65
35.89	17.68	216.33	397.96	350.00	6.92	11.42	5.79	20.83	1.27
347.70	136.65	1571.00	3622.95	3037.78	86.49	171.86	43.91	273.42	18.52
94.20	37.61	417.66	858.11	583.67	104.13	64.61	5.24	98.93	6.73
188.62	84.47	713.10	1614.03	1478.52	15.68	34.64	23.52	63.79	8.39
145.94	67.50	608.75	1567.92	1338.91	37.54	80.36	12.65	94.15	17.16
192.75	85.43	1222.87	2498.44	2147.34	66.48	91.12	24.39	165.56	19.25
500.28	224.19	2249.68	5956.87	5323.39	39.95	109.13	46.37	376.66	14.84
138.39	60.24	727.28	2568.35	2332.89	14.16	38.19	14.68	153.97	7.26
340.78	138.58	1443.62	3659.25	3178.34	67.14	144.39	32.39	215.63	31.06
407.99	152.21	1364.29	3482.24	2906.37	95.90	204.74	26.29	235.41	36.02
350.84	128.76	1229.00	2639.41	2146.97	92.89	175.85	25.52	192.53	27.56
169.12	74.82	864.06	1498.57	1235.24	38.83	95.27	15.61	113.41	17.29
134.76	32.81	557.43	957.10	821.73	18.49	52.14	2.76	62.80	10.29
573.59	278.13	2553.64	6494.39	5589.18	147.21	269.38	46.13	414.04	43.28
244.44	105.96	1185.15	2297.68	1915.41	43.22	139.84	25.41	174.49	25.56
121.41	40.36	439.29	1038.12	823.37	37.30	70.85	7.27	97.08	8.26
10.39	4.38	21.39	90.41	77.96	2.65	3.85	0.73	5.45	1.43
13.87	5.33	51.79	127.62	116.14	2.30	4.16	0.68	6.36	0.62

11－10 续 表2

单位:亿元

项 目 Item		企业单位数（个）Number of Enterprises (unit)	资产总计 Total Assets	流动资产合计 Current Assets	应收账款 Accounts Receivalble
金属制品、机械和设备修理业	Repair Service of Metal Products, Machinery and Equipment	9	5.73	3.96	1.28
电力、热力、燃气及水的生产和供应业	**Production and Supply of Electric Power, Heat Power, Gas and Water**	**149**	**491.63**	**145.75**	**36.50**
电力、热力生产和供应业	Production and Supply of Electric Power and Heat Power	110	434.55	123.78	33.46
燃气生产和供应	Production and Supply of Gas	17	13.02	7.55	1.20
水的生产和供应业	Production and Supply of Water	22	44.06	14.42	1.84
按地区分	**by Region**				
南京市	Nanjing	1362	2347.54	1406.95	467.07
无锡市	Wuxi	4015	5747.45	3842.44	1340.54
徐州市	Xuzhou	1743	1791.81	833.30	219.56
常州市	Changzhou	3508	4819.98	3153.28	1038.53
苏州市	Suzhou	5399	8420.65	5378.64	1719.04
南通市	Nantong	3435	3685.92	1918.80	663.52
连云港市	Liuyungang	703	886.24	456.44	137.96
淮安市	Huaian	1494	1047.77	550.05	190.57
盐城市	Yancheng	2220	2477.30	1165.39	378.01
扬州市	Yangzhou	2306	2248.08	1276.50	494.26
镇江市	Zhenjiang	1414	2050.40	1233.79	431.31
泰州市	Taizhou	2000	1980.78	1189.20	465.95
宿迁市	Suqian	1299	960.01	510.59	132.11

11－10 Continued 2

(100 million yuan)

存货 [illegible]	#产成品 [illegible] Goods	负债合计 [illegible]	营业收入 [illegible] Business	营业成本 [illegible] Business	销售费用 [illegible]	管理费用 [illegible]	财务费用 [illegible]	利润总额 [illegible]	年平均用工人数(万人) [illegible] Employment (10000 persons)
1.20	0.47	3.51	5.86	4.28	0.43	0.53	0.21	0.32	0.11
7.75	**2.52**	**294.88**	**172.17**	**130.88**	**1.78**	**8.57**	**8.14**	**24.37**	**1.08**
6.20	1.38	262.78	138.71	103.95	0.90	6.46	7.89	20.96	0.78
1.04	0.98	7.73	17.26	14.87	0.46	0.87	0.02	1.04	0.07
0.51	0.16	24.37	16.20	12.06	0.42	1.24	0.23	2.37	0.23
249.01	100.35	1327.38	2471.20	2034.21	75.84	132.09	18.63	210.20	17.84
949.47	389.05	3423.09	7467.54	6421.79	154.53	323.08	81.25	465.81	53.33
196.90	81.19	907.06	2070.78	1798.88	66.53	66.14	19.89	112.25	21.68
676.93	290.99	2777.51	6939.88	6068.78	120.36	264.69	54.65	391.57	46.47
1159.49	518.10	4878.71	8713.49	7433.39	201.22	454.26	87.22	521.13	81.87
438.47	201.47	1743.48	6981.66	6042.20	112.41	214.77	37.72	543.24	46.22
125.84	41.32	475.43	1122.51	953.05	38.15	44.11	8.16	75.50	9.12
135.74	55.55	552.07	2409.32	2102.16	62.38	85.98	22.53	125.69	15.70
290.23	118.29	1418.34	3834.15	3331.58	75.83	134.04	39.23	230.27	27.73
252.10	100.65	1143.27	3608.77	3043.60	98.73	144.68	25.37	278.56	35.48
219.87	97.95	1172.54	2005.49	1686.87	53.06	101.06	26.00	124.70	19.54
265.72	110.68	1111.82	2867.24	2495.56	70.01	119.07	23.17	149.30	23.71
137.93	57.82	512.69	1212.20	1037.45	20.63	37.73	10.46	104.41	16.03

11－11 私营工业企业主要经济指标(2019年)

单位:亿元

项目	Item	企业单位数(个) Number of Enterprises (unit)	资产总计 Total Assets	流动资产合计 Current Assets	应收账款 Accounts Receivalble
总计	**Total**	**31331**	**38481.13**	**24364.15**	**8291.18**
按登记注册类型分	**Grouped by Status of Registration**				
私营独资企业	Private Solely Funds Enterprises	1111	377.16	257.00	111.88
私营合伙企业	Private Partnership Enterprises	74	17.51	12.18	4.87
私营有限责任公司	Private Limited Liabieity Corporations	29234	34132.90	21805.84	7479.30
私营股份有限公司	Private Share Holding Co., Ltd.	912	3953.56	2289.14	695.14
按轻重工业分	**Grouped by Light & Heavy Industries**				
轻工业	Light Industry	11975	10483.43	6418.16	2004.05
重工业	Heavy Industry	19356	27997.69	17945.99	6287.13
按企业规模分	**Grouped by Size of Enterprises**				
大型企业	Large Enterprises	206	8692.96	4841.56	1049.23
中型企业	Medium-sized Enterprises	1720	7977.22	5011.53	1636.04
小微型企业	Small Enterprises	29405	21810.95	14511.06	5605.91
按行业分	**Grouped by Sector**				
采矿业	**Mining**	**13**	**23.74**	**14.31**	**4.20**
煤炭开采和洗选业	Mining and Washing of Coal	1			
石油和天然气开采业	Extraction of Petroleum and Natural Gas				
黑色金属矿采选业	Mining and Processing of Ferrous Metal Ores	3	3.41	2.77	0.13
有色金属矿采选业	Mining and Processing of Non-ferrous Metals Ores				
非金属矿采选业	Mining and Processing of Non-metal Ores	9	16.04	7.37	2.89
开采专业及辅助性活动	Support Activities for Mining				
其他采矿业	Mining of Other Ores				
制造业	**Manufacturing**	**31149**	**37893.50**	**24170.83**	**8234.96**
农副食品加工业	Processing of Food from Agricultural Products	878	728.44	496.04	101.84
食品制造业	Manufacture of Food	243	226.92	119.72	34.81
酒、饮料和精制茶制造业	Manufacture of Liquor, Beverages and Refined Tea	44	63.20	35.12	4.27
烟草制品业	Manufacture of Tobacco				
纺织业	Manufacture of Textile	3378	2016.89	1289.81	385.07
纺织服装、服饰业	Manufacture of Textile, Wearing Apparel and Accessories	1091	695.02	428.88	131.18
皮革、毛皮、羽毛及其制品和制鞋业	Manufacture of Leather, Fur, Feather and Related Products and Footwear	290	115.64	81.32	29.34
木材加工和木、竹、藤、棕、草制品业	Processing of Timber, Manufacture of Wood, Bamboo, Rattan, Palm and Straw Products	760	404.17	259.36	73.78
家具制造业	Manufacture of Furniture	252	205.51	111.27	33.76

Main Economic Indicators of Private Industrial Enterprises (2019)

(100 million yuan)

存货	#产成品 Goods	负债合计	营业收入 Business	营业成本 Business	销售费用	管理费用	财务费用	利润总额	年平均用工人数(万人) The Average Employment (10000 persons)
5170.01	**2174.15**	**22153.72**	**43067.70**	**37163.55**	**1023.63**	**1505.66**	**397.08**	**2136.40**	**370.80**
51.06	24.78	243.98	602.31	538.71	9.28	18.55	4.32	23.85	7.50
2.47	1.34	12.32	29.31	25.85	0.48	1.22	0.18	1.08	0.51
4625.62	1938.23	20227.70	39962.03	34686.49	906.63	1364.30	364.61	1874.80	338.42
490.85	209.80	1669.72	2474.05	1912.50	107.23	121.59	27.96	236.67	24.37
1657.08	759.69	6273.18	12463.22	10768.28	373.09	450.37	120.23	504.26	145.43
3512.93	1414.46	15880.54	30604.48	26395.27	650.54	1055.29	276.85	1632.14	225.38
989.16	392.47	4883.12	9836.23	8693.60	162.87	154.41	89.82	582.27	46.26
1162.95	484.79	4400.28	7541.42	6230.55	233.49	291.07	71.66	535.86	82.00
3017.90	1296.88	12870.32	25690.04	22239.40	627.27	1060.18	235.59	1018.27	242.54
1.58	**1.55**	**16.72**	**48.59**	**43.58**	**1.08**	**1.14**	**0.14**	**1.60**	**0.07**
1.05	1.04	3.60	18.55	17.77	0.69	0.06	0.01	0.01	0.01
0.53	0.51	9.42	13.45	10.06	0.38	1.04	0.13	1.17	0.06
5161.46	**2171.50**	**21809.88**	**42826.15**	**36976.00**	**1020.59**	**1494.84**	**386.92**	**2108.90**	**369.66**
151.28	69.31	463.72	1239.47	1132.21	25.23	24.67	9.45	36.30	7.16
36.46	13.48	126.69	243.25	192.89	11.62	12.14	1.88	18.38	3.13
13.22	5.26	30.81	61.52	49.27	3.67	2.27	0.65	4.05	0.67
407.40	202.95	1348.72	2663.61	2413.37	37.27	85.07	27.40	66.49	35.32
107.54	60.12	445.26	857.98	749.18	29.43	39.24	8.19	23.31	20.62
22.74	9.90	72.12	179.77	159.57	3.74	6.52	1.12	5.47	3.37
67.99	30.62	218.51	524.70	458.29	10.70	12.56	4.65	26.39	5.92
33.12	15.75	126.47	240.10	200.27	8.95	11.62	1.00	11.95	4.22

11-11 续 表1

单位:亿元

项目 Item		企业单位数(个) Number of Enterprises (unit)	资产总计 Total Assets	流动资产合计 Current Assets	应收账款 Accounts Receivalble
造纸和纸制品业	Manufacture of Paper and Paper Products	375	365.03	189.89	67.66
印刷和记录媒介复制业	Printing, Reproduction of Recording Media	467	355.22	220.00	85.80
文教、工美、体育和娱乐用品制造业	Manufacture of Articles for Culture, Education, Arts and Crafts, Sport and Entertainment Activities	868	462.49	279.98	100.52
石油、煤炭及其他燃料加工业	Processing of Petroleum, Coking, Processing of Nuclear Fuel	80	187.04	123.73	26.29
化学原料和化学制品制造业	Manufacture of Raw Chemical Materials and Chemical Products	1371	2665.08	1454.44	392.41
医药制造业	Manufacture of Medicines	352	800.86	439.74	137.05
化学纤维制造业	Manufacture of Chemical Fibers	596	1049.93	605.72	111.94
橡胶和塑料制品业	Manufacture of Rubber and Plastics Products	1721	1438.75	922.84	377.07
非金属矿物制品业	Manufacture of Non-metallic Mineral Products	2187	2298.86	1670.37	793.34
黑色金属冶炼和压延加工业	Smelting and Pressing of Ferrous Metals	644	3653.91	1958.30	204.20
有色金属冶炼和压延加工业	Smelting and Pressing of Non-ferrous Metals	784	1114.20	772.25	211.04
金属制品业	Manufacture of Metal Products	2744	2704.87	1736.21	677.92
通用设备制造业	Manufacture of General Purpose Machinery	3123	2769.60	1896.24	731.62
专用设备制造业	Manufacture of Special Purpose Machinery	2434	2455.68	1704.44	652.73
汽车制造业	Manufacture of Automobiles	1186	1609.85	1010.34	432.54
铁路、船舶、航空航天和其他运输设备制造业	Manufacture of Railway, Ship, Aerospace and Other Transport Equipments	481	917.12	597.46	173.37
电气机械和器材制造业	Manufacture of Electrical Machinery and Apparatus	2820	5012.68	3476.20	1452.30
计算机、通信和其他电子设备制造业	Manufacture of Computers, Communication and Other Electronic Equipment	1209	2585.38	1611.28	611.90
仪器仪表制造业	Manufacture of Measuring Instruments and Machinery	581	821.16	568.86	171.45
其他制造业	Other Manufacture	70	55.87	32.98	12.22
废弃资源综合利用业	Utilization of Waste Resources	111	106.14	72.24	15.70

11－11　Continued 1

(100 million yuan)

存货	#产成品 Goods	负债合计	营业收入 Business	营业成本 Business	销售费用 Expenses	管理费用 Expenses	财务费用 Expenses	利润总额 Profits	年平均用工人数(万人) Employment (10000 persons)
41.32	15.69	233.13	443.05	394.36	12.28	13.19	6.05	12.84	3.64
38.36	16.92	208.24	384.62	322.85	10.44	19.72	4.25	20.08	5.27
76.22	31.98	261.63	692.26	591.28	18.25	28.11	4.47	37.69	10.25
25.92	6.44	104.59	291.32	265.96	6.03	5.55	2.54	10.34	0.77
324.12	140.99	1348.12	2623.53	2187.66	65.65	115.39	33.96	167.81	14.08
95.11	37.55	400.86	585.17	339.15	92.42	36.85	3.99	87.03	5.98
179.15	78.88	637.89	1452.19	1343.00	12.63	22.43	23.01	43.32	7.38
163.55	77.02	786.66	1519.78	1285.84	40.75	68.59	17.18	42.35	16.66
216.49	99.65	1478.91	2548.82	2179.56	79.31	84.92	21.81	141.71	18.07
458.29	195.06	2106.18	5345.46	4961.39	34.55	59.95	34.60	235.34	13.42
146.12	60.25	735.61	2523.35	2356.69	13.91	31.49	17.59	89.13	6.30
354.01	137.11	1545.15	3328.39	2881.14	62.11	114.15	27.54	181.52	28.59
445.41	160.85	1489.10	2681.68	2190.58	86.62	149.17	22.36	146.46	33.21
375.25	133.17	1332.16	2013.57	1559.86	89.50	131.10	19.77	144.49	26.25
178.18	78.94	1011.34	1302.37	1066.65	34.69	70.35	16.74	79.46	16.06
147.06	35.58	571.06	835.30	714.72	18.22	36.51	6.82	47.93	9.29
629.61	281.61	2745.37	5340.30	4598.79	137.87	177.93	39.65	250.01	39.16
258.75	111.43	1444.06	2038.09	1693.91	39.48	84.79	22.79	119.23	25.23
135.53	45.15	435.40	628.26	474.85	29.91	41.81	5.62	51.28	7.81
8.84	3.52	26.26	69.27	57.98	2.69	3.12	0.62	3.27	1.04
22.97	15.99	71.66	161.76	149.88	2.10	4.93	1.02	4.59	0.70

11－11　续　表2

单位:亿元

项　目 Item		企业单位数（个）Number of Enterprises (unit)	资产总计 Total Assets	流动资产合计 Current Assets	应收账款 Accounts Receivalble
金属制品、机械和设备修理业	Repair Service of Metal Products, Machinery and Equipment	9	8.00	5.79	1.81
电力、热力、燃气及水的生产和供应业	**Production and Supply of Electric Power, Heat Power, Gas and Water**	**169**	**563.89**	**179.01**	**52.03**
电力、热力生产和供应业	Production and Supply of Electric Power and Heat Power	117	487.16	150.48	47.47
燃气生产和供应	Production and Supply of Gas	23	19.72	10.76	1.15
水的生产和供应业	Production and Supply of Water	29	57.01	17.77	3.41
按地区分	**by Region**				
南京市	Nanjing	1506	2305.68	1524.23	521.21
无锡市	Wuxi	4383	5896.65	4033.29	1489.66
徐州市	Xuzhou	1393	1639.48	938.28	256.86
常州市	Changzhou	3625	5230.55	3342.25	1130.96
苏州市	Suzhou	6067	9094.50	5868.48	1877.39
南通市	Nantong	3439	3063.88	1945.52	689.10
连云港市	Liuyungang	655	830.43	426.18	124.34
淮安市	Huaian	1093	799.00	486.94	175.07
盐城市	Yancheng	2146	2543.40	1392.01	416.95
扬州市	Yangzhou	2372	2226.00	1359.46	535.76
镇江市	Zhenjiang	1394	1924.64	1269.84	435.90
泰州市	Taizhou	1866	1845.83	1160.50	465.77
宿迁市	Suqian	1395	1100.28	630.58	175.87

11 - 11 Continued 2

(100 million yuan)

存货	#产成品 Goods	负债合计	营业 收入 Business	营业 成本 Business	销售费用 Expenses	管理费用 Expenses	财务费用 Expenses	利润总额 Profits	年平均用工 人数(万人) Employment (10000 persons)
1.42	0.33	4.19	7.21	4.85	0.55	0.72	0.20	0.69	0.10
6.96	**1.10**	**327.12**	**192.96**	**143.97**	**1.97**	**9.68**	**10.02**	**25.89**	**1.07**
5.13	0.98	285.73	149.14	108.86	0.93	7.07	9.46	21.37	0.76
1.10	0.08	10.15	26.73	22.46	0.61	0.96	0.10	2.59	0.08
0.74	0.04	31.25	17.09	12.66	0.43	1.66	0.46	1.93	0.23
232.11	94.99	1360.58	1888.67	1537.50	77.03	87.44	18.72	137.57	16.48
928.23	407.76	3423.71	7420.64	6447.40	144.67	260.35	80.63	358.70	53.29
191.75	86.95	951.20	1818.78	1568.84	64.06	44.95	15.32	79.93	16.75
697.73	289.56	2979.83	6773.94	5891.60	134.82	219.65	45.49	389.94	46.26
1166.87	515.47	5199.80	8947.35	7690.62	216.20	333.54	90.68	421.99	82.76
469.35	182.74	1731.99	3825.20	3289.94	90.32	135.87	29.74	201.15	34.26
117.22	44.80	462.86	1133.34	980.44	19.08	27.16	6.99	80.67	7.42
124.30	46.47	458.31	988.49	856.29	30.27	37.16	7.80	36.00	10.86
338.57	135.26	1580.63	2872.60	2518.43	49.68	87.03	28.99	131.60	21.89
274.04	106.98	1185.69	2261.33	1935.55	62.92	96.89	22.32	96.49	26.49
224.24	90.53	1145.72	1711.32	1477.39	51.42	69.46	18.90	55.68	17.18
255.36	107.82	1067.97	2043.75	1767.69	57.42	72.06	21.78	76.02	20.88
155.73	70.18	619.04	1390.39	1208.58	25.82	34.38	10.16	71.02	16.33

11－12 私营工业企业主要经济效益指标(2018年)
Main Economic Indicators of above Designated Size Industrial Enterprises (2018)

单位:%　　(%)

项　目	Item	企业亏损面 Percentage of Loss Making Enterprises	资产负债率 Assets Liability Ratio	流动资产周转次数(次/年) Times of Turnover of Circulating Funds (times/year)	成本费用利润率 Ratio of Profits to Industrial Cost	总资产贡献率 Ratio of Total Assets to Industrial Output Value
总　计	**Total**	**10.45**	**55.74**	**2.26**	**6.92**	**14.39**
按登记注册类型分	**Grouped by Status of Registration**					
私营独资企业	Private Solely Funds Enterprises	3.24	55.58	3.80	6.21	23.58
私营合伙企业	Private Partnership Enterprises	3.06	48.83	5.14	7.17	25.06
私营有限责任公司	Private Limited Liabieity Corporations	10.79	57.04	2.34	6.78	14.79
私营股份有限公司	Private Share Holding Co., Ltd.	11.42	44.01	1.24	9.85	9.35
按轻重工业分	**Grouped by Light & Heavy Industries**					
轻工业	Light Industry	10.75	57.91	2.52	6.09	14.67
重工业	Heavy Industry	10.25	54.92	2.16	7.28	14.28
按企业规模分	**Grouped by Size of Enterprises**					
大型企业	Large Enterprises	5.11	56.04	2.23	8.23	14.21
中型企业	Medium-sized Enterprises	9.80	53.69	2.17	8.23	15.46
小微型企业	Small Enterprises	10.54	56.42	2.30	5.95	14.04
按行业分	**Grouped by Sector**					
采矿业	**Mining**	**15.79**	**66.30**	**6.25**	**2.58**	**15.39**
煤炭开采和洗选业	Mining and Washing of Coal					
石油和天然气开采业	Extraction of Petroleum and Natural Gas					
黑色金属矿采选业	Mining and Processing of Ferrous Metal Ores	50.00	102.11	14.60	-0.18	4.40
有色金属矿采选业	Mining and Processing of Non-ferrous Metals Ores					
非金属矿采选业	Mining and Processing of Non-metal Ores	7.69	57.99	3.96	4.98	14.95
开采专业及辅助性活动	Support Activities for Mining					
其他采矿业	Mining of Other Ores					
制造业	**Manufacturing**	**10.44**	**55.68**	**2.26**	**6.89**	**14.48**
农副食品加工业	Processing of Food from Agricultural Products	10.98	55.22	3.31	4.82	15.35
食品制造业	Manufacture of Food	12.96	54.06	2.22	8.52	14.67
酒、饮料和精制茶制造业	Manufacture of Liquor, Beverages and Refined Tea	16.67	50.76	2.08	7.88	13.25
烟草制品业	Manufacture of Tobacco					
纺织业	Manufacture of Textile	9.72	64.15	2.57	4.40	12.51
纺织服装、服饰业	Manufacture of Textile, Wearing Apparel and Accessories	11.92	58.20	2.61	6.52	15.08

11－12 续 表 1 Continued 1

单位:% (%)

		企业亏损面 Percentage of Loss Making Enterprises	资产负债率 Assets Liability Ratio	流动资产周转次数(次/年) Turnover of Circulating Funds (times/year)	成本费用利润率 Profits to Industrial Cost	总资产贡献率 Ratio of Total Industrial Output Value
皮革、毛皮、羽毛及其制品和制鞋业	Manufacture of Leather, Fur, Feather and Related Products and Footwear	7.36	57.15	4.08	5.64	26.57
木材加工和木、竹、藤、棕、草制品业	Processing of Timber, Manufacture of Wood, Bamboo, Rattan, Palm and Straw Products	4.02	47.46	2.89	8.01	19.20
家具制造业	Manufacture of Furniture	14.77	57.68	2.13	6.44	13.21
造纸和纸制品业	Manufacture of Paper and Paper Products	13.08	63.20	2.81	4.74	13.08
印刷和记录媒介复制业	Printing, Reproduction of Recording Media	13.45	58.83	2.16	6.46	14.31
文教、工美、体育和娱乐用品制造业	Manufacture of Articles for Culture, Education, Arts and Crafts, Sport and Entertainment Activities	7.15	54.44	4.00	7.40	25.08
石油、煤炭及其他燃料加工业	Processing of Petroleum, Coking, Processing of Nuclear Fuel	22.47	61.76	1.85	5.57	10.96
化学原料和化学制品制造业	Manufacture of Raw Chemical Materials and Chemical Products	11.37	52.28	2.23	8.19	14.53
医药制造业	Manufacture of Medicines	13.31	49.70	1.89	13.06	18.44
化学纤维制造业	Manufacture of Chemical Fibers	15.96	64.91	2.64	4.11	10.82
橡胶和塑料制品业	Manufacture of Rubber and Plastics Products	9.51	53.24	2.15	6.41	13.87
非金属矿物制品业	Manufacture of Non-metallic Mineral Products	10.69	62.28	1.94	7.11	14.93
黑色金属冶炼和压延加工业	Smelting and Pressing of Ferrous Metals	12.50	58.54	2.98	6.82	15.19
有色金属冶炼和压延加工业	Smelting and Pressing of Non-ferrous Metals	12.12	64.95	3.55	6.42	19.94
金属制品业	Manufacture of Metal Products	9.23	56.23	2.29	6.30	14.31
通用设备制造业	Manufacture of General Purpose Machinery	8.95	50.29	2.09	7.28	14.84
专用设备制造业	Manufacture of Special Purpose Machinery	9.05	52.55	1.73	7.89	14.12
汽车制造业	Manufacture of Automobiles	12.47	60.12	1.60	8.19	13.13
铁路、船舶、航空航天和其他运输设备制造业	Manufacture of Railway, Ship, Aerospace and Other Transport Equipments	14.88	57.35	1.72	7.02	10.18
电气机械和器材制造业	Manufacture of Electrical Machinery and Apparatus	10.92	51.44	2.00	6.84	13.79
计算机、通信和其他电子设备制造业	Manufacture of Computers, Communication and Other Electronic Equipment	12.82	52.41	1.71	8.22	11.95
仪器仪表制造业	Manufacture of Measuring Instruments and Machinery	5.74	48.47	1.93	10.34	16.87
其他制造业	Other Manufacture	10.23	35.67	2.45	6.39	15.26

11－12 续 表 2 Continued 2

单位:% (%)

项 目 Item		企业亏损面 Percentage of Loss Making Enterprises	资产负债率 Assets Liability Ratio	流动资产周转次数(次/年) Times of Turnover of Circulating Funds (times/year)	成本费用利润率 Ratio of Profits to Industrial Cost	总资产贡献率 Ratio of Total Assets to Industrial Output Value
废弃资源综合利用业	Utilization of Waste Resources	23.33	64.51	2.61	5.16	22.55
金属制品、机械和设备修理业	Repair Service of Metal Products, Machinery and Equipment	11.11	61.23	1.48	5.92	14.57
电力、热力、燃气及水的生产和供应业	**Production and Supply of Electric Power, Heat Power, Gas and Water**	**11.41**	**59.98**	**1.18**	**16.31**	**7.44**
电力、热力生产和供应业	Production and Supply of Electric Power and Heat Power	10.91	60.47	1.12	17.58	7.31
燃气生产和供应	Production and Supply of Gas	17.65	59.39	2.29	6.38	9.96
水的生产和供应业	Production and Supply of Water	9.09	55.32	1.12	16.97	7.94
按地区分	**by Region**					
南京市	Nanjing	11.75	56.54	1.76	9.30	13.91
无锡市	Wuxi	10.34	59.56	1.94	6.67	12.82
徐州市	Xuzhou	10.50	50.62	2.49	5.75	11.57
常州市	Changzhou	11.74	57.62	2.20	6.02	14.00
苏州市	Suzhou	14.30	57.94	1.62	6.37	9.82
南通市	Nantong	6.99	47.30	3.64	8.48	23.21
连云港市	Liuyungang	15.79	53.65	2.46	7.24	14.39
淮安市	Huaian	8.90	52.69	4.38	5.53	20.61
盐城市	Yancheng	10.00	57.25	3.29	6.43	16.85
扬州市	Yangzhou	4.25	50.86	2.83	8.41	21.07
镇江市	Zhenjiang	13.51	57.19	1.63	6.68	10.88
泰州市	Taizhou	8.30	56.13	2.41	5.51	14.25
宿迁市	Suqin	9.55	53.40	2.37	9.44	16.99

11－13 私营工业企业主要经济效益指标(2019 年)
Main Economic Indicators of above Designated Size Industrial Enterprises (2019)

单位:% (%)

项 目 [illegible]		企业亏损面 [illegible] Loss Making Enterprises	资产负债率 [illegible] Liability Ratio	流动资产周转次数(次/年) Times of [illegible] Circulating Funds (times/year)	成本费用利润率 [illegible] Industrial Cost	总资产贡献率 Ratio of Total [illegible] Output Value
总　计	**Total**	**13.55**	**57.57**	**1.77**	**5.22**	**9.22**
按登记注册类型分	**Grouped by Status of Registration**					
私营独资企业	Private Solely Funds Enterprises	5.40	64.69	2.34	4.14	12.06
私营合伙企业	Private Partnership Enterprises	6.76	70.36	2.41	3.86	13.33
私营有限责任公司	Private Limited Liabieity Corporations	13.85	59.26	1.83	4.92	9.28
私营股份有限公司	Private Share Holding Co., Ltd.	14.47	42.23	1.08	10.44	8.36
按轻重工业分	**Grouped by Light & Heavy Industries**					
轻工业	Light Industry	14.55	59.84	1.94	4.22	8.72
重工业	Heavy Industry	12.93	56.72	1.71	5.62	9.40
按企业规模分	**Grouped by Size of Enterprises**					
大型企业	Large Enterprises	10.68	56.17	2.03	6.29	9.78
中型企业	Medium-sized Enterprises	13.95	55.16	1.50	7.62	10.29
小微型企业	Small Enterprises	13.55	59.01	1.77	4.13	8.60
按行业分	**Grouped by Sector**					
采矿业	**Mining**	**15.38**	**70.44**	**3.40**	**3.45**	**10.99**
煤炭开采和洗选业	Mining and Washing of Coal					
石油和天然气开采业	Extraction of Petroleum and Natural Gas					
黑色金属矿采选业	Mining and Processing of Ferrous Metal Ores	33.33	105.61	6.69	0.08	1.46
有色金属矿采选业	Mining and Processing of Non-ferrous Metals Ores					
非金属矿采选业	Mining and Processing of Non-metal Ores	11.11	58.72	1.83	9.97	13.04
开采专业及辅助性活动	Support Activities for Mining					
其他采矿业	Mining of Other Ores					
制造业	**Manufacturing**	**13.56**	**57.56**	**1.77**	**5.18**	**9.25**
农副食品加工业	Processing of Food from Agricultural Products	15.83	63.66	2.50	3.01	8.04
食品制造业	Manufacture of Food	18.11	55.83	2.03	8.17	11.75
酒、饮料和精制茶制造业	Manufacture of Liquor, Beverages and Refined Tea	25.00	48.75	1.75	7.15	10.62
烟草制品业	Manufacture of Tobacco					
纺织业	Manufacture of Textile	15.54	66.87	2.07	2.56	7.41

11-13 续 表 1 Continued 1

单位:% (%)

项 目 Item		企业亏损面 Percentage of Loss Making Enterprises	资产负债率 Assets Liability Ratio	流动资产周转次数(次/年) Times of Turnover of Circulating Funds (times/year)	成本费用利润率 Ratio of Profits to Industrial Cost	总资产贡献率 Ratio of Total Assets to Industrial Output Value
纺织服装、服饰业	Manufacture of Textile, Wearing Apparel and Accessories	14.57	64.06	2.00	2.79	7.87
皮革、毛皮、羽毛及其制品和制鞋业	Manufacture of Leather, Fur, Feather and Related Products and Footwear	11.72	62.37	2.21	3.16	10.84
木材加工和木、竹、藤、棕、草制品业	Processing of Timber, Manufacture of Wood, Bamboo, Rattan, Palm and Straw Products	9.47	54.06	2.02	5.30	11.94
家具制造业	Manufacture of Furniture	18.25	61.54	2.16	5.25	9.07
造纸和纸制品业	Manufacture of Paper and Paper Products	15.47	63.87	2.33	2.98	8.34
印刷和记录媒介复制业	Printing, Reproduction of Recording Media	12.42	58.62	1.75	5.49	9.95
文教、工美、体育和娱乐用品制造业	Manufacture of Articles for Culture, Education, Arts and Crafts, Sport and Entertainment Activities	10.25	56.57	2.47	5.75	14.08
石油、煤炭及其他燃料加工业	Processing of Petroleum, Coking, Processing of Nuclear Fuel	18.75	55.92	2.35	3.65	9.16
化学原料和化学制品制造业	Manufacture of Raw Chemical Materials and Chemical Products	12.69	50.58	1.80	6.83	10.07
医药制造业	Manufacture of Medicines	15.06	50.05	1.33	17.46	15.05
化学纤维制造业	Manufacture of Chemical Fibers	21.98	60.76	2.40	3.05	8.29
橡胶和塑料制品业	Manufacture of Rubber and Plastics Products	11.27	54.68	1.65	2.92	6.51
非金属矿物制品业	Manufacture of Non-metallic Mineral Products	12.03	64.33	1.53	5.89	11.14
黑色金属冶炼和压延加工业	Smelting and Pressing of Ferrous Metals	15.99	57.64	2.73	4.58	9.35
有色金属冶炼和压延加工业	Smelting and Pressing of Non-ferrous Metals	16.45	66.02	3.27	3.66	12.43
金属制品业	Manufacture of Metal Products	11.30	57.12	1.92	5.78	10.43
通用设备制造业	Manufacture of General Purpose Machinery	11.50	53.77	1.41	5.79	9.15
专用设备制造业	Manufacture of Special Purpose Machinery	11.13	54.25	1.18	7.71	9.61
汽车制造业	Manufacture of Automobiles	17.37	62.82	1.29	6.49	8.17
铁路、船舶、航空航天和其他运输设备制造业	Manufacture of Railway, Ship, Aerospace and Other Transport Equipments	15.80	62.27	1.40	6.03	8.25
电气机械和器材制造业	Manufacture of Electrical Machinery and Apparatus	13.23	54.77	1.54	4.91	8.19

11－13 续 表 2 Continued 2

单位:% (%)

		企业亏损面 Percentage of Loss Making Enterprises	资产负债率 Assets Liability Ratio	流动资产周转次数(次/年) Ti[illegible] f [illegible] Circulating Funds (times/year)	成本费用利润率 [illegible] Profits to Industrial Cost	总资产贡献率 Ratio of Total [illegible] Industrial Output Value
计算机、通信和其他电子设备制造业	Manufacture of Computers, Communication and Other Electronic Equipment	18.69	55.86	1.26	6.20	7.14
仪器仪表制造业	Manufacture of Measuring Instruments and Machinery	12.39	53.02	1.10	8.84	9.77
其他制造业	Other Manufacture	12.86	47.00	2.10	4.94	8.12
废弃资源综合利用业	Utilization of Waste Resources	23.42	67.51	2.24	2.88	15.37
金属制品、机械和设备修理业	Repair Service of Metal Products, Machinery and Equipment	0.00	52.39	1.24	10.55	12.86
电力、热力、燃气及水的生产和供应业	**Production and Supply of Electric Power, Heat Power, Gas and Water**	**10.65**	**58.01**	**1.08**	**15.42**	**6.77**
电力、热力生产和供应业	Production and Supply of Electric Power and Heat Power	8.55	58.65	0.99	16.65	6.56
燃气生产和供应	Production and Supply of Gas	21.74	51.46	2.48	10.69	14.76
水的生产和供应业	Production and Supply of Water	10.34	54.81	0.96	12.54	5.81
按地区分	**by Region**					
南京市	Nanjing	14.74	59.01	1.24	7.75	9.14
无锡市	Wuxi	12.43	58.06	1.84	5.08	10.10
徐州市	Xuzhou	15.15	58.02	1.94	4.59	8.70
常州市	Changzhou	11.14	56.97	2.03	6.11	11.74
苏州市	Suzhou	14.41	57.18	1.52	4.94	7.48
南通市	Nantong	11.57	56.53	1.97	5.56	10.98
连云港市	Liuyungang	14.66	55.74	2.66	7.65	14.32
淮安市	Huaian	15.37	57.36	2.03	3.77	8.61
盐城市	Yancheng	20.55	62.15	2.06	4.80	8.22
扬州市	Yangzhou	9.65	53.27	1.66	4.46	8.06
镇江市	Zhenjiang	17.72	59.53	1.35	3.36	6.05
泰州市	Taizhou	10.88	57.86	1.76	3.86	8.08
宿迁市	Suqin	14.84	56.26	2.20	5.38	11.41

11－14 外商投资和港澳台商投资工业企业主要经济指标(2018年)

单位:亿元

项 目	Item	企业单位数(个) Number of Enterprises (unit)	资产总计 Total Assets	流动资产合计 Current Assets	应收账款 Accounts Receivalble
总 计	**Total**	**9172**	**40652.62**	**24339.77**	**8938.12**
按登记注册类型分	**Grouped by Status of Registration**				
与港澳台商合资经营	Joint-venture Enterprises with Hong Kong, Macao and Taiwan	992	4813.33	2532.17	711.05
与港澳台商合作经营	Cooperative Enterprises with Hong Kong, Macao and Taiwan	29	174.94	71.20	19.76
港澳台商独资	Enterprises with Sole Funds from Hong Kong, Macao and Taiwan	1937	8341.25	5266.69	2211.75
港澳台商投资股份有限公司	Share Holding with Hong Kong, Macao and Taiwan Investment	57	677.40	359.69	103.76
其他港澳台投资	Other Share Hold with Hong Kong, Macao and Taiwan Investment	12	11.56	7.19	2.16
中外合资经营	Joint-venture Enterprises with Foreign Funded	1638	8275.02	4733.33	1365.65
中外合作经营	Chinese-foreign Cooperative Enterprises	52	209.81	118.19	27.90
外资企业	Foreign Solely Funded	4365	17091.43	10676.98	4332.74
外商投资股份有限公司	Share Holding with Foreign Investment	65	1008.41	543.44	154.26
其他外商投资	Others	25	49.47	30.89	9.08
按轻重工业分	**Grouped by Light & Heavy Industries**				
轻工业	Light Industry	3182	8851.08	5254.61	1554.40
重工业	Heavy Industry	5990	31801.54	19085.15	7383.72
按企业规模分	**Grouped by Size of Enterprises**				
大型企业	Large Enterprises	544	18425.13	10898.89	4231.98
中型企业	Medium-sized Enterprises	1823	11339.87	6866.56	2481.33
小微型企业	Small Enterprises	6805	10887.63	6574.32	2224.81
按行业分	**Grouped by Sector**				
采矿业	**Mining**	**2**			
煤炭开采和洗选业	Mining and Washing of Coal				
石油和天然气开采业	Extraction of Petroleum and Natural Gas				
黑色金属矿采选业	Mining and Processing of Ferrous Metal Ores				
有色金属矿采选业	Mining and Processing of Non-ferrous Metals Ores				
非金属矿采选业	Mining and Processing of Non-metal Ores	2			
开采专业及辅助性活动	Support Activities for Mining				
其他采矿业	Mining of Other Ores				
制造业	**Manufacturing**	**9016**	**38988.09**	**23891.92**	**8859.38**
农副食品加工业	Processing of Food from Agricultural Products	144	611.20	399.17	56.72
食品制造业	Manufacture of Food	102	357.04	191.01	51.71
酒、饮料和精制茶制造业	Manufacture of Liquor, Beverages and Refined Tea	48	169.43	78.41	20.40

Main Economic Indicators of Industrial Enterprises with HongKong, Macao, Taiwan and Foreign Funds (2018)

(100 million yuan)

存货	#产成品 Goods	负债合计 Total	营业收入 Revenue from Business	营业成本 Cost of Business	销售费用 Selling	管理费用 Management	财务费用 Financial	利润总额 Total	年平均用工人数(万人) The Average (10000 persons)
5220.16	**1986.88**	**19987.55**	**45245.60**	**38315.73**	**1368.14**	**2144.86**	**230.70**	**3158.20**	**346.48**
510.58	211.22	2530.34	4495.08	3726.00	128.49	205.85	44.82	374.33	31.04
15.65	5.77	62.35	173.95	141.09	2.83	9.21	0.85	22.42	0.92
1003.92	383.57	4045.77	9796.78	8470.66	224.93	416.47	24.38	648.23	92.05
60.74	25.69	278.73	400.41	327.22	10.90	24.78	3.16	42.29	3.08
2.77	1.70	4.97	10.61	8.53	0.61	0.55	0.04	0.89	0.27
950.93	351.68	4285.49	8715.80	7260.04	253.52	424.04	62.85	715.55	50.43
43.64	19.34	80.01	244.48	201.80	16.76	7.68	0.31	22.28	1.26
2556.87	953.89	8252.08	20782.89	17774.17	644.42	1003.96	85.03	1251.24	162.31
68.03	30.56	429.14	588.40	374.68	84.65	49.77	8.82	79.46	4.71
7.03	3.46	18.66	37.21	31.54	1.03	2.55	0.42	1.50	0.43
1252.61	541.04	4243.02	9691.52	7706.00	638.00	528.60	60.57	759.71	95.62
3967.55	1445.85	15744.53	35554.08	30609.73	730.15	1616.26	170.13	2398.49	250.87
2084.96	764.42	9254.57	22165.18	19233.16	554.89	859.63	69.70	1456.36	162.99
1532.08	618.23	5482.32	11861.94	9668.12	466.73	657.39	68.73	1010.12	100.97
1603.11	604.23	5250.66	11218.48	9414.45	346.53	627.84	92.28	691.71	82.53
5192.68	**1985.14**	**19151.16**	**44356.21**	**37617.09**	**1351.51**	**2119.60**	**210.72**	**3015.20**	**343.74**
107.82	42.40	361.31	980.34	906.37	22.05	15.58	3.87	29.59	3.18
33.01	15.22	141.13	359.34	221.12	76.35	23.89	0.98	28.42	2.76
22.67	7.65	76.30	198.37	149.73	13.59	6.92	1.29	23.14	1.16

11-14 续 表1

单位:亿元

项 目 Item		企业单位数(个) Number of Enterprises (unit)	资产总计 Total Assets	流动资产合计 Current Assets	应收账款 Accounts Receivalble
烟草制品业	Manufacture of Tobacco				
纺织业	Manufacture of Textile	540	990.90	593.97	153.73
纺织服装、服饰业	Manufacture of Textile, Wearing Apparel and Accessories	475	498.62	335.38	117.75
皮革、毛皮、羽毛及其制品和制鞋业	Manufacture of Leather, Fur, Feather and Related Products and Footwear	89	103.28	73.85	27.31
木材加工和木、竹、藤、棕、草制品业	Processing of Timber, Manufacture of Wood, Bamboo, Rattan, Palm and Straw Products	46	89.16	56.51	21.88
家具制造业	Manufacture of Furniture	50	76.25	44.97	18.57
造纸和纸制品业	Manufacture of Paper and Paper Products	100	1233.76	616.70	172.94
印刷和记录媒介复制业	Printing, Reproduction of Recording Media	85	176.36	103.27	41.91
文教、工美、体育和娱乐用品制造业	Manufacture of Articles for Culture, Education, Arts and Crafts, Sport and Entertainment Activities	264	355.63	201.27	51.39
石油、煤炭及其他燃料加工业	Processing of Petroleum, Coking, Processing of Nuclear Fuel	17	128.96	77.34	14.56
化学原料和化学制品制造业	Manufacture of Raw Chemical Materials and Chemical Products	745	3618.07	1884.53	553.24
医药制造业	Manufacture of Medicines	129	1048.62	646.17	160.76
化学纤维制造业	Manufacture of Chemical Fibers	53	265.04	132.61	24.45
橡胶和塑料制品业	Manufacture of Rubber and Plastics Products	568	1210.54	709.77	267.14
非金属矿物制品业	Manufacture of Non-metallic Mineral Products	272	760.08	443.09	130.07
黑色金属冶炼和压延加工业	Smelting and Pressing of Ferrous Metals	104	1078.07	486.22	96.08
有色金属冶炼和压延加工业	Smelting and Pressing of Non-ferrous Metals	125	427.90	285.81	89.81
金属制品业	Manufacture of Metal Products	543	1225.83	796.85	279.81
通用设备制造业	Manufacture of General Purpose Machinery	943	2835.36	1968.47	746.19
专用设备制造业	Manufacture of Special Purpose Machinery	666	2176.28	1557.24	551.44
汽车制造业	Manufacture of Automobiles	668	3710.68	2138.86	763.47
铁路、船舶、航空航天和其他运输设备制造业	Manufacture of Railway, Ship, Aerospace and Other Transport Equipments	173	1237.98	838.97	190.94

11－14　Continued 1

(100 million yuan)

存货 [illegible]	#产成品 [illegible]	负债合计 Total [illegible]	营业收入 Revenue from [illegible] Business	营业成本 Cost of [illegible] Business	销售费用 Selling [illegible]	管理费用 Management [illegible]	财务费用 Financial [illegible]	利润总额 Total [illegible]	年平均用工人数(万人) The Average Number of [illegible] (10000 persons)
192.73	85.88	475.17	1191.06	1043.71	28.81	42.54	9.40	66.17	13.43
78.13	35.33	255.00	755.09	645.59	23.98	40.47	2.43	39.22	16.26
22.20	7.96	46.14	130.74	114.88	3.05	4.74	0.49	7.39	2.77
14.57	6.46	42.69	76.62	63.47	3.96	3.87	0.68	4.03	0.90
11.30	4.76	27.98	83.80	70.47	4.64	5.54	0.36	2.51	1.56
86.68	35.78	631.48	788.66	636.00	40.36	35.48	17.75	71.65	3.48
17.14	8.66	79.00	161.02	121.70	8.91	12.96	0.51	15.36	2.30
61.34	28.31	173.41	551.54	457.96	15.49	28.69	2.27	45.46	8.21
25.20	11.98	67.84	195.42	164.61	6.54	5.03	1.83	13.27	0.44
444.69	199.47	1519.10	4373.16	3666.51	139.77	163.39	34.61	362.01	11.78
155.43	68.14	460.31	989.71	459.79	263.97	106.31	5.02	170.98	6.50
41.67	20.90	136.17	243.83	199.28	4.65	10.66	2.67	25.50	1.39
174.82	75.86	464.02	1178.40	959.64	43.05	82.87	6.42	77.51	14.38
68.80	28.50	331.94	604.80	495.59	20.45	31.43	4.52	51.68	4.95
132.08	53.26	657.91	1329.89	1168.11	12.22	41.92	9.84	71.54	3.99
82.94	33.42	218.39	717.83	662.37	9.96	19.79	7.19	18.32	2.42
184.79	72.22	521.00	1387.14	1174.21	40.40	75.60	6.72	82.65	12.51
483.18	158.48	1344.16	3284.30	2663.47	101.07	205.57	3.76	304.33	25.54
370.84	133.29	1012.80	1983.27	1572.36	75.02	138.16	2.57	198.52	17.22
415.68	162.03	1944.04	4224.83	3403.33	115.61	278.98	24.94	372.66	24.19
194.81	34.23	543.82	799.32	656.59	16.78	43.65	2.60	92.37	6.86

11-14 续 表2

单位:亿元

项 目	Item	企业单位数(个) Number of Enterprises (unit)	资产总计 Total Assets	流动资产合计 Current Assets	应收账款 Accounts Receivalble
电气机械和器材制造业	Manufacture of Electrical Machinery and Apparatus	696	3803.67	2471.82	960.92
计算机、通信和其他电子设备制造业	Manufacture of Computer Communications and other Electronic Equipment	1123	10239.22	6391.90	3179.97
仪器仪表制造业	Manufacture of Measuring Instruments and Machinery	187	487.73	336.40	107.98
其他制造业	Other Manufacture	37	35.01	17.59	4.69
废弃资源综合利用业	Utilization of Waste Resources	21	22.42	9.55	2.36
金属制品、机械和设备修理业	Repair Service of Metal Products, Machinery and Equipment	3	15.00	4.22	1.19
电力、热力、燃气及水的生产和供应业	**Production and Supply of Electric Power, Heat Power, Gas and Water**	**154**	**1659.03**	**444.84**	**77.80**
电力、热力生产和供应业	Production and Supply of Electric Power and Heat Power	66	924.57	196.57	45.56
燃气生产和供应	Production and Supply of Gas	58	515.34	199.06	27.45
水的生产和供应业	Production and Supply of Water	30	219.12	49.21	4.79
按地区分	**by Region**				
南京市	Nanjing	547	3963.63	2114.63	718.81
无锡市	Wuxi	1166	6437.51	3917.07	1335.42
徐州市	Xuzhou	148	838.22	324.96	98.23
常州市	Changzhou	737	2840.41	1710.22	621.37
苏州市	Suzhou	4057	17551.02	11487.32	4655.01
南通市	Nantong	926	2647.05	1255.63	365.09
连云港市	Liuyungang	122	643.00	389.28	88.52
淮安市	Huaian	179	557.78	254.15	79.50
盐城市	Yancheng	308	1048.88	565.29	234.98
扬州市	Yangzhou	302	988.40	518.88	166.83
镇江市	Zhenjiang	328	1575.86	892.23	271.20
泰州市	Taizhou	265	1587.34	986.40	226.51
宿迁市	Suqian	95	430.12	231.87	104.75

11－14　Continued 2

(100 million yuan)

存货	#产成品	负债合计 Total	营业 收入 Revenue from Business	营业 成本 Cost of Business	销售费用 Selling	管理费用 Management	财务费用 Financial	利润总额 Total	年平均用工人数(万人) The Average Number of (10000 persons)
406.72	183.64	2099.93	3862.57	3271.10	119.72	196.67	21.27	251.52	28.92
1262.60	445.04	5292.86	13196.77	12103.85	118.52	457.96	35.11	511.70	121.49
93.54	23.07	195.00	641.62	508.97	20.38	37.25	0.86	73.71	4.07
5.42	2.85	16.77	42.64	37.90	1.73	1.77	0.34	0.97	0.76
0.95	0.32	6.79	17.59	13.35	0.20	1.33	0.16	2.71	0.15
0.93	0.03	8.70	6.54	5.06	0.28	0.58	0.26	0.31	0.17
27.50	**1.75**	**835.29**	**887.69**	**697.73**	**16.60**	**25.04**	**19.97**	**142.55**	**2.75**
13.97	0.65	469.04	425.10	352.20	0.22	9.23	16.37	55.97	1.12
7.87	1.10	241.02	419.56	317.70	13.33	11.76	2.58	76.25	1.18
5.66		125.23	43.03	27.83	3.05	4.05	1.02	10.33	0.45
454.94	153.70	2092.88	4224.20	3492.55	154.61	203.27	37.88	319.39	23.87
814.79	315.95	2989.14	6320.68	5270.40	166.29	309.11	27.38	565.24	42.56
74.70	23.77	403.96	674.53	587.78	8.58	29.76	8.41	41.82	4.87
394.47	174.53	1494.33	3274.91	2741.93	87.64	156.83	12.75	253.85	24.72
2490.17	935.57	8681.52	20965.04	18071.82	601.18	1041.03	74.41	1176.36	169.98
320.27	124.50	1206.70	3340.76	2834.40	73.44	115.34	29.17	277.84	22.38
61.92	27.51	336.10	628.93	383.40	108.35	53.20	2.14	75.88	4.38
53.84	19.68	220.35	479.48	398.83	16.33	28.11	3.43	32.50	7.36
88.42	41.47	613.42	1091.88	965.38	45.31	42.80	11.13	12.49	7.50
97.83	34.88	437.02	1338.71	1133.45	29.04	45.75	4.42	132.61	9.71
169.91	73.00	704.62	1331.26	1100.03	40.33	54.56	14.07	133.57	10.08
216.38	51.33	758.05	1391.22	1183.60	34.12	54.31	7.45	124.26	12.07
45.86	14.31	191.20	341.34	279.01	3.61	16.05	-1.50	51.41	7.80

11－15　外商投资和港澳台商投资工业企业主要经济指标(2019年)

单位:亿元

项　　目	Item	企业单位数(个) Number of Enterprises (unit)	资产总计 Total Assets	流动资产合计 Current Assets	应收账款 Accounts Receivalble
总　计	**Total**	**8653**	**40278.07**	**24473.11**	**8706.67**
按登记注册类型分	**Grouped by Status of Registration**				
与港澳台商合资经营	Joint-venture Enterprises with Hong Kong, Macao and Taiwan	938	4980.30	2883.59	822.52
与港澳台商合作经营	Cooperative Enterprises with Hong Kong, Macao and Taiwan	23	200.77	88.25	35.70
港澳台商独资	Enterprises with Sole Funds from Hong Kong, Macao and Taiwan	1829	8009.23	5085.57	2090.74
港澳台商投资股份有限公司	Share Holding with Hong Kong, Macao and Taiwan Investment	60	756.13	412.42	120.60
其他港澳台投资	Other Share Hold with Hong Kong, Macao and Taiwan Investment	14	38.05	27.27	7.39
中外合资经营	Joint-venture Enterprises with Foreign Funded	1437	8097.53	4727.63	1268.01
中外合作经营	Chinese-foreign Cooperative Enterprises	43	260.57	170.55	44.83
外资企业	Foreign Solely Funded	4219	17074.70	10633.15	4186.96
外商投资股份有限公司	Share Holding with Foreign Investment	62	801.23	404.41	118.20
其他外商投资	Others	28	59.56	40.27	11.71
按轻重工业分	**Grouped by Light & Heavy Industries**				
轻工业	Light Industry	2902	9122.17	5524.02	1607.74
重工业	Heavy Industry	5751	31155.90	18949.09	7098.93
按企业规模分	**Grouped by Size of Enterprises**				
大型企业	Large Enterprises	493	17709.25	10774.92	4049.28
中型企业	Medium-sized Enterprises	1582	11183.04	6775.43	2312.97
小微型企业	Small Enterprises	6578	11385.77	6922.76	2344.42
按行业分	**Grouped by Sector**				
采矿业	**Mining**	**4**	**16.08**	**7.73**	**2.49**
煤炭开采和洗选业	Mining and Washing of Coal				
石油和天然气开采业	Extraction of Petroleum and Natural Gas				
黑色金属矿采选业	Mining and Processing of Ferrous Metal Ores				
有色金属矿采选业	Mining and Processing of Non-ferrous Metals Ores				
非金属矿采选业	Mining and Processing of Non-metal Ores	4	16.08	7.73	2.49
开采专业及辅助性活动	Support Activities for Mining				
其他采矿业	Mining of Other Ores				
制造业	**Manufacturing**	**8481**	**38438.76**	**23985.52**	**8589.30**
农副食品加工业	Processing of Food from Agricultural Products	131	576.22	362.11	69.73
食品制造业	Manufacture of Food	106	388.71	210.93	55.98
酒、饮料和精制茶制造业	Manufacture of Liquor, Beverages and Refined Tea	50	192.43	97.25	27.32

Main Economic Indicators of Industrial Enterprises with HongKong, Macao, Taiwan and Foreign Funds (2019)

(100 million yuan)

存货	#产成品	负债合计 Total	营业收入 Revenue from ... Business	营业成本 Cost of ... Business	销售费用 Selling	管理费用 Management	财务费用 Financial	利润总额 Total	年平均用工人数(万人) The Average ... Employment (10000 persons)
4932.26	**1898.39**	**19494.16**	**41681.42**	**35179.57**	**1319.27**	**1531.87**	**204.25**	**2661.49**	**306.47**
513.99	249.69	2594.09	4357.51	3491.80	218.31	150.53	34.78	391.66	29.54
14.97	4.45	64.98	213.74	185.95	2.99	5.09	0.71	15.97	0.88
923.99	365.77	3668.21	8531.51	7349.20	178.50	277.65	26.54	546.31	78.85
65.57	28.93	292.80	405.85	315.67	11.97	15.93	3.30	51.18	3.21
6.60	1.40	22.05	32.29	27.38	1.12	1.28	0.08	1.85	0.41
879.84	343.53	4362.52	7587.45	6335.81	246.50	271.42	56.63	460.48	41.48
70.76	24.82	119.13	287.89	218.39	38.89	2.82	0.29	25.58	1.05
2395.00	851.51	8016.04	19781.27	16872.16	598.66	788.16	73.33	1117.38	146.98
53.59	24.03	330.54	443.10	349.06	21.15	15.92	8.16	49.35	3.64
7.95	4.28	23.81	40.80	34.14	1.19	3.06	0.44	1.73	0.42
1249.42	545.91	4382.03	8959.74	7043.52	622.42	410.01	53.15	684.82	85.02
3682.84	1352.48	15112.13	32721.67	28136.05	696.85	1121.86	151.11	1976.66	221.45
1928.58	732.01	8781.25	20304.54	17547.63	567.48	503.28	63.65	1212.19	140.16
1445.92	572.66	5291.89	10998.60	9003.95	405.24	467.98	58.22	856.87	87.74
1557.77	593.72	5421.03	10378.28	8627.99	346.56	560.61	82.39	592.42	78.57
0.08	**0.03**	**4.84**	**4.10**	**2.28**	**0.15**	**0.30**	**0.01**	**1.65**	**0.04**
0.08	0.03	4.84	4.10	2.28	0.15	0.30	0.01	1.65	0.04
4902.18	**1896.03**	**18575.59**	**40759.99**	**34453.46**	**1302.52**	**1507.08**	**184.53**	**2525.08**	**303.65**
103.83	35.75	353.22	923.00	867.89	21.08	14.99	2.42	15.03	2.73
34.01	16.71	163.75	328.79	226.82	44.69	25.61	0.98	30.48	2.71
25.87	8.84	88.59	208.07	153.26	14.53	8.37	0.95	27.23	1.17

11-15 续 表1

单位:亿元

项 目 Item		企业单位数(个) Number of Enterprises (unit)	资产总计 Total Assets	流动资产合计 Current Assets	应收账款 Accounts Receivalble
烟草制品业	Manufacture of Tobacco				
纺织业	Manufacture of Textile	452	935.92	588.65	152.40
纺织服装、服饰业	Manufacture of Textile, Wearing Apparel and Accessories	393	486.51	346.14	118.17
皮革、毛皮、羽毛及其制品和制鞋业	Manufacture of Leather, Fur, Feather and Related Products and Footwear	74	96.76	76.38	33.66
木材加工和木、竹、藤、棕、草制品业	Processing of Timber, Manufacture of Wood, Bamboo, Rattan, Palm and Straw Products	35	79.38	59.63	24.24
家具制造业	Manufacture of Furniture	51	71.98	42.09	13.60
造纸和纸制品业	Manufacture of Paper and Paper Products	97	1227.44	632.26	157.44
印刷和记录媒介复制业	Printing, Reproduction of Recording Media	77	170.98	99.03	32.20
文教、工美、体育和娱乐用品制造业	Manufacture of Articles for Culture, Education, Arts and Crafts, Sport and Entertainment Activities	222	278.32	183.28	46.83
石油、煤炭及其他燃料加工业	Processing of Petroleum, Coking, Processing of Nuclear Fuel	14	96.05	63.64	19.93
化学原料和化学制品制造业	Manufacture of Raw Chemical Materials and Chemical Products	657	3499.12	1843.30	493.69
医药制造业	Manufacture of Medicines	122	1238.14	804.44	184.79
化学纤维制造业	Manufacture of Chemical Fibers	57	349.21	179.31	36.30
橡胶和塑料制品业	Manufacture of Rubber and Plastics Products	576	1266.53	742.37	292.79
非金属矿物制品业	Manufacture of Non-metallic Mineral Products	242	805.49	487.82	143.42
黑色金属冶炼和压延加工业	Smelting and Pressing of Ferrous Metals	93	733.84	406.54	96.12
有色金属冶炼和压延加工业	Smelting and Pressing of Non-ferrous Metals	117	362.76	242.12	74.51
金属制品业	Manufacture of Metal Products	531	1170.55	765.55	263.02
通用设备制造业	Manufacture of General Purpose Machinery	941	2950.71	2104.83	781.24
专用设备制造业	Manufacture of Special Purpose Machinery	646	2311.89	1632.42	562.71
汽车制造业	Manufacture of Automobiles	673	3750.00	2124.99	717.09
铁路、船舶、航空航天和其他运输设备制造业	Manufacture of Railway, Ship, Aerospace and Other Transport Equipments	161	1372.00	938.94	221.27

11－15　Continued 1

(100 million yuan)

存货 Inventory	#产成品 Finished	负债合计 Total	营业收入 Revenue from Business	营业成本 Cost of Business	销售费用 Selling	管理费用 Management	财务费用 Financial	利润总额 Total	年平均用工人数(万人) The Average (10000 persons)
175.80	81.16	451.37	979.74	857.86	28.33	32.50	10.08	34.18	11.65
84.98	45.70	252.97	591.25	499.15	20.62	34.75	1.72	33.01	12.54
19.74	6.15	48.01	89.52	77.28	2.56	4.30	0.57	4.27	2.33
13.86	7.00	45.26	70.87	57.53	3.63	3.53	1.12	3.39	0.74
9.18	3.54	27.94	76.03	63.13	3.64	4.75	0.20	3.25	1.38
63.71	24.14	615.46	764.23	620.68	39.23	23.36	15.42	74.17	3.25
15.67	7.54	69.74	149.63	111.12	8.60	10.45	0.85	15.26	2.05
60.03	31.42	130.86	311.16	253.90	12.78	18.35	1.61	17.22	6.08
18.49	10.45	45.20	160.00	136.00	5.20	3.92	0.65	8.81	0.20
411.21	189.58	1412.71	3720.89	3124.07	125.27	132.66	25.20	269.52	10.29
198.73	82.70	564.22	1058.16	472.61	291.35	65.39	4.68	172.53	7.14
48.20	24.36	187.89	285.97	233.30	5.48	10.69	3.33	27.94	1.63
170.71	73.80	464.14	1186.87	951.64	45.30	67.55	4.84	91.05	14.24
72.47	28.96	345.04	537.01	431.46	20.69	26.33	3.18	55.29	4.33
112.70	48.08	469.20	1141.90	1044.31	7.98	13.57	8.52	33.47	2.79
58.79	21.59	173.21	504.32	455.53	8.23	13.27	4.35	16.85	2.10
176.01	72.33	523.62	1108.45	915.97	35.74	58.49	5.95	65.12	10.90
462.34	147.34	1378.04	3183.97	2548.93	103.51	173.66	7.49	289.49	24.27
357.87	128.92	1031.55	1918.98	1492.27	71.89	104.48	5.51	194.90	15.75
386.76	153.34	2024.57	3933.83	3195.96	112.78	199.09	22.74	279.16	22.33
202.69	52.10	616.67	852.97	698.84	20.51	32.21	4.36	109.90	6.36

11－15 续 表2

单位:亿元

项 目 Item		企业单位数（个） Number of Enterprises (unit)	资产总计 Total Assets	流动资产合计 Current Assets	应收账款 Accounts Receivalble
电气机械和器材制造业	Manufacture of Electrical Machinery and Apparatus	654	3750.35	2557.11	944.93
计算机、通信和其他电子设备制造业	Manufacture of Computer Communications and other Electronic Equipment	1071	9774.70	6065.24	2919.17
仪器仪表制造业	Manufacture of Measuring Instruments and Machinery	181	417.15	293.58	98.38
其他制造业	Other Manufacture	32	38.47	18.86	4.44
废弃资源综合利用业	Utilization of Waste Resources	22	33.56	12.47	2.77
金属制品、机械和设备修理业	Repair Service of Metal Products, Machinery and Equipment	3	13.59	4.24	1.15
电力、热力、燃气及水的生产和供应业	**Production and Supply of Electric Power, Heat Power, Gas and Water**	**168**	**1823.23**	**479.86**	**114.87**
电力、热力生产和供应业	Production and Supply of Electric Power and Heat Power	74	1038.40	231.59	70.88
燃气生产和供应	Production and Supply of Gas	61	552.95	197.36	38.95
水的生产和供应业	Production and Supply of Water	33	231.88	50.90	5.05
按地区分	**by Region**				
南京市	Nanjing	538	3824.36	2120.22	696.10
无锡市	Wuxi	1126	6877.50	4263.86	1407.56
徐州市	Xuzhou	124	809.46	365.55	121.25
常州市	Changzhou	650	2870.41	1773.68	610.28
苏州市	Suzhou	3961	17533.77	11334.23	4476.05
南通市	Nantong	804	2365.19	1236.96	358.69
连云港市	Liuyungang	114	620.36	414.45	104.86
淮安市	Huaian	162	550.03	280.81	108.00
盐城市	Yancheng	281	956.39	468.40	150.91
扬州市	Yangzhou	275	893.60	502.27	155.87
镇江市	Zhenjiang	295	1469.51	847.57	222.74
泰州市	Taizhou	235	1603.54	991.29	263.98
宿迁市	Suqian	96	395.99	214.21	86.54

11－15 Continued 2

(100 million yuan)

存货 Inventory	#产成品 Finished	负债合计 Total	营业收入 Revenue from Business	营业成本 Cost of Business	销售费用 Selling	管理费用 Management	财务费用 Financial	利润总额 Total	年平均用工人数(万人) The Average Number of (10000 persons)
386.18	176.01	2121.75	3573.58	3013.61	115.00	129.14	16.99	216.07	25.21
1144.35	394.88	4770.21	12573.59	11536.08	114.10	269.14	28.99	386.95	104.75
79.92	20.43	163.18	464.85	365.68	16.95	22.88	1.13	44.52	3.72
5.26	2.73	19.31	33.64	27.97	2.07	1.59	0.27	1.50	0.66
1.01	0.39	11.26	20.90	14.68	0.47	1.47	0.22	3.84	0.20
1.82	0.05	6.64	7.80	5.96	0.30	0.59	0.22	0.66	0.16
30.00	**2.33**	**913.73**	**917.33**	**723.83**	**16.60**	**24.48**	**19.71**	**134.76**	**2.78**
14.65	0.61	518.11	438.72	358.59	0.11	9.11	16.13	57.45	1.12
8.62	1.61	261.03	433.39	336.57	13.79	11.43	2.67	67.25	1.19
6.73	0.12	134.59	45.22	28.67	2.70	3.94	0.91	10.06	0.47
404.67	139.39	2100.69	4081.17	3377.54	158.38	133.16	24.35	226.52	21.23
805.58	300.08	3251.19	6296.33	5244.16	197.54	225.32	36.81	528.54	39.20
74.87	24.93	377.81	612.48	521.56	10.14	22.14	5.72	56.82	4.29
374.92	167.50	1405.73	2834.42	2342.95	88.07	106.44	14.17	208.09	20.79
2330.14	884.49	8296.11	20484.71	17599.68	553.53	760.75	64.80	1121.35	154.83
293.95	115.51	1127.15	2051.78	1693.91	63.10	88.01	21.62	152.20	16.72
63.10	33.46	320.34	557.13	352.66	86.13	28.48	0.86	74.85	4.42
60.13	23.23	221.11	396.67	324.00	14.88	17.37	1.59	32.00	6.43
99.17	44.29	543.93	813.17	722.97	42.58	30.90	9.23	-6.53	6.51
93.80	34.45	446.58	972.40	818.32	27.01	33.84	2.93	73.84	7.73
141.41	59.42	617.88	1155.57	961.31	36.43	40.65	12.12	102.58	7.97
202.43	63.87	732.65	1261.29	1084.18	38.18	35.73	6.91	106.95	10.50
35.05	14.80	193.48	322.47	269.50	4.29	11.41	2.72	32.16	6.66

11-16 外商投资和港澳台商投资工业企业主要经济效益指标(2018年)
Main Economic Indicators of above Designated Size Industrial Enterprises (2018)

单位:%　　(%)

项目	Item	企业亏损面 Percentage of Loss Making Enterprises	资产负债率 Assets Liability Ratio	流动资产周转次数(次/年) Times of Turnover of Circulating Funds (times/year)	成本费用利润率 Ratio of Profits to Industrial Cost	总资产贡献率 Ratio of Total Assets to Industrial Output Value
总计	**Total**	**19.81**	**49.17**	**1.86**	**7.51**	**11.24**
按登记注册类型分	**Grouped by Status of Registration**					
与港澳台商合资经营	Joint-venture Enterprises with Hong Kong, Macao and Taiwan	16.23	52.57	1.78	9.12	12.06
与港澳台商合作经营	Cooperative Enterprises with Hong Kong, Macao and Taiwan	17.24	35.64	2.44	14.56	17.04
港澳台商独资	Enterprises with Sole Funds from Hong Kong, Macao and Taiwan	20.03	48.50	1.86	7.09	10.76
港澳台商投资股份有限公司	Share Holding with Hong Kong, Macao and Taiwan Investment	12.28	41.15	1.11	11.55	8.75
其他港澳台投资	Other Share Hold with Hong Kong, Macao and Taiwan Investment	8.33	42.97	1.48	9.14	9.00
中外合资经营	Joint-venture Enterprises with Foreign Funded	16.97	51.79	1.84	8.94	13.38
中外合作经营	Chinese-foreign Cooperative Enterprises	15.38	38.14	2.07	9.83	15.56
外资企业	Foreign Solely Funded	21.86	48.28	1.95	6.41	10.15
外商投资股份有限公司	Share Holding with Foreign Investment	12.31	42.56	1.08	15.34	12.51
其他外商投资	Others	28.00	37.71	1.20	4.23	5.23
按轻重工业分	**Grouped by Light & Heavy Industries**					
轻工业	Light Industry	20.71	47.94	1.84	8.50	13.00
重工业	Heavy Industry	19.33	49.51	1.86	7.24	10.76
按企业规模分	**Grouped by Size of Enterprises**					
大型企业	Large Enterprises	11.03	50.23	2.03	7.03	11.09
中型企业	Medium-sized Enterprises	13.93	48.35	1.73	9.30	12.60
小微型企业	Small Enterprises	22.09	48.23	1.71	6.60	10.09
按行业分	**Grouped by Sector**					
采矿业	**Mining**					
煤炭开采和洗选业	Mining and Washing of Coal					
石油和天然气开采业	Extraction of Petroleum and Natural Gas					
黑色金属矿采选业	Mining and Processing of Ferrous Metal Ores					
有色金属矿采选业	Mining and Processing of Non-ferrous Metals Ores					
非金属矿采选业	Mining and Processing of Non-metal Ores					
开采专业及辅助性活动	Support Activities for Mining					

11－16 续 表 1 Continued 1

单位:% (%)

项 目 Item		企业亏损面 Loss Making Enterprises	资产负债率 Liability Ratio	流动资产周转次数(次/年) Times of Circulating Funds (times/year)	成本费用利润率 Industrial Cost	总资产贡献率 Ratio of Total Output Value
其他采矿业	Mining of Other Ores					
制造业	**Manufacturing**	**20.02**	**49.12**	**1.86**	**7.30**	**11.21**
农副食品加工业	Processing of Food from Agricultural Products	21.53	59.11	2.46	3.12	7.18
食品制造业	Manufacture of Food	24.51	39.53	1.88	8.82	12.56
酒、饮料和精制茶制造业	Manufacture of Liquor, Beverages and Refined Tea	18.75	45.03	2.53	13.49	22.58
烟草制品业	Manufacture of Tobacco					
纺织业	Manufacture of Textile	16.30	47.95	2.01	5.88	11.17
纺织服装、服饰业	Manufacture of Textile, Wearing Apparel and Accessories	20.84	51.14	2.25	5.50	13.75
皮革、毛皮、羽毛及其制品和制鞋业	Manufacture of Leather, Fur, Feather and Related Products and Footwear	22.47	44.68	1.77	6.00	12.04
木材加工和木、竹、藤、棕、草制品业	Processing of Timber, Manufacture of Wood, Bamboo, Rattan, Palm and Straw Products	21.74	47.88	1.36	5.60	8.61
家具制造业	Manufacture of Furniture	32.00	36.69	1.86	3.10	6.57
造纸和纸制品业	Manufacture of Paper and Paper Products	21.00	51.18	1.28	9.82	9.18
印刷和记录媒介复制业	Printing, Reproduction of Recording Media	17.65	44.80	1.56	10.66	12.45
文教、工美、体育和娱乐用品制造业	Manufacture of Articles for Culture, Education, Arts and Crafts, Sport and Entertainment Activities	13.26	48.76	2.74	9.01	19.32
石油、煤炭及其他燃料加工业	Processing of Petroleum, Coking, Processing of Nuclear Fuel	29.41	52.61	2.53	7.45	19.74
化学原料和化学制品制造业	Manufacture of Raw Chemical Materials and Chemical Products	19.87	41.99	2.32	9.04	14.63
医药制造业	Manufacture of Medicines	13.95	43.90	1.53	20.47	24.54
化学纤维制造业	Manufacture of Chemical Fibers	28.30	51.38	1.84	11.74	13.20
橡胶和塑料制品业	Manufacture of Rubber and Plastics Products	23.06	38.33	1.66	7.10	9.70
非金属矿物制品业	Manufacture of Non-metallic Mineral Products	21.69	43.67	1.36	9.36	10.65
黑色金属冶炼和压延加工业	Smelting and Pressing of Ferrous Metals	23.08	61.03	2.74	5.81	10.83
有色金属冶炼和压延加工业	Smelting and Pressing of Non-ferrous Metals	22.40	51.04	2.51	2.62	8.07
金属制品业	Manufacture of Metal Products	20.44	42.50	1.74	6.37	11.20
通用设备制造业	Manufacture of General Purpose Machinery	12.73	47.41	1.67	10.23	14.12

11－16 续 表 2 Continued 2

单位:% (%)

项 目 Item		企业亏损面 Percentage of Loss Making Enterprises	资产负债率 Assets Liability Ratio	流动资产周转次数(次/年) Times of Turnover of Circulating Funds (times/year)	成本费用利润率 Ratio of Profits to Industrial Cost	总资产贡献率 Ratio of Total Assets to Industrial Output Value
专用设备制造业	Manufacture of Special Purpose Machinery	16.97	46.54	1.27	11.10	11.83
汽车制造业	Manufacture of Automobiles	28.44	52.39	1.98	9.75	15.40
铁路、船舶、航空航天和其他运输设备制造业	Manufacture of Railway, Ship, Aerospace and Other Transport Equipments	24.86	43.93	0.95	12.84	9.81
电气机械和器材制造业	Manufacture of Electrical Machinery and Apparatus	22.13	55.21	1.56	6.97	9.71
计算机、通信和其他电子设备制造业	Manufacture of Computers, Communication and Other Electronic Equipment	21.64	51.69	2.06	4.02	6.66
仪器仪表制造业	Manufacture of Measuring Instruments and Machinery	12.83	39.98	1.91	12.99	19.10
其他制造业	Other Manufacture	21.62	47.91	2.42	2.32	8.87
废弃资源综合利用业	Utilization of Waste Resources	9.52	30.29	1.84	18.00	16.22
金属制品、机械和设备修理业	Repair Service of Metal Products, Machinery and Equipment		57.99	1.55	5.05	7.15
电力、热力、燃气及水的生产和供应业	**Production and Supply of Electric Power, Heat Power, Gas and Water**	**7.79**	**50.35**	**2.00**	**18.77**	**11.94**
电力、热力生产和供应业	Production and Supply of Electric Power and Heat Power	13.64	50.73	2.16	14.81	10.12
燃气生产和供应	Production and Supply of Gas	1.72	46.77	2.11	22.08	17.58
水的生产和供应业	Production and Supply of Water	6.67	57.15	0.87	28.73	6.35
按地区分	**by Region**					
南京市	Nanjing	23.58	52.80	2.00	8.21	12.69
无锡市	Wuxi	19.13	46.43	1.61	9.79	11.82
徐州市	Xuzhou	18.24	48.19	2.08	6.59	7.99
常州市	Changhzou	18.32	52.61	1.91	8.46	13.34
苏州市	Suzhou	21.72	49.46	1.83	5.94	9.20
南通市	Nantong	12.20	45.59	2.66	9.10	16.47
连云港市	Liuyungang	26.23	52.27	1.62	13.87	17.84
淮安市	Huaian	16.76	39.50	1.89	7.27	8.28
盐城市	Yancheng	26.95	58.48	1.93	1.17	5.97
扬州市	Yangzhou	10.93	44.21	2.58	10.94	19.78
镇江市	Zhenjiang	18.29	44.71	1.49	11.05	12.75
泰州市	Taizhou	20.38	47.76	1.41	9.71	11.06
宿迁市	Suqian	20.00	44.45	1.47	17.30	14.11

11－17 外商投资和港澳台商投资工业企业主要经济效益指标(2019 年)
Main Economic Indicators of above Designated Size Industrial Enterprises (2019)

单位:%　　　　　　　　　　　　　　　　　　　　　　　　　　　　　　　　　(%)

项 目 Item		企业亏损面 Loss Making Enterprises	资产负债率 Liability Ratio	流动资产周转次数(次/年) Times of … Circulating Funds (times/year)	成本费用利润率 Ratio of … Industrial Cost	总资产贡献率 Ratio of Total Assets to … Output Value
总　计	**Total**	**22.42**	**48.40**	**1.70**	**6.83**	**9.00**
按登记注册类型分	**Grouped by Status of Registration**					
与港澳台商合资经营	Joint - venture Enterprises with Hong Kong, Macao and Taiwan	17.48	52.09	1.51	9.78	10.88
与港澳台商合作经营	Cooperative Enterprises with Hong Kong, Macao and Taiwan	21.74	32.37	2.42	8.00	10.96
港澳台商独资	Enterprises with Sole Funds from Hong Kong, Macao and Taiwan	23.40	45.80	1.68	6.84	8.94
港澳台商投资股份有限公司	Share Holding with Hong Kong, Macao and Taiwan Investment	16.67	38.72	0.98	14.21	8.70
其他港澳台投资	Other Share Hold with Hong Kong, Macao and Taiwan Investment	14.29	57.96	1.18	6.05	6.24
中外合资经营	Joint-venture Enterprises with Foreign Funded	21.16	53.87	1.60	6.52	8.95
中外合作经营	Chinese-foreign Cooperative Enterprises	13.95	45.72	1.69	9.72	13.75
外资企业	Foreign Solely Funded	23.84	46.95	1.86	6.00	8.46
外商投资股份有限公司	Share Holding with Foreign Investment	8.06	41.25	1.10	12.12	8.76
其他外商投资	Others	35.71	39.97	1.01	4.43	5.09
按轻重工业分	**Grouped by Light & Heavy Industries**					
轻工业	Light Industry	22.95	48.04	1.62	8.23	10.52
重工业	Heavy Industry	22.15	48.50	1.73	6.44	8.56
按企业规模分	**Grouped by Size of Enterprises**					
大型企业	Large Enterprises	11.16	49.59	1.88	6.36	9.13
中型企业	Medium-sized Enterprises	15.42	47.32	1.62	8.44	10.10
小微型企业	Small Enterprises	24.95	47.61	1.50	6.06	7.71
按行业分	**Grouped by Sector**					
采矿业	**Mining**		**30.11**	**0.53**	**60.07**	**13.03**
煤炭开采和洗选业	Mining and Washing of Coal					
石油和天然气开采业	Extraction of Petroleum and Natural Gas					
黑色金属矿采选业	Mining and Processing of Ferrous Metal Ores					
有色金属矿采选业	Mining and Processing of Non-ferrous Metals Ores					
非金属矿采选业	Mining and Processing of Non-metal Ores		30.11	0.53	60.07	13.03
开采专业及辅助性活动	Support Activities for Mining					

11－17 续 表 1 Continued 1

单位:% (%)

项 目 Item		企业亏损面 Percentage of Loss Making Enterprises	资产负债率 Assets Liability Ratio	流动资产周转次数(次/年) Times of Turnover of Circulating Funds (times/year)	成本费用利润率 Ratio of Profits to Industrial Cost	总资产贡献率 Ratio of Total Assets to Industrial Output Value
其他采矿业	Mining of Other Ores					
制造业	**Manufacturing**	**22.72**	**48.33**	**1.70**	**6.61**	**8.96**
农副食品加工业	Processing of Food from Agricultural Products	25.95	61.30	2.55	1.65	3.35
食品制造业	Manufacture of Food	32.08	42.13	1.56	10.13	10.82
酒、饮料和精制茶制造业	Manufacture of Liquor, Beverages and Refined Tea	20.00	46.04	2.14	15.31	21.19
烟草制品业	Manufacture of Tobacco					
纺织业	Manufacture of Textile	24.12	48.23	1.66	3.63	6.83
纺织服装、服饰业	Manufacture of Textile, Wearing Apparel and Accessories	25.19	52.00	1.71	5.88	10.70
皮革、毛皮、羽毛及其制品和制鞋业	Manufacture of Leather, Fur, Feather and Related Products and Footwear	22.97	49.62	1.17	5.00	7.68
木材加工和木、竹、藤、棕、草制品业	Processing of Timber, Manufacture of Wood, Bamboo, Rattan, Palm and Straw Products	37.14	57.02	1.19	5.09	8.64
家具制造业	Manufacture of Furniture	25.49	38.82	1.81	4.48	7.14
造纸和纸制品业	Manufacture of Paper and Paper Products	21.65	50.14	1.21	10.38	8.91
印刷和记录媒介复制业	Printing, Reproduction of Recording Media	20.78	40.79	1.51	11.38	12.06
文教、工美、体育和娱乐用品制造业	Manufacture of Articles for Culture, Education, Arts and Crafts, Sport and Entertainment Activities	13.96	47.02	1.70	5.86	9.26
石油、煤炭及其他燃料加工业	Processing of Petroleum, Coking, Processing of Nuclear Fuel	14.29	47.06	2.51	6.03	16.76
化学原料和化学制品制造业	Manufacture of Raw Chemical Materials and Chemical Products	20.09	40.37	2.02	7.82	10.61
医药制造业	Manufacture of Medicines	22.13	45.57	1.32	19.05	19.48
化学纤维制造业	Manufacture of Chemical Fibers	36.84	53.80	1.59	10.85	11.23
橡胶和塑料制品业	Manufacture of Rubber and Plastics Products	21.18	36.65	1.60	8.34	9.62
非金属矿物制品业	Manufacture of Non-metallic Mineral Products	21.90	42.84	1.10	11.29	9.41
黑色金属冶炼和压延加工业	Smelting and Pressing of Ferrous Metals	29.03	63.94	2.81	3.07	7.62
有色金属冶炼和压延加工业	Smelting and Pressing of Non-ferrous Metals	28.21	47.75	2.08	3.46	7.54
金属制品业	Manufacture of Metal Products	19.96	44.73	1.45	6.27	8.32
通用设备制造业	Manufacture of General Purpose Machinery	18.92	46.70	1.51	10.02	12.11
专用设备制造业	Manufacture of Special Purpose Machinery	19.20	44.62	1.18	11.31	10.17

11-17 续 表 2 Continued 2

单位:% (%)

项 目 Item		企业亏损面 [illegible] Loss Making Enterprises	资产负债率 [illegible] Liability Ratio	流动资产周转次数(次/年) Times of T[illegible] Funds (times/year)	成本费用利润率 Ratio of [illegible] Industrial Cost	总资产贡献率 Ratio of Total Assets to [illegible] Output Value
汽车制造业	Manufacture of Automobiles	32.10	53.99	1.85	7.72	11.62
铁路、船舶、航空航天和其他运输设备制造业	Manufacture of Railway, Ship, Aerospace and Other Transport Equipments	21.12	44.95	0.91	14.09	9.66
电气机械和器材制造业	Manufacture of Electrical Machinery and Apparatus	24.31	56.57	1.40	6.45	7.73
计算机、通信和其他电子设备制造业	Manufacture of Computers, Communication and Other Electronic Equipment	23.34	48.80	2.07	3.18	5.01
仪器仪表制造业	Manufacture of Measuring Instruments and Machinery	18.78	39.12	1.58	10.60	13.37
其他制造业	Other Manufacture	31.25	50.20	1.78	4.67	5.88
废弃资源综合利用业	Utilization of Waste Resources	9.09	33.54	1.68	22.34	13.48
金属制品、机械和设备修理业	Repair Service of Metal Products, Machinery and Equipment	0.00	48.88	1.84	9.29	9.69
电力、热力、燃气及水的生产和供应业	**Production and Supply of Electric Power, Heat Power, Gas and Water**	**7.74**	**50.12**	**1.91**	**17.10**	**9.87**
电力、热力生产和供应业	Production and Supply of Electric Power and Heat Power	8.11	49.89	1.89	14.94	8.76
燃气生产和供应	Production and Supply of Gas	4.92	47.21	2.20	18.34	13.69
水的生产和供应业	Production and Supply of Water	12.12	58.04	0.89	27.33	5.71
按地区分	**by Region**					
南京市	Nanjing	26.39	54.93	1.92	6.03	9.58
无锡市	Wuxi	19.18	47.27	1.48	9.12	9.82
徐州市	Xuzhou	25.81	46.67	1.68	9.95	9.01
常州市	Changhzou	21.85	48.97	1.60	7.98	10.15
苏州市	Suzhou	21.99	47.32	1.81	5.79	8.24
南通市	Nantong	18.66	47.66	1.66	8.02	9.60
连云港市	Liuyungang	16.67	51.64	1.34	15.00	15.93
淮安市	Huaian	20.99	40.20	1.41	8.75	7.35
盐城市	Yancheng	45.20	56.87	1.74	-0.80	2.10
扬州市	Yangzhou	20.00	49.97	1.94	8.27	11.86
镇江市	Zhenjiang	24.41	42.05	1.36	9.58	10.34
泰州市	Taizhou	25.11	45.69	1.27	9.01	8.72
宿迁市	Suqian	22.92	48.86	1.51	10.88	10.55

11－18　大中型工业企业主要经济指标(2018 年)

单位:亿元

项　　目	Item	企业单位数(个) Number of Enterprises (unit)	资产总计 Total Assets	流动资产合计 Current Assets	应收账款 Accounts Receivalble
总　计	**Total**	**6041**	**78981.85**	**43149.66**	**13679.36**
按登记注册类型分	**Grouped by Status of Registration**				
内资企业	Domestic Funded Enterprises	3674	49216.85	25384.21	6966.05
国有企业	State-owned Enterprises	14	426.16	253.20	121.09
集体企业	Collective-owned Enterprises	7	26.62	16.72	3.61
股份合作企业	Cooperative Enterprises	4	19.27	8.13	3.64
联营企业	Joint Ownership Enterprises				
有限责任公司	Limited Liability Corporations	879	20845.48	9528.42	2619.98
#国有独资	State Sole Funded Corporatios	94	7442.66	2611.89	669.08
股份有限公司	Share-holding Corporations Ltd.	413	10096.67	5478.82	1454.12
私营企业	Private Enterprises	2357	17802.66	10098.92	2763.61
其他企业	Other Enterprises				
港、澳、台商投资企业	Enterprises with Funds from Hong Kong, Macao and Taiwan	824	10539.21	6188.26	2342.50
外商投资企业	Foreign Funded Enterprises	1543	19225.79	11577.19	4370.81
按轻重工业分	**Grouped by Light & Heavy Industries**				
轻工业	Light Industry	2169	16676.35	9834.28	2351.35
重工业	Heavy Industry	3872	62305.50	33315.38	11328.01
按行业分	**Grouped by Sector**				
采矿业	**Mining**	**11**	**866.67**	**243.86**	**29.76**
煤炭开采和洗选业	Mining and Washing of Coal	3	662.69	202.81	25.06
石油和天然气开采业	Extraction of Petroleum and Natural Gas	2			
黑色金属矿采选业	Mining and Processing of Ferrous Metal Ores	1			
有色金属矿采选业	Mining and Processing of Non-ferrous Metals Ores	1			
非金属矿采选业	Mining and Processing of Non-metal Ores	4	58.94	21.94	1.26
开采专业及辅助性活动	Support Activities for Mining				
其他采矿业	Mining of Other Ores				
制造业	**Manufacturing**	**5943**	**71281.18**	**41888.63**	**13531.28**
农副食品加工业	Processing of Food from Agricultural Products	81	579.16	352.61	40.54
食品制造业	Manufacture of Food	61	400.78	204.96	36.37
酒、饮料和精制茶制造业	Manufacture of Liquor, Beverages and Refined Tea	28	964.06	607.66	43.12
烟草制品业	Manufacture of Tobacco	4	718.77	582.85	15.71
纺织业	Manufacture of Textile	395	1910.77	1165.24	268.35

Main Economic Indicators of Big and Medium Size Industrial Enterprises (2018)

(100 million yuan)

存货 Inventory	#产成品 Finished	负债合计 Total Liabilities	营业收入 Revenue from Principal	营业成本 Cost of Principal	销售费用 Selling	管理费用 Management	财务费用 Financial	利润总额 Total	年平均用工人数(万人) The Average Number of (10000 persons)
9351.79	**3490.21**	**41239.03**	**83153.26**	**69653.79**	**2585.92**	**3557.30**	**576.23**	**6120.09**	**559.61**
5734.74	2107.55	26502.14	49126.14	40752.51	1564.30	2040.29	437.81	3653.61	295.65
30.52	4.35	325.82	142.93	119.16	4.06	12.72	6.56	1.65	1.63
3.93	2.36	16.07	44.59	37.90	0.78	1.56	0.65	3.79	0.42
2.40	0.72	5.77	18.52	16.17	0.44	0.88	0.16	1.70	0.22
2265.70	760.94	11930.57	19271.92	15956.63	729.41	748.50	168.87	1198.53	89.30
607.48	212.44	4284.79	6488.12	5810.67	91.06	146.26	44.71	228.47	19.20
1102.72	365.71	4439.39	7389.67	5665.58	336.82	449.12	64.79	762.35	44.96
2329.47	973.47	9784.53	22258.52	18957.07	492.79	827.51	196.77	1685.59	159.12
1146.39	457.46	5236.87	11518.27	9835.08	273.55	480.07	43.95	885.37	100.45
2470.66	925.20	9500.02	22508.85	19066.20	748.07	1036.95	94.47	1581.11	163.51
2579.18	970.36	7894.06	18429.29	13906.44	1430.11	966.66	121.80	1637.93	168.60
6772.61	2519.84	33344.97	64723.97	55747.35	1155.81	2590.64	454.43	4482.16	391.01
30.55	**11.83**	**553.28**	**493.31**	**376.74**	**5.63**	**55.38**	**8.53**	**19.32**	**6.07**
22.84	8.37	400.73	379.97	298.91	3.06	35.95	5.14	16.84	4.54
4.81	2.20	28.07	29.55	21.70	1.91	2.43	0.79	2.26	0.38
9231.48	**3475.58**	**36747.22**	**78002.13**	**64965.36**	**2544.13**	**3460.90**	**510.20**	**5873.20**	**544.31**
106.60	43.69	333.98	992.10	911.53	22.74	16.80	3.10	36.69	5.11
35.79	13.50	169.86	474.89	311.65	82.51	25.17	2.52	57.23	4.16
237.94	36.55	315.72	853.21	524.04	51.02	39.04	11.05	189.35	5.41
283.81	17.14	127.51	790.23	306.85	7.98	22.37	-3.56	89.74	0.55
306.77	135.19	1099.89	2065.94	1834.38	38.27	68.68	26.29	107.00	26.27

11-18 续 表1

单位:亿元

项　　目 Item		企业单位数(个) Number of Enterprises (unit)	资产总计 Total Assets	流动资产合计 Current Assets	应收账款 Accounts Receivalble
纺织服装、服饰业	Manufacture of Textile, Wearing Apparel and Accessories	300	1288.75	801.08	192.73
皮革、毛皮、羽毛及其制品和制鞋业	Manufacture of Leather, Fur, Feather and Related Products and Footwear	69	103.93	72.93	29.23
木材加工和木、竹、藤、棕、草制品业	Processing of Timber, Manufacture of Wood, Bamboo, Rattan, Palm and Straw Products	36	170.71	110.52	30.15
家具制造业	Manufacture of Furniture	54	157.27	82.82	24.87
造纸和纸制品业	Manufacture of Paper and Paper Products	48	1338.58	628.22	160.27
印刷和记录媒介复制业	Printing, Reproduction of Recording Media	55	229.23	136.00	54.14
文教、工美、体育和娱乐用品制造业	Manufacture of Articles for Culture, Education, Arts and Crafts, Sport and Entertainment Activities	145	414.68	229.04	60.83
石油、煤炭及其他燃料加工业	Processing of Petroleum, Coking, Processing of Nuclear Fuel	24	792.46	375.44	65.97
化学原料和化学制品制造业	Manufacture of Raw Chemical Materials and Chemical Products	301	5723.08	2756.99	600.21
医药制造业	Manufacture of Medicines	137	2388.37	1512.86	446.85
化学纤维制造业	Manufacture of Chemical Fibers	87	1818.15	841.22	98.53
橡胶和塑料制品业	Manufacture of Rubber and Plastics Products	230	1331.48	740.74	275.96
非金属矿物制品业	Manufacture of Non-metallic Mineral Products	151	1239.66	719.13	193.11
黑色金属冶炼和压延加工业	Smelting and Pressing of Ferrous Metals	105	5438.84	2575.60	236.91
有色金属冶炼和压延加工业	Smelting and Pressing of Non-ferrous Metals	73	942.23	483.77	115.25
金属制品业	Manufacture of Metal Products	319	2118.89	1354.54	497.05
通用设备制造业	Manufacture of General Purpose Machinery	517	4564.82	2977.28	1018.61
专用设备制造业	Manufacture of Special Purpose Machinery	350	4025.09	2740.16	1010.99
汽车制造业	Manufacture of Automobiles	422	5237.55	3115.12	1143.56
铁路、船舶、航空航天和其他运输设备制造业	Manufacture of Railway, Ship, Aerospace and Other Transport Equipments	150	2960.82	1816.45	479.08
电气机械和器材制造业	Manufacture of Electrical Machinery and Apparatus	683	9415.82	6027.14	2419.30
计算机、通信和其他电子设备制造业	Manufacture of Computers, Communication and Other Electronic Equipment	855	13252.74	7843.84	3676.91
仪器仪表制造业	Manufacture of Measuring Instruments and Machinery	147	1646.28	976.57	282.04
其他制造业	Other Manufacture	13	89.58	51.39	13.52
废弃资源综合利用业	Utilization of Waste Resources	2			
金属制品、机械和设备修理业	Repair Service of Metal Products, Machinery and Equipment	2			

11－18 Continued 1

(100 million yuan)

存货 Inventory	#产成品 Finished	负债合计 Total	营业收入 Revenue from	营业成本 Cost of	销售费用 Selling	管理费用 Management	财务费用 Financial	利润总额 Total	年平均用工人数(万人) The Average (10000 persons)
227.24	105.14	687.07	1738.59	1452.22	70.06	81.29	7.57	121.47	31.08
19.20	6.40	51.62	196.05	168.78	4.24	7.23	0.93	14.47	3.95
25.29	16.08	93.49	202.21	168.70	7.76	7.06	1.47	15.54	1.88
22.83	8.11	79.60	163.91	134.43	7.60	10.96	0.65	9.26	3.44
95.11	39.07	692.48	854.68	693.49	39.03	37.11	20.34	77.55	3.93
26.54	12.75	108.52	232.16	180.91	10.11	16.93	1.13	23.03	3.47
75.89	34.79	213.15	693.37	582.97	19.34	34.27	3.55	51.31	10.43
121.37	41.95	486.06	1801.00	1459.01	11.06	31.45	7.47	89.61	2.20
652.95	235.09	2721.20	6323.31	5230.35	145.20	257.10	65.12	536.80	20.91
333.61	147.66	844.16	2656.77	1164.53	848.79	293.08	0.91	365.64	15.42
246.54	108.29	1062.99	2102.86	1882.15	20.46	60.11	30.92	120.11	9.93
185.45	88.49	509.83	1259.59	1022.93	42.93	80.97	6.85	100.19	15.75
98.98	46.65	624.33	1111.25	883.40	36.62	53.05	13.53	125.29	9.37
649.24	275.57	3140.82	8050.47	7114.61	50.05	157.51	60.07	566.85	18.02
127.91	47.72	543.61	1284.91	1157.42	14.26	30.89	12.53	71.26	5.13
328.01	129.54	1069.39	2643.00	2258.76	56.71	106.01	15.58	186.98	20.00
677.13	240.44	2246.87	4204.04	3424.85	129.09	264.86	11.36	393.34	36.73
667.34	293.40	2219.57	3621.72	3002.59	139.19	183.40	25.17	279.68	26.91
546.66	235.55	2995.62	5903.45	4774.28	159.30	341.91	31.80	566.28	33.29
444.04	67.54	1707.06	2014.40	1692.28	35.10	117.75	12.71	186.42	18.78
928.05	474.36	5071.52	9285.06	7878.55	289.72	429.54	68.59	635.86	58.82
1546.97	521.68	6789.12	15082.29	13638.23	151.91	598.11	67.06	695.74	142.67
202.44	48.53	702.60	1314.47	1040.17	51.19	82.01	5.03	153.09	9.29
8.24	2.40	27.95	75.84	63.10	1.84	5.42	0.06	6.61	1.14

11-18 续 表2

单位:亿元

项　　目 Item		企业单位数(个) Number of Enterprises (unit)	资产总计 Total Assets	流动资产合计 Current Assets	应收账款 Accounts Receivalble
电力、热力、燃气及水的生产和供应业	**Production and Supply of Electric Power, Heat Power, Gas and Water**	**87**	**6834.02**	**1017.17**	**118.34**
电力、热力生产和供应业	Production and Supply of Electric Power and Heat Power	42	5699.99	651.42	91.98
燃气生产和供应	Production and Supply of Gas	14	242.12	82.21	14.62
水的生产和供应业	Production and Supply of Water	31	891.91	283.54	11.74
按地区分	**by Region**				
南京市	Nanjing	408	10188.60	5419.78	1666.82
无锡市	Wuxi	749	11192.85	6534.07	1815.55
徐州市	Xuzhou	212	4339.28	2224.40	609.21
常州市	Changzhou	522	6035.54	3824.90	1264.96
苏州市	Suzhou	1896	22227.32	13626.10	5051.20
南通市	Nantong	624	5102.23	2516.20	796.43
连云港市	Liuyungang	96	2488.77	982.91	193.79
淮安市	Huaian	171	1316.63	729.71	156.71
盐城市	Yancheng	258	2403.68	1156.96	362.64
扬州市	Yangzhou	432	3085.22	1716.41	536.11
镇江市	Zhenjiang	269	3210.67	1691.40	489.48
泰州市	Taizhou	237	3399.78	1980.35	586.88
宿迁市	Suqian	173	1430.31	825.73	163.02

11－18 Continued 2

(100 million yuan)

存货 Inventory	#产成品 Finished	负债合计 Total	营业收入 Revenue from Business	营业成本 Cost of Business	销售费用 Selling	管理费用 Management	财务费用 Financial	利润总额 Total	年平均用工人数(万人) The Average Number of (10000 persons)
89.76	**2.81**	**3938.53**	**4657.82**	**4311.70**	**36.16**	**41.02**	**57.51**	**227.58**	**9.24**
73.33	1.89	3273.35	4322.35	4080.37	0.39	21.64	53.74	173.44	6.50
6.28	0.33	124.05	199.33	149.36	9.68	7.21	0.19	35.28	0.77
10.15	0.59	541.13	136.14	81.97	26.09	12.17	3.58	18.86	1.97
1175.51	298.46	5359.99	9731.27	7709.10	300.33	464.18	64.57	828.25	43.85
1428.13	559.21	5666.79	10697.46	8996.47	284.79	467.07	81.41	911.32	66.22
560.27	221.54	2432.46	3957.78	3259.08	131.42	153.83	54.70	190.57	24.45
759.89	332.55	3321.17	7560.70	6506.55	155.53	277.89	49.72	519.58	45.69
2824.11	1121.57	11540.50	24430.53	21005.77	645.46	1128.42	136.35	1567.77	193.79
593.46	251.77	2427.69	6281.88	5283.57	118.15	235.93	46.32	585.12	42.65
194.43	62.21	1463.16	1860.64	1284.37	203.72	134.85	18.21	200.80	11.30
215.47	62.70	592.29	1428.48	1100.30	37.47	59.78	8.44	121.21	14.10
238.85	108.41	1464.90	2743.49	2380.92	68.12	102.19	28.87	137.49	18.09
340.12	120.00	1666.27	4044.78	3466.52	95.48	164.36	29.82	306.71	32.93
303.03	126.58	1751.23	2465.03	2034.03	73.13	113.90	38.12	208.17	19.88
481.79	162.02	1590.94	3631.80	2703.86	438.45	195.85	14.66	282.27	25.26
302.50	70.95	603.98	1305.96	965.83	34.42	64.20	3.96	216.52	18.65

11－19　大中型工业企业主要经济指标(2019 年)

单位:亿元

项　　目 Item		企业单位数(个) Number of Enterprises (unit)	资产总计 Total Assets	流动资产合计 Current Assets	应收账款 Accounts Receivalble
总　计	**Total**	**5218**	**76161.88**	**41972.05**	**13028.96**
按登记注册类型分	**Grouped by Status of Registration**				
内资企业	Domestic Funded Enterprises	3143	47269.59	24421.70	6666.71
国有企业	State-owned Enterprises	14	537.11	355.94	53.30
集体企业	Collective-owned Enterprises	3	76.12	66.23	18.62
股份合作企业	Cooperative Enterprises	3	17.72	8.37	3.94
联营企业	Joint Ownership Enterprises				
有限责任公司	Limited Liability Corporations	787	18739.03	8051.60	2403.08
#国有独资	State Sole Funded Corporatios	82	5465.18	1316.26	265.30
股份有限公司	Share-holding Corporations Ltd.	410	11229.43	6086.48	1502.50
私营企业	Private Enterprises	1926	16670.18	9853.09	2685.27
其他企业	Other Enterprises				
港、澳、台商投资企业	Enterprises with Funds from Hong Kong, Macao and Taiwan	730	10293.91	6266.79	2314.10
外商投资企业	Foreign Funded Enterprises	1345	18598.38	11283.56	4048.15
按轻重工业分	**Grouped by Light & Heavy Industries**				
轻工业	Light Industry	1868	16575.44	9930.30	2516.98
重工业	Heavy Industry	3350	59586.45	32041.75	10511.98
按行业分	**Grouped by Sector**				
采矿业	**Mining**	**12**	**523.81**	**131.91**	**23.78**
煤炭开采和洗选业	Mining and Washing of Coal	3	336.23	100.57	16.45
石油和天然气开采业	Extraction of Petroleum and Natural Gas	2			
黑色金属矿采选业	Mining and Processing of Ferrous Metal Ores	1			
有色金属矿采选业	Mining and Processing of Non-ferrous Metals Ores	1			
非金属矿采选业	Mining and Processing of Non-metal Ores	5	27.51	12.54	2.43
开采专业及辅助性活动	Support Activities for Mining				
其他采矿业	Mining of Other Ores				
制造业	**Manufacturing**	**5119**	**68516.53**	**40894.18**	**12852.22**
农副食品加工业	Processing of Food from Agricultural Products	64	505.06	314.45	49.79
食品制造业	Manufacture of Food	62	484.96	239.02	45.44
酒、饮料和精制茶制造业	Manufacture of Liquor, Beverages and Refined Tea	25	752.67	501.50	28.09
烟草制品业	Manufacture of Tobacco	4	671.68	539.82	21.66
纺织业	Manufacture of Textile	334	1695.02	1034.67	254.50

Main Economic Indicators of Big and Medium Size Industrial Enterprises (2019)

(100 million yuan)

存货 Inventory	#产成品 Finished	负债合计 Total Liabilities	营业收入 Revenue from Principal	营业成本 Cost of Principle	销售费用 Selling	管理费用 Management	财务费用 Financial	利润总额 Total	年平均用工人数(万人) The Average Number of (10000 persons)
8760.27	**3372.34**	**39145.05**	**73966.45**	**62007.65**	**2457.84**	**2150.04**	**487.98**	**4791.32**	**472.55**
5385.78	2067.67	25071.92	42663.31	35456.07	1485.13	1178.78	366.12	2722.26	244.65
127.21	8.71	234.49	453.89	242.60	6.72	13.38	-0.91	34.71	1.17
28.01	23.03	28.19	98.57	89.33	1.29	1.05	1.05	5.71	0.23
1.83	0.40	4.26	10.87	9.10	0.38	0.63	0.18	1.11	0.16
1923.62	760.21	10532.69	17233.73	14385.43	689.57	455.98	141.12	876.94	73.12
318.82	106.33	3134.85	4967.22	4432.32	47.68	80.81	19.52	157.22	10.98
1153.01	398.06	4988.90	7488.59	5805.46	390.81	262.27	63.21	685.65	41.70
2152.11	877.26	9283.40	17377.66	14924.15	396.36	445.48	161.48	1118.13	128.26
1093.45	469.84	4884.28	10421.23	8777.24	314.97	298.20	39.32	805.56	87.28
2281.05	834.83	9188.85	20881.91	17774.34	657.75	673.06	82.55	1263.51	140.62
2549.27	1013.62	7574.22	16241.47	11976.03	1361.56	636.56	92.03	1447.92	141.50
6211.01	2358.73	31570.83	57724.98	50031.61	1096.28	1513.48	395.95	3343.40	331.06
13.99	**4.63**	**286.53**	**232.40**	**183.47**	**3.34**	**29.59**	**6.03**	**5.80**	**3.81**
8.59	2.43	152.64	138.03	117.76	1.93	15.17	1.98	6.07	2.53
3.17	0.91	12.31	17.34	12.55	0.94	1.47	0.21	1.80	0.28
8651.18	**3363.80**	**34662.17**	**69007.56**	**57485.44**	**2418.86**	**2064.29**	**420.83**	**4579.65**	**459.57**
97.61	41.23	304.99	924.24	865.02	19.62	13.27	1.72	22.24	4.28
43.51	19.72	213.69	439.09	306.62	48.89	28.10	2.49	50.21	4.13
213.67	27.95	205.63	489.19	211.75	48.55	25.24	-0.31	173.54	3.35
276.10	15.07	67.19	839.64	331.47	8.40	20.52	-9.06	95.45	0.59
334.74	167.11	871.73	1706.69	1496.80	38.63	50.42	21.06	82.57	22.21

11-19 续 表1

单位:亿元

项 目 Item		企业单位数(个) Number of Enterprises (unit)	资产总计 Total Assets	流动资产合计 Current Assets	应收账款 Accounts Receivalble
纺织服装、服饰业	Manufacture of Textile, Wearing Apparel and Accessories	324	987.48	699.81	247.39
皮革、毛皮、羽毛及其制品和制鞋业	Manufacture of Leather, Fur, Feather and Related Products and Footwear	49	97.06	71.78	34.78
木材加工和木、竹、藤、棕、草制品业	Processing of Timber, Manufacture of Wood, Bamboo, Rattan, Palm and Straw Products	25	167.33	120.58	34.13
家具制造业	Manufacture of Furniture	53	167.99	84.60	26.68
造纸和纸制品业	Manufacture of Paper and Paper Products	42	1331.71	639.77	145.54
印刷和记录媒介复制业	Printing, Reproduction of Recording Media	49	234.47	140.58	53.69
文教、工美、体育和娱乐用品制造业	Manufacture of Articles for Culture, Education, Arts and Crafts, Sport and Entertainment Activities	107	355.76	213.70	58.46
石油、煤炭及其他燃料加工业	Processing of Petroleum, Coking, Processing of Nuclear Fuel	13	520.15	222.58	21.68
化学原料和化学制品制造业	Manufacture of Raw Chemical Materials and Chemical Products	236	5092.04	2320.37	453.04
医药制造业	Manufacture of Medicines	131	2712.20	1795.41	526.44
化学纤维制造业	Manufacture of Chemical Fibers	89	1828.14	871.64	104.56
橡胶和塑料制品业	Manufacture of Rubber and Plastics Products	209	1497.48	824.36	296.29
非金属矿物制品业	Manufacture of Non-metallic Mineral Products	146	1428.72	919.77	242.39
黑色金属冶炼和压延加工业	Smelting and Pressing of Ferrous Metals	92	5583.34	2663.28	206.94
有色金属冶炼和压延加工业	Smelting and Pressing of Non-ferrous Metals	69	907.58	519.08	121.39
金属制品业	Manufacture of Metal Products	271	2184.82	1365.77	446.50
通用设备制造业	Manufacture of General Purpose Machinery	440	4887.52	3350.15	1160.62
专用设备制造业	Manufacture of Special Purpose Machinery	303	3462.53	2448.57	877.24
汽车制造业	Manufacture of Automobiles	366	4970.58	2912.46	1036.16
铁路、船舶、航空航天和其他运输设备制造业	Manufacture of Railway, Ship, Aerospace and Other Transport Equipments	128	2500.49	1677.17	452.34
电气机械和器材制造业	Manufacture of Electrical Machinery and Apparatus	581	9431.03	6112.38	2308.56
计算机、通信和其他电子设备制造业	Manufacture of Computers, Communication and Other Electronic Equipment	775	12531.29	7360.10	3335.35
仪器仪表制造业	Manufacture of Measuring Instruments and Machinery	117	1452.56	885.58	249.87
其他制造业	Other Manufacture	11	60.92	36.17	11.55
废弃资源综合利用业	Utilization of Waste Resources	2			
金属制品、机械和设备修理业	Repair Service of Metal Products, Machinery and Equipment	2			

11－19 Continued 1

(100 million yuan)

存货	#产成品 Goods	负债合计 Total	营业收入 Revenue from Business	营业成本 Cost of Business	销售费用 Selling	管理费用 Management	财务费用 Financial	利润总额 Total	年平均用工人数(万人) The Average Number of (10000 persons)
183.11	114.67	504.18	1100.65	928.29	45.74	52.71	7.62	61.69	22.56
17.21	6.16	50.41	97.10	80.99	2.54	4.99	0.82	6.83	2.74
30.88	18.78	93.03	163.53	132.01	8.04	5.18	2.09	12.88	1.32
22.70	9.03	85.05	174.58	141.18	7.58	8.64	0.33	11.59	3.32
73.02	28.05	679.39	824.52	674.60	38.75	23.08	18.93	76.54	3.58
25.36	10.56	105.92	217.46	167.86	9.76	11.82	1.72	21.01	3.17
73.53	37.83	171.38	424.72	345.12	15.62	19.74	2.35	29.76	7.29
81.73	20.27	283.24	1494.55	1217.73	8.87	19.88	5.14	54.50	1.32
525.85	212.68	2251.59	5058.40	4216.28	117.41	159.81	46.17	375.72	15.71
400.87	175.86	966.91	2624.22	1046.10	865.96	174.77	0.06	420.89	14.11
224.49	95.99	1004.48	1989.06	1800.25	19.56	38.18	28.66	92.85	9.38
183.90	87.14	589.55	1199.06	967.15	42.23	55.30	9.02	62.77	15.30
101.11	48.32	747.36	1099.13	863.10	41.33	38.21	11.35	126.71	8.24
626.27	253.23	3150.68	7829.78	7200.55	47.77	77.37	45.79	368.86	15.78
127.26	46.48	523.58	1350.13	1243.90	14.12	20.78	12.65	50.63	4.20
321.54	138.70	1147.99	2182.97	1832.65	48.41	67.86	14.48	171.49	16.71
691.34	247.80	2412.14	4130.78	3328.40	141.19	185.36	15.76	368.35	33.30
561.30	246.82	1822.37	2705.36	2089.47	148.21	107.76	16.05	254.57	21.93
494.59	234.46	2899.35	5030.97	4123.15	138.34	215.95	30.04	384.76	28.19
376.79	80.57	1438.16	1725.43	1454.97	37.11	66.93	15.41	125.94	14.50
926.41	438.27	5160.71	8128.66	6885.52	270.23	224.06	56.69	499.69	49.24
1399.11	478.67	6269.93	14196.03	12873.70	142.73	309.28	58.42	489.43	124.32
202.13	56.05	607.57	787.65	601.66	40.73	36.26	4.60	80.98	7.59
10.01	4.03	23.55	61.64	49.83	2.49	1.91	0.44	5.61	0.97

单位:亿元

项目	Item	企业单位数（个）Number of Enterprises (unit)	资产总计 Total Assets	流动资产合计 Current Assets	应收账款 Accounts Receivalble
电力、热力、燃气及水的生产和供应业	**Production and Supply of Electric Power, Heat Power, Gas and Water**	**87**	**7121.56**	**945.94**	**152.97**
电力、热力生产和供应业	Production and Supply of Electric Power and Heat Power	43	5856.23	553.44	122.79
燃气生产和供应	Production and Supply of Gas	14	254.08	93.21	22.74
水的生产和供应业	Production and Supply of Water	30	1011.25	299.29	7.44
按地区分	**by Region**				
南京市	Nanjing	366	9159.70	4855.21	1454.89
无锡市	Wuxi	724	11412.41	6748.10	1953.61
徐州市	Xuzhou	189	3362.19	1946.00	604.67
常州市	Changzhou	494	6337.23	3940.01	1187.79
苏州市	Suzhou	1749	22395.19	13611.12	4821.80
南通市	Nantong	414	4580.45	2439.78	753.90
连云港市	Liuyungang	84	2565.67	1025.44	227.71
淮安市	Huaian	134	1231.77	705.02	166.71
盐城市	Yancheng	200	2369.68	1127.22	302.07
扬州市	Yangzhou	265	2438.03	1345.21	454.91
镇江市	Zhenjiang	222	2858.62	1563.67	385.68
泰州市	Taizhou	203	3257.60	1943.87	583.37
宿迁市	Suqian	179	1518.82	897.35	154.57

(100 million yuan)

存货 [illegible]	#产成品 [illegible]	负债合计 Total [illegible]	营业收入 Revenue from [illegible] Business	营业成本 Cost of [illegible] Business	销售费用 Selling [illegible]	管理费用 Management [illegible]	财务费用 Financial [illegible]	利润总额 Total [illegible]	年平均用工人数(万人) The Average Number of [illegible] (10000 persons)
95.09	**3.92**	**4196.34**	**4726.50**	**4338.72**	**35.66**	**56.17**	**61.14**	**205.87**	**9.21**
76.45	2.89	3421.60	4380.69	4087.15	0.67	37.99	56.44	162.35	6.50
5.92	0.43	126.12	206.45	160.48	10.27	6.27	0.54	29.75	0.77
12.72	0.60	648.62	139.36	91.09	24.72	11.91	4.16	13.77	1.94
972.74	254.57	4788.98	8887.70	7221.14	292.71	257.03	47.08	473.96	35.34
1457.35	638.60	5727.53	10401.93	8759.72	301.11	302.87	89.89	841.82	61.20
434.49	164.87	1816.11	2915.33	2270.62	148.22	76.23	24.98	191.95	17.96
765.11	327.35	3385.14	6875.72	5895.22	162.35	175.33	39.61	470.67	40.64
2639.56	1052.54	11153.96	23924.44	20645.63	598.87	695.98	127.94	1386.90	175.61
575.79	232.73	2383.70	3240.46	2659.70	96.58	117.43	37.98	243.68	28.27
198.43	66.23	1445.06	1910.71	1292.45	201.79	71.23	21.87	248.30	9.65
211.73	63.74	511.23	1196.81	895.24	37.99	41.32	1.93	97.43	11.92
259.42	120.27	1467.17	2437.75	2148.31	56.92	68.10	25.05	91.41	14.74
285.26	93.00	1371.78	2527.96	2162.43	64.34	91.89	18.90	122.78	19.58
267.26	116.12	1461.33	2057.46	1725.89	66.75	63.35	26.08	153.26	15.59
424.80	173.16	1489.01	3148.92	2330.08	389.36	125.71	17.62	245.08	21.68
309.24	81.27	641.02	1358.05	1015.56	41.75	46.87	6.99	198.60	17.55

11－20 大中型工业企业主要经济效益指标(2018 年)

Main Indicators on Economic Benefit of Big and Medium Size Industrial Enterprises (2018)

单位:% (%)

项 目	Item	企业亏损面 Percentage of Loss Making Enterprises	资产负债率 Assets Liability Ratio	流动资产周转次数(次/年) Times of Turnover of Circulating Funds (times/year)	成本费用利润率 Ratio of Profits to Industrial Cost	总资产贡献率 Ratio of Total Assets to Industrial Output Value
总 计	**Total**	**11.44**	**52.21**	**1.93**	**8.01**	**12.65**
按登记注册类型分	**Grouped by Status of Registration**					
内资企业	Domestic Funded Enterprises	10.26	53.85	1.94	8.16	13.24
国有企业	State-owned Enterprises	35.71	76.45	0.56	1.16	2.06
集体企业	Collective-owned Enterprises	14.29	60.39	2.67	9.26	24.89
股份合作企业	Cooperative Enterprises	0.00	29.92	2.28	9.61	13.88
联营企业	Joint Ownership Enterprises					
有限责任公司	Limited Liability Corporations	14.11	57.23	2.02	6.81	12.25
#国有独资	State Sole Funded Corporatios	9.57	57.57	2.48	3.75	8.86
股份有限公司	Share-holding Corporations Ltd.	6.54	43.97	1.35	11.70	13.01
私营企业	Private Enterprises	9.33	54.96	2.20	8.23	14.78
其他企业	Other Enterprises					
港、澳、台商投资企业	Enterprises with Funds from Hong Kong, Macao and Taiwan	13.23	49.69	1.86	8.33	11.71
外商投资企业	Foreign Funded Enterprises	13.29	49.41	1.94	7.55	11.64
按轻重工业分	**Grouped by Light & Heavy Industries**					
轻工业	Light Industry	11.66	47.34	1.87	9.97	17.65
重工业	Heavy Industry	11.31	53.52	1.94	7.48	11.31
按行业分	**Grouped by Sector**					
采矿业	**Mining**	**18.18**	**63.84**	**2.02**	**4.33**	**8.57**
煤炭开采和洗选业	Mining and Washing of Coal	33.33	60.47	1.87	4.91	7.61
石油和天然气开采业	Extraction of Petroleum and Natural Gas					
黑色金属矿采选业	Mining and Processing of Ferrous Metal Ores					
有色金属矿采选业	Mining and Processing of Non-ferrous Metals Ores					
非金属矿采选业	Mining and Processing of Non-metal Ores		47.63	1.35	8.42	8.80
开采专业及辅助性活动	Support Activities for Mining					
其他采矿业	Mining of Other Ores					
制造业	**Manufacturing**	**11.46**	**51.55**	**1.86**	**8.22**	**13.25**

11－20 续 表 1 Continued 1

单位:% (%)

项 目 Item		企业亏损面 [illegible] Loss Making Enterprises	资产负债率 [illegible] Liability Ratio	流动资产周转次数(次/年) Times of [illegible] Circulating Funds (times/year)	成本费用利润率 Ratio of [illegible] Industrial Cost	总资产贡献率 Ratio of Total Assets to [illegible] Output Value
农副食品加工业	Processing of Food from Agricultural Products	14.81	57.67	2.81	3.84	9.18
食品制造业	Manufacture of Food	3.28	42.38	2.32	13.57	19.94
酒、饮料和精制茶制造业	Manufacture of Liquor, Beverages and Refined Tea	7.14	32.75	1.40	30.29	32.44
烟草制品业	Manufacture of Tobacco	0.00	17.74	1.36	26.90	74.43
纺织业	Manufacture of Textile	11.65	57.56	1.77	5.44	10.20
纺织服装、服饰业	Manufacture of Textile, Wearing Apparel and Accessories	11.53	53.31	2.17	7.54	14.81
皮革、毛皮、羽毛及其制品和制鞋业	Manufacture of Leather, Fur, Feather and Related Products and Footwear	10.14	49.67	2.69	7.99	24.46
木材加工和木、竹、藤、棕、草制品业	Processing of Timber, Manufacture of Wood, Bamboo, Rattan, Palm and Straw Products	5.56	54.76	1.83	8.40	15.07
家具制造业	Manufacture of Furniture	16.67	50.61	1.98	6.03	9.99
造纸和纸制品业	Manufacture of Paper and Paper Products	18.75	51.73	1.36	9.82	9.43
印刷和记录媒介复制业	Printing, Reproduction of Recording Media	9.09	47.34	1.71	11.02	14.82
文教、工美、体育和娱乐用品制造业	Manufacture of Articles for Culture, Education, Arts and Crafts, Sport and Entertainment Activities	6.90	51.40	3.03	8.02	20.11
石油、煤炭及其他燃料加工业	Processing of Petroleum, Coking, Processing of Nuclear Fuel	8.33	61.34	4.80	5.94	45.75
化学原料和化学制品制造业	Manufacture of Raw Chemical Materials and Chemical Products	12.62	47.55	2.29	9.42	15.28
医药制造业	Manufacture of Medicines	8.03	35.34	1.76	15.85	23.69
化学纤维制造业	Manufacture of Chemical Fibers	13.79	58.47	2.50	6.02	10.52
橡胶和塑料制品业	Manufacture of Rubber and Plastics Products	13.48	38.29	1.70	8.68	11.10
非金属矿物制品业	Manufacture of Non-metallic Mineral Products	10.60	50.36	1.55	12.70	15.34
黑色金属冶炼和压延加工业	Smelting and Pressing of Ferrous Metals	9.52	57.75	3.13	7.68	15.50
有色金属冶炼和压延加工业	Smelting and Pressing of Non-ferrous Metals	9.59	57.69	2.66	5.86	12.82
金属制品业	Manufacture of Metal Products	9.40	50.47	1.95	7.67	13.52
通用设备制造业	Manufacture of General Purpose Machinery	8.51	49.22	1.41	10.27	11.73
专用设备制造业	Manufacture of Special Purpose Machinery	4.86	55.14	1.32	8.35	10.12

11-20 续 表 2 Continued 2

单位:% (%)

项 目 Item		企业亏损面 Percentage of Loss Making Enterprises	资产负债率 Assets Liability Ratio	流动资产周转次数(次/年) Times of Turnover of Circulating Funds (times/year)	成本费用利润率 Ratio of Profits to Industrial Cost	总资产贡献率 Ratio of Total Assets to Industrial Output Value
汽车制造业	Manufacture of Automobiles	14.22	57.20	1.90	10.67	16.10
铁路、船舶、航空航天和其他运输设备制造业	Ma nufacture of Railway, Ship, Aerospace and Other Transport Equipments	14.00	57.65	1.11	10.03	9.01
电气机械和器材制造业	Manufacture of Electrical Machinery and Apparatus	12.30	53.86	1.54	7.34	10.27
计算机、通信和其他电子设备制造业	Manufacture of Computers, Communication and Other Electronic Equipment	16.26	51.23	1.92	4.81	7.12
仪器仪表制造业	Manufacture of Measuring Instruments and Machinery	6.12	42.68	1.35	12.99	12.82
其他制造业	Other Manufacture		31.20	1.48	9.39	10.18
废弃资源综合利用业	Utilization of Waste Resources					
金属制品、机械和设备修理业	Repair Service of Metal Products, Machinery and Equipment					
电力、热力、燃气及水的生产和供应业	**Production and Supply of Electric Power, Heat Power, Gas and Water**	**9.20**	**57.63**	**4.58**	**5.12**	**6.88**
电力、热力生产和供应业	Production and Supply of Electric Power and Heat Power	14.29	57.43	6.64	4.17	7.04
燃气生产和供应	Production and Supply of Gas	0.00	51.23	2.42	21.20	16.47
水的生产和供应业	Production and Supply of Water	6.45	60.67	0.48	15.23	3.19
按地区分	**by Region**					
南京市	Nanjing	10.78	52.61	1.80	9.70	16.07
无锡市	Wuxi	7.88	50.63	1.64	9.27	11.42
徐州市	Xuzhou	17.92	56.06	1.78	5.30	12.80
常州市	Changzhou	8.43	55.03	1.98	7.43	13.59
苏州市	Suzhou	12.92	51.92	1.79	6.84	9.60
南通市	Nantong	6.09	47.58	2.50	10.29	17.40
连云港市	Lianyungang	23.96	58.79	1.89	12.24	13.54
淮安市	Huaian	15.20	44.99	1.96	10.05	21.71
盐城市	Yancheng	22.48	60.94	2.37	5.33	10.97
扬州市	Yangzhou	5.56	54.01	2.36	8.17	16.15
镇江市	Zhenjiang	14.13	54.54	1.46	9.21	11.08
泰州市	Taizhou	11.39	46.80	1.83	8.42	13.35
宿迁市	Suqian	15.61	42.23	1.58	20.27	22.99

11-21 大中型工业企业主要经济效益指标(2019年)

Main Indicators on Economic Benefit of Big and Medium Size Industrial Enterprises(2019)

单位:% (%)

项目	Item	企业亏损面 Percentage of Loss Making Enterprises	资产负债率 Assets Liability Ratio	流动资产周转次数(次/年) Times of Turnover of Circulating Funds (times/year)	成本费用利润率 Ratio of Profits to Industrial Cost	总资产贡献率 Ratio of Total Assets to Industrial Output Value
总计	**Total**	**13.89**	**51.40**	**1.76**	**6.98**	**10.08**
按登记注册类型分	**Grouped by Status of Registration**					
内资企业	Domestic Funded Enterprises	13.55	53.04	1.75	6.91	10.43
国有企业	State-owned Enterprises	28.57	43.66	1.28	13.14	40.41
集体企业	Collective-owned Enterprises		37.03	1.49	6.16	9.30
股份合作企业	Cooperative Enterprises		24.03	1.30	10.44	9.50
联营企业	Joint Ownership Enterprises					
有限责任公司	Limited Liability Corporations	15.12	56.21	2.14	5.48	10.03
#国有独资	State Sole Funded Corporatios	19.51	57.36	3.77	3.41	9.46
股份有限公司	Share-holding Corporations Ltd.	10.00	44.43	1.23	10.17	10.26
私营企业	Private Enterprises	13.60	55.69	1.76	6.86	10.02
其他企业	Other Enterprises					
港、澳、台商投资企业	Enterprises with Funds from Hong Kong, Macao and Taiwan	12.88	47.45	1.66	8.34	10.21
外商投资企业	Foreign Funded Enterprises	15.24	49.41	1.85	6.46	9.12
按轻重工业分	**Grouped by Light & Heavy Industries**					
轻工业	Light Industry	15.42	45.70	1.64	10.02	15.12
重工业	Heavy Industry	13.04	52.98	1.80	6.17	8.68
按行业分	**Grouped by Sector**					
采矿业	**Mining**	**16.67**	**54.70**	**1.76**	**2.58**	**5.75**
煤炭开采和洗选业	Mining and Washing of Coal	33.33	45.40	1.37	4.43	5.01
石油和天然气开采业	Extraction of Petroleum and Natural Gas					
黑色金属矿采选业	Mining and Processing of Ferrous Metal Ores					
有色金属矿采选业	Mining and Processing of Non-ferrous Metals Ores					
非金属矿采选业	Mining and Processing of Non-metal Ores		44.77	1.38	11.66	11.93
开采专业及辅助性活动	Support Activities for Mining					
其他采矿业	Mining of Other Ores					
制造业	**Manufacturing**	**13.99**	**50.59**	**1.69**	**7.17**	**10.51**
农副食品加工业	Processing of Food from Agricultural Products	21.88	60.39	2.94	2.46	5.83
食品制造业	Manufacture of Food	12.90	44.06	1.84	12.79	14.33

11-21 续 表 1 Continued 1

单位:% (%)

项目	Item	企业亏损面 Percentage of Loss Making Enterprises	资产负债率 Assets Liability Ratio	流动资产周转次数(次/年) Times of Turnover of Circulating Funds (times/year)	成本费用利润率 Ratio of Profits to Industrial Cost	总资产贡献率 Ratio of Total Assets to Industrial Output Value
酒、饮料和精制茶制造业	Manufacture of Liquor, Beverages and Refined Tea	4.00	27.32	0.98	60.04	34.83
烟草制品业	Manufacture of Tobacco	0.00	10.00	1.56	27.02	81.55
纺织业	Manufacture of Textile	16.77	51.43	1.65	5.06	8.20
纺织服装、服饰业	Manufacture of Textile, Wearing Apparel and Accessories	20.99	51.32	1.57	5.91	9.93
皮革、毛皮、羽毛及其制品和制鞋业	Manufacture of Leather, Fur, Feather and Related Products and Footwear	20.41	51.94	1.35	7.55	12.11
木材加工和木、竹、藤、棕、草制品业	Processing of Timber, Manufacture of Wood, Bamboo, Rattan, Palm and Straw Products	4.00	55.59	1.36	8.56	12.76
家具制造业	Manufacture of Furniture	13.21	50.63	2.06	7.15	9.69
造纸和纸制品业	Manufacture of Paper and Paper Products	26.19	51.02	1.29	9.89	8.84
印刷和记录媒介复制业	Printing, Reproduction of Recording Media	8.16	45.18	1.55	10.65	12.52
文教、工美、体育和娱乐用品制造业	Manufacture of Articles for Culture, Education, Arts and Crafts, Sport and Entertainment Activities	7.48	48.17	1.99	7.54	12.15
石油、煤炭及其他燃料加工业	Processing of Petroleum, Coking, Processing of Nuclear Fuel	15.38	54.45	6.71	4.34	55.55
化学原料和化学制品制造业	Manufacture of Raw Chemical Materials and Chemical Products	14.41	44.22	2.18	8.15	12.12
医药制造业	Manufacture of Medicines	8.40	35.65	1.46	18.89	21.44
化学纤维制造业	Manufacture of Chemical Fibers	21.35	54.95	2.28	4.85	8.63
橡胶和塑料制品业	Manufacture of Rubber and Plastics Products	12.44	39.37	1.45	5.66	6.63
非金属矿物制品业	Manufacture of Non-metallic Mineral Products	13.01	52.31	1.20	12.98	12.80
黑色金属冶炼和压延加工业	Smelting and Pressing of Ferrous Metals	13.04	56.43	2.94	4.93	9.33
有色金属冶炼和压延加工业	Smelting and Pressing of Non-ferrous Metals	17.39	57.69	2.60	3.86	9.33
金属制品业	Manufacture of Metal Products	8.12	52.54	1.60	8.54	10.60
通用设备制造业	Manufacture of General Purpose Machinery	9.77	49.35	1.23	9.74	9.75
专用设备制造业	Manufacture of Special Purpose Machinery	10.89	52.63	1.10	10.39	9.49
汽车制造业	Manufacture of Automobiles	18.03	58.33	1.73	8.33	11.78
铁路、船舶、航空航天和其他运输设备制造业	Manufacture of Railway, Ship, Aerospace and Other Transport Equipments	13.28	57.51	1.03	7.73	7.12
电气机械和器材制造业	Manufacture of Electrical Machinery and Apparatus	12.74	54.72	1.33	6.53	7.58

11－21 续 表 2 Continued 2

单位:% (%)

项目 Item		企业亏损面 Percentage of Loss Making Enterprises	资产负债率 Assets Liability Ratio	流动资产周转次数(次/年) Times of Turnover of Circulating Funds (times/year)	成本费用利润率 Ratio of Profits to Industrial Cost	总资产贡献率 Ratio of Total Assets to Industrial Output Value
计算机、通信和其他电子设备制造业	Manufacture of Computers, Communication and Other Electronic Equipment	16.77	50.03	1.93	3.58	5.18
仪器仪表制造业	Manufacture of Measuring Instruments and Machinery	6.84	41.83	0.89	11.24	7.58
其他制造业	Other Manufacture		38.67	1.70	9.98	11.29
废弃资源综合利用业	Utilization of Waste Resources					
金属制品、机械和设备修理业	Repair Service of Metal Products, Machinery and Equipment					
电力、热力、燃气及水的生产和供应业	**Production and Supply of Electric Power, Heat Power, Gas and Water**	**8.05**	**58.92**	**5.00**	**4.57**	**6.24**
电力、热力生产和供应业	Production and Supply of Electric Power and Heat Power	6.98	58.43	7.92	3.87	6.61
燃气生产和供应	Production and Supply of Gas	0.00	49.64	2.21	16.62	13.25
水的生产和供应业	Production and Supply of Water	13.33	64.14	0.47	10.37	2.32
按地区分	**by Region**					
南京市	Nanjing	11.75	52.28	1.83	5.95	12.68
无锡市	Wuxi	9.81	50.19	1.54	8.74	9.89
徐州市	Xuzhou	21.69	54.02	1.50	7.42	14.20
常州市	Changzhou	9.31	53.42	1.75	7.37	10.96
苏州市	Suzhou	13.32	49.81	1.76	6.13	8.13
南通市	Nantong	12.80	52.04	1.33	8.12	7.90
连云港市	Lianyungang	10.71	56.32	1.86	14.88	14.46
淮安市	Huaian	20.90	41.50	1.70	9.79	20.26
盐城市	Yancheng	32.50	61.91	2.16	3.90	6.45
扬州市	Yangzhou	16.23	56.27	1.88	5.15	8.59
镇江市	Zhenjiang	19.37	51.12	1.32	7.94	8.53
泰州市	Taizhou	9.85	45.71	1.62	8.35	11.26
宿迁市	Suqian	16.76	42.21	1.51	17.35	19.83

11－22 主要年份工业主要产品产量
Output of Main Industrial Products in Major Years

年份 Year	原煤（万吨） Coal (10000 tons)	发电量（亿千瓦时） Electricity (100 million kW·h)	钢材（万吨） Rolled Steel (10000 tons)	水泥（万吨） Cement (10000 tons)	农用化肥（万吨） Chemical Fertilizer (10000 tons)	布（亿米） Cloth (100 million m)	化学纤维（万吨） Chemical Fiber (10000 tons)	汽车（辆） Motor Vehicles (units)
1949	81.49	1.98	0.03	3.10	0.38	2.32		
1952	113.21	4.10	0.19	36.90	1.32	6.10		
1957	193.11	7.08	0.27	80.70	3.63	6.97		
1962	462.70	15.43	6.19	58.60	10.09	3.20		452
1965	485.66	25.78	18.48	103.00	20.25	6.76	0.54	2350
1970	699.17	49.96	18.36	163.12	28.21	9.60	0.52	7472
1975	1143.75	81.80	44.09	274.16	41.82	11.68	0.88	13932
1978	1707.02	126.42	60.31	444.10	72.18	14.06	2.11	15079
1980	1690.00	156.32	104.87	629.00	111.61	17.97	3.26	19624
1985	2193.85	234.48	145.18	1116.90	121.71	21.05	12.52	24474
1990	2407.79	404.47	203.01	1532.89	145.90	28.91	40.76	46291
1991	2470.55	441.20	247.76	1823.18	147.33	27.01	48.15	64045
1992	2457.76	481.15	387.51	2275.59	144.63	29.04	55.09	101009
1993	2505.53	536.84	466.02	2660.50	133.69	30.19	66.18	124334
1994	2503.44	631.90	674.19	3087.38	153.09	32.71	78.09	129957
1995	2650.72	700.41	787.89	3966.42	191.85	48.90	102.20	125197
1996	2606.52	756.87	795.58	4040.28	184.30	34.55	105.94	110157
1997	2506.01	777.00	856.79	4031.73	187.98	40.46	139.11	104801
1998	2378.53	754.27	933.63	3856.30	170.12	31.72	140.94	89828
1999	2291.97	787.06	1170.25	4378.32	171.27	31.76	170.06	91300
2000	2479.02	909.69	1401.83	4599.52	192.38	33.74	190.99	90636
2001	2451.14	986.64	1754.13	5135.59	187.62	32.91	219.75	97682
2002	2593.58	1116.56	2274.56	6035.29	205.02	37.28	261.22	168248
2003	2760.40	1277.88	2876.80	7225.14	190.90	37.61	303.76	212566
2004	2747.03	1539.49	3749.91	7993.22	227.22	42.74	377.81	243750
2005	2817.56	1789.53	4328.32	9579.15	284.63	53.97	458.49	305726
2006	3047.53	2216.40	5816.26	10880.77	254.66	64.95	665.14	274820
2007	2480.20	2674.43	7276.33	11787.42	259.93	64.20	803.35	269387
2008	2428.09	2776.85	7364.13	12683.21	255.83	74.55	790.67	330257
2009	2397.44	2928.21	7859.69	14434.14	317.34	78.97	894.50	506188
2010	2122.48	3358.98	9122.95	15647.46	241.96	88.46	1027.19	728700
2011	2100.27	3755.63	9994.01	14899.69	243.70	67.73	1123.80	803758
2012	2104.16	3928.35	10989.18	16777.87	267.15	80.34	1274.95	886959
2013	2011.18	4288.91	13038.96	18646.40	260.21	101.28	1372.89	1117137
2014	2019.20	4347.07	13255.21	19439.06	230.70	91.26	1312.17	1257161
2015	1918.90	4351.78	13560.81	18013.66	203.76	95.68	1430.62	1217487
2016	1367.91	4667.73	13469.72	17989.78	207.17	91.46	1458.19	1448947
2017	1278.47	4812.50	12295.44	17330.20	159.76	76.99	1425.33	1255244
2018	1245.78	4933.54	12904.26	14567.11	169.71	90.54	1503.38	1189585
2019	1102.74	5015.41	14211.41	15743.27	199.06	66.05	1525.19	838187

11－23 规模以上工业企业主要产品生产、销售、库存（2019年）
Main Indicators on Economic Benefit of above Designated Size Industrial Enterprises(2019)

单位：万吨 (10000 tons)

产品名称	Item	年初库存 Stock at Year-beginning	本年生产 Production This Year	本年销售 Sales This Year	年末库存 Stock at Year-end
原煤	Coal	19.1	1102.7	157.4	19.9
天然原油	Crude Petroleum Oil	1.4	151.4	158.6	1.6
铁矿石原矿	Iron Ore		70.8		
原盐	Salt	61.2	1344.9	1306.9	85.3
精制食用植物油	Refined Edible Vegetable Oil	47.1	749.7	675.5	46.0
乳制品	Dairy products	1.5	116.0	116.1	1.4
白酒(折65度,商品量)(万千升)	Liquor (65 fold, Quantity) (Million Liters)	6.3	20.6	21.1	5.8
饮料	Soft Drink	33.8	367.4	354.8	46.4
卷烟(亿支)	Cigarettes (100 Million Pieces)	83.9	1044.7	1003.2	125.5
纱	Yarn	36.4	339.1	330.7	41.4
布(亿米)	Cloth (100 Million m)	4.0	66.1	66.0	3.9
服装(亿件)	Clothing (100 Million Units)	1.6	29.1	28.6	2.0
机制纸及纸板(外购原纸加工除外)	Machine Made Paper and Paperboard (except paper processing outsourcing)	62.7	1471.6	1474.7	50.7
汽油	Gasoline	6.0	809.7	812.3	3.8
煤油	Kerosene	7.2	499.5	500.9	5.8
燃料油	Fuel Oil	13.0	186.7	192.7	7.0
焦炭	Coke	34.4	1611.0	926.9	26.4
硫酸(折100%)	Sulfuric Acid (100%)	14.5	318.2	317.3	6.8
烧碱(折100%)	Sodium Hydroxide(100%)	10.7	275.1	246.5	6.9
纯碱(碳酸钠)	Sodium Carhonate(Soda Ash)	13.5	512.8	508.2	16.7
乙烯	Ethylene	0.5	189.1	40.4	1.5
合成氨(无水氨)	Synthetic Ammonia(anhydrous ammonia)	1.1	311.3	80.9	1.2
农用氮、磷、钾化学肥料总计	Chemical Fertilizers	7.5	199.1	189.2	8.6
氮肥(折含N100%)	Nitrogen(N100%)	7.0	189.1	179.0	8.4
磷肥(折五氧化二磷100%)	Phosphate(P_2O_5 100%)	0.3	8.5	8.7	0.2
化学农药原药(折有效成分100%	Chemical Pesticides (100% effectiveness)	5.6	75.6	70.1	5.4
涂料	Coating	16.0	179.1	182.0	11.6

11－23 续 表 Continued

单位:万吨 (10000 tons)

产品名称	Item	年初库存 Stock at Year-beginning	本年生产 Production This Year	本年销售 Sales This Year	年末库存 Stock at Year-end
初级形态的塑料	Primary Plastic	43.4	1130.2	1112.2	49.2
合成橡胶	Synthetic Rubber	5.3	129.5	123.9	5.4
合成洗涤剂	Synthetic Detergents	0.2	24.7	24.6	0.2
化学药品原药	Chemical Medicines	1.4	12.2	12.0	1.3
化学纤维	Chemical Fiber	100.0	1525.2	1465.9	112.2
橡胶轮胎外胎(万条)	Tires (10000 Tires)	896.6	10374.7	10296.4	957.6
塑料制品	Plastic Product	63.2	669.5	662.5	59.5
水泥	Cement	258.0	15743.3	15726.7	265.2
平板玻璃(万重量箱)	Plain Glass (10000 Weight Cases)	148.9	1829.2	1884.6	93.5
生铁	Pig Iron	4.2	7347.6	1983.9	8.3
粗钢	Crude Steel	161.0	12017.1	2299.9	133.6
钢材	Rolled Steel	510.8	14211.4	13985.7	495.0
十种有色金属	Ten Kinds of Nonferrous Metals	0.9	72.6	72.8	0.6
金属切削机床(万台)	Metal-cutting Machine Tools (10000 Units)	0.4	6.6	6.7	0.3
挖掘机(万台)	Excavating Machinery (10000 Units)	1.0	10.2	10.2	0.9
基本型乘用车(轿车)(万辆)	Basic Passenger Cars (Cars) (10000 Vehicles)	0.6	39.6	39.5	0.7
运动型多用途车(SUV)(万辆)	Sport Utility Vehicle (SUV) (10000 Vehicles)	1.3	28.6	28.6	1.2
载货汽车(万辆)	Truck (10000 Vehicles)	0.1	3.6	3.5	0.2
新能源汽车(万辆)	New Energy Vehicles (10000 Vehicles)	0.2	4.9	5.0	0.1
民用钢质船舶(万载重吨)	Civilian Steel Ships (10000 DWT)	27.2	1806.1	1803.6	29.6
发电机组(发电设备)(万千瓦)	Generator Sets (Power Generation Equipment) (10000 kw)	28.9	584.1	604.5	8.5
家用电冰箱(万台)	Home Refrigerators (10000 Sets)	28.1	1068.1	1060.0	36.1
房间空气调节器(万台)	Air Conditioners (10000 Sets)	35.4	500.0	496.3	39.1
家用洗衣机(万台)	Household Washing Machines (10000 Units)	93.6	2239.4	2228.9	104.0
电子计算机整机(万台)	Computer Complete Machine (10000 Units)	100.7	6128.5	6128.2	100.4
移动通信手持机(手机)(万台)	Mobile Telephones (10000 Sets)	243.1	5003.8	4985.5	261.5
彩色电视机(万台)	Color Television Sets (10000 Sets)	51.5	1383.5	1390.0	45.0
集成电路(亿块)	Integrated Circuits (100 Million Units)	24.9	516.3	514.8	26.3

11-24 规模以上工业主要产品生产能力
Production of above Designated Size Industrial Enterprises

单位:万吨 (10000 tons)

产品名称	Item	生产能力 Production 2018	2019
天然原油	CrudePetroleum Oil	155.22	153.81
卷烟 (亿支)	Cigarettes (100 Million Pieces)	1381.28	1360.67
原油加工能力/原油加工量	Production of crude oil	4320.00	4502.79
焦炭	Coke	2207.00	1667.00
烧碱(折100%)	Sodium Hydroxide(100%)	406.40	306.50
农用氮、磷、钾化学肥料总计(折纯)	Chemical Fertilizers(100%)	236.21	248.99
初级形态塑料	Primary Plastic	1233.57	1225.94
化学纤维	Chemical Fibe	1792.65	1847.51
水泥	Cement	19897.43	19772.28
平板玻璃 (万重量箱)	Plain Glass (10000 Weight Cases)	2599.85	2255.50
粗钢	Crude Steel	12090.00	11581.43
钢材	Rolled Steel	15495.02	16849.20
金属切削机床 (万台)	Metal-cutting Machine Tool (10000 Sets)	14.79	9.18
汽车 (万辆)	Moter Vehicles (10000 Vehicles)	244.15	220.82
家用电冰箱 (万台)	Home Refrigerators (10000 Sets)	1258.12	1305.56
房间空气调节器 (万台)	Air Conditioners (10000 Sets)	776.50	872.00
微型计算机设备 (万台)	Computer (10000 Sets)	7746.45	7019.14
移动通信手持机(手机) (万台)	MobileTelephone (10000 Sets)	13898.13	10913.94
彩色电视机 (万台)	Color Television Set (10000 Sets)	3375.27	2827.11
发电设备容量总计/发电量 (万千瓦)	Power GenerationEquipment Capacity / Electricity Production (10000 kW)	11379.27	11923.06
#火电设备容量/发电量	Thermal Power EquipmentCapacity / Electricity Production	9612.98	9849.29
水电设备容量/发电量	Waterpower EquipmentCapacity / Electricity Production	260.00	260.00
核电设备容量/发电量	Nuclear Power EquipmentCapacity / Electricity Production	437.20	437.20
风电设备容量/发电量	Windpower EquipmentCapacity / Electricity Production	657.74	853.28

主要统计指标解释

工业　工业 指从事自然资源的开采，对采掘品和农产品进行加工和再加工的物质生产部门。具体包括：(1)对自然资源的开采，如采矿、晒盐、森林采伐等(但不包括禽兽捕猎和水产捕捞)；(2)对农副产品的加工、再加工，如粮油加工、食品加工、缫丝、纺织、制革等；(3)对采掘品的加工、再加工，如炼铁、炼钢、化工生产、石油加工、机器制造、木材加工等，以及电力、自来水、煤气的生产和供应等；(4)对工业品的修理、翻新，如机器设备的修理、交通运输工具(包括小卧车)的修理等。

1984 年以前农村的村及村以下办工业归属农业，1984 年以后划归工业。

国有企业　指企业全部资产归国家所有，并按《中华人民共和国企业法人登记管理条例》规定登记注册的非公司制的经济组织。1957 年以前的公私合营和私营工业，后均改造为国营工业，1992 年改为国有工业，这部分工业的资料不单独分列时，均包括在国有企业内。

集体企业　指企业资产归集体所有，并按《中华人民共和国企业法人登记管理条例》规定登记注册的经济组织。是社会主义公有制经济的组成部分。包括城乡所有使用集体投资举办的企业，以及部分个人通过集资自愿放弃所有权并依法经工商行政管理机关认定为集体所有制的企业。

股份合作企业　指以合作制为基础，由企业职工共同出资入股，吸收一定比例的社会资产投资组建，实行自主经营，自负盈亏，共同劳动，民主管理，按劳分配与按股分红相结合的一种集体经济组织。

联营企业　指两个及两个以上相同或不同所有制性质的企业法人或事业单位法人，按自愿、平等、互利的原则，共同投资组成的经济组织。联营企业包括：国有联营企业指国有企业与国有企业间的联营；集体联营企业指集体企业与集体企业间的联营；国有与集体联营企业指国有企业与集体企业间的联营。

有限责任公司　指根据《中华人民共和国公司登记管理条例》规定登记注册，由两个以上，五十个以下的股东共同出资，每个股东以其所认缴的出资额对公司承担有限责任，公司以其全部资产对其债务承担责任的经济组织。

有限责任公司包括国有独资公司以及其他有限责任公司。

股份有限公司　指根据《中华人民共和国企业法人登记管理条例》规定登记注册，其全部注册资本由等额股份构成并通过发行股票筹集资本，股东以其认购的股份对公司承担有限责任，公司以其全部资产对其债务承担责任的经济组织。

私营企业　指由自然人投资设立或由自然人控股，以雇佣劳动为基础的营利性经济组织。包括按照《公司法》、《合伙企业法》、《私营企业暂行条例》规定登记注册的私营有限责任公司、私营股份有限公司、私营合伙企业和私营独资企业。

港、澳、台商投资企业　指企业注册登记类型中的港、澳、台资合资、合作、独资经营企业、股份有限公司和其他港、澳、台商投资企业之和。

外商投资企业　指企业注册登记类型中的中外合资、合作经营企业、外资企业、外商投资股份有限公司和其他外商投资企业之和。

轻工业　指主要提供生活消费品和制作手工工具的工业。按其所使用的原料不同，可分为两大类：(1)以农产品为原料的轻工业，是指直接或间接以农产品为基本原料的轻工业。主要包括食品制造、饮料制造、烟草加工、纺织、缝纫、皮革和毛皮制作、造纸以及印刷等工业；(2)以非农产品为原料的轻工业，是指以工业品为原料的轻工业。主要包括文教体育用品、化学药品制造、合成纤维制造、日用化学制品、日用玻璃制品、日用金属制品、手工工具制造、医疗器械制造、文化和办公用机械制造等工业。

重工业　是指为国民经济各部门提供物质技术基础的主要生产资料的工业。按其生产性质和产品用途，可以分为下列三类：(1)采掘(伐)工业，是指对自然资源的开采，包括石油开采、煤炭开采、金属矿开采、非金属矿开采和木材采伐等工业；(2)原材料工业，指向国民经济各部门提供基本材料、动力和燃料的工业。包括金属冶炼及加工、炼焦及焦炭、化学、化工原料、水泥、人造板以及电力、石油和煤炭加工等工业；(3)加工工业，是指对工业原材料进行再加工制造的工业。包括装备国民经济各部门的机械设备制造工业、金属结构、水泥制品等工业，以及为农业提供的生产资料如化肥、农药等工业。

根据上述划分原则，修理业中以重工业产品为修理作业对象的划为重工业，反之划为轻工业。

资产总计　指企业过去的交易或者事项形成的、由企业拥有或者控制的、预期会给企业带来经济利益的资源。包括企业拥有的土地、办公楼、厂房、机器、运输工具、存货等实物资产和现金、存款、应收账款和预付账款等金融资产。资产一般按流动性(资产的变现或耗用时间长短)分为流动资产和非流动资产。其中流动资产可分为货币资金、交易性金融资产、应收票据、应收账款、预付款项、其他应收款、存货等；非流动资产可分为长期股权投资、固定资产、无形资产及其他非流动资产等。

流动资产合计　资产满足以下条件之一应归为流动资产：(1)预计在一个正常营业周期中变现、出售或耗用，主要包括存货、应收账款等；(2)主要为交易目的而持有；(3)预计在资产负债表日起一年内(含一年)变现；(4)自资产负债表日起一年内，交换其他资产或清偿负债的能力不受限制的现金或现金等价物。包括货币资金、应收票据、应收账款、存货等项目。

负债合计　指企业过去的交易或者事项形成的，预期会导致经济利益流出企业的现时义务。包括银行贷款、借款、应付账款、应付职工工资、应付职工福利费、应交税金等企业负有偿还责任的债务。

国有控股企业 指这些企业的全部资产中国有资产(股份)相对其他所有者中的任何一个所有者占资(股)最多的企业。该分组反映了国有经济控股情况。

Explanatory Notes on Main Statistical Indicators

Industry refers to the material production sector which is engaged in extraction of natural resources and processing or reprocessing of minerals and agricultural products, including(1) extraction of natural resources, such as mining, salt production, logging(but not including hunting and fishing); (2) processing and reprocessing of farm and sideline produces, such as rice husking, flour milling, wine making, oil pressing, cotton ginning, silk reeling, spinning and weaving, and leather making; (3) manufacture of industrial products, such as steel making, iron smelting, chemicals manufacturing, petroleum processing, machine building, timber processing; water and gas production and electricity generation and supply; (4) repairing of industrial products such as the repairing of machinery and means of transport(including cars).

Prior to 1984, the rural industry runed by villages and cooperative organizations under village was classified into agriculture. Since 1984, it has been grouped into industry.

State-owned Enterprises State-owned enterprises refer to industrial enterprises where the means of production are all owned by the state. Joint state-private industries and private industries, which existed before 1957, have been transformed into state run industries. Statistics on these enterprises has been included in the state-owned industries since 1992 when separation of data was no longer necessary.

Collective-owned Enterprises refer to industrial enterprises where the means of production are owned collectively. It is part of sociolist public economy. It including urban and rural enterprises invested by collectives and some enterprises which were formerly owned privately but have been registered in industrial and commercial administration agency as collective units through raising fund from the public.

Share-holding Cooperative Enterprises refer to economic units set up on cooperative basis, with funding partly from members of the enterprise and partly from outside investment, where the operation and management is decided by the members who also participate in the production. And the distribution of income is based both on work(labour input) and on shares(capital input).

Joint-operation enterprises refer to economic units that established by joint investment by two or more corporate enterprises or institutions of the same or different types of ownership on voluntary, equal and mutual-beneficial basis. They include:

a) state-owned joint-operation enterprises(joint operation between state-owned enterprises);

b) collective joint-operation enterprises(joint operation between collective enterprises);

c) state-collective joint-operation enterprises(joint operation between state and collective enterprises).

Limited Liability Corporations refer to economic units registered in accordance with the Regulation of the People's Republic of China on the Management of Registration of Corporations, with capitals from 2 to 49 investors, each investor bears limited liability to the corporation depending on the holding of shares, and the corporation bears liability to its debt to the maximum of its total assets. Limited Liability corporations State-owned Enterprises and othe limited liabliliy corporations.

Share-holding Corporations Ltd. refer to economic units registered in accordance with the Regulation of the People's Republic of China on the Management of Registration of Corporate Enterprises, with total registered capitals divided into equal shares and raised through issuing stocks. Each investor bears limited liability to the corporation depending on the holding of shares, and the corporation bears liability to its debt to the maximum of its total assets.

Private Enterprises refer to economic units invested or controlled(by holding the majority of the shares) by natural persons who hire labours for profit-making activities. Included in this category are private limited liability corporations, private share-holding corporations Ltd., private partnership enterprises and private sole investment enterprises registered in accordance with the Corporation Law, Partnership Enterprise Law and Tentative Regulation on Private Enterprises.

Enterprises with Funds form Hong Kong, Macao and Taiwan refers to all industrial enterprises registered as the joint-venture, cooperative, sole(exclusive) investment industrial enterprises and limited liability corporations with funds from Hong Kong, Macao and Taiwan.

Foreign Funded Enterprises refers to all industrial enterprises registered as the joint-venture, cooperative, sole(exclusive) investment industrial enterprises and limited liability corporations with foreign funds.

Light Industry refers to the industry that produces consumer goods and hand tools. It consists of two categories, depending on the materials used:

(1) Industries using farm products as raw materials. These are branches of light industry which directly or indirectly use farm prod-

ucts as basic raw materials, including the manufacture of food and beverages, tobacco processing, textile, clothing, fur and leather manufacturing, paper making, printing, etc.

(2) Industries using non farm products as raw materials. These are branches of light industry which use manufactured goods as raw-materials, including the manufacture of cultural, educational articles and sports goods, chemicals, synthetic fiber, chemical products for daily use, glass products for daily use, metal products for daily use, hand tools, medical apparatus and instruments, and the manufacture of cultural and clerical machinery.

Heavy Industry refers to the industry which produces capital goods, and provides various sectors of the national economy with necessary material and technical basis. It consists of the following three branches according to the purpose of production or the use of products:

(1) Mining, quarrying and logging industry refers to the industry that extracts natural resources. Including extraction of petroleum, coal, metal and non-metal ores and logging.

(2) Raw materials industry refers to the industry that provides various sectors of the national economy with raw materials, fuels and power. It includes smelting and processing of metals, coking and coke chemistry, chemical materials and building materials such as cement, plywood, and power, petroleum refining and coal dressing.

(3) Manufacturing industry refers to the industry that processes raw materials. It includes machine building industry which equips sectors of the national economy, industries of metal structure and cement products, industries producing means of agricultural production, such as chemical fertilizers and pesticides.

According to the above principle of classification, the repairing trades which are engaged primarily in repairing products of heavy industry are classified into heavy industry while these engaged in repairing products of light in-dustry are classified into light industry.

Gross Industrial Output Value is the total volume of industrial products sold or available for sale in value terms which reflects the total achievements and overall scale of industrial production during a given period. It includes the value of the finished products, which are not to be further processed in the enterprises and have been inspected, packed and put in storage, the value of industrial services rendered to other units, and the changes in the value of the semi-finished products and products in process between the be-ginning and closing of the period. The gross industrial output value is calculated with "factory method". No double calculations are to be made within the same enterprise. However, double counting does occur among different enterprises.

Output value of light and heavy industries is based on the "factory" method. If the major products of an industrial enterprise are classified as light industry products, the entire gross output value of that enterprise is classified into the light industry; the same principle applies to heavy industry.

Total Assets refer to all economic resources, owned or controlled by enterprises, that could be measured in monetary terms, including properties, creditors equity and other economic rights of all forms. Classified by the degree of equitability, total assets include current assets, long term investment, fixed assets, intangible assets and deferred assets, and other assets.

(1) Current assets (working capital) refer to assets which can be cashed in or spent or consumed in an operating cycle of one year or over one year, including cash, all kinds of deposits, short term investment, receivables, advance payment, stock, etc.

(2) Fixed assets refer to the net value of fixed assets, elearance of fixed assets, project under construction, fixed assets losses in suspense. These are corporations' fund holdings.

(3) Intangible assets refer to the assets without material form used by enterprises over a long time, such as patents, non-patent technologies, trade marks, copyright, land use right, business reputation, etc.

Total Liabilities refer to the debts, measured in monetary terms, that enterprises are responsible for repayment in the form of cash, assets or labour. Classified by terms of repayment, liability include liquid liabilities and long-term liabilities.

(1) Liquid liabilities (also called quick liabilities or immediate liabilities) refer to enterprises' total debt payable within an operating cycle of one year or over one year, including short term loans, payable and advance payments, wages payable, taxes payable and profit payable, etc.

(2) Long term liabilities refers to total debt payable within an operating cycle of one year or over one year, including long-term loans, payable liabilities, long-term payable, etc.

State-share holding Enterprises State-share holding Enterprises refers to classification of "state-share holding" to the mixed-owned enterprises, which indicate that among the total assets of enterprises, the state assets (share) occupying the most part (share) than any other enterprises. Such group reflects the condition of share-holding of the state-owned economy.

12

建筑业

Construction

简 要 说 明

一、本篇资料的主要内容

本篇资料反映我省建筑业概况和发展情况。包括建筑业企业基本情况和生产经营情况。主要指标有企业个数、从业人员数、建筑业总产值、房屋建筑面积、劳动生产率等。

二、本篇资料的统计范围

根据建筑业发展的实际情况，建筑业统计范围从 2002 年年报起由原具有建筑业资质等级四级及四级以上的独立核算的建筑业企业调整为具有总承包和专业承包建筑业资质的独立核算建筑业企业。

三、本篇的资料来源及统计调查方法

本篇建筑业企业统计数据是根据国家统计局制定的《建筑业统计报表制度》整理汇总的。建筑业统计报表是各级统计部门根据当地实际情况采取全面调查的方法布置、收集，由辖区内各资质内建筑业企业通过联网直报上报统计数据。

Brief Introduction

I. Main Contents

Data in this chapter show the general situation and the development of the construction industry in Jiangsu. They cover the situation of production and management of the construction enterprises, including the number of enterprises; number of employed persons; gross output value of the construction industry; floor space of buildings under construction and labour productivity etc.

II. Scope of Statistics

In view of the development of the construction industry, starting from 2002 the scope of construction statistics has been adjusted to include all the construction enterprises of various types of ownership with qualification certificates and independent accounting systems, replacing the previous criteria that required general contract and specilized construction enterprises of various types of ownership to have qualification certificates at or above Class 4 with independent accounting systems.

III. Sources of Data and Methods of Survey

Data on construction enterprises are collected in accordance with the *Reporting Form System of Construction Statistics* stipulated by the National Bureau of Statistics. The construction statistical reports are deployed and collected through comprehensive survey by each Bureau of statistics in accordance with real conditions of the enterprises, they are directly reported by qualified construction enterprises through internet.

12－1 建筑施工企业概况

Basic Statistics on Construction Enterprises

	总 计 Total	国有经济 State-owned	地 方 Local-owned	部 属 Central-owned	集体及其他经 济 Collective-owned and others
企业单位个数 (个) Number of Enterprises (unit)					
1985	2360	114	86	28	2246
1989	2408	175	144	31	2233
1990	2284	162	138	24	2122
1991	2316	173	147	26	2143
1992	2417	203	176	27	2214
1993	2810	308	273	35	2502
1994	3348	389	353	36	2959
1995	3426	406	370	36	3020
1996	3528	589	554	35	2939
1997	3546	564	525	39	2982
1998	3587	573	535	38	3014
1999	3994	550	514	36	3444
2000	3948	529	485	44	3419
2001	3872	469	424	45	3403
2002	4084	489	438	51	3595
2003	4267	358	322	36	3909
2004	5241	318	279	39	4923
2005	5909	556	524	32	5353
2006	6371	444	439	5	5927
2007	7017	453	449	4	6564
2008	8389	413	380	33	7976
2009	8664	391	362	29	8273
2010	8949	375	347	28	8574
2011	9164	392	359	33	8772
2012	9254	383	350	33	8871
2013	9560	383	348	35	9177
2014	9220	368	332	36	8852
2015	9149	361	327	34	8788
2016	9023	355	322	33	8668
2017	8920	355	322	33	8565
2018	9787	373	327	46	9414
2019	9808	368	322	46	9440
从事主营业务活动的从业人员平均人数 (万人) The Average Number of Employees Engaged in Principal Business (10000 persons)					
1985	124.09	17.60	13.82	3.78	106.49
1989	128.55	22.08	15.10	6.98	106.47
1990	124.31	21.53	15.24	6.29	102.38
1991	126.44	22.06	15.83	6.23	104.38
1992	143.44	24.67	17.66	7.01	118.77
1993	175.06	34.58	27.50	7.08	140.48
1994	212.17	44.60	31.60	13.00	167.57
1995	232.94	45.42	38.58	6.84	187.52
1996	220.71	59.55	52.14	7.41	161.16
1997	215.69	51.20	44.57	6.63	164.48
1998	232.32	50.52	42.22	8.30	181.80
1999	222.80	46.30	38.85	7.45	176.50

12－1　续表 1　Continued 1

	总　计 Total	国有经济 State-owned	地　方 Local-owned	部　属 Central-owned	集体及其他经济 Collective-owned and others
2000	221.48	43.85	36.41	7.44	177.63
2001	239.52	41.74	35.33	6.41	197.78
2002	251.36	45.96	39.26	6.70	205.40
2003	277.91	30.37	23.85	6.52	247.54
2004	305.64	30.06	23.31	6.75	275.58
2005	342.24	60.77	53.98	6.79	281.47
2006	379.77	50.24	48.44	1.80	329.53
2007	437.10	54.50	52.81	1.69	382.60
2008	488.67	44.49	34.90	9.60	444.18
2009	540.52	40.43	28.30	12.13	500.09
2010	598.98	40.23	31.09	9.14	558.75
2011	607.55	38.41	29.09	9.33	569.14
2012	700.96	40.23	29.74	10.49	660.73
2013	782.36	62.79	47.54	15.25	719.57
2014	828.27	51.71	34.17	17.54	776.56
2015	833.31	51.82	34.67	17.15	781.49
2016	845.84	51.18	35.88	15.30	794.66
2017	894.95	63.30	46.94	16.36	831.65
2018	885.17	64.69	50.80	13.89	820.48
2019	912.14	68.23	55.25	12.98	843.91
建筑业总产值（亿元） **Gross Output Value of Construction Enterprises (100 million yuan)**					
1985	82.63	14.32	10.92	3.39	68.32
1989	142.05	30.94	9.52	11.42	111.11
1990	147.23	32.00	21.49	10.51	115.23
1991	176.21	37.84	26.04	11.80	138.37
1992	265.80	58.20	40.07	18.12	207.61
1993	449.99	104.73	82.40	22.33	345.27
1994	738.60	171.60	131.04	40.56	566.99
1995	998.11	257.36	207.39	49.97	740.74
1996	1049.42	377.92	318.79	59.13	671.51
1997	1102.12	352.86	294.21	58.65	749.26
1998	1224.42	335.16	272.55	62.61	889.26
1999	1338.46	343.12	282.03	61.09	995.34
2000	1546.17	376.59	308.30	68.29	1169.58
2001	1859.41	414.58	339.70	74.88	1444.83
2002	2199.52	492.90	414.84	78.06	1706.62
2003	2794.94	345.39	258.10	87.29	2449.55
2004	3656.66	436.40	299.08	137.32	3220.26
2005	4368.95	865.07	727.50	137.57	3503.88
2006	5424.85	812.35	770.02	42.33	4612.50
2007	7010.57	1075.79	1038.81	36.98	5934.78
2008	8547.94	917.82	620.31	297.51	7630.12
2009	10264.92	981.35	618.32	363.03	9283.57
2010	12405.90	1206.68	703.69	502.99	11199.22
2011	15122.74	1411.67	799.54	612.13	13711.06
2012	18423.55	1595.37	951.82	643.55	16828.18
2013	21990.84	1867.61	1036.00	831.61	20123.23
2014	24592.93	2070.42	1129.97	940.45	22522.51
2015	24785.81	2143.55	1186.93	956.62	22642.26
2016	25791.76	2238.45	1256.88	981.57	23553.31

12－1 续表 2 Continued 2

	总　计 Total	国有经济 State-owned	地　方 Local-owned	部　属 Central-owned	集体及其他经济 Collective-owned and others
2017	27956.71	2768.64	1610.18	1158.46	25188.07
2018	30954.69	3343.47	2085.21	1258.26	27611.22
2019	33103.64	3774.14	2296.68	1477.46	29329.50
房屋建筑施工面积　（万平方米） Housing Construction Area （10000 sq. m）					
1985	5570.32	619.94	536.58	83.36	4950.38
1989	5447.40	672.60	547.40	125.20	4774.80
1990	5240.98	699.10	580.30	118.80	4541.88
1991	5711.13	778.71	660.44	118.27	4932.42
1992	7780.32	1049.90	901.00	148.90	6730.42
1993	10229.96	1801.32	1573.13	228.19	8428.64
1994	13201.21	2356.00	2062.20	293.90	10845.21
1995	16646.14	3470.96	3135.28	335.68	13175.18
1996	15672.95	5032.00	4663.09	368.91	10640.95
1997	16191.85	4407.38	4031.04	376.34	11784.47
1998	17803.33	3831.67	3593.61	238.06	13971.66
1999	18748.25	3830.22	3633.96	196.26	14918.03
2000	21287.10	4096.75	3871.42	225.33	17190.35
2001	24319.01	3706.55	3380.84	325.71	20612.46
2002	27753.39	3669.91	3301.01	368.90	24083.48
2003	33949.95	1893.32	1503.56	389.76	32056.63
2004	43170.57	2815.09	2273.46	541.63	40355.48
2005	52242.23	7706.17	7383.99	322.18	44536.06
2006	63140.49	6553.90	6329.13	224.77	56586.59
2007	79901.63	9386.76	9092.19	294.57	70514.87
2008	90144.64	5437.75	4655.54	782.21	84706.89
2009	99659.92	3580.73	2684.79	895.94	96079.19
2010	119035.52	4465.90	3273.48	1192.42	114569.62
2011	145451.48	6273.08	4486.17	1786.91	139178.40
2012	166779.12	7006.79	5281.84	1724.95	159772.33
2013	196739.85	9070.57	6661.60	2408.97	187669.28
2014	213038.78	11454.23	8453.47	3100.76	201584.55
2015	215591.97	11763.27	8034.19	3729.08	203828.70
2016	221493.57	13235.38	8963.95	4271.43	208258.19
2017	232034.24	16918.65	12132.73	4785.92	215115.59
2018	249419.75	19144.84	13601.27	5543.57	230274.91
2018	255297.68	20910.02	14450.30	6459.72	234387.66
房屋建筑竣工面积　（万平方米） Buildings Completed （10000 sq. m）					
1985	3527.20	272.55	245.03	27.52	3254.65
1989	3446.50	284.50	246.40	38.10	3162.00
1990	3307.93	354.40	302.20	52.20	2953.53
1991	3422.75	361.35	322.27	39.08	3061.40
1992	4387.99	446.60	395.90	50.70	3941.39
1993	5767.78	772.59	705.11	67.48	4995.19
1994	9336.28	903.20	838.60	64.60	8433.08
1995	8739.38	1304.03	1243.04	60.99	7435.35
1996	8252.13	1946.38	1872.36	74.02	6305.75
1997	8787.36	1678.84	1601.39	77.46	7108.52
1998	9958.90	1748.46	1686.40	62.05	8210.45
1999	10558.22	1692.42	1636.92	55.50	8865.80
2000	12329.65	1961.86	1896.93	64.93	10367.79

12－1 续表3 Continued 3

	总 计 Total	国有经济 State-owned	地 方 Local-owned	部 属 Central-owned	集体及其他经济 Collective-owned and others
2001	14268.89	1822.02	1718.15	103.87	12446.87
2002	15478.58	1877.94	1773.00	104.94	13600.64
2003	17730.02	879.14	786.81	92.33	16850.88
2004	21756.82	1246.57	1084.82	161.75	20510.25
2005	25391.86	3696.89	3526.71	170.18	21694.97
2006	28715.39	2517.69	2448.11	69.58	26197.70
2007	34992.20	3610.75	3505.88	104.87	31381.45
2008	40272.98	2182.40	1948.24	234.16	38090.58
2009	43307.52	1294.73	1063.59	231.15	42012.79
2010	48560.07	1388.19	1034.71	353.48	47171.88
2011	54650.20	1505.31	1291.08	214.23	53144.89
2012	61241.69	1788.25	1539.63	248.62	59453.44
2013	69010.15	2675.97	2238.06	437.91	66334.18
2014	76795.04	2962.05	2350.28	611.77	73832.99
2015	76823.92	3119.41	2580.11	539.30	73704.51
2016	74990.29	3816.67	3094.29	722.38	71173.62
2017	75454.29	4516.60	3891.85	624.75	70937.69
2018	75895.21	4737.03	4119.86	617.17	71158.18
2019	77899.47	5621.44	5027.13	594.31	72278.03
房屋建筑面积竣工率 （%） **Rate of Buildings Completed （%）**					
1985	66.2	44.0	45.7	33.0	65.7
1989	63.3	42.3	45.0	30.4	66.2
1990	63.1	50.7	52.1	43.9	65.0
1991	59.9	46.4	48.8	33.0	62.1
1992	56.4	42.5	43.9	34.0	58.6
1993	56.4	42.9	44.8	29.6	59.3
1994	70.7	38.3	40.7	22.0	77.8
1995	52.5	34.9	39.6	18.2	56.4
1996	52.7	38.7	40.2	20.1	59.3
1997	54.3	38.1	39.7	20.6	60.3
1998	55.9	45.6	46.9	26.1	58.8
1999	56.3	44.2	45.0	28.3	59.4
2000	57.9	47.9	49.0	28.8	60.3
2001	58.7	49.2	50.8	31.9	60.4
2002	55.8	51.2	53.7	28.4	56.5
2003	52.2	46.4	52.3	23.7	52.6
2004	50.4	44.3	47.7	29.9	50.8
2005	48.6	48.0	47.8	52.8	48.7
2006	45.5	38.4	38.7	31.0	46.3
2007	43.8	38.5	38.6	35.6	44.5
2008	44.7	40.1	41.8	29.9	45.0
2009	43.5	36.2	39.6	25.8	43.7
2010	40.8	31.1	31.6	29.6	41.2
2011	37.6	24.0	28.8	12.0	38.2
2012	36.7	25.5	29.1	14.4	37.2
2013	35.1	29.5	33.6	18.2	35.3
2014	36.0	25.9	27.8	19.7	36.6
2015	35.6	26.5	32.1	14.5	36.2
2016	33.9	28.8	34.5	16.9	34.2
2017	32.5	26.7	32.1	13.1	33.0
2018	30.4	24.7	30.3	11.1	30.9
2019	30.5	26.9	34.8	9.2	30.8

12－2 建筑业企业主要经济指标
Main Economic Indicators on Construction Enterprises

指 标	Item	2015	2016	2017	2018	2019
施工企业个数（个）	Number of Construction Enterprises (unit)	9149	9023	8920	9787	9808
建筑业总产值（亿元）	Gross Product of Construction Industry (100 million yuan)	24785.81	25791.76	27956.71	30954.69	33103.64
#建筑工程	Construction	23278.24	24268.36	26227.46	28894.08	30803.31
安装工程	Installation	1321.50	1343.79	1522.97	1812.29	1963.16
固定资产折旧（亿元）	Depreciation of Fixed Assets (100 million yuan)	117.76	118.42	120.16	143.47	135.86
本年应付职工薪酬（亿元）	Workers Salary Paid in this Year (100 million yuan)	3986.74	4209.45	4484.40	5630.30	5140.02
主营业务税金及附加（亿元）	Taxes and Other Charges on Principle Business (100 million yuan)	721.82	591.08	383.12	335.75	263.02
竣工产值（亿元）	Output Value of Completion (100 million yuan)	20431.39	21270.41	21542.54	22856.34	24459.24
房屋建筑施工面积（万平方米）	Floor Space of Buildings under Construction (10000 sq. m)	215591.97	221493.57	232034.24	249419.75	255297.68
#本年新开工	Newly Started Projects this Year	75967.02	84035.71	91223.35	94270.39	85958.65
房屋建筑竣工面积（万平方米）	Floor Space of Completed Buildings (10000 sq. m)	76823.92	74990.29	75454.29	75895.21	77899.47
从事主营业务活动的从业人员平均人数（万人）	The Average Number of Employees Engaged in Principal Business (10000 persons)	833.31	845.84	894.95	885.17	912.14
全员劳动生产率（元/人）	Overall Labor Productivity (yuan/person)	297437	304925	312383	349703	362928
利润总额（亿元）	Total Profits (100 million yuan)	985.46	992.63	1060.26	1161.77	1230.09
利税总额（亿元）	Total Pre-tax Profits (100 million yuan)	1749.99	1826.14	1983.59	2284.22	2281.99
应交增值税（亿元）	Value added tax payable (100 million yuan)			544.61	786.70	788.87

12－3 按登记注册类型分建筑业企业主要经济指标(2018 年)

指　标	Item	合 计 Total	内资企业 Domestic	国有 State-owned	集体 Collective-owned	股份合作 Cooperative
施工企业个数（个）	Number of Construction Enterprises (unit)	9787	9714	96	71	13
#亏损企业个数	Number of Loss-making Enterprises	650	637	6	3	3
年末从业人员数（万人）	Number of Employed Persons at Year-end (10000 persons)	795.50	793.79	5.26	2.88	0.31
建筑业总产值（亿元）	Gross Output Value of Construction (100 million yuan)	30954.69	30759.28	222.94	90.41	6.49
#建筑工程	Construction	28894.08	28754.54	218.30	88.23	6.09
安装工程	Installation	1812.29	1756.75	3.05	1.43	0.36
竣工产值（亿元）	Output Value of Completed Building (100 million yuan)	22856.34	22769.99	170.39	84.24	5.21
房屋建筑施工面积（万平方米）	Floor Space of Building under Construction (10000 sq. m)	249419.75	249218.74	1038.57	667.97	18.19
#本年新开工	Newly Started Projects in this Year	94270.39	94162.38	550.63	235.18	11.19
房屋建筑竣工面积（万平方米）	Floor Space of Building Completed (10000 sq. m)	75895.21	75853.51	497.49	290.25	11.80
从事主营业务活动的从业人员平均人数（万人）	(10000 persons)	885.17	881.71	6.74	3.37	0.33
全员劳动生产率（元/人）	Overall Labor Productivity (yuan/person)	349705	348859	330682	268331	198770

Main Economic Indicators on Construction Enterprises by Registration Status (2018)

联营 Joint Ownership Enterprises	有限责任公司 Limited Liabilit Corporations	股份有限公司 Share-holding Corporations Limited	私营 Private Enterprises	其他 Others	港澳台商投资企业 Enterprises with Funds from Hong Kong, Macao and Taiwan	外商投资企业 Foreign Funded Enterprises
4	1272	206	8051	1	30	43
	79	13	533		3	10
0.05	208.23	52.66	524.39	0.01	0.67	1.03
1.57	9622.99	2930.16	17884.16	0.55	33.31	162.10
1.32	8912.47	2750.11	16778.01	0.00	28.45	111.09
0.25	621.21	165.19	964.70	0.55	4.54	50.99
1.58	6542.75	1988.46	13976.57	0.81	21.57	64.78
0.93	72728.32	25077.47	149687.30		26.75	174.26
0.26	26632.11	7867.09	58865.92		11.17	96.85
0.88	19568.78	6038.39	49445.92		12.77	28.93
0.06	220.36	60.36	590.48	0.01	0.79	2.67
274267	436698	485421	302873	620989	422275	607579

12－4 按登记注册类型分建筑业企业主要经济指标(2019 年)

指标	Item	合计 Total	内资企业 Domestic	国有 State-owned	集体 Collective-owned	股份合作 Cooperative
施工企业个数 (个)	Number of Construction Enterprises (unit)	9808	9737	96	59	13
#亏损企业个数	Number of Loss-making Enterprises	622	610	2	2	
年末从业人员数 (万人)	Number of Employed Persons at Year-end (10000 persons)	805.36	804.04	5.30	2.47	0.32
建筑业总产值 (亿元)	Gross Output Value of Construction (100 million yuan)	33103.64	32934.04	237.73	81.91	8.34
#建筑工程	Construction	30803.31	30681.99	231.46	79.51	6.69
安装工程	Installation	1963.16	1915.43	5.10	1.88	1.55
竣工产值 (亿元)	Output Value of Completed Building (100 million yuan)	24459.24	24373.70	160.48	77.19	6.45
房屋建筑施工面积 (万平方米)	Floor Space of Building under Construction (10000 sq. m)	255297.68	255045.43	988.96	551.85	35.92
#本年新开工	Newly Started Projects in this Year	85958.65	85914.44	597.92	155.93	21.13
房屋建筑竣工面积 (万平方米)	Floor Space of Building Completed (10000 sq. m)	77899.47	77866.92	429.06	262.07	22.23
从事主营业务活动的从业人员平均人数 (万人)	(10000 persons)	912.14	908.98	7.02	2.76	0.41
全员劳动生产率 (元/人)	Overall Labor Productivity (yuan/person)	362924	362317	338850	297228	204895

Main Economic Indicators on Construction Enterprises by Registration Status (2019)

联营 Joint Ownership Enterprises	有限责任公司 Limited Liabilit Corporations	股份有限公司 Share-holding Corporations Limited	私营 Private Enterprises	其他 Others	港澳台商投资企业 Enterprises with Funds from Hong Kong, Macao and Taiwan	外商投资企业 Foreign Funded Enterprises
4	1251	203	8110	1	29	42
	78	10	518		4	8
0.12	205.27	56.27	534.29	0.01	0.66	0.67
3.63	10628.09	3044.86	18927.97	1.50	33.27	136.34
3.11	9729.54	2897.53	17734.14		28.85	92.47
0.43	740.20	140.39	1024.38	1.50	4.16	43.56
1.41	7327.99	2263.68	14536.49		11.85	73.69
1.12	77664.32	24220.43	151582.82		21.22	231.03
1.07	24553.12	6965.52	53619.74		9.77	34.45
0.23	21301.11	6388.58	49463.64		6.09	26.45
0.12	227.13	63.91	607.61	0.03	0.74	2.41
291601	467928	476444	311514	535811	448083	565753

12－5 按登记注册类型分建筑业企业财务状况(2018年)

单位:亿元

指 标	Item	合 计 Total	内资企业 Domestic Funded	国有 State-owned	集体 Collective-owned	股份合作 Cooperative Enterprises
资本金合计	Total Capital Assets	3551.80	3517.48	43.96	11.78	1.69
流动资产合计	Circulating Funds	17318.59	17132.23	249.51	52.33	6.21
#存货	Stock	4119.82	4084.37	24.66	12.95	0.70
固定资产原价合计	Total Original Value of Fixed Assets	2371.47	2345.14	33.75	10.38	2.76
累计折旧	Accumulated Depreciation	988.89	977.01	16.97	4.90	1.34
#本年折旧	Depreciation this Year	143.47	142.03	1.44	0.50	0.14
在建工程	Project under Construction	144.85	141.88	3.84	0.33	0.22
资产总计	Total Assets	20731.90	20498.18	296.44	67.45	9.54
流动负债合计	Liquid Liability	10946.13	10819.98	160.64	36.30	5.32
非流动负债合计	Total Non-current Liabilities	660.67	649.66	48.47	1.18	0.10
负债合计	Total Liabilities	11873.95	11731.93	212.38	39.25	5.42
所有者权益合计	Owners Equity	8857.95	8766.25	84.06	28.20	4.12
主营业务收入	Revenue from Principal Business	25616.34	25405.58	195.71	72.08	6.20
主营业务成本	Cost of Principle Business	23106.55	22921.47	171.49	62.51	5.18
主营业务税金及附加	Taxes and Other Charges on Principle Business	335.75	334.94	3.17	2.13	0.31
其他业务利润	Profits from Other Businesses	20.13	20.05	0.35	0.04	0.01
销售费用	Selling Expenses	108.57	107.72	0.41	0.27	0.08
管理费用	Management Expenses	757.32	749.14	7.03	3.35	0.39
财务费用	Financial Cost	165.04	163.94	0.93	0.45	0.04
营业利润	Operating Profit	1159.22	1142.82	10.60	3.41	0.20
利润总额	Total Profits	1161.77	1145.46	11.27	3.39	0.20
应得税费用	Tax and fee	257.19	253.86	1.70	0.81	0.04
本年应付职工薪酬	Workers Salary Paid in this Year	5630.30	5616.89	36.36	22.26	1.55
应交增值税	VATshouid be paid	786.70	784.04	6.33	2.85	0.36

Financial Indicators on Construction Enterprises by Registration Status (2018)

(100 million yuan)

联营 Joint Ownership Enterprises	有限责任公司 Limited Liability Corporations	股份有限公司 Share-holding Corporations Limited	私营 Private Enterprises	其他 Others	港澳台商投资企业 Enterprises with Funds from Hong Kong, Macao and Taiwan	外商投资企业 Foreign Funded Enterprises
0.66	803.48	209.55	2446.23	0.12	10.40	23.93
0.67	6084.32	1763.26	8974.76	1.17	58.87	127.49
0.25	1424.34	347.62	2273.82	0.03	12.41	23.03
0.46	693.97	147.93	1455.90		7.02	19.31
0.04	319.35	58.80	575.60		2.96	8.92
0.01	45.68	7.83	86.43		0.37	1.07
0.02	30.66	12.81	94.01		0.74	2.23
1.29	7005.37	2157.37	10959.43	1.27	65.28	168.45
0.47	4233.52	1330.28	5052.33	1.12	39.39	86.76
0.00	275.30	145.99	178.61	0.00	4.10	6.90
0.47	4564.98	1476.72	5431.59	1.12	43.56	98.46
0.82	2440.40	680.65	5527.84	0.15	21.72	69.98
1.47	8458.20	2128.17	14542.01	1.74	33.33	177.44
1.36	7711.81	1940.04	13027.65	1.43	28.85	156.24
0.03	68.68	14.10	246.52	0.00	0.32	0.49
	6.58	4.44	8.64		0.05	0.02
0.01	17.19	10.69	79.06	0.01	0.18	0.66
0.03	226.71	64.87	446.71	0.04	2.06	6.13
0.00	49.46	18.57	94.49	0.00	0.37	0.74
0.14	390.06	90.97	647.20	0.23	2.06	14.35
0.14	391.34	90.69	648.20	0.23	2.04	14.28
0.01	88.13	19.48	143.66	0.03	0.28	3.05
0.29	1580.79	452.00	3523.58	0.08	4.02	9.38
0.09	250.57	53.87	469.94	0.03	0.95	1.70

12－6 按登记注册类型分建筑业企业财务状况(2019 年)

单位:亿元

指标	Item	合计 Total	内资企业 Domestic Funded	国有 State-owned	集体 Collective-owned	股份合作 Cooperative Enterprises
资本金合计	Total Capital Assets	3616.20	3589.25	40.38	10.80	0.95
流动资产合计	Circulating Funds	19182.15	19016.56	265.88	57.44	4.00
#存货	Stock	4398.75	4373.09	27.58	10.94	0.84
固定资产原价合计	Total Original Value of Fixed Assets	2267.95	2231.34	36.95	7.90	2.31
累计折旧	Accumulated Depreciation	1006.33	991.48	17.91	4.26	0.98
#本年折旧	Depreciation this Year	135.86	134.10	3.33	0.55	0.09
在建工程	Project under Construction	241.88	237.76	3.58	3.02	0.11
资产总计	Total Assets	22963.69	22765.52	556.78	64.94	5.91
流动负债合计	Liquid Liability	12444.46	12332.38	190.84	34.48	3.04
非流动负债合计	Total Non-current Liabilities	723.41	710.02	0.88	0.38	0.00
负债合计	Total Liabilities	13449.13	13323.65	217.23	36.23	3.04
所有者权益合计	Owners Equity	9512.25	9439.55	337.23	28.71	2.87
主营业务收入	Revenue from Principal Business	27864.68	27679.95	196.75	72.05	6.24
主营业务成本	Cost of Principle Business	25296.47	25135.93	178.07	64.13	5.22
主营业务税金及附加	Taxes and Other Charges on Principle Business	263.02	262.36	2.06	1.21	0.21
其他业务利润	Profits from Other Businesses	22.62	22.47	0.33	-0.01	…
销售费用	Selling Expenses	109.16	108.39	0.28	0.26	0.04
管理费用	Management Expenses	742.60	735.12	6.89	2.87	0.44
财务费用	Financial Cost	179.40	178.79	1.02	0.27	0.02
营业利润	Operating Profit	1228.25	1213.58	8.77	3.21	0.29
利润总额	Total Profits	1230.09	1215.61	8.78	3.19	0.28
应得税费用	Tax and fee	273.06	269.61	1.55	0.78	0.04
本年应付职工薪酬	Workers Salary Paid in this Year	5140.02	5127.64	28.61	17.93	1.26
应交增值税	VATshouid be paid	788.87	786.51	6.97	2.73	0.19

Financial Indicators on Construction Enterprises by Registration Status (2019)

(100 million yuan)

联营 Joint Ownership Enterprises	有限责任公司 Limited Liability Corporations	股份有限公司 Share-holding Corporations Limited	私营 Private Enterprises	其他 Others	港澳台商投资企业 Enterprises with Funds from Hong Kong, Macao and Taiwan	外商投资企业 Foreign Funded Enterprises
0.65	830.36	208.79	2497.32		9.25	17.70
3.50	7098.50	1777.72	9809.52		56.95	108.63
0.27	1544.51	358.35	2430.60		12.22	13.44
0.70	699.19	152.51	1331.78		6.94	29.67
0.09	332.93	67.26	568.05		3.27	11.59
0.01	43.72	9.20	77.21		0.56	1.20
0.01	68.01	9.21	153.83		0.89	3.22
4.14	8231.81	2151.15	11750.78		62.75	135.43
2.05	5077.21	1341.73	5683.02		36.74	75.34
0.00	345.31	93.96	269.48		4.64	8.74
2.05	5530.02	1438.36	6096.72		41.39	84.08
2.09	2701.79	712.80	5654.06		21.36	51.34
3.22	9613.55	2359.36	15428.79		36.57	148.16
2.79	8782.69	2144.87	13958.16		32.50	128.04
0.02	61.05	15.29	182.51		0.28	0.38
	7.11	4.58	10.45		0.06	0.08
…	18.55	10.75	78.50		0.16	0.62
0.21	217.43	60.78	446.49		1.79	5.69
0.08	55.81	13.03	108.57		0.42	0.18
0.12	435.31	105.36	660.51		1.34	13.33
0.17	436.87	105.20	661.12		1.36	13.12
0.03	98.50	21.97	146.72		0.28	3.18
0.49	1587.71	424.43	3067.21		3.51	8.87
0.15	250.26	55.04	471.17		0.85	1.51

12－7 按行业分建筑业企业主要经济指标和财务状况(2018 年)
Main Economic Indicators on Construction Enterprises by Sector (2018)

单位:亿元 (100 million yuan)

指 标	Item	房屋建筑业 Housing Industry	土木工程建筑业 Civil Engineering	建筑安装业 Construction Installation	建筑装饰和其他建筑业 Building Decoration and Other Construction	建筑装饰业 Construction Decoration
企业个数 (个)	Number of Construction Enterprises (unit)	4080	2362	1522	1823	1263
#亏损企业	Number of Loss-making Enterprises	228	140	120	162	109
建筑业总产值	Gross Output Value of Construction	22755.86	4392.81	2004.49	1801.54	1447.35
#建筑工程	Construction	22220.98	4160.22	802.94	1709.94	1405.68
安装工程	Installation	364.41	174.80	1193.30	79.78	36.80
竣工产值	Output Value of Completed Building	17050.52	2712.81	1577.73	1515.28	1266.59
房屋建筑施工面积 (万平方米)	Floor Space of Building under Construction (10000 sq. m)	241601.82	4224.91	2801.88	791.13	60.11
#本年新开工	Newly Started Projects in this Year	91443.91	1448.59	1026.89	350.99	34.73
房屋建筑竣工面积 (万平方米)	Floor Space of Building Completed (10000 sq. m)	72899.33	1983.54	864.50	147.84	32.61
从事主营业务活动的从业人员平均人数 (万人)	the Average Number of Employees Engaged in Principal Business (10000 persons)	671.30	104.83	54.41	54.63	44.66
全员劳动生产率 (元/人)	Overall Labor Productivity (yuan/person)	338984	419049	368376	329777	324107
资本金合计	Total Capital Assets	1928.95	1009.68	310.01	303.17	213.62
流动资产合计	Circulating Funds	10088.30	4424.32	1461.67	1344.30	1054.94
#存货	Stock	2824.69	831.27	274.87	188.98	144.81
固定资产原价合计	Total Original Value of Fixed Assets	1267.39	752.50	187.71	163.87	100.89
累计折旧	Accumulated Depreciation	472.66	369.63	80.36	66.23	35.96
#本年折旧	Depreciation this Year	69.67	50.72	12.60	10.48	6.12
在建工程	Project Under Construction	74.16	54.09	3.97	12.64	10.08
资产总计	Total Assets	11919.56	5496.13	1719.17	1597.05	1246.45
流动负债合计	Liquid Liability	6109.12	2996.97	990.62	849.42	670.26
非流动负债合计	Total Non-current Liabilities	354.54	278.32	6.23	21.58	12.89
负债合计	Total Liabilities	6617.31	3366.74	1009.72	880.18	690.66
所有者权益合计	Owners Equity	5302.25	2129.39	709.45	716.87	555.78
主营业务收入	Revenue from Principal Business	17663.25	4328.72	1950.16	1674.23	1330.00
主营业务成本	Cost of Principle Business	16117.29	3815.88	1734.49	1438.89	1139.89
主营业务税金及附加	Taxes and Other Charges on Principle Business	250.95	51.02	17.07	16.72	12.56
其他业务利润	Profits from Other Businesses	11.02	3.43	3.49	2.19	1.40
销售费用	Selling Expenses	52.77	21.81	12.01	21.98	18.91
管理费用	Management Expenses	384.37	188.94	91.58	92.43	69.62
财务费用	Financial Cost	114.39	35.50	5.79	9.36	7.02
营业利润	Operating Profit	751.74	221.84	88.50	97.14	80.62
利润总额	Total Profits	753.80	221.33	89.17	97.48	80.57
所得税费用	Income tax and fee	173.18	45.64	19.87	18.50	14.88
本年应付职工薪酬	Workers Salary Paid in this Year	4228.43	730.42	344.31	327.15	246.86
应交增值税	VAT should be paid	567.37	117.75	54.79	46.78	36.71

12－8 按行业分建筑业企业主要经济指标和财务状况（2019 年）
Main Economic Indicators on Construction Enterprises by Sector (2019)

单位:亿元 (100 million yuan)

指标	Item	房屋建筑业 Housing Industry	土木工程建筑业 Civil Engineering	建筑安装业 Construction Installation	建筑装饰和其他建筑业 Building Decoration and Other Construction	建筑装饰业 Construction Decoration
企业个数（个）	Number of Construction Enterprises (unit)	4135	2441	1466	1766	1272
#亏损企业	Number of Loss-making Enterprises	214	141	126	141	102
建筑业总产值	Gross Output Value of Construction	23990.60	4899.42	2216.04	1997.57	1604.49
#建筑工程	Construction	23302.60	4668.95	967.08	1864.68	1535.86
安装工程	Installation	427.34	180.39	1236.59	118.83	59.86
竣工产值	Output Value of Completed Building	18064.91	3180.89	1708.83	1504.61	1246.39
房屋建筑施工面积（万平方米）	Floor Space of Building under Construction (10000 sq. m)	245672.49	4620.30	3202.32	1802.58	211.88
#本年新开工	Newly Started Projects in this Year	82571.13	1861.33	1179.63	346.57	111.43
房屋建筑竣工面积（万平方米）	Floor Space of Building Completed (10000 sq. m)	74999.29	1588.29	1073.48	238.40	49.55
从事主营业务活动的从业人员平均人数（万人）	the Average Number of Employees Engaged in Principal Business (10000 persons)	681.01	113.22	58.08	59.81	49.27
全员劳动生产率（元/人）	Overall Labor Productivity (yuan/person)	352278	432724	381520	333962	325624
资本金合计	Total Capital Assets	1966.29	1029.14	321.85	298.92	214.71
流动资产合计	Circulating Funds	11052.86	5024.26	1577.73	1527.30	1214.85
#存货	Stock	2925.14	970.33	289.29	214.00	163.11
固定资产原价合计	Total Original Value of Fixed Assets	1170.57	750.71	186.95	159.72	101.19
累计折旧	Accumulated Depreciation	482.30	372.59	83.21	68.23	38.52
#本年折旧	Depreciation this Year	62.35	51.86	11.21	10.44	5.63
在建工程	Project Under Construction	132.53	74.39	16.94	18.02	15.02
资产总计	Total Assets	12877.77	6478.40	1829.47	1778.04	1408.56
流动负债合计	Liquid Liability	6934.86	3517.66	1044.56	947.38	758.29
非流动负债合计	Total Non-current Liabilities	352.06	335.75	7.95	27.66	19.50
负债合计	Total Liabilities	7455.21	3922.00	1076.52	995.39	788.57
所有者权益合计	Owners Equity	5420.25	2556.40	752.95	782.65	619.99
主营业务收入	Revenue from Principal Business	18911.45	4871.95	2165.41	1915.88	1520.12
主营业务成本	Cost of Principle Business	17353.18	4328.29	1943.58	1671.42	1318.22
主营业务税金及附加	Taxes and Other Charges on Principle Business	195.38	41.20	13.76	12.68	10.04
其他业务利润	Profits from Other Businesses	11.69	4.81	4.38	1.74	1.55
销售费用	Selling Expenses	51.90	24.60	11.86	20.81	18.01
管理费用	Management Expenses	378.29	189.72	88.21	86.38	67.07
财务费用	Financial Cost	122.86	42.12	3.37	11.05	8.49
营业利润	Operating Profit	800.95	232.18	97.61	97.50	82.22
利润总额	Total Profits	800.32	234.41	97.73	97.63	82.43
所得税费用	Income tax and fee	182.46	50.46	22.13	18.00	15.13
本年应付职工薪酬	Workers Salary Paid in this Year	4004.05	560.26	287.96	287.75	216.30
应交增值税	VAT should be paid	570.38	117.10	50.42	50.98	41.01

12－9 按地区分建筑业企业主要指标
Main Indicators on Construction Enterprises by Region

地区 Region		建筑施工企业个数(个) Number of Construction Enterprises (unit)					年末从业人员数(万人) Number of Employed Persons by the Final(10000 persons)				
		2015	2016	2017	2018	2019	2015	2016	2017	2018	2019
全 省	**Total**	**9149**	**9023**	**8920**	**9787**	**9808**	**752.48**	**763.75**	**773.63**	**795.50**	**805.36**
南京市	Nanjing	1478	1458	1406	1646	1707	83.96	83.77	75.06	84.35	85.02
无锡市	Wuxi	576	550	562	594	630	20.18	19.15	21.11	19.22	20.01
徐州市	Xuzhou	411	436	507	540	600	49.69	51.85	54.52	50.14	46.94
常州市	Changzhou	621	612	604	722	680	47.07	46.64	47.76	48.82	52.95
苏州市	Suzhou	1424	1396	1359	1347	1308	50.56	46.26	46.11	48.38	45.95
南通市	Nantong	895	900	884	1037	964	153.74	159.84	158.40	172.93	187.97
连云港市	Lianyungang	292	288	283	306	304	24.94	24.57	25.10	26.46	19.31
淮安市	Huaian	586	547	531	574	608	48.09	47.48	50.37	48.01	49.55
盐城市	Yancheng	771	776	747	812	831	48.78	46.50	47.86	51.56	52.46
扬州市	Yangzhou	717	686	657	670	644	83.22	87.80	92.69	88.53	89.55
镇江市	Zhenjiang	381	367	380	400	383	16.98	13.16	13.38	12.62	12.13
泰州市	Taizhou	635	633	632	753	754	92.68	106.33	113.24	114.22	114.94
宿迁市	Suqian	362	374	368	386	395	32.60	30.40	28.05	30.27	28.60
苏 南	Southern Jiangsu	4480	4383	4311	4709	4708	218.74	208.97	203.41	213.39	216.05
苏 中	Mid Jiangsu	2247	2219	2173	2618	2362	329.64	353.97	364.33	206.44	392.46
苏 北	Northern Jiangsu	2422	2421	2436	2460	2738	204.10	200.80	205.89	375.67	196.85

12－9 续表 1 Continued 1

地 区 Region		建筑业总产值(亿元) Gross Output Value of Construction (100 million yuan)					房屋建筑施工面积(万平方米) Floor Space of Building under Construction (10000 sq. m)				
		2015	2016	2017	2018	2019	2015	2016	2017	2018	2019
全 省	**Total**	**24785.81**	**25791.76**	**27956.71**	**30954.69**	**33103.64**	**215591.97**	**221493.57**	**232034.24**	**249419.75**	**255297.68**
南京市	Nanjing	3028.32	3094.65	3260.70	3903.18	4235.95	19496.84	19228.82	22313.61	27080.93	27479.16
无锡市	Wuxi	601.62	633.52	742.62	901.15	1038.20	3530.38	3133.48	3194.19	3997.25	4764.94
徐州市	Xuzhou	1361.22	1387.79	1493.03	1516.81	1512.05	11718.43	11880.35	11642.81	10837.68	10029.45
常州市	Changzhou	1288.52	1273.35	1390.37	1615.35	1906.82	10050.99	9236.17	9572.69	11124.01	12458.82
苏州市	Suzhou	1955.62	1855.90	1954.82	2411.75	2679.57	10881.77	9681.78	9340.49	10418.56	12303.98
南通市	Nantong	6144.55	6619.39	7337.15	8299.68	9061.27	68382.30	71731.81	77232.63	87582.25	92873.72
连云港市	Lianyungang	629.68	648.73	712.18	709.47	545.56	5267.66	5309.08	5980.62	5911.69	4028.68
淮安市	Huaian	1323.70	1337.29	1396.61	1398.25	1394.05	13016.11	12889.05	14089.22	12658.51	11998.71
盐城市	Yancheng	1343.76	1422.73	1673.01	1747.52	1804.51	11785.75	12769.72	11687.31	11752.28	11790.28
扬州市	Yangzhou	3167.39	3346.48	3635.74	3901.63	4228.60	25288.31	26807.86	27495.20	28646.18	28177.64
镇江市	Zhenjiang	541.46	530.67	495.05	537.64	561.46	2362.29	2406.84	2077.88	1933.35	2009.16
泰州市	Taizhou	2662.55	2924.44	3173.02	3331.31	3458.07	26882.13	30128.84	31638.08	31573.34	31767.03
宿迁市	Suqian	737.42	716.82	692.41	680.95	677.53	6929.00	6289.76	5769.52	5903.71	5616.12
苏 南	Southern Jiangsu	7415.54	7388.10	7843.56	9369.08	10422.00	46322.28	43687.10	46498.86	54554.10	59016.07
苏 中	Mid Jiangsu	11974.50	12890.31	14145.91	6053.00	16747.94	120552.75	128668.51	136365.91	47063.88	152818.39
苏 北	Northern Jiangsu	5395.77	5513.35	5967.24	15532.62	5933.69	48716.95	49137.96	49169.47	147801.77	43463.23

12－9 续表 2 Continued 2

地 区	Region	房屋建筑竣工面积(万平方米) Floor Space of Building Completed (10000 sq. m)				
		2015	2016	2017	2018	2019
全 省	**Total**	**76823.92**	**74990.29**	**75454.29**	**75895.21**	**77899.47**
南京市	Nanjing	6850.05	5012.89	5525.07	6184.02	6639.87
无锡市	Wuxi	1471.09	1308.62	1154.70	1211.87	1327.04
徐州市	Xuzhou	4970.80	4613.18	4355.87	4038.13	3668.38
常州市	Changzhou	3448.59	3575.17	3441.80	3273.25	3754.27
苏州市	Suzhou	4014.44	3569.78	2918.66	2768.89	3230.35
南通市	Nantong	18345.14	19160.04	19901.58	21378.36	22423.13
连云港市	Lianyungang	2085.47	2306.10	2380.43	2471.97	1695.22
淮安市	Huaian	3968.49	3676.99	3680.75	3910.56	3824.66
盐城市	Yancheng	4299.72	4954.27	5143.07	4790.16	4822.52
扬州市	Yangzhou	10619.79	10094.65	10740.44	10680.60	11751.42
镇江市	Zhenjiang	926.97	878.01	715.81	579.57	654.21
泰州市	Taizhou	12308.02	12845.86	13046.67	12156.75	12293.77
宿迁市	Suqian	3515.33	2994.74	2449.44	2451.08	1814.61
苏 南	Southern Jiangsu	16711.15	14344.48	13756.04	14017.59	15605.74
苏 中	Mid Jiangsu	41272.96	42100.55	43688.69	17661.90	46468.32
苏 北	Northern Jiangsu	18839.81	18545.26	18009.56	44215.72	15825.40

主要统计指标解释

建筑业统计单位 指从事房屋、构筑物建造、装饰装修、设备安装活动和工程准备、提供施工设备服务等其他建筑活动的具有建筑业资质的法人企业。建筑业法人企业应同时具备的条件是:①依法成立,有自己的名称、组织机构和场所,能够承担民事责任;②独立拥有和使用资产,承担负债,有权与其他单位签订合同;③独立核算盈亏,能够编制资产负债表。

建筑业总产值(即自行完成施工产值) 是以货币表现的建筑业企业在一定时期内生产的建筑业产品和服务的总和。建筑业总产值包括:

(1) 建筑工程产值:指列入建筑工程预算内的各种工程价值。

(2) 安装工程产值:指设备安装工程价值,不包括被安装设备本身价值。

(3) 其他产值:指建筑业总产值中除建筑工程、安装工程以外的产值。包括房屋、构筑物修理所完成的产值(不包括被修理的房屋、构筑物本身的价值)、非标准设备制造产值、总包企业向分包企业收取的管理费和不能明确划分的施工活动所完成的产值。

房屋建筑施工面积 指在报告期内施过工的全部房屋建筑面积,包括本期新开工的房屋面积、上期跨入本期继续施工的房屋面积、上期停缓建在本期恢复施工的房屋面积、本期竣工的房屋面积及本期施工后又停缓建的房屋面积。

房屋建筑竣工面积 指在报告期内房屋建筑按照设计要求全部完工,达到了住人和使用条件,经检查验收鉴定合格的房屋建筑面积。

自有施工机械设备年末总台数 指归本企业(或单位)所有,属于本企业(或单位)固定资产的直接用于工程施工的各种机械设备年末总台数。但不包括附属辅助生产机械设备、运输机械设备、生产试验机械设备的台数。

自有施工机械设备年末总功率 指本企业(或单位)自有施工机械设备年末总功率,按设定能力或查定能力计算。包括机械本身的动力和为该机械服务的单独动力设备,如电动机等。计算单位用千瓦,动力换算可按 1 马力 =0.735 千瓦折合成千瓦数。电焊机、变压器、锅炉不计算动力。

营业收入 指企业经营主要业务和其他业务所确认的收入总额,包括主营业务收入和其他业务收入。计算公式为:

营业收入 = 主营业务收入 + 其他业务收入

主营业务收入 指企业确认的销售商品、提供劳务等主营业务的收入。对建筑业企业而言,主营业务收入指企业承包工程实现的工程价款结算收入,以及向发包单位收取的除工程价款以外按规定列作营业收入的各种款项,如临时设施费、劳动保险费、施工机械调迁费等以及向发包单位收取的各种索赔款。

营业利润 指企业从事生产经营活动所取得的利润。执行 2006 年《企业会计准则》的企业,营业利润为营业收入减去营业成本、营业税金及附加、销售费用、管理费用、财务费用、资产减值损失,再加上公允价值变动收益和投资收益。未执行 2006 年《企业会计准则》的企业,营业利润为主营业务收入减去主营业务成本、主营业务税金及附加,加上其他业务利润后,再减去销售费用、管理费用、财务费用后的金额。

利润总额 指企业在一定会计期间的经营成果,是生产经营过程中各种收入扣除各种耗费后的盈余,反映企业在报告期内实现的盈亏总额。执行 2006 年《企业会计准则》的企业,利润总额为营业利润加上营业外收入,减去营业外支出后的金额;未执行 2006 年《企业会计准则》的企业,利润总额为营业利润加上投资收益、补贴收入、营业外收入,再减去营业外支出后的金额。

从事主营业务活动的从业人员平均人数 指建筑业企业(或单位)报告期实际拥有的、与建筑施工活动有关的人员的平均人数,包括参加本企业(或单位)建筑施工活动的非本企业(或单位)人员,但不包括企业内部社会服务性机构的人员以及由本企业支付工资但所从事的工作与本企业生产基本无关的人员。

Explanatory Notes on Main Statistical Indicators

Statistical Unit in Construction refers to corporate enterprise engaged in the construction of buildings、structures in the installation of equipment and with constrution qualifications. A corporate constrnction enterprise should meet the following 3 requirements: ①being set up in line with relevant legal basis, having its full name, organization and location, and capable of taking civil liabilities; ② independently possessing and using its assets and assuming its liabilities, and entitled to sign contracts with other institutions; ③making independent accounts of its profits and losses, and capable of compiling its own balance sheet.

Gross Output Value of Construction (Output Value of Projects Under Construction) refers to total of construction products and services expressed in money terms, completed by construction enterprises during a given period of time. It includes:

(1) Output: value of construction projects, that is the value of projects covered by the project budgets;

(2) Output value of installation projects, that is the value of the installation of equipment (excluding the value of the equipment to be installed);

(3) Other Output Value refers to the total output of construction industry except the output value of constrution projects, output value of installation projects. It covered the output value of buildings and strucutres repairing (excluding the value of buildings and structures being repaired); output value of manufactured non-standard equipment; management expenses collected by general contracted enterprises from branch contracted enterprises, and the output value of const ruction activities which can't to be divided definitely.

Housing Construction area refers to floor space of buildings under construction during the reference period, including newly started buildings, buildings started earlier and continued during the reference period, and buildings suspended earlier but restarted during the reference period, buildings completed during the reference period, and buildings under construction and then suspended during the reference period.

Buildings Completed refers to the floor space of buildings that are completed in the reference period in accordance with the requirements of the design, up to the standard for putting them into use, and have been checked and accepted by concerned departments as qualified ones.

The total number construction machinery and equipment at the end of the year refers to the total number of various mechanical equipment at the end of the year that is owned by the enterprise (or unit) and belongs to the fixed assets of the enterprise (or unit). However, it does not include the number of auxiliary production machinery equipment, transportation machinery equipment, and production test machinery equipment.

The total power construction machinery and equipment at the end of the year refers to the total power construction machinery and equipment of the enterprise (or unit) at the end of the year, calulated according to the set capacity or the ability to check. This includes the power of the machine itself and the separate power equipment tha serves the machine, such as electric motors. The calculation unit is kilowatt. and the power conversion can be converted into kilwatts by 1 horsepower = 0. 735 kilwatts. Electric welders, transformers, and boilers do not calculate power.

Operation Revenue refers to the sum of income from principal business and other business, including revenue from principal business and other business income. namely:

operating income = revenue from principle business + revenue from other business

Income from Principal Business refers to the revenue from principal business such as sales of products, service provided and so on. for construction enterprises, income from principal business refers to the income received by the construction enterprise from the contracted project through settlement procedures, and other charges to the contractors as operational costs in addition to the value of the project, such as temporary facility fee, labour insurance premium, moving cost of construction equipment, as well as various types of claims to the contractors.

Operating Profit refers to the profit from production and managing movement of the corporation. Enterprises in accordance with Accounting Criteria for Business Enterprises (2006), their operating profit is operating income which is subtracted operating cost, business tariff and annex, selling expense, administration expense , financial cost and devaluation lost of assets, then added changes in fair value of the proceeds and investment income. Enterprises which don't follow Criteria for Business Enterprises (2006), their operating profit is income from principal business which is subtracted main business cost, main business tariff and annex, selling expense, administration expense and financial cost, then added other business income.

Total Profit refers to the profits gained by the enterprises during a accounting period. It reflect profit and loss during report period. Enterprises in accordance with Accounting Criteria for Business Enterprises (2006), their total profit is operating profit which is added nonbusiness income, and subtracted nonbusiness expenditure; Enterprises which don't follow Criteria for Business Enterprises (2006), their total profit is operating profit which is added investment income, subsidize revenue, nonbusiness income, and subtracted nonbusiness expenditure.

The average number of employees engaged in principal Business refers to the average personnels actually held by construction enterprises (units) and related to construction activities in the reference period, including the personnels of other enterprises, who took part in the construction activities of these enterprises, but excluding the personnels of the inner social service institutions, and the personnels their wages were paid by the enterprises but did not take part in the construction activities basically.

13

运输、邮电和服务业

Transport,Postal and Telecommunication Services,Service Industry

简 要 说 明

本篇反映我省交通运输业和邮政、电信业发展情况。

一、交通运输邮政电信业部分的主要内容

1. 交通运输业资料主要包括：五种运输方式的线路里程、各种运输方式完成的货物运输量和旅客运输量，全社会港口码头泊位和通过能力，主要港口吞吐量以及民用车辆拥有量等资料。

2. 邮政电信业资料主要包括：邮电业务总量、业务收入情况，电信主要通信能力，邮电主要业务完成情况，邮政电信发展水平等资料。

3. 规模以上服务业资料主要内容包括：按企业登记注册类型、按行业门类和按省辖市分组的主要经济指标。

二、交通运输邮政电信业部分的资料来源和相关说明

1. 铁路资料：由上海铁路局提供。范围是江苏境内国家铁路（含控股合资）、地方铁路和非控股合资铁路运营情况，不含军用铁路及由厂矿企事业单位自建的铁路专用线和专用铁道。

2. 公路、水运、港口资料：由江苏省交通运输厅以及南京港、连云港、南通港、苏州港提供。（1）公路和水路线路里程为年末通车和通航里程数，不含未正式投入使用的公路和航道里程；（2）民用车辆拥有量及机动车和汽车驾驶员人数，根据江苏省公安厅交通管理局登记注册的车辆资料和驾驶员资料整理，不含军用车辆，不含拖拉机数量。（3）公路营运汽车拥有量，根据各省辖市道路运输主管部门登记注册的从事公路运输的营业性运输车辆资料整理，从 2010 年起，不含出租车数量；（4）营业性运输船舶拥有量，根据各省辖市交通运输主管部门登记注册的从事水上客、货运输的营业性船舶资料整理，不含非运输船舶及农业、渔业生产船舶；（5）公路、水路客货运输量资料，由省交通运输厅负责收集整理；（6）公路、水路运输量统计包括全面调查和非全面调查两种方式，统计范围是在各省辖市交通运输主管部门登记注册的从事公路、水路客、货运输的营业性的车辆和船舶所完成的运输量，由交通部门组织实施。（7）规模以上港口的统计范围为年通过能力在 1000 万吨以上的沿海港口和 200 万吨以上的内河港口，以及从事外贸、集装箱装卸的港口，具体范围由交通运输部划定。江苏港口数量为 15 个，沿海 2 个，内河港口 13 个。

3. 管道运输资料：由中国石油化工股份有限公司徐州管道储运分公司提供。包括输原油、输成品油、输天然气及输其他气体的运输量。

4. 民航运输资料：由中国民航江苏安全监督管理局提供。统计对象为在江苏省境内注册从事民用航空运输飞行和通用飞行的航空运输企业和民用航空机场。统计范围为民航运输企业及东航公司从事国内运输、港澳台运输、国际运输的定期航班航线条数及里程、运输量及运营情况，飞行完成情况等。

5. 邮政电信资料：由江苏省邮政管理局和江苏省通信管理局提供。包括邮政企业和年业务收入 200 万元以上快递企业，以及所有从事电信运营的企业（即中国电信、中国移动、中国联通三家基础电信企业），不含专用网业务资料。邮电业务量按业务种类分为邮政业务量和电信业务量；按业务范围分为国内业务量和国际及港澳业务量（对台业务量统计在港澳中）。

6. 规模以上服务业资料：根据规模以上服务业统计年度报表中有关资料汇总整理。统计范围为：（1）辖区内年营业收入 2000 万元以上的服务业法人单位。包括：交通运输、仓储和邮政业，信息传输、软件和信息技术服务，水利、环境和公共设施管理业以及卫生等行业。（2）辖区内年营业收入 1000 万元以上的服务业法人单位。包括：租赁和商务服务业，科学研究和技术服务业，教育以及物业管理、房地产中介服务、房地产租赁经营和其他房地产业等行业。（3）辖区内年营业收入 500 万元以上的服务业法人单位。包括居民服务、修理和其他服务业，文化、体育和娱乐业以及社会工作等行业。

Brief Introduction

Data in this chapter present the development of transportation, post and telecommunications and above scale seruice industry in Jiangsu Province.

Ⅰ. Main Contents in This Article

1. Data on transport cover mainly the length of the routes of five means of transportation, freight traffic and passenger traffic accomplished by various means of transportation, number of berths and traffic capacity in all ports, volume of freight and passenger handled at major ports, and number of civil motor vehicles.

2. Data on business volume of post and telecommunication services, revenue from post and telecommunication services, telephone lines, telegraph lines and the possession of telecommunication facilities; business volume of postal and telecommunication services achieved; and the level of development of postal and telecommunication services.

3. Date of Above scale service industry include: index of Enterprise registration type、industry categorg and provincial cities.

Ⅱ. Scope of Statistics in This Article

1. Data on railway transportation: from Shanghai Railway Bureau. Including the operation and management of the national, local and joint-venture railways in Jiangsu Province but not including railways for military purpose, lines built by industrial and mining enterprises and special railways.

2. Data on highways, waterways and ports: from Jiangsu Provincial Communications Department and Nanjing, Lianyungang, Nantong. (1) The length of highways and waterways refer to the length open to traffic or navigation at the end of the year, but not including the highways and waterways under construction or not officially having been put into use. (2) Data on the possession of civil motor vehicles and the number of drivers are provided by the divisions of vehicle management under the provincial departments of public security, subordinate to the Traffic Management Bureau, Ministry of Public Security, but not including vehicles for military use. (3) Data on possession of highway vehicles are provided by the divisions of vehicle management under provincial departments of public security, which are subordinate to the Traffic Management Bureau, Ministry of Public Security, including vehicles for business use and non-business use. From 2010, possession of taxies are not included. (4) Data on possession of ships are provided by the divisions of navigation or ports management under municipal departments of communications, which are subordinate to the Ministry of Transport. However, fishing boats, boats for constructions in water and boats for military use are not included. (5) Data on passenger traffic and freight traffic by highways and waterways are collected and prepared by Jiangsu Provincial Communications Department. (6) Data on highway and waterway transportation are collected through both comprehensive reporting system and non-comprehensive reporting system. The statistical scope encompasses all the enterprises, institutional units and individuals (including joint-households) registered in municipal departments of communications and engaged in highway or waterway freight or passenger transport business. (7) Data on production capacity and handling capacity include the seaports handling cargo more than 1 million tons, inland river ports with turnover over 2 million tons and ports with operation in foreign trade and containing shipping. The specific scope are decided by the Administration of Transportation. There are 15ports in Jiangsu Province: 2

coastal port and 13 ports of inland rivers.

3. Data on pipeline transport: Data are from Xuzhou PSTC of China Petroleum & Chemical Corporation. The data on pipeline transport cover the volume transported of petroleum (crude oil) pipelines, petroleum products pipelines, natural gas pipelines and other gas pipelines.

4. Data on civil aviation transport: Data are from Jiangsu Provincial Bureau of Safety Administration of Civil Aviation. The targets of statistical collection are enterprises registered for engagement in civil aviation transport flights and flights for general purposes and civil airports in Jiangsu Province. The scope of statistics encompasses number of lines, mileage flown, transport volume, composition of the fleets operational situation of the airlines, performance of general purpose flights in respect of domestic transport, transport between China mainland and Hong Kong, Macao and Taiwan, and international transport.

5. Data on post and telecommunications: Data are from JiangSu Provincial Postal Administration and Jiangsu Communication Administration. Data in this category include postal enterprises express delivery company with revenue above 2 million yuan and all telecommunication enterprises (i. e. the three major enterprises of telecommunication China Telecom, China Mobile and China Unicom), but exclude services provided through dedicated networks. The business volume of post and telecommunications is classified by type of business into postal and telecommunication services, and by customers into domestic service, international service, and service between the Mainland and Hong Kong, Macao (business volume of the service to Taiwan is covered in that for Hong Kong and Macao).

6. Date of Above Scale service industry according to statistical annual report. (1) Within the jurisdiction of 20 million yuan or more. The scope conclude: Transport, Storage and post, Information Transmmission, Computer Service and Sofeware, Management of Water Conservancy, Environment and Public Facilities and Healtheare work. (2) Within the jurisdiction of 10 million yuan or more. The scope conclude: Leasing and Business Services, Scientific Research, Ttechnical Services and Geologic Prospecting, Education, Property Management, Real Estate Intermediary Service, Real Estate Leasing Operations and Other Real estate Industries. (3) Within the jurisdiction of 5 million yuan or more. The scope conclude Resident service repair, Cluture, Sports and Entertainment and Social work.

13－1 交通运输基本情况
Basic Statistics of Transport

指 标	Item	2015	2016	2017	2018	2019
运输线路长度（公里）	**Length of Transport Routes （km）**					
铁路营业里程	Railways in Operation	2679	2722	2771	3033	3539
铁路正线延展长度	Extended Raitways	4570	4677	4736	5259	6253
公路通车里程	Highways in Operation	158805	157304	158475	158729	159937
#等级公路里程	Expressway and ClassⅠ to Ⅳ Highway	151459	154405	155803	156297	157954
#高速公路	Expressways	4539	4657	4688	4711	4865
一级公路	ClassⅠ Highways	12687	12955	14234	15081	15260
二级公路	ClassⅡ Highways	22945	23054	23084	23439	23878
内河航道里程	Navigable Inland Waterways	23559	24366	24366	24362	24354
输油管道里程	Petroleum Pipelines	6116	6338	6464	6319	6312
公路桥梁（座）	Highway Bridges （unit）	69925	69823	70679	71043	71282
公路桥梁长度（米）	Length of Highway Bridges （m）	3376516	3438053	3578426	3693976	3764727
客运量总计（万人）	**Total Passenger Traffic （10000 persons）**	**153943**	**134605**	**127952**	**121884**	**120802**
铁路	Railways	16116	17814	19786	21204	22880
公路	Highways	134553	113493	104566	97025	94475
水运	Waterways	2392	2272	2431	2383	2083
民用航空	Civil Aviation	882	1025	1169	1272	1364
旅客周转量（亿人公里）	**Total Passenger-kilometers （100 million person-km）**	**1566.40**	**1591.93**	**1659.45**	**1692.14**	**1736.98**
货运量总计（万吨）	**Total Freight Traffic （10000 tons）**	**211648**	**215651**	**234092**	**247388**	**281060**
铁路	Railways	5066	5335	5720	5971	6170
公路	Highways	113351	117166	128915	139251	164577
水运	Waterways	80343	79314	85668	87735	95541
民用航空	Civil Aviation	7.00	7.61	8.19	7.67	7.40
输油管道	Petroleum Pipelines	12881	13828	13781	14423	14765
货物周转量（亿吨公里）	**Total Freight Ton-kilometers （100 million ton-km）**	**8887.71**	**8290.69**	**9726.51**	**9684.01**	**11114.57**
民用车辆拥有量（万辆）	**Possession of Civil Motor Vehicles （10000 units）**	**1699.46**	**1733.70**	**1884.23**	**1987.16**	**2111.42**
#民用汽车拥有量	Civil Vehicles	1247.86	1434.52	1619.46	1783.23	1919.22
#载客汽车	Passenger Vehicles	1143.57	1326.73	1499.72	1652.10	1777.89
载货汽车	Trucks	90.39	94.17	105.65	116.24	126.02
#营运汽车（含公交出租车辆）	Motor Vehicles in Operation（Include Bus and Taxi）	85.16	88.67	99.39	101.46	94.79
#私人汽车	Private Vehicles	1076.90	1252.20	1408.20	1537.62	1646.03
民用运输船舶拥有量（万艘）	**Possession of Civil Transport Vessels （10000 units）**	**4.32**	**4.14**	**3.59**	**3.27**	**3.04**
机动船	Motor Vessels	3.63	3.49	3.07	2.86	2.73
驳船	Barges	0.69	0.65	0.51	0.41	0.31
港口货物吞吐量（万吨）	**Volume of Freight Handled at Ports （10000 tons）**	**233289**	**241487**	**256976**	**258469**	**283111**
#外贸	Foreign Trade	39766	44780	48654	49045	52447

注：1. 公路客运量不包括公交车和出租车的运输量；公路货运量不包含农用车和拖拉机的运输量。
2. 2015 年民用车辆拥有量中不包含拖拉机数量。
3. 据 2015 年度全国公路水路运输量小样本抽样调查结果，对 2015 年公路、内河客货运输量、周转量统计值有所修正，与 2014 年值不具可比性。根据 2019 年道路货物运输量专项调查，对 2019 年公路货物运输量统计口径进行了调整，同口径不可比。

a) Road passanger traffic volume doos not include transpotation by buses and taxis. Road freight volume does not include transpotation by agricultraul vehiles and tractors.

b) In 2015, the number of civil vehicles does not include trators.

c) Based on the Small sample sampling survey results of 2015 national highway water traffic, amend some statistics, cover highway water passenger traffic, highway water passenger-kilometers, highway water freight traffic, highway water freight ton-kilometers, it's can't compare with the 2014 figures.

13-2 客 运 量
Passenger Traffic

单位:万人 (10000 persons)

年份 Year	总计 Total	铁路 Railway	公路 Highway	水运 Waterway	民用航空 Civil Aviation
1978	25621	2752	18694	4175	
1980	34002	3364	26463	4175	
1985	53935	4819	45751	3365	
1990	48339	4788	41850	1701	
1991	50264	4932	43764	1568	
1992	55400	5035	48748	1617	
1993	59666	5533	53331	797	5
1994	61104	5471	54930	677	26
1995	84803	5185	78947	623	48
1996	91870	4502	86801	499	68
1997	93684	4433	88826	341	84
1998	97033	4451	92215	273	94
1999	101000	4824	95564	504	108
2000	107244	4891	101713	514	126
2001	110713	5029	105105	430	149
2002	115889	5297	110139	284	170
2003	123462	5104	118046	147	165
2004	128516	5997	122218	91	210
2005	145204	6658	138287	37	222
2006	161425	7293	153824	27	280
2007	187241	7658	179206	27	350
2008	208237	8846	199008	32	351
2009	201262	9167	191001	686	408
2010	226627	9711	215850	590	476
2011	247405	10598	235673	579	555
2012	268371	11757	255358	594	662
2013	152172	13435	135555	2454	728
2014	156016	15374	137270	2563	809
2015	153943	16116	134553	2392	882
2016	134605	17814	113493	2272	1025
2017	127952	19786	104566	2431	1169
2018	121884	21204	97025	2383	1272
2019	120802	22880	94475	2083	1364

注:民用航空客运量仅指省内航空公司完成数。

a) The passenger traffic by civil aviation only referred to the fulfillment in our province.

13-3 旅客周转量
Turnover Volume of Passenger Traffic

单位:亿人公里 (100 million person-km)

年份 Year	总计 Total	铁路 Railway	公路 Highway	水运 Waterway	民用航空 Civil Aviation
1978	105.29	46.35	49.93	9.01	
1980	140.15	61.60	68.25	10.30	
1985	273.76	107.46	156.30	10.00	
1990	324.94	124.13	195.24	5.57	
1991	342.12	132.57	204.11	5.44	
1992	515.08	147.53	361.28	6.27	
1993	520.86	161.36	355.50	3.42	0.58
1994	541.09	166.94	367.98	3.28	2.89
1995	630.56	163.69	459.08	3.42	4.37
1996	647.73	143.85	495.70	2.51	5.67
1997	657.93	144.68	504.05	1.64	7.56
1998	680.02	141.15	527.62	1.12	10.13
1999	725.66	157.65	554.04	1.40	12.57
2000	776.25	165.87	594.48	1.45	14.45
2001	874.63	173.40	682.25	1.06	17.93
2002	924.31	183.80	719.08	0.70	20.71
2003	978.03	182.88	774.11	0.50	20.53
2004	1109.19	226.73	855.41	0.27	26.78
2005	1222.03	245.37	948.10	0.11	28.45
2006	1366.95	267.99	1062.61	0.10	36.25
2007	1596.06	309.83	1241.13	0.33	44.77
2008	1766.00	319.14	1400.80	0.37	45.69
2009	1423.33	311.29	1058.01	1.29	52.74
2010	1604.00	351.00	1196.59	1.50	54.00
2011	1777.80	398.10	1307.30	1.50	70.90
2012	1949.80	446.40	1418.40	1.40	83.60
2013	1451.14	505.88	847.28	3.97	94.01
2014	1550.64	589.60	852.00	3.04	106.00
2015	1566.40	613.50	835.00	2.70	115.20
2016	1591.93	672.65	779.98	2.39	136.91
2017	1659.45	750.03	746.89	3.22	159.31
2018	1692.14	803.14	716.64	3.47	168.90
2019	1736.98	846.77	698.19	3.58	188.44

13-4 货 运 量
Freight Traffic

单位:万吨　　(10000 tons)

年份 Year	总计 Total	铁路 Railway	公路 Highway	水运 Waterway	内河 Inland Waterway	沿海、远洋 Seashipping	民用航空 Civil Aviation	输油管道 Petroleum Pipeline
1978	14626	3224	4488	6557	6557			357
1980	16527	3420	4427	6482	6452	30		2198
1985	46842	4037	23255	18117	18067	50		1433
1990	49399	4235	27904	15908	15809	99		1352
1991	49298	4078	27948	16064	15884	180		1208
1992	56953	4343	30730	20751	20533	218		1129
1993	66339	4344	35060	25915	25610	305		1020
1994	69470	4318	36899	27279	26920	359		974
1995	81830	4143	49578	27161	26728	433		948
1996	84666	4361	50571	28819	28429	390		915
1997	82290	4131	52441	24826	24424	402		892
1998	80429	3793	54328	21363	21059	304		945
1999	81529	3941	54803	21596	20045	1551		1188
2000	90436	4077	59056	25902	24275	1627		1395
2001	87505	4239	59058	22583	21030	1553		1622
2002	88588	4407	60299	22411	20681	1730		1468
2003	93511	4462	64321	23320	20845	2475		1405
2004	100093	4665	69058	24812	21239	3573		1554
2005	112909	5090	76301	29277	25061	4216		2236
2006	125114	5169	84319	32862	25779	7083		2759
2007	143805	5177	97473	37858	29567	8291	5.32	3292
2008	166322	5118	110302	42799	27154	15645	4.68	8098
2009	160967	6137	104002	42016	30221	11795	4.44	8807
2010	188558	6374	123500	48702	35713	12989	5.46	9977
2011	212594	7282	140803	54012	37783	16229	6.08	10491
2012	231295	7223	153696	58639	41007	17632	6.69	11730
2013	194048	6806	103709	70909	47559	23350	6.67	12617
2014	208623	6090	114449	75328	51603	23725	7.10	12749
2015	211648	5066	113351	80343	58065	22278	7.00	12881
2016	215651	5335	117166	79314	56656	22658	7.61	13828
2017	234092	5720	128915	85668	61514	24154	8.19	13781
2018	247388	5971	139251	87735	62805	24930	7.67	14423
2019	281060	6170	164577	95541	64373	31168	7.41	14765

注:1. 民用航空货运量仅指省内航空公司完成数。
2. 水运货物周转量数据为全社会、全口径数据。
3. 据2015年度全国公路水路运输量小样本抽样调查结果,对2015年公路、内河客货运输量、周转量统计值有所修正,与2014年值不具可比性。根据2019年道路货物运输量专项调查,对2019年公路货物运输量统计口径进行了调整,同口径不可比。

a) The turnover volume of freight traffic by civil aviation only referred to the fulfillment in our province.
b) The data coverage of highway freight ton-kilometers is comprehensive.
c) Based on the Small sample sampling survey results of 2015 national highway water traffic, amend some statistics, cover highway water passenger traffic, highway water passenger-kilometers, highway water freight traffic, highway water freight ton-kilometers, it's can't compare with the 2014 figures.

13-5 货物周转量
Turnover Volume of Freight Traffic

单位:亿吨公里 (100 million ton-km)

年份 Year	总计 Total	铁路 Railway	公路 Highway	水运 Waterway	内河 Inland Waterway	沿海、远洋 Seashipping	民用航空 Civil Aviation	输油管道 Petroleum Pipeline
1978	283.85	172.72	11.24	87.97	87.97			11.92
1980	382.77	186.31	11.45	93.56	91.51	2.05		91.45
1985	575.58	240.48	81.30	205.90	194.83	11.07		47.90
1990	730.22	297.44	154.01	233.65	209.53	24.12		45.12
1991	788.41	301.73	166.21	280.59	240.23	40.36		39.88
1992	963.94	333.85	179.92	400.78	361.87	38.91		49.39
1993	1193.87	346.49	235.07	578.01	520.51	57.50		34.30
1994	1246.12	372.13	243.33	598.02	523.21	74.81		32.64
1995	1376.88	393.51	281.04	670.75	585.84	84.91		31.58
1996	1412.56	380.09	289.44	712.33	635.20	77.13		30.70
1997	1370.63	355.73	303.40	681.42	617.18	64.24		30.08
1998	1353.23	343.41	316.14	661.85	579.51	82.34		31.71
1999	1400.55	342.65	319.75	704.01	436.89	267.12		33.91
2000	1505.57	371.32	340.72	746.39	463.17	283.22		46.84
2001	1524.96	371.97	340.73	757.58	489.01	268.57		54.37
2002	1549.12	377.17	351.95	770.03	395.05	374.98		49.63
2003	1817.44	408.69	365.01	995.34	444.98	550.36		47.97
2004	2398.64	434.72	386.91	1523.63	468.13	1055.50		52.87
2005	3068.88	480.49	459.18	2056.90	631.98	1424.92		71.73
2006	3644.79	497.42	542.09	2515.09	583.94	1931.15		89.54
2007	4099.16	424.00	638.59	2930.08	634.65	2295.43	0.74	105.75
2008	4707.74	346.50	723.60	3179.30	598.29	2581.01	0.67	457.67
2009	5154.46	323.90	971.13	3372.05	638.45	2733.60	0.64	486.74
2010	6111.57	336.86	1149.10	4095.70	694.11	3401.59	0.78	529.13
2011	7513.99	398.57	1315.27	5236.91	748.30	4488.61	0.84	562.40
2012	8474.64	391.53	1452.45	6052.95	823.60	5229.35	0.91	576.80
2013	10536.84	373.17	1790.40	7753.02	1336.55	6416.46	0.95	619.30
2014	11028.47	346.10	1978.50	8087.07	1505.20	6581.87	1.10	615.70
2015	7374.00	303.70	2072.96	5886.75	1871.18	4015.57	1.00	623.30
2016	8290.69	282.46	2140.33	5224.60	1863.70	3360.90	1.09	642.20
2017	9726.51	291.42	2377.90	6382.21	2026.43	4355.78	1.17	673.80
2018	9684.01	296.66	2544.35	6121.94	2063.13	4058.82	1.06	719.99
2019	11114.57	322.40	3234.82	6841.28	2120.82	4720.46	1.08	714.90

注:1. 民用航空货物周转量仅指省内航空公司完成数。
2. 水运货物周转量数据为全社会、全口径数据。
3. 据2015年度全国公路水路运输量小样本抽样调查结果,对2015年公路、内河客货运输量、周转量统计值有所修正,与2014年值不具可比性。根据2019年道路货物运输量专项调查,对2019年公路货物运输量统计口径进行了调整,同口径不可比。

a) The freight traffic by civil aviation only referred to the fulfillment in our province.

b) The data coverage of highway freight ton-kilometers is comprehensive.

c) Based on the Small sample sampling survey results of 2015 national highway water traffic, amend some statistics, cover highway water passenger traffic, highway water passenger-kilometers, highway water freight traffic, highway water freight ton-kilometers, it's can't compare with the 2014 figures.

13-6 全社会港口码头泊位和通过能力

指　标	Item	2015 合　计 Total	2015 沿海港口 Coastal Ports	2015 内河港口 Ports of Inland Rivers	2016 合　计 Total	2016 沿海港口 Coastal Ports	2016 内河港口 Ports of Inland Rivers
生产用码头泊位	Number of Berths of Ports						
泊位个数（个）	Number of Berths (unit)	7279	158	7121	7278	162	7116
泊位长度（米）	Length of Ports Line (m)	474881	25993	448888	482461	26935	455526
泊位年通过能力	Comprehensive Traffic Capacity						
货物（万吨）	Freight (10000 tons)	171565	18969	152596	181389	19146	162243
旅客（万人）	Passenger (10000 persons)	630			602		602
非生产用码头泊位	Ports for Nonproductive Use						
泊位个数（个）	Number of Berths (unit)	56			81		
泊位长度（米）	Length of Ports Line (m)	3254			4827		

13-7 主要港口吞吐量

港口名称	Ports	2015 旅客吞吐量（万人） Passenger (10000 persons)	2015 货物吞吐量（万吨） Freight (10000 tons)	2016 旅客吞吐量（万人） Passenger (10000 persons)	2016 货物吞吐量（万吨） Freight (10000 tons)
总　计	**Total**	**7.00**	**233289.00**	**4.92**	**241486.92**
沿海港口	Coastal Ports	7.00	30181.55	4.92	31630.25
#连云港	Lianyungang	7.00	21074.95	4.92	22134.97
内河港口	Ports of Inland Rivers		203107.45		209856.67
#长江干流水系	Yangtze River Mainstream System		148746.23		156532.94
长江支流水系	Yangtze River Tributary System		12972.32		11008.81
京杭运河水系	Jinghang Canal System		28081.35		28069.17
淮河水系	Huaihe River System		13307.92		14245.75

Number of Berths and Traffic Capacity in All Ports

2017			2018			2019		
合　计 Total	沿海港口 Coastal Ports	内河港口 Ports of Inland Rivers	合　计 Total	沿海港口 Coastal Ports	内河港口 Ports of Inland Rivers	合　计 Total	沿海港口 Coastal Ports	内河港口 Ports of Inland Rivers
6925	170	6755	5480	161	5319	5563	165	5398
478043	27115	450928	435174	27847	407327	448426	28905	419521
184812	19207	165605	185896	20221	165675	198897	23809	175088
52			30			28		
2879			3109			1172		

Number of Freight and Passenger Handled at Major Ports

2017		2018		2019	
旅客吞吐量（万人）Passenger (10000 persons)	货物吞吐量（万吨）Freight (10000 tons)	旅客吞吐量（万人）Passenger (10000 persons)	货物吞吐量（万吨）Freight (10000 tons)	旅客吞吐量（万人）Passenger (10000 persons)	货物吞吐量（万吨）Freight (10000 tons)
14.18	**256976.04**	**19.29**	**258469.15**	**20.74**	**283113.15**
14.18	33172.93	19.29	33368.71	20.74	31574.55
14.18	22840.53	19.29	23560.31	20.74	23455.59
	223803.11		225100.44		251538.60
	170603.60		177519.46		
	17899.70		14498.83		
	20065.03		20183.27		
	15234.77		12898.88		

13-8 全省民用车辆拥有量(2019 年)
Number of Civil Motor Vehicles(2019 年)

单位:辆 (unit)

指标	Item	总计 Total	#营运 Working	#进口 Import	#个人 Individual
合计	**Total**	**21114193**	**1463373**	**1039429**	**18223334**
汽车	Civil Vehicles	19192195	1153954	1028904	16460322
载客汽车	Passenger Vehicles	17778933	313344	1025917	15796636
#大型	Large Scale	115196	86172	503	273
中型	Medium Scale	39492	5427	1529	7400
小型	Small Scale	17537154	220799	1004198	15711270
#轿车	Cars	12426067	209261	536017	11313001
载货汽车	Trucks	1260241	801364	2757	573503
#重型	Heavy Scale	502322	468635	1687	173053
中型	Medium Scale	111817	79242	9	46299
轻型	Light Scale	645753	253462	1060	353856
#普通载货	Ordinary Trucks	557525	262250	1033	315868
其他汽车	Other Vehicles	153021	39246	230	90183
#三轮汽车	Tricycle Motors	50120	29516		47244
低速货车	Lowspeed Trucks	15427	6604		14200
摩托车	Motor	1756017	144960	10379	1711864
#普通	Ordinary Motor	1739472	144929	10073	1695386
轻便	Light Motors	16545	31	306	16478
挂车	Freight Trailers	165979	164459	145	51148
其他类型车	Other Motor Vehicles	2		1	
拖拉机	Tractors	789877			

注:合计数中不含拖拉机数量

a) Total do not include number of tractors.

13-9 个人车辆拥有量
Number of Private-owned Vehicles

单位:辆 (unit)

指标	Item	2015	2016	2017	2018	2019
合计	**Total**	**15180121**	**15400764**	**16601661**	**17270788**	**18223334**
民用汽车	Civil Vehicles	10768671	12522020	14081982	15376235	16460322
载客汽车	Passenger Vehicles	10222220	11971733	13490993	14749981	15796636
#大型	Large Scale	613	419	374	305	273
轿车	Cars	7738857	8920721	9876012	10668193	11313001
载货汽车	Ordinary Trucks	455539	462165	502067	534640	573503
#重型	Large Scale	142698	143165	157698	165572	173053
其他汽车	Other	90912	88122	88922	91614	90183
摩托车	Motors	4378953	2842801	2477781	1847658	1711864
挂车	Freight Trailers	32492	35941	41898	46895	51148

13－10 全省公路运输汽车拥有量
Number of Transport Motor Vehicles

单位:辆 (unit)

指标	Item	2015	2016	2017	2018	2019
合　计	**Total**	**774189**	**807012**	**859247**	**908023**	**841770**
载客汽车	Passenger Vehicles					
辆数	Number	46685	48126	50778	52729	53233
客位　(万客位)	Seats　(10000 seats)	162	164	169	168	163
载货汽车	Trucks					
辆数	Number	727504	758886	808469	855294	788537
#普通载货汽车	Ordinary Trucks	558814	571127	597866	623996	577222
吨位　(万吨)	Tonnages　(10000 tons)	622	686	764	837	906
#普通载货汽车	Ordinary Trucks	461	501	564	620	768

13－11 全社会运输船舶拥有量
Number of Transport Vessels

指标	Item	2018			2019		
		数量(艘) Number (unit)	载客量(客位) Passenger Capacity	净载重量(万吨位) Dead Weight Tonnage (10000 tons)	数量(艘) Number (unit)	载客量(客位) Passenger Capacity (seat)	净载重量(万吨位) Dead Weight Tonnage (10000 tons)
总　计	**Total**	**32703**	**50825**	**4020.01**	**30415**	**53600**	**3903.91**
#内河船舶	Inland Waterway Vessels	31235	50725	2698.61	28904	53488	2491.14
沿海船舶	Coastal Vessels	1354	100	865.54	1388	112	936.53
远洋船舶	Oceanic Vessels	114		455.85	123		476.24
#机动船	Motor Vessels	28631	50825	3697.05	27291	53600	3639.91
客船	Passenger Ships	346	33594	1.48	334	32516	1.81
客货船	Passenger Cargo Ships	75	17231	3.21	77	15914	3.38
货船	Cargo Ships	27350		3692.36	26125		3634.59
拖轮	Tugboats	860			755		
驳船	Cargo Barges	4072		322.95	3124		264.00

13-12 分市交通运输基本情况（2019 年）

指标	Item	南京市 Nanjing	无锡市 Wuxi	徐州市 Xuzhou	常州市 Changzhou
运输线路	**Transport Routes**				
公路通车里程（公里）	Highways in Operation (km)	10178	7591	16793	8962
#等级公路里程	Expressway and Class Ⅰ to Ⅳ Highway	10178	7591	16043	8962
#高速公路	Expressways	521	274	464	306
一级公路	Class Ⅰ Highways	1311	980	1376	1051
二级公路	Class Ⅱ Highways	1090	1756	1645	1614
内河航道里程（公里）	Navigable Inland Waterways (km)	630	1578	1033	1080
公路桥梁（座）	Highway Bridges (unit)	2132	3948	5133	3541
公路桥梁长度（米）	Length of Highway Bridges (m)	234076	274555	254157	235597
客运量	**Passenger Traffic**				
公路（万人）	Highways (10000 persons)	8229	5148	9434	4063
水运（万人）	Waterways (10000 persons)	19	408		310
民用航空（万人）	Civil Aviation (10000 persons)	3058	797	301	405
货运量	**Freight Traffic (10000 tons)**				
公路（万吨）	Highways (10000 tons)	22121	17386	27576	10258
水运（万吨）	Waterways (10000 tons)	19223	3117	7216	2690
民用航空（吨）	Civil Aviation (tons)	374634	145128	12069	33161
机动车拥有量（万辆）	**Number of Vehicles (10000 units)**	**283.46**	**226.18**	**183.58**	**151.20**
#机动汽车拥有量	Civil Vehicles	269.94	208.76	151.40	143.66
#载客汽车	Passenger Vehicles	254.20	196.83	133.03	134.27
载货汽车	Trucks	14.31	11.21	15.81	8.88
#营运汽车（含公交出租车辆）	Motor Vehicles in Operation	13.22	8.27	14.87	6.53
#私人汽车	Private Vehicles	211.19	172.24	139.51	120.81
全社会船舶拥有量（万艘）	**Number of Transport Vessels (10000 units)**	**0.148**	**0.131**	**0.317**	**0.159**
机动船	Motor Vessels	0.147	0.130	0.145	0.159
驳船	Barges	0.002	0.001	0.172	
港口货物吞吐量（万吨）	**Volume of Freight Handled at Ports (10000 tons)**	**25903**	**28746**	**4011**	**7599**
#外贸	Foreign Trade	3312	5260		1199

注：民用航空客、货运量分市数据分别为各机场旅客、货邮吞吐量。

Basic Statistics of Transport by Region (2019)

苏州市 Suzhou	南通市 Nantong	连云港市 Lianyungang	淮安市 Huaian	盐城市 Yancheng	扬州市 Yangzhou	镇江市 Zhenjiang	泰州市 Taizhou	宿迁市 Suqian
11818	19246	12103	13508	20542	9726	7321	10087	12064
11818	19246	12103	12932	20349	9366	7321	10087	11960
608	487	354	402	396	294	193	321	247
1947	2053	840	760	1661	609	954	1076	640
4214	1766	1857	1641	2924	1349	849	1434	1739
2786	3522	1103	1483	4346	2297	597	2550	980
9593	8591	2811	3889	15632	4218	1381	7131	3282
603464	406060	218245	216541	511686	198680	115397	332625	163642
28951	6447	4063	5678	6088	2931	2892	5907	4644
651	390	21	14		5		265	
	348	192	235	209	298			
23831	10281	11759	4847	11339	4898	5613	4979	9688
1008	8661	2280	7784	13120	6931	1666	19493	2353
	42263	3343	10259	8684	12441			
429.64	**211.06**	**91.70**	**87.80**	**136.38**	**101.24**	**75.24**	**99.73**	**107.50**
419.10	180.80	71.47	63.23	105.02	82.75	64.75	82.62	73.66
398.39	169.46	60.87	56.73	94.65	76.08	60.72	77.17	63.54
19.29	10.54	9.14	5.95	8.65	5.93	3.70	5.09	7.43
13.11	5.63	6.57	4.57	5.57	4.00	2.91	3.76	5.76
350.49	161.53	65.61	57.03	94.66	73.25	56.93	74.06	68.85
0.029	**0.132**	**0.087**	**0.279**	**0.653**	**0.218**	**0.033**	**0.736**	**0.120**
0.029	0.128	0.084	0.265	0.588	0.205	0.032	0.733	0.084
0.000	0.004	0.003	0.014	0.066	0.013	0.001	0.002	0.036
62038	**36442**	**24013**	**7809**	**10340**	**10072**	**34012**	**30615**	**1511**
14653	5005	12904		1995	1039	4300	2780	

a) Passenger and cargo traffic data of civil aviation of divide cities are passenger and cargo throughtput of airports.

13－13 邮电业务基本情况
Basic Conditions of Post and Telecommunication Services

指 标	Item	2015	2016	2017	2018	2019
邮电业务总量 （亿元）	Business Volume of Postal & Telecommunication Services (100 million yuan)	2280.60	1860.33	2948.63	5861.83	8973.55
邮政行业业务总量	Postal Services	516.02	663.69	880.93	1050.23	1426.90
电信业务总量	Telecommunicatoin Services	1764.60	1196.64	2067.70	4811.60	7546.65
邮电业务收入 （亿元）	Revenue from Post and Telecommunication Services (100 million yuan)	1244.30	1345.35	1475.92	1622.11	1791.76
邮政行业业务收入	Postal Revenue	407.22	463.33	560.72	647.01	813.80
电信业务收入	Telecommunication Revenue	837.08	882.02	915.20	975.10	977.96
函件 （亿件）	Letters (100 million pcs)	4.88	3.33	2.86	2.26	2.10
包件 （万件）	Parcels (10000 pcs)	220.30	165.30	150.49	139.53	122.96
快递 （亿件）	Special Express (100 million pcs)	22.90	28.38	35.96	43.89	57.41
报刊期发数 （万份）	Newspapers and Magazines Circulation (10000 pcs)	1104.06	1062.97	1094.68	969.35	830.16
移动短信业务量 （亿条）	Short Message Services (100 million messages)	512.00	619.69	771.60	1034.86	1148.90
年末固定电话用户 （万户）	Fixed Telephone Subscribers at Year-end (10000 subscribers)	1972.99	1708.33	1512.08	1364.00	1329.11
年末移动电话用户（万户）	Mobile Telephone Subscribers at Year-end (10000 subscribers)	8227.33	8198.75	8807.69	9794.00	10165.91
固定宽带接入用户（万户）	Fixed Broadband Users (10000 subscribers)	2183.06	2685.24	3106.15	3351.87	3585.74

13－13 续表 Continued

指 标	Item	2015	2016	2017	2018	2019
邮政局所(个)	Number of Post Offices (unit)	2385	2381	2376	2371	2374
邮路及农村投递路线总长度 (万公里)	Length of Postal Routes and Rural Delivery Routes (10000 km)	35.15	37.17	40.20	48.43	49.09
#汽车邮路	Highway Routes	9.07	11.59	13.90	22.64	25.71
长途光缆线路长度 (公里)	Length of Long Distance Optical Cable Lines (km)	38841	39083	43111	40366	39107
每局所服务面积 (平方公里)	Per Bureau (Office) Service Area (sq. km)	44.95	45.02	45.12	45.21	45.16
人均邮电业务量 (元/人)	Per Capita Business Volume of Post (yuan/person)	2859.22	2325.82	3672.34	7281.14	11119.64
每百人平均函件量 (件/百人)	Number of Letters Mailed Per 100 Persons (unit/100 persons)	611.42	416.32	356.20	280.72	260.22
每百人平均订阅报刊量 (份/百人)	Number of Newspaper and Magazine Subscribed Per 100 Persons (unit/100 persons)	13.84	13.00	14.00	12.00	10.00
每百人平均包件(件/百人)	Number of Parcels Per 100 Persons (unit/100 persons)	2.76	2.00	1.87	1.73	1.52
每百人移动短信量 (条/百人)	Number of Short Messages Per 100 Persons (unit/person)	5535	77692	96095	128543	142708
电话普及率 (部/百人)	Popularization Rate of Telephones (unit/100 persons)	128.50	124.21	128.53	139.00	142.78
固定电话普及率	Popularization Rate of Fixed Telephones	24.80	21.42	18.83	16.94	16.51
移动电话普及率	Popularization Rate of Mobile Telephones	103.40	102.79	109.69	121.70	126.27

注:1. 邮政行业业务总量、邮政行业业务收入及快递包含国有、民营、外资各类企业的快递业务活动。

2. 2017 年开始,工信部调整电信不变单价,电信业务总量口径发生变化。

a) Postal services, postal revenue and express services contain express state-owned, services of private and foreign enterprises.

b) Since 2017, the fixed unit price of telecom has been adjusted, and the total caliber of telecom service has changed.

13－14 分市邮电业务基本情况(2019 年)

指标	Item	南京市 Nanjing	无锡市 Wuxi	徐州市 Xuzhou	常州市 Changzhou
邮电业务总量 (亿元)	Business Volume of Postal & Telecommunication Services (100 million yuan)	1259.81	964.73	696.86	587.20
邮政行业业务总量	Postal Services	203.45	186.56	77.45	76.35
电信业务总量	Telecommunicatoin Services	1056.35	778.17	619.41	510.85
邮电业务收入 (亿元)	Revenue from Post and Telecommunication Services (100 million yuan)	268.66	206.43	105.35	126.66
邮政行业业务收入	Postal Revenue	122.44	101.71	36.41	56.15
电信业务收入	Telecommunication Revenue	146.22	104.72	68.94	70.50
函件 (亿件)	Letters (100 million pcs)	0.64	0.21	0.02	0.07
包件 (万件)	Parcels (10000 pcs)	20.47	14.24	9.95	9.00
快递 (万件)	Special Express (10000 pcs)	88279.15	81703.36	28417.25	26794.08
报刊期发数 (万份)	Newspapers and Magazines Circulation (10000 pcs)	94.54	85.37	53.66	57.54
年末固定电话用户 (万户)	Fixed Telephone Subscribers at Year-end (10000 subscribers)	181.91	124.89	84.54	90.05
年末移动电话用户 (万户)	Mobile Telephone Subscribers at Year-end (10000 subscribers)	1307.86	999.33	961.25	664.85
固定宽带接入用户 (万户)	Fixed Broadband Users (10000 subscribers)	536.81	394.73	337.20	263.94
邮政局所 (个)	Number of Post Offices (unit)	181.00	141.00	233.00	150.00
邮路及农村投递路线总长度 (万公里)	Length of Postal Routes and Rural Delivery Routes (10000 km)	26.05	5.72	3.06	2.31
#汽车邮路	Highway Routes	6.26	2.25	3.06	2.31
邮政通信水平	Level of Postal and Telecommunication				
每局所服务面积 (平方公里)	Per Bureau (Office) Service Area (sq. km)	36.39	32.82	48.32	29.23
人均邮电业务量 (元/人)	Per Capita Business Volume of Post (yuan/person)	14811.69	14635.90	7895.92	12398.66
每百人平均函件量 (件/百人)	Number of Letters Mailed Per 100 Persons (unit/100 persons)	749.00	320.06	22.12	138.57
每百人平均订阅报刊量 (份/百人)	Number of Newspaper and Magazine Subscribed Per 100 Persons (unit/100 persons)	11.00	13.00	6.00	12.00
每百人平均包件 (件/百人)	Number of Parcels Per 100 Persons (unit/100 persons)	2.41	2.16	1.13	1.90
电话普及率 (部/百人)	Popularization Rate of Telephones (unit/100 persons)	168.94	164.50	118.00	154.15
固定电话普及率	Popularization Rate of Fixed Telephones	13.91	12.50	8.79	13.54
移动电话普及率	Popularization Rate of Mobile Telephones	155.03	152.00	109.21	140.60

注:江苏移动固定电话用户数无法分解到地市,各设区市固定电话相关数据不含江苏移动公司数据。

Basic Conditions of Post and Telecommunication Services by Region (2019)

苏州市 Suzhou	南通市 Nantong	连云港市 Lianyungang	淮安市 Huaian	盐城市 Yancheng	扬州市 Yangzhou	镇江市 Zhenjiang	泰州市 Taizhou	宿迁市 Suqian
2046.38	691.36	361.12	353.88	488.70	404.30	287.34	350.76	421.76
405.70	124.47	46.94	45.73	48.39	51.70	40.53	37.85	81.81
1640.68	566.89	314.18	308.15	440.31	352.59	246.82	312.91	339.96
466.94	139.95	57.20	60.39	81.25	78.36	56.93	68.05	65.58
252.62	65.47	21.58	24.71	24.79	31.91	23.70	25.19	27.15
214.32	74.47	35.62	35.68	56.46	46.45	33.23	42.85	38.43
0.92	0.06	0.01	0.02	0.01	0.04	0.06	0.04	0.01
29.51	7.77	4.86	2.07	5.33	7.24	3.97	5.04	3.50
173167.71	47012.45	17639.97	18154.14	16494.65	17515.80	14141.40	12099.57	32640.87
128.63	91.32	30.57	46.14	60.55	48.03	45.30	57.89	30.64
232.19	117.53	51.69	36.27	59.46	90.46	54.50	67.77	28.37
1849.17	847.26	470.41	484.20	695.97	531.51	370.72	490.45	492.93
666.94	353.93	174.66	178.75	281.91	212.19	161.56	205.86	179.73
240.00	310.00	127.00	169.00	227.00	182.00	106.00	174.00	134.00
3.67	2.12	0.85	0.83	1.20	0.69	0.63	0.94	1.01
3.55	2.12	0.85	0.83	1.20	0.69	0.63	0.94	1.01
35.37	27.56	59.95	59.60	74.77	36.25	36.25	33.26	63.84
19036.27	9447.45	8005.26	7174.26	6779.11	8887.57	8969.72	7565.88	8541.36
855.44	80.55	21.47	31.35	20.25	78.26	195.93	83.16	15.72
12.00	12.00	7.00	9.00	8.00	11.00	14.00	12.00	6.00
2.75	1.06	1.08	0.42	0.74	1.59	1.24	1.09	0.71
185.03	129.78	115.06	105.81	105.21	134.32	130.68	119.62	105.83
12.56	13.87	10.99	7.49	8.54	17.02	14.70	13.82	5.76
172.47	115.90	104.07	98.31	96.66	117.30	115.98	105.80	100.07

a) Fixed telephone subscribers in Jiangsu Mobile can not be decomposed into cities and towns, data related to fixed telephones in various districts and cities do not include data of Jiangsu Mobile Company.

13－15　规模以上服务业企业主要经济指标

单位:亿元

指　　标	Item	单位数(个) Number of Enterprises(unit)	
		2018	2019
总计	**Total**	**16982**	**16802**
按登记注册类型分	**Grouped by Status of Registration**		
内资企业	Domestic Funded Enterprises	16341	16130
国有企业	State-owned Enterprises	393	384
集体企业	Collective-owned Enterprises	243	183
股份合作企业	Cooperative Enterprises	16	12
联营企业	Joint Ownership Enterprises	7	9
有限责任公司	Limited Liability Corporations	4171	4427
#国有独资公司	State Sole Funded Corporatios	544	630
股份有限公司	Share-holding Corporations Ltd.	540	528
私营企业	Private Enterprises	10539	10285
其他企业	Other Enterprises	432	302
港、澳、台商投资企业	Enterprises with Funds from Hong Kong, Macao and Taiwan	288	301
外商投资企业	Foreign Funded Enterprises	353	371
按行业门类分	**Grouped by Sector**		
交通运输、仓储和邮政业	Traffic, Transport, Storage and Post	4710	4313
信息传输、软件和信息技术服务业	Information Transfer, Software and IT Services	1782	1772
房地产业(不含房地产开发业)	Real Estate	1355	1276
租赁和商务服务业	Leasing and Business Services	3321	3768
科学研究和技术服务业	Scientific Research and Technical Service	2672	2600
水利、环境和公共设施管理业	Management of Water Conservancy, Environment and Public Facilities	679	584
居民服务、修理和其他服务业	Services to Households and other Services	535	541
教育	Education	421	378
卫生和社会工作	Health and Social Work	448	460
文化、体育和娱乐业	Health, Social Security and Social Welfare	1059	1110
按地区分	**Grouped by Cities**		
南京市	Nanjing	3286	3477
无锡市	Wuxi	1284	1458
徐州市	Xuzhou	1324	1188
常州市	Changzhou	1311	1260
苏州市	Suzhou	2646	2923
南通市	Nantong	1621	1461
连云港市	Lianyungang	437	417
淮安市	Huaian	1089	952
盐城市	Yancheng	1430	1264
扬州市	Yangzhou	876	889
镇江市	Zhenjiang	590	472
泰州市	Taizhou	778	746
宿迁市	Suqian	310	295

Main Indicators of Service Industrial Enterprises above Designated Size

(100 million yuan)

资产总计 Total Assets		负债合计 Total Liabilities		营业收入 Operation Revenue		平均用工人数(万人) Income from Principal Business	
2018	2019	2018	2019	2018	2019	2018	2019
58527.13	**69859.00**	**34315.65**	**41943.98**	**15301.47**	**16182.81**	**253.88**	**266.21**
55910.46	66964.35	32871.81	40378.67	14289.77	15179.50	241.91	254.65
2933.08	3180.59	1804.99	1734.54	573.93	526.83	13.13	13.15
536.74	487.37	415.62	375.17	96.88	77.90	3.62	3.06
12.66	8.19	4.03	0.99	4.94	2.80	0.18	0.15
1.39	3.71	0.31	2.54	2.97	2.41	0.06	0.05
40871.25	50212.00	24010.35	30680.24	6461.25	7011.89	87.85	94.03
21718.92	27812.82	12403.61	15918.98	1575.81	1655.72	15.34	17.79
4842.47	5329.45	2415.38	2675.28	1624.15	1607.71	17.34	15.46
6528.91	7567.80	4108.87	4791.68	5332.13	5787.70	114.54	123.86
183.95	175.25	112.26	118.24	193.52	162.26	5.20	4.88
1595.78	1611.06	990.55	939.79	437.51	415.26	4.98	4.53
1020.89	1283.59	453.30	625.52	574.20	588.06	6.99	7.03
13898.45	16613.38	7886.44	9912.91	4493.62	4975.82	58.54	56.89
4553.69	4945.75	2558.06	2769.48	3464.99	3525.48	38.09	40.52
2234.31	4796.33	1544.13	3190.34	474.19	616.90	31.54	33.60
22890.70	27439.87	13348.58	16405.17	3201.21	3331.97	60.77	68.98
4535.14	5420.37	2436.90	2939.41	2114.45	2192.66	28.84	28.64
8569.19	8391.06	5400.36	5347.16	603.87	487.36	9.72	10.08
158.50	182.36	89.87	108.79	149.16	145.40	5.82	6.00
178.59	249.00	109.63	153.08	129.26	153.01	5.31	5.38
324.20	410.23	205.45	275.47	283.02	348.91	8.12	9.27
1184.35	1410.63	736.24	842.16	387.71	405.30	7.12	6.86
20928.27	25864.55	11763.28	15513.23	5671.44	5833.54	71.56	76.37
3270.51	3956.83	1961.24	2324.46	1041.48	1181.27	21.92	24.08
1389.24	1587.57	764.73	1000.08	681.74	741.96	15.16	16.06
3750.11	3805.11	2603.01	2532.04	1031.72	920.85	21.42	20.81
9846.42	12027.23	5537.61	7006.62	2595.95	3156.12	49.53	56.06
2187.70	2300.37	1409.17	1527.88	877.79	851.85	15.02	14.85
4980.56	5793.79	3114.63	3591.10	663.79	726.48	7.93	8.23
1259.28	2851.37	613.50	1315.80	511.07	564.49	7.24	7.44
2810.34	3257.10	1582.69	1865.83	671.87	597.77	10.88	10.25
2196.33	2200.12	1288.23	1314.26	456.10	490.01	11.24	11.71
2090.58	2126.53	1233.66	1215.30	393.78	401.45	6.07	5.28
3428.33	3539.79	2171.69	2378.96	446.14	431.96	10.15	9.07
389.47	548.65	272.22	358.41	258.61	285.05	5.75	5.99

主要统计指标解释

铁路营业里程 又称营业长度(包括正式营业和临时营业里程),指办理客货运输业务的铁路正线总长度。凡是全线或部分建成双线及以上的线路,以第一线的实际长度计算;复线、站线、段管线、岔线和特殊用途线以及不计算运费的联络线都不计算营业里程。铁路营业里程是反映铁路运输业基础设施发展水平的重要指标,也是计算客货周转量、运输密度和机车车辆运用效率等指标的基础资料。

铁路正线延展里程 指正线第一线、第二线、第三线和其他正线建筑里程之和,不包括站线、段管线、岔线及特殊用途线的延展里程。它是作为计算铁路线上钢轨、枕木及路基砂石需要量的主要依据。

公路里程 指在一定时期内实际达到《公路工程[WTBZ]技术标准 JTJ01-88》规定的等级公路,并经公路主管部门正式验收交付使用的公路里程数。包括大中城市的郊区公路以及通过小城镇街道部分的公路里程和桥梁、渡口的长度,不包括大中城市的街道、厂矿、林区生产用道和农业生产用道的里程。两条或多条公路共同经由同一路段,只计算一次,不得重复计算里程长度。它是反映公路建设发展规模的重要指标,也是计算运输网密度等指标的基础资料。

内河航道里程 也称内河通航里程,指在一定时期内,能通航运输船舶及排筏的天然河流、湖泊水库、运河及通航渠道的长度。包括全年季节性通航累计三个月以上的航道,不包括仅供零散流放竹、木排的河道。它是反映内河水运网规模、水平和发展情况的主要指标。

输油(气)管道长度 也称输油(气)里程,指油品(或天然气)的实际输送距离,一般按输油(气)管道的单线长度计算。若包括复线和备用线长度则称为输油(气)管道延展长度,是指管道铺设的实际长度。我们通常使用的是不包括复线的"输油(气)管道里程",它是反映管道运输发展规模和水平的主要指标。

货(客)运量 指在一定时期内,各种运输工具实际运送的货物(旅客)数量。它是反映运输业为国民经济和人民生活服务的数量指标,也是制定和检查运输生产计划、研究运输发展规模和速度的重要指标。货运按吨计算,客运按人计算。货物不论运输距离长短、货物类别,均按实际重量统计。旅客不论行程远近或票价多少,均按一人一次客运量统计;半价票、小孩票也按一人统计。

货物(旅客)周转量 指在一定时期内,由各种运输工具运送的货物(旅客)数量与其相应运输距离的乘积之总和。它是反映运输业生产总成果的重要指标,也是编制和检查运输生产计划,计算运输效率、劳动生产率以及核算运输单位成本的主要基础资料。计算货物周转量通常按发出站与到达站之间的最短距离,也就是计费距离计算。计算公式为:

$$货物(旅客)周转量 = \sum 货物(旅客)运输量 \times 运输距离$$

沿海主要港口货物吞吐量 指经水运进出沿海主要港区范围,并经过装卸的货物数量,包括邮件及办理托运手续的行李、包裹以及补给运输船舶的燃、物料和淡水。货物吞吐量按货物流向分为进口、出口吞吐量,按货物交流性质分为外贸货物吞吐量和国内贸易货物吞吐量。货物吞吐量的货类构成及其流向,是衡量港口生产能力大小的重要指标。

邮电业务总量 指以价值量形式表现的邮电通信企业为社会提供各类邮电通信服务的总数量。邮电业务量按专业分类包括函件、包件、汇票、报刊发行、邮政快件、特快专递、邮政储蓄、集邮、公众电报、用户电报、传真、长途电话、出租电路、无线寻呼、移动电话、分组交换数据通信、出租代维等。计算方法为各类产品乘以相应的平均单价(不变价)之和,再加上出租电路和设备、代用户维护电话交换机和线路等的服务收入。它综合反映了一定时期邮电业务发展的总成果,是研究邮电业务量构成和发展趋势的重要指标。计算公式为:

$$邮电业务总量 = \sum(各类邮电业务量 \times 不变单价) + 出租代维及其他业务收入$$

移动电话用户 是指通过移动电话交换机进入移动电话网、占用移动电话号码的电话用户。用户数量以报告期末在移动电话营业部门实际办理登记手续进入移动电话网的户数进行计算,一部移动电话统计为一户。

电话用户 指接入国家公众固定电话网,并按固定电话业务进行经营管理的电话用户。1997 年以前,电话用户分为市内电话用户和农村电话用户。"市内电话用户"是指接入县城及县以上城市的电话网上的电话用户;"农村电话用户"是指接入县邮电局农话台及县以下农村电话交换点,以县城为中心(除市话用户外)联通县、乡(镇)、行政村、村民小组的用户。从 1997 年起,电话用户数分组调整为以用户所在区域划分为"城市电话用户"和"乡村电话用户",与过去的按市内电话和农村电话划分方法不同。而电话用户总数、电话机总部数统计范围不变。

Explanatory Notes on Main Statistical Indicators

Length of Railways in Operation refers to the total length of the trunk line under passenger and freight transportation(including both full operation and temporary operation). The calculation is based on the actual length of the first line even if this line has a full or partial double track or more tracks, excluding double tracks, station sidings, tracks under the charge of stations, branch lines, special-purpose lines and the non-payable connecting lines. The length of railways in operation is an important indicator to show the development of the infrastructure for the railway transport, and also the essential data to calculate volume of passenger freight transport, traffic density and utilization efficiency of the locomotives and carriages.

Extenuation Length of Trunk Lines refers to the sum of the first, the second, the third lines and other constructed length of the trunk railways, excluding the extenuation length of the station lines, lines under the jurisdiction depots, siding and lines for special purpose. It provides important information for the calculation of the needs for rails, sleepers, sand and stone for the construction ot railways.

Length of Highways refers to the length of highways which are built in conformity with the grades specified by the highway engineering standard formulated by the Ministry of Communications, and have been formally checked and accepted by the departments of highways and put into use. The length of highways includes that of the suburb highways at large and medium-sized cities, highways passing through streets at small cities and towns, and also the length of bridges and ferries. It does not include the length of streets in big and medium-sized cities and highways built for the production purpose at factories, mines, forest areas and agricultural areas. If two or more highways go the same section of the way, the length of the section is only calculated for once and no duplication is allowed. The length of highways is an important indicator to show the development of the highway construction and to provide essential information to calculate the transport network density.

Length of Navigable Inland Waterways an indicator reflecting the size and development of inland water network, it refers to the length of the natural rivers, lakes, reservoirs, canals, and ditches open to navigation during a given period, which enables the transport by ships and rafts. It includes the channels open to navigation for over an accumulative 3 months in a year, yet this does not include the river courses which are only used to float odd logs and bamboo rafts.

Length of Oil(Gas) Pipelines used as an indicator to show the development, scale and level of the pipeline transportation, it refers to the actual transport distance of oil (or gas) products, and is in general calculated in the length of single pipe line. If the length of the double pipelines and alternate pipeline are included, it is called the extension length of the oil (gas) pipelines, which indicates the actual length of the pipelines built, excluding double pipelines.

Freight(Passenger) Traffic refers to the volume of freight (passenger) transported with various means. Freight transport is calculated in tons and passenger traffic is calculated in the number of persons. Despite the type of freight and travelling distance, the freight transport is calculated in the actual weight of the goods; and despite the travelling distance and ticket price, the passenger traffic is calculated by the principle that one person can be counted only once in one travel. The passenger who travel with a half price ticket or a child ticket is also calculated as one person. The freight(passenger) traffic provides a quantitative measure to show how the transport industry serves the national economy and people, and is also an important indicator for planning the transport industry and for studying the development scale and speed of the transport industry.

Freight Ton-kilometers (Passenger-kilometers) refer to the sum of the products of the volume of transported cargo (passengers) multiplying by the transport distance, usually using ton-kilometer and passenger-kilometer as units for measurement. Normally, the shortest distance between the departure station and the destination station(i. e. , the payable distance) is the basis to calculate the freight ton-kilometers. This is an important indicator to show the total results of the transport industry, to prepare and examine the transport plan and to measure the efficiency, the labour productivity and the unit cost of transport. The formula is as follows:

$$\text{Freight Ton-kilometers(Passenger-kilometers)} = \sum \text{Freight(Passenger) Traffic} \times \text{Distance of Transportation}$$

Volume of Freight Handled in Major Coastal Ports refers to the volume of cargo passing in and out the harbor area of the major coastal ports and having been loaded and unloaded. The volume includes that of the postal matters, registered luggage and fuels, materials and fresh water as supplies of the ships. The volume of freight handled may be classified by direction of flow as freight for import and freight for export, or by nature of cargo as freight for domestic trade and freight for foreign trade. As an important indicator, the volume of freight handled by type of cargo and by main flow direction reflects the production capacity of ports.

Business Volume of Post and Telecommunications refers to the total amount of post and telecommunications services, expressed in value terms, provided by the post and telecommunications departments for the society. Post and telecommunication services can be classified as letters, parcels, remittance, issue of newspapers and magazines, fast mail service, express mail service, savings deposits, stamps for collection, public and individual telegraph service, facsimiles, long-distance telephone service, leasing of telephone lines, urban paging service, mobile telephone service, data transfer and transmission, etc. The accounting approach is to multiply the service products of all types with their average unit price (constant price) to get sum of business value, plus income from other services such as leasing of telephone lines and equipment, maintenance of telephone switchboards and lines on behalf of customers. This indicator reflects the overall results of post and telecommunications service during a given period, and is important to study the composition of business service and the development of post and telecommunications service. The formula is as follows:

Business Volume of Post and Telecommunications = $\sum$ (Transaction of Post and Telecommunication Service × Constant Price) + Income from Leasing, Maintenance and other Services.

Mobile Telephone Subscribers refer to the persons who own mobile telephone numbers and are connected with the mobile telephone communication network through the mobile telephone switchboards. The number of subscribers is calculated by the subscribers who have completed registration at mobile communication business centers and entered into the mobile telephone network. One mobile telephone is taken as a subscriber.

Fixed Telephone Subscribers refer to subscribers that are connected to the public line telephone network provided with telephone services. Before 1997, telephone subscribers were classified as city subscribers and village subscribers. City subscribers referred to those connected to city telephone networks in county towns and cities, while village subscribers referred to those connected to village telephone stations at and below counties. Since 1997, the classification of telephone subscribers was modified on the basis of physical location of the subscribers as rban telephone subscribers and ural telephone subscribers, which is different from the previous classification of catgorizing local telephones and ural telephones, while the definition of total subscribers and total number of telephones remain unchanged.

14

批发零售、住宿餐饮和旅游

Wholesale and Retail Trade, Hotels, Catering Services and Tourism

简 要 说 明

一、本篇资料的主要内容

本篇资料主要反映江苏消费品市场、批发和零售业、住宿和餐饮业以及旅游业的发展状况。主要内容包括社会消费品零售总额;批发和零售业、住宿和餐饮业全行业经营情况;限额以上批发和零售业、住宿和餐饮业的基本情况、财务状况、连锁经营情况;亿元以上商品交易市场基本情况和成交情况;旅行社、星级饭店基本情况;入境旅游人数、国内居民旅游人数以及国际、国内旅游收入。

二、本篇资料的统计范围

社会消费品零售总额的统计范围为参与市场商品零售或餐饮经营活动的各行业法人企业、产业活动单位和个体经营户;批发和零售业、住宿和餐饮业全行业经营情况的统计范围为全部批发和零售业、住宿和餐饮业法人企业、产业活动单位和个体经营户;限额以上批发和零售业基本情况、财务状况和连锁经营情况的统计范围为年主营业务收入达到2000万元及以上的批发业、年主营业务收入达到500万元及以上的零售业法人企业、产业活动单位和个体经营户;限额以上住宿和餐饮业基本情况、财务状况和连锁经营情况的统计范围为年主营业务收入达到200万元及以上的住宿和餐饮业法人企业、产业活动单位和个体经营户;亿元以上商品交易市场基本情况和成交情况统计范围为年商品成交额达到亿元及以上的现货商品交易市场;旅行社和星级饭店基本情况、入境旅游人数、国内居民旅游人数以及国际、国内旅游收入的统计范围为全省范围内的旅行社、星级饭店和旅游者。

三、本篇资料的来源

本篇资料中社会消费品零售总额以及批发和零售业、住宿和餐饮业发展情况根据《批发和零售业统计报表制度》《住宿和餐饮业统计报表制度》规定的有关统计内容进行加工整理;旅游业发展情况根据旅游局提供的有关资料编制。

四、本篇资料的统计调查方法

本篇资料中社会消费品零售总额以及批发和零售业、住宿和餐饮业发展情况方面资料涉及限额以上法人企业、产业活动单位和个体经营户以及亿元及以上商品交易市场的采用全面调查方法;涉及限额以下法人企业、产业活动单位和个体经营户的采用抽样调查方法推算。旅游业发展情况数据中国际、国内旅游收入和国内居民旅游人数等指标采用抽样调查方法,其余数据均为全面调查统计取得。

Brief Introduction

I. Main Contents

Data in this chapter reflect the development of markets of consumer goods, wholesale and retail trades, hotels and catering services and tourism. Main contents include the total sales of consumer goods, the operation of wholesale and retail trades and hotel and catering services, the basic conditions, financial status and chain operation of the wholesale and retail trades and hotel and catering services above designated size, the basic condition and turnover of large commodity transaction markets with transaction over 100 million yuan, the basic conditions of travel agencies and star-rated hotels, number of international tourists and Chinese residents going abroad, number of domestic tourists and income from international and domestic tourism.

II. Scope of Statistics

The scope of statistics of the total sales of consumer goods include corporate enterprises, establishments, and self-employed individuals involved in wholesale and retail trades and hotels and catering services. The scope of statistics of the operation of wholesale and retail trades and hotel and catering services include all corporate enterprises, establishments, and self-employed individuals involved in wholesale and retail trades and hotels and catering services. The scope of statistics of the basic conditions, financial status and chain operation of the wholesale and retail trades above designated size include corporate enterprises, establishments, and self-employed individuals involved in wholesale trade with annual principal business sales over 20 million yuan, retail trade with annual principal business sales over 5 million yuan. The scope of statistics of the basic conditions, financial status and chain operation of the hotel and catering services above designated size include corporate enterprises, establishments, and self-employed individuals involved in the hotel and catering services with annual principal business sales over 2 million yuan. The scope of statistics of the basic condition and turnover of large commodity transaction markets with transaction over 100 million yuan include all transaction markets with the total sales value of commodities over 100 million yuan. The scope of statistics of the basic conditions of travel agencies and star-rated hotels, number of international tourists and Chinese residents going abroad, number of domestic tourists and income from international and domestic tourism include all travel agencies, star-rated hotels and tourists in Jiangsu Province.

III. Sources of Data

The total sales of consumer goods and the development of wholesale and retail trades, hotels and catering services are collected and processed in accordance with The Statistical Reporting Form System on Wholesale and Retail Trades and The Satistical Reporting Form System on Hotels and Catering Services. The data on tourism are from the Ministry of Public Security and State Tourism Administration.

Ⅳ. Methods of Survey

Data on corporate enterprises above designated size, establishments, self-employed individuals and commodity transaction markets with transaction over 100 million yuan are collected through comprehensive reporting system. Data on enterprises and self-employed individuals below the designated size are collected by sample surveys. Data on tourism are from the comprehensive reporting form system except those on the earnings from international and domestic tourism and number of domestic tourists going abroad from sample surveys.

14－1 国内贸易基本情况
Basic Conditions of Domestic Trade

指标	Item	2015	2016	2017	2018	2019
限额以上法人企业 （个）	**Number of Corporation Enterprises above Designated Size （unit）**	**22165**	**22514**	**22540**	**25225**	**26743**
批发业	Wholesale Trade	10753	10852	11209	13717	15524
零售业	Retail Trade	8290	8571	8425	8585	8152
住宿业	Hotels	1057	1061	1047	1074	1175
餐饮业	Catering Services	2065	2030	1859	1849	1892
限额以上产业活动单位 （个）	**Industry Activity Units （unit）**	**36099**	**36611**	**37610**	**50016**	**54330**
批发业	Wholesale Trade	12734	12437	12724	17131	18898
零售业	Retail Trade	18635	19436	20195	27367	29277
住宿业	Hotels	1203	1203	1196	1260	1377
餐饮业	Catering Services	3527	3535	3495	4258	4778
限额以上企业（单位）从业人数 （人）	**Engaged Persons （person）**	**1316192**	**1288982**	**1272986**	**1330827**	**1276209**
批发业	Wholesale Trade	414793	404339	421163	465668	486470
零售业	Retail Trade	573752	561763	536361	527603	481297
住宿业	Hotels	129100	126789	123237	121833	100463
餐饮业	Catering Services	198547	196091	192225	215723	207979
限额以上批发和零售业	**Wholesale and Retail Trades**					
商品购进总额 （亿元）	Total Purchases （100 million yuan）	40149.81	43797.28	51102.71	62082.56	67688.11
商品销售总额 （亿元）	Total Sales （100 million yuan）	42772.98	47801.39	55723.66	68386.83	72753.17
商品库存总额 （亿元）	Total Stock （100 million yuan）	2471.78	2928.76	5200.16	3430.54	3983.97
社会消费品零售总额 （亿元）	**Total Retail Sales of Consumer Goods （100 million yuan）**	**26710.13**	**29612.50**	**32818.24**	**35472.62**	**37672.51**
商品交易市场数 （个）	**Number of Commodity Exchange Markets （unit）**	**2861**	**2817**	**2753**	**2795**	**2202**
消费品市场	Markets of Consumer Goods	2466	2448	2399	2383	1864
生产资料市场	Markets of Production Material	395	369	354	412	338

14-2 按行业分社会消费品零售总额
Total Retail Sales of Consumer Goods by Sector

单位:亿元 (100 million yuan)

年 份 Year	社会消费品零售总额 Total Retail Sales of Consumer Goods	批发和零售业 Wholesale and Retail Sales Trade	住宿业 Hotel	餐饮业 Catering Services	其他行业 Others
1978	84.79	79.18		3.24	2.37
1979	99.16	91.61		3.90	3.65
1980	122.56	114.35		4.72	3.49
1981	134.79	125.16		5.17	4.46
1982	150.01	138.87		5.49	5.65
1983	169.12	156.28		6.14	6.70
1984	205.05	188.80		7.61	8.64
1985	262.57	240.69		10.45	11.43
1986	304.58	279.25		12.53	12.80
1987	360.74	329.31		15.84	15.59
1988	471.83	432.06		20.33	19.44
1989	509.56	467.11		22.47	19.98
1990	515.43	472.72		24.17	18.54
1991	578.12	529.94		27.86	20.32
1992	704.52	644.61		33.64	26.27
1993	969.08	889.44		44.80	34.84
1994	1363.30	1241.66		71.63	50.01
1995	1749.02	1579.42		95.60	74.00
1996	2091.75	1911.80		136.38	43.57
1997	2316.25	2096.87		169.06	50.32
1998	2473.87	2226.26		194.10	53.51
1999	2674.82	2390.16		229.75	54.91
2000	2940.16	2611.34		272.53	56.29
2001	3273.02	2880.81		330.71	61.50
2002	3706.46	3222.60		416.43	67.43
2003	4257.49	3667.94		518.61	70.93
2004	4993.13	4422.60	42.53	506.34	21.66
2005	5863.45	5164.39	50.92	596.09	52.05
2006	6865.75	6039.14	69.29	694.98	62.34
2007	8187.58	7200.86	84.56	831.03	71.13
2008	10171.21	9129.14	102.48	848.29	91.29
2009	11807.16	10599.58	110.65	983.84	113.08
2010	13990.35	12551.70	130.74	1180.39	127.52
2011	16511.02	14724.60	166.51	1397.59	222.33
2012	18946.41	16927.08	183.61	1634.25	201.47
2013	21504.90	19256.02	178.43	1842.12	228.33
2014	24176.13	21879.40	193.41	2103.32	
2015	26710.13	24168.35	205.32	2336.46	
2016	29612.50	26715.96	223.57	2672.97	
2017	32818.24	29584.58	243.83	2989.83	
2018	35472.62	31812.29	266.67	3393.66	
2019	37672.51	34662.72	305.76	2704.03	

注:1. 2003 年前住宿业包括在餐饮业和其他行业中。
2. 2018 年为第四次经普数据,2019 年为按经普口径统计数据,1993—2019 年根据趋势离差法和 2019 年经济普查数据调整。

a) Before 2003, the hotel includes in the catering industry and other industries.

b) In 2018, it was third Economic Census data, the data in 2019 Economic Census data adjustment, the data in 1993—2019 was according to the trend of the deviation from the law and the 2019 Economic Census data adjustment.

14－3 按地区分社会消费品零售总额(2019年)
Total Retail Sales of Consumer Goods by Region (2019)

单位:亿元 (100 million yuan)

年 份 Year		社会消费品零售总额 Total Retail Sales of Consumer Goods	批发和零售业 Wholesale and Retail Sales Trade	住 宿 业 Hotel	餐 饮 业 Catering Services
苏 南	Southern Jiangsu	21534.24	19906.03	188.40	1439.81
苏 中	Mid Jiangsu	6135.41	5555.97	42.97	536.48
苏 北	Northern Jiangsu	10002.86	9200.73	74.39	727.74
南京市	Nanjing	7136.32	6741.19	53.47	341.66
无锡市	Wuxi	3024.34	2793.91	24.31	206.12
徐州市	Xuzhou	3533.19	3246.65	26.72	259.82
常州市	Changzhou	2401.68	2213.38	27.96	160.34
苏州市	Suzhou	7813.40	7150.50	70.39	592.50
南通市	Nantong	3361.68	3059.00	16.23	286.45
连云港市	Lianyungang	1162.82	1067.37	10.03	85.42
淮安市	Huaian	1745.41	1581.64	6.69	157.08
盐城市	Yancheng	2241.00	2065.24	26.14	149.61
扬州市	Yangzhou	1423.20	1276.90	14.28	132.01
镇江市	Zhenjiang	1158.49	1007.05	12.26	139.18
泰州市	Taizhou	1350.54	1220.07	12.46	118.01
宿迁市	Suqian	1320.45	1239.82	4.82	75.81

14－4 限额以上批发和零售业基本情况(2019 年)

Basic Conditions of Enterprises above Designated Size in Wholesale and Retail Trades(2019)

项目	Item	法人企业(个) Number of Corporation Enterprises (unit)	产业活动单位数(个) Number of Establishments (unit)	零售营业面积(平方米) Floor Space of Retail Business (sq. m)	从业人员(人) Persons Engaged (person)
总计	**Total**	**23676**	**48175**	**30467352**	**967767**
#国有控股	State-owned and State Share Holding	960	4826	3731835	96130
批发业	**Wholesale Trade**	**15524**	**18898**	**2014107**	**486470**
#国有控股	State-owned and State Share Holding	700	1584	326393	61862
按登记注册类型分	**Grouped by Status of Registration**				
内资企业	Domestic Funded Enterprises	14998	17664	1823795	410126
国有企业	State-owned Enterprises	160	539	55477	15895
集体企业	Collective-owned Enterprises	27	55	2500	529
股份合作企业	Cooperative Enterprises	4	4		237
联营企业	Joint Ownership Enterprises				
国有联营企业	State Joint Ownership Enterprises				
集体联营企业	Collective Joint Ownership Enterprise				
国有与集体联营企业	Joint State-collective Enterprises				
其他联营企业	Other Joint Ownership Enterprises				
有限责任公司	Limited Liability Corporations	2152	2915	436602	128702
国有独资公司	State Solely Funded Corporations	126	165	25931	6008
其他有限责任公司	Other Limited Liability Corporations	2026	2750	410671	122694
股份有限公司	Share-holding Corporations Ltd.	203	522	176519	31122
私营企业	Private Enterprises	12275	13452	1129813	227025
私营独资企业	Private-funded Enterprises	80	89	4925	1398
私营合伙企业	Private Partnership Enterpises	6	6	20	140
私营有限责任公司	Private Limited Liability Corporations	12032	13152	1106915	219870
私营股份有限公司	Private Share-holding Corporations Ltd.	157	205	17953	5617
其他企业	Other Enterprises	177	177	22884	6616
港、澳、台商投资企业	Enterprises with Funds from Hong Kong, Macao and Taiwan	217	817	129916	29521
合资经营企业	Joint-venture Enterprises	25	27	460	1187
合作经营企业	Cooperative Enterprises	1	1		65
独资经营企业	Enterprises with Sole Fund	185	782	129456	27829
港、澳、台商投资股份有限公司	Share-holding Corporations Ltd.	4	5		397
其他港澳台投资	Other Funds from Hong Kong, Macao and Taiwan	2	2		43
外商投资企业	Foreign Funded Enterprises	309	417	60396	46823
合资经营企业	Joint-venture Enterprises	52	69	5175	1882
合作经营企业	Cooperative Enterprises	3	3	20	59
独资经营企业	Enterprises with Sole Fund	248	280	45315	43739
外商投资股份有限公司	Share-holding Corporations Ltd.	2	2		81
其他外商投资	Other Foreign Funds	4	63	9886	1062

14－4 续 表 1 Continued 1

项 目	Item	法人企业（个）Number of Corporation Enterprises (unit)	产业活动单位数（个）Number of Establishments (unit)	零售营业面积（平方米）Floor Space of Retail Business (sq. m)	从业人员（人）Persons Engaged (person)
按行业分	**Grouped by Sector**				
农、林、牧、渔产品批发	Wholesale of Farm Products and Livestock Products	597	710	121672	20048
食品、饮料及烟草制品批发	Wholesale of Food, Beverages and Tobaccos	996	1328	187399	63618
纺织、服装及日用品批发	Wholesale of Textiles, Garments and Daily Consumer Articals	2309	2806	289219	112467
文化、体育用品及器材批发	Wholesale of Culture, Sports Appliances and Equipment	404	500	101900	15818
医药及医疗器材批发	Wholesale of Medicines and Medical Appliances	634	1085	172256	77733
矿产品、建材及化工产品批发	Wholesale of Mineral Products, Building Material and Chemical Products	7631	8855	651455	108926
机械设备、五金交电及电子产品批发	Wholesale of Machinery, Hardware and Electronic Equipment	2385	2948	443341	75492
贸易经纪与代理	Trade Broker and Agency	182	186	7245	3252
其他批发	Others	386	480	39620	9116
零售业	**Retail Trade**	**8152**	**29277**	**28453245**	**481297**
#国有控股	State-owned and State Share Holding	260	3242	3405442	34268
按登记注册类型分	**Grouped by Status of Registration**				
内资企业	Domestic Funded Enterprises	7908	26661	23069143	390005
国有企业	State-owned Enterprises	32	92	99119	2300
集体企业	Collective-owned Enterprises	69	169	108366	2093
股份合作企业	Cooperative Enterprises	9	9	4734	169
联营企业	Joint Ownership Enterprises	4	4	2829	30
国有联营企业	State Joint Ownership Enterprises	3	3	2809	26
集体联营企业	Collective Joint Ownership Enterprise	1	1	20	4
国有与集体联营企业	Joint State-collective Enterprises				
其他联营企业	Other Joint Ownership Enterprises				
有限责任公司	Limited Liability Corporations	1462	9504	9087451	133341
国有独资公司	State Solely Funded Corporations	32	251	545872	2752
其他有限责任公司	Other Limited Liability Corporations	1430	9253	8541579	130589
股份有限公司	Share-holding Corporations Ltd.	166	1682	2467527	25420
私营企业	Private Enterprises	6060	15092	11232976	223084
私营独资企业	Private-funded Enterprises	273	397	214398	3901
私营合伙企业	Private Partnership Enterpises	49	51	30995	483
私营有限责任公司	Private Limited Liability Corporations	5628	14343	10490428	210319
私营股份有限公司	Private Share-holding Corporations Ltd.	110	301	497155	8381
其他企业	Other Enterprises	106	109	66141	3568

14－4 续 表 2 Continued 2

项目	Item	法人企业（个）Number of Corporation Enterprises (unit)	产业活动单位数（个）Number of Establishments (unit)	零售营业面积（平方米）Floor Space of Retail Business (sq. m)	从业人员（人）Persons Engaged (person)
港、澳、台商投资企业	Enterprises with Funds from Hong Kong, Macao and Taiwan	147	677	2655115	55398
合资经营企业	Joint-venture Enterprises	29	37	336539	4968
合作经营企业	Cooperative Enterprises				
独资经营企业	Enterprises with Sole Fund	116	637	2293040	49868
港、澳、台商投资股份有限公司	Share-holding Corporations Ltd.		1		
其他港澳台投资	Other Funds from Hong Kong, Macao and Taiwan	2	2	25536	562
外商投资企业	Foreign Funded Enterprises	97	1939	2728987	35894
合资经营企业	Joint-venture Enterprises	26	1133	1371570	17538
合作经营企业	Cooperative Enterprises		1		
独资经营企业	Enterprises with Sole Fund	64	357	1002983	14493
外商投资股份有限公司	Share-holding Corporations Ltd.	6	447	353934	3845
其他外商投资	Other Foreign Funds	1	1	500	18
按行业分	**Grouped by Sector**				
综合零售	Integrated Retail	685	4998	10707226	157053
食品、饮料及烟草制品专门零售	Retail of Food, Beverages and Tobaccos	802	3497	683954	29405
纺织、服装及日用品专门零售	Retail of Textiles, Garments and Daily Consumer Articles	470	1272	1379705	34593
文化、体育用品及器材专门零售	Retail of Culture, Sports Appliances and Equipment	546	904	579545	21576
医药及医疗器材专门零售	Retail of Medicines and Medica Appliances	435	9014	1224145	45572
汽车、摩托车、燃料及零配件专门零售	Retail of Motor Vehicles, Motorcycles, Fuel and Parts	3067	5951	10812874	122580
家用电器及电子产品专门零售	Special Retail of Household Electric Appliances and Electronic Products	1005	2115	1848682	39819
五金、家具及室内装饰材料专门零售	Special Retail of Hardware, Furniture and Decoration Materials	527	592	478023	11373
货摊无店铺及其他零售业	Non-shop and Other Retail	615	934	739091	19326
按经营方式分	**Grouped by Business Mode**				
独立商店	Independent Stores	6836	13487	20248881	306130
连锁商店总店	Chain Stores	247	11625	5003339	110129
连锁商店分店	Branches of Chain Stores	107	1850	1658422	15962
其他	Others	962	2315	1542603	49076
按零售业态分	**Grouped by Store Type**				
有店铺零售	Retail Store	7406	28408	27896468	456246
食杂店	Grocery Store	80	255	105778	2439
便利店	Convenience Store	157	2997	1431424	30325

14－4 续 表 3 Continued 3

项目	Item	法人企业（个）Number of Corporation Enterprises (unit)	产业活动单位数（个）Number of Establishments (unit)	零售营业面积（平方米）Floor Space of Retail Business (sq. m)	从业人员（人）Persons Engaged (person)
折扣店	Discount Store	14	24	161172	570
超市	Supermarket	313	947	621077	25243
大型超市	Large Supermarket	174	1235	4209793	77882
仓储会员店	Store Member Store	35	61	250110	3302
百货店	Department Store	323	757	4165186	43758
专业店	Specialty Stores	3643	16453	9188553	147621
专卖店	Franchised Stores	2241	5090	6091158	106915
家具建材商店	Furniture Building Material Shop	121	131	196696	3137
购物中心	Shopping Mall	58	155	1191895	6985
厂家直销中心	Factory Direct Soles Center	247	303	283626	8069
无店铺零售	No Shop Retail	746	869	556777	25051
电视购物	TV Shopping	7	7	7106	1009
邮购	Mail Order Shopping	9	10	12578	881
网上商店	Online Commodity	337	376	181147	12311
自动售货亭	Vending Machine	5	16	7871	305
电话购物	Telephone Shopping	12	12	6155	173
其他	Others	376	448	341920	10372
在总计中：	**In the Total**				
南京市	Nanjing	3380	9192	6770900	232641
无锡市	Wuxi	2825	5555	3434268	111204
徐州市	Xuzhou	1975	4052	1836720	57890
常州市	Changzhou	2768	4714	2020735	73634
苏州市	Suzhou	4320	9375	5787660	210220
南通市	Nantong	2479	4134	3132537	66229
连云港市	Lianyungang	493	918	582655	30514
淮安市	Huaian	860	1606	1154023	28325
盐城市	Yancheng	1171	1984	1378159	33450
扬州市	Yangzhou	1070	2276	1294917	34923
镇江市	Zhenjiang	595	1110	931592	23458
泰州市	Taizhou	1303	2281	1550192	44504
宿迁市	Suqian	437	978	592994	20775

注：产业活动单位数包括本省限额上批零住餐法人所属的全部（包括在外省的）产业活动单位和其他行业的限额以上批零产业活动单位。营业面积、从业人数为法人在地口径。

a) The number of establishments include the number of enterprises above designated size in wholesale and retail trades of Jiangsu and other province eatablished of enterprises above designated size in whole sale and retail sale trade of Jiangsu. The data of persons engaged and floor space of retail business base on the data of corporation enterprises.

14－5 批发和零售业商品购销存总额(2018 年)
Total Value of Commodity Purchasing, Sales and Inventory of Enterprises above Designated Size in Wholesale and Retail Sale Trade(2018)

单位:亿元　　　　(100 million yuan)

项目	Item	商品购进总额 Total Purchaes Value	商品销售总额 Total Sales Value	批发 Whole-sale Value	零售 Retail Sale Value	商品库存总额 Stock
总计	**Total**		**111915.69**	**86508.71**	**25406.98**	
限额以上企业和单位	**Above Designated Size Enterprises and Units**	**62083.69**	**68387.95**	**56024.87**	**12356.44**	**3430.56**
#国有控股	State-owned and State Share Holding	10878.66	12162.58	10481.56	1681.02	666.31
批发业	**Wholesale Trade**	**51979.86**	**56347.56**	**54971.31**	**1370.28**	**2499.32**
#国有控股	State-owned and State Share Holding	9577.49	10415.00	10090.62	324.38	524.60
按登记注册类型分	**Grouped by Status of Registration**					
内资企业	Domestic Funded Enterprises	46358.87	49746.62	48565.08	1181.48	2198.42
国有企业	State-owned Enterprises	1007.11	1329.01	1295.68	33.33	82.08
集体企业	Collective-owned Enterprises	91.26	92.90	92.71	0.19	2.19
股份合作企业	Cooperative Enterprises	201.12	200.84	200.67	0.17	2.25
联营企业	Joint Ownership Enterprises					
国有联营企业	State Joint Ownership Enterprises					
集体联营企业	Collective Joint Ownership Enterprise					
国有与集体联营企业	Joint State-collective Enterprises					
其他联营企业	Other Joint Ownership Enterprises					
有限责任公司	Limited Liability Corporations	16888.84	18314.76	17855.76	459.00	877.98
国有独资公司	State Solely Funded Corporations	1274.94	1322.93	1272.68	50.25	113.96
其他有限责任公司	Other Limited Liability Corporations	15613.90	16991.84	16583.08	408.75	764.03
股份有限公司	Share-holding Corporations Ltd.	4772.21	4521.50	4411.14	110.30	322.67
私营企业	Private Enterprises	23246.86	25115.93	24571.44	544.49	904.95
私营独资企业	Private-funded Enterprises	48.06	58.64	53.84	4.81	2.09
私营合伙企业	Private Partnership Enterpises	2.53	3.06	2.88	0.18	0.12
私营有限责任公司	Private Limited Liability Corporations	22777.02	24567.12	24035.40	531.72	878.79
私营股份有限公司	Private Share-holding Corporations Ltd.	419.24	487.11	479.33	7.78	23.95
其他企业	Other Enterprises	151.47	171.67	137.66	34.01	6.29
港、澳、台商投资企业	Enterprises with Funds from Hong Kong, Macao and Taiwan	1775.00	2081.50	2038.19	37.40	108.81
合资经营企业	Joint-venture Enterprises	425.46	451.10	447.30	3.80	8.44
合作经营企业	Cooperative Enterprises					
独资经营企业	Enterprises with Sole Fund	1319.91	1597.73	1561.12	33.60	99.72
港、澳、台商投资股份有限公司	Share-holding Corporations Ltd.	29.63	32.67	29.77	0.01	0.65
其他港澳台投资	Other Funds from Hong Kong, Macao and Taiwan					
外商投资企业	Foreign Funded Enterprises	3845.99	4519.44	4368.04	151.40	192.09

注:批发和零售业商品销售额总计为 2018 年第四次经济普查数据。

a) Total sales value of enterprises above designated size in wholesale and retail sale trade is the fourth economic census data in 2018.

14－5 续 表 1 Continued 1

单位:亿元 (100 million yuan)

项目	Item	商品购进总额 Total Purchaes Value	商品销售总额 Total Sales Value	批发 Whole-sale Value	零售 Retail Sale Value	商品库存总额 Stock
合资经营企业	Joint-venture Enterprises	1342.82	1380.16	1378.95	1.20	8.87
合作经营企业	Cooperative Enterprises	8.30	9.32	9.32	0.00	0.26
独资经营企业	Enterprises with Sole Fund	2475.37	3102.30	2954.95	147.36	167.37
外商投资股份有限公司	Share-holding Corporations Ltd.	7.77	8.71	8.71		0.62
其他外商投资	Other Foreign Funds	11.73	18.95	16.11	2.83	14.97
按行业分	**Grouped by Sector**					
农、林、牧、渔产品批发	Wholesale of Farm Products and Live-stock Products	1300.65	1360.80	1310.60	50.20	118.61
食品、饮料及烟草制品批发	Wholesale of Food, Beverages and Tobaccos	2289.91	2982.93	2858.14	124.79	161.42
纺织、服装及日用品批发	Wholesale of Textiles, Garments and Daily Consumer Articals	8734.18	9644.69	9335.62	309.07	671.53
文化、体育用品及器材批发	Wholesale of Culture, Sports Appliances and Equipment	610.55	689.60	650.73	38.88	48.68
医药及医疗器材批发	Wholesale of Medicines and Medical Appliances	2026.67	2403.24	2345.05	58.19	246.35
矿产品、建材及化工产品批发	Wholesale of Mineral Products, Building Material and Chemical Products	29912.28	31330.30	30751.92	578.38	904.19
机械设备、五金交电及电子产品批发	Wholesale of Machinery, Hardware and Electronic Equipment	5909.29	6578.76	6396.78	176.00	302.63
贸易经纪与代理	Trade Broker and Agency	444.21	508.90	503.25	5.66	16.65
其他批发	Others	752.14	848.33	819.22	29.11	29.26
零售业	**Retail Trade**	**10103.83**	**12040.39**	**1053.56**	**10986.16**	**931.24**
#国有控股	State-owned and State Share Holding	1301.17	1747.58	390.94	1356.64	141.71
按登记注册类型分	**Grouped by Status of Registration**					
内资企业	Domestic Funded Enterprises	8451.35	9897.08	649.57	9246.84	809.14
国有企业	State-owned Enterprises	51.54	59.89	6.44	53.45	3.94
集体企业	Collective-owned Enterprises	64.54	72.10	9.95	62.14	2.68
股份合作企业	Cooperative Enterprises	1.34	1.51	0.03	1.49	0.05
联营企业	Joint Ownership Enterprises	20.29	20.48		20.48	0.01
国有联营企业	State Joint Ownership Enterprises	20.21	20.37		20.37	0.01
集体联营企业	Collective Joint Ownership Enterprise	0.08	0.11		0.11	0.00
国有与集体联营企业	Joint State-collective Enterprises					
其他联营企业	Other Joint Ownership Enterprises					
有限责任公司	Limited Liability Corporations	2971.54	3614.08	228.01	3386.07	290.68
国有独资公司	State Solely Funded Corporations	56.93	59.84	3.60	56.24	1.54
其他有限责任公司	Other Limited Liability Corporations	2914.62	3554.24	224.41	3329.83	289.14
股份有限公司	Share-holding Corporations Ltd.	1054.32	1272.52	203.21	1069.31	56.19

14－5 续 表 2 Continued 2

单位:亿元 (100 million yuan)

项　　目	Item	商品购进总额 Total Purchaes Value	商品销售总额 Total Sales Value	批发 Whole-sale Value	零售 Retail Sale Value	商品库存总额 Stock
私营企业	Private Enterprises	4236.13	4788.71	197.62	4590.43	453.56
私营独资企业	Private-funded Enterprises	67.69	78.36	3.98	74.38	3.18
私营合伙企业	Private Partnership Entepises	10.78	11.93	0.49	11.44	0.45
私营有限责任公司	Private Limited Liability Corporations	4029.92	4552.79	189.65	4362.47	429.85
私营股份有限公司	Private Share-holding Corporations Ltd.	127.75	145.63	3.50	142.13	20.08
其他企业	Other Enterprises	51.64	67.79	4.31	63.47	2.02
港、澳、台商投资企业	Enterprises with Funds from Hong Kong, Macao and Taiwan	861.30	1015.55	203.37	812.18	57.18
合资经营企业	Joint-venture Enterprises	120.36	149.21	0.17	149.04	13.52
合作经营企业	Cooperative Enterprises					
独资经营企业	Enterprises with Sole Fund	737.56	861.72	203.17	658.54	43.52
港、澳、台商投资股份有限公司	Share-holding Corporations Ltd.	2.87	3.88	0.03	3.85	0.06
其他港澳台投资	Other Funds from Hong Kong, Macao and Taiwan	0.50	0.74		0.74	0.07
外商投资企业	Foreign Funded Enterprises	791.19	1127.76	200.62	927.15	64.92
合资经营企业	Joint-venture Enterprises	381.26	604.84	169.88	434.96	36.63
合作经营企业	Cooperative Enterprises	5.78	7.07		7.07	0.46
独资经营企业	Enterprises with Sole Fund	293.59	399.28	6.62	392.66	23.50
外商投资股份有限公司	Share-holding Corporations Ltd.	109.59	114.81	24.12	90.70	4.08
其他外商投资	Other Foreign Funds	0.97	1.76		1.76	0.26
按行业分	**Grouped by Sector**					
综合零售	Integrated Retail	1909.21	2358.83	321.72	2037.11	129.98
食品、饮料及烟草制品专门零售	Retail of Food, Beverages and Tobaccos	394.49	480.81	38.27	442.54	31.41
纺织、服装及日用品专门零售	Retail of Textiles, Garments and Daily Consumer Articles	397.32	517.17	24.58	492.58	63.87
文化、体育用品及器材专门零售	Retail of Culture, Sports Appliances and Equipment	403.33	465.50	80.32	385.18	137.20
医药及医疗器材专门零售	Retail of Medicines and Medica Appliances	296.75	367.31	27.71	339.60	46.35
汽车、摩托车、燃料及零配件专门零售	Retail of Motor Vehicles, Motorcycles, Fuel and Parts	4707.95	5449.45	410.05	5039.40	426.63
家用电器及电子产品专门零售	Special Retail of Household Electric Appliances and Electronic Products	826.05	966.53	91.99	874.54	60.36
五金、家具及室内装修材料专门零售	Special Retail of Hardware, Furniture and Decoration Materials	248.03	336.45	36.11	299.67	12.11
货摊、无店铺及其他零售业	Non-shop and Other Retail	920.70	1098.33	22.80	1075.54	23.33

14－5 续 表 3 Continued 3

单位:亿元 (100 million yuan)

项 目	Item	商品购进总额 Total Purchaes Value	商品销售总额 Total Sales Value	批发 Whole-sale Value	零售 Retail Sale Value	商品库存总额 Stock
按经营方式分	**Grouped by Business Mode**					
独立商店	Independent Stores	6690.77	7905.10	396.34	7508.11	608.01
连锁商店总店	Chain Stores	1780.36	2131.78	470.61	1661.17	179.71
连锁商店分店	Branches of Chain Stores	265.34	398.49	34.86	363.63	24.37
其他	Others	1367.37	1605.01	151.75	1453.26	119.15
按零售业态分	**Grouped by Store Type**					
有店铺零售	Retail Store	8833.43	10483.53	978.61	9504.26	857.54
食杂店	Grocery Store	35.98	42.38	7.80	34.58	2.25
便利店	Convenience Store	455.08	473.12	143.32	329.79	37.97
折扣店	Discount Store	17.62	22.75	0.96	21.79	1.03
超市	Supermarket	253.08	301.88	14.49	287.39	33.06
大型超市	Large Supermarket	778.73	899.33	173.68	725.65	58.60
仓储会员店	Store Member Store	21.67	23.43	1.39	22.04	1.10
百货店	Department Store	622.17	901.40	36.82	864.58	34.91
专业店	Specialty Stores	3229.36	3946.16	473.74	3471.76	346.05
专卖店	Franchised Stores	2840.81	3182.69	103.88	3078.81	312.64
家具建材商店	Furniture Building Material Shop	83.63	97.88	3.93	93.95	5.23
购物中心	Shopping Mall	273.39	329.95	2.89	327.06	6.49
厂家直销中心	Factory Direct Soles Center	201.61	242.13	15.70	226.42	18.12
无店铺零售	No Shop Retail	1270.40	1556.85	74.95	1481.91	73.71
电视购物	TV Shopping	16.63	19.96		19.96	0.35
邮购	Mail Order Shopping	4.68	7.75	0.49	7.26	0.73
网上商店	Online Commodity	900.66	1068.95	11.44	1057.51	25.50
自动售货亭	Vending Machine	0.83	1.25	0.09	1.17	0.13
电话购物	Telephone Shopping	5.35	6.99	0.31	6.68	0.63
其他		342.25	451.96	62.63	389.33	46.36
限额以下企业(单位)和个体	**Enterprises (units) below Designated Size and Individuals**		**43527.75**	**30483.84**	**13050.54**	

14-6 批发和零售业商品购销存总额(2019 年)

Total Value of Commodity Purchasing, Sales and Inventory of Enterprises above Designated Size in Wholesale and Retail Sale Trade(2019)

单位:亿元 (100 million yuan)

项目	Item	商品购进总额 Total Purchaes Value	商品销售总额 Total Sales Value	批发 Wholesale Value	零售 Retail Sale Value	商品库存总额 Stock
总计	**Total**		**120099.48**	**92884.03**	**27215.45**	
限额以上企业和单位	**Above Designated Size Enterprises and Units**	**67688.11**	**72753.17**	**60751.27**	**12001.91**	**3983.97**
#国有控股	State-owned and State Share Holding	12308.85	12521.51	10943.92	1577.59	671.48
批发业	**Wholesale Trade**	**58294.81**	**61407.87**	**59803.64**	**1604.22**	**3110.72**
#国有控股	State-owned and State Share Holding	11093.88	10890.87	10615.01	275.86	589.53
按登记注册类型分	**Grouped by Status of Registration**					
内资企业	Domestic Funded Enterprises	52329.13	54532.87	53150.32	1382.55	2767.67
国有企业	State-owned Enterprises	989.16	1439.48	1383.67	55.81	97.51
集体企业	Collective-owned Enterprises	45.08	45.78	45.63	0.15	2.55
股份合作企业	Cooperative Enterprises	165.61	168.70	168.70		1.48
联营企业	Joint Ownership Enterprises					
国有联营企业	State Joint Ownership Enterprises					
集体联营企业	Collective Joint Ownership Enterprise					
国有与集体联营企业	Joint State-collective Enterprises					
其他联营企业	Other Joint Ownership Enterprises					
有限责任公司	Limited Liability Corporations	19597.15	20888.08	20512.40	375.68	994.45
国有独资公司	State Solely Funded Corporations	1674.48	1723.99	1713.87	10.11	127.27
其他有限责任公司	Other Limited Liability Corporations	17922.67	19164.09	18798.52	365.57	867.18
股份有限公司	Share-holding Corporations Ltd.	6084.85	4637.51	4485.81	151.71	689.65
私营企业	Private Enterprises	25177.19	27070.89	26291.87	779.02	973.26
私营独资企业	Private-funded Enterprises	85.31	95.65	90.83	4.82	1.61
私营合伙企业	Private Partnership Enterpises	2.94	3.07	2.94	0.14	0.05
私营有限责任公司	Private Limited Liability Corporations	24727.59	26568.17	25809.03	759.14	942.22
私营股份有限公司	Private Share-holding Corporations Ltd.	361.35	403.99	389.07	14.92	29.38
其他企业	Other Enterprises	270.08	282.42	262.24	20.18	8.77
港、澳、台商投资企业	Enterprises with Funds from Hong Kong, Macao and Taiwan	1637.07	2049.72	2008.19	41.53	136.23
合资经营企业	Joint-venture Enterprises	216.72	228.19	227.10	1.09	13.52
合作经营企业	Cooperative Enterprises	2.14	2.61	2.61		0.14
独资经营企业	Enterprises with Sole Fund	1354.02	1751.37	1710.93	40.44	121.94
港、澳、台商投资股份有限公司	Share-holding Corporations Ltd.	60.16	62.58	62.58		0.37
其他港澳台投资	Other Funds from Hong Kong, Macao and Taiwan	4.03	4.96	4.96		0.26
外商投资企业	Foreign Funded Enterprises	4328.61	4825.29	4645.14	180.15	206.82

14－6 续 表 1 Continued 1

单位:亿元 (100 million yuan)

项目	Item	商品购进总额 Total Purchaes Value	商品销售总额 Total Sales Value	批发 Whole-sale Value	零售 Retail Sale Value	商品库存总额 Stock
合资经营企业	Joint-venture Enterprises	1292.08	1319.43	1318.38	1.04	5.57
合作经营企业	Cooperative Enterprises	5.67	5.76	5.72	0.04	0.15
独资经营企业	Enterprises with Sole Fund	2996.36	3479.19	3300.69	178.51	186.05
外商投资股份有限公司	Share-holding Corporations Ltd.	3.20	3.24	3.24		0.01
其他外商投资	Other Foreign Funds	31.31	17.67	17.10	0.56	15.05
按行业分	**Grouped by Sector**					
农、林、牧、渔产品批发	Wholesale of Farm Products and Livestock Products	1490.27	1571.98	1530.42	41.56	156.43
食品、饮料及烟草制品批发	Wholesale of Food, Beverages and Tobaccos	2517.54	3176.82	2977.11	199.71	196.46
纺织、服装及日用品批发	Wholesale of Textiles, Garments and Daily Consumer Articals	10229.16	10748.95	10323.55	425.40	1104.46
文化、体育用品及器材批发	Wholesale of Culture, Sports Appliances and Equipment	658.68	719.07	684.40	34.67	58.85
医药及医疗器材批发	Wholesale of Medicines and Medical Appliances	2283.22	2717.05	2631.61	85.44	289.93
矿产品、建材及化工产品批发	Wholesale of Mineral Products, Building Material and Chemical Products	32620.44	33222.13	32612.99	609.14	876.89
机械设备、五金交电及电子产品批发	Wholesale of Machinery, Hardware and Electronic Equipment	7193.17	7711.32	7537.09	174.23	378.71
贸易经纪与代理	Trade Broker and Agency	418.17	550.32	540.09	10.23	22.43
其他批发	Others	884.16	990.24	966.39	23.86	26.56
零售业	**Retail Trade**	**9393.30**	**11345.31**	**947.62**	**10397.68**	**873.24**
#国有控股	State-owned and State Share Holding	1214.97	1630.63	328.91	1301.72	81.95
按登记注册类型分	**Grouped by Status of Registration**					
内资企业	Domestic Funded Enterprises	7956.19	9445.26	660.17	8785.09	733.59
国有企业	State-owned Enterprises	42.98	53.94	5.39	48.55	4.32
集体企业	Collective-owned Enterprises	36.76	40.24	4.57	35.67	2.30
股份合作企业	Cooperative Enterprises	1.53	1.74	0.05	1.70	0.05
联营企业	Joint Ownership Enterprises	1.51	1.66		1.66	0.01
国有联营企业	State Joint Ownership Enterprises	1.38	1.52		1.52	0.01
集体联营企业	Collective Joint Ownership Enterprise	0.13	0.14		0.14	0.00
国有与集体联营企业	Joint State-collective Enterprises					
其他联营企业	Other Joint Ownership Enterprises					
有限责任公司	Limited Liability Corporations	2667.16	3255.22	194.61	3060.61	259.54
国有独资公司	State Solely Funded Corporations	106.82	112.21	26.96	85.24	2.85
其他有限责任公司	Other Limited Liability Corporations	2560.34	3143.01	167.65	2975.36	256.69
股份有限公司	Share-holding Corporations Ltd.	913.92	1171.71	191.99	979.71	42.98

14-6 续 表 2 Continued 2

单位:亿元 (100 million yuan)

项目	Item	商品购进总额 Total Purchaes Value	商品销售总额 Total Sales Value	批发 Whole-sale Value	零售 Retail Sale Value	商品库存总额 Stock
私营企业	Private Enterprises	4262.08	4878.17	261.04	4617.14	423.41
私营独资企业	Private-funded Enterprises	60.45	69.88	4.04	65.85	2.90
私营合伙企业	Private Partnership Enterpises	11.11	13.04	0.19	12.85	0.30
私营有限责任公司	Private Limited Liability Corporations	4082.07	4666.94	252.75	4414.19	404.30
私营股份有限公司	Private Share-holding Corporations Ltd.	108.46	128.32	4.06	124.26	15.92
其他企业	Other Enterprises	30.24	42.57	2.52	40.05	0.97
港、澳、台商投资企业	Enterprises with Funds from Hong Kong, Macao and Taiwan	685.61	807.60	44.32	763.28	55.35
合资经营企业	Joint-venture Enterprises	109.47	123.29	0.89	122.40	11.25
合作经营企业	Cooperative Enterprises					
独资经营企业	Enterprises with Sole Fund	566.87	671.34	43.42	627.92	43.77
港、澳、台商投资股份有限公司	Share-holding Corporations Ltd.	0.05	0.06	0.02	0.04	0.01
其他港澳台投资	Other Funds from Hong Kong, Macao and Taiwan	9.22	12.91		12.91	0.32
外商投资企业	Foreign Funded Enterprises	751.50	1092.44	243.13	849.31	84.30
合资经营企业	Joint-venture Enterprises	437.46	570.38	167.37	403.01	42.07
合作经营企业	Cooperative Enterprises	0.67	0.96		0.96	0.01
独资经营企业	Enterprises with Sole Fund	205.04	285.07	0.43	284.63	19.77
外商投资股份有限公司	Share-holding Corporations Ltd.	108.01	235.54	75.33	160.21	22.39
其他外商投资	Other Foreign Funds	0.32	0.50		0.50	0.06
按行业分	**Grouped by Sector**					
综合零售	Integrated Retail	1606.87	2144.25	203.53	1940.72	157.38
食品、饮料及烟草制品专门零售	Retail of Food, Beverages and Tobaccos	321.51	393.53	50.11	343.42	28.17
纺织、服装及日用品专门零售	Retail of Textiles, Garments and Daily Consumer Articles	346.26	469.01	29.79	439.23	53.35
文化、体育用品及器材专门零售	Retail of Culture, Sports Appliances and Equipment	359.65	460.98	39.61	421.38	113.18
医药及医疗器材专门零售	Retail of Medicines and Medica Appliances	302.14	380.41	16.98	363.42	38.52
汽车、摩托车、燃料及零配件专门零售	Retail of Motor Vehicles, Motorcycles, Fuel and Parts	4616.00	5405.15	469.72	4935.43	381.40
家用电器及电子产品专门零售	Special Retail of Household Electric Appliances and Electronic Products	684.44	763.11	78.94	684.17	65.02
五金、家具及室内装修材料专门零售	Special Retail of Hardware, Furniture and Decoration Materials	148.10	175.78	10.61	165.17	11.92
货摊、无店铺及其他零售业	Non-shop and Other Retail	1008.32	1153.08	48.33	1104.74	24.30

14－6 续 表 3 Continued 3

单位:亿元 (100 million yuan)

项　目	Item	商品购进总额 Total Purchaes Value	商品销售总额 Total Sales Value	批发 Whole-sale Value	零售 Retail Sale Value	商品库存总额 Stock
按经营方式分	**Grouped by Business Mode**					
独立商店	Independent Stores	6313.05	7587.67	455.85	7131.82	599.77
连锁商店总店	Chain Stores	1596.33	1867.86	284.13	1583.73	149.02
连锁商店分店	Branches of Chain Stores	249.74	362.47	57.01	305.46	24.01
其他	Others	1234.18	1527.31	150.63	1376.68	100.44
按零售业态分	**Grouped by Store Type**					
有店铺零售	Retail Store	8254.98	10042.00	864.08	9177.91	808.44
食杂店	Grocery Store	22.44	27.08	0.92	26.17	2.26
便利店	Convenience Store	399.78	430.54	138.80	291.75	36.48
折扣店	Discount Store	19.68	23.17	1.68	21.49	1.00
超市	Supermarket	142.84	171.27	12.79	158.47	18.34
大型超市	Large Supermarket	622.14	669.93	25.86	644.07	67.71
仓储会员店	Store Member Store	146.01	180.70	3.05	177.65	5.01
百货店	Department Store	516.39	960.13	57.15	902.98	53.73
专业店	Specialty Stores	3244.05	4004.74	396.09	3608.66	299.59
专卖店	Franchised Stores	2761.64	3098.62	201.81	2896.81	298.24
家具建材商店	Furniture Building Material Shop	43.54	55.45	3.84	51.62	5.33
购物中心	Shopping Mall	206.48	265.06	6.11	258.96	7.89
厂家直销中心	Factory Direct Soles Center	129.99	155.30	16.00	139.31	12.86
无店铺零售	No Shop Retail	1138.32	1303.31	83.54	1219.77	64.81
电视购物	TV Shopping	19.53	22.71	5.03	17.69	0.98
邮购	Mail Order Shopping	3.48	6.45	0.70	5.75	0.33
网上商店	Online Commodity	829.06	932.57	42.76	889.81	22.59
自动售货亭	Vending Machine	1.99	2.58	0.54	2.04	0.19
电话购物	Telephone Shopping	3.07	4.70	0.54	4.16	0.44
其他		281.19	334.30	33.98	300.33	40.27
限额以下企业(单位)和个体	**Enterprises (units) below Designated Size and Individuals**		**47346.30**	**32132.76**	**15213.54**	

14－7 限额以上批发和零售业企业财务状况(2019 年)

单位:亿元

项　　目	Item	资产总计 Total Assets	#流动资产 Crculating Assets	#固定资产净额 Net Fixed Assets
总　计	**Total**	**31280.17**	**24500.64**	**1405.65**
#国有控股	State-owned and State Share Holding	7384.62	5482.49	316.92
批发业	**Wholesale Trade**	**25255.68**	**20560.85**	**725.56**
#国有控股	State-owned and State Share Holding	6113.71	4700.68	197.22
按登记注册类型分	**Grouped by status of Registration**			
内资企业	Domestic Funded Enterprises	21951.95	17994.02	594.74
国有企业	State-owned Enterprises	866.60	702.80	50.94
集体企业	Collective-owned Enterprises	63.14	43.21	3.20
股份合作企业	Cooperative Enterprises	21.04	19.72	0.63
联营企业	Joint Ownership Enterprises			
国有联营企业	State Joint Ownership Enterprises			
集体联营企业	Collective Joint Ownership Enterprise			
国有与集体联营企业	Joint State-collective Enterprises			
其他联营企业	Other Joint Ownership Enterprises			
有限责任公司	Limited Liability Corporations	8404.80	6834.24	198.97
国有独资公司	State Solely Funded Corporations	1340.00	925.76	38.06
其他有限责任公司	Other Limited Liability Corporations	7064.80	5908.48	160.91
股份有限公司	Share-holding Corporations Ltd.	4441.56	3429.93	79.33
私营企业	Private Enterprises	8055.86	6871.47	259.03
私营独资企业	Private-funded Enterprises	20.05	16.95	1.79
私营合伙企业	Private Partnership Enterpises	0.65	0.61	0.06
私营有限责任公司	Private Limited Liability Corporations	7720.14	6682.90	252.46
私营股份有限公司	Private Share-holding Corporations Ltd.	315.02	171.01	4.73
其他内资	Other Enterprises	98.96	92.65	2.64
港、澳、台商投资企业	Enterprises with Funds from Hong Kong, Macao and Taiwan	1444.34	1021.44	58.56
合资经营企业	Joint-venture Enterprises	167.47	108.14	23.86
合作经营企业	Cooperative Enterprises	1.21	1.20	0.02
独资经营企业	Enterprises with Sole Fund	1093.98	857.91	33.95
港、澳、台商投资股份有限公司	Share-holding Corporations Ltd.	174.43	48.25	0.54
其他港澳台投资	Other Funds from Hong Kong, Macao and Taiwan	7.25	5.94	0.20
外商投资企业	Foreign Funded Enterprises	1859.39	1545.40	72.26
合资经营企业	Joint-venture Enterprises	303.42	250.01	2.97
合作经营企业	Cooperative Enterprises	9.91	9.59	0.02
独资经营企业	Enterprises with Sole Fund	1507.75	1249.29	68.64
外商投资股份有限公司	Share-holding Corporations Ltd.	1.41	1.39	0.01
其他外商投资	Other Foreign Funds	36.91	35.12	0.62

Financial Indicators of Enterprises above Designated Size in Wholesale and Retail Trade(2019)

(100 million yuan)

负债合计 Total Liabilities	所有者权益合计 Owner's Equities	主营业务收入 Revenue from Principal Business	营业成本 Cost of Principle Business	其他业务利润 Profits from Other Business	营业利润 Profit from Major Business	利润总额 Total Profits
23135.43	**8147.18**	**65471.25**	**61292.27**	**136.52**	**1236.41**	**1279.84**
5185.37	2199.25	11220.53	10487.04	18.05	296.87	311.14
19150.56	**6108.35**	**55403.27**	**52323.54**	**50.11**	**972.66**	**1008.62**
4422.38	1691.33	9767.55	9162.53	10.69	256.59	269.77
17164.78	4790.39	49095.46	46879.23	38.76	662.29	684.42
278.07	588.53	1240.87	954.28	0.67	134.12	138.92
24.79	38.34	41.04	38.65	0.17	1.80	1.74
18.50	2.55	148.45	146.61	0.09	0.37	0.36
6701.28	1703.52	18786.04	18093.22	15.62	227.61	233.73
1006.56	333.44	1556.26	1531.47	1.77	9.98	13.04
5694.71	1370.08	17229.78	16561.75	13.84	217.63	220.69
3655.03	786.52	4128.68	3903.47	2.26	27.79	28.99
6397.50	1661.59	24492.02	23497.16	19.91	261.97	272.04
10.71	9.35	90.85	79.74	0.00	3.59	3.62
0.54	0.12	2.77	2.60		0.02	0.03
6182.80	1538.64	24033.42	23072.61	19.64	251.79	261.06
203.46	113.48	364.98	342.22	0.26	6.56	7.34
89.61	9.34	258.36	245.83	0.05	8.64	8.64
799.68	644.66	1867.74	1530.53	-7.26	108.82	115.99
106.47	61.00	219.05	239.64	-9.74	-11.12	-11.39
0.99	0.22	2.31	1.90		0.10	0.10
668.32	425.65	1586.90	1230.53	2.47	117.37	124.81
21.49	152.95	54.97	54.40	0.00	2.35	2.35
2.41	4.83	4.51	4.06	0.02	0.12	0.13
1186.09	673.30	4440.07	3913.79	18.61	201.55	208.22
201.74	101.68	1159.54	1143.73	0.18	7.91	7.93
7.58	2.34	5.58	5.09	0.01	-0.01	-0.01
963.69	544.06	3256.39	2749.46	18.28	192.00	198.63
1.08	0.33	2.94	2.55		0.19	0.19
12.00	24.90	15.63	12.95	0.15	1.46	1.48

14-7 续 表 1

单位:亿元

项目	Item	资产总计 Total Assets	#流动资产 Crculating Assets	#固定资产净额 Net Fixed Assets
按行业分	**Grouped by Sector**			
农、林、牧、渔产品批发	Wholesale of Farm Products and Livestock Products	642.54	539.55	46.64
食品、饮料及烟草制品批发	Wholesale of Food, Beverages and Tobaccos	1577.73	1361.38	97.93
纺织、服装及日用品批发	Wholesale of Textiles, Garments and Daily Consumer Articals	6335.89	4965.04	152.96
文化、体育用品及器材批发	Wholesale of Culture, Sports Appliances and Equipment	564.16	381.56	19.73
医药及医疗器材批发	Wholesale of Medicines and Medical Appliances	1521.92	1369.06	42.92
矿产品、建材及化工产品批发	Wholesale of Mineral Products, Building Material and Chemical Products	10056.45	8267.46	272.11
机械设备、五金交电及电子产品批发	Wholesale of Machinery, Hardware and Electronic Equipment	4030.30	3220.64	77.54
贸易经纪与代理	Trade Broker and Agency	255.33	229.55	2.51
其他批发	Others	271.38	226.60	13.22
零售业	**Retail Trade**	**6024.49**	**3939.79**	**680.09**
#国有控股	State-owned and State Share Holding	1270.91	781.81	119.69
按登记注册类型分	**Grouped by Status of Registration**			
内资企业	Domestic Funded Enterprises	4842.91	3220.90	535.19
国有企业	State-owned Enterprises	26.49	15.39	3.28
集体企业	Collective-owned Enterprises	28.37	17.24	4.91
股份合作企业	Cooperative Enterprises	0.53	0.41	0.05
联营企业	Joint Ownership Enterprises	0.20	0.12	0.07
国有联营企业	State Joint Ownership Enterprises	0.12	0.05	0.05
集体联营企业	Collective Joint Ownership Enterprise	0.09	0.06	0.02
国有与集体联营企业	Joint State-collective Enterprises			
其他联营企业	Other Joint Ownership Enterprises			
有限责任公司	Limited Liability Corporations	1893.41	1274.12	200.48
国有独资公司	State Solely Funded Corporations	339.70	222.15	13.31
其他有限责任公司	Other Limited Liability Corporations	1553.71	1051.96	187.17
股份有限公司	Share-holding Corporations Ltd.	833.39	442.73	84.95
私营企业	Private Enterprises	2049.82	1465.62	237.88
私营独资企业	Private-funded Enterprises	17.05	9.61	4.36
私营合伙企业	Private Partnership Enterpises	3.04	1.86	0.81
私营有限责任公司	Private Limited Liability Corporations	1928.72	1406.71	226.03
私营股份有限公司	Private Share-holding Corporations Ltd.	101.01	47.44	6.68
其他企业	Other Enterprises	10.68	5.28	3.58

14－7 Continued 1

(100 million yuan)

负债合计 Total Liabilities	所有者权益合计 Owner's Equities	主营业务收入 Revenue from Principal Business	营业成本 Cost of Principle Business	其他业务利润 Profits from Other Business	营业利润 Profit from Major Business	利润总额 Total Profits
495.48	147.06	1497.80	1442.96	2.44	23.06	28.44
820.48	757.26	2892.85	2356.53	4.53	227.42	232.58
4678.72	1657.17	9637.54	8717.16	9.12	282.11	296.51
306.85	257.32	656.98	603.83	1.59	27.78	27.85
1209.78	312.15	2444.62	2071.07	18.56	57.89	55.59
8156.06	1903.63	29738.73	29046.78	15.98	206.42	218.58
3081.93	948.33	7128.27	6788.43	-2.70	118.54	115.65
201.54	53.79	511.57	446.56	0.28	21.57	22.24
199.73	71.65	894.91	850.22	0.30	7.86	11.18
3984.88	**2038.83**	**10067.98**	**8968.72**	**86.40**	**263.75**	**271.22**
762.99	507.92	1452.97	1324.51	7.36	40.28	41.36
3208.05	1634.07	8378.87	7485.17	69.37	220.06	226.11
17.25	9.24	46.46	43.85	0.28	0.13	0.50
15.89	12.48	33.33	29.65	0.11	1.17	1.18
0.26	0.27	1.61	1.35		0.07	0.07
0.05	0.15	1.48	1.38		0.04	0.04
0.04	0.08	1.34	1.25		0.03	0.03
0.02	0.07	0.14	0.13		0.01	0.01
1279.68	612.66	2897.54	2572.80	27.91	54.82	57.14
219.20	120.50	97.52	93.89	0.00	0.79	0.76
1060.47	492.17	2800.02	2478.91	27.90	54.03	56.38
447.60	385.79	978.68	874.50	9.37	38.36	38.43
1443.57	606.54	4379.03	3930.33	31.69	120.22	123.53
8.27	8.78	63.90	53.89	0.04	4.85	4.83
1.43	1.61	11.95	9.67	0.01	1.58	1.57
1393.81	535.19	4188.70	3764.60	30.36	106.52	109.73
40.06	60.96	114.48	102.17	1.29	7.26	7.40
3.75	6.93	40.74	31.31	0.01	5.23	5.22

14-7 续 表 2

单位:亿元

项 目	Item	资产总计 Total Assets	#流动资产 Crculating Assets	#固定资产净额 Net Fixed Assets
港、澳、台商投资企业	Enterprises with Funds from Hong Kong, Macao and Taiwan	488.59	279.43	71.79
合资经营企业	Joint-venture Enterprises	61.35	30.10	9.71
合作经营企业	Cooperative Enterprises			
独资经营企业	Enterprises with Sole Fund	408.70	241.19	52.94
港、澳、台商投资股份有限公司	Share-holding Corporations Ltd.			
其他港澳台投资	Other Funds from Hong Kong, Macao and Taiwan	18.55	8.14	9.14
外商投资企业	Foreign Funded Enterprises	693.00	439.46	73.11
合资经营企业	Joint-venture Enterprises	368.78	257.11	29.70
合作经营企业	Cooperative Enterprises			
独资经营企业	Enterprises with Sole Fund	228.18	124.66	27.45
外商投资股份有限公司	Share-holding Corporations Ltd.	95.57	57.23	15.95
其他外商投资	Other Foreign Funds	0.46	0.46	0.00
按行业分	**Grouped by Sector**			
综合零售	Integrated Retail	1965.54	1041.77	256.75
食品、饮料及烟草制品专门零售	Retail of Food, Beverages and Tobaccos	250.86	126.05	29.23
纺织、服装及日用品专门零售	Retail of Textiles, Garments and Daily Consumer Articles	256.07	181.81	22.64
文化、体育用品及器材专门零售	Retail of Culture, Sports Appliances and Equipment	388.43	310.60	27.84
医药及医疗器材专门零售	Retail of Medicines and Medica Appliances	163.06	129.78	11.06
汽车、摩托车、零配件和燃料及其他动力销售	Retail of Motor Vehicles, Motorcycles, Fuel and Parts	2222.99	1517.49	263.34
家用电器及电子产品专门零售	Special Retail of Household Electric Appliances and Electronic Products	372.46	315.01	22.53
五金、家具及室内装修材料专门零售	Special Retail of Hardware, Furniture and Decoration Materials	82.81	56.30	14.05
货摊、无店铺及其他零售业	Non-shop and Other Retail	322.26	260.97	32.64
按经营方式分	**Grouped by Business Mode**			
独立门店	Independent Stores	4252.82	2687.09	524.36
连锁总店(总部)	Chain Stores	902.80	603.26	86.12
连锁门店	Branches of Chain Stores	244.79	190.07	20.68
其他	Others	624.07	459.37	48.92
按零售业态分	**Grouped by Store Type**			
有店铺零售	Retail Store	5585.44	3570.81	659.34
食杂店	Grocery Store	81.17	12.11	3.79

14－7 Continued 2

(100 million yuan)

负债合计 Total Liabilities	所有者权益合计 Owner's Equities	主营业务收入 Revenue from Principal Business	营业成本 Cost of Principle Business	其他业务利润 Profits from Other Business	营业利润 Profit from Major Business	利润总额 Total Profits
339.50	149.09	733.33	625.36	9.68	15.84	16.79
28.64	32.71	113.98	101.62	1.07	2.82	2.85
304.03	104.66	607.97	514.00	8.02	12.32	13.24
6.83	11.71	11.38	9.74	0.58	0.69	0.70
437.33	255.67	955.78	858.19	7.35	27.86	28.32
271.34	97.44	501.13	467.63	-1.00	3.58	3.78
128.01	100.18	228.29	196.24	8.09	17.98	18.11
37.72	57.85	225.93	193.94	0.27	6.29	6.42
0.26	0.20	0.44	0.38		0.01	0.01
1276.74	688.70	1822.36	1550.52	41.70	68.04	68.65
137.48	112.33	345.18	289.87	0.71	16.03	17.15
197.89	58.52	408.56	324.03	2.25	11.71	12.18
219.20	169.23	421.97	345.31	3.63	32.53	32.64
117.81	45.27	335.46	272.76	2.47	12.53	12.83
1470.81	752.18	4858.34	4509.93	28.27	97.64	102.11
258.23	114.23	683.36	612.88	4.39	4.15	4.64
59.90	22.92	160.33	136.83	0.48	5.92	5.94
246.82	75.44	1032.41	926.60	2.50	15.21	15.07
2683.57	1569.67	6734.27	6020.33	69.72	200.18	207.16
704.84	197.96	1674.54	1473.68	11.23	33.09	33.19
191.01	53.78	317.40	293.51	-0.10	-2.56	-2.58
405.46	217.41	1341.77	1181.20	5.56	33.04	33.44
3681.37	1904.48	8901.64	7926.92	84.24	234.53	241.78
40.92	40.25	24.93	21.87	0.25	0.51	0.59

单位:亿元

项 目	Item	资产总计 Total Assets	#流动资产 Crculating Assets	#固定资产净额 Net Fixed Assets
便利店	Convenience Store	269.13	163.38	25.19
折扣店	Discount Store	18.41	4.94	4.87
超市	Supermarket	76.70	54.06	11.52
大型超市	Large Supermarket	307.87	166.44	60.07
仓储会员店	Store Member Store	41.87	38.27	1.22
百货店	Department Store	1278.99	678.64	157.34
专业店	Specialty Stores	1982.49	1398.96	219.63
专卖店	Franchised Stores	1190.56	857.91	135.11
家具建材商店	Furniture Building Material Shop	25.45	17.84	4.70
购物中心	Shopping Mall	229.92	118.59	23.31
厂家直销中心	Factory Direct Soles Center	82.87	59.64	12.58
无店铺零售	No Shop Retail	439.06	368.98	20.75
电视购物	TV Shopping	10.85	8.57	0.15
邮购	Mail Order Shopping	4.27	1.84	0.06
网上商店	Online Commodity	205.32	185.97	7.52
自动售货亭	Vending Machine	1.15	0.48	0.50
电话购物	Telephone Shopping	2.98	2.85	0.09
其他	Others	214.49	169.28	12.43
在总计中:	**In the Total**			
南京市	Nanjing	10316.77	8057.27	307.96
无锡市	Wuxi	3689.53	2985.38	157.68
徐州市	Xuzhou	1002.02	796.94	109.09
常州市	Changzhou	2049.55	1596.65	81.22
苏州市	Suzhou	7034.49	5350.32	316.03
南通市	Nantong	1957.16	1587.29	110.68
连云港市	Lianyungang	526.97	361.85	34.12
淮安市	Huaian	356.97	261.49	43.25
盐城市	Yancheng	1354.57	1118.46	68.31
扬州市	Yangzhou	496.34	398.64	50.91
镇江市	Zhenjiang	664.37	482.42	42.25
泰州市	Taizhou	1262.72	1015.02	59.46
宿迁市	Suqian	568.70	488.93	24.71

14－7 Continued 3

(100 million yuan)

负债合计 Total Liabilities	所有者权益合计 Owner's Equities	主营业务收入 Revenue from Principal Business	营业成本 Cost of Principle Business	其他业务利润 Profits from Other Business	营业利润 Profit from Major Business	利润总额 Total Profits
223.89	45.24	384.04	336.22	3.49	6.34	6.61
13.58	4.83	20.39	17.97	0.31	0.72	0.65
62.17	14.67	156.15	130.55	1.54	2.38	2.42
263.79	43.98	610.32	520.56	13.55	2.68	2.88
56.84	-14.97	158.04	139.79	0.97	1.44	1.53
731.49	547.50	756.50	621.06	20.53	56.28	56.17
1247.89	734.59	3594.60	3226.04	18.67	90.16	92.95
858.32	332.61	2790.14	2562.61	20.76	49.23	52.64
16.84	8.61	50.62	43.16	0.01	2.62	2.64
117.05	112.88	220.05	187.61	3.89	15.44	15.79
48.59	34.29	135.86	119.48	0.28	6.73	6.92
303.51	134.35	1166.34	1041.80	2.16	29.22	29.43
4.08	6.77	20.11	17.41	0.00	0.06	0.06
2.25	2.02	5.65	3.09	0.00	0.49	0.49
173.91	31.41	825.57	746.20	1.49	5.58	5.65
1.07	0.08	2.62	1.76	0.00	-0.14	-0.13
1.43	1.55	4.33	3.96	0.04	0.09	0.10
120.77	92.52	308.07	269.38	0.63	23.16	23.26
7921.31	2396.21	13855.62	13029.82	28.99	168.00	169.53
2851.39	838.11	11042.13	10544.20	22.78	146.48	151.41
733.39	268.62	3001.07	2767.57	3.77	76.51	79.66
1458.05	591.50	4523.27	4296.88	12.04	78.01	81.48
5061.82	1973.13	18565.04	17335.09	35.91	358.98	379.53
1379.24	577.92	5137.87	4865.02	5.56	103.21	105.52
384.25	142.60	1147.33	1082.58	2.53	8.82	9.96
211.80	145.17	874.69	750.47	4.16	68.59	69.50
1058.78	295.81	1563.88	1452.10	3.92	35.63	37.45
276.36	220.29	1435.84	1303.14	3.05	61.12	62.25
486.74	178.66	1210.00	1143.40	3.82	15.82	17.89
919.76	342.98	2110.55	1893.00	6.96	38.60	38.42
392.53	176.17	1003.97	828.99	3.02	76.65	77.26

14－8 限额以上住宿和餐饮业基本情况(2019 年)

Basic Conditions of Enterprises above Designated Size in Hotel and Catering Trade(2019)

项　　目	Item	法人企业(个) Number of Corporation Enterprises (unit)	产业活动单位数(个) Number of Establishments(unit)	餐饮营业面积(平方米) Floor Space of Catering Service (sq. m)	从业人员(人) Persons Engaged (person)
总　计	**Total**	**3067**	**6155**	**10651990**	**308442**
#国有控股	State-owned and State Share Holding	290	351	1834085	42138
住宿业	**Hotel Service**	**1175**	**1377**	**4674813**	**100463**
#国有控股	State-owned and State Share Holding	200	234	1316304	31355
按登记注册类型分组	**Grouped by Status of Registration**				
内资企业	Domestic Funded Enterprises	1116	1296	4282199	90586
国有企业	State-owned Enterprises	47	59	199994	6926
集体企业	Collective-owned Enterprises	10	11	32300	795
股份合作企业	Cooperative Enterprises		2		
联营企业	Joint Ownership Enterprises	1	1	1982	33
国有联营企业	State Joint Ownership Enterprises	1	1	1982	33
集体联营企业	Collective Joint Ownership Enterprise				
国有与集体联营企业	Joint State-collective Enterprises				
其他联营企业	Other Joint Ownership Enterprises				
有限责任公司	Limited Liability Corporations	353	421	1925570	39622
国有独资公司	State Solely Funded Corporations	49	52	330612	7932
其他有限责任公司	Other Limited Liability Corporations	304	369	1594958	31690
股份有限公司	Share-holding Corporations Ltd.	34	56	256525	5901
私营企业	Private Enterprises	670	740	1864398	37294
私营独资企业	Private-funded Enterprises	35	38	51383	1410
私营合伙企业	Private Partnership Enterpises	4	5	5345	112
私营有限责任公司	Private Limited Liability Corporations	615	678	1742952	34477
私营股份有限公司	Private Share-holding Corporations Ltd.	16	19	64718	1295
其他企业	Other Enterprises	1	6	1430	15
港、澳、台商投资企业	Enterprises with Funds from Hong Kong, Macao and Taiwan	34	44	224979	5509
合资经营企业	Joint-venture Enterprises	11	12	51927	2590
合作经营企业	Cooperative Enterprises				
独资经营企业	Enterprises with Sole Fund	21	27	133452	2596

14－8 续 表 1 Continued 1

项 目	Item	法人企业（个）Number of Corporation Enterprises (unit)	产业活动单位数（个）Number of Establishments (unit)	餐饮营业面积（平方米）Floor Space of Catering Service (sq. m)	从业人员（人）Persons Engaged (person)
港、澳、台商投资股份有限公司	Share-holding Corporations Ltd.	1	4	10000	198
其他港澳台投资	Other Funds from Hong Kong, Macao and Taiwan	1	1	29600	125
外商投资企业	Foreign Funded Enterprises	25	37	167635	4368
合资经营企业	Joint-venture Enterprises	8	13.0	67796	1461
合作经营企业	Cooperative Enterprises				
独资经营企业	Enterprises with Sole Fund	16	23	96839	2611
外商投资股份有限公司	Share-holding Corporations Ltd.	1	1	3000	296
其他外商投资	Other Foreign Funds				
按行业分组	**Grouped by Sector**				
旅游饭店	Tourist Restaurants	585	718	3587589	77603
一般旅馆	Ordinary Hotels	532	594	886394	19137
民宿服务	Other Hotel Service	7	7	1730	176
露营地服务	Other Hotel Service	1	1	4000	31
其他住宿服务	Other Hotel Service	50	57	195100	3516
按星级等级分组	**Grouped by Star Glass**				
一星	One-star Class	4	4	60931	419
二星	Two-star Class	22	23	43089	727
三星	Three-star Class	128	143	508949	9316
四星	Four-star Class	132	150	901207	19895
五星	Five-star Class	81	116	857353	21261
其他	Others	808	941	2303284	48845
餐饮业	**Catering Service**	**1892**	**4778**	**5977177**	**207979**
#国有控股	State-owned and State Share Holding	90	117	517781	10783
按登记注册类型分组	**Grouped by Status of Registration**				
内资企业	Domestic Funded Enterprises	1822	3125	5339069	144818
国有企业	State-owned Enterprises	20	39	45110	2047
集体企业	Collective-owned Enterprises	10	10	13900	616
股份合作企业	Cooperative Enterprises				
联营企业	Joint Ownership Enterprises	2	2	600	26
国有联营企业	State Joint Ownership Enterprises				

14－8 续 表 2 Continued 2

项 目	Item	法人企业(个) Number of Corporation Enterprises (unit)	产业活动单位数(个) Number of Establishments (unit)	餐饮营业面积(平方米) Floor Space of Catering Service (sq. m)	从业人员(人) Persons Engaged (person)
集体联营企业	Collective Joint Ownership Enterprise				
国有与集体联营企业	Joint State-collective Enterprises				
其他联营企业	Other Joint Ownership Enterprises	2	2	600	26
有限责任公司	Limited Liability Corporations	344	913	1679197	45392
国有独资公司	State Solely Funded Corporations	27	27	256086	3172
其他有限责任公司	Other Limited Liability Corporations	317	886	1423111	42220
股份有限公司	Share-holding Corporations Ltd.	27	65	108118	3680
私营企业	Private Enterprises	1415	2090	3487816	92961
私营独资企业	Private-funded Enterprises	180	222	287532	6862
私营合伙企业	Private Partnership Enterprises	16	17	27400	874
私营有限责任公司	Private Limited Liability Corporations	1199	1818	3130995	84307
私营股份有限公司	Private Share-holding Corporations Ltd.	20	33	41889	918
其他企业	Other Enterprises	4	6	4328	96
港、澳、台商投资企业	Enterprises with Funds from Hong Kong, Macao and Taiwan	39	506	255506	26330
合资经营企业	Joint-venture Enterprises	12	145	63460	4050
合作经营企业	Cooperative Enterprises	1	1	5000	148
独资经营企业	Enterprises with Sole Fund	26	359	187046	22132
港、澳、台商投资股份有限公司	Share-holding Corporations Ltd.				
其他港澳台投资	Other Funds from Hong Kong, Macao and Taiwan		1		
外商投资企业	Foreign Funded Enterprises	31	1147	382602	36831
合资经营企业	Joint-venture Enterprises	8	543	183989	24945
合作经营企业	Cooperative Enterprises				
独资经营企业	Enterprises with Sole Fund	22	603	196613	11779
外商投资股份有限公司	Share-holding Corporations Ltd.				
其他外商投资	Other Foreign Funds	1	1	2000	107

14－8 续 表 3 Continued 3

项 目 Item		法人企业（个）Number of Corporation Enterprises (unit)	产业活动单位数（个）Number of Establishments (unit)	餐饮营业面积（平方米）Floor Space of Catering Service (sq. m)	从业人员（人）Persons Engaged (person)
按行业分组	**Grouped by Sector**				
正餐服务	Dinner Service	1608	2283	5083619	122725
快餐服务	Snack Service	120	1716	591456	67408
饮料及冷饮服务	Beverage and Cool Drink Service	44	356	40949	4532
餐饮配送及外卖送餐服务	Beverage and Cool Drink Service	78	102	103959	7179
其他餐饮服务	Other Catering Service	42	321	157194	6135
按经营方式分组	**Grouped by Business Mode**				
独立商店	Independent Stores	1661	2537	4761338	119370
连锁商店总店	Chain Stores	50	1708	665813	65816
连锁商店分店	Branches of Chain Stores	68	370	207842	10673
其他	Others	113	163	342184	12120
在总计中:	**In the Total**				
南京市	Nanjing	4032	11316	9015349	312937
无锡市	Wuxi	3147	6282	4940222	155706
徐州市	Xuzhou	2124	4269	2151265	66907
常州市	Changzhou	2975	5106	2696441	106360
苏州市	Suzhou	4779	10562	7730681	275762
南通市	Nantong	2650	4341	3690195	76684
连云港市	Lianyungang	574	1013	1019200	35978
淮安市	Huaian	1099	1863	1650233	39218
盐城市	Yancheng	1377	2211	2074557	46584
扬州市	Yangzhou	1285	2558	1909745	48371
镇江市	Zhenjiang	700	1230	1310925	32076
泰州市	Taizhou	1487	2504	2139143	54972
宿迁市	Suqian	514	1075	791386	24654

14－9 住宿和餐饮业经营情况(2018年)

单位:万元

项目	Item	营业额 Business Revenue	客房收入 Hotel Rooms
总计	**Total**	**37020989**	
限额以上企业和单位	**Above Designated Size Enterprises and Units**	**8236687**	**1989285**
#国有控股	State-owned and State Share Holding	996982	350063
住宿业	**Hotel Service**	**3075127**	**1460636**
#国有控股	State-owned and State Share Holding	791432	299575
按登记注册类型分组	**Grouped by Status of Registration**		
内资企业	Domestic Funded Enterprises	2689096	1266033
国有企业	State-owned Enterprises	231806	98785
集体企业	Collective-owned Enterprises	26599	9857
股份合作企业	Cooperative Enterprises	23417	12283
联营企业	Joint Ownership Enterprises	5646	2572
国有联营企业	State Joint Ownership Enterprises	3557	1581
集体联营企业	Collective Joint Ownership Enterprise		
国有与集体联营企业	Joint State-collective Enterprises		
其他联营企业	Other Joint Ownership Enterprises	2088	991
有限责任公司	Limited Liability Corporations	1125222	518665
国有独资公司	State Solely Funded Corporations	139840	57920
其他有限责任公司	Other Limited Liability Corporations	985381	460745
股份有限公司	Share-holding Corporations Ltd.	250037	90675
私营企业	Private Enterprises	1015085	527612
私营独资企业	Private-funded Enterprises	52768	20553
私营合伙企业	Private Partnership Enterpises	4300	1619
私营有限责任公司	Private Limited Liability Corporations	921207	490724
私营股份有限公司	Private Share-holding Corporations Ltd.	36812	14716
其他企业	Other Enterprises	11285	5585
港、澳、台商投资企业	Enterprises with Funds from Hong Kong, Macao and Taiwan	167498	83099
合资经营企业	Joint-venture Enterprises	85153	39497
合作经营企业	Cooperative Enterprises		
独资经营企业	Enterprises with Sole Fund	71996	37853
港、澳、台商投资股份有限公司	Share-holding Corporations Ltd.	8998	4443
其他港澳台投资	Other Funds from Hong Kong, Macao and Taiwan	1352	1307
外商投资企业	Foreign Funded Enterprises	218533	111504
合资经营企业	Joint-venture Enterprises	45758	20181
合作经营企业	Cooperative Enterprises		
独资经营企业	Enterprises with Sole Fund	159469	85309
外商投资股份有限公司	Share-holding Corporations Ltd.	13306	6014
其他外商投资	Other Foreign Funds		
按行业分组	**Grouped by Sector**		
旅游饭店	Tourist Restaurants	2554291	1102846
一般旅馆	Ordinary Hotels	444903	311658
民宿服务	Ordinary Hotels	4630	3266
露营地服务	Ordinary Hotels		
其他住宿服务	Other Hotel Service	71303	42865
按星级等级分组	**Grouped by Star Glass**		
一星	One-star Class	3233	1572

Business of Enterprises of Hotels and Catering Services (2018)

(10000 yuan)

餐费收入 Catering Service	商品销售收入 Sales of Commodities	其他收入 Other Revenue	年末拥有床位数(个) Number of Bedsat Year-end (unit)	年末拥有餐位数(位) Number of Dining-seats at Year-end (unit)
5582079	**295387**	**369936**	**416181**	**1804766**
465465	58348	123107	68819	196287
1296447	**100319**	**217725**	**292711**	**514134**
330244	52268	109346	58267	139730
1127124	97323	198615	250743	464774
106926	4694	21401	18164	43865
15080	497	1166	2136	4310
10727		407	774	1091
2328	45	701	625	860
1557	41	378	372	500
770	4	323	253	360
485633	21986	98939	94633	193270
65875	2151	13895	12012	29850
419758	19835	85043	82621	163420
78152	39788	41423	12851	26426
422884	30228	34362	120561	192144
26869	3578	1768	4624	11191
2117	564		622	598
373192	25487	31804	111650	172886
20706	599	790	3665	7469
5398	85	218	999	2808
73848	1178	9372	27864	28174
37738	662	7256	18516	12819
31578	497	2068	8283	12935
4487	19	48	805	2400
44	0		260	20
95475	1818	9738	14104	21186
23271	206	2100	3809	8042
67185	1323	5653	9768	11844
5019	289	1985	527	1300
1165048	89100	197297	205239	438830
106236	9545	17464	76834	57741
1184	9	171	800	250
23978	1666	2793	9838	17313
1550	80	31	487	750

14-9 续 表

单位:万元

项 目	Item	营业额 Business Revenue	客房收入 Hotel Rooms
二星	Two-star Class	34337	13118
三星	Three-star Class	236108	93952
四星	Four-star Class	546113	216385
五星	Five-star Class	892565	366059
其他	Others	1362772	769550
餐饮业	**Catering Service**	**5161560**	**528649**
#国有控股	State-owned and State Share Holding	205550	50488
按登记注册类型分组	**Grouped by Status of Registration**		
内资企业	Domestic Funded Enterprises	3631378	484700
国有企业	State-owned Enterprises	101174	20210
集体企业	Collective-owned Enterprises	12235	2670
股份合作企业	Cooperative Enterprises	239	41
联营企业	Joint Ownership Enterprises	709	
国有联营企业	State Joint Ownership Enterprises		
集体联营企业	Collective Joint Ownership Enterprise		
国有与集体联营企业	Joint State-collective Enterprises		
其他联营企业	Other Joint Ownership Enterprises	709	
有限责任公司	Limited Liability Corporations	1032661	177521
国有独资公司	State Solely Funded Corporations	47395	13090
其他有限责任公司	Other Limited Liability Corporations	985267	164431
股份有限公司	Share-holding Corporations Ltd.	120809	8443
私营企业	Private Enterprises	2345211	270182
私营独资企业	Private-funded Enterprises	226466	18941
私营合伙企业	Private Partnership Enterpises	32172	1042
私营有限责任公司	Private Limited Liability Corporations	2028758	243208
私营股份有限公司	Private Share-holding Corporations Ltd.	57815	6992
其他企业	Other Enterprises	18340	5633
港、澳、台商投资企业	Enterprises with Funds from Hong Kong, Macao and Taiwan	470323	31977
合资经营企业	Joint-venture Enterprises	123523	18787
合作经营企业	Cooperative Enterprises	2347	749
独资经营企业	Enterprises with Sole Fund	335565	8709
港、澳、台商投资股份有限公司	Share-holding Corporations Ltd.	1273	
其他港澳台投资	Other Funds from Hong Kong, Macao and Taiwan	7616	3733
外商投资企业	Foreign Funded Enterprises	1059859	11972
合资经营企业	Joint-venture Enterprises	414091	2826
合作经营企业	Cooperative Enterprises	1449	
独资经营企业	Enterprises with Sole Fund	639736	8346
外商投资股份有限公司	Share-holding Corporations Ltd.	1004	
其他外商投资	Other Foreign Funds	3580	800
按行业分组	**Grouped by Sector**		
正餐服务	Dinner Service	3442358	524202
快餐服务	Snack Service	1331035	511
饮料及冷饮服务	Beverage and Cool Drink Service	144511	
其他餐饮服务	Other Catering Service	132443	3936
按经营方式分组	**Grouped by Business Mode**		
独立商店	Independent Stores	3120954	482619
连锁商店总店	Chain Stores	1416118	4104
连锁商店分店	Branches of Chain Stores	277261	16624
其他	Others	347227	25302
限额以下企业(单位)和个体	**Enterprises(units) below Designated Size and Individuals**	**28784302**	

(10000 yuan)

餐费收入 Catering Service	商品销售收入 Sales of Commodities	其他收入 Other Revenue	年末拥有床位数(个) Number of Bedsat Year-end (unit)	年末拥有餐位数(位) Number of Dining-seats at Year-end (unit)
18083	1133	2002	3214	6561
117723	8845	15587	28197	73326
271476	10128	48123	45887	122515
403514	49360	73633	45388	118348
484101	30772	78349	169538	192634
4285632	195068	152211	123470	1290632
135222	6079	13761	10552	56557
2901863	141295	103520	115243	1102138
68726	3284	8954	4455	35752
8911	241	413	676	4030
185	13		60	300
673	36			185
673	36			185
788277	24883	41980	38025	256938
28801	2813	2691	2498	11658
759477	22070	39289	35527	245280
93879	3788	14700	2115	38542
1928835	108980	37214	68327	761091
184630	19437	3458	6843	84346
28451	2230	449	366	7716
1669008	84074	32468	59142	652613
46746	3239	839	1976	16416
12377	70	259	1585	5300
398928	35116	4302	5746	55558
101447	960	2329	2893	19458
1434	82	82	500	1000
291085	34070	1701	1758	34337
1273				168
3689	4	190	595	595
984841	18657	44389	2481	132936
408727	2074	465	677	55423
1449				296
571477	16583	43330	1448	75324
1004				225
2185		595	356	1668
2704849	128174	85133	122653	1046834
1230348	39242	60934	156	184746
126320	17120	1071		13219
118300	9069	1138	661	11026
2455837	105948	76551	110827	928109
1289903	76212	45899	718	182231
250722	7349	2566	3163	50480
289171	5560	27195	8762	129812

14－10 住宿和餐饮业经营情况(2019 年)

单位:万元

项目	Item	营业额 Business Revenue	客房收入 Hotel Rooms
总　计	**Total**	**41332837**	
限额以上企业和单位	**Above Designated Size Enterprises and Units**	**8439934**	**2026341**
#国有控股	State-owned and State Share Holding	974021	358827
住宿业	**Hotel Service**	**3058013**	**1516410**
#国有控股	State-owned and State Share Holding	743019	303046
按登记注册类型分组	**Grouped by Status of Registration**		
内资企业	Domestic Funded Enterprises	2674615	1330265
国有企业	State-owned Enterprises	211135	91543
集体企业	Collective-owned Enterprises	19726	6976
股份合作企业	Cooperative Enterprises	23369	12249
联营企业	Joint Ownership Enterprises	1237	552
国有联营企业	State Joint Ownership Enterprises	1237	552
集体联营企业	Collective Joint Ownership Enterprise		
国有与集体联营企业	Joint State-collective Enterprises		
其他联营企业	Other Joint Ownership Enterprises		
有限责任公司	Limited Liability Corporations	1155433	544468
国有独资公司	State Solely Funded Corporations	159070	69509
其他有限责任公司	Other Limited Liability Corporations	996364	474958
股份有限公司	Share-holding Corporations Ltd.	204433	88531
私营企业	Private Enterprises	1041952	577443
私营独资企业	Private-funded Enterprises	42717	16516
私营合伙企业	Private Partnership Enterprises	5104	2184
私营有限责任公司	Private Limited Liability Corporations	958432	543892
私营股份有限公司	Private Share-holding Corporations Ltd.	35699	14850
其他企业	Other Enterprises	17331	8504
港、澳、台商投资企业	Enterprises with Funds from Hong Kong, Macao and Taiwan	187287	88890
合资经营企业	Joint-venture Enterprises	79795	34389
合作经营企业	Cooperative Enterprises		
独资经营企业	Enterprises with Sole Fund	87891	45434
港、澳、台商投资股份有限公司	Share-holding Corporations Ltd.	17273	7533
其他港澳台投资	Other Funds from Hong Kong, Macao and Taiwan	2328	1534
外商投资企业	Foreign Funded Enterprises	196112	97255
合资经营企业	Joint-venture Enterprises	45470	21308
合作经营企业	Cooperative Enterprises		
独资经营企业	Enterprises with Sole Fund	138703	70369
外商投资股份有限公司	Share-holding Corporations Ltd.	11940	5578
其他外商投资	Other Foreign Funds		
按行业分组	**Grouped by Sector**		
旅游饭店	Tourist Restaurants	2409892	1067203
一般旅馆	Ordinary Hotels	540807	390036
民宿服务	Ordinary Hotels	4221	2797
露营地服务	Ordinary Hotels		
其他住宿服务	Other Hotel Service	102820	56188
按星级等级分组	**Grouped by Star Glass**		
一星	One-star Class	8900	3965

Business of Enterprises of Hotels and Catering Services(2019)

(10000 yuan)

餐费收入 Catering Service	商品销售收入 Sales of Commodities	其他收入 Other Revenue	年末拥有床位数(个) Number of Bedsat Year-end (unit)	年末拥有餐位数(位) Number of Dining-seats at Year-end (unit)
5859327	**201063**	**353203**	**431907**	**1925165**
463293	19511	132391	74993	203400
1279410	**44243**	**217950**	**303385**	**540812**
316854	13334	109785	61139	136585
1105202	40415	198732	274118	485391
99860	1609	18122	16160	33998
11517	186	1048	1797	3631
10763		357	694	1141
499		186	372	500
499		186	372	500
477319	20506	113142	103542	203626
69552	3198	16810	15107	32278
407766	17307	96332	88435	171348
81702	3724	30476	13919	31502
414870	14388	35251	136178	208257
24047	1182	972	4756	9926
2277	643		666	598
368848	12115	33576	126927	190226
19697	449	704	3829	7507
8674	3	150	1456	2736
86881	1785	9730	16395	34590
37548	738	7119	5525	13227
38970	967	2520	8880	15521
9633	79	27	1724	4842
731	0	63	266	1000
87327	2043	9487	12872	20831
22059	363	1740	4523	9312
61104	1438	5792	7811	10519
4164	243	1955	538	1000
1115954	33990	192746	193643	431274
120206	9081	21485	96515	89494
1133	42	249	693	175
42046	1124	3462	12422	19669
4896	13	27	933	6435

14－10 续 表

单位:万元

项 目	Item	营业额 Business Revenue	客房收入 Hotel Rooms
二星	Two-star Class	19667	9661
三星	Three-star Class	186514	73722
四星	Four-star Class	503588	200837
五星	Five-star Class	803498	337692
其他	Others	1535847	890534
餐饮业	**Catering Service**	**5381921**	**509931**
#国有控股	State-owned and State Share Holding	231002	55780
按登记注册类型分组	**Grouped by Status of Registration**		
内资企业	Domestic Funded Enterprises	3895083	462766
国有企业	State-owned Enterprises	78475	11542
集体企业	Collective-owned Enterprises	16347	3992
股份合作企业	Cooperative Enterprises		
联营企业	Joint Ownership Enterprises	751	
国有联营企业	State Joint Ownership Enterprises		
集体联营企业	Collective Joint Ownership Enterprise		
国有与集体联营企业	Joint State-collective Enterprises		
其他联营企业	Other Joint Ownership Enterprises	751	
有限责任公司	Limited Liability Corporations	1332333	188637
国有独资公司	State Solely Funded Corporations	66105	19961
其他有限责任公司	Other Limited Liability Corporations	1266228	168676
股份有限公司	Share-holding Corporations Ltd.	116264	10481
私营企业	Private Enterprises	2341052	244458
私营独资企业	Private-funded Enterprises	217349	16318
私营合伙企业	Private Partnership Enterpises	33991	1124
私营有限责任公司	Private Limited Liability Corporations	2051391	222355
私营股份有限公司	Private Share-holding Corporations Ltd.	38321	4660
其他企业	Other Enterprises	9862	3657
港、澳、台商投资企业	Enterprises with Funds from Hong Kong, Macao and Taiwan	523436	35200
合资经营企业	Joint-venture Enterprises	140932	21654
合作经营企业	Cooperative Enterprises	2355	745
独资经营企业	Enterprises with Sole Fund	373579	8883
港、澳、台商投资股份有限公司	Share-holding Corporations Ltd.		
其他港澳台投资	Other Funds from Hong Kong, Macao and Taiwan	6569	3918
外商投资企业	Foreign Funded Enterprises	963402	11966
合资经营企业	Joint-venture Enterprises	445939	2765
合作经营企业	Cooperative Enterprises		
独资经营企业	Enterprises with Sole Fund	514578	8393
外商投资股份有限公司	Share-holding Corporations Ltd.		
其他外商投资	Other Foreign Funds	2885	808
按行业分组	**Grouped by Sector**		
正餐服务	Dinner Service	3429709	506565
快餐服务	Snack Service	1474747	525
饮料及冷饮服务	Beverage and Cool Drink Service	132677	
餐饮配送及外卖送餐服务	Beverage and Cool Drink Service	196315	834
其他餐饮服务	Other Catering Service	148473	2007
按经营方式分组	**Grouped by Business Mode**		
独立商店	Independent Stores	3165767	468265
连锁商店总店	Chain Stores	1571378	4965
连锁商店分店	Branches of Chain Stores	314463	12889
其他	Others	330313	23811
限额以下企业(单位)和个体	**Enterprises(units) below Designated Size and Individuals**	**32892904**	

14－10 Continued

(10000 yuan)

餐费收入 Catering Service	商品销售收入 Sales of Commodities	其他收入 Other Revenue	年末拥有床位数(个) Number of Bedsat Year-end (unit)	年末拥有餐位数(位) Number of Dining-seats at Year-end (unit)
7622	265	2118	2688	4180
97412	4743	10637	25373	62683
245362	9349	48040	41328	115586
382582	11367	71858	47026	117957
541536	18506	85270	186037	233971
4579916	**156820**	**135253**	**128522**	**1384353**
146439	6177	22606	13854	66815
3222007	115227	95084	119255	1183693
54083	3025	9825	3586	33019
11184	482	689	770	3830
707	43			200
707	43			200
1058400	34798	50498	43720	308483
34617	2724	8804	5452	21500
1023784	32075	41694	38268	286983
103422	1011	1351	2297	35230
1988008	75866	32721	68265	800511
181540	16316	3175	5498	83807
30012	2356	499	444	8616
1746794	54030	28212	60988	699004
29661	3164	836	1335	9084
6203	2		617	2420
449155	36737	2343	6370	57423
116720	937	1621	3424	20107
1558	52		500	1000
328462	35719	515	1846	35986
2415	29	207	600	330
908754	4856	37826	2897	143237
437394	4297	1482	677	61097
469963	84	36138	1862	80940
1397	474	206	358	1200
2748111	85182	89850	127442	1041882
1386706	46720	40797	170	229823
126191	5002	1483		12024
186431	7484	1566	210	67900
132478	12432	1557	700	32724
2511309	96700	89493	118770	1012721
1483240	45055	38117	985	200660
296327	3507	1740	2880	59082
289040	11558	5903	5887	111890

14-11 限额以上住宿和餐饮业企业财务状况(2019年)

单位:亿元

项目	Item	资产总计 Total Assets	#流动资产 Crculating Assets	#固定资产净额 Net Fixed Assets
总　计	**Total**	**1401.66**	**505.05**	**537.02**
#国有控股	State-owned and State Share Holding	439.55	144.28	176.76
住宿业	**Hotel Service**	**847.02**	**282.19**	**331.91**
#国有控股	State-owned and State Share Holding	371.38	108.60	156.61
按登记注册类型分组	**Grouped by Status of Registration**			
内资企业	Domestic Funded Enterprises	732.20	249.45	278.83
国有企业	State-owned Enterprises	48.09	15.78	20.29
集体企业	Collective-owned Enterprises	4.95	2.07	1.58
股份合作企业	Cooperative Enterprises			
联营企业	Joint Ownership Enterprises	0.05	0.02	…
国有联营企业	State Joint Ownership Enterprises	0.05	0.02	…
集体联营企业	Collective Joint Ownership Enterprise			
国有与集体联营企业	Joint State-collective Enterprises			
其他联营企业	Other Joint Ownership Enterprises	0.05	0.05	0.00
有限责任公司	Limited Liability Corporations	414.87	132.71	162.17
国有独资公司	State Solely Funded Corporations	55.92	19.44	23.34
其他有限责任公司	Other Limited Liability Corporations	358.95	113.27	138.83
股份有限公司	Share-holding Corporations Ltd.	64.23	29.27	27.18
私营企业	Private Enterprises	200.00	69.59	67.61
私营独资企业	Private-funded Enterprises	6.24	2.62	2.03
私营合伙企业	Private Partnership Entepises	0.54	0.31	0.07
私营有限责任公司	Private Limited Liability Corporations	187.72	65.45	62.19
私营股份有限公司	Private Share-holding Corporations Ltd.	5.49	1.20	3.33
其他内资企业	Other Enterprises	0.01	0.01	0.00
港、澳、台商投资企业	En terprises with Funds from Hong Kong, Macao and Taiwan	66.07	22.65	15.81
合资经营企业	Joint-venture Enterprises	41.34	14.07	7.45
合作经营企业	Cooperative Enterprises			
独资经营企业	Enterprises with Sole Fund	22.69	6.71	8.32
港、澳、台商投资股份有限公司	Share-holding Corporations Ltd.	1.81	1.78	0.03
其他港澳台投资	Other Funds from Hong Kong, Macao and Taiwan	0.23	0.09	0.02
外商投资企业	Foreign Funded Enterprises	48.75	10.09	37.27
合资经营企业	Joint-venture Enterprises	12.48	2.93	8.19
合作经营企业	Cooperative Enterprises			
独资经营企业	Enterprises with Sole Fund	33.50	6.70	27.97
外商投资股份有限公司	Share-holding Corporations Ltd.	2.77	0.46	1.11
其他外商投资	Other Foreign Funds			

Financial Indicators of Enterprises above Designated Size in Hotel and Catering Industry (2019)

(100 million yuan)

负债合计 Total Liabilities	所有者权益合计 Owner's Equities	主营业务收入 Revenue from Principal Business	营业成本 Cost of Principle Business	其他业务利润 Profits from Other Business	营业利润 Profit from Major Business	利润总额 Total Profits
988.65	**413.61**	**717.30**	**338.44**	**3.20**	**2.24**	**2.93**
257.98	181.63	93.03	33.46	0.64	-9.03	-8.80
597.87	**249.89**	**229.08**	**84.27**	**1.96**	**-17.23**	**-16.74**
200.77	170.66	70.93	23.31	0.50	-6.95	-6.67
496.27	236.66	205.30	76.50	1.79	-13.92	-13.32
20.81	27.19	12.01	4.04	0.08	-2.34	-2.30
2.84	2.11	1.87	0.61	0.05	0.01	0.03
0.10	-0.05	0.12	0.03		-0.07	-0.07
0.10	-0.05	0.12	0.03		-0.07	-0.07
272.30	142.92	91.75	32.40	0.91	-9.21	-8.77
30.08	25.84	14.73	5.55	0.30	-3.00	-2.76
242.21	117.08	77.02	26.85	0.60	-6.21	-6.00
23.95	40.29	17.28	5.04	0.03	1.46	1.58
176.28	24.20	82.26	34.38	0.73	-3.78	-3.79
3.67	2.57	3.60	2.00	0.00	0.27	0.27
0.14	0.40	0.41	0.27		0.04	0.04
169.68	18.52	74.93	30.55	0.71	-4.21	-4.26
2.79	2.70	3.32	1.56	0.02	0.13	0.16
0.01	0.00	0.01	0.00		0.00	0.00
61.39	4.68	12.47	3.50	0.04	-1.69	-1.73
45.06	-3.72	6.25	1.67	…	-1.04	-1.10
16.08	6.61	5.54	1.49	0.04	-0.66	-0.65
0.05	1.76	0.45	0.11		0.04	0.04
0.20	0.03	0.23	0.22	…	-0.02	-0.02
40.21	8.54	11.32	4.27	0.13	-1.63	-1.69
12.19	0.29	2.99	0.89	0.00	-0.63	-0.70
26.72	6.78	7.20	3.21	0.13	-1.09	-1.09
1.30	1.47	1.13	0.17		0.10	0.10

14-11 续 表 1

单位:亿元

项 目	Item	资产总计 Total Assets	#流动资产 Crculating Assets	#固定资产净额 Net Fixed Assets
按行业分组	**Grouped by Sector**			
旅游饭店	Tourist Restaurants	743.20	243.01	302.49
一般旅馆	Ordinary Hotels	90.97	34.36	24.46
民宿服务	Ordinary Hotels	1.38	0.27	0.89
露营地服务	Ordinary Hotels	0.01	0.01	0.00
其他住宿服务	Other Hotel Service	11.46	4.55	4.07
按星级等级分组	**Grouped by Star Glass**			
一星	One-star Class	0.90	0.23	0.53
二星	Two-star Class	4.01	1.24	0.95
三星	Three-star Class	39.71	18.97	10.57
四星	Four-star Class	166.19	50.22	47.90
五星	Five-star Class	284.62	81.75	134.89
其他	Others	351.59	129.79	137.08
餐饮业	**Catering Service**	**554.64**	**222.86**	**205.11**
#国有控股	State-owned and State Share Holding	68.17	35.68	20.15
按登记注册类型分组	**Grouped by Status of Registration**			
内资企业	Domestic Funded Enterprises	447.13	199.06	143.72
国有企业	State-owned Enterprises	10.18	3.28	5.07
集体企业	Collective-owned Enterprises	1.49	0.53	1.05
股份合作企业	Cooperative Enterprises			
联营企业	Joint Ownership Enterprises	0.06	0.04	0.02
国有联营企业	State Joint Ownership Enterprises			
集体联营企业	Collective Joint Ownership Enterprise			
国有与集体联营企业	Joint State-collective Enterprises			
其他联营企业	Other Joint Ownership Enterprises	0.06	0.04	0.02
有限责任公司	Limited Liability Corporations	183.25	86.84	65.34
国有独资公司	State Solely Funded Corporations	13.75	6.46	4.80
其他有限责任公司	Other Limited Liability Corporations	169.49	80.38	60.54
股份有限公司	Share-holding Corporations Ltd.	14.76	4.85	1.87
私营企业	Private Enterprises	237.33	103.47	70.35
私营独资企业	Private-funded Enterprises	13.57	5.17	5.72
私营合伙企业	Private Partnership Enterpises	1.15	0.60	0.18
私营有限责任公司	Private Limited Liability Corporations	220.43	96.52	64.14
私营股份有限公司	Private Share-holding Corporations Ltd.	2.17	1.17	0.31
其他企业	Other Enterprises	0.07	0.04	0.02

14-11 Continued 1

(100 million yuan)

负债合计 Total Liabilities	所有者权益合计 Owner's Equities	主营业务收入 Revenue from Principal Business	营业成本 Cost of Principle Business	其他业务利润 Profits from Other Business	营业利润 Profit from Major Business	利润总额 Total Profits
513.34	230.41	175.03	60.82	1.66	-14.97	-14.69
73.95	17.20	46.56	20.08	0.29	-1.59	-1.44
0.33	1.05	0.45	0.28		-0.02	0.00
0.04	-0.03	0.03	0.00		-0.02	-0.02
10.20	1.26	7.02	3.10	…	-0.62	-0.60
0.89	0.01	0.75	0.51		0.02	0.02
2.38	1.62	1.80	0.97	…	0.06	0.08
31.91	7.85	17.40	8.95	0.08	-0.73	-0.78
79.12	87.07	41.32	16.97	0.66	1.17	1.36
211.17	73.45	56.93	16.36	0.54	-5.18	-5.03
272.39	79.88	110.88	40.52	0.68	-12.56	-12.40
390.78	**163.73**	**488.22**	**254.16**	**1.24**	**19.47**	**19.67**
57.21	10.97	22.10	10.15	0.15	-2.08	-2.13
349.56	97.44	349.11	184.59	1.23	8.16	8.46
10.71	-0.53	4.20	2.05	0.11	-0.26	-0.25
0.65	0.84	1.54	0.67		0.12	0.12
…	0.06	0.07	0.05		0.01	0.01
…	0.06	0.07	0.05		0.01	0.01
147.82	35.44	121.96	56.41	0.39	2.21	2.00
12.16	1.60	6.47	2.83	0.01	-0.36	-0.33
135.66	33.84	115.49	53.58	0.38	2.57	2.34
8.53	6.23	7.87	4.01	0.07	0.13	0.20
181.81	55.37	213.28	121.27	0.66	5.94	6.37
6.47	6.95	18.98	12.66	0.08	1.42	1.42
0.52	0.62	2.38	1.31	…	0.21	0.22
172.86	47.59	189.41	105.71	0.56	4.27	4.70
1.97	0.21	2.52	1.60	0.02	0.04	0.04
0.03	0.03	0.18	0.11	…	0.03	0.02

14-11 续 表 2

单位:亿元

项目	Item	资产总计 Total Assets	#流动资产 Crculating Assets	#固定资产净额 Net Fixed Assets
港、澳、台商投资企业	Enterprises with Funds from Hong Kong, Macao and Taiwan	73.98	16.12	46.80
合资经营企业	Joint-venture Enterprises	44.15	4.33	38.07
合作经营企业	Cooperative Enterprises	0.67	0.64	…
独资经营企业	Enterprises with Sole Fund	29.16	11.15	8.73
港、澳、台商投资股份有限公司	Share-holding Corporations Ltd.			
其他港澳台投资	Other Funds from Hong Kong, Macao and Taiwan			
外商投资企业	Foreign Funded Enterprises	33.53	7.68	14.59
合资经营企业	Joint-venture Enterprises	10.86	1.94	2.83
合作经营企业	Cooperative Enterprises			
独资经营企业	Enterprises with Sole Fund	21.20	5.62	10.59
外商投资股份有限公司	Share-holding Corporations Ltd.			
其他外商投资	Other Foreign Funds	1.48	0.13	1.17
按行业分组	**Grouped by Sector**			
正餐服务	Dinner Service	484.43	193.17	190.86
快餐服务	Snack Service	50.38	18.09	10.68
饮料及冷饮服务	Beverage and Cool Drink Service	5.89	3.01	0.64
餐饮配送及外卖送餐服务	Beverage and Cool Drink Service	7.17	5.39	1.17
其他餐饮服务	Other Catering Service	6.77	3.20	1.76
按经营方式分组	**Grouped by Business Mode**			
独立门店	Independent Stores	428.05	168.93	178.62
连锁总部(总店)	Chain Stores	60.29	22.77	11.72
连锁门店	Branches of Chain Stores	24.29	10.89	6.49
其他	Others	42.01	20.28	8.28
在总计中:	**In the Total**			
南京市	Nanjing	285.70	119.82	100.37
无锡市	Wuxi	175.94	40.33	96.03
徐州市	Xuzhou	33.11	12.42	8.95
常州市	Changzhou	86.95	42.53	24.02
苏州市	Suzhou	402.24	122.27	149.17
南通市	Nantong	69.46	31.51	32.57
连云港市	Lianyungang	25.81	7.80	10.36
淮安市	Huaian	51.54	25.64	12.47
盐城市	Yancheng	69.75	30.55	21.36
扬州市	Yangzhou	68.18	23.68	31.18
镇江市	Zhenjiang	40.73	14.79	10.70
泰州市	Taizhou	65.24	24.00	28.41
宿迁市	Suqian	27.02	9.70	11.44

14－11 Continued 2

(100 million yuan)

负债合计 Total Liabilities	所有者权益合计 Owner's Equities	主营业务收入 Revenue from Principal Business	营业成本 Cost of Principle Business	其他业务利润 Profits from Other Business	营业利润 Profit from Major Business	利润总额 Total Profits
28.19	45.79	47.33	20.36	0.03	-0.70	-0.86
6.65	37.51	11.18	4.44	0.05	-0.87	-0.96
0.80	-0.13	0.22	0.07		0.03	0.03
20.75	8.41	35.93	15.86	-0.02	0.15	0.07
13.03	20.50	91.78	49.22	-0.02	12.01	12.06
4.84	6.01	43.09	23.38	-0.02	5.80	5.83
6.60	14.60	48.42	25.74	…	6.25	6.28
1.59	-0.11	0.27	0.10		-0.05	-0.05
349.05	135.22	302.41	151.88	1.14	5.37	5.65
30.81	19.57	140.66	72.97	0.07	13.31	13.14
4.40	1.51	12.56	6.66	0.02	0.09	-0.01
4.17	3.00	18.75	15.19	…	0.22	0.27
2.35	4.42	13.85	7.46	0.01	0.49	0.63
299.46	128.43	279.77	152.05	0.86	1.73	1.81
37.51	22.78	151.40	74.53	0.07	15.36	15.33
22.80	1.49	28.53	11.95	0.12	1.15	1.01
31.01	11.03	28.53	15.63	0.19	1.23	1.52
177.02	108.90	224.46	95.91	0.64	9.07	9.17
129.67	46.43	88.87	40.93	0.20	-2.89	-3.81
25.20	7.90	24.06	14.37	0.29	0.57	0.67
70.59	16.36	62.26	28.85	0.23	0.40	0.54
285.21	117.06	152.60	72.50	0.93	-5.09	-4.93
43.11	26.35	27.07	13.02	0.06	0.62	1.37
17.68	7.86	10.40	5.27	0.00	-0.49	-0.78
32.77	18.77	25.26	14.62	0.13	2.20	2.25
56.56	13.50	24.90	13.36	0.16	-0.12	-0.01
50.10	18.21	28.25	13.31	0.08	-0.92	-0.56
35.80	4.93	16.83	7.85	0.31	-1.47	-1.44
46.63	18.62	26.21	15.35	0.15	0.56	0.61
18.29	8.73	6.14	3.09	0.03	-0.21	-0.17

14－12 批发和零售业、住宿和餐饮业连锁总店经营情况(2019 年)

项　目	Item	连　锁 总店数 (个) Number of Chain Shops (unit)	连　锁 门店数 (个) Number of Chain Stores (unit)
总　计	**Total**	**205**	**22188**
批发和零售业	**Retail Trade**	**185**	**20384**
#外商及港澳台投资	Enterprises Prisese with Funds from Hong Kong, Macao Taiwan and Foreign Fanded	17	2557
按零售业态分	Grouped by Store Type		
百货商店	Department Store	4	354
超级市场	Supermarket	35	3540
专业店	Specialty Store	116	9467
专卖店	Franchised Store	16	3025
便利店	Convenience Store	6	404
家居建材店	Building Material Store	2	3
其他	Other Store	3	87
住宿业和餐饮业	**Hotel Service and Catering Service**	**20**	**1804**
#外商及港澳台投资	Enterprises Prisese with Funds from Hong Kong, Macao Taiwan and Foreign	10	1676
住宿业	**Hotel Service**	**2**	**6**
餐饮业	**Catering Service**	**18**	**1798**
按行业分	Grouped by Sector		
正餐	Dinner	5	65
快餐	Fast Food Snack	10	1682
其他	Others	3	51

Management Conditions of General Chain Stores of Wholesale and Retail Sale Trade, Hotel and Catering Trade Service (2019)

商品销售总额（或营业总收入）（亿元）Total Sales of or gross revenue Commodities (100 million yuan)	#商品零售额 Retail Sales	零售或餐饮营业面积（万平方米）Business Area for Retail and Catering Service (10000 sq. m)	从业人员（万人）Employees (10000 persons)
3520.28	**3029.52**	**1579.00**	**22.02**
3397.68	**2910.94**	**1526.78**	**16.46**
815.54	665.07	454.90	6.60
99.75	99.75	102.62	0.70
731.97	578.50	434.56	7.95
656.66	442.88	301.90	4.30
30.80	29.44	25.99	1.05
14.08	10.69	5.34	0.05
1.47	1.47	3.35	0.01
0.55	0.55	0.71	0.02
122.60	**118.58**	**52.22**	**5.57**
118.08	114.38	47.76	5.31
0.30	**0.01**	**0.02**	**0.01**
122.30	**118.57**	**52.20**	**5.56**
2.60	2.60	3.20	0.12
117.92	114.25	47.68	5.40
1.78	1.72	1.32	0.06

14－13 亿元以上商品交易市场基本情况(2019 年)

Basic Condition of Transaction Markets with Transaction Value over 100 Million Yuan (2019)

项目	Item	市场个数(个) Number of Markets (unit)	年末出租摊位(个) Number of Booths at Year-end (unit)	商品成交额(亿元) Transaction Value (100 million yuan)	营业面积(万平方米) Business Area (10000 sq. m)
总　计	**Total**	**447**	**324803**	**21259.25**	**3721.23**
按经营环境分	**Grouped by Business Environment**				
露天式	Open Air	39	11586	1047.81	173.16
封闭式	Close	350	277388	15040.87	2888.65
其他	Others	58	35829	5170.56	659.42
按经营方式分	**Grouped by Business Mode**				
以批发为主	Whole-sale	232	215918	19438.17	2785.80
以零售为主	Retail-sale	215	108885	1821.08	923.43
按市场类别分	**Grouped by Catergary of Market**				
综合市场	Integrated Market	90	81548	2821.33	769.79
综合贸易市场	Integrated Trade Market	90	81548	2821.33	769.79
生产资料综合市场	Integrated Production Material Market	5	10316	137.96	146.09
工业消费品综合市场	Integrated Industrial Consumer Goods Market	14	23791	559.57	197.01
农产品综合市场	Integrated Farm Products Market	46	23805	1592.89	214.92
其他综合市场	Others	25	23636	530.91	211.76
专业市场	Specialty Market	357	243255	18437.91	2951.44
生产资料市场	Production Goods Market	75	44063	8021.44	769.73
农业生产用具市场	Agricultural Production Appliances Market	1	445	5.13	5.27
农用生产资料市场	Means of Agricultural Production	2	244	30.98	11.05
煤炭市场	Coal				
木材市场	Wood	5	1179	25.51	34.54
建材市场	Building Material	30	21129	379.44	389.80
化工材料及制品市场	Chemical Material and Products	4	2922	2051.96	32.10
金属材料市场	Matel Materials	24	13928	5227.46	243.56
机械设备市场	Machinery	7	3075	277.05	50.63
其他生产资料市场	Others	2	1141	23.90	2.78
农产品市场	Farm Products Market	113	49786	2867.26	360.33
粮油市场	Grain and Oil	11	7462	905.20	99.13
肉禽蛋市场	Meat, Poultry and Eggs	23	6767	558.26	45.50
水产品市场	Aquatic Products	18	5297	238.82	46.73
蔬菜市场	Vegetables	11	3996	187.50	34.42
干鲜果品市场	Dried and Fresh Fruits	6	2934	72.98	21.70
棉麻土畜、烟叶市场	Cotton, Hemp, Livestock and Tobacco Leaf	1	2371	267.44	42.60

项　　目 Item		市场个数（个）Number of Markets (unit)	年末出租摊位（个）Number of Booths at Year-end (unit)	商品成交额（亿元）Transaction Value (100 million yuan)	营业面积（万平方米）Business Area (10000 sq. m)
其他农产品市场	Others	43	20959	637.05	70.25
食品、饮料及烟酒市场	Food, Beverage, Tobacco and Alcohol Market	14	3401	97.85	34.77
食品饮料市场	Food and Beverage	3	425	9.10	6.30
茶叶市场	Tea				
烟酒市场	Tobacco and Alcohol	1	186	3.40	0.32
其他食品、饮料及烟酒市场	Others	10	2790	85.35	28.15
纺织、服装、鞋帽市场	Textile Products, Garment, Footware and Headgear Market	31	73567	5171.74	767.11
布料及纺织品市场	Cloth and Testile Products	7	19129	3097.29	358.05
服装市场	Garment	13	39096	1739.82	352.17
鞋帽市场	Footware and Headgear	2	665	10.56	15.11
其他纺织服装鞋帽市场	Others	9	14677	324.07	41.78
日用品及文化用品市场	Commodity and Culture Articles Market	8	5678	119.01	40.11
小商品市场	Small Commodities	4	1360	16.13	8.04
箱包市场	Boxes and Bags				
玩具市场	Toyes				
文具市场	Stationeries				
图书、报刊杂志市场	Books, Newspapers and Magazines	1	60	1.30	0.50
音像制品及电子出版物市场	Audio and Video Products and E-journal				
体育用品市场	Sports Goods				
其他日用品及文化用品市场	Others	3	4258	101.58	31.57
黄金、珠宝、玉器等首饰市场	Gold, Jewelry and Jade Article Market	2	4686	169.51	18.84
黄金、珠宝、玉器等首饰市场	Gold, Jewelry and Jade Article Market	2	4686	169.51	18.84
电器、通讯器材、电子设备　市场	Electrical Appliances, Communications Equipments and Electronic Equipment Market	6	2596	25.43	8.04
家电市场	Electric Household Appliances	1	381	5.12	1.10
通讯器材市场	Communications Equipments	1	1400	4.00	4.42
照相、摄像器材市场	Photographic and Video Equipments				
计算机及辅助设备市场	Computers and Ancillary Equipments	4	815	16.31	2.52
其他电器、通讯器材、电子设备市场	Others				
医药、医疗用品及器材市场	Medicine, Medical Articles and Appliances				

14－13 Continued 2

项　　目 Item		市场个数（个）Number of Markets (unit)	年末出租摊位（个）Number of Booths at Year-end (unit)	商品成交额（亿元）Transaction Value (100 million yuan)	营业面积（万平方米）Business Area (10000 sq. m)
中药材市场	Chinese Traditional Medicine Material				
其他医药、医疗用品及器材市场	Others				
家具、五金及装饰材料市场	Furniture, Hardware and Decorating Material Market	81	45869	816.03	681.70
家具市场	Furniture	26	12387	216.21	195.48
装饰材料市场	Decorating Material	33	18783	261.47	309.39
灯具市场	Lamps and Lanterns	1	2986	103.40	41.10
厨具、盥洗设备市场	Kitchenware and Toilet Facility				
五金材料市场	Hardware Material	11	6692	100.92	52.53
其他装修市场	Others	10	5021	134.04	83.20
汽车、摩托车及零配件市场	Motor Vehicles, Motorcycles and Spare Parts Market	18	6888	465.39	173.42
汽车市场	Motor Vehicles	13	4032	397.78	139.67
摩托车市场	Motorcycles				
机动车零配件市场	Spare Parts for Motor-driven Vehicles	5	2856	67.61	33.75
花、鸟、鱼、虫市场	Flowers, Birds, Fish and Insects Market	3	4370	415.20	83.90
花卉市场	Flowers	3	4370	415.20	83.90
鸟市场	Birds				
观赏鱼市场	Display Fish				
其他花鸟鱼虫市场	Others				
旧货市场	Secondhand Goods				
古玩、古董、字画市场	Antiques, Calligraphy and Painting				
邮票、硬币市场	Stamps and Coins				
其他旧货市场	Others				
其他专业市场	Other Speciality Markets	6	2351	269.03	13.49
按地区分	**by City**				
南京市	Nanjing	39	37667	1471.48	288.22
无锡市	Wuxi	51	42326	4619.19	643.36
徐州市	Xuzhou	28	27776	647.58	230.79
常州市	Changzhou	52	30960	2257.64	490.71
苏州市	Suzhou	66	70533	8275.46	847.86
南通市	Nantong	80	41812	2254.78	423.37
连云港市	Lianyungang	16	14496	331.47	85.58
淮安市	Huaian	14	8428	71.56	69.79
盐城市	Yancheng	19	7719	60.82	77.50
扬州市	Yangzhou	39	14436	507.04	160.42
镇江市	Zhenjiang	13	6197	197.80	112.73
泰州市	Taizhou	24	15169	360.07	177.59
宿迁市	Suqian	6	7284	204.35	113.30

14－14　旅游业主要指标

Main Indicators of Tourism

项　目	Item	2015	2016	2017	2018	2019
旅行社数　（个）	**Number of Travel Agencies (unit)**	**2336**	**2469**	**2593**	**2779**	**2954**
南京市	Nanjing	572	609	628	700	747
无锡市	Wuxi	171	186	207	221	241
徐州市	Xuzhou	196	200	207	210	210
常州市	Changzhou	139	145	161	175	193
苏州市	Suzhou	314	354	387	438	478
南通市	Nantong	150	162	175	188	204
连云港市	Lianyungang	109	110	112	116	118
淮安市	Huaian	110	110	110	110	114
盐城市	Yancheng	136	139	146	137	142
扬州市	Yangzhou	132	138	147	158	167
镇江市	Zhenjiang	109	109	110	112	120
泰州市	Taizhou	124	128	122	126	131
宿迁市	Suqian	74	79	81	88	89
星级饭店数　（个）	**Number of Star-rated Hotel (unit)**	**791**	**696**	**649**	**551**	**482**
南京市	Nanjing	96	91	83	76	72
无锡市	Wuxi	49	42	42	39	34
徐州市	Xuzhou	94	73	63	50	37
常州市	Changzhou	56	42	44	38	38
苏州市	Suzhou	124	116	112	95	77
南通市	Nantong	87	80	80	63	54
连云港市	Lianyungang	39	34	26	20	17
淮安市	Huaian	48	48	36	29	27
盐城市	Yancheng	50	36	34	32	32
扬州市	Yangzhou	60	48	43	37	36
镇江市	Zhenjiang	34	34	32	30	26
泰州市	Taizhou	29	28	30	22	16
宿迁市	Suqian	25	24	24	20	16
国内旅游接待人数（万人次）	**Number of Domestic Visitors (10000 person-times)**	**61933.65**	**67779.99**	**74287.31**	**81422.84**	**87611.70**
南京市	Nanjing	9992.66	10657.32	11383.32	12185.94	12718.85
无锡市	Wuxi	8043.33	8586.03	9179.34	9817.68	10236.93
徐州市	Xuzhou	4005.31	4515.48	5097.77	5758.44	6337.14
常州市	Changzhou	5443.00	5989.56	6582.71	7224.54	7947.05
苏州市	Suzhou	10605.45	11300.37	12046.42	12847.67	13374.10
南通市	Nantong	3387.24	3792.11	4247.00	4766.93	5251.21
连云港市	Lianyungang	2682.74	3011.08	3384.18	3802.19	4199.36
淮安市	Huaian	2323.79	2610.54	2931.74	3290.11	3658.47
盐城市	Yancheng	2266.34	2573.70	2926.83	3326.90	3703.84
扬州市	Yangzhou	5027.21	5622.02	6290.60	7036.59	7739.11
镇江市	Zhenjiang	4802.68	5348.34	5964.56	6546.70	7120.71
泰州市	Taizhou	2037.34	2282.32	2558.32	2868.39	3156.72
宿迁市	Suqian	1316.56	1491.12	1694.52	1950.76	2168.21

14-14 续 表 Continued

项目	Item	2015	2016	2017	2018	2019
国内旅游收入（亿元）	**Earnings from Domestic Tourism (100 million yuan)**	**8769.31**	**9952.47**	**11307.51**	**12851.30**	**13902.21**
南京市	Nanjing	1612.15	1803.45	2020.43	2279.42	2412.24
无锡市	Wuxi	1356.25	1518.91	1702.64	1906.02	2015.70
徐州市	Xuzhou	485.99	565.90	658.92	766.03	844.44
常州市	Changzhou	718.35	820.04	936.79	1070.25	1178.09
苏州市	Suzhou	1728.79	1932.50	2161.32	2416.48	2559.29
南通市	Nantong	453.04	521.98	601.43	693.33	765.42
连云港市	Lianyungang	338.70	391.58	454.12	526.20	582.05
淮安市	Huaian	264.02	305.64	353.66	409.23	465.66
盐城市	Yancheng	226.27	265.56	311.75	365.89	413.23
扬州市	Yangzhou	592.00	681.91	785.29	904.76	996.33
镇江市	Zhenjiang	614.12	706.19	812.87	923.77	1012.35
泰州市	Taizhou	241.54	278.22	321.39	371.23	409.31
宿迁市	Suqian	138.08	160.60	186.90	218.71	248.11
接待海外旅游者人数（人次）	**Number of Overseas Tourists Received (person-times)**	**3050104**	**3297735**	**3701038**	**4008509**	**3994629**
南京市	Nanjing	588100	637846	745117	815615	853109
无锡市	Wuxi	391343	439185	495425	586016	609557
徐州市	Xuzhou	33776	34105	39884	44472	46854
常州市	Changzhou	126952	145896	177143	203697	198484
苏州市	Suzhou	1512029	1612849	1756298	1827753	1743447
南通市	Nantong	172999	180156	185745	195230	198539
连云港市	Lianyungang	20345	22624	26140	28936	33803
淮安市	Huaian	14675	18223	23977	26032	25462
盐城市	Yancheng	49110	53059	64635	70181	67976
扬州市	Yangzhou	51229	58561	67818	76358	7959
镇江市	Zhenjiang	52956	54934	69615	75747	79173
泰州市	Taizhou	31891	36068	40808	45707	47134
宿迁市	Suqian	4699	4229	8433	12765	11501
旅游外汇收入（万美元）	**Foreign Exchange Earnings from International Tourism (USD 10000)**	**352729**	**380362**	**419472**	**464836**	**474356**
南京市	Nanjing	63999	67617	79227	88281	94204
无锡市	Wuxi	35783	38954	42482	49514	51863
徐州市	Xuzhou	3861	3938	4963	5431	5712
常州市	Changzhou	12066	13147	15468	17725	17971
苏州市	Suzhou	200183	216708	230448	252200	251346
南通市	Nantong	11668	12482	12581	13743	14259
连云港市	Lianyungang	2064	2281	2716	2951	3242
淮安市	Huaian	1558	1705	2125	2357	2387
盐城市	Yancheng	5866	6419	8212	8822	8595
扬州市	Yangzhou	5588	6280	7506	8341	8548
镇江市	Zhenjiang	5992	6479	8539	9424	10098
泰州市	Taizhou	3255	3631	4161	4658	4802
宿迁市	Suqian	846	721	1044	1389	1330

14－15 接待海外旅游者人数和收入

Number of Overseas Tourists Received and Earnings

项目	Item	2015	2016	2017	2018	2019
接待人数（人次）	**Number of Received Tourists (person-times)**	**3050104**	**3297735**	**3701038**	**4008509**	**3994629**
外国人	Foreigners	2008386	2179954	2417538	2646909	2664614
#亚洲	Asia					
#日本	Japan	397104	414889	461922	485023	458077
菲律宾	Philippines	23506	28284	26394	27100	28760
新加坡	Singapore	66501	68466	72914	80237	85004
泰国	Thailand	21403	25793	29216	39358	37305
印度尼西亚	Indonesia	32332	33158	44821	50404	61982
马来西亚	Malaysia	93550	91107	98742	110238	135295
韩国	Korea	358214	407723	403309	438699	442470
北美洲	America					
#美国	United States	209899	225373	249059	283482	273196
加拿大	Canada	75996	78812	83217	96223	75041
欧洲	Europe					
#英国	United Kingdom	54009	59919	60294	63952	63941
法国	France	44066	46447	50003	52513	52375
德国	Germany	98979	103154	108208	114272	108998
意大利	Italy	32146	34374	39906	44863	46105
瑞士	Switzerland	8026	8574	8784	9264	8840
瑞典	Sweden	11568	12112	11962	12076	11715
俄罗斯	Russia Fed.	17694	21253	15926	8183	20399
西班牙	Spain	16338	18927	22383	22815	22502
大洋洲	Oceania					
#澳大利亚	Australia	53500	60124	77192	93621	106873
香港同胞	Chinese Compatriots from Hong Kong	140427	153754	182295	210056	218569
澳门同胞	Chinese Compatriots from Macao	7071	8219	10749	13433	15282
台湾同胞	Chinese Compatriots from Taiwan	894220	955808	1090456	1138111	1096164
接待人天数（人天）	**Number of Received (person-days)**	**11415317**	**12338457**	**13888725**	**15239145**	**15334352**
外国人	Foreigners	6952408	7526609	8392001	9259953	9400006
香港同胞	Chinese Compatriots from Hong Kong	351052	380831	451479	518138	538752
澳门同胞	Chinese Compatriots from Macao	17146	19760	25622	31849	36208
台湾同胞	Chinese Compatriots from Taiwan	4094711	4411257	5019623	5429205	5359386
旅游外汇收入（万美元）	**Foreign Exchange Earnings From Tourism (USD 10000)**	**352729**	**380362**	**419472**	**464836**	**474356**

主要统计指标解释

社会消费品零售总额　指企业(单位、个体户)通过交易直接售给个人、社会集团非生产、非经营用的实物商品金额,以及提供餐饮服务所取得的收入金额。个人包括城乡居民和入境人员,社会集团包括机关、社会团体、部队、学校、企事业单位、居委会或村委会等。

批发和零售业商品购、销、存总额　指各种登记注册类型的批发和零售企业、产业活动单位、个体经营者以本单位为总体的商品购进、销售、库存总额。

商品购进总额　指从本单位以外的单位和个人购进(包括从境外直接进口)作为转卖或加工后转卖的商品总额。

商品销售总额　指对本单位以外的单位和个人出售(包括对境外直接出口)本单位经营的商品总额(含增值税)。

商品批发额　指商品零售额以外的一切商品销售额。包括售给生产经营单位用于生产或经营用的商品销售额;售给批发和零售业、餐饮业用于转卖或加工后转卖的商品销售额;直接向国(境)外出口和委托外贸部门代理出口的商品销售额。

商品零售额　指售给城乡居民用于生活消费、售给社会集团用公款购买用作非生产、非经营使用的商品销售额。

商品库存总额　指报告期末各种登记注册类型的批发和零售业企业、产业活动单位、个体经营者已取得所有权的商品。

商品交易市场　指有固定场所、设施,有若干经营者入场实行集中、公开交易各类实物商品的市场。

商品交易市场成交额　指商品交易市场内所有经营者所实现的商品销售金额。商品交易市场包括消费品市场和生产资料市场。

旅游者人数

(1)入境国际旅游者人数:指来中国参观、访问、旅行、探亲、访友、休养、考察、参加会议和从事经济、科技、文化、教育、宗教等活动的外国人、华侨、港澳同胞和台湾同胞的人数。不包括外国在我国的常驻机构,如使领馆、通讯社、企业办事处的工作人员;来我国常住的外国专家、留学生以及在岸逗留不过夜人员。

(2)出境居民人数:指大陆居民因公务活动或私人事务短期出境的人数。公务活动出境居民人数包括在国际交通工具上的中国服务员工,因私出境居民人数不包括在国际交通工具上的中国服务员工。

(3)国内旅游者人数:指我国大陆居民和在我国常住1年以上的外国人、华侨、港澳台同胞离开常住地在境内其他地方的旅游设施内至少停留一夜,最长不超过6个月的人数。

国际旅游(外汇)收入　指入境旅游的外国人、华侨、港澳同胞和台湾同胞在中国大陆旅游过程中发生的一切旅游支出,对于国家来说就是国际旅游(外汇)收入。

Explanatory Notes on Main Statistical Indicators

Wholesale Trade　refers to the activities of selling wholesale commodities for daily use and capital goods to enterprises of wholesale and retail trades (including self-employed individuals) and other enterprises, institutions and government organs and organizations, and the activities of engaging in import and export and acting as a trade agent. The wholesaler may have the ownership of the commodities for wholesale and trade in the name of its own (a company), and the wholesaler can act as commission agent or commodity broker without the ownership of commodities. Also included are the wholesale activities at the fixed stalls in wholesale market and the acquisition for sales purpose.

Purchase, Sales and Stock of Commodities by Wholesale and Retail Trade　refers to the purchase, sales and stock of commodities by wholesale and retail enterprises, industrial activity units and individual sellers of different status of registration.

Total Purchases of Commodities　refers to the total value of purchases of commodities by the establishments from other establishments or individuals (including direct import from abroad) for the purpose of re-selling.

Total Sales of Commodities　refers to the total value (included added tax) of commodities sold by the establishments to other establishments and individuals (including direct export).

Wholesale of Commodities　refers to all the total sales of commodities except the retail sales of consumer goods. Included the sales of commodities to production or operation units for the purpose of production and operation; the sales of commodities to wholesale and retail sale trade and catering industry for the purpose of re-selling or re-selling after further processing; the sales of commodities for direct export to abroad or export on a commission basis by entrusted the foreign trade department.

Retail Sale of Commodities　refers to the commodities sold to urban and rural residents for their daily use, to social groups for the use of non-production and non-operation and purchased by public money of the social groups.

Total Value of Commodity Stock refers to the total commodities owned by wholesale and retail sale enterprises, economic active units and individual sellers of various types of registration status at the end of the reference period.

Commodity Transaction Markets refers to the markets provided with fixed place and equipments, and there are some operators who engaged in transaction of various substantial commodities in the markets by public and concentrating transaction.

Value of Transaction at Transaction Markets refers to the total sales value of commodities realized by the operators in the transaction market. Commodity transaction markets include consumer good markets and means of production markets.

Number of Tourists

(1) International tourists refer to foreigners, overseas Chinese, Chinese compatriots from Hong Kong, Macao and Taiwan coming to China for sight-seeing, visits, tours, family reunions, vacations, study tours, conferences and other activities of a business, scientific and technological, cultural, educational and religious nature. It does not include representatives and employees of resident institutions of foreign countries in China such as embassies, consulates, news agencies and offices of foreign companies and organizations, nor does it include long-term foreign experts or students residing in China, or persons in transition without spending a night in China.

(2) Chinese residents going abroad refer to Chinese residents going abroad for short terms for either public business or private purposes. Chinese employees working on international transport carriers are included in those going abroad for public business purpose, not in those for private purpose.

(3) Domestic tourists refer to residents of the mainland of China who stay for one night at least but no more than 6 months at tourist facilities in other places than their permanent residence within the territory of the mainland China, including foreigners, overseas Chinese and Chinese compatriots from Hong Kong, Macao and Taiwan who have resided in China for over one year.

Foreign Exchange Earnings from International Tourism refer to the total expenditures of foreigners, overseas Chinese, Chinese compatriots from Hong Kong, Macao and Taiwan during their stay in the mainland of China, which are earnings of foreign exchange from international tourism from the point of view from China.

15

科技、教育

Science and Technology，Education

简 要 说 明

一、本篇资料的主要内容

本篇主要反映科技、专利、教育情况等内容。

科技部分主要包括科技活动、研究与发展课题情况，县级以上政府部门所属研究与开发机构情况，大中型工业企业、高等学校科技活动情况；人才部分包括工程、农业、科研、卫生等各类专业技术人员数；专利部分主要包括三种专利申请受理量，三种专利授权量；教育事业部分包括各级各类教育事业情况，各级各类学校招生、在校生、专任教师人数等情况。

二、本篇的资料来源

根据各部门制定的统计报表制度汇总加工整理而成。科技资料主要来自省科技厅、省教育厅、省统计局；人才资料来自省人力资源和社会保障厅；专利资料来自省知识产权局；教育事业资料来自省教育厅。

Brief Introduction

Ⅰ. Main Contents

Data in this chapter show statistics on science and technology, patents, education.

Data on technology mainly include: data on scientific and technical activities, research and development (R&D) projects, state-owned R&D institutions above county level, large and medium-sized industrial enterprises, scientific and technical activities of institutions of higher education; data on talents mainly include: number of scientific and technical personnel of engineering, agriculture, scientific research, health care and so on, all kinds of human resources; data on patents mainly include: application of three kinds of patents accepted, three kinds of patents granted; data on education consist of education by level and type, new student enrollment, student enrollment full-time teachers of all kinds of school.

Ⅱ. Sources of Data

Data are collected and tabulated in accordance with the statistic reporting schemes stipulated by the departments concerned. Data on scientific and technical are mainly from Provincial Science and Technology Department, Education Department and Statistics Bureau; data on talents are from Provincial Human Resources and Social Security Department; data on patents are provided by Provincial Intellectual Property Office, data on product quality supervision are from Provincial Pledges Inspect Bureau; data on education are from Provincial Education Department.

15-1 科技活动基本情况
Basic Statistics on Scientific and Technical Activities

指　　标	Item	2015	2016	2017	2018	2019
科技机构数 （个）	Number of Scientific and Technical Institutions (unit)	23101	25402	24112	24728	26087
科研单位	Research Institutions	142	135	133	130	128
规模以上工业企业	Industrial Engineers above Designated Size	21542	23564	22007	22469	24387
高等院校	Institutions of Higher Education	971	1055	1133	1219	1369
其他	Others	446	648	839	910	203
研究与试验发展人员 （万人）	Research and Experimental Development Personnel (10000 persons)			75.42	79.41	89.77
研究与试验发展经费内部支出 （亿元）	Internal Expenses of Research and Experimental Development (100 million yuan)	1801.23	2026.87	2260.06	2504.43	2779.52
研究与试验发展经费支出占地区生产总值比重 （%）	Ratio of Internal Expenses of Research and Experimental Development to GDP (%)	2.53	2.62	2.63	2.69	2.79

注：1. 规模以上工业企业科技统计从2011年开始实施。
2. 因研发支出计入GDP，对2013—2017年研究与试验发展经费支出占地区生产总值比重进行调整。
a) Statistics of science and technology of industry enterprises above designated size is implemented from 2011.
b) As R&D is included in GDP, the ratio of R&D to GDP in 2013—2017 has been adjusted.

15-2 研究与试验发展课题情况
Research and Experimental Development Projects

单位：项　　(unit)

指　　标	Item	2015	2016	2017	2018	2019
研究与试验发展课题	Research and Experimental Development Projects	122629	138251	150951	163052	203119
#科研单位	Research Institutions	6490	6817	7257	7455	8180
高等院校	Institutes of Higher Education	59887	67670	70982	77219	89894
规上工业企业	Industrial Enterprises above Designated Size	51720	59535	67205	72426	95240
其他	Others	4532	4229	5507	5952	9805

注：2017年开始研究与试验发展课题情况取消基础研究、应用研究、试验发展分组。
a) Since 2017, the research and experimental development projects cancelled the group of basic research, applied research and experimental development.

15－3 县级以上政府部门所属研究与开发机构(2019 年)

项 目	Item	机构数(个) Institutions (unit)
总 计	**Total**	**116**
按隶属关系分	by Administrative Relationship	
地方部门属	Local Departments	98
省级部门属	Provincial Departments	48
副省级部门属	Departments of Municipalities Directly under the Central Government in Plan	8
地市级部门属	Departments of City and Region Under Province	42
中央部门属	Central Departments	18
#中国科学院	Academy of Science of China	7
按国民经济行业分	by Sector	
农、林、牧、渔业	Agriculture, Forestry, Animal Husbandry and Fishery	
农业	Farming	18
林业	Forestry	1
畜牧业	Animal Husbandry	2
渔业	Fishery	5
农、林、牧、渔服务业	Service in Support of Agriculture	2
制造业	Manufacturing	9
纺织服装、服饰业	Manufacture of Textile, Wearing Apparel and Accessories	
印刷业和记录媒介的复制业	Printing and Reproduction of Recording Media	1
化学原料和化学制品制造业	Manufacture of Raw Chemical Material and Chemical Products	1
医药制造业	Manufacture of Medicines	3
非金属矿物制品业	Mining and Processing of Nonmental Ores	
通用设备制造业	Manufacture of General Purpose Machinery	1
专用设备制造业	Manufacture of Special Purpose Machinery	1
电气机械和器材制造业	Manufacture of Electrical Machinery and Apparatus	
计算机、通信和其他电子设备制造业	Manufacture of Computers, Communication and Other Electronic Equipment	1
仪器仪表制造业	Manufacture of Measuring Instruments and Machinery	1
电力、热力、燃气及水生产和供应业	Production and Supply of Electricity, Gas and Water	2
电力、热力的生产和供应业	Production and Supply of Electric Power and Heat Power	2
建筑业	Construction	2
房屋建筑业	Housing Construction	2
土木工程建筑业	Civil Engineering Construction	
交通运输、仓储和邮政业	Transport, Storage and Post	1
道路运输业	Road Transport	1
信息传输、软件和信息技术服务业	Information Transfer、Software and IT Services	2
互联网和相关服务	Internet and Relatiue Services	1
软件和信息技术服务业	Software and IT Services	1
科学研究和技术服务业	Scientific Research and Technical Services	39
研究与试验发展	Research and Experimental Development	19
专业技术服务业	Professional Technology Service	16
科技推广和应用服务业	Promation and Application of Science	4
水利、环境和公共设施管理业	Water Conservancy, Environment and Public Facility Management	14
水利管理业	Water Conservancy Management	6
生态保护和环境治理业	Ecological Protection and Enviromental	7
公共设施管理业	Public Facility Management	1
教育	Education	3
教育	Education	3
卫生和社会工作	Healthcare and Social Work	13
卫生	Healthcare	13
文化、体育和娱乐业	Culture, Sports and Recreation	3
文化艺术业	Cultural and Artistic Industry	2
体育	Sports	1

State-owned Research and Development Institutions above County Level(2019)

从业人员总数(人) Employees (person)	#单位在职科技活动人员 Personnels Engaged in Scientific and Technical Activities	科技经费筹集额(万元) Total Funds Revenue (10000 yuan)	#政府资金 Government Appropriated	#科技经费内部支出 Expenditure for Science & Technology
22509	**20039**	**1169448**	**821957**	**1079319**
16377	12903	680557	527153	651675
14440	11217	620119	478146	581683
399	324	17108	16913	15244
1538	1362	43330	32094	54747
6132	7136	488891	294804	427645
2598	3953	201819	152225	200779
3932	3433	218773	177202	180522
2711	2371	156182	133265	123453
61	62	5278	4081	4638
237	207	8934	6943	7960
503	425	31593	20822	27455
420	368	16786	12091	17016
4091	4333	175418	134046	168103
26	26	882	882	859
204	204	13397	10869	10434
145	185	2638	1854	3331
3130	3130	124629	96124	118379
405	615	18472	16251	24234
166	166	15400	8066	10385
15	7			481
32	82	1125	1105	1064
32	82	1125	1105	1064
82	13	123	123	195
82	13	123	123	195
403	393	38069	2712	9592
403	393	38069	2712	9592
267	282	11670	10646	7037
257	272	11511	10550	6877
10	10	160	96	160
7528	7386	466170	336927	458729
4443	4969	246703	188011	264676
3001	2338	216670	146120	191344
84	79	2797	2797	2708
2050	1857	177039	88749	155061
1531	1407	113826	46479	93529
483	416	62127	41185	60488
36	34	1085	1085	1044
293	160	7070	7070	12266
293	160	7070	7070	12266
3728	1995	68019	57819	81183
3728	1995	68019	57819	81183
103	105	5972	5557	5566
57	57	2761	2523	2628
46	48	3211	3034	2939

15－4 县级以上政府部门所属研究与开发机构课题情况(2019 年)

项　目	Item	课题数(个) Number of Projects (unit)	#R&D 课题 R&D Projects
总　计	**Total**	**9251**	**7466**
中央政府部门下达课题	Projects Assigned by Central Governmental Departments	3463	3289
国家重大科技专项	Major National Science and Technology and Special	370	350
自然科学基金课题	Natural Scientific Foundation	1029	1029
863 计划课题	863 Plan	6	6
国家科技支撑(攻关)计划课题	National S&T Support Plan	16	13
国家重点研发计划课题	National Torch Plan	270	222
国家发改委产业化示范工程	National Spark Plan	1	1
国家 973 计划课题	National 973 Plan	4	4
公益性行业科研专项	Public Welfare Industry Research Speical	19	10
国家社会科学基金课题	National Social Scientific Fundation	22	22
其它课题	Other Projects	1726	1632
地方政府部门下达课题	Projects Assigned by Local Governmental Depurtments	3048	2196
地方自然科学基金课题	Local Natural Scientific Fundation	383	372
地方科技支撑(攻关)计划课题	Local Science and Technology Support (Key Tackling) Plan Items	224	159
火炬计划地方级课题	Local Torch Plan	1	1
地方星火计划课题	Local Spark Plan		
地方社会科学基金课题	Local Social Scientific Fundation	29	29
其它课题	Other Projects	2411	1635
企业委托课题	Projects Entrusted by Enterprises	1464	879
自选课题	Optional	515	443
国际合作课题	International Coorperation	41	20
其它:不能归入前述各类的课题	Others: Can not be classified into the above Categories	720	639

Projects of State-owned Research and Development Institutions above County Level(2019)

课题经费内部支出（万元）Intramural Expenditures on Projects (10000 yuan)	#政府资金 Government Appropriation	#R&D 课题经费 Funds for R&D Projects	课题投入人员（人年）Project Personnels (person-years)	#R&D 人员 R&D Personnels
585890	**455044**	**463399**	**10967**	**8709**
263738	241653	233417	4615	4049
31967	31831	29481	397	352
49302	39676	49302	1264	1264
1257	1257	1257	7	7
1472	1472	1234	22	18
48571	41129	39995	844	649
130	130	130	3	3
53	53	53	2	2
7498	7165	3443	115	73
1191	460	1191	28	28
122297	118480	107331	1933	1653
197928	158102	139441	4077	2892
19830	15759	19484	521	507
14710	13362	12154	350	288
6	6	6		
1298	574	1298	31	31
162084	128401	106499	3175	2066
56993	981	30706	752	476
20608	17980	17408	453	378
3257	1703	1357	60	21
43369	34625	41071	1010	891

15－5 县级以上政府部门所属研究与开发机构基本情况
Basic Statistics on State-owned Research and Development Institutions above County Level

指　　　标		Item		2015	2016	2017	2018	2019
机构数	（个）	Number of Institutions	(unit)	130	124	121	118	116
职工总数	（人）	Employees	(person)	18119	20678	21116	22134	22509
#大学本科及以上学历		Bachelor Degree or Above		11558	12439	14289	16302	16663
科技经费筹集额	（亿元）	Funds Revenue	(100 million yuan)	112.07	134.95	141.11	105.03	116.94
#政府拨款		Government Appropriations		54.94	72.06	73.33	72.49	82.20
科技经费内部支出(亿元)		Expenditures for Capital Construction	(100 million yuan)	103.55	125.67	129.29	95.48	107.93

15－6 县级以上政府部门所属研究与开发机构成果
Achievements of State-owned Research and Development Institutions above County Level

年　份 Year	科学著作(种) Scientific Works (kind)	科学论文(篇) Scientific Papers (piece)
1978	2138(万字)	2532
1989	1717(万字)	3263
1990	2540(万字)	3728
1991	2454(万字)	3392
1992	2086(万字)	3962
1993	2273(万字)	4629
1994	2783(万字)	4049
1995	4196(万字)	4662
1996	107(部)	4378
1997	93	4906
1998	92	4798
1999	139	4782
2000	113	4774
2001	139	4872
2002	129	5502
2003	116	5463
2004	106	5214
2005	110	4306
2006	153	4920
2007	169	5396
2008	147	6259
2009	240	6779
2010	145	6919
2011	167	7020
2012	135	7877
2013	163	8021
2014	162	8443
2015	133	7970
2016	185	8520
2017	179	8437
2018	192	7914
2019	187	8005

15－7　规上工业企业研发情况
Basic Statistics on Scientific and Technical Research Activities of above Designated Size Industrial Enterprises

单位:亿元　　　　(100 million yuan)

指　　　标	Item	2015	2016	2017	2018	2019
企业数　(个)	Number of Enterprise　(unit)	48488	47899	45413	46260	46085
#有 R&D 活动的企业数	Quantity of R&D Enterprise	18872	19186	19323	19669	27365
企业办研发机构数　(个)	R&D Institutions of Enterprise　(unit)	21542	23564	22007	22469	23015
R&D 经费内部支出总额	R&D Internal Expenditure	1506.51	1657.54	1833.88	2024.52	2206.16
经常性支出	Recurrent Expenditure	1328.54	1460.53	1619.95	1788.66	2004.82
#R&D 人员劳务费	Service Fee of R&D	434.77	485.89	512.82	569.54	532.82
资产性支出	Capital Expenditure	177.96	197.01	213.93	235.86	201.34
#土建工程	Civil Engineering	4.01	3.62	3.57	3.98	4.20
仪器设备	Intruments and Apparatuses	173.96	193.39	210.36	231.88	197.14
R&D 经费来源	Sources of R&D Funds					
#政府资金	Loans from Firancial Institutions	24.96	25.53	25.94	26.18	28.61
企业资金	Seff-raised Funds by Enterprise	1456.27	1610.06	1794.12	1970.67	2177.06
境外资金	Offshore Funds	7.91	7.75	6.06	12.08	0.25
其它资金	Others Funds	17.38	14.20	7.76	15.59	0.24
R&D 经费外部支出经费	External Expenditure of R&D Funds	55.56	55.40	65.15	68.23	96.52
技术引进支出总额	Technological Introduction	36.21	33.27	29.43	30.02	20.70
用于消化吸收的经费	Funds for Digestion and Absorption	12.47	9.49	7.36	7.36	2.50
购买国内技术用款	Funds for Purchasing Domestic Fechnd-ogy	20.16	17.38	12.20	12.20	16.34
技术改造支出总额	Technological Fransformation	507.20	521.95	469.66	402.28	356.28
研发活动产出	R&D Output					
新产品销售收入	Sale Revenue of New Products	24463.27	28084.67	28579.02	28425.04	30101.94
企业专利申请数　(件)	Total Number of Owning Inventive Pa-tents　(unit)	102002	131284	124979	165096	175906
#发明专利数	Number of Invention Patents	37407	49229	45719	55944	57429
企业拥有有效发明专利数(件)	Total Number of Owning Effective Inven-tive Patents　(unit)	85287	117912	140346	176120	180893

15－8　规上工业企业研究与试验发展经费内部支出
Basic Statistics on Intramural R&D Expenditure of above Designated Size Industrial Enterprises

单位:亿元　　　　(100 million yuan)

指标	Item	2015	2016	2017	2018	2019
总计	**Total**	**1506.51**	**1657.54**	**1833.88**	**2024.52**	**2206.16**
按登记注册类型分	**Grouped by Statys of Registration**					
内资企业	Domestic Funded Enterprises	1030.27	1149.26	1295.50	1422.14	1578.92
国有企业	State-owned Enterprises	16.29	10.24	5.80	1.65	2.64
集体企业	Collective-owned Enterprises	4.89	3.22	4.02	1.72	1.03
股份合作企业	Cooperative Enterprises	1.53	0.65	0.30	2.00	0.71
联营企业	Joint Ownership Enterprises	0.34	0.62	0.18	0.24	0.05
有限责任公司	Limited Liability Corporations	310.09	320.03	359.02	347.97	409.24
#国有独资	State Solely Funded Corporatios	34.05	33.44	30.84	32.63	36.25
股份有限公司	Share-holding Corporations Ltd.	141.54	168.25	193.88	207.38	245.02
私营企业	Private Enterprises	554.14	645.64	731.62	861.10	920.18
其他企业	Other Enterprises	1.45	0.62	0.67	0.06	0.04
港、澳、台商投资企业	Enterprises with Funds from Hong Kong, Macao and Taiwan	169.83	182.92	217.36	223.63	253.78
外商投资企业	Foreign Funded Enterprises	306.41	325.36	321.02	378.75	373.46
按企业规模分	**Grouped by Size of Enterprises**					
大型企业	Large Enterprises	600.90	602.09	652.74	759.00	853.57
中型企业	Medium-sized Enterprises	431.89	489.49	544.02	548.12	546.89
小微型企业	Small Enterprises	473.71	565.96	637.13	717.39	805.70
按行业分	**Grouped by Sector**					0.00
采矿业	**Mining**	**9.14**	**6.19**	**4.36**	**5.10**	**5.51**
煤炭开采和洗选业	Mining and Washing of Coal	5.58	2.51	2.91	3.10	4.18
石油和天然气开采业	Extraction of Petroleum and Natural Gas	1.16	1.35	0.64	0.02	0.58
黑色金属矿采选业	Mining and Processing of Ferrous Metal Ores	0.20	0.53	0.06		0.04
有色金属矿采选业	Mining and Processing of Non-ferrous Metals Ores	0.11	0.06	0.09	0.08	0.10
非金属矿采选业	Mining and Processing of Nonmetal Ores	2.08	1.73	0.66	1.02	0.61
制造业	**Manufacturing**	**1483.41**	**1641.42**	**1818.56**	**2003.09**	**2179.97**
农副食品加工业	Processing of Food from Agricultural Products	17.87	23.05	24.53	26.77	26.94
食品制造业	Manufacture of Food	9.71	9.74	10.78	11.92	11.28
酒、饮料和精制茶制造业	Manufacture of Liquor, Beverages and Refined Tea	7.14	7.61	8.06	7.91	5.96
烟草制品业	Manufacture of Tobacco	0.32	0.26	0.40	0.33	0.42
纺织业	Manufacture of Textile	54.12	59.28	57.31	72.36	65.22
纺织服装、服饰业	Manufacture of Textile, Wearing Apparel and Accessories	28.73	30.76	25.84	27.05	23.40
皮革、毛皮、羽毛及其制品和制鞋业	Manufacture of Textile, Fur, Feather and Footwear Products and Footwear	4.53	5.73	6.09	5.15	4.60
木材加工及木、竹、藤、棕、草制品业	Processing of Timber, Manufacture of Wood, Bamboo, Rattan, Palm and Straw Products	16.34	20.52	21.13	15.50	15.10

15－8 续表 Continued

单位:亿元 (100 million yuan)

指 标	Item	2015	2016	2017	2018	2019
家具制造业	Manufacture of Furniture	2.18	3.45	3.57	6.10	6.68
造纸和纸制品业	Manufacture of Paper and Paper Products	16.96	18.72	18.30	22.12	18.87
印刷业和记录媒介的复制	Printing, Reproduction of Recording Media	5.75	7.72	9.25	11.99	13.58
文教、工美、体育和娱乐用品制造业	Manufacture of Articles for Culture, Education, Arts and Crafts, Sport and Entertainment Activities	18.47	21.80	22.20	27.55	23.87
石油加工、炼焦及核燃料加工业	Processing of Petroleum, Coking, Processing of Nuclear Fuel	5.57	5.13	5.83	7.43	8.71
化学原料及化学制品制造业	Manufacture of Raw Chemical Materials and Chemical Products	162.20	176.21	193.40	165.93	146.20
医药制造业	Manufacture of Medicines	62.95	76.09	86.36	110.45	127.13
化学纤维制造业	Manufacture of Chemical Fibers	35.28	31.68	37.52	42.36	45.01
橡胶和塑料制品业	Manufacture of Rubber and Plastics	31.04	38.25	51.19	57.73	64.93
非金属矿物制品业	Manufacture of Non-metallic Mineral Products	35.43	41.31	51.78	55.07	69.21
黑色金属冶炼及压延加工业	Smelting and Pressing of Ferrous Metals	76.75	69.15	96.74	108.86	162.77
有色金属冶炼及压延加工业	Smelting and Pressing of Non-ferrous Metals	26.82	35.23	39.84	38.94	40.38
金属制品业	Manufacture of Metal Products	58.41	67.83	78.42	84.97	103.78
通用设备制造业	Manufacture of General Purpose Machinery	124.89	140.21	130.21	145.15	175.40
专用设备制造业	Manufacture of Special Purpose Machinery	98.06	113.16	132.89	149.80	147.24
汽车制造业	Manufacture of Automobiles	71.10	85.36	102.46	124.60	144.59
铁路、船舶、航空航天和其他运输设备制造业	Manufacture of Railway, Ship, Aerospace and Other Transport Equipment	51.13	51.48	54.15	54.04	56.98
电气机械及器材制造业	Manufacture of Electrical Machinery and Equipment	237.91	252.22	283.35	301.01	299.86
计算机、通信和其他电子设备制造业	Manufacture of Computers, Communication and Other Electronic Equipment	170.80	188.54	201.10	255.09	309.70
仪器仪表制造业	Manufacture of Measuring Instruments and Machinery	49.92	57.40	62.36	64.20	56.43
其他制造业	Other Manufacturing	2.08	2.15	2.22	1.41	2.31
废弃资源综合利用业	Utilization of Waste Resources	0.68	1.09	1.04	1.14	3.22
金属制品、机械和设备修理业	Repair Service of Metal Products, Machinery and Equipment	0.28	0.30	0.25	0.18	0.19
电力、热力、燃气及水的生产和供应业	**Production and Supply of Electric Power, Heat Power, Gas and Water**	**13.95**	**9.93**	**10.96**	**16.33**	**20.68**
电力、热力的生产和供应业	Production and Supply of Electric Power and Heat Power	12.57	7.69	7.96	13.20	14.47
燃气生产和供应	Production and Supply of Gas	0.37	0.87	1.46	1.95	2.28
水的生产和供应业	Production and Supply of Water	1.02	1.38	1.53	1.17	3.92

15－9 高等学校科技活动情况
Basic Statistics on Scientific and Technical Activities of Institutions of Higher Education

项 目	Item	2015	2016	2017	2018	2019
参加科技统计的高校（所）	**Institutions of Higher Education in Statistics (unit)**	**142**	**146**	**146**	**149**	**149**
从事科技活动人数 （人）	**Personnel in Scientific and Technical Activities (person)**	**73204**	**75776**	**77290**	**73921**	**82791**
教 师	Teachers	48423	49622	50868	52654	55139
其他技术人员	Other Technical Persons	24781	26154	26422	21267	27652
辅助人员	Assistants	568	509	421	366	261
从事研究与发展活动人员（人）	**Perssonnel in Research and Development (person)**	**48423**	**71468**	**74576**	**73055**	**82226**
#正教授	Professors	7929	8311	8988	9393	10278
副教授	Vice-professors	16321	17058	17768	18427	19670
讲 师	Lecturers	20759	20912	21054	21675	22342
助 教	Assistants	3353	3217	2853	2882	2619
研究与发展机构 （个）	**Institution of Research and Development (unit)**	**635**	**702**	**780**	**810**	**883**
机构中研究与发展人员（人）	Personnel (person)	19034	21653	23319	25084	26310
当年研究与开发经费收入（万元）	**Funds Revenue of Research and Development (10000 yuan)**	**1449858**	**1600660**	**1825727**	**1397090**	**1724323**
#科技事业费	Scientific and Technical Funds	62760	71435	83811	76080	108633
主管部门专项费	Speical Funds of Responsible Department for the Work	241007	343371	351468	427216	469977
国务院各部门专项费	Speical Funds of State Council Department	212947	101067	57155	58403	82382
省专项费	Provincial Special Foundation	104529	110453	87567	105557	93464
企事业单位委托经费	Entrusting Funds of Enterprises and Institutions	549983	502037	673891	779897	901237
国家自然科学基金	State Natural Sciences Foundation	173960	204841	217544	219893	271037
各种收入转入科研经费	Funds from Other Revenues	97252	119620	125719	138995	204934
研究与发展课题 （项）	**Projects of Research and Development (unit)**	**42988**	**48734**	**50899**	**57125**	**49825**
#基础研究	Fundamental Research	15509	18333	19920	19682	22530
应用研究	Applied Research	13567	16153	14100	15774	20238
试验发展	Experimental Development	3484	4548	3894	5972	7057
研究与发展成果	**Achievements of Research and Development**					
出版科学专著 （部）	Published Scientific Works (book)	370	418	461	379	624
发表学术论文 （篇）	Published Papers (piece)	86525	86037	92944	101418	110356
#国外发表	Abroad	34201	37319	43299	50799	57666
科技成果转让 （项）	**Scientific Achievements Transfered (unit)**	**1432**	**2349**	**3442**	**2535**	**2574**
获奖成果数 （项）	**Prized Achievements (unit)**	**394**	**385**	**447**	**457**	**502**
#国家级	National Level	28	33	29	41	38
部省级	Provincial Level	279	218	270	277	309

15－10 各类专业技术人员数
Number of Scientific and Technical Personnels

单位:万人 (10000 persons)

年份 地区 Year Region	各类专业技术人员 Total	#工程技术人员 Engineering	#农业技术人员 Agriculture	#科学研究人员 Scientific Research	#卫生技术人员 Health Care	#教学人员 Teaching
1980	43.87	9.63	1.13	1.47	9.02	17.13
1985	83.41	20.70	1.76	1.59	13.35	35.90
1990	158.86	31.84	2.35	1.84	13.87	44.50
1995	184.97	28.38	2.65	0.60	15.48	50.72
2000	194.24	44.84	4.61	1.81	23.04	66.15
2001	186.05	40.11	4.18	1.75	23.19	66.95
2002	175.79	35.79	3.74	1.56	22.96	67.56
2003	163.20	29.19	3.74	1.82	22.07	68.01
2004	147.23	22.16	3.25	1.77	20.86	69.25
2005	148.67	20.96	3.18	1.83	23.45	69.33
2006	142.20	20.54	3.11	1.69	21.35	69.27
2007	142.18	20.03	2.92	1.64	21.86	69.00
2008	142.26	19.72	3.06	1.68	22.04	69.89
2009	141.61	19.67	2.99	1.64	21.88	69.48
2010	140.53	19.00	2.72	1.53	21.21	66.69
2011	140.51	19.82	2.85	1.71	22.04	69.09
2012	140.65	19.79	2.69	1.77	22.30	68.93
2013	117.11	10.99	2.58	0.82	22.37	66.95
2014	117.98	11.20	2.63	0.87	23.01	67.38
2015	118.43	11.46	2.59	1.21	23.01	67.43
2016	118.42	11.77	2.44	1.00	23.46	67.27
2017	119.34	11.78	2.60	1.04	23.75	67.74
2018	119.89	11.14	2.53	1.30	23.46	67.10
2019	122.00	11.96	2.51	1.10	23.85	68.50
南京市 Nanjing	11.22	1.34	0.10	0.03	2.69	5.89
无锡市 Wuxi	9.58	0.95	0.08	0.02	2.16	5.16
徐州市 Xuzhou	12.40	1.19	0.21	0.05	2.05	7.85
常州市 Changzhou	6.63	0.41	0.08	0.05	1.79	3.48
苏州市 Suzhou	14.42	1.56	0.20	0.06	3.58	7.68
南通市 Nantong	9.74	0.98	0.20	0.03	1.98	5.67
连云港市 Lianyungang	7.21	0.70	0.17	0.02	1.13	4.35
淮安市 Huaian	6.16	0.35	0.15	0.02	1.09	3.99
盐城市 Yancheng	9.96	0.61	0.26	0.01	1.84	6.08
扬州市 Yangzhou	6.00	0.49	0.12	0.02	1.23	3.50
镇江市 Zhenjiang	4.76	0.45	0.12	0.02	1.05	2.52
泰州市 Taizhou	6.29	0.48	0.19	0.01	1.37	3.76
宿迁市 Suqian	5.16	0.35	0.46	0.07	0.38	3.45

注:本表数据含辖区内的全民所有制单位和集体所有制单位。

a) Figures in the table are the data of state-owned and collective-owned units.

15－11　三种专利申请受理量

Application for Three Kinds of Patents Accepted

单位:件　　(unit)

项　　目	Item	2000	2010	2015	2016	2017	2018	2019
申请受理量合计	**Applications Accepted**	**8210**	**235873**	**428337**	**512429**	**514402**	**600306**	**594249**
#发　明	Inventions	1159	50298	154608	184632	187005	198801	172409
实用新型	Utility Models	4590	51436	154281	192636	219503	294090	373495
外观设计	Designs	2461	134139	119448	135161	107894	107415	48345
#非职务	Non-official	4530	97222		119677	96483	86597	47925
职　务	Official	3680	138651		392752	417919	513709	546324
大专院校	Universities and Colleges	212	11290	33550	42303	43232	58748	56899
科研机构	Scientific Resarch Institutions	129	1743	5148	5846	5635	5950	5920
企业	Industrial and Mineral Enterprises	3296	125089	275249	338726	360292	437601	471496
机关团体	Government Agencies and Organizations	43	529	4677	5877	8760	11410	12009

15－12　三种专利授权量

Three Kinds of Patents Granted

单位:件　　(unit)

项　　目	Item	2000	2010	2015	2016	2017	2018	2019
授权量合计	**Patents Granted**	**6432**	**138382**	**250290**	**231033**	**227187**	**306996**	**314395**
#发　明	Inventions	341	7210	36015	40952	41518	42019	39681
实用新型	Utility Models	4095	41161	119513	117827	126482	200333	233114
外观设计	Designs	1996	90011	94762	72254	59187	64644	41600
#非职务	Non-official	3125	59588		48082	39104	39649	25232
职务	Official	3307	78794		182951	188083	267347	289163
大专院校	Universities and Colleges	139	6038	19209	19848	21330	23930	28648
科研机构	Scientific Resarch Institutions	106	688	2377	2366	2339	2654	3194
企业	Industrial and Mineral Enterprises	3022	71781	166445	157887	161185	236629	249460
机关团体	Government Agencies and Organizations	40	287	3027	2850	3229	4134	7861

15－13 全省产品质量监督检查情况（2019 年）
Results of Sampling Check on the Quality of Products under Provincial Supervision（2019）

产 品 名 称	Item	监督检查批次数（批次）Batches of Supervision and Inspection（batch）	监督检查合格批次数（批次）Qualified Batches（batch）	批 次合格率（%）Rate of Batch-times Qualified（%）
合　计	**Total**	**3609**	**3466**	**96**
日用消费品	**Consumer Goods**	**288**	**274**	**95**
木质玩具、塑胶玩具	Electric Bicycle	27	25	93
羽绒服装	Doun Jaket	58	54	93
LED 照明产品	School nuiform	28	21	75
电动自行车	Wemen's Products	146	126	86
塑料购物袋	Living paper（Facial tissue、toilet paper）	25	17	68
食品相关产品	**Industrial Production**	**1246**	**1226**	**98**
餐具洗涤剂	Valve	24	24	100
食品接触用塑料包装容器等制品	Power Cable	1057	1048	99
建筑和装饰装修材料	Power Cable	830	787	95
合金钢管	Power Cable	97	96	99
建筑用钢化玻璃	Power Cable	70	63	90
铝合金建筑型材	Power Cable	99	94	95
实木复合地板	Power Cable	78	76	97
水泥	Power Cable	144	141	98
电工及材料	**Aqricultural Production**	**775**	**742**	**96**
低压开关设备	Manure	61	58	95
橡胶软管	Manure	97	78	90
校园跑道原材料	Manure	50	50	100
机械及安防	**Aqricultural Production**	**330**	**304**	**92**
安全帽	Manure	43	38	88
手提式灭火器	Manure	28	26	93
农业生产资料	**Aqricultural Production**	**140**	**133**	**95**
肥料	Manure	123	116	94

15－14 教育事业基本情况
Basic Statistics on Education

指　　标　Item		2015	2016	2017	2018	2019
学校数　（所）	**Number of Schools　（unit）**					
普通高等学校	Regular Institutions of Higher Education	137	141	142	167	167
普通中等学校	Secondary Schools	2885	2908	2925	2970	3000
中等专业学校	Specialized Schools	174	165	161	155	148
普通中学	Regular Secondary Schools	2660	2692	2712	2765	2804
#高　中	Senior Secondary Shools	569	571	564	578	580
职业高中	Vocational Senior Secondary Schools	51	51	52	50	48
小　学	Primary Schools	4068	4036	4075	4103	4151
特殊教育	Special Schools	106	101	101	102	104
专任教师　（万人）	**Number of Fulltime Teachers（10000 persons）**					
普通高等学校	Regular Institutions of Higher Education	10.72	10.98	11.29	11.64	12.06
普通中等学校	Secondary Schools	30.84	31.09	31.64	32.77	33.95
中等专业学校	Specialized Schools	3.04	2.98	3.03	3.18	2.96
普通中学	Regular Secondary Schools	26.88	27.17	27.66	28.64	30.03
#高　中	Senior Secondary Shools	9.54	9.51	9.47	9.56	9.93
职业高中	Vocational Senior Secondary Schools	0.92	0.95	0.96	0.95	0.97
小　学	Primary Schools	27.79	28.92	30.02	31.61	33.21
特殊教育	Special Schools	0.33	0.33	0.34	0.35	0.37
招生数　（万人）	**New Student Enrollment　（10000 persons）**					
普通高等教育	Regular Higher Education	49.96	50.58	59.83	62.74	65.89
研究生	Postgraduates	5.10	5.31	6.45	6.91	7.35
本专科生	University and College Students	44.86	45.27	53.39	55.83	58.54
普通中等学校	Secondary Schools	116.74	122.26	126.49	133.87	144.63
中等专业学校	Specialized Secondary Schools	17.72	17.55	13.59	16.01	16.92
普通中学	Regular Secondary Schools	95.38	101.98	107.23	115.44	124.98
#高　中	Senior Secondary Shools	31.95	31.82	31.46	35.21	38.76
职业高中	Vocational Senior Secondary Schools	3.64	2.73	5.67	2.42	2.73
小　学	Primary Schools	91.96	93.46	95.32	102.23	100.12
特殊教育	Special Schools	0.38	0.40	0.43	0.48	0.29
在校学生　（万人）	**Students Enrollment　（10000 persons）**					
普通高等教育	Regular Higher Education	187.13	190.74	194.46	200.08	208.86
研究生	Postgraduates	15.56	16.15	17.67	19.46	21.45
本专科生	University and College Students	171.57	174.58	176.79	180.63	187.41
普通中等学校	Secondary Schools	347.43	350.50	359.02	381.32	404.44
中等专业学校	Specialized Secondary Schools	51.89	51.13	40.52	49.76	49.01
普通中学	Regular Secondary Schools	284.52	290.10	303.03	323.84	347.49
#高　中	Senior Secondary Shools	97.80	95.15	94.34	98.08	105.03
职业高中	Vocational Senior Secondary Schools	11.02	9.27	15.47	7.72	7.94
小　学	Primary Schools	499.64	522.20	540.21	560.44	572.64
特殊教育	Special Schools	2.31	2.47	2.75	3.12	1.85
毕业生数　（万人）	**Graduates　（10000 persons）**					
普通高等教育	Regular Higher Education	52.69	52.52	53.53	53.87	53.86
研究生	Postgraduates	4.28	4.37	4.58	4.74	5.01
本专科生	University and College Students	48.41	48.16	48.95	49.13	48.85
普通中等学校	Secondary Schools	120.18	116.25	111.61	112.83	119.00
中等专业学校	Specialized Secondary Schools	18.06	17.06	13.28	16.43	16.11
普通中学	Regular Secondary Schools	98.09	95.47	93.01	93.60	100.73
#高　中	Senior Secondary Shools	36.88	33.87	31.76	31.24	31.39
职业高中	Vocational Senior Secondary Schools	4.03	3.72	5.32	2.80	2.16
小　学	Primary Schools	64.69	72.18	77.37	81.62	87.64
特殊教育	Special Schools	0.35	0.33	0.36	0.38	0.23

15－15　各级各类教育事业(2019 年)
Basic Statistics on Education by Level and Type (2019)

单位:人　　　　(person)

指　　标	Item	学校数(所) Number of Schools (unit)	毕业生数 Graduates	招生数 New Student Enrollment	在校学生数 Students Enrollment in schools	教职工数 Teachers and Staff	#专任教师 Full-time Teachers
普通高等教育	Regular Higher Education	167	538607	658895	2088581	175222	120599
研究生	Postgraduates		50109	73536	214497		
本专科学生	Undergraduate and Specialized Courses		488498	585359	1874084		
普通中等专业学校	Regular Specialized Secondary Schools	148	161119	169237	490107	34079	29572
普通中学	Regular Secondary Schools	2804	1007295	1249766	3474851	384087	300286
高　中	Senior Secondary Schools	580	313885	387603	1050290	130241	99291
初　中	Junior Secondary Schools	2224	693410	862163	2424561	253846	200995
职业高中	Vocational Senior Secondary Schools	48	21570	27269	79437	10840	9680
技工学校	Technical Schools	119	78195	102076	258102	19494	15383
小　学	Primary Schools	4151	876384	1001249	5726376	303154	332052
特殊教育学校	Special Education	104	2254	2906	18495	4188	3654
幼儿园	Kindergartens	7608	894833	790611	2538978	280754	159442
成人高等教育	Adult Higher Education	8	183877	259927	549615	1099	640
#广播电视大学	Radio and TV Universities	2	7397	25300	53487	570	254
管理干部学院	Colleges for Training Managerial Personnel	2	1081	905	2512	318	258
职工高等学校	Schools of Higher Education for Staff	3	92	478	847	84	56
教育学院	Pedagogical College	1	1500	2052	4310	127	72
成人中等专业学校	Specialized Secondary Schools for Adults	10	19098	16306	51986	1488	773
成人中学	Secondary Schools for Adults	328	4293		6992	770	491
网络教育	Internet-based Education	2	40698	14571	57635		

15－16 全省研究生数
Number of Postgraduates

单位:人 (person)

指标	Item	2015	2016	2017	2018	2019
高等学校	**Institutions of Higher Education**					
招生数	New Student Enrollment	50841	52885	64266	68960	73536
在读人数	Student Enrollment	155017	160978	176108	193963	214497
#女　性	Female	72285	76576	84443	94635	104733
毕业生数	Graduates	42601	43526	45627	47239	50109
研究所(院)	**Research Institutions (Academies)**					
招生数	New Student Enrollment	174	169	189	178	242
在读人数	Student Enrollment	543	552	605	600	784
#女　性	Female	156	159	170	200	233
毕业生数	Graduates	162	157	172	173	184

15－17 各级各类学校女在校学生和女专任教师数
Number of Female Students Enrollment and Teachers by Level and Type of Schools

指标	Item	2015	2016	2017	2018	2019
女在校学生数(万人)	**Number of Female Students in Schools (10000 persons)**					
普通高等教育本、专科	Regular Institutions of Higher Education	85.28	86.66	87.25	89.02	102.71
普通中等专业学校	Regular Specialized Secondary Schools	25.00	24.22	23.99	22.95	22.39
普通中学	Regular Secondary Schools	132.81	135.50	141.13	150.61	161.50
职业高中	Vocational Senior Secondary Schools	5.03	4.39	3.97	3.28	3.40
小　学	Primary Schools	227.47	238.19	247.85	257.65	264.33
女在校学生占在校学生总数(%)	**Percentage of Female Students in Schools to Total Students (%)**					
普通高等教育本、专科	Regular Institutions of Higher Education	49.7	49.6	49.4	49.3	49.2
普通中等专业学校	Regular Specialized Secondary Schools	48.2	47.4	46.8	46.1	45.7
普通中学	Regular Secondary Schools	46.7	46.7	46.6	46.5	46.5
职业高中	Vocational Senior Secondary Schools	45.6	47.4	44.5	42.5	42.8
小　学	Primary Schools	45.5	45.6	45.9	46.0	46.2
女专任教师数(万人)	**Number of Full Time Female Teachers (10000 persons)**					
普通高等学校	Regular Institutions of Higher Education	4.87	5.00	5.20	5.39	5.62
普通中等专业学校	Regular Specialized Secondary Schools	1.64	1.63	1.66	1.75	1.67
普通中学	Regular Secondary Schools	13.46	13.76	14.23	14.98	16.03
职业高中	Vocational Senior Secondary Schools	0.47	0.48	0.50	0.50	0.51
小　学	Primary Schools	18.08	19.20	20.51	22.15	23.81
女专任教师占专任教师总数(%)	**Percentage of Full Time Female Teachers to Total Teachers (%)**					
普通高等学校	Regular Institutions of Higher Education	45.4	45.5	46.0	46.3	46.6
普通中等专业学校	Regular Specialized Secondary Schools	54.1	54.9	55.0	55.1	56.6
普通中学	Regular Secondary Schools	50.1	50.7	51.4	52.3	53.4
职业高中	Vocational Senior Secondary Schools	50.5	50.6	52.1	52.5	52.5
小　学	Primary Schools	65.1	66.4	68.3	70.1	71.7

15－18 普通高等教育分科学生数(2019年)

Number of Students for Regular Higher Education by Field of Study (2019)

单位:人 (person)

项目	Item	毕业生数 Graduates	招生数 New Enrollment	在校生数 Total Enrollment
本科合计	**Undergraduate**	**266596**	**297917**	**1139878**
#女生	Female	140766	154876	587198
哲　学	Philosophy	133	94	527
经济学	Economics	16108	16747	66290
法　学	Law	7134	7533	29454
教育学	Education	8142	10262	36779
文　学	Literature	21809	23475	92312
#外语	Foreign Language	10836	12318	48178
历史学	History	557	810	3031
理　学	Science	16099	19394	74210
工　学	Engineering	109891	128573	478617
农　学	Agriculture	3372	3143	12846
医　学	Medicine	14267	15612	67767
管理学	Management	50124	48504	190640
艺术学	Art	18960	23770	87405
专科合计	**Specialist**	**221902**	**287442**	**734206**
#女生	Female	106958	132421	335159
农林牧渔大类	Farming, Forestry, Husbandry and Fishery	6185	7552	19979
资源环境与安全大类	Transportation	1734	2594	5875
能源动力与材料大类	Resource Develpment and Mapping	1111	1203	3779
土木建筑大类	Civil Construction	17662	20739	54755
水利大类	Water Conservation	70	37	203
装备制造大类	Manufacture	37405	44931	116107
生物与化工大类	Manufacture	2359	2144	6247
轻工纺织大类	Manufacture	2040	2575	6794
食品药品与粮食大类	Manufacture	5519	6160	16023
交通运输大类	Manufacture	11514	20186	49987
电子信息大类	Electronic Information	28025	46783	115049
医药卫生大类	Medicine and Health	17769	22013	54720
财经商贸大类	Tourism	49672	52055	143250
旅游大类	Tourism	8048	11335	27036
文化艺术大类	Public Education	13616	20371	52053
新闻传播大类	Art Design and Media	1515	2171	5866
教育与体育大类	Public Security	15705	17652	43438
公安与司法大类	Law	831	1109	2455
公共管理与服务大类	Law	1122	5832	10590

注:招生数含五年制高职、专转本学生。

a) The enrollment number include five years higher vocational enducation and upgraded students.

15-19 分市教育事业基本情况(2019年)

指标	Item	南京市 Nanjing	无锡市 Wuxi	徐州市 Xuzhou	常州市 Changzhou
学校数　（所）	**Number of Schools　（unit）**				
普通高等学校	Regular Institutions of Higher Education	53	12	12	10
普通中等学校	Secondary Schools	265	210	376	176
中等专业学校	Specialized Schools	19	18	11	11
普通中学	Regular Secondary Schools	246	192	353	165
#高　中	Senior Secondary Shools	57	45	85	36
职业高中	Vocational Senior Secondary Schools			12	
小　学	Primary Schools	373	210	930	223
特殊教育	Special Schools	13	8	13	5
专任教师　（人）	**Number of Fulltime Teachers　（persons）**				
普通高等学校	Regular Institutions of Higher Education	53296	6582	8815	6261
普通中等学校	Secondary Schools	29353	26344	43047	18289
中等专业学校	Specialized Schools	3762	4447	1832	2709
普通中学	Regular Secondary Schools	25591	21897	39269	15580
#高　中	Senior Secondary Shools	8500	7356	11654	5145
487职业高中	Vocational Senior Secondary Schools			1946	
小　学	Primary Schools	30137	23618	50731	16828
特殊教育	Special Schools	522	317	478	141
招生数　（人）	**New Student Enrollment　（persons）**				
普通高等教育	Regular Higher Education	274451	40695	44579	36317
研究生	Postgraduates	48473	2886	5519	1079
本专科生	University and College Students	225978	37809	39060	35238
普通中等学校	Secondary Schools	110808	103831	223343	77974
中等专业学校	Specialized Secondary Schools	17297	14441	16116	10297
普通中学	Regular Secondary Schools	93511	88309	197477	67677
#高　中	Senior Secondary Shools	30687	28258	45523	20641
职业高中	Vocational Senior Secondary Schools		1081	9750	
小　学	Primary Schools	86505	78415	145156	57332
特殊教育	Special Schools	315	269	677	96
在校学生　（人）	**Students Enrollment　（persons）**				
普通高等教育	Regular Higher Education	877894	119976	150774	112685
研究生	Postgraduates	142477	8530	16052	3071
本专科生	University and College Students	735417	111446	134722	109614
普通中等学校	Secondary Schools	311295	291186	597763	218106
中等专业学校	Specialized Secondary Schools	50672	42360	44077	29125
普通中学	Regular Secondary Schools	260623	245926	522980	188981
#高　中	Senior Secondary Shools	84868	76948	119128	56675
职业高中	Vocational Senior Secondary Schools	2900	30706		1476
小　学	Primary Schools	446597	417499	946689	314328
特殊教育	Special Schools	1621	1449	3706	648
毕业生数　（人）	**Graduates　（persons）**				
普通高等教育	Regular Higher Education	238257	32865	37524	29098
研究生	Postgraduates	33225	2077	4027	679
本专科生	University and College Students	205032	30788	33497	28419
普通中等学校	Secondary Schools	93951	87129	148376	65954
中等专业学校	Specialized Secondary Schools	17358	14772	11666	10691
普通中学	Regular Secondary Schools	76593	71350	130127	55263
#高　中	Senior Secondary Shools	25093	22431	37166	16203
职业高中	Vocational Senior Secondary Schools		1007	6583	
小　学	Primary Schools	62826	60047	155359	47516
特殊教育	Special Schools	278	165	262	104

Basic Statistics on Education by Region (2018)

苏州市 Suzhou	南通市 Nantong	连云港市 Lianyungang	淮安市 Huaian	盐城市 Yancheng	扬州市 Yanzhou	镇江市 Zhenjiang	泰州市 Taizhou	宿迁市 Suqian
26	9	5	7	6	9	8	7	3
339	223	199	216	304	171	119	194	208
20	5	9	13	3	7	9	8	15
315	210	185	201	292	161	109	182	193
74	46	35	34	53	32	21	34	28
4	8	5	2	9	3	1	4	
424	330	448	241	335	207	113	147	170
12	7	7	7	10	7	5	5	5
13318	5321	2378	4356	3881	5700	6186	3317	1188
38796	28344	25909	25386	31957	17998	11780	20780	21555
4685	583	1532	2753	674	1050	1547	1581	2417
33624	24652	23376	22582	29050	16348	10215	18964	19138
10790	9158	7371	7068	9366	6232	3607	6923	6121
3109	1001	51	2233	600	18	235		
45030	21870	26890	23131	27731	13809	10236	14261	27780
416	318	205	204	337	233	154	157	172
76929	35124	16167	25273	21016	32240	29014	19970	7120
5827	1091	473	125	69	3440	4554		
71102	34033	15694	25148	20947	28800	24460	19970	7120
160810	102848	112433	104794	135750	68431	44982	70858	129410
19940	16309	9423	11884	11492	8873	7120	6577	19468
140348	85598	99615	91432	116134	59558	37842	62323	109942
41101	31259	28823	29720	37635	24326	13415	24816	31399
522	941	3395	1478	8124		20	1958	
157891	65606	72300	59478	73437	39494	29110	40758	95767
205	237	138	103	360	151	123	78	154
243788	106097	47868	75847	67508	96889	100135	65793	23327
16973	2858	862	289	69	9925	13391		
226815	103239	47006	75558	67439	86964	86744	65793	23327
447248	296610	319489	299397	379801	205150	126986	202011	349353
56890	46293	32880	36757	30618	29326	19534	17752	53823
388882	246382	278682	259031	326638	175824	107391	177981	295530
108576	84099	78940	79095	100693	67804	36175	67614	89675
	3935	7927	3609	22545		61	6278	
821240	358848	452297	349283	449940	218952	158555	232566	559582
1695	1612	1261	1013	1950	1008	590	846	1096
61243	25486	10440	20596	17119	21419	23249	16830	4481
4073	811	71	45		2013	3088		
57170	24675	10369	20551	17119	19406	20161	16830	4481
129071	97006	93584	90711	116772	69673	37834	66329	93594
19206	15246	11443	13359	10245	11228	5180	6744	13981
109424	79828	80214	75944	98884	58445	32629	58981	79613
29852	24635	24870	24415	29529	21158	10524	20799	27210
441	1932	1927	1408	7643		25	604	
108699	54314	71930	62735	79016	35632	24355	37573	76382
144	217	119	126	330	170	108	119	112

15-20 每万人口在校学生数和中小学升学情况
Number of Students Per 10000 Population and Enrollment Rate of Secondary and Primary Schools

年份 Year	平均每万人口中 Number of Students per 10000 Population			小学学龄儿童入学率（%） Enrollment Rate of School-age Children (%)	小学毕业生升学率（%） Primary school Graduates Entering into Junior Secondary Schools (%)	初中毕业生升学率（%） Junior Secondary Graduates Entering into Senior Secondary Schools (%)
	大学生（人） University and College Students (person)	中学生（人） Secondary School Students (person)	小学生（人） Primary School Students (person)			
1978	10.4	667.9	1489.3	96.7	90.3	42.3
1980	14.2	553.8	1409.4	97.1	81.3	28.4
1985	19.2	492.3	1091.1	99.5	74.2	29.5
1989	23.0	426.4	980.9	98.8	79.8	38.2
1990	21.7	460.3	904.8	99.9	82.0	39.6
1991	21.1	467.4	869.1	99.3	84.2	40.0
1992	22.1	476.6	846.5	99.5	85.9	41.8
1993	25.9	481.3	853.9	99.4	88.0	45.4
1994	28.7	503.8	877.7	99.4	93.5	51.1
1995	29.5	530.5	912.5	99.8	96.6	56.8
1996	31.0	549.1	967.4	99.8	96.6	61.2
1997	33.4	547.9	1024.6	99.8	97.1	63.8
1998	38.0	550.3	1046.8	99.8	97.5	62.4
1999	49.8	565.8	1027.6	99.8	97.2	65.1
2000	61.7	592.3	980.7	99.8	97.2	68.5
2001	79.6	643.1	933.4	98.7	97.9	73.9
2002	94.9	710.7	860.6	99.6	98.2	78.6
2003	116.1	761.3	782.3	99.6	98.7	83.2
2004	133.8	795.3	710.7	99.7	98.8	84.8
2005	155.2	793.3	649.6	99.8	99.8	89.6
2006	173.0	775.1	603.7	99.9	100.0	93.5
2007	193.1	740.8	562.9	99.6	100.0	95.7
2008	204.9	697.7	531.6	99.9	100.0	96.0
2009	214.0	642.6	512.7	99.9	100.0	97.3
2010	209.6	588.1	506.8	99.9	100.0	97.5
2011	227.1	430.2	518.6	99.9	100.0	97.7
2012	228.6	401.4	533.8	100.0	100.0	98.0
2013	232.7	374.7	549.7	100.0	100.0	98.3
2014	232.3	362.6	592.3	100.0	100.0	100.0
2015	234.8	357.1	627.0	100.0	100.0	100.0
2016	238.4	362.6	652.9	100.0	100.0	100.0
2017	242.2	377.4	672.8	100.0	100.0	100.0
2018	248.5	402.3	696.1	100.0	100.0	100.0
2019	258.8	430.6	709.6	100.0	100.0	100.0

15－21 各级学校教师负担学生数
Student-teacher Ratio by Level of School

年 份 Year	普通高等学校 Institutions of Regular Higher Education		普通中等学校 Regular Secondary Schools		小 学 Primary Schools	
	教师数（万人） Number of Teachers（10000 persons）	平均每个教师负担学生数（人） Student-teacher Ratio（person）	教师数（万人） Number of Teachers（10000 persons）	平均每个教师负担学生数（人） Student-teacher Ratio（person）	教师数（万人） Number of Teachers（10000 persons）	平均每个教师负担学生数（人） Student-teacher Ratio（person）
1978	1.34	4.5	16.75	23.3	27.07	32.1
1980	1.59	5.3	16.83	19.5	27.97	29.9
1985	2.30	5.2	16.53	18.5	25.91	26.2
1989	2.79	5.3	19.00	16.0	26.74	23.6
1990	2.76	5.3	19.63	15.9	26.95	22.7
1991	2.76	5.2	20.06	15.9	27.00	22.0
1992	2.70	5.7	20.32	16.2	26.66	21.9
1993	2.70	6.7	20.71	16.2	25.59	23.2
1994	2.73	7.4	21.28	16.6	26.95	22.9
1995	2.73	7.6	22.16	16.9	27.35	23.6
1996	2.74	8.1	22.82	17.1	27.96	24.6
1997	2.79	8.6	23.26	16.8	28.32	25.9
1998	2.86	9.6	23.57	16.8	28.20	26.7
1999	3.04	11.8	24.10	16.9	28.41	26.1
2000	3.31	13.7	25.02	17.3	28.90	24.9
2001	3.80	15.4	25.96	18.2	28.84	23.8
2002	4.43	15.8	27.38	19.2	27.95	22.7
2003	4.98	18.3	28.74	19.6	26.84	21.6
2004	5.90	18.0	30.19	19.6	29.22	19.9
2005	6.73	18.4	31.14	19.0	26.16	18.6
2006	7.84	17.8	31.92	18.3	26.05	17.5
2007	8.86	17.7	32.30	17.5	25.83	16.6
2008	9.63	17.4	32.51	16.5	25.47	16.0
2009	9.99	17.7	32.54	15.3	25.47	15.6
2010	10.20	17.4	32.36	14.3	24.96	16.0
2011	10.39	17.3	32.14	13.2	25.01	16.4
2012	10.60	17.1	31.94	12.5	25.26	16.7
2013	10.83	16.9	31.51	11.7	25.82	16.9
2014	10.45	17.7	31.15	11.4	27.02	17.4
2015	10.72	17.5	30.84	11.2	27.79	18.0
2016	10.98	17.4	31.48	11.3	28.92	18.1
2017	10.98	17.7	31.64	11.4	30.02	18.0
2018	11.64	17.2	32.89	11.8	31.61	17.7
2019	12.06	17.3	34.34	11.9	33.21	17.2

主要统计指标解释

科技活动　指在自然科学、农业科学、医药科学、工程与技术科学、人文与社会科学领域(简称科学技术领域)中,与科技知识的产生、发展、传播和应用密切相关的有组织的活动。可分为研究与试验发展(R&D)、研究与试验发展成果应用及相关的科技服务三类活动。

科技活动人员　指直接从事科技活动、以及专门从事科技活动管理和为科技活动提供直接服务的人员。累计从事科技活动的实际工作时间占全年制度工作时间10%及以上的人员。(1)直接从事科技活动的人员包括:在独立核算的科学研究与技术开发机构、高等学校、各类企业及其他事业单位内设的研究室、实验室、技术开发中心及中试车间(基地)等机构中从事科技活动的研究人员、工程技术人员、技术工人及其它人员;虽不在上述机构工作,但编入科技活动项目(课题)组的人员;科技信息与文献机构中的专业技术人员;从事论文设计的研究生等。(2)专门从事科技活动管理和为科技活动提供直接服务的人员包括:独立核算的科学研究与技术开发机构、科技信息与文献机构、高等学校、各类企业及其他事业单位主管科技工作的负责人,专门从事科技活动的计划、行政、人事、财务、物资供应、设备维护、图书资料管理等工作的各类人员,但不包括保卫、医疗保健人员、司机、食堂人员、茶炉工、水暖工、清洁工等为科技活动提供间接服务的人员。

研究与试验发展(R&D)　指在科学技术领域,为增加知识总量、以及运用这些知识去创造新的应用而进行的系统的创造性的活动,包括基础研究、应用研究、试验发展三类活动。

基础研究　指为了获得关于现象和可观察事实的基本原理的新知识(揭示客观事物的本质、运动规律,获得新发现、新学说)而进行的实验性或理论性研究,它不以任何专门或特定的应用或使用为目的。其成果以科学论文和科学著作为主要形式。

应用研究　指为获得新知识而进行的创造性研究,主要针对某一特定的目的或目标。应用研究是为了确定基础研究成果可能的用途,或是为达到预定的目标探索应采取的新方法(原理性)或新途径。其成果形式以科学论文、专著、原理性模型或发明专利为主。

试验发展　指利用从基础研究、应用研究和实际经验所获得的现有知识,为产生新的产品、材料和装置,建立新的工艺、系统和服务,以及对已产生和建立的上述各项作实质性的改进而进行的系统性工作。其成果形式主要是专利、专有技术、具有新产品基本特征的产品原型或具有新装置基本特征的原始样机等。在社会科学领域,试验发展是指把通过基础研究、应用研究获得的知识转变成可以实施的计划(包括为进行检验和评估实施示范项目)的过程。人文科学领域没有对应的试验发展活动。

研究与试验发展人员　指参与研究与试验发展项目研究、管理和辅助工作的人员,包括项目(课题)组人员,企业科技行政管理人员和直接为项目(课题)活动提供服务的辅助人员。

研究与试验发展人员全时当量　指全时人员数加非全时人员按工作量折算为全时人员数的总和。例如:有两个全时人员和三个非全时人员(工作时间分别为20%、30%和70%),则全时当量为2+0.2+0.3+0.7=3.2人年。

专业技术人员　指从事专业技术工作和专业技术管理工作的人员,即企事业单位中已经聘任专业技术职务从事专业技术工作和专业技术管理工作的人员,以及未聘任专业技术职务,现在专业技术岗位上工作的人员。包括工程技术人员,农业技术人员,科学研究人员,卫生技术人员,教学人员,经济人员,会计人员,统计人员,翻译人员,图书资料、档案、文博人员,新闻出版人员,律师、公证人员,广播电视播音人员,工艺美术人员,体育人员,艺术人员及企业政治思想工作人员,共十七个专业技术职务类别。

科技活动经费筹集　指从各种渠道筹集到的计划用于科技活动的经费,包括政府资金、企业资金、事业单位资金、金融机构贷款、国外资金和其他资金等。

政府资金　指从各级政府部门获得的计划用于科技活动的经费,包括科学事业费、科技三项费、科研基建费、科学基金、教育等部门事业费中计划用于科技活动的经费以及政府部门预算外资金中计划用于科技活动的经费等。

企业资金　指从自有资金中提取或接受其他企业委托的、科研院所和高校等事业单位接受企业委托获得的,计划用于科研和技术开发的经费。不包括来自政府、金融机构及国外的计划用于科技活动的资金。

金融机构贷款　指从各类金融机构获得的用于科技活动的贷款。

科技活动经费内部支出　指报告年内用于科技活动的实际支出包括劳务费、科研业务费、科研管理费,非基建投资购建的固定资产、科研基建支出以及其他用于科技活动的支出。不包括生产性活动支出、归还贷款支出及转拨外单位支出。

劳务费　指以货币或实物形式直接或间接支付给从事科技活动人员的劳动报酬及各种费用。包括各种形式的工资、津贴、奖金、福利、离退休人员费用、人民助学金等。

固定资产购建费　指报告年内使用非基建投资购建的固定资产和用于科研基建投资的实际支出额,即固定资产实际支出和科研基建投资实际完成额之和。固定资产是指长期使用而不改变原有实物形态的主要物资设备、图书资料、实验材料和标本以及其他设备和家具、房屋、建筑物。

新产品 指采用新技术原理、新设计构思研制、生产的全新产品,或在结构、材质、工艺等某一方面比原有产品有明显改进,从而显著提高了产品性能或扩大了使用功能的产品。既包括政府有关部门认定并在有效期内的新产品,也包括企业自行研制开发,未经政府有关部门认定,从投产之日起一年之内的新产品。

专利 是专利权的简称,是对发明人的发明创造经审查合格后,由专利局依据专利法授予发明人和设计人对该项发明创造享有的专有权。包括发明、实用新型和外观设计。

发明 指对产品、方法或者其改进所提出的新的技术方案。

实用新型 指对产品的形状、构造或者其结合所提出的适于实用的新的技术方案。

外观设计 指对产品的形状、图案、色彩或者其结合所作出的富有美感并适于工业上应用的新设计。

普通高等学校 指按照国家规定的设置标准和审批程序批准举办,通过国家统一招生考试,招收高中毕业生为主要培养对象,实施高等学历教育的全日制大学、独立设置的学院和高等专科学校、高等职业学校和其他机构。

成人高等学校 指按照国家规定的设置标准和审批程序举办的,通过全国成人高等教育统一招生考试,招收具有高中毕业或同等学历的人员为主要培养对象,利用脱产、业余或函授等多种形式对其实施高等学历教育的学校。包括广播电视大学、职工高等学校、农民高等学校、管理干部学院、教育学院、独立函授学院、其他机构。

小学学龄儿童入学率 指调查范围内已入小学学习的学龄儿童占校内外学龄儿童总数(包括弱智儿童,不包括盲聋哑儿童)的比重。计算公式为:

小学学龄儿童入学率 = 已入学的小学学龄儿童数/校内外小学学龄儿童总数×100%

Explanatory Notes on Main Statistical Indicators

Scientific and Technological Activities(S&T Activities) refer to organized activities which are closely related to the creation, development, dissemination and application of the scientific and technical knowledge in the fields of natural sciences, agricultural science, medical science, engineering and technological science, humanities and social sciences (referred to as scientific and technological fields). S&T activities can be classified in to 3 categories: research and development(R&D) activities, application of R&D results, and related S&T services.

Personnel Engaged in S&T Activities refer to personnel directly engaged in S&T activities, in the management of S&T activ—ities, and in providing direct service to S&T activities, who spend over 10% of the total working hours in a year in S&T activities. (1) Personnel directly engaged in S&T activities include researchers, engineers, technicians and other related personnel engaged in S&T activities in independent—accounting R&D institutions, institutions of higher learning, and in research institutes, laboratories, technology development centers and central experiment workshops under enterprises and institutions. Also included are people working in S&T research project teams, professional and technical personnel working in S&T information archiving institutes, and graduate students working on the design of their thesis. (2) Personnel engaged in the management of S&T activities and in providing direct service to S&T activities include senior management people responsible for S&T activities in independent-accounting R&D institutions, S&T infor-mation archiving institutes, institutions of higher learning, and in enterprises and institutions where S&T activities are undertaken. Also included are people responsible for the planning, administration, personnel management, financial management, logistics supply, equipment maintenance, information and library management that are related with S&T activities. People providing indirect services are excluded, such as security, medical service, drivers, plumbers, cleaners and those providing catering and related service.

Research and Development(R&D) refers to systematic and creative activities in the field of science and technology aiming at increasing the knowledge and using the knowledge for new application. R&D includes 3 categories of activities: basic research, applied research and experiments and development.

Basic Research refers to empirical or theoretical research aiming at obtaining new knowledge on the fundamental principles of phenomena of observable facts to reveal the nature and law of movement of objects and to acquire new discoveries or new theories. Basic research takes no specific or designated application as the aim of the research. Results of basic research are mainly released or disseminated in the form of scientific papers or monographs.

Applied research refers to creative research aiming at obtaining new knowledge on a specific objective or target. Purpose of the applied research is to identify the possible use of results from basic research, or to explore new (fundamental) methods or new approaches. Results of applied research are expressed in the form of scientific papers, monographs, fundamental models or invention patents.

Experiments and Development refer to systematic activities aiming at using the knowledge from basic and applied researches or from practical experience to develop new products, materials and equipment, to establish new production process, systems and services, or to make substantial improvement on the existing products, process or services. Results of experiment and development activities are embodied in patents, exclusive technology, monotype of new products or equipment. In social sciences, experiment and development activities refer to the process of converting the knowledge from basic or applied researches into feasible programmes (including conduct of demonstration projects for assessment and evaluation). There is no experiment and development activities in the science of humani-ties. R&D Personnel refer to persons engaged in research, management and supporting activities of R&D, including persons in the project teams, persons engaged in the management of S&T activities of enterprises and supporting staff providing direct service to the research projects.

R&D Personnel refer to persons engaged in reasearch, management and supporting activities of R&D, including persons in project teams, persons engaged in management of S&T activities of enterprises and supporting staff providing direct service to the research projects.

Full-time Equivalent of R&D Personnel refers to the sum of the full-time persons and the full-time equivalent of part-time persons converted by workload. For instance, if there are 2 full-time persons and 3 part-time workers (20%, 30% and 70% of working hours respectively on R&D activities), the full-time equivalent is 2 + 0.2 + 0.3 + 0.7 = 3.2 person-years.

Professional and Technical Personnel refer to person engaged in professional and technical work or in the management of professional and technical activities, i. e., people with professional or technical positions who are engaged in professional and technical work or in the management of professional and technical activities, and people without professional or technical positions but are working on professional or technical posts. They include professionals and technicians working in 17 categories of technical occupations including engineering, agriculture, scientific researches, medical service, teaching, economic research and application, accounting, statistics, translation, libraries, archives, cultural and museum service, journalism and publication, lawyers, notarization service, radio and television broadcasting, handicraft and fine arts, sports, performing art, and political workers in enterprises.

Funding for S&T Activities refers to funds obtained from various sources for S&T activities, including government funds, self-raised funds by enterprises, self-raised funds by institutions, loans from financial institutions, foreign funds and other funds.

Government Funds refer to funds obtained from government agencies at all levels to be used for S&T activities, including fund for scientific undertakings, 3 kinds of fund for S&T activities, fund for capital construction for scientific researches, science fund, funds from education expenditures by education departments for S&T activities, and extra-budget fund from government agencies for S&T activities.

Self-raised Funds by Enterprises refers to self-raised funds by enterprises from their own expenditure or from other enterprises and funds received by universities or research institutions from enterprises for scientific research or technical development projects. Excluded in this category are funds from government agencies, financial institutions or from foreign institutions. Loans from Financial Institutions refer to loans from various financial institutions for S&T activities.

Loans from Financial Institutions refer to loans from various financial institutions for S&T activities.

Total Internal Expenditure of Funds on R&D refers to the real expenditure of surveyed units on their own R&D activities (basic research, application study, test and development) including direct expenditure on R&D activities, indirect expendure of management and services on R&D activities, expenditure on capital construction and material processing by others. Excluding the expenditure on production activities, return of loan, and fees transferred to cooperated and entrusted agencies on R&D activities.

Service Fees refer to direct or indirect payment, in cash or in kind, made to personnel engaged in S&T activities as remuneration and other fees. They include, in various forms, salaries, subsidies, bonus, benefits, retirement pension, stipend, etc.

Purchase or Construction of Fixed Assets refers to the fixed assets purchased or constructed using funds other than the investment in capital construction, and the actual expenditure on capital construction for scientific researches. In other words, it is the sum of the actual expenditure on fixed assets and the accomplished investment in capital construction for scientific researches. Fixed assets refer to main materials and equipment, literatures and documents in libraries, materials for experiments, specimen, instruments, furniture, buildings and constructions that can be used for a long time without changing the form and shape of those articles or constructions.

New Products refer to new products produced with new technology and new design, or products that represent noticeable improvement in terms of structure, material, or production process so as to improve significantly the character or function of the older versions. They include new products certified by relevant government agencies within the period of certification, as well as new products designed and produced by enterprises within a year without certification by government agencies.

Patent is an abbreviation for the patent right and refers to the exclusive right of ownership by the inventors or designers for the creation or inventions, given from the patent offices after due process of assessment and approval in accordance with the Patent Law.

Patents are granted for inventions, utility models and designs.

Inventions refer to the new technical proposals to the products or methods or their modifications.

Utility Models refer to the practical and new technical proposals on the shape and structure of the product or the combination of both.

Designs refer to the aesthetics and industrially applicable new designs for the shape, pattern and color of the product, or their combinations.

Regular Institutions of Higher Learning refer to educational establishments set up according to the government evaluation and approval procedures, enrolling graduates from senior secondary schools and providing higher education courses and training for senior professionals. They include full-time universities, colleges, high professional schools, high vocatoinal universities and other institutions.

Institutions of Higher Learning for Adults refer to educational establishments, set up in line with the government evalution and approval procedures, enrolling personnels with senior secondary school or equivalent education as main training objects, and providing higher education courses in many forms of full time, spare time, or correspondence for adults. Institutions of higher learning for adults include Radio and TV universities, schools of high education for staff and workers and peasants, colleges for management cadres, pedagogical colleges, independent correspondence colleges and other institutions.

Enrollment Rate of Primary School Age Children refers to the proportion of school age children enrolled at schools to the total number of school age children both in and outside schools (including retarded children, but excluding blind, deaf and mute children). The formula is:

Enrollment Rate of Primary School-age Children = (Total Primary School—age Children at Schools/Total Primary School age Children Both at and outside Schools) × 100%

16

文化、体育、卫生

Culture, Sports and Public Health

简 要 说 明

一、本篇资料的主要内容

本篇主要反映文化、新闻出版、广播电影电视、体育、卫生事业的发展情况。

文化部分主要包括文化艺术和文物机构人员情况，群众艺术馆、文化馆站、公共图书馆业务活动及经费情况，文化产业发展展情况；新闻出版部分包括报纸、期刊、图书出版情况；广播电影电视部分包括广播、电视事业发展情况，广播、电视节目制作时间；体育部分主要内容包括体育系统职工人数，等级运动员、裁判员人数，运动员在各级比赛中获奖牌情况；卫生部分主要内容有卫生机构、人员、床位数，医院诊疗人次及入院人数，传染病的发病及死亡等情况。

二、本篇的资料来源

根据各部门制定的统计报表制度汇总加工整理而成。文化艺术业、文物业、图书馆业、群众文化服务业的资料主要来自省文化和旅游厅；文化产业的资料来自省统计局；新闻出版资料来自省新闻出版局；广播、电视资料来自省广播电视局；体育资料来自省体育局；卫生部分的资料来自省卫生健康委员会。

Brief Introduction

I. Main Contents

Data in this chapter mainly reflect the development of culture; news and publication; radio broadcasting; films and television; sports; and public health.

Data on culture cover mainly information on institution and personnel of cultural and cultural relics; mass art centers; cultural centers (stations); facilities, services and expenditures of public libraries; Cultural industry development. Press and Publication section includes newspaper, periodicals and books published; Part of Radio, Film and TV includes broadcasting and television stations; production of broadcasting and TV programs.

Data on sports cover number of staff and workers in sports commissions, athletes and referees in grades and awards for athletes in competitions of all levels.

Data on public health include mainly the number of institutions; personnel, hospital beds; number of patients treated and in-patients; the incidence of and the deaths caused by infections diseases.

II. Sources of Data

Data are collected and tabulated in accordance with the statistic reporting schemes stipulated by the departments concerned. Data on cultural and arts, Cultural relics, libraries and mass culture are mainly from Jiangsu Provincial Department of Culture and Tourism; data on culture industry are from Jiangsu Bureau of Statistics; data on journalism are from Provincial Press and Publication Bureau; data on broadcasting and television are from Provincial Radio and Television Bureau; data on sports are from Province Sports Bureau; data on public heath are from Jiangsu Provincial Commission of Health and Wellness.

16－1 文化艺术和文物事业机构、人员情况
Number of Cultural Institution and Personnel

项　　目	Item	机构数(个) Institution (unit)		从业人数(人) Engaged Persons (person)	
		2018	2019	2018	2019
总计	**Total**	**24928**	**24779**	**159814**	**142918**
艺术业	Art	999	961	19407	19080
#艺术展览、创作机构	Art Exhibition and Creation Mechanism	88	90	871	886
#艺术表演团体	Art Performance Troupes	662	627	14069	14186
话剧、儿童剧、滑稽剧类	Drama, Plays for Children and Comedy Troupes	133	64	1992	558
歌舞、音乐类	Song and Dance	82	103	2912	4033
京剧、昆曲类	Peking Opera and Kunqu	15	16	346	376
地方戏曲类	Local Drama	160	181	3877	4548
杂技、魔术、马戏类	Acrobatics, Magic and Circus	45	55	991	1049
曲艺类	Art Class	25	28	417	646
综合性艺术表演团体	Compenhensive Art Performing Groups	202	180	3534	2976
#艺术表演场馆	Art Centers	249	244	4467	4008
#剧场、影剧院	Theaters and Music Halls	178	153	2796	1869
图书馆业	Libraries	116	117	3529	3617
#少儿图书馆	Children's Libraries	7	7	105	107
群众文化服务业	Mass Culture	1379	1372	7498	7654
群众艺术馆、文化馆	Mass Art Centers	115	115	2161	2145
文化站	Cultural Stations	1264	1257	5337	5509
#乡镇文化站	Township Cultural Stations	877	856	3698	3777
艺术教育业	Art Education	13	14	757	1067
中等专业学校	Secondary Art Schools	7	8	498	795
其他教育机构	Others	6	6	259	272
文化市场经营单位	Business Units Deding in Cultural Market	21581	21468	95285	73001
文艺科研	Art Research Institutions	7	7	93	91
其他文化类	Others	281	275	22267	25492
文物业	Cultural Relic Industry	439	453	8087	9087
文物保护管理机构	Agencies of Historical Relics Preservation	50	48	393	413
文物科研及其他文物机构	Research and Other Historical Relics Agencies	52	5	599	118
博物馆	Museums	329	345	6923	7286
综合性	Comprehensive	81	84	2989	3087
历史类	History	144	148	2906	3007
艺术类	Arts	65	68	679	795
自然科技类	Natural Science and Technology	8	10	84	100
其他	Other	31	35	265	297
文物商店	Cultural Relics Shops	8	8	172	176

16-2 群众艺术馆、文化馆站业务活动及经费情况（2019 年）
Basic Statistics on Activities and Expenditures of Mass Art Centers and Cultural Centers (2019)

项	目 Item	总计 Total	群众艺术馆、文化馆 Mass Art Centers	文化站 Cultural Stations
单位数 （个）	Number of Units (unit)	1372	115	1257
举办展览 （个）	Number of Exhibitions (unit)	9438	1587	7851
组织文艺活动 （次）	Number of Cultural Activities (times)	77304	14176	63128
举办训练班班次 （次）	Number of Training Classes (times)	47985	23262	24723
举办训练班结业人次 （万人次）	Number of Persons Completing Courses (10000 person-times)	279.73	100.7	179.03
由群众艺术馆、文化馆（站）指导的单位	Units Responsible for Guiding Mass Art Center and Cultural Centers	20752	4607	16145
馆办文艺团体 （个）	Art Groups Run by Cultural Centers (unit)	412	412	
馆办老年大学 （个）	Colleges for Senior Citizens Run by Cultural Centers (unit)	43	43	
群众业余文艺团队 （个）	Part-time Art Groups (unit)	20297	4152	16145
总支出 （万元）	Total Expenditures (10000 yuan)	186290.3	74329	111961.3

注：本表仅为文化系统内。

a) Data in this table only refer to those under the administration of the cultural departments.

16-3 公共图书馆业务活动及经费情况（2019 年）
Facilities, Services and Expenditures of Public Libraries (2019)

项	目 Item	总计 Total	#省级公共图书馆 Public Libraries at Provincial Level	#县(市、区)级公共图书馆 Public Libraries at County Level
总藏量 （万册、件）	Total Collections (10000 volumes)	9987.04	1232.10	5973.12
书架单层总长度 （万米）	Total Length of Bookshelves (10000 m)	139.21	26.00	51.64
累计发放有效借书证数 （万个）	Number of Library Cards Distributed Accumulately (10000 units)	1655.70	86.64	654.21
书刊文献外借人次 （万人次）	Total Number of Circulation Borrowed by the Readers (10000 person-times)	2512.35	151.74	1628.38
书刊文献外借册次 （万册次）	Number of Books Borrowed by the Readers (10000 volume-times)	6153.32	214.51	3946.52
组织各类讲座次数 （次）	Number of Activities Provided for Readers (times)	4763	97	3251
参加人数 （万人次）	Number of Readers Involved in Activities (10000 person-times)	69.58	3.19	46.03
举办展览 （个）	Number of Exhibition (unit)	1969	38	1344
参观人次 （万人次）	Visitors (10000 person-times)	390.44	20.94	252.40
举办培训班 （个）	Number of Training Classes (unit)	2641	312	1574
培训人次 （万人次）	Training Persons (10000 person-times)	12.92	0.15	9.03
总支出 （万元）	Total Expenditures (10000 yuan)	143067	22333	60716
#新增藏量购置费	Purchase Expenses	15944	1647	8900
本年新购藏量 （万册、件）	Number of Books Purchased During the Year (10000 volumes)	577.48	20.54	391.06
公用房屋建筑面积 （万平方米）	Floor Space of Public Buildings (10000 sq. m)	157.69	10.30	107.69
#书库	Stack Rooms	20.57	1.03	13.07
阅览室座席 （个）	Seating Capacity of Reading Rooms (seats)	72873	1847	51009

16－4 报纸、期刊出版情况（2019年）

Basic Statistics on Newspaper and Periodicals Published（2019）

指标	Item	种数（种）Number of Publications（kind）	总印数（万册、万份）Printed Copies（10000 volumes）	总印张（万印张）Printed Sheets（10000 sheets）
报　纸	**Newspapers**	**81**	**202867.3**	**467526.7**
期　刊	**Periodicals**	**450**	**10790.8**	**47453.5**
综　合	Comprehensiveness	16	25	247.8
哲学、社会科学	Philosophy and Social Sciences	91	4316.4	19268.5
自然科学、技术	Natural Sciences and Technology	253	1887.6	8634.1
文化、教育	Culture and Education	61	3723.7	15600.9
文学、艺术	Literature and Art	29	838.1	3702.2
画　刊	**Pictorials**	**1**	**102.2**	**348.6**
少年儿童读物	**Children's Reading Material**	**11**	**3966.5**	**13153.8**

16－5 图书出版情况（2019年）

Basic Statistics on Books Published（2019）

指标	Item	出版图书种数（种）Number of Publications（kind）	总印数（万册）Printed Copies（10000 volumes）	总印张（万印张）Printed Sheets（10000 sheets）
总　计	**Total**	**29433**	**74971.24**	**566897.91**
马列主义、毛泽东思想	Marxism-leninism, Mao Zedong Thought	53	24.50	328.7
哲学	Philosophy	462	373.50	4567.26
社会科学总论	General Social Sciences	142	105.45	1227.66
政治、法律	Politics and Law	385	257.95	2902.83
军事	Military Affairs	39	82.82	927.68
经济	Economics	847	237.37	3509.53
文化、科学、教育、体育	Culture, Science, Education and Sports	17292	65239.83	461333.9
语言、文字	Languages	842	470.80	6259.24
文学	Literature	3407	3923.19	43178.25
艺术	Arts	1724	1741.87	11088.07
历史、地理	History and Geography	909	744.73	10023.65
自然科学总论	General Natural Sciences	23	11.31	115.16
数理科学、化学	Mathematics and Chemistry	351	129.52	1633.64
天文学、地理科学	Astronomy and Geology	105	36.14	504.29
生物科学	Biology	89	70.77	843.79
医药、卫生	Medicine and Health Care	671	546.27	6878.18
农业科学	Agricultural Science	107	49.14	397.74
工业技术	Industrial Technology	1591	620.49	8681.82
交通运输	Transportation	129	164.32	1166.52
航空、航天	Aeronautics and Aerospace	7	2.60	25.65
环境科技	Environmental Science	96	40.80	282.02
综合性图书	General Books	162	97.88	1022.30

注：该表为使用中国标准书刊号部分。

a) In this table, the data were used according to the standard serial number of China.

16-6 分地区公共图书馆基本情况（2019年）

指标	Item	南京市 Nanjing	无锡市 Wuxi	徐州市 Xuzhou	常州市 Changzhou
公共图书馆（个）	Number of Public Library (unit)	14	8	8	7
总藏量（万册件）	Total Collections (10000 copies)	799.02	895.46	403.73	507.28
人均拥有公共图书馆藏量（册）	Collections of Public Libraries Owned Per Person (copy)	0.94	1.36	0.46	1.07
有效借书证数（个）	Accumulative Number of Library Cards Distributed (unit)	576951	649391	143725	339047
总流通人次（万人次）	Number of Circulation (10000 person-times)	955.18	723.98	253.22	333.24
#书刊文献外借人次	Borrowing from Libraries	284.74	131.86	146.32	98.17
书刊文献外借册次（万册次）	Books and Periodicals Lent to Readers (10000 copies-times)	586.75	669.16	239.36	175.35
阅览室座席数（个）	Seats of Reading Room (unit)	7425	6488	5211	6838
每万人拥有公共图书馆建筑面积（平方米）	Floor Space of Buildings of Public Libraries Owned per 10000 Population (sq. m)	248.29	166.46	99.55	240.16
组织各类讲座次数（次）	Number of Lectures (time)	755	265	312	368
参加讲座人次（万人次）	Attending Lectures (10000person-times)	8.66	4.19	5.43	4.57
举办展览（个）	Exhibitions Held (unit)	338	165	118	77
参观展览人次（万人次）	Visiting Exhibitions (10000 person-times)	75.24	55.75	14.46	9.56
举办培训班（个）	Training Classes Held (unit)	381	143	366	116
参加培训人次（万人次）	Attending Training (10000 person-times)	1.56	0.53	1.92	0.60
计算机（台）	Computers (set)	1211	1047	516	587
#电子阅览室终端数	Terminals in Electronic Media Reading Rooms	787	617	370	273

Statistics on Public Libraries by Region (2019)

苏州市 Suzhou	南通市 Nantong	连云港市 Lianyun gang	淮安市 Huaian	盐城市 Yancheng	扬州市 Yangzhou	镇江市 Zhenjiang	泰州市 Taizhou	宿迁市 Suqian
11	10	8	9	11	7	9	7	7
2500.58	724.95	329.46	416.61	499.39	547.9	412.26	366.35	251.96
2.33	0.99	0.73	0.84	0.69	1.20	1.29	0.79	0.51
11514631	624472	192551	223678	298981	517752	184967	219873	204547
3085.7	453.17	373.66	299.5	403.72	499.27	268.18	313.72	189.21
474.64	177.48	183.05	117.9	129.94	228.61	105.66	177.32	104.93
1782.23	461.1	337.47	308.57	229.28	363.74	248.02	316.23	221.54
12171	5806	3889	3547	4569	6754	3062	3208	2058
221.62	165.39	117.76	200.12	138.22	206.05	187.7	198.9	191.74
927	296	375	451	285	143	191	120	178
9.39	3.98	6.05	3.78	9.42	3.15	1.4	1.66	4.72
229	127	117	89	305	166	55	51	94
55.55	23.52	9.61	11.02	29.86	28.63	4.51	41.85	9.94
425	175	154	109	74	205	56	74	51
1.98	0.86	0.88	0.79	0.81	1.35	0.57	0.6	0.32
2595	944	486	730	984	744	654	433	464
1370	569	267	552	757	459	453	292	315

16－7 广播、电视事业发展情况
Basic Statistics on Broadcasting and Television Stations

项目	Item	2015	2016	2017	2018	2019
职工人数（人）	Number of Staff and Workers (person)	52664	53531	73417	59604	58992
中短波发射台及转播台（座）	Number of Transmission and Relaying Stations of Medium and Short Ware Broadcast (set)	21	21	21	21	21
中短波发射机功率（千瓦）	Power of Transmitters of Medium and Short Ware Broadcast (kW)	735	735	735	735	635
广播人口覆盖率（%）	Radio Coverage of Population (%)	100.00	100.00	100.00	100.00	100.00
广播电台（座）	Radio (set)	8	8	8	8	8
电视台(座)	Television Station (set)	8	8	8	8	8
广播电视台(座)	Radio and Television (set)	71	71	71	74	71
调频电视发射及转播台（座）	Launch and FM TV Station (set)	98	104	106	106	106
调频发射机功率(千瓦)	FM Transmitter Power (kW)	168.2	175.8	173.4	173.8	173.8
电视发射机功率(千瓦)	TV Transmitter Power (kW)	510.15	512.95	535.70	533.70	533.70
电视人口覆盖率（%）	TV Coverage of Population (%)	100.00	100.00	100.00	100.00	100.00
有线电视用户数（万户）	Users of Cable TV (10000 households)	2226	2069	1606	1641	1546
数字电视用户数（万户）	Users of Digital TV (10000 households)	1761	1754	1479	1567	1500
有线电视数字化率（%）	Cable TV Coverage of Households (%)	79.1	84.8	92.3	95.4	97.0

16－8 广播、电视节目制作时间
Time of Production of Broadcasting and TV Programs

单位:小时 (hour)

项目	Item	2015	2016	2017	2018	2019
广播节目制作	**Production of Broadcasting Programs**	**589282**	**608779**	**577970**	**565828**	**554517**
#新闻	News Programs	101840	104118	99103	95897	94889
专题	Special Subject Programs	136748	151160	135877	134736	135089
文艺(综艺)	General Entertainment Programs	158768	155311	147033	142494	134848
广告	Advertising Programs	76548	73031	69555	64168	64505
电视节目制作	**Production of TV Programs**	**189429**	**195036**	**195865**	**209004**	**188186**
#新闻	News Programs	58367	59534	53275	53466	53958
专题	Special Subject Programs	44822	43939	47159	54032	52464
文艺(综艺)	General Entertainment Programs	20610	19597	18017	32964	24680
广告	Advertising Programs	32668	33796	32047	30642	29713

16-9 分地区规模以上文化及相关产业法人单位数（2018 年底）

Number of Legal Persons of Culture and Relavant Industry above Ddesignated Size by Region at Year-end (2018)

地区	Region	法人单位数(个) Legal Persons (unit)	文化制造业 Cultual Manufacturing	文化批发和零售业 Wholesale and Retail of Culture	文化服务业 Services of Culture
全省	Province	7587	2476	1226	3885
南京市	Nanjing	1706	150	287	1269
无锡市	Wuxi	663	289	94	280
徐州市	Xuzhou	343	67	112	164
常州市	Changzhou	772	274	110	388
苏州市	Suzhou	934	410	128	396
南通市	Nantong	807	329	119	359
连云港市	Lianyungang	170	89	47	34
淮安市	Huaian	457	149	58	250
盐城市	Yancheng	496	166	99	231
扬州市	Yangzhou	443	185	65	193
镇江市	Zhenjiang	256	76	37	143
泰州市	Taizhou	317	148	46	123
宿迁市	Suqian	223	144	24	55

16-10 分地区规模以上文化制造业企业基本情况(2018年)

Basic Conditions of Cultural Manufacturing Enterprises above Designated Size by Region (2018)

单位:万元 (10000 yuan)

地区	Region	企业单位数(个) Number of Enterprises (unit)	年末从业人员(人) Engaged Persons at Year-end (person)	资产总计 Total Assets	营业收入 Business Revenue	营业税金及附加 Taxes and Extra Charges on Business	营业利润 Operating Profit	应交增值税 Value-added Tax Payable
全省	Province	2494	654622	29628771	75202464	360136	5079873	1721102
南京市	Nanjing	141	25986	956459	4015860	10987	128556	10766
无锡市	Wuxi	275	65389	2625159	8961220	31022	477101	158627
徐州市	Xuzhou	77	14901	755383	2084563	12533	164380	85416
常州市	Changzhou	281	78680	2030158	7220114	30020	520999	182300
苏州市	Suzhou	438	221646	10166366	23515428	93278	1666230	350931
南通市	Nantong	358	68659	2959744	7373186	33667	628501	215881
连云港市	Lianyungang	128	20662	1079693	2919893	26896	220711	88134
淮安市	Huaian	133	22488	957386	3362881	22795	191305	82263
盐城市	Yancheng	149	33779	2814480	4372011	29245	294532	155347
扬州市	Yangzhou	160	37004	1401276	3508866	15086	207164	99814
镇江市	Zhenjiang	87	20858	2546799	2850191	15111	227606	95751
泰州市	Taizhou	110	19911	700667	3339365	29356	258837	156366
宿迁市	Suqian	157	24659	635202	1678886	10141	93952	39506

16－11 分地区限额以上文化批发和零售业企业基本情况（2018年）

Basic Conditions of Enterprises of Wholesale and Retail of Culture above Designated Size by Region (2018)

单位:万元 (10000 yuan)

地区	Region	企业单位数(个) Number of Enterprises (unit)	年末从业人员(人) Engaged Persons at Year-end (person)	资产总计 Total Assets	营业收入 Business Revenue	营业税金及附加 Taxes and Extra Charges on Business	营业利润 Operating Profit	应交增值税 Value-added Tax Payable
全省	Province	1136	62713	819240	32730964	61248	741654	258543
南京市	Nanjing	254	33481	356065	23090802	23610	310471	137632
无锡市	Wuxi	66	3005	65529	1851291	3218	15616	18298
徐州市	Xuzhou	118	3093	69979	602333	4779	54124	15535
常州市	Changzhou	98	3716	42190	1237284	3044	28038	12281
苏州市	Suzhou	120	7462	68125	3073209	9334	67186	35714
南通市	Nantong	117	3826	45654	667443	3474	43691	10761
连云港市	Lianyungang	58	1148	25190	285594	1546	10042	5544
淮安市	Huaian	41	888	22083	178971	1455	10528	2415
盐城市	Yancheng	99	1999	55664	424921	2683	35187	5839
扬州市	Yangzhou	46	1131	16081	149933	1788	6990	1996
镇江市	Zhenjiang	45	1084	23332	374664	4839	50816	8701
泰州市	Taizhou	48	1492	27098	282871	1035	12119	2767
宿迁市	Suqian	26	388	2250	511649	445	96847	1062

16－12 分地区重点文化服务业企业基本情况（2018 年）
Basic Conditions of Major Enterprises of Services of Culture by Region (2018)

单位：万元　　　　(10000 yuan)

地　区	Region	企业单位数（个）Number of Enterprises (unit)	年末从业人员（人）Engaged Persons at Year-end (person)	资产总计 Total Assets	营业收入 Business Revenue	营业税金及附加 Taxes and Extra Charges on Business	营业利润 Operating Profit	应交增值税 Value-added Tax Payable
全省	Province	4254	458796	14612134	33164735	244211	3019378	745869
南京市	Nanjing	1241	182838	6044627	18098482	99400	1337948	416656
无锡市	Wuxi	256	31800	1778666	2487322	13168	264224	45941
徐州市	Xuzhou	170	10311	297826	485447	5891	60132	14288
常州市	Changzhou	483	64815	2379345	3785687	40608	581896	77975
苏州市	Suzhou	434	71538	1548174	3295049	21561	293003	93384
南通市	Nantong	397	22372	677807	1561107	12477	158994	28149
连云港市	Lianyungang	54	5370	183026	168842	1795	4027	3404
淮安市	Huaian	283	11021	243565	675574	12470	76140	12768
盐城市	Yancheng	265	12640	252744	518377	9298	66248	8955
扬州市	Yangzhou	199	13448	386335	450151	6367	16468	10605
镇江市	Zhenjiang	176	10754	281319	616394	7502	77277	13836
泰州市	Taizhou	176	13332	447262	569789	11201	48136	13201
宿迁市	Suqian	120	8557	91438	452515	2474	34886	6708

16－13　体育系统职工人数（2019 年）
Number of Staff and Workers in Sports Commissions（2019）

单位：人　　　　（person）

项　　目	Item	总　计 Total	体　育 行政机关 Sports Adminis-tration	优　秀 运动队 Excellent Sports Teams	体育运 动学校 Physical Education and Sports Schools	业　余 体　校 Spare-time Sports Schools	体育 场馆 Public Stadiums and Gym-nasiums	其　他 Others
总　　计	**Total**	**8922**	**971**	**1595**	**1033**	**1050**	**1134**	**1514**
公务员	Civil Servant	971	971					
教练员	Coaches	1488		181	493	498	87	229
运动员	Athletes	1595		1084	32	1		478
科研人员	Scientific and Technical Personnel	101			9	3		89
医务人员	Medical Personnel	50		10	7	1		32
文化教师	Teachers	1004			230	284	10	480
管理人员	Administrative Staff	1442	61		119	146	293	522
其他人员	Others	1563	59		36	110	490	618

16－14　等级运动员、裁判员人数
Number of Athletes and Referees in Grades

单位：人　　　　（person）

项　　目	Item	2014	2015	2016	2017	2018	2019
等级运动员发展人数	**Number of Athletes in Grades**						
运动健将	Master of Sports	189	152	159	165		
一级	First Grade	825	581	515	587	622	949
二级	Second Grade	1568	1230	1583	1913	1689	1870
等级裁判员发展人数	**Number of Referees in Grades**						
国家(际)级	National (International) Referees	40		17	16		5
一级	First Grade	632	792	1327	749	622	656
二级	Second Grade	4848	4491	5298	4522	1689	3672

注：2011 年始运动健将包含国际运动健将。
a）From the 2011，Athlete inculdes World-Class.

16－15　运动员在各级比赛中获奖牌情况（2019 年）
Awards for Athletes in Competitions of All Levels（2019）

单位：个　　　　（unit）

项　　目	Item	冠　　军 Champion	亚　　军 Second Place	季　　军 Third Place
世界最高比赛	World Highest Competition			
亚洲最高比赛	Asian Highest Competition			2
全国最高比赛	National Highest Competition	2	1	5

16－16 卫生事业基本情况（2019 年）
Basic Statistics on Health Care（2019）

项目	Item	机构数（个）Institutions（unit）	床位数（张）Hospital Beds（bed）	卫生工作人员（人）Personnel（person）	#卫生技术人员 Medical Technical Personnel	#医师 Doctors
总计	**Total**	**34796**	**515915**	**786380**	**633345**	**254685**
医院	**Total Hospitals**	**1941**	**407248**	**468534**	**389216**	**133372**
综合医院	General Hospitals	995	235199	287828	246347	85037
中医医院	Hospitals Specialized in Traditional Chinese Medicine	151	50949	64239	55467	20616
中西结合医院	Hospitals of Integrated Traditional Chinese and Western Medicine	40	8101	10717	8920	3318
专科医院	Specialized Hospitals	509	74725	85994	68211	22107
护理院	Nursing Hospitals	246	38274	19756	10271	2294
基层医疗卫生机构	**Primary Health Care Institutions**	**31821**	**98411**	**273239**	**212608**	**108566**
社区卫生服务中心(站)	Health Service Center for Community	2706	22720	55897	48141	21330
卫生院	Township Hospitals	1041	75215	100933	86637	40033
村卫生室	Village Health Stations	15169		43534	18711	16866
门诊部	Outpatient Departments	2279	323	35773	27090	12590
诊所、卫生所、医务室	County（District）Chinics, Sanitation Offices and Medical Matter Centers Sanitation Service Station	10626	153	37102	32029	17747
专业公共卫生机构	**Professional Public Health Agencies**	**685**	**7894**	**35836**	**26835**	**11092**
疾病预防控制中心	Disease Prevention and Controlling Centers	118		8579	6548	4294
专科疾病防治院(所、站)	Specilized Disease Prevention and Treatment Institutes	42	1381	1528	1176	531
健康教育所(站、中心)	Health Education Centers	6		111	44	23
妇幼保健院(所、站)	Maternity and Child Care Centers	115	6462	15952	13023	5444
急救中心(站)	Emergency Treatment Centers（Stations）	53	51	1860	888	461
采供血机构	Blood Collection and Supply Institutions	30		2219	1583	112
卫生监督所(中心)	Sanitation Supervision Agenicies	105		3496	3110	
计划生育技术服务机构	Family Planning Technical Services Institutions	216		2091	463	227
其他卫生机构	**Other Health Care Institutions**	**349**	**2362**	**8771**	**4686**	**1655**
疗养院	Sanatoriums	12	2362	997	691	285
医学科学研究机构	Institutions of Medical Sciences Research	9		401	202	123
医学在职培训机构	In-service Training of Medical Science	25		887	136	55
临床检验中心(所、站)	Clinical Laboratory Center and Stations	71		3273	1580	178
统计信息中心	Statistical Information Center	14		103	5	2
其他	Other	218		3110	2072	1012

16－17 卫生机构数

Number of Health Care Institutions

单位：个 (unit)

年份 地区 Year Region	总 计 Total	#医 院 Hospitals	#卫生院 Township Hospitals	#门诊部 Clinics	#妇幼保健院（所、站） Maternity and Child Care Centers	#专科疾病防治院（所、站） Specialized Disease Prevention and Treatment Institutes	#疾病预防控制中心（防疫站） Disease Prevention and Controlling Centers
1978	9277	2428			84	9	107
1980	9943	2457			99	17	119
1985	11515	2460			105	84	127
1990	12366	2491			114	108	135
1995	12039	2534			117	122	141
2000	12813	634	1877	106	112	118	142
2001	13208	662	1771	119	112	113	147
2002	12368	891	1625	293	111	80	145
2003	12733	920	1602	313	106	59	136
2004	14447	995	1493	371	107	45	143
2005	15324	1014	1472	372	107	49	154
2006	17143	1061	1407	395	107	48	153
2007	19129	1087	1384	458	106	49	166
2008	13451	1093	1448	474	104	49	170
2009	13388	1112	1440	484	105	47	170
2010	30961	1157	1276	535	103	46	130
2011	31680	1283	1223	708	106	53	129
2012	31054	1426	1117	813	110	48	128
2013	31005	1490	1066	921	109	45	124
2014	32000	1524	1046	992	110	43	123
2015	31925	1581	1035	1100	109	44	120
2016	32135	1679	1041	1300	110	42	117
2017	32037	1727	1058	1481	110	43	116
2018	33253	1853	1057	1932	114	41	117
2019	34796	1941	1041	2279	111	42	118
南京市 Nanjing	3242	248	16	332	13	5	17
无锡市 Wuxi	2770	205	43	344	8	6	8
徐州市 Xuzhou	4594	177	162	183	11	3	12
常州市 Changzhou	1458	86	57	209	7	2	7
苏州市 Suzhou	3720	221	94	416	11	4	11
南通市 Nantong	3357	229	83	105	7	1	9
连云港市 Lianyungang	2740	90	90	122	8	1	9
淮安市 Huaian	2200	70	128	59	8	4	8
盐城市 Yancheng	3270	164	138	96	10	4	10
扬州市 Yangzhou	1890	76	74	179	7	4	7
镇江市 Zhenjiang	1013	53	41	90	7	4	7
泰州市 Taizhou	2118	87	115	112	7	3	7
宿迁市 Suqian	2424	235		32	6	1	6

注：从 2010 年起卫生机构数包括村卫生室的数字（以下表同）。

a) From 2010, the number of health care institutions have involved the figure of village health stations (the same below).

16-18 卫生机构人员数
Number of Persons Engaged in Health Care Institutions

单位:万人 (10000 persons)

年份 地区 Year Region	卫生工作人员 Medical Personnel	卫生技术人员 Medical Technical Personnel	#执业(助理)医师 Doctors	#注册护士 Registered Nurses	每万人拥有医师数(人) Number of Doctors per 10000 Population (person)
1978	17.45	14.00	5.70	1.79	9.7
1980	19.03	15.04	6.10	2.08	10.2
1985	23.68	18.28	7.65	3.61	12.3
1990	27.58	21.35	9.94	5.34	14.6
1995	31.57	24.55	11.22	6.44	15.9
2000	32.18	25.36	11.44	7.39	15.6
2001	32.08	25.36	11.46	7.54	16.2
2002	30.08	24.00	10.22	7.25	14.3
2003	30.37	24.37	10.40	7.37	14.5
2004	30.95	25.01	10.60	7.70	14.7
2005	31.61	25.97	11.13	8.05	15.0
2006	33.45	27.54	11.46	8.59	15.7
2007	35.53	28.62	11.87	9.45	16.1
2008	36.13	29.16	11.97	10.09	15.6
2009	37.76	30.65	12.32	11.06	15.9
2010	45.93	32.84	12.90	12.26	16.4
2011	48.18	35.05	13.47	13.56	17.1
2012	52.02	39.61	15.80	15.53	19.9
2013	55.12	42.90	16.97	17.42	21.4
2014	58.96	45.85	17.86	18.88	22.4
2015	61.89	48.70	15.92	20.40	23.7
2016	65.42	51.71	20.47	22.12	25.6
2017	69.28	54.80	21.72	23.72	27.1
2018	73.93	59.00	23.33	26.04	29.0
2019	78.64	63.33	25.47	27.98	31.6
南京市 Nanjing	11.46	9.39	3.57	4.25	42.0
无锡市 Wuxi	7.23	5.93	2.32	2.66	35.2
徐州市 Xuzhou	9.10	7.08	2.86	3.22	32.4
常州市 Changzhou	4.53	3.71	1.48	1.64	31.3
苏州市 Suzhou	11.43	9.10	3.55	4.04	33.1
南通市 Nantong	6.26	5.03	2.09	2.15	28.5
连云港市 Lianyungang	3.87	3.11	1.29	1.43	28.5
淮安市 Huaian	4.41	3.60	1.46	1.65	29.6
盐城市 Yancheng	5.54	4.44	1.96	1.74	27.2
扬州市 Yangzhou	3.63	2.94	1.26	1.21	27.6
镇江市 Zhenjiang	2.69	2.17	0.85	0.96	26.4
泰州市 Taizhou	3.93	3.17	1.33	1.33	28.7
宿迁市 Suqian	4.54	3.67	1.46	1.73	29.6

16－19 卫生机构床位数

Number of Beds in Health Care Institutions

单位:万张 (10000 beds)

年份 地区 Year Region	总 计 Total	#医 院 Hospitals	#卫生院 Township Hospitals	#社区卫生服务中心 Health Service Center for Community	#专科疾病防治院(所、站) Specialized Disease Prevention and Treatment Institutes	每万人拥有医院、卫生院床位数(张) Number of Hospital Beds per 10000 Population (bed)
1978	12.29	11.07				19.0
1980	12.75	11.62				19.6
1985	14.29	12.65				20.4
1990	16.45	14.54				21.5
1995	17.46	15.48				21.9
2000	17.31	10.01	6.18		0.13	22.1
2001	17.32	10.14	6.13		0.09	22.9
2002	17.45	11.38	5.58		0.10	23.8
2003	17.99	11.54	5.63		0.08	24.0
2004	18.90	12.31	5.42		0.14	24.6
2005	20.01	13.18	5.41		0.10	25.6
2006	21.16	14.27	5.31		0.10	26.8
2007	22.00	15.15	5.30	0.92	0.10	27.8
2008	23.51	16.39	5.70	0.82	0.07	28.8
2009	25.15	17.76	5.71	1.07	0.07	30.4
2010	26.97	19.55	5.20	1.58	0.09	31.5
2011	29.64	22.17	5.13	1.57	0.11	34.6
2012	33.31	25.59	5.18	1.67	0.13	38.8
2013	36.83	28.62	5.51	1.81	0.12	43.0
2014	39.23	30.93	5.56	1.85	0.11	45.8
2015	41.36	32.85	5.64	1.90	0.11	48.3
2016	44.31	35.62	5.88	1.82	0.11	51.9
2017	46.98	37.03	6.80	2.11	0.17	54.6
2018	49.15	38.80	7.07	2.23	0.13	59.7
2019	51.59	40.72	7.46	2.27	0.14	59.7
南京市 Nanjing	5.90	5.35	0.06	0.37	0.02	63.7
无锡市 Wuxi	5.05	4.22	0.31	0.41	0.01	68.7
徐州市 Xuzhou	6.10	4.36	1.30	0.28	0.03	64.2
常州市 Changzhou	2.83	2.23	0.39	0.12	…	55.4
苏州市 Suzhou	7.17	6.06	0.86	0.23	…	64.4
南通市 Nantong	4.64	3.65	0.81	0.17	0.01	60.9
连云港市 Lianyungang	2.81	1.90	0.71	0.05	0.02	57.8
淮安市 Huaian	3.04	2.00	0.78	0.10	0.01	56.4
盐城市 Yancheng	4.03	2.94	0.93	0.10	0.02	53.6
扬州市 Yangzhou	2.50	1.78	0.45	0.17	0.01	48.9
镇江市 Zhenjiang	1.58	1.17	0.18	0.15		41.9
泰州市 Taizhou	2.99	2.16	0.68	0.10	…	61.2
宿迁市 Suqian	2.95	2.92		0.03		59.0

注:分市数计量单位为张。

a) The units of measurement is bed by region.

16－20 医疗机构门诊情况（2019 年）
Service of Health Institutions（2019）

指标	Item	诊疗人次(万人次) Total Number of Patients Treated (10000 person-times)	#门诊 Out-patients Service	#急诊 Emergency Patients
总计	**Total**	**61722**	**55375**	**4575**
医院	**Hospitals**	**28268**	**24527**	**3236**
综合医院	General Hospitals	18475	15871	2328
中医医院	Hospitals Specialized in Traditional Chinese Medicine	4982	4350	495
中西医结合医院	Hospitals of Integrated Traditional Chinese and Western Medicine	686	596	81
专科医院	Specialized Hospitals	4084	3678	331
基层医疗卫生机构	**Primary Health Care Institutions**	**32002**	**29623**	**1171**
社区卫生服务中心(站)	Health Service Center for Commnunity	9328	8379	501
卫生院	Township Hospitals	9742	8827	670
#乡镇卫生院	Rural Township Hospitals	9681	8770	667
村卫生室	Village Health Stations	8343	8104	
门诊部	Outpatient Departments	1367	1197	
诊所、卫生所、医务室	County(District) Chinics, Sanitation Offices and Medical Matter Centers Sanitation Service Station	3222	3116	
专业公共卫生机构	**Professional Public Health Agencies**	**1431**	**1215**	**168**
专科疾病防治院(所、站)	Specialized Disease Prevention and Treatment Institutes	114	114	
妇幼保健院(所、站)	Maternity and Child Care Centers	1230	1101	81
急救中心(站)	Emergency Treatment Centers (Stations)	87		87
其他机构	**Other Health Care Institutions**	**20**	**10**	
疗养院	Sanatoriums	20	10	

16-21 医疗机构住院服务、病床使用情况（2019年）
Situation of Hospitalization Service and Beds Utilization of Health Institutions (2019)

指标	Item	病床使用率（%）Utilization Rate of Beds (%)			入院人数（万人）Hospital Admissions (10000 persons)			每百门急诊人次的入院人数（人）Hospital Admissions per 100 Patient-times (person)
		合计 Total	非营利 Non-profit	营利 Profit	合计 Total	非营利 Non-profit	营利 Profit	
总计	**Total**	**81**	**61**	**83**	**1528**	**110**	**1418**	**3**
医院	**Hospitals**	**86**	**61**	**90**	**1241**	**109**	**1132**	**4**
综合医院	General Hospitals	88	68	90	861	73	788	5
中医医院	Hospitals Specialized in Traditional Chinese Medicine	89	54	92	176	6	170	4
中西医结合医院	Hospitals of Integrated Traditional Chinese and Western Medicine	72	55	76	23	3	20	3
专科医院	Specialized Hospitals	84	47	92	169	23	146	4
基层医疗卫生机构	**Primary Health Care Institutions**	**62**	**12**	**62**	**256**		**256**	**1**
社区卫生服务中心	Health Service Center for Community	55		55	46		46	1
卫生院	Township Hospitals	64		64	210		210	2
乡镇卫生院	Rural Township Hospitals	64		64	210		210	2
专业公共卫生机构	**Professional Public Health Agencies**	**77**	**70**	**77**	**26**	**1**	**25**	**2**
专科疾病防治院（所、站）	Specialized Disease Prevention and Treatment Institutes	73		73	1		1	1
妇幼保健院（所、站）	Maternity and Child Care Centers	78	70	78	26	1	25	2
其他机构	**Other Health Care Institutions**	**80**	**70**	**80**	**25**	**1**	**24**	**3**
疗养院	Sanatoriums	39	16	41	5		5	49

16－22　法定报告传染病发病及死亡情况（2019 年）

Legal Report on Infection Disease Incidence and Death（2019）

病　名	Item	发病率（1/10 万）Incidence（1/100 thousand）	死亡率（1/10 万）Rate of Death（1/100 thousand）
鼠疫	Pestilence		
霍乱	Cholera		
传染性非典型肺炎	SARS		
艾滋病	AIDS	2.0657	0.3056
病毒性肝炎	Viral Hepatitis	27.8000	0.0050
脊髓灰质炎	Polio		
人感染高致病性禽流感	Highly Pathogenic Avian Influenza to Humans		
麻疹	Measles	.0584	
流行性出血热	Hemorrhage Fever	0.3515	0.0012
狂犬病	Hydrophobia	0.0199	0.0199
流行性乙型脑炎	Epidemic Encephalitis B	0.0037	
登 革 热	Pengue	0.2472	
炭疽	Anthrax		
细菌性和阿米巴性痢疾	Dysentery	2.6942	
肺结核	Pulmonary Tuberculosis	31.2500	0.1180
伤寒、副伤寒	Typhoid and Paralyphoid Fever	0.1627	
流行性脑脊髓膜炎	Epidemic Cerebrospinal Meningitis		
百日咳	Pertussis	0.3205	
白喉	Diphtheria		
新生儿破伤风　（1/1000）	Newborn Tetanus		
猩红热	Scarlet Fever	7.0615	
布鲁氏菌病	Brucellosis	0.1727	
淋病	Gonorrhea	8.6477	
梅毒	Syphilis	34.8500	0.0012
钩端螺旋体病	Leptospirosis		
血吸虫病	Bilharziasis		
疟疾	Malaria	0.2956	0.0012
人感染 H7N9 禽流感	Avian Influenza H7N9 Infection		

16－23　孕产妇及婴儿死亡率

Death Rate of Pregnant Women and Babies

指　标	Item	2015	2016	2017	2018	2019
孕产妇死亡率　（1/10 万）	Death Rate of Pregnant Women（1/100 thousand）	4.64	4.47	10.42	9.83	7.78
婴儿死亡率　（‰）	Death Rate of Babies　（‰）	3.30	3.05	2.61	2.71	2.52
5 岁以下儿童死亡率（‰）	Death Rate of Children Aged 5 and Below（‰）	4.33	4.13	3.67	3.99	3.74

主要统计指标解释

文化事业机构 指从事专业文化工作和为专业文化工作服务的独立建制的单位。不包括这些单位另外举办独立核算的其他机构和各部门的业余文化组织。

艺术表演团体 指从事戏曲、音乐、舞蹈、杂技等专业艺术表演,有独立帐户的单位,不包括半工半艺、半农半艺和民间职业剧团。

等级运动员人数 指经考核正式批准授予等级运动员称号的人数。运动员等级分为国际级运动健将、运动健将、一级运动员、二级运动员、三级运动员、少年级运动员。

等级裁判员人数 指经考核正式批准授予等级裁判员称号的人数。裁判员等级分为国际裁判、国家级裁判、一级裁判、二级裁判、三级裁判。

卫生机构 指从卫生计生行政部门取得《医疗机构执业许可证》,或从民政、工商行政、机构编制管理部门取得法人单位登记证书,为社会提供医疗保障、疾病控制、卫生监督服务或从事医学科研和教育等工作的单位。

卫生技术人员 指卫生事业机构支付工资的全部职工中现任职务为卫生技术工作的专业人员,包括执业医师、执业助理医师、注册护士、药剂人员、检验人员和其他卫生技术人员。

执业(助理)医师和注册护士 指领取医师执业证书和注册护士证书的人员。

Explanatory Notes on Main Statistical Indicators

Cultural Institutions refer to units which have their own organizational system and independent accounting system and specilize in or serve cultural development. They exclude other establishment runed by these cultural institutions and amateur groups established by various departments.

Art Troupe refer to the troupe which is engaged in drama, opera, music, dance, acrobatics or other art performance, opens independent accounts with banks and has self-accounting system; excluding the troupes which are engaged partly in industrial or agricultural activities, partly in art performance and the professional troupes organized by the people.

Number of Athletes in Grades refers to the number of athletes who have been given titles through examination. The titles of athlets include international masters of sports, masters of sports, first grade, second grade and third grade sportsmen and young athletes.

Number of Referees in Grades refers to the number of referees who have been given titles after examination. They are classified as international referees, national referees and referees of the first, second and third grades.

Health Care Institutions refers to the units which have received the "Practitioner Licence Certification of Medical and Health Institutions" from health administration, or the registered certification of corporation units from the civil, industrial and commercial, and establishment administration. They provide the services of medical security, disease controlling, health supervision, or engaged in medical scientific research and education.

Medical Technical Personnel refer to all medical staff and workers employed by medical institutions, including doctor of Chinese and Western medicine, senior doctors who integrated traditional Chinese therapeutics with Western therapeutics in practice, senior nurses, pharmacists of Chinese and Western medicine, laboratory specialists, other specialists, paramedics of Chinese and Western medicine, nurses, midwives, druggists in Chinese and Western medicine, laboratory technicians, other technicians, other practitioners of Chinese medicine, nursing attendants, pharmacological workers of Chinese and Western medicine, laboratory workers and other primary medical personnel.

Practitioner(Assistant) Doctor and Registered Nurse refer to the doctors and nurses who have received the practitioner doctor certification and registered nurse certification respectively.

17

公共管理、社会保障和社会组织

Public Management, Social Services and Social Organizations

简 要 说 明

一、本篇资料的主要内容

本篇主要反映档案、民政、残疾人、社会保障、工会妇联、公检法监司情况等内容。

档案部分主要包括档案机构人员，档案馆档案资料馆藏和利用情况；民政事业部分主要包括民政行业单位情况，民政事业经费情况，收养类单位情况，办理结婚、离婚情况；社会保障部分主要包括社会保险基本情况，社会保险基金收支及累计结余情况；公检法监司部分主要包括公安机关的刑事案件立案情况和治安案件查处情况，交通、火灾事故情况，人民检察院的办案情况，人民法院审理案件和收结案情况，监察委立案、结案情况，以及律师、公证、调解工作等情况。

二、本篇的资料来源

根据各部门制定的统计报表制度汇总加工整理而成。档案资料来自省委办公厅档案管理处；民政事业资料来自省民政厅；残疾人事业资料来自省残疾人联合会；社会保障资料来自省人力资源和社会保障厅；工会妇联资料分别来自省妇女联合会和省总工会；公检法监司资料分别来自省公安厅、省人民检察院、省高级人民法院、省监察委、省司法厅。

Brief Introduction

I. Main Contents

Data in this chapter show statistics on archives, civil affairs, disabled persons, social security, labour union, woman's federation, public security, procuratorial, legal, supervise and judicial affairs and so on.

Data on archives cover mainly information on persons and institutions of archives, conditions of files stored and used in archives; data on civil affairs include: basic conditions of affairs agencies, expenses for civil administration, statistics on adoptive homes, marriages and divorces; data on social security cover information such as basic statistics of social insurance, revenue, expenses and balance of social insurance fund; data on public security, procuratorial, legal, supervise and judicial affairs covering information on criminal cases registered and offense cases handled by the public security agencies, traffic or fire accidents, cases handled by procuratorate's offices, cases accepted and settled by the people's courts, data on the supervisory committee filing and closing the case, and statistics on lawyers, notarization and mediation.

II. Sources of Data

Data are collected and tabulated in accordance with the statistic reporting schemes stipulated by the departments concerned; data on archives are provided by the office of the Provincial Party Committee; data on civil affairs are from Provincial Department of Civil Affairs; data on disabled persons are from Province Disabled Persons' Federation; data on social security are from Provincial Department of Human Resources and Social Security; data on labour union and woman's federation are respectively from Province Women's Federation and Federation of Trade Unions; data on public security, procuratorial, legal, supervise and judicial affairs are respectively from Provincial Public Security Bureau, People's Procuratorate, Provincial Higher People's Court, Provincial Supervisory Committee and Justice Department.

17－1 档案事业机构人员数（2019年）
Number of Persons and Institutions of Archives（2019）

项 目	Item	机构数（个）Number of Institutions（unit）	专职人员数（人）Full-time Personnel（person）	#女 性 Female	#大专以上文化程度 College and Higher Level
总 计	**Total**	**4787**	**6383**	**4183**	**6144**
档案行政管理部门	Administrative Department of Archives	109	159	62	159
档案馆	Archives	149	2048	1066	2018
档案室（处、科）	Archives Offices（Sections）	4529	4176	3055	3969

17－2 档案馆档案资料馆藏和利用情况
Conditions of Files Stored and Used in Archives

项 目	Item	2015	2016	2017	2018	2019
馆藏档案	**Archives Stored**					
全 宗 （个）	Whole Volume （unit）	22427	20724	20836	21237	21703
案 卷 （万卷）	Files （10000 volumes）	4298	1975	2159	2482	2836
以件为保管单位档案（万件）	Take a piece as a storage unit file （copy）		1716	1972	2649	3158
录音录像影片档案 （盘）	Records，Films of Videotape Files （copy）	102026	80109	82241	87823	88977
照片档案 （万张）	Photos （10000 pieces）	330	175	178	172	184
馆藏资料 （万册）	**Number of Material Stored （10000 volumes）**	**166**	**155**	**160**	**161**	**165**
档案馆面积 （平方米）	**Areas of Archives （sq. m）**	**800936**	**769284**	**851688**	**911137**	**1035080**
#库房面积	Areas of Storerooms	301124	282623	315798	336597	334822
档案资料利用	**Use of Material**					
利用档案人次 （万人次）	Number of Person-times Using Files Material （10000 person-times）	71	44	50	61	55
利用档案卷次 （万卷件次）	Number of Archives Used （10000 volume-times）	151	72	91	138	155
利用资料人次 （万人次）	Number of Archives Used （10000 person-times）		1	1	2	1
利用资料 （册次）	Number of Data Used （volumes-times）	21200	21303	25009	29461	22503
开放档案	**Opening archives**					
案 卷 （万卷/万件）	Files （10000 volumes）	218	227	259	249	253
以件为保管单位档案 （万件）	Take a piece as a storage unit file （10000 volumes）		44	59	74	75

注：本表档案馆指综合档案馆。
a）Archives in this table refer to comprehensive archives.

17－3 律师、公证及调解工作基本情况
Basic Statistics on Lawyers, Notarization and Mediation

项目	Item	2010	2015	2016	2017	2018	2019
律师工作	**Lawyers**						
律师事务所 （个）	Number of Lawyer Offices (unit)	1112	1512	1612	1786	1882	2043
律师所工作人员 （人）	Number of Lawyers (person)	11903	18235	19140	21816	26570	30461
担任法律顾问 （家）	Number of Units with Legal Advisors (unit)	57670	90137	94244	77830	82623	90495
民事案件诉讼代理 （件）	Agent of Civil Cases (case)	180151	289806	367380	410173	493375	599258
刑事诉讼辩护及代理 （件）	Defender and Agent of Criminal Cases (case)	28472	37765	40995	49549	62453	81066
非诉讼法律事务 （件）	Agent of Non-litigious Legal Affairs (case)	31780	80327	86381	70793	85362	119775
解答法律咨询 （人次）	Agent of Legal Advisory Services (person-times)	317252	331423	377846	352949	70782	70006
代写法律事务文书 （件）	Agent of Legal Document Written on Behalf of Clients (case)	29612	33265	37052	35951	106907	106080
行政诉讼 （件）	Administrative Lawsuit (case)	2703	4650	6762	13261	10793	13601
公证工作	**Notarization**						
公证处 （个）	Number of Notary Offices (unit)	110	104	104	104	107	107
公证人员 （人）	Notarial Personnel (person)	1230	1504	1549	1598	1441	1509
#公证员	Notaries	574	666	643	691	710	751
助理公证员	Assistant Notaries	343	487	570	605	731	758
办理国内公证文书 （件）	Number of Domestic Notarized Documents (case)	570380	520165	643237	664324	551923	609491
人民调解工作	**People's Mediation**						
人民调解委员会 （个）	Number of People's Mediation Committees (unit)	32189	29566	33412	37467	25593	30476
调解人员 （人）	Number of Mediators (person)	226714	150618	138361	154506	116951	117023

注:2019 年国家对解答法律咨询、带些法律事务文书指标进行口径调整,同时调整 2018 年数据。

a) Subsidies of social welfare consists of urban and rural low, sucial relief of country, other town social relief and social welfare.

17－4 国内公证文书分类
Domestic Notarial Documents by Type

单位:件 (case)

指标	Item	2017	2018	2019
总计	**Total**	**716810**	**551923**	**609491**
合同(协议)	Contract (Agreement)	85210	54602	65557
继承	Inheritance	68818	94130	109643
单方法律行为	Unilateral Legal Act	292194	66815	61599
现场监督	Field Supervision	12490	22982	21716
保全证据	Preservation of Evidence	34257	34100	41911
公司章程	Articles of Association of the Company	22	225	388
组织资格	Organization Qualification	236	3	21
财产权	Property	38	15	1
身份	Identity	6396	29070	27718
收养关系	Child Adoption	82	33	20
婚姻状况	Marital Status	906	12917	8264
亲属关系	Kinship Confirmation	3030	27357	28377
有无违法犯罪记录	No Criminal Record	3444	22364	29184
其他有法律意义事实	Other Legal Facts	2643	30621	30819
证书(执照)	Certificate (License)	6346	20531	30022
签名(印鉴)	Signature (Seal)	70312	57293	53443
文本相符	Confirmation of Copies and Photo-offset Copies to Orignals	40484	47236	41909
赋予执行效力	Give Effect to Execution	20835	20157	37705
执行证书	Execution Certificate	1008	976	1105
抵押登记	Mortgage Registration	382	107	384
提存	Drawing	73	60	94
保管	Safekeeping	2	3	8
其他	Others	67602	10326	19603

17－5 涉外公证文书分类
Foreign-related Notarial Documents by Typc

单位:件 (case)

指标	Item	2015	2016	2017	2018	2019
总计	**Total**	**246455**	**240234**	**255136**	**212699**	**237015**
出生	Births	35320	29586	29166	30818	23732
学历	Schooling	19879	17404	14020	9356	6676
经历	Personal Histories	802	1025	862	240	145
生存、居住	Survival and Residence	1583	1811	1954	308	1109
死亡	Deaths	206	286	326	281	307
收养	Child Adoption	248	148	240	15	11
亲属关系	Kinship Confirmation	24381	21537	26820	22374	23775
婚姻状况	Marital Status	6626	5137	5438	8191	2180
继承权	Rights of Inheritance	9	28	18	60	57
遗嘱	Testaments	1	3	2	2	6
委托书	Proxy	2362	2920	3900	3342	2943
声明书	Announcement	3168	4172	3968	2816	3001
有无违法犯罪记录	Criminal Records	28152	26881	26212	27167	26687
文本相符	Confirmation of Copies and Photo-offset Copies to Originals	33084	36959	35144	44737	21496
其他	Others	47470	52229	63674	62992	24352

17－6 民政行业单位基本情况
Basic Conditions of Affairs Agencies

指 标	Item	单位数(个) Number of Institutions (unit)		职工人数(人) Number of Staff and Workers(person)	
		2018	2019	2018	2019
民政行业单位	**Civil Affairs Agencies**	**121298**	**125261**	**988541**	**1022595**
民政行政机关	Civil Affairs Administrative Departments	117	115	3322	3193
民政事业单位	Civil Affairs Institutions	6380	6613	73973	80777
社区服务中心	Community Service Centers	3621	3640	28302	27969
婚姻登记服务类单位	Marriage Registration Institutions	78	67	532	432
提供住宿的社会服务机构	Soual Service Institutions Providing Accommodation	2308	2539	39260	46603
殡仪类单位	Funeral and Interment Institutions	230	231	4374	4341
福利彩票发行单位	Welfare Lottery Issuing Institutions	74	75	959	986
其他事业单位	Other Institutions	69	61	546	446
社会组织	Non-governmental Organizations	93061	97013	795741	827052
社会团体	Social Organization	37261	38081	223108	228057
基金会	Fund Organization	710	740	2160	2332
民办非企业单位	Non-enterprise Units Run by NGO	55090	58192	570473	596663
基层群众自治组织	Grass Roots Autonomy Organizations	21740	21520	115505	111573
社区居委会	Neighborhood Committee	7330	7318	41294	40922
村委会	Village Committee	14410	14202	74211	70651

17－7　提供住宿的社会服务机构基本情况（2019年）
Basic Statistics of Provide Accommodation Social service Agencies(2019)

项	目 Item	机构数（个）Institutions (unit)	工作人员（人）Personnel (person)	床位（张）Beds (bed)	年末收养人员(人) Adoptions (person)
总计	**Total**	**2539**	**46603**	**442316**	**203156**
为老年人与残疾人提供服务的机构	Urban Pension Service Institu-ions	2412	43687	427268	195545
社会福利院	Social Welfare Centers	59	3159	25990	11362
为智障与精神病人提供服务的机构	**Institutions Providing Services for Retarded Pepole and Psy-chiatric Patients**	**11**	**1488**	**5497**	**4547**
社会福利医院	Social Welfare Hospitals	11	1488	5497	4547
为儿童提供收养救助服务的机构	**Adoptive Institutions Providing Services for children**	**35**	**607**	**4008**	**1716**
儿童福利机构	Children Welfare Institutions	14	519	3009	1666
未成年人救助保护中心	M inors Rescue and Protection Centers	21	88	999	50
其他提供住宿的社会服务机构	**Other Social Service Institu-tions Providing Accommoda-tion**	**81**	**821**	**5543**	**1348**
生活无着人员救助站	Rescue Stations for Helpless Pepole	69	749	5000	1133
其他收留抚养机构	Other Adoptive Institutions	12	72	543	215

17－8 残疾人事业基本情况
Basic Statistics of People with Disabilities

项 目	Item	2016	2017	2018	2019
康复	**Rehabilitation**				
得到基本康复服务残疾人数	Basic rehabilitation services for disabled persons		383743	357783	296713
视力残疾人数	Visual disability		41761	35484	25470
听力残疾人数	Hearing handicapped		15958	12959	10033
言语残疾人数	Speech handicapped		112	80	117
肢体残疾人数	Limb disabled		196944	176784	133428
智力残疾人数	Intellectual handicapped		35227	30580	25802
精神残疾人数	Psychopath		71846	76066	75804
多重残疾人数	Multiple disabled		8897	8054	7819
0－17岁未持证残疾儿童	0 － 17 year old children with no evidence of disability		12998	17776	18240
残疾人康复机构(个)	Rehabilitation institution for the disabled (unit)		421	435	465
辅助器具服务机构(个)	Auxiliary equipment service (unit)		71	74	80
教育	**Education**				
新入园残疾儿童(彩票公益金助学项目)	New Admission Disabled Children (Lottery Public Welfare Scholarship Program)	186	165	162	90
特殊教育普通高中在校生	Students at Special Education Senior High Schools	521	762	588	604
残疾人中等职业教育在校生	Disabled Secondary Vocational Education Students	1225	1164	1544	1468
普通高等院校录取残疾考生	Disable Students Admitted to Higher Education Instiutions	415	375	368	391
就业	**Employment**				
残疾人就业人数	Total Employment of Disabled Persons	366019	366632	380469	349038
按比例就业	Proportional Employment	66426	70151	72912	68837
集中就业	Centralized Employment	50403	50431	50774	46450
个体就业	Self-employed				42593

17－8 续表 Continued

项 目	Item	2016	2017	2018	2019
社区就业	Community Employment at the Basic Level and Public Welfare Posts				3323
公益性岗位就业	Auxiliary Employment				56706
辅助性就业	Rural Labor Transfer	7111	8449	12057	12865
居家就业	Base Employment				4602
农村种养加	Ohter				91165
灵活就业	Ohter				22497
社会保障	**Social Security**				
残疾居民实际参加城乡社会养老保险人数	The number of people with disabilities participating in social pension in surance in urban and rura		1404165	1147338	1143008
60 周岁以下参保残疾居民	Under 60 years of age Insured Disabled Residents	641310	780717	667431	646018
#重度残疾人	Severely Disabled	208706	241854	299541	290618
非重度残疾人	Non-severely Disabled	432604	538863	367890	355400
扶贫	**Poverty Alleviation**				
残疾人实用技术培训	Practical Technical Training for Disabled Person (person-times)				
实用技术培训（人次）	Practical Technical Training (person-time)	14335	10233	8411	6679
#扫盲教育	Anti-illiteracy Education	2740	2576	2178	1990
农村贫困残疾人危房改造	Dilapidated House Renovation for Poor PWDs				
危房改造(户)	Dilapidated House Renovation (households)	921	847	839	1867
受益残疾人	PWDs Benefited	1000	992	930	1882
维权	**Legal rights protection**				
残疾人法律救助工作站(个)	Legal aid workstation for the disabled (unit)		89	93	108
残疾人法律救助工作站办理的案件(件)	Deal with the number of cases (unit)		140	182	
残疾人机动轮椅车燃油补贴	Fuel allowance for motorized wheelchair		22356	20641	18095
残联组织建设	**Federation of Disabled Persons Organization Development**				
残疾人专职委员(人)	Full-time member of the disabled		21993	20418	20265
省市县乡残联实有人员(人)	Actual Personnel of Province-City-County-Township Federation of Disabled Persons	4973	4951	4605	4667
残疾人人口库持证残疾人(万人)	Disabled people's population base for the disabled (10000 persons)		151	160	164

17－9 婚姻登记和离婚情况
Number of Marriages and Divorces

年份 Year 地区 Region	结婚登记对数(万对) Total Number of Registered Marriages (10000 couples)	内地居民登记结婚(万人) Registered Marriages in the Mainland (10000 persons)	涉外及港澳台居民登记结婚(万人) Registered Marriages with Foreigner or the Citizen of Hong Kong,Macao,Taiwan (10000 persons)	初婚(万人) First Marriages (10000 persons)	再婚(万人) Re-marriages (10000 persons)	离婚登记对数(万对) Divorces (10000 couples)
1985	43.01	86.01	0.01	84.51	1.51	2.11
1990	52.72	105.40	0.04	102.88	2.56	4.63
1995	57.51	114.93	0.10	112.00	3.03	6.76
2000	49.81	99.50	0.12	94.43	4.95	8.19
2001	44.42	88.60	0.13	83.25	5.35	8.62
2002	48.14	96.15	0.13	89.41	6.60	9.70
2003	46.15	92.17	0.13	85.84	6.20	9.65
2004	51.64	103.13	0.14	93.98	9.00	11.74
2005	47.20	94.26	0.14	84.94	9.66	12.38
2006	59.23	118.30	0.16	105.70	12.76	13.80
2007	57.14	114.11	0.17	99.93	14.36	16.04
2008	62.47	123.64	0.17	110.60	14.30	13.55
2009	73.09	145.99	0.17	129.51	16.66	14.37
2010	75.71	151.42	0.16	137.41	14.02	16.02
2011	86.75	173.34	0.17	152.53	20.97	16.68
2012	88.76	177.18	0.17	159.03	18.50	18.12
2013	90.38	180.42	0.33	158.20	22.55	21.66
2014	83.45	166.58	0.32	141.84	25.06	21.84
2015	78.60	156.88	0.32	132.21	25.00	22.93
2016	71.61	143.22	0.28	116.28	26.94	26.13
2017	67.55	135.10	0.14	106.29	28.81	24.62
2018	63.77	127.25	0.14	97.30	30.24	24.57
2019	56.94	113.62	0.14	83.85	30.04	26.06
南京市 Nanjing	7.47	14.90	0.02	8.61	6.34	5.33
无锡市 Wuxi	2.99	5.96	0.01	4.68	1.30	1.45
徐州市 Xuzhou	6.88	13.75	0.01	10.32	3.45	3.06
常州市 Changzhou	2.45	4.89	0.01	3.70	1.21	1.17
苏州市 Suzhou	4.37	8.73	0.01	6.05	2.70	2.47
南通市 Nantong	5.63	11.25	0.01	8.89	2.37	1.58
连云港市 Lianyungang	3.79	7.55	0.01	5.59	1.98	1.71
淮安市 Huaian	4.49	8.96	0.01	6.84	2.14	1.83
盐城市 Yancheng	5.39	10.76	0.01	8.11	2.68	2.18
扬州市 Yangzhou	3.08	6.15	0.01	4.76	1.39	1.16
镇江市 Zhenjiang	1.77	3.52	0.01	2.55	0.98	0.88
泰州市 Taizhou	3.56	7.10	0.01	5.63	1.48	1.16
宿迁市 Suqian	5.05	10.10	0.00	8.10	2.01	2.08

17－10 社会保险基本情况
Basic Statistics of Social Insurance

单位:万人 (10000 persons)

年份 Year / 地区 Region	失业保险 Unemployment Insurance			城镇职工基本医疗保险 Basic Medical Care Insurance		工伤保险 Work Injury Insurance		年末参加生育保险人数 Maternity Insurance Contributors at Year-end
	年末参保人数 Contributors at Year-end	全年发放失业保险金人数 Beneficiaries of Unemployment Insurance Fund	全年发放失业保险金(亿元) Unemployment Relief (100 million yuan)	年末参保职工人数 Contributors at Year-end	年末参保退休人员 Retirees Contributors at Year-end	年末参保人数 Contributors at Year-end	年末享受工伤待遇的人数 Beneficiaries at Year-end	
2001	750.90	53.70	9.16	367.64	122.65	473.94	0.79	483.46
2002	733.87	76.71	13.00	507.69	183.24	480.00	1.44	486.06
2003	761.62	88.25	13.92	608.41	226.67	503.02	1.68	504.06
2004	797.09	85.98	14.73	715.11	261.62	577.20	2.28	552.68
2005	838.48	67.02	12.03	821.07	303.02	680.21	3.22	630.92
2006	901.08	51.63	9.36	935.77	338.51	812.69	5.06	711.49
2007	968.48	48.65	9.37	1070.34	365.45	920.98	5.84	794.11
2008	1052.24	48.83	11.57	1213.90	390.35	1055.71	7.90	907.23
2009	1079.14	49.98	14.17	1282.50	418.63	1118.10	9.34	962.46
2010	1153.78	46.51	13.95	1405.06	443.20	1205.52	9.79	1086.44
2011	1238.16	57.70	19.83	1541.55	470.89	1327.46	10.66	1199.21
2012	1332.18	64.14	28.73	1646.53	508.94	1420.74	12.29	1276.25
2013	1389.34	68.70	31.69	1731.09	543.64	1487.27	13.57	1355.62
2014	1441.56	67.93	35.71	1784.86	576.95	1540.11	14.28	1374.56
2015	1490.91	68.30	40.63	1818.20	610.80	1594.14	14.66	1471.68
2016	1538.22	70.54	47.17	1849.36	641.16	1633.93	15.08	1510.32
2017	1582.95	65.36	48.96	1921.36	679.77	1690.19	14.33	1582.01
2018	1671.27	61.46	48.66	2029.51	723.13	1777.50	14.79	1694.45
2019	1794.20	62.70	58.98	2189.60	764.50	2016.31	15.14	1868.80
南京市 Nanjing	308.64	15.95	16.66	340.20	115.38	301.74	1.75	298.81
无锡市 Wuxi	231.16	6.25	5.88	277.63	97.14	233.16	2.27	236.52
徐州市 Xuzhou	82.71	2.81	2.66	108.53	51.12	100.03	1.12	95.87
常州市 Changzhou	131.61	4.39	3.95	165.38	56.11	139.79	1.12	135.59
苏州市 Suzhou	518.20	16.76	15.38	598.64	162.26	606.11	3.14	543.57
南通市 Nantong	119.07	4.94	4.55	161.65	64.43	136.79	1.27	133.36
连云港市 Lianyungang	45.32	1.16	1.00	56.50	23.95	56.32	0.35	47.28
淮安市 Huaian	51.48	0.98	0.77	62.18	26.63	59.60	0.33	57.21
盐城市 Yancheng	74.12	2.43	1.96	94.15	43.15	90.26	0.93	78.23
扬州市 Yangzhou	72.55	2.77	2.31	103.46	39.42	85.43	0.96	78.12
镇江市 Zhenjiang	54.00	1.99	1.87	71.57	29.49	62.78	0.69	60.44
泰州市 Taizhou	69.24	1.78	1.64	105.73	41.16	84.38	0.77	68.28
宿迁市 Suqian	36.09	0.50	0.36	43.93	14.26	51.84	0.41	35.47

17－11 社会保险基金收支及累计结余
Revenue, Expenses and Balance of Social Insurance Fund

单位:亿元 (100 million yuan)

年 份 Year	合 计 Total	企业职工基本养老保险 Enterprise Basic Pension Insurance	失业保险 Unemployment Insurance	城镇职工基本医疗保险 Urban Workers Basic Medical Care Insurance	工伤保险 Work Injury Insurance	生育保险 Maternity Insurance
基金收入 Revenue						
2001	205.03	148.53	18.28	33.43	2.18	2.61
2002	271.46	194.12	20.10	51.27	2.67	3.30
2003	344.49	238.86	24.97	73.32	3.32	4.01
2004	413.75	283.40	26.69	94.40	4.25	5.01
2005	519.83	356.23	31.63	117.99	6.66	7.32
2006	667.93	456.36	39.23	154.62	9.05	8.67
2007	874.11	598.45	48.71	203.65	12.12	11.19
2008	1107.35	749.30	62.88	264.07	16.12	14.98
2009	1251.93	865.28	63.00	291.67	15.74	16.24
2010	1450.34	999.80	72.46	339.90	18.77	19.41
2011	1854.94	1269.20	105.71	421.94	32.29	25.80
2012	2295.10	1566.17	121.63	531.60	43.70	32.00
2013	2513.41	1674.81	134.20	611.10	57.00	36.30
2014	2815.97	1889.12	114.86	698.60	73.35	40.04
2015	3141.11	2114.01	130.07	783.16	79.06	34.81
2016	3358.18	2259.27	112.44	869.39	78.13	38.95
2017	3719.86	2509.03	88.03	980.82	85.31	56.67
2018	4380.97	2989.31	94.21	1141.37	78.03	78.06
2019	4391.92	2868.90	114.55	1249.97	72.07	86.43
基金支出 Expenses						
2001	187.12	145.79	16.50	21.60	1.48	1.75
2002	251.47	192.36	20.09	35.42	1.68	1.92
2003	289.96	207.41	22.05	55.55	2.80	2.15
2004	339.98	243.75	21.13	69.35	2.82	2.92
2005	401.03	281.85	20.22	90.60	4.01	4.34
2006	493.45	355.28	20.06	107.73	5.41	4.96
2007	586.98	419.36	19.81	133.83	7.05	6.93
2008	751.91	524.33	31.00	178.56	9.85	8.17
2009	913.13	617.65	40.77	231.80	11.92	10.99
2010	1075.78	737.91	41.37	270.26	13.94	12.29
2011	1337.14	884.20	74.92	338.01	24.19	15.82
2012	1615.07	1078.06	57.35	418.74	38.70	22.22
2013	1943.66	1309.63	62.85	496.12	48.12	26.94
2014	2305.80	1553.78	70.16	586.60	61.08	34.18
2015	2640.03	1792.82	76.13	666.98	61.08	43.02
2016	2967.09	2006.70	109.77	735.25	55.24	60.13
2017	3257.07	2213.72	99.95	812.22	58.87	72.31
2018	3856.24	2705.27	98.22	911.08	65.39	76.28
2019	3746.21	2464.23	115.75	1011.58	74.42	80.23
累计结余 Balance at Year-end						
2001	104.48	56.99	18.46	18.37	6.08	4.59
2002	124.37	58.74	18.37	34.22	7.07	5.97
2003	178.03	90.25	20.37	52.00	7.59	7.83
2004	249.39	127.58	25.83	77.05	9.02	9.91
2005	368.71	201.96	37.76	104.44	11.66	12.89
2006	550.51	305.40	58.26	154.95	15.31	16.59
2007	837.51	484.54	87.16	224.57	20.38	20.85
2008	1192.97	709.52	119.04	310.08	26.67	27.66
2009	1531.68	957.14	141.18	369.95	30.50	32.91
2010	1906.24	1219.03	172.27	439.60	35.32	40.03
2011	2424.02	1604.03	203.03	523.52	43.42	50.02
2012	3104.13	2092.14	267.30	636.40	48.50	59.79
2013	3667.81	2457.32	332.57	751.42	57.35	69.15
2014	4184.06	2792.66	383.36	863.42	69.61	75.01
2015	4685.13	3113.84	437.31	979.59	87.59	66.80
2016	5074.29	3366.42	439.97	1111.79	110.49	45.61
2017	5537.07	3661.73	428.05	1282.95	136.93	27.42
2018	6132.49	3945.76	424.04	1583.92	149.57	29.20
2019	7189.14	4820.40	349.60	1822.32	161.42	35.40

17－12 工会、妇联基本情况
Basic Statistics on Labour Union and Women's Federation

单位:个 (unit)

项目	Item	2015	2016	2017	2018	2019
工会基本情况	**Basic Condition of Labour Union**					
基层工会组织数	Number of Grassroot Labour Unions	517723	168000	172000	175600	156700
职工人数 (万人)	Number of Staff and Workers (10000 persons)	2390.29	2439.19	2477.71	2531.07	2254.56
#女职工人数	Women Workers	978.58	1009.84	1009.83	1034.42	960.11
会员人数 (万人)	Number of Members (10000 persons)	2265.32	2352.60	2397.43	2446.65	2175.15
#女会员人数	Women Members	956.25	987.79	987.48	1011.15	935.07
女职工工作委员会	Number of Women Workers Working Committees	118775	151102	169489	173175	140128
建立工会经费审查组织	Number of Units Established with Funds Examing by Labour Union	111587	123978	120437	122615	120077
建立职工代表大会制度的单位	Number of Units Established with Workers Delegating Congress System	138554	342643	365876	362531	321217
实行厂务公开的单位	Number of Units Carried Out the Factory Business to Public	127829	326637	319082	314180	269091
建立工会劳动保护监督检查委员会	Number of Units Established with Labour Protection, Supervisting and Examing Committees	108013	111130	116679	118175	105282
建立工会劳动法律监督组织	Number of Organizations Established with Law of Labour Supervising Committees by Labour Union	110347	115432	114662	116227	97944
建立劳动争议调解委员会的单位	Number of Units Established with Mediating Committee of Labour Disputes	102907	105841	101502	103482	83610
建有职工技协组织	Number of Organizations Established with Technical Association of Staff and Workers	6966	9014	7270	7084	6047
职工董事人数 (人)	Staff Sensible (person)	8162	7931	4449	4431	4406
#女性	Female	2900	2777	1396	1355	1420
职工监事人数 (人)	Staff Supervisor (person)	7010	6520	4228	3654	3915
#女性	Female	2660	2483	1703	1514	1607
妇联基本情况	**Basic Condition of Women's Federation**					
基层妇代会数	Number of Grassroot Dlegating Congress	20631	14477	14553	14707	21081
妇联干部数 (人)	Number of Cadres of Women's Federation (person)	2636	2673	2620	2645	2823
按年龄分	Grouped by Age					
35岁以下	Aged 35 and Below	986	1004	782	788	899
36—45岁	Aged 36—45	1071	1086	1016	1100	1048
46—55岁	Aged 46—55	543	546	783	706	806
56岁以上	Aged 56 and Above	36	37	39	51	73
按文化程度分	Grouped by Educational Attainment					
研究生	Postgraduates	355	392	401	493	427
大学本科、大专学历	University or College	2189	2200	2179	2087	2321
高中、中专及以下	Senior Middle School, Specialized Secondary School and Below	92	81	40	65	75

注:2011年起,基层妇代会包括乡镇街道、村社区;干部人数统计到县、乡镇街道,含行政、事业和其他。

a) From 2011, Grassroots Women's Congress inluding township and village communities; the number of cadres statistics to country, township, including administrative, institution and others.

17－13 公安机关立案的刑事案件情况
Criminal Cases Registered in Public Security Organs

案件类别	Category of Cases	立案（起） Number of Cases Registered(case)		构成（%） Composition(%)	
		2018	2019	2018	2019
合　计	**Total**	**369646**	**358039**	**100.0**	**100.0**
杀　人	Homicide	267	297	0.07	0.08
伤　害	Injury	4037	3694	1.09	1.03
抢　劫	Robbery	517	503	0.14	0.14
强　奸	Rape	1408	1577	0.38	0.44
拐卖妇女儿童	Bduction	116	35	0.03	0.01
盗　窃	Larceny	237344	224339	64.21	62.66
诈　骗	Fraud	77408	81421	20.94	22.74
走　私	Smuggle		1		
伪造、变造货币，出售、购买、运输、持有、使用假币	Holding and Using Counterfeit Money	70	57	0.02	0.02
毒品刑事犯罪	Criminal offense of drugs	3910	2358	1.06	0.66
抢　夺	Rob	700	505	0.19	0.14
信用卡诈骗	Fraud on credit card	1182	1135	0.32	0.32
其　他	Others	42687	42117	11.55	11.76

17－14 公安机关受理、查处治安案件情况
Offense Cases Against Public Order Handled by Public Security Organs

单位：件　　(case)

案件类别	Category of Cases	2018		2019	
		受理 Number of Cases Accepted to be Treated	查处 Number of Cases Investigated and Treated	受理 Number of Cases Accepted to be Treated	查处 Number of Cases Investigated and Treated
合　计	**Total**	**804239**	**781762**	**866616**	**851408**
扰乱公共场所秩序	Disturbing the Orders in Public Places	13307	13052	16644	16550
寻衅滋事	Causing Quarrels and Making Troubles	5755	5630	6345	6299
非法携带枪支、弹药、管制刀具	Violation of Firearms Control Regulations	1663	1670	2248	2248
违反危险物质管理规定	Violation of Provisions of Risk Material Management	4022	3979	2388	2418
殴打他人	Battering Other Persons	270636	265788	302396	301128
盗　窃	Stealing Property	219296	210110	240548	234088
诈骗、抢夺、敲诈勒索	Swindling, Robbery and Racketeering	29641	28587	47472	45484
伪造、变造、倒卖有价票证、凭证	Forge, Alter, Scalp Valuable Coupons or Certificates	406	366	450	415
利用迷信活动危害社会	Endangering the Society through Superstition	300	288	202	184
卖淫、嫖娼	Prostitution or Soliciting Prostitutes	6243	6336	6376	6426
赌　博	Gambling	16980	17404	15206	15196
其　他	Others	235990	228552	226341	220972

17－15 交通事故情况(2019 年)
Basic Statistics on Traffic Accidents (2019)

类别	Type	发生数(起) Number of Traffic Accidents (case)	死亡人数(人) Number of Deaths (person)	受伤人数(人) Number of Injuries (person)	直接经济损失(万元) Losses Coverted into Cash (10000 yuan)
总计	**Total**	**13098**	**4478**	**11123**	**13217.27**
特别重大事故	Accident with More Than Three Persons' Death at one Time	1	36	36	5300.00
重大事故	Accident with More Than Three Persons' Death at one Time				
较大事故	Accident with More Than Three Persons' Death at one Time	10	41	36	44.25
机动车	Vehicles	9329	3548	7476	11838.70
#汽车	Motor Vehicles	7760	3107	5950	11383.22
摩托车	Motorcycles	1120	274	1160	317.09
拖拉机	Non-motor-driven Vehicles	135	64	102	38.95
#电动自行车	Bicycles	2648	539	2725	681.01

17－16 火灾事故情况(2019 年)
Basic Statistics on Fire Accidents (2019)

项目	Item	合计 Total	按事故发生程度分 By Degree			
			特大 Extraordinary	重大 Serious	较大 Larger	一般 Ordinary
发生数 (起)	Number of Fire Accidents (case)	12866			4	12862
死亡人数 (人)	Number of Deaths (person)	92			17	75
受伤人数 (人)	Number of Injuries (person)	67				67
直接财产损失 (万元)	Direct Property Losses (10000 yuan)	30124			482	29641
人口火灾发生率 (1/10 万人)	Incidence of Fire Accidents (per 100000 persons)	15.94				
平均每起事故损失 (万元)	Average Loss per Fire (10000 yuan)	23413			1205750	23046

17－17 监察委立案情况(2019年)
Filing Situation by Committee of Supervisory (2019)

案件分类	Category of Coses	立案件数(件) Number of Cases Registered (case)	立案人数(人) Person of Case Registered (person)	结案件数(件) Number of Cases Settled (case)	移送检查机关起诉人数(人) Number of Person transferred to the prosecution (person)
合计	**Total**	**7660**	**7762**	**6222**	**1122**
厅局级	Office Level	34	41	23	18
县处级	County Level	252	254	208	97
乡科级	Township Level	949	965	802	191
一般干部	General Cadre	2295	2334	1975	223
其他人员	Other Personnel	4130	4168	3214	593
按职务违法犯罪行为分类	Classification of Crimes by Duty			3215	1101
贪污贿赂	Corruption and Bribery			1433	975
滥用职权	Abuse of Power			413	115
玩忽职守	Dereliction of Duty			1288	44
徇私舞弊	Fraudulent Practice			20	16
重大责任事故	Major Liability Accident			20	1
其他	Others			248	129

17－18 人民检察院审查批准、决定逮捕犯罪嫌疑人和提起公诉被告人情况(2019年)
Arrests of Criminal Suspects and Defendants under Public Prosecution Approved by People's Procuratorate(2019)

案件分类	Category of Cases	批捕、决定逮捕 Total of Arrests		决定起诉 Total of Public Prosecutions	
		件(case)	人(person)	件(case)	人(person)
合计	**Total**	**35414**	**51863**	**80707**	**118509**
公安、安全、监狱机关提请	**Sub-total of Requests by Departments of State and Public Security and Prisons**	**34834**	**51248**	**79967**	**117643**
危害国家安全案	Offences Against State Security	5	5	6	6
危害公共安全案	Offences Against Public Security	1710	1810	26276	26794
破坏社会主义市场经济秩序案	Offences Against Socialist Economic Order	3353	5373	5753	13133
侵犯公民人身、民主权利案	Offences Against Citizens' Personal and Democratic Rights	5424	6985	7778	11078
侵犯财产案	Offences Against Properties	13820	19835	24818	35364
妨害社会管理秩序案	Offences Against Social Management of Order	10511	17228	15327	31259
危害国防利益案	Offences Against National Defense	11	12	9	9
监察委移交案件	**Case Transferred by Committee of Supervisory**	**21**	**21**	**10**	**11**
贪污贿赂案	Offences on Corruption and Bribery	9	9	5	5
渎职案	Offences on Abuse and Dereliction of Duty	12	12	5	6

17－19 人民检察院处理申诉案件情况（2019 年）
Appeals Handled by People's Procuratorate(2019)

单位:件 (case)

案件分类	Category of Cases	受案 Cases Accepted	立案复查 Cases Registered for Reinvestigation	结案 Cases Settled	#改变原决定 Original Decision Changed
合计	**Total**	**1090**	**232**	**992**	**14**
不服检察机关处理决定	Appeals against Decision of Procurator's Offices	288	143	251	2
不服不批捕	Appeals against Rejection of Arrest	7	2	5	
不服不起诉	Appeals against Rejection of Prosecuting	228	140	205	2
不服撤案	Appeals against Withdrawal of the Case	2		1	
不服原免予起诉	Appeals against Original Exemption of Lawsuit				
其他	Others	51	1		
不服法院刑事判决裁定	Appeals against Judgment of Criminal Case	802	89	741	12
刑罚执行中被害人申诉	Appeals of the Victim at the Punishment	190	38	179	1
刑罚执行中被告人申诉	Appeals of the Defendant at the Punishment	260	21	241	7
刑罚执行完毕后被害人申诉	Appeals of the Victim after the Punishment	60	4	54	
刑罚执行完毕后被告人申诉	Appeals of the Defendant after the Punishment	292	26	267	4

17－20 人民法院审理刑事一审案件收结案情况
First Trial Criminal Cases Accepted and Settled by Courts

单位:件 (case)

项目	Item	2018		2018		2019	
		收案 Cases Accepted	结案 Cases Settled	收案 Cases Accepted	结案 Cases Settled	收案 Cases Accepted	结案 Cases Settled
合计	**Total**	**78846**	**79222**	**80328**	**79139**	**81019**	**80439**
危害公共安全罪	Offences Against Public Security	23016	23226	23403	23313	26035	26005
破坏社会主义市场经济秩序罪	Offences Against Socialist Economic Order	5295	5356	5987	5691	5906	5819
侵犯公民人身权利民主权利罪	Offences Against Citizens's Personal and Democratic Rights	8108	8132	8093	7992	8202	8121
侵犯财产罪	Offences Against Properties	26199	26209	26285	25813	24560	24384
妨害社会管理秩序罪	Offences Against Social Management of Order	14884	14976	15761	15197	15577	15347
危害国防利益罪	Offences Against National Defense	21	22	16	16	12	12
贪污贿赂罪	Offences on Corruption and Bribery	1133	1088	663	943	654	649
渎职罪	Offences on Dereliction of Duty	188	212	109	169	68	99
其他	Others	2	1	11	5	5	3
合计中含自诉案件	Private Prosecution Among the Total	554	485	551	475		

注:结案含上年旧存(下同)。

a) Data of cases settled include cases turned over from previous year (The same as the following tables).

17－21 人民法院审理婚姻家庭、继承一审案件收结案情况（2019年）
First Trial Civil Cases of Marriages, Family Affairs and Inheritance Accepted and Settled by Courts(2019)

单位:件 (case)

项目	Item	收案 Cases Accepted	结案 Cases Settled	调解 Mediation	判决 Judgement	驳回 Reject	撤诉 With-drawal	其他 Other
合计	**Total**	**117269**	**118292**	**47401**	**39684**	**823**	**29094**	**1290**
婚姻家庭	Marriages and Family Affairs	110926	111924	43942	37922	713	28124	1223
离婚	Divorce	88164	89087	33610	31004	460	23159	854
赡养纠纷	Support Disputes	1803	1811	669	683	10	415	34
抚养、扶养关系纠纷	Upbringing Disputes	4701	9435	4715	2630	56	1911	123
抚育费纠纷	Upbringing Fee Disputes							
其他	Others	16258	11591	4948	3605	187	2639	212
继承	Inheritance	6343	6368	3459	1762	110	970	67
法定继承	Legal Inheritance	1803	1832	1122	416	15	266	13
遗嘱继承	Testament Inheritance	375	379	179	136	6	55	3
其他	Others	4165	4157	2158	1210	89	649	51

17－22 人民法院审理合同纠纷一审案件收结案情况（2019年）
First Trial Cases of Contracts Disputes Accepted and Settled by Courts (2019)

单位:件 (case)

项目	Item	收案 Cases Accepted	结案 Cases Settled	调解 Mediation	判决 Judgement	驳回 Reject	撤诉 With-drawal	其他 Other
合计	**Total**	**627478**	**630836**	**165058**	**289340**	**16445**	**150603**	**9390**
借款合同	Loan Contracts	218860	226226	55705	118607	7378	42646	1890
买卖合同	Trade Contracts	102163	101965	31958	40238	1310	26639	1820
电信合同	Telecom Contracts	140	131	15	40	2	67	7
租赁合同	Lease Contracts	33186	32953	9119	14424	794	8220	396
劳动争议	Work Disputes	43305	41930	14576	18188	1105	7005	1056
劳务合同	Service contracts							
房地产合同	Real Estate Contracts	34862	34803	11025	13750	871	8661	496
供用动力合同	Labor Contracts	298	275	61	115	4	93	2
建设工程合同	Construction Contracts	25361	24536	6551	10948	663	5765	609
农村承包合同	Rural Contracts	2162	2146	570	760	123	659	34
承揽合同	Contracts for Work	15184	15012	4908	5647	157	3936	364
保险合同	Insurance Contracts	15460	14980	3618	7778	178	3199	207
服务合同	Service Contracts	39661	39511	5905	8903	364	24073	266
信用卡纠纷	Credit Card Dispute	16933	17035	1443	13778	83	1684	47
经营合同	Work Disputes							
其他	Others	79903	79333	19604	36164	3413	17956	2196

17－23 人民法院审理权属、侵权纠纷及其他民事一审收结案情况（2019 年）

First Trial Cases of Disputes of Right, Infringement of Right and Other Civil Affairs Accepted and Settled by Courts(2019)

单位:件 (case)

项目	Item	收案 Cases Accepted	结案 Cases Settled	调解 Mediation	判决 Judgement	驳回 Reject	撤诉 With-drawal	其他 Other
合计	**Total**	**154971**	**156216**	**43871**	**69742**	**3175**	**37740**	**1688**
所有权及其相关权利	Ownership and Related Rights	19270	19284	3783	7763	1325	6026	387
票据、证券权益纠纷	Disputes of Bill, Securities and Stocks	3512	3840	1295	821	31	1508	185
股东权纠纷	Stockholder's Right Disputes	6007	5600	981	2586	289	1519	225
知识产权案件	Intellectual Rights	13082	12991	1861	2982	79	7946	123
人身权纠纷	Personal Rights	12801	13054	3623	6433	147	2743	108
特殊侵权纠纷	Disputes of Special Infringement of Right	90640	91975	31410	44623	475	15072	395
不当得利	Unjustified Enrichment	3951	3949	681	1599	293	1259	117
特别程序	Special Proceedings	3428	3305	20	1854	381	988	62
其他	Others	2280	2218	217	1081	155	679	86

17－24 人民法院行政一审案件收结案情况（2019 年）

First Trial Administrative Cases Accepted and Settled by Courts(2019)

单位:件 (case)

项目	Item	收案 Cases Accepted	结案 Cases Settled	维持 Affirmation of Original Judgement	撤销 Cancel	驳回 Reject	撤诉 With-drawal	单独赔偿 Separate Compen-sation	其他 Other
合计	**Total**	**15595**	**15529**			**3870**	**3694**		**1675**
土地等资源	Land	1351	1450			549	304		103
公安	Public Security	1618	1571			245	411		122
城建	City Construction	3498	3337			1026	686		367
交通运输	Traffic and Transport	231	248			5	36		182
工商	Industry and Commerce	452	503			77	208		19
环保	Environment Protection	187	241			24	70		8
计划生育	Family Planning	18	15			6	6		
税务	Tax	68	61			23	16		3
卫生	Health	63	43			9	11		7
乡政府	Townships Government	737	739			215	150		165
劳动和社会保障	Labour and Social Security	1870	1809			205	532		57
其他	Other	5502	5512			1486	1264		642

主要统计指标解释

民政事业费支出 指报告期内本辖区各项民政事业费实际支出的总数额。包括抚恤事业费、军队移交地方安置的离退休人员费用、社会救济福利事业费、救灾支出以及其它民政事业费。

城镇居民最低生活保障人数 指在报告期末家庭平均收入在当地规定的最低生活保障线以下的城镇居民数。包括"三无"对象、失业人员和在职、下岗、退休人员等。

农村居民最低生活保障人数 指报告期末在建立农村最低生活保障制度的地区,得到当地政府或集体给予最低生活保障的农业人口数。

农村传统救济人数 指未开展最低生活保障制度的农村地区,仍沿用传统救济制度救济贫困人口数。

收养性福利单位 指荣誉军人康复医院、复员军人疗养院、复退军人精神病院、光荣院、社会福利院、儿童福利院、精神病福利院、城镇老年福利机构、农村老年福利机构以及其它收养性单位的总称。

社会福利企业 指以集中安置有一定劳动能力的残疾人就业为目的(残疾职工占生产人员10%以上)、带有社会福利性质的特殊企业的总称。

律师 指受聘参加法律顾问处工作,担任法律顾问、刑(民)事代理人、刑事辩护人,办理非诉讼事件、解答法律询问,代写法律事务文书等主要从事律师业务的专职法律工作者和兼职律师。

公证人员 指在国家公证机关依法办理公证事务的司法人员,包括公证员、助理公证员和在公证处工作的其他人员。

办理公证文书 指公证处在一定时期内办结的公证文书件数。公证文书按司法部规定或批准的格式制作,包括国内公证和涉外公证两部分。国内公证分为经济合同公证和民事法律关系公证两大类。

调解人员 指在人民调解委员会担负调解民间一般民事纠纷和轻微违法行为引起纠纷的工作人员,包括调解委员会的委员和调解小组的调解员。

调解民间纠纷 指调解委员会依照法律规定,根据自愿原则,用说服教育的方法调解民间发生的有关民事权利和义务的争执,促成当事双方达到协议和谅解,解决纠纷。包括婚姻家庭纠纷,财产权益纠纷等,不包括法院受理调解的民事案件数。

受理劳动争议案件数 指劳动争议仲裁委员会根据国家有关规定,对劳动争议当事人的申请予以审查,符合受理条件而正式立案、准备处理的劳动争议案件数。

决定逮捕 指检察机关对直接受理、自行侦查的案件,认为需要逮捕犯罪嫌疑人时,依据法律作出的逮捕决定。

批准逮捕 指检察机关对公安机关、国家安全机关、监狱管理机关提出逮捕的犯罪嫌疑人进行审查,根据事实,依法作出逮捕决定。

决定起诉 指检察机关对公安机关、国家安全机关、监狱管理机关和检察机关内设机构反贪污贿赂部门移送起诉的刑事犯罪嫌疑人进行审查,根据事实,依法向人民法院提起公诉。

Explanatory Notes on Main Statistical Indicators

Operation Expenses for Civil Adiministration refer to the total actual expenditures for all the operating expenses of civil administration in this jurisdiction district at reference period, including pensions, settlement allowance for the retirees who are transfered from P. L. A. units to the local government to be settled down, social welfare, disaster relief and other civil administration expenses.

Number of Persons Receiving Lowest-Cost-Living in Urban Area refer to the number of urban residents their family average income is below the lowest living standard insurance line at the year end, according to the local regulation; including "three proverty-striken people", unemployment, employees, laid off and retired personnels.

Number of Persons Receiving Lowest-Cost-Living in Rural Area refer the number of rural population in rural area with the system of lowest living standard insurance has been established, they are being insured by the local government and collective units.

Number of Traditional Relief Persons in Rural Areas refer to the rural areas which has not been established the system of lowest living standard insurance, the poor people are still succoured according to the traditional relief system.

Adopting Social Welfare Institutions refer to the all names of social welfare homes and adopting social welfare institutions, including homes for disabled soldiers, convalescent homes for demobilized soldiers, psychopathy welfare homes for demobilized soldiers, homes for disabled veterancs, social welfare homes, children welfare homes, urban eldery welfare units, rural elderly welfare units.

Social Welfare Enterprises refer the all names of special enterprises with the social welfare character, for the aim of employment of the disabled persons who still provide certain labor capacity, and are settled down concentratively (10% above are disabled staff and workers).

Lawyers are legal workers who are employed full time by legal counseling firms to act as a legal adivisers, agents in criminal civil lawsuits or defenders in criminal lawsuits, or to handle non-liligious legal affairs, to advise on matters of law or to write legal papers for others. Both full time and part time lawyers are included.

Notary Personnel refer to judicial workers of the state notary offices handling notarization work according to law. They include notaries and other people working for notary offices.

Notarized Documents refer to documents settled by notary offices in a year. The notary documents are drawn up in accordance with the regulations of the Ministry of Justice, including domestic documents and foreign-related documents. Domestic documents are divided into two major categories, documents on economic contracts and documents on civil legal relation.

Mediators refer to workers on peoples mediation committees responsible for mediating in civil disputes and cases of slight infraction of the law. They include members of the mediation committees and mediators of mediation groups.

Mediatoin of Civil Disputes refers to mediation committees work in mediating in civil disputes concerning civil rights and duties through persuasion and education in accordance with the provisions of law on a voluntary basis, so as to solve disputes by helping the parties involved come to an agreement and understanding. These disputes include divora cases and disputes over property ownership, but exclude the civil cases to be handled by the court.

Number of Labour Dispute Cases Accepted refer to the number of cases of labour dispute submitted that, after being reviewed by the labour dispute arbitraction committees in line with relevant state regulations, are accepted and registered for treatment.

Decision on Arrest refers to decision made by procurators office, in accordance:e with laws, to arrest the suspect(s) in the cases that are accepted and to be investigated by procurators office.

Approval for Arrest refers to the decision made b procurators office, in accordance with laws and relevant facts, to approve the arrest of the suspect(s) that is proposed by the public security departments or authority of prisons.

Decision on Prosecution refers to the decision made by procurators office, in accordance with laws and relevent facts, to institute proeedings to the people court against the suspect(s) of criminal cases handed by the public security departments, state security departments or authority of prisons, or by the anti-corruption departments within the procurators office.

18

城市经济与建设

Urban Economy and Construction

简 要 说 明

一、本篇资料的主要内容

本篇资料反映城市建设基本情况、城市经济社会发展情况。

二、资料来源

城市建设数据来自住房与城乡建设部门及交通运输部门;城市经济社会发展统计数据来自市县社会经济基本情况统计年报,部分数据为初步统计数。

Brief Introduction

I. Main Contents

Data in this chapter reflect the basic situation of cities construction, cities economic and social development.

Ⅱ. Date Source

Data of city construction provided by Ministry of Housing and Urban-rural Development, Ministry of communications. Data of City economic and social development come from cities and counties in basic socio-economic statistics annual report, and part of the data are preliminary statistics.

18－1 城市公用事业基本情况
Basic Statisics on Urban Public Utilities

指标	Item	2015	2016	2017	2018	2019
城市基本情况	**Basic Condition of City**					
建成区面积 （平方公里）	Areas of Built Districts (sq. km)	4189	4299	4427	4558	4648
城市人口密度 （人/平方公里）	Population Density of City Districts (person/sq. km)	2034	2057	2092	2176	2221
供水、供气	**Water Supply and Gas Supply**					
自来水年供水量 （亿吨）	Annual Supply of Tap Water (100million tons)	50.68	53.31	54.00	56.02	59.99
#生活用水量	Residential Consumption	23.09	24.67	25.21	26.32	27.14
平均每人日生活用水（升）	Daily Per Capita Residential Tap Water Comsuption (litre)	210.74	215.39	215.20	214.01	217.15
用水普及率 （%）	Coverage Rate of Urban Population with Access to Tap Water (%)	99.8	99.9	100.0	100.0	100.0
煤气（天燃气）供气量 （亿立方米）	Gaswork Gas and Natural Gas Supply (100 million cu. m)	96.98	96.25	108.75	123.87	133.22
#家庭用量	Residential Use	17.32	19.33	20.16	24.41	27.57
煤气（天燃气）管道长度 （公里）	Length of Gas Pipelines (km)	61125	66599	71881	81809	89338
液化气家庭用量 （万吨）	Residential Consumption of Liquefied Gas (10000 tons)	59.12	31.45	39.13	34.43	32.74
燃气普及率 （%）	Population with Access to Gas (%)	99.6	99.5	99.7	99.8	99.8
市政工程	**Municipal Engineering**					
年末实有道路长度（公里）	Length of Paved Roads at Year-end (km)	40749	44999	47112	47973	49056
平均每万人拥有道路长度 （公里）	Length of Paved Roads Per 10000 Persons (km)	13.26	14.32	14.65	14.19	14.22
年末实有道路面积 （万平方米）	Area of Paved Roads at Year-end (10000 sq. m)	75052	79733	82379	85212	87686
人均拥有道路面积 （平方米）	Per Capita Area of Paved Roads (sq. m)	24.42	25.37	25.62	25.20	25.41
排水管道长度 （公里）	Length of Sewer Pipelines (km)	70048	72823	76886	80649	83943
建成区排水管道密度 （公里/平方公里）	Density of Drainage Pipelines (km/sq. km)	16.72	16.94	13.59	14.20	14.08
公共交通	**Public Traffic**					
公共汽（电）车总数 （辆）	Operating Public Transportation Vehicles (unit)	39729	39855	41558	44186	49074
平均每万人拥有公共汽（电）车 （辆）	Number of Public Transportation Vehicles Per 10000 Persons (unit)	15.1	15.5	16.0	16.6	17.1
出租汽车 （万辆）	Taxis (10000 units)	6.11	5.45	5.35	5.26	5.70
城市绿化	**Landscaping in Cities**					
公园绿地面积 （公顷）	Area of Parks and Green Land (hectare)	44713	46476	48060	49580	51683
人均公园绿地面积 （平方米）	Per Capita Area of Parks and Green Land (sq. m)	14.55	14.79	14.95	14.66	14.98
公园面积 （公顷）	Area of Parks (hectare)	25935	29076	30141	30546	31423
环境卫生	**Sanitation and Hygiene**					
清运生活垃圾 （万吨）	Garbage Disposal (10000 tons)	1456.07	1562.31	1731.64	1718.02	1809.56
每万人拥有公厕 （座）	Public Restrooms Per 10000 Persons (unit)	3.82	3.86	4.00	4.13	4.14

注：1. 2011 年起，煤气、天燃气供气量统计口径调整。

2. 2017 年起，建成区排水管道密度（公里/平方公里）统计口径调整。

a) From 2011, gaswork gas, natural gas supply statistical adjustment.

b) From 2017, drarnage pipe density in built-up area statical adjustment.

18－2 城市自来水情况

Basic Statistics on Tap Water Supply in Cities

年份 Year 城市 City	综合生产能力（万吨/日）General Production Capacity (10000 tons/day)	全年供水总量（万吨）Total Aunual Supply of Tap Water (10000 tons)	#生产用水量 Productive Use	#生活用水量 Residential Use	用水人口（万人）Residents with Access to Tap Water (10000 persons)	人均日生活用水量（升）Daily Per Capita Residential Tap Water Comsuption (liter)	城市人口用水普及率（%）Population with Access to Tap Water (%)
1978	112.3	35056	20073	12013	347.2	94.8	83.6
1980	142.6	45221	26005	16323	463.0	89.0	92.2
1985	218.9	76609	40908	29280	585.4	137.0	89.0
1989	856.3	233848	167472	54326	896.6	166.0	88.3
1990	941.7	256664	181543	62369	968.0	176.4	91.3
1991	1056.1	282691	201088	68287	1049.2	178.3	93.8
1992	1191.4	317812	224575	77010	1158.6	182.1	96.0
1993	1299.5	342780	239520	83041	1238.6	183.7	97.1
1994	1368.9	358696	243332	93030	1212.3	210.2	98.7
1995	1388.7	382325	190471	105192	1277.5	225.6	98.9
1996	1424.4	349423	192948	135429	1300.7	285.3	99.0
1997	1457.1	343106	189889	131650	1346.1	267.9	99.3
1998	1543.6	358999	199055	137663	1388.0	271.8	99.2
1999	1585.5	339066	173487	138264	1425.4	265.8	99.1
2000	1641.6	353366	172552	145707	1503.1	265.6	99.2
2001	1698.5	332155	156019	156717	1745.2	246.0	91.0
2002	1803.7	380991	182591	168929	2048.7	225.9	89.0
2003	1835.0	380395	174834	171830	2167.7	217.2	91.9
2004	1871.4	392462	179602	179068	2273.7	215.8	94.0
2005	1977.6	390460	161320	185906	2408.5	211.5	96.3
2006	2166.8	472128	225805	164928	2209.1	204.6	99.2
2007	2334.7	452628	198647	167341	2300.9	199.5	99.5
2008	2356.9	436597	187915	173506	2331.5	205.0	99.9
2009	2534.1	449037	185461	183641	2443.9	207.2	99.7
2010	2714.7	482821	204878	197408	2515.6	220.4	99.6
2011	2757.2	477044	198830	206120	2660.5	212.3	99.6
2012	2749.8	492791	200532	219008	2785.1	215.4	99.7
2013	2902.6	489286	194884	220130	2875.2	209.8	99.7
2014	2961.6	488062	184371	227293	2970.7	209.6	99.8
2015	3104.1	506807	193679	236039	3068.6	210.7	99.8
2016	3369.7	533098	201351	246698	3138.0	215.4	99.9
2017	3445.2	540034	202144	252031	3214.9	215.2	100.0
2018	3491.2	560242	203467	263207	3380.9	214.0	100.0
2019	3472.5	599976	201721	271886	3450.6	217.1	100.0
南京市区 Nanjing	619.9	152953	49479	68636	671.4	280.2	100.0
无锡市区 Wuxi	218.8	47515	21126	18802	263.5	195.5	100.0
徐州市区 Xuzhou	158.6	31073	10747	11731	207.6	168.3	100.0
常州市区 Changzhou	238.2	36989	10950	19535	227.6	235.2	100.0
苏州市区 Suzhou	392.8	80641	30479	39921	384.0	284.9	100.0
南通市区 Nantong	362.2	32035	8256	14801	165.6	245.1	100.0
连云港市区 Lianyungang	48.6	14120	4174	6935	110.2	174.3	100.0
淮安市区 Huaian	150.0	22606	9387	8406	167.9	143.1	100.0
盐城市区 Yancheng	84.0	11437	1655	7195	140.3	140.7	99.9
扬州市区 Yangzhou	121.4	23345	4404	8947	122.9	199.4	100.0
镇江市区 Zhenjiang	60.0	16203	6634	6761	88.9	208.5	100.0
泰州市区 Taizhou	56.0	11506	3563	6263	97.5	177.2	100.0
宿迁市区 Suqian	45.0	9190	3480	4205	85.8	134.3	100.0

18－3 城市煤气、液化石油气情况

Basic Statistics on Supply of Gas and Liquefied Petroleum Gas in Cities

年份 Year 城市 City	全年供气总量 Total Gas Supply			家庭用气量 Residential Use			用气人口(万人) Population with Access to Gas (10000 persons)			燃气普及率(%)
	煤气(万立方米) Gaswork Gas (10000 cu. m)	天然气(万立方米) Natural Gas (10000 cu. m)	液化石油气(吨) Liquefied Petroleum Gas (ton)	煤气(万立方米) Gaswork Gas (10000 cu. m)	天然气(万立方米) Natural Gas (10000 cu. m)	液化石油气(吨) Liquefied Petroleum Gas (ton)	煤气 Gaswork Gas	天然气 Natural Gas	液化石油气 Liquefied Petroleum Gas	Percentage of Population Using Gas for Household Use (%)
1978	11756		23666	1592		22043	15.7		48.4	15.7
1980	11401		32591	2215		31350	20.0		69.6	17.8
1985	13155		42495	3851		38834	39.9		76.2	17.9
1989	140497		190471	13429		105671	93.0		186.1	32.5
1990	142681		216936	15902		122691	101.2		219.3	36.8
1991	142665		252342	17750		137780	116.3		261.2	41.9
1992	147625		337456	20943		190861	131.0		373.1	53.3
1993	153994		442089	23774		258003	150.6		498.0	63.5
1994	184552		574191	26281		337126	180.3		558.8	74.1
1995	282227		436131	30877		361990	213.4		637.3	81.8
1996	271852		543989	35837		468838	243.3		701.2	86.6
1997	274853		468106	34055		392574	244.1		746.2	87.8
1998	331580		620344	34797		430131	271.1		798.3	93.0
1999	350299		667556	41206		427971	323.9		814.1	94.9
2000	362606		705010	39141		492377	324.7		882.9	95.8
2001	376025		780527	44685		523600	373.2		1200.3	82.0
2002	788537		1252001	38761		632199	361.1		1600.0	85.2
2003	802430		1357710	47369		687358	405.8		1673.5	88.6
2004	1027886		1226675	40926		708033	333.8		1712.1	92.0
2005	1290834		1110300	27831		649936	234.1		1720.0	93.3
2006	1420015	155940	1042278	18120	22710	591415	177.1	574.9	1408.8	97.1
2007	1633281	254507	999243	13228	39383	548113	146.1	699.8	1407.3	97.4
2008	1554953	299726	931734	12518	62207	578762	123.2	841.7	1328.2	98.2
2009	1728890	343544	865663	11741	53244	531023	135.5	1029.6	1248.1	98.4
2010	1931995	472309	766586	9664	79160	471731	89.8	1299.7	1115.0	99.1
2011	10310	591493	766635	9270	99133	464117	45.8	1557.5	1042.6	99.0
2012	4889	691763	735757	3883	121988	502258	27.5	1743.6	1006.5	99.4
2013	3940	765869	700765	2270	140471	458823	9.0	1906.6	956.6	99.6
2014	612	842071	651779	470	147899	390403	9.0	2125.0	828.9	99.5
2015		969799	593577		173196	358045		2345.7	714.6	99.6
2016		962542	515611		193326	314482		2505.6	622.3	99.5
2017		1087514	577137		201551	391296		2625.7	581.4	99.7
2018		1238706	575121		244109	344335		2918.0	457.1	99.8
2019		1332189	558223		275725	327391		3016.5	426.2	99.8
南京市区 Nanjing		143428	77511		58719	27754		594.3	73.9	99.5
无锡市区 Wuxi		112454	34531		24518	14919		250.0	13.5	100.0
徐州市区 Xuzhou		52716	25908		12929	15538		174.2	33.0	99.8
常州市区 Changzhou		135364	20893		20380	3362		222.0	5.6	100.0
苏州市区 Suzhou		110081	62334		22437	47803		333.0	51.0	100.0
南通市区 Nantong		38878	19213		8581	7877		152.7	12.9	100.0
连云港市区 Lianyungang		35874	32502		9497	25361		85.1	25.0	99.9
淮安市区 Huaian		27386	26031		12742	16000		140.9	27.0	100.0
盐城市区 Yancheng		20775	28472		10298	26053		125.1	12.0	99.7
扬州市区 Yangzhou		26469	14459		10547	10071		114.3	8.4	99.8
镇江市区 Zhenjiang		53724	17291		7167	8988		73.0	15.9	100.0
泰州市区 Taizhou		42424	9542		6047	7360		77.7	19.8	100.0
宿迁市区 Suqian		26255	5017		3414	4081		80.8	5.0	100.0

18－4 城市市政工程情况
Basic Statistics on Municipal Engineering in Cities

年 份 Year 城 市 City	年末实有道路长度（公里） Length of Paved Roads at Year-end (km)	年末实有道路面积（万平方米） Area of Paved Roads at Year-end (10000 sq. m)	排水管道长度（公里） Length of Drainage Pipelines (km)	城市污水日处理能力（万吨） Day Capacity of Sewerage Disposal (10000 tons)	城市路灯盏数（千盏） Number of Street Light (1000 units)	人均拥有道路面积（平方米） Per Capita Area of Paved Roads (sq. m)	建成区排水管道密度（公里/平方公里） Density of Drainage Pipelines (km/sq. km)	污水处理率（%） Rate of Sewerage Disposal (%)
1978	1893	1154	1503					
1980	1881	1160	1650	0.1	48	2.3		0.2
1985	2437	1623	2277	1.8	71	2.5	5.3	0.6
1989	5272	6607	3782	91.3	122	7.7	5.7	23.0
1990	5812	5672	4099	103.5	129	6.3	5.7	16.4
1991	5658	5216	4872	133.2	144	5.8	5.4	13.4
1992	6781	6587	5721	155.5	165	7.0	5.6	16.7
1993	7090	7581	6653	160.7	194	7.4	4.7	22.9
1994	6150	7094	7019	236.7	194	7.1	6.0	31.8
1995	8163	8669	8262	273.5	215	8.3	7.5	38.7
1996	8552	9711	8860	390.3	256	8.9	7.5	42.7
1997	9440	10438	8812	434.3	290	9.3	7.1	47.5
1998	9618	11336	9574	589.3	328	9.8	7.6	49.3
1999	10066	12283	10382	632.9	381	10.2	8.0	58.1
2000	11011	13357	11097	712.9	437	10.6	8.0	61.8
2001	16702	20309	13974	736.7	549	10.6	9.0	65.3
2002	22656	26987	16744	800.4	753	11.7	8.6	66.0
2003	25541	31859	20343	906.6	971	13.5	9.6	69.9
2004	26598	35596	25537	1017.8	1169	14.7	11.3	76.1
2005	28674	40830	28568	1084.7	1296	16.3	12.0	77.7
2006	27058	41623	31215	1224.9	1501	18.7	12.1	81.8
2007	28456	44595	34050	1184.1	1701	19.3	12.6	84.4
2008	28761	47330	38062	1432.2	1660	20.3	13.1	84.1
2009	30003	50075	42826	1411.2	1982	20.4	14.1	85.4
2010	31899	53723	46867	1590.0	2174	21.3	14.3	87.6
2011	32491	58405	51735	1555.5	2331	21.9	14.8	89.9
2012	34966	62438	56887	1564.5	2727	22.4	15.6	90.7
2013	36975	66970	62194	1606.5	2877	23.2	16.3	92.1
2014	39070	71151	66256	1622.4	3198	23.9	19.5	93.5
2015	40749	75052	70048	1673.2	3391	24.4	16.7	93.9
2016	44999	79733	72823	1742.9	3510	25.4	16.9	94.6
2017	47112	82379	76886	1761.6	3538	25.6	13.6	95.3
2018	47973	85212	80649	1870.9	3443	25.2	14.2	95.6
2019	49056	87687	83943	1942.1	3621	25.4	14.1	96.1
南京市区 Nanjing	8583	16314	10221	492.0	526	24.3	12.0	97.4
无锡市区 Wuxi	3930	7262	13536	155.3	284	27.6	24.6	98.5
徐州市区 Xuzhou	2665	4783	2242	78.5	121	23.0	6.7	96.1
常州市区 Changzhou	2654	4977	6551	101.8	288	21.9	17.5	97.4
苏州市区 Suzhou	7395	11389	12321	226.5	442	29.7	13.2	96.0
南通市区 Nantong	2903	5183	4524	84.5	312	31.3	18.8	94.2
连云港市区 Lianyungang	1958	2652	2271	33.4	74	24.1	8.9	93.5
淮安市区 Huaian	2153	4053	3477	212.7	117	24.1	17.2	95.0
盐城市区 Yancheng	1563	3532	1591	45.2	295	25.2	5.7	93.5
扬州市区 Yangzhou	1723	2912	2984	53.3	123	23.7	16.6	95.6
镇江市区 Zhenjiang	1525	2609	2277	50.0	111	29.4	10.2	96.5
泰州市区 Taizhou	1391	2961	2256	41.2	147	30.4	14.3	95.4
宿迁市区 Suqian	939	2083	1826	33.5	75	24.3	13.5	96.9

注:2017 年起,建成区排水管道密度(公里/平方公里)统计口径调整。

a) From 2017, drainage pipe density in built-up area statical adjustment.

18-5 城市园林绿化情况

Basic Statistics on Parks, Gardens and Green Areas in Cities

年份 Year 城市 City	园林绿地面积（公顷）Total Area of Parks, Gardens and Green Areas in Cities (hectare)	#公园绿地 Parks and Green Land	建成区绿化覆盖面积（公顷）Coverage Space of Green Areas Developed (hectare)	公园 Park 个数（个）Number (unit)	公园 Park 面积（公顷）Area (hectare)	人均公园绿地面积（平方米）Per Capita Area of Parks and Green Land (sq. m)	建成区面积（平方公里）Areas of Built Districts (sq. km)	建成区绿化覆盖率（%）Coverage Rate of Green Area Developed (%)
1978	7303			59	786			
1980	6582	1341		72	944	2.7		19.3
1985	7998	1450		83	1030	2.3		20.6
1989	18148	3214	12804	172	2725	3.7		19.2
1990	20337	3447	14112	184	2991	3.8		19.5
1991	19096	3841	16423	201	3071	4.3		18.4
1992	20898	4283	21726	217	2958	4.5		21.4
1993	30174	5882	31133	242	5179	5.8		22.1
1994	33089	6124	34728	241	5396	6.1		29.6
1995	48564	7226	34093	264	5648	6.9		30.8
1996	50558	7528	35964	283	5263	6.9		30.3
1997	52349	8175	38356	287	4831	7.3		30.9
1998	54756	8891	40513	295	4920	7.7		32.3
1999	57386	9581	43725	303	5027	8.0		33.7
2000	60064	10248	45925	313	5159	8.1		33.2
2001	94175	12724	49456	374	5549	6.6	1549	31.9
2002	137702	16252	68413	403	6374	7.1	1939	35.3
2003	145956	18743	74929	446	7317	7.9	2120	35.4
2004	172563	21617	85367	489	9098	8.9	2253	37.9
2005	189070	25687	94778	539	9924	10.3	2379	39.8
2006	152885	25868	107752	492	10608	11.6	2583	41.7
2007	180784	29125	116157	601	11787	12.6	2714	42.8
2008	195460	30645	123801	628	13026	13.1	2904	42.6
2009	214989	32403	127930	590	13740	13.2	3046	42.0
2010	227584	33585	137623	584	12433	13.3	3271	44.1
2011	237486	35634	147157	701	15687	13.3	3494	42.1
2012	247001	38069	154135	783	16465	13.6	3655	42.2
2013	256263	40413	161671	842	18707	14.0	3810	42.4
2014	265543	42901	171265	883	21879	14.4	4020	42.6
2015	274071	44713	179411	942	25935	14.6	4189	42.8
2016	281855	46476	184591	1074	29076	14.8	4299	42.9
2017	285981	48060	190194	1107	30141	15.0	4427	43.0
2018	293765	49580	196610	1133	30546	14.7	4558	43.1
2019	298531	51683	201663	1168	31423	15.0	4648	43.4
南京市区 Nanjing	92553	10543	37166	155	7493	15.7	823	45.2
无锡市区 Wuxi	19538	3934	15007	48	4054	14.9	347	43.2
徐州市区 Xuzhou	16793	3194	12328	76	1828	15.4	282	43.7
常州市区 Changzhou	11934	3047	11800	43	1367	13.4	273	43.2
苏州市区 Suzhou	22347	4685	20104	170	2132	12.2	478	42.1
南通市区 Nantong	10871	3326	10682	46	738	20.1	241	44.4
连云港市区 Lianyungang	23050	1637	9321	24	641	14.9	223	41.8
淮安市区 Huaian	8952	2439	8399	20	1176	14.5	198	42.4
盐城市区 Yancheng	7951	2003	7209	62	1279	14.3	167	43.3
扬州市区 Yangzhou	8866	2406	7880	112	1890	19.6	179	44.1
镇江市区 Zhenjiang	8984	1607	6231	28	627	18.1	145	43.1
泰州市区 Taizhou	6595	1506	6088	34	888	15.5	143	42.6
宿迁市区 Suqian	9849	1319	4393	28	1220	15.4	100	43.9

18－6 城市环境卫生情况

Basic Statistics on Urban Environmental Sanitation

年 份 Year 城 市 City	清扫面积（万平方米）Sweeping Areas (10000 sq. m)	生活垃圾清运量（万吨）Residential Garbages Disposal Cleared (10000 tons)	无害化处理厂日处理能力（吨）Day Disposal Capacities of No Harmful Disposal Factory (ton)	垃圾粪便年处理量（万吨）Annual Garbages and Night Soil Disposal Cleared (10000 tons)	环卫机械（辆）Machines of Environment Sanitation (unit)	公共厕所（座）Public Toilet (unit)
1978	503	79			223	3545
1980	601	158			296	3712
1985	1078	159	20		734	4700
1989	2136	262	162		1735	7910
1990	2445	288	385		1322	8072
1991	3068	341	1588	357.3	1604	9974
1992	3432	409	7622	531.7	1785	9265
1993	4095	408	14014	654.1	1998	9162
1994	4240	360	16442	658.8	1736	7095
1995	5429	398	13810	532.5	2072	7263
1996	6252	426	13125	523.9	2144	6932
1997	7085	479	15813	606.0	2351	7675
1998	7589	486	18570	721.4	2407	7486
1999	8221	505	43419	756.0	2458	7337
2000	8773	515	17392	762.9	2569	7393
2001	10971	634	17324	868.1	3800	9532
2002	16101	723	19997	985.9	4573	11016
2003	20874	775	20728	1060.9	4456	10660
2004	22505	808	23569	1106.6	4494	10260
2005	27101	835	24000	1030.5	5094	10591
2006	29409	851	24545	915.7	5447	9165
2007	31072	898	24192	942.8	5589	8520
2008	35418	934	27985	1024.8	5939	9050
2009	36160	957	34570	1048.4	6923	9654
2010	44088	1017	37637	1064.3	7481	9475
2011	46162	1120	42170	1142.0	7984	10134
2012	48098	1210	43113	1258.4	8709	10035
2013	52029	1203	40723	1250.3	9865	10438
2014	55132	1352	50574	1400.7	11227	11178
2015	57992	1456	52816	1518.2	12175	11739
2016	62827	1562	55403	1634.3	13482	12136
2017	67319	1735	60267	1734.6	16820	12934
2018	63905	1718	60665	1718.0	17757	13965
2019	71066	1810	63951	1809.6	19049	14279
南京市区 Nanjing	9184	326	7550	325.6	2366	1083
无锡市区 Wuxi	4645	176	5000	176.1	1112	2317
徐州市区 Xuzhou	3034	130	3096	129.9	1013	892
常州市区 Changzhou	3483	110	5220	110.4	932	1158
苏州市区 Suzhou	12961	296	9730	296.1	3694	1132
南通市区 Nantong	5117	43	200	43.3	1610	437
连云港市区 Lianyungang	3548	69	1740	69.5	619	785
淮安市区 Huaian	2850	73	3400	72.7	391	499
盐城市区 Yancheng	3293	56	400	55.8	457	752
扬州市区 Yangzhou	2048	70	3010	69.8	520	517
镇江市区 Zhenjiang	2855	51	1590	51.5	313	308
泰州市区 Taizhou	2536	51	1130	51.2	1020	359
宿迁市区 Suqian	2161	36	1700	35.6	524	447

18－7 城市公共汽(电)车、出租汽车情况

Basic Statistics on Buses (Trolley Buses) and Taxis in Cities

年份 Year 城市 City	年末实有公共汽(电)车营运车辆(辆) Operating Public Transit Vehicles at Year-end (unit)	实有公共汽(电)车营运标准车台(标台) Operating Standard Public Transit Vehicles (Standardized) (unit)	公共汽(电)车营运线路长度(公里) Length of Public Transit Route (km)	公共汽(电)车客运总量(万人次) Passengers Carried by Transit (10000 person-times)	每万人拥有公共交通车辆(标台) Public Transit Vehicales Per 10000 Population (Standard sets)	出租汽车营运车数(辆) Operating Taxis (unit)
1978	1407		1772			
1980	1605		1920	100671		150
1985	2237		2904	143146		605
1989	2826	3167	4603	135947	3.7	4555
1990	2827	3210	3991	130641	3.6	5775
1991	2968	3727	4229	124409	4.1	5005
1992	4578	4855	6939	120282	5.1	8133
1993	6384	5954	7570	109248	5.8	9838
1994	7367	6808	10127	110921	6.8	12307
1995	8019	7215	13642	95362	7.1	18073
1996	7962	7144	3544	104583	6.6	25403
1997	9665	7916	5684	124805	7.0	32493
1998	12411	10080	5198	157600	8.9	34661
1999	14136	11625	5858	191831	9.7	36613
2000	14838	13341	6896	246314	10.6	36603
2001	16244	14871	7296	224582	7.8	41480
2002	16902	15874	12397	245227	6.9	41933
2003	17822	17015	14696	233586	7.2	40073
2004	19079	19098	15888	263088	7.9	40746
2005	22197	22484	18077	283760	9.1	41476
2006	22002	22898	12121	304669	10.4	42032
2007	23874	26419	16133	322230	11.6	44993
2008	25369	28664	14657	352597	12.4	44708

18－7　续表　Continued

年份 Year 城市 City	年末实有公共汽(电)车营运车辆(辆) Operating Public Transit Vehicles at Year-end (unit)	实有公共汽(电)车营运标准车台(标台) Operating Standard Public Transit Vehicles (Standardized) (unit)	公共汽(电)车营运线路长度(公里) Length of Public Transit Route (km)	公共汽(电)车客运总量(万人次) Passengers Carried by Transit (10000 person-times)	每万人拥有公共交通车辆(标台) Public Transit Vehicales Per 10000 Population (Standard sets)	出租汽车营运车数(辆) Operating Taxis (unit)
2009	30432	34335	18881	389293	11.7	52282
2010	28687	32927	44941	391856	11.9	52957
2011	30867	35715	50971	424699	12.0	53409
2012	32105	37743	52887	444148	11.7	54464
2013	34176	40463	53903	453366	12.7	56785
2014	36665	43815	57734	461348	14.1	60712
2015	39729	47138	63623	474984	15.1	61120
2016	39855	48090	63982	448734	15.5	54521
2017	41558	49877	69100	449242	16.0	53465
2018	44186	52850	79773	442020	16.6	52559
2019	49074	57710	87506	438097	17.1	57014
南京市区 Nanjing	8772	10576	12018	91089	21.9	12083
无锡市区 Wuxi	4713	5570	9179	42637	17.5	5152
徐州市区 Xuzhou	4338	4968	8750	30966	17.0	6838
常州市区 Changzhou	2650	3226	5215	27001	14.7	3678
苏州市区 Suzhou	8968	10626	15279	79059	26.7	8941
南通市区 Nantong	3478	3958	9647	17861	15.8	2449
连云港市区 Lianyungang	1823	2141	3614	15577	15.8	2208
淮安市区 Huaian	2595	3043	3158	39679	17.2	2449
盐城市区 Yancheng	2624	3056	3653	20331	14.5	2981
扬州市区 Yangzhou	3051	3611	4613	22932	25.9	3571
镇江市区 Zhenjiang	2113	2501	3911	17329	23.5	2630
泰州市区 Taizhou	2109	2342	5303	15235	15.4	1818
宿迁市区 Suqian	1840	2092	3166	18401	16.2	2216

18－8　主要城市土地面积、人口情况（2019年）
Land Area and Population of Major Cities(2019)

城　市 City		土地面积（平方公里）Land Area (sq. km)	年末户籍人口（万人）Registered Population at Year-end (10000 persons)	#女 Female	当年出生人口（万人）Births (10000 persons)	当年死亡人口（万人）Deaths (10000 persons)	年末常住人口（万人）Permanent Population at Year-end (10000 persons)
南京市区	Nanjing	6587	709.82	357.02	6.76	3.85	850.00
无锡市区	Wuxi	1644	268.45	136.94	2.19	1.56	368.17
徐州市区	Xuzhou	3063	343.42	168.51	3.57	1.62	335.69
常州市区	Changzhou	2838	306.03	156.84	2.41	1.99	397.20
苏州市区	Suzhou	4653	374.58	190.98	3.44	2.19	557.66
南通市区	Nantong	2140	215.43	110.55	1.49	1.70	238.73
连云港市区	Lianyungang	3012	224.84	108.80	2.37	1.16	210.84
淮安市区	Huaian	4476	333.72	162.39	3.10	2.26	309.58
盐城市区	Yancheng	5131	244.35	119.87	1.83	1.33	239.00
扬州市区	Yangzhou	2306	233.18	117.87	1.66	1.74	246.95
镇江市区	Zhenjiang	1088	102.97	52.07	0.64	0.63	123.49
泰州市区	Taizhou	1568	163.85	82.00	1.12	1.27	163.99
宿迁市区	Suqian	2153	177.73	86.46	1.97	1.17	161.99

18－9　主要城市就业情况(2019年)
Employment of Major Cities(2019)

单位:万人　　(10000 persons)

城　市 City		年末就业人员 Employment at Year-end	#私营企业就业人员 Number of Employed Persons Private Enterprises	#个体就业人员 Number of Self-employed Individuals	就业人员按三次产业分 Employment Grouped by Type of Industry		
					第一产业 Primary Industry	第二产业 Secondary Industry	第三产业 Tertiary Industry
南京市区	Nanjing	502.60	335.78	137.27	23.01	170.90	308.69
无锡市区	Wuxi	214.08	101.16	49.93	3.12	112.00	98.96
徐州市区	Xuzhou	162.34	55.27	50.04	24.68	52.80	84.86
常州市区	Changzhou	232.80	147.59	68.32	17.70	112.80	102.30
苏州市区	Suzhou	348.20	238.58	136.20	9.59	196.27	142.34
南通市区	Nantong	135.52	76.84	46.73	14.04	58.25	63.23
连云港市区	Lianyungang	115.15			25.17	38.46	51.53
淮安市区	Huaian	178.62	53.76	43.27	42.63	58.79	77.20
盐城市区	Yancheng	136.16	48.67	27.13	22.75	51.95	61.46
扬州市区	Yangzhou	139.84	74.33	38.54	10.75	59.49	69.60
镇江市区	Zhenjiang	69.92	34.47	27.32	5.32	25.18	39.42
泰州市区	Taizhou	97.80	57.31	25.95	12.10	40.40	45.30
宿迁市区	Suqian	90.00	25.71	29.93	21.87	30.58	37.54

18－10　主要城市地区生产总值及指数(2019 年)
Gross Domestic Product of Major Cities(2019)

城　市 City		地区生产总值(亿元) Gross Domestic Product (100 million yuan)	第一产业 Primary Industry	第二产业 Secondary Industry	第三产业 Tertiary Industry	人均地区生产总值(元) Per Capita GDP (yuan)	地区生产总值指数(上年=100) GDP Index (preceding year =100)
南京市区	Nanjing	14030.15	289.82	5040.86	8699.47	165682	107.8
无锡市区	Wuxi	6081.08	36.50	2661.64	3382.94	165510	106.5
徐州市区	Xuzhou	3646.38	136.56	1491.32	2018.49	108724	106.5
常州市区	Changzhou	6390.32	104.86	3015.21	3270.25	161020	106.7
苏州市区	Suzhou	9048.69	66.03	4138.96	4843.70	162501	105.2
南通市区	Nantong	3471.70	62.20	1593.60	1815.90	145934	106.0
连云港市区	Lianyungang	1872.16	146.00	848.23	877.93	88899	106.0
淮安市区	Huaian	2595.26	207.48	1099.30	1288.48	83974	106.5
盐城市区	Yancheng	2297.77	180.45	998.62	1118.70	96460	105.5
扬州市区	Yangzhou	3506.72	104.13	1589.03	1813.56	142321	106.8
镇江市区	Zhenjiang	1856.02	29.05	834.60	992.37	150279	106.2
泰州市区	Taizhou	2198.07	73.27	1082.32	1042.48	134241	106.6
宿迁市区	Suqian	1152.17	70.29	525.98	555.90	71281	106.8

18－11　主要城市房地产开发投资(2019 年)
Investment in Fixed Assets of Major Cities(2019)

单位:亿元　　(100 million yuan)

城　市 City		房地产开发投资 Investment in Fixed Assers	#住宅 Resdential Building	商品房销售面积(万平方米) Floor Space of Commercial House Sold (10000 sq. m)	#住宅 Resdential Building	商品房待售面积(万平方米) Floor Sapace of commercial House for sales	#住宅 Resdential Building
南京市区	Nanjing	2501.26	1735.85	1320.65	1137.19	405.33	232.47
无锡市区	Wuxi	944.24	756.94	902.07	814.21	383.16	128.87
徐州市区	Xuzhou	546.36	451.51	809.57	763.45	75.99	49.13
常州市区	Changzhou	811.08	656.94	819.70	669.47	364.47	66.25
苏州市区	Suzhou	1647.59	1333.36	1190.76	1076.38	479.36	200.28
南通市区	Nantong	514.13	409.93	858.11	752.34	287.93	130.96
连云港市区	Lianyungang	233.01	193.40	327.84	306.51	54.89	21.60
淮安市区	Huaian	228.81	165.44	550.55	479.35	149.24	112.82
盐城市区	Yancheng	269.36	214.51	498.61	432.79	135.05	90.15
扬州市区	Yangzhou	492.54	349.49	516.34	449.45	181.20	38.87
镇江市区	Zhenjiang	192.24	166.15	202.09	189.05	127.39	72.91
泰州市区	Taizhou	160.09	122.10	321.38	277.33	131.75	61.81
宿迁市区	Suqian	145.52	124.61	298.49	279.42	82.21	32.36

18－12　主要城市工业基本情况(2019 年)
Basic Statistics on Industry of Major Cities(2019)

单位:亿元　(100 million yuan)

城　市 City		工业企业单位数(个) Number of Industrial Enterprises (unit)	#大中型企业 Enterprises of Large and Medium Size	资产总计 Total Assets	负债合计 Total Liabilities	营业收入 Major Business Income	利润总额 Total Profits
南京市区	Nanjing	2707	367	12944.28	6867.70	11924.57	651.62
无锡市区	Wuxi	3299	386	8597.71	4095.75	8436.77	639.59
徐州市区	Xuzhou	670	89	3174.85	1737.48	2722.62	178.98
常州市区	Changzhou	4244	446	8881.83	4652.00	9597.70	583.48
苏州市区	Suzhou	4945	872	14893.82	7456.91	15087.58	923.32
南通市区	Nantong	1422	141	3521.05	1721.62	2916.81	163.30
连云港市区	Lianyungang	504	60	2971.21	1693.38	2142.35	264.17
淮安市区	Huaian	865	86	1383.88	657.90	1344.11	87.81
盐城市区	Yancheng	1167	97	2509.21	1570.24	2044.02	31.76
扬州市区	Yangzhou	1480	212	2776.98	1525.12	2385.91	83.08
镇江市区	Zhenjiang	711	75	1992.79	951.76	1793.80	108.44
泰州市区	Taizhou	1003	89	2342.62	1217.03	2804.57	147.88
宿迁市区	Suqian	590	77	1072.43	555.05	1046.56	67.84

18－13　主要城市财政、金融(2019 年)
Government Revenue and Expenditures of Major Cities(2019)

单位:亿元　(100 million yuan)

城　市 City		一般公共预算收入 General Public Budget Revenue	#税收收入 Taxes	一般公共预算支出 General Public Budget Expenditure	存款余额 Deposits Balance	#住户存款 Household Deposits	贷款余款 Loans Balance
南京市区	Nanjing	1580.03	1373.83	1658.07	34671.17	8105.88	32356.42
无锡市区	Wuxi	655.90	545.43	735.34	10752.47	3613.09	8463.11
徐州市区	Xuzhou	278.43	218.15	400.68	5146.79	2114.46	3816.04
常州市区	Changzhou	519.76	441.25	552.28	9585.94	3685.56	7565.98
苏州市区	Suzhou	1201.52	1096.69	1211.55	19281.72	5449.34	19564.83
南通市区	Nantong	287.21	234.78	386.04	5924.95	2532.06	4881.51
连云港市区	Lianyungang	172.26	135.07	275.93	2507.97	952.58	2531.39
淮安市区	Huaian	192.79	153.53	351.35	2942.79	1145.09	2916.07
盐城市区	Yancheng	199.33	151.47	347.77	3766.17	1419.10	3583.91
扬州市区	Yangzhou	216.75	170.59	386.76	4677.61	2038.06	3905.06
镇江市区	Zhenjiang	157.32	111.23	253.24	2694.29	947.96	2467.19
泰州市区	Taizhou	187.62	135.51	290.31	3536.10	1398.50	2900.85
宿迁市区	Suqian	112.62	98.02	223.72	1560.60	534.00	1524.73

18－14 主要城市贸易、外经(2019 年)
Domestic Trade and Foreign Economy of Major Cities(2019)

城市 City		社会消费品零售总额(亿元) Total Retail Sales of Consumer Goods (100 million yuan)	进出口总额(亿美元) Total Imports and Exports (USD 100 million)	出口 Exports	进口 Imports	实际使用外资(亿美元) Actual Use of Foreign Capital (USD 100 million)	星级饭店数(个) Star Class Hotel (unit)
南京市区	Nanjing	7136.32	699.60	435.33	264.27	41.01	76
无锡市区	Wuxi	1820.20	646.19	373.05	273.15	23.10	18
徐州市区	Xuzhou	1546.87	77.80	62.36	15.44	13.95	25
常州市区	Changzhou	2080.20	326.36	242.35	84.01	23.28	29
苏州市区	Suzhou	4247.63	1660.20	980.30	679.90	25.33	35
南通市区	Nantong	1303.76	190.62	130.78	59.85	11.14	16
连云港市区	Lianyungang	648.91	85.09	31.79	53.31	4.10	10
淮安市区	Huaian	1253.45	37.43	24.85	12.57	6.75	15
盐城市区	Yancheng	1011.60	60.53	33.13	27.40	6.30	9
扬州市区	Yangzhou	963.67	82.85	64.11	18.74	10.07	25
镇江市区	Zhenjiang	625.67	68.55	40.45	28.10	3.33	6
泰州市区	Taizhou	625.21	59.31	37.69	21.63	8.34	6
宿迁市区	Suqian	379.84	17.56	13.41	4.14	1.65	20

18－15 主要城市邮电、电力(2019 年)
Post and Telecommunication Service and Power Consumption of Major Cities(2019)

城市 City		邮电业务收入(亿元) Revenue from Posts and Telecommunication Services (100 million yuan)	固定电话用户(万户) Telephones (10000 Subscribers)	年末移动电话用户(万户) Mobile Telephones (10000 Subscribers)	互联网宽带接入用户(万户) Internet Service (10000 Subscribers)	全年用电量(亿千瓦时) Power Consumption (100 million kW·h)	#城乡居民生活用电 Urban and Rural Residents Power Consumption
南京市区	Nanjing	271.68	203.19	1315.46	469.19	621.53	96.69
无锡市区	Wuxi	140.35	75.31	623.12	202.75	362.66	43.32
徐州市区	Xuzhou	51.83	46.00	428.78	155.30	188.53	30.79
常州市区	Changzhou	116.16	76.11	584.95	240.33	410.07	43.85
苏州市区	Suzhou	264.13	125.55	1076.70	330.16	691.69	73.02
南通市区	Nantong	77.02	60.25	351.06	121.98	184.82	26.49
连云港市区	Lianyungang	55.16	37.46	256.64	92.65	115.13	18.74
淮安市区	Huaian	10.00	11.43	142.78	28.24	136.58	23.04
盐城市区	Yancheng	39.28	23.06	291.01	92.92	129.69	19.64
扬州市区	Yangzhou	55.44	57.68	329.78	118.33	142.75	25.06
镇江市区	Zhenjiang	29.81	26.52	166.51	64.27	128.15	12.97
泰州市区	Taizhou	34.81	32.70	210.03	77.17	106.00	15.52
宿迁市区	Suqian	27.62	10.65	170.54	53.91	90.64	11.42

18－16 主要城市文教、科技、卫生(2019年)
Culture, Education, Science and Technology and Public Health of Major Cities(2019)

城市 City		普通本专科在校学生数(万人) Number of Students Enrollement in Regular Institutions of High Education (10000 persons)	专利申请受理量(件) Applications Accepted (unit)	公共图书馆图书藏量(千册) Total Volume of Collections of Public Libraries (1000 volumes)	医疗卫生机构数(个) Number of Health Care Institutions (unit)	卫生机构床位数(万张) Number of Beds in Health Care Institutions (10000 units)	执业(助理)医师(万人) Practitioner Doctors (Assistant) (10000 persons)
南京市区	Nanjing	87.79	103024	23247	3242	5.90	3.57
无锡市区	Wuxi	10.82	48238	5270	1581	3.36	1.43
徐州市区	Xuzhou	13.47	20399	1784	1636	3.35	1.38
常州市区	Changzhou	12.96	45026	4590	1181	2.44	1.26
苏州市区	Suzhou	18.37	100094	22972	1800	4.08	1.95
南通市区	Nantong	11.19	15417	2727	1094	2.08	0.90
连云港市区	Lianyungang	4.70	5374	1855	1401	1.52	0.70
淮安市区	Huaian	7.56	9443	3093	1251	2.06	0.97
盐城市区	Yancheng	6.57	14808	3301	1099	1.56	0.76
扬州市区	Yangzhou	8.70	16393	4173	1104	1.48	0.71
镇江市区	Zhenjiang	10.1	11655	2309	434	0.88	0.42
泰州市区	Taizhou	6.58	12392	2079	663	1.34	0.55
宿迁市区	Suqian	1.33	5266	1693	677	1.03	0.49

18－17 主要城市居民收支情况(2019年)
Household Income and Expenditure of Major Cities(2019)

单位:元 (yuan)

城市 City		城市常住居民人均可支配收入 Per Capita Disposable Income of Urban Residents	城市常住居民人均消费性支出 Per Capita Living Expenditure of Urban Residents	食品烟酒 Food, Tobacco and Wine	居民消费价格指数(上年=100) Consumer Price Index (preceding year=100)
南京市区	Nanjing	64372	35933	9072	103.1
无锡市区	Wuxi	55086	32825	8872	102.9
徐州市区	Xuzhou	36407	22754	6294	103.3
常州市区	Changzhou	51121	29185	7996	103.0
苏州市区	Suzhou	61788	36551	9594	103.0
南通市区	Nantong	47036	26906	7456	103.2
连云港市区	Lianyungang	32493	19499	5380	103.0
淮安市区	Huaian	31972	17580	5157	102.7
盐城市区	Yancheng	37943	21688	5739	103.3
扬州市区	Yangzhou	42328	29032	8475	103.0
镇江市区	Zhenjiang	47788	28485	7684	103.0
泰州市区	Taizhou	40951	24908	7456	103.1
宿迁市区	Suqian	26291	15945	5072	103.1

18-18 市辖区主要指标(2019年)

市辖区	Municipal District	年末户籍人口（万人）Registered Population at Year-end (10000 persons)	土地面积（平方公里）Land Area (sq. m)	地区生产总值（亿元）Gross Domestic Product (100 million yuan)	#第二产业 Secondary Industry	#第三产业 Tertiary Industry
南京市	**Nanjing City**					
玄武区	Xuanwu District	47.02	75	1030.75	20.81	1009.94
秦淮区	Qinhuai District	68.82	49	1158.86	80.70	1078.16
建邺区	Jianye District	41.17	83	1055.89	338.80	717.09
鼓楼区	Gulou District	92.21	53	1630.72	136.37	1494.35
浦口区	Pukou District	76.49	910	1224.19	420.43	757.53
栖霞区	Qixia District	52.99	395	1535.18	906.86	620.53
雨花台区	Yuhuatai District	30.69	132	885.06	169.56	714.94
江宁区	Jiangning District	116.48	1563	2371.41	1233.09	1067.49
六合区	Luhe District	94.25	1471	1474.25	893.65	510.83
溧水区	Lishui District	44.67	1064	852.37	419.38	384.51
高淳区	Gaochun District	45.03	790	476.77	210.66	221.94
无锡市	**Wuxi City**					
锡山区	Xishan District	47.31	399	921.66	472.56	433.15
惠山区	Huishan District	50.09	325	937.07	517.82	402.91
滨湖区	Binhu District	37.04	572	816.14	310.89	501.88
梁溪区	Liangxi District	79.12	72	1280.44	182.88	1097.56
新吴区	Xinwu District	37.92	220	1845.49	1119.59	725.07
徐州市	**Xuzhou City**					
鼓楼区	Gulou District	32.50	66	305.08	45.24	259.77
云龙区	Yunlong District	37.80	120	387.98	46.55	340.17
贾汪区	Jiawang District	51.79	612	351.93	155.58	167.69
泉山区	Quanshan District	57.16	100	679.52	86.86	592.26
铜山区	Tongshan District	132.75	1871	1184.33	581.76	504.43
常州市	**Changzhou City**					
天宁区	Tianning District	48.10	155	777.31	210.03	559.67
钟楼区	Zhonglou District	43.80	133	718.29	226.34	489.42
新北区	Xinbei District	61.40	509	1543.74	778.24	746.33
武进区	Wujin District	97.90	1065	2483.42	1359.09	1085.56
金坛区	Jintan District	54.70	976	908.58	472.93	398.86
苏州市	**Suzhou City**					
虎丘区	Huqiu District	42.59	332	1377.24	691.24	684.46
吴中区	Wuzhong District	70.54	2231	1278.72	576.35	684.12

Major Indicators of Municipal Districts(2019)

一般公共预算收入（亿元） General Public Budget Revenues (100 million yuan)	房地产开发投资（亿元） Investment in Real Estate Development (100 million yuan)	#住宅 Resdential Building	社会消费品零售总额（亿元） Total Retail Sales of Consumer Goods (100 million yuan)	进出口总额（亿美元） Total Imports and Exports (USD 100 million)	#出口 Exports	实际使用外资（万美元） Actual Use of Foreign Capital (USD 10000)
93.03	78.43	21.25	1023.00	92.92	32.70	22213
100.03	126.99	73.11	1151.42	96.75	59.96	30058
143.70	343.81	218.81	389.18	13.94	10.65	29307
164.37	194.27	105.87	1000.87	62.90	46.44	26565
62.02	302.91	235.30	697.57	13.34	9.98	39316
148.10	333.00	223.27	432.42	132.20	63.64	87487
80.30	223.64	169.14	549.74	41.10	30.24	22498
265.56	320.03	239.95	945.80	167.36	120.31	91900
41.18	128.43	99.93	368.72	8.63	5.67	15826
70.51	151.78	117.11	344.33	11.10	9.44	25109
34.50	60.03	49.65	233.27	11.14	9.71	24100
89.74	140.69	111.26	219.42	51.82	39.13	37208
95.57	149.63	130.30	231.24	32.82	28.24	24501
81.50	233.21	167.38	220.79	25.38	19.16	22944
57.24	183.72	144.02	710.11	24.76	22.66	14480
205.06	125.77	101.96	380.34	506.28	259.64	131516
18.84	86.90	75.47	297.04	2.27	2.02	9417
27.13	73.52	53.47	269.53	4.57	4.37	9217
22.20	88.66	76.39	155.52	5.45	5.41	10042
38.85	170.04	141.98	367.63	6.64	6.03	13897
51.78	84.19	71.79	457.15	16.97	15.64	29430
58.06	156.28	119.97	401.12	32.18	27.18	21184
46.59	147.33	124.53	408.54	26.84	24.03	19043
126.39	149.30	128.93	335.74	123.92	88.12	76225
187.51	281.15	216.92	691.88	117.52	83.26	76028
57.73	77.03	66.58	242.92	25.90	19.76	30280
168.60	329.99	299.01	547.65	419.80	278.00	53005
175.63	372.93	313.64	790.63	80.40	57.50	38009

18－18　续表

市辖区 Municipal District		年末户籍人口（万人）Registered Population at Year-end (10000 persons)	土地面积（平方公里）Land Area (sq. m)	地区生产总值（亿元）Gross Domestic Product (100 million yuan)	#第二产业 Secondary Industry	#第三产业 Tertiary Industry
相城区	Xiangcheng District	44.80	490	890.08	442.86	439.66
姑苏区	Gushu District	74.09	83	801.12	55.36	745.76
吴江区	Wujiang District	85.58	1237	1958.16	1008.22	912.51
南通市	**Nantong City**					
崇川区	Chongchuan District	54.17	160	948.50	235.70	712.80
港闸区	Gangzha District	19.89	152	447.10	221.90	223.90
通州区	Tongzhou District	125.36	1562	1385.50	718.80	606.80
连云港市	**Lianyungang City**					
连云区	Lianyun District	17.50	797	206.49	95.16	104.97
海州区	Haizhou Distric	72.07	701	520.49	122.77	377.67
赣榆区	Ganyu Distric	119.81	1514	623.43	279.65	236.68
淮安市	**Huaian City**					
淮安区	Huaian District	114.24	1452	588.47	250.67	259.76
淮阴区	Huaiyin District	90.60	1307	525.21	210.75	240.69
清江浦区	Qingjiangpu District	57.48	310	564.39	130.11	421.28
洪泽区	Hongze District	36.55	1273	329.99	134.08	156.81
盐城市	**Yancheng City**					
亭湖区	Tinghu District	69.32	800	531.73	185.75	310.01
盐都区	Yandu District	71.01	1015	587.99	269.80	268.14
大丰区	Dafeng District	70.66	3008	654.88	228.17	337.99
扬州市	**Yangzhou City**					
广陵区	Guangling District	49.28	355	809.11	325.90	473.08
邗江区	Hanjiang District	62.89	553	1073.55	408.38	642.41
江都区	Jiangdu District	103.74	1330	1091.66	548.99	472.95
镇江市	**Zhenjiang City**					
京口区	Jingkou District	31.33	125	435.64	121.44	313.29
润州区	Runzhou District	21.15	124	236.85	37.79	198.42
丹徒区	Dantu District	29.02	617	404.89	208.32	175.87
泰州市	**Taizhou City**					
海陵区	Hailing District	46.83	307	595.66	254.17	332.38
高港区	Gaogang District	26.17	287	611.30	325.93	271.59
姜堰区	Jiangyan District	73.58	858	669.72	316.87	303.64
宿迁市	**Suqian City**					
宿城区	Sucheng District	74.08	926	380.09	100.50	254.67
宿豫区	Suyu District	49.87	1108	315.25	141.04	142.90

18－18 Continued

一般公共预算收入（亿元）General Public Budget Revenues (100 million yuan)	房地产开发投资（亿元）Investment in Real Estate Development (100 million yuan)	#住宅 Resdential Building	社会消费品零售总额(亿元) Total Retail Sales of Consumer Goods (100 million yuan)	进出口总额（亿美元）Total Imports and Exports (USD 100 million)	#出口 Exports	实际使用外资（万美元）Actual Use of Foreign Capital (USD 10000)
120.05	270.66	217.19	471.03	54.90	43.00	23164
63.61	185.73	140.52	865.02	22.30	20.10	610
223.10	312.97	262.26	639.87	210.90	154.60	40270
72.53	178.46	136.18	499.32	60.76	38.79	15111
45.01	156.55	117.94	171.22	26.50	21.23	12081
70.67	88.76	77.36	406.81	35.63	29.82	22488
13.78	30.02	24.96	78.71	9.02	5.31	7501
36.90	84.36	61.69	387.59	9.02	7.54	6365
28.78	33.20	30.48	182.61	11.63	5.54	6221
25.19	32.59	26.93	241.64	3.84	3.68	12501
24.40	28.01	18.50	177.12	3.24	1.94	13188
30.35	100.93	67.02	602.24	4.23	3.63	9259
20.05	6.48	4.29	122.26	2.19	1.76	12520
37.13	70.23	49.84	239.76	6.87	5.10	6288
36.57	41.34	35.60	241.19	8.58	4.23	12057
51.01	40.38	30.94	203.01	23.58	11.31	5139
39.41	118.99	87.28	310.80	14.96	13.63	22786
64.55	249.82	157.60	301.78	23.23	20.23	30549
53.01	79.41	67.06	268.41	22.69	14.41	23215
21.41	41.12	34.49	242.41	15.47	9.21	6228
13.82	80.84	68.38	116.40	2.45	2.28	1939
23.41	20.55	17.15	63.62	7.04	6.59	1424
34.01	46.08	38.72	228.12	17.54	14.72	18079
42.10	13.29	10.94	88.99	15.82	5.37	20968
38.54	52.59	36.16	161.12	13.30	11.11	16013
20.01	69.80	60.52	222.58	4.40	3.90	1701
20.51	30.31	23.03	77.60	6.07	4.63	11721

18－19　市辖区人口、面积(2019 年)
Population and Land Area of Municipal District(2019)

市辖区 Municipal District		年末户籍人口(万人) Registered Population at Year-end (10000 persons)	出生人口(人) Births (person)	死亡人口(人) Deaths (person)	年末总户数(万户) Total Households at Year-end (10000 household)	土地面积(平方公里) Land Area (sq. m)	人口密度(人/平方公里) Population Density (person/sq. m)
南京市浦口区	Nanjing Pukou District	76.49	10485	3137	27.01	910	986
南京市江宁区	Nanjing Jiangning District	116.48	15010	5214	43.37	1563	862
南京市六合区	Nanjing Luhe District	94.25	8127	5832	32.71	1471	686
南京市溧水区	Nanjing Lishui District	44.67	4494	2881	15.96	1064	450
南京市高淳区	Nanjing Gaochun District	45.03	3806	3107	16.12	790	582
徐州市贾汪区	Xuzhou Jiawang District	51.79	5200	2400	13.44	612	704
徐州市铜山区	Xuzhou Tongshan District	132.75	13600	9200	35.09	1871	564
常州市武进区	Changzhou Wujin District	97.90	7901	6533	34.80	1065	1365
常州市金坛区	Changzhou Jintan District	54.70	3518	4020	19.93	976	577
苏州市吴江区	Suzhou Wujiang District	85.58	7407	6079	27.05	1237	1061
南通市通州区	Nantong Tongzhou District	125.36	8077	11063	51.43	1562	730
连云港市赣榆区	Lianyungang Ganyu District	119.81	12535	7215	35.20	1514	637
淮安市淮安区	Huaian Huaian District	114.24	10228	7523	32.42	1452	653
淮安市淮阴区	Huaian Huaiyin District	90.60	8376	6170	28.48	1307	600
淮安市洪泽区	Huaian Hongze District	36.55	2854	2323	11.55	1273	260
盐城市盐都区	Yancheng Yandu District	71.01	5343	4638	23.72	1015	627
盐城市大丰区	Yancheng Dafeng District	70.66	4015	5221	26.72	3008	233
扬州市邗江区	Yangzhou Hanjiang District	62.89	4768	3490	16.00	553	1120
扬州市江都区	Yangzhou Jiangdu District	103.74	7222	8651	34.00	1330	767
镇江市丹徒区	Zhenjiang Dantu District	29.02	1817	1900	10.35	617	522
泰州市姜堰区	Taizhou Jiangyan District	73.58	4368	6665	26.52	858	807
宿迁市宿豫区	Suqian Suyu District	49.87	5146	3032	12.98	1108	410

18－20 市辖区就业人员(2019 年)
Employment of Municipal District(2019)

单位:万人 (10000 persons)

市辖区 Municipal District		就业人员 Employment	第一产业 Primary Industry	第二产业 Secondary Industry	第三产业 Tertiary Industry	私营企业就业人员 Employment in Private Enterprises	个体就业人员 Employment in Self-employed Individuals
南京市浦口区	Nanjing Pukou District	20.10	1.63	7.37	11.10	43.79	16.38
南京市江宁区	Nanjing Jiangning District	76.98	5.20	36.80	34.98	42.88	31.95
南京市六合区	Nanjing Luhe District	31.60	5.12	13.47	13.01	23.43	12.44
南京市溧水区	Nanjing Lishui District	32.88	3.67	19.25	9.96	13.49	8.29
南京市高淳区	Nanjing Gaochun District	31.37	5.63	15.69	10.05	19.35	4.80
徐州市贾汪区	Xuzhou Jiawang District	22.23	6.22	7.46	8.55	6.02	3.80
徐州市铜山区	Xuzhou Tongshan District	54.63	15.62	18.78	20.23	12.41	13.24
常州市武进区	Changzhou Wujin District	89.40	7.70	50.90	30.80	62.32	24.21
常州市金坛区	Changzhou Jintan District	37.30	5.40	18.30	13.60	19.02	8.23
苏州市吴江区	Suzhou Wujiang District	86.16	3.33	52.54	30.29	49.90	20.43
南通市通州区	Nantong Tongzhou District	68.80	13.63	33.10	22.07	27.31	19.33
连云港市赣榆区	Lianyungang Ganyu District	53.63	18.13	20.21	15.30		
淮安市淮安区	Huaian Huaian District	54.20	18.56	16.82	18.82	12.44	6.95
淮安市淮阴区	Huaian Huaiyin District	45.50	14.84	14.24	16.42	10.50	9.50
淮安市洪泽区	Huaian Hongze District	19.70	5.64	6.75	7.31	8.00	5.08
盐城市盐都区	Yancheng Yandu District	38.64	7.22	15.14	16.28	11.07	6.90
盐城市大丰区	Yancheng Dafeng District	44.61	10.09	15.76	18.76	14.75	7.47
扬州市邗江区	Yangzhou Hanjiang District	38.12	0.58	14.77	22.77	23.29	13.09
扬州市江都区	Yangzhou Jiangdu District	59.97	8.97	26.22	24.78	25.78	11.42
镇江市丹徒区	Zhenjiang Dantu District	20.01	3.65	8.00	8.36	9.18	7.12
泰州市姜堰区	Taizhou Jiangyan District	40.80	8.98	16.56	15.27	19.93	8.48
宿迁市宿豫区	Suqian Suyu District	35.96	9.51	12.04	14.41	8.20	8.66

18－21　市辖区地区生产总值(2019 年)

Gross Domestic Product of Municipal District(2019)

市辖区	Municipal District	地区生产总值(亿元) Gross Domestic Product (100 million yuan)	第一产业 Primary Industry	第二产业 Secondary Industry	第三产业 Tertiary Industry	#工业 Industry	地区生产总值指数(上年=100) GDP Index (preceding year =100)
南京市浦口区	Nanjing Pukou District	1224.19	46.23	420.43	757.53	331.24	111.6
南京市江宁区	Nanjing Jiangning District	2371.41	70.83	1233.09	1067.49	1031.91	108.0
南京市六合区	Nanjing Luhe District	1474.25	69.77	893.65	510.83	811.79	111.3
南京市溧水区	Nanjing Lishui District	852.37	48.48	419.38	384.51	351.59	108.4
南京市高淳区	Nanjing Gaochun District	476.77	44.17	210.66	221.94	91.25	105.0
徐州市贾汪区	Xuzhou Jiawang District	351.93	28.66	155.58	167.69	141.27	105.6
徐州市铜山区	Xuzhou Tongshan District	1184.33	98.14	581.76	504.43	499.85	107.6
常州市武进区	Changzhou Wujin District	2483.42	38.77	1359.09	1085.56	1267.12	106.9
常州市金坛区	Changzhou Jintan District	908.58	36.79	472.93	398.86	382.74	110.8
苏州市吴江区	Suzhou Wujiang District	1958.16	37.43	1008.22	912.51	932.63	105.7
南通市崇川区	Nantong Chongchuan District	1385.50	59.90	718.80	606.80	600.80	106.2
连云港市赣榆区	Lianyungang Ganyu District	623.43	107.10	279.65	236.68	194.27	105.8
淮安市淮安区	Huaian Huaian District	588.47	78.04	250.67	259.76	185.08	106.6
淮安市淮阴区	Huaian Huaiyin District	525.21	73.77	210.75	240.69	167.04	106.0
淮安市洪泽区	Huaian Hongze District	329.99	39.10	134.08	156.81	114.56	106.6
盐城市盐都区	Yancheng Yandu District	587.99	50.05	269.80	268.14	197.07	105.9
盐城市大丰区	Yancheng Dafeng District	654.88	88.72	228.17	337.99	200.18	105.1
扬州市邗江区	Yangzhou Hanjiang District	1073.55	22.76	408.38	642.41	320.64	106.0
扬州市江都区	Yangzhou Jiangdu District	1091.66	69.72	548.99	472.95	428.89	106.0
镇江市丹徒区	Zhenjiang Dantu District	404.89	20.71	208.32	175.87	172.52	105.5
泰州市姜堰区	Taizhou Jiangyan District	669.72	49.21	316.87	303.64	242.74	106.6
宿迁市宿豫区	Suqian Suyu District	315.25	31.31	141.04	142.90	103.46	107.5

18－22 市辖区投资、财政收支(2019 年)
Investment, Government Revenue and Expenditure of Municipal District (2019)

单位:亿元 (100 million yuan)

市辖区	Municipal District	房地产开发投资 Investment in Real Estate Development	#住宅 Resdential Building	商品房销售面积(万平方米) Floor Space of Commercial House Sold (10000 sq. m)	一般公共预算收入 General Public Budget Revenue	#税收收入 Taxes	一般公共预算支出 General Public Budget Expenditure
南京市浦口区	Nanjing Pukou District	302.91	235.30	200.52	62.02	52.64	74.11
南京市江宁区	Nanjing Jiangning District	320.03	239.95	183.51	265.56	236.31	243.15
南京市六合区	Nanjing Luhe District	128.43	99.93	76.23	41.18	35.06	76.47
南京市溧水区	Nanjing Lishui District	151.78	117.11	167.91	70.51	59.24	116.07
南京市高淳区	Nanjing Gaochun District	60.03	49.65	69.72	34.50	30.08	77.60
徐州市贾汪区	Xuzhou Jiawang District	88.66	76.39	103.80	22.20	18.51	41.92
徐州市铜山区	Xuzhou Tongshan District	84.19	71.79	160.14	51.78	41.47	117.42
常州市武进区	Changzhou Wujin District	281.15	216.92	285.01	187.51	161.21	178.75
常州市金坛区	Changzhou Jintan District	77.03	66.58	128.77	57.73	49.07	81.14
苏州市吴江区	Suzhou Wujiang District	312.97	262.26	395.84	223.10	205.00	218.17
南通市通州区	Nantong Tongzhou District	88.76	77.36	215.05	70.67	56.79	126.56
连云港市赣榆区	Lianyungang Ganyu District	33.20	30.48	78.40	28.78	23.79	75.65
淮安市淮安区	Huaian Huaian District	32.59	26.93	104.57	25.19	21.93	79.87
淮安市淮阴区	Huaian Huaiyin District	28.01	18.50	99.39	24.40	21.49	67.69
淮安市洪泽区	Huaian Hongze District	6.48	4.29	27.82	20.05	17.66	40.68
盐城市盐都区	Yancheng Yandu District	41.34	35.60	148.28	36.57	29.53	68.75
盐城市大丰区	Yancheng Dafeng District	40.38	30.94	88.21	51.01	40.96	96.07
扬州市邗江区	Yangzhou Hanjiang District	249.82	157.60	268.19	64.55	53.08	90.02
扬州市江都区	Yangzhou Jiangdu District	79.41	67.06	100.38	53.01	43.99	112.35
镇江市丹徒区	Zhenjiang Dantu District	20.55	17.15	22.09	23.41	19.70	30.65
泰州市姜堰区	Taizhou Jiangyan District	52.59	36.16	108.81	38.54	30.87	90.60
宿迁市宿豫区	Suqian Suyu District	30.31	23.03	57.93	20.51	18.86	47.96

18－23　市辖区规模以上工业效益(2019年)

Economic Benefit of above Designated Size Industry of Municipal District (2019)

市辖区	Municipal District	企业个数(个) Number of Enterprises (unit)	资产合计(亿元) Total Assets (100 million yuan)	负债合计(亿元) Total Liabilities (100 million yuan)	营业收入(亿元) Revenue from principal Business (100 million yuan)	利润总额(亿元) Total Profits (100 million yuan)
南京市浦口区	Nanjing Pukou District	349	1419.15	820.19	1164.03	84.18
南京市江宁区	Nanjing Jiangning District	807	3766.63	2022.28	2922.64	282.19
南京市六合区	Nanjing Luhe District	472	2625.16	1238.41	2738.89	141.83
南京市溧水区	Nanjing Lishui District	509	796.86	505.56	650.13	58.42
南京市高淳区	Nanjing Gaochun District	167	270.34	167.76	174.42	6.57
徐州市贾汪区	Xuzhou Jiawang District	149	280.86	170.79	248.65	15.32
徐州市铜山区	Xuzhou Tongshan District	278	616.98	359.89	590.24	29.83
常州市武进区	Changzhou Wujin District	1926	3750.74	1909.09	4543.84	251.50
常州市金坛区	Changzhou Jintan District	462	1602.98	1009.31	1530.78	100.28
苏州市吴江区	Suzhou Wujiang District	1593	4021.73	2200.21	3857.86	216.84
南通市通州区	Nantong Tongzhou District	719	978.98	525.55	871.09	35.58
连云港市赣榆区	Lianyungang Ganyu District	220	352.24	243.49	587.45	30.20
淮安市淮安区	Huaian Huaian District	246	251.89	118.30	275.79	14.29
淮安市淮阴区	Huaian Huaiyin District	201	266.40	158.61	242.40	12.63
淮安市洪泽区	Huaian Hongze District	189	185.44	109.21	179.86	5.15
盐城市盐都区	Yancheng Yandu District	316	362.72	218.35	305.63	10.54
盐城市大丰区	Yancheng Dafeng District	441	1137.08	749.95	862.24	22.98
扬州市邗江区	Yangzhou Hanjiang District	482	818.02	459.44	562.97	27.82
扬州市江都区	Yangzhou Jiangdu District	581	844.02	479.15	806.54	19.59
镇江市丹徒区	Zhenjiang Dantu District	212	374.29	188.50	351.49	24.49
泰州市姜堰区	Taizhou Jiangyan District	400	471.75	251.03	420.20	23.64
宿迁市宿豫区	Suqian Suyu District	239	321.29	192.85	328.97	14.96

18－24 市辖区贸易、外资(2019年)

Trade and Foreign Economy of Municipal District(2019)

市辖区	Municipal District	社会消费品零售总额(亿元) Total Retail Sales of Consumer Goods (100 million yuan)	进出口总额(亿美元) Total Imports and Exports (USD 100 million)	出口总额(亿美元) Total Exports (USD 100 million)	协议注册外资(亿美元) Agreement Registered Foreign(USD 100 million)	实际使用外资(亿美元) Actual Use of Foreign Capital (USD 100 million)
南京市浦口区	Nanjing Pukou District	697.57	13.34	9.98	13.48	3.93
南京市江宁区	Nanjing Jiangning District	945.80	167.36	120.31	14.06	9.19
南京市六合区	Nanjing Luhe District	368.72	8.63	5.67	7.68	1.58
南京市溧水区	Nanjing Lishui District	344.33	11.10	9.44	3.31	2.51
南京市高淳区	Nanjing Gaochun District	233.27	11.14	9.71	2.71	2.41
徐州市贾汪区	Xuzhou Jiawang District	155.52	5.45	5.41	1.60	1.00
徐州市铜山区	Xuzhou Tongshan District	457.15	16.97	15.64	6.95	2.94
常州市武进区	Changzhou Wujin District	691.88	117.52	83.26	11.20	7.60
常州市金坛区	Changzhou Jintan District	242.92	25.90	19.76	12.22	3.03
苏州市吴江区	Suzhou Wujiang District	639.87	210.90	154.60	6.84	4.03
南通市通州区	Nantong Tongzhou District	406.81	35.63	29.82	12.67	2.25
连云港市赣榆区	Lianyungang Ganyu District	182.61	11.63	5.54	9.13	0.62
淮安市淮安区	Huaian Huaian District	241.64	3.84	3.68	3.08	1.25
淮安市淮阴区	Huaian Huaiyin District	177.12	3.24	1.94	1.77	1.32
淮安市洪泽区	Huaian Hongze District	122.26	2.19	1.76	3.04	1.25
盐城市盐都区	Yancheng Yandu District	241.19	8.58	4.23	2.27	1.21
盐城市大丰区	Yancheng Dafeng District	203.01	23.58	11.31	2.57	0.51
扬州市邗江区	Yangzhou Hanjiang District	351.13	23.23	20.23	8.41	3.05
扬州市江都区	Yangzhou Jiangdu District	312.29	22.69	14.41	4.63	2.32
镇江市丹徒区	Zhenjiang Dantu District	63.62	7.04	6.59	1.06	0.14
泰州市姜堰区	Taizhou Jiangyan District	161.12	13.30	11.11	3.75	1.60
宿迁市宿豫区	Suqian Suyu District	77.60	6.07	4.63	1.19	1.17

18－25 市辖区教育、卫生、收入(2019 年)

Education, Public Health and Income of Municipal District(2019)

市辖区	Municipal District	普通中学在校学生(万人) Regular Secondary School Students Enrollment (10000 persons)	小学在校学生(万人) Primary School Student Enrollment (10000 persons)	医院个数(个) Number of Hospitals (unit)	医院床位数(张) Number of Beds in Hospitals (unit)	执业(助理)医师(人) Practitioner (Assistant) Doctors (person)	城镇常住居民人均可支配收入(元) Per Capita Annual Disposable Income of Urban Residents (yuan)
南京市浦口区	Nanjing Pukou District	2.25	5.30	18	2790	2233	59807
南京市江宁区	Nanjing Jiangning District	4.43	8.78	37	6995	4683	62492
南京市六合区	Nanjing Luhe District	3.14	4.64	17	3292	2606	57984
南京市溧水区	Nanjing Lishui District	1.63	2.69	11	1972	1401	56863
南京市高淳区	Nanjing Gaochun District	1.55	2.29	15	1876	1295	57721
徐州市贾汪区	Xuzhou Jiawang District	2.17	4.60	6	1576	1233	35716
徐州市铜山区	Xuzhou Tongshan District	6.65	12.91	19	4125	3260	40753
常州市武进区	Changzhou Wujin District	5.66	10.87	20	6566	4219	61229
常州市金坛区	Changzhou Jintan District	1.95	2.84	11	2216	1455	54933
苏州市吴江区	Suzhou Wujiang District	4.93	10.24	15	5675	3196	68644
南通市通州区	Nantong Tongzhou District	3.31	5.47	12	4013	2888	52158
连云港市赣榆区	Lianyungang Ganyu District	6.86	10.52	13	3368	2293	34466
淮安市淮安区	Huaian Huaian District	4.64	5.79	7	2657	2515	33677
淮安市淮阴区	Huaian Huaiyin District	4.00	6.17	7	4318	2975	36323
淮安市洪泽区	Huaian Hongze District	1.42	1.66	2	1005	964	38990
盐城市盐都区	Yancheng Yandu District	2.05	3.70	3	1820	2009	41951
盐城市大丰区	Yancheng Dafeng District	2.16	2.78	24	3018	1950	39437
扬州市邗江区	Yangzhou Hanjiang District	2.24	4.70	22	2238	2137	51265
扬州市江都区	Yangzhou Jiangdu District	3.52	4.05	10	3262	2020	46757
镇江市丹徒区	Zhenjiang Dantu District	1.03	1.53	3	440	526	51907
泰州市姜堰区	Taizhou Jiangyan District	3.25	3.33	12	3099	2006	47521
宿迁市宿豫区	Suqian Suyu District	1.34	4.24	30	3978	1609	30044

主要统计指标解释

供水综合生产能力　指按供水设施取水、净化、送水、出厂输水干管等环节实际测定计算的综合生产能力。

供水管道长度　指从送水泵到用户水表之间所有管道的长度。在同一条街道埋设两条或两条以上管道时，应按每条管道的长度计算。

供水总量　指报告期供水企业(单位)供出的全部水量。包括有效供水量及损失水量。

生活用水量　指居民日常生活与公共福利设施的用水量，包括居民、饮食店、旅馆、医院、理发店、浴池、洗衣店、游泳池、商店、学校、机关、部队等单位的用水量。

城市人口用水普及率　指城市用水人口数与城市人口总数之比。计算公式为：

用水普及率 = 城市用水人口数/城市人口总数 × 100%

燃气综合生产能力　指报告期末燃气生产厂制气、净化、输送等环节的综合生产能力，不包括备用设备能力。一般按设计能力计算，如果实际生产能力大于设计能力时，应按实际测定的生产能力计算。测定时应以制气、净化、输送三个环节中最薄弱的环节为主。

燃气供气管道长度　指报告期末从气源厂压缩机的出口或门站出口到各类用户引入管之间的全部已经通气投入使用的管道长度。不包括煤气生产厂、输配站、液化气储存站、灌瓶站、储配站、气化站、混气站、供应站等厂(站)内的管道。按不同的材质、压力级别、管径分别统计。

燃气供应总量　指报告期燃气企业(单位)向用户供应的燃气数量。包括销售量及损失量。

燃气普及率　指报告期末使用燃气的城市人口数与城市人口总数的比率。计算公式为：

燃气普及率 = 用气人口数/城市人口总数 × 100%

道路长度　指道路长度和与道路相通的桥梁、隧道的长度，按车行道中心线计算。

排水管道长度　指所有排水总管、干管、支管、检查井及连接井进出口等长度之和。

计算时应按单管计算，即在同一条街道上如有两条或两条以上并排的排水管道时，应按每条排水管道的长度相加计算。

城市污水处理能力　指污水处理厂(或处理装置)每昼夜处理污水量的设计能力。

营运车数　指报告期末公交企业(单位)用于运营业务的全部车辆数。以企业(单位)固定资产台帐中已投入运营的车辆数为准；新购、新制和调入的运营车辆，自投入之日起开始计算；调出、报废和调作他用的运营车辆，自上级主管机关批准之日起不再计入。

园林绿地面积　指报告期末用于园林和绿化的各种绿地面积。包括公共绿地、居住区绿地、单位附属绿地、防护绿地、生产绿地、道路绿地和风景林地面积。不包括：

1. 屋顶绿化、垂直绿化、阳台绿化和室内绿化。
2. 以物质生产为主的林地、耕地、牧草地、果园和竹园等。
3. 城市总体规划中不列入绿地的水域。

公园绿地　指城市中向公众开放的以游憩为主要功能，有一定的游憩设施和服务设施，同时兼有健全生态、美化景观，防灾减灾等综合作用的绿化用地。包括综合公园、社区公园、专类公园、带状公园和街旁绿地。其中综合公园、专类公园和带状公园面积之和为公园面积。

Explanatory Notes on Main Statistical Indicators

Comprehensive Production Capacity of Tap Water　refers to the actual comprehensive production capacity of the waterworks, taking the capacity of the main links such as waterflow, purification, conveyance and outflow of the trunk pilelines into account.

Length of Water Pipelines　refers to the total length of all the pipelines between the water pumps and the user's water meters. If there are two or more than two pipelies buried in a same street, the length of every pipeline should be taken into account.

Volume of Water Supply　refers to the total volume of water supply by the water supply enterprises(units) during the reference period, including both the effective water supply and loss.

Consumption of Water for Residential Use　refers to the water consumption of households for daily life and the water consumption of public welfare facilities, including the consumption of restaurants, hotels, hospitals, barber shops, public bathhouses, laundries, swimming pools, shops, schools, institutions, army units and other units.

Percentage of Urban Population with Access to Tap Water　refers to the ratio of the urban population with access to tap water to the total urban population. The formula is:

Percentage of Population with Access to Tap Water = (Urban Population with Access to Tap Water)/(Urban Population) × 100%

Comprehensive Production Capacity of Burning Gas　refers to the comprehensive production capacity of the burning gas—works in burning gas generation, purification and delivering, excluding the reserve capacity of the equipment. In general, the capacity is counted in accordance with the designed requirement. If the actual production capacity is larger than designed requirement, it should be counted according to the actual capacity through determination. In determination, the most weak link should be determined as the main one among the three links of burning gas generation, purification and delivering.

Length of Burning Gas Pipelines　refers to the total length of pipelines between the outlet of the compressor, blower or burning gas tank of the source factory and the burning gas meters of users, which are all put in use, excluding the pipelines in burning gas—works(stations) and the pipelines of transportation and distribution station, liquefied petroluem gas storage station, pipeline and bottle station, storage and distribution station, gasification station, gas mixed station, supply station. They are counted respectively according to the different quality of materials, level of preasure and the size of bores.

Volume of Burning Gas Supply refers to the volume of burning gas supplied by the burning gas enterprises, including both the sales volume and loss.

Percentage of Urban Population with Access to Burning Gas refers to the ratio of the urban population with access to burning gas to the urban population at the reference period. The formula is:

Percentage of Urban Population with Access to Burning Gas = (Urban Population with Access to Burning Gas)/Urban Population) ×100%

Length of Roads refers to the length of roads, as well as the length of bridges and tunnels, the same as the roads, and taking the middle line of traffic lane into account.

Length of Sewage Pipes refers to the total length of general drainage, trunks, branch and blind drainages, inspection wells, connection wells, inlets and outlets, ete. , taking the single pipe into account. Namely if there are two or more than two pipes standing side by side in a street, the length of every pipe should put into account.

Daily Disposal Capacity of Urban Sewage refers to the designed 24 hour capacity of sewage disposal at the sewage treatment works.

Number of Vehicles (Public Transit) in Working refers to the total of operatoinal vehicles (buses and trolley buses) available at the end of the reference period, taking them as the fixed assets registered in account book of the enterprises and put in operation as the accounting standard. Vehicles, newly bought, newly manufactured and transfered in from other units, should be put into account since the day of putting into operation, while the vehicles, transfered to other units, being scrapped and turned to other use, should not be put into account since the day of permission made by higher responsible department.

Area of Gardens and Green Areas refers to the various green land used for gardening and afforestation at the end of reference period, including public green land, residential area green land, subsidiary green land of the units, protection green land, production green land, roadside green land and scenic forest land, excluding:

1. Roof, perpendicular, balcony and indoor green area.
2. Areas taking the material production as the main aim, such as forest land, cultivated land, pasture, orchard and bamboo forest.
3. Water areas which are not listed in the urban general plan.

Park Green Area refers to green areas open to the public for amusement and rest with the facilities of amusement, rest and services. Its function includes perfecting ecology, beautifying landscape, and preventing and reducing disaster. Park green areas include comprehensive park, community park, topic park, belt-shaped park and green area nearby street. Total areas of comprehensive park, topic park and belt-shaped is the area of park.

19

区域经济

Regional Economy

简 要 说 明

一、本篇资料的主要内容

本篇资料反映苏南苏中苏北、沿江、沿海、沿东陇海线及长三角地区经济社会发展情况。

二、资料来源

本篇资料主要根据市县社会经济基本情况统计年报加工整理,部分数据为初步统计数。

Brief Introduction

I. Main Contents

Data in this chapter reflect economic and social development of the Southern, Mid and Northern Jiangsu; Yangtze rive delta area; Coastal region; region along the Long - hai rarlway; Yangtze River Delta.

Ⅱ. Date Source

Data in this chapter mainly based on the basic socio - economic situation annual report, and part of the data are preliminary statistics.

19－1 三大区域主要经济指标(2019 年)
Major Economic Indicators of Three Regions (2019)

指 标	Item	苏 南 Southern Jiangsu	苏 中 Mid Jiangsu	苏 北 Northern Jiangsu
年末常住人口 (万人)	Permanent Resident Population at Year-end (10000 persons)	3378.09	1650.31	3041.60
土地面积 (平方公里)	Land Area (sq. km)	28083	22928	54866
地区生产总值 (亿元)	Gross Domestic Product (100 million yuan)	56646.45	20366.84	22963.34
第一产业	Primary Industry	906.45	1014.14	2376.22
第二产业	Secondary Industry	25332.87	9906.29	9562.44
第三产业	Tertiary Industry	30409.13	9446.40	11024.69
#工业	Industry	22522.04	8083.77	7764.66
人均地区生产总值 (元)	Per Capita GDP (yuan)	167995	123511	75551
地区生产总值指数 (上年=100)	Indices of GDP (preceding year=100)	106.9	106.4	106.0
粮食产量 (万吨)	Grain (10000 tons)	403.51	904.89	2477.82
油料产量 (万吨)	Oil-bearing Crops (10000 tons)	11.01	36.74	46.57
棉花产量 (万吨)	Cotton (10000 tons)	0.17	0.61	1.25
规模以上工业利润总额 (亿元)	Profits and Taxes of above Designated Size Industrial Enterprises (100 million yuan)	4715.52	1035.33	1093.91
社会消费品零售总额(亿元)	Total Retail Sale of Consumer Goods (100 million yuan)	19809.68	6033.93	10002.87
进出口总额 (亿美元)	Total Imports and Exports (USD 100 million)	5265.18	623.42	405.85
#出口	Exports	3241.41	427.86	278.57
实际使用外资 (亿美元)	Actual Use of Foreign Capital (USD 100 million)	156.23	55.39	51.11
一般公共预算收入 (亿元)	General Public Budget Revenue (100 million yuan)	5735.05	1313.72	1563.67
一般公共预算支出 (亿元)	General Public Budget Expenditure (100 million yuan)	6037.43	2178.84	3260.64
金融机构存款余额 (亿元)	Deposits Balance of Banking Institution (100 million yuan)	99927.43	27110.36	25799.56
#住户存款	Household Deposits	31543.51	13578.47	12637.22
金融机构贷款余额 (亿元)	Loans Balance of Banking Institution (100 million yuan)	89679.92	21018.86	21995.57
居民人均可支配收入 (元)	Per Capita Disposable Income of Residents (100 million yuan)	55399	38747	29380
城镇常住居民人均可支配收入 (元)	Per Capita Annual Disposable Income of Urban Permanent Residents (yuan)	63390	48066	36355
农村常住居民人均可支配收入 (元)	Per Capita Annual Disposable Income of Rural Permanent Residents (yuan)	31596	23724	19605

19-2 三大区域经济社会基本情况(2019 年)

指 标	Item	苏南合计 Southern Jiangsu	南京 Nanjing	无锡 Wuxi	常州 Changzhou	苏州 Suzhou
人口、就业	**Population and Employment**					
土地面积 (平方公里)	Land Area (sq. km)	28084	6587	4627	4372	8657
年末户籍人口 (万人)	Population (Registered) (year-end) (10000 persons)	2590.43	709.82	502.83	385.02	722.60
男	Male	1274.87	352.80	247.17	188.80	352.76
女	Female	1315.52	357.02	255.66	196.18	369.84
年均户籍人口 (万人)	Yearly Average Population(Registered) (10000 persons)	2570.56	703.38	500.02	383.61	713.08
年末常住人口 (万人)	Population(Permanent) (10000 persons)	3378.09	850.00	659.15	473.60	1074.99
城镇化率 (%)	Rate of Urbanization (%)	77.6	83.2	77.1	73.3	77.0
年末总户数 (万户)	Households(year-end) (10000 subs)	901.26	252.56	172.01	136.50	238.07
#乡村户数	Rural Households	337.99	63.06	59.38	71.05	87.54
出生人口 (万人)	Births (10000 persons)	21.54	6.76	3.80	2.99	6.19
死亡人口 (万人)	Deaths (10000 persons)	16.05	3.85	3.21	2.53	4.50
人口密度 (人/平方公里)	Density of Population (person/sq. km)	1203	1290	1424	1083	1242
就业人员 (万人)	Employed Persons (10000 persons)	2059.8	502.6	387.0	282.7	692.6
第一产业	Primary Industry	126.1	39.5	14.9	29.3	20.9
第二产业	Secondary Industry	982.7	145.0	213.1	137.1	403.8
第三产业	Tertiary Industry	912.4	279.5	159.0	116.3	267.9
私营企业就业人员 (万人)	Number of Employed Persons in Private Enterprises (10000 persons)	1271.96	335.78	204.78	170.84	458.99
个体就业人员 (万人)	Number of Self-employed Individuals (10000 persons)	606.28	137.27	87.80	78.86	239.34
年末城镇登记失业人员 (万人)	Registered Unemployed Persons in Urban Areas at Year-end (10000 persons)	18.26	6.08	3.76	3.12	3.96
年末城镇登记失业率 (%)	Registered Unemployed Rate in Urban Areas at Year-end (%)		1.75	1.75	1.80	1.80
国民经济核算	**National Accounting**					
地区生产总值 (亿元)	Gross Domestic Product (100 million yuan)	56646.45	14030.15	11852.32	7400.86	19235.80
第一产业	Primary Industry	906.45	289.82	122.51	157.00	196.70
第二产业	Secondary Industry	25332.87	5040.86	5627.88	3529.17	9130.18

Basic Statistics on Economy and Society of Three Regions (2019)

镇江 Zhenjiang	苏中合计 Mid Jiangsu	南通 Nantong	扬州 Yangzhou	泰州 Taizhou	苏北合计 Northern Jiangsu	徐州 Xuzhou	连云港 Lianyungang	淮安 Huaian	盐城 Yancheng	宿迁 Suqian
3840	22929	10549	6591	5788	54866	11765	7616	10030	16931	8524
270.16	1717.51	759.82	457.14	500.55	3550.33	1041.73	534.41	560.48	821.35	592.36
133.34	855.25	373.01	227.73	254.51	1836.46	539.34	278.73	287.60	423.56	307.23
136.82	862.26	386.81	229.41	246.04	1713.87	502.39	255.68	272.88	397.79	285.13
270.47	1721.13	761.17	457.99	501.97	3553.37	1043.25	534.37	560.90	823.04	591.81
320.35	1650.31	731.80	454.90	463.61	3041.60	882.56	451.10	493.26	720.89	493.79
72.2	67.8	68.1	68.2	66.8	64.4	66.7	63.6	63.5	64.9	61.1
102.12	600.96	287.09	147.72	166.14	1021.91	281.56	149.56	168.27	269.86	152.66
56.96	417.70	197.05	101.14	119.51	649.89	173.23	93.27	99.79	179.15	104.45
1.80	11.17	4.46	3.18	3.53	32.96	10.66	5.26	4.92	5.95	6.16
1.96	14.35	6.56	3.46	4.34	19.84	5.58	2.80	3.70	4.23	3.53
834	720	694	690	801	554	750	592	492	426	579
194.9	995.0	452.0	268.0	275.0	1729.0	483.4	249.5	284.7	430.0	281.4
21.5	171.6	80.0	37.3	54.3	436.8	106.8	75.9	76.4	95.0	82.7
83.7	438.8	211.1	115.1	112.6	590.5	172.7	72.7	89.7	158.5	96.9
89.7	384.6	160.9	115.6	108.1	701.7	203.9	100.9	118.6	176.5	101.8
101.56	453.80	211.77	124.30	117.73	448.09	133.01	5.06	82.96	135.30	91.77
63.01	247.08	111.47	66.22	69.40	344.65	122.43	9.55	67.68	68.65	76.34
1.34	14.12	3.73	8.74	1.64	9.17	3.24	1.21	1.86	1.75	1.11
1.80		1.75	1.75	1.76		1.75	1.80	1.75	1.78	1.80
4127.32	20366.84	9383.40	5850.08	5133.36	22963.34	7151.35	3139.29	3871.21	5702.26	3099.23
140.42	1014.14	428.80	292.80	292.50	2376.22	682.83	362.70	386.20	619.90	324.59
2004.79	9906.29	4602.10	2778.21	2525.98	9562.44	2886.17	1363.15	1617.18	2371.59	1324.35

19－2 续 表1

指标	Item	苏南合计 Southern Jiangsu	南京 Nanjing	无锡 Wuxi	常州 Changzhou	苏州 Suzhou
第三产业	Tertiary Industry	30409.13	8701.48	6101.93	3714.69	9908.92
#工业	Industry	22522.04	4215.77	5034.41	3156.05	8316.49
人均地区生产总值（按常住人口计算,元）	Per Capita GDP(Permanent) (yuan)	167995	165682	180044	156390	179174
人均地区生产总值（按户籍人口计算,元）	Per Capita GDP(Registered) (yuan)	220367	199468	237037	192932	269758
地区生产总值指数（上年=100）	Indices of GDP (preceding year=100)	106.5	107.8	106.7	106.8	105.6
第一产业	Primary Industry	97.9	100.7	97.6	98.0	93.4
第二产业	Secondary Industry	106.4	106.2	107.6	108.4	105.1
第三产业	Tertiary Industry	106.9	108.6	106.0	105.8	106.3
#工业	Industry	106.5	106.2	107.7	108.8	105.0
地区生产总值构成（%）	Composition of GDP (%)					
第一产业	Primary Industry	1.6	2.1	1.0	2.1	1.0
第二产业	Secondary Industry	44.7	35.9	47.5	47.7	47.5
第三产业	Tertiary Industry	53.7	62.0	51.5	50.2	51.5
#工业	Industry	39.8	30.0	42.5	42.6	43.2
固定资产投资	**Investment in Fixed Assets**					
房地产开发投资（亿元）	Investment in Real Estate Development (100 million yuan)	7842.74	2501.26	1358.29	893.36	2686.47
#住宅	Residencial Buildings	6124.49	1735.85	1114.69	725.16	2209.27
商品房销售建筑面积（万平方米）	Floor Space of Selling Commercial Houses (10000 sq. m)	6380.6	1320.69	1379.96	917.14	2178.22
#住宅	Residencial Buildings	5685.5	1137.23	1253.04	758.70	1983.56
财政、金融、保险	**Finance, Banking and Insurance**					
财政总收入（新口径）（亿元）	Total Financial Budgetary Revenue (New Statistical Scale) (100 million yuan)	10887.61	2818.13	1761.89	2038.61	3779.17

19－2　Continued 1

镇 江 Zhenjiang	苏中合计 Mid Jiangsu	南 通 Nantong	扬 州 Yangzhou	泰 州 Taizhou	苏北合计 Northern Jiangsu	徐 州 Xuzhou	连云港 Lianyungang	淮 安 Huaian	盐 城 Yancheng	宿 迁 Suqian
1982.11	9446.40	4352.40	2779.07	2314.88	11024.69	3582.36	1413.44	1867.83	2710.77	1450.29
1799.32	8083.77	3849.70	2261.96	1972.11	7764.66	2333.44	1099.19	1297.30	1942.91	1091.82
128981	123511	128294	128856	110731	75551	81138	69523	78543	79149	62840
152598	118334	123276	127735	102264	64624	68549	58747	69017	69283	52369
105.8	106.4	106.2	106.8	106.4	106.0	106.0	106.0	106.6	105.1	107.0
99.4	102.2	102.8	101.4	102.3	102.8	102.4	103.6	102.8	102.8	102.4
105.0	106.8	107.0	107.6	105.9	106.2	107.0	108.0	107.1	103.2	106.9
107.2	106.4	105.8	106.6	107.6	106.6	106.0	104.6	106.9	107.5	108.3
104.9	107.2	107.8	108.1	106.2	106.4	109.0	109.0	107.3	103.0	107.4
3.4	5.0	4.6	5.0	5.7	10.3	9.5	11.6	10.0	10.9	10.5
48.6	48.6	49.0	47.5	49.2	41.6	40.4	43.4	41.8	41.6	42.7
48.0	46.4	46.4	47.5	45.1	48.0	50.1	45.0	48.2	47.5	46.8
43.6	39.7	41.0	38.7	38.4	33.8	32.6	35.0	33.5	34.1	35.2
403.37	1963.15	914.39	696.18	347.24	2208.80	852.94	317.41	286.50	426.15	325.81
339.52	1526.12	738.48	502.67	280.99	1815.35	710.56	262.91	215.49	344.46	281.94
584.08	3115.69	1744.47	727.18	644.04	4477.1	1474.07	555.59	825.37	850.17	771.88
552.99	2784.64	1571.22	642.18	571.24	4074.9	1371.25	528.00	735.92	738.05	701.66
489.82	2107.66	999.25	514.33	594.08	2960.69	897.14	547.15	522.42	598.81	395.17

19－2 续 表2

指标	Item	苏南合计 Southern Jiangsu	南京 Nanjing	无锡 Wuxi	常州 Changzhou	苏州 Suzhou
上划中央收入	Turn Over Revenue to the Central Government	4120.32	1238.10	725.56	386.33	1587.37
一般公共预算收入	General Public Budget Revenue	5735.05	1580.03	1036.33	590.03	2221.81
#税收收入	Taxes	4975.68	1373.83	870.21	501.60	1991.04
一般公共预算支出（亿元）	General Public Budget Expenditure (100 million yuan)	6037.43	1658.07	1117.52	654.19	2141.45
人均一般公共预算收入（元）	Per Capita General Public Budget Revenue (yuan)	16977	18589	15722	12458	20668
一般公共预算收入占GDP比重（%）	Percentage of General Public Budget Revenue to GDP (%)	10.1	11.3	8.7	8.0	11.6
金融机构存款余额（亿元）	Deposits Balance of Banking Institutions (100 million yuan)	99927.43	34671.17	17165.33	10892.19	31652.10
#住户存款	Household Deposits	31543.51	8105.88	6226.51	4322.79	10466.66
金融机构贷款余额（亿元）	Loans Balance of Banking Institutions (100 million yuan)	89679.92	32356.42	13387.19	8563.59	30116.73
农业	**Agriculture**					
乡村就业人员（万人）	Rural Employees (10000 persons)	624.29	112.29	112.77	127.30	171.73
#农林牧渔业	Farming, Forestry, Animal Husbandry and Fishery	98.08	21.42	15.03	21.82	20.53
工业	Industry	321.50	35.12	69.68	60.69	104.92
建筑业	Construction	67.61	23.30	6.18	16.79	9.62
农林牧渔业总产值（亿元）	Gross Output Value of Farming, Forestry, Animal Husbandry and Fishery (100 million yuan)	1538.70	472.50	201.52	265.80	356.60
农业	Farming	800.62	240.77	121.51	144.90	161.10
林业	Forestry	64.77	20.17	12.41	1.90	19.70
牧业	Animal Husbandry	95.23	24.35	5.00	17.40	15.71
渔业	Fishery	413.10	153.89	33.90	77.40	110.90
农林牧渔服务业	Service Industry of FFAF	164.98	33.33	28.71	24.20	49.20

19－2 Continued 2

镇 江 Zhenjiang	苏中合计 Mid Jiangsu	南 通 Nantong	扬 州 Yangzhou	泰 州 Taizhou	苏北合计 Northern Jiangsu	徐 州 Xuzhou	连云港 Lianyungang	淮 安 Huaian	盐 城 Yancheng	宿 迁 Suqian
182.97	820.54	379.99	212.14	228.41	1382.88	428.83	304.71	265.11	215.81	168.43
306.85	1313.72	619.26	328.79	365.67	1563.67	468.32	242.44	257.31	383.00	212.60
239.01	1050.51	507.55	263.81	279.15	1248.09	373.80	191.36	209.30	294.98	178.65
466.20	2178.84	972.64	611.95	594.24	3260.64	882.21	466.03	529.15	877.52	505.75
9579	7960	8462	7228	7888	5141	5306	5374	5217	5313	4305
7.4	6.5	6.6	5.6	7.1	6.8	6.5	7.7	6.6	6.7	6.9
5546.64	27110.36	13530.76	6700.46	6879.13	25799.56	8036.56	3585.97	4097.05	6995.52	3084.45
2421.68	13578.47	7097.00	3217.51	3263.96	12637.22	4023.66	1613.36	1807.59	3667.28	1525.33
5256.00	21018.86	10150.09	5374.85	5493.92	21995.57	5777.28	3438.05	3853.77	5844.28	3082.20
100.20	691.06	296.18	179.51	215.37	1251.70	354.34	172.99	209.29	295.28	219.80
19.28	131.26	58.65	31.70	40.91	458.25	122.38	69.56	82.95	102.33	81.03
51.09	222.19	89.64	65.39	67.16	303.58	103.87	32.26	42.86	61.26	63.33
11.72	133.04	62.89	34.35	35.80	181.98	52.54	32.41	30.75	37.25	29.03
242.26	1786.56	789.33	515.75	481.48	4178.11	1181.72	656.85	656.19	1128.11	555.25
132.35	832.53	335.29	231.10	266.14	2202.77	703.31	291.91	399.73	490.80	317.02
10.60	17.84	3.51	11.16	3.17	79.65	16.10	12.09	11.69	24.54	15.21
32.76	259.11	144.41	53.50	61.20	857.83	296.61	105.90	122.64	252.68	80.01
37.00	526.25	212.09	188.40	125.76	794.21	102.10	195.88	98.39	276.81	121.02
29.55	150.84	94.04	31.60	25.20	243.66	63.61	51.07	23.73	83.26	21.98

19-2 续表 3

指标	Item	苏南合计 Southern Jiangsu	南京 Nanjing	无锡 Wuxi	常州 Changzhou	苏州 Suzhou
农业机械总动力（万千瓦）	Total Power of Agricultural Machinery (10000 kw)	765.42	233.40	94.02	139.38	145.68
化肥施用量（万吨）	Consumption of Chemical Fertilizer (10000 tons)	26.59	5.69	4.66	5.30	6.24
农村用电量（亿千瓦时）	Electricity Consumed in Rural Areas (100 million kw·h)	1300.17	31.74	422.08	174.01	599.63
农作物总播种面积（千公顷）	Total Sown Area (1000 hectares)	950.50	251.60	137.91	168.53	208.62
#粮食	Grain	560.72	133.73	79.51	95.67	118.86
主要产品产量（万吨）	Total Output of Major Products (10000 tons)					
粮食	Grain	403.51	96.56	54.75	69.58	87.18
油料	Oil-bearing Crops	11.01	3.58	0.68	1.85	0.83
棉花（吨）	Cotton (ton)	1715	1033		98	124
肉类	Meat	17.30	3.53	0.89	4.33	2.15
#猪牛羊肉	Pork Beef Mutton	8.98	1.83	0.46	2.26	1.68
水产品	Aquatic Products	68.06	16.26	11.98	13.78	16.53
工业（规模以上）	**Industry (above Designated Size)**					
工业企业单位数（个）	Number of Industrial Enterprises (unit)	26593	2707	6215	4676	11042
资产总计（亿元）	Total Industrial Assets (100 million yuan)	79594.43	12944.28	17778.50	10325.39	33666.31
负债合计（亿元）	Total Liabilities (100 million yuan)	41502.98	6867.70	9209.09	5622.88	17184.61
营业收入（亿元）	Major Business Revenue (100 million yuan)	80230.69	11924.57	17954.79	11174.71	35376.17

19－2 Continued 3

镇 江 Zhenjiang	苏中合计 Mid Jiangsu	南 通 Nantong	扬 州 Yangzhou	泰 州 Taizhou	苏北合计 Northern Jiangsu	徐 州 Xuzhou	连云港 Lianyungang	淮 安 Huaian	盐 城 Yancheng	宿 迁 Suqian
152.94	985.66	417.35	281.39	286.91	3360.87	749.26	621.70	641.10	723.79	625.02
4.70	53.44	20.66	17.96	14.81	206.19	55.66	32.02	33.97	48.64	35.90
72.71	394.99	189.12	63.19	142.69	253.94	68.99	32.75	17.55	84.02	50.63
183.84	1776.90	787.33	471.10	518.47	4717.45	1177.92	626.55	802.86	1371.12	739.00
132.95	1294.35	534.02	386.20	374.13	3526.41	761.81	505.89	678.48	982.85	597.38
95.43	904.89	338.78	285.60	280.52	2477.82	501.54	366.56	489.25	712.30	408.17
4.06	36.74	22.77	4.48	9.49	46.57	13.18	10.52	5.72	12.97	4.18
460	6146	6037	11	98	12497	12011	96	70	308	12
6.39	69.62	39.60	14.63	15.38	186.39	55.45	17.53	22.02	65.48	25.91
2.75	40.35	23.88	5.69	10.78	105.07	25.96	11.02	11.20	42.61	14.29
9.50	152.52	75.98	39.59	36.95	263.54	16.08	72.38	28.69	119.26	27.12
1953	10572	4966	3033	2573	8940	1778	942	1519	2920	1781
4879.95	19320.98	9105.67	4771.65	5443.66	18925.16	4853.12	3524.67	2431.02	5432.40	2683.95
2618.70	10270.35	4842.50	2611.28	2816.57	10596.53	2699.49	2000.00	1229.37	3374.02	1293.63
3800.45	18550.57	8173.21	4852.02	5525.34	16656.60	4322.77	2719.80	2364.85	4653.68	2595.50

19-2 续 表4

指 标	Item	苏南合计 Southern Jiangsu	南京 Nanjing	无锡 Wuxi	常州 Changzhou	苏州 Suzhou
营业成本 (亿元)	Cost of Principle Business (100 million yuan)	68082.33	9744.23	15278.11	9544.05	30296.70
利润总额 (亿元)	Total Profits (100 million yuan)	4715.52	646.73	1214.15	687.89	1953.04
年平均用工人数(万人)	The Average Number of Employment (10000 persons)		57.71	114.47	78.33	272.16
建筑业	**Construction**					
建筑企业单位数 (个)	Number of Construction Enterprise (unit)	4708	1707	630	680	1308
建筑业总产值 (亿元)	Gross Output Value of Construction (100 million yuan)	8705.86	4235.95	1038.20	190.68	2679.57
房屋建筑施工面积 (万平方米)	Floor Space of Building under Construction (10000 sq. m)	59015.90	27479.00	4764.94	12458.82	12303.98
房屋建筑竣工面积 (万平方米)	Floor Space of Buildings Completed (10000 sq. m)	15606.77	6640.00	1327.04	3754.27	3231.25
交通运输、邮电业	**Transport, Postal and Telecommunication Services**					
公路里程 (公里)	Total Length of Highways (km)	45870	10178	7591	8962	11818
#等级公路	Expressway and Class Ⅰ to Ⅳ Highways	45870	10178	7591	8962	11818
#高速公路	Expressway	1902	521	274	306	608
公路客运量 (万人)	Passenger Traffic of Highways (10000 persons)	39283	8229	5148	4063	18951
公路货运量 (万吨)	Freight Traffic of Highways (10000 tons)	79209	22121	17386	10258	23831
民用汽车拥有量(万辆)	Number of Civil Motor Vehicles Owned (10000 units)	1111.21	269.94	209.71	147.72	419.10
#私人汽车拥有量	Number of Private-owned Vehicles	911.66	211.19	172.24	120.81	350.49
邮政业务总量 (亿元)	Total Post Services (100 million yuan)	912.59	203.45	186.56	76.35	405.70
电信业务总量 (亿元)	Total Telecommunication Revenue (100 million yuan)	4232.87	1056.35	778.71	510.85	1640.68
固定电话用户 (万户)	Number of Fixed Telephone Subscribers (10000 subscribers)	675.54	181.91	122.63	90.76	225.74
移动电话用户 (万户)	Number of Mobile Telephone Subscribers (10000 subscribers)	5256.72	1307.86	1024.10	667.56	1886.48
互联网宽带接入用户 (万户)	Number of Subscribers of Internet Service (10000 subscriber)	1910.19	536.81	326.14	258.94	645.76
全年用电量(亿千瓦时)	Total Consumption of Electricity (100 million kw·h)	3687.06	621.53	750.82	505.85	1544.48
#工业用电	Consumption of Electricity for Industrial Use	2665.69	327.26	563.31	385.20	1199.82
居民生活用电	Consumption of Electricity for Living Use by Residents	389.38	96.69	73.83	50.82	136.69

19－2　Continued 4

镇 江 Zhenjiang	苏中合计 Mid Jiangsu	南 通 Nantong	扬 州 Yangzhou	泰 州 Taizhou	苏北合计 Northern Jiangsu	徐 州 Xuzhou	连云港 Lianyungang	淮 安 Huaian	盐 城 Yancheng	宿 迁 Suqian
3219.24	15489.82	6923.38	4178.28	4387.70	13554.48	3500.19	2000.10	1904.31	4062.38	2087.51
213.71	1035.33	489.97	208.91	336.42	1093.91	247.55	285.26	143.56	160.24	257.31
31.62		66.90	43.65	41.29		31.02	16.44	23.08	36.61	30.62
383	2362	964	644	754	2738	600	304	608	831	395
561.46	16747.94	9061.27	4228.60	3458.07	5933.69	1512.05	545.56	1394.05	1804.51	677.53
2009.16	152818.64	92874.00	28177.64	31767.00	34863.87	10029.45	4028.68	3399.37	11790.28	5616.09
654.21	46468.42	22423.00	11751.42	12294.00	15825.39	3668.38	1695.22	3824.66	4822.52	1814.61
7321	39059	19246	9726	10087	75010	16793	12103	13508	20542	12064
7321	38699	19246	9366	10087	73033	16043	11749	12932	20349	11960
193	1102	487	294	321	1869	464	354	402	396	253
2892	15285	6447	2931	5907	29907	9434	4063	5678	6088	4644
5613	20158	10281	4898	4979	65209	27576	11759	4847	11339	9688
64.75	346.83	181.23	82.73	82.87	531.91	151.40	73.41	63.21	136.38	107.50
56.93	308.84	161.53	73.25	74.06	425.65	139.51	65.61	57.03	94.66	68.85
40.53	214.03	124.47	51.70	37.85	300.32	77.45	46.94	45.73	48.39	81.81
246.82	1232.39	566.89	352.59	312.91	2022.00	619.41	314.18	308.15	440.31	339.96
54.50	311.11	152.88	90.46	67.77	256.77	86.22	57.11	36.17	53.17	29.51
370.72	1913.60	892.00	531.15	490.45	3142.04	956.20	462.11	490.06	718.47	515.20
142.54	1117.97	699.92	212.19	205.86	978.09	322.96	168.26	102.34	227.98	156.55
264.39	1006.95	451.55	259.40	296.00	1282.97	371.13	183.67	191.26	327.69	209.22
190.10	691.75	307.45	171.95	212.36	808.53	229.54	108.89	117.37	215.22	137.51
31.34	151.07	70.05	41.05	39.96	227.04	67.37	34.97	35.63	54.39	34.68

19－2 续 表5

指 标	Item	苏南合计 Southern Jiangsu	南京 Nanjing	无锡 Wuxi	常州 Changzhou	苏州 Suzhou
批发零售贸易、餐饮业	**Wholesale and Retail Trade and Catering Services**					
社会消费品零售总额（亿元）	Total Retail Sale of Consumer Goods (100 million yuan)	21534.24	7136.32	3024.34	2401.68	7813.40
#批发和零售业	Wholesale and Retail Trade	19906.03	6741.19	2793.91	2213.38	7150.50
住宿和餐饮业	Catering Services	1628.21	395.13	230.43	188.30	662.90
对外经济贸易、旅游	**Foreign Economy, Trade and Tourism**					
进出口总额（亿美元）	Total Imports and Exports (USD 100 million)	5265.18	699.60	924.30	338.35	3190.90
出口	Exports	3241.41	435.33	554.60	252.41	1920.40
进口	Imports	2023.77	264.27	369.70	85.94	1270.50
外贸依存度（%）	Interdependent Level to Foreign Trade (%)	64.1	34.4	53.7	31.5	114.3
实际使用外资（亿美元）	Actual Use of Foreign Capital (USD 100 million)	156.23	41.01	36.20	26.28	46.15
接待境外旅游者人数（万人次）	Number of Overseas Recieved Tourists (10000 person-times)	348.38	85.31	60.96	19.85	174.34
星级饭店数（个）	Star Class Hotels (unit)	247	72	34	38	77
旅游外汇收入（亿美元）	Foreign Exchange Earnings from Tourism (USD 100 million)	42.55	9.42	5.19	1.80	25.13
教育	**Education**					
学校数（所）	Total Number of School (unit)					
#普通高校	Institutions of Regular Higher Education	109	53	12	10	26
普通中等专业学校	Regular Specialized Secondary Schools	77	19	18	11	20
普通中学	Regular Secondary Schools	1027	246	192	165	315
小学	Primary Schools	1343	373	210	223	424
在校学生数（万人）	Total Number of Students Enrollment (10000 persons)					
#普通高校	Institutions of Regular Higher Education	145.45	87.79	12.00	11.27	24.38
普通中等专业学校	Regular Specialized Secondary Schools	19.86	5.07	4.24	2.91	5.69
普通中学	Regular Secondary Schools	119.18	26.06	24.59	18.90	38.89

19－2　Continued 5

镇 江 Zhenjiang	苏中合计 Mid Jiangsu	南 通 Nantong	扬 州 Yangzhou	泰 州 Taizhou	苏北合计 Northern Jiangsu	徐 州 Xuzhou	连云港 Lianyungang	淮 安 Huaian	盐 城 Yancheng	宿 迁 Suqian
1158.49	6035.41	3261.68	1423.20	1350.54	10002.87	3533.19	1162.82	1745.41	2241.00	1320.45
1007.05	5555.97	3059.00	1276.90	1220.07	9200.73	3246.65	1067.37	1581.64	2065.24	1239.82
151.44	579.45	302.68	146.30	130.47	802.14	286.54	95.45	163.77	175.75	80.63
112.03	623.42	365.71	113.05	144.66	405.85	135.19	93.22	47.05	96.12	34.25
78.67	427.86	248.90	83.65	95.32	278.57	112.88	38.89	33.80	64.12	28.88
33.35	195.57	116.82	29.40	49.34	127.27	22.31	54.34	13.25	32.00	5.38
18.7	21.1	26.9	13.3	19.4	12.2	13.0	20.5	8.4	11.6	7.6
6.60	55.39	26.65	13.88	14.86	51.11	20.90	6.14	10.49	9.13	4.46
7.92	32.53	19.85	7.96	4.71	18.56	4.69	3.38	2.55	6.80	1.15
26	106	54	36	16	129	37	17	27	32	16
1.01	2.76	1.43	0.85	0.48	2.13	0.57	0.32	0.24	0.86	0.13
8	25	9	9	7	33	12	5	7	6	3
9	20	5	7	8	51	11	9	13	3	15
109	553	210	161	182	1224	353	185	201	292	193
113	684	330	207	147	2124	930	448	241	335	170
10.01	26.88	10.61	9.69	6.58	36.53	15.08	4.79	7.58	6.75	2.33
1.95	9.34	4.63	2.93	1.78	19.82	4.41	3.29	3.68	3.06	5.38
10.74	60.02	24.64	17.58	17.80	168.29	52.30	27.87	25.90	32.66	29.55

19－2 续 表6

指 标	Item	苏南合计 Southern Jiangsu	南京 Nanjing	无锡 Wuxi	常州 Changzhou	苏州 Suzhou
小学	Primary Schools	215.82	44.66	41.75	31.43	82.12
专任教师数 （万人）	Total Number of Full-time Teachers (10000 persons)					
#普通高校	Institutions of Regular Higher Education	8.56	5.33	0.66	0.63	1.33
普通中等专业学校	Regular Specialized Secondary Schools	1.72	0.38	0.44	0.27	0.47
普通中学	Regular Secondary Schools	10.69	2.56	2.19	1.56	3.36
小学	Primary Schools	12.58	3.01	2.36	1.68	4.50
成人高等学校在校学生数 （万人）	Total Number of Adult Students in Institutions of Higher Education (10000 persons)	37.90	21.28	2.44	6.10	4.82
科技、文化、卫生	**Science, Culture and Public Health**					
专利申请受理量 （件）	Applications Accepted (unit)	405043	103024	67133	47849	163147
#发 明	Inventions	121391	42545	15925	11759	43418
专利申请授权量 （件）	Patents Granted (unit)	211981	55004	38335	24858	81145
#发 明	Inventions	29893	12392	4298	2581	8339
公共图书馆 （个）	Public Libraries (unit)	49	14	8	7	11
公共图书馆藏书量 （千册、件）	Total Collections of Public Libraries (1000 volumes)	50746	7990	8555	5073	25006
卫生机构数 （个）	Number of Health Institutions (unit)	12203	3242	2770	1458	3720
#医院、卫生院	Hospitals	1066	264	248	145	315
卫生机构床位数 （万张）	Number of Beds in Health Institutions (10000 units)	22.53	5.90	5.05	2.83	7.17
#医院、卫生院	Hospital	20.90	5.41	4.53	2.69	6.92
卫生技术人员 （万人）	Number of Medical and Technical Personnel (10000 persons)	30.30	9.39	5.93	3.71	9.10

19－2 Continued 6

镇 江 Zhenjiang	苏中合计 Mid Jiangsu	南 通 Nantong	扬 州 Yangzhou	泰 州 Taizhou	苏北合计 Northern Jiangsu	徐 州 Xuzhou	连云港 Lianyungang	淮 安 Huaian	盐 城 Yancheng	宿 迁 Suqian
15.86	81.04	35.88	21.90	23.26	275.78	94.67	45.23	34.93	44.99	55.96
0.62	1.43	0.53	0.57	0.33	2.06	0.88	0.24	0.44	0.39	0.12
0.15	0.32	0.06	0.11	0.16	0.92	0.18	0.15	0.28	0.07	0.24
1.02	6.00	2.47	1.63	1.90	13.34	3.93	2.34	2.26	2.91	1.91
1.02	4.99	2.19	1.38	1.43	15.63	5.07	2.69	2.31	2.77	2.78
3.26	7.32	2.94	3.20	1.17	12.58	5.58	2.13	1.89	1.64	1.33
23890	95714	36713	33786	25215	93284	33655	8234	13052	25912	12431
7744	22385	9198	6806	6381	28376	17175	1543	2554	6056	1048
12639	53278	19637	18736	14905	48894	12603	5012	7676	15713	7890
2283	4618	2264	1345	1009	5147	2448	511	523	1454	211
9	24	10	7	7	43	8	8	9	11	7
4123	16392	7250	5479	3664	19012	4037	3295	4166	4994	2520
1013	7365	3357	1890	2118	15228	4594	2740	2200	3270	2424
94	664	312	150	202	1254	339	180	198	302	235
1.58	10.13	4.64	2.50	2.99	18.93	6.10	2.81	3.04	4.03	2.95
1.34	9.52	4.45	2.23	2.84	17.83	5.66	2.61	2.78	3.87	2.92
2.17	11.14	5.03	2.94	3.17	21.89	7.08	3.11	3.60	4.44	3.67

19－2 续 表7

指 标	Item	苏南合计 Southern Jiangsu	南京 Nanjing	无锡 Wuxi	常州 Changzhou	苏州 Suzhou
#执业(助理)医师	Practitioner (Assistant) Doctors	11.77	3.57	2.32	1.48	3.55
注册护士	Registered Nurses	13.54	4.25	2.66	1.64	4.04
人民生活	**People's Livelihood**					
居民人均可支配收入（元）	Per Capita Disposable Income of Residents (yuan)	55399	57630	54847	49840	60109
城镇常住居民人均可支配收入（元）	Per Capita Disposable Income of Urban Permanent Residents (yuan)	63390	64372	61915	58345	68629
城镇常住居民人均生活消费支出（元）	Per Capita Consumption Expanditure of Urban Permanent Residents (yuan)	36293	35933	37433	32263	39648
#食品烟酒	Food,Tobacco and Wine	9313	9072	9972	8373	9871
恩格尔系数(城镇)(%)	Engle Coefficient(Urban) (%)	25.7	25.2	26.6	26.0	24.9
农村常住居民人均可支配收入（元）	Per Capita Disposable Income of Rural Permanent Residents (yuan)	31596	27636	33574	30491	35152
农村常住居民人均生活消费支出（元）	Per Capita Consumption Expanditure of Rural Permanent Residents (yuan)	22363	19980	23026	20492	23012
#食品烟酒	Food,Tobacco and Wine	6146	5709	6572	6067	5822
恩格尔系数(农村)(%)	Engle Coefficient(Rural) (%)	27.5	28.6	28.5	29.6	25.3
城镇人均住房建筑面积（平方米）	Per Capita Existing Residential Building Space in Urban Areas (sq. m)	45.8	40.3	48.6	49.8	46.1
农村人均住房建筑面积（平方米）	Per Capita Existing Residential Building Space in Rural Areas (sq. m)	65.2	63.2	59.5	74.2	67.6
居民消费价格指数（上年＝100）	Consumer Price Indices (preceding year＝100)		103.1	102.9	103.0	103.0

19－2 Continued 7

镇江 Zhenjiang	苏中合计 Mid Jiangsu	南通 Nantong	扬州 Yangzhou	泰州 Taizhou	苏北合计 Northern Jiangsu	徐州 Xuzhou	连云港 Lianyungang	淮安 Huaian	盐城 Yancheng	宿迁 Suqian
0.85	4.67	2.09	1.26	1.33	9.02	2.86	1.29	1.46	1.96	1.46
0.96	4.69	2.15	1.21	1.33	9.76	3.22	1.43	1.65	1.74	1.73
44259	38747	40320	37074	37773	29380	29736	28094	30192	32096	24938
52713	48066	50217	45550	47216	36355	36215	35390	38952	38816	30614
28925	28042	29964	25696	27298	20533	20805	21762	20327	20942	18412
8008	8009	8464	7601	7688	6110	6138	6797	5890	5931	5910
27.7	28.6	28.2	29.6	28.2	29.8	29.5	31.2	29.0	28.3	32.1
26785	23724	24303	23333	23116	19605	19873	18061	18567	22258	18121
19708	16878	16849	17215	16604	13345	13850	12357	12017	15501	11813
5439	4958	4820	5012	5115	4073	4197	3897	3647	4477	3897
27.6	29.4	28.6	29.1	30.8	30.5	30.3	31.5	30.3	28.9	33.0
50.9	50.3	49.2	47.1	55.4	48.5	50.1	49.0	49.8	46.9	45.9
60.0	62.5	62.8	59.5	65.8	53.4	53.7	52.1	53.0	55.7	51.3
103.0		103.2	103.0	103.1		103.3	103.0	102.7	103.3	103.1

19-3 江苏主要指标占长三角地区比重(2019年)
Proportion of Main Indicators of Jiangsu in Yangtze River Delta Area (2019)

指标	Item	长三角地区四省市合计 Yangtze River Delta	长三角地区占全国比重(%) Proportion of Yangtze River Delta in the Country (%)	江苏占长三角地区比重(%) Proportion of Jiangsu in Yangtze River Delta (%)
土地面积 (万平方公里)	Land Area (10000 sq. km)	35.5	3.7	30.2
年末总人口 (万人)	Year-end Total Population (10000 persons)	22714.0	16.2	35.5
地区生产总值 (亿元)	Gross Domestic Product (100 million yuan)	237252.6	23.9	42.0
第一产业	Primary Industry	9413.2	13.4	45.6
第二产业	Secondary Industry	96474.2	25.0	45.9
第三产业	Tertiary Industry	163569.5	30.6	31.2
#工业	Industry	75108.1	23.7	50.4
房地产开发投资 (亿元)	Investment in Real Estate Development (100 million yuan)	33594.2	25.4	35.7
一般公共预算收入 (亿元)	General Public Budget Revenue (100 million yuan)	26198.0	25.9	33.6
金融机构本外币存款余额 (亿元)	Deposits Balance of Banking Institutions (100 million yuan)	476045.3	24.0	33.0
金融机构本外币贷款余额 (亿元)	Loans Balance of Banking Institutions (100 million yuan)	381673.9	24.1	35.4
社会消费品零售总额(亿元)	Total Rtail Sales of Consumer Goods (100 million yuan)	89342.5	21.7	39.5
进出口总额 (亿美元)	Total Imports and Exports (USD 100 million)	16691.4	36.5	39.5
出口	Exports	9686.4	38.8	40.8
进口	Imports	7005.1	33.7	37.8
实际使用外资 (亿美元)	Actual Use of Foreign Capital (USD 100 million)	766.7	55.5	34.1
旅游外汇收入 (亿美元)	Foreign Exchange Earnings from Tourism (USD 100 million)	191.8	14.6	24.7
普通高等学校数 (所)	University and College Students (unit)	427	15.9	33.3
专利申请受理量 (万件)	Applications Accepted (10000 units)	137.1	31.3	43.3
专利申请授权量 (万件)	Patents Granted (10000 units)	78.2	30.2	40.2
医疗卫生机构数 (万个)	Health Care Institutions (10000 units)	10.1	9.9	34.5
执业(助理)医师数 (万人)	Doctors (10000 persons)	67.1	17.6	37.3

19－4 沿江开发区域主要指标占全省比重(2019 年)

Proportion of Main Indicators of Development Zones along the Yangtze River in Jiangsu Province (2019)

指 标	Item	全 省 Province	沿江开发区域 Development Zones along the Yangtze River	沿江开发区域占全省比重(%) Proportion of Development Zones along the Yangtze River in Jiangsu Province (%)
年末户籍人口 (万人)	Registered Population at Year-end (10000 persons)	7858.27	2863.90	36.4
土地面积 (万平方公里)	Land Area (10000 sq. km)	10.72	3.05	28.4
地区生产总值 (亿元)	Gross Domestic Product (100 million yuan)	99631.52	50337.53	50.5
第一产业	Primary Industry	4296.28	1241.96	28.9
第二产业	Secondary Industry	44270.51	22736.90	51.4
第三产业	Tertiary Industry	51064.73	26358.75	51.6
#工业	Industry	37825.32	19638.05	51.9
规模以上工业营业收入(亿元)	Gross Industrial Output Revenue from Principal Business of Over Scale Enterprises (100 million yuan)	118768.30	56957.63	48.0
规模以上工业利润总额(亿元)	Total Profits of above Designated Size Industry (100 million yuan)	6733.77	3215.64	47.8
房地产开发投资 (亿元)	Investment in Real Estate Dvelopment (100 million yuan)	12009.35	6343.79	52.8
社会消费品零售总额 (亿元)	Total Retail Sales of Consumer Goods (100 million yuan)	35291.20	18031.97	51.1
进出口总额 (亿美元)	Total Imports and Exports (USD 100 million)	6594.70	2591.24	39.3
#出口	Exports	3947.84	1654.74	41.9
实际使用外资 (亿美元)	Actual Use of Foreign Cpaital (USD 100 million)	261.24	138.74	53.1
一般公共预算收入 (亿元)	General Public Budget Revenue (100 million yuan)	8802.40	4361.91	49.6
一般公共预算支出 (亿元)	General Public Budget Expenditure (100 million yuan)	12573.62	5147.57	40.9
金融机构存款余额 (亿元)	Deposits Balance of Banking Institutions (100 million yuan)	152837.34	83717.19	54.8
#住户存款	Household Deposits	57759.21	29522.97	51.1
金融机构贷款余额 (亿元)	Loans Balance of Banking Institutions (100 million yuan)	133329.87	72598.59	54.5

19－5　沿江地区主要指标(2019年)

Main Indicators of the Region along the Yangtze River (2019)

地　区	Region	年末户籍人口（万人）Registered Population at Year-end (10000 persons)	土地面积（平方公里）Land Area (sq. km)	人口密度（人/平方公里）Density of Population (person/sq. km)	就业人员（万人）Employed Persons (10000 persons)	#第二产业 Secondary Industry	#第三产业 Tertiary Industry
沿江八市	**Eight Cities**	**4307.94**	**51011**	**986**	**3054.80**	**1421.50**	**1297.00**
沿江开发区域	**Development Regions**	**2863.90**	**30459**	**1075**	**1975.58**	**879.22**	**911.59**
南京市区	Nanjing	709.82	6587	1290	502.60	170.90	308.69
江 阴 市	Jiangyin	126.41	987	1675	99.02	61.07	34.00
常州市区	Changzhou	306.00	2838	1400	232.80	112.80	102.30
常 熟 市	Changshu	106.69	1276	1190	104.38	62.71	38.17
张家港市	Zhangjiagang	93.04	987	1281	77.10	45.43	27.75
太 仓 市	Taicang	50.17	810	890	45.81	26.28	17.17
南通市区	Nantong	215.43	2140	1116	135.52	58.25	63.23
启 东 市	Qidong	110.35	1715	554	66.03	29.09	22.14
如 皋 市	Rugao	141.30	1576	784	72.47	34.05	22.45
海 门 市	Haimen	99.34	1144	792	63.59	30.91	19.24
扬州市区	Yangzhou	233.18	2349	1051	139.84	59.49	69.60
仪 征 市	Yizheng	55.72	816	701	39.72	17.24	15.25
镇江市区	Zhenjiang	102.97	1088	1135	69.92	25.18	39.42
丹 阳 市	Danyang	80.32	1047	950	63.80	32.33	25.83
扬 中 市	Yangzhong	28.21	327	1054	21.77	11.23	9.25
句 容 市	Jurong	58.66	1378	457	39.41	14.96	15.20
泰州市区	Taizhou	163.85	1568	1046	97.80	40.40	45.30
靖 江 市	Jingjiang	65.53	656	1044	40.60	20.70	13.90
泰 兴 市	Taixing	116.91	1170	915	63.40	26.20	22.70

19－5 续 表1 Continued 1

地　区	Region	地区生产总值(亿元) Gross Domestic Product (100 million yuan)	第一产业 Primary Industry	第二产业 Seconary Industry	第三产业 Tertiary Industry	#工　业 Industry	人均地区生产总值(元) Per Capita GDP (yuan)
沿江八市	**Eight Cities**	**77013.28**	**1920.59**	**35239.16**	**39855.53**	**30605.80**	**153385**
沿江开发区域	**Development Regions**	**50337.53**	**1241.96**	**22736.90**	**26358.75**	**19638.05**	**153982**
南京市区	Nanjing	14030.15	289.82	5040.86	8699.47	4215.77	165682
江 阴 市	Jiangyin	4001.12	36.08	2042.02	1923.02	1851.50	242111
常州市区	Changzhou	6390.32	104.86	3015.21	3270.25	2754.86	161020
常 熟 市	Changshu	2269.82	38.92	1123.23	1107.67	1033.29	149591
张家港市	Zhangjiagang	2547.26	28.82	1308.48	1209.96	1219.73	201795
太 仓 市	Taicang	1324.97	32.59	651.10	641.29	606.46	183973
南通市区	Nantong	3471.70	62.20	1593.60	1815.90	1341.80	145934
启 东 市	Qidong	1157.50	79.60	581.30	496.60	463.20	121874
如 皋 市	Rugao	1215.20	72.40	597.40	545.30	498.60	98127
海 门 市	Haimen	1352.40	63.90	695.70	592.80	575.90	149379
扬州市区	Yangzhou	3506.72	104.13	1589.03	1813.56	1293.99	142321
仪 征 市	Yizheng	681.51	23.03	347.29	311.19	285.99	119270
镇江市区	Zhenjiang	1856.02	29.05	834.60	992.37	732.91	150279
丹 阳 市	Danyang	1121.99	48.71	588.57	484.72	556.82	113087
扬 中 市	Yangzhong	487.83	15.57	262.31	209.96	247.11	141667
句 容 市	Jurong	661.48	47.90	286.77	326.96	229.92	105264
泰州市区	Taizhou	2198.07	73.27	1082.32	1042.48	876.08	134241
靖 江 市	Jingjiang	979.57	25.70	540.91	412.96	388.82	143066
泰 兴 市	Taixing	1083.90	65.41	556.20	462.29	465.30	101157

19－5 续 表2 Continued 2

单位:%　　(%)

地　区	Region	三次产业占GDP比重 Percentage of Three Industries to GDP 第一产业 Primary Industry	第二产业 Seconary Industry	第三产业 Tertiary Industry	#工　业 Industry	一般公共预算收入占GDP比重 Percentage of General Public Budget Revenue to GDP	外贸依存度 Interdependent Level to Foreign Trade
沿江八市	**Eight Cities**	**2.5**	**45.8**	**51.8**	**39.7**	**9.2**	**52.7**
沿江开发区域	**Development Regions**	**2.5**	**45.2**	**52.4**	**39.0**	**8.7**	**33.4**
南京市区	Nanjing	2.1	35.9	62.0	30.0	11.3	34.4
江 阴 市	Jiangyin	0.9	51.0	48.1	46.3	6.4	40.2
常州市区	Changzhou	1.6	47.2	51.2	43.1	8.1	35.2
常 熟 市	Changshu	1.7	49.5	48.8	45.5	8.9	68.6
张家港市	Zhangjiagang	1.1	51.4	47.5	47.9	9.7	92.9
太 仓 市	Taicang	2.5	49.1	48.4	45.8	12.3	69.4
南通市区	Nantong	1.8	45.9	52.3	38.6	8.3	37.8
启 东 市	Qidong	6.9	50.2	42.9	40.0	6.1	21.6
如 皋 市	Rugao	6.0	49.2	44.9	41.0	5.8	20.3
海 门 市	Haimen	4.7	51.4	43.8	42.6	5.3	14.4
扬州市区	Yangzhou	3.0	45.3	51.7	36.9	6.2	16.3
仪 征 市	Yizheng	3.4	51.0	45.7	42.0	6.5	6.0
镇江市区	Zhenjiang	1.6	45.0	53.5	39.5	8.5	25.4
丹 阳 市	Danyang	4.3	52.5	43.2	49.6	5.5	19.3
扬 中 市	Yangzhong	3.2	53.8	43.0	50.7	7.0	7.3
句 容 市	Jurong	7.2	43.4	49.4	34.8	8.1	7.1
泰州市区	Taizhou	3.3	49.2	47.4	39.9	8.5	18.6
靖 江 市	Jingjiang	2.6	55.2	42.2	39.7	5.9	24.2
泰 兴 市	Taixing	6.0	51.3	42.7	42.9	7.4	27.6

19－5　续　表3　Continued 3

地区 Region		规模以上工业企业个数（个）Number of Over Scale Industrial Enterprises (unit)	#高技术产业企业 High-tech Industrial Enterprises	#国有控股企业 State Shareholding Enterprises	资产合计（亿元）Total Assets (100 million yuan)	营业收入（亿元）Revenue from Principal Business (100 million yuan)	利润总额（亿元）Total Profits (100 million yuan)
沿江八市	**Eight Cities**	**37165**	**4502**	**896**	**98916.37**	**98781.26**	**5750.82**
沿江开发区域	**Development Regions**	**21861**	**2287**	**631**	**59992.02**	**56957.63**	**3215.64**
南京市区	Nanjing	2707	494	231	12944.28	11924.57	651.62
江 阴 市	Jiangyin	1837	94	16	6483.42	6133.42	388.77
常州市区	Changzhou	4244	554	79	8881.83	9597.70	583.48
常 熟 市	Changshu	1540	123	28	4239.38	3620.02	217.04
张家港市	Zhangjiagang	1283	77	11	5444.52	5595.49	239.24
太 仓 市	Taicang	1058	85	24	2223.37	2468.86	148.46
南通市区	Nantong	1422	146	51	3521.05	2916.81	163.30
启 东 市	Qidong	521	59	12	1214.11	820.04	37.35
如 皋 市	Rugao	729	55	9	997.17	1100.66	54.36
海 门 市	Haimen	624	46	11	835.64	787.67	59.96
扬州市区	Yangzhou	1480	154	48	2776.98	2385.91	83.08
仪 征 市	Yizheng	393	24	14	591.47	828.59	59.03
镇江市区	Zhenjiang	711	113	40	1992.79	1793.80	108.44
丹 阳 市	Danyang	727	44	4	1417.23	1131.78	53.34
扬 中 市	Yangzhong	315	16	1	745.07	497.62	15.89
句 容 市	Jurong	200	13	10	724.87	377.24	36.05
泰州市区	Taizhou	1003	133	21	2342.62	2804.57	147.88
靖 江 市	Jingjiang	523	17	11	1428.02	953.41	82.07
泰 兴 市	Taixing	544	40	10	1188.21	1219.47	86.28

19－5 续 表4 Continued 4

地 区	Region	房地产开发投资（亿元）Investment in Real Estate Development (100 million yuan)	#住宅 Residential Buildings	社会消费品零售总额（亿元）Total Retail Sales of Consumer Goods (100 million yuan)	进出口总额（亿美元）Total Imports and Exports (USD 100 million)	#出 口 Exports	实际使用外资（亿美元）Actual Use of Foreign Capital (USD 100 million)
沿江八市	**Eight Cities**	**9800.54**	**7646.63**	**27669.65**	**5888.60**	**3669.27**	**211.63**
沿江开发区域	**Development Regions**	**6343.79**	**4877.31**	**18031.97**	**2591.24**	**1654.74**	**138.74**
南京市区	Nanjing	2501.26	1735.85	7136.32	699.60	435.33	41.01
江 阴 市	Jiangyin	271.53	237.34	695.95	233.65	146.55	9.31
常州市区	Changzhou	811.08	656.94	2080.20	326.36	242.35	23.28
常 熟 市	Changshu	242.14	210.49	1031.00	225.80	158.10	4.98
张家港市	Zhangjiagang	219.40	197.89	718.26	343.60	161.40	3.98
太 仓 市	Taicang	187.62	165.01	424.29	133.60	63.60	4.40
南通市区	Nantong	514.13	409.93	1303.76	190.62	130.78	11.14
启 东 市	Qidong	93.64	87.20	410.54	36.19	27.68	3.04
如 皋 市	Rugao	77.88	60.10	458.06	35.77	29.19	3.51
海 门 市	Haimen	98.12	83.41	430.98	28.07	24.36	2.69
扬州市区	Yangzhou	492.54	349.49	963.67	82.85	64.11	10.07
仪 征 市	Yizheng	117.96	88.64	117.72	5.96	4.59	1.50
镇江市区	Zhenjiang	192.24	166.15	562.85	68.55	40.45	3.33
丹 阳 市	Danyang	72.22	61.04	305.49	31.49	27.77	1.41
扬 中 市	Yangzhong	29.56	18.44	134.55	5.19	4.48	0.63
句 容 市	Jurong	109.34	93.90	155.60	6.79	5.97	1.22
泰州市区	Taizhou	160.09	122.10	625.21	59.31	37.69	8.34
靖 江 市	Jingjiang	64.07	58.52	202.71	34.47	25.51	1.16
泰 兴 市	Taixing	88.97	74.90	274.30	43.36	24.82	3.75

19－5 续 表5 Continued 5

单位:亿元 (100 million yuan)

地　　区	Region	一般公共预算收入 General Public Budget Revenue	#税收收入 Taxes	一般公共预算支出 General Public Budget Expenditure	年末金融机构存款余额 Deposits Balance of Banking Institutions (year-end)	#住户存款 Household Deposits	年末金融机构贷款余额 Loans Balance of Banking Institutions (year-end)
沿江八市	**Eight Cities**	**7048.77**	**6026.18**	**8216.31**	**131115.75**	**45678.09**	**113036.68**
沿江开发区域	**Development Regions**	**4361.91**	**3658.99**	**5147.57**	**83717.19**	**29522.97**	**72598.59**
南京市区	Nanjing	1580.03	1373.83	1658.07	34671.17	8105.88	32356.42
江 阴 市	Jiangyin	256.58	218.09	231.10	4072.01	1384.27	3227.27
常州市区	Changzhou	519.76	441.25	552.28	9585.94	3685.56	7565.98
常 熟 市	Changshu	203.02	172.02	219.50	3303.30	1538.83	2711.90
张家港市	Zhangjiagang	247.00	212.81	224.77	3058.80	1288.99	2512.52
太 仓 市	Taicang	162.97	140.51	143.22	1610.64	669.74	1581.73
南通市区	Nantong	287.21	234.78	386.04	5924.95	2532.06	4881.51
启 东 市	Qidong	70.65	56.54	101.81	1512.57	982.22	1041.38
如 皋 市	Rugao	70.01	58.50	121.94	1470.25	922.70	1032.36
海 门 市	Haimen	71.02	56.90	112.89	1659.41	999.98	1163.65
扬州市区	Yangzhou	216.75	170.59	386.76	4677.61	2038.06	3905.06
仪 征 市	Yizheng	44.16	36.40	59.99	721.02	362.32	511.45
镇江市区	Zhenjiang	157.32	111.23	253.24	2694.29	947.96	2467.19
丹 阳 市	Danyang	62.01	51.80	90.00	1252.95	739.71	1138.75
扬 中 市	Yangzhong	34.01	27.71	49.57	663.18	337.67	528.03
句 容 市	Jurong	53.50	48.26	73.40	936.22	396.33	1122.04
泰州市区	Taizhou	187.62	135.51	290.31	3536.10	1398.50	2900.85
靖 江 市	Jingjiang	57.71	45.98	86.25	1183.06	612.03	985.86
泰 兴 市	Taixing	80.59	66.26	106.46	1183.74	580.17	964.65

19－5 续 表6 Continued 6

地 区	Region	公路里程（公里）Total Length of Highways (km)	民用汽车拥有量（万辆）Number of Civil Motor Vehicles Owned (10000 units)	公路客运量（万人）Passenger Traffic (10000 persons)	公路货运量（万吨）Freight Traffic (10000 tons)	全社会用电量（亿千瓦时）Total Consumption of Electricity (100 million kW·h)	#工业用电 Consumption of Electricity for Industrial Use
沿江八市	**Eight Cities**	**84929**	**1458.04**	**54568**	**99367**	**4694.02**	**3357.45**
沿江开发区域	**Development Regions**	**58102**	**907.36**	**36038**	**59379**	**2937.69**	**2095.20**
南京市区	Nanjing	10182	269.94	8644	16886	621.53	327.26
江 阴 市	Jiangyin	2432	52.42	426	3315	280.73	242.95
常州市区	Changzhou	6306	128.01	3354	8382	410.07	305.68
常 熟 市	Changshu	2412	49.24	3253	1536	190.51	156.03
张家港市	Zhangjiagang	1614	42.73	2886	1917	311.53	281.39
太 仓 市	Taicang	1351	25.76	2578	1562	105.17	84.35
南通市区	Nantong	4116	70.89	3730	6311	184.82	124.43
启 东 市	Qidong	3671	21.46	950	690	39.91	23.86
如 皋 市	Rugao	3465	28.87	429	2720	62.14	41.26
海 门 市	Haimen	2574	22.21	382	984	46.06	29.48
扬州市区	Yangzhou	3942	53.59	1554	3128	142.75	86.38
仪 征 市	Yizheng	1592	10.19	258	753	48.67	39.64
镇江市区	Zhenjiang	1654	29.32	1470	4764	128.15	94.60
丹 阳 市	Danyang	2263	21.03	615	1932	85.35	65.93
扬 中 市	Yangzhong	841	6.98	292	516	18.75	12.38
句 容 市	Jurong	2563	7.42	515	1273	32.12	17.19
泰州市区	Taizhou	3540	34.90	2120	1680	106.00	69.88
靖 江 市	Jingjiang	1339	15.40	943	361	44.91	31.36
泰 兴 市	Taixing	2245	16.98	1639	669	78.51	61.17

19－6 沿海地区主要指标(2019 年)

Main Indicators of the Coastal Regions(2019)

地 区	Region	年末户籍人口(万人) Registered Population at Year-end (10000 persons)	土地面积(平方公里) Land Area (sq. km)	人口密度(人/平方公里) Density of Population (person/sq. km)	就业人员(万人) Employed Persons (10000 persons)	#第二产业 Secondary Industry	#第三产业 Tertiary Industry
沿海三市合计	**Three Cities**	**2115.58**	**35096**	**542**	**1131.50**	**442.3**	**438.3**
沿海地带合计	**Coastal Regions**	**1660.38**	**28888**	**7299**	**911.75**	**359.41**	**358.13**
南通市区	Nantong	215.43	2140	1116	135.52	58.25	63.23
海 安 市	Haian	92.16	1183	730	53.37	28.29	15.20
如 东 县	Rudong	101.24	2791	350	61.02	30.51	18.64
启 东 市	Qidong	110.35	1715	554	66.03	29.09	22.14
海 门 市	Haimen	99.34	1144	792	63.59	30.91	19.24
连云港市区	Lianyungang	224.84	3012	700	115.15	38.46	51.53
灌 云 县	Guanyun	103.18	1538	520	41.80	9.44	14.50
灌 南 县	Guannan	81.84	1028	617	37.85	10.50	12.54
盐城市区	Yancheng	244.35	5131	466	136.16	51.95	61.46
响 水 县	Xiangshui	62.16	1474	337	27.28	9.86	10.46
滨 海 县	Binhai	122.12	1950	477	54.93	19.14	21.18
射 阳 县	Sheyang	94.51	2606	337	55.51	19.74	21.80
东 台 市	Dongtai	108.86	3176	305	63.54	23.27	26.21

19－6 续 表1 Continued 1

地 区	Region	地区生产总值（亿元）Gross Domestic Product (100 million yuan)	第一产业 Primary Industry	第二产业 Seconary Industry	第三产业 Tertiary Industry	#工 业 Industry	人均地区生产总值（元）Per Capita GDP (yuan)
沿海三市合计	**Three Cities**	**18224.94**	**1411.44**	**8336.84**	**8476.66**	**6891.80**	**95750**
沿海地带合计	**Coastal Regions**	**15362.44**	**1139.46**	**7051.12**	**7171.76**	**5877.64**	**100555**
南通市区	Nantong	3471.70	62.20	1593.60	1815.90	1341.80	145934
海 安 市	Haian	1133.20	66.10	611.00	456.10	519.40	131195
如 东 县	Rudong	1053.40	84.60	523.00	445.70	450.90	107732
启 东 市	Qidong	1157.50	79.60	581.30	496.60	463.20	121874
海 门 市	Haimen	1352.40	63.90	695.70	592.80	575.90	149379
连云港市区	Lianyungang	1872.16	146.00	848.23	877.93	699.15	88899
灌 云 县	Guanyun	359.19	75.10	127.47	156.62	94.99	44664
灌 南 县	Guannan	381.65	62.70	171.70	147.25	133.57	60041
盐城市区	Yancheng	2297.77	180.45	998.62	1118.70	819.14	96460
响 水 县	Xiangshui	385.78	46.60	179.03	160.15	162.76	77661
滨 海 县	Binhai	492.33	67.39	201.40	223.54	159.19	52939
射 阳 县	Sheyang	563.87	95.31	207.17	261.39	182.33	64186
东 台 市	Dongtai	841.49	109.51	312.90	419.08	275.31	86850

19－6 续 表2 Continued 2

单位:% (%)

地区	Region	三次产业占GDP比重 Percentage of Three Industries to GDP 第一产业 Primary Industry	第二产业 Seconary Industry	第三产业 Tertiary Industry	#工业 Industry	一般公共预算收入占GDP比重 Percentage of General Public Budget Revenue to GDP	外贸依存度 Interdependent Level to Foreign Trade
沿海三市合计	**Three Cities**	**7.7**	**45.7**	**46.5**	**37.8**	**6.8**	**21.0**
沿海地带合计	**Coastal Regions**	**7.4**	**45.9**	**46.7**	**38.3**	**7.1**	**18.8**
南通市区	Nantong	1.8	45.9	52.3	38.6	8.3	37.8
海 安 市	Haian	5.8	53.9	40.2	45.8	5.5	12.3
如 东 县	Rudong	8.0	49.6	42.3	42.8	5.5	35.8
启 东 市	Qidong	6.9	50.2	42.9	40.0	6.1	21.6
海 门 市	Haimen	4.7	51.4	43.8	42.6	5.3	14.4
连云港市区	Lianyungang	7.8	45.3	46.9	37.3	9.2	31.4
灌 云 县	Guanyun	20.9	35.5	43.6	26.4	6.3	3.7
灌 南 县	Guannan	16.4	45.0	38.6	35.0	6.2	3.1
盐城市区	Yancheng	7.9	43.5	48.7	35.6	8.7	18.2
响 水 县	Xiangshui	12.1	46.4	41.5	42.2	5.7	9.6
滨 海 县	Binhai	13.7	40.9	45.4	32.3	4.7	6.9
射 阳 县	Sheyang	16.9	36.7	46.4	32.3	5.1	8.2
东 台 市	Dongtai	13.0	37.2	49.8	32.7	6.2	8.5

19－6 续 表3 Continued 3

地区 Region		规模以上工业企业个数（个）Number of Over Scale Industria Enterprises（unit）	#高技术产业企业 High-tech industrial Enterprises	#国有控股企业 State Shareholding Enterprises	资产合计（亿元）Total Assets（100 million yuan）	营业收入（亿元）Revenue from Principal Business（100 million yuan）	利润总额（亿元）Total Profits（100 million yuan）
沿海三市合计	**Three Cities**	**8828**	**943**	**328**	**18062.74**	**14546.69**	**935.47**
沿海地带合计	**Coastal Regions**	**7350**	**655**	**234**	**16197.42**	**13687.09**	**852.57**
南通市区	Nantong	1422	146	51	3521.05	2916.81	163.30
海安市	Haian	953	89	4	1109.00	1338.75	59.15
如东县	Rudong	717	37	18	1428.72	1209.28	115.86
启东市	Qidong	521	59	12	1214.11	820.04	37.35
海门市	Haimen	624	46	11	835.64	787.67	59.96
连云港市区	Lianyungang	504	50	36	2971.21	2142.35	264.17
灌云县	Guanyun	76	10	5	106.49	81.11	0.11
灌南县	Guannan	108	9		213.30	290.24	8.71
盐城市区	Yancheng	1237	128	51	2509.21	2044.02	31.76
响水县	Xiangshui	147	6	10	731.08	899.15	79.76
滨海县	Binhai	207	25	7	479.19	245.13	0.76
射阳县	Sheyang	317	12	16	405.30	336.22	11.93
东台市	Dongtai	517	38	13	673.13	576.33	19.76

19－6　续　表 4　Continued 4

地　区	Region	房地产开发投资 Investment in Real Estate Development (100 million yuan)	#住宅 Residential Buildings	社会消费品零售总额（亿元）Total Retail Sales of Consumer Goods (100 million yuan)	进出口总额（亿美元）Total Imports and Exports (USD 100 million)	#出　口 Exports	实际使用外资（亿美元）Actual Use of Foreign Capital (USD 100 million)
沿海三市合计	**Three Cities**	**1657.94**	**1345.85**	**6765.49**	**555.06**	**351.91**	**41.92**
沿海地带合计	**Coastal Regions**	**1500.56**	**1215.76**	**5547.25**	**506.56**	**311.30**	**36.66**
南通市区	Nantong	514.13	409.93	1303.76	190.62	130.78	11.14
海安市	Haian	94.75	65.03	354.88	20.26	16.37	3.19
如东县	Rudong	35.87	32.82	404.44	54.81	20.52	3.09
启东市	Qidong	93.64	87.20	410.54	36.19	27.68	3.04
海门市	Haimen	98.12	83.41	430.98	28.07	24.36	2.69
连云港市区	Lianyungang	233.01	193.40	648.91	85.09	31.79	4.10
灌云县	Guanyun	25.11	19.76	81.39	1.92	1.83	0.06
灌南县	Guannan	30.12	22.91	98.25	1.74	1.36	0.97
盐城市区	Yancheng	269.36	214.51	1011.60	60.53	33.13	5.76
响水县	Xiangshui	19.23	16.27	109.71	5.39	4.62	0.58
滨海县	Binhai	24.28	21.98	230.91	4.95	4.47	0.55
射阳县	Sheyang	26.38	20.92	219.41	6.70	4.69	0.61
东台市	Dongtai	36.57	27.64	242.48	10.31	9.72	0.90

19－6 续 表5 Continued 5

单位:亿元 (100 million yuan)

地 区	Region	一般公共预算收入 General Public Budget Revenue	#税收收入 Taxes	一般公共预算支出 General Public Budget Expenditure	年末金融机构存款余 额 Deposits Balance of Banking Institutions (year-end)	#住户存款 Household Deposits	年末金融机构贷款余 额 Loans Balance of Banking Institutions (year-end)
沿海三市合计	**Three Cities**	**1244.70**	**993.89**	**2316.19**	**24385.07**	**12433.02**	**19543.22**
沿海地带合计	**Coastal Regions**	**1092.76**	**871.39**	**1940.66**	**21116.36**	**10389.74**	**17337.90**
南通市区	Nantong	287.21	234.78	386.04	5924.95	2532.06	4881.51
海 安 市	Haian	62.66	52.64	117.41	1596.81	876.26	1219.21
如 东 县	Rudong	57.70	48.18	132.56	1366.79	783.78	811.98
启 东 市	Qidong	70.65	56.54	101.81	1512.57	982.22	1041.38
海 门 市	Haimen	71.02	56.90	112.89	1659.41	999.98	1163.65
连云港市区	Lianyungang	172.26	135.07	275.93	2507.97	952.58	2531.39
灌 云 县	Guanyun	22.59	16.75	62.74	335.34	201.94	270.90
灌 南 县	Guannan	23.52	20.02	57.33	279.20	150.20	245.76
盐城市区	Yancheng	199.33	151.47	347.77	3766.17	1419.10	3583.91
响 水 县	Xiangshui	22.00	16.50	64.47	247.31	152.58	211.93
滨 海 县	Binhai	23.20	17.41	81.35	431.25	266.12	379.63
射 阳 县	Sheyang	28.60	23.02	91.68	560.28	395.23	406.42
东 台 市	Dongtai	52.00	42.09	108.70	928.32	677.70	590.22

19－6 续 表6 Continued 6

地 区	Region	公路里程（公里） Total Length of Highways (km)	民用汽车拥有量（万辆） Number of Civil Motor Vehicles Owned (10000 units)	公路客运量（万人） Passenger Traffic (10000 persons)	公路货运量（万吨） Freight Traffic (10000 tons)	全社会用电量（亿千瓦时） Total Consumption of Electricity (100 million kW·h)	#工业用电 Consumption of Electricity for Industrial Use
沿海三市合计	**Three Cities**	**51891**	**391.02**	**16598**	**33379**	**962.91**	**631.56**
沿海地带合计	**Coastal Regions**	**41800**	**296.55**	**14714**	**27088**	**823.94**	**546.07**
南通市区	Nantong	4116	70.89	3730	6311	184.82	124.43
海 安 市	Haian	2470	17.08	423	2286	56.65	42.33
如 东 县	Rudong	2949	20.71	534	1694	61.98	46.08
启 东 市	Qidong	3671	21.46	950	690	39.91	23.86
海 门 市	Haimen	2574	22.21	382	984	46.06	29.48
连云港市区	Lianyungang	4907	38.80	2606	7515	115.13	70.36
灌 云 县	Guanyun	2593	10.85	397	1460	13.91	4.97
灌 南 县	Guannan	1842	7.04	611	570	28.45	20.04
盐城市区	Yancheng	6603	44.79	2886	2046	129.69	81.55
响 水 县	Xiangshui	1809	6.13	252	254	51.51	44.30
滨 海 县	Binhai	2295	11.07	761	1181	23.59	12.32
射 阳 县	Sheyang	2672	11.81	610	900	27.37	15.85
东 台 市	Dongtai	3299	13.70	572	1197	44.85	30.49

19－7 沿东陇海线地区主要指标(2019 年)
Main Indicators of the East Region along the Long-hai Railway(2019)

地　区	Region	年末户籍人口(万人) Registered Population at Year-end (10000 persons)	土地面积(平方公里) Land Area (sq. km)	人口密度(人/平方公里) Density of Population (person/ sq. km)	就业人员(万人) Employed Persons (10000 persons)	#第二产业 Secondary Industry	#第三产业 Tertiary Industry
东陇海合计	**Total**	**999.26**	**11789**	**746**	**473.56**	**158.09**	**212.80**
徐州市区	Xuzhou	343.42	3063	1096	162.34	52.80	84.86
新 沂 市	Xinyi	112.32	1592	575	54.79	20.38	21.22
邳 州 市	Pizhou	194.13	2085	693	86.58	32.15	32.86
连云港市区	Lianyungang	224.84	3012	700	115.15	38.46	51.53
东 海 县	Donghai	124.55	2037	475	54.70	14.30	22.33

19－7　续 表 1　Continued 1

地　区	Region	地区生产总　值(亿元) Gross Domestic Product (100 million yuan)	第一产业 Primary Industry	第二产业 Seconary Industry	第三产业 Tertiary Industry	#工　业 Industry	人均地区生产总值(元) Per Capita GDP (yuan)
东陇海合计	**Total**	**7690.93**	**596.86**	**3211.46**	**3882.61**	**2657.48**	**87526**
徐州市区	Xuzhou	3646.38	136.56	1491.32	2018.49	1236.24	108724
新 沂 市	Xinyi	686.40	85.67	265.42	335.31	212.28	75127
邳 州 市	Pizhou	959.70	149.73	390.74	419.24	338.33	66466
连云港市区	Lianyungang	1872.16	146.00	848.23	877.93	699.15	88899
东 海 县	Donghai	526.29	78.90	215.75	231.64	171.48	54273

19－7 续 表2 Continued 2

地 区 Region		规模以上工业企业个数（个）Number of Over Scale Industrial Enterprises (unit)	#高技术产业企业 High-tech Industrial Enterprises	#国有控股企业 State Shareholding Enterprises	资产合计（亿元）Total Assets (100 million yuan)	营业收入（亿元）Revenue from Principal Business (100 million yuan)	利润总额（亿元）Total Profits (100 million yuan)
东陇海合计	**Total**	**1957**	**161**	**108**	**7250.12**	**5880.80**	**502.78**
徐州市区	Xuzhou	670	51	56	3174.85	2722.62	178.98
新 沂 市	Xinyi	230	18	2	452.60	337.68	24.20
邳 州 市	Pizhou	299	35	5	417.79	472.04	23.17
连云港市区	Lianyungang	504	50	36	2971.21	2142.35	264.17
东 海 县	Donghai	254	7	9	233.68	206.11	12.27

19－7 续表3 Continued 3

地 区 Region		房地产开发投资（亿元）Investment in Real Estate Development (100 million yuan)	#住宅 Residential Buildings	社会消费品零售总额（亿元）Total Retail Sales of Consumer Goods (100 million yuan)	进出口总额（亿美元）Total Imports and Exports (USD 100 million)	#出 口 Export	实际使用外资（亿美元）Actual Use of Foreign Capital (USD 100 million)
东陇海合计	**Total**	**933.37**	**780.29**	**3110.50**	**199.27**	**126.21**	**25.13**
徐州市区	Xuzhou	546.36	451.51	1546.87	77.80	62.36	13.95
新 沂 市	Xinyi	38.01	30.40	317.38	13.39	11.44	3.40
邳 州 市	Pizhou	86.82	78.15	348.18	18.51	16.72	2.66
连云港市区	Lianyungang	233.01	193.40	648.91	85.09	31.79	4.10
东 海 县	Donghai	29.17	26.84	249.17	4.47	3.90	1.02

19－7　续　表4　Continued 4

单位:亿元　　　　　　　　　　　　　　　　　　　　　　　　　　(100 million yuan)

地　　区	Region	一般公共预算收入 General Public Budget Revenue	#税收收入 Taxes	一般公共预算支出 General Public Budget Expenditure	年末金融机构存款余额 Deposits Balance of Banking Institutions (year-end)	#住户存款 Household Deposits	年末金融机构贷款余额 Loans Balance of Banking Institutions (year-end)
东陇海合计	**Total**	**553.17**	**436.49**	**954.19**	**9323.26**	**4151.27**	**7666.35**
徐州市区	Xuzhou	278.43	218.15	400.68	5146.79	2114.46	3816.04
新 沂 市	Xinyi	35.55	29.04	90.20	509.50	300.73	383.05
邳 州 市	Pizhou	42.87	34.70	117.36	695.53	474.85	545.87
连云港市区	Lianyungang	172.26	135.07	275.93	2507.97	952.58	2531.39
东 海 县	Donghai	24.06	19.52	70.03	463.46	308.64	389.99

19－7　续 表5　Continued 5

地　　区	Region	公路里程(公里) Total Length of Highways (km)	民用汽车拥用量(万辆) Number of Civil Motor Vehicles Owned (10000 units)	公路客运量(万人) Passenger Traffic (10000 persons)	公路货运量(万吨) Freight Traffic (10000 tons)	全社会用电量(亿千瓦时) Total Consumption of Electricity (100 million kW·h)	#工业用电 Consumption of Electricity for Industrial Use
东陇海合计	**Total**	**17489**	**163.26**	**10760**	**24909**	**399.91**	**240.30**
徐州市区	Xuzhou	3808	80.12	6329	10303	188.53	114.57
新 沂 市	Xinyi	2717	10.56	678	1533	37.62	26.19
邳 州 市	Pizhou	3296	17.06	699	3344	32.45	15.65
连云港市区	Lianyungang	4907	38.80	2606	7515	115.13	70.36
东 海 县	Donghai	2761	16.72	448	2214	26.17	13.52

20

市县社会经济

Social Economy of Cities and Counties

简 要 说 明

一、本篇资料的主要内容

本篇资料反映市县经济社会发展情况。

二、资料来源

本篇资料主要根据市县社会经济基本情况统计年报加工整理,部分数据为初步统计数。

Brief Introduction

I. Main Contents

Data in this chapter reflect the economic and social development of cities and counties.

Ⅱ. Date Source

Data in this chapter mainly based on the basic socio-economic situation annual report, and part of the data are preliminary statistics.

20－1 人　　口（2019年）
Population (2019)

市　县 City and County		年末户籍人口（万人） Registered Population at Year-end (10000 persons)	#女 Female	年末常住人口（万人） Permanent Population at Year-end (10000 persons)	出生人数（人） Birth (person)	死亡人数（人） Death (person)	人口密度（人/平方公里） Density of Population (person/sq. km)
南京市	**Nanjing City**	**709.82**	**357.02**	**850.00**	**67572**	**38533**	**1290**
无锡市	**Wuxi City**	**502.83**	**255.66**	**659.15**	**37981**	**32074**	**1425**
江阴市	Jiangyin City	126.41	63.91	165.34	8733	8340	1675
宜兴市	Yixing City	107.97	54.82	125.64	7384	8114	629
徐州市	**Xuzhou City**	**1041.73**	**502.39**	**882.56**	**106600**	**55800**	**750**
丰　县	Fengxian County	121.02	57.73	95.26	12200	6500	657
沛　县	Peixian County	129.05	61.72	112.22	12900	6200	621
睢宁县	Suining County	141.79	67.45	103.28	15400	12000	584
新沂市	Xinyi City	112.32	53.97	91.54	11300	6400	575
邳州市	Pizhou City	194.13	93.01	144.57	19100	8500	693
常州市	**Changzhou City**	**385.02**	**196.18**	**473.60**	**29936**	**25261**	**1083**
溧阳市	Liyang City	79.00	39.34	76.40	5812	5327	498
苏州市	**Suzhou City**	**722.60**	**369.84**	**1074.99**	**61916**	**45037**	**1242**
常熟市	Changshu City	106.69	54.99	151.89	6104	8500	1190
张家港市	Zhangjiagang City	93.04	47.58	126.40	6272	6403	1281
昆山市	Kunshan City	98.13	26.00	166.92	3209	3688	1791
太仓市	Taicang City	50.17	50.29	72.12	11964	4577	890
南通市	**Nantong City**	**759.82**	**386.81**	**731.80**	**44615**	**65589**	**694**
如东县	Rudong County	101.24	51.55	97.71	4853	9943	350
启东市	Qidong City	110.35	56.43	94.95	5507	9640	554
如皋市	Rugao City	141.30	70.97	123.51	8989	12050	784
海门市	Haimen City	99.34	50.64	90.60	5424	8527	792
海安市	Haian City	92.16	46.67	86.30	4916	8404	730
连云港市	**Lianyungang City**	**534.41**	**255.68**	**451.10**	**52604**	**28044**	**592**
东海县	Donghai County	124.55	59.54	96.84	12549	6550	475
灌云县	Guanyun County	103.18	48.69	80.01	9122	5442	520
灌南县	Guannan County	81.84	38.65	63.41	7209	4454	617

市 县 City and County		年末户籍人口（万人）Registered Population at Year-end (10000 persons)	#女 Female	年末常住人口（万人）Permanent Population at Year-end (10000 persons)	出生人数（人）Birth (person)	死亡人数（人）Death (person)	人口密度（人/平方公里）Density of Population (person/sq. km)
淮安市	**Huaian City**	**560.48**	**272.88**	**493.26**	**49227**	**36966**	**492**
涟水县	Lianshui County	112.50	54.21	84.84	8959	6759	506
盱眙县	Xuyi County	79.67	38.99	65.60	6553	5127	263
金湖县	Jinhu County	34.59	17.30	33.24	2729	2435	241
盐城市	**Yancheng City**	**821.35**	**397.79**	**720.89**	**59474**	**42349**	**426**
响水县	Xiangshui County	62.16	29.43	49.65	6090	3497	337
滨海县	Binhai County	122.12	57.85	93.00	9998	5145	477
阜宁县	Funing County	111.61	53.11	82.50	8195	3218	573
射阳县	Sheyang County	94.51	46.02	87.85	6016	6453	337
建湖县	Jianhu County	77.74	37.55	72.15	4844	3020	624
东台市	Dongtai City	108.86	53.96	96.74	6079	7734	305
扬州市	**Yangzhou City**	**457.14**	**229.41**	**454.90**	**31843**	**34572**	**690**
宝应县	Baoying County	87.97	43.39	76.14	5421	6381	521
仪征市	Yizheng City	55.72	27.80	57.22	4229	4103	701
高邮市	Gaoyou City	80.27	40.35	74.59	5587	6661	388
镇江市	**Zhenjiang City**	**270.16**	**136.82**	**320.35**	**17960**	**19620**	**834**
丹阳市	Danyang City	80.32	40.69	99.46	5037	6209	950
扬中市	Yangzhong City	28.21	14.41	34.48	2246	2199	1054
句容市	Jurong City	58.66	29.65	62.92	4233	4952	457
泰州市	**Taizhou City**	**500.55**	**246.04**	**463.61**	**35263**	**43357**	**801**
兴化市	Xinghua City	154.26	73.36	124.08	11474	13631	518
靖江市	Jingjiang City	65.53	33.16	68.46	4949	4850	1044
泰兴市	Taixing City	116.91	57.52	107.08	7670	12130	915
宿迁市	**Suqian City**	**592.36**	**285.13**	**493.79**	**61649**	**35263**	**579**
沭阳县	Shuyang County	198.65	94.88	157.01	20581	11153	683
泗阳县	Siyang County	106.46	50.77	84.87	10270	5894	616
泗洪县	Sihong County	109.52	53.03	89.92	11103	6581	334

20－2 户数及土地面积(2019年)

Number of Households and Land Area (2019)

市县 City and County		年末总户数(万户) Number of Households at Year-end (10000 households)	#乡村户数 Rural Household	土地面积(平方公里) Land Area (sq. km)	建成区面积(平方公里) Developed Areas (sq. km)	绿化覆盖面积(公顷) Coverage Space of Green Areas Developed (hectare)
南京市	**Nanjing City**	**252.56**	**63.06**	**6587**	**823**	**101327**
无锡市	**Wuxi City**	**172.01**	**59.38**	**4627**	**557**	**30976**
江阴市	Jiangyin City	38.72	18.14	987	125	5678
宜兴市	Yixing City	37.35	20.95	1997	85	4970
徐州市	**Xuzhou City**	**281.56**	**173.23**	**11765**	**489**	**28707**
丰县	Fengxian County	32.92	25.44	1450	32	1662
沛县	Peixian County	37.64	24.02	1806	53	2431
睢宁县	Suining County	32.85	25.03	1769	34	2043
新沂市	Xinyi City	30.91	20.18	1592	38	2490
邳州市	Pizhou City	46.96	32.80	2085	51	2656
常州市	**Changzhou City**	**136.50**	**71.05**	**4372**	**306**	**14743**
溧阳市	Liyang City	26.63	20.03	1535	33	1616
苏州市	**Suzhou City**	**238.07**	**87.54**	**8657**	**760**	**42105**
常熟市	Changshu City	32.14	17.71	1276	98	4860
张家港市	Zhangjiagang City	32.11	20.48	987	61	2530
昆山市	Kunshan City	33.87	10.56	932	72	3863
太仓市	Taicang City	16.23	6.50	810	52	3075
南通市	**Nantong City**	**287.09**	**197.05**	**10549**	**406**	**22035**
如东县	Rudong County	36.49	30.13	2791	25	1417
启东市	Qidong City	46.28	37.64	1715	35	1552
如皋市	Rugao City	44.50	35.19	1576	42	2897
海门市	Haimen City	39.31	29.67	1144	32	1693
海安市	Haian City	34.16	24.90	1183	32	2179
连云港市	**Lianyungang City**	**149.56**	**93.27**	**7616**	**311**	**28637**
东海县	Donghai County	30.06	22.14	2037	32	1674
灌云县	Guanyun County	27.43	19.65	1538	28	1942
灌南县	Guannan County	23.27	14.78	1028	28	1152

市 县 City and County		年末总户数（万户） Number of Households at Year-end (10000 households)	#乡村户数 Rural Household	土地面积（平方公里） Land Area (sq. km)	建成区面积（平方公里） Developed Areas (sq. km)	绿化覆盖面积（公顷） Coverage Space of Green Areas Developed (hectare)
淮 安 市	**Huaian City**	**168.27**	**99.79**	**10030**	**302**	**18199**
涟 水 县	Lianshui County	31.01	21.83	1678	37	2779
盱 眙 县	Xuyi County	21.77	16.53	2497	40	2459
金 湖 县	Jinhu County	12.38	7.91	1378	27	1450
盐 城 市	**Yancheng City**	**269.86**	**179.15**	**16931**	**365**	**20848**
响 水 县	Xiangshui County	16.95	11.67	1474	22	1114
滨 海 县	Binhai County	35.02	23.18	1950	35	2408
阜 宁 县	Funing County	35.07	21.53	1439	47	3472
射 阳 县	Sheyang County	30.80	20.85	2606	28	1647
建 湖 县	Jianhu County	28.47	18.46	1157	29	1519
东 台 市	Dongtai City	38.42	31.90	3176	38	2313
扬 州 市	**Yangzhou City**	**147.72**	**101.14**	**6591**	**282**	**15351**
宝 应 县	Baoying County	26.77	20.39	1462	36	2119
仪 征 市	Yizheng City	18.29	11.94	902	39	1773
高 邮 市	Gaoyou City	25.13	19.13	1922	28	1207
镇 江 市	**Zhenjiang City**	**102.12**	**56.96**	**3840**	**227**	**9602**
丹 阳 市	Danyang City	27.93	19.66	1047	36	1497
扬 中 市	Yangzhong City	10.69	7.65	327	15	607
句 容 市	Jurong City	22.93	16.36	1378	31	1267
泰 州 市	**Taizhou City**	**166.14**	**119.51**	**5788**	**253**	**10746**
兴 化 市	Xinghua City	50.26	37.10	2395	41	1761
靖 江 市	Jingjiang City	21.19	15.48	656	34	1449
泰 兴 市	Taixing City	39.30	30.77	1170	35	1448
宿 迁 市	**Suqian City**	**152.66**	**104.45**	**8524**	**246**	**29001**
沭 阳 县	Shuyang County	49.92	34.73	2299	65	4155
泗 阳 县	Siyang County	27.16	19.56	1378	43	6490
泗 洪 县	Sihong County	29.32	18.81	2694	38	6312

20－3 年末就业人员(2019 年)
Number of Employed Persons (Year-end) (2019)

单位:万人 (10000 persons)

市 县 City and County		就业人员 Total Employed Persons	第一产业 Primary Industry	第二产业 Secondary Industry	第三产业 Tertiary Industry	私营企业就业人员 Employed Persons in Private Enterprises	个 体 就业人员 Self-employed Individuals
南 京 市	**Nanjing City**	**502.60**	**39.50**	**145.00**	**279.50**	**335.78**	**137.27**
无 锡 市	**Wuxi City**	**387.00**	**14.90**	**213.10**	**159.00**	**204.78**	**87.80**
江 阴 市	Jiangyin City	99.02	3.95	61.07	34.00	54.72	26.62
宜 兴 市	Yixing City	73.90	7.83	40.03	26.04	48.90	11.24
徐 州 市	**Xuzhou City**	**483.40**	**106.80**	**172.70**	**203.90**	**133.01**	**122.43**
丰 县	Fengxian County	54.58	14.49	20.54	19.55	8.14	12.25
沛 县	Peixian County	63.65	16.35	23.86	23.44	15.94	9.42
睢 宁 县	Suining County	61.46	16.53	22.96	21.97	19.17	15.49
新 沂 市	Xinyi City	54.79	13.19	20.38	21.22	20.57	12.54
邳 州 市	Pizhou City	86.58	21.57	32.15	32.86	13.91	22.69
常 州 市	**Changzhou City**	**282.70**	**29.30**	**137.10**	**116.30**	**170.84**	**78.86**
溧 阳 市	Liyang City	49.90	11.60	24.30	14.10	23.25	10.55
苏 州 市	**Suzhou City**	**692.60**	**20.90**	**403.80**	**267.90**	**458.99**	**239.34**
常 熟 市	Changshu City	104.38	3.50	62.71	38.17	50.52	23.32
张家港市	Zhangjiagang City	77.10	3.92	45.43	27.75	64.38	19.68
昆 山 市	Kunshan City	117.11	1.53	73.11	42.47	77.01	50.92
太 仓 市	Taicang City	45.81	2.36	26.28	17.17	28.51	9.22
南 通 市	**Nantong City**	**452.00**	**80.00**	**211.10**	**160.90**	**211.77**	**111.47**
如 东 县	Rudong County	61.02	11.87	30.51	18.64	19.62	10.75
启 东 市	Qidong City	66.03	14.80	29.09	22.14	23.44	8.18
如 皋 市	Rugao City	72.47	15.97	34.05	22.45	33.62	18.90
海 门 市	Haimen City	63.59	13.44	30.91	19.24	25.17	14.45
海 安 市	Haian City	53.37	9.88	28.29	15.20	33.09	12.46
连云港市	**Lianyungang City**	**249.50**	**75.90**	**72.70**	**100.90**		
东 海 县	Donghai County	54.70	18.07	14.30	22.33		
灌 云 县	Guanyun County	41.80	17.86	9.44	14.50		
灌 南 县	Guannan County	37.85	14.81	10.50	12.54		

20－3 续 表 Continued

单位:万人 (10000 persons)

市 县 City and County		就业人员 Total Employed Persons	第一产业 Primary Industry	第二产业 Secondary Industry	第三产业 Tertiary Industry	私营企业就业人员 Employed Persons in Private Enterprises	个 体 就业人员 Self-employed Individuals
淮安市	**Huaian City**	**284.70**	**76.40**	**89.70**	**118.60**	**82.96**	**67.68**
涟水县	Lianshui County	48.49	16.84	11.61	20.04	11.25	12.41
盱眙县	Xuyi County	38.45	11.54	12.72	14.19	9.84	8.76
金湖县	Jinhu County	19.14	5.39	6.58	7.17	8.11	3.24
盐城市	**Yancheng City**	**430.00**	**95.00**	**158.50**	**176.50**	**135.30**	**68.65**
响水县	Xiangshui County	27.28	6.96	9.86	10.46	6.04	4.78
滨海县	Binhai County	54.93	14.61	19.14	21.18	13.05	6.88
阜宁县	Funing County	49.90	13.38	17.57	18.95	19.89	8.65
射阳县	Sheyang County	55.51	13.97	19.74	21.80	10.44	6.67
建湖县	Jianhu County	42.68	9.27	16.97	16.44	10.87	5.64
东台市	Dongtai City	63.54	14.06	23.27	26.21	26.34	8.90
扬州市	**Yangzhou City**	**268.00**	**37.30**	**115.10**	**115.60**	**124.30**	**66.22**
宝应县	Baoying County	42.21	9.96	18.31	13.94	15.62	8.83
仪征市	Yizheng City	39.72	7.23	17.24	15.25	12.28	8.56
高邮市	Gaoyou City	46.23	9.36	20.06	16.81	22.07	10.28
镇江市	**Zhenjiang City**	**194.90**	**21.50**	**83.70**	**89.70**	**101.56**	**63.01**
丹阳市	Danyang City	63.80	5.64	32.33	25.83	38.52	18.93
扬中市	Yangzhong City	21.77	1.29	11.23	9.25	16.82	4.22
句容市	Jurong City	39.41	9.25	14.96	15.20	11.74	12.53
泰州市	**Taizhou City**	**275.00**	**54.30**	**112.60**	**108.10**	**117.73**	**69.40**
兴化市	Xinghua City	73.20	21.70	25.30	26.20	18.06	16.22
靖江市	Jingjiang City	40.60	6.00	20.70	13.90	19.44	8.75
泰兴市	Taixing City	63.40	14.50	26.20	22.70	22.92	18.48
宿迁市	**Suqian City**	**281.40**	**82.70**	**96.90**	**101.80**	**91.77**	**76.34**
沭阳县	Shuyang County	93.80	26.43	35.16	32.21	42.59	20.06
泗阳县	Siyang County	49.17	17.89	15.42	15.86	12.05	13.25
泗洪县	Sihong County	48.43	16.51	15.73	16.19	11.41	13.11

20－4 乡村就业人员(2019 年)
Rural Employment (2019)

单位:万人 (10000 persons)

市 县	City and County	乡村就业人员 Total Employment	#农林牧渔业 Farming, Forestry, Animal Husbandry and Fishery	#工业 Industry	#建筑业 Construction	#交通运输、仓储及邮政业 Transportation, Storage, and Postal Services	#批发和零售业 Wholesale and Retail Trade
南京市	**Nanjing City**	**112.29**	**21.42**	**35.12**	**23.30**	**6.62**	**7.83**
无锡市	**Wuxi City**	**112.77**	**15.03**	**69.68**	**6.18**	**3.13**	**5.13**
江阴市	Jiangyin City	36.54	3.95	24.79	1.63	1.09	1.43
宜兴市	Yixing City	36.47	7.83	18.73	3.14	0.98	1.64
徐州市	**Xuzhou City**	**354.34**	**122.38**	**103.87**	**52.54**	**16.25**	**23.81**
丰县	Fengxian County	52.51	21.39	15.28	7.19	1.82	2.70
沛县	Peixian County	50.21	16.02	14.92	10.25	1.86	2.48
睢宁县	Suining County	59.53	22.10	16.97	8.98	1.59	3.41
新沂市	Xinyi City	44.51	17.22	10.18	8.66	1.39	2.78
邳州市	Pizhou City	62.71	19.05	20.15	6.25	4.26	5.74
常州市	**Changzhou City**	**127.30**	**21.82**	**60.69**	**16.79**	**4.91**	**6.72**
溧阳市	Liyang City	32.22	7.56	9.04	9.35	1.85	1.87
苏州市	**Suzhou City**	**171.73**	**20.53**	**104.92**	**9.62**	**5.45**	**10.45**
常熟市	Changshu City	38.37	3.41	24.07	2.08	1.15	2.35
张家港市	Zhangjiagang City	32.88	3.05	22.01	1.58	1.31	1.76
昆山市	Kunshan City	21.11	1.58	12.91	1.11	0.62	1.35
太仓市	Taicang City	15.04	2.61	9.81	0.56	0.37	0.31
南通市	**Nantong City**	**296.18**	**58.65**	**89.64**	**62.89**	**15.06**	**26.26**
如东县	Rudong County	47.47	7.61	18.14	9.90	2.43	2.74
启东市	Qidong City	47.38	10.00	13.06	10.61	2.06	4.37
如皋市	Rugao City	60.57	12.74	18.89	10.67	2.20	3.53
海门市	Haimen City	48.43	10.60	11.75	11.39	2.33	6.71
海安市	Haian City	37.05	6.55	11.48	8.62	2.83	3.12
连云港市	**Lianyungang City**	**172.99**	**69.56**	**32.26**	**32.41**	**8.79**	**9.07**
东海县	Donghai County	42.73	17.86	7.85	8.66	2.28	2.03
灌云县	Guanyun County	37.88	18.96	5.66	4.13	1.21	1.51
灌南县	Guannan County	29.51	12.83	4.71	5.05	2.31	1.54

20－4 续 表 Continued

单位:万人 (10000 persons)

市 县	City and County	乡 村 就业人员 Total Employment	#农林牧渔业 Farming, Forestry, Animal Husbandry and Fishery	#工 业 Industry	#建筑业 Construction	#交通运输、仓储及邮政业 Transportation, Storage, and Postal Services	#批发和零售业 Wholesale and Retail Trade
淮 安 市	**Huaian City**	**209.29**	**82.95**	**42.86**	**30.75**	**7.14**	**8.99**
涟 水 县	Lianshui County	48.57	19.68	6.75	5.27	1.19	1.79
盱 眙 县	Xuyi County	32.56	12.27	6.77	3.85	1.17	1.36
金 湖 县	Jinhu County	12.95	4.32	3.63	2.46	0.44	0.56
盐 城 市	**Yancheng City**	**295.28**	**102.33**	**61.26**	**37.25**	**13.97**	**14.32**
响 水 县	Xiangshui County	21.73	8.71	5.64	1.40	0.76	0.86
滨 海 县	Binhai County	43.06	15.39	5.74	4.86	2.49	1.90
阜 宁 县	Funing County	35.97	13.86	5.13	5.81	1.72	1.60
射 阳 县	Sheyang County	34.44	11.80	5.50	3.88	1.72	2.03
建 湖 县	Jianhu County	28.92	8.57	8.98	3.43	1.25	1.61
东 台 市	Dongtai City	48.10	18.15	10.41	6.85	2.00	2.21
扬 州 市	**Yangzhou City**	**179.51**	**31.70**	**65.39**	**34.35**	**7.34**	**11.62**
宝 应 县	Baoying County	40.75	9.99	12.16	9.76	1.85	2.87
仪 征 市	Yizheng City	22.84	3.20	7.39	5.12	0.91	1.27
高 邮 市	Gaoyou City	36.55	8.79	14.08	6.68	1.20	1.91
镇 江 市	**Zhenjiang City**	**100.20**	**19.28**	**51.09**	**11.72**	**3.45**	**3.38**
丹 阳 市	Danyang City	36.51	6.17	21.93	3.00	1.06	1.12
扬 中 市	Yangzhong City	13.59	1.84	8.82	0.62	0.36	0.52
句 容 市	Jurong City	27.00	6.94	8.81	6.18	1.17	0.89
泰 州 市	**Taizhou City**	**215.37**	**40.91**	**67.16**	**35.80**	**13.11**	**17.10**
兴 化 市	Xinghua City	60.58	19.25	10.41	5.98	4.33	5.66
靖 江 市	Jingjiang City	30.41	4.74	15.70	2.69	1.50	1.68
泰 兴 市	Taixing City	56.81	8.17	17.30	11.51	3.41	5.65
宿 迁 市	**Suqian City**	**219.80**	**81.03**	**63.33**	**29.03**	**7.91**	**13.24**
沭 阳 县	Shuyang County	76.50	25.63	27.30	8.06	3.08	4.30
泗 阳 县	Siyang County	40.48	14.09	12.46	5.00	1.23	2.34
泗 洪 县	Sihong County	37.99	20.13	6.31	4.58	1.09	2.12

20－5 地区生产总值(2019年)
Gross Domestic Product (2019)

单位:亿元　　(100 million yuan)

市　县	City and County	地区生产总值 Gross Domestic Product	第一产业 Primary Industry	第二产业 Secondary Industry	第三产业 Tertiary Industry	#工　业 Industry	人均地区生产总值(元) Per Capita GDP(yuan)
南京市	**Nanjing City**	**14030.15**	**287.82**	**5040.85**	**8701.48**	**4215.76**	**165682**
无锡市	**Wuxi City**	**11852.32**	**122.51**	**5627.88**	**6101.93**	**5034.41**	**180044**
江阴市	Jiangyin City	4001.12	36.08	2042.02	1923.02	1851.50	242111
宜兴市	Yixing City	1770.12	49.92	924.22	795.98	778.38	140905
徐州市	**Xuzhou City**	**7151.35**	**682.83**	**2886.17**	**3582.35**	**2333.44**	**81138**
丰　县	Fengxian County	468.23	90.84	173.94	203.45	142.51	49207
沛　县	Peixian County	777.96	113.60	324.39	339.97	226.50	69430
睢宁县	Suining County	612.67	106.43	240.34	265.90	177.58	59459
新沂市	Xinyi City	686.40	85.67	265.42	335.31	212.28	75127
邳州市	Pizhou City	959.70	149.73	390.74	419.24	338.33	66466
常州市	**Changzhou City**	**7400.86**	**157.00**	**3529.17**	**3714.69**	**3156.05**	**156390**
溧阳市	Liyang City	1010.54	52.14	513.96	444.44	401.19	132330
苏州市	**Suzhou City**	**19235.80**	**196.70**	**9130.18**	**9908.92**	**8316.49**	**179174**
常熟市	Changshu City	2269.82	38.92	1123.23	1107.67	1033.29	149591
张家港市	Zhangjiagang City	2547.26	28.82	1308.48	1209.96	1219.73	201795
昆山市	Kunshan City	4045.06	30.34	2072.49	1942.23	1912.96	242575
太仓市	Taicang City	1324.97	32.59	651.10	641.29	606.46	183973
南通市	**Nantong City**	**9383.39**	**428.84**	**4602.10**	**4352.45**	**3849.70**	**128294**
如东县	Rudong County	1053.40	84.60	523.00	445.70	450.90	107732
启东市	Qidong City	1157.50	79.60	581.30	496.60	463.20	121874
如皋市	Rugao City	1215.20	72.40	597.40	545.30	498.60	98127
海门市	Haimen City	1352.40	63.90	695.70	592.80	575.90	149379
海安市	Haian City	1133.20	66.10	611.00	456.10	519.40	131195
连云港市	**Lianyungang City**	**3139.29**	**362.70**	**1363.15**	**1413.44**	**1099.19**	**69523**
东海县	Donghai County	526.29	78.90	215.75	231.64	171.48	54273
灌云县	Guanyun County	359.19	75.10	127.47	156.62	94.99	44664
灌南县	Guannan County	381.65	62.70	171.70	147.25	133.57	60041

20－5 续 表 Continued

单位:亿元　　(100 million yuan)

市　县	City and County	地区生产总值 Gross Domestic Product	第一产业 Primary Industry	第二产业 Secondary Industry	第三产业 Tertiary Industry	#工　业 Industry	人均地区生产总值(元) Per Capita GDP(yuan)
淮 安 市	**Huaian City**	**3871.21**	**386.21**	**1617.18**	**1867.82**	**1297.30**	**78543**
涟 水 县	Lianshui County	532.27	65.68	223.44	243.15	170.09	62686
盱 眙 县	Xuyi County	418.56	68.66	159.05	190.85	144.18	63756
金 湖 县	Jinhu County	325.12	44.38	135.39	145.35	117.12	97736
盐 城 市	**Yancheng City**	**5702.26**	**619.90**	**2371.59**	**2710.77**	**1942.91**	**79149**
响 水 县	Xiangshui County	385.78	46.60	179.03	160.15	162.76	77661
滨 海 县	Binhai County	492.33	67.39	201.40	223.54	159.19	52939
阜 宁 县	Funing County	555.06	65.65	234.74	254.67	159.01	67264
射 阳 县	Sheyang County	563.87	95.31	207.17	261.39	182.33	64186
建 湖 县	Jianhu County	565.96	54.99	237.73	273.24	185.17	78279
东 台 市	Dongtai City	841.49	109.51	312.90	419.08	275.31	86850
扬 州 市	**Yangzhou City**	**5850.08**	**292.80**	**2778.21**	**2779.07**	**2261.96**	**128856**
宝 应 县	Baoying County	732.91	79.49	360.29	293.13	283.84	96410
仪 征 市	Yizheng City	791.72	23.03	423.03	345.66	361.02	138558
高 邮 市	Gaoyou City	818.73	86.15	405.86	326.72	323.11	109978
镇 江 市	**Zhenjiang City**	**4127.32**	**140.42**	**2004.79**	**1982.11**	**1799.32**	**128981**
丹 阳 市	Danyang City	1121.99	48.71	588.57	484.72	556.82	113087
扬 中 市	Yangzhong City	487.83	15.57	262.31	209.96	247.11	141667
句 容 市	Jurong City	661.48	47.90	286.77	326.96	229.92	105264
泰 州 市	**Taizhou City**	**5133.36**	**292.50**	**2525.98**	**2314.88**	**1972.11**	**110731**
兴 化 市	Xinghua City	871.82	128.12	346.55	397.15	241.91	70178
靖 江 市	Jingjiang City	979.57	25.70	540.91	412.96	388.82	1430661
泰 兴 市	Taixing City	1083.90	65.41	556.20	462.29	465.30	101157
宿 迁 市	**Suqian City**	**3099.23**	**324.59**	**1324.35**	**1450.29**	**1091.82**	**62840**
沭 阳 县	Shuyang County	951.17	106.46	395.81	447.90	345.34	60572
泗 阳 县	Siyang County	501.44	66.49	215.66	219.29	167.74	59125
泗 洪 县	Sihong County	495.45	81.36	186.90	227.19	142.70	55111

20－6 地区生产总值构成(2019 年)
Composition and Indices of Gross Domestic Product (2019)

市 县	City and County	地区生产总值指数(上年=100) GDP Index (preceding year=100)	三次产业占 GDP 比重(%) Percentage of Three Industries to GDP			一般公共预算收入占 GDP 比重(%) General Public Budget Revenue to GDP	外贸依存度(%) Interdependent Level to Foreign Trade(%)
			第一产业 Primary Industry	第二产业 Secondary Industry	第三产业 Tertiary Industry		
南京市	**Nanjing City**	**107.8**	**2.1**	**35.9**	**62.0**	**11.3**	**34.4**
无锡市	**Wuxi City**	**106.7**	**1.0**	**47.5**	**51.5**	**8.7**	**53.7**
江阴市	Jiangyin City	106.8	0.9	51.0	48.1	6.4	40.2
宜兴市	Yixing City	107.0	2.8	52.2	45.0	7.0	17.3
徐州市	**Xuzhou City**	**106.0**	**9.5**	**40.4**	**50.1**	**6.5**	**13.0**
丰县	Fengxian County	104.1	19.4	37.1	43.5	6.1	14.2
沛县	Peixian County	106.0	14.6	41.7	43.7	5.8	6.8
睢宁县	Suining County	106.2	17.4	39.2	43.4	6.2	9.2
新沂市	Xinyi City	106.0	12.5	38.7	48.9	5.2	13.4
邳州市	Pizhou City	105.3	15.6	40.7	43.7	4.5	13.3
常州市	**Changzhou City**	**106.8**	**2.1**	**47.7**	**50.2**	**8.0**	**31.5**
溧阳市	Liyang City	107.8	5.2	50.9	44.0	7.0	8.0
苏州市	**Suzhou City**	**105.6**	**1.0**	**47.5**	**51.5**	**11.6**	**114.3**
常熟市	Changshu City	105.3	1.7	49.5	48.8	8.9	68.6
张家港市	Zhangjiagang City	106.1	1.1	51.4	47.5	9.7	92.9
昆山市	Kunshan City	106.1	0.8	51.2	48.0	10.1	140.9
太仓市	Taicang City	105.4	2.5	49.1	48.4	12.3	69.4
南通市	**Nantong City**	**106.2**	**4.6**	**49.0**	**46.4**	**6.6**	**26.9**
如东县	Rudong County	106.7	8.0	49.6	42.3	5.5	35.8
启东市	Qidong City	105.5	6.9	50.2	42.9	6.1	21.6
如皋市	Rugao City	106.1	6.0	49.2	44.9	5.8	20.3
海门市	Haimen City	106.4	4.7	51.4	43.8	5.3	14.4
海安市	Haian City	106.6	5.8	53.9	40.2	5.5	12.3
连云港市	**Lianyungang City**	**106.0**	**11.6**	**43.4**	**45.0**	**7.7**	**20.5**
东海县	Donghai County	105.7	15.0	41.0	44.0	4.6	5.9
灌云县	Guanyun County	106.4	20.9	35.5	43.6	6.3	3.7
灌南县	Guannan County	105.7	16.4	45.0	38.6	6.2	3.1

20－6 续 表 Continued

市 县 City and County		地区生产总值指数（上年=100） GDP Index (preceding year=100)	三次产业占GDP比重(%) Percentage of Three Industries to GDP			一般公共预算收入占GDP比重(%) General Public Budget Revenue to GDP	外贸依存度(%) Interdependent Level to Foreign Trade(%)
			第一产业 Primary Industry	第二产业 Secondary Industry	第三产业 Tertiary Industry		
淮安市	**Huaian City**	**106.6**	**10.0**	**41.8**	**48.2**	**6.6**	**8.4**
涟水县	Lianshui County	106.8	12.3	42.0	45.7	4.3	4.2
盱眙县	Xuyi County	106.6	16.4	38.0	45.6	4.6	2.7
金湖县	Jinhu County	106.7	13.7	41.6	44.7	6.9	10.0
盐城市	**Yancheng City**	**105.1**	**10.9**	**41.6**	**47.5**	**6.7**	**11.6**
响水县	Xiangshui County	104.3	12.1	46.4	41.5	5.7	11.4
滨海县	Binhai County	104.1	13.7	40.9	45.4	4.7	7.3
阜宁县	Funing County	104.6	11.8	42.3	45.9	5.0	4.5
射阳县	Sheyang County	106.6	16.9	36.7	46.4	5.1	5.6
建湖县	Jianhu County	105.0	9.7	42.0	48.3	5.3	4.5
东台市	Dongtai City	104.7	13.0	37.2	49.8	6.2	7.5
扬州市	**Yangzhou City**	**106.8**	**5.0**	**47.5**	**47.5**	**5.6**	**13.3**
宝应县	Baoying County	106.8	10.8	49.2	40.0	3.4	9.4
仪征市	Yizheng City	107.1	3.4	51.0	45.7	6.5	5.2
高邮市	Gaoyou City	107.1	10.5	49.6	39.9	4.5	4.3
镇江市	**Zhenjiang City**	**105.8**	**3.4**	**48.6**	**48.0**	**7.4**	**18.7**
丹阳市	Danyang City	104.7	4.3	52.5	43.2	5.5	19.3
扬中市	Yangzhong City	105.8	3.2	53.8	43.0	7.0	7.3
句容市	Jurong City	106.3	7.2	43.4	49.4	8.1	7.1
泰州市	**Taizhou City**	**106.4**	**5.7**	**49.2**	**45.1**	**7.1**	**19.4**
兴化市	Xinghua City	104.6	14.7	39.8	45.6	4.6	5.9
靖江市	Jingjiang City	107.2	2.6	55.2	42.2	5.9	24.2
泰兴市	Taixing City	106.8	6.0	51.3	42.7	7.4	27.6
宿迁市	**Suqian City**	**107.0**	**10.5**	**42.7**	**46.8**	**6.9**	**7.6**
沭阳县	Shuyang County	107.1	11.2	41.7	47.2	5.0	6.5
泗阳县	Siyang County	107.4	13.6	43.1	43.5	5.1	6.5
泗洪县	Sihong County	106.9	16.4	37.8	46.1	5.3	4.1

20－7 农林牧渔业总产值(2019年)
Gross Output Value of Agriculture, Forestry, Animal Husbandry and Fishery (2019)

单位:亿元 (100 million yuan)

市 县	City and County	农林牧渔业总产值 Total Output Value of Agriculture, Forestry, Animal Husbandry and Fishery	农 业 Farming	林 业 Forestry	畜牧业 Animal Husbandry	渔 业 Fishery	农林牧渔服务业 Service in Support of Agriculture
南 京 市	**Nanjing City**	**472.50**	**240.77**	**20.17**	**24.35**	**153.89**	**33.33**
无 锡 市	**Wuxi City**	**201.52**	**121.51**	**12.41**	**5.00**	**33.90**	**28.71**
江 阴 市	Jiangyin City	59.81	34.63	5.27	1.95	8.39	9.57
宜 兴 市	Yixing City	80.32	47.01	2.91	2.33	18.97	9.10
徐 州 市	**Xuzhou City**	**1181.72**	**703.31**	**16.10**	**296.61**	**102.10**	**63.61**
丰 县	Fengxian County	152.61	112.89	0.96	30.31	2.18	6.28
沛 县	Peixian County	195.83	117.13	0.90	50.48	14.03	13.30
睢 宁 县	Suining County	178.59	98.30	3.76	54.54	13.09	8.90
新 沂 市	Xinyi City	158.46	70.63	4.49	38.26	36.24	8.83
邳 州 市	Pizhou City	259.02	161.67	3.66	59.76	18.05	15.88
常 州 市	**Changzhou City**	**265.80**	**144.90**	**1.90**	**17.40**	**77.40**	**24.20**
溧 阳 市	Liyang City	86.34	47.57	0.94	3.50	30.04	4.29
苏 州 市	**Suzhou City**	**356.60**	**161.10**	**19.70**	**15.71**	**110.90**	**49.20**
常 熟 市	Changshu City	68.23	40.01	2.42	2.74	13.38	9.68
张家港市	Zhangjiagang City	53.03	31.82	5.93	3.08	3.28	8.91
昆 山 市	Kunshan City	51.31	14.92	3.54	0.27	29.08	3.50
太 仓 市	Taicang City	59.09	26.80	3.01	5.58	15.12	8.59
南 通 市	**Nantong City**	**789.33**	**335.29**	**3.51**	**144.41**	**212.09**	**94.04**
如 东 县	Rudong County	167.00	53.70	0.79	30.83	69.79	11.89
启 东 市	Qidong City	159.23	47.17	0.59	12.58	79.13	19.76
如 皋 市	Rugao City	118.93	66.91	0.26	33.92	8.62	9.22
海 门 市	Haimen City	112.28	53.28	0.79	12.76	28.07	17.38
海 安 市	Haian City	123.79	51.30	0.29	45.84	12.29	14.07
连云港市	**Lianyungang City**	**656.85**	**291.91**	**12.09**	**105.90**	**195.88**	**51.07**
东 海 县	Donghai County	143.67	79.56	3.08	24.22	17.29	19.52
灌 云 县	Guanyun County	138.66	66.49	2.25	31.50	22.47	15.95
灌 南 县	Guannan County	105.17	68.26	1.98	18.06	11.65	5.23

20－7 续 表 Continued

单位:亿元 (100 million yuan)

市 县 City and County		农林牧渔业总产值 Total Output Value of Agriculture, Forestry, Animal Husbandry and Fishery	农 业 Farming	林 业 Forestry	畜牧业 Animal Husbandry	渔 业 Fishery	农林牧渔服务业 Service in Support of Agriculture
淮安市	**Huaian City**	**656.19**	**399.73**	**11.69**	**122.64**	**98.39**	**23.73**
涟水县	Lianshui County	114.57	76.38	2.69	24.40	6.27	4.83
盱眙县	Xuyi County	116.75	64.19	1.38	18.15	29.53	3.50
金湖县	Jinhu County	78.40	40.14	1.66	6.48	26.97	3.14
盐城市	**Yancheng City**	**1128.11**	**490.80**	**24.54**	**252.68**	**276.81**	**83.26**
响水县	Xiangshui County	84.58	33.51	1.74	19.09	24.43	5.81
滨海县	Binhai County	122.69	53.99	2.95	29.00	28.36	8.39
阜宁县	Funing County	119.84	49.70	2.45	32.09	26.09	9.50
射阳县	Sheyang County	174.43	76.57	3.99	36.20	45.29	12.38
建湖县	Jianhu County	99.67	40.50	2.32	20.96	28.80	7.10
东台市	Dongtai City	201.92	92.71	4.28	44.80	45.62	14.51
扬州市	**Yangzhou City**	**515.75**	**231.10**	**11.16**	**53.50**	**188.40**	**31.60**
宝应县	Baoying County	138.31	50.38	2.94	11.61	65.98	7.40
仪征市	Yizheng City	43.02	26.56	1.91	7.32	2.13	5.09
高邮市	Gaoyou City	155.20	56.32	1.67	18.26	69.85	9.09
镇江市	**Zhenjiang City**	**242.26**	**132.35**	**10.60**	**32.76**	**37.00**	**29.55**
丹阳市	Danyang City	81.23	44.12	2.09	10.80	13.08	11.14
扬中市	Yangzhong City	28.42	14.81	1.62	4.12	4.48	3.39
句容市	Jurong City	78.75	45.85	5.30	8.64	9.12	9.84
泰州市	**Taizhou City**	**481.48**	**266.14**	**3.17**	**61.20**	**125.76**	**25.20**
兴化市	Xinghua City	221.42	90.03	1.36	14.91	103.13	11.99
靖江市	Jingjiang City	42.14	27.37	0.46	7.16	3.65	3.50
泰兴市	Taixing City	103.33	69.75	0.88	22.79	6.09	3.81
宿迁市	**Suqian City**	**555.25**	**317.02**	**15.21**	**80.01**	**121.02**	**21.98**
沭阳县	Shuyang County	182.78	145.96	4.35	23.08	4.19	5.20
泗阳县	Siyang County	116.93	53.92	6.05	15.23	35.70	6.03
泗洪县	Sihong County	136.91	50.23	1.55	19.01	61.70	4.43

20-8 农业生产情况(2019 年)
Basic Conditions of Agricultural Production (2019)

市 县 City and County		农作物总播种面积(千公顷) Total Sown Area (1000 hectares)	#粮食作物 Grain Grops	农业机械总动力(万千瓦) Total Power of Agricultural Machinery (10000 kW)	农用化肥施用量(万吨) Consumption of Chemical Fertilizer (10000 tons)	农村用电量(亿千瓦时) Electricity Consumed in Rural Area (100 million kW·h)
南京市	**Nanjing City**	**251.60**	**133.73**	**233.40**	**5.69**	**31.74**
无锡市	**Wuxi City**	**137.91**	**79.51**	**94.02**	**4.66**	**422.08**
江阴市	Jiangyin City	33.47	18.98	27.00	1.25	184.09
宜兴市	Yixing City	79.32	51.81	45.68	2.11	89.19
徐州市	**Xuzhou City**	**1177.92**	**761.81**	**749.26**	**55.66**	**68.99**
丰县	Fengxian County	154.64	98.52	87.56	7.96	5.98
沛县	Peixian County	156.17	98.15	105.50	6.88	7.29
睢宁县	Suining County	187.37	144.74	122.78	11.16	8.12
新沂市	Xinyi City	192.73	104.40	127.73	7.51	4.58
邳州市	Pizhou City	231.65	125.48	129.13	10.57	16.94
常州市	**Changzhou City**	**168.53**	**95.67**	**139.38**	**5.30**	**174.01**
溧阳市	Liyang City	74.00	54.69	56.56	1.76	61.37
苏州市	**Suzhou City**	**208.62**	**118.86**	**145.68**	**6.24**	**599.63**
常熟市	Changshu City	57.40	32.60	31.89	2.15	79.37
张家港市	Zhangjiagang City	46.36	27.99	30.15	0.95	127.36
昆山市	Kunshan City	18.82	11.94	17.80	0.68	110.85
太仓市	Taicang City	37.33	20.63	21.32	0.82	56.69
南通市	**Nantong City**	**787.33**	**534.02**	**417.35**	**20.66**	**189.12**
如东县	Rudong County	166.06	140.45	96.17	3.93	22.95
启东市	Qidong City	130.26	80.52	65.65	3.06	12.90
如皋市	Rugao City	143.78	99.52	85.90	2.89	46.62
海门市	Haimen City	113.01	52.68	40.05	3.82	28.41
海安市	Haian City	103.56	79.54	70.27	4.19	27.24
连云港市	**Lianyungang City**	**626.55**	**505.89**	**621.70**	**32.02**	**32.75**
东海县	Donghai County	206.61	162.61	165.40	6.48	10.48
灌云县	Guanyun County	143.48	119.46	129.11	9.16	6.51
灌南县	Guannan County	107.44	86.91	131.83	4.32	2.76

市 县 City and County		农作物总播种面积（千公顷）Total Sown Area (1000 hectares)	#粮食作物 Grain Grops	农业机械总动力（万千瓦）Total Power of Agricultural Machinery (10000 kW)	农用化肥施用量（万吨）Consumption of Chemical Fertilizer (10000 tons)	农村用电量（亿千瓦时）Electricity Consumed in Rural Area (100 million kW·h)
淮安市	**Huaian City**	**802.86**	**678.48**	**641.10**	**33.97**	**17.55**
涟水县	Lianshui County	171.90	139.93	129.28	5.67	2.46
盱眙县	Xuyi County	163.08	147.54	130.64	5.30	4.29
金湖县	Jinhu County	81.47	74.60	76.37	2.51	2.51
盐城市	**Yancheng City**	**1371.12**	**982.85**	**723.79**	**48.64**	**84.02**
响水县	Xiangshui County	113.88	83.71	78.90	4.48	2.82
滨海县	Binhai County	162.02	130.40	93.35	6.72	10.19
阜宁县	Funing County	166.50	125.58	91.01	3.78	6.91
射阳县	Sheyang County	198.13	155.26	106.91	9.03	9.90
建湖县	Jianhu County	108.54	94.20	67.46	3.17	10.67
东台市	Dongtai City	246.54	146.13	102.03	4.91	17.86
扬州市	**Yangzhou City**	**471.10**	**386.20**	**281.39**	**17.96**	**63.19**
宝应县	Baoying County	134.00	112.74	61.58	3.43	12.57
仪征市	Yizheng City	45.59	35.45	42.37	1.12	8.12
高邮市	Gaoyou City	133.80	113.42	73.81	4.26	11.91
镇江市	**Zhenjiang City**	**183.84**	**132.95**	**152.94**	**4.70**	**72.71**
丹阳市	Danyang City	66.17	54.85	39.17	1.39	45.77
扬中市	Yangzhong City	16.49	10.71	14.14	0.34	11.14
句容市	Jurong City	60.84	38.93	57.94	1.87	6.32
泰州市	**Taizhou City**	**518.47**	**374.13**	**286.91**	**14.81**	**142.69**
兴化市	Xinghua City	202.47	161.42	126.94	6.15	43.10
靖江市	Jingjiang City	46.17	36.44	26.97	1.68	13.59
泰兴市	Taixing City	130.91	84.28	62.98	2.68	50.63
宿迁市	**Suqian City**	**739.00**	**597.38**	**625.02**	**35.90**	**50.63**
沭阳县	Shuyang County	251.97	183.40	219.64	14.36	26.25
泗阳县	Siyang County	119.29	96.08	111.37	3.69	6.01
泗洪县	Sihong County	197.63	175.77	169.05	9.55	4.53

20－9 农产品产量(2019年)
Output of Agricultural Products (2019)

单位:万吨 (10000 tons)

市县	City and County	粮食产量 Grain	油料产量 Oil-bearing Crops	棉花产量(吨) Cotton (ton)	肉类总产量 Meat	#猪牛羊肉 Pork, Beef and Mutton	水产品产量 Aquatic Products
南京市	**Nanjing City**	**96.56**	**3.58**	**1033**	**3.53**	**1.83**	**16.26**
无锡市	**Wuxi City**	**54.75**	**0.68**		**0.89**	**0.46**	**11.98**
江阴市	Jiangyin City	12.98	0.19		0.20	0.14	2.51
宜兴市	Yixing City	35.90	0.47		0.59	0.26	8.00
徐州市	**Xuzhou City**	**501.54**	**13.18**	**12011**	**55.45**	**25.96**	**16.08**
丰县	Fengxian County	60.73	0.47	10395	3.96	2.27	0.29
沛县	Peixian County	65.78	0.39	561	10.94	3.87	1.86
睢宁县	Suining County	93.40	3.53	495	7.70	3.47	2.16
新沂市	Xinyi City	71.49	7.09		7.84	3.99	5.31
邳州市	Pizhou City	84.53	1.02	264	12.10	5.08	2.48
常州市	**Changzhou City**	**69.58**	**1.85**	**98**	**4.33**	**2.26**	**13.78**
溧阳市	Liyang City	40.83	1.34	98	1.84	0.61	4.28
苏州市	**Suzhou City**	**87.18**	**0.83**	**124**	**2.15**	**1.68**	**16.53**
常熟市	Changshu City	23.32	0.24	68	0.52	0.48	2.43
张家港市	Zhangjiagang City	20.56	0.32		0.38	0.28	1.10
昆山市	Kunshan City	8.86	0.05	12	0.03	0.02	2.47
太仓市	Taicang City	14.55	0.17	44	0.95	0.75	0.86
南通市	**Nantong City**	**338.78**	**22.77**	**6037**	**39.60**	**23.88**	**75.98**
如东县	Rudong County	97.95	2.47	337	11.47	7.04	30.45
启东市	Qidong City	32.63	5.49	1012	4.49	2.41	30.40
如皋市	Rugao City	66.94	2.58	48	11.00	6.70	2.65
海门市	Haimen City	25.16	5.38	4360	3.75	2.16	4.71
海安市	Haian City	62.34	1.49		6.19	3.54	4.61
连云港市	**Lianyungang City**	**366.56**	**10.52**	**96**	**17.53**	**11.02**	**72.38**
东海县	Donghai County	116.62	5.04		4.88	3.00	6.58
灌云县	Guanyun County	87.46	0.18		3.74	3.07	5.67
灌南县	Guannan County	63.86	0.13		1.95	1.79	3.93

20-9 续 表 Continued

单位:万吨 (10000 tons)

市 县	City and County	粮食产量 Grain	油料产量 Oil-bearing Crops	棉花产量(吨) Cotton (ton)	肉类总产量 Meat	#猪牛羊肉 Pork, Beef and Mutton	水产品产量 Aquatic Products
淮安市	**Huaian City**	**489.25**	**5.72**	**70**	**22.02**	**11.20**	**28.69**
涟水县	Lianshui County	95.65	2.67		3.60	2.09	1.73
盱眙县	Xuyi County	104.58	0.69	70	6.50	3.27	10.11
金湖县	Jinhu County	56.76	0.46		0.93	0.37	4.62
盐城市	**Yancheng City**	**712.30**	**12.97**	**308**	**65.48**	**42.61**	**119.26**
响水县	Xiangshui County	60.27	1.12		4.63	3.93	6.67
滨海县	Binhai County	98.51	1.68		12.05	7.85	9.91
阜宁县	Funing County	95.34	1.09		10.61	8.36	7.59
射阳县	Sheyang County	113.14	0.82	34	6.26	3.71	22.30
建湖县	Jianhu County	70.72	1.19	50	3.26	1.20	10.10
东台市	Dongtai City	102.04	3.37	224	12.62	7.45	18.59
扬州市	**Yangzhou City**	**285.60**	**4.48**	**11**	**14.63**	**5.69**	**39.59**
宝应县	Baoying County	86.90	1.11		2.91	1.60	14.52
仪征市	Yizheng City	25.72	0.46	9	1.59	0.99	0.75
高邮市	Gaoyou City	84.08	1.31		6.41	1.41	17.51
镇江市	**Zhenjiang City**	**95.43**	**4.06**	**460**	**6.39**	**2.75**	**9.50**
丹阳市	Danyang City	40.79	0.61		2.51	1.02	4.32
扬中市	Yangzhong City	7.72	0.17		0.56	0.43	0.75
句容市	Jurong City	26.72	2.43	460	1.72	0.83	2.51
泰州市	**Taizhou City**	**280.52**	**9.49**	**98**	**15.38**	**10.78**	**36.95**
兴化市	Xinghua City	124.08	2.66	98	4.44	3.22	28.67
靖江市	Jingjiang City	26.75	0.57		1.41	1.18	0.98
泰兴市	Taixing City	62.72	3.45		5.55	4.05	2.06
宿迁市	**Suqian City**	**408.17**	**4.18**	**12**	**25.91**	**14.29**	**27.12**
沭阳县	Shuyang County	128.08	1.58		6.66	4.01	1.93
泗阳县	Siyang County	64.35	0.69	12	4.44	3.19	8.49
泗洪县	Sihong County	116.65	1.52		4.80	3.48	10.47

20－10 规模以上工业企业主要经济指标(2019年)

Major Economic Indicators of above Designated Size Industrial Enterprises (2019)

单位:亿元 (100 million yuan)

市县	City and County	企业个数(个) Number of Enterprises (unit)	资产合计 Total Assets	负债合计 Total Liabilities	营业收入 Major Business Revenue	营业成本 Cost of Principle Business	利润总额 Total Profits
南京市	**Nanjing City**	**2707**	**12944.28**	**6867.70**	**11924.57**	**9744.23**	**646.73**
无锡市	**Wuxi City**	**6215**	**17778.50**	**9209.09**	**17954.79**	**15278.11**	**1214.15**
江阴市	Jiangyin City	1837	6483.42	3605.52	6133.42	5370.49	388.77
宜兴市	Yixing City	1079	2697.37	1507.82	3384.60	2918.22	201.79
徐州市	**Xuzhou City**	**1778**	**4853.12**	**2699.49**	**4322.77**	**3500.19**	**247.55**
丰县	Fengxian County	168	140.62	90.45	159.40	139.16	4.21
沛县	Peixian County	231	502.26	301.49	434.75	385.08	8.30
睢宁县	Suining County	180	165.01	88.56	196.27	167.92	8.70
新沂市	Xinyi City	230	452.60	267.11	337.68	288.00	24.20
邳州市	Pizhou City	299	417.79	214.40	472.04	420.09	23.17
常州市	**Changzhou City**	**4676**	**10325.39**	**5622.88**	**11174.71**	**9544.05**	**687.89**
溧阳市	Liyang City	432	1443.55	970.88	1577.02	1339.82	104.41
苏州市	**Suzhou City**	**11042**	**33666.31**	**17184.60**	**35376.17**	**30296.71**	**1953.04**
常熟市	Changshu City	1540	4239.38	2185.82	3620.02	3051.99	217.04
张家港市	Zhangjiagang City	1283	5444.52	2927.58	5595.49	4988.22	239.24
昆山市	Kunshan City	2216	6865.22	3449.72	8604.22	7542.49	424.98
太仓市	Taicang City	1058	2223.37	1164.59	2468.86	2064.42	148.46
南通市	**Nantong City**	**4966**	**9106.63**	**4843.38**	**8173.14**	**6924.66**	**488.48**
如东县	Rudong County	717	1428.72	670.29	1209.28	989.41	115.86
启东市	Qidong City	521	1214.11	761.29	820.04	684.32	37.35
如皋市	Rugao City	729	997.17	565.81	1100.66	943.79	54.36
海门市	Haimen City	624	835.64	458.01	787.67	655.13	59.96
海安市	Haian City	953	1109.00	665.48	1338.75	1173.53	59.15
连云港市	**Lianyungang City**	**942**	**3524.67**	**2000.00**	**2719.80**	**2000.10**	**285.26**
东海县	Donghai County	254	233.68	109.50	206.11	178.29	12.27
灌云县	Guanyun County	76	106.49	64.07	81.11	68.91	0.11
灌南县	Guannan County	108	213.30	133.05	290.24	258.84	8.71

20－10 续 表 Continued

单位:亿元 (100 million yuan)

市县 City and County		企业个数(个) Number of Enterprises (unit)	资产合计 Total Assets	负债合计 Total Liabilities	营业收入 Major Business Revenue	营业成本 Cost of Principle Business	利润总额 Total Profits
淮 安 市	**Huaian City**	**1519**	**2431.02**	**1229.37**	**2364.85**	**1904.31**	**143.56**
涟 水 县	Lianshui County	154	234.36	108.20	230.91	175.62	24.05
盱 眙 县	Xuyi County	213	188.91	129.80	189.15	166.31	4.33
金 湖 县	Jinhu County	287	273.19	165.76	252.16	215.94	9.14
盐 城 市	**Yancheng City**	**2920**	**5432.40**	**3374.02**	**4653.68**	**4062.38**	**160.24**
响 水 县	Xiangshui County	133	731.08	455.83	899.15	783.82	79.76
滨 海 县	Binhai County	198	479.19	312.52	245.13	205.49	0.76
阜 宁 县	Funing County	227	306.42	182.88	279.47	252.49	4.64
射 阳 县	Sheyang County	324	405.30	253.54	336.22	281.99	11.93
建 湖 县	Jianhu County	380	328.06	185.17	273.36	232.89	11.63
东 台 市	Dongtai City	491	673.13	413.83	576.33	512.41	19.76
扬 州 市	**Yangzhou City**	**3033**	**4771.65**	**2611.28**	**4852.12**	**4180.33**	**206.89**
宝 应 县	Baoying County	500	543.60	324.01	699.00	619.53	21.74
仪 征 市	Yizheng City	431	814.43	445.16	1049.32	904.65	72.18
高 邮 市	Gaoyou City	622	636.65	317.00	717.79	623.33	31.91
镇 江 市	**Zhenjiang City**	**1953**	**4879.95**	**2618.70**	**3800.45**	**3219.24**	**213.71**
丹 阳 市	Danyang City	727	1417.23	809.37	1131.78	957.44	53.34
扬 中 市	Yangzhong City	315	745.07	466.27	497.62	413.53	15.89
句 容 市	Jurong City	200	724.87	391.29	377.24	320.15	36.05
泰 州 市	**Taizhou City**	**2573**	**5443.66**	**2816.57**	**5525.34**	**4387.70**	**336.42**
兴 化 市	Xinghua City	506	485.66	264.59	548.49	481.43	20.22
靖 江 市	Jingjiang City	523	1428.02	689.57	953.41	814.61	82.07
泰 兴 市	Taixing City	544	1188.21	645.88	1219.47	995.32	86.28
宿 迁 市	**Suqian City**	**1781**	**2683.95**	**1293.63**	**2595.73**	**2087.52**	**257.50**
沭 阳 县	Shuyang County	614	511.97	262.34	745.69	654.20	38.21
泗 阳 县	Siyang County	272	259.42	162.81	298.83	248.42	19.48
泗 洪 县	Sihong County	302	307.07	161.79	256.26	204.92	32.21

20－11 交 通 运 输 （2019 年）
Transportation（2019）

市 县	City and County	公路里程（公里）Total Length of Highway (km)	#等级公路 Grade Highway	公路客运量（万人）Passenger Traffic of Highways (10000 persons)	公路货运量（万吨）Freight Traffic of Highways (10000 tons)	民用汽车拥有量（万辆）Civil Vehicles Owned (10000 units)	#私人汽车 Private Vehicles
南京市	**Nanjing City**	**10178**	**10178**	**8229**	**22121**	**269.94**	**211.19**
无锡市	**Wuxi City**	**7591**	**7591**	**5148**	**17386**	**226.18**	**172.24**
江阴市	Jiangyin City	2432	2432	426	3315	52.42	45.25
宜兴市	Yixing City	2377	2377	556	2062	32.31	27.98
徐州市	**Xuzhou City**	**16793**	**16043**	**9434**	**27576**	**151.40**	**139.51**
丰县	Fengxian County	1957	1951	444	2159	13.62	13.13
沛县	Peixian County	2468	2468	375	2820	14.51	13.66
睢宁县	Suining County	2546	2448	910	2455	15.54	14.59
新沂市	Xinyi City	2717	2439	678	1533	10.56	9.86
邳州市	Pizhou City	3296	2999	699	3344	17.06	16.39
常州市	**Changzhou City**	**8962**	**8962**	**4063**	**10258**	**147.72**	**116.80**
溧阳市	Liyang City	2656	2656	781	1876	19.71	15.02
苏州市	**Suzhou City**	**11818**	**11818**	**28951**	**23831**	**419.10**	**350.49**
常熟市	Changshu City	2412	2412	3253	1536	49.24	43.31
张家港市	Zhangjiagang City	1614	1614	2886	1917	42.73	36.44
昆山市	Kunshan City	1505	1505	3733	1615	69.84	56.96
太仓市	Taicang City	1351	1351	2578	1562	25.76	21.42
南通市	**Nantong City**	**19246**	**19246**	**6447**	**10281**	**211.06**	**161.53**
如东县	Rudong County	2949	2949	534	1694	20.71	19.33
启东市	Qidong City	3671	3671	950	690	21.46	20.13
如皋市	Rugao City	3465	3465	429	2720	28.87	26.47
海门市	Haimen City	2574	2574	382	984	22.21	20.67
海安市	Haian City	2470	2470	423	2286	17.08	15.29
连云港市	**Lianyungang City**	**12103**	**12103**	**4063**	**11759**	**91.70**	**65.61**
东海县	Donghai County	2761	2718	448	2214	16.72	15.97
灌云县	Guanyun County	2593	2527	397	1460	10.85	10.34
灌南县	Guannan County	1842	1815	611	570	7.04	6.66

市 县 City and County		公路里程（公里）Total Length of Highway (km)	#等级公路 Grade Highway	公路客运量（万人）Passenger Traffic of Highways (10000 persons)	公路货运量（万吨）Freight Traffic of Highways (10000 tons)	民用汽车拥有量（万辆）Civil Vehicles Owned (10000 units)	#私人汽车 Private Vehicles
淮 安 市	**Huaian City**	**13508**	**12932**	**5678**	**4847**	**87.80**	**57.03**
涟 水 县	Lianshui County	2588	2359	1481	1913	10.68	9.94
盱 眙 县	Xuyi County	2794	2794	993	1377	6.61	5.95
金 湖 县	Jinhu County	1506	1412	269	232	3.72	3.30
盐 城 市	**Yancheng City**	**20542**	**20349**	**6088**	**11339**	**136.38**	**94.66**
响 水 县	Xiangshui County	1809	1809	252	472	6.13	5.66
滨 海 县	Binhai County	2295	2287	761	2193	11.07	10.06
阜 宁 县	Funing County	2036	2035	381	481	9.62	9.00
射 阳 县	Sheyang County	2672	2499	610	1671	11.81	11.07
建 湖 县	Jianhu County	1828	1820	626	500	8.27	7.52
东 台 市	Dongtai City	3299	3299	572	2223	13.70	12.65
扬 州 市	**Yangzhou City**	**9726**	**9366**	**2931**	**4898**	**82.73**	**73.25**
宝 应 县	Baoying County	1976	1868	461	377	8.56	7.95
仪 征 市	Yizheng City	1592	1592	258	753	10.19	9.30
高 邮 市	Gaoyou City	2217	2183	658	640	10.38	9.35
镇 江 市	**Zhenjiang City**	**7321**	**7321**	**2892**	**5613**	**75.24**	**56.93**
丹 阳 市	Danyang City	2263	2263	615	1932	21.03	18.77
扬 中 市	Yangzhong City	841	841	292	516	6.98	6.13
句 容 市	Jurong City	2563	2563	515	1273	7.42	6.71
泰 州 市	**Taizhou City**	**10087**	**10087**	**5907**	**4979**	**82.87**	**74.06**
兴 化 市	Xinghua City	2962	2962	1205	492	15.58	14.68
靖 江 市	Jingjiang City	1339	1339	943	361	15.40	13.65
泰 兴 市	Taixing City	2245	2245	1639	669	16.98	15.45
宿 迁 市	**Suqian City**	**12064**	**11960**	**4644**	**9688**	**68.85**	**41.87**
沭 阳 县	Shuyang County	3709	3690			20.45	11.53
泗 阳 县	Siyang County	2209	2209			10.94	6.63
泗 洪 县	Sihong County	2347	2347			9.41	5.66

20－12 邮电、电力（2019年）
Postal and Telecommunications, Power Services (2019)

市县	City and County	邮电业务总量（亿元）Post & Telecommunication Services (100 million yuan)	固定电话用户（万户）Telephone Subscribers (10000 subscribers)	移动电话用户（万户）Number of Mobile Telephones Subscribers at Year-end (10000 subscribers)	互联网宽带接入用户（万户）International Exchange Network Users (10000 subscribers)	全年用电量（亿千瓦时）Total Consumption of Electricity of the Year (100 million kW·h)	#工业用电 Consumption of Electricity for Industrial Use
南京市	**Nanjing City**	**1259.81**	**181.91**	**1307.86**	**536.81**	**621.53**	**327.26**
无锡市	**Wuxi City**	**964.73**	**124.89**	**999.33**	**394.73**	**750.82**	**563.31**
江阴市	Jiangyin City	129.43	25.46	237.10	72.10	280.73	242.95
宜兴市	Yixing City	44.06	21.87	163.88	51.29	107.44	79.45
徐州市	**Xuzhou City**	**696.86**	**84.54**	**961.25**	**337.20**	**371.13**	**229.54**
丰县	Fengxian County	57.66	6.23	87.26	28.99	25.79	14.68
沛县	Peixian County	67.28	7.29	106.02	32.28	47.56	33.85
睢宁县	Suining County	78.45	8.74	101.96	32.42	24.92	10.34
新沂市	Xinyi City	75.55	7.39	92.73	31.45	37.62	26.19
邳州市	Pizhou City	85.94	9.01	131.66	41.42	32.45	15.65
常州市	**Changzhou City**	**587.20**	**90.05**	**664.85**	**263.94**	**505.85**	**385.20**
溧阳市	Liyang City	12.41	14.65	82.61	18.60	95.77	79.53
苏州市	**Suzhou City**	**2046.38**	**232.19**	**1849.17**	**666.94**	**1544.48**	**1199.82**
常熟市	Changshu City	82.89	28.52	210.83	77.20	190.51	156.03
张家港市	Zhangjiagang City	12.89	20.93	179.72	73.76	311.53	281.39
昆山市	Kunshan City	113.37	36.70	311.82	123.01	245.57	183.64
太仓市	Taicang City	13.73	14.03	107.41	41.64	105.17	84.35
南通市	**Nantong City**	**691.36**	**117.53**	**847.26**	**353.93**	**451.55**	**307.45**
如东县	Rudong County	14.17	14.53	94.43	71.99	61.98	46.08
启东市	Qidong City	14.98	20.25	105.50	80.09	39.91	23.86
如皋市	Rugao City	19.45	20.09	136.05	104.56	62.14	41.26
海门市	Haimen City	36.96	18.29	110.16	84.49	46.06	29.48
海安市	Haian City	14.46	19.47	94.80	72.73	56.65	42.33
连云港市	**Lianyungang City**	**361.12**	**51.69**	**470.41**	**174.66**	**183.67**	**108.89**
东海县	Donghai County	11.57	7.58	89.63	33.44	26.17	13.52
灌云县	Guanyun County	6.56	6.70	64.69	23.53	13.91	4.97
灌南县	Guannan County	3.23	5.36	51.15	18.63	28.45	20.04

市 县 City and County		邮电业务总量（亿元）Post & Telecommunication Services（100 million yuan）	固定电话用户（万户）Telephone Subscribers（10000 subscribers）	移动电话年末用户（万户）Number of Mobile Telephones Subscribers at Year-end（10000 subscribers）	互联网宽带接入用户（万户）International Exchange Network Users（10000 subscribers）	全年用电量（亿千瓦时）Total Consumption of Electricity of the Year（100 million kW·h）	#工业用电 Consumption of Electricity for Industrial Use
淮安市	**Huaian City**	**353.88**	**36.27**	**484.20**	**178.75**	**191.26**	**117.37**
涟水县	Lianshui County	3.82	4.05	78.63	14.64	19.77	10.31
盱眙县	Xuyi County	2.49	2.90	61.26	13.02	20.86	10.95
金湖县	Jinhu County	2.21	2.62	25.01	7.85	14.05	8.93
盐城市	**Yancheng City**	**488.70**	**59.46**	**695.97**	**281.91**	**327.69**	**215.22**
响水县	Xiangshui County	5.02	2.28	44.84	15.68	51.51	44.30
滨海县	Binhai County	9.01	5.19	72.18	22.52	23.59	12.32
阜宁县	Funing County	9.71	4.87	72.01	23.36	25.57	14.81
射阳县	Sheyang County	9.87	5.01	80.01	23.69	27.37	15.85
建湖县	Jianhu County	9.65	4.26	65.97	22.08	25.10	15.91
东台市	Dongtai City	12.53	8.51	92.45	27.72	44.85	30.49
扬州市	**Yangzhou City**	**404.30**	**90.46**	**531.51**	**212.19**	**259.40**	**171.95**
宝应县	Baoying County	17.21	10.03	64.99	21.88	24.64	14.71
仪征市	Yizheng City	20.34	10.36	63.06	20.93	48.67	39.64
高邮市	Gaoyou City	22.53	12.16	67.32	23.84	43.34	31.21
镇江市	**Zhenjiang City**	**287.34**	**54.50**	**370.72**	**161.56**	**264.39**	**190.10**
丹阳市	Danyang City	80.45	13.30	107.29	37.35	85.35	65.93
扬中市	Yangzhong City	25.99	6.44	36.53	15.36	18.75	12.38
句容市	Jurong City	41.25	8.23	60.40	25.56	32.12	17.19
泰州市	**Taizhou City**	**350.76**	**67.77**	**490.45**	**205.86**	**296.00**	**212.36**
兴化市	Xinghua City	62.53	13.72	104.15	39.70	66.57	49.96
靖江市	Jingjiang City	44.38	14.16	75.15	29.64	44.91	31.36
泰兴市	Taixing City	56.15	18.37	105.20	43.13	78.51	61.17
宿迁市	**Suqian City**	**421.76**	**28.37**	**492.93**	**179.73**	**209.22**	**137.51**
沭阳县	Shuyang County	54.48	9.31	164.29	48.51	59.66	39.52
泗阳县	Siyang County	4.94	5.89	91.69	27.56	33.44	20.92
泗洪县	Sihong County	3.57	3.66	88.67	26.58	25.49	12.98

20－13 房地产开发投资主要指标（2019年）

Major Indicaotrs of Real Estate Investment（2019）

单位:亿元 (100 million yuan)

市 县 City and County		房地产开发投资 Investment in Fixed Assers	#住宅 Resdential Building	商品房销售面积（万平方米）Floor Space of Commercial House Sold (10000 sq. m)	#住宅 Resdential Building	商品房待售面积（万平方米）Floor Space of Commercial House for Sales (10000 sq. m)	#住宅 Resdential Building
南京市	**Nanjing City**	**2501.26**	**1735.85**	**1320.69**	**1137.23**	**405.33**	**232.47**
无锡市	**Wuxi City**	**1358.29**	**1114.69**	**1379.96**	**1253.04**	**660.49**	**267.68**
江阴市	Jiangyin City	271.53	237.34	308.83	281.56	139.56	74.93
宜兴市	Yixing City	142.52	120.41	169.52	157.27	137.77	63.88
徐州市	**Xuzhou City**	**852.94**	**710.56**	**1474.07**	**1371.25**	**167.32**	**103.12**
丰　县	Fengxian County	38.93	34.60	84.92	80.41	43.32	23.38
沛　县	Peixian County	89.78	70.31	124.74	116.05	8.96	1.47
睢宁县	Suining County	53.04	45.59	158.51	131.26	7.75	6.12
新沂市	Xinyi City	38.01	30.40	107.18	102.54	10.77	9.03
邳州市	Pizhou City	86.82	78.15	189.14	177.53	20.55	13.99
常州市	**Changzhou City**	**893.36**	**725.16**	**917.14**	**758.70**	**398.01**	**77.82**
溧阳市	Liyang City	82.28	68.22	97.44	89.22	33.54	11.57
苏州市	**Suzhou City**	**2686.47**	**2209.27**	**2178.22**	**1983.56**	**804.56**	**355.00**
常熟市	Changshu City	242.14	210.49	243.38	229.52	50.91	19.56
张家港市	Zhangjiagang City	219.40	197.89	205.50	185.66	84.80	20.97
昆山市	Kunshan City	389.71	302.53	387.24	351.14	149.26	91.53
太仓市	Taicang City	187.62	165.01	151.34	140.84	40.24	22.65
南通市	**Nantong City**	**914.39**	**738.48**	**1744.47**	**1571.22**	**584.23**	**272.46**
如东县	Rudong County	35.87	32.82	79.93	76.21	11.20	5.11
启东市	Qidong City	93.64	87.20	248.21	242.51	39.74	30.02
如皋市	Rugao City	77.88	60.10	192.76	173.64	105.80	36.53
海门市	Haimen City	98.12	83.41	174.33	163.48	90.85	54.24
海安市	Haian City	94.75	65.03	191.11	163.04	48.71	15.60
连云港市	**Lianyungang City**	317.41	262.91	555.59	528.00	74.84	33.88
东海县	Donghai County	29.17	26.84	82.09	80.14	3.10	0.54
灌云县	Guanyun County	25.11	19.76	58.24	56.31	9.78	8.53
灌南县	Guannan County	30.12	22.91	87.42	85.05	7.08	3.22

20－13 续 表 Continued

单位:亿元 (100 million yuan)

市 县 City and County		房地产开发投资 Investment in Fixed Assers	#住宅 Resdential Building	商品销售面积(万平方米) Floor Space of Commercial House Sold (10000 sq. m)	#住宅 Resdential Building	商品房待售面积(万平方米) Floor Space of Commercial House for Sales (10000 sq. m)	#住宅 Resdential Building
淮安市	**Huaian City**	**286.50**	**215.49**	**825.37**	**735.92**	**208.13**	**141.00**
涟水县	Lianshui County	16.39	14.90	134.80	126.24	19.52	8.25
盱眙县	Xuyi County	28.51	24.32	97.82	93.56	37.36	19.88
金湖县	Jinhu County	12.79	10.83	42.21	36.76	2.01	0.05
盐城市	**Yancheng City**	**426.15**	**344.46**	**850.17**	**738.05**	**305.92**	**208.20**
响水县	Xiangshui County	19.23	16.27	26.93	25.76	3.67	1.94
滨海县	Binhai County	24.28	21.98	53.74	51.03	1.85	1.65
阜宁县	Funing County	30.29	26.15	79.98	75.65	39.34	34.32
射阳县	Sheyang County	26.38	20.92	42.63	40.89	53.73	40.03
建湖县	Jianhu County	20.04	17.00	51.30	37.02	33.52	18.06
东台市	Dongtai City	36.57	27.64	96.98	74.91	38.76	22.05
扬州市	**Yangzhou City**	**696.18**	**502.67**	**727.18**	**642.18**	**239.15**	**74.16**
宝应县	Baoying County	35.91	26.97	34.94	31.76	8.05	2.84
仪征市	Yizheng City	117.96	88.64	100.30	93.02	11.74	4.80
高邮市	Gaoyou City	49.77	37.57	75.60	67.95	38.16	27.65
镇江市	**Zhenjiang City**	**403.37**	**339.52**	**584.08**	**552.99**	**311.67**	**175.23**
丹阳市	Danyang City	72.22	61.04	123.43	108.54	112.48	56.42
扬中市	Yangzhong City	29.56	18.44	31.78	31.64	41.35	27.29
句容市	Jurong City	109.34	93.90	226.82	223.80	30.45	18.62
泰州市	**Taizhou City**	**352.58**	**284.96**	**644.04**	**571.24**	**238.95**	**113.61**
兴化市	Xinghua City	39.45	29.45	76.06	67.18	13.18	6.91
靖江市	Jingjiang City	64.07	58.52	96.75	92.52	32.16	3.73
泰兴市	Taixing City	88.97	74.90	165.41	149.77	61.86	41.15
宿迁市	**Suqian City**	**325.81**	**281.94**	**771.88**	**701.66**	**220.49**	**79.84**
沭阳县	Shuyang County	74.09	64.21	187.02	165.77	86.15	25.22
泗阳县	Siyang County	60.32	54.05	161.18	152.09	41.67	13.58
泗洪县	Sihong County	45.88	39.07	125.18	104.37	10.46	8.67

20-14 国内贸易、对外经济(2019年)
Domestic and Foreign Trade, Foreign Economy (2019)

市县 City and County		社会消费品零售总额(亿元) Total Retail of Consumer Goods (100 million Yuan)	#批发和零售业 Wholesale and Retail Trade	进出口总额(亿美元) Total Imports and Exports (USD 100 million)	出口 Exports	进口 Imports	实际使用外资(亿美元) Actual Use of Foreign Capital (USD 100 million)
南京市	**Nanjing City**	**7136.32**	**6741.19**	**699.60**	**435.33**	**264.27**	**41.01**
无锡市	**Wuxi City**	**3024.34**	**2793.91**	**924.30**	**554.60**	**369.70**	**36.20**
江阴市	Jiangyin City	695.95	655.58	233.65	146.55	87.09	9.31
宜兴市	Yixing City	508.19	484.46	44.46	35.00	9.46	3.79
徐州市	**Xuzhou City**	**3533.19**	**1247.05**	**135.19**	**112.88**	**22.31**	**20.90**
丰县	Fengxian County	288.46	264.15	9.56	8.43	1.14	0.88
沛县	Peixian County	456.14	424.38	7.67	7.19	0.47	1.86
睢宁县	Suining County	467.40	437.69	8.26	6.74	1.51	1.49
新沂市	Xinyi City	317.38	293.22	13.39	11.44	1.95	3.40
邳州市	Pizhou City	348.18	314.41	18.51	16.72	1.79	2.66
常州市	**Changzhou City**	**2401.68**	**2213.38**	**338.35**	**252.41**	**85.94**	**26.28**
溧阳市	Liyang City	321.48	296.12	11.67	10.14	1.53	3.00
苏州市	**Suzhou City**	**7813.40**	**7150.50**	**3190.90**	**1920.40**	**1270.50**	**46.15**
常熟市	Changshu City	1031.00	969.14	225.80	158.10	67.70	4.98
张家港市	Zhangjiagang City	718.26	662.95	343.60	161.40	182.20	3.98
昆山市	Kunshan City	1391.72	1258.11	826.70	557.00	269.70	7.47
太仓市	Taicang City	424.79	388.68	133.60	63.60	70.00	4.40
南通市	**Nantong City**	**3361.68**	**3059.00**	**365.71**	**248.90**	**116.82**	**26.65**
如东县	Rudong County	404.44	380.45	54.81	20.52	34.29	3.09
启东市	Qidong City	410.54	372.97	36.19	27.68	8.51	3.04
如皋市	Rugao City	458.06	403.50	35.77	29.19	6.57	3.51
海门市	Haimen City	430.98	396.12	28.07	24.36	3.71	2.69
海安市	Haian City	354.88	305.50	20.26	16.37	3.89	3.19
连云港市	**Lianyungang City**	**1162.82**	**1067.37**	**93.22**	**38.89**	**54.34**	**6.14**
东海县	Donghai County	249.17	236.79	4.47	3.90	0.57	1.02
灌云县	Guanyun County	81.39	74.37	1.92	1.83	0.08	0.06
灌南县	Guannan County	98.25	84.84	1.74	1.36	0.38	0.97

20－14 续 表 Continued

市 县 City and County		社会消费品零售总额（亿元）Total Retail of Consumer Goods (100 million Yuan)	#批发和零售业 Wholesale and Retail Trade	进出口总额（亿美元）Total Imports and Exports (USD 100 million)	出口 Exports	进口 Imports	实际使用外资（亿美元）Actual Use of Foreign Capital (USD 100 million)
淮安市	**Huaian City**	**1745.41**	**1581.64**	**47.05**	**33.80**	**13.25**	**10.49**
涟水县	Lianshui County	203.76	186.13	3.25	2.86	0.39	1.40
盱眙县	Xuyi County	169.69	151.66	1.65	1.44	0.22	1.05
金湖县	Jinhu County	118.51	103.36	4.72	4.64	0.07	1.28
盐城市	**Yancheng City**	**2241.00**	**2065.24**	**96.12**	**64.12**	**32.00**	**9.20**
响水县	Xiangshui County	109.71	76.95	5.39	4.62	0.77	0.07
滨海县	Binhai County	230.91	126.70	4.95	4.47	0.48	0.27
阜宁县	Funing County	235.90	136.54	4.39	4.07	0.32	0.35
射阳县	Sheyang County	219.41	181.75	6.70	4.69	2.01	0.85
建湖县	Jianhu County	190.99	132.93	3.87	3.44	0.43	0.35
东台市	Dongtai City	242.48	288.05	10.31	9.72	0.59	1.00
扬州市	**Yangzhou City**	**1423.20**	**1276.90**	**113.05**	**83.65**	**29.40**	**13.88**
宝应县	Baoying County	165.94	151.28	10.04	7.73	2.31	0.87
仪征市	Yizheng City	117.72	105.33	5.96	4.59	1.38	2.00
高邮市	Gaoyou City	175.87	148.39	5.06	4.46	0.60	0.93
镇江市	**Zhenjiang City**	**1158.49**	**1007.05**	**112.03**	**78.67**	**33.35**	**6.60**
丹阳市	Danyang City	305.49	264.26	31.49	27.77	3.73	1.41
扬中市	Yangzhong City	134.55	116.39	5.19	4.48	0.70	0.63
句容市	Jurong City	155.60	134.60	6.79	5.97	0.83	1.22
泰州市	**Taizhou City**	**1350.54**	**1220.07**	**144.66**	**95.32**	**49.34**	**14.86**
兴化市	Xinghua City	248.32	222.89	7.52	7.29	0.23	1.62
靖江市	Jingjiang City	202.71	183.52	34.47	25.51	8.96	1.16
泰兴市	Taixing City	274.30	238.71	43.36	24.82	18.53	3.75
宿迁市	**Suqian City**	**1320.45**	**1239.82**	**34.25**	**28.88**	**5.38**	**4.46**
沭阳县	Shuyang County	248.61	160.67	8.97	8.50	0.47	1.08
泗阳县	Siyang County	127.17	114.19	4.73	4.46	0.26	0.88
泗洪县	Sihong County	132.64	125.39	2.99	2.49	0.50	0.85

20－15 财政、金融（2019年）
Government Finance, Financial Intermediation (2019)

单位:亿元 (100 million yuan)

市 县	City and County	一般公共预算收入 General Public Budget Revenue	#税收收入 Taxes	一般公共预算支出 General Public Budget Expenditure	年末金融机构存款余额 Deposits Balance of Banking Institutions (Year-end)	#住户存款 Household Deposits	年末金融机构贷款余额 Loans Balance of Banking Institutions (Year-end)
南京市	**Nanjing City**	**1580.03**	**1373.83**	**1658.07**	**35536.08**	**8299.64**	**33585.88**
无锡市	**Wuxi City**	**1036.33**	**870.21**	**1117.52**	**17605.46**	**6316.12**	**13556.67**
江阴市	Jiangyin City	256.58	218.09	231.10	4072.01	1384.27	3227.27
宜兴市	Yixing City	123.85	106.69	151.09	2340.85	1229.15	1696.81
徐州市	**Xuzhou City**	**468.32**	**373.80**	**882.21**	**8036.56**	**4023.66**	**5777.28**
丰县	Fengxian County	28.43	22.99	73.20	487.87	341.05	278.58
沛县	Peixian County	45.00	37.03	107.98	600.70	411.58	368.28
睢宁县	Suining County	38.04	31.89	92.79	596.16	380.99	385.46
新沂市	Xinyi City	35.55	29.04	90.20	509.50	300.73	383.05
邳州市	Pizhou City	42.87	34.70	117.36	695.53	474.85	545.87
常州市	**Changzhou City**	**590.03**	**501.60**	**654.19**	**10892.19**	**4322.79**	**8563.59**
溧阳市	Liyang City	70.27	60.35	101.91	1306.25	637.23	997.60
苏州市	**Suzhou City**	**2221.81**	**1991.04**	**2141.45**	**33705.02**	**10605.31**	**30880.46**
常熟市	Changshu City	203.02	172.02	219.50	3303.30	1538.83	2711.90
张家港市	Zhangjiagang City	247.00	212.81	224.77	3058.80	1288.99	2512.52
昆山市	Kunshan City	407.31	369.01	342.41	4397.64	1519.76	3745.75
太仓市	Taicang City	162.97	140.51	143.22	1610.64	669.74	1581.73
南通市	**Nantong City**	**619.26**	**507.55**	**972.64**	**13725.31**	**7135.53**	**10211.92**
如东县	Rudong County	57.70	48.18	132.56	1366.79	783.78	811.98
启东市	Qidong City	70.65	56.54	101.81	1512.57	982.22	1041.38
如皋市	Rugao City	70.01	58.50	121.94	1470.25	922.70	1032.36
海门市	Haimen City	71.02	56.90	112.89	1659.41	999.98	1163.65
海安市	Haian City	62.66	52.64	117.41	1596.81	876.26	1219.21
连云港市	**Lianyungang City**	**242.44**	**191.36**	**466.03**	**3621.56**	**1621.93**	**3460.22**
东海县	Donghai County	24.06	19.52	70.03	463.46	308.64	389.99
灌云县	Guanyun County	22.59	16.75	62.74	335.34	201.94	270.90
灌南县	Guannan County	23.52	20.02	57.33	279.20	150.20	245.76

单位:亿元 (100 million yuan)

市 县 City and County		一般公共预算收入 General Public Budget Revenue	#税收收入 Taxes	一般公共预算支出 General Public Budget Expenditure	年末金融机构存款余额 Deposits Balance of Banking Institutions (Year-end)	#住户存款 Household Deposits	年末金融机构贷款余额 Loans Balance of Banking Institutions (Year-end)
淮安市	**Huaian City**	**257.31**	**209.30**	**529.15**	**4137.49**	**1812.23**	**3861.80**
涟水县	Lianshui County	22.95	20.31	71.30	443.63	244.55	299.24
盱眙县	Xuyi County	19.09	15.41	58.70	420.64	238.13	378.41
金湖县	Jinhu County	22.48	20.05	47.80	289.99	179.82	260.05
盐城市	**Yancheng City**	**383.00**	**294.98**	**877.52**	**6995.52**	**3667.28**	**5844.28**
响水县	Xiangshui County	22.00	16.50	64.47	247.31	152.58	211.93
滨海县	Binhai County	23.20	17.41	81.35	431.25	266.12	379.63
阜宁县	Funing County	27.70	21.68	90.10	518.53	371.52	305.53
射阳县	Sheyang County	28.60	23.02	91.68	560.28	395.23	406.42
建湖县	Jianhu County	30.16	22.79	93.45	543.67	385.03	366.64
东台市	Dongtai City	52.00	42.09	108.70	928.32	677.70	590.22
扬州市	**Yangzhou City**	**328.79**	**263.81**	**611.95**	**6787.31**	**3239.35**	**5391.98**
宝应县	Baoying County	24.87	20.01	77.53	598.26	364.58	445.80
仪征市	Yizheng City	50.37	42.21	67.68	721.02	362.32	511.45
高邮市	Gaoyou City	36.80	30.99	79.99	703.57	452.55	512.54
镇江市	**Zhenjiang City**	**306.85**	**239.01**	**466.25**	**5613.48**	**2439.32**	**5284.58**
丹阳市	Danyang City	62.01	51.80	90.00	1252.95	739.71	1138.75
扬中市	Yangzhong City	34.01	27.71	49.57	663.18	337.67	528.03
句容市	Jurong City	53.50	48.26	73.40	936.22	396.33	1122.04
泰州市	**Taizhou City**	**365.67**	**279.15**	**594.24**	**6879.13**	**3263.86**	**5493.92**
兴化市	Xinghua City	39.76	31.40	111.23	976.24	673.26	642.56
靖江市	Jingjiang City	57.71	45.98	86.25	1183.06	612.03	985.86
泰兴市	Taixing City	80.59	66.26	106.46	1183.74	580.17	964.65
宿迁市	**Suqian City**	**212.60**	**178.65**	**505.74**	**3103.37**	**1527.53**	**3083.82**
沭阳县	Shuyang County	47.90	38.41	119.59	718.35	446.06	631.34
泗阳县	Siyang County	25.75	20.88	72.88	424.92	271.68	504.55
泗洪县	Sihong County	26.32	21.34	89.55	380.60	273.59	421.57

20－16 科技、教育（2019年）
Science, Technology and Education (2019)

市县	City and County	专利申请受理量（件）Applications Accepted (unit)	专利申请受权量（件）Patents Granted (unit)	普通中学在校学生（万人）Regular Secondary Schools Student Enrollment (10000 persons)	小学在校学生（万人）Primary Schools Student Enrollment (10000 persons)	普通中学专任教师（人）Full-time Teachers in Regular Secondary Schools (person)	小学专任教师（人）Full-time Teachers in Primary Schools (person)
南京市	**Nanjing City**	**103024**	**55004**	**26.06**	**44.66**	**25591**	**30137**
无锡市	**Wuxi City**	**67133**	**38335**	**24.59**	**41.75**	**21897**	**23618**
江阴市	Jiangyin City	10576	5890	6.14	10.06	5738	4992
宜兴市	Yixing City	8319	4863	4.27	6.70	4258	3871
徐州市	**Xuzhou City**	**33655**	**12603**	**52.30**	**94.67**	**39269**	**50731**
丰县	Fengxian County	1891	783	5.10	9.46	4679	4779
沛县	Peixian County	1817	479	5.83	11.34	4342	5547
睢宁县	Suining County	2743	1313	5.82	11.63	4465	6303
新沂市	Xinyi City	3918	1169	6.94	11.45	4338	5417
邳州市	Pizhou City	2887	738	11.40	18.22	8187	11545
常州市	**Changzhou City**	**47849**	**24858**	**18.90**	**31.43**	**15580**	**16828**
溧阳市	Liyang City	2823	1446	2.84	4.06	2860	2487
苏州市	**Suzhou City**	**163147**	**81145**	**38.89**	**82.12**	**33624**	**45030**
常熟市	Changshu City	10497	4848	4.94	8.43	4200	4927
张家港市	Zhangjiagang City	11843	5766	5.05	9.18	4059	5471
昆山市	Kunshan City	31794	17474	6.26	15.55	4525	7602
太仓市	Taicang City	8890	3970	2.44	5.07	2076	2663
南通市	**Nantong City**	**36713**	**19637**	**24.64**	**35.88**	**24652**	**21870**
如东县	Rudong County	3280	1277	2.41	3.05	2781	2360
启东市	Qidong City	3131	1731	2.91	3.92	3135	2694
如皋市	Rugao City	3759	2074	4.92	6.60	4605	3882
海门市	Haimen City	3391	1764	3.64	4.93	3495	2958
海安市	Haian City	7735	3950	2.68	3.40	3331	2441
连云港市	**Lianyungang City**	**8234**	**5012**	**27.87**	**45.23**	**23376**	**26890**
东海县	Donghai County	1914	882	7.42	12.26	6322	7313
灌云县	Guanyun County	647	514	4.40	7.00	3104	3445
灌南县	Guannan County	299	402	3.81	6.38	3225	4088

20－16 续 表 Continued

市 县 City and County		专利申请受理量（件） Applications Accepted (unit)	专利申请受权量（件） Patents Granted (unit)	普通中学在校学生（万人） Regular Secondary Schools Student Enrollment (10000 persons)	小学在校学生（万人） Primary Schools Student Enrollment (10000 persons)	普通中学专任教师（人） Full-time Teachers in Regular Secondary Schools (person)	小学专任教师（人） Full-time Teachers in Primary Schools (person)
淮 安 市	**Huaian City**	**13052**	**7676**	**25.90**	**34.93**	**22582**	**23131**
涟 水 县	Lianshui County	826	515	5.74	7.13	4992	4826
盱 眙 县	Xuyi County	1168	551	3.89	5.07	3334	3359
金 湖 县	Jinhu County	1615	769	0.94	1.29	954	935
盐 城 市	**Yancheng City**	**25912**	**15713**	**32.66**	**44.99**	**29050**	**27731**
响 水 县	Xiangshui County	582	386	3.19	4.52	2757	3042
滨 海 县	Binhai County	1207	613	5.64	7.49	3855	4353
阜 宁 县	Funing County	2326	1488	4.24	6.80	3393	3981
射 阳 县	Sheyang County	1677	995	3.58	4.71	3135	2962
建 湖 县	Jianhu County	2438	1345	3.07	3.63	2845	2451
东 台 市	Dongtai City	2874	1577	2.94	3.73	3545	2585
扬 州 市	**Yangzhou City**	**33786**	**18736**	**17.58**	**21.90**	**16348**	**13809**
宝 应 县	Baoying County	2594	2048	3.13	3.34	3024	2205
仪 征 市	Yizheng City	3058	2085	1.93	2.40	1807	1609
高 邮 市	Gaoyou City	11741	5951	2.39	2.80	2575	1939
镇 江 市	**Zhenjiang City**	**23890**	**12639**	**10.74**	**15.86**	**10215**	**10236**
丹 阳 市	Danyang City	6574	3490	3.66	5.37	3368	3624
扬 中 市	Yangzhong City	3797	2037	1.06	1.55	1094	1114
句 容 市	Jurong City	1864	1450	1.83	2.76	2003	1764
泰 州 市	**Taizhou City**	**25215**	**14905**	**17.80**	**23.26**	**18964**	**14261**
兴 化 市	Xinghua City	4569	2757	4.29	6.83	4349	4245
靖 江 市	Jingjiang City	4515	2452	2.44	2.87	2893	1870
泰 兴 市	Taixing City	3739	2305	4.17	4.88	4941	3035
宿 迁 市	**Suqian City**	**12431**	**7890**	**29.55**	**55.96**	**19138**	**27780**
沭 阳 县	Shuyang County	3698	2569	10.27	19.16	6096	8894
泗 阳 县	Siyang County	1971	1358	6.18	9.56	3562	4875
泗 洪 县	Sihong County	1496	677	5.79	10.88	4071	5629

20－17 文化、卫生(2019年)
Culture and Public Health (2019)

市县	City and County	公共图书馆(个) Public Libraries (unit)	公共图书馆图书藏量(千册) Total Collections of Public Libraries (1000 volumes)	卫生机构数(个) Number of Health Institutions (unit)	卫生机构床位数(张) Number of Hospital Beds (unit)	卫生技术人员(人) Medical Technical Personnel (person)	#执业(助理)医师 Practitioner (Assistant) Doctors
南京市	**Nanjing City**	**15**	**23247**	**3242**	**59046**	**93856**	**35735**
无锡市	**Wuxi City**	**8**	**8955**	**2770**	**50478**	**59303**	**23166**
江阴市	Jiangyin City	1	2879	626	9591	11476	4940
宜兴市	Yixing City	1	806	563	7320	9744	3914
徐州市	**Xuzhou City**	**8**	**4037**	**4594**	**60988**	**70767**	**28042**
丰县	Fengxian County	1	235	563	4023	5207	2384
沛县	Peixian County	1	450	623	5794	6356	2853
睢宁县	Suining County	1	442	551	5322	6320	2603
新沂市	Xinyi City	1	508	478	4416	6350	2823
邳州市	Pizhou City	1	618	743	7956	9635	3578
常州市	**Changzhou City**	**7**	**5073**	**1458**	**28322**	**37086**	**14831**
溧阳市	Liyang City	1	483	277	3934	5127	2206
苏州市	**Suzhou City**	**11**	**33936**	**3720**	**71657**	**91047**	**35541**
常熟市	Changshu City	1	2867	526	8916	10616	4456
张家港市	Zhangjiagang City	1	3248	468	10247	10588	4299
昆山市	Kunshan City	1	3394	635	7606	13214	5283
太仓市	Taicang City	1	1455	291	4055	4981	2053

20－17 续 表1 Continued 1

市 县 City and County		公共图书馆（个） Public Libraries (unit)	公共图书馆图书藏量（千册） Total Collections of Public Libraries (1000 volumes)	卫生机构数（个） Number of Health Institutions (unit)	卫生机构床位数（张） Number of Hospital Beds (unit)	卫生技术人员（人） Medical Technical Personnel (person)	#执业（助理）医师 Practitioner (Assistant) Doctors
南通市	**Nantong City**	**10**	**7250**	**3357**	**46375**	**50329**	**20851**
如东县	Rudong County	1	496	471	4071	4906	2161
启东市	Qidong City	1	632	391	4567	4871	2086
如皋市	Rugao City	2	1083	565	6929	6730	3128
海门市	Haimen City	1	1716	434	4445	4934	2232
海安市	Haian City	1	596	402	5578	5221	2248
连云港市	**Lianyungang City**	**8**	**3028**	**2740**	**28101**	**31117**	**12870**
东海县	Donghai County	1	706	531	4752	5366	2419
灌云县	Guanyun County	1	261	432	4385	4449	1803
灌南县	Guannan County	1	206	376	3814	3860	1655
淮安市	**Huaian City**	**9**	**4166**	**2200**	**30376**	**35963**	**14579**
涟水县	Lianshui County	1	324	471	4460	4752	2044
盱眙县	Xuyi County	1	402	340	3743	4509	2011
金湖县	Jinhu County	1	347	138	1623	1829	781
盐城市	**Yancheng City**	**11**	**4994**	**3270**	**40301**	**44358**	**19583**
响水县	Xiangshui County	1	92	220	2777	3010	1248
滨海县	Binhai County	1	243	436	4585	4529	2067
阜宁县	Funing County	2	435	389	4474	4549	2362

市 县 City and County		公共图书馆（个）Public Libraries (unit)	公共图书馆图书藏量（千册）Total Collections of Public Libraries (1000 volumes)	卫生机构数（个）Number of Health Institutions (unit)	卫生机构床位数（张）Number of Hospital Beds (unit)	卫生技术人员（人）Medical Technical Personnel (person)	#执业（助理）医师 Practitioner (Assistant) Doctors
射 阳 县	Sheyang County	1	283	346	4194	4698	2231
建 湖 县	Jianhu County	1	309	322	3346	3621	1697
东 台 市	Dongtai City	1	331	458	5356	5328	2381
扬 州 市	**Yangzhou City**	**7**	**5479**	**1890**	**24994**	**30936**	**12557**
宝 应 县	Baoying County	1	406	359	3337	4882	2193
仪 征 市	Yizheng City	1	484	168	2935	3600	1541
高 邮 市	Gaoyou City	1	417	259	3923	4051	1712
镇 江 市	**Zhenjiang City**	**9**	**4122**	**1013**	**15844**	**21691**	**8469**
丹 阳 市	Danyang City	2	883	250	3662	5110	2093
扬 中 市	Yangzhong City	1	470	106	1421	2107	817
句 容 市	Jurong City	1	460	223	1954	3286	1352
泰 州 市	**Taizhou City**	**7**	**3663**	**2118**	**29885**	**31673**	**13309**
兴 化 市	Xinghua City	1	280	650	5952	6660	2982
靖 江 市	Jingjiang City	1	951	320	4741	4911	2128
泰 兴 市	Taixing City	1	353	485	5789	6291	2656
宿 迁 市	**Suqian City**	**6**	**2520**	**2424**	**29548**	**36047**	**13929**
沭 阳 县	Shuyang County	1	183	794	8122	10843	4161
泗 阳 县	Siyang County	1	377	441	5665	6301	2436
泗 洪 县	Sihong County	1	268	512	5507	6629	2498

20－18 人民生活(2019年)

市县	City and County	居民人均可支配收入(元) Per Capita Disposable Income of Residents (yuan)	居民人均生活消费支出(元) Per Capita Consumption Expanditure of Residents (yuan)	#食品烟酒 Food, Tobacco and Wine	居民恩格尔系数(%) Engle Coefficient of Residents (%)	居民人均住房建筑面积(平方米) Per Capital Construction Floor Space of Residential Building (sq. m)	城镇常住居民人均可支配收入(元) Per Capita Annual Disposable Income of Urban Residents (yuan)	城镇常住居民人均生活消费支出(元) Per Capita Annual Consumption Expanditure of Urban Residents (yuan)
南京市	**Nanjing City**	**57630**	**33005**	**8455**	**25.6**	**44.7**	**64372**	**35933**
无锡市	**Wuxi City**	**54847**	**33840**	**9124**	**27.0**	**51.2**	**61915**	**37433**
江阴市	Jiangyin City	59036	31164	8580	27.5	65.0	69342	34641
宜兴市	Yixing City	48506	29609	8664	29.3	56.2	58515	34439
徐州市	**Xuzhou City**	**29736**	**18048**	**5369**	**29.7**	**51.5**	**36215**	**20805**
丰县	Fengxian County	23677	15545	4690	30.2	51.5	29437	19860
沛县	Peixian County	27764	16865	4774	28.3	46.2	34920	20503
睢宁县	Suining County	23791	13588	4159	30.6	65.7	29923	15926
新沂市	Xinyi City	25580	16223	5068	31.2	45.6	32069	19634
邳州市	Pizhou City	28250	15496	4545	29.3	44.4	36419	18717
常州市	**Changzhou City**	**49840**	**28669**	**7688**	**26.8**	**60.4**	**58345**	**32263**
溧阳市	Liyang City	43010	23850	7020	29.4	50.8	53478	25915
苏州市	**Suzhou City**	**60109**	**35414**	**8840**	**25.0**	**51.5**	**68629**	**39648**
常熟市	Changshu City	57831	34001	9256	27.2	64.4	68962	38166
张家港市	Zhangjiagang City	57957	32817	9067	27.6	58.0	69243	37687
昆山市	Kunshan City	59735	34291	9316	27.2	45.5	69168	38616
太仓市	Taicang City	56960	33932	9802	28.9	60.8	68204	39187
南通市	**Nantong City**	**40320**	**24956**	**7073**	**28.3**	**54.4**	**50217**	**29964**
如东县	Rudong County	36662	23358	6616	28.3	59.4	47844	27299
启东市	Qidong City	35626	21331	6293	29.5	61.7	47430	25593
如皋市	Rugao City	37825	26768	7770	29.0	54.7	47982	34295
海门市	Haimen City	35495	21028	6016	28.6	60.3	46958	25350
海安市	Haian City	40949	25545	7066	27.7	61.8	51870	31040
连云港市	**Lianyungang City**	**28094**	**17802**	**5576**	**31.3**	**50.4**	**35390**	**21762**
东海县	Donghai County	26682	16591	5694	34.3	53.0	34922	21234
灌云县	Guanyun County	22626	13913	4426	31.8	53.1	29291	16843
灌南县	Guannan County	23099	14869	4866	32.7	59.2	31170	19357

People's Living Condition (2019)

#食品烟酒 Food, Tobacco and Wine	城镇常住居民恩格尔系数（%）Engle Coefficient of Urban Residents (%)	城镇常住居民人均住房建筑面积（平方米）Per Capital Construction Floor Space of Urban Residential Building (sq. m)	农村常住居民人均可支配收入（元）Per Capita Annual Disposable Income of Rural Residents (yuan)	农村常住居民人均生活消费支出（元）Per Capita Annual Consumption Expanditure of Rural Residents (yuan)	#食品烟酒 Food, Tobacco and Wine	农村常住居民恩格尔系数（%）Engle Coefficient of Rural Residents (%)	农村常住居民人均住房建筑面积（平方米）Per Capital Construction Floor Space of Rural Residential Building (sq. m)
9072	**25.2**	**40.3**	**27636**	**19980**	**5709**	**28.6**	**63.2**
9972	**26.6**	**48.6**	**33574**	**23026**	**6572**	**28.5**	**59.5**
9461	27.3	67.0	36095	23423	6615	28.2	62.0
9965	28.9	51.0	30434	20888	6315	30.2	70.3
6138	**29.5**	**50.1**	**19873**	**13850**	**4197**	**30.3**	**53.7**
5845	29.4	49.5	18273	11497	3607	31.4	54.3
5729	27.9	43.3	20496	13170	3805	28.9	48.8
4860	30.5	72.7	18029	11391	3499	30.7	58.8
6056	30.8	44.1	18876	12699	4048	31.9	47.1
5484	29.3	45.2	19896	12202	3585	29.4	43.5
8373	**26.0**	**49.8**	**30491**	**20492**	**6067**	**29.6**	**74.2**
7865	30.4	42.9	28292	20897	6574	31.5	63.3
9871	**24.9**	**46.1**	**35152**	**23012**	**5822**	**25.3**	**67.6**
10392	27.2	58.7	35576	25675	6986	27.2	75.4
10423	27.7	50.5	35453	23108	6364	27.5	72.9
10387	26.9	38.0	35779	23307	6598	28.3	67.3
11307	28.9	54.0	35198	23762	6891	29.0	73.1
8464	**28.2**	**49.2**	**24303**	**16849**	**4820**	**28.6**	**62.8**
7559	27.7	56.3	23354	18665	5493	29.4	64.7
7652	29.9	58.4	22135	16460	4741	28.8	65.0
9899	28.9	49.8	25714	17794	5231	29.4	63.1
7100	28.0	59.9	21912	15906	4730	29.7	60.9
8564	27.6	52.5	26858	18456	5133	27.8	69.0
6797	**31.2**	**49.0**	**18061**	**12357**	**3897**	**31.5**	**52.1**
7253	34.2	51.0	18782	12140	4200	34.6	58.0
5478	32.5	52.8	16856	11378	3514	30.9	53.4
6143	31.7	50.4	16128	10993	3764	34.2	68.4

市 县 City and County		居民人均可支配收入(元) Per Capita Disposable Income of Residents (yuan)	居民人均生活消费支出(元) Per Capita Consumption Expanditure of Residents (yuan)	#食品烟酒 Food, Tobacco and Wine	居民恩格尔系数(%) Engle Coefficient of Residents (%)	居民人均住房建筑面积(平方米) Per Capital Construction Floor Space of Residential Building (sq. m)	城镇常住居民人均可支配收入(元) Per Capita Annual Disposable Income of Urban Residents (yuan)	城镇常住居民人均生活消费支出(元) Per Capita Annual Consumption Expanditure of Urban Residents (yuan)
淮 安 市	**Huaian City**	**30192**	**16756**	**4926**	**29.4**	**51.3**	**38952**	**20327**
涟 水 县	Lianshui County	24610	14432	4335	30.0	54.4	32327	18523
盱 眙 县	Xuyi County	28871	14939	4517	30.2	50.1	39297	19862
金 湖 县	Jinhu County	29982	19787	5948	30.1	49.0	39677	23180
盐 城 市	**Yancheng City**	**32096**	**18734**	**5341**	**28.5**	**50.3**	**38816**	**20942**
响 水 县	Xiangshui County	25729	12989	3832	29.5	49.3	32313	13814
滨 海 县	Binhai County	26788	15207	4547	29.9	45.0	33782	17718
阜 宁 县	Funing County	26589	17241	5474	31.7	42.2	32480	23598
射 阳 县	Sheyang County	28325	18699	5461	29.2	51.5	33901	25752
建 湖 县	Jianhu County	30706	16515	5150	31.2	46.8	37558	18992
东 台 市	Dongtai City	34571	18500	5446	29.4	61.8	41374	20628
扬 州 市	**Yangzhou City**	**37074**	**22406**	**6613**	**29.4**	**51.8**	**45550**	**25696**
宝 应 县	Baoying County	28167	17483	5440	31.1	50.0	34455	19798
仪 征 市	Yizheng City	35189	21114	6329	30.0	56.9	46427	25132
高 邮 市	Gaoyou City	31100	20924	6048	28.9	77.0	40203	25145
镇 江 市	**Zhenjiang City**	**44259**	**25920**	**7170**	**27.7**	**54.3**	**52713**	**28925**
丹 阳 市	Danyang City	42045	25360	7699	30.4	52.0	52508	26708
扬 中 市	Yangzhong City	46907	25294	7402	29.3	62.5	57829	28407
句 容 市	Jurong City	38891	23164	6911	29.8	53.7	51017	27124
泰 州 市	**Taizhou City**	**37773**	**23108**	**6680**	**28.9**	**59.2**	**47216**	**27298**
兴 化 市	Xinghua City	32642	19121	5710	29.9	45.9	42856	22946
靖 江 市	Jingjiang City	40941	28456	8302	29.2	68.6	50725	32768
泰 兴 市	Taixing City	36616	22160	6196	28.0	66.0	46915	27642
宿 迁 市	**Suqian City**	**24938**	**15413**	**4995**	**32.4**	**48.4**	**30614**	**18412**
沭 阳 县	Shuyang County	24633	15747	5330	33.8	49.3	30269	18693
泗 阳 县	Siyang County	24324	15810	5096	32.2	51.8	29964	17926
泗 洪 县	Sihong County	23750	14075	4483	31.8	48.0	29303	17985

#食品烟酒 Food, Tobacco and Wine	城镇常住居民恩格尔系数(%) Engle Coefficient of Urban Residents (%)	城镇常住居民人均住房建筑面积(平方米) Per Capital Construction Floor Space of Urban Residential Building (sq. m)	农村常住居民人均可支配收入(元) Per Capita Annual Disposable Income of Rural Residents (yuan)	农村常住居民人均生活消费支出(元) Per Capita Annual Consumption Expanditure of Rural Residents (yuan)	#食品烟酒 Food, Tobacco and Wine	农村常住居民恩格尔系数(%) Engle Coefficient of Rural Residents (%)	农村常住居民人均住房建筑面积(平方米) Per Capital Construction Floor Space of Rural Residential Building (sq. m)
5890	**29.0**	**49.8**	**18567**	**12017**	**3647**	**30.3**	**53.0**
5589	30.2	59.1	17335	10575	3152	29.8	52.0
5998	30.2	49.8	18727	10149	3075	30.3	51.3
6884	29.7	42.0	20414	16658	5083	30.5	62.0
5931	**28.3**	**46.9**	**22258**	**15501**	**4477**	**28.9**	**55.7**
4061	29.4	45.7	18562	12087	3411	28.2	53.2
5372	30.3	40.4	19396	12554	3675	30.3	49.5
7776	33.0	37.4	20030	10331	3176	30.7	48.6
7496	29.1	51.5	21512	10080	2974	29.5	51.4
5799	30.5	46.5	22090	13401	4333	32.3	47.3
6025	29.2	54.8	25479	15657	4671	29.8	69.8
7601	**29.6**	**47.1**	**23333**	**17215**	**5012**	**29.1**	**59.5**
6205	31.3	46.0	21929	15187	4682	30.8	54.0
7545	30.0	49.9	22459	16562	4952	30.0	63.4
7193	28.6	74.4	21941	16678	4896	29.4	79.7
8008	**27.7**	**50.9**	**26785**	**19708**	**5439**	**27.6**	**60.0**
8359	31.3	49.0	27807	23526	6802	28.9	56.0
8266	29.1	58.9	30636	20658	6115	29.6	68.6
8083	29.8	50.9	24223	18373	5494	29.9	56.4
7688	**28.2**	**55.4**	**23116**	**16604**	**5115**	**30.8**	**65.8**
6658	29.0	44.6	21824	15069	4707	31.2	47.3
9503	29.0	63.0	25317	21570	6385	29.6	78.6
8036	29.1	67.0	23221	15029	3802	25.3	65.0
5910	**32.1**	**45.9**	**18121**	**11813**	**3897**	**33.0**	**51.3**
6428	34.4	46.8	18389	12484	4115	33.0	52.0
5743	32.0	53.8	18138	13489	4386	32.5	49.7
5725	31.8	46.1	17713	9825	3132	31.9	50.0

21

县(市)社会经济发展序列

Social Economy Development Alignment of Counties (Cities)

简 要 说 明

一、本篇资料的主要内容

本篇资料反映县(市)经济社会发展水平序列情况。

二、资料来源

本篇资料主要根据市县社会经济基本情况统计年报加工整理,部分数据为初步统计数。

Brief Introduction

I. Main Contents

Data in this chapter reflects the counties (cities) rankings of economic and social development

Ⅱ. Date Source

Data in this chapter mainly based on the basic socio-economic situation annual report, and part of the data are preliminary statistics.

21－1 年末户籍人口(2019 年)
Total Registered Population at Year-end (2019)

位次 No.	县（市）名称 County (City)	绝对数（万人） Absolute Figure (10000 persons)
1	沭阳县 Shuyang County	198.65
2	邳州市 Pizhou City	194.13
3	兴化市 Xinghua City	154.26
4	睢宁县 Suining County	141.79
5	如皋市 Rugao City	141.30
6	沛县 Peixian County	129.05
7	江阴市 Jiangyin City	126.41
8	东海县 Donghai County	124.55
9	滨海县 Binhai County	122.12
10	丰县 Fengxian County	121.02
11	泰兴市 Taixing City	116.91
12	涟水县 Lianshui County	112.50
13	新沂市 Xinyi City	112.32
14	阜宁县 Funing County	111.61
15	启东市 Qidong City	110.35
16	泗洪县 Sihong County	109.52
17	东台市 Dongtai City	108.86
18	宜兴市 Yixing City	107.97
20	常熟市 Changshu City	106.69
21	泗阳县 Siyang County	106.46
21	灌云县 Guanyun County	103.18
22	海门市 Haimen City	101.24
23	海门市 Haimen City	99.34
24	昆山市 Kunshan City	98.13
25	射阳县 Sheyang County	94.51
26	张家港市 Zhangjiagang City	93.04
27	海安市 Haian City	92.16
28	宝应县 Baoying County	87.97
29	灌南县 Guannan County	81.84
30	丹阳市 Danyang City	80.32
31	高邮市 Gaoyou City	80.27
32	盱眙县 Xuyi County	79.67
33	溧阳市 Liyang City	79.00
34	建湖县 Jianhu County	77.74
35	靖江市 Jingjiang City	65.53
36	响水县 Xiangshui County	62.16
37	句容市 Jurong City	58.66
38	仪征市 Yizheng City	55.72
39	太仓市 Taicang City	50.17
40	金湖县 Jinhu County	34.59
41	扬中市 Yangzhong City	28.21

21－2 地区生产总值（2019年）
Gross Domestic Product（2019）

位次 No.	县（市）名称 County（City）		绝对数（亿元）Absolute Figure（100 million yuan）	位次 No.	县（市）名称 County（City）		绝对数（亿元）Absolute Figure（100 million yuan）
1	昆山市	Kunshan City	4045.06	22	宝应县	Baoying County	732.91
2	江阴市	Jiangyin City	4001.12	23	新沂市	Xinyi City	686.40
3	张家港市	Zhangjiagang City	2547.26	24	仪征市	Yizheng City	681.51
4	常熟市	Changshu City	2269.82	25	句容市	Jurong City	661.48
5	宜兴市	Yixing City	1770.12	26	睢宁县	Suining County	612.67
6	海门市	Haimen City	1352.40	27	建湖县	Jianhu County	565.96
7	太仓市	Taicang City	1324.97	28	射阳县	Sheyang County	563.87
8	如皋市	Rugao City	1215.20	29	阜宁县	Funing County	555.06
9	启东市	Qidong City	1157.50	30	涟水县	Lianshui County	532.27
10	海安市	Haian City	1133.20	31	东海县	Donghai County	526.29
11	丹阳市	Danyang City	1121.99	32	泗阳县	Siyang County	501.44
12	泰兴市	Taixing City	1083.90	33	泗洪县	Sihong County	495.45
13	如东县	Rudong County	1053.40	34	滨海县	Binhai County	492.33
14	溧阳市	Liyang City	1010.54	35	扬中市	Yangzhong City	487.83
15	靖江市	Jingjiang City	979.57	36	丰县	Fengxian County	468.23
16	邳州市	Pizhou City	959.70	37	盱眙县	Xuyi County	418.56
17	沭阳县	Shuyang County	950.17	38	响水县	Xiangshui County	385.78
18	兴化市	Xinghua City	871.82	39	灌南县	Guannan County	381.65
19	东台市	Dongtai City	841.49	40	灌云县	Guanyun County	359.19
20	高邮市	Gaoyou City	818.73	41	金湖县	Jinhu County	325.12
21	沛县	Peixian County	777.96				

21－3 第一产业增加值（2019年）
Value-added of the Primary Industry（2019）

位次 No.	县（市）名称 County（City）	绝对数（亿元）Absolute Figure（100 million yuan）	位次 No.	县（市）名称 County（City）	绝对数（亿元）Absolute Figure（100 million yuan）
1	邳州市 Pizhou City	149.73	22	涟水县 Lianshui County	65.68
2	兴化市 Xinghua City	128.12	23	阜宁县 Funing County	65.65
3	沛县 Peixian County	113.60	24	泰兴市 Taixing City	65.41
4	东台市 Dongtai City	109.51	25	海门市 Haimen City	63.90
5	沭阳县 Shuyang County	106.46	26	灌南县 Guannan County	62.70
6	睢宁县 Suining County	106.43	27	建湖县 Jianhu County	54.99
7	射阳县 Sheyang County	95.31	28	溧阳市 Liyang City	52.14
8	丰县 Fengxian County	90.84	29	宜兴市 Yixing City	49.92
9	高邮市 Gaoyou City	86.15	30	丹阳市 Danyang City	48.71
10	新沂市 Xinyi City	85.67	31	句容市 Jurong City	47.90
11	如东县 Rudong County	84.60	32	响水县 Xiangshui County	46.60
12	泗洪县 Sihong County	81.00	33	金湖县 Jinhu County	44.38
13	启东市 Qidong City	79.60	34	常熟市 Changshu City	38.92
14	宝应县 Baoying County	79.49	35	江阴市 Jiangyin City	36.08
15	东海县 Donghai County	78.90	36	太仓市 Taicang City	32.59
16	灌云县 Guanyun County	75.10	37	昆山市 Kunshan City	30.34
17	如皋市 Rugao City	72.40	38	张家港市 Zhangjiagang City	28.82
18	盱眙县 Xuyi County	68.66	39	靖江市 Jingjiang City	25.70
19	滨海县 Binhai County	67.39	40	仪征市 Yizheng City	23.03
20	泗阳县 Siyang County	66.49	41	扬中市 Yangzhong City	15.57
21	海安市 Haian City	66.10			

21-4 第二产业增加值（2019年）
Value-added of the Secondary Industry (2019)

位次 No.	县（市）名称 County (City)		绝对数（亿元）Absolute Figure (100 million yuan)	位次 No.	县（市）名称 County (City)		绝对数（亿元）Absolute Figure (100 million yuan)
1	昆 山 市	Kunshan City	2072.49	22	沛 县	Peixian County	324.39
2	江 阴 市	Jiangyin City	2042.02	23	东 台 市	Dongtai City	312.90
3	张家港市	Zhangjiagang City	1308.48	24	句 容 市	Jurong City	286.77
4	常 熟 市	Changshu City	1123.23	25	新 沂 市	Xinyi City	265.42
5	宜 兴 市	Yixing City	924.22	26	扬 中 市	Yangzhong City	262.31
6	海 门 市	Haimen City	695.70	27	睢 宁 县	Suining County	240.34
7	太 仓 市	Taicang City	651.10	28	建 湖 县	Jianhu County	237.73
8	海 安 市	Haian City	611.00	29	阜 宁 县	Funing County	234.74
9	如 皋 市	Rugao City	597.40	30	涟 水 县	Lianshui County	223.44
10	丹 阳 市	Danyang City	588.57	31	东 海 县	Donghai County	215.75
11	启 东 市	Qidong City	581.30	32	泗 阳 县	Siyang County	215.66
12	泰 兴 市	Taixing City	556.20	33	射 阳 县	Sheyang County	207.17
13	靖 江 市	Jingjiang City	540.91	34	滨 海 县	Binhai County	201.40
14	如 东 县	Rudong County	523.00	35	泗 洪 县	Sihong County	186.90
15	溧 阳 市	Liyang City	513.96	36	响 水 县	Xiangshui County	179.03
16	仪 征 市	Yizheng City	423.03	37	丰 县	Fengxian County	173.94
17	高 邮 市	Gaoyou City	405.86	38	灌 南 县	Guannan County	171.70
18	沭 阳 县	Shuyang County	395.81	39	盱 眙 县	Xuyi County	159.05
19	邳 州 市	Pizhou City	390.74	40	金 湖 县	Jinhu County	135.39
20	宝 应 县	Baoying County	360.29	41	灌 云 县	Guanyun County	127.47
21	兴 化 市	Xinghua City	346.55				

21－5　第三产业增加值（2019 年）
Value-added of the Tertiary Industry（2019）

位　次 No.	县（市）名称 County（City）		绝对数（亿元） Absolute Figure（100 million yuan）	位　次 No.	县（市）名称 County（City）		绝对数（亿元） Absolute Figure（100 million yuan）
1	昆山市	Kunshan City	1942.23	22	新沂市	Xinyi City	335.31
2	江阴市	Jiangyin City	1923.02	23	句容市	Jurong City	326.96
3	张家港市	Zhangjiagang City	1209.96	24	高邮市	Gaoyou City	326.72
4	常熟市	Changshu City	1107.67	25	宝应县	Baoying County	293.13
5	宜兴市	Yixing City	795.98	26	建湖县	Jianhu County	273.24
6	太仓市	Taicang City	641.29	27	睢宁县	Suining County	265.90
7	海门市	Haimen City	592.80	28	射阳县	Sheyang County	261.39
8	如皋市	Rugao City	545.30	29	阜宁县	Funing County	254.67
9	启东市	Qidong City	496.60	30	涟水县	Lianshui County	243.15
10	丹阳市	Danyang City	484.72	31	东海县	Donghai County	231.64
11	泰兴市	Taixing City	462.29	32	泗洪县	Sihong County	227.19
12	海安市	Haian City	456.10	33	滨海县	Binhai County	223.54
13	沭阳县	Shuyang County	447.90	34	泗阳县	Siyang County	219.29
14	如东县	Rudong County	445.70	35	扬中市	Yangzhong City	209.96
15	溧阳市	Liyang City	444.44	36	丰县	Fengxian County	203.45
16	邳州市	Pizhou City	419.24	37	盱眙县	Xuyi County	190.85
17	东台市	Dongtai City	419.08	38	响水县	Xiangshui County	160.15
18	靖江市	Jingjiang City	412.96	39	灌云县	Guanyun County	156.62
19	兴化市	Xinghua City	397.15	40	灌南县	Guannan County	147.25
20	仪征市	Yizheng City	345.66	41	金湖县	Jinhu County	145.35
21	沛县	Peixian County	339.97				

21－6 全部工业增加值(2019 年)

Value-added of All Industries (2019)

位 次 No.	县（市）名 称 County (City)	绝 对 数 (亿元) Absolute Figure (100 million yuan)	位 次 No.	县（市）名 称 County (City)	绝 对 数 (亿元) Absolute Figure (100 million yuan)
1	昆 山 市 Kunshan City	1912.96	22	扬 中 市 Yangzhong City	247.11
2	江 阴 市 Jiangyin City	1851.50	23	兴 化 市 Xinghua City	241.91
3	张家港市 Zhangjiagang City	1219.73	24	句 容 市 Jurong City	229.92
4	常 熟 市 Changshu City	1033.29	25	沛 县 Peixian County	226.50
5	宜 兴 市 Yixing City	778.38	26	新 沂 市 Xinyi City	212.28
6	太 仓 市 Taicang City	606.46	27	建 湖 县 Jianhu County	185.17
7	海 门 市 Haimen City	575.90	28	射 阳 县 Sheyang County	182.33
8	丹 阳 市 Danyang City	556.82	29	睢 宁 县 Suining County	177.58
9	海 安 市 Haian City	519.40	30	东 海 县 Donghai County	171.48
10	如 皋 市 Rugao City	498.60	31	涟 水 县 Lianshui County	170.09
11	泰 兴 市 Taixing City	465.30	32	泗 阳 县 Siyang County	167.74
12	启 东 市 Qidong City	463.20	33	响 水 县 Xiangshui County	162.76
13	如 东 县 Rudong County	450.90	34	滨 海 县 Binhai County	159.19
14	溧 阳 市 Liyang City	401.19	35	阜 宁 县 Funing County	159.01
15	靖 江 市 Jingjiang City	388.82	36	盱 眙 县 Xuyi County	144.18
16	仪 征 市 Yizheng City	361.02	37	泗 洪 县 Sihong County	142.70
17	沭 阳 县 Shuyang County	345.34	38	丰 县 Fengxian County	142.51
18	邳 州 市 Pizhou City	338.33	39	灌 南 县 Guannan County	133.57
19	高 邮 市 Gaoyou City	323.11	40	金 湖 县 Jinhu County	117.12
20	宝 应 县 Baoying County	283.84	41	灌 云 县 Guanyun County	94.99
21	东 台 市 Dongtai City	275.31			

21－7 人均地区生产总值（2019 年）

Per Capita Gross Domestic Product（2019）

位 次 No.	县（市）名 称 County（City）		绝 对 数（元） Absolute Figure（yuan）	位 次 No.	县（市）名 称 County（City）		绝 对 数（元） Absolute Figure（yuan）
1	昆 山 市	Kunshan City	242575	22	东 台 市	Dongtai City	86850
2	江 阴 市	Jiangyin City	242111	23	建 湖 县	Jianhu County	78279
3	张家港市	Zhangjiagang City	201795	24	响 水 县	Xiangshui County	77661
4	太 仓 市	Taicang City	183973	25	新 沂 市	Xinyi City	75127
5	常 熟 市	Changshu City	149591	26	兴 化 市	Xinghua City	70178
6	海 门 市	Haimen City	149379	27	沛 县	Peixian County	69430
7	靖 江 市	Jingjiang City	143066	28	阜 宁 县	Funing County	67264
8	扬 中 市	Yangzhong City	141667	29	邳 州 市	Pizhou City	66466
9	宜 兴 市	Yixing City	140905	30	射 阳 县	Sheyang County	64186
10	仪 征 市	Yizheng City	138558	31	盱 眙 县	Xuyi County	63756
11	溧 阳 市	Liyang City	132330	32	涟 水 县	Lianshui County	62686
12	海 安 市	Haian City	131195	33	沭 阳 县	Shuyang County	60572
13	启 东 市	Qidong City	121874	34	灌 南 县	Guannan County	60041
14	丹 阳 市	Danyang City	113087	35	睢 宁 县	Suining County	59459
15	高 邮 市	Gaoyou City	109978	36	泗 阳 县	Siyang County	59125
16	如 东 县	Rudong County	107732	37	泗 洪 县	Sihong County	55111
17	句 容 市	Jurong City	105264	38	东 海 县	Donghai County	54273
18	泰 兴 市	Taixing City	101157	39	滨 海 县	Binhai County	52939
19	如 皋 市	Rugao City	98127	40	丰 县	Fengxian County	49207
20	金 湖 县	Jinhu County	97736	41	灌 云 县	Guanyun County	44664
21	宝 应 县	Baoying County	96410				

21－8　一般公共预算收入（2019 年）
General Public Budget Revenue（2019）

位　次 No.	县（市）名称 County（City）	绝对数（亿元） Absolute Figure（100 million yuan）	位　次 No.	县（市）名称 County（City）	绝对数（亿元） Absolute Figure（100 million yuan）
1	昆　山　市　Kunshan City	407.31	22	兴　化　市　Xinghua City	39.76
2	江　阴　市　Jiangyin City	256.58	23	睢　宁　县　Suining County	38.04
3	张家港市　Zhangjiagang City	247.00	24	高　邮　市　Gaoyou City	36.80
4	常　熟　市　Changshu City	203.02	25	新　沂　市　Xinyi City	35.55
5	太　仓　市　Taicang City	162.97	26	扬　中　市　Yangzhong City	34.01
6	宜　兴　市　Yixing City	123.85	27	建　湖　县　Jianhu County	30.16
7	泰　兴　市　Taixing City	80.59	28	射　阳　县　Sheyang County	28.60
8	海　门　市　Haimen City	71.02	29	丰　　县　Fengxian County	28.43
9	启　东　市　Qidong City	70.65	30	阜　宁　县　Funing County	27.70
10	溧　阳　市　Liyang City	70.27	31	泗　洪　县　Sihong County	26.32
11	如　皋　市　Rugao City	70.01	32	泗　阳　县　Siyang County	25.75
12	海　安　市　Haian City	62.66	33	宝　应　县　Baoying County	24.87
13	丹　阳　市　Danyang City	62.01	34	东　海　县　Donghai County	24.06
14	靖　江　市　Jingjiang City	57.71	35	灌　南　县　Guannan County	23.52
15	如　东　县　Rudong County	57.70	36	滨　海　县　Binhai County	23.20
16	句　容　市　Jurong City	53.50	37	涟　水　县　Lianshui County	22.95
17	东　台　市　Dongtai City	52.00	38	灌　云　县　Guanyun County	22.59
18	仪　征　市　Yizheng City	50.37	39	金　湖　县　Jinhu County	22.48
19	沭　阳　县　Shuyang County	47.90	40	响　水　县　Xiangshui County	22.00
20	沛　　县　Peixian County	45.00	41	盱　眙　县　Xuyi County	19.09
21	邳　州　市　Pizhou City	42.87			

21-9 人均一般公共预算收入（2019年）
Per Capita General Public Budget Revenue（2019）

位次 No.	县（市）名称 County（City）		绝对数（元）Absolute Figure（yuan）	位次 No.	县（市）名称 County（City）		绝对数（元）Absolute Figure（yuan）
1	昆山市	Kunshan City	24425	22	响水县	Xiangshui County	4430
2	太仓市	Taicang City	22628	23	建湖县	Jianhu County	4171
3	张家港市	Zhangjiagang City	19568	24	沛县	Peixian County	4016
4	江阴市	Jiangyin City	15526	25	新沂市	Xinyi City	3891
5	常熟市	Changshu City	13380	26	灌南县	Guannan County	3701
6	扬中市	Yangzhong City	9877	27	睢宁县	Suining County	3691
7	宜兴市	Yixing City	9859	28	阜宁县	Funing County	3357
8	溧阳市	Liyang City	9202	29	宝应县	Baoying County	3271
9	句容市	Jurong City	8514	30	射阳县	Sheyang County	3256
10	靖江市	Jingjiang City	8428	31	兴化市	Xinghua City	3201
11	海门市	Haimen City	7845	32	沭阳县	Shuyang County	3054
12	仪征市	Yizheng City	7728	33	泗阳县	Siyang County	3036
13	泰兴市	Taixing City	7521	34	丰县	Fengxian County	2988
14	启东市	Qidong City	7439	35	邳州市	Pizhou City	2969
15	海安市	Haian City	7255	36	泗洪县	Sihong County	2928
16	金湖县	Jinhu County	6759	37	盱眙县	Xuyi County	2908
17	丹阳市	Danyang City	6250	38	灌云县	Guanyun County	2809
18	如东县	Rudong County	5901	39	涟水县	Lianshui County	2703
19	如皋市	Rugao City	5654	40	滨海县	Binhai County	2495
20	东台市	Dongtai City	5367	41	东海县	Donghai County	2481
21	高邮市	Gaoyou City	4944				

21－10 粮食产量(2019年)
Output of Grain(2019)

位次 No.	县(市)名称 County(City)		绝对数(万吨) Absolute Figure (10000 tons)	位次 No.	县(市)名称 County(City)		绝对数(万吨) Absolute Figure (10000 tons)
1	沭阳县	Shuyang County	128.08	22	灌南县	Guannan County	63.86
2	兴化市	Xinghua City	124.08	23	泰兴市	Taixing City	62.72
3	泗洪县	Sihong County	116.65	24	海安市	Haian City	62.34
4	东海县	Donghai County	116.62	25	丰县	Fengxian County	60.73
5	射阳县	Sheyang County	113.14	26	响水县	Xiangshui County	60.27
6	盱眙县	Xuyi County	104.58	27	金湖县	Jinhu County	56.76
7	东台市	Dongtai City	102.04	28	溧阳市	Liyang City	40.83
8	滨海县	Binhai County	98.51	29	丹阳市	Danyang City	40.79
9	如东县	Rudong County	97.95	30	宜兴市	Yixing City	35.90
10	涟水县	Lianshui County	95.65	31	启东市	Qidong City	32.63
11	阜宁县	Funing County	95.34	32	靖江市	Jingjiang City	26.75
12	睢宁县	Suining County	93.40	33	句容市	Jurong City	26.72
13	灌云县	Guanyun County	87.46	34	仪征市	Yizheng City	25.72
14	宝应县	Baoying County	86.90	35	海门市	Haimen City	25.16
15	邳州市	Pizhou City	84.53	36	常熟市	Changshu City	23.32
16	高邮市	Gaoyou City	84.08	37	张家港市	Zhangjiagang City	20.56
17	新沂市	Xinyi City	71.49	38	太仓市	Taicang City	14.55
18	建湖县	Jianhu County	70.72	39	江阴市	Jiangyin City	12.98
19	如皋市	Rugao City	66.94	40	昆山市	Kunshan City	8.86
20	沛县	Peixian County	65.78	41	扬中市	Yangzhong City	7.72
21	泗阳县	Siyang County	64.35				

21－11 油料产量（2019年）
Output of Oil-bearing Crops（2019）

位次 No.	县（市）名称 County（City）		绝对数（万吨）Absolute Figure（10000 tons）	位次 No.	县（市）名称 County（City）		绝对数（万吨）Absolute Figure（10000 tons）
1	新沂市	Xinyi City	7.09	22	阜宁县	Funing County	1.09
2	启东市	Qidong City	5.49	23	邳州市	Pizhou City	1.02
3	海门市	Haimen City	5.38	24	射阳县	Sheyang County	0.82
4	东海县	Donghai County	5.04	25	泗阳县	Siyang County	0.69
5	睢宁县	Suining County	3.53	26	盱眙县	Xuyi County	0.69
6	泰兴市	Taixing City	3.45	27	丹阳市	Danyang City	0.61
7	东台市	Dongtai City	3.37	28	靖江市	Jingjiang City	0.57
8	涟水县	Lianshui County	2.67	29	丰县	Fengxian County	0.47
9	兴化市	Xinghua City	2.66	30	宜兴市	Yixing City	0.47
10	如皋市	Rugao City	2.58	31	仪征市	Yizheng City	0.46
11	如东县	Rudong County	2.47	32	金湖县	Jinhu County	0.46
12	句容市	Jurong City	2.43	33	沛县	Peixian County	0.39
13	滨海县	Binhai County	1.68	34	张家港市	Zhangjiagang City	0.32
14	沭阳县	Shuyang County	1.58	35	常熟市	Changshu City	0.24
15	泗洪县	Sihong County	1.52	36	江阴市	Jiangyin City	0.19
16	海安市	Haian City	1.49	37	灌云县	Guanyun County	0.18
17	溧阳市	Liyang City	1.34	38	太仓市	Taicang City	0.17
18	高邮市	Gaoyou City	1.31	39	扬中市	Yangzhong City	0.17
19	建湖县	Jianhu County	1.19	40	灌南县	Guannan County	0.13
20	响水县	Xiangshui County	1.12	41	昆山市	Kunshan City	0.05
21	宝应县	Baoying County	1.11				

21－12 规模以上工业企业利润总额（2019年）
Profits of above Designated Size Industrial Enterprises（2019）

位次 No.	县（市）名称 County（City）	绝对数（亿元） Absolute Figure（100 million yuan）	位次 No.	县（市）名称 County（City）	绝对数（亿元） Absolute Figure（100 million yuan）
1	昆山市 Kunshan City	424.98	22	新沂市 Xinyi City	24.20
2	江阴市 Jiangyin City	388.77	23	涟水县 Lianshui County	24.05
3	张家港市 Zhangjiagang City	239.24	24	邳州市 Pizhou City	23.17
4	常熟市 Changshu City	217.04	25	宝应县 Baoying County	21.74
5	宜兴市 Yixing City	201.79	26	兴化市 Xinghua City	20.22
6	太仓市 Taicang City	148.46	27	东台市 Dongtai City	19.76
7	如东县 Rudong County	115.86	28	泗阳县 Siyang County	19.48
8	溧阳市 Liyang City	104.41	29	扬中市 Yangzhong City	15.89
9	泰兴市 Taixing City	86.28	30	东海县 Donghai County	12.27
10	靖江市 Jingjiang City	82.07	31	射阳县 Sheyang County	11.93
11	响水县 Xiangshui County	79.76	32	建湖县 Jianhu County	11.63
12	仪征市 Yizheng City	72.18	33	金湖县 Jinhu County	9.14
13	海门市 Haimen City	59.96	34	灌南县 Guannan County	8.71
14	海安市 Haian City	59.15	35	睢宁县 Suining County	8.70
15	如皋市 Rugao City	54.36	36	沛县 Peixian County	8.30
16	丹阳市 Danyang City	53.34	37	阜宁县 Funing County	4.64
17	沭阳县 Shuyang County	38.21	38	盱眙县 Xuyi County	4.33
18	启东市 Qidong City	37.35	39	丰县 Fengxian County	4.21
19	句容市 Jurong City	36.05	40	滨海县 Binhai County	0.76
20	泗洪县 Sihong County	32.21	41	灌云县 Guanyun County	0.11
21	高邮市 Gaoyou City	31.91			

21－13 社会消费品零售总额（2019年）

Total Retail Sale of Consumer Goods（2019）

位次 No.	县（市）名称 County（City）		绝对数（亿元）Absolute Figure（100 million yuan）	位次 No.	县（市）名称 County（City）		绝对数（亿元）Absolute Figure（100 million yuan）
1	昆山市	Kunshan City	1391.72	22	兴化市	Xinghua City	248.32
2	常熟市	Changshu City	1031.00	23	东台市	Dongtai City	242.48
3	张家港市	Zhangjiagang City	718.26	24	阜宁县	Funing County	235.90
4	江阴市	Jiangyin City	695.95	25	滨海县	Binhai County	230.91
5	宜兴市	Yixing City	508.19	26	射阳县	Sheyang County	219.41
6	睢宁县	Suining County	467.40	27	涟水县	Lianshui County	203.76
7	如皋市	Rugao City	458.06	28	靖江市	Jingjiang City	202.71
8	沛县	Peixian County	456.14	29	建湖县	Jianhu County	190.99
9	海门市	Haimen City	430.98	30	高邮市	Gaoyou City	175.87
10	太仓市	Taicang City	424.79	31	盱眙县	Xuyi County	169.69
11	启东市	Qidong City	410.54	32	宝应县	Baoying County	165.94
12	如东县	Rudong County	404.44	33	句容市	Jurong City	155.60
13	海安市	Haian City	354.88	34	扬中市	Yangzhong City	134.55
14	邳州市	Pizhou City	348.18	35	泗洪县	Sihong County	132.64
15	溧阳市	Liyang City	321.48	36	泗阳县	Siyang County	127.17
16	新沂市	Xinyi City	317.38	37	金湖县	Jinhu County	118.51
17	丹阳市	Danyang City	305.49	38	仪征市	Yizheng City	117.72
18	丰县	Fengxian County	288.46	39	响水县	Xiangshui County	109.71
19	泰兴市	Taixing City	274.30	40	灌南县	Guannan County	98.25
20	东海县	Donghai County	249.17	41	灌云县	Guanyun County	81.39
21	沭阳县	Shuyang County	248.61				

21－14 出口总额(2019 年)
Total Exports (2019)

位 次 No.	县(市)名 称 County (City)	绝 对 数 (亿美元) Absolute Figure (100 million USD)	位 次 No.	县(市)名 称 County (City)	绝 对 数 (亿美元) Absolute Figure (100 million USD)
1	昆 山 市 Kunshan City	557.00	22	仪 征 市 Yizheng City	7.35
2	张家港市 Zhangjiagang City	161.40	23	兴 化 市 Xinghua City	7.29
3	常 熟 市 Changshu City	158.10	24	沛 县 Peixian County	7.19
4	江 阴 市 Jiangyin City	146.55	25	睢 宁 县 Suining County	6.74
5	太 仓 市 Taicang City	63.60	26	句 容 市 Jurong City	5.97
6	宜 兴 市 Yixing City	35.00	27	射 阳 县 Sheyang County	4.69
7	如 皋 市 Rugao City	29.19	28	金 湖 县 Jinhu County	4.64
8	丹 阳 市 Danyang City	27.77	29	响 水 县 Xiangshui County	4.62
9	启 东 市 Qidong City	27.68	30	扬 中 市 Yangzhong City	4.48
10	靖 江 市 Jingjiang City	25.51	31	滨 海 县 Binhai County	4.47
11	泰 兴 市 Taixing City	24.82	32	泗 阳 县 Siyang County	4.46
12	海 门 市 Haimen City	24.36	33	高 邮 市 Gaoyou City	4.46
13	如 东 县 Rudong County	20.52	34	阜 宁 县 Funing County	4.07
14	邳 州 市 Pizhou City	16.72	35	东 海 县 Donghai County	3.90
15	海 安 市 Haian City	16.37	36	建 湖 县 Jianhu County	3.44
16	新 沂 市 Xinyi City	11.44	37	涟 水 县 Lianshui County	2.86
17	溧 阳 市 Liyang City	10.14	38	泗 洪 县 Sihong County	2.49
18	东 台 市 Dongtai City	9.72	39	灌 云 县 Guanyun County	1.83
19	沭 阳 县 Shuyang County	8.50	40	盱 眙 县 Xuyi County	1.44
20	丰 县 Fengxian County	8.43	41	灌 南 县 Guannan County	1.36
21	宝 应 县 Baoying County	7.73			

21－15 实际使用外资（2019 年）
Actual Use of Foreign Capital(2019)

位次 No.	县（市）名称 County (City)		绝对数（亿美元）Absolute Figure (100 million USD)	位次 No.	县（市）名称 County (City)		绝对数（亿美元）Absolute Figure (100 million USD)
1	江阴市	Jiangyin City	9.31	22	金湖县	Jinhu County	1.28
2	昆山市	Kunshan City	7.47	23	句容市	Jurong City	1.22
3	常熟市	Changshu City	4.98	24	靖江市	Jingjiang City	1.16
4	太仓市	Taicang City	4.40	25	沭阳县	Shuyang County	1.08
5	张家港市	Zhangjiagang City	3.98	26	盱眙县	Xuyi County	1.05
6	宜兴市	Yixing City	3.79	27	东海县	Donghai County	1.02
7	泰兴市	Taixing City	3.75	28	灌南县	Guannan County	0.97
8	如皋市	Rugao City	3.51	29	高邮市	Gaoyou City	0.93
9	新沂市	Xinyi City	3.40	30	东台市	Dongtai City	0.90
10	海安市	Haian City	3.19	31	丰县	Fengxian County	0.88
11	如东县	Rudong County	3.09	32	泗阳县	Siyang County	0.88
12	启东市	Qidong City	3.04	33	宝应县	Baoying County	0.87
13	溧阳市	Liyang City	3.00	34	泗洪县	Sihong County	0.85
14	海门市	Haimen City	2.69	35	扬中市	Yangzhong City	0.63
15	邳州市	Pizhou City	2.66	36	射阳县	Sheyang County	0.61
16	仪征市	Yizheng City	2.00	37	响水县	Xiangshui County	0.58
17	沛县	Peixian County	1.86	38	滨海县	Binhai County	0.55
18	兴化市	Xinghua City	1.62	39	建湖县	Jianhu County	0.38
19	睢宁县	Suining County	1.49	40	阜宁县	Funing County	0.35
20	丹阳市	Danyang City	1.41	41	灌云县	Guanyun County	0.06
21	涟水县	Lianshui County	1.40				

21－16 金融机构各项存款余额(人民币)(2019年)
The Balance of Deposits of Financial Institutions (RMB)(2019)

位次 No.	县(市)名称 County (City)		绝对数(亿元) Absolute Figure (100 million yuan)	位次 No.	县(市)名称 County (City)		绝对数(亿元) Absolute Figure (100 million yuan)
1	昆山市	Kunshan City	4397.64	22	邳州市	Pizhou City	695.53
2	江阴市	Jiangyin City	4072.01	23	扬中市	Yangzhong City	663.18
3	常熟市	Changshu City	3303.30	24	沛县	Peixian County	600.70
4	张家港市	Zhangjiagang City	3058.80	25	宝应县	Baoying County	598.26
5	宜兴市	Yixing City	2340.85	26	睢宁县	Suining County	596.16
6	海门市	Haimen City	1659.41	27	射阳县	Sheyang County	560.28
7	太仓市	Taicang City	1610.64	28	建湖县	Jianhu County	543.67
8	海安市	Haian City	1596.81	29	阜宁县	Funing County	518.53
9	启东市	Qidong City	1512.57	30	新沂市	Xinyi City	509.50
10	如皋市	Rugao City	1470.25	31	丰县	Fengxian County	487.87
11	如东县	Rudong County	1366.79	32	东海县	Donghai County	463.46
12	溧阳市	Liyang City	1306.25	33	涟水县	Lianshui County	443.63
13	丹阳市	Danyang City	1252.95	34	滨海县	Binhai County	431.25
14	泰兴市	Taixing City	1183.74	35	泗阳县	Siyang County	424.92
15	靖江市	Jingjiang City	1183.06	36	盱眙县	Xuyi County	420.64
16	兴化市	Xinghua City	976.24	37	泗洪县	Sihong County	380.60
17	句容市	Jurong City	936.22	38	灌云县	Guanyun County	335.34
18	东台市	Dongtai City	928.32	39	金湖县	Jinhu County	289.99
19	仪征市	Yizheng City	721.02	40	灌南县	Guannan County	279.20
20	沭阳县	Shuyang County	718.35	41	响水县	Xiangshui County	247.31
21	高邮市	Gaoyou City	703.57				

21－17 金融机构各项贷款余额(人民币)(2019年)
The Balance of Loans of Financial Institutions (RMB) (2019)

位次 No.	县(市)名称 County (City)		绝对数(亿元) Absolute Figure (100 million yuan)	位次 No.	县(市)名称 County (City)		绝对数(亿元) Absolute Figure (100 million yuan)
1	昆山市	Kunshan City	3745.75	22	高邮市	Gaoyou City	512.54
2	江阴市	Jiangyin City	3227.27	23	仪征市	Yizheng City	511.45
3	常熟市	Changshu City	2711.90	24	泗阳县	Siyang County	504.55
4	张家港市	Zhangjiagang City	2512.52	25	宝应县	Baoying County	445.80
5	宜兴市	Yixing City	1696.81	26	泗洪县	Sihong County	421.57
6	太仓市	Taicang City	1581.73	27	射阳县	Sheyang County	406.42
7	海安市	Haian City	1219.21	28	东海县	Donghai County	389.99
8	海门市	Haimen City	1163.65	29	睢宁县	Suining County	385.46
9	丹阳市	Danyang City	1138.75	30	新沂市	Xinyi City	383.05
10	句容市	Jurong City	1122.04	31	滨海县	Binhai County	379.63
11	启东市	Qidong City	1041.38	32	盱眙县	Xuyi County	378.41
12	如皋市	Rugao City	1032.36	33	沛县	Peixian County	368.28
13	溧阳市	Liyang City	997.60	34	建湖县	Jianhu County	366.64
14	靖江市	Jingjiang City	985.86	35	阜宁县	Funing County	305.53
15	泰兴市	Taixing City	964.65	36	涟水县	Lianshui County	299.24
16	如东县	Rudong County	811.98	37	丰县	Fengxian County	278.58
17	兴化市	Xinghua City	642.56	38	灌云县	Guanyun County	270.90
18	沭阳县	Shuyang County	631.34	39	金湖县	Jinhu County	260.05
19	东台市	Dongtai City	590.22	40	灌南县	Guannan County	245.76
20	邳州市	Pizhou City	545.87	41	响水县	Xiangshui County	211.93
21	扬中市	Yangzhong City	528.03				

21－18 居民人均可支配收入（2019 年）
Per Capita Disposable Income of Residents(2019)

位次 No.	县（市）名称 County（City）		绝对数（元） Absolute Figure（yuan）	位次 No.	县（市）名称 County（City）		绝对数（元） Absolute Figure（yuan）
1	昆 山 市	Kunshan City	59735	22	建 湖 县	Jianhu County	30706
2	江 阴 市	Jiangyin City	59036	23	金 湖 县	Jinhu County	29982
3	张家港市	Zhangjiagang City	57957	24	盱 眙 县	Xuyi County	28871
4	常 熟 市	Changshu City	57831	25	射 阳 县	Sheyang County	28325
5	太 仓 市	Taicang City	56960	26	邳 州 市	Pizhou City	28250
6	宜 兴 市	Yixing City	48506	27	宝 应 县	Baoying County	28167
7	扬 中 市	Yangzhong City	46907	28	沛 县	Peixian County	27764
8	溧 阳 市	Liyang City	43010	29	滨 海 县	Binhai County	26788
9	丹 阳 市	Danyang City	42045	30	东 海 县	Donghai County	26682
10	海 安 市	Haian City	40949	31	阜 宁 县	Funing County	26589
11	靖 江 市	Jingjiang City	40941	32	响 水 县	Xiangshui County	25729
12	句 容 市	Jurong City	38891	33	新 沂 市	Xinyi City	25580
13	如 皋 市	Rugao City	37825	34	沭 阳 县	Shuyang County	24633
14	如 东 县	Rudong County	36662	35	涟 水 县	Lianshui County	24610
15	泰 兴 市	Taixing City	36616	36	泗 阳 县	Siyang County	24324
16	启 东 市	Qidong City	35626	37	睢 宁 县	Suining County	23791
17	海 门 市	Haimen City	35495	38	泗 洪 县	Sihong County	23750
18	仪 征 市	Yizheng City	35189	39	丰 县	Fengxian County	23677
19	东 台 市	Dongtai City	34571	40	灌 南 县	Guannan County	23099
20	兴 化 市	Xinghua City	32642	41	灌 云 县	Guanyun County	22626
21	高 邮 市	Gaoyou City	31100				

21－19　城镇常住居民人均可支配收入（2019年）
Per Capita Disposable Income of Urban Permanent Residents(2019)

位次 No.	县（市）名称 County (City)		绝对数（元）Absolute Figure (yuan)	位次 No.	县（市）名称 County (City)		绝对数（元）Absolute Figure (yuan)
1	江阴市	Jiangyin City	69342	22	金湖县	Jinhu County	39677
2	张家港市	Zhangjiagang City	69243	23	盱眙县	Xuyi County	39297
3	昆山市	Kunshan City	69168	24	建湖县	Jianhu County	37558
4	常熟市	Changshu City	68962	25	邳州市	Pizhou City	36419
5	太仓市	Taicang City	68204	26	东海县	Donghai County	34922
6	宜兴市	Yixing City	58515	27	沛县	Peixian County	34920
7	扬中市	Yangzhong City	57829	28	宝应县	Baoying County	34455
8	溧阳市	Liyang City	53478	29	射阳县	Sheyang County	33901
9	丹阳市	Danyang City	52508	30	滨海县	Binhai County	33782
10	海安市	Haian City	51870	31	阜宁县	Funing County	32480
11	句容市	Jurong City	51017	32	涟水县	Lianshui County	32327
12	靖江市	Jingjiang City	50725	33	响水县	Xiangshui County	32313
13	如皋市	Rugao City	47982	34	新沂市	Xinyi City	32069
14	如东县	Rudong County	47844	35	灌南县	Guannan County	31170
15	启东市	Qidong City	47430	36	沭阳县	Shuyang County	30269
16	海门市	Haimen City	46958	37	泗阳县	Siyang County	29964
17	泰兴市	Taixing City	46915	38	睢宁县	Suining County	29923
18	仪征市	Yizheng City	46426	39	丰县	Fengxian County	29437
19	兴化市	Xinghua City	42856	40	泗洪县	Sihong County	29303
20	东台市	Dongtai City	41374	41	灌云县	Guanyun County	29291
21	高邮市	Gaoyou City	40203				

21－20　农村常住居民人均可支配收入(2019年)

Per Capita Disposable Income of Rural Permanent Residents(2019)

位次 No.	县(市)名称 County (City)	绝对数(元) Absolute Figure (yuan)	位次 No.	县(市)名称 County (City)	绝对数(元) Absolute Figure (yuan)
1	江阴市 Jiangyin City	36095	22	海门市 Haimen City	21912
2	昆山市 Kunshan City	35779	23	兴化市 Xinghua City	21824
3	常熟市 Changshu City	35576	24	射阳县 Sheyang County	21512
4	张家港市 Zhangjiagang City	35453	25	沛县 Peixian County	20496
5	太仓市 Taicang City	35198	26	金湖县 Jinhu County	20414
6	扬中市 Yangzhong City	30636	27	阜宁县 Funing County	20030
7	宜兴市 Yixing City	30434	28	邳州市 Pizhou City	19896
8	溧阳市 Liyang City	28292	29	滨海县 Binhai County	19396
9	丹阳市 Danyang City	27807	30	新沂市 Xinyi City	18876
10	海安市 Haian City	26858	31	东海县 Donghai County	18782
11	如皋市 Rugao City	25714	32	盱眙县 Xuyi County	18727
12	东台市 Dongtai City	25479	33	响水县 Xiangshui County	18562
13	靖江市 Jingjiang City	25317	34	沭阳县 Shuyang County	18389
14	句容市 Jurong City	24223	35	丰县 Fengxian County	18273
15	如东县 Rudong County	23354	36	泗阳县 Siyang County	18138
16	泰兴市 Taixing City	23221	37	睢宁县 Suining County	18029
17	仪征市 Yizheng City	22459	38	泗洪县 Sihong County	17713
18	启东市 Qidong City	22135	39	涟水县 Lianshui County	17335
19	建湖县 Jianhu County	22090	40	灌云县 Guanyun County	16856
20	高邮市 Gaoyou City	21941	41	灌南县 Guannan County	16128
21	宝应县 Baoying County	21929			

22

乡镇基本情况

Basic Conditions of Villages and Towns

简 要 说 明

一、本篇资料的主要内容

本篇资料反映乡镇经济社会基本情况。

二、资料来源

本篇资料根据乡镇社会经济基本情况统计年报加工整理。

Brief Introduction

I. Main Contents

Data in this chapter reflect economic and social basic conditions of villages and Towns

Ⅱ. Date Source

Data in this chapter mainly based on the basic conditions of villages and Towns annual report.

22－1 乡镇基本情况(2019 年)
Basic Conditions of Villages and Towns(2019)

名称 Name		总人口(人) Total Population (person)	从业人员(人) Employment (person)	土地面积(公顷) Land Area (hectare)	耕地面积(公顷) Cultivated Area (hectare)	财政收入(万元) Financial Revenue (10000 yuan)	粮食产量(吨) Output of Grain (ton)
南京市	**Nanjing City**						
市辖区	**Municipal District**						
竹镇镇	Zhuzhen Town	49725	28332	21104	9659	27750	52916
白马镇	Baima Town	40126	23592	14588	4948	55070	30992
晶桥镇	Jingqiao Town	36989	22545	14260	4470	45092	33037
和凤镇	Hefeng Town	51456	28908	19000	4229	27677	33697
阳江镇	Yangjiang Town	71596	41816	13113	6424	30706	945
砖墙镇	Zhuanqiang Town	35795	22224	7585	3623	25100	140
无锡市	**Wuxi City**						
市辖区	**Municipal District**						
羊尖镇	Yangjian Town	56873	35928	5046	2095	59297	12708
鹅湖镇	Ehu Town	77195	42593	5457	1235	70748	4298
锡北镇	Xibei Town	101299	55852	6323	3039	102084	6941
东港镇	Donggang Town	139586	85981	8505	3296	214078	14516
洛社镇	Luoshe Town	182833	116430	7742	1369	304896	1176
阳山镇	Yangshan Town	57882	33390	4212	521	79361	
胡埭镇	Hudai Town	72525	35421	3608	428	128900	412
江阴市	**Jiangyin City**						
璜土镇	Huangtu Town	76823	49506	6449	2516	159302	10827
月城镇	Yuecheng Town	47341	31277	3853	1200	40947	4293
青阳镇	Qingyang Town	86345	47415	6757	3325	81760	12351
徐霞客镇	Xuxiake Town	135826	76010	11017	4613	137799	17520
华士镇	Huashi Town	134425	86112	7456	2189	176793	6602
周庄镇	Zhouzhuang Town	139672	88582	7596	2358	256640	9399
新桥镇	Xinqiao Town	39896	26645	2000	307	328414	714
长泾镇	Changjing Town	73759	47988	5316	2419	81350	16613

22－1 续表1 Continued 1

名称 Name		总人口（人）Total Population (person)	从业人员（人）Employment (person)	土地面积（公顷）Land Area (hectare)	耕地面积（公顷）Cultivated Area (hectare)	财政收入（万元）Financial Revenue (10000 yuan)	粮食产量（吨）Output of Grain (ton)
顾 山 镇	Gushan Town	76274	57674	4971	1352	150303	7030
祝 塘 镇	Zhutang Town	88626	58606	5959	2628	131605	16410
宜 兴 市	**Yixing City**						
张 渚 镇	Zhangzhu Town	85754	48945	18894	3238	72966	12011
西 渚 镇	Xizhu Town	27645	16391	6661	3123	10269	13893
太 华 镇	Taihua Town	28823	13617	9157	628	15077	1341
徐 舍 镇	Xushe Town	100012	57064	17991	9530	44767	78889
官 林 镇	Guanlin Town	95651	41515	12400	4118	172694	17227
杨 巷 镇	Yangxiang Town	43546	24464	8642	4020	27635	25936
新 建 镇	Xinjian Town	26467	14743	4436	2301	20265	2019
和 桥 镇	Heqiao Town	80922	50327	10134	3618	78210	34771
高 塍 镇	Gaocheng Town	76711	43258	11267	3288	157382	34651
万 石 镇	Wanshi Town	33025	18415	4382	2318	55833	24302
周 铁 镇	Zhoutie Town	63345	26675	7135	3802	88683	26726
丁 蜀 镇	Dingshu Town	221720	98120	19218	4811	151778	22407
湖 父 镇	Hufu Town	23708	12630	9802	1192	16904	2567
徐 州 市	**Xuzhou City**						
市 辖 区	**Municipal District**						
青山泉镇	Qingshanquan Town	38952	25682	6647	2855	10285	22285
紫 庄 镇	Zizhuang Town	60901	35451	6668	3200	5382	40243
塔 山 镇	Tashan Town	68029	30031	9468	5497	13566	40346
汴 塘 镇	Biantang Town	50090	21991	10080	4185	1743	36002
江 庄 镇	Jiangzhuang Town	35310	16710	7496	4189	16817	44537
何 桥 镇	Heqiao Town	50487	31442	7400	5326	5870	42135
黄 集 镇	Huangji Town	62491	34575	8340	4828	7920	58940
马 坡 镇	Mapo Town	54106	24704	6900	4450	3795	63805
郑 集 镇	Zhengji Town	48705	29192	6710	5019	10746	55390
柳 新 镇	Liuxin Town	77164	37963	9606	3735	45800	56550
刘 集 镇	Liuji Town	67852	30271	8360	4143	10025	55964
大 彭 镇	Dapeng Town	67035	42991	7600	3357	15225	46260

名称 Name		总人口（人） Total Population (person)	从业人员（人） Employment (person)	土地面积（公顷） Land Area (hectare)	耕地面积（公顷） Cultivated Area (hectare)	财政收入（万元） Financial Revenue (10000 yuan)	粮食产量（吨） Output of Grain (ton)
汉 王 镇	Hanwang Town	46269	19115	6393	1961	32230	15689
棠 张 镇	Tangzhang Town	60964	36241	8060	4316	12315	31111
张 集 镇	Zhangji Town	93178	39027	14800	7657	15429	75392
房 村 镇	Fangcun Town	75042	39880	13600	7987	6327	94702
伊 庄 镇	Yizhuang Town	45470	21902	8565	3260	5024	43102
单 集 镇	Shanji Town	59092	29694	13210	7116	4157	94369
利 国 镇	Liguo Town	62351	21491	7769	2733	95570	28701
大 许 镇	Daxu Town	82503	44391	12917	7334	5680	97790
茅 村 镇	Maocun Town	75603	36431	8324	3845	20638	36600
柳 泉 镇	Liuquan Town	64438	40838	10520	4714	27081	59979
徐 庄 镇	Xuzhuang Town	70527	38863	13259	6947	13315	88959
丰 县	**Fengxian County**						
首 羡 镇	Shouxian Town	74612	52864	12232	8938	15427	27087
顺 河 镇	Shunhe Town	52147	28268	9404	5962	18952	51406
常 店 镇	Changdian Town	66547	33310	8187	3996	17750	48112
欢 口 镇	Huankou Town	104350	53339	10751	6803	34466	91084
师 寨 镇	Shizhai Town	66252	46029	8518	5268	11865	41567
华 山 镇	Huashan Town	76548	45215	10100	5190	20240	25932
梁 寨 镇	Liangzhai Town	64034	33106	8680	5736	27161	38759
范 楼 镇	Fanlou Town	78163	38630	11873	7331	15247	47947
宋 楼 镇	Songlou Town	88996	44485	12214	3883	30150	31220
大沙河镇	Dashahe Town	61427	29422	8631	1761	14864	6910
王 沟 镇	Wanggou Town	80145	55866	12621	8088	11745	65330
赵 庄 镇	Zhaozhuang Town	65367	41021	9100	5274	37921	54310
沛 县	**Peixian County**						
龙 固 镇	Longgu Town	62019	30486	5302	2659	44127	26837
杨 屯 镇	Yangtun Town	61140	36500	5165	2041	68182	22712
胡 寨 镇	Huzhai Town	37135	22178	4594	3267	6948	44260
魏 庙 镇	Weimiao Town	52501	31255	6202	3945	10716	50987

名称 Name		总人口（人）Total Population (person)	从业人员（人）Employment (person)	土地面积（公顷）Land Area (hectare)	耕地面积（公顷）Cultivated Area (hectare)	财政收入（万元）Financial Revenue (10000 yuan)	粮食产量（吨）Output of Grain (ton)
五 段 镇	Wuduan Town	40849	24649	4977	2859	17123	37843
张 庄 镇	Zhangzhuang Town	83282	43396	11200	6133	16645	52256
张 寨 镇	Zhangzhai Town	79996	37104	10634	6495	11892	68801
敬 安 镇	Jingan Town	63680	30780	9600	5025	32910	30081
河 口 镇	Hekou Town	53635	32881	8257	5486	12397	30744
栖 山 镇	Qishan Town	52577	32045	8951	6225	8054	40227
鹿 楼 镇	Lulou Town	73525	46779	12540	5996	12287	85203
朱 寨 镇	Zhuzhai Town	60850	27427	7900	4700	18233	42693
安 国 镇	Anguo Town	83811	44671	10294	5689	30934	42458
睢 宁 县	**Suining County**						
王 集 镇	Wangji Town	70735	46659	13152	7543	7027	54985
双 沟 镇	Shuanggou Town	60691	30854	9530	5521	21598	53469
岚 山 镇	Lanshan Town	74467	48405	11850	8468	25000	75215
李 集 镇	Liji Town	51449	33769	6298	3679	17607	42045
桃 园 镇	Taoyuan Town	66956	40228	9489	5175	9137	62105
官 山 镇	Guanshan Town	82094	51572	12499	7712	28636	86534
高 作 镇	Gaozuo Town	36098	24131	4171	2519	22571	31792
沙 集 镇	Shaji Town	60719	38490	6518	3513	22912	40952
凌 城 镇	Lingcheng Town	65986	38607	9365	5358	19602	73125
邱 集 镇	Qiuji Town	103269	57453	14079	8886	11629	93741
古 邳 镇	Gupi Town	64358	41622	10666	5044	20640	57913
姚 集 镇	Yaoji Town	88227	50937	16780	7723	7558	87824
魏 集 镇	Weiji Town	66849	41187	13000	7670	11921	74316
梁 集 镇	Liangji Town	58620	32671	12134	4524	10507	44369
庆 安 镇	Qingan Town	59516	36665	11571	7253	9950	65850
新 沂 市	**Xinyi City**						
瓦 窑 镇	Wayao Town	37952	21194	6203	3532	9812	30536
港 头 镇	Gangtou Town	38055	22094	6810	4172	6971	51158

名称 Name		总人口（人）Total Population (person)	从业人员（人）Employment (person)	土地面积（公顷）Land Area (hectare)	耕地面积（公顷）Cultivated Area (hectare)	财政收入（万元）Financial Revenue (10000 yuan)	粮食产量（吨）Output of Grain (ton)
合沟镇	Hegou Town	53264	31186	6734	3044	9798	29969
草桥镇	Caoqiao Town	63667	41452	10122	3869	7129	62481
窑湾镇	Yaowan Town	55320	33314	11636	4067	12377	50186
棋盘镇	Qipan Town	67976	42636	15770	8104	11844	100741
马陵山镇	Malingshan Town	51112	36187	9528	4672	5801	68025
新店镇	Xindian Town	45081	28314	11199	4935	7174	59409
邵店镇	Shaodian Town	36120	19835	5849	2867	6695	33357
时集镇	Shiji Town	52048	27024	13887	7735	23272	90624
高流镇	Gaoliu Town	57498	37109	12189	7366	14309	80899
阿湖镇	Ahu Town	57229	38876	12527	7936	12727	66036
双塘镇	Shuangtang Town	38582	26290	9484	3590	13701	43528
邳州市	**Pizhou City**						
邳城镇	Picheng Town	81240	24920	9090	5035	10430	29160
官湖镇	Guanhu Town	119830	70421	8888	2053	49161	14230
四户镇	Sihu Town	47858	27898	8156	4877	13987	44356
宿羊山镇	Suyangshan Town	77857	39201	9013	5430	7163	34102
八义集镇	Bayiji Town	70235	41137	10562	6597	6013	56196
土山镇	Tushan Town	48388	29671	7015	3637	34782	10593
碾庄镇	Nianzhuang Town	96153	40452	12088	7234	37753	46924
港上镇	Gangshang Town	65343	32157	6470	3200	19882	7062
邹庄镇	Zouzhuang Town	56050	36009	7351	5690	17085	29860
占城镇	Zhancheng Town	39173	14843	8900	5132	5468	41923
新河镇	Xinhe Town	57382	32178	11800	5031	7753	49118
八路镇	Balu Town	43148	26212	6700	3692	6616	28030
铁富镇	Tiefu Town	131580	75140	12447	6572	44560	41480
岔河镇	Chahe Town	42310	25824	7088	4303	12688	56340
陈楼镇	Chenlou Town	50906	25822	4423	1768	15683	5802
邢楼镇	Xinglou Town	56710	35020	9684	5996	6213	86200
戴庄镇	Daizhuang Town	55402	34000	6845	4392	5020	35700
车辐山镇	Chefushan Town	60605	35362	9488	5618	12287	22462

22－1 续表5 Continued 5

名称 Name		总人口（人）Total Population (person)	从业人员（人）Employment (person)	土地面积（公顷）Land Area (hectare)	耕地面积（公顷）Cultivated Area (hectare)	财政收入（万元）Financial Revenue (10000 yuan)	粮食产量（吨）Output of Grain (ton)
燕子埠镇	Yanzibu Town	33214	18462	7700	4125	8745	36500
赵墩镇	Zhaodun Town	97831	60896	12081	5487	21753	60320
议堂镇	Yitang Town	35750	18624	5442	2690	21578	32940
常州市	**Changzhou City**						
市辖区	**Municipal District**						
郑陆镇	Zhenglu Town	102770	51539	8893	2874	128416	6207
邹区镇	Zouqu Town	101066	36795	6615	2360	90690	752
春江镇	Chunjiang Town	183887	85756	15210	3289	355039	15987
孟河镇	Menghe Town	115940	60081	8866	3090	56534	19521
新桥镇	Xinqiao Town	69520	38298	2714	621	90673	2600
薛家镇	Xuejia Town	92389	29816	3756	520	187233	1131
罗溪镇	Luoxi Town	54876	31185	5379	996	133400	3787
西夏墅镇	Xixiashu Town	52244	26942	5196	2074	74111	3901
奔牛镇	Benniu Town	64907	36016	5631	2585	61988	2618
湖塘镇	Hutang Town	402161	128256	5900	33	302187	23
牛塘镇	Niutang Town	82351	38945	3460	430	105012	43
洛阳镇	Luoyang Town	84161	37108	5577	1209	64502	3882
遥观镇	Yaoguan Town	109124	58311	4468	517	202497	2349
横林镇	Henglin Town	103494	53107	4668	702	100647	2275
横山桥镇	Hengshanqiao Town	98633	55279	5840	1390	118982	3110
雪堰镇	Xueyan Town	103159	48201	10483	2997	105277	9327
前黄镇	Qianhuang Town	80422	39608	10240	2533	62223	17161
礼嘉镇	Lijia Town	88908	28626	5823	2389	64172	12372
嘉泽镇	Jiaze Town	87922	46969	10148	4481	55419	15
湟里镇	Huangli Town	69537	43875	8715	3675	116656	119
金城镇	Jincheng Town	60479	31804	9280	3478	67576	29155
儒林镇	Rulin Town	30235	19035	10500	1587	185000	1232
直溪镇	Zhixi Town	61140	34366	10652	4745	60828	52305
朱林镇	Zhulin Town	37354	24217	7699	3172	30292	25735
薛埠镇	Xuebu Town	51769	32217	13263	4285	60659	22488

名称 Name		总人口（人）Total Population (person)	从业人员（人）Employment (person)	土地面积（公顷）Land Area (hectare)	耕地面积（公顷）Cultivated Area (hectare)	财政收入（万元）Financial Revenue (10000 yuan)	粮食产量（吨）Output of Grain (ton)
指前镇	Zhiqian Town	58179	28984	10514	3457	31598	35260
溧阳市	**Liyang City**						
溧城镇	Licheng Town	230517	107387	7551	1828	55111	15157
埭头镇	Daitou Town	25361	13623	4369	2036	18084	16935
上黄镇	Shanghuang Town	26464	14670	4760	741	25491	3473
戴埠镇	Daibu Town	44875	30212	14265	3107	22476	20269
天目湖镇	Tianmuhu Town	74545	32864	23897	5705	102852	16027
别桥镇	Bieqiao Town	68854	44430	12832	7072	22735	72127
上兴镇	Shangxing Town	63641	42597	24560	9317	68921	82295
竹箦镇	Zhuze Town	67042	37281	18360	6762	28631	51399
南渡镇	Nandu Town	75416	38732	12450	7510	30445	67929
社渚镇	Shezhu Town	75462	24637	20700	7801	43634	75689
苏州市	**Suzhou City**						
市辖区	**Municipal District**						
通安镇	Tongan Town	93834	40980	3698	1326	148310	2121
甪直镇	Dongzhu Town	128005	101735	12081	2014	452693	5328
木渎镇	Mudu Town	342472	258103	7459	390	420135	
胥口镇	Xukou Town	92139	58772	3586	221	203613	530
东山镇	Dongshan Town	55890	33855	9600	474	50481	54
光福镇	Guangfu Town	48134	32664	6156	1340	80770	648
金庭镇	Jinting Town	43912	27118	8342	836	93911	1299
临湖镇	Linhu Town	89391	57832	5221	2148	104798	6611
望亭镇	Wangting Town	61928	40434	4406	1345	198616	4320
黄埭镇	Huangdai Town	112987	83272	5600	1242	373686	4648
渭塘镇	Weitang Town	79827	51592	3936	727	135888	362
阳澄湖镇	Yangchenghu Town	60699	39675	6284	1209	87508	1549
平望镇	Pingwang Town	130287	70398	13565	4650	120559	28319
盛泽镇	Shengze Town	198007	143912	14774	3223	636236	24030
七都镇	Qidou Town	82110	51185	8620	2886	118589	3285

名称	Name	总人口（人）Total Population (person)	从业人员（人）Employment (person)	土地面积（公顷）Land Area (hectare)	耕地面积（公顷）Cultivated Area (hectare)	财政收入（万元）Financial Revenue (10000 yuan)	粮食产量（吨）Output of Grain (ton)
震泽镇	Zhenze Town	90379	49930	9561	3524	146595	23424
桃源镇	Taoyuan Town	76013	48713	9060	3688	77999	4049
黎里镇	Lili Town	169637	114881	25800	5113	565983	29264
同里镇	Longli Town	44908	34389	9355	1892	194090	9277
常熟市	**Changshu City**						
梅李镇	Meili Town	106065	66857	8084	2961	182815	20257
海虞镇	Haiyu Town	125162	78932	10997	3846	235465	34763
古里镇	Guli Town	108633	64957	9646	2192	190869	28027
沙家浜镇	Shajiabang Town	59237	47876	7024	1984	125955	1073
支塘镇	Zhitang Town	83426	49757	12896	5352	89760	42285
董浜镇	Dongbang Town	63166	39482	6261	2746	55540	5733
辛庄镇	Xinzhuang Town	102881	64107	10426	3296	156041	19000
尚湖镇	Shanghu Town	112633	67368	11250	3524	103135	39814
张家港市	**Zhangjiagang City**						
杨舍镇	Yangshe Town	419445	236391	15309	3396	1209093	14669
塘桥镇	Tangqiao Town	137198	46456	9427	4011	131324	26526
金港镇	Jingang Town	332444	215964	13161	3688	1039054	16783
锦丰镇	Jinfeng Town	142950	109055	11432	4512	939565	27890
乐余镇	Leyu Town	93531	40105	7858	3934	75552	30957
凤凰镇	Fenghuang Town	122612	64100	7879	2746	153706	19144
南丰镇	Nanfeng Town	84832	54246	6246	2715	285294	18359
大新镇	Daxin Town	74623	35993	4048	1692	50472	9419
昆山市	**Kunshan City**						
玉山镇	Yushan Town	472365	328785	11800	1113	1742887	11573
巴城镇	Bacheng Town	104436	83549	15700	1095	242075	6241
周市镇	Zhoushi Town	146299	110584	7943	893	676454	6393
陆家镇	Lujia Town	96561	71452	3546	402	267823	1005
花桥镇	Huaqiao Town	131431	88366	5009	446	722114	2296

名称 Name		总人口（人）Total Population (person)	从业人员（人）Employment (person)	土地面积（公顷）Land Area (hectare)	耕地面积（公顷）Cultivated Area (hectare)	财政收入（万元）Financial Revenue (10000 yuan)	粮食产量（吨）Output of Grain (ton)
淀山湖镇	Dianshanhu Town	64842	47537	6584	1243	194022	10815
张浦镇	Zhangpu Town	136414	120095	10904	2726	688200	15915
周庄镇	Zhouzhuang Town	33663	20660	3605	487	44111	3696
千灯镇	Qiandeng Town	144010	102627	7853	1404	453318	12858
锦溪镇	Jinxi Town	51982	40650	9069	1799	140960	11727
太仓市	**Taicang City**						
城厢镇	Chengxiang Town	162960	83520	5295	1805	131217	12018
沙溪镇	Shaxi Town	139971	84392	13240	5865	164457	32307
浏河镇	Liuhe Town	97759	62005	6459	2800	185111	15352
浮桥镇	Fuqiao Town	135764	85715	14444	4222	562396	33133
璜泾镇	Huangjing Town	77474	50667	8355	4240	60006	25968
双凤镇	Shuangfeng Town	66547	39289	6250	2326	94933	11167
南通市	**Nantong City**						
市辖区	**Municipal District**						
西亭镇	Xiting Town	49367	26190	6921	4072	16359	31589
二甲镇	Erjia Town	55786	48542	6602	3482	15779	9065
东社镇	Dongshe Town	80251	45671	11508	6861	19029	30293
三余镇	Sanyu Town	90279	74921	36801	11049	39105	71520
十总镇	Shizong Town	68449	42487	13317	7814	17466	63382
石港镇	Shigang Town	60895	39523	11015	5631	23550	69716
刘桥镇	Liuqiao Town	70192	41231	10728	5613	21359	65748
平潮镇	Pingchao Town	114345	68981	10960	5213	67626	47015
五接镇	Wujie Town	39852	21959	8065	2161	27615	18053
兴仁镇	Xingren Town	82049	51752	7756	3799	39149	31562
张芝山镇	Zhangzhishan Town	70778	25352	4982	2097	26956	7507
川姜镇	Chuanjiang Town	111612	51346	4986	1978	47406	6514
如东县	**Rudong County**						
栟茶镇	Bingcha Town	51106	25944	9570	5859	14042	39742
洋口镇	Yangkou Town	76755	38381	13710	9416	184191	71739
苴镇	Juzhen Town	47832	23328	11786	6118	104638	55046

名称 Name		总人口（人）Total Population (person)	从业人员（人）Employment (person)	土地面积（公顷）Land Area (hectare)	耕地面积（公顷）Cultivated Area (hectare)	财政收入（万元）Financial Revenue (10000 yuan)	粮食产量（吨）Output of Grain (ton)
长沙镇	Changsha Town	36009	24699	10184	5235	138936	27915
大豫镇	Dayu Town	75692	51109	20138	12130	47176	56420
马塘镇	Matang Town	71521	34605	14083	8609	16951	101315
丰利镇	Fengli Town	76431	32012	14076	9481	13613	89311
曹埠镇	Caobu Town	44317	25691	9236	5285	18161	56092
岔河镇	Chahe Town	69367	36240	14163	8815	19487	96366
双甸镇	Shuangdian Town	67966	39039	11233	7500	16251	80523
新店镇	Xindian Town	34930	18997	8074	4053	13050	64950
河口镇	Hekou Town	72005	31399	11610	6784	44991	64682
袁庄镇	Yuanzhuang Town	55390	25068	9919	6018	5947	61282
启东市	**Qidong City**						
汇龙镇	Huilong Town	233996	84622	10419	5127	168585	21235
惠萍镇	Huiping Town	58349	35545	7500	5298	14232	21559
东海镇	Donghai Town	52269	33970	8540	5441	9037	31022
南阳镇	Nanyang Town	83212	54514	12680	7749	15733	43297
海复镇	Haifu Town	51179	28920	7380	4097	6011	16337
合作镇	Hezuo Town	57568	34185	8870	4578	7189	25398
王鲍镇	Wangbao Town	72684	42511	12600	6883	11318	33373
吕四港镇	Lvsigang Town	142449	81790	15280	7201	120000	38312
如皋市	**Rugao City**						
东陈镇	Dongchen Town	70205	34394	11232	6429	26769	54046
丁堰镇	Dingyan Town	45706	23248	7053	4071	31729	43875
白蒲镇	Baipu Town	106526	57473	14489	8017	37600	91191
下原镇	Xiayuan Town	51606	30460	7076	3975	17839	38221
九华镇	Jiuhua Town	60915	32736	6961	3892	36200	33195
石庄镇	Shizhuang Town	73249	40371	8506	4643	32726	28576
长江镇	Changjiang Town	119850	87516	12236	7685	191088	59197
吴窑镇	Wuyao Town	56455	29365	6436	3371	17146	28121
江安镇	Jiangan Town	103013	48958	11836	6632	23270	54819

22－1 续表10 Continued 10

名称	Name	总人口（人）Total Population (person)	从业人员（人）Employment (person)	土地面积（公顷）Land Area (hectare)	耕地面积（公顷）Cultivated Area (hectare)	财政收入（万元）Financial Revenue (10000 yuan)	粮食产量（吨）Output of Grain (ton)
搬经镇	Banjing Town	119601	59852	17485	9990	25771	84965
磨头镇	Motou Town	70814	37659	10315	5510	17839	35576
海门市	**Haimen City**						
常乐镇	Changle Town	70288	38200	9813	4868	34740	21740
悦来镇	Yuelai Town	103107	62872	14144	7233	47637	39100
四甲镇	Sijia Town	83253	43792	9683	5146	23659	17581
余东镇	Yudong Town	50390	35289	6830	3544	16335	15547
正余镇	Zhengyu Town	52956	28409	7636	3473	26074	17722
海永镇	Haiyong Town	4237	2447	800	475	6494	1120
海安市	**Haian City**						
海安镇	Haian Town	265190	182094	21272	7683	508868	82029
城东镇	Chengdong Town	136985	81780	17093	6295	263287	71976
曲塘镇	Qutang Town	79957	38993	11894	6349	51908	82072
李堡镇	Libao Town	77690	40783	9453	5020	24184	54114
角斜镇	Jiaoxie Town	60052	32836	14622	4892	49052	62503
大公镇	Dagong Town	59444	24618	10450	4836	46689	59984
雅周镇	Yazhou Town	54730	28519	8330	4690	12936	54980
白甸镇	Baidian Town	28464	15058	5305	2998	20385	24506
南莫镇	Nanmo Town	444828	23464	7420	3937	17961	44064
墩头镇	Duntou Town	58831	32254	11556	6010	27701	71843
连云港市	**Lianyungang City**						
市辖区	**Municipal District**						
前三岛乡	Qiansandao Country			40		1306	
锦屏镇	Jinping Town	29769	14028	5214	1693	4117	22190
浦南镇	Punan Town	30250	19250	6946	4484	5006	103951
新坝镇	Xinba Town	71175	47068	8064	5157	6289	55345
板浦镇	Banpu Town	56205	33766	10850	5460	4498	60040
青口镇	Qingkou Town	197655	95160	8729	2222	51650	29520
柘汪镇	Zhewang Town	55208	28062	7230	2952	279000	18100
石桥镇	Shiqiao Town	63584	30106	7869	4221	9184	25446

22－1 续表11 Continued 11

名称	Name	总人口（人）Total Population（person）	从业人员（人）Employment（person）	土地面积（公顷）Land Area（hectare）	耕地面积（公顷）Cultivated Area（hectare）	财政收入（万元）Financial Revenue（10000 yuan）	粮食产量（吨）Output of Grain（ton）
金山镇	Jinshan Town	44023	21231	6690	3457	4378	26870
黑林镇	Heilin Town	40463	15958	8262	2675	5337	23708
厉庄镇	Lizhuang Town	35401	21013	6257	3813	5265	17976
海头镇	Haitou Town	80153	31056	7900	2561	21377	27128
塔山镇	Tashan Town	59204	29366	10484	5322	6957	43958
赣马镇	Ganma Town	84132	39247	7618	4886	13033	28560
班庄镇	Banzhuang Town	100311	40795	17561	10012	9670	41351
城头镇	Chengtou Town	83945	42580	11485	6663	6793	61544
城西镇	Chengxi Town	39758	18688	4530	2531	5338	31850
宋庄镇	Songzhuang Town	33398	16298	3420	1197	6176	14628
沙河镇	Shahe Town	130256	53012	13252	7068	10461	96422
墩尚镇	Dunshang Town	71221	41744	12854	4234	6824	58665
东海县	**Donghai County**						
白塔埠镇	Baitabu Town	61151	31083	10329	6051	4917	75353
黄川镇	Huangchuan Town	65143	33485	9438	4715	5963	60210
石梁河镇	Shilianghe Town	64296	36604	10395	3627	5628	36417
青湖镇	Qinghu Town	59297	37305	9432	6131	7466	58156
温泉镇	Wenquan Town	46388	24491	10271	4323	5008	34699
双店镇	Shuangdian Town	42827	27540	11700	7000	3576	43755
桃林镇	Taolin Town	68991	39012	16978	9551	10013	51349
洪庄镇	Hongzhuang Town	32878	18545	6719	4450	3826	33650
安峰镇	Anfeng Town	64020	35871	13417	6831	7051	71524
房山镇	Fangshan Town	76414	48010	14972	9213	8613	104319
平明镇	Pingming Town	73604	37260	15787	9898	6414	100173
驼峰乡	Tuofeng Country	61025	32538	10462	7160	8237	74713
李埝乡	Linian Country	34615	20599	7009	2932	1789	13417
山左口乡	Shanzuokou Country	46486	20196	8906	5246	4136	34214
石湖乡	Shihu Country	28675	18152	7226	3860	4168	28733
曲阳乡	Quyang Country	38855	16175	7495	3967	3161	36172
张湾乡	Zhangwan Country	31220	20430	9500	4971	2451	62755

名称 Name		总人口（人）Total Population (person)	从业人员（人）Employment (person)	土地面积（公顷）Land Area (hectare)	耕地面积（公顷）Cultivated Area (hectare)	财政收入（万元）Financial Revenue (10000 yuan)	粮食产量（吨）Output of Grain (ton)
灌云县	**Guanyun County**						
伊山镇	Yishan Town	167622	73125	8233	3761	22931	50224
杨集镇	Yangji Town	123073	57081	15449	9529	10170	88575
燕尾港镇	Yanweigang Town	5780	3112	2580	347	61660	2775
同兴镇	Tongxing Town	76985	38696	10606	8848	8929	81026
四队镇	Sidui Town	48724	26682	8827	5989	4943	64060
圩丰镇	Weifeng Town	43347	26368	6901	5114	4111	68802
龙苴镇	Longju Town	84714	45549	12801	8752	7552	92880
下车镇	Xiache Town	92685	55928	10368	8154	12961	84946
图河乡	Tuhe Country	41218	23566	10821	5536	5278	69350
东王集乡	Dongwangji Country	65227	34043	9197	5653	13267	66495
小伊乡	Xiaoyi Country	58861	24415	8460	5399	4930	55924
南岗乡	Nangang Country	110802	40586	13372	9678	13515	96162
灌南县	**Guannan County**						
新安镇	Xinan Town	183256	92621	14327	7216	35556	79096
堆沟港镇	Duigougang Town	80575	43365	14082	6414	16249	93764
田楼镇	Tianlou Town	76279	47200	11144	5836	11323	74049
北陈集镇	Beichenji Town	36460	22440	5526	3454	2355	36983
张店镇	Zhangdian Town	30974	19541	5918	3811	5734	37024
三口镇	Sankou Town	52410	32431	8702	5548	9086	67546
孟兴庄镇	Mengxingzhuang Town	52938	27070	7809	4896	7310	44925
汤沟镇	Tanggou Town	30109	12830	3260	2034	3615	22604
百禄镇	Bailu Town	58229	37435	10516	6415	17254	62912
新集镇	Xinji Town	68412	33988	12738	8191	15260	88445
李集乡	Liji Country	62975	36290	8819	4997	12820	50130
淮安市	**Huaian City**						
市辖区	**Municipal District**						
平桥镇	Pingqiao Town	59050	34277	7925	4937	13414	65880
朱桥镇	Zhuqiao Town	45267	22389	5158	2751	8011	39170
施河镇	Shihe Town	62325	34972	10083	8235	41645	65910

名称	Name	总人口（人）Total Population（person）	从业人员（人）Employment（person）	土地面积（公顷）Land Area（hectare）	耕地面积（公顷）Cultivated Area（hectare）	财政收入（万元）Financial Revenue（10000 yuan）	粮食产量（吨）Output of Grain（ton）
车桥镇	Cheqiao Town	77169	33746	11700	7028	12685	97550
流均镇	Liujun Town	43952	25416	8860	2857	14003	31054
博里镇	Boli Town	93023	46133	14638	9030	12670	91916
复兴镇	Fuxing Town	34577	21048	6454	3827	4906	56192
苏嘴镇	Suzui Town	77512	41684	9533	7235	11763	49720
钦工镇	Qingong Town	72937	38109	9887	6116	10364	62844
顺河镇	Shunhe Town	39002	25333	7756	4133	5247	60511
漕运镇	Caoyun Town	77104	43681	13874	7878	12054	93514
石塘镇	Shitang Town	61469	33176	6876	3889	16697	48553
南陈集镇	Nanchenji Town	59884	39026	9327	4577	6124	80925
丁集镇	Dingji Country	58125	29945	9340	4571	23052	26978
徐溜镇	Xuliu Country	78069	47852	13343	9856	8212	82662
渔沟镇	Yugou Country	76345	38964	15548	7190	15245	85962
三树镇	Sanshu Country	36423	20205	7984	4372	8546	38301
高家堰镇	Gaojieyan Town	63790	41165	15225	4492	9541	59020
马头镇	Matou Town	79511	52933	16431	9000	10472	96123
刘老庄镇	Liulaozhuang Country	46350	29119	8491	5598	6695	48100
淮高镇	Huaigao Town	98892	63336	18007	8506	22017	104029
和平镇	Heping Town	43018	29237	8984	3814	17232	54950
黄码镇	Huangma Town	33226	20645	4295	2481	2590	23636
西顺河镇	Xishunhe Town	8622	5273	1900	275	19412	2025
老子山镇	Laozishan Town	12681	8478	30000	131	6719	3463
三河镇	Sanhe Town	47093	30543	6825	6550	34182	87819
东双沟镇	Dongshuanggou Town	59082	36223	9862	6990	18261	107268
范集镇	Fanji Town	11780	6595	4054	1700	4481	14900
涟水县	**Lianshui County**						
高沟镇	Gaogou Town	148216	95263	25892	13805	19610	139387
唐集镇	Tangji Town	24703	15155	6506	4181	3539	54133
大东镇	Dadong Town	26456	15748	5668	3314	5610	33140

名称 Name		总人口（人）Total Population (person)	从业人员（人）Employment (person)	土地面积（公顷）Land Area (hectare)	耕地面积（公顷）Cultivated Area (hectare)	财政收入（万元）Financial Revenue (10000 yuan)	粮食产量（吨）Output of Grain (ton)
五 港 镇	Wugang Town	45012	29247	11218	7123	7456	62420
梁 岔 镇	Liangcha Town	37503	16968	6943	3647	4340	42028
石 湖 镇	Shihu Town	43398	28288	8484	3675	5754	45544
岔 庙 镇	Chamiao Town	34621	22617	8330	4182	6195	42905
东胡集镇	Donghuji Town	57998	35198	11234	6627	11039	56082
南 集 镇	Nanji Town	26995	13925	5692	3276	12766	30051
成 集 镇	Chengji Town	44523	22841	7727	5022	5753	35972
红 窑 镇	Hongyao Town	73485	44856	15755	6831	13945	91382
黄 营 乡	Huangying Town	39015	25263	9940	5847	8337	35610
盱 眙 县	**Xuyi County**						
马 坝 镇	Maba Town	103749	59959	29837	16612	15000	213844
官 滩 镇	Guantan Town	28974	14019	13345	6634	175418	59915
桂 五 镇	Guiwu Town	33692	16521	11074	4868	11457	35303
河 桥 镇	Heqiao Town	46594	29913	23769	8598	19984	88456
鲍 集 镇	Baoji Town	75608	43081	20716	12479	27163	99846
黄花塘镇	Huanghuatang Town	67926	37881	29896	14066	7045	180633
淮 河 镇	Huaihe Town	46718	31758	18598	8693	27062	80675
天泉湖镇	Tianquanhu Town	37856	24975	24248	6307	1215	60123
管 仲 镇	Guanzhong Country	65923	28113	16850	7264	17222	71254
穆 店 镇	Mudian Town	34762	29350	14802	7664	6711	71359
金 湖 县	**Jinhu County**						
金 南 镇	Jinnan Town	28905	18330	10201	4799	11500	64338
塔 集 镇	Taji Town	37898	22539	16577	5844	24825	57058
前 锋 镇	Qianfeng Town	20912	14771	7915	3947	8334	86803
吕 良 镇	Lvliang Town	26566	18827	9997	6060	4996	85977
银 涂 镇	Yintu Town	38153	21556	14909	5140	19370	80631
盐 城 市	**Yancheng City**						
市 辖 区	**Municipal District**						
南 洋 镇	Nanyang Town	79262	52167	12942	7391	21746	43126

名称	Name	总人口（人）Total Population (person)	从业人员（人）Employment (person)	土地面积（公顷）Land Area (hectare)	耕地面积（公顷）Cultivated Area (hectare)	财政收入（万元）Financial Revenue (10000 yuan)	粮食产量（吨）Output of Grain (ton)
新兴镇	Xinxing Town	57030	28604	9257	5071	14685	49533
便仓镇	Biancang Town	31978	13591	7197	3650	9796	43395
盐东镇	Yandong Town	48354	24188	12218	7286	8612	50786
黄尖镇	Huangjian Town	32961	19770	7535	4511	7658	44605
大纵湖镇	Dazonghu Town	40920	29257	9303	4909	12021	26407
楼王镇	Louwang Town	43588	30845	12723	5347	12112	49653
学富镇	Xuefu Town	43108	21452	7124	4526	7056	38221
尚庄镇	Shangzhuang Town	33907	24811	7257	4317	4767	38214
秦南镇	Qinnan Town	60573	38832	11492	7492	14643	86247
龙冈镇	Longgang Town	76496	39843	9339	4971	30895	52630
郭猛镇	Guomeng Town	31855	16278	4303	2267	15700	15354
大冈镇	Dagang Town	47593	21700	10142	5567	14949	50291
草堰镇	Caoyan Town	38823	17218	9589	6121	10740	56664
白驹镇	Baiju Town	38178	18995	11300	6975	15854	78145
刘庄镇	Liuzhuang Town	40163	19720	9638	5552	16574	53004
西团镇	Xituan Town	26830	16830	8800	4860	26680	40200
小海镇	Xiaohai Town	37556	20741	12380	7538	15184	58097
大桥镇	Daqiao Town	29494	15202	10254	6694	9723	66692
草庙镇	Caomiao Town	24655	17102	12503	8126	13389	86227
万盈镇	Wanying Town	43506	23585	14256	9237	14001	96853
南阳镇	Nanyang Town	34790	17791	9352	5164	20922	27820
新丰镇	Xinfeng Town	111836	45769	27621	16171	24620	82756
三龙镇	Sanlong Town	51925	27301	15300	10141	9464	86819
步凤镇	Bufeng Town	52392	27960	12790	6448	7737	79102
响水县	**Xiangshui County**						
响水镇	Xiangshui Town	112163	63524	5121	1697	15591	19117
陈家港镇	Chenjiagang Town	61352	31659	8518	2810	9733	41171
小尖镇	Xiaojian Town	95925	45521	18841	11035	12364	93357

名称 Name		总人口（人）Total Population (person)	从业人员（人）Employment (person)	土地面积（公顷）Land Area (hectare)	耕地面积（公顷）Cultivated Area (hectare)	财政收入（万元）Financial Revenue (10000 yuan)	粮食产量（吨）Output of Grain (ton)
黄圩镇	Huangwei Town	24427	14471	6418	4255	4407	42468
大有镇	Dayou Town	46633	28495	11235	7041	7942	91082
双港镇	Shuanggang Town	54523	28743	10372	5964	12503	62680
南河镇	Nanhe Town	50640	24520	11674	8114	6884	81728
运河镇	Yunhe Town	66083	39636	13130	8140	4954	80620
滨海县	**Binhai County**						
五汛镇	Wuxun Town	66103	33331	14963	9512	7887	102516
蔡桥镇	Caiqiao Town	60420	18676	9199	6836	7341	64298
正红镇	Zhenghong Town	77094	43515	14542	7541	9301	93209
通榆镇	Tongyu Town	38486	22081	5600	2837	5408	35571
界牌镇	Jiepai Town	55098	35597	12194	7500	16273	74215
八巨镇	Baju Town	39182	23676	6902	3987	6652	43585
八滩镇	Batan Town	63784	39795	11185	5773	7673	67790
滨淮镇	Binhuai Town	83172	52445	20132	12157	12763	128879
天场镇	Tianchang Town	36126	19613	8194	3968	5539	44985
陈涛镇	Chentao Town	55282	36573	11091	5796	10924	63535
滨海港镇	Binhaigang Town	44066	24987	14000	5190	3981	58541
阜宁县	**Funing County**						
沟墩镇	Goudun Town	59121	36169	11210	7011	6457	85157
陈良镇	Chenliang Town	32545	15578	6752	4293	5783	57980
三灶镇	Sanzao Town	50110	23614	9120	6162	4998	64570
郭墅镇（澳洋工业园）	Guoshu Town	47754	19253	7071	4469	17667	48231
新沟镇	Xingou Town	45359	22699	7740	4670	12351	57862
陈集镇	Chenji Town	46894	19600	8727	5217	4986	56524
羊寨镇	Yangzhai Town	39023	22452	9420	5614	5956	52836
芦蒲镇	Lupu Town	38125	19823	8673	4375	4497	37994

名称 Name		总人口（人）Total Population (person)	从业人员（人）Employment (person)	土地面积（公顷）Land Area (hectare)	耕地面积（公顷）Cultivated Area (hectare)	财政收入（万元）Financial Revenue (10000 yuan)	粮食产量（吨）Output of Grain (ton)
板湖镇	Banhu Town	34658	23158	6928	4731	7121	49703
东沟镇	Donggou Town	80245	47236	16968	10864	9140	118910
益林镇	Yilin Town	118345	50125	10918	6145	40779	58061
古河镇	Guhe Town	54851	23311	8979	6023	5483	59855
罗桥镇	Luoqiao Town	46580	28263	8871	6130	5825	61320
射阳县	**Sheyang County**						
合德镇	Hede Town	207003	101700	20367	7665	62342	80800
临海镇	Linhai Town	66155	37794	22928	9535	20961	99740
千秋镇	Qianqiu Town	52527	28691	15746	10000	3631	90312
四明镇	Siming Town	64500	38105	17457	10853	6820	100260
海河镇	Haihe Town	87183	56135	24243	14253	13011	151212
海通镇	Haitong Town	29309	18414	7888	3883	17679	32081
兴桥镇	Xingqiao Town	44010	25254	12914	7780	9457	77648
新坍镇	Xintan Town	44874	29411	9875	5000	7846	58146
长荡镇	Changdang Town	36960	23056	9591	6519	7653	56576
盘湾镇	Panwan Town	36682	23200	9600	5007	10741	44556
特庸镇	Teyong Town	46210	22750	10248	5388	6216	23798
洋马镇	Yangma Town	29286	16605	9857	4800	7435	44387
黄沙港镇	Huangshagang Town	20530	13080	2273	1400	24308	9564
建湖县	**Jianhu County**						
建阳镇	Jianyang Town	37099	21808	9623	4973	23200	59829
九龙口镇	Jiulongkou Town	23084	12542	7480	4173	8102	39540
恒济镇	Hengji Town	22147	17306	8008	3692	6951	39659
颜单镇	Yandan Town	18991	13419	8974	1755	14435	23669
沿河镇	Yanhe Town	25947	16998	8181	4662	8211	44153
芦沟镇	Lugou Town	36854	15675	8586	4025	11563	54710
庆丰镇	Qingfeng Town	57127	32323	9400	5966	20814	63127

名称 Name		总人口（人）Total Population (person)	从业人员（人）Employment (person)	土地面积（公顷）Land Area (hectare)	耕地面积（公顷）Cultivated Area (hectare)	财政收入（万元）Financial Revenue (10000 yuan)	粮食产量（吨）Output of Grain (ton)
上冈镇	Shanggang Town	135459	67925	23127	12720	25347	146846
冈西镇	Gangxi Town	22661	14231	6811	4403	5483	49967
宝塔镇	Baota Town	18596	14500	5078	4016	11845	35219
高作镇	Gaozuo Town	26356	16294	7010	4729	12298	31826
东台市	**Dongtai City**						
溱东镇	Qindong Town	36526	20044	7574	4390	29916	38957
时堰镇	Shiyan Town	55917	34885	10226	5198	29360	56739
五烈镇	Wulie Town	70331	45755	13428	8432	19925	74662
梁垛镇	Liangduo Town	78883	46745	13217	7923	35722	72821
安丰镇	Anfeng Town	50825	27684	7128	4025	22388	38768
南沈灶镇	Nanshenzao Town	51596	28628	10323	6596	8850	46373
富安镇	Fuan Town	86719	55015	16999	10645	23598	90047
唐洋镇	Tangyang Town	43110	27680	10744	6489	8110	31556
新街镇	Xinjie Town	38454	24309	10289	5860	5357	11685
许河镇	Xuhe Town	43997	29510	10691	6921	7661	44946
三仓镇	Sancang Town	59842	29003	15726	10132	11826	42201
头灶镇	Touzao Town	73737	34842	20675	14214	13500	122455
弶港镇	Jianggang Town	43325	26816	26392	17223	65000	59594
东台镇	Dongtai Town	218970	130521	17968	10137	100775	103530
扬州市	**Yangzhou City**						
市辖区	**Municipal District**						
李典镇	Lidian Town	44206	24651	7045	2021	74485	26889
沙头镇	Shatou Town	20743	12042	3295	1216	19852	5435
头桥镇	Touqiao Town	49793	28344	6421	2724	19793	31315
湾头镇	Wantou Town	25200	13872	850		3912	
汤汪乡	Tangwang Country	48746	14664	1030	23	6754	
杭集镇	Hangji Town	43148	30316	4026	896	38894	9178
泰安镇	Taian Town	25524	13166	4100	1314	22688	10289

名称 Name		总人口(人) Total Population (person)	从业人员(人) Employment (person)	土地面积(公顷) Land Area (hectare)	耕地面积(公顷) Cultivated Area (hectare)	财政收入(万元) Financial Revenue (10000 yuan)	粮食产量(吨) Output of Grain (ton)
公道镇	Gongdao Town	40021	21715	10646	2666	19901	36565
方巷镇	Fangxiang Town	39985	25279	8936	2737	11253	38324
槐泗镇	Huaisi Town	40096	22964	6000	2256	31148	19289
瓜洲镇	Guazhou Town	14635	8422	1602	258	20864	1476
杨寿镇	Yangshou Town	23734	11707	4048	1536	22600	12272
杨庙镇	Yangmiao Town	23185	14753	3102	1305	36667	6323
西湖镇	Xihu Town	45148	24705	2706	557	78902	1208
双桥乡	Shuangqiao Country	82288	42684	639		39213	
平山乡	Pingshan Country	24578	7638	1120	270	19357	587
城北乡	Chengbei Country	29765	17143	1800	80	6687	580
仙女镇	Xiannv Town	148960	93106	14158	3388	295527	37661
小纪镇	Xiaoji Town	91026	41833	17823	7530	44145	109171
武坚镇	Wujian Town	40066	24162	8558	3509	31216	48331
樊川镇	Fanchuan Town	61951	31594	11611	5928	20707	86946
真武镇	Zhenwu Town	52566	27596	7602	3525	10816	48350
宜陵镇	Yiling Town	50066	25955	5986	2308	26862	32261
丁沟镇	Dinggou Town	57668	36647	10232	4717	17505	67006
郭村镇	Guocun Town	75825	41878	10450	6015	10457	60438
邵伯镇	Shaobo Town	71820	59040	12700	5383	25733	52126
丁伙镇	Dinghuo Town	44383	28987	8020	3712	27699	37938
大桥镇	Daqiao Town	148901	94393	15566	4877	80681	62518
吴桥镇	Wuqiao Town	52147	25066	5596	2924	5660	33020
浦头镇	Putou Town	43641	24018	4315	2471	10708	24199
施桥镇	Shiqiao Town	37236	23135	3099	642	20708	925
八里镇	Bali Town	25153	18587	2326	395	6320	3648
朴席镇	Puxi Town	31466	18524	4301	2258	5316	22529
宝应县	**Baoying County**						
安宜镇	Anyi Town	245681	111679	14135	3831	96892	55355
氾水镇	Fanshui Town	64327	44050	17200	7501	36173	104595
夏集镇	Xiaji Town	46467	27619	12500	5860	15022	75504

名称 Name		总人口（人）Total Population (person)	从业人员（人）Employment (person)	土地面积（公顷）Land Area (hectare)	耕地面积（公顷）Cultivated Area (hectare)	财政收入（万元）Financial Revenue (10000 yuan)	粮食产量（吨）Output of Grain (ton)
柳堡镇	Liubao Town	45216	29015	11740	4907	16003	77204
射阳湖镇	Sheyanghu Town	66929	42592	19650	7934	16560	121223
广洋湖镇	Guangyanghu Town	21776	19784	9155	3018	8780	40082
鲁垛镇	Luduo Town	24730	15680	6158	3182	9950	42899
小官庄镇	Xiaoguanzhuang Town	26107	14496	4600	2820	6968	44185
望直港镇	Wangzhigang Town	63376	43188	8904	4507	22873	58147
曹甸镇	Caodian Town	63215	35381	10000	4670	16078	71641
西安丰镇	Xianfeng Town	28312	15011	5864	1950	4904	33018
山阳镇	Shanyang Town	52806	29974	12277	4339	15737	71468
黄塍镇	Huangcheng Town	21895	16077	4200	1660	8000	27800
泾河镇	Jinghe Town	46116	26457	8412	4408	17122	71103
仪征市	**Yizheng City**						
真州镇	Zhenzhou Town	228254	84610	6094	1419	91153	5370
新集镇	Xinji Town	44469	26455	6389	3170	33669	19909
新城镇	Xincheng Town	33553	17649	5616	2963	24126	12090
马集镇	Maji Town	28274	16011	6573	3870	19268	22796
刘集镇	Liuji Town	46889	27377	9065	5333	16132	30860
陈集镇	Chenji Town	35241	18915	8155	4988	24305	47524
大仪镇	Dayi Town	51120	29895	10866	6301	14152	50810
月塘镇	Yuetang Town	55560	28395	14800	7415	39317	48006
青山镇	Qingshan Town	27569	16422	4603	554	13578	3406
高邮市	**Gaoyou City**						
龙虬镇	Longqiu Town	34273	17045	7600	2195	7228	34079
汤庄镇	Tangzhuang Town	58113	35349	14582	7004	21159	98232
卸甲镇	Xiejia Town	82335	43612	17016	9930	26103	131562
三垛镇	Sanduo Town	74239	48127	18688	7027	16285	97107
甘垛镇	Ganduo Town	53734	30785	14972	7097	5011	95227
界首镇	Jieshou Town	32011	15118	8580	2421	4872	39555
周山镇	Zhoushan Town	26412	13340	6202	2868	2569	42662
临泽镇	Linze Town	95928	53184	19940	7901	25407	133251

名称	Name	总人口（人）Total Population（person）	从业人员（人）Employment（person）	土地面积（公顷）Land Area（hectare）	耕地面积（公顷）Cultivated Area（hectare）	财政收入（万元）Financial Revenue（10000 yuan）	粮食产量（吨）Output of Grain（ton）
送 桥 镇	Songqiao Town	70645	44697	15300	6413	56050	98700
菱塘回族乡	Lingtanghuizu Country	24134	15091	5392	1987	27400	24590
镇 江 市	**Zhenjiang City**						
市 辖 区	**Municipal District**						
高 桥 镇	Gaoqiao Town	19560	11505	4280	1041	15490	13249
辛 丰 镇	Xinfeng Town	50193	25725	7942	2708	17984	22409
谷 阳 镇	Guyang Town	27633	18011	5068	1295	8841	16111
上 党 镇	Shangdang Town	49055	29325	11372	3425	11989	34528
宝 堰 镇	Baoyan Town	23725	14062	4092	1786	7340	16735
世 业 镇	Shiye Town	13821	8302	5275	1244	3606	12800
姚 桥 镇	Yaoqiao Town	28220	23987	5691	3066	10821	36050
大 路 镇	Dalu Town	13251	10575	3606	1687	15811	7815
丁 岗 镇	Dinggang Town	52356	34031	3536	1923	29808	18020
丹 阳 市	**Danyang City**						
司 徒 镇	Situ Town	47208	30428	9165	4531	51555	29975
延 陵 镇	Yanling Town	71305	46588	11552	6013	17870	57591
珥 陵 镇	Erling Town	48665	28712	8367	4896	7698	52350
导 墅 镇	Daoshu Town	48011	28466	8060	4673	14237	48022
皇 塘 镇	Huangtang Town	56102	39782	8044	4169	38676	6495
吕 城 镇	Lücheng Town	56125	32639	6801	3945	15683	43258
陵 口 镇	Lingkou Town	42460	27628	6440	3849	9624	41196
访 仙 镇	Fangxian Town	51796	29950	7380	4410	23684	31740
界 牌 镇	Jiepai Town	46727	31936	2363	706	22151	3825
丹 北 镇	Danbei Town	110256	70181	11491	3987	138761	29849
扬 中 市	**Yangzhong City**						
新 坝 镇	Xinba Town	56328	33796	4920	1629	183743	17686
油 坊 镇	Youfang Town	44162	26951	5028	1654	41088	21203
八 桥 镇	Baqiao Town	36544	23139	3458	1492	32436	12733
西来桥镇	Xilaiqiao Town	18692	11987	1950	702	13587	5434
句 容 市	**Jurong City**						

名称 Name		总人口（人）Total Population (person)	从业人员（人）Employment (person)	土地面积（公顷）Land Area (hectare)	耕地面积（公顷）Cultivated Area (hectare)	财政收入（万元）Financial Revenue (10000 yuan)	粮食产量（吨）Output of Grain (ton)
下 蜀 镇	Xiashu Town	62366	32550	9644	2642	97987	14772
白 兔 镇	Baitu Town	35159	18142	11550	4557	22645	47768
边 城 镇	Biancheng Town	33475	19613	10962	3306	23813	23171
茅 山 镇	Maoshan Town	28731	18863	8100	3087	8411	20984
后 白 镇	Houbai Town	61907	45326	14328	7761	76644	49862
郭 庄 镇	Guozhuang Town	63801	35862	15055	7854	24757	50127
天 王 镇	Tianwang Town	54327	35421	13154	8173	28962	38630
宝 华 镇	Baohua Town	50200	26120	10306	1410	354376	11610
泰 州 市	**Taizhou City**						
市 辖 区	**Municipal District**						
九 龙 镇	Jiulong Town	32998	16188	2680	499	49745	6435
罡 杨 镇	Gangyang Town	24792	15813	3400	1714	14731	21134
苏 陈 镇	Suchen Town	46546	26671	4580	2600	16834	20385
华 港 镇	Huagang Town	39070	22687	6977	3697	17403	31722
永安洲镇	Yonganzhou Town	34700	18242	5291	769	33223	9334
白 马 镇	Baima Town	19500	10548	2322	1152	10588	8942
胡 庄 镇	Huzhuang Town	36219	23236	5382	3082	13736	29237
大 泗 镇	Dasi Town	27100	19177	3678	2060	10989	15313
溱 潼 镇	Qintong Town	58999	35685	7570	3327	17209	31502
蒋 垛 镇	Jiangduo Town	45088	21411	6505	4175	7406	45660
顾 高 镇	Gugao Town	27893	16712	3820	3404	8400	26548
大 伦 镇	Dalun Town	35388	17550	5521	3483	11747	35357
张 甸 镇	Zhangdian Town	74950	34444	9360	5743	31729	67497
淤 溪 镇	Yuxi Town	38588	26263	7168	3638	13079	29072
白 米 镇	Baimi Town	42851	25585	5487	2985	27750	38348
娄 庄 镇	Louzhuang Town	42590	23629	6792	3526	13767	47730
沈 高 镇	Shengao Town	28354	14224	3833	1725	23942	21393
俞 垛 镇	Yuduo Town	41712	26211	7965	4356	11594	50189

名称 Name		总人口（人）Total Population（person）	从业人员（人）Employment（person）	土地面积（公顷）Land Area（hectare）	耕地面积（公顷）Cultivated Area（hectare）	财政收入（万元）Financial Revenue（10000 yuan）	粮食产量（吨）Output of Grain（ton）
野徐镇	Yexu Town	24293	14511	2267	646	4778	7997
兴化市	**Xinghua City**						
戴窑镇	Daiyao Town	62970	31598	10046	6197	15303	67897
合陈镇	Hechen Town	45621	28946	9890	6340	3877	43440
永丰镇	Yongfeng Town	44593	20919	6961	4637	4443	12380
新垛镇	Xinduo Town	24025	11376	4908	3030	9263	28528
安丰镇	Anfeng Town	110916	73309	20859	13410	18303	52985
海南镇	Hainan Town	22542	15482	7163	3877	6142	22554
钓鱼镇	Diaoyu Town	40542	19116	7488	4024	4172	54832
大邹镇	Dazou Town	23218	10791	4657	2689	2460	20155
沙沟镇	Shagou Town	50923	21389	12781	5813	19859	44669
中堡镇	Zhongbao Town	26813	15842	8393	3164	3752	45781
竹泓镇	Zhuhong Town	37503	17724	6427	3349	4604	41573
沈沦镇	Shenlun Town	21018	13894	4956	2825	5770	34112
大垛镇	Daduo Town	37398	19674	7277	3929	14104	50965
荻垛镇	Diduo Town	41115	22035	7239	4335	9396	61738
陶庄镇	Taozhuang Town	42297	19126	6963	4157	5990	61676
昌荣镇	Changrong Town	32143	16198	6164	3581	5687	31596
茅山镇	Maoshan Town	25926	11766	4304	2764	6986	34628
周庄镇	Zhouzhuang Town	42315	28579	9252	5338	13925	73827
陈堡镇	Chenbao Town	42165	23200	8057	4682	14102	56859
戴南镇	Dainan Town	128182	76207	10769	4834	132451	55808
张郭镇	Zhangguo Town	63261	29094	8439	4648	93927	49128
大营镇	Daying Town	16744	12556	5081	3352	5662	38839
兴东镇	Xingdong Town	50231	28829	10417	5307	9200	66393
千垛镇	Qiandou Town	77572	34920	18495	7954	12228	92750
林湖乡	Linhu Country	21416	11655	4719	2782	5148	16395
靖江市	**Jingjiang City**						
新桥镇	Xinqiao Town	58093	30220	6135	3119	31161	32174

名称	Name	总人口（人）Total Population (person)	从业人员（人）Employment (person)	土地面积（公顷）Land Area (hectare)	耕地面积（公顷）Cultivated Area (hectare)	财政收入（万元）Financial Revenue (10000 yuan)	粮食产量（吨）Output of Grain (ton)
东兴镇	Dongxing Town	35765	22149	4683	1850	19455	19541
斜桥镇	Xieqiao Town	96762	45798	10788	2800	25144	27872
西来镇	Xilai Town	48081	24818	4666	2552	19546	25931
季市镇	Jishi Town	46748	24631	4163	2236	13682	23073
孤山镇	Gushan Town	40011	27100	4799	2582	20571	23557
生祠镇	Shengci Town	47878	29202	7019	4283	15419	54170
马桥镇	Maqiao Town	36082	22128	5031	2744	16292	37495
泰兴市	**Taixing City**						
黄桥镇	Huangqiao Town	196151	105342	17595	8579	69400	109370
分界镇	Fenjie Town	58086	31727	7113	3840	12770	52948
古溪镇	Guxi Town	58409	32442	7606	3849	12090	48538
元竹镇	Yuanzhu Town	39003	21911	4749	2340	10844	28803
珊瑚镇	Shanhu Town	50685	29757	4926	2754	12766	35279
广陵镇	Guangling Town	55379	30046	5866	2940	8919	31906
曲霞镇	Quxia Town	32739	18970	3531	1997	8965	22502
张桥镇	Zhangqiao Town	57189	30845	6146	3163	12035	36119
河失镇	Heshi Town	54843	29579	6441	3194	11086	33734
新街镇	Xinjie Town	59830	35530	7206	3618	19830	37075
姚王镇	Yaowang Town	54156	30390	5792	2180	59850	29014
宣堡镇	Xuanbao Town	31951	17597	3227	1736	13726	12803
滨江镇	Binjiang Town	87931	47938	9837	3721	333718	48096
虹桥镇	Hongqiao Town	78927	42222	8825	4370	106078	61924
根思乡	Gensi Country	49888	24970	5890	3283	15772	38085
宿迁市	**Suqian City**						
市辖区	**Municipal District**						
耿车镇	Gengche Town	36671	20609	3501	1302	3615	14800
埠子镇	Buzi Town	47744	26911	4401	2266	3842	25739
龙河镇	Longhe Town	53900	32050	6641	3422	2051	26090
洋北镇	Yangbei Town	31555	16200	4400	1890	14403	23500
中扬镇	Zhongyang Town	51655	36871	14515	7102	1719	72465

名称 Name		总人口（人） Total Population (person)	从业人员（人） Employment (person)	土地面积（公顷） Land Area (hectare)	耕地面积（公顷） Cultivated Area (hectare)	财政收入（万元） Financial Revenue (10000 yuan)	粮食产量（吨） Output of Grain (ton)
陈集镇	Chenji Town	54216	21963	6867	3827	1779	34250
蔡集镇	Caiji Town	44787	27655	4433	2494	1924	25489
王官集镇	Wangguanji Town	43497	27415	6270	3513	2423	43670
洋河镇	Yanghe Town	201424	105899	19884	10625	80322	102630
罗圩乡	Luowei Country	34169	21194	4071	2344	1289	26700
屠园乡	Tuyuan Country	36669	21237	6298	4567	2607	55412
仰化镇	Yanghua Town	27034	16279	5233	2934	1753	25295
大兴镇	Daxing Town	49273	31111	5826	3323	1881	19119
丁嘴镇	Dingzui Town	31200	18400	4764	2390	1151	26000
来龙镇	Lailong Town	43127	25829	7271	4272	2634	63560
陆集镇	Luji Town	25291	16312	3909	2372	1733	20895
关庙镇	Guanmiao Town	33356	21989	7954	4733	6883	50115
侍岭镇	Shiling Town	31478	16474	5815	3213	2289	48300
新庄镇	Xinzhuang Town	21326	12523	5374	3750	3500	43671
晓店镇	Xiaodian Town	52406	28823	14546	2522	6130	28026
皂河镇	Zaohe Town	43973	25438	25889	2438	832	26483
黄墩镇	Huangdun Town	23867	12904	5125	2012	3452	27235
曹集乡	Caoji Country	27689	15810	4687	2672	3818	29571
保安乡	Baoan Country	19895	13774	4561	3026	1438	39163
井头乡	Jingtou Country	22465	8165	3695	1567	1065	13526
南蔡乡	Nancai Country	40652	25496	3974	2218	5364	74580
沭阳县	**Shuyang County**						
陇集镇	Longji Town	21610	12792	4688	2950	5616	29890
胡集镇	Huji Town	44006	28934	6868	3584	5311	32514
钱集镇	Qianji Town	29653	17560	4945	2975	1806	32050
塘沟镇	Tanggou Town	36217	23015	5795	3985	22368	35976
马厂镇	Machang Town	57939	32285	8436	5461	14084	61367
沂涛镇	Yitao Town	58329	37959	9458	6032	2755	58007
庙头镇	Miaotou Town	45654	24785	5800	3568	7214	29985
韩山镇	Hanshan Town	32213	19223	6529	4060	9510	47213

名称 Name		总人口（人）Total Population (person)	从业人员（人）Employment (person)	土地面积（公顷）Land Area (hectare)	耕地面积（公顷）Cultivated Area (hectare)	财政收入（万元）Financial Revenue (10000 yuan)	粮食产量（吨）Output of Grain (ton)
华冲镇	Huachong Town	45000	27811	5455	3614	19020	38199
桑墟镇	Sangxu Town	49862	26966	5400	2450	28996	24550
悦来镇	Yuelai Town	41533	22659	8847	5748	4054	58025
刘集镇	Liuji Town	30981	17045	7200	4813	5512	53004
李恒镇	Liheng Town	34177	22616	6490	3833	18511	45102
扎下镇	Zhaxia Town	51706	29463	5530	2406	16140	8565
颜集镇	Yanji Town	56933	32811	9968	6539	18050	6740
潼阳镇	Tongyang Town	43046	23050	9968	6539	2689	36645
龙庙镇	Longmiao Town	41652	23991	4960	2515	7432	28781
高墟镇	Gaoxu Town	32281	19719	6115	4355	2639	52276
耿圩镇	Gengwei Town	37052	22200	7044	3920	2002	45125
汤涧镇	Tangjian Town	34086	19843	5510	2666	5096	32000
新河镇	Xinhe Town	35615	22609	4952	2886	2808	3365
贤官镇	Xianguan Town	44703	24412	5029	3390	11964	30848
吴集镇	Wuji Town	38157	20414	7305	4080	2012	35877
湖东镇	Hudong Town	30294	21880	6343	4453	3990	50307
青伊湖镇	Qingyihu Town	31963	13966	5000	2894	14890	34025
北丁集乡	Beidingji Country	23706	12655	3877	2098	1526	22880
周集乡	Zhouji Country	26020	15208	4531	2650	1572	34986
东小店乡	Dongxiaodian Country	22419	17669	5105	3597	3702	37410
张圩乡	Zhangwei Country	20563	10998	3902	2312	3199	23269
茆圩乡	Maowei Country	40757	20987	7124	5180	14256	40985
西圩乡	Xiwei Country	23398	13654	4671	3960	1789	30824
万匹乡	Wanpi Country	30415	18657	3500	2508	8865	25685
官墩乡	Guandun Country	26740	17118	5800	3080	2337	35668
泗阳县	**Siyang County**						
众兴镇	Zhongxing Town	312255	163372	26200	12060	83316	98198
爱园镇	Aiyuan Town	47154	30260	6501	3928	8822	42120
王集镇	Wangji Town	62520	34499	8531	4844	2633	42760
裴圩镇	Peiwei Town	56572	26219	7686	4100	3288	52390
新袁镇	Xinyuan Town	36510	20443	5359	3126	2480	22773
李口镇	Likou Town	42927	26965	6565	3358	4499	31587

名称 Name		总人口（人） Total Population (person)	从业人员（人） Employment (person)	土地面积（公顷） Land Area (hectare)	耕地面积（公顷） Cultivated Area (hectare)	财政收入（万元） Financial Revenue (10000 yuan)	粮食产量（吨） Output of Grain (ton)
临河镇	Linhe Town	40139	24615	5875	2840	3052	26141
穿城镇	Chuancheng Town	33845	20197	5516	3421	6120	38950
张家圩镇	Zhangjiawei Town	31407	18625	5764	3567	5377	32488
高渡镇	Gaodu Town	30217	17453	5746	3364	1433	37845
卢集镇	Luji Town	32597	18425	8040	5160	1535	52841
庄圩乡	Zhuangwei Country	32218	16736	4876	2830	3452	28819
里仁乡	Liren Country	31626	17324	4187	2696	5496	26163
三庄乡	Sanzhuang Country	30462	18348	6589	4050	1834	45977
南刘集乡	Nanliuji Country	29975	20110	5876	3160	7023	31512
八集乡	Baji Country	21691	13975	4500	3118	8072	19100
泗洪县	**Sihong County**						
双沟镇	Shuanggou Town	31022	24804	7429	4006	12263	30010
上塘镇	Shangtang Town	33521	26019	13299	9667	5342	57052
魏营镇	Weiying Town	23315	16863	10315	7782	2698	42598
临淮镇	Linhuai Town	10475	8547	2309	149	2513	1206
半城镇	Bancheng Town	9316	6925	8300	741	3935	8296
孙园镇	Sunyuan Town	27885	21106	9516	5902	4039	69663
梅花镇	Meihua Town	21914	15803	9350	6100	3756	47102
归仁镇	Guiren Town	36451	27797	11459	7233	4378	68523
金锁镇	Jinsuo Town	24820	21312	8069	4844	3695	41895
朱湖镇	Zhuhu Town	18635	14785	7370	4982	3750	44910
界集镇	Jieji Town	23679	20859	9060	6056	4358	86520
太平镇	Taiping Town	19587	13255	7251	4811	3864	43558
龙集镇	Longji Town	21960	18099	8601	4505	5339	52055
四河乡	Sihe Country	19801	17117	6169	3492	2966	16712
峰山乡	Fengshan Country	13473	11391	5684	3447	1964	37158
天岗湖乡	Tianganghu Country	18136	13782	8918	5551	5011	34952
车门乡	Chemen Country	16945	12447	8436	6881	4743	66613
瑶沟乡	Yaogou Country	12979	9672	6935	4310	7151	36618
石集乡	Shiji Country	9820	6854	8980	4873	4598	51042
城头乡	Chengtou Country	11670	8368	7817	4512	2520	61586
陈圩乡	Chenwei Country	26458	14659	8820	5591	3359	72492
曹庙乡	Caomiao Country	21227	12885	9185	6125	3780	53880

附录

全国分省主要指标

Appendix. Major Indicators by Region

简 要 说 明

一、主要内容

包括全国各省、自治区、直辖市经济社会主要指标。

二、资料来源

资料均来自中国统计出版社出版的《中国统计摘要 2020》，部分数据为初步统计数。其中江苏的数据与相应篇章内容保持一致。

Brief Introduction

I. Main Content

Data in this charter include social and economic indicators of provinces, autonomous regions and municipalities.

II. Source of Data

Data in this charter come from *china statistics abstract 2020* published by china statistics press, and part of the data are preliminary statistics. Data of Jiangsu province are consistent with corresponding chapter.

附录1-1 人口及地区生产总值（2019年）
Population and Gross Domestic Product（2019）

地区 Region			年末常住人口（万人）Permanent Population at Year-end（10000 persons）	年末城镇人口比重（%）Proportion of Urban Population at Year-end（%）	地区生产总值（亿元）Gross Domestic Products（100 million yuan）	第一产业 Primary Industry	第二产业 Secondary Industry	第三产业 Tertiary Industry	人均地区生产总值（元）Per Capita GDP（yuan）
全	**国**	**National Total**	**140005**	**60.6**	**990865**	**70467**	**386165**	**534233**	**70892**
北	京	Beijing	2153.60	86.6	35371.28	113.69	5715.06	29542.53	164220
天	津	Tianjin	1561.83	83.5	14104.28	185.23	4969.18	8949.87	90371
河	北	Hebei	7591.97	57.6	35104.52	3518.44	13597.26	17988.82	46348
山	西	Shanxi	3729.00	59.6	17026.68	824.72	7453.09	8748.87	45724
内蒙	古	Inner Mongolia	2539.56	63.4	17212.53	1863.19	6818.88	8530.46	67852
辽	宁	Liaoning	4351.70	68.1	24909.45	2177.77	9531.24	13200.44	57191
吉	林	Jilin	2690.73	58.3	11726.82	1287.32	4134.82	6304.68	43475
黑龙	江	Heilongjiang	3751.30	60.9	13612.68	3182.45	3615.21	6815.02	36183
上	海	Shanghai	2428.14	88.3	38155.32	103.88	10299.16	27752.28	157279
江	**苏**	**Jiangsu**	**8070.00**	**70.6**	**99631.52**	**4296.28**	**44270.51**	**51064.73**	**123607**
浙	江	Zhejiang	5850.00	70.0	62351.74	2097.38	26566.60	33687.76	107624
安	徽	Anhui	6365.90	55.8	37113.98	2915.70	15337.90	18860.38	58496
福	建	Fujian	3973.00	66.5	42395.00	2596.23	20581.74	19217.03	107139
江	西	Jiangxi	4666.13	57.4	24757.50	2057.56	10939.83	11760.11	53164
山	东	Shandong	10070.21	61.5	71067.53	5116.44	28310.92	37640.17	70653
河	南	Henan	9639.75	53.2	54259.20	4635.40	23605.79	26018.01	56388
湖	北	Hubei	5927.00	61.0	45828.31	3809.09	19098.62	22920.60	77387
湖	南	Hunan	6918.38	57.2	39752.12	3646.95	14946.98	21158.19	57540
广	东	Guangdong	11521.00	71.4	107671.07	4351.26	43546.43	59773.38	94172
广	西	Guangxi	4960.00	51.1	21237.14	3387.74	7077.43	10771.97	42964
海	南	Hainan	944.72	59.2	5308.93	1080.36	1099.03	3129.54	56507
重	庆	Chongqing	3124.32	66.8	23605.77	1551.42	9496.84	12557.51	75828
四	川	Sichuan	8375.00	53.8	46615.82	4807.23	17365.33	24443.26	55774
贵	州	Guizhou	3622.95	49.0	16769.34	2280.56	6058.45	8430.33	46433
云	南	Yunnan	4858.00	48.9	23223.75	3037.62	7961.58	12224.55	47944
西	藏	Tibet	350.60	31.5	1697.82	138.19	635.62	924.01	48902
陕	西	Shanxi	3876.21	59.4	25793.17	1990.93	11980.75	11821.49	66649
甘	肃	Gansu	2647.43	48.5	8718.30	1050.48	2862.42	4805.40	32995
青	海	Qinghai	607.82	55.5	2965.95	301.90	1159.75	1504.30	48981
宁	夏	Ningxia	694.66	59.9	3748.48	279.93	1584.72	1883.83	54217
新	疆	Xinjiang	2523.22	51.9	13597.11	1781.75	4795.50	7019.86	54280

注：地区生产总值为初步核算数。

a）Data of gross domestic products are preliminary verification data.

附录 1－2 地区生产总值构成及增速（2019 年）

Structure and Growth Rate of Gross Domestic Product（2019）

地 区	Region	地区生产总值构成（%）Structure of GDP（%）	第一产业 Primary Industry	第二产业 Secondary Industry	第三产业 Tertiary Industry	地区生产总值比上年增长（%）Growth Rate of GDP Over Preceding Year（%）
全 国	**National Total**	**100.0**	**7.1**	**39.0**	**53.9**	**6.1**
北 京	Beijing	100.0	0.3	16.2	83.5	6.1
天 津	Tianjin	100.0	1.3	35.2	63.5	4.8
河 北	Hebei	100.0	10.0	38.7	51.2	6.8
山 西	Shanxi	100.0	4.8	43.8	51.4	6.2
内蒙古	Inner Mongolia	100.0	10.8	39.6	49.6	5.2
辽 宁	Liaoning	100.0	8.7	38.3	53.0	5.5
吉 林	Jilin	100.0	11.0	35.3	53.8	3.0
黑龙江	Heilongjiang	100.0	23.4	26.6	50.1	4.2
上 海	Shanghai	100.0	0.3	27.0	72.7	6.0
江 苏	**Jiangsu**	**100.0**	**4.3**	**44.4**	**51.3**	**6.1**
浙 江	Zhejiang	100.0	3.4	42.6	54.0	6.8
安 徽	Anhui	100.0	7.9	41.3	50.8	7.5
福 建	Fujian	100.0	6.1	48.5	45.3	7.6
江 西	Jiangxi	100.0	8.3	44.2	47.5	8.0
山 东	Shandong	100.0	7.2	39.8	53.0	5.5
河 南	Henan	100.0	8.5	43.5	48.0	7.0
湖 北	Hubei	100.0	8.3	41.7	50.0	7.5
湖 南	Hunan	100.0	9.2	37.6	53.2	7.6
广 东	Guangdong	100.0	4.0	40.4	55.5	6.2
广 西	Guangxi	100.0	16.0	33.3	50.7	6.0
海 南	Hainan	100.0	20.3	20.7	58.9	5.8
重 庆	Chongqing	100.0	6.6	40.2	53.2	6.3
四 川	Sichuan	100.0	10.3	37.3	52.4	7.5
贵 州	Guizhou	100.0	13.6	36.1	50.3	8.3
云 南	Yunnan	100.0	13.1	34.3	52.6	8.1
西 藏	Tibet	100.0	8.1	37.4	54.4	8.1
陕 西	Shanxi	100.0	7.7	46.4	45.8	6.0
甘 肃	Gansu	100.0	12.0	32.8	55.1	6.2
青 海	Qinghai	100.0	10.2	39.1	50.7	6.3
宁 夏	Ningxia	100.0	7.5	42.3	50.3	6.5
新 疆	Xinjiang	100.0	13.1	35.3	51.6	6.2

附录1－3 房地产开发投资主要指标(2019年)

Major Indicaotrs of Real Estate Investment(2019)

地区	Region	房地产开发投资(含农户)(亿元) Investment in Real Estate Development (Including Farm Households) (100 million yuan)	#住宅 Residence	商品房销售额(亿元) Sales Value of Commercial Housing (100 million yuan)	#住宅 Residence	商品房销售面积(万平方米) Floor Space of Commercial Housing Sold (10000 sq. m)	商品房待售面积(万平方米) Floor Space of Commercial for sales (10000 sq. m)
全　国	**National Total**	**132194**	**97071**	**159725**	**139440**	**171558**	**49821**
北　京	Beijing	3838.38	2039.76	3370.98	3032.40	938.86	2489.52
天　津	Tianjin	2727.82	2200.01	2274.14	2132.48	1478.68	657.80
河　北	Hebei	4347.05	3455.74	4138.57	3714.57	5282.70	996.14
山　西	Shanxi	1656.50	1296.48	1631.76	1452.40	2366.11	966.25
内蒙古	Inner Mongolia	1041.95	782.13	1243.91	1104.10	2008.19	1068.72
辽　宁	Liaoning	2833.95	2188.35	3049.06	2814.86	3696.27	2909.27
吉　林	Jilin	1315.52	970.99	1581.47	1373.54	2122.34	1077.59
黑龙江	Heilongjiang	958.01	687.83	1268.18	1069.97	1684.50	1505.83
上　海	Shanghai	4231.38	2318.13	5203.82	4457.16	1696.34	2360.46
江　苏	**Jiangsu**	**12009.35**	**9461.98**	**16259.61**	**14894.77**	**13972.85**	**4612.13**
浙　江	Zhejiang	10682.97	7727.11	14352.11	12723.10	9378.31	2266.06
安　徽	Anhui	6670.48	5248.06	6823.52	6126.69	9229.38	1531.69
福　建	Fujian	5673.13	4076.31	6938.79	5685.25	6456.13	1862.04
江　西	Jiangxi	2239.11	1687.18	4710.42	4038.02	6458.86	818.32
山　东	Shandong	8614.89	6672.22	10271.15	9287.11	12727.25	2433.80
河　南	Henan	7464.59	6055.37	9009.98	8016.93	14277.55	2529.37
湖　北	Hubei	5111.73	3954.72	7751.79	6903.70	8602.04	1417.88
湖　南	Hunan	4445.47	3197.35	5577.99	4721.43	9103.50	1410.73
广　东	Guangdong	15852.16	10852.77	19748.21	16758.01	13846.54	5716.44
广　西	Guangxi	3814.41	2924.18	4366.24	3913.40	6711.77	1268.96
海　南	Hainan	1336.18	1034.86	1275.76	1090.56	829.34	589.65
重　庆	Chongqing	4439.30	3246.77	5129.42	4457.78	6104.68	1959.11
四　川	Sichuan	6573.24	4665.31	9666.73	7869.04	12978.61	2021.21
贵　州	Guizhou	2990.81	2078.37	3183.57	2527.41	5323.31	571.63
云　南	Yunnan	4151.41	3028.96	3846.19	3255.84	4835.41	1089.50
西　藏	Tibet	129.56	96.87	96.78	81.21	127.71	38.51
陕　西	Shanxi	3903.65	2957.08	3960.21	3359.17	4401.06	650.28
甘　肃	Gansu	1257.85	865.93	1019.28	907.07	1705.31	704.08
青　海	Qinghai	406.29	294.08	367.28	295.59	480.52	120.23
宁　夏	Ningxia	403.09	281.74	573.90	498.51	1009.55	957.57
新　疆	Xinjiang	1074.04	724.13	1034.30	877.89	1724.18	1219.94

附录1-4 居民人均收入与支出(2019年)

Per Capita Disposable Income and Comsumption Expenditure of Residents(2019)

单位:元 (yuan)

地区 Region		全体居民 All Residents		城镇常住居民 Urban Residents		农村常住居民 Rural Resident	
		人均可支配收入 Per Capita Disposable Income	人均消费支出 Per Capita Consumption Expenditure	人均可支配收入 Per Capita Disposable Income	人均消费支出 Per Capita Consumption Expenditure	人均可支配收入 Per Capita Disposable Income	人均消费支出 Per Capita Consumption Expenditure
全国	**National Total**	**30733**	**21559**	**42359**	**28063**	**16021**	**13328**
北京	Beijing	67756	43038	73849	46358	28928	21881
天津	Tianjin	42404	31854	46119	34811	24804	17843
河北	Hebei	25665	17987	35738	23483	15373	12372
山西	Shanxi	23828	15863	33262	21159	12902	9728
内蒙古	Inner Mongolia	30555	20743	40782	25383	15283	13816
辽宁	Liaoning	31820	22203	39777	27355	16108	12030
吉林	Jilin	24563	18075	32299	23394	14936	11457
黑龙江	Heilongjiang	24254	18111	30945	22165	14982	12495
上海	Shanghai	69442	45605	73615	48272	33195	22449
江苏	**Jiangsu**	**41400**	**26697**	**51056**	**31329**	**22675**	**17716**
浙江	Zhejiang	49899	32026	60182	37508	29876	21352
安徽	Anhui	26415	19137	37540	23782	15416	14546
福建	Fujian	35616	25314	45620	30946	19568	16281
江西	Jiangxi	26262	17650	36546	22714	15796	12497
山东	Shandong	31597	20427	42329	26731	17775	12309
河南	Henan	23903	16332	34201	21972	15164	11546
湖北	Hubei	28319	21567	37601	26422	16391	15328
湖南	Hunan	27680	20479	39842	26924	15395	13969
广东	Guangdong	39014	28995	48118	34424	18818	16949
广西	Guangxi	23328	16418	34745	21591	13676	12045
海南	Hainan	26679	19555	36017	25317	15113	12418
重庆	Chongqing	28920	20774	37939	25785	15133	13112
四川	Sichuan	24703	19338	36154	25367	14670	14056
贵州	Guizhou	20397	14780	34404	21402	10756	10222
云南	Yunnan	22082	15780	36238	23455	11902	10260
西藏	Tibet	19501	13029	37410	25637	12951	8418
陕西	Shanxi	24666	17465	36098	23514	12326	10935
甘肃	Gansu	19139	15879	32323	24454	9629	9694
青海	Qinghai	22618	17545	33830	23799	11499	11343
宁夏	Ningxia	24412	18297	34328	24161	12858	11465
新疆	Xinjiang	23103	17397	34664	25594	13122	10318

附录1－5 居民消费价格指数（2019年）

Consumer Price Index(2019)

上年＝100 (preceding year＝100)

地区 Region		居民消费价格指数 Consumer Price Index	食品烟酒 Food or somke wine	衣着 Clothing	居住 Residence	生活用品及服务 Daily Necessities and services	交通和通信 Transportation and Communication	教育文化和娱乐 Education and Culture Artides	医疗保健 Health Care	其他用品和服务 Other Supplies and Services
全国	**National Total**	**102.9**	**107.0**	**101.6**	**101.4**	**100.9**	**98.3**	**102.2**	**102.4**	**103.4**
北京	Beijing	102.3	105.2	101.9	101.3	99.7	97.2	101.0	108.4	103.2
天津	Tianjin	102.7	104.6	102.1	102.4	100.9	99.3	104.2	100.9	105.0
河北	Hebei	103.0	105.9	101.2	101.6	101.2	97.9	103.4	104.4	104.6
山西	Shanxi	102.7	106.3	101.1	101.7	100.4	98.7	102.9	101.8	102.5
内蒙古	Inner Mongolia	102.4	105.4	101.8	101.8	100.8	98.8	101.2	101.7	102.5
辽宁	Liaoning	102.4	106.1	101.8	100.7	100.7	98.2	101.7	101.6	102.8
吉林	Jilin	103.0	107.5	102.1	102.3	101.5	96.6	102.1	101.7	103.6
黑龙江	Heilongjiang	102.8	107.4	100.9	99.6	100.3	99.3	103.5	102.0	102.9
上海	Shanghai	102.5	105.0	103.2	101.9	100.9	97.8	101.2	103.3	103.3
江苏	**Jiangsu**	**103.1**	**107.1**	**102.8**	**101.9**	**102.3**	**98.9**	**102.6**	**101.0**	**104.2**
浙江	Zhejiang	102.9	106.2	101.8	100.6	101.8	99.0	103.7	104.8	103.2
安徽	Anhui	102.7	107.1	102.1	100.8	101.3	97.5	102.2	101.5	103.0
福建	Fujian	102.6	107.3	102.7	100.5	100.6	97.8	101.4	101.4	103.1
江西	Jiangxi	102.9	107.8	100.9	101.0	100.3	97.8	102.4	101.0	102.9
山东	Shandong	103.2	107.9	101.2	102.2	100.9	97.8	102.5	102.0	104.1
河南	Henan	103.0	107.4	100.7	100.8	100.6	99.0	102.7	101.9	105.2
湖北	Hubei	103.1	107.0	101.6	101.9	100.4	99.3	102.5	101.8	102.6
湖南	Hunan	102.9	107.3	101.1	101.5	100.5	98.6	102.0	101.4	102.5
广东	Guangdong	103.4	108.1	102.1	100.8	100.6	98.3	102.2	103.9	103.5
广西	Guangxi	103.7	109.5	101.7	101.7	101.1	98.1	102.1	101.8	103.0
海南	Hainan	103.4	108.1	102.1	101.1	101.0	99.1	101.4	101.5	104.1
重庆	Chongqing	102.7	106.8	100.2	102.0	100.6	98.6	101.9	100.7	102.8
四川	Sichuan	103.2	108.9	101.2	101.5	100.2	97.1	100.8	102.8	103.2
贵州	Guizhou	102.4	106.4	100.2	101.1	100.1	98.5	100.6	102.9	101.9
云南	Yunnan	102.5	106.6	99.9	101.5	100.6	98.2	101.9	102.0	102.3
西藏	Tibet	102.3	103.3	104.0	101.9	103.7	98.7	100.2	103.0	102.7
陕西	Shanxi	102.9	105.6	102.1	102.4	101.3	98.8	102.8	101.4	104.0
甘肃	Gansu	102.3	105.4	100.7	101.7	100.8	99.0	100.7	102.0	102.8
青海	Qinghai	102.5	105.3	100.4	100.7	100.5	98.8	103.7	102.1	103.5
宁夏	Ningxia	102.1	104.8	100.4	101.1	100.0	98.1	100.3	104.0	103.9
新疆	Xinjiang	101.9	104.9	99.9	101.7	101.3	98.2	100.8	101.1	103.2

附录1-6 农林牧渔业总产值和增速(2019年)

Gross Output Value and Growth Rate of Agriculture, Forestry, Animal Husbandry and Fishery (2019)

地区 Region		农林牧渔业总产值(亿元)	Gross Output Value of Agriculture, Forestry, Animal Husbandry and Fishery (100 million yuan) #农业 Farming	#林业 Forestry	#畜牧业 Animal Husbandry	#渔业 Fishery	农林牧渔业总产值比上年增长(%) Grouth Rate of Gross Output Value of Agriculture, Forestry, Animal Husbandry and Fishery Over Preceding Year(%)
全国	**National Total**	**123968**	**66066**	**5776**	**33064**	**12572**	**2.8**
北京	Beijing	281.70	102.33	115.63	49.32	5.28	-6.3
天津	Tianjin	414.35	202.91	24.92	100.39	71.42	0.6
河北	Hebei	6061.46	3114.86	231.38	2035.42	212.54	1.9
山西	Shanxi	1626.54	936.76	101.31	478.57	6.91	2.0
内蒙古	Inner Mongolia	3176.34	1606.34	100.89	1390.46	27.82	2.1
辽宁	Liaoning	4368.25	1912.02	117.43	1479.54	669.59	3.0
吉林	Jilin	2442.73	1014.12	68.09	1239.58	40.12	2.3
黑龙江	Heilongjiang	5929.97	3774.48	193.91	1671.79	123.14	2.5
上海	Shanghai	284.84	145.81	18.27	48.24	54.95	-7.3
江苏	**Jiangsu**	**7503.15**	**3828.60**	**162.00**	**1213.02**	**1740.99**	**0.7**
浙江	Zhejiang	3355.25	1594.96	185.48	395.16	1080.93	1.8
安徽	Anhui	5162.13	2365.39	351.28	1628.90	521.31	2.3
福建	Fujian	4636.56	1774.77	417.33	914.39	1361.68	3.6
江西	Jiangxi	3481.29	1624.25	342.81	888.94	476.52	3.0
山东	Shandong	9671.67	4914.43	197.70	2412.06	1397.42	0.8
河南	Henan	8541.77	5408.59	140.76	2316.50	118.16	3.0
湖北	Hubei	6681.85	3257.85	258.47	1521.49	1152.68	3.5
湖南	Hunan	6405.06	3052.06	430.66	2003.09	441.82	3.2
广东	Guangdong	7175.89	3530.21	408.48	1404.13	1524.78	3.5
广西	Guangxi	5498.81	3102.27	410.54	1189.68	538.93	4.8
海南	Hainan	1689.40	819.58	106.39	300.85	390.90	2.6
重庆	Chongqing	2337.81	1397.49	113.12	679.52	105.30	2.8
四川	Sichuan	7889.35	4395.04	372.21	2647.88	263.47	2.6
贵州	Guizhou	3888.99	2535.68	275.44	829.58	57.70	5.9
云南	Yunnan	4935.73	2680.16	395.54	1600.73	105.38	5.6
西藏	Tibet	212.81	94.90	3.54	108.41	0.36	7.7
陕西	Shanxi	3536.80	2445.83	106.06	757.24	31.38	4.3
甘肃	Gansu	1887.58	1306.41	38.09	395.57	2.03	5.8
青海	Qinghai	454.35	181.25	11.25	250.81	3.92	4.6
宁夏	Ningxia	584.85	330.78	11.17	197.82	17.42	3.1
新疆	Xinjiang	3850.65	2616.30	65.56	915.27	27.53	3.5

附录1－7　主要农产品产量（2019年）
Output of Major Agricultural Products (2019)

单位：万吨　　(10000 tons)

地区 Region			粮食 Grain	油料 Oil plants	棉花 Cotton	肉类 Meat	奶类 Milk	水果 Fruits
全	**国**	**National Total**	**66384**	**3493**	**589**	**7759**	**3298**	**27401**
北	京	Beijing	28.76	0.31	0.00	5.14	26.41	59.90
天	津	Tianjin	223.25	0.41	1.81	30.43	47.37	57.43
河	北	Hebei	3739.24	119.54	22.74	433.40	433.81	1391.48
山	西	Shanxi	1361.80	13.70	0.30	91.02	92.29	862.67
内蒙古		Inner Mongolia	3652.54	228.68	0.01	264.56	582.92	280.41
辽	宁	Liaoning	2429.95	97.67	0.00	367.89	134.74	820.70
吉	林	Jilin	3877.93	81.78		243.22	39.97	153.95
黑龙江		Heilongjiang	7503.01	11.54		237.10	467.02	164.96
上	海	Shanghai	95.89	0.81	0.01	10.82	29.74	48.07
江	**苏**	**Jiangsu**	**3706.20**	**94.32**	**1.57**	**274.53**	**62.36**	**983.60**
浙	江	Zhejiang	592.15	31.93	0.81	94.27	15.52	744.11
安	徽	Anhui	4054.00	161.38	5.55	402.83	33.76	706.32
福	建	Fujian	493.90	22.03	0.00	255.15	14.99	727.21
江	西	Jiangxi	2157.45	120.78	6.57	299.79	7.28	693.27
山	东	Shandong	5357.00	288.95	19.60	704.02	234.49	2840.24
河	南	Henan	6695.36	645.45	2.71	560.42	208.55	2589.66
湖	北	Hubei	2724.98	313.95	14.36	349.20	13.38	1010.23
湖	南	Hunan	2974.84	239.20	8.18	459.42	6.30	1061.99
广	东	Guangdong	1240.80	110.22		412.12	13.94	1768.62
广	西	Guangxi	1332.00	71.63	0.11	380.04	8.71	2472.13
海	南	Hainan	144.96	8.69		67.06	0.23	456.15
重	庆	Chongqing	1075.15	65.19		163.81	4.19	476.39
四	川	Sichuan	3498.50	367.35	0.28	559.53	66.77	1136.70
贵	州	Guizhou	1051.24	103.01	0.04	205.87	5.29	441.98
云	南	Yunnan	1870.03	62.51	0.00	405.87	66.74	860.32
西	藏	Tibet	103.92	5.71		28.38	48.16	2.38
陕	西	Shanxi	1231.13	60.10	0.76	109.53	159.66	2012.79
甘	肃	Gansu	1162.58	63.18	3.27	101.67	44.71	710.09
青	海	Qinghai	105.54	28.88		37.41	35.45	3.69
宁	夏	Ningxia	373.15	7.66		33.53	183.44	258.64
新	疆	Xinjiang	1527.07	66.41	500.20	170.75	209.43	1604.75

附录1－8 规模以上工业企业主要经济指标(2019年)

Main Economic Indicators of above Designated Size Industrial Enterprises (2019)

单位:亿元 (100 million yuan)

地区	Region	营业收入 Operating Rerenue	营业成本 Cost of Principal Business	利润总额 Total Profits	应收票据及应收账款 Notes Receirable and Accourrts Receirable	产成品 Finished Goods	资产总计 Total Assets
全 国	**National Total**	**1057825**	**889442**	**61996**	**174020**	**43284**	**1191375**
北 京	Beijing	22856.4	18874.8	1683.5	5154.2	995.9	52444.2
天 津	Tianjin	18717.6	15884.5	1212.0	3091.8	718.2	21563.0
河 北	Hebei	40416.9	35203.5	2013.1	5895.5	1545.1	46788.1
山 西	Shanxi	21123.5	17142.5	1184.0	3513.9	821.5	41434.5
内蒙古	Inner Mongolia	16233.1	13001.6	1431.7	2499.2	583.3	31314.0
辽 宁	Liaoning	30365.5	25783.3	1332.0	5257.1	1381.2	38850.8
吉 林	Jilin	14024.4	11538.0	740.5	2048.4	775.8	16710.4
黑龙江	Heilongjiang	9916.6	8150.6	389.1	1611.6	426.4	16396.8
上 海	Shanghai	38841.0	31312.3	2874.5	8638.9	1603.7	44031.5
江 苏	**Jiangsu**	**118485.2**	**100084.1**	**6855.0**	**25504.0**	**5684.8**	**120451.8**
浙 江	Zhejiang	74962.5	62649.5	4759.5	16196.2	3863.4	84743.5
安 徽	Anhui	37042.2	31600.0	2159.6	6827.7	1469.4	38104.2
福 建	Fujian	56921.8	49145.3	3815.1	5439.1	1771.0	38755.6
江 西	Jiangxi	34851.5	30156.0	2158.8	3493.0	1061.0	26200.8
山 东	Shandong	84541.9	73322.6	3669.4	12873.0	4287.5	99292.1
河 南	Henan	48544.5	41987.7	2762.4	6183.8	1486.1	50712.0
湖 北	Hubei	45212.9	37950.4	2867.8	6018.6	1599.9	42224.4
湖 南	Hunan	37310.8	30558.3	1870.8	4267.9	1055.8	28705.2
广 东	Guangdong	146517.7	122278.5	8915.3	26927.6	6352.2	137930.4
广 西	Guangxi	17433.4	15134.7	777.7	2388.1	756.4	18371.6
海 南	Hainan	2280.7	1769.0	171.6	328.4	71.5	3285.1
重 庆	Chongqing	20793.9	17729.1	1102.8	3512.6	697.0	20188.0
四 川	Sichuan	43811.1	36334.4	2900.0	5970.4	1466.7	47022.1
贵 州	Guizhou	9292.1	6982.0	867.2	1319.7	304.2	15521.8
云 南	Yunnan	14612.6	11428.7	879.9	1610.6	571.1	21063.0
西 藏	Tibet	288.3	233.5	5.2	57.8	9.7	1692.6
陕 西	Shanxi	24526.8	19642.8	2167.0	3249.5	950.5	35183.3
甘 肃	Gansu	9151.8	7953.7	251.8	1048.8	363.8	12153.0
青 海	Qinghai	2339.3	1914.7	-541.9	599.2	112.4	6671.5
宁 夏	Ningxia	4824.9	4027.7	218.1	838.9	193.0	10682.7
新 疆	Xinjiang	11301.0	9152.3	623.4	1654.4	430.7	22824.1

附录1－9　主要工业产品产量(2019年)
Output of Major Industrial Products (2019)

地区	Region	发电量(亿千瓦时) Electricity (100 million kW·h)	生铁(万吨) Pig Irom (10000 tons)	粗钢(万吨) Rough Steel (10000 tons)	钢材(万吨) Steel Products (10000 tons)	水泥(万吨) Cement (10000 tons)	农用化肥(万吨) Chemical Fertilizers (10000 tons)	汽车(万辆) Truck (10000 units)	布(亿米) Cloth (100 million meter)
全国	**National Total**	**75034**	**80937**	**99634**	**120477**	**235012**	**5731**	**2553**	**576**
北京	Beijing	464.09			170.70	318.78		164.00	
天津	Tianjin0	732.98	2073.10	2194.80	5455.00	687.70	16.40	104.10	3.70
河北	Hebei0	3297.66	21774.40	24157.70	28409.60	10523.81	186.71	105.00	15.79
山西	Shanxi	3361.67	5557.10	6039.10	5594.20	5257.54	400.58	6.50	0.20
内蒙古	Inner Mongolia	5495.08	2303.10	2653.70	2563.80	3377.74	515.38		
辽宁	Liaoning	2072.94	6855.60	7361.90	7254.40	4677.37	38.11	79.20	0.91
吉林	Jilin	946.38	1257.10	1356.60	1544.20	1815.02	29.00	288.90	0.30
黑龙江	Heilongjiang	1111.91	800.70	896.10	782.00	1989.59	46.60	18.90	0.10
上海	Shanghai	822.13	1490.10	1640.30	1819.70	441.54	1.00	274.90	1.19
江苏	**Jiangsu**	**5015.41**	**7347.59**	**12017.10**	**14211.41**	**15743.27**	**199.06**	**83.82**	**66.05**
浙江	Zhejiang	3537.65	835.50	1350.70	3468.20	13441.04	50.38	99.10	125.95
安徽	Anhui	2886.67	2530.00	3222.50	3158.40	14018.83	271.27	77.60	10.73
福建	Fujian	2577.96	1038.10	2390.30	3737.70	9475.04	90.30	16.90	106.21
江西	Jiangxi	1375.90	2218.00	2524.50	2795.70	9691.33	29.77	49.10	10.38
山东	Shandong	5897.22	5770.10	6357.00	9289.40	14642.96	425.49	77.70	53.56
河南	Henan	2888.31	2573.80	3299.10	3838.00	10496.59	416.52	60.90	15.21
湖北	Hubei	2957.50	2765.20	3611.50	3771.60	11626.01	569.55	224.00	57.62
湖南	Hunan	1559.42	1973.90	2385.70	2451.60	11251.17	59.51	56.10	2.14
广东	Guangdong	5051.02	2086.10	3229.10	4510.50	16895.54	15.82	311.70	22.95
广西	Guangxi	1846.27	1466.10	2662.70	3346.70	12093.01	34.76	183.00	0.16
海南	Hainan	345.68				2019.00	65.60		
重庆	Chongqing	811.55	611.00	920.90	1136.40	6757.67	83.62	138.30	2.03
四川	Sichuan	3923.88	2131.30	2733.30	3308.20	14184.62	451.89	61.90	17.64
贵州	Guizhou	2206.55	351.20	442.30	707.70	11061.10	372.39	4.60	0.30
云南	Yunnan	3465.63	1788.00	2154.70	2323.30	12907.40	296.92	10.00	
西藏	Tibet	85.51				1080.90			
陕西	Shanxi	2193.20	1237.10	1430.70	2037.50	6642.71	127.60	54.70	9.01
甘肃	Gansu	1630.50	659.10	877.80	936.70	4450.12	22.61	0.10	
青海	Qinghai	886.14	151.90	178.80	180.60	1348.83	560.69		
宁夏	Ningxia	1765.97	120.80	308.60	306.20	1889.72	45.40		0.60
新疆	Xinjiang	3670.49	1170.60	1236.90	1367.90	3877.10	306.52	2.50	4.04

附录1－10 建筑业主要指标(2019年)
Main Indicators on Construction (2019)

地 区 Region		企业个数(个) Number of Construction Enterprises (unit)	从事建筑业活动的从业人员平均人数(万人) the Average Number of Employees Engaged in Principal Business (10000 persons)	建筑业总产值(亿元) Gross Output Value of Construction (100 million yuan)	房屋建筑施工面积(万平方米) Floor Space of Building under Construction (10000 sq. m)	房屋建筑竣工面积(万平方米) Floor Space of Building Completed (10000 sq. m)	按建筑业总产值计算的劳动生产率(元/人) Calculated by the Gross Output Value of Construction Labor Productivity (yuan/person)
全 国	**National Total**	**103814**	**6216**	**248446**	**1441645**	**402411**	**399656**
北 京	Beijing	2694	208.32	11999.36	80556.80	10932.09	576000
天 津	Tianjin	1799	97.10	4096.50	15616.89	2371.68	421878
河 北	Hebei	2502	97.00	5847.97	34994.68	8939.26	602872
山 西	Shanxi	2999	113.05	4653.28	16990.32	3836.41	411623
内蒙古	Inner Mongolia	1026	26.73	1086.06	5785.37	1459.85	406307
辽 宁	Liaoning	5323	87.78	3554.56	15312.80	4335.04	404956
吉 林	Jilin	2388	42.34	1863.10	7987.51	2935.20	440074
黑龙江	Heilongjiang	1850	38.90	1181.35	3430.15	1301.40	303720
上 海	Shanghai	2438	126.29	7812.65	50918.88	9231.95	618646
江 苏	**Jiangsu**	**9808**	**912.14**	**33103.64**	**255297.68**	**77899.47**	**362928**
浙 江	Zhejiang	7256	620.24	20390.20	182718.47	43545.60	328747
安 徽	Anhui	4446	198.67	8503.26	48611.39	15706.71	428005
福 建	Fujian	5830	488.67	13164.43	76606.34	17810.53	269391
江 西	Jiangxi	3094	203.23	7944.78	33897.51	14869.30	390924
山 东	Shandong	7299	345.09	14269.29	83686.05	21925.69	413499
河 南	Henan	6739	314.15	12700.97	64256.07	20736.22	404291
湖 北	Hubei	4565	251.25	16979.59	92042.23	33907.92	675817
湖 南	Hunan	2986	294.62	10800.62	65247.34	21041.89	366599
广 东	Guangdong	6643	349.40	16633.41	84392.33	22174.00	476056
广 西	Guangxi	1630	142.81	5407.31	29487.83	8685.74	378628
海 南	Hainan	213	8.29	365.98	2309.50	485.01	441509
重 庆	Chongqing	2939	236.10	8222.96	36557.76	13618.26	348288
四 川	Sichuan	5826	416.70	14668.15	61742.99	20341.00	352004
贵 州	Guizhou	1449	90.86	3714.89	15929.46	4131.03	408857
云 南	Yunnan	3156	181.42	6122.09	19766.73	6805.39	337460
西 藏	Tibet	278	6.71	220.31	348.17	242.70	328179
陕 西	Shanxi	3066	171.07	7883.88	35276.46	6769.77	460863
甘 肃	Gansu	1654	54.15	1916.35	10689.92	2686.74	353876
青 海	Qinghai	389	10.49	460.72	904.59	396.27	439073
宁 夏	Ningxia	662	20.46	601.41	2251.19	679.08	293969
新 疆	Xinjiang	1319	62.48	2276.72	8031.43	2609.72	364412

附录1－11　客运量和旅客周转量（2019年）
Passenger Traffic and Turnover Volume of Passenger Traffic（2019）

地区 Region		客运量（万人）Passenger Traffic（10000 persons）	铁路 Railway	公路 Highway	水运 Waterway	旅客周转量（亿人公里）Turnover Volume of Passenger Traffic（100 million person-km）	铁路 Railway	公路 Highway	水运 Waterway
全国	**National Total**	**1760436**	**366002**	**1301173**	**27267**	**35349**	**14707**	**8857**	**80**
北京	Beijing	62977	14825	48151		263.68	158.90	104.78	
天津	Tianjin	17679	5332	12206	141	287.40	208.52	78.67	0.22
河北	Hebei	44733	13013	31719	1	1311.11	1089.54	221.47	0.09
山西	Shanxi	22305	8153	14010	142	395.57	236.69	158.82	0.06
内蒙古	Inner Mongolia	12158	5640	6518		313.25	211.61	101.64	
辽宁	Liaoning	70266	15137	54599	530	945.22	656.85	282.36	6.01
吉林	Jilin	31599	8623	22881	94	424.89	276.15	148.59	0.14
黑龙江	Heilongjiang	29751	11223	18212	317	429.00	289.37	139.27	0.35
上海	Shanghai	16442	12834	3168	441	226.94	117.69	108.49	0.77
江苏	**Jiangsu**	**120802**	**22880**	**94475**	**2083**	**1736.98**	**846.77**	**698.19**	**3.58**
浙江	Zhejiang	101893	24309	72799	4785	1128.60	743.26	378.39	6.95
安徽	Anhui	59275	13410	45643	222	1164.81	824.33	340.17	0.30
福建	Fujian	45761	12741	31199	1821	588.89	396.25	189.99	2.66
江西	Jiangxi	58069	11938	45933	198	984.24	739.72	244.25	0.28
山东	Shandong	68920	17325	49581	2014	1337.98	831.04	492.56	14.39
河南	Henan	109297	17709	91281	307	1798.68	1099.00	699.03	0.66
湖北	Hubei	87432	17216	69584	632	1200.36	803.51	392.09	4.76
湖南	Hunan	101428	15626	84162	1641	1442.96	1006.05	433.47	3.45
广东	Guangdong	142326	38699	101012	2614	2125.72	1023.05	1092.97	9.71
广西	Guangxi	47085	11777	34539	770	817.45	481.29	332.66	3.50
海南	Hainan	14187	3085	9366	1736	130.36	52.61	73.66	4.08
重庆	Chongqing	60153	8407	50990	756	487.95	239.24	242.98	5.73
四川	Sichuan	91668	17352	72387	1930	872.68	433.20	437.66	1.82
贵州	Guizhou	93756	7196	84255	2305	832.94	353.97	471.47	7.50
云南	Yunnan	38381	6553	30681	1147	441.48	187.92	251.27	2.30
西藏	Tibet	1365	345	1020		45.31	18.08	27.23	
陕西	Shanxi	70761	11461	59015	285	803.83	523.62	279.71	0.50
甘肃	Gansu	42133	5969	36085	80	647.07	419.11	227.83	0.13
青海	Qinghai	6313	1148	5071	94	128.23	78.09	50.05	0.10
宁夏	Ningxia	5754	666	4905	183	87.04	40.93	46.01	0.10
新疆	Xinjiang	20276	4550	15726		414.53	303.15	111.38	

附录1－12　货运量和货物周转量（2019年）
Freight Traffic and Turnover Volume of Freight Traffic（2019）

地区 Region			货运量（万吨）Freight Traffic（10000 tons）	铁路 Railway	公路 Highway	水运 Waterway	货物周转量（亿吨公里）Turnover Volume of Freight Traffic（100 million ton-km）	铁路 Railway	公路 Highway	水运 Waterway
全	**国**	**National Total**	**4706493**	**431773**	**3435480**	**747225**	**199287**	**30075**	**59636**	**103963**
北	京	Beijing	22808	484	22325		1089.40	813.72	275.68	
天	津	Tianjin	50093	9888	31250	8955	2662.45	517.07	599.36	1546.01
河	北	Hebei	242445	26823	211461	4160	13563.38	4937.18	8027.16	599.04
山	西	Shanxi	192192	91321	100847	24	5466.48	2774.75	2691.60	0.13
内蒙	古	Inner Mongolia	182702	71828	110874		4586.84	2632.33	1954.51	
辽	宁	Liaoning	178253	21199	144556	12498	8921.43	1231.62	2662.54	5027.27
吉	林	Jilin	43193	5962	37217	14	1802.73	539.90	1262.77	0.06
黑龙	江	Heilongjiang	50475	12073	37623	780	1615.08	814.38	795.15	5.56
上	海	Shanghai	121124	487	50656	69981	30324.90	14.60	839.18	29471.12
江	**苏**	**Jiangsu**	**281060**	**6170**	**164577**	**95541**	**11114.57**	**322.40**	**3234.82**	**6841.28**
浙	江	Zhejiang	289011	4450	177683	106878	12391.92	236.11	2082.11	10073.71
安	徽	Anhui	368248	7997	235269	124982	10245.79	753.52	3267.59	6224.68
福	建	Fujian	134419	4840	87317	42263	8292.13	194.06	962.48	7135.60
江	西	Jiangxi	150950	5065	135554	10331	3860.27	564.58	3040.32	255.38
山	东	Shandong	309410	25527	266124	17758	10166.21	1524.47	6746.20	1895.55
河	南	Henan	219024	10905	190883	17235	8658.54	2146.45	5299.76	1212.33
湖	北	Hubei	188133	5480	143549	39105	6132.40	938.73	2268.11	2925.55
湖	南	Hunan	189740	4554	165096	20090	2593.58	855.38	1316.65	421.55
广	东	Guangdong	358288	10172	239744	108371	27373.45	301.23	2563.96	24508.26
广	西	Guangxi	183036	8405	142751	31881	3989.18	752.84	1470.88	1765.46
海	南	Hainan	18456	1133	6770	10552	1648.03	16.77	40.80	1590.46
重	庆	Chongqing	112970	1911	89965	21094	3614.15	208.18	952.59	2453.38
四	川	Sichuan	177283	7718	162668	6896	2710.83	877.71	1527.55	305.57
贵	州	Guizhou	83402	5523	76205	1674	1235.32	641.64	548.48	45.19
云	南	Yunnan	122727	4886	117145	696	1552.05	519.41	1015.20	17.44
西	藏	Tibet	4025	55	3969		154.38	39.91	114.47	
陕	西	Shanxi	154749	44751	109801	197	3482.15	1750.15	1731.42	0.59
甘	肃	Gansu	63610	5366	58228	16	2496.26	1516.69	979.56	
青	海	Qinghai	14945	3223	11722		397.92	271.59	126.33	
宁	夏	Ningxia	42511	8151	34360		650.99	213.60	437.39	
新	疆	Xinjiang	84423	15133	69290		1948.19	1146.43	801.76	

附录1－13 国内外贸易（2019年）
Domestic and Foreign Trade（2019）

地区	Region	社会消费品零售总额（亿元）Total Ratail Sales of Consumer Goods（100 million yuan）	进出口总额（亿美元）Total Value of Imports and Exports Through Customs（USD 100 million）	出口 Exports	进口 Imports
全　国	**National Total**	**411649**	**45761**	**24990**	**20771**
北　京	Beijing	12270.10	4161.64	750.04	3411.60
天　津	Tianjin	5516.05	1066.50	437.95	628.55
河　北	Hebei	17934.19	580.41	343.82	236.60
山　西	Shanxi	7909.15	209.68	116.92	92.76
内蒙古	Inner Mongolia	7610.63	159.15	54.69	104.46
辽　宁	Liaoning	15008.59	1052.80	454.51	598.29
吉　林	Jilin	7777.23	189.01	47.04	141.98
黑龙江	Heilongjiang	9898.42	271.01	50.69	220.33
上　海	Shanghai	13497.21	4938.90	1990.01	2948.89
江　苏	**Jiangsu**	**37672.51**	**6294.70**	**3947.84**	**2346.85**
浙　江	Zhejiang	27176.41	4472.32	3345.91	1126.40
安　徽	Anhui	13377.65	687.49	404.15	283.34
福　建	Fujian	15749.69	1931.19	1201.71	729.48
江　西	Jiangxi	8421.64	509.28	362.09	147.19
山　东	Shandong	35770.58	2962.99	1614.50	1348.49
河　南	Henan	22733.02	824.74	542.20	282.54
湖　北	Hubei	20224.23	571.46	359.96	211.50
湖　南	Hunan	17239.54	628.95	445.46	183.49
广　东	Guangdong	42664.46	10361.83	6291.79	4070.04
广　西	Guangxi	8872.98	682.09	377.47	304.63
海　南	Hainan	1808.31	131.53	49.87	81.66
重　庆	Chongqing	8667.34	839.70	538.04	301.66
四　川	Sichuan	20144.32	980.60	563.87	416.73
贵　州	Guizhou	4174.17	65.73	47.40	18.33
云　南	Yunnan	7539.18	336.95	150.24	186.71
西　藏	Tibet	649.33	7.03	5.41	1.62
陕　西	Shanxi	9598.73	510.50	272.22	238.28
甘　肃	Gansu	3692.40	55.12	19.07	36.06
青　海	Qinghai	880.75	5.40	2.94	2.47
宁　夏	Ningxia	984.49	34.88	21.60	13.28
新　疆	Xinjiang	3361.61	237.11	180.44	56.66

江苏省江阴市

江阴，古称暨阳，简称澄，因位于长江之南而得名，素有“延陵古邑”“春申旧封”“忠义之邦”之称。江阴北倚长江，中环青山，南濒太湖，古运河穿城而过，是大江南北的重要交通枢纽和江河湖海联运换装的天然良港。属于亚热带湿润季风气候，四季分明，气候宜人，土地肥沃，物产丰富，是江南著名的“鱼米之乡”，素有澄江福地之称。辖区面积 987 平方公里，城市建成区面积 125 平方公里，常住人口 165 万人。市辖 10 个镇、7 个街道办事处、1 个国家级高新区、3 个省级经济开发区。

2019 年，江阴实现地区生产总值 4001.12 亿元，成为全国首批 GDP 总量超过 4000 亿的县级市，成功实现全国县域经济和综合发展“十七连冠”、中国工业百强县市“三连冠”、中国全面小康十大示范县市“十二连冠”，位列“2019 年度中国营商环境百佳示范县市”第一名。目前，全市有“中国企业 500 强”企业 11 家，“中国制造业企业 500 强”企业 19 家，“中国服务业企业 500 强”企业 8 家，“中国民营企业 500 强”企业 13 家，

遥遥领先全国同类城市。

江阴，作为吴文化的发源地之一，境内的文物古迹和旅游景点星罗棋布，既有徐霞客故居、刘氏三杰（刘半农、刘天华、刘北茂）故居、海内奇木千年红豆树、旷世奇碑心经碑、舍利山上悟空寺等一批人文景点，有华西村、双泾村、长泾老街等秀丽的江南水乡美景，还有欧风小镇海澜飞马水城、滨江龙涛国际乡村俱乐部等独一无二的休闲观光资源。拥有国家4A级旅游区2个，星级旅游酒店9家，2019年全市共接待游客2500万人次，旅游总收入335.27亿元。

江阴秉承“人心齐、民性刚、敢攀登、创一流”的精神、“敢为天下先”的胆气、“善为天下先”的锐气和“能为天下先”的豪气，围绕“六攻坚六突破”的奋斗目标，紧紧抓住社会主义现代化试点机遇，当好高质量发展排头兵，勇做现代化建设先行军！

张家港

近年来，张家港市积极抢抓长三角区域一体化发展、长江经济带高质量发展等叠加机遇，全力打造“五个城市”，奋力推动港城高质量发展走在前列。2019年，获评江苏省2018年度推进高质量发展先进县（市、区）。

一是打造港产城深度融合的创新型城市。2019年，沙钢集团连续11年入围“世界500强”，7家企业入围“中国民营企业500强”，9家企业获评“中国服务业企业500强”。入围首批国家创新型县（市）建设名单。

二是打造长三角枢纽型大城市。瞄准枢纽型大城市定位和坐标，以“三年成形、五年成城”为目标，全力打造“公铁水联运、江海河直达”的交通网络，努力建设承启南北、贯通东西的重要枢纽城市。

三是打造彰显人居典范的绿色发展标杆城市。大力实施“十百千万”工程，深入推进沿江一公里环境整治，积极实施“退港还城”，有序推动“长江绿廊”工程，全力做靓江海交汇第一湾“张家港湾”。

四是打造群众获得感最强的和谐幸福城市。坚持将80%以上的财政支出用于民生领域，“民生微实事”项目实现区镇全覆盖。荣获“中国率先全面建成小康社会范例城市”，位列“2019中国县级市全面小康指数”第一名。

五是打造富有独特人文气质的标兵型文明城市。张家港是全国唯一获评文明城市“五连冠”的县级市。“一把手抓两手，加强基层宣传思想文化工作”被中宣部列为重大典型。创新设立全国县级市首个“志愿者学院”。

昆山市

开发区艺术宫

昆山，市域面积932平方公里，总人口167万，其中户籍人口98.1万，辖昆山经济技术开发区、昆山高新技术产业开发区2个国家级开发区；花桥经济开发区、昆山旅游度假区2个省级开发区，以及8个镇。沪宁高速等5条高速公路贯穿全境，京沪高铁穿城而过，上海轨道交通11号线延伸至昆山花桥。昆山人文荟萃，是顾炎武、归有光、朱柏庐等先贤的故乡，祖冲之曾在此担任县令。“百戏之祖”昆曲发源于此。拥有中国第一水乡——周庄。2019年，全市完成地区生产总值4045亿元，比上年增长6.1%；一般公共预算收入407亿元，增长5%；实际利用外资7.5亿美元，进出口总额826.7亿美元；市场主体突破50万户；居民人均可支配收入59735元，增长8.4%。昆山连续15年位居全国百强县市首位，列入全省现代化建设试点地区。

昆山深入学习贯彻习近平新时代中国特色社会主义思想，按照省委省政府和苏州市委市政府统一部署，坚持稳中求进工作总基调，深入践行新发展理念，加快建设现代化大城市，全力打造国家一流产业科创中心，全面推进“美丽昆山”建设等18项三年提升工程，大力实施人才科创“631”计划、“头雁人才”工程等政策，创新推出祖冲之自主可控产业技术攻关计划，集中力量

中科院安全可控信息技术产业化基地

推进国家超级计算昆山中心、深时数字地球研究中心建设，加快构建自主可控的现代产业体系，全力推动“一廊一园一港”“五区一线”规划建设，扎实推进轨交S1线、苏昆中环对接等重大工程，大力实施乡村振兴战略，坚决打好污染防治攻坚战，连续多年投入超百亿元改善生态环境，推进普通高中和中小学校建设，加快东、西部医疗中心和公共卫生中心建设，成功举办两岸青年实习就业创业研讨会、戏曲百戏（昆山）盛典等活动，高质量发展和现代化试点迈出稳健步伐。

下一步，昆山将全面落实上级决策部署，践行“四闯四责”，勇当“热血尖兵”，打起“前哨”担当，抢抓“一带一路”、长三角一体化、长江经济带、自贸区等国家战略叠加的新机遇，强化企业服务优存量、加大招商引资强增量、加快创新驱动促转型、落实安全责任稳基础、加强队伍建设燃激情，争新旧动能转换之先，奋力走在创新发展最前沿，在产业科创中心建设上实现新突破；争融入国家战略之先，奋力走在开放发展最前沿，在扩大开放上实现新突破；争生态文明建设之先，奋力走在绿色发展最前沿，在美丽昆山建设上实现新突破；争推动城乡融合之先，奋力走在协调发展最前沿，在城市更新、乡村振兴上实现新突破；争创造美好生活之先，奋力走在共享发展最前沿，在社会治理上实现新突破，夺取疫情防控和经济社会发展双胜利，全力打造社会主义现代化建设标杆城市，争当“强富美高”新江苏建设先行军排头兵。

农贸市场一角

亭林公园

高新区风貌

海安，隶属江苏省南通市，是上海经济圈中重要的枢纽城市，地处南通、盐城、泰州三市交界处，濒江临海，是全国首批对外开放县。总面积 1183 平方公里，总人口 92.16 万，下辖 7 个街道、8 个区镇，拥有国家级开发区、省级高新区、省级商贸物流园、省级滨海新区各一个。

2019 年，海安市委、市政府坚持稳中求进工作总基调，认真贯彻落实新发展理念和高质量发展要求，经济社会保持了稳中有进、持续向好的发展态势，在 GDP 突破千亿大关后稳迈第一步，开启了高质量发展的新征程。

综合实力稳步提升。2019 年，实现地区生产总值 1133.20 亿元，一般公共预算收入 62.66 亿元，工业应税销售 2005.71 亿元，服务业应

水韵里下河

中欧班列

东部家具

有色金属交割库

机器人小镇

海安火车站

税销售 1651.52 亿元。农业现代化实现程度稳居全省第一方阵。

转型升级成效明显。三次产业结构由上年的6.0:54.0:40.0 调整为 5.8:53.9:40.3，新兴产业产值占规模工业产值比重比上年提升 3.4 个百分点，高技术制造业投资占工业投资比重比上年提升 26.8 个百分点，城镇化率比上年提升 1.73 个百分点。

发展动能加速积蓄。“重特大项目突破年”活动深入开展，世界 500 强正威集团总投资 100 亿元项目成功落户。新增外资项目 47 个，实现外资到账 3.19 亿美元，完成进出口总值 139.42 亿元，中意海安生态园入选省级国际合作园区、荣获“一带一路”杰出贡献奖。

民生福祉不断提升。民生财政投入 94.43 亿元，15 项民生实事全部完成。城乡居民人均可支配收入分别达 47844 元、23354 元。各类社会保险覆盖率南通市领先，教育卫生事业取得长足进步，社会公众安全感连续多年位居全省前列。

随着“一带一路”建设以及长江经济带发展、长三角一体化发展等国家战略的加快推进，盐通高铁、大运河文化带、临海引江等重大工程的加速建设，站在多个黄金机遇交汇点“地理风口”、步入长三角一体化发展“高铁时代”的海安，迎来新的发展空间和使命任务。海安将紧紧围绕“枢纽海安，物流天下”“产业高地，幸福之城”战略定位，不忘初心、追梦前行，以奋斗者的自觉和奋进者的担当，开启高质量发展的崭新征程。

“世界水晶之都” 东海县

“地藏王菩萨”
（东海县民间国宝）

东海县地处江苏省连云港市，面积2037平方千米，户籍人口125万。先后被授予世界水晶之都、中国水晶之都、中国温泉之乡、全国文化先进县、中国民间文化艺术之乡（少儿版画）、国家卫生县城、全国粮食生产先进县标兵等荣誉称号。2019年，实现地区生产总值526亿元，社会消费品零售额223亿元，居民人均可支配收入26682元。

聚力创新在东海。东海县全面贯彻落实省委“两聚一高”部署，狠抓产业创新、大众创新、改革创新，共有国家级高新技术企业41家，省级科技型中小企业79家、研究生工作站9家、省工程技术研究中心15家、省高新技术产品190个。

聚焦富民在东海。工业方面，打造了硅工业、食品工业、新型建材业、机械汽配业等板块经济。农业方面，粮食产量连续11年超过100万吨。农业龙头企业达156家，家庭农场达432家，农民专业合作社达1748家。水晶产业方面，作为东海最大的富民产业，水晶从业人员近25万人，拥有各类水晶加工企业3000多家。全县水晶产业年交易额近200亿元。

特色发展在东海。依托石英资源，形成了高纯晶体硅、石英玻璃制品、新型电光源、高纯硅微粉、高纯压电晶体等五大产业链，成为国家级新材料高技术产业基地。突出汽车零部件制造业，循环经济产业园成为省级“城市矿产”示范试点基地。

大口径石英管

水晶小镇

春到西双湖

温泉小镇

绿色发展在东海。多年来，东海县坚持“环保立县、生态立县”方略，努力走一条生态优先、绿色发展的新路子。国家生态县顺利通过验收，荣获国家级生态示范区、全国绿化模范县等荣誉称号。2019年，林木覆盖率达27.6%，比上年提升0.3个百分点；PM2.5年平均浓度45.0微克/立方米,同比下降4.3%；城镇污水集中收集处理率达73.48%，比上年提升3.18个百分点。

盐城市大丰区

YANCHENGSHI DAFENGQU

大丰位于江苏沿海中部，是国务院批复的长三角城市群规划中苏北唯一城市盐城的临海新城区，也是江苏省面积最大的城市区。大丰总人口 71 万，总面积 3008 平方公里，下辖 11 个镇、2 个街道、2 个省级开发区、3 个合作共建园区（沪苏大丰产业联动集聚区、苏州盐城合作园区、常州高新区大丰工业园），境内有江苏省属农场 3 家、上海市属农场 1 家。大丰是麋鹿故乡、黄海港城、上海“飞地”、革命老区、长寿之乡，历史悠久，人文荟萃，开放包容，建成国家首批可持续发展先进示范区、国家首批生态示范区、国家卫生城市、国家园林城市和中国优秀旅游城市。

2019 年，全区实现地区生产总值 654.88 亿元、一般公共预算收入 51 亿元、全口径工业开票销售首次突破千亿元大关、城镇和农村常住居民人均可支配收入分别达 39437 元、25121 元。人均 GDP、服务业增加值增幅、新增“四上”企业、金融机构新增贷款、工业用电量、外贸进出口总额等指标盐城第一，列全国综合实力百强区第 82 位。

海洋经济不断壮大

大丰港正式开通至韩国釜山港、群山（新万金）港国际直达集装箱班轮航线，实现“沪丰通”通关模式，成为中国风电叶片出口三大基本港口之一，上港集团与大丰海港控股集团正式合作共建国际集装箱物流中心。大丰港铁路支线开工建设，大丰港物流园建成省级示范物流园区。

旅游经济蓬勃发展

入选首批省级全域旅游示范区。恒北村获评中国美丽休闲乡村、全国乡村旅游重点村，新丰镇、草堰镇三元村分别创成江苏省特色景观旅游名镇、名村。《只有爱》戏剧幻城项目、麋鹿生态小镇、荷兰花海旅游创新研究院等项目快速推进。全年接待游客 1256.1 万人次，实现旅游业总收入 111.2 亿元。

三大新兴产业

SANDA XINXING CHANYE

新能源及装备制造
新能源汽车及零部件
新一代电子信息及智能终端

飞地经济 取得突破

沪苏大丰产业联动集聚区被纳入国家《长江三角洲区域一体化发展规划纲要》、江苏省和上海市实施方案。成立区接轨上海工作部、“北上海”大丰智库。新增上海市外蔬菜主供应基地7家、总数达11家，签约上海联盟学校20所，上海中山医院·大丰人民医院医疗技术协作中心揭牌。

城市经济 步伐加快

吾悦广场城市综合体、红星美凯龙国际家居生活广场、斗龙港生态组团天沐温泉度假中心快速推进，大丰高铁枢纽重大配套工程、沪丰大道开工建设，新时代大道建成通车。

中国统计出版社有限公司最新图书简目

（仅供参考,以实际出版为准）

统计资料

中国统计年鉴　中国统计摘要　中国第三产业统计年鉴
中国第三次全国农业普查综合资料　国际统计年鉴　金砖国家联合统计手册
中国-东盟国家统计手册　中国农村统计年鉴　中国县域统计年鉴
中国农产品价格调查年鉴　中国城市统计年鉴　中国价格统计年鉴
中国贸易外经统计年鉴　中国零售和餐饮连锁企业统计年鉴　中国商品交易市场统计年鉴
大中型批发零售和住宿餐饮企业统计年鉴　中国住户调查年鉴　中国工业统计年鉴
中国环境统计年鉴　中国能源统计年鉴　中国建筑业统计年鉴
中国房地产统计年鉴　投资领域统计年鉴　中国对外直接投资统计公报
中国人口和就业统计年鉴　中国劳动统计年鉴　中国社会统计年鉴
中国科技统计年鉴　中国高技术产业统计年鉴　全国企业创新调查年鉴
中国文化及相关产业统计年鉴　2018年时间利用调查资料　中国妇女儿童状况统计资料
中国基本单位统计年鉴　中国教育统计年鉴　中国教育经费统计年鉴
中国民族统计年鉴　中国残疾人事业统计年鉴　长江经济带发展统计年鉴

省级综合统计年鉴系列

北京 天津 河北 山西 内蒙古 辽宁 吉林 黑龙江 上海 江苏 浙江 安徽 福建 江西 山东 河南 湖北 湖南
广东 广西 海南 重庆 四川 贵州 云南 西藏 陕西 甘肃 青海 宁夏 新疆 新疆生产建设兵团

市(县)级综合统计年鉴系列

滨海新区 石家庄 唐山 邯郸 保定 沧州 邢台 廊坊 承德 衡水 秦皇岛 张家口 太原 大同 阳泉 长治 晋城
朔州 晋中 运城 忻州 临汾 吕梁 呼和浩特 鄂尔多斯 包头 沈阳 大连 长春 延吉 四平 白山 通化 哈尔滨
齐齐哈尔 黑龙江垦区 上海浦东新区 南京 无锡 徐州 常州 苏州 南通 连云港 淮安 盐城 扬州 镇江 泰州
宿迁 江阴 丹阳 海门 张家港 杭州 宁波 温州 嘉兴 湖州 绍兴 金华 衢州 舟山 台州 丽水 合肥 安庆 福州
厦门 宁德 漳州 龙岩 莆田 泉州 三明 南平 南昌 九江 上饶 新余 抚州 赣州 景德镇 济南 青岛 枣庄
潍坊 聊城 郑州 洛阳 平顶山 三门峡 南阳 商丘 信阳 济源 汝州 武汉 十堰 荆州 宜昌 荆门 咸宁 黄冈
长沙 鹰潭 广州 深圳 惠州 东莞 汕尾 湛江 肇庆 南宁 柳州 桂林 贵港 梧州 来宾 河池 防城港 海口 三亚
儋州 成都 内江 贵阳 黔南 毕节 昆明 文山 德宏 西安 延安 安康 铜川 汉中 商洛 银川 兰州 庆阳 乌鲁木齐
昌吉 阿勒泰 兵团一师、二师、三师、四师、六师、七师、八师、十师、十三师、十四师

调查年鉴系列

天津 内蒙古 上海 河南 湖北 湖南 广东 广西 重庆 四川 云南 甘肃 宁夏 南宁 贵港 昆明

统计方法应用/实用手册

Python数据分析基础（第二版）　非参数统计（第五版）　现代金融投资统计分析（第四版）
国民经济核算初级教程（第二版）　国民经济核算教程（第五版）　概率统计基础
全国统计专业技术资格考试系列考试用书：统计业务知识（第四版修订版）　统计业务知识学习指导与习题
全国统计专业技术资格考试系列考试用书：统计相关知识（第四版）　统计相关知识学习指导与习题

统计通俗读物/统计科普图书

领导干部统计知识问答　统计公文写作及会议办理实用手册　大数据在统计工作中的应用案例汇编
中国国民经济核算知识问答（修订版）　地区生产总值核算国际比较研究　新中国统计制度方法的发展与改革

重点图书

中国农业统计资料1949-2019　第四次全国经济普查地图集　中国经济普查年鉴2018
新编英汉汉英统计大词典　中国国民经济核算体系2016　国民经济行业分类注释
挑大学选专业2020—考研择校指南　挑大学选专业2020—高考志愿填报指南　中华医学统计百科全书